U0930194

2021 Science & Technology Almanac
深圳科技年鉴

《深圳特区科技》杂志社 编

辽宁科学技术出版社

·沈阳·

责任编辑：王玉宝
责任校对：孙　东
装帧设计：李长伟

图书在版编目（CIP）数据

深圳科技年鉴 · 2021/《深圳特区科技》杂志社编. -- 沈阳 : 辽宁科学技术出版社，2021.12

ISBN 978-7-5591-2324-4

Ⅰ. ①深… Ⅱ. ①深… Ⅲ. ①科学研究事业－深圳－2021－年鉴 Ⅳ. ①G322.765.3-54

中国版本图书馆CIP数据核字(2021)第218682号

深圳科技年鉴·2021
Shenzhen Keji Nianjian 2021
《深圳特区科技》杂志社　编

辽宁科学技术出版社出版发行
（邮编：110003　地址：沈阳市和平区十一纬路25号）
深圳市和谐印刷有限公司印刷　　新华书店经销
2021年12月第1版　2021年12月第1次印刷
开本：215mm×275mm
字数：1000千字　印张：36.25　　插页：38
ISBN 978-7-5591-2324-4　　　定价：360.00元

《深圳科技年鉴》编委会

编辑说明

一、《深圳科技年鉴》是由深圳市科技创新委员会和深圳市科学技术协会主办，《深圳特区科技》杂志社承编的综合性史料文献，旨在汇编深圳市全年度科技系统的重要统计数据以及权威报告，为政府部门及科研单位决策提供参考依据，是反映深圳科技事业发展变化的参考书。

二、《深圳科技年鉴》创刊于 2005 年，按一年一卷编辑出版，2021 卷为第十七卷。

三、《深圳科技年鉴 2021》采用分类编辑法，设置类目、分目、条目，个别分目增设分目层次（子目），以条目及子目为记述的基本形式。

四、《深圳科技年鉴 2021》栏目设置做了以下调整：体例编写格式由“章、节、条”调整为“篇、章、节、条”，内容由原来的“章”调整为“篇”，原来的“节”调整为“章”。“第一章 概况”栏目调整为“第一篇 特载”，增设“重要讲话”章节内容；“第二章 政策法规”栏目调整为“第二篇 科技政策与投入”，将原来政策法规相关内容归纳为“科技政策措施与规范文件”章节，增设“科技政策法规研究与制定”章节内容；增设“第六篇 研究、开发及科技成果产业化”栏目，设置“基础研究”“科技计划项目”“科技名录”章节，将原“第十章 科技名录”相关内容迁移到该篇“科技名录”章节；原“第六章 科技服务体系”栏目调整为“第七篇 科技服务体系”；原“第七章 科学普及”栏目调整为“第八篇 科学普及”；原“第八章 科技新闻”栏目调整为“第九篇 科技新闻”；原“第九章 科技企业办事指南”栏目调整为“第十篇 科技企业办事指南”；原“第十一章 创新载体”栏目调整为“第十一篇 创新载体”，在“重点实验室”“深圳工程技术研究中心”“企业技术中心”章节创新载体名录基础上增加创新载体年度发展概况内容，增设“概述”和“仪器共享平台”章节内容，删除“工程实验室”章节内容；增设“第十二篇 科技创新大事记”栏目。

五、《深圳科技年鉴 2021》在原版基础上进行改版，设有特载，科技政策与投入，科技资源环境，知识产权保护，各区科技发展，研究、开发及科技成果产业化，科技服务体系，科学普及，科技新闻，科技企业办事指南，创新载体，科技创新大事记 12 个类目，全卷共 100 万字。

六、《深圳科技年鉴 2021》计量单位采用国家法定计量单位，文字、标点符号、数字用法均执行国家标准。

七、《深圳科技年鉴 2021》数据主要依据深圳市、区级相关科技部门及科技单位原始数据。

八、《深圳科技年鉴 2021》重视提高资料性、可读性、史存价值。强调入编资料翔实、准确、要素齐全，全局性和典型性资料兼备。坚持内容真实性及编撰科学性，注重社会效益。

九、《深圳科技年鉴 2021》个别属条目组成部分的表、图、相关链接，因版面原因与条目不在同页，“目录”按其分目所在的页码排列。

十、《深圳科技年鉴 2021》资料主要来源于深圳市、区级相关科技部门及科技单位，部分来源于主流媒体，所有内容均经各部门或单位审核同意。谨向各部门、单位致谢。疏漏差错之处，敬请批评指正。

目　录

第三篇 科技资源环境

第四篇 知识产权保护

第五篇 各区科技发展

第六篇 研究、开发及科技成果产业化

第七篇 科技服务体系

第八篇 科学普及

第九篇 科技新闻

第十篇 科技企业办事指南

第十一篇 创新载体

第十二篇 科技创新大事记

第一篇 特载

S p e c i a l F e a t u r e s

第一章 2020年深圳市科技创新工作综述

2020年，在深圳市委市政府的坚强领导下，深圳市科技创新委员会应变局、育先机、开新局，全力推进“抗疫情”和“促发展”双胜利。深圳创新工作围绕深圳市委市政府决策部署，在强化机关党建、科技支撑抗疫、加强基础研究和应用基础研究、打造战略科技力量、实施关键核心技术攻坚、高新技术产业发展等方面，取得积极进展，成效显著。

2020年，深圳科技创新工作以习近平新时代中国特色社会主义思想为指导，抢抓建设粤港澳大湾区、深圳先行示范区、实施综合改革试点重大历史机遇，坚持和加强党对科技工作的全面领导，大力实施创新驱动发展战略，健全并不断完善全过程创新生态链，聚焦综合性国家科学中心和粤港澳大湾区国际科技创新中心建设，推动科技治理体系率先破题，创新发展动能持续增强，国际影响力不断扩大。2019年，深圳市研究与试验发展（R&D）经费支出1328亿元，同比增长14.2%，占GDP比重4.93%，超过全球最高水平以色列。世界知识产权组织发布的2020全球创新指数显示，深圳香港广州集群位居世界创新集群第2位。

一、完善顶层设计，推动科技创新治理体系建设

2020年，深圳市坚持科技创新和体制机制创新“双轮驱动”，围绕基础研究、技术创新、成果转化等领域，立足科技创新法制建设先行示范，积极配合深圳市人大出台《深圳经济特区科技创新条例》，从立法层面首次构建“链式”科技创新保障体系，以科技创新为核心带动深圳全面创新；推动部市联合印发《中国特色社会主义先行示范区科技创新行动方案》，从包含建设国际科技创新城市和国际领先现代化产业技术体系在内的4个方面提出15项举措，推动中央和深圳创新资源形成创新合力；系统梳理总结“十三五”深圳市科技创新发展成效和存在问题，结合科技创新发展趋势，前瞻谋划“十四五”科技创新发展蓝图；制定《深圳市科技计划项目实施过程与验收管理办法（试行）》，完善科技项目全链条管理；印发《深港澳科技计划项目管理办法》，更大范围、更宽领域、更强力度促进大湾区科技创新融合发展；加强科研诚信和信用体系建设，制定《深圳市科技创新委员会科研诚信异常名录管理规程（试行）》，建立科研诚信异常名录，对科研失信责任主体依法开展调查，通过判定项目验收不通过、诫勉谈话、将项目负责人纳入科研诚信异常名录等措施，为营造诚实守信的科研环境提供制度保障。

二、科技抗疫，打赢疫情防控阻击战

按照深圳市委市政府统一部署，深圳市科技创新委员会出台《关于强化科技支撑打赢疫情防控阻击战促进企业健康发展的若干措施》，牵头成立新冠肺炎科研攻关组，通过提供科研物资保障、组织联合科研攻关、推进新技术联防联控等举措，强化各类创新主体支持服务力度，汇聚优质创新资源，为疫情防控提供强大的科技支撑。一是创新项目组织模式，最大程度发挥科研经费效能。调配2亿元财政科技专项资金，在全国率先发布悬赏工作方案，通过设置“悬赏制”攻关项目，采用“赛马式”竞争机制，设立包括“揭榜制”奖励在内的方式，全力调动和汇聚全球创新力量开展科研攻关。截至2020年底，已面向国内外发布2批悬赏通知，分7批次推动深圳市40个科研攻关项目获得国家、省、市新冠肺炎疫情应急防治技术专项立项。二是多措并举，激励科技人才担当奉献。明确在新冠肺炎疫情防控中发挥重要作用的科技成果，参评2020年度深圳市科学技术奖不受获奖完成人、成果推广应用年限、项目结题验收等限制。此外，疫情防控

科研项目取消申请人年龄限制，不纳入市级科技计划项目限项范围，不列入科研诚信异常名录。因受疫情影响无法按期提交科技项目验收申请的，允许申请延期验收。三是整合创新资源，保障科研攻关需求。整合包含国家超级计算深圳中心和鹏城实验室在内的重大科技基础设施平台资源，为疾病溯源、药物筛选研究、疫苗科研免费提供算力支持。此外，建立全市统一的科研仪器调度平台，成立仪器应急协调小组，向7家单位紧急调集包含超速离心机和荧光定量PCR仪在内的11台科研仪器，重点保障市第三人民医院开展新冠病毒识别、鉴定、临床研究工作。

三、注重源头创新，强化基础和应用基础研究

强化基础研究系统部署，建立并落实每年不低于30%的财政科技专项资金投向基础研究和应用基础研究的长效机制，为基础研究创新发展提供稳定且多元化的保障。一是创新体制机制推进基础研究规范化管理。贯彻落实《深圳市关于加强基础科学研究的实施办法》，出台《深圳市基础研究项目管理办法》《深圳市高等院校稳定支持计划管理办法》及配套文件，推动基础研究项目从按高技术领域向按学科领域进行分组实施的重大转变，完善基础研究项目形成机制，着力构建职责清晰、管理规范、鼓励创新、宽容失败的基础研究项目支撑体系。二是首次实施高等院校稳定支持计划。遵循继承优化、自主选题、突出绩效原则,面向深圳市11所高等院校，率先建立高等院校基础研究经费稳定支持机制，支持高等院校聚焦解决基础和应用基础研究关键科学问题，自主布局、自由选题、大胆探索、挑战未知，开展创新性研究，形成高水平稳定人才队伍。三是优化科技计划基础研究支持体系。在设定市级基础研究项目基础上，积极参与包含2020年度国家自然科学基金区域创新发展联合基金（广东）和广东省基础与应用基础研究基金深圳市联合基金在内的指南编制等工作，通过吸引和集聚全国优势科研力量，围绕粤港澳大湾区经济社会发展重大科学问题和关键技术问题开展基础研究和前沿探索。

四、打造战略科技力量，推进国家重大创新平台建设

以深圳市重大创新平台作为建设综合性国家科学中心，不断增强自主创新“硬核”能力主阵地。一是鹏城实验室建设取得突破性进展。推进鹏城实验室成为国家战略科技力量，这是深圳建市40多年来，国家在深圳布局的第一个国家级重大科研机构。二是稳步推进深圳湾实验室建设。截至2020年底，深圳湾实验室已设置15个跨学科交叉协作的研究所和研究中心，筹建包含单细胞技术平台和P3实验室在内的9个大型仪器共享平台，完成2020年度4项重大项目立项。三是加快推进新设基础研究机构建设。对包含量子科学与工程研究院和华大生命科学研究院在内的进入建设期的基础研究机构予以稳定支持，开展第二批6个基础研究机构筹建期评估。此外，推进与电子科技大学战略合作，电子科技大学（深圳）高等研究院已完成筹建。四是推进诺奖实验室建设。按《深圳市新设诺贝尔奖科学家实验室组建管理办法（试行）》规定，加快推进包含格拉布斯研究院在内的11个诺奖实验室建设，拨付5个诺奖实验室组建经费5000万元。截至2020年12月底，深圳市拥有各类创新载体2693家，比2012年增长2.5倍，其中国家级创新载体129家，省部级创新载体957家。

五、探索新型举国体制深圳路径，打好关键核心技术攻坚战

2020年，深圳市坚决贯彻落实总书记“打好关键核心技术攻坚战”的指示精神，通过完善制度保障、实施精准攻关、试行“链长制”，着力实现科技自立自强。一是制定专门管理办法规范关键核心技术攻关实施机制。针对关键核心技术自主性不强的突出问题，出台《深圳市技术攻关专项管理办法》，设置实施技术攻关面上项目、重点项目、重大项目、悬赏项目、战略性重大项目的梯度攻关计划，体系化突破“大卡”“中卡”“小卡”技术难题。二是组织实施技术攻关重点项目。围绕提升产业竞争力、保障经济安全的战略需求，精准发力，主动布局，聚焦核心电子器件、高端通用芯片、基础软件产品等核心关键元器件，探索关键核心技术攻关新

型举国体制深圳路径，组织实施11批重点技术攻关项目。三是落实“链长制”，推进石墨烯产业“强链，补链”。详细梳理调研石墨烯产业链关键核心环节发展现状及存在问题，预测石墨烯科技和产业发展趋势，明确未来三年重点任务、实施路径、责任部门和进度安排，提出“强链”发展所需的基础研究和技术攻关布局项目规划、“补链”发展所需的引进企业和人才清单规划、“连链”和“延链”发展所需空间布局规划，推进石墨烯产业“强链、补链、连链、延链”。

六、“三高”同向发力，高新技术产业持续发展

2020年，深圳市全力推进国家高新区、高新技术产业、高新技术企业“三高”同向发力，融通创新。一是加强规划统领，持续增强高新区竞争优势。深化高新区体制机制创新，深圳市科技创新委员会联合有关单位起草《新时期深圳国家高新区高质量发展情况报告》《牢记初心勇立潮头奋力推进深圳高新区“再出发”》《新时代深圳国家高新区高质量发展若干建议》，得到深圳市领导高度肯定并多次作出重要批示；创新深圳市坪山高新区“委区共建”市区联动模式，成立坪山园区建设专项小组，抽调深圳市科技创新委员会和深圳市坪山区政府人员组建工作专班，调拨2亿元资金专门支持坪山园区建设，强力推动坪山园区发展；推动“部省市”共建西丽湖国际科教城；尊重科学、尊重规律、着眼长远，高质量编制《深圳国家高新区各园区综合发展规划》《深圳高新区“十四五”发展规划》。二是推动高新技术产业逆势增长。2020年深圳市高新技术产业产值达27849亿元，同比增长2.7%；高新技术产业增加值达9747亿元，同比增长2.4%，高新技术产业逆势增长为深圳市经济增长发挥了“中流砥柱”作用。此外，深圳市实施高新技术企业提质增量行动，加强高新技术企业政策宣讲和认定辅导，2020年深圳国家高新技术企业申请数量和通过数量均平稳增长。截至2020年底，深圳市拥有国家级高新技术企业18650家，是2016年的2.3倍（8087家），总量位居广东省第一，仅次于北京，居全国大中城市第二。三是构建高新技术企业全链条培育工程。2020年，深圳市制定《深圳市孵化器和众创空间管理办法》《深圳市创业项目管理办法》，落实科技企业孵化器、众创空间在房产税、土地使用税和增值税等方面引导支持政策，新增包含星河world在内的国家级科技企业孵化器8家、包含腾讯众创空间（深圳）在内的国家备案众创空间22家、“生物医学国家专业化众创空间”国家专业化众创空间。此外，印发实施《深圳市科技型中小微企业贷款贴息贴保项目管理办法》，对首贷项目加大支持力度，鼓励合作银行关注从未获得贷款的科技型小微企业。

七、统筹协调，建设国家可持续发展议程创新示范区

一是统筹推进国家可持续发展议程创新示范区建设。深圳市科技创新委员会作为示范区领导小组办公室，聚焦国务院批复文件部署的主要任务和中国特色社会主义先行示范区战略要求，积极协调深圳市31个职能部门以及各区（含新区及特别合作区），高标准推进示范区建设的73大项146项重点任务，各项工作推进顺利，阶段性成果不断涌现。2020年召开的省和市建设示范区领导小组会上，示范区建设得到广东省和深圳市主要领导高度肯定。二是编制完成《深圳可持续发展报告》。依托包含中国社科院和联合国开发计划署在内的技术力量，梳理深圳可持续发展领域创新进展，编制《深圳可持续发展报告》，认真总结示范区建设创新体制机制，形成在全国可推广复制的经验模式、解决方案、典型案例。截至2020年底，报告已通过结题验收，有关成果将由中国社科院择机面向社会发布。三是设立可持续发展科技专项。在深圳市科技计划体系中，首次专门设立“可持续发展科技专项”，围绕示范区建设的资源高效利用、生态环境治理、健康深圳建设以及社会治理现代化四大工程展开布局，旨在通过集成应用污水处理、废弃物综合利用、生态修复、人工智能等技术，解决困扰深圳市的资源环境承载力和社会治理支撑力相对不足等问题。

八、优化人才管理和服务体系，构筑集聚国内外优秀人才科研创新高地

实施更开放的人才政策，优化人才管理和服务机制，聚焦产业链“补链”“强链”需求，着力引进培养一批高水平创新人才或团队，聚天下英才而用之。一是完善科技人才管理制度。制定出台《深圳市优秀科技创新人才培养项目实施操作规程》，规范项目实施和日常管理。试行“项目经理人制”，委托第三方专业机构通过联系对接、实地调研、材料核查、专项审计、专家论证等方式，为创新人才或团队提供全链条跟踪服务。二是优化高层次人才团队立项和管理。立足服务导向和靶向引才，围绕产业链“补链”“强链”，突出对重点产业链关键环节团队进行支持，协助做好广东省珠江计划和特支计划项目立项。三是首次实施优秀科技创新人才培养计划。按照数学、物理、化学、材料、医学等8个学科领域，布局基础学科领域创新人才培养，构建从博士（后）到优秀青年及杰出青年的人才成长全周期支持机制。首批计划立项101个博士启动项目，40个优青项目，20个杰青项目。四是优化外国人来华工作管理和服务。2020年疫情期间，累计出台10余项外国人来深工作便利措施，首次在招商街道设立外国人来华工作许可工作站。以线上线下融合方式，成功举办“第十八届中国国际人才交流大会”，推动大会数字化和智能化转型。

九、推动开放创新，增强全球创新活力

充分利用科技创新资源，积极开展全方位、多层次、高水平的科技合作，提升深圳市整合全球创新资源能级。一是布局建设10家深圳市海外创新中心。下达补贴资金1731万元，构建“源头技术-孵化加速-二次开发-项目投资-产业资源-市场对接-政府支持”的国际科技创新合作生态圈。二是组织实施国际科技合作项目，促进和支持各类科技计划开展国际交流与合作。2020年累计资助国际合作项目45个，资助金额1770万元；资助国际交流活动项目8个，资助金额385万元；启动2021年国际科技合作项目，与以色列创新署联合启动“深圳-以色列科技项目联合资助计划”。三是成功举办第六届深圳国际创客周。通过主题展示、高峰论坛、项目路演、互动体验和成果发布等活动，全面展现深圳创新创业活力与成果。创客周主会场汇聚500多位国内外企业家、行业专家、高校代表、创客参会，吸引超2万人次到场参加活动。四是完善深港澳合作机制，提升深港澳合作水平。积极对接香港创新科技署，联合评审2020年“深港创新圈”深港联合资助项目。此外，印发《深圳市深港澳科技计划项目管理办法》，明确将港澳高校和科研机构纳入深圳市财政科研资金支持范围，支持深圳市高校、科研机构、企业与港澳高校和科研机构开展科技合作，推动粤港澳大湾区产学研融合。

第二章 2020年深圳市科技服务工作综述

2020年，深圳市科学技术协会（以下简称“深圳市科协”）坚持以习近平新时代中国特色社会主义思想为指导，全面贯彻党的十九大和十九届二中、三中、四中、五中全会精神，坚决贯彻总书记重要指示和党中央重大决策部署，将团结和服务广大科技工作者贯穿于建设中国特色社会主义先行示范区的各项工作，在统筹推进疫情防控和经济社会发展中发挥科协作用。

一、创新科普建设，为提高全民科学素质服务

优化科普政策，将科普摆在更加重要的位置。2020年，深圳市全面贯彻落实《深圳经济特区科学技术普及条例》，推动深圳市政府办公厅印发《深圳市科普工作联席会议制度》以及《〈深圳经济特区科学技术普及条例〉任务分工表》，明确29个单位共63项具体任务，明确“谁负责谁科普”的职责。2020年11月，中国科协将深圳市确定为全国全域科普示范市试点城市（全国仅2家）。同年，深圳市科协制定了《深圳市科协科普条例项目经费管理办法（试行）》及相关配套文件，确定了项目公开征集及资金使用的程序和方式，明确监督管理职责。深圳市龙岗区科协按照相关管理办法的要求，强化财政资金投入，2020年资助广东省、市、区三级科普教育基地共计385万元。

加大科普力度，提升市民科普获得感。一是深圳市科协系统2020年开展科普活动 5903余场，直接惠及市民近1035万人，线上惠及市民3500万人，全市共有超过5100多万人接受科普教育。二是2020年“首届深圳科普月”举办，各区各科技社团积极投入，创建各自科普月品牌活动。据统计，全年共举办了470余场科普活动，参观参与人数达97万人，向深圳市民开放科普基地154个，为近年之最。三是连续举办5届深圳（国际）科技影视周，共征集科教影视短片8700多部，部分气候影视影片被送到联合国气候大会展映交流。四是深圳各区科普特色突出，科普成效显著。深圳市盐田区科协依托自然环境和生态禀赋，开展多种形式的海洋生物科普活动，助力海洋中心城区建设；南山区打造了“科普南山”公众号，利用信息化手段集成了全区科普资源向市民推广；罗湖区科协探索开展“科普+双拥”活动，以科普服务彰显鱼水深情。

全力推进科普阵地建设。深圳市科协加快推进新科技馆建设，积极促进与华为、腾讯、比亚迪等代表性企业的特色展馆合作建设。此外，着力打造“科普基地+旅游+休闲+研学”新型科普方式，推动企业科技传播馆试点建设工作。深圳市区域科普阵地建设方面，南山区科协联合西丽街道在TCL国际E城建设西丽科普园区，以科普助力企业产品宣传；福田区科协探索了华强北大街的科普提升和改造研究，打造科普一条街品牌；罗湖区科协推出了《罗湖科普读本丛书》，全面详细介绍辖区内的科普教育基地；宝安区发挥区科技馆科普主阵地作用，为观众提供优质科普服务。截至2020年底，深圳市共有科普教育基地163家，其中企业科普基地占一半以上。2020年以来，深圳市科协推动科普中国App落地，深圳市科普信息员总数达近10万人，注册榜、传播榜、月活榜均跃居广东省第一，多个深圳机构跻身全国机构传播活跃榜单百强，其中福田高科馆在全国机构中排名第一。

二、提高科技社团发展质量，为创新驱动发展服务

一是加大对科技社团发展的支持和培育。截至2020年底，深圳市科协管理着包含深圳市学会和民办非企业在内的

科技社团200多家。深圳市科技社团逐步向新型科技社团转变，在推动科技成果转化方面发挥独特作用，例如推动国家高性能医疗器械制造业创新中心落地龙华区，成为深圳首家国家制造业创新中心。此外，与中国兵器集团开展合作，成立深圳北极星技术创新研究院，计划将北斗系统核心技术放在深圳进一步民用开发。2020年深圳市科协积极适应科技创新发展新环境，支持成立新兴产业科技社团组织，如支持脑科学学会和5G学会筹备，积极吸纳科技类社会组织加入科协大家庭。

支持科技社团举办高水平活动。2020年以来，深圳市科协重点围绕人工智能、生命科学、海洋科技、5G产业四个领域，开展高水平科技学术会议和活动150场；秉持“小投入大效益”工作导向，创办并举办“星火沙龙计划”近200场；主办或承办中欧科技创新合作发展论坛、2020深港澳科技论坛、2020深海科技创新发展论坛、大湾区科技大会等活动，支持科技社团积极承办包含第十四届中国(深圳)激光与智能装备和光电技术博览会在内的活动。此外，南山“创业之星”大赛连续举办13年，成为链接全球创新资源的赛事品牌，培育了包含大疆创新和奥比中光在内的一批独角兽企业和上市公司。

打造粤港澳科技社团联盟品牌。2020年，深港科技社团联盟在服务两地科技交流、技术转移、产业合作等方面发挥了重要作用。在此基础上与罗湖区科协联合打造的粤港澳大湾区青少年无人机科创嘉年华精品活动，成为推动深港澳文化交流的重要平台。龙岗区科协连续两年承办“深港澳人工智能大赛”，品牌和聚集效应不断显现。

三、推动科技成果转化，为科技工作者创新创业服务

入选中国科协“科创中国”试点城市。深圳市科协推动深圳市入选中国科协“科创中国”22家首批试点单位，制定《深圳市“科创中国”试点城市建设方案》并获得中国科协和深圳市政府批复同意。“科创中国”试点城市工作纳入深圳市委“十四五”规划建议。2020年深圳市科协举办了两期高水平的“技术经理人能力培训班”，通过“培训+实战”组建深圳首支150人的“技术经理人服务团队”，近200支科技志愿服务分队纳入国际创新创业服务平台，打造服务科技与经济融合专业服务组织。南山区科协会同深圳清华大学研究院共建“南山领航国际创新基地”，建立快速响应南山区战略发展需求的国际创新资源储备库，助力国际科技项目与人才团队快速落地南山。

打造四位一体的科技创新服务体系。2020年深圳市科协打造了“‘科创中国’资源共享平台+服务平台+创投大会+投资联合体”四位一体的创新服务体系，助力科技与经济融合工作发展；采取政府指导、市场化运营、第三方机构承办的模式，打造了“深圳国际创新创业生态数据应用平台”，为技术转移成果转化供需对接服务；高水平举办了首届深圳创新创业投资大会，累计征集项目4470多个，举办路演活动30场，项目对接会2场，择优进入国际平台加速项目与资本对接，促进项目与其他服务资源对接。中国科协党组成员、书记处书记宋军出席创新创业投资大会活动并给予充分肯定。中国科协认为此次大会是一次创新创业服务工作的组织创新，要求办出水平，做出示范。

扎实开展科技志愿服务工作。截至2020年12月，共成立科技志愿服务分队超130支，吸纳了2500余人加入分队，深圳市科协系统开展科技志愿服务活动百余批。2020年科技志愿服务工作围绕志愿服务进企业、志愿服务进社区、志愿服务进孵化器、“科技志愿服务在行动”抗疫直播系列活动等方式，服务帮助500余家各类科技企业，进入50个社区及10个科技孵化器，线上直播活动近100场，累计吸引流量近1000万。

四、开辟建言献策渠道，为党和政府科学决策服务

发挥桥梁纽带作用，完善沟通机制。深圳市科协举办2020年“全国科技工作者日”系列活动，推动深圳市委市政

府通过深圳市主要媒体向广大科技工作者发出慰问信，深圳市委常委杜玲代表深圳市委市政府赴市第三人民医院慰问医务科技工作者代表；向全市广大科技工作者发送一封家书，各区科协纷纷利用网络载体向科技工作者表达节日祝福，营造了浓厚的节日氛围；积极规划深圳市科学馆转型升级，打造科技工作者之家。

夯实服务平台，搭建高水平科技智库。2020年深圳市科协新创办《科协政策建议》《科技前沿信息》建言献策平台，得到深圳市政府主要领导、各职能部门、高校、研究院所以及科研人员充分肯定。2020年以来，规划开展高水平课题研究近20多项，发布了包含《粤港澳大湾区新一代人工智能产业发展蓝皮书（2020）》在内的一系列产业发展报告。

深挖科技专家潜能，创新咨询决策模式。按照“科创中国”工作部署，筹建深圳市科技创新智库，将深圳市民办非企、科技社团、民间智库等组织通过联盟形式团结在深圳市科协周围，打造立体化、小中心、大外围智库体系，建立新的科协发声平台。龙华区在2020年创新科技咨询评估工作制度，为重大科技项目引进、重大科技发展规划、政策制定提供智力支持。

五、发挥科协组织优势，为疫情防控提供服务

发挥科协网络优势，动员社会力量助力防疫。2020年，深圳市科协发动科技社团及会员企业贡献力量，通过捐赠医疗物品和接龙捐款活动16批次，科技社团及会员企业捐款超过2000多万元。此外，深圳市科协发动科技社团通过政策建议、免除会费、发出倡议、联络购买防疫物品等方式，助力会员企业减轻负担。

发挥专家优势，为疫情防控贡献科技智慧。2020年，深圳市科协支持深圳市科技工作者以科技智慧参与疫情防控工作，积极提供疫情解决方案，指导科技人才积极参加广东省和深圳市科技项目。全方位开展科技志愿服务活动，注重发挥医疗、科技、心理类社团的专业优势，通过线上服务平台，为企业复工提供信息、管理、心理等咨询。

发挥科普优势，构筑科学防疫的防火墙。深圳市科协统筹和协调推动社会各界开展应急科普，将“科普中国”权威信息链接至“i深圳”平台首页，并在深圳交通频率播出防疫科普知识，同时编印《新型冠状病毒科普防控手册》，传播权威科普信息。

发挥智库优势，助力疫情防控指挥部科学决策。疫情期间，深圳市科协先后向市疫情防控领导小组报送了《新冠肺炎对深圳创新型企业影响调研报告》《关于推进企业快速复工的建议》决策咨询报告，得到深圳市政府主要领导批示并转发深圳市10多个职能部门，为各单位开展防疫工作提供参考。

第三章 重要讲话

在深圳经济特区建立40周年庆祝大会上的讲话

（2020年10月14日）

习近平

女士们、先生们、同志们：

今天，我们在这里隆重集会，庆祝深圳等经济特区建立40周年，总结经济特区建设经验，在更高起点上推进改革开放，动员全党全国全社会为乘势而上开启全面建设社会主义现代化国家新征程、向第二个百年奋斗目标进军而团结奋进。

兴办经济特区，是党和国家为推进改革开放和社会主义现代化建设进行的伟大创举。1978年12月，党的十一届三中全会作出把党和国家工作中心转移到经济建设上来、实行改革开放的历史性决策，动员全党全国各族人民为社会主义现代化建设进行新的长征。1979年4月，广东省委负责人向中央领导同志提出兴办出口加工区、推进改革开放的建议。邓小平同志明确指出，还是叫特区好，中央可以给些政策，你们自己去搞，杀出一条血路来。同年7月，党中央、国务院批准广东、福建两省实行“特殊政策、灵活措施、先行一步”，并试办出口特区。1980年8月党和国家批准在深圳、珠海、汕头、厦门设置经济特区，1988年4月又批准建立海南经济特区，明确要求发挥经济特区对全国改革开放和社会主义现代化建设的重要窗口和示范带动作用。

长期以来，在党中央坚强领导和全国大力支持下，各经济特区解放思想、改革创新，勇担使命、砥砺奋进，在建设中国特色社会主义伟大进程中谱写了勇立潮头、开拓进取的壮丽篇章，为全国改革开放和社会主义现代化建设作出了重大贡献。

女士们、先生们、同志们！

广东是改革开放的排头兵、先行地、实验区，是建立经济特区时间最早、数量最多的省份。深圳是改革开放后党和人民一手缔造的崭新城市，是中国特色社会主义在一张白纸上的精彩演绎。深圳广大干部群众披荆斩棘、埋头苦干，用40年时间走过了国外一些国际化大都市上百年走完的历程。这是中国人民创造的世界发展史上的一个奇迹。

——40年来，深圳奋力解放和发展社会生产力，大力推进科技创新，地区生产总值从1980年的2.7亿元增至2019年的2.7万亿元，年均增长20. 7%，经济总量位居亚洲城市第五位，财政收入从不足1亿元增加到9424亿元，实现了由一座落后的边陲小镇到具有全球影响力的国际化大都市的历史性跨越。

——40年来，深圳坚持解放思想、与时俱进，率先进行市场取向的经济体制改革，首创1000多项改革举措，奏响了实干兴邦的时代强音，实现了由经济体制改革到全面深化改革的历史性跨越。

——40年来，深圳坚持实行“引进来”和“走出去”，积极利用国际国内两个市场、两种资源，积极吸引全球投资，外贸进出口总额由1980年的0.18亿美元跃升至2019年的4315亿美元，年均增长26.1%，实现了由进出口贸易为主到全方位高水平对外开放的历史性跨越。

——40年来，深圳坚持发展社会主义民主政治，尊重人民主体地位，加强社会主义精神文明建设，积极培育和践行社会主义核心价值观，实现了由经济开发到统筹社会主义物质文明、政治文明、精神文明、社会文明、生态文明发展的历史性跨越。

——40年来，深圳坚持以人民为中心，人民生活水平大幅提高，教育、医疗、住房等实现翻天覆地的变化，2019年居民人均可支配收入6.25万元，比1985年增长31.6倍；率先完成全面建成小康社会的目标，实现了由解决温饱到高质量全面小康的历史性跨越。

40年春风化雨，40年春华秋实。当年的蛇口开山炮声犹然在耳，如今的深圳经济特区生机勃勃，向世界展示了我国改革开放的磅礴伟力，展示了中国特色社会主义的光明前景。

看似寻常最奇崛，成如容易却艰辛。深圳等经济特区一路走来，每一步都不是轻而易举的，每一步都付出了艰辛努力。深圳等经济特区改革发展事业取得的成就，是党中央坚强领导的结果，是广大干部群众开拓进取的结果，是全国人民和四面八方广泛支持的结果。在这里，我代表党中央、国务院和中央军委，向经济特区广大建设者，向所有为经济特区建设作出贡献的同志们，致以诚挚的问候！向各位来宾，向关心和支持经济特区建设的国内外各界人士，表示衷心的感谢！

女士们、先生们、同志们！

深圳等经济特区的成功实践充分证明，党中央关于兴办经济特区的战略决策是完全正确的。经济特区不仅要继续办下去，而且要办得更好、办得水平更高。

深圳等经济特区40年改革开放实践，创造了伟大奇迹，积累了宝贵经验，深化了我们对中国特色社会主义经济特区建设规律的认识。一是必须坚持党对经济特区建设的领导，始终保持经济特区建设正确方向。二是必须坚持和完善中国特色社会主义制度，通过改革实践推动中国特色社会主义制度更加成熟更加定型。三是必须坚持发展是硬道理，坚持敢闯敢试、敢为人先，以思想破冰引领改革突围。四是必须坚持全方位对外开放，不断提高“引进来”的吸引力和“走出去”的竞争力。五是必须坚持创新是第一动力，在全球科技革命和产业变革中赢得主动权。六是必须坚持以人民为中心的发展思想，让改革发展成果更多更公平惠及人民群众。七是必须坚持科学立法、严格执法、公正司法、全民守法，使法治成为经济特区发展的重要保障。八是必须践行绿水青山就是金山银山的理念，实现经济社会和生态环境全面协调可持续发展。九是必须全面准确贯彻“一国两制”基本方针，促进内地与香港、澳门融合发展、相互促进。十是必须坚持在全国一盘棋中更好发挥经济特区辐射带动作用，为全国发展作出贡献。

以上十条，是经济特区40年改革开放、创新发展积累的宝贵经验，对新时代经济特区建设具有重要指导意义，必须倍加珍惜、长期坚持，在实践中不断丰富和发展。

女士们、先生们、同志们！

当今世界正经历百年未有之大变局，新冠肺炎疫情全球大流行使这个大变局加速演进，经济全球化遭遇逆流，保护主义、单边主义上升，世界经济低迷，国际贸易和投资大幅萎缩，国际经济、科技、文化、安全、政治等格局都在发生深刻调整，世界进入动荡变革期。

我国正处于实现中华民族伟大复兴的关键时期，经济已由高速增长阶段转向高质量发展阶段。我国社会主要矛盾发生变化，人民对美好生活的要求不断提高，经济长期向好，市场空间广阔，发展韧性强大，正在形成以国内大循环为主体、国内国际双循环相互促进的新发展格局。同时，我国经济正处在转变发展方式、优化经济结构、转换增长动力的攻关期，实现高质量发展还有许多短板弱项，经济特区发展也面临着一些困难和挑战。

新形势需要新担当，呼唤新作为。新时代经济特区建设要高举中国特色社会主义伟大旗帜，统筹推进“五位一体”总体布局，协调推进“四个全面”战略布局，从我国进入新发展阶段大局出发，落实新发展理念，紧扣推动高质量发展、构建新发展格局，以一往无前的奋斗姿态和风雨无阻的精神状态，改革不停顿，开放不止步，在更高起点上推进改革开放，推动经济特区工作开创新局面，为全面建设社会主义现代化国家及实现第二个百年奋斗目标作出新的更大的贡献。

党中央对深圳改革开放和创新发展寄予厚望。2019年8月，党中央出台了支持深圳建设中国特色社会主义先行示范区的意见，全面部署了有关工作。深圳要建设好中国特色社会主义先行示范区，创建社会主义现代化强国的城市范例，提高贯彻落实新发展理念能力和水平，形成全面深化改革和全面扩大开放新格局，推进粤港澳大湾区建设，丰富“一国两制”事业发展新实践，率先实现社会主义现代化。这是新时代党中央赋予深圳的历史使命。

第一，坚定不移贯彻新发展理念。广东、深圳经济发展水平较高，面临的资源要素约束更紧，受到来自国际的技术和人才等领域竞争压力更大，落实新发展理念、推动高质量发展是根本出路。要坚持发展是第一要务、人才是第一资源、创新是第一动力，率先推动质量变革、效率变革、动力变革，努力实现更高质量、更有效率、更加公平、更可持续、更为安全的发展。

要坚持供给侧结构性改革这条主线，使生产、分配、流通、消费更多依托国内市场，提升供给体系对国内需求的适配性，以高质量供给满足日益升级的国内市场需求。要坚定不移实施创新驱动发展战略，培育新动能，提升新势能，建设具有全球影响力的科技和产业创新高地。要围绕产业链部署创新链，围绕创新链布局产业链，前瞻布局战略性新兴产业，培育发展未来产业，发展数字经济。要加大基础研究和应用基础研究投入力度，发挥深圳产学研深度融合优势，主动融入全球创新网络。要对标国际一流水平，大力发展金融、研发、设计、会计、法律、会展等现代服务业，提升服务业发展能级和竞争力。要实施更加开放的人才政策，引进培养一批具有国际水平的战略科技人才、科技领军人才、青年科技人才和高水平创新团队，聚天下英才而用之。

第二，与时俱进全面深化改革。改革永远在路上，改革之路无坦途。当前，改革又到了一个新的历史关头，很多都是前所未有的新问题，推进改革的复杂程度、敏感程度、艰巨程度不亚于40年前，必须以更大的政治勇气和智慧，坚持摸着石头过河和加强顶层设计相结合，不失时机且蹄疾步稳深化重要领域和关键环节改革，更加注重改革的系统性、整体性、协同性，提高改革综合效能。

党中央经过深入研究，决定以经济特区建立40周年为契机，支持深圳实施综合改革试点，以清单批量授权方式赋予深圳在重要领域和关键环节改革上更多自主权，一揽子推出27条改革举措和40条首批授权事项。深圳经济特区要扛起责任，牢牢把握正确方向，解放思想、守正创新，努力在重要领域推出一批重大改革措施，形成一批可复制可推广的重大制度创新成果。要着眼于解决高质量发展中遇到的实际问题，着眼于建设更高水平的社会主义市场经济体制需要，多策划战略战役性改革，多推动创造型、引领型改革，在完善要素市场化配置体制机制、创新链产业链融合发展体制机制、市场化法治化国际化营商环境、高水平开放型经济体制、民生服务供给体制、生态环境和城市空间治理体制等重点领域先行先试。要优化政府管理和服务，全面推行权力清单、责任清单、负面清单制度，加快构建亲清政商关系。要进一步激发和弘扬企业家精神，依法保护企业家合法权益，依法保护产权和知识产权，激励企业家干事创业。

第三，锐意开拓全面扩大开放。当前，世界经济面临诸多复杂挑战，我们决不能被逆风和回头浪所阻，要站在历史正确的一边，坚定不移全面扩大开放，推动建设开放型世界经济，推动构建人类命运共同体。

新发展格局不是封闭的国内循环，而是开放的国内国际双循环。要优化升级生产、分配、流通、消费体系，深化对内经济联系，增加经济纵深，增强畅通国内大循环和联通国内国际双循环的功能，加快推进规则标准等制度型开放，率先建设更高水平开放型经济新体制。要在内外贸、投融资、财政税务、金融创新、出入境等方面，探索更加灵活的政策体系、更加科学的管理体制，加强同“一带一路”沿线国家和地区开展多层次和多领域的务实合作。越是开放越要重视安全，统筹好发展和安全两件大事，增强自身竞争能力、开放监管能力、风险防控能力。

第四，创新思路推动城市治理体系和治理能力现代化。经过40年高速发展，深圳经济特区城市空间结构、生产方式、组织形态和运行机制发生深刻变革，面临城市治理承压明显、发展空间不足等诸多挑战。要树立全周期管理意识，加快推动城市治理体系和治理能力现代化，努力走出一条符合超大型城市特点和规律的治理新路子。要强化依法治理，善于运用法治思维和法治方式解决城市治理顽症难题，让法治成为社会共识和基本准则。要注重在科学化、精细化、智能化上下功夫，发挥深圳信息产业发展优势，推动城市管理手段、管理模式、管理理念创新，让城市运转更聪明、更智慧。

第五，真抓实干践行以人民为中心的发展思想。中国共产党根基在人民、血脉在人民。人民对美好生活的向往就是我们的奋斗目标。经济特区改革发展的出发点和落脚点都要聚焦到这个目标上来。

生活过得好不好，人民群众最有发言权。要从人民群众普遍关注、反映强烈、反复出现的问题出发，拿出更多改革创新举措，把就业、教育、医疗、社保、住房、养老、食品安全、生态环境、社会治安等问题一个一个解决好，努力让人民群众的获得感成色更足、幸福感更可持续、安全感更有保障。要尊重人民群众首创精神，不断从人民群众中汲取经济特区发展的创新创造活力。要把提高发展平衡性放在重要位置，不断推动公共资源向基层延伸，构建优质均衡的公共服务体系，建成全覆盖可持续的社会保障体系。要毫不放松抓好常态化疫情防控，认真总结经验教训，举一反三补齐公共卫生短板。

第六，积极作为深入推进粤港澳大湾区建设。粤港澳大湾区建设是国家重大发展战略，深圳是大湾区建设的重要引擎。要抓住粤港澳大湾区建设重大历史机遇，推动三地经济运行的规则衔接、机制对接，加快粤港澳大湾区城际铁路建设，促进人员、货物等各类要素高效便捷流动，提升市场一体化水平。要深化前海深港现代服务业合作区改革开放，规划建设好河套深港科技创新合作区，加快横琴粤澳深度合作区建设。要以大湾区综合性国家科学中心先行启动区建设为抓手，加强与港澳创新资源协同配合。要继续鼓励引导港澳台同胞和海外侨胞充分发挥投资兴业、双向开放的重要作用，在经济特区发展中作出新贡献。要充分运用粤港澳重大合作平台，吸引更多港澳青少年来内地学习、就业、生活，促进粤港澳青少年广泛交往、全面交流、深度交融，增强对祖国的向心力。

中央和国家有关部门要准确把握党中央战略意图，全力支持深圳等经济特区改革发展工作，按照统筹推进“五位一体”总体布局、协调推进“四个全面”战略布局的要求，支持经济特区深化改革开放、开展前瞻性科技创新、发展战略性新兴产业、发展高水平对外开放、加强民主法治建设、加强社会主义精神文明建设、加强民生保障和改善、改革创新社会治理、加强生态文明建设等工作，为新时代经济特区改革发展提供科学指导和有力支持。

女士们、先生们、同志们!

一花独放不是春，百花齐放春满园。我们坚定不移奉行互利共赢的开放战略，既从世界汲取发展动力，也让中国发展更好惠及世界。经济特区建设40年的实践离不开世界各国的共同参与，也为各国创造了广阔的发展空间，分享了发展利益。欢迎世界各国更多地参与中国经济特区的改革开放发展，构建共商共建共享共赢新格局。

女士们、先生们、同志们!

经济特区处于改革开放最前沿，加强党的全面领导和党的建设有着更高要求。要深入贯彻新时代党的建设总要求，以改革创新精神在加强党的全面领导和党的建设方面率先示范，扩大基层党的组织覆盖和工作覆盖。广大党员、干部要坚定理想信念、更新知识观念、掌握过硬本领，自觉站在党和国家大局上想问题、办事情。要建立健全激励机制，推动形成能者上、优者奖、庸者下、劣者汰的正确导向，为改革者负责，为担当者担当，激发党员和干部干事创业的热情和劲头。要持之以恒正风肃纪，坚定不移惩治腐败，坚决反对形式主义、官僚主义，营造风清气正的良好政治生态。

中国特色社会主义是物质文明和精神文明全面发展的社会主义。经济特区要坚持“两手抓、两手都要硬”，在物质文明建设和精神文明建设上都要交出优异答卷。要加强理想信念教育，培育和践行社会主义核心价值观，深化中国特色社会主义和中国梦宣传教育，教育引导广大干部群众特别是青少年坚定中国特色社会主义道路自信、理论自信、制度自信、文化自信。要弘扬以爱国主义为核心的民族精神和以改革创新为核心的时代精神，继续发扬敢闯敢试、敢为人先、埋头苦干的特区精神，激励干部群众勇当新时代的“拓荒牛”。

要深入开展群众性精神文明创建活动，广泛开展社会公德、职业道德、家庭美德、个人品德教育，不断提升人民文明素养和社会文明程度。要加强公共文化设施建设，推动文化产业高质量发展，更好满足人民精神文化生活新期待。

女士们、先生们、同志们！

四十载波澜壮阔，新征程催人奋进。经济特区的沧桑巨变是一代又一代特区建设者拼搏奋斗干出来的。在新起点上，经济特区广大干部群众要坚定不移贯彻落实党中央决策部署，永葆“闯”的精神、“创”的劲头、“干”的作风，努力续写更多“春天的故事”，努力创造让世界刮目相看的新的更大奇迹！

第二篇 科技政策与投入

Policy & Investment of Science & Technology

第一章 科技政策法规研究与制定

一、一部法规

2020年，深圳市推动出台全国首部覆盖科技创新全生态链的地方性法规《深圳经济特区科技创新条例》，从立法层面构建“链式”科技创新保障体系。

《条例》坚持立法科学性、前瞻性、系统性和引领性，以法规形式对近年来深圳市确立的科技创新政策措施、体制机制、产业布局、载体建设等进行固化，在此基础上，部分制度设计变通国家法律规定，部分制度设计为国内率先规定，涵盖基础研究和应用基础研究、技术创新、成果转化、科技金融、知识产权、空间保障、创新环境等方面。《条例》经深圳市第六届人民代表大会常务委员会第四十四次会议于2020年8月26日通过，于2020年11月1日起施行。

二、两项规则

一是编制《深圳市科技创新“十四五”规划（初稿）》。2020年，深圳全面总结“十三五”深圳市科技创新发展成效并系统分析存在问题，结合科技创新发展的最新趋势，提出深圳市科技创新“十四五”时期的发展思路、定位、目标，重点在科技供给侧结构性改革、重大创新载体平台建设、关键核心技术攻关、科技成果产业化、未来产业前沿领域研判、高新区创新发展等方面做好谋划。时任深圳市副市长聂新平两次专题听取《规划》编制情况汇报，对《规划》初稿高度肯定。

二是编制《河套深港科技创新合作区深方园区规划（2021—2035年）（初稿）》，聚焦生命科学、信息科学、材料科学3个方向，在医疗科技、大数据及人工智能、机器人、新材料、微电子、金融科技6个领域，集聚优质高端科研项目，创新体制机制，实施重大创新载体倍增、关键核心技术突破、科技成果产业化、科技创新平台枢纽、国际人才创新服务等工程，努力打造国际科技创新规则对接区。

三、五份综合性文件

一是深圳市配合科技部起草《中国特色社会主义先行示范区科技创新行动方案》，从建设国际科技创新城市、国际领先的现代化产业技术体系、国际可持续发展先锋城市、科技创新治理样板区4方面提出15项举措，有效集成中央和深圳市创新资源，推动深圳在科技创新治理体系上率先破题，发挥科技创新在先行示范区建设中的支撑引领作用。

二是出台深圳市科技创新委党组2号文。全面落实深圳市委“1+10+10”工作安排，紧扣“双区”建设，起草《关于聚焦“双中心”奋力推动“双区”建设的实施意见》（深科技创新党组〔2020〕2号），突出科技创新对建设综合性国家科学中心的重要牵引作用。

三是出台《关于强化科技支撑打赢疫情防控阻击战促进企业健康发展的若干措施》（深科技创新〔2020〕38号）。从“集中力量实施疫情防控科研攻坚行动”“聚焦疫情防控需求提供全方位科研保障”“汇聚人才力量助力抗疫复产”“加大惠企支持力度缓解经营压力”和“实施科技管理服务便利化举措”5个方面提出16条举措，为打赢疫情防控阻击战贡献深圳科技力量。

四是出台《深圳市深港澳科技计划项目管理办法》（深科技创新规〔2020〕4号），将港澳高校和科研机构纳入深圳市科技创新体系，进一步促进深圳市与港澳的科技交流与合作，推动粤港澳大湾区产学研融合。

五是出台《深圳市关于进一步促进科技成果产业化的若干

措施》，从4大工程、15 项计划、39条政策措施建立起符合市场经济和科技创新发展规律的科技成果产业化体系，完善“基础研究+技术攻关+成果产业化+科技金融+人才支撑”全过程创新生态链。

第二章 科技政策措施与规范文件

广东省人民政府广东省科技计划项目监督规定

粤府令第271号

《广东省科技计划项目监督规定》已于2020年2月27日十三届广东省人民政府第88次常务会议通过，现予公布，自2020年5月1日起施行。

省长：马兴瑞

2020-03-27

广东省科技计划项目监督规定

第一章 总 则

第一条 为了提高科技计划项目组织实施质量和财政资金使用效益，完善和规范科技计划项目监督管理机制，强化科研学风作风建设，激发科研人员创新活力，营造求真务实的科研创新环境，根据《中华人民共和国科学技术进步法》《广东省自主创新促进条例》等有关法律法规，结合本省实际，制定本规定。

第二条 本规定适用于广东省行政区域内，广东省人民政府科学技术主管部门、财政部门、项目主管部门（以下简称“监督部门”）对省级财政资金支持的科技计划项目组织实施及资金管理等情况，开展的检查、督导、评价和问责等监督活动。

本规定所称的项目主管部门，包括省直有关行业管理部门、地级以上市人民政府科学技术主管部门、高等院校、科学技术研究开发机构等具有协同管理或者项目推荐权的单位。

第三条 科技计划项目监督工作应当遵循权责对等、分级监管、全程监督的原则，落实放管结合、尊重规律、绩效导向、廉政风险防控的相关要求。

第四条 监督部门应当在科技计划项目组织实施中，对受其直接管理或者协同管理的相关单位和个人的履职尽责情况开展监督。被监督的单位和个人应当予以配合。

实施监督工作的人员应当具备相适应的专业知识和业务能力，独立、客观、公正开展工作。

第五条 监督部门应当保障科技计划项目监督工作所需经费，并列入本单位预算。

第六条 监督部门可以委托科技管理类事业单位或者其他科技服务机构作为项目管理专业机构，负责组织科技计划项目评审论证、过程管理、评估和评价等监督工作。

广东省人民政府科学技术主管部门和财政部门应当推动项目管理专业机构和科技咨询专家队伍专业化建设，项目主管部门应当加强内部监督机构和人员能力建设。

第七条 监督部门及项目管理专业机构应当依托广东省科技业务管理系统开展智能监督和风险预警，并运用信息化技术推动监督信息统一平台建设，加强监督信息共享与运用。

第二章 监督职责

第八条 广东省人民政府科学技术主管部门和财政部门牵头负责科技计划项目监督工作。

广东省人民政府科学技术主管部门的监督职责包括:

（一）研究制定科技计划项目监督工作相关制度，加强监督工作的统筹协调、综合指导、基础能力建设;

（二）对科技计划项目申报指南编制、项目评审论证、项目管理专业机构遴选和委托等重点环节的规范性和科学性进行监督;

（三）组织或者会同有关部门对科技计划项目实施情况开展随机抽查和专项检查;

（四）对项目主管部门协同管理工作进行监督或者指导;

（五）对项目管理专业机构法人治理结构、内部管理、项目管理的规范性和有效性进行监督;

（六）对科技咨询专家履职的独立性、客观性、公正性，以及廉洁自律、保密制度、回避规则等执行情况进行监督;

（七）对科技计划项目相关财政法规和财政资金管理规定的执行以及财政资金的使用情况进行监督;

（八）对科技计划项目进行绩效评估和评价;

（九）加强监督结果运用，牵头建立科技计划项目诚信监督管理体系;

（十）法律法规规定的其他监督职责。

广东省人民政府财政部门的监督职责包括:

（一）对科技计划项目财政资金管理制度规范、预算编审、任务清单编制等重点环节的规范性和科学性进行监督;

（二）对科技计划项目财政资金使用绩效适时组织开展重点评价;

（三）法律法规规定的其他监督职责。

第九条 项目主管部门的监督职责包括:

（一）研究制定科技计划项目监督工作的相关制度或者措施;

（二）对所属或者所辖的项目承担单位进行协同管理和监督;

（三）参与省人民政府科学技术主管部门和财政部门组织开展的科技计划项目绩效评估和评价;

（四）配合省人民政府科学技术主管部门和财政部门开展相关监督工作。

第十条 项目管理专业机构应当依据委托管理协议，开展对科技计划项目组织实施、资金管理等情况的相关监督工作。

第十一条 监督部门应当建立健全与纪检监察和审计机关的协作配合机制，加强监督工作内外衔接，形成监督合力。

第三章 监督方式

第十二条 监督部门及项目管理专业机构可以采取日常监督、专项检查、专项审计、绩效评估和评价等方式实施监督。

日常监督是指对科技计划项目组织实施和资金管理情况进行的常规性和持续性监控，包括对有关投诉举报进行的核查。

专项检查是指对项目承担单位落实法人治理结构责任、建立健全内部管理制度、执行相关财政法规和财政资金管理规定、使用财政资金等情况进行的检查。

专项审计是指对科技计划项目财政资金使用的合规性和合理性，以及财务收支信息的真实性和完整性等进行的审计，一般委托社会审计力量开展。

绩效评估和评价是指对科技计划项目的整体目标定位、组织管理、实施进展、财政资金使用、成果产出、效果和影响等情况进行的评估和评价。

第十三条 广东省人民政府科学技术主管部门和财政部门应当根据各自职责建立健全科技计划项目组织实施、资金管理等相关制度。

广东省人民政府科学技术主管部门应当将监督内容和要求纳入有关实施方案或者工作规程，并明确项目申报指南编制、评审论证、绩效评估和评价、成果汇交等环节的具体流程、分工和监督职责。

广东省人民政府科学技术主管部门在科技计划项目组织实施过程中，涉及工作委托和任务下达的，应当按照要求在合同、任务书、协议中明确工作任务、工作期限、考核目标和指标、监督考核方式、科研诚信义务等具体事项。

广东省人民政府科学技术主管部门应当建立健全科技咨询专家管理制度和工作规范，完善专家评价责任机制，实行专家随机抽取产生、动态调整管理、选任回避等制度。

广东省人民政府科学技术主管部门可以通过多种途径和形式选聘特邀监督员，对科技计划组织实施情况进行监督。

第十四条 项目主管部门应当对所属或者所辖单位的项目推荐流程和责任分工作出规范，并督促相关单位完善监督机制、加强内部管理、落实科技计划项目及财政资金管理责任。

第十五条 项目管理专业机构应当完善法人治理结构，建立健全机构管理和运行的规章制度，提高专业化监管水平。

第十六条 项目承担单位应当加强内部管理，完善内部控制和监督制约机制，保障项目资金使用的合法性和安全性。

第十七条 项目承担单位应当在科技计划项目实施中加强管理工作记录，将有关信息录入广东省科技业务管理系统，并按照国家档案技术规范要求整理归档和集中管理项目档案，使科技计划项目实施全过程可查询且可追溯。

第十八条 项目承担单位应当按照有关管理规定，定期向省人民政府科学技术主管部门和项目主管部门报告科技计划项目的实施进度、资金使用、组织管理等相关工作情况；遇有重大事项或者特殊情况，应当及时报告。

项目管理专业机构应当按照有关管理规定，定期向省人民政府科学技术主管部门报告科技业务服务工作的组织管理和经费使用管理等情况；遇有重大事项或者特殊情况，应当及时报告。

第十九条 项目主管部门、项目管理专业机构、项目承担单位应当按照有关规定和本单位实际，建立健全公开公示制度，明确公开公示的事项、范围、时限、方式等内容和要求，并及时向单位内部或者社会公开有关信息。

第四章 监督程序

第二十条 监督部门应当根据各自职责统筹制定年度监督检查计划，明确监督对象、内容、时间、方式和要求，并加强与项目管理专业机构的协调和衔接。

第二十一条 监督部门应当根据工作需要采用随机抽取和重点选取相结合的方式选择监督对象，合理确定对项目管理专业机构和项目承担单位开展现场监督的比例。

第二十二条 监督部门对于遵守项目合同、任务书或者协议约定义务的单位所承担的科技计划项目，执行期内现场监督原则上不得超过1次，并应当在项目立项满1年后进行；对于违反项目合同、任务书、协议约定义务的单位所承担的科技计划项目，可以增加现场监督频次。

自由探索类基础研究和实施周期3年以下的科技计划项目以承担单位自我管理为主，一般不开展过程检查。

第二十三条 监督部门应当运用信息化管理技术，提高监督工作时效性和精准度。对于项目承担单位已经按照规定在广东省科技业务管理系统填报的材料和信息，或者已经按照规定要求提供的材料，不得要求重复提交。

第二十四条 监督部门应当对监督中发现的重要问题、线索的真实性、线索的完整性进行核查。

第二十五条 监督部门应当建立公众参与监督机制，受理投诉举报，并按照有关规定进行登记和分类处理。投诉举报事项不在权限范围内的，应当按照有关规定移交有权部门处理，或者告知投诉举报人可以直接向有权受理的部门投诉举报。

第五章 结果运用

第二十六条 监督部门在实施监督中发现问题的，应当按照相关规定下达监督结果并整改建议。相关单位和个人应当在规定时限内完成整改，并以书面形式报告整改情况。

监督结果应当明确主体、对象、内容、时间、程序、结论和重要事项记录等内容。相关单位和个人对监督结果和整改建议有异议的，可以按照相关规定申请复核和申诉。

第二十七条 监督部门应当协作配合，建立健全监督信息共享、结果互认、情况通报、线索移送等协调机制。

第二十八条 监督部门应当根据监督结果、整改情况、绩效评估和评价以及诚信分级评价，优化科技计划项目管理。

第二十九条 监督部门应当建立宽容失败的机制，对于探索性强或风险性高的科技计划项目，原始记录证明项目承担单位和人员已经履行勤勉尽责义务仍不能完成的，可以按照有关规定允许结题，且不要求退缴已合法使用完毕的财政资金，不纳入严重失信记录，不限制项目承担人员再次申报科技计划项目。

第三十条 监督部门应当按照有关规定，及时向社会公布监督工作情况和监督结果等信息，自觉接受社会监督。

第六章 诚信管理

第三十一条 广东省人民政府科学技术主管部门和项目主管部门应当建立健全诚信信息采集和记录、分级评价、案件调查处理等管理制度，将相关单位和个人的严重失信行为记入其科研诚信档案。

第三十二条 广东省人民政府科学技术主管部门应当推动科研诚信记录信息跨部门和跨区域共享共用，建立健全失信联合惩戒机制。

第三十三条 广东省人民政府科学技术主管部门和项目主管部门应当对科技计划项目申报单位和个人开展诚信审核，发现其科研诚信档案中存在严重失信记录的，可以按照相关规定定期或者终身限制其申报科技计划项目。

第三十四条 项目管理专业机构应当加强科技计划项目评审论证、过程管理、绩效评估和评价等环节的诚信管理，配合查处严重失信行为。

第三十五条 项目承担单位应当建立健全本单位的科研诚信规章制度，明确科研人员的诚信责任和责任追究方式。

第三十六条 项目承担人员应当严格遵守科技计划管理的各项规定，恪守科学道德准则、诚信要求、科研伦理，树立科学家精神和责任意识，自觉接受有关方面的监督。

项目负责人应当加强对项目相关人员的监督管理，并对科研成果的署名、研究数据的真实性、实验的可重复性等进行诚信和学术审核。

第三十七条 科技咨询专家应当严格遵守诚信要求和职业道德，为科技计划项目组织实施提供公正、公平、客观、科学的咨询意见，自觉按照有关规定接受监督。

第七章 责任追究

第三十八条 项目承担单位和个人在科技计划项目申报、资金申请、资金使用、绩效评估和评价等环节存在不配合监督工作或违规行为或者严重失信行为的，监督部门应当根据情节轻重，采取约谈、通报批评、中止项目并责令整改、撤销相关项目并追回已资助的财政资金、定期或者终身限制申报科技计划项目等方式予以处理；发现重大违纪违法问题线索的，监督部门应当按照管辖权限及时移送有关国家机关依法处理；构成犯罪的，依法追究刑事责任。

第三十九条 项目管理专业机构及其工作人员在开展监督工作过程中存在违反委托管理协议约定或者严重失信行为的，监督部门应当根据情节轻重，采取约谈、通报批评、解除委托管理协议、追回已拨付经费、取消项目管理资格等方式予以处理；发现重大违纪违法问题线索的，监督部门应当按照管辖权限及时移送有关国家机关依法处理；构成犯罪的，依法追究刑事责任。

第四十条 科技咨询专家在咨询活动中存在违反相关管理规定或者严重失信行为的，监督部门应当视情节轻重，采取约谈、通报批评、降低专家信用等级、取消咨询资格等方式予以处理；构成犯罪的，依法追究刑事责任。

第四十一条 监督部门及其工作人员在科技计划项目组织实施和监督工作中，滥用职权、玩忽职守、徇私舞弊的，依法追究相关单位和人员的责任；构成犯罪的，依法追究刑事责任。

第八章 附 则

第四十二条 本规定自2020年5月1日起施行。

广东省科学技术厅 广东省教育厅 关于印发《广东省大学科技园实施办法》的通知

粤科高字〔2020〕101号

各地级以上市科技局（委）、教育局，省有关部门，各有关单位：

为贯彻落实《国家大学科技园管理办法》，激发高校创新主体的积极性和创造性，规范广东省大学科技园建设和运行管理，提升广东省大学科技园的自主创新能力和发展水平，省科技厅会同省教育厅制定了《广东省大学科技园实施办法》，现印发给你们，请结合实际，认真贯彻执行。

省科技厅　省教育厅

2020年4月17日

广东省大学科技园实施办法

第一章 总 则

第一条 为贯彻落实《国家大学科技园管理办法》（国科发区〔2019〕117号）相关要求，推动创新驱动发展，激发高等院校（含本科及高职院校，以下简称“高校”）新主体的积极性和创造性，规范广东省大学科技园建设和运行管理，提升广东省大学科技园的能力和发展水平，促进科技成果转化和产业化，特 制定本办法。

第二条 大学科技园是以具有科研优势和学科特色的高校为依托，将科教智力资源与市场优势创新资源紧密结合，推动高校实现产学研结合的科技服务机构，是广东省科技孵化育成体系的重要组成部分，是知识创造向现实生产力转化的重要平台，是加快建设高水平大学的重要抓手。

第三条 大学科技园的主要功能是搭建创新创业实践基地，鼓励师生教学与创业实践相结合，提升科研育人能力，促进科技、教育、经济融通，推动创新资源集成、科技成果转化、科技创业孵化、创新人才培养、开放协同发展。

第四条 广东省科学技术厅（以下简称“省科技厅”）会同广东省教育厅（以下简称“省教育厅”）对广东省大学科技园进行管理和指导，并对省内符合条件的大学科技园认定为“省级大学科技园”。

第二章 建设与提升

第五条 构建广东省大学科技园梯次发展格局，通过以申促建，积极创建省级、国家大学科技园，推动大学科技园高质量发展。

第六条 加强省级大学科技园建设，不断完善创新创业服务体系，为推动区域经济发展提供有力支撑。

第七条 推动有条件的大学科技园建设省级大学科技园：

（一）“省级大学科技园”应具备以下条件：

1.依托高校在广东省内建立的大学科技园，并与高校优势专业领域紧密结合。

2.具备专业的管理机构、完善的运营管理体系和服务机制，具有明确的发展方向和发展目标。管理机构应为广东省内注册的独立法人，实际注册并运营满1年。

3.具有边界清晰、法律关系明确、总面积不低于8000平方米的可自主支配场地，鼓励对照国家大学科技园认定面积标准建设。提供给在孵企业使用的场地面积应占大学科技园可自主支配面积的60%以上；建有众创空间、星创天地等双创平台。

4.具有专业的服务团队，经过创业服务相关培训或具有创业、投融资、企业管理等经验的服务人员数量占总人员数量的80%以上。

5.园内在孵企业原则上不少于30家，其中拥有有效知识产权的企业占比不低于30%。属于特色化、专业化发展的大学科技园，可适当放宽在孵企业数量条件。

6.园内50%以上的在孵企业在技术、成果、人才等方面与依托高校有实质性联系。

7.园区能够整合高校和社会化服务资源，依托高校向大学科技园的在孵企业提供研发中试、检验检测、信息数据、专业咨询和培训等资源和服务，具有技术转移、知识产权、科技中介等功能或与相关机构建有实质性合作关系。

8.园内有天使投资、风险投资、融资担保等机构入驻，或与相关金融机构建立合作关系，至少有2个以上投融资服务案例。

9.具有专业的创业导师队伍，在技术研发、商业模式构建、经营管理、资本运作和市场营销等方面提供辅导和培训。

10.建有高校学生科技创业实习基地，为大学生创业实践提供 场地、资金、服务等方面的支持。

11.举办多元化的双创活动，每年举办创业沙龙、创业大赛、创业训练营和大学生创业实训等各类创新创业活动。

12.纳入高校和地方发展规划，已建立与地方协同发展的有效机制。

（二）在孵企业应具备以下条件：

1.应属于《国家重点支持的高新技术领域》规定的范围，企业注册地及主要研发办公场所必须在大学科技园内。

2.需符合《中小企业划型标准规定》所规定的小型或微型企业划分标准。

3.孵化时间原则上不超过4年。

4.单一在孵企业使用的孵化场地面积不大于1000平方米。从事包括航空航天和生物医药在内的特殊领域不大于3000平方米。

5.研发的项目（产品）知识产权界定清晰。

第八条 属于东西两翼沿海经济带和北部生态发展区的大学科技园，认定条件可适当放宽。

第九条 省科技厅会同省教育厅定期组织开展省级大学科技园申报和认定工作。各地级以上市科技管理部门会同教育管理部门负责本地区省级大学科技园的申报组织工作，对申报材料的真实性及合规性进行审核并实地核查，符合认定条件的推荐至省科技厅和教育厅；由省科技厅会同省教育厅委托专业机构组织专家进行评审认定，并公布认定结果。

第三章 管理与发展

第十条 省级大学科技园实施统计年报制度，园区应不断提高运行管理水平，加强工作总结与数据统计分析，每年3月底前将上一年度总结报告报送省科技厅和教育厅。

第十一条 省科技厅会同省教育厅每年对省级大学科技园开展运营评价，对未履行大学科技园功能且运营评价不合格的，限期整改，整改后仍不合格的，取消资质。

第十二条 省级大学科技园变更名称、运营主体、面积范围、场地位置等信息，需在3个月内提出申请，经地市科技、教育管理部门审核并实地核查后，报省科技厅和教育厅备案。

第十三条 已认定的“国家大学科技园培育单位”纳入省级大学科技园的管理，按照国家及广东省政策和文件规定享受相关优惠政策。

第十四条 在认定过程中存在申报资料弄虚作假等失信行为的，根据国家和省关于科研信用管理规定，进行相关信用记录处理。

第十五条 省科技厅会同省教育厅组织制定支持国家和省级大学科技园建设与发展的政策，推进省级大学科技园升级为国家大学科技园。

第十六条 对省级以上大学科技园自用以及无偿或通过出租等方式提供给在孵对象使用的房产和土地，免征房产税和城镇土地使用税。对其向在孵企业（团队）提供孵化服务取得的收入，免征增值税。

第十七条 省级以上大学科技园纳入广东省大学科技园运营评价体系，根据运营评价结果，珠三角地区为A等级，粤东西北地区为A、B等级的给予一定奖励。

第十八条 省级以上大学科技园可作为科技创新券的推荐主体。纳入高等教育"创新强校"工程和高等教育"冲一流、补短板、强特色"提升计划考核指标体系。

第十九条 大学科技园要探索成果转化新机制创新，建立和完善创业服务体系，增加源头技术创新有效供给，强化知识产权创造、运用、保护和管理能力，逐步建成具有资源集聚、成果转化、投融资、创业培训、港澳台及国际合作等功能的科技园区。

第二十条 高校作为大学科技园的管理主体，应在大学科技园的建设与发展中发挥核心作用，把大学科技园的建设与发展纳入学校整体建设与发展规划，制定和落实相应的激励政策，向大学科技园开放学校的各种资源，把建设省级大学科技园和国家大学科技园作为推进高水平大学建设的重要抓手。

第二十一条 各地级以上市人民政府应赋予更多自主权给大学科技园，并将大学科技园的建设工作纳入当地科技和教育发展规划，加强对省级以上大学科技园建设发展的指导和协调，制定和落实相关政策。

第二十二条 鼓励组建大学科技园协会组织或区域性战略联盟，有条件的大学科技园牵头组建技术创新联盟，加强大学科技园之间的交流与合作，加强行业自律，促进大学科技园事业规范健康发展。

第四章 附则

第二十三条 本办法由省科技厅及教育厅负责解释，自发布之日生效，有效期5年。

第二十四条 原《广东省大学科技园认定及管理办法》（粤科高字〔2001〕309号）同时废止。

广东省科学技术厅关于印发《广东省科技企业孵化载体管理办法》的通知

粤科高字〔2020〕114号

各地级以上市科技局（委）、国家级高新区管委会：

为贯彻落实《广东省自主创新促进条例（2019年修订）》《关于进一步促进科技创新的若干政策措施》（粤府〔2019〕1号）相关要求，加强广东省科技企业孵化载体的规范管理，构建优良的科技创业生态，推动大众创业万众创新上新水平，助力粤港澳大湾区国际科技创新中心建设。根据科技部《科技企业孵化器管理办法》（国科发区〔2018〕300号）和《国家众创空间备案暂行规定》（国科火字〔2017〕120号），广东省科技厅制定了《广东省科技企业孵化载体管理办法》，现印发给你们，请结合实际，认真贯彻执行。

广东省科技厅

2020年5月6日

广东省科技企业孵化载体管理办法

第一章 总 则

第一条 为贯彻落实《科技企业孵化器管理办法》（国科发区〔2018〕300号）、《国家众创空间备案暂行规定》（国科火字〔2017〕120号）、《广东省自主创新促进条例（2019年修订）》、《关于进一步促进科技创新的若干政策措施》（粤府〔2019〕1号）相关要求，加强广东省科技企业孵化载体的规范管理，加快科技孵化育成体系提质增效，构建优良的科技创业生态，推动大众创业万众创新上新水平，支撑粤港澳大湾区国际科技创新中心建设，特制定本办法。

第二条 科技企业孵化载体是涵盖众创空间、科技企业孵化器、科技企业加速器等多种形态孵化载体的统称，是科技企业孵化链条中的重要组成部分，是引导各类人才创新创业、满足企业不同成长阶段需求、加速科技成果转化、培育新兴产业、以创业带动就业的重要平台。

第三条 众创空间以创业者、创业团队、初创企业为服务对象，主要功能是通过提供工作空间、网络空间、社交空间和资源共享空间以及低成本、便利化、全要素、开放式的孵化服务，帮助创业者把想法变成产品、把产品变成项目、把项目变成企业。

第四条 科技企业孵化器（以下简称“孵化器”）以科技企业为服务对象，主要功能是通过提供物理空间、共享设施、技术服务、咨询服务、投资融资、创业辅导、资源对接等服务，降低创业成本，提高创业存活率，促进企业成长。

第五条 科技企业加速器（以下简称“加速器”）以高成长科技企业为服务对象，主要功能是通过提供满足企业加速成长的发展空间，配备小试、中试等专业技术平台，提供企业规模化发展的技术研发、资本对接、市场拓展等深层次孵化服务，加速科技企业做大做强。

第六条 科技企业孵化链条是以孵化器为核心，向孵化器的前端和后端延伸，通过为不同发展阶段的创业企业和团队提供全过程且针对性的专业化孵化服务，逐步实现从团队孵化到企业孵化到产业孵化，形成“众创空间-科技企业孵化器-科技企业加速器”一体化的科技企业孵化链条。

第七条 推动广东省科技企业孵化载体集聚创新要素与产业资源，构建完善的创业孵化服务体系，提升孵化绩效，向国际化、专业化、链条化、生态化方向发展。

第八条 广东省级科技管理部门负责对省科技企业孵化载体进行法规管理和业务指导。

第二章 广东省众创空间认定条件

第九条 申请广东省众创空间（以下简称“省级众创空间”）应具备以下条件：

（一）广东省内注册的独立法人，具有完善的运营管理体系和孵化服务机制，以及明确的发展方向和目标。机构实际注册并运营满1年，且至少报送半年真实且完整的统计数据。

（二）拥有不低于300平方米的孵化场地面积（属租赁场地的，应保证自申请之日起3年以上有效租期），鼓励对照国家备案众创空间认定面积标准建设。

（三）提供不少于20个创业工位，同时具备公共服务场地和设施。

（四）创业团队和企业使用面积（含公共服务面积）不低于众创空间孵化场地面积的75%。

公共服务面积是指科技企业孵化载体提供给入驻企业（团队）共享的活动场所，包括公共接待区、展示区、会议室、休闲 活动区、专业设备区等配套服务场地。

（五）具备较强的孵化服务能力，服务收入（不含房租）与投资收入总和不低于总收入的40%。

（六）具备天使投资功能，每年获得投融资的创业团队和企业数量不低于2家。

（七）具有创业导师队伍，要求每10家创业团队和企业至少配备2名创业导师。

创业导师是指接受科技部门、行业协会、科技企业孵化载体聘任，能对创业企业、创业者提供专业化、实践性辅导服务的企业家、投资专家、管理咨询专家等。

（八）建有开放式的线上服务平台，能够提供包含投融资对接和技术咨询在内的多元线上服务，实际提供服务的合作机构数量不少于5家。

（九）入驻创业团队和企业数量不少于15家，创业团队和企业入驻时限一般不超过24个月，创业团队每年新注册为企业的数量不少于6家。

（十）每年开展创业沙龙、项目路演、创业大赛、创业培训等活动不少于10场次。

第三章 广东省科技企业孵化器认定条件

第十条 申请广东省科技企业孵化器（以下简称“省级孵化器”）应具备以下条件：

（一）广东省内注册的独立法人，具有完善的运营管理体系和孵化服务机制，以及明确的发展方向和目标。机构实际注册并运营满2年，且至少报送1年真实且完整的统计数据。

（二）孵化器场地集中，可自主支配的孵化场地面积不低于6000平方米（属租赁场地的，应保证自申请之日起5年以上有效租期），鼓励对照国家级孵化器认定面积标准建设。在孵企业使用面积（含公共服务面积）占75%以上。

（三）具备投融资服务功能，孵化器自有种子资金或合作的孵化资金规模不低于300万元人民币，获得投融资的在孵企业占比不低于10%，并有不少于2个资金使用案例。

（四）孵化器拥有职业化的服务队伍，专业孵化服务人员占机构总人数80%以上，每10家在孵企业至少配备1名专业孵化服务人员和2名创业导师。

专业孵化服务人员是指具有创业、投融资、企业管理、知识产权运营等经验或经过创业服务相关培训的孵化器专职工作人员。

（五）孵化器在孵企业中已申请知识产权的企业占在孵企业总数比例不低于35%或拥有有效知识产权的企业占比不低于20%。

（六）孵化器在孵企业不少于35家，且每千平方米平均在孵企业不少于3家。

（七）孵化器累计毕业企业应达到15家以上。

（八）建有开放式的线上服务平台，具有集成化的服务能力，能够提供技术转移、科技金融、创业辅导、资源链接等各类创业服务，实际提供服务的合作机构数量不少于5家。

第十一条 能够提供细分产业领域的精准孵化服务，拥有可自主支配的公共服务平台，且能够提供研究开发、检验检测、小试中试等专业技术服务的可按专业孵化器进行认定管理。专业孵化器在孵企业应不少于25家，且每千平方米平均在孵企业不少于2家，要求在同一产业领域从事研发和生产的企业占在孵企业总数的75%以上，累计毕业企业应达到10家以上。

第十二条 本办法中的在孵企业应该具备以下条件：

（一）主要从事新技术、新产品的研发、生产和服务，应满足科技型中小企业相关要求。

（二）企业注册地和主要研发或办公场所须在本孵化器场地内，入驻时成立时间不超过24个月。

（三)孵化时限一般不超过48个月。技术领域为生物医药、现代农业、集成电路的企业，孵化时限不超过60个月。

第十三条 本办法中的毕业企业应具备以下条件中的至少一条：

（一）经国家备案通过的高新技术企业；

（二）纳入广东省高新技术企业培育库；

（三）累计获得天使投资或风险投资超过300万元；

（四）连续2年营业收入累计超过600万元；

（五)被兼并、收购或在包括主板、中小板、创业板、科创板、新三板、地方股权交易中心等国内外资本市场挂牌、上市。

第四章 广东省科技企业加速器认定条件

第十四条 申请广东省科技企业加速器（以下简称“省级加速器”）应具备以下条件：

（一）广东省内注册的独立法人，具有完善的运营管理体系和明确的产业定位与发展方向。机构实际注册并运营满2年，且至少报送1年真实、完整的统计数据。

（二）加速器场地相对集中，可自主支配的孵化场地面积不低于20000平方米（属租赁场地的，应保证自申请之日起5年以上有效租期），入驻企业使用面积（含公共服务面积）占75%以上。

（三）配套服务设施齐全，产业服务功能完善，建有检验检测、小试中试等技术服务、产业化服务平台，能够为入驻企业提供深层次专业化服务。

（四）配备自有或合作设立支撑产业发展的加速孵化资金，资金规模不低于500万元人民币，获得投融资的入驻企业占比不 低于10%，并有不少于2个资金使用案例。

（五）加速器拥有职业化的服务队伍，专业孵化服务人员占机构总人数80%以上，每10家入驻企业至少配备1名专业孵化服务人员和2名创业导师。

（六）加速器入驻企业中拥有有效知识产权的企业占入驻企业总数比例不低于30%。

（七）入驻企业不少于20家，且在同一产业领域从事研发或生产的企业占入驻企业总数的60%以上。

（八）与孵化器之间建有对接机制，并建有入驻企业从孵化器快速入驻加速器的通道。从孵化器毕业的企业数量占加速器入驻企业总数不低于30%。

（九）建有开放式的线上服务平台，具有集成化的服务能力，能够提供资本、信息、咨询、人才、市场、技术开发与交流、国际合作等多方面服务，实际提供服务的合作机构数量不少于 5 家。

第十五条 加速器应建立企业准入机制，优选入驻企业，同时具备以下基本条件：

（一）入驻企业的主要产品（服务）应属于国家重点支持高新技术领域范围；

（二）入驻企业连续2年营业收入累计达600万元以上；

（三）企业研究开发费用占企业销售收入比例3%以上。

第十六条 加速器建立企业定向退出机制，对成长较快或加速器空间不能满足其发展需求的入驻企业，加速器运营管理机构负责协助其进入专业园区或产业基地。对科技含量较低或成长性较差的企业，取消入驻资格，引导其离开加速器。

第五章 国际化或粤港澳科技企业孵化载体认定条件

第十七条 申请国际化或粤港澳科技企业孵化载体应具备以下条件：

（一）广东省内注册的独立法人，具有完善的运营管理体系和孵化服务机制，以及明确的发展方向和目标。

（二）具备服务国际化或港澳创新创业和科技成果转化的物理空间，可自主支配的孵化场地面积不少于300平方米。

（三）拥有职业化的运营团队，具备面向国外、港澳创业团队和科技成果转化的专业孵化服务能力，实际提供服务的合作机构数量不少于3家。

（四）建立国际化或港澳创新资源的对接渠道，与国外及港澳的大学、科研机构、商会、协会或企业等机构建立良好的合作关系。

（五）拥有一批高质量的国外或港澳创业团队和成果转化项目，已申请知识产权的国外、港澳在孵企业（团队）总数不少于10个。

（六）具有投融资服务功能，获得投融资的国外或港澳在孵企业（团队）数量不少于2个。

（七）举办面向国外或港澳创新创业人员的交流活动一年不少于5场次。

（八）制定符合国外或港澳创新创业人才特点的服务措施。

第十八条 以上条件中在孵企业需满足“省级孵化器”在孵企业标准，国外或港澳在孵企业（团队）的股东、实际控制人、高级管理人员或带头人须为国外、港澳创业者。

第十九条 符合以上认定条件的科技企业孵化载体，认定为国际化或粤港澳科技企业孵化器（众创空间）。

第六章 申报和管理

第二十条 省级科技管理部门负责定期开展省级科技企业孵化载体的认定工作。申报机构向所在地市科技管理部门或国家级高新区管委会提出申请，并按照要求提交申报材料；地市科技管理部门、国家级高新区管委会对申报材料的真实性、合规性进行审核并实地核查，审核通过后推荐至省级科技管理部门；省级科技管理部门委托专业机构组织专家进行评审认定，并公布认定结果。

第二十一条 省级众创空间、孵化器、加速器面积不能重复计算。

第二十二条 属于东西两翼沿海经济带和北部生态发展区的科技企业孵化载体，孵化场地面积、创业团队和企业数量、在孵企业和毕业企业数量、入驻企业数量、孵化资金规模、知识产权比例等要求可降低20%。属于文化创意领域的特色载体，以及联合孵化等特色孵化模式的科技企业孵化载体，孵化场地面积可适当降低。

第二十三条 经省级科技管理部门认定的国际化或粤港澳众创空间，广东省众创空间试点单位纳入省级众创空间管理。国际化或粤港澳科技企业孵化器，国家级科技企业孵化器培育单位纳入省级孵化器管理，按照国家及广东省政策和文件规定享受相关优惠政策。

第二十四条 省级科技企业孵化载体应按统计相关要求，填报统计数据。鼓励广东省科技企业孵化载体参与统计。

第二十五条 省级科技企业孵化载体发生名称变更或运营主体、面积范围、场地位置等认定条件发生变化的，需在条件发生变化日起3个月内向所在地市科技管理部门或国家级高新区管委会报告；地市科技管理部门或国家级高新区管委会报告审核并实地核查确认后，向省级科技管理部门提出变更申请，经批复后生效。

第二十六条 省级科技企业孵化载体要求每年参加由省级科技管理部门组织开展的运营评价，对于不合格的限期整改，整改后仍不合格的取消资质。

第二十七条 在认定过程中存在申报资料弄虚作假等失信行为的，根据国家和省关于科研信用管理规定，进行相关信用记录处理。

第七章 提升与发展

第二十八条 科技企业孵化载体应提升服务能力，强化投融资服务与公共技术服务，提升知识产权创造、运用、保护、管理和服务能力，促进入驻企业（团队）健康快速发展。有条件的众创空间、孵化器、加速器应形成“众创—孵化—加速”链条，提供全周期创业服务，营造科技创新创业生态。鼓励省级科技企业孵化载体参照国家备案众创空间或国家级孵化器标准建设，树立行业引领示范。

第二十九条 科技企业孵化载体应加强从业人员培养，打造专业化创业导师队伍，为入驻企业（团队）提供精准化和高质量的创业服务，不断拓宽就业渠道，推动留学人员、港澳青年、科研人员及大学生创业就业。

第三十条 科技企业孵化载体应提高市场化运营能力，探索可持续发展的模式，培育战略性新兴产业源头企业，推动区域经济发展。

第三十一条 科技企业孵化载体应加速融入粤港澳大湾区及全球创新创业网络，结合“一带一路”倡议和粤港澳大湾区国际科技创新中心建设，积极开展国际技术转移、国际科技合作，加强海外知识产权布局，推动国际化发展。

第三十二条 各级地方政府和相关管理部门、国家自主创新示范区、高新技术产业开发区管理机构应在科技企业孵化载体发展规划、用地、财政等方面提供政策支持，并将重大科技成果转化、国内外科技优秀成果优先布局在科技企业孵化载体。各地科技金融综合服务中心应充分发挥平台优势与集聚效应，向科技企业孵化载体倾斜金融资源。

第三十三条 各地区应结合区域优势和现实需求引导科技企业孵化载体向专业化方向发展，支持有条件的高校、科研机构、龙头企业、实验室、新型研发机构等多类主体，利用闲置物业、“三旧”改造项目等，建设专业化的科技企业孵化载体，促进创新创业资源的开放共享，推动大中小企业融通发展。

第三十四条 省行业组织应加强全省孵化行业的规范管理，各地区应发挥行业组织优势，促进区域科技企业孵化载体之间的经验交流和资源共享，加强公共服务平台建设，开展行业共性问题研究，加强行业自律管理，促进我省孵化事业的良性发展。

第八章 附则

第三十五条 各地市科技管理部门可参照本办法制定本市科技企业孵化载体管理办法。

第三十六条 本办法由广东省科技厅负责解释，自发布之日起30日后实施。

深圳经济特区科技创新条例

深圳市第六届人民代表大会常务委员会公告 第二〇五号

《深圳经济特区科技创新条例》经深圳市第六届人民代表大会常务委员会第四十四次会议于2020年8月26日通过，现予公布，自2020年11月1日起施行。

深圳市人民代表大会常务委员会

2020年8月28日

深圳经济特区科技创新条例

第一章 总 则

第一条 为了深入贯彻实施创新驱动发展战略，加快建设现代化国际化创新型城市和具有全球影响力的创新创业创意之都，推进粤港澳大湾区建设和建设深圳中国特色社会主义先行示范区，根据法律和行政法规的基本原则，结合深圳经济特区实际，制定本条例。

第二条 深圳经济特区科技创新活动适用本条例。

第三条 坚持把创新驱动作为城市发展主导战略，以科技创新为核心推进全面创新，完善科技创新体制机制；加强基础研究和应用基础研究，强化关键核心技术攻关，促进科技成果转化和产业化，深化科技金融创新，充分发挥人才支撑作用，构建以"基础研究和应用基础研究""技术攻关""成果产业化""科技金融""人才支撑"为重点的全过程创新生态链。

第四条 市、区人民政府应当将高新技术产业发展、科技基础设施建设、科技创新体制改革、重大科技项目攻关、科技人才保障等科技创新工作纳入国民经济和社会发展规划。

市、区人民政府应当制定科技创新发展专项规划，明确科技创新发展的总体思路、发展目标、主要任务和保障措施等，并每年向社会公布实施情况。

制定和修订市、区国土空间规划应当充分保障科技创新发展的基本要求。

第五条 市、区人民政府应当加大科技创新财政投入，建立稳定支持与竞争性经费相结合的科技创新投入机制，引导企业及其他社会力量投入科技创新活动，推动全社会科技创新经费持续稳步增长。

市、区人民政府及其相关部门应当综合运用财政后补助和间接投入的方式，通过资助、贷款贴息、奖励、基金等多种形式支持高等院校、科研机构、企业以及科技人员开展科技创新活动。

改革科技项目立项和组织方式，建立主要由市场决定的科技项目遴选、经费分配、成果评价机制。

第六条 市、区人民政府应当建立科技安全协调工作机制，加强科技安全制度建设，强化重点产业供应链安全保障，防范化解科技领域重大风险，提高科技安全治理水平。

第七条 市、区科技创新主管部门负责本行政区域科技创新的统筹协调和监督管理。

市、区发展改革、教育、工业和信息化、司法、财政、人力资源和社会保障、规划和自然资源、商务、卫生健康、国有资产监督管理、市场监管、地方金融监管、中小企业服务等部门在各自职责范围内，负责科技创新相关工作。

第八条 市、区人民政府应当加强高新技术产业园区发展建设，创新体制机制，健全规划体系，加大投资力度，完善基础设施，提高管理与服务水平，推动园区产业集聚，培育发展创新型产业集群。

第九条 加快建设深圳综合性国家科学中心，作为国家创新体系建设的重要基础平台，开展重大科技基础设施项目预先研究，集中布局建设重大科技基础设施集群。建设一批跨领域、跨学科的前沿交叉研究平台，与重大科技基础设施形成交叉融合、紧密协作、相互支撑的创新内核，强化原始创新能力，发挥其在粤港澳大湾区国际科技创新中心建设中的关键作用。

第十条 高等院校、科研机构、企业、科技服务机构以及行业协会、商会、学术联盟等社会组织应当发挥在创新链相关环节的作用，积极实施科技创新活动，形成共同推进科技创新的强大合力。

科技人员应当积极弘扬科学精神、探索科学真理、维护科学尊严、遵循科技伦理，充分发挥主动性和创造性，扎实开展科学研究和技术创新、促进科技成果转化。

第二章 基础研究和应用基础研究

第十一条 鼓励高等院校、科研机构、企业以及科技人员开展基础研究和应用基础研究，自由探索未知的科学问题，发现和开拓新的知识领域。

第十二条 市人民政府投入基础研究和应用基础研究的资金应当不低于市级科技研发资金的30%。

第十三条 市人民政府设立市自然科学基金，资助开展基础研究和应用基础研究，培养科技人才，增强原始创新能力和关键核心技术供给能力。

第十四条 加快建设深港科技创新合作区，以制度创新为核心，建立与香港及国际接轨的科研体制机制，聚集国际创新资源，推进深港协同开发，促进人员、资金、物资、技术、信息等创新要素高效便捷流动，打造适应科技创新发展的国际规则对接区和开放创新先导区。

第十五条 加快建设光明科学城，作为综合性国家科学中心的核心承载区，重点围绕信息、材料、生命科学与技术领域，布局前沿交叉研究平台、高水平研究型大学、科研机构等重大科技创新载体，形成布局合理、功能水平全球领先的重大科技基础设施集群以及引领未来发展的新兴产业集群。

第十六条 加快建设西丽湖国际科教城，作为产学研用深度融合示范区，探索高等教育体制机制改革，开放共享科技资源，促进科技成果转化，引导科研机构、平台载体、企业和高端人才集聚，推动教育、科研、产业协同发展。

第十七条 加快建设包括国家实验室和广东省实验室在内的高水平基础研究平台，支持其开展管理体制和运营机制创新，开展战略性、前瞻性、系统性基础研究和关键核心技术攻关，推动学科理论与技术前沿的突破和创新，发挥创新支撑作用。

第十八条 市、区人民政府应当统筹规划并布局建设重大科技基础设施，引进境内外科技创新资源。

支持高等院校、科研机构、企业依托科技基础设施，开展前沿技术预见研究、基本原理探索和技术概念验证、关键技术攻关和重点设备研发、工程化验证等活动，推进重大科技基础设施建设与交叉前沿研究深度融合。

第十九条 市、区人民政府应当围绕集成电路、人工智能、生物医药、新材料等产业链的核心环节和前沿领域，针对制约产业发展的短板和瓶颈，推进关键技术平台建设和重大项目攻关，重点培育科技创新团队，引进全球一流核心团队、关键设备、先进技术等，促进科技创新水平不断提升。

第二十条 建立高等院校基础研究和应用基础研究财政保障制度。支持高等院校统筹科研资金开展基础研究和应用基础研究，实现引领性原创成果重大突破。

第二十一条 支持企业独立或者联合高等院校和科研机构承担基础研究和应用基础研究项目，促进基础研究、应用基础研究与产业化对接融通，提高企业研发能力。

第二十二条 支持企业及其他社会力量通过设立基金和捐赠的方式投入基础研究和应用基础研究。

企业用于资助基础研究和应用基础研究的捐赠支出，可以按照有关规定参照公益捐赠享受有关优惠待遇。

第三章 技术创新

第二十三条 完善以企业为主体、市场为导向、产学研深度融合的技术创新体系，提高自主创新能力，形成研究开发、应用推广、产业发展贯通融合的技术创新新局面。

第二十四条 鼓励高等院校、科研机构、企业以及科技人员立足产业基础，加强公共性和非营利性技术的研究开发，加强颠覆性技术研究开发的前沿布局。

第二十五条 完善技术攻关项目的组织、形成机制、管理方式，充分发挥高等院校、科研机构、企业以及科技人员在关键核心技术攻关中的作用，组织实施技术攻关专项，持续推动突破关键核心技术瓶颈，取得重大原创科技成果和自主知识产权。

第二十六条 对于涉及国家利益和社会公共利益的重大技术攻关项目，市人民政府可以通过下达指令性任务等方式，组织关键核心技术攻关。

第二十七条 企业开发新技术、新产品、新工艺或者从事核心技术、关键技术、公共技术研究的，按照有关规定享受研究开发费用税前加计扣除、科研仪器设备加速折旧、技术开发和转让税收减免等优惠待遇。

第二十八条 鼓励企业与高等院校、科研机构通过合作开发、委托研发、技术入股等方式开展产学研合作，共同开展科技研发。

第二十九条 鼓励企业与高等院校、科研机构建立技术研发中心、产业研究院等新型研发机构，共建实验室、科技创新基地或者博士工作站、博士后科研工作站、院士专家工作站等科技创新平台。

第三十条 鼓励高等院校、科研机构、企业单独或者合作在境外建立研发机构、离岸实验室和技术合作平台，利用全球科技创新资源，提升科技创新能力。

第三十一条 建立完善支持颠覆性技术创新的制度，支持高等院校、科研机构、企业等开展颠覆性技术研发、成果转化和产业化。

第三十二条 培育和建设投资主体多元化、管理制度现代化、运行机制市场化、用人机制灵活的新型研发机构，支持其融合开展科学研究、技术创新和研发服务。

新型研发机构在承担政府项目、职称评审、引进和培养人才、申请建设用地、投资融资服务等方面可以参照适用科研事业单位相关优惠政策。

第三十三条 支持高等院校、科研机构、企业和其他社会组织牵头或者参与国际标准、国家标准、行业标准、地方标准和团体标准的起草和修订，推动科技创新成果形成相关技术标准。

第四章 成果转化

第三十四条 科技成果转化应当遵守法律、法规规定，遵循自愿、互利、公平、诚实信用原则，不得损害国家利益、社会公共利益和他人合法权益。

第三十五条 市、区人民政府应当结合产业链布局需要，推动各类创新主体建立科技成果转化合作机制，拓宽合作领域和渠道，提高科技成果转化水平。

鼓励企业与高等院校、科研机构及其他组织通过联合建立研究开发平台、技术转移机构、技术创新联盟或者知识产权联盟等，集聚先进技术和优质资源，共同开展研究开发、成果应用与推广、标准研究与制定等活动。

第三十六条 科技人员执行高等院校、科研机构、企业等单位的工作任务或者主要利用单位的物质技术条件所完成的科技成果，属于职务科技成果。科技人员与单位另有约定的，从其约定。

第三十七条 全部或者主要利用财政性资金取得职务科技成果的，高等院校和科研机构应当赋予科技成果完成人或者团队科技成果所有权或者长期使用权，但是可能损害国家安全或者重大社会公共利益的除外。

依据前款规定，赋予科技成果完成人或者团队科技成果所有权的，单位与科技成果完成人或者团队可以约定共同共有或者按份共有；约定按份共有的，科技成果完成人或者团队持有的份额不低于70%；赋予科技成果完成人或者团队科技成果长期使用权的，许可使用期限不少于10年。

对于同一职务科技成果，科技人员获得职务科技成果所有权或者长期使用权的，其单位可以不再给予成果转化收益及相关奖励。

第三十八条 高等院校或科研机构利用财政性资金取得科技成果的，除涉及国家秘密和国家安全外，可以依法自主决定转化方式。科技成果转化所获得的收入全部留归单位，纳入单位预算。

第三十九条 市、区人民政府应当建立有利于促进科技成果转化的激励机制，对科技成果转化绩效突出的相关单位和人员按照规定给予表彰和奖励。

第四十条 高等院校、科研机构有关负责人履行勤勉尽职义务，严格执行决策和公示管理制度，没有牟取非法利益或者恶意串通的，可以免予追究其在科技成果定价、自主决定资产评估、职务科技成果赋权中的决策失误责任。

第四十一条 深圳证券交易所设立的知识产权和科技成果产权交易平台，可以开展下列业务，由相关主管部门依法实施监督管理：

（一）知识产权和科技成果产权交易业务，以及权属存证公示、挂牌展示和承接技术合同登记等配套业务；

（二）知识产权证券化、股权转让、规范管理等技术市场对接资本市场业务；

（三）知识产权和科技成果产权跨境交易业务；

（四）知识产权和科技成果产权宣传推广、教育培训、业务咨询和保护协作等公益服务；

（五）经主管部门批准的其他业务。

知识产权和科技成果产权交易平台可以协同相关中介机构开展知识产权和科技成果产权价值评估和产权激励方案设计等业务，协同相关金融机构开展知识产权质押融资、科技保险、投资基金和融资担保等业务。

鼓励高等院校、科研机构、企业依托知识产权和科技成果产权交易平台，开展科技成果转化以及知识产权、科技成果产权、股权交易。

第四十二条 支持高等院校和科研机构建立概念验证中心，为实验阶段的科技成果提供技术概念验证和商业化开发服务。

第四十三条 支持专业性和综合性中试基地建设，为科技成果实现工业化、商品化、规模化提供投产前试验或者试生产服务。

第四十四条 加快推进检验检测认证机构建设，建立布局合理、公正权威、公平竞争、服务优质的检验检测认证服务体系，形成一批具有核心竞争力的检验检测认证产业集群。

鼓励检验检测认证机构成立技术联盟，提升重点领域检验检测认证能力。

第四十五条 支持高等院校、科研机构、企业设立技术转移部门，引入技术经理人全程参与发明披露、价值评估、专利申请与维护、技术推广、对接谈判等科技成果转化活动。

第四十六条 国家机关、事业单位、群团组织使用财政性资金采购具有核心自主知识产权和市场竞争力的创新产品和服务，符合条件的可以采取非招标方式。

使用财政性资金采购前款规定的产品和服务时，应当采用综合评分，不以价格作为唯一评审指标，不得采用抽签、摇号等方式预选、确定中标人。

第四十七条 鼓励开展资源与环境、人口与健康、文化创意、节能减排、公共安全、防震减灾、城市建设等领域的科技创新活动。鼓励应用创新性技术促进经济和社会可持续发展。

第五章 科技金融

第四十八条 市、区人民政府应当积极推动科技创新基金体系建设，通过政府引导和市场培育的方式，建立覆盖种子期投资、天使投资、风险投资、并购重组投资的基金体系。

市、区人民政府可以发起设立投资母基金，引导社会资本投资高新技术产业、战略性新兴产业、未来产业等科技创新类产业项目，可以通过持有科技成果使用权、收益权、处置权或者科技成果转化形成的股权等方式，促进科技成果转化。

第四十九条 支持投资科技型中小微企业和早期科技项目。投资科技型中小微企业或者早期科技项目的企业和个人，按照有关规定享受税收优惠待遇及专项资金补贴。

第五十条 推动建立科技创新基金及其管理机构登记备案绿色通道，提升市场准入和资金募集化程度，构建便捷公平和监管规范透明的发展环境。

第五十一条 建立完善科技创新基金风险防范化解和分级分类监管机制，保障出资人的合法权益。

第五十二条 完善科技创新基金退出机制，支持设立私募股权投资二级市场交易基金。

第五十三条 鼓励科技企业通过资本市场实现创新发展。支持科技企业通过发行股票、发行债券、并购重组、再融资等方式进行融资。

第五十四条 支持金融机构运用金融科技手段创新科技金融产品和提升金融服务水平。

支持设立创新型金融机构，开展科技金融租赁、科技保险等业务。

第五十五条 鼓励商业银行建立聚焦科技企业信贷服务的风险控制和激励考核体系，开展信用贷款、知识产权质押贷款、股权质押贷款、预期收益质押贷款、应收账款贷款、商票质押贷款、履约保证保险贷款等融资业务。

鼓励商业银行结合科技企业特点，依法开展外部投贷联动业务。

第五十六条 鼓励保险机构创新产品和服务，为科技企业在产品研发、生产、销售各环节以及数据安全、知识产权保护等方面提供保险服务。

第五十七条 支持小额贷款公司、融资担保公司、融资租赁公司、商业保理公司等地方金融机构按照有关规定开发特色金融产品和服务，为科技企业提供融资便利。

第五十八条 建立融资担保风险分担机制，充分发挥融资担保机构为科技创新企业提供增信服务的作用。

设立支持分担融资担保机构风险的市级资金池，有条件的区可以与市级资金池配套出资。

第五十九条 市、区人民政府及其有关部门应当推动利用大数据、区块链、人工智能等手段，加强公益性融资服务平台建设，为科技企业提供线上化、智能化、批量化投融资对接服务。

第六十条 市、区人民政府可以将商业银行、保险机构以及本条例第五十七条规定的地方金融机构纳入财政奖励补贴、风险补偿、风险代偿等范围。

第六章 知识产权

第六十一条 市、区人民政府应当推进规范化、市场化的知识产权运营服务体系建设，促进知识产权各项要素高效配置和合理流动，发挥知识产权对高质量发展的保障支撑作用。

第六十二条 市知识产权主管部门应当会同有关部门推动完善知识产权价值评估制度，制定知识产权评估标准，培育具有较强公信力和市场认可度的评估机构，为知识产权交易提供评估服务。

第六十三条 市知识产权主管部门应当建立市场化高价值专利指标体系，引导企业加强专利储备，提高专利质量。

第六十四条 企业应当逐步将知识产权价值纳入财务报表，转化为股份或者出资比例，用于增加自有资本或者对外投资。

第六十五条 引导企业建立完善知识产权管理制度,形成贯穿研发、生产、经营各环节的知识产权管理体系，提高企业可持续发展能力。

第六十六条 市、区人民政府可以建立知识产权质押融资风险补偿机制，设立知识产权质押融资坏账补偿和贴息专项资金，支持金融机构开展知识产权质押融资业务。

企业以知识产权开展质押融资，符合条件的，可以由财政性资金给予贴息贴保。

第六十七条 推动知识产权证券化，推进以知识产权运营未来收益权为底层资产发行知识产权证券化产品。企业成功发行知识产权证券化产品的，市、区人民政府可以给予适当补贴。

证券化产品中的知识产权许可在税收管理中视为融资行为。

第六十八条 支持建立非营利性知识产权公共公益服务平台，为高等院校、科研机构、企业以及科技人员提供知识产权代理以及信息、咨询、培训、预警等服务。

第六十九条 支持知识产权运营服务机构发展，培养知识产权运营专业人才，提高知识产权交易、许可、评估、投融资、商用化等方面能力。

第七十条 市、区人民政府应当建立知识产权分析评议制度，支持有关专业机构对重大经济科技活动涉及的知识产权价值和风险进行评估、论证，提出意见和建议。

第七章 空间保障

第七十一条 市规划和自然资源部门在编制建设用地供应计划时，应当保障高新技术产业、战略性新兴产业、未来产业等科技创新类产业的用地需求。

第七十二条 市、区人民政府可以按照规定采用划拨或者协议出让方式供应科研用地，保障包括深圳综合性国家科学中心在内的重大科技基础设施建设。

采用划拨方式供应科研用地的，应当严格限制使用人的条件和土地使用用途等。

第七十三条 市、区人民政府可以实行用地弹性年期供应制度，根据科技创新相关政策和产业发展情况、用地单位经营情况，在法定最高出让年期内合理确定出让年期。

市、区人民政府可以按照规定采用长期租赁和先租后让的方式供应土地，保障科技创新类产业的用地需求。采用先租后让方式供应土地，企业租赁期满通过验收的，可以依法申请办理土地出让相关手续。

第七十四条 市、区人民政府可以通过配套建设、提高容积率、整治统租、回购、合作开发等方式筹集创新型产业用房，保障科技创新类产业、科研机构、科技公共服务平台、孵化器和众创空间以及技术先进型服务企业的用房需求。

第七十五条 除回迁安置或者政府回购以外，科技创新类产业项目用地及用房的申请人以及受让人，应当为从事高新技术产业、战略性新兴产业、未来产业等科技创新类产业的企业。

第七十六条 供应科技创新类产业的用地和用房被人民法院强制拍卖的，竞拍人竞买前应当取得本条例第七十五条规定的受让人条件。成交后的次受让人应当承接原出让合同约定的受让人义务，原出让合同约定的土地使用条件不变，产权限制条件和产业发展要求不变。

无符合受让条件的次受让人的，可以由辖区人民政府回购，回购价格为剩余土地年期地价与建筑物折旧后的残值之和。

第七十七条 市、区住房建设部门应当发布关于创新型产业用房的租金指导价格。

有下列情形之一，建设的产业用房用于出租的，出租价格不得高于前款规定的租金指导价格。出租价格高于前款规定的租金指导价格的，高出部分由区人民政府有关部门责令退还承租人：

（一）除城市更新和土地整备项目外，通过协议出让方式取得用于建设自用或者只租不售的创新型产业用房土地使用权的；

（二）经重点产业项目遴选后通过招标、拍卖、挂牌等方式取得工业及其他产业用地使用权的。

第七十八条 承租纳入政府管理的创新型产业用房的，不得转租他人。

违反前款规定的，由区住房建设部门没收违法所得，并处违法所得两倍的罚款，由出租人收回该创新型产业用房。

第八章 创新环境

第七十九条 市、区人民政府应当成立由科技、产业、投资、法律等领域高层次专家组成的科技创新决策咨询委员会，并建立科技创新决策企业咨询制度，在编制实施重大战略规划、制定重要科技创新政策、作出重大科技项目布局决策前，咨询该委员会和相关企业的意见。

市、区人民政府可以通过购买服务等方式，引入高端智库和咨询机构参与科技创新决策咨询。

第八十条 市、区人民政府应当以产业需求为导向，充分发挥市场在人才资源配置中的决定性作用，积极开展科技人才引进工作。

市人才工作主管部门应当会同有关部门组织引进优先发展产业急需的科技创新团队和领军人才，并按照有关规定做好引进人才的管理和服务工作。

第八十一条 市、区人民政府应当制定和实施科技创新人才培养计划，统筹产业发展和科技人才开发。

支持高等院校、科研机构、企业和社会组织举办科技创新竞赛、学术论坛等活动，为科技人员提供科技创新成果展示和交流合作平台。

第八十二条 加强青年科技人才队伍建设，建立符合人才成长规律的长期稳定支持和接力培养机制。

特别优秀的青年科技人员可以主持或者参与重大科研项目，破格参加各类专业技术岗位评聘。

第八十三条 市、区人民政府应当按照规定为符合条件的科技人员在设立企业、申报项目、科技创新条件保障和出入境、住房、医疗保障、子女入学等方面提供便利。

第八十四条 建立品德、能力、业绩相结合的科技人才评价制度，发挥政府、企业、专业组织、行业协会等多元评价主体作用，赋予用人单位更大的人才评价权。

第八十五条 高等院校和科研机构专业技术岗位人员可以按照有关规定到企业兼职、挂职、参与项目合作并取得合法报酬，也可以在职创办企业或者离岗创新创业。

高等院校和科研机构可以聘请有创新实践经验的管理人才和科技人才担任兼职教师或者兼职研究人员。

第八十六条 加强中小学科学教育，树立激发科学思考、启发科学发现、鼓励科学探索的启智型基础教育导向。

中小学校应当按照教育部门有关规定，建立课外科学普及活动与学校科学课程相衔接的机制，开展多种形式课外科学普及活动。鼓励中小学生参加科技创新竞赛，促进创客教育品牌化发展。

鼓励中小学校与高等院校、科研机构、企业等联合建设创新实验室，开展创新人才培养和科学创造活动。

第八十七条 市、区人民政府应当加强科学普及资源开发和科学普及基础设施建设，创新科学普及理念和模式，支持科学普及作品创作和产品研发，提升科学普及服务能力。

鼓励有条件的高等院校、科研机构、企业等根据自身特点面向公众开放研发机构、生产设施、流程或者展览场所开展科学普及活动，建设科学普及教育基地。

第八十八条 鼓励设立研究开发、技术转移、创业孵化、知识产权、科技咨询等科技服务机构和科技公共服务平台，为科技创新活动提供专业服务。

第八十九条 市、区司法行政部门应当会同有关部门建立公共法律服务平台，为高等院校、科研机构、企业以及科技人员的科技创新活动提供公共法律服务。具体办法由市司法行政部门制定，经市人民政府批准后组织实施。

第九十条 市、区人民政府应当支持开展国际科技创新交流合作，加强创新要素便捷流动和国际创新资源高效聚集，在商务考察、出国参展、贸易洽谈、离岸创新创业、技术贸易、出入境管理、外汇管理等方面为创新主体提供服务和便利。

第九十一条 加强与粤港澳大湾区其他城市的科技创新合作，支持开展跨行政区科学技术攻关、共建科技创新平台、知识产权保护等工作，支持发起或者参与国际大科学计划和大科学工程建设。

支持香港、澳门高等院校、科研机构承接深圳市财政性资金设立的科技项目，建立和完善财政科技资金跨港澳使用机制。

第九十二条 市、区人民政府应当推动建立科技创新资源共享平台，为科技创新活动提供仪器设施开放共享服务。

对于利用财政性资金或国有资本购置和建设的大型科学仪器设施，高等院校、科研机构、企业等单位应当按照有关规定，在满足自身使用需求的基础上，通过科技创新资源共享平台，最大限度向社会开放使用。但是，可能损害国家安全或者重大社会公共利益的除外。

鼓励社会力量建立科技创新资源共享平台，促进科技创新资源便捷且高效流动。

第九十三条 市、区人民政府及其相关部门涉及高等院校、科研机构、企业、个人在科技创新以及人才培养和引进等方面的登记和许可类等政务信息，应当实现互联互通，建立信息共享机制。

第九十四条 市科技创新主管部门应当建立和完善科技研发资金托管制度，优化申请流程，提高经费使用效益，可以使用科技研发资金委托开展立项、过程管理、绩效评估等专业服务。

科技研发资金应当专款专用，不得用于偿还项目单位的债务。

第九十五条 完善科技奖励制度，对在科技创新活动中取得重大成果或者做出突出贡献的单位和个人按照规定给予表彰和奖励。

鼓励社会力量设立科学技术奖项，对科技创新活动予以奖励。

第九十六条 对于利用财政性资金或者国有资本设立的科技项目，能够充分证明承担项目的单位和科技人员已经履行了勤勉尽责义务仍不能完成的，经立项主管部门组织专家论证后，可以允许该项目结题，不影响相关单位和个人再次申请利用财政性资金或者国有资本设立的科技项目。

第九十七条 从事科技创新活动应当遵循有关科技伦理规范。

利用财政性资金设立的科技项目涉及生命科学、医学、人工智能等前沿领域或者对社会或生态环境具有潜在威胁的，应当要求项目负责人在立项前提交科技伦理承诺书。

从事健康相关研究或者实验动物生产和使用的单位，应当按照有关规定设立相应的科技伦理委员会，加强对相关科技活动的伦理审查和监管，履行科技伦理监管责任。相关科技人员应当接受科技伦理审查和监管。

第九十八条 从事科技创新活动的高等院校、科研机构、企业等单位应当履行科研诚信监管责任，加强本单位科研诚信建设。

科技人员应当遵守学术规范、恪守职业道德、诚实守信，不得有下列行为：

（一）抄袭、剽窃、侵占他人研究成果或者项目申请书；

（二）编造研究过程，伪造、篡改研究数据、图表、结论、检测报告或者用户使用报告；

（三）买卖、代写论文或者项目申请书，虚构同行评议专家及评议意见；

（四）以提供虚假信息贿赂、利益交换等弄虚作假或不正当手段获得科研活动审批，获取科技计划项目、科研经费、奖励、荣誉、职务职称等；

（五）违反科技伦理规范；

（六）违反专利等研究成果署名及论文发表规范；

（七）其他科研失信行为。

科技人员经调查核实有前款规定行为的，由市、区科技创新主管部门依法予以处罚，并按照规定予以诫勉谈话、通报批评、暂停或者取消相关资格等处理；构成犯罪的，依法追究刑事责任。

第九十九条 在本市依照《中华人民共和国公司法》登记的科技企业可以设置特殊股权结构，在公司章程中约定表决权差异安排，在普通股份之外，设置拥有大于普通股份表决权数量的特别表决权股份。

有特别表决权股份的股东，可以包括公司的创始股东和其他对公司技术进步、业务发展有重大贡献并且在公司的后续发展中持续发挥重要作用的股东，以及上述人员实际控制的持股主体。

设置特殊股权结构的公司，其他方面符合有关上市规则的，可以通过证券交易机构上市交易。

第一百条 在本市登记的中小高新技术企业以未分配利润、盈余公积、资本公积向个人股东转增股本时，个人股东一次缴纳个人所得税确有困难的，可以按照有关规定在五年内分期缴纳。

第九章 附则

第一百零一条 本条例自2020年11月1日起施行，《深圳经济特区科技创新促进条例》同时废止。

深圳市科技企业孵化器和众创空间管理办法

深科技创新规［2020］1号

第一章 总 则

第一条 为了推动深圳市科技企业孵化器和众创空间高质量发展，构建良好创新创业生态，根据国家、省、市有关规定，结合实际，制定本办法。

第二条 本办法所称科技企业孵化器（以下简称“孵化器”），是指以科技型初创企业为主要服务对象，通过提供创业场地、共享设施、专业化服务，降低创业成本、提高创业存活率、促进企业成长的创新创业支撑平台。

本办法所称众创空间，是指以科技型创业团队和初创企业为主要服务对象，通过提供工作空间、网络空间、社交空间和资源共享空间，利用“众筹、众扶、众包”等手段，提供成本较低、较为便利、生产要素齐备、开放式运营的创新创业支撑平台。

第三条 深圳市科技行政主管部门（以下简称“市科技管理行政管理部门”）在市科技研发资金中安排资金，对引领示范作用大、发展模式清晰、符合条件的孵化器和众创空间给予事后补助或者奖励补助，用以支持行业领军企业、高校及科研院所、创业投资机构、社会组织等机构建设孵化器和众创空间。

第四条 孵化器和众创空间管理工作遵循“政府引导、企业主体、市区联动、动态管理”的原则。

第五条 本办法适用于深圳市孵化器和众创空间的认定、评价、资助等相关活动。

第二章 职责分工

第六条 市科技行政主管部门是孵化器和众创空间项目的业务主管部门，主要负责制定相关政策，对孵化器和众创空间进行宏观管理和业务指导；编制和发布申请指南，受理申报，组织形式审查、专家评审、考察、公示、发布资助文件；组织孵化器和众创空间专项统计、运营评价、职能范围内的其他工作事项。

第七条 孵化器和众创空间运营单位主要负责孵化器和众创空间运营管理，统筹安全生产工作，提供场地、设备等条件保障；建立健全管理制度和运行机制，为入驻的企业、团队提供专业、系统的创新创业服务；按照相关管理办法对财政资助资金进行专项财务管理及核算；按照市科技行政主管部门要求及时且准确填报专项统计报表；接受有关部门对财政资助资金使用情况的监督检查和配合审计并按要求提供相关材料等。

第三章 认 定

第八条 孵化器和众创空间采取“先建设，后认定”的工作机制，由运营单位自主建设和管理，符合本办法规定的认定条件的，可以向市科技行政主管部门申请认定。

第九条 市级孵化器认定应当符合以下条件：

（一）孵化器运营单位应当是在深圳市或深汕合作区内依法注册、具有法人资格的企事业单位；

（二）孵化器运营时间满2年，具备明确发展方向、完善的运营管理体系、孵化服务机制；

（三）孵化场地面积不低于3000平方米，其中在孵企业使用面积（含公共服务面积）占75%以上；在孵企业不少于20家且每千平方米平均在孵企业不少于3家；在孵企业中已申请专利的企业占在孵企业总数比例不低于50%或拥有有效知识产权的企业占比不低于30%；累计毕业企业达到8家以上。

（四）拥有提供孵化服务的专业团队，其中专职人员不得少于5人；具有集成化服务能力，能够提供技术转移、科技金融、创业辅导等创业服务，签约科技服务机构6家以上，创业导师3名以上；孵化器自有种子资金或合作的孵化资金规模不低于300万元人民币，至少有2家以上在孵企业获得投融资。

第十条 本办法第九条所称的孵化器在孵企业，应当符合以下条件：

（一）主要从事新技术、新产品的研发、生产和服务，应当满足科技型中小企业相关要求；

（二）企业注册地及主要研发和办公场所须在本孵化器场地内，入驻时成立时间不超过24个月；

（三）孵化时限不超过48个月，从事生物医药、集成电路设计、现代农业等特殊领域的创业企业，孵化时限不超过60个月。

第十一条 本办法第九条所称的毕业企业，应当符合以下条件之一：

（一）经国家备案通过的高新技术企业；

（二）累计获得天使投资或者风险投资超过500万元；

（三）连续2年营业收入累计超过1000万元；

（四）被兼并、收购或者在国内外资本市场挂牌、上市。

第十二条 市级众创空间认定应当符合以下条件：

（一）众创空间运营单位应当是在深圳市或深汕合作区内

依法注册且具有法人资格的企事业单位；

（二）众创空间运营时间满1年，发展方向明确、模式清晰、具备可持续发展能力；

（三）拥有500平方米的服务场地，或提供不少于30个创业工位，并具备包含会议洽谈和项目展示在内的公共服务场地和设施，提供的创业工位和公共服务场地面积不低于总面积的75%；入驻创业团队和初创企业不少于20个，入驻时间不少于3个月，入驻时限一般不超过24个月；入驻创业团队上一年度新注册为企业的数量不低于6家，或上一年度有不低于2家获得融资；

（四）拥有提供创新创业服务的专业团队，其中专职人员不少于3人；具有集成化服务能力，能够提供包含技术咨询和创业辅导在内的各类创业服务，签约科技服务机构6家以上，创业导师3名以上；每年开展的创业沙龙、路演、创业大赛、创业教育培训等活动不少于6场次。

第十三条 市科技行政主管部门对认定的孵化器和众创空间给予事后补助，其中对孵化器资助金额最高不超过300万元，众创空间最高不超过200万元，资助比例不超过运营单位近两年投入运营经费的50%。

前款所称运营经费，是指为初创企业、创业团队提供研发经营场地、共享设施及孵化服务所发生的相关支出。

第四章 运营评价

第十四条 市科技行政主管部门对市级孵化器和众创空间实施动态管理，每年开展运营评价。运营评价结果分为优秀、合格、不合格三个等级。对运营评价为优秀的单位给予资助，对于连续两次评价结果不合格或者不参加评价的单位，将取消其市级孵化器或者众创空间的资格。

上年度国家级科技企业孵化器考核评价被国家有权机关评为合格（C类）或者不合格（D类）的单位，当次运营评价不得评价为优秀。

第十五条 市科技行政主管部门分别对当次评价结果为优秀的孵化器、众创空间给予50万元、30万元奖励补助，并且优先推荐申报国家级、省级认定或者备案。

当次评价结果为优秀的单位，每培育一家在孵企业获得国家高新技术企业认定或者省级（含）以上科学技术奖励的，市科技行政主管部门给予5万元奖励补助。同一孵化器及众创空间累计不超过100万元。对于同一在孵企业的同一事项不予重复奖励。

第十六条 对获得国家级、省级认定的孵化器，市科技行政主管部门一次性分别给予100万元、50万元奖励补助；对获得国家级、省级备案的众创空间，市科技行政主管部门一次性分别给予50万元、25万元奖励补助。

第十七条 市级孵化器和众创空间应当按照“全国火炬统计调查工作”的相关要求，及时准确上报统计数据。未按要求上报统计数据的，当次运营评价视为不合格。

第五章 立项程序

第十八条 市科技行政主管部门发布市级科技企业孵化器和众创空间认定、运营评价和国家、省认定奖励申请指南。

第十九条 孵化器、众创空间根据申请指南要求，在规定时间内，提交申报书及下列申报材料：

（一）孵化器和众创空间基本信息、场地产权证或者租赁合同、涉及孵化服务能力和投融资服务情况的相关材料；

（二）在孵企业及毕业企业情况的相关材料；

（三）根据实际所需要的其他相关材料。

第二十条 市科技行政主管部门对已受理的认定和运营评价申报材料组织形式审查、专家评审、现场考察或者专项审计，确定认定、评价结果、资助金额。对已受理的国家及省认定奖励申报材料组织形式审查和书面核查，确定奖励单位及资助金额。

第二十一条 市科技行政主管部门向社会公示拟资助项目，公示期间的异议处理按照本市科技计划项目管理的有关规定执行。公示期满后，市科技行政主管部门及时发布立项资助文件。

第六章 促进发展

第二十二条 孵化器和众创空间应当加强服务能力建设，利用互联网、大数据、人工智能等新技术，提升服务效率，提高服务质量。鼓励有条件的孵化器和众创空间建立健全以“众创-孵化-加速”为特色的服务机制，提供全周期创业服务，营造科技创新创业生态。

第二十三条 孵化器和众创空间应当加强从业人员培训，打造专业化创业导师队伍，为在孵企业提供精准化且高品质的创业服务。

第二十四条 支持孵化器和众创空间提高市场化运营能力和企业化运作，构建可持续发展的运营模式，提升自身品牌影响力。

第二十五条 支持孵化器、众创空间融入全球创新创业网络，开展国际技术转移、离岸孵化业务，引进海外优质项目、技术成果、人才等资源，帮助创业者对接海外市场。

第七章 监督管理

第二十六条 申请单位使用虚假材料或者其他不正当手段骗取或套取专项资金的，一经查实，市科技行政主管部门应当撤销立项并且向社会公开，追回全部资助资金及孳生利息。申请单位为市级孵化器和众创空间的运营单位的，市科技行政主管部门应当取消其市级孵化器及众创空间资格。

市科技行政主管部门将属于前款情况的申请单位和责任人员列入科研诚信异常名录，五年内不受理其申报市科技计划项目。涉嫌犯罪的，依法移送司法机关处理。

第二十七条 市级孵化器和众创空间发生名称变更或者运营主体、面积范围、场地位置等认定条件变化的，应当在发生之日起三个月内将有关情况向市科技行政主管部门报告。市科技行政主管部门组织实地核查后，符合本办法要求的，予以变更；不符合本办法要求的，取消市级孵化器和众创空间资格。

第二十八条 被取消市级孵化器和众创空间资格的单位五年内申报市级孵化器、众创空间认定、运营评价及国家、省认定奖励的，市科技行政主管部门不予受理。

第二十九条 市级孵化器和众创空间应当统一命名为“深圳××孵化器”“深圳××众创空间”。

第八章 附 则

第三十条 本办法施行前已获市级资助的孵化器和众创空间，视作已认定市级孵化器和众创空间。本办法施行前已认定市级孵化器和众创空间不重复认定，其名称可以保持不变。

第三十一条 本办法自2020年2月1日起施行，有效期5年。

深圳市科技创新委员会关于印发《深圳市承接国家重大科技项目管理办法》的通知

深科技创新规［2020］2号

各有关单位：

为了支持承接国家重大科技项目，推动项目和成果在深圳开展后续研究和产业化，根据国家、省、市有关规定，结合实际，深圳市科技创新委员会制定了《深圳市承接国家重大科技项目管理办法》，现予印发，请遵照执行。

深圳市科技创新委员会

2020年1月22日

深圳市承接国家重大科技项目管理办法

第一章 总则

第一条 为了支持承接国家重大科技项目，推动项目和成果在深圳开展后续研究和产业化，根据国家、省、市有关规定，结合实际，制定本办法。

第二条 深圳市科技行政主管部门（以下简称“市科技行政主管部门”）对符合本市科技创新及产业发展需求的国家重大科技项目，在市科技计划中设立支持承接国家重大科技项目的市科技项目（以下简称“承接国家重大科技项目”），支持国家重大科技项目在本市接续开展项目的后续研究和成果的产业化。

支持承接的国家重大科技项目类别包括国家科技重大专项、国家重点研发计划、国家科技创新2030重大项目，国家自然科学基金重点项目、重大项目、重大研究计划集成项目及国家重大科研仪器研制项目，以及原国家重点基础研究发展计划（973计划，含重大科学研究计划）、国家高技术研究发展计划（863计划）、国家科技支撑计划、国家国际科技合作专项、国家重大科学仪器设备开发专项、公益性行业科研专项等。

市科技行政主管部门可以根据国家科技计划体系变化，适时调整支持的具体承接项目类别。

第三条 市科技行政主管部门是资助计划的主管部门，负责建立健全具体管理制度，编制发布项目申请指南，受理项目申报，审查申报资料，组织项目审计或评审、过程管理和验收工作。

项目承担单位负责项目具体实施，履行项目管理和资金管理主体责任，接受深圳市科技行政主管部门和市财政行政主管部门在内的部门依职权开展的绩效评价和监督检查。

第四条 项目组织实施遵循“主动承接、需求导向、突出落地、择优支持”的原则。

第二章 申报及评审

第五条 市科技行政主管部门发布年度承接国家重大科技项目申请指南，明确承接的国家重大科技项目类别和申请材料内容。

第六条 项目申请单位应当具备以下条件：

（一）在深圳市（含深汕特别合作区）依法注册，具备法人资格的国家或者本市高新技术企业或者技术先进型服务企业；

（二）具有项目实施的基础条件和保障能力，并提供不少于财政资金资助额的自筹经费。

项目申请单位应当采用与合作单位联合申报的方式申报，并且同一年度只可以牵头承担1个项目。其中，合作单位不得超过3家并且至少有1家应当为国家重大科技项目原项目牵头单位或者课题承担单位。

第七条 申请项目资助的，还应当符合以下条件：

（一）承接的国家重大科技项目已经通过验收且未满3年，项目研究成果未进行产业化应用，符合本市科技创新及产业发展需求；

（二）合作单位中的国家重大科技项目原承担单位应当拥有项目研究成果或其使用权，研究成果无知识产权纠纷；

（三）项目申请单位与合作单位签订真实、有效、具有实质性在本市成果转化内容的合作协议；

（四）项目负责人应当是项目申请单位的全职研究人员，项目组成员应当包含国家重大科技项目原项目组至少3名成员（其中至少1名项目负责人或者课题负责人），并且50%以上应当是本市（含深汕特别合作区）单位的全职研究人员；

（五）项目申请单位、项目负责人、主要成员在申请项目时未列入本市科研诚信异常名录。

第八条 项目申请单位根据项目申请指南要求，提交申请书、承接国家重大科技项目实施方案、项目成果转化合作协议等申报材料。

第九条 市科技行政主管部门根据申报要求对所受理的申报材料进行形式审查，对通过形式审查的项目按照本市科技项目相关评审办法组织专家评审，对通过专家评审符合条件的项目进行现场核查。

第十条 市科技行政主管部门综合专家评审与现场核查情况，按照程序择优确定拟资助项目。

市科技行政主管部门按照规定对拟资助项目及资助金额向社会公示，公示期10日。公示期间的异议处理按照深圳市科技计划项目管理的有关规定执行。

第十一条 对符合条件的项目，按照项目评审结果，实行定额资助，单个项目最高资助额不超过1000万元。

第十二条 项目资助采用“事前立项，事前资助”或者“事前立项，事后补助”方式。在受理并完成立项申请程序后，市科技行政主管部门应当及时发布立项文件。

项目承担单位，可以根据资金实际情况选择“事前立项，事后补助”方式，在项目立项后先行投入资金开展项目研发。

第十三条 采取“事前立项，事前资助”的项目的，市科技行政主管部门与项目承担单位以及相关当事方签订合同书，对研究内容、经费使用、考核指标、知识产权等内容进行约定。项目申请书中的项目负责人、预期目标、预算总额等事项原则上不得调整。

采取“事前立项，事后补助”的项目的，市科技行政主管部门在立项文件中明确项目目标任务、考核指标、拟补助经费、实施周期等事项。立项文件及项目申请书是项目验收的依据。

第三章 项目实施

第十四条 项目实施周期为3年以上5年以下。

采取“事前立项，事前资助”的项目，市科技行政主管部门按照科技计划管理有关规定，组织项目实施过程中的管理。项目承担单位在项目实施中应当按照项目合同中约定的计划进度，完成项目任务目标，并且包括提交年度报告及中期评估报告在内的材料。

采取“事前立项，事后补助”的项目，市科技行政主管部门不组织项目实施过程中的管理，项目承担单位按照立项文件的要求自行组织实施和管理，并且应当建立资金内部管理制度及风险防控制度，编制项目预算，设立专账对先行投入资金进行单独财务核算。

第十五条 项目承担单位应当按照市科技研发资金管理有关办法规范使用资助资金。采取“事前立项，事前资助”的项目，市行政主管部门按照项目进度拨付资助资金，项目立项后拨付部分资助资金，通过中期评估后再支付剩余部分资助资金。

采取“事前立项，事后补助”的项目，市科技行政主管部门在验收通过后，按照市科技研发资金管理有关办法规定，可以一次性拨付立项补助资金，供项目承担单位统筹用于本单位科研活动。

第十六条 项目承担单位按照本办法所规定的要求完成项目后，应当根据项目验收申请指南的相关程序向市科技行政主管部门提出验收申请。

采取“事前立项，事后补助”的项目未申请验收或者验收不通过的，视为项目撤销，市科技行政主管部门依法不予拨付补助资金，不影响项目承担单位国家、广东省、深圳市科技计划项目的申报或者推荐。

项目验收其他事项按照市科研计划项目验收管理有关规定执行。

第四章 监督管理

第十七条 市科技行政主管部门按照市财政专项资金管理规定要求，适时开展绩效评价。

第十八条 市科技行政主管部门应当加强对项目承担单位、项目负责人、项目组成员的科研诚信管理。对于违反科研诚信要求的，市科技行政主管部门将其列入深圳市科研诚信异常名录；情节严重的，按照国家规定处理；涉嫌犯罪的，依法移送司法机关处理。

第十九条 申请单位使用虚假材料或者其他不正当手段骗取或套取专项资金的，一经查实，撤销立项并且向社会公开，由市科技行政主管部门追回全部资助资金及孳生利息。

市科技行政主管部门将属于前款情况的申请单位和责任人员列入深圳市科研诚信异常名录，规定期限内不受理其申报市科技计划项目。

第五章 附则

第二十条 本办法自2020年2月1日起实施，有效期5年。

深圳市科技创新委员会关于印发《深圳市科技创新券管理办法》的通知

深科技创新规〔2020〕3号

各有关单位：

为了进一步优化深圳市创新创业生态体系，更好地发挥科技创新券支持企业和创客团队开展科技创新创业活动，推动科技资源开放共享，加大科技研发投入等方面的作用，根据《深圳市科技计划项目管理办法》《深圳市科技研发资金管理办法》有关规定，结合深圳市实际，深圳市科技创新委员会制定了《深圳市科技创新券管理办法》，现予印发，请遵照执行。

特此通知。

深圳市科技创新委员会

2020年2月10日

深圳市科技创新券管理办法

第一章 总 则

第一条 为了进一步优化深圳市创新创业生态体系，更好地发挥科技创新券（以下简称“创新券”）支持企业和创客团队开展科技创新创业活动，推动科技资源开放共享，加大科技研发投入等方面的作用，根据《中共中央办公厅国务院办公厅关于促进中小企业健康发展的指导意见》《深圳市科技计划项目管理办法》《深圳市科技研发资金管理办法》等有关规定，结合实际，制定本办法。

第二条 本办法所称创新券，是指由深圳市科技行政主管部门（以下简称“市科技行政主管部门”）利用财政资金支持科技型中小微企业（以下简称“企业”）及创客团队向服务机构购买与其科技创新活动直接相关科技服务的一种政策工具。创新券由企业及创客团队申领和使用，由服务机构收取和申请兑现。

第三条 市科技行政主管部门负责制定本市创新券相关政策，编制年度申请指南，建设服务机构库，管理和监督创新券的使用相关事宜，研究确定创新券实施过程中的有关重大事项。

第四条 创新券的使用和管理应当遵守国家、省、市有关法律法规，遵循公开普惠、自主申领、专款专用、据实列支的原则。

第二章 创新券申请

第五条 申请创新券的企业或者创客团队，应当同时符合以下条件：

（一）企业应当在深圳市或者深汕合作区内依法注册、具有独立法人资格，且符合《中小企业划型标准规定》（工信部联企业〔2011〕300号）划定标准的中小微企业。创客团队应当为入驻市级以上（认定）备案的众创空间。

（二）上年度应当产生研发费用支出。

（三）购买的科技服务应当与开展的研发活动有直接相关性。

（四）上年度创新券无剩余额度。

（五）科研诚信记录良好。

第六条 企业和创客团队通过“深圳市科技业务管理系统”在线填报项目申请书，并且提交以下资料：

（一）企业上传上年度财务审计报告，创客团队上传所入驻众创空间的财务审计报告。

（二）科研诚信承诺书。

第七条 按申请单位类别不同，创新券申领设置不同的额度，其中中型企业、小型企业、微型企业、创客团队每年申领的额度上限分别是20万元、10万元、5万元、2万元。

第八条 创新券实行配额制度，自下达之日起一年内有效。企业和创客团队应当在有效期内使用创新券，逾期未使用的，自动失效。

创新券不得转让、买卖，不得重复使用。

第三章 服务机构入库

第九条 本办法所称服务机构，是指提供科技服务的企业、科研院所、工程技术研发中心、实验室等机构。

第十条 服务机构向市科技行政主管部门申请服务机构入库。市科技行政主管部门经审核和公示后，将符合入库的服务机构予以公布。

第十一条 服务机构申请入库应当符合以下条件：

（一）在深圳市或者深汕合作区内依法注册且具有独立法人资格，或者具备较强科技服务能力的服务机构在本市或者深汕合作区设立的分支机构；

（二）具有从事相关科技服务一年以上的业务基础，并且具备一定数量的专职专业人员；

（三）应当具备与服务内容相应的资质；

（四）有明确的服务内容、服务规范、收费标准，并且科研诚信记录良好。

第十二条 服务机构通过“深圳市科技业务管理系统”在线填报项目申请书，并向市科技行政主管部门提交以下材料：

（一）在业务系统中填报的服务项目申请书；

（二）上年度财务审计报告，其中服务机构属于事业单位的，提交通过审查的事业单位财务决算报表；

（三）科技服务内容及收费标准一览表，其中服务机构属于事业单位的，提交执行国家和省市相关财务制度和收费管理规定的标准；

（四）相关科技服务资质文件。

第十三条 服务机构入库有效期为三年，需要新增服务内容的，在有效期内提出申请，经审定通过后可以新增服务内容。服务机构入库有效期满后，需重新申请入库。

第四章 使用与兑现

第十四条 创新券支持的服务范围如下：

（一）研究开发服务，主要包括工业（产品）设计、集成电路设计、技术解决方案、中试及工程化开发、云计算等服务；

（二）技术转移服务，主要包括技术转移和成果转化在内的服务；

（三）检验检测认证服务，主要包括产品检验、指标测试、产品性能测试、集成电路封装测试等服务；

（四）知识产权服务，主要包括知识产权代理、知识产权检索分析等服务。

第十五条 创新券不得支持以下服务：

（一）按照法律法规或者强制性标准要求必须开展的强制检测和法定检测服务；

（二）与企业或者创客团队自身研发和科技创新无关的服务；

（三）质量管理体系等认证、商标服务、财务审计、企业上市辅导等服务；

（四）一般性的市场数据分析和商务法律咨询服务；

（五）工程项目等非研发类项目可行性报告、高新技术企业、科技型企业申报咨询等服务；

（六）已获取其他财政资金支持的竞争性立项创新活动。

第十六条 创新券仅限于购买入库服务机构已登记的科技服务。服务机构应当在“深圳市科技业务管理系统”中登记提供的服务内容、上传服务协议（合同）、付费发票等资料。

第十七条 服务机构在服务事项完成后，按照要求向市科技行政主管部门申请创新券兑现。

第十八条 创新券申请兑现应当符合以下条件：

（一）申请兑现金额不高于服务合同金额的50%；

（二）完备的服务协议（合同）及付费发票服务凭证；

（三）服务事项已在“深圳市科技业务管理系统”中登记备案；

（四）服务交易双方应当不存在任何投资与被投资、隶属、共建、产权纽带等影响公平公正市场交易的关联关系。

第十九条 服务机构通过“深圳市科技业务管理系统”在线填报创新券兑现项目申请书，并向市科技行政主管部门提交以下资料：

（一）在业务系统中填报的申请书；

（二）科技服务协议（合同）；

（三）与科技服务合同对应的付费发票；

（四）完成科技服务的说明材料。

第五章 立项和拨付

第二十条 市科技行政主管部门可以自行或者委托第三方机构组织专家对创新券申请、创新券兑现、服务机构入库项目进行评审。

第二十一条 市科技行政主管部门按照政务信息公开的有关规定向社会公示创新券拟资助项目名单、拟入库服务机构、拟兑现名单，接受社会监督和意见反馈，公示期为10日。

公示期间的异议处理按照本市科技计划项目管理的有关规定执行。

第二十二条 公示期满后，市科技行政主管部门应当就创新券拟资助项目发布立项通知和服务机构入库通知，并且按规定拨付资金。

第六章　监督管理

第二十三条 企业、创客团队、服务机构应当按照有关规定申领、使用、兑现创新券，严格执行相关的财务制度和会计核算规定，合法使用创新券，并且自觉接受相关业务行政管理部门的监督检查。

第二十四条 企业、创客团队、服务机构有下列行为之一的，市科技行政主管部门应当终止项目，追回资助资金以及孳生利息，并且将责任单位和人员列入科研诚信异常名录，五年内不受理其申请市科技计划项目。

（一）转让、赠送、买卖创新券的；

（二）在创新券申请、兑现、服务机构入库过程中提供虚假信息的；

（三）故意隐瞒服务机构与企业及创客团队存在影响公平公正市场交易的关联关系的；

（四）采取虚构创新券合同或者提高合同金额等方式，套取创新券资金的。

第七章 附 则

第二十五条 本办法自2020年3月1日起施行，有效期5年，《深圳市创新券实施办法（试行）》（深科技创新规〔2015〕1号）同时废止。

深圳市科技创新委员会关于印发《深圳市深港澳科技计划项目管理办法》的通知

深科技创新规〔2020〕4号

各有关单位：

《深圳市深港澳科技计划项目管理办法》已经深圳市委、市政府同意，现予以印发，请遵照执行。

特此通知。

深圳市科技创新委员会

2020年7月28日

深圳市深港澳科技计划项目管理办法

第一条 为了进一步支持深圳市高校、科研机构、企业与香港、澳门的高校和科研机构开展科技合作，促进科研资金便利流动，推动粤港澳大湾区产学研融合，根据国家鼓励港澳高等院校和科研机构参与内地相关科技计划的原则性要求，结合实际，制定本办法。

第二条 本办法所称“深港澳科技计划项目”，是深圳市科技计划的组成部分，是深圳与香港、澳门开展科技交流与合作的重要载体，每年在深圳市科技研发资金中安排资金用于支持深港澳科技计划项目。

第三条 申请单位应当符合以下条件之一：

（一）在深圳市依法注册且具有法人资格的高校、科研机构、企业（以下简称“深圳申请单位”）。

（二）香港公营科研机构或者创新及科技基金下成立的研发中心（以下简称“香港申请单位”）。

（三）澳门高校与科研机构（以下简称“澳门申请单位”）。

前款第（二）项所称香港公营科研机构，是指在香港受大学教育资助委员会资助院校、根据香港法例《专上学院条例》（第320章）注册的自资本地学位颁授院校、香港生产力促进局、职业训练局、制衣业训练局以及香港生物科技研究院等机构。

第四条 深港澳科技计划项目重点面向应用基础研究、关键技术开发、成果产业化，包括以下三类：

（一）A类为深港和深澳联合资助项目。深圳与香港或深圳与澳门通过政府间合作协议设立的深港澳联合资助项目，由深圳市科技创新委员会、香港创新科技署、澳门科学技术发展基金联合征集、联合评审、联合资助。深港及深澳两地申请单位就同一合作项目分别向本地科技部门递交申请，通过两地联合评审立项后，由两地科技部门分别给予资助。

（二）B类为深圳单方资助的技术攻关项目。由深圳市科技创新委员会负责选题、发布、评审和资助。该类项目由深圳市科技创新委员会向深圳高校、科研机构、企业公开征集并确定技术攻关课题，向香港申请单位和澳门申请单位（后文合称“港澳申请单位”）发布，由港澳申请单位申请承担。

（三）C类为深圳单方资助的港澳科研成果产业化项目。由深圳市科技创新委员会负责征集、评审、资助。该类项目由港澳申请单位独立提出申请，鼓励科研成果在深圳产业化，对研究领域与研究方向不加限制。

第五条 深港澳科技计划项目的财政资助资金主要用于设备费、科研材料及事务费、人力资源费及其他相关费用。不得用于在职人员薪酬和一般行政开支。

本条第一款所称设备费，包括购置设备费、试制设备费、设备改造与租赁费等开支。C类项目深圳市财政资助资金在港澳开支的部分用于购置设备或试制设备的金额不超过该设备购置或试制费的50%。

本条第一款所称科研材料及事务费，包括材料费、测试化验加工费、燃料动力费、外聘审计费以及出版、文献、信息传播、知识产权事务费等开支。

本条第一款所称人力资源费，包括劳务费、专家咨询费、绩效等开支。其中，劳务费不设统一比例限制，由项目申请单位据实编制，参与项目研究的研究生、博士后、访问学者以及项目聘用的研究人员、科研辅助人员等的薪酬和福利，可以开支劳务费；绩效支出包括支付项目组成员的绩效奖励，高校和科研机构的绩效支出不超过深圳市财政资助额的50%，企业的绩效支出不超过深圳市财政资助额的20%。港澳申请单位根据本单位相关财务规则执行。

本条第一款所称其他相关费用，是指对财政资助1000万元人民币以下的项目，将差旅费、会议费、国际合作与交流费统一编入“其他费用”科目，限额在30%以内。项目预算编列一级预算编制科目，可以不提供测算依据，报销时按照财务制度规定的标准据实报销。对于无法提供发票的事项，可以提供收据、刷卡凭证、小票等材料，或者凭项目负责人签名据实列支。港澳申请单位的相关管理费用可以在本科目中列支。

A类、C类项目深圳市财政最高资助额度为单项人民币300万元。

A类项目申请单位为企业的，深圳市财政资助金额不超过项目总预算的50%。B类项目课题来源为企业的，深圳市财政资助金额不超过项目总预算的50%，余下部分由提出课题的企业承担。

在项目总预算不变动或不超过特定预算科目控制限额的前提下，项目申请单位可以在项目合同规定的科研资金支出范围内调剂除设备费外的预算科目。预算调剂由项目负责人提出申请，经项目申请单位审核批准，报深圳市科技创新委员会备案。项目总预算或设备费变动，应当由项目负责人申请，项目申请单位核实后，报深圳市科技创新委员会批准后方可调整支出计划。

第六条 申请深港澳科技计划项目应当具备以下条件：

（一）项目负责人全职受聘于申请单位（全职是指从申请单位支取薪酬的人士，例如本地大学的现有教职员）；

（二）项目不与国家或省科技计划发生重复；

（三）项目组成员严格遵循科学界公认的学术道德和行为规范，不存在知识产权纠纷或者其他违反法律的行为；

（四）申请A类项目的深圳申请单位，应当提供港澳合作单位递交香港创新科技署或者澳门科学技术发展基金的申请书复印件和合作协议书，其中合作协议书应当明确技术、人力、设备、资金投入、知识产权归属等内容。

第七条 深圳市科技创新委员会负责发布深港澳科技计划项目申请指南，明确申请内容、申请单位、申请条件、立项程序、拨款程序和知识产权归属等要求。

A类或C类项目可以直接依据申请指南申报。

B类项目为委托研发项目，港澳申请单位需根据申请指南中发布的委托课题进行申报。委托课题由深圳市科技创新委员会向深圳高校、科研机构、企业公开征集并且评审确定。

第八条 项目申请采用网上受理，申请人应当通过“深圳市科技业务管理系统”在线提交并上传申请材料，深圳市科技创新委员会在系统收到申请之日起5个工作日内完成在线审核，并且作出受理或者不予受理的决定。予以受理的，在线出具受理回执。

第九条 项目申请单位应当根据申请项目类别提交相关材料，具体安排如下：

（一）申报A类项目的材料如下：

1.在线提交项目申请书；

2.项目可行性研究报告；

3.港澳合作单位向香港创新科技署或者澳门科学技术发展基金递交的申请书复印件；

4.合作协议书；

5.可以选择提交知识产权证、查新报告、检测报告、获奖证书、国家省计划文件等体现其技术水平的材料。

（二）申报B类和C类项目的材料如下：

1.在线提交项目申请书；

2.申请单位负责人及项目负责人签署的科研诚信声明或申请项目无知识产权纠纷的声明；

3.项目组成员履历；

4.可以选择提交该项目成果与深圳相关联的材料。

第十条 深圳市科技创新委员会组织或者委托项目评审专业机构，按照深圳市科技计划项目评审有关规定对申请项目进行评审。专家评审综合意见作为推荐立项的重要依据和参考。

第十一条 深圳市科技创新委员会对申请项目进行现场考察或合规性审核，综合专家评审意见，确定拟立项项目。A类项目须同时获得香港创新科技署或者澳门科学技术发展基金评审通过方可立项。

拟立项项目向社会公示。经公示无异议的项目，深圳市科技创新委员会发布立项计划。

第十二条 深圳市科技创新委员会与项目申请单位签订《项目合同书》，重点对项目的主要目标、研究内容、经费预算、评价指标、科技成果和知识产权归属以及进度安排等权利义务关系进行约定。

B类项目的《项目合同书》由深圳市科技创新委员会、港澳申请单位、深圳课题提出单位三方签订。

B类和C类项目的《项目合同书》还应当对深圳市财政资助资金在港澳开支的金额和用途进行约定。

在提交《项目合同书》时，应当同时附上经申请人签名、单位授权签字人签署并加盖公章的项目申请书原件。

第十三条 涉及资产及知识产权归属事项按照以下方式执行：

（一）属于A类项目的，由深圳市财政资助资金购置或者试制的仪器设备的产权及收益、科技成果、知识产权归深圳申请单位所有；

（二）属于B类项目的，由深圳市财政资助资金购置或者试制的仪器设备的产权及收益归港澳申请单位所有，项目研发所取得的科技成果与知识产权应归深圳课题提出单位所有，或者依据《项目合同书》约定由课题提出单位和港澳申请单位共同所有，项目研发所取得的科技成果产业化应当在深圳进行；

（三）属于C类项目的，购置或者试制的仪器设备的产权及收益、科技成果、知识产权归港澳申请单位所有，项目研发所取得的科技成果产业化应当在深圳进行。

第十四条 涉及资金使用和税务事项按照以下方式执行：

（一）A类项目市财政资助资金不跨境使用，资金的使用管理按照深圳市科技研发资金管理相关规定执行。

（二）B类和C类项目市财政资助资金可以依据立项合同在深港澳三地使用。拨款单位应当向税务部门办理对外支付税务备案，并且承担应当缴纳的相关税务款项。

第十五条 项目申请单位应当在单位原账户下开设项目资金子账户或者财务代码，专账管理，独立核算。

A类项目根据《项目合同书》和深圳市科技研发资金管理相关要求完成拨款手续。

B类和C类项目由港澳申请单位提供银行账户和请款单（即Demand Note），深圳市科技创新委员会到拨款银行凭《项目合同书》、对外支付税务备案表、相关票据以及表格办理相关外汇汇款手续，港澳申请单位收到拨款后出具收款收据。

B类和C类项目分两期拨款，首期拨付80%的款项，剩余20%待项目结题审计后，根据实际支出的金额拨付。

B类项目课题来源为企业的，企业应当按照《项目合同书》约定按时拨款，深圳市科技创新委员会在企业完成拨付后进行市财政资助资金拨付。

第十六条 深圳市科技创新委员会可以组织或者委托项目管理专业第三方机构，组织开展资助项目的评估，提出评估报告。

第十七条 A类项目由深圳市科技创新委员会委托会计师事务所进行专项审计。

B类和C类项目由深圳市科技创新委员会拟定审计报告模板,由港澳项目申请单位自行选择会计师事务所进行外聘审计,严格按照审计报告模板出具专项审计报告，相关费用列入该项目的“科研材料及事务费”支出。

第十八条 受资助项目应当在《项目合同书》约定期限结束后的6个月内申请验收，项目申请单位应当提交项目验收报告、研究成果、专项经费审计报告。受资助项目如需延期的,应当在《项目合同书》约定期限内提出延期申请,经深圳市科技创新委员会批准后方可延期验收。项目验收按照深圳市科技计划项目验收相关规定执行。

第十九条 A类项目的结余资金按照深圳市科技研发资金管理的相关规定处理。

B类和C类项目的结余资金按照下列方式处理：

（一）对于已达到项目预期目标并验收通过的项目，首期已拨付80%部分资金中剩余资金及利息无须退还，由项目申请单位统筹用于科研项目支出；

（二）对于未达到项目预期目标，但是经深圳市科技创新委员会审查认为确实按照《项目合同书》约定履行研发任务且合规使用资助资金予以结题的项目，全数收回项目剩余资金及利息；

（三）项目申请单位主动申请，并且经深圳市科技创新委员会批准撤销的项目，按照规定退回全部资助资金及利息；

（四）对于未按照《项目合同书》规定按时申请验收或者验收不通过的项目，申请单位须退回全部资助资金及利息，项目负责人及项目组成员自结题验收结论送达之日起三年内不可再申请或者参与深圳市政府资助项目。

第二十条 本办法自2020年8月1日起施行,有效期5年。《深圳市“深港创新圈”科技计划项目管理办法》（深科技创新规〔2018〕3号）同时废止。本办法实施前已下达的项目资金，按原合同要求，参照本办法执行。

深圳市科技创新委员会关于印发《深圳市科技型中小微企业贷款贴息贴保项目管理办法》的通知

深科技创新规〔2020〕5号

各有关单位：

为加快构建“基础研究+技术攻关+成果产业化+科技金融”的全过程科技创新产业链，结合深圳市实际，深圳市科技创新委员会制定了《深圳市科技型中小微企业贷款贴息贴保项目管理办法》，现予以印发，请遵照执行。

深圳市科技创新委员会

2020年2月28日

深圳市科技型中小微企业贷款贴息贴保项目管理办法

第一章 总 则

第一条 为了促进深圳科技和金融结合，缓解科技型中小微企业融资压力，构建具有活力的科技创新生态体系，根据国家、省、市有关规定，制定本办法。

第二条 深圳市科技行政主管部门（以下简称“市科技行政主管部门”）在市科技计划中设置科技型中小微企业贷款贴

息贴保项目（以下简称“贷款贴息贴保项目”），并且对纳入贷款贴息贴保项目库的科技型中小微企业，给予贷款利息、小额贷款保证保险费用（以下简称“保费”）、担保费用资助。

第三条 贷款贴息贴保项目遵循合法、规范、简明、高效的原则组织实施。

第四条 贷款贴息贴保项目资金纳入市科技研发资金预算，采取事后资助方式。

第五条 市科技行政主管部门是贷款贴息贴保项目的主管部门，负责建立和管理贷款贴息贴保项目库，遴选合作银行，编制和发布项目申请指南，组织或者委托组织开展项目受理、评审、审核（审计）、立项等工作。

贷款贴息贴保项目库实行动态管理。

第六条 市科技行政主管部门负责制定合作银行遴选标准，以公开、公平方式，确定合作银行，并且签订合作协议，在协议中约定合作银行工作职责和考核标准等事项。

市科技行政主管部门每两年对合作银行业务开展情况进行考核，考核结果作为调整合作银行的重要指标。

合作银行应当组建负责贷款贴息贴保项目专业团队，制定相应的信贷政策，协助做好项目宣传推广等工作。

第二章 入库管理

第七条 申请列入贷款贴息贴保项目库的企业，应当符合以下条件：

（一）在深圳市（含深汕特别合作区）依法注册，具有法人资格的企业；

（二）上年度职工总数不超过500人、销售收入不超过2亿元以及资产总额不超过2亿元；

（三）未列入深圳市科研诚信异常名录；

（四）符合以下资质之一：

1.有效期内的国家高新技术企业；

2.纳入全国科技型中小企业信息库的企业；

3.近三年内中国（深圳）创新创业大赛、广东省科技行政主管部门主承办大赛、深圳市科技行政主管部门主承办大赛获奖企业。

（五）如果企业不具备本条第四项资质的，应当具备以下条件：

1.上年度研究开发费用占销售收入比例不低于4%；

2.上年度60%以上的销售收入来自高新技术产业产品或者服务；

3.拥有具有核心竞争力以及较大市场前景的研发项目，并且项目处于研究与试验开发期或者产业化前期。

第八条 申请企业应当向市科技行政主管部门提交以下材料：

（一）通过深圳市科技研发资金管理系统在线填报申请书；

（二）上一年度财务审计报告（注册未满一年的可提供验资报告）；

（三）上年度末合法有效的社保缴交明细清单；

（四）若无本条第二项材料的，应当提供上年度企业所得税申报表；

（五）符合第七条第四项规定条件的企业，还应当提供相应资质材料；

（六）按照第七条第五项规定申报的企业，还应当提供以下材料：

1.知识产权合规性声明和科研诚信承诺书；

2.项目涉及科研伦理和科技安全的，提供国家有关法律法规和伦理准则要求的批准或者备案文件；

3.项目可行性研究报告；

4.可以选择提供知识产权证、查新报告、检测报告、获奖证书、国家省计划文件等技术水平证明材料。

第九条 市科技行政主管部门对第八条规定的申请材料进行形式审查。对于不予受理的，应当说明理由。

第十条 市科技行政主管部门按照“深圳市科技计划项目评审”有关规定，组织专家评审和资质审核，并且提出拟入库企业名单。

符合本办法第七条第四项规定的企业，可以不组织专家评审。

第十一条 市科技行政主管部门向社会公示拟进入贷款贴息贴保项目库的企业名单（以下简称“入库企业名单”），接受社会监督和意见反馈，公示期10日。公示期满后，市科技行政主管部门应当及时发布入库企业名单，并且将入库企业名单推送给合作银行。

入库名单公示期间异议处理按照深圳市科技计划项目管理有关规定执行。

第三章 贴息贴保管理

第十二条 申请贴息贴保项目资助的，应当符合以下条件：

（一）申请企业在贷款当年已入库；

（二）申请企业获得合作银行持续三个月及以上的贷款，期间无欠息和逾期还款的违约行为，且该笔贷款在申请贴息贴保项目资助前已结清；

（三）申请企业申请贴息贴保项目资助时还应当符合本办法规定的入库条件；

（四）申请企业和项目负责人在申请时未列入深圳市科研诚信异常名录；

（五）申请贴息贴保项目资助的款项未获得其他市级财政专项资金资助。

申请贴保项目资助的，还应当满足下列条件：

（一）所申请资助仅针对入库的贷款提供保费和担保费用资助。

（二）保险保障额度和担保额度应当与实际贷款额一致。

本条第一款第二项规定的贷款可以包括以下情形：

（一）申请单位直接获得合作银行贷款；

（二）申请单位通过深圳市政策性融资担保基金再担保增信获得合作银行贷款；

（三）申请单位通过购买小额贷款保证保险获得合作银行贷款。

第十三条 申请企业应当向市科技行政主管部门提交以下材料：

（一）登录深圳市科技业务管理系统在线填报申请书；

（二）贷款合同；

（三）银行放款凭证；

（四）贷款银行出具的还款凭证和利息支付凭证；

（五）资金使用情况报告；

（六）贷款银行出具的贷款结清凭证（无固定格式，内容应当包含贷款开始及结清时间、贷款金额、实际支付利息总额、有无欠息等违约行为，加盖银行章）。

申请资助保险费的企业，除本条第一款规定的材料外，还应当提供以下材料：

（一）保险单；

（二）保险费发票及对应的银行付款凭证；

（三）《保险费通知书》。

申请资助担保费用的企业，除本条第一款规定的材料外，还应当提供以下材料：

（一）担保机构与申请企业签订的担保合同，且担保合同应当约定担保费率等事项；

（二）担保费发票及对应的银行付款凭证；

（三）担保机构出具的申请企业未收取且未通过其关联企业收取的除担保费以外的评审和咨询等其他相关费用的承诺书。

第十四条 市科技行政主管部门根据申报企业所属产业领域、企业性质、规模等因素设定下列贴息贴保资助额度：

（一）贷款利息按照实际支付利息的50%予以资助，其中，对于首次获得贷款的申请企业，按照实际支付利息的70%予以资助。

（二）小额贷款保证保险费用按照实际支付保费的50%予以资助，单个申请企业每年获得本项资助不超过50万元。

（三）担保费用按照实际支付担保费用的50%予以资助，单个申请企业每年获得本项资助不超过30万元。

（四）单个申请企业每年获得贴息贴保资助不超过100万元，在本办法有效期内获得贴息贴保总额不超过300万元。

第十五条 申请企业申请贷款贴息贴保，应当根据申请指南要求，在规定的期限内，提出书面申请。

第十六条 贷款贴息贴保项目办理程序包括形式审查和专项审计环节。

第十七条 市科技行政主管部门对申请材料进行形式审查。对于不符合申请指南要求不予受理的，应当说明理由。

第十八条 市科技行政主管部门按照市科研计划项目评审有关规定，组织开展专项审计。

第十九条 市科技行政主管部门根据专项审计意见，提出拟资助项目。

第二十条 市科技行政主管部门向社会公示拟资助项目，接受社会监督和意见反馈，公示期为10日。项目公示期间异议处理按照深圳市科技计划项目管理有关规定执行。

第二十一条 公示期满后，市科技行政主管部门应当及时发布资助文件。决定不予资助的，市科技行政主管部门应当通知申请企业。

第二十二条 贷款贴息贴保项目属于事后资助类，市科技行政主管部门不与申请企业签订合同且不组织项目验收。

第二十三条 市科技行政主管部门按照市财政专项资金管理规定要求，适时开展绩效评价。

第二十四条 申请企业使用虚假材料或者其他不正当手段骗取或套取专项资金的，一经查实，撤销立项并向社会公开，由市科技行政主管部门追回全部资助资金及孳生利息。合作银行有协助提供虚假材料行为的，取消合作资格。

市科技行政主管部门将属于前款情况的申请企业和责任人员列入深圳市科研诚信异常名录。申请企业及合作银行涉嫌犯罪的，依法移送司法机关处理。

第四章 附 则

第二十五条 市科技行政主管部门定期编制和发布贷款贴息贴保项目入库申请指南及贷款贴息贴保申请指南，载明申请条件、申请材料、申请时间、申请程序等内容。

第二十六条 已申请入库且在本办法发布时尚未获得合作银行贷款的企业，参照本办法执行。

已申请入库且项目仍在研发期内贷款尚在执行的企业，按照市科技行政主管部门另行发布的指南执行。

第二十七条 本办法自2020年2月28日起施行，有效期为5年。

深圳市科技创新委员会关于印发《深圳市基础研究项目管理办法》的通知

深科技创新规［2020］6号

各有关单位:

为了规范和加强深圳市基础研究项目管理，完善与基础研究、应用基础研究特点相适应的经费保障、成果评价、人才激励机制，深圳市科技创新委员会制定了《深圳市基础研究项目管理办法》，现予印发，请遵照执行。

深圳市科技创新委员会

2020年6月4日

深圳市基础研究项目管理办法

第一章 总 则

第一条 为了规范和加强深圳市基础研究项目（以下简称“基础研究项目”）管理，完善与基础研究、应用基础研究特点相适应的经费保障、成果评价、人才激励机制，营造科学研究宽松环境，根据《关于促进科技创新的若干措施》《深圳市关于加强基础科学研究的实施办法》《深圳市科技计划项目管理办法》（深科技创新规〔2019〕1号）和《深圳市科技研发资金管理办法》（深科技创新规〔2019〕2号）等有关规定，制定本办法。

第二条 基础研究项目类型包括面上项目和重点项目，采用事前无偿资助方式：

（一）面上项目支持科学技术人员自主选题，开展创新性的科学研究，促进各学科均衡、协调、可持续发展。每个项目资助额度最高不超过60万元，研究期限为3年。

（二）重点项目支持科学技术人员针对已有较好基础的研究方向或者学科生长点开展深入且系统的创新性研究，促进学科发展，推动若干重要领域或者科学前沿取得突破。重点项目应当体现有限目标、有限规模、重点突出的原则。每个项目资助额度最高不超过300万元，研究期限为3年。

第三条 深圳市科技行政主管部门（以下简称“市科技行政主管部门”）在基础研究项目管理过程中履行以下职责：

（一）制定并发布年度项目指南；

（二）受理项目申请；

（三）组织或委托项目评审；

（四）批准项目立项；

（五）监督项目实施并开展绩效评估。

第二章 项目立项

第四条 面上项目采用直接申报模式，市科技行政主管部门根据年度重点工作以及深圳市科技研发资金支出计划，制定面上项目申请指南。

重点项目采用“先征集、再选题、发指南、后申报”的模式。市科技行政主管部门面向全市征集重点项目课题，根据深圳市优先发展领域、学科发展战略、深圳市科技研发资金支出计划，凝练选题并制定项目指南。

第五条 基础研究项目申请单位应当是在深圳市或深汕特别合作区内依法注册，具有独立法人资格的高等院校、科研机构、医疗卫生单位以及其他具有基础研究能力的国家、省、市级创新载体依托单位，或者是经市政府批准的其他机构。获得深圳市高等院校稳定支持计划全额资助的单位不得再申请此类项目。

第六条 基础研究项目负责人应为申请单位全职人员且是所申请基础研究项目的实际负责人，并符合以下条件：

（一）申请面上项目的负责人，应具有高级专业技术职务（职称）或者具有博士学位；具有中级专业技术职务（职称）或者硕士学位的，应当有2名与其研究领域相同且具有高级专业技术职务（职称）的科学技术人员推荐；在站博士后研究人员的，须由申请单位提供书面承诺，保证在项目获得资助后延长其在博士后工作站的期限至项目资助期满或者出站后继续留在申请单位从事相关研究。

（二）申请重点项目的负责人，应当具有承担基础研究课题的经历，并具有高级专业技术职务（职称），在站博士后研究人员和正在攻读研究生学位的人员不得作为项目负责人。

第七条 基础研究项目合作研究单位仅限1个。项目组主要人员与项目负责人不是同一单位的，项目组主要人员所在单位视为合作研究单位。申请单位应承担项目主要工作并与合作研究单位签订合作协议书，明确双方的研究内容分工、财政资金及自筹资金分配、知识产权归属等。

第八条 项目负责人应当按照年度项目指南要求，通过所在单位提出书面申请。项目负责人应当对所提交申请材料的真实性负责。

申请单位应当对本单位项目负责人提交的申请材料进行审核，确保申请材料的真实性和完整性。

高等院校、科研机构、医疗卫生单位的项目负责人同年只能申请1项基础研究类项目，申请和正在承担（主持和参与）的市级科技计划项目（平台载体和事后补助类除外）总数不得超过3项；国家、省、市级企业重点实验室依托单位同年只能申请1项基础研究类项目，申请和正在承担（主持和参与）的市级科技计划项目（平台载体和事后补助类除外）总数不得超过3项。

第九条 市科技行政主管部门开展形式审查并组织专家评审后向社会公示拟资助项目，公示期为10天，接受社会监督和意见反馈。

公示期间有异议的项目，经调查属实并需调整的，由市科技行政主管部门重新审定。对经公示无异议或者经调查异议不成立的项目，市科技行政主管部门下达项目资助计划。

第十条 项目承担单位（指市科技行政主管部门下达项目资助计划的项目申请单位）应当在接到立项通知之日起30天内与市科技行政主管部门签订项目合同，约定项目的研究内容、主要目标、量化考核的技术指标、项目资金绩效目标、指标与项目资金支出预算、资金使用计划等，明确实施各方的权利和义务，对需政府采购的项目承担单位，应当另行按要求编制政府采购计划。

第三章 项目实施与验收

第十一条 市科技行政主管部门在项目实施中履行以下管理职责：

（一）监督和检查项目合同的执行情况；

（二）协调和处理项目执行中的有关问题；

（三）组织或者委托第三方进行项目验收和项目绩效评估。

第十二条 项目承担单位应当制定完善的项目管理制度。

第十三条 项目承担单位在项目实施中履行以下义务：

（一）按照项目合同完成相应目标任务；

（二）合法、合规使用项目经费；

（三）按市科技行政主管部门要求如实填报项目进展情况以及相关统计调查表；

（四）配合市科技行政主管部门或者其委托机构对项目进行检查、验收及绩效评估。

第十四条 基础研究项目的经费使用与管理，按照《深圳市科技研发资金管理办法》的有关规定执行。

第十五条 项目执行期内，项目合同内容一般不作调整；确需变更合同内容的，项目承担单位应当在合同实施期限届满之前，且自变更情形发生之日起30日内向主管部门提出申请，经市科技行政主管部门审查同意后方可变更。

第十六条 对因客观环境发生变化，项目承担单位不能按照合同规定实施的。或因法律纠纷危及市财政资金安全的，市科技行政主管部门可终止项目并停拨经费。

对擅自停止项目实施、变更项目合同内容、无正当理由不按要求如实填报科技计划项目相关统计调查表的，市科技行政主管部门可终止项目实施、撤销项目。情节严重的，3年内不受理该项目承担单位或者项目责任人的项目申请。

第十七条 项目验收按照市科技计划项目验收管理有关规定执行。

第四章 监督管理

第十八条 项目承担单位和科研人员须恪守科学道德，遵守有关法律、法规和伦理准则。单位或者个人有下列行为之一并经查证属实的，在科研诚信管理规定的相应年限内不得申请或者承担科技计划项目，市科技行政主管部门将其列入科研诚信异常名录，并撤销立项，追回全部资助资金及孳生利息。符合失信联合惩戒有关规定的，还应当实施联合惩戒：

（一）在项目申请、实施、变更或者验收中提供虚假材料，弄虚作假，骗取市科技研发资金的；

（二）非法挪用、侵占、冒领、截留市科技研发资金的；

（三）有知识产权侵权行为，并经相关行政主管部门或者司法机关依法确认有过错的；

（四）违反科学伦理准则的；

（五）其他违反科研诚信要求的。

第十九条 市科技行政主管部门工作人员违反法律、法规以及本办法规定，依法追究行政责任，涉嫌犯罪的，依法移送司法机关处理。

第五章 附 则

第二十条 除市科技行政主管部门有特别规定外，资助项目所产生科技成果的知识产权（论文、著作、专利等）归项目承担单位所有，并注明“深圳市基础研究资助项目”（英文：Supported by Shenzhen Fundamental Research Program）及项目编号。

第二十一条 本办法自2020年6月4日起实施，有效期3年。本办法未尽事项，按照市科技计划项目、资金、过程管理与验收、诚信管理等有关规定执行。

深圳市科技创新委员会关于印发《深圳市创业项目管理办法》的通知

深科技创新规［2020］7号

各有关单位：

为了推动深圳创新创业高质量发展，营造良好创新创业环境，深圳市科技创新委员会制定了《深圳市创业项目管理办法》，现予印发，请遵照执行。

特此通知。

深圳市科技创新委员会

2020年6月8日

深圳市创业项目管理办法

第一章 总 则

第一条 为了推动深圳创新创业高质量发展，营造良好创新创业环境，规范创业项目组织管理，根据国家、广东省、深圳市有关规定，制定本办法。

第二条 深圳市科技行政主管部门（以下简称“市科技行政主管部门”）在科技计划中设立创业项目。根据资助对象不同，创业项目分为创业资助项目和创客交流活动资助项目两类。

第三条 市科技行政主管部门是创业项目的主管部门，负责建立健全具体管理制度，编制发布项目申请指南，受理项目申报，审查申报材料，组织项目审计或评审以及项目监督管理等工作。

获得创业项目资助的单位，应当履行资金使用管理主体责任，配合包括市科技行政主管部门和市财政部门在内的有关部门对财政资助资金使用情况的监督检查。

第四条 创业项目的组织实施遵循统筹布局、市区联动，协调推进、竞相发展的原则。

第二章 创业资助项目

第五条 创业资助项目是以培育具有核心创新能力且高成长性的源头企业为目标，由市科技行政主管部门对中国深圳创新创业大赛（以下简称“深创赛”）、广东省科技行政主管部门主承办大赛（以下简称“省赛”）、深圳市科技行政主管部门主承办大赛（以下简称“市赛”）的参赛企业和参赛团队企业予以资助。按照资助对象不同，创业资助项目分为参赛企业资助项目和参赛团队资助项目两类。

第六条 参赛企业资助项目的申请单位，应当符合以下条件：

（一）在深圳市（含深汕特别合作区，下同）依法注册，具备法人资格的企业，且在参赛时注册时间不满5年；

（二）参加上年度深创赛并晋级半决赛及以上，或者参加省赛并获奖；

（三）申报项目与参赛项目名称一致，且项目负责人应当是参赛项目负责人或者核心成员；

（四）申请单位为深创赛参赛企业的，上一年度的销售收入应当不超过2亿元。

第七条 参赛团队资助项目的申请单位，应当符合以下条件：

（一）参加上两年度深创赛且晋级半决赛及以上，或者参加市赛并获奖；

（二）在深圳市依法注册企业，企业注册时间应当在当年比赛截止报名日期之后，参赛项目负责人或者至少一名核心成员应当是该企业股东；

（三）申报项目与参赛项目名称一致，且项目负责人应当是参赛项目负责人或者核心成员；

（四）作为企业股东的参赛项目负责人或者核心成员与其他参赛项目人员之间就申请资助达成一致。

第八条 申请单位通过深圳市科技业务管理系统在线填报项目申请书，并向市科技行政主管部门提交以下材料：

（一）项目申请书；

（二）企业上年度财务审计报告和项目专项审计报告；

（三）与所参加大赛相关的获奖证书和资助文件等材料；

（四）项目负责人和项目组主要成员社保清单（12个月）；

（五）科研诚信承诺书和知识产权合规性声明。

参赛团队资助项目的申请单位除提交上述材料外，还需提交证明参赛团队的项目负责人或核心成员为注册企业股东的股东名册等材料。

第九条 市科技行政主管部门按照下列程序对受理的项目进行审核与资助：

（一）市科技行政主管部门对申报材料进行形式审查；

（二）市科技行政主管部门依据项目申报材料中的企业注册地址或实际经营地址，将申报项目分发各区科技行政主管部门，由各区科技行政主管部门进行现场核查；

（三）各区科技行政主管部门将通过现场核查的项目名单按当年资助比例推荐至市科技行政主管部门；

（四）市科技行政主管部门对推荐项目进行专家评审；

（五）市科技行政主管部门综合现场核查情况及专家评审意见，按程序审批确定资助项目。

第十条 市科技行政主管部门向社会公示拟资助项目名单、接受社会监督、意见反馈，公示期为10天。公示期满后，市科技行政主管部门下达资助文件。公示期间的异议处理按照本市科技计划项目管理的有关规定执行。

第十一条 对符合条件的项目，按照以下标准予以奖励资助：

（一）单个参赛企业资助项目资助额不超过100万元；参加省赛获奖且获得省科技计划资助的项目，资助额度不超过省资助额度，且不超过项目承担单位自筹经费的 50%。

（二）单个参赛团队资助项目资助额不超过50万元。

第三章 创客交流活动项目

第十二条 创客交流活动项目是由市科技行政主管部门对科技企业孵化器和众创空间运营单位在深圳举办的创客论坛、创客大赛、创客成果展、创客项目路演等创客交流活动，以及经市政府批准的深圳国际创客周活动等重大创客交流活动予以资助。

第十三条 创客交流活动项目的申请单位，应当符合以下条件：

（一）在深圳市依法注册且具有法人资格的国家级科技企业孵化器和经国家备案的众创空间的运营单位，或者是经市政府批准的重大创客交流活动组织单位；

（二）创客交流活动具备开放性和公益性特点，参加人数达100人以上；

（三）活动应当是一年内在深圳举办，且未获得过市级财政相关资助。

第十四条 申请单位通过深圳市科技业务管理系统在线填报项目申请书，并向市科技行政主管部门提交以下材料：

（一）项目申请书；

（二）企业上年度完税证明和财务审计报告，或者通过审查的事业单位财务决算报表；

（三）活动总结报告（包括活动基本情况、规格和规模、重要嘉宾、活动主要内容、成效等）并附活动方案、活动议程、签到表、活动照片等活动佐证材料；市政府批准的重大创客交流活动还需附市政府的批准文件；

（四）活动所发生的费用清单和支出单据、支付凭证、所涉及的相关合同（协议）书。

第十五条 市科技行政主管部门制定发布项目申请指南，对已受理的申报材料组织形式审查和专家评审，并委托第三方审计机构开展专项审计。

市科技行政主管部门综合专家评审结果和专项审计意见，确定资助项目名单和资助金额。

第十六条 市科技行政主管部门向社会公示拟资助项目名单，接受社会监督和意见反馈，公示期为10天。公示期满后，市科技行政主管部门下达资助文件。公示期间的异议处理按照市科技计划项目管理的有关规定执行。

第十七条 市科技行政主管部门对符合条件的创客交流活动予以事后补助，资助金额不超过经审计的活动经费支出的50%，且不超过50万元。活动经费支出包括宣传费、会议费、展览费、专家费、劳务费等活动相关费用。

市政府批准的重大创客交流活动支持额度可不受前款限制。

第四章 监督管理

第十八条 创业项目以奖励补助和事后补助方式予以资助，无须签订合同和进行验收。

项目单位应当接受包括市科技行政主管部门和市财政部门在内的部门依职权开展的绩效评价和监督检查。

第十九条 申请单位使用虚假材料或者其他不正当手段骗取或套取专项资金的，一经查实，市科技行政主管部门追回全部资助资金及孳生利息。

对于创客交流活动项目，市科技行政主管部门应当向国家有权机关反映并建议取消其国家级科技企业孵化器和国家备案众创空间资格。若申请单位是市级孵化器和众创空间的运营单位，市科技行政主管部门还应当取消其市级孵化器和众创空间资格。

第五章 附 则

第二十条 本办法未尽事项，按照市科技计划项目、资金、诚信管理等有关规定执行。

第二十一条 本办法自2020年6月22日起施行，有效期5年。

深圳市科技创新委员会关于印发《深圳市可持续发展科技专项项目管理办法》的通知

深科技创新规〔2020〕8号

有关各单位：

为推进国家可持续发展议程创新示范区建设，推动科技创新与社会发展深度融合，破解制约可持续发展关键瓶颈问题，深圳市科技创新委员会制定了《深圳市可持续发展科技专项项目管理办法》，现予以印发，请遵照执行。

深圳市科技创新委员会

2020年6月22日

深圳市可持续发展科技专项项目管理办法

第一章 总则

第一条 为了规范深圳市可持续发展科技专项项目的管理，推进国家可持续发展议程创新示范区建设，根据《深圳市科技计划项目管理办法》（深科技创新规〔2019〕1号）和《深圳市科技研发资金管理办法》（深科技创新规〔2019〕2号）等有关规定，制定本办法。

第二条 深圳市科技行政主管部门（以下简称"市科技行政主管部门"）在市科技研发资金中设立深圳市可持续发展科技专项项目（以下简称"可持续专项"），支持资源高效利用、生态环境治理、健康深圳建设、社会治理现代化等领域开展包括科学技术研究与开发和科技成果应用示范在内的科技创新活动。

第三条 可持续专项遵循统筹布局、协同推进、公平公开、竞争择优和产学研用的原则组织实施。

第四条 市科技行政主管部门主管可持续专项，负责会同相关职能部门推荐专家，形成可持续专项专家库（以下简称"专家库"）；征求相关职能部门年度重点行业科技需求；组织专家库专家编制可持续专项课题（以下简称"专项课题"）；开展编制与发布申请指南、受理申请、专家评审或专项审计、考察核查、审批公示、签订合同书、拨付资金、中期监管、项目验收、绩效评价等工作。

第五条 受市科技行政主管部门委托，专家库专家对可持续发展科技创新战略规划、可持续专项布局、项目设置提出咨询意见，编制专项课题，根据所属专业领域组成专家评选小组对可持续专项申请项目进行评审。

第六条 项目承担单位负责项目具体实施，履行项目管理和资金管理主体责任，接受市科技行政主管部门监督检查，依法接受财务和审计监督。

第二章 指南论证与发布

第七条 市科技行政主管部门根据国家可持续发展议程创新示范区建设工作部署，瞄准重点目标，聚焦重大需求，结合相关职能部门年度重点行业科技需求，公开向社会征集专项课题建议。

第八条 市科技行政主管部门委托可持续专项专家对征集的专项课题建议进行论证，编制专项课题，并对其编制的专项课题进行审核，确定发布年度专项课题。

主持或参与专项课题建议论证和专项课题编制的专家库成员不得申报相应批次的专项课题项目。

专项课题应当围绕可持续专项总体任务、重点方向、技术路线进行编制，明确若干个项目、研发任务技术领域、研发内容、考核指标、实施期限、资助上限等。

第九条 市科技行政主管部门发布专项课题年度申报指南，载明申请条件、申报材料、申报时限、专项课题及资助上限，以及每个项目资助金额等内容。

根据项目研发主要内容和项目考核指标（含经济指标、学术指标、技术指标等），以及研发实际需要，单个项目资助金额的上限分别为400万元、600万元、800万元。单个项目资助金额不得超过专项课题资助上限。申请单位为企业的，资助额度不得高于企业的自筹资金。

第三章 申请与受理

第十条 可持续专项应当由牵头申请单位联合1至3家合作单位采用"产学研用（医）"联合申报方式向市科技行政主管

部门提出申请。申请可持续专项的单位应当符合以下条件：

（一）牵头申请单位应当是在深圳市（含深汕特别合作区）依法注册登记，具备法人资格的高等院校、科研机构、医疗卫生机构、国家或者本市高新技术企业；

（二）牵头申请单位应当具有项目实施的基础条件和保障能力，诚信守法，具有良好的信誉、健全的组织机构、完善的财务会计和知识产权保护相关制度；

（三）可持续专项项目负责人（以下简称“项目负责人”）应当具有完成项目所需专业技术能力和组织管理协调能力，项目负责人应为申请单位的全职研究人员；

（四）申请单位所从事的包括科学技术研究与开发和科技成果应用与示范在内的科技创新活动应当符合《深圳市重点支持的高新技术领域目录》中涉及可持续专项的领域；

（五）牵头申请单位和合作单位应当签订合作协议，明确各方的合作内容、主要分工及财政资助资金分配比例、成果归属等方面的权责事项；

（六）牵头申请单位、合作单位、项目负责人和项目组成员未列入科研诚信异常名录。

第十一条 项目申请单位应当在“深圳市科技研发资金管理系统”提交以下材料：

（一）通过系统在线填报申请书；

（二）项目可行性报告；

（三）合作协议；

（四）知识产权合规性声明和科研诚信承诺书（申请单位为企业的，还应当提交自筹资金投入承诺书）；

（五）项目涉及科研伦理和科技安全的，提供国家有关法律法规和伦理准则要求的批准或备案文件。

第十二条 可持续专项与其他市级科技计划项目共同限项申请，有关限项规定在项目指南或者相关申报通知中载明。

第四章 评审与资助

第十三条 市科技行政主管部门对受理的申请材料进行形式审查，对通过形式审查的项目，根据评审管理有关规定组织专家评审。

第十四条 市科技行政主管部门组织对通过专家评审的项目进行现场核查，核实申请单位的注册信息、研发条件、项目保障能力等方面情况。

第十五条 市科技行政主管部门综合专家评审与现场核查情况，按照程序择优确定拟资助项目。

拟资助项目及资助金额，由市科技行政主管部门向社会公示，公示期为10日。公示无异议的，市科技行政主管部门按程序拨付资助资金。

公示期间的异议处理按照深圳市科技计划项目管理的有关规定执行。

第十六条 专家评选小组主要通过下列评价指标对可持续专项项目进行评审：

（一）项目的必要性、重要性、社会经济价值，包括项目与本市社会经济发展关联度，产业化能力对本市社会经济效益和贡献；

（二）项目的创新性与可行性，包括新理论、新技术、新工艺的应用程度、在同行的先进程度、研究目标的合理性和实现程度以及风险评估的客观程度和应对措施等；

（三）申请单位的研发基础条件，包括项目研发的基础设施拥有程度，项目负责人的技术水平和组织能力，研发团队整体研发能力，产学研合作情况等；

（四）申请单位的项目保障能力，包括项目预算合理性、项目资金保障能力、项目运行管理能力、单位制度保障能力等；

（五）其他与项目科学技术研究与开发或科技成果应用与示范相关的评审要点。

可持续专项资助采用“事前资助”方式，对符合本办法的项目，根据可持续专项项目专家评审结果，经市科技行政主管部门审定后，择优确定一个资助对象给予资助。

第五章 实施与管理

第十七条 市科技行政主管部门应与项目承担单位签订合同书。合同书对项目的任务目标、项目进度与拨付资金、经费使用、绩效考核指标、知识产权归属、项目执行期等内容进行约定。

项目执行期一般不超过三年。执行期内，项目承担单位应当按照合同约定做好项目实施与过程管理，完成任务目标；配合市科技行政主管部门开展项目评估等工作。

第十八条 市科技行政主管部门按照项目进度拨付资金。

项目承担单位应当按照市科技研发资金有关管理规定，对项目资助资金实行专款专用，建立资金使用台账，单独设立明细科目，并按照规定如实记账。

第十九条 市科技行政主管部门应当加强可持续专项变更管理，对项目执行期内发生的目标调整、内容变更、项目负责人变更、承担单位变更等进行管理。

项目执行期内，项目合同内容一般不作调整，确需变更合同内容的，项目牵头单位应当按照市科技计划项目管理相关规定提出申请，经市科技行政主管部门审查同意后方可变更。

第二十条 项目执行期满六个月内，项目牵头单位应当按照项目验收的相关程序，提交验收申请。项目验收其他事项按照深圳市科技计划项目验收管理有关规定执行。

第六章 监督管理

第二十一条 市科技行政主管部门按照市财政专项资金管理规定要求，适时组织或者委托第三方机构开展项目绩效评价。

第二十二条 市科技行政主管部门加强对项目承担单位、项目负责人、项目组成员的科研诚信管理。对于违反科研诚信要求的，市科技行政主管部门将其列入市科研诚信异常名录，并按照国家有关规定处理。涉嫌犯罪的，依法移送司法机关处理。

第二十三条 项目承担单位使用虚假材料或者其他不正当手段骗取或套取专项资金的，一经查实，撤销立项并向社会公开，由市科技行政主管部门追回全部资助资金及孳生利息。

市科技行政主管部门将属于前款情况的项目承担单位和责任人员列入科研诚信异常名录，一定期限内不受理其申报市科技计划项目。

第七章 附则

第二十四条 可持续专项所形成的报告、论文、专著等成果以及应用成果的，需注明本市可持续专项资助和项目编号。

第二十五条 本办法未尽事宜，按照本市科技计划项目、资金、过程管理与验收、诚信管理有关规定执行。

第二十六条 本办法自2020年7月1日起施行，有效期为5年。

深圳市科技创新委员会关于印发《深圳市工程技术研究中心认定与运行管理办法》的通知

深科技创新规［2020］9号

各有关单位:

为加快推进企业研发机构建设，建立健全以企业为主体、市场为导向、产学研相结合的技术创新体系，充分发挥深圳市工程技术研究中心在促进技术创新、推动技术成果转化及产业化的示范和带动作用，根据国家有关规定，结合现有深圳市级创新载体的建设情况，深圳市科技创新委员会制定了《深圳市工程技术研究中心认定与运行管理办法》，现予以印发，请遵照执行。

深圳市科技创新委员会

2020年6月29日

深圳市工程技术研究中心认定与运行管理办法

第一章 总 则

第一条 为了加快推进企业研发机构建设，规范深圳市工程技术研究中心（以下简称“市工程技术中心”）认定与运行管理，根据有关规定，制定本办法。

第二条 市工程技术中心的认定与运行，适用本办法。

第三条 市工程技术中心是依托本行业或者本技术领域内具有综合优势的企业（以下简称“依托单位”）组建的，具有较完备工程技术综合配套试验条件，拥有良好的研究开发、工程设计、试验的专业科技队伍，对本行业或者本技术领域的发展具有明显带动作用，能够为依托单位提供多种综合性技术服务的科技研究开发实体。

第四条 深圳市科技行政主管部门（以下简称“市科技行政主管部门”）是市工程技术中心认定和运行管理的主管部门，负责市工程技术中心的认定、评估、取消、调整等管理工作。

依托单位具体负责市工程技术中心建设和运行管理，履行项目管理和资金管理主体责任。

第五条 市科技行政主管部门根据本市经济与社会发展总体规划以及科技发展规划，合理规划市工程技术中心的数量和规模，重点在本市战略新兴产业领域布局。

对于已布局市工程技术中心的细分技术领域，原则上不再重复布局。

第六条 市工程技术中心主要任务：

（一）参与制定和执行本单位技术发展战略和技术创新、技术引进、技术开发规划，建立完善研究开发和知识产权制度；

（二）对具有广阔应用前景的科研成果进行系统化、配套化、工程化研究开发，为适合企业规模生产提供成熟配套的技术工艺、技术装备、技术标准，不断推出技术含量高且经济效益好的系列新产品，为企业发展提供技术支撑；

（三）综合运用国内外创新资源，开展多层次、多形式、多领域的技术交流与合作。注重产学研相结合，与高校和科研机构建立长期稳定的合作关系，提高承接国家及省市重大科技项目的能力；

（四）组织工程技术人才培训，创造良好的工作条件，建立有效的人才激励机制和分配机制，吸引人才以各种形式为依托单位服务。

第七条 市科技行政主管部门每年在科技研发资金中安排经费，对经认定的市工程技术中心予以事后补助，对评估结果良好以上的市工程技术中心予以奖励。

第八条 市工程技术中心认定和运行管理遵循统筹布局、突出优势、动态评估、公平公正的原则。

第二章 认定

第九条 市科技行政主管部门制定发布市工程技术中心认定申请指南，明确申请条件、申请材料、认定数量、补助金额等内容。

第十条 申请市工程技术中心认定的依托单位，应当符合下列条件：

（一）应当是在深圳市（含深汕特别合作区，下同）内注册登记的具有独立法人资格的国家或者深圳市高新技术企业；

（二）经营和运行状况良好，具有较强的盈利能力和较高的管理水平；

（三）具有专门的研发机构，有持续的研发投入，上一年度销售额不低于5000万元，近2年每年研发费用1000万元以上；

（四）近2年获得授权或者登记的知识产权（包括发明、实用新型、非简单改变产品图案和形状的外观设计、软件著作权、集成电路布图设计专有权、植物新品种）总计不少于15项（其中发明专利、软件著作权、集成电路布图设计专有权或者植物新品种总计不少于7项）；

（五）申请认定的市工程技术中心应当配备管理负责人和

技术带头人，拥有专职研发人员20人以上，其中具有中级（含）以上职称或者硕士以上学位的不少于10人（具有高级职称或者博士学位的不少于3人）；

（六）具备工程技术试验条件和基础设施，研发专门用房面积500平方米以上，有必要的检测、分析、测试手段和工艺设备（不包括生产用设备），仪器设备及专用软件的原值不低于700万元（软件类工程中心相应的原值不低于400万元）；

（七）有良好的产学研合作基础，重视科技人员和高技能人才的培养、引进、使用；

（八）组建市工程技术中心的目标明确，研究开发任务具体，方案可行，措施得力。

第十一条 依托单位在多个行业或者领域均符合申请条件的，可以按照行业或者领域分别申报。

第十二条 依托单位应当根据项目申请指南要求，向市科技行政主管部门提交包括项目申请书、专项审计报告、可行性研究报告等在内的申请材料。

第十三条 市科技行政主管部门根据申报要求对所受理的申报材料进行形式审查，对通过形式审查的项目按照我市科技项目评审有关办法组织专家评审，对通过专家评审符合条件的项目进行现场考察。

市科技行政主管部门综合专家评审和现场考察情况，按照程序择优确定拟认定市工程技术中心名单及资助金额。

市科技行政主管部门向社会公示拟资助名单及金额，接受社会监督和意见反馈，公示期为10日。公示无异议的，市科技行政主管部门按规定程序下达资助计划，拨付资助资金。项目公示期间异议处理按照深圳市科技计划项目管理有关规定执行。

第十四条 市科技行政主管部门对经认定的市工程技术中心，按照依托单位上两年度研发经费之和扣除同期财政补助部分后的50%进行核定，给予不超过300万元的补助。

第三章 运行管理

第十五条 市工程技术中心实行依托单位领导下的主任负责制，设主任1名，副主任1~3名。

主任具体负责工程技术中心的建设、运行、日常管理，应当是本领域高水平的研发带头人，具有较强的组织管理和协调能力，年龄一般不超过60周岁，由依托单位聘任，在市工程技术中心全职工作。

主任及副主任不得在其他科技创新载体（包括各级重点实验室、工程技术研究中心、技术创新中心、工程研究中心、工程实验室、企业技术中心、公共技术服务平台等）中兼任主任、副主任、研发带头人。

第十六条 市工程技术中心应当设立工程技术委员会。工程技术委员会是市工程技术中心的研发指导机构，应认真履行科研诚信建设职责，负责审议市工程技术中心的研发方向、研发内容、年度工作计划、总结、重大人事任免等。

第十七条 市工程技术中心应当建立健全下列内部管理制度和运行机制：

（一）在机构组建、项目申报、课题研究时加强产学研结合，充分发挥各方优势；

（二）实行竞争上岗和优胜劣汰的人员管理制度；

（三）建立和完善知识产权管理制度，保护自身知识产权，避免侵犯他人知识产权，保障依托单位、中心、个人的合法知识产权权益，并合法使用知识产权；

（四）建立良好的人才流动机制，吸引市内外优秀的科技人员带项目或带经费来市工程技术中心开展研究工作；

（五）建立科学规范、激励有效、惩处有力的科研诚信制度，形成职责清晰、协调有序、监管到位的科研诚信工作机制；

（六）遵守科研伦理规范，保障社会安全。

第十八条 市工程技术中心应在每年第一季度提交上年度总结和本年度工作计划。无正当理由拒绝填报提交年度总结和计划的，视为自动放弃市工程技术中心资格。

第十九条 市工程技术中心需要更名、重组、取消的，应当由依托单位提出书面申请，报市科技行政主管部门审批。

市工程技术中心主任和副主任等主要科研人员需要变更的，应当经工程技术委员会论证，由依托单位书面向市科技行政主管部门报告。

第二十条 市工程技术中心应当严格执行市科技研发资金管理相关规定以及内部资金管理制度，建立财政资金经费台账，保证专款专用，接受政府部门的监督检查。

由市财政经费拨款购置的包括仪器和设备在内的固定资产，应当单独登记造册。

第二十一条 鼓励支持市工程技术中心建立健全创新激励机制和分配机制，采用科技成果入股、科技成果收益分成、科技成果折股等激励方式，对做出突出贡献的科技人员和主要经营管理人员进行奖励。

第二十二条 除涉密或者国家特殊规定外，市工程技术中心应当按照相关管理办法，将大型仪器设备纳入共享平台并向社会开放提供共享服务。

第四章 评 估

第二十三条 市工程技术中心实施动态管理。市科技行政主管部门制定考核评估指标，对已认定的市工程技术中心的运行情况和建设绩效进行定期评估，三年为一个考核评估周期，重点评价其研发创新成果、研发条件保障与队伍建设、运行管理、经济技术效益等情况。

市科技行政主管部门根据评估成绩，确定市工程技术中心评估结果。评估结果分为优秀、良好、合格、不合格四个等级。

第二十四条 对评估结果为“优秀”的，给予单个最高200万元的奖励。

对评估结果“良好”的，给予单个最高100万元的奖励。

奖励资金应当用于下一评估周期工程技术中心运行、续建、仪器设备更新改造等。

对评估结果为“合格”的，不给予奖励。

对评估结果为“不合格”的，责令其整改，整改期不超过一年。整改期满后，复评结果仍“不合格”的，取消其市工程技术中心资格。

第二十五条 市科技行政主管部门根据评估结果拟定奖励项目名单并向社会公示，接受社会监督和意见反馈，公示期为10日。公示无异议的，市科技行政主管部门按程序下达奖励通知，拨付资金。项目公示期间异议处理按照本市科技计划项目管理有关规定执行。

奖励资金应当用于下一评估周期工程技术中心运行、续建、仪器设备更新改造等。

第五章 监督管理

第二十六条 依托单位使用虚假材料或者其他不正当手段骗取、套取专项资金的，一经查实，撤销资格并向社会公开，由市科技行政主管部门追回全部财政资金及孳生利息，并按规定列入科研诚信异常名录。

第二十七条 对依据第十八条自动放弃及第二十四条被取消市工程技术中心资格的，其依托单位5年内不得申请市工程技术中心认定。

市工程技术中心具有违反科研伦理、科技安全、到期拒不参加评估等违规情形的，取消市工程技术中心资格。其依托单位5年内不得申请市工程技术中心认定。

依托单位或市工程技术中心具有包括违反科研诚信在内的其他违规情形的，按照市科技计划诚信管理有关规定处理。

第六章 附 则

第二十八条 经认定的国家和省级工程技术中心，根据本市相关政策文件给予相应的资金和政策支持。

第二十九条 本办法未尽事项，按照市科技计划项目、资金、验收、诚信管理有关规定执行。

第三十条 本办法自2020年7月1日起施行，有效期5年。

深圳市科技创新委员会关于印发《深圳市高等院校稳定支持计划管理办法》的通知

深科技创新规〔2020〕10号

各有关单位：

为了营造宽松科研环境，提升高等院校自主创新能力，规范高等院校稳定支持计划管理，深圳市科技创新委员会制定了《深圳市高等院校稳定支持计划管理办法》，现予以印发，请遵照执行。

深圳市科技创新委员会

2020年6月26日

深圳市高等院校稳定支持计划管理办法

第一章 总则

第一条 为了营造宽松科研环境，提升高等院校自主创新能力，规范高等院校稳定支持计划管理，根据有关规定，制定本办法。

第二条 深圳市高等院校稳定支持计划管理，适用本办法。

第三条 深圳市科技行政主管部门（以下简称“市科技行政主管部门”）是高等院校稳定支持计划的主管部门，负责统筹全市高等院校院基础科研发展总体布局、建立健全稳定支持分配评价体系、审核各院校稳定支持建设方案、制订稳定支持年度安排方案、监督评估稳定支持计划总体实施情况等。

获得稳定支持的高等院校负责组织计划申报、预算编制、项目实施、项目评审、结题验收、监督检查、绩效评价等工作。

第四条 市科技行政主管部门在科技研发资金中设立高等院校稳定支持计划，每三年为一周期，按照稳定支持经费额度，实行财政相对稳定投入，支持高等院校自主组织实施基础科学研究。

基础科学研究项目类型主要包括面上项目和重点项目。其中面上项目支持科学技术人员自主选题，开展创新性的科学研究，促进各学科均衡、协调和可持续发展；重点项目支持科学技术人员针对已有较好基础的研究方向或者学科生长点开展深入、系统的创新性研究，促进学科发展，推动若干重要领域或者科学前沿取得突破。

第五条 市科技行政主管部门依据高等院校近三年承担国家、省、市级基础研究类项目，获得国家、省、市级科技奖励、重点实验室、人才团队资助以及学校规模、定位、发展规划等情况，科学合理分配高等院校稳定支持经费额度。经费额度每三年结合市科技研发资金预算、高等院校上一周期经费预算执行及绩效情况等进行调整。同一周期内，市科技行政主管部门结合高等院校申报情况、上一年度资金执行情况、绩效情况等动态安排年度下达经费规模。

第六条 高等院校稳定支持计划管理遵循继承优化、自主选题、突出绩效原则，简化管理流程，减少审批环节。

第二章 立项程序

第七条 申请高等院校稳定支持计划资助的院校，应当符合以下条件：

（一）在深圳市（含深汕特别合作区，下同）内按照国家规定的设置标准和审批程序批准举办、实施高等教育、开展基础科学研究的全日制高校和职业技术学院；

（二）在相关建设研究方向具有科学合理的发展规划，具备整合重点建设研究方向、协调开展相关领域合作研究的能力，具备开展稳定支持计划所需的优秀科研团队、基本硬件设施、场地；

（三）具有成熟的科研管理模式，具备先进、规范的项目管理、资金管理、团队管理、知识产权管理、产学研合作和科技资源开放共享等管理机制。

第八条 高等院校稳定支持计划立项程序：

（一）高等院校每三年向市科技行政主管部门提交稳定支持建设方案，包括三年周期内学校规划发展的重点学科以及相关学科发展基础和优势、总体目标、主要任务等；

（二）高等院校围绕建设方案，在稳定支持经费额度范围内，自主提出基础科学研究选题，并在市科技业务管理系统提交年度稳定支持申请书，包括年度目标、经费使用计划、预期成果和基础科学研究项目清单；

（三）市科技行政主管部门组织对高等院校年度稳定支持申请书合规性审核，重点审核与各院校稳定支持建设方案的一致性和年度经费使用的合理性等，确认后按程序办理立项批复，并面向社会公示各高等院校资金执行情况和年度稳定支持申请书中的基础科学研究项目。不再组织对申请书进行专家评审和现场考察。项目公示期间异议处理按照本市科技计划项目管理有关规定执行；

（四）市科技行政主管部门与高等院校签订年度资助任务书，并拨付资金。

第九条 高等院校年度稳定支持申请书所列基础科学研究项目不得与已立项的国家、省、深圳市项目重复。

高等院校年度稳定支持申请书所列基础科学研究项目的负责人应当均为申请单位在职研究人员，并具有高级专业技术职务（职称）或博士学位，同年只能申请1项稳定支持计划的基础科学研究项目，并不得申报市科技行政主管部门同一年度的基础研究项目。

高等院校年度稳定支持申请书所列基础科学研究项目的项目组成员均未被列入科研诚信异常名录。

高等院校年度稳定支持申请书所列基础科学研究项目的负责人应当同时在市科技业务管理系统稳定支持计划中提交项目任务书，包括项目研发任务和项目预期目标。

第三章 过程管理和项目验收

第十条 获得稳定支持的高等院校应当根据年度资助任务书，组织开展计划实施，加强对计划中的基础科学研究项目监督和管理，并依据本办法及相关规定制订科学合理的学校稳定支持计划管理办法和验收办法，报市科技行政主管部门备案。

鼓励有条件的高等院校成立专家委员会，对学科发展规划、重点研究方向、项目评审及验收评估提供咨询意见。

第十一条 稳定支持计划经费预算和支出应当符合财务核算制度以及深圳市科技研发资金管理的有关规定。

获得稳定支持的高等院校应当建立独立台账并完善内部控制制度，规范资金的使用，保障稳定支持经费专款专用。结余财政资金及利息允许滚动进入院校下一年度稳定支持经费。

第十二条 稳定支持计划实施过程中，高等院校应当在每年4月底前编写上年度稳定支持计划执行情况报告并报市科技行政主管部门备案。年度执行报告主要包括总体计划进展情况、年度目标完成情况、已取得的成果、经费使用情况、基础科学研究项目变更与终止撤销情况、结题验收情况和存在问题等内容。

第十三条 高等院校应当在项目到期后6个月内对所支持的基础科学研究项目组织完成结题验收，形成验收意见。验收情况应当在院校内公示十日后按批次报送市科技行政主管部门。

第四章 绩效评估

第十四条 获得稳定支持的高等院校应当开展稳定支持计划绩效自评，并配合市科技行政主管部门或者其委托机构对稳定支持计划进行检查与绩效评估。

市科技行政主管部门可以委托第三方机构，以三年为一个评估周期，对稳定支持实施效果进行总体评估，评估内容包括制度保障、项目管理、经费管理、资金绩效等方面。

第十五条 评估结果包括“优秀”“良好”“合格”“不合格”四个等级，作为下一计划稳定支持资金额度分配的重要依据。

评估结果为“优秀”“良好”的，结合年度科技研发资金预算，可分级或分档提高其下一周期资金分配额度。

评估结果为“合格”的，下一周期资金分配额度维持不变。

评估结果为“不合格”的，市科技行政主管部门责令该院校进行整改，并暂停受理其稳定支持计划申请一年。

具体评估标准、分级、评估工作流程由市科技行政主管部门另行制定。

第五章 监督检查

第十六条 市科技行政主管部门可以采用抽查、专项检查等方式，对高等院校稳定支持计划的实施情况进行监督检查。

第十七条 获得稳定支持的高等院校应当根据档案管理有关规定，做好高等院校稳定支持计划各类技术文件和科技报告的归档管理工作。

第十八条 高等院校稳定支持计划所支持的基础科学研究项目在申报、实施及验收过程中存在多头重复申报、弄虚作假、伪造成果、违规使用资金等行为的，所在高等院校应当视情节作出暂停项目资助、整改、变更项目团队或负责人等处理意见，并报市科技行政主管部门备案。市科技行政主管部门视情节轻重可以对高等院校采取通报、责令追回具体项目的资助资金及孳生利息、调减下一年度稳定支持资金额度等处理措施，并按规定将具体项目的相关责任人员列入科研诚信异常名录。

第六章 附 则

第十九条 高等院校应加强知识产权保护，在稳定支持经费资助下完成的专著、论文、软件和数据库等科技成果应当注明项目编号及得到深圳市高等院校稳定支持计划资助。

第二十条 本办法未尽事项，按照深圳市科技计划项目、资金、过程管理与验收、科研诚信管理等有关规定执行。

第二十一条 本办法自2020年6月29日起施行，有效期5年。

深圳市科技创新委员会关于印发《深圳市重点实验室建设和运行管理办法》的通知

深科技创新规［2020］11号

各有关单位：

为深入落实《国务院关于全面加强基础科学研究的若干意见》《深圳市关于加强基础科学研究的实施办法》文件精神，进一步规范深圳市重点实验室的建设和运营管理，推进高水平科研载体建设及基础研究和应用基础研究发展，根据国家和广东省相关规定，并结合深圳市科技创新载体建设的实际，深圳科技创新委员会制定了《深圳市重点实验室建设和运行管理办法》，现予以印发，请遵照执行。

深圳市科技创新委员会

2020年6月29日

深圳市重点实验室建设和运行管理办法

第一章 总 则

第一条 为了加强深圳市重点实验室建设，规范实验室运行管理，根据《关于促进科技创新的若干措施》（深发〔2016〕7号）和《深圳市科技计划管理改革方案》（深府〔2019〕1号）等相关规定，结合实际，制定本办法。

第二条 深圳市重点实验室（以下简称“市重点实验室”）建设和运行，适用本办法。

第三条 市重点实验室是深圳市科技创新体系的重要组成部分，是开展高水平基础研究和应用基础研究的核心平台，是聚集和培养优秀科技人才、开展高水平学术交流、配备先进科研装备、产出高水平科研成果的重要载体，是国家重点实验室、广东省重点实验室的培育基地。

第四条 市重点实验室依托大学、科研院所和企业建设，实体化运作。根据依托单位不同，分为院校类实验室和企业类实验室。

院校类实验室以开展高水平基础性研究为主，重点开展科学前沿和前瞻性研究，以提升深圳学术水平和科研能力为主要目标。

企业类实验室以开展应用基础研究为主，重点开展关键技术和共性技术研究，以提高产业竞争力、支撑深圳市经济、社会发展为主要目标。

第五条 遵循动态调整、定期评估、择优持续支持的原则，对市重点实验室实行人财物相对独立的管理体制和“开放、流动、联合、竞争”运行机制。

第六条 市科技行政主管部门每年在科技研发资金中安排经费，对市重点实验室组建和筹建启动予以事前资助，对评估结果良好以上的市重点实验室予以奖励补助，支持市重点实验室开展团队建设、开放运行、科研仪器设备更新和自主创新研究。

第二章 职 责

第七条 市科技行政主管部门是市重点实验室建设和运行管理的主管部门，主要职责是：

（一）制定实施市重点实验室年度建设计划，编制发布组建、筹建启动资助申请指南，做好项目受理、评审、验收等工作;

（二）批准市重点实验室的组建、筹建启动、变更、重组、整合;

（三）指导市重点实验室运行管理，开展市重点实验室考核评估和监督检查，做好市重点实验室奖励补助工作。

第八条 依托单位承担市重点实验室建设和运行管理的主体责任，主要职责是：

（一）向主管部门提出市重点实验室建设申请，为重点实验室建设和运行提供人员、场地、经费等必要条件;

（二）聘任市重点实验室主任、副主任以及学术委员会主任、副主任、委员;

（三）开展市重点实验室年度考核，配合主管部门做好评估和检查工作，对考核、评估、检查过程中相关材料的真实性和准确性承担管理责任;

（四）建立健全市重点实验室管理制度和运行机制，督促落实资助经费、科研诚信、科研伦理、安全生产等内部管理制度;

（五）发生市重点实验室名称、研究方向、发展目标、组织结构等重大调整的，及时报主管部门批准;

（六）向市科技行政主管部门报送重点实验室主任、副主任变更备案材料。

第三章 组建、筹建启动资助

第九条 市科技行政主管部门制定发布市重点实验室组建资助申请指南、市重点实验室筹建启动资助申请指南，明确申请条件、申请材料、资助数量、资助金额等内容。

第十条 申请市重点实验室组建资助的单位，应当符合以下条件：

（一）在深圳市（含深汕特别合作区，下同）依法注册且具有独立法人资格的企业、高等院校、科研院所和社会组织或者是经市政府批准的其他机构。

（二）院校类实验室成员近2年以依托单位名义主持承担新立项的与实验室研究方向相关的省部级及以上科研项目不少于7项（其中国家级项目不少于1项），归属于依托单位的立项总金额在700万元以上;企业类实验室的依托单位，还应当是国家高新技术企业，近两年主营业务收入超过5亿元/年及研发费用4000万元/年以上。

（三）重点实验室定位和目标清晰、研究方向明确、不与市级及以上已建重点实验室重复，研究内容具有前瞻性和特色且与实验室名称相符合。

（四）与实验室研究方向相关的实验室主任、副主任、学术带头人等科研队伍和技术人员队伍，固定人员应当在20人以上。

（五）具备良好的科学研究和学术交流条件，有合理的管理体制和运行机制，有相对集中的科研实验场地。实验室科研用房面积700平方米以上，科研仪器设备原值不低于700万元（软件领域实验室原值不低于400万元）。

第十一条 申请单位应当根据项目申请指南要求，向市科技行政主管部门提交包括上2个年度主营业务收入和研发费用支出专项审计报告、项目可行性报告、实验室人员名单等在内的申请材料。

第十二条 市科技行政主管部门根据申报要求对所受理的申报材料进行形式审查，对通过形式审查的项目按照深圳市科技项目评审有关规定组织专家评审，对通过专家评审符合条件的项目进行现场考察。

市科技行政主管部门综合专家评审和现场考察情况，按照程序择优确定拟批准组建市重点实验室名单及资助金额。

市科技行政主管部门向社会公示拟资助名单及金额，接受社会监督和意见反馈，公示期为10日。公示无异议的，市科技行政主管部门按程序下达资助计划，拨付资助资金。公示期间的异议处理按照本市科技计划项目管理的有关规定执行。

第十三条 申请单位符合第十条第（一）项条件，拟由未在已有市级重点实验室担任主任或者未在获得市财政稳定支持科研机构担任负责人，且在深圳市单位所属实验室全职从事科技创新工作的深圳市杰出人才（人才证应当在有效期内）担任主任的，可以按照市重点实验室筹建启动资助申请指南要求，向市科技行政主管部门申请筹建启动资助，并提交包括项目可行性报告和杰出人才证书在内的材料。

经材料审核和现场核查符合条件的，市科技行政主管部门按程序确定筹建启动资助名单及资助金额。

第十四条 对批准组建和筹建启动的市重点实验室，采取事前资助方式，实行定额资助，单个最高资助额500万元，企业类实验室资助额不高于项目总预算的50%。

第十五条 市重点实验室批准组建或者筹建启动后，依托单位应当聘任重点实验室主任，组织编写建设计划任务书。市科技主管部门和依托单位签订项目合同书，明确建设内容、经费使用、考核指标等内容。

第十六条 市重点实验室统一命名为“深圳市XX重点实验室”，英文名称为“Shenzhen Key Laboratory of XX”。

第四章 运行管理

第十七条 市重点实验室组建和筹建启动期不超过两年。批准组建或者筹建启动的市重点实验室应当按照合同书或者建设计划任务书，开展重点实验室建设，规范重点实验室运行管理。

第十八条 市重点实验室实行依托单位领导下的主任负责制，具体负责重点实验室的建设、运行、日常管理。

市重点实验室设主任1名，副主任1至3名，主任和副主任应当为本领域高水平的学术带头人，具有较强的组织管理和协调能力且全职在依托单位工作，年龄一般不超过60周岁。市重点实验室主任任期三年，评估后换届，连任不超过三届。

第十九条 市重点实验室应当设立学术委员会。学术委员会是市重点实验室的学术指导机构，负责审议实验室的研究方向、研究内容、开放课题、重大学术活动及年度工作计划和总结。

学术委员会由国内外相关学科的专家组成，人数不少于7人（单数），其中依托单位人员不超过三分之一。学术委员会主任及其委员由依托单位聘任，原则上由非依托单位人员担任。学术委员会成员每届任期三年，经评估后换届，每次换届须更换三分之一以上，学术委员会主任连任不超过三届。

学术委员会会议每年至少召开一次，每次实到人数不少于三分之二，并形成会议纪要。连续两次不出席学术委员会会议的委员应予以更换。

第二十条 市重点实验室应当围绕主要任务和研究方向设立自主研究课题，组织团队开展持续深入的系统性研究，积极开展产学研合作交流，推动技术转移和科研成果的转化。

市重点实验室每年至少主办或者协办一次学术会议。

第二十一条 市重点实验室应当注重学术梯队和优秀中青年队伍建设，稳定高水平队伍，并保持人员适当流动。加强人才引进，建立访问学者制度，通过开放课题等方式，吸引国内外高水平研究人员开展合作研究。

第二十二条 市重点实验室应当在规定时间内提交上年度工作总结和本年度工作计划，无正当理由拒绝填报提交的，视为自动放弃市重点实验室资格。

第二十三条 市重点实验室需要更名、变更研究方向、者进行结构调整和重组的，应当由依托单位提出书面申请，经学术委员会论证，报主管部门审批。

市重点实验室变更主任和副主任，应当由依托单位提出书面申请，经学术委员会论证，报主管部门备案。其他人员变更应当在年度工作报告中说明。

第二十四条 组建和筹建启动资助资金主要用于实验室建设和发展所需的购置仪器设备、专用软件及其更新改造、实验耗材、交流合作等。对购置的仪器、设备等固定资产，应当单独登记造册。

依托单位应当严格执行市科技研发资金管理相关规定以及内部资金管理制度，建立经费台账及专款专用，接受政府部门的监督检查。

第二十五条 市重点实验室应当加强知识产权管理。符合下列条件之一的学术论文、著作、提交的技术标准文稿等研究成果，应当标注该成果属于相关深圳市XX重点实验室依托单位，有约定的从其约定：

（一）主要完成人为市重点实验室固定科研人员；

（二）主要科研活动在市重点实验室完成；

（三）主要内容属于市重点实验室研究方向或者工作任务。

对实验室流动人员及合作项目等取得的科技成果，可以约定知识产权归属。

第二十六条 市重点实验室应当定期公布工作动态、科研成果、年度开放课题指南等信息。

除涉密或者国家特殊规定外，市重点实验室应当按照国家和省市相关管理办法，向社会开放共享大型科研仪器设备和科学数据资源，开展科学普及活动。

第二十七条 市重点实验室应当严格执行有关法律法规和伦理准则的相关规定，加强科研伦理和科技安全（如生物安全、信息安全等）管理。

第二十八条 组建或者筹建启动完成后，依托单位应当按照项目验收申请指南的相关程序向市科技行政主管部门提交验收申请，市科技主管部门组织专家进行验收。

批准筹建启动的重点实验室通过验收后，符合条件的可以申报市重点实验室组建资助。

对组建或者筹建期满未申请验收或者申请验收不通过的，按照市科技计划项目验收管理有关规定处理。

第五章 考核评估

第二十九条 市科技行政主管部门制定考核评估指标，对市重点实验室进行定期评估，三年为一个考核评估周期。评估指标包括研究水平与贡献、队伍建设与人才培养、开放交流与运行管理等。评估结果分优秀、良好、合格、不合格四个等级。

第三十条 评估结果为优秀的，对院校类市重点实验室给予单个最高500万元奖励补助，企业类市重点实验室给予单个最高300万元奖励补助。

评估结果为良好的，对院校类市重点实验室给予单个最高300万元奖励补助，企业类市重点实验室给予单个最高200万元奖励补助。

奖励补助资金应当用于下一评估周期实验室运行、续建、仪器设备更新改造等。

评估结果为合格的，不提供财政经费奖励补助。

评估结果为不合格的，责令整改，整改期一年。整改期满，评估结果仍为不合格的，取消其市重点实验室资格。

第三十一条 市科技行政主管部门根据评估结果拟定资助项目名单并向社会公示，接受社会监督和意见反馈，公示期为10日。公示无异议的，市科技行政主管部门按程序下达奖励补助通知，拨付资金。公示期间的异议处理按照本市科技计划项目管理的有关规定执行。

第六章 监督管理

第三十二条 申请单位使用虚假材料或者其他不正当手段骗取或套取专项资金的，一经查实，撤销资格并向社会公开，由市科技行政主管部门追回全部财政资金及孳生利息，并按规定列入科研诚信异常名录。

第三十三条 对依据本办法第二十二条自动放弃及第三十条被取消市重点实验室资格的，其依托单位5年内不得在同一领域申报市重点实验室组建。

市重点实验室具有违反科研伦理、科技安全、到期拒不参加评估等违规情形的，取消其重点实验室资格，其依托单位5年内不得在同一领域申报市重点实验室组建。

第七章 附 则

第三十四条 经认定的国家和省级重点实验室，根据相关政策文件给予相应的资金和政策支持。

第三十五条 本办法未尽事项，按照市科技计划项目、资金、验收、诚信管理的有关规定执行。

第三十六条 本办法自2020年7月1日起施行，有效期5年。

深圳市科技创新委员会关于印发《深圳高新区政府投融资园区产业用房租金减免办法》的通知

深科技创新规〔2020〕12号

各有关单位：

为加大对创新型中小企业的支持力度，规范深圳高新区政府投融资园区产业用房租金减免工作，根据《中共深圳市委深圳市人民政府关于促进科技创新的若干措施》《深圳市创新型产业用房管理办法》等有关规定，深圳市科技创新委员会制定了《深圳高新区政府投融资园区产业用房租金减免办法》。现予以印发，请遵照执行。

深圳市科技创新委员会

2020年7月15日

深圳高新区政府投融资园区产业用房租金减免办法

第一条 为了全面实施创新驱动发展战略，加大对创新型中小企业的支持力度，根据《中共深圳市委深圳市人民政府关于促进科技创新的若干措施》（深发〔2016〕7号）和《深圳市创新型产业用房管理办法》（深府办〔2016〕3号）等有关规定，制定本办法。

第二条 本办法所称政府投融资园区产业用房（以下简称“产业用房”），是指按照深圳市政府投融资工作部署，由深圳市投资控股有限公司（以下简称“市投控公司”）负责运营管理的深圳市软件产业基地、深圳湾科技生态园、深圳湾创业投资大厦、深圳湾创新科技中心、深圳市生物医药创新产业园等5个园区的产业用房。

第三条 深圳市国家自主创新示范区服务中心（以下简称“市自创区服务中心”）根据本办法的规定对产业用房租金减免申请进行审核，市投控公司负责根据审核结果实施租金减免，深圳市科技创新委员会（以下简称“市科技创新委”）对办理情况进行监督检查。

第四条 各园区产业用房年度租金减免额度不超过该园区产业用房年度租金总收入的20%。

各园区租金减免额度可以调剂使用，上一年度未用完的租金减免额度可以结转至下一年度使用。

市投控公司应当于每年2月前核算各园区截止上年度末累计可用的租金减免额度，并将相关情况报送市科技创新委。

第五条 市自创区服务中心每年定期发布租金减免申请指南，载明申请材料及实施期限等内容。

第六条 申请租金减免的单位应当为在深圳市（含深汕特别合作区，下同）依法注册的机构，与市投控公司签订产业用房房屋租赁合同并已入驻，未列入科研诚信异常名录，且符合下列条件之一：

（一）经国家、省、市政府认定的海内外高层次人才或海内外高层次人才团队核心成员（含带头人）持有30%以上公司股份的企业；

（二）近五年内获得市级以上科学技术奖励的；

（三）有效期内的高新技术企业（含“深圳市高新技术企业”）；

（四）获得市级以上重点实验室、工程技术研究中心、公共技术服务平台、工程实验室、企业技术中心的认定或资助的；

（五）获得市级以上科技企业孵化器、创客空间（众创空间）认定或资助的；

（六）经市政府金融管理部门备案的创业投资企业；

（七）上年度为100家（含）以上有效期内的高新技术企业（含“深圳市高新技术企业”）提供配套服务的机构；

（八）获得发明专利和集成电路布图设计专有权1件（含）以上，或实用新型专利、外观设计专利、软件著作权2件（含）以上，且上年度研发费用占营业收入比例不低于4%的；

（九）市政府支持的对深圳市产业发展和科技创新具有重大带动作用的企业或机构。

第七条 根据申请单位实际租赁面积，按照以下标准给予租金减免：

（一）租赁面积为1000（含）平方米以下的，给予每月每平方米50元的租金减免；

（二）租赁面积为1000（以上）至3000（含）平方米的，给予每月每平方米40元的租金减免；

（三）租赁面积为3000（不含）平方米以上的，给予每月每平方米30元的租金减免，最高资助面积为10000（含）平方米。

对本市产业发展和科技创新具有重大带动作用的企业或者机构，经市政府批准，租金减免标准可以予以提高。

上述租金减免标准因租金减免申请总额超过租金减免额度的，经市科技创新委同意后，可以予以降低。

第八条 租金减免按照以下程序办理：

（一）申请单位根据租金减免申请指南要求，向市自创区服务中心提交租金减免申请书和符合本办法第六条规定的有关资质材料及承诺书等申请材料。

（二）市投控公司向市自创区服务中心提供租金减免申请单位的租赁信息台账。

（三）市自创区服务中心对申请材料进行审核。审核通过的，将审核结果向社会公示，公示期为10日。公示无异议后市自创区服务中心发布租金减免文件。公示期间有异议的，经调查属实并需调整的，由市自创区服务中心重新审核并予以公布。

（四）市投控公司按照租金减免文件办理租金减免手续。

第九条 单次申请租金减免期限不超过1年。租金减免到期后，需重新提出申请，经审核符合条件的可继续获得租金减免，但原则上每家单位获得租金减免期限累计不得超过5年。

第十条 市投控公司应当按年度报告租金减免执行情况。市科技创新委对租金减免执行情况进行检查。

第十一条 申请单位在获得租金减免后出现下列情形之一，市投控公司应当暂停实施租金减免，经报市科技创新委同意后，终止实施：

（一）使用租赁房屋违法或违规经营的；

（二）在租金减免执行期限内退租的；

（三）在租赁合同期限内擅自转租或改变其原有使用功能的。

申请单位通过隐瞒真实情况或伪造有关证明等骗取租金减免的，经市自创区服务中心会同市投控公司查实后，取消租金减免资格，并将情况报送市科技创新委载入科研诚信异常名录。

第十二条 本办法自2020年8月1日起施行，有效期5年。

深圳市科技创新委员会关于印发《深圳市技术攻关专项管理办法》的通知

深科技创新规〔2020〕13号

各有关单位：

《深圳市技术攻关专项管理办法》已经深圳市政府同意，现予以印发，请遵照执行。

特此通知。

深圳市科技创新委员会

2020年9月23日

深圳市技术攻关专项管理办法

第一条 为了规范技术攻关专项的组织管理，根据《深圳市科技计划管理改革方案》（深府〔2019〕1号）、《深圳市科技计划项目管理办法》（深科技创新规〔2019〕1号）和《深圳市科技研发资金管理办法》（深科技创新规〔2019〕2号）等有关规定，结合实际，制定本办法。

第二条 深圳市科技行政主管部门（以下简称“市科技行政主管部门”）在科技计划中设置技术攻关专项，重点资助事关产业核心竞争力、自主创新能力的核心技术、关键零部件和重大装备，加强跨行业、跨区域协同创新，为增强深圳市自主创新能力，掌握一批具有核心自主知识产权的科技成果，推动经济高质量发展，建成竞争力影响力卓著的创新引领型全球城市提供重要科技支撑。

重点支持新一代信息技术、高端装备制造、绿色低碳、生物医药、数字经济、新材料、海洋经济等战略性新兴产业领域。

第三条 根据定位不同，技术攻关专项分为面上项目、重点项目、重大项目和悬赏项目四类。

（一）面上项目聚焦战略性新兴产业等科技领域，侧重于对产业发展关键技术和关键零部件等进行攻关。

（二）重点项目聚焦战略性新兴产业、促进生态文明建设和民生改善等科技领域，侧重于对科技瓶颈性核心技术、关键零部件、高端装备，进行集中攻关和重点突破。

（三）重大项目聚焦重大应用研究和重大战略产品开发，侧重于对重要领域的重大技术系统、重大工程、重大装备等进行重点攻关。

（四）悬赏项目侧重于以更加灵活的方式和实际效用为导向，通过面向社会悬赏揭榜的方式，对符合产业发展导向或者公益性应急需要的科研攻关予以支持。

技术攻关项目应当处于研究与试验开发期或者产业化前期。

第四条 技术攻关专项按照“需求出发、目标导向、精准发力、主动布局”的原则组织实施。

第五条 市科技行政主管部门是技术攻关专项的业务主管部门，其职责是：

（一）制定技术攻关专项的管理制度；

（二）结合深圳产业发展需求，研判技术发展方向；

（三）征集课题建议，组织课题建议评审，发布项目申请指南；

（四）受理项目申请，组织专家进行评审论证，批准包括项目的立项和变更在内的事项；

（五）跟踪和检查项目资金的使用和项目实施情况，组织项目的过程管理、绩效评价、验收及资金追偿等工作。

第六条 项目承担单位是技术攻关专项的具体实施单位，其职责是：

（一）按照项目合同书或者任务书要求，完成项目目标任务；

（二）按照深圳市专项资金管理办法和合同书或者任务书条款使用资金，按期提交年度报告和项目验收申请材料；

（三）接受市科技行政主管部门、市财政部门、其他监督机构、其授权委托机构的监督检查，按要求提供相关材料。

第七条 市科技行政主管部门结合深圳市高新技术产业的发展需求及科技发展规划，面向高等院校、科研机构、行业协会、重点企业等单位公开或者定向征集面上、重点、重大项目课题建议。具体方式可由市科技行政主管部门根据实际需要选定。

第八条 市科技行政主管部门组织专家或者委托第三方专业机构对征集的课题建议进行专家评审，择优确定项目课题，制定发布项目申请指南。

重大项目课题还应当征求市发改和工信等职能部门意见。

第九条 市科技行政主管部门探索组建咨询专家组，并委托咨询专家组对重大项目的课题方向和技术路线提供决策咨询，对重大项目课题建议进行论证，对编制课题指南建议书提供指导。

主持或者参与决策咨询、课题论证、编制指南的专家组成员不得申报相应批次的重大项目课题。

第十条 面上项目、重点项目申请单位应当是在深圳市（含深汕特别合作区，下同）依法注册、具有法人资格的国家或者深圳市高新技术企业、技术先进型服务企业上年度研发费用超过5000万元的龙头骨干企业。

重大项目申请单位应当是在深圳市依法注册且具有法人资格的高等院校、科研机构、国家或者深圳市高新技术企业以及上年度研发费用超过5000万元的龙头骨干企业。重大项目应当由申请单位联合合作单位申请。

深圳市内外（含港澳）的高等院校、科研机构、企业和社会组织等单位可以作为面上项目、重点项目、重大项目的合作单位。

面上项目合作单位最多为2家，重点项目及重大项目合作单位最多为4家。

第十一条 申请技术攻关专项的，还应当符合以下条件：

（一）项目自筹资金不低于申请的财政资助资金；

（二）申请单位具有项目实施的基础条件和保障能力，有健全的科研、财务、知识产权管理等制度，拥有与申请项目研究成果相关的科研基础；

（三）项目负责人应当在相关领域和专业具有一定的学术地位或者技术优势，具有完成项目所需的组织管理和协调能力，项目负责人应当为申请单位的全时在职研究人员；

（四）鼓励“产学研用”结合，项目采用联合申报的，各方应当就合作内容和任务分工签订合作协议；联合深圳市外合作单位申报的，各方的资助资金分配比例应当符合深圳市财政资金资助有关规定和申请指南要求；

（五）申请（包括合作）单位、项目负责人、项目组主要成员未列入科研诚信异常名录。

第十二条 申请单位根据项目申请指南要求，向市科技行政主管部门提交申请书、可行性报告、合作协议等材料。

第十三条 市科技行政主管部门组织对所受理的项目进行形式审查。

对通过形式审查的项目，面上项目按照市科技项目评审办法组织专家评审。重点项目、重大项目按照市重大科技计划项目评审办法采用“主审制”评审，公益性应急科研项目可参照市重大科技计划项目评审办法采用专家论证。

市科技行政主管部门组织对通过专家评审或者论证的项目进行现场核查，并综合专家评审与现场核查情况，按照程序择优确定拟资助项目。

对具有明确政府目标、技术路线清晰、组织程度较高、承担单位优势集中的项目，市科技行政主管部门可以采取定向择优或者定向指派等方式支持，并适当简化立项审批程序。

第十四条 拟资助项目名单以及资助金额，由市科技行政主管部门向社会公示，公示期为10日。公示期间的异议处理按照市科技计划项目管理的有关规定执行。

根据《中华人民共和国政府信息公开条例》等规定及有关工作要求，经市科技行政主管部门研究认为拟资助的重点项目、重大项目符合相关不公示情形的，可以不予公示。

第十五条 采取“事前立项，事前资助”的项目，市科技行政主管部门与项目承担单位以及相关当事方签订合同书或者任务书，对项目任务目标、经费使用、绩效考核指标、知识产权归属等内容进行约定。

采取“事前立项，事后补助”的项目，市科技行政主管部门在立项文件中明确项目任务目标、考核指标、拟补助经费等事项。立项文件及项目申请书是项目验收的依据。

第十六条 对符合条件的项目，资助额不高于项目总预算的50%，并且根据项目评审结果，实行阶梯资助。面上项目单个项目资助额不超过500万元（含本数）；悬赏项目单个项目资助额不超过1000万元（含本数）；重点项目单个项目资助额不超过1000万元（含本数）；重大项目单个项目资助额不超过3000万元（含本数）。经市政府批准的悬赏项目和战略性关键核心技术攻关重大项目，资助金额不受上述限制。

市政府对技术攻关项目另有文件规定的，从其规定。

第十七条 技术攻关专项项目设置“事前立项，事前资助”和“事前立项，事后补助”等资助方式，由市科技行政主管部门根据实际情况选定。其中，“事前立项，事前资助”包括“赛马式资助”“里程碑式资助”和“中期评估式资助”。

“赛马式资助”“里程碑式资助”适用于特定的重点项目或重大项目。

第十八条 “赛马式资助”，指同一项目允许技术路线明显不同的3个以内牵头单位同时获得前期立项，项目前期实施动态竞争，中后期根据阶段性竞争结果确定后续支持。

“赛马式资助”项目设置阶段性考核，考核内容包括项目技术方案、初步研究成果、资金财务情况等。项目前期立项后，先给予每个牵头单位资助金额20%的首笔经费（最高不超过200万元）；按合同书约定的考核时间组织专家考核，考核后确定一个牵头单位予以正式立项，继续项目研发，其他退出。对考核后决定立项支持的牵头单位，给予第二笔资助经费，首笔经费加第二笔经费不超过资助金额的70%；项目验收前，由项目承担单位提出申请，达到付款条件的，给予剩余经费支持。

“赛马式资助”阶段性考核不通过的，对项目经费支出情况进行审计，根据审计结果收回结余资金和孳生利息。项目单位及项目成员已按合同书（任务书）相关要求开展研发工作并履行勤勉义务的，项目成员不计入科研诚信异常名录，不影响项目单位后续的国家、广东省及深圳市科技项目的申报和推荐。

第十九条 “里程碑式资助”，指同一个项目支持一个牵头单位获得立项，项目设置“里程碑”阶段性考核。考核内容包括项目技术方案、初步研究成果和资金财务情况等，项目立项初期，给予资助金额30%的首笔经费（最高不超过300万元）；按合同书约定的考核时间组织专家考核，对考核合格的，给予第二笔资助经费，首笔经费加第二笔经费不超过资助金额的80%；项目验收前，由项目单位提出申请，达到付款条件的，给予剩余经费支持。

“里程碑”考核不通过，可申请复核，复核通过的，按前述规定拨付项目经费。

申请复核未获批准或者复核不通过的，项目终止，并按市科技计划项目过程和验收管理有关规定处理。

第二十条 “中期评估式资助”，指同一个项目支持一个牵头单位获得立项，项目实施中期评估。项目牵头单位为企业的，项目立项后拨付市财政资助金额的50%，通过中期评估后再拨付剩余部分。项目牵头单位为非企业的，由市科技行政主管部门按照国库集中支付要求，按计划按进度拨付资助资金。

项目中期评估不通过的，按市科技计划项目过程和验收管理有关规定处理。

第二十一条 “事前立项，事后补助”，指对于自筹资金充裕的项目承担单位，可选择“事前立项，事后补助”方式，项目承担单位立项后可先利用自筹资金进行项目研发，在项目验收通过后，结合审计结果，市科技行政主管部门一次性拨付项目补助资金。审计金额高于项目立项拟资助金额的，按立项拟资助金额补助，审计金额低于项目立项拟资助金额的，按审计金额补助。

项目单位应当建立资金内部管理制度及风险防控制度，编制项目预算，设立专门台账对先行投入资金进行单独财务核算。

第二十二条 面上项目实施期为2~3年，重点项目或重大项目实施期为3~5年。

第二十三条 项目单位在项目完成后，应当根据项目验收的相关程序向市科技行政主管部门申请验收。

“事前立项，事后补助”项目逾期未申请验收或者验收不通过的，视为项目撤销，市科技行政主管部门不予拨付补助资金，不影响项目单位后续的国家、广东省、深圳市科技项目的申报和推荐。

第二十四条 市科技行政主管部门按照市财政专项资金管理规定要求，适时开展绩效评价。

第二十五条 市科技行政主管部门探索试行重大项目项目专员制，聘请知名技术和管理专家担任项目专员，专职负责对重大项目进行全程监督。

第二十六条 申请单位使用虚假材料或者通过恶意串通等不正当手段骗取或套取专项资金的，一经查实，撤销立项并向社会公开，由市科技行政主管部门追回全部资助资金及孳生利息。涉嫌犯罪的，依法移送司法机关处理。

第二十七条 除市科技行政主管部门有特别规定外，实施项目所产生科技成果的知识产权归属依据项目合同约定执行，无约定的归项目承担单位所有。

第二十八条 根据实际情况，并经市政府同意，市科技行政主管部门可以对技术攻关专项项目主体资格、申请条件、项目实施期限、资助强度、资助方式等进行调整。

第二十九条 悬赏项目管理办法，由市科技行政主管部门另行制定。

第三十条 本办法未尽事项，按照市科技计划项目、资金、过程管理与验收、诚信管理有关规定执行。

第三十一条 本办法自2020年10月12日起实施，有效期5年。

深圳市科技创新委员会关于印发《深圳市科技计划项目实施过程与验收管理办法（试行）》的通知

深科技创新规［2020］14号

各有关单位：

为适应新时代新形势下的科技计划项目管理体系，进一步规范和加强深圳市科技计划项目过程管理和验收管理，深圳市科技创新委员会制定了《深圳市科技计划项目实施过程与验收管理办法（试行）》，现予以印发，请遵照执行。

深圳市科技创新委员会

2020年10月29日

深圳市科技计划项目实施过程与验收管理办法（试行）

第一章 总 则

第一条 为了进一步加强深圳市科技计划项目（以下简称“市科技计划项目”）过程管理，规范项目验收程序，根据国家和广东省、市有关规定，结合实际，制定本办法。

第二条 市科技计划项目的实施过程与验收管理适用本办法。

国家和广东省科技计划项目，由本市负责管理和验收的，按照上级部门有关规定实施，无具体规定的，参照本办法实施。

第三条 开展过程管理和验收工作应当遵循依法依规依约、客观公正、科学规范、重质求效，鼓励创新、宽容失败的原则。

第四条 深圳市科技行政主管部门（以下简称“主管部门”）是市科技计划项目的过程与验收管理的主管部门，具体履行以下职责：

（一）负责签订市科技计划项目合同书（任务书），出具项目批复文件或者其他立项（备案）文件；

（二）对项目实施过程和项目资金使用情况进行监管；

（三）受理审核项目承担单位提出的项目变更申请、撤销申请、验收申请，并作出决定或者结论；

（四）追缴项目承担单位的应收回财政资金；

（五）与项目过程管理和验收有关的其他事项。

第五条 项目承担单位履行项目管理的主体责任，具体履行以下事项：

（一）对项目组、资金使用、科研诚信、安全和伦理等承担科研主体责任；

（二）按照合同书（任务书）、批复文件、其他立项（备案）文件规定的期限完成项目，按照规定使用财政资金；

（三）项目发生变化的，根据变化的事项按照规定时限提出项目变更申请、撤销申请、报备；

（四）配合主管部门实施项目过程管理和验收工作，按时报送年度报告、中期评估报告、整改报告，按时提出项目验收申请，并确保提交材料的真实性、完整性、准确性、合法性；

（五）承担相应违规责任后果，按要求退回被追缴的财政资金；

（六）配合主管部门开展包括监督验收后评价在内的工作。

第六条 受主管部门委托，或者具有相应职能的第三方机构可以开展过程管理和验收工作，具体履行以下职责：

（一）按照主管部门要求规范过程管理和验收工作程序，配备专职人员和必要设施；

（二）根据过程管理和验收要求，配合主管部门制订过程管理和验收方案，按照科学、客观、公正的原则组织专家组开展过程管理和验收工作；

（三）及时汇总专家组过程管理和验收意见，分析过程管理和验收情况，整理和归档相关材料；

（四）接受主管部门的监督，配合开展涉及过程管理和验收评审工作的检查和调查工作。

第二章 项目实施过程管理

第七条 本办法所称过程管理是指主管部门对已签订合同书（任务书）所规定的项目实施过程的管理，即项目验收前的过程管理。

第八条 主管部门应当建立项目动态管理机制，对资金使用异常和合同书（任务书）实施异常的项目，提出项目调整意见。

第九条 对于资助金额100万元（不含）以上，且项目承担单位为企业的事前资助类项目，主管部门应当开展中期评估工作，项目承担单位应当按要求提交中期评估报告及相关佐证材料。

中期评估内容包括项目研发情况、项目组成员在岗情况、项目实施保障条件、资金使用情况，以及项目的科研诚信、安全、伦理情况等。

第十条 中期评估结果分为合格和限期整改。

中期评估情况符合合同书（任务书）及相关管理规定的，结果为合格，主管部门拨付剩余款项，项目承担单位继续开展研发工作。

中期评估情况未达到合格的，结果为限期整改，主管部门暂停拨付剩余款项，并通知项目承担单位进行整改，整改期最长不超过6个月。每个项目有一次整改机会。项目承担单位应当在整改期内完成整改，并提交整改情况报告。整改后合格的项目，主管部门拨付剩余款项。逾期未提交整改情况报告，或者经主管部门评估后认为整改无效的，视情况终止项目。

第十一条 项目实施期内，项目合同书（任务书）内容一般不做变更。符合下列情形之一的，项目承担单位应当在项目实施期限届满之前向主管部门提出变更申请：

（一）项目负责人因工作调动、伤病、死亡或者其他重大原因无法继续履行工作职责，确需变更项目负责人的；

（二）项目负责人工作发生调动，确需变更项目承担单位的，拟变更的项目承担单位应当符合该项目申请指南的申请条件，具备继续实施项目的能力和科研条件，且应当经原项目承担单位与拟变更项目承担单位协商一致；

（三）在项目总投入不减少的前提下，确需变更设备费，且设备费预算变更超过30%或者改变设备品目的；

（四）因客观原因导致项目实施进度被迫延迟，确需申请变更实施期限的（延期单次不超过1年、总计不超过2次、总时长不超过原项目实施期的一半）；

（五）其他需要主管部门批准变更的情形。

因不可抗力或者情势变更，主管部门可以主动或者与项目承担单位协商一致后调整合同书（任务书）相关指标或实施期限，减轻或者免除项目承担单位、项目负责人、项目组主要成员相关责任。

第十二条 项目承担单位名称发生变更；项目组主要成员发生变更；在项目总投入不减少且设备品目不改变的前提下，设备费预算变更不超过30%；在项目总投入不减少且不超过特定预算科目控制限额的前提下，除设备费外的预算科目调整等，项目承担单位应当在项目实施期限届满之前，通过“深圳市科技业务管理系统”向主管部门报备。

第十三条 主管部门应当在收到变更申请后20个工作日内做出决定，如需组织专家论证等，可以延长审核时间，最长不超过3个月。

超出规定期限提出变更申请的，主管部门不予受理。项目承担单位应当按照原合同书（任务书）要求实施。

第十四条 因客观原因导致项目无法实施、未开展实质性研发活动、项目承担单位认为确有需要的，项目承担单位可以向主管部门申请撤销项目，并提交以下材料：

（一）撤销项目申请书；

（二）项目实施情况总结；

（三）撤销事由相关佐证材料。

第十五条 项目承担单位应当在提交的撤销项目申请经主

管部门审核同意后，按时退回全部资助资金及其孳息。项目撤销后，原合同书（任务书）不再执行。

第十六条 具有下列情形之一的，主管部门有权终止项目：

（一）项目实施过程中，经证明技术路线不合理、不可行、无替代方案，导致项目无法完成的；

（二）因项目研究开发的关键技术已由第三方公开，或者市场发生重大变化，使研究开发工作成为不必要的；

（三）项目承担单位因经营异常等导致对项目实施产生重大影响或者已不具备履行科技计划项目能力的；

（四）项目实施过程中被责令限期整改，未按期完成整改或者整改未达到要求的；

（五）项目逾期1年以上未申请验收的；

（六）不遵守合同书（任务书）规定，未履行合同书（任务书）约定的主要义务的；

（七）项目承担单位、项目负责人、项目组主要成员在项目实施、规范经费使用、科研诚信和伦理、安全责任、知识产权侵权、研发成果剽窃等方面出现性质恶劣、影响较大、涉及金额较大等重大违法违规行为的；

（八）失信联合惩戒对项目有重大影响的；

（九）导致项目无法实施的其他情形。

第十七条 对终止的项目，主管部门按照程序停止后续拨款，委托会计师事务所进行项目资金专项审计，必要情况下可以邀请技术专家予以协助，确定资金追缴额度，并且通知项目承担单位。项目承担单位应当按照主管部门终止通知的要求及时上缴相关款项。

第三章 项目验收管理

第十八条 主管部门按照本办法规定对下列项目组织项目验收：

（一）事前资助的项目；

（二）按照国家、广东省、市相关规定需要验收的项目。

已撤销或者终止的项目无须验收。

第十九条 验收内容包括学术和技术及经济在内的各项指标的完成情况、经费管理和使用合规性、科研过程规范性等事项。

第二十条 项目承担单位应当在合同书（任务书）规定的项目实施期限届满之日后的6个月内，通过“深圳市科技业务管理系统”向主管部门提出验收申请（以业务系统的状态显示“已受理”为准）。

经批准延期的，项目实施期以批准文件为准。

组织实施顺利或提前完成任务目标的，可以提前申请验收。

第二十一条 项目承担单位申请项目验收应当提交以下材料：

（一）验收申请书；

（二）实施总结报告和科技报告；

（三）专项审计报告或者经费决算表及相关收支凭证；

（四）合同书（任务书）约定指标完成情况的佐证材料。

验收申请材料的具体要求由主管部门在验收申请指南中予以明确。

第二十二条 主管部门应当在项目承担单位提出验收申请后10个工作日内对验收申请材料进行形式审查。

第二十三条 对形式审查通过的项目，主管部门或者第三方机构可以采取材料审查、集中答辩、现场核查等方式进行验收。

（一）资助金额小于100万元的项目适用于材料审查验收，经过专家审核材料和集体讨论等程序形成专家组验收评价意见。资助金额为100万元（含）以上的项目适用于集中答辩验收或者现场核查验收，组织专家召开专门会议，经过项目承担单位汇报、专家询问、集体讨论等程序形成专家组验收评价意见。

（二）主管部门或者第三方机构应当成立验收专家组，由相关领域技术和财务专家组成。

技术专家一般为3人或者3人以上的单数，财务专家至少为1人。

验收专家应当依照项目验收规定，科学、客观、公正地对项目作出验收评价意见。

验收专家的选取和管理参照适用市科技评审专家管理

规定。

（三）主管部门或者第三方机构综合专家验收评价，作出项目验收结论。

第二十四条 验收专家组在验收过程中认为项目需要补充材料的，应当列出材料清单，由主管部门或者第三方机构通知项目承担单位在10日内补充，并且轮候下一批次验收，逾期未提交的视为放弃材料补充机会。

每个项目有一次补充材料机会。

第二十五条 验收的结论分为通过、结题、不通过三种。

（一）项目管理和财政资金使用合规，且具有下列情形之一的，认定为验收“通过”：

1.按期按质完成合同书（任务书）约定指标的。

2.验收专家组认为虽未完成合同书（任务书）约定指标，但在资助项目相关领域有重大突破或者重大代表性成果的。

（二）项目管理和财政资金使用合规，且具有下列情形之一的，认定为验收“结题”：

1.因不可抗拒因素导致合同书（任务书）规定的学术、技术、经济等指标无法完成，但已按合同书（任务书）相关要求开展研发工作并履行勤勉义务的。

2.验收专家组认为虽未完成合同书（任务书）约定指标，但在资助项目相关领域有较大突破或者较大代表性成果的。

（三）具有下列情形之一的，认定为验收“不通过”：

1.未达到验收“通过”或者“结题”标准的；

2.提供虚假验收材料、文件、数据的；

3.项目实施期间未开展实质性研发活动的；

4.其他验收不通过的情形。

国家和广东省科技计划配套项目的验收结论，参照国家和广东省项目验收结论下达。

第二十六条 验收专家组在验收过程中认为项目未达到验收“通过”或者“结题”标准的，应当指出需要整改的原因，由主管部门或者第三方机构下达整改通知。

项目承担单位应当自整改通知下达之日起6个月内完成整改，重新提交验收申请。逾期未重新提交验收申请的，验收结论为“不通过”。

每个项目有一次整改机会。

第二十七条 项目承担单位应当设立专账进行财务核算，并对相关票据及合同等进行留痕管理。

第二十八条 验收完成后，主管部门应当将验收情况予以公示，公示期为10日，接受社会监督。法律法规另有规定的除外。

主管部门收到书面异议的，应当对异议内容进行审核，必要时可以组织专家进行论证，形成处理决定并告知提出异议的单位或者个人。

第二十九条 项目验收后，结余资金按照下列方式处理：

（一）对一次性通过验收的项目，结余资金和孳息留归项目承担单位使用，统筹安排用于科研活动的直接支出；

（二）对经整改后结论为“通过”的项目及验收结论为“结题”的项目，项目承担单位退回结余资金和孳息，并提交退款凭证。未按要求退回的，由主管部门追回；

（三）对验收结论为“不通过”的项目，除项目承担单位退回结余资金和孳息及提交退款凭证外，主管部门视情况追缴前期已使用资金。

第三十条 超过本办法第二十条规定期限仍未申请验收的，项目承担单位可以继续提出验收申请，但在提出验收申请之前，主管部门不予受理项目负责人提交的市科技计划项目申请，不推荐其申报国家和广东省科技计划项目，不授予市科技奖励，不提名国家和广东省科技奖励。

项目承担单位为企业的，按照对项目负责人的处理方式，对项目承担单位进行处理。

逾期一年以上未申请验收的，主管部门终止项目。

第四章 监督检查

第三十一条 主管部门根据职责和工作需要，按照一定比例对市科技计划项目开展随机抽查和专项检查。

主管部门将项目过程管理和验收情况作为项目承担单位后续申请市科技计划项目立项、监督检查的考虑因素。

第三十二条 对于在过程管理和验收过程中收到有关项目的举报、信访，符合条件的，主管部门予以受理并进行调查处理。

第三十三条 下列科研失信行为线索，符合管理权限的，主管部门应当开展核查：

（一）上级机关或者有关部门移送的线索；

（二）在科技计划、科技奖励、科技人才管理等日常科研管理活动中发现的问题和线索；

（三）媒体披露的科研失信行为线索。

第三十四条 对检查中发现的问题，主管部门可以下达整改通知。

项目承担单位应当在整改通知规定的期限内完成整改，并将整改结果书面报送主管部门审核。

未按期完成整改或者整改未达到要求的，视情况终止所涉项目。

第三十五条 对检查中发现违法违规行为的项目，主管部门可以采取暂停项目拨款、限期整改、终止项目、更改验收结论等处理措施。

对具有违法违规行为的项目承担单位和项目负责人及项目组主要成员，主管部门可以采取约谈、通报批评、一定期限内取消其申报项目资格等处理措施。

涉嫌违纪的移交纪检监察部门处理，涉嫌犯罪的移交司法机关处理。

第三十六条 主管部门可以通过包括抽查和复查在内的方式，对第三方机构具体实施的过程管理和验收工作的程序、内容、质量和结论进行监督检查。

对检查中发现过程管理和验收存在问题的，主管部门采取责令改正，撤销相关结论等处理措施。

整改未达到要求或者情节特别严重的，主管部门不再委托该第三方机构。涉嫌犯罪的，移交司法机关处理。

第五章 法律责任

第三十七条 具有下列情形之一的，主管部门最长三年内不予受理项目负责人提交的市科技计划项目申请，不推荐其申报国家和广东省科技计划项目，不授予市科技奖励，不提名国家和广东省科技奖励：

（一）项目验收结论为“不通过”的；

（二）在项目实施、检查、变更、撤销、终止或者验收中提供的材料及相关重要信息与实际情况不符，未造成严重后果的；

（三）项目实施过程中被责令限期整改，未按期完成整改或者整改未达到要求的；

（四）项目逾期1年以上未申请验收的；

（五）同一支出事项重复用于市级财政资金项目申请或者验收的；

（六）其他违纪违规、违反项目合同书（任务书）约定、科研不端行为等情况，情节较轻的。

具有本条第一款第二、三、四、五、六项情形且项目承担单位为企业的，按照对项目负责人的处理方式，对项目承担单位进行处理。

第三十八条 项目承担单位、项目负责人、项目组主要成员有下列行为之一的，主管部门最长五年内不予受理其提交的市科技计划项目申请，不推荐其申报国家和广东省科技计划项目，不授予市科技奖励，不提名国家和广东省科技奖励；符合失信联合惩戒有关规定的，还应当实施联合惩戒：

（一）在项目申请、实施、检查、变更、撤销、终止或者验收中提供虚假材料，或者采取其他不正当手段获取市科技研发资金的；

（二）非法挪用、侵占、冒领、截留市科技研发资金的；

（三）抄袭、剽窃、侵占他人科研成果，侵犯他人知识产权的；

（四）出现危害国家安全、损害社会公共利益、危害人体健康、违反科研伦理规范等行为的；

（五）其他违纪违规、违反项目合同书（任务书）约定和科研不端行为等情况，情节较重的。

国家、广东省对相关严重违规行为有处理决定的，从其决定。

涉嫌犯罪的，依法移送司法机关处理。

第三十九条 未按本办法第十五条、第十七条、第二十九条规定的退回财政资金的，主管部门应当及时催告，催告无果的，通过司法途径追缴财政资金。在退回财政资金之前，主管部门不予受理该项目承担单位和项目负责人提交的市科技计划项目申请，不推荐其申报国家或广东省科技计划项目，不授予市科技奖励，不提名国家或广东省科技奖励。

第四十条 在过程管理和验收中，专家组成员出现索贿受贿、滥用职权、玩忽职守、徇私舞弊等违法违纪行为的，将终止或者取消其参与科技计划项目各项任务和工作的资格，视情况撤销专家组成员已作出的相关结论，重新组织相关评审工作。同时按照信用管理相关规定进行记录和评价，并按照有关规定追究相应责任。涉嫌犯罪的，依法移送司法机关处理。

第三方机构及其工作人员在工作过程中，出现不按照有关要求审核资料、偏袒特定项目承担单位、协助项目承担单位弄虚作假、重大稽核失误、违规参与评审、干扰验收成果和结果、索贿受贿等违法违规行为的，将终止或者取消其参与科技计划项目各项工作的资格，并按照有关规定追究相应责任。涉嫌犯罪的，依法移送司法机关处理。

第四十一条 主管部门及其工作人员违反法律、法规、市科技计划管理相关规定的，依法追究相应责任。涉嫌犯罪的，依法移送司法机关处理。

第四十二条 过程管理和验收管理人员对所获取的项目相关信息负有保密责任，擅自拍照、录像、拷贝、披露、使用或者向他人提供项目成果的，终止或者取消其参与科技计划项目各项任务和工作的资格。给国家、有关单位和个人造成损失的，将依照有关规定追究相应责任。涉及泄露国家秘密的，按有关法律法规处理。

第六章 附 则

第四十三条 本办法自2020年11月1日起施行，试行有效期3年。

《深圳市科技创新委员会关于印发〈深圳市科技计划项目验收实施办法〉的通知》（深科技创新〔2015〕267号）同时废止。

合同书（任务书）实施期到期，但在本办法生效后申请验收或者接受主管部门处理的市科技计划项目，参照本办法管理。

国家、省、市对人才专项、重大项目、深港澳项目、高等院校稳定支持等项目具体管理办法对过程和验收管理另有规定的，从其规定。

深圳市科技创新委员会关于印发《深圳市重点企业研究院资助管理办法》的通知

深科技创新规〔2020〕15号

各有关单位：

为规范重点企业研究院资助管理，支持企业创建更高水平创新载体，提升重点企业及其研究院自主创新能力，深圳市科技创新委员会制定了《深圳市重点企业研究院资助管理办法》，现予印发，请遵照执行。

特此通知。

深圳市科技创新委员会

2020年11月25日

深圳市重点企业研究院资助管理办法

第一条 为了规范重点企业研究院资助管理，支持企业创建更高水平创新载体，提升重点企业及其研究院自主创新能力，根据国家和广东省、市有关规定，结合实际，制定本办法。

第二条 本办法所称重点企业研究院，是依托本市具有较强科技研发能力的企业（以下简称“依托单位”）建设的，不独立于依托单位的，不具有法人资格的科研载体。

本办法所称重点企业研究院开展的科研活动，包括基础与应用基础研究、关键核心技术攻关、科技人才培养、技术转移和成果转化等活动。

第三条 深圳市科技行政主管部门（以下简称“市科技行政主管部门”）根据本市科技创新发展战略、高新技术产业发展实际、年度科技研发资金预算等要求，合理布局重点企业研究院的领域和数量。

第四条 市科技行政主管部门每年在科技研发资金中安排经费，通过认定资助或评估后奖励补助支持建设重点企业研究院。资助和补助经费使用应当按照深圳市科技研发资金管理办法的规定，用于重点企业研究院研发活动。

鼓励重点企业研究院申报国家级创新载体。

第五条 市科技行政主管部门应当履行以下职责：

（一）编制发布认定资助申请指南和评估后奖励补助申请指南；

（二）开展认定资助、评估后奖励补助工作；

（三）进行认定后评估和定期评价，具体评估和评价流程可以自行组织或者委托第三方机构组织开展；

（四）指导依托单位建设和运行管理。

第六条 依托单位应当履行以下职责：

（一）负责重点企业研究院的建设和运行管理，制定建设方案，明确建设目标、研发任务、组织架构和运行机制、申请重点企业研究院认定资助等；

（二）配合市科技行政主管部门做好认定、评估和监督工作，对认定、评估、监督过程中相关材料的真实性和准确性承担主体责任；

（三）对重点企业研究院实行相对独立的人员、财务、资产管理和核算；督促其建立落实资助经费、科研诚信、科研伦理、科技安全等内部管理制度；

（四）开展重点企业研究院年度考核，形成年度考核报告提交市科技行政主管部门；

（五）重点企业研究院名称、研究方向、院长、主要科研人员变更的，及时报告市科技行政主管部门。

第七条 依托单位应当符合以下条件：

（一）在深圳市或者深汕特别合作区依法注册且具有法人资格的国家级高新技术企业或者上年度研发费用超过5000万元的企业；拥有至少一个已通过验收的深圳市级（含）以上创新载体；

（二）近两年每年主营业务收入超过5亿元（但是生物医药领域的依托单位可以符合近两年每年主营业务收入超过1亿元的条件）；

（三）近两年每年企业研发费用占同期销售收入总额比例不低于4%（但是生物医药领域的依托单位应当符合近两年每年企业研发费用占同期销售收入总额比例不低于20%的条件），或者每年按照高新技术企业认定管理办法经专项审计的研发费用超过4000万元；

（三）近三年在重点企业研究院申请领域获得授权的有效知识产权数量不少于30件（但是集成电路设计、植物新品种研究、非软件开发类的依托单位可以符合近三年在重点企业研究院申请领域获得授权的有效知识产权数量不少于20件的条件，药品研发的依托单位可以符合近三年在重点企业研究院申请领域获得授权的有效知识产权数量不少于15件的条件），通过受让、受赠、并购等非自主研发方式拥有的有效知识产权数量不得超过总量的30%；

（四）聘用的重点企业研究院院长应当具有高级职称或者博士学位，在申请领域具有较高学术水平，年龄原则上不超过60周岁；聘用的专职研发人员不少于50人，其中具有中、高级职称或者硕士或博士学位人数不低于总数的30%，具有高级职称或者博士学位人数不少于10名；院长和专职研发人员均应当在重点企业研究院全职工作；

（五）给予重点企业研究院研发用房面积1000平方米以上；仪器设备及专用软件的现值不低于2000万元或者原值不低于4000万元（但是软件类的依托单位仪器设备及专用软件现值可以不低于1500万元或者原值不低于3000万元）；

（六）具备良好的科研诚信记录，依托单位和重点企业研究院院长未被列入科研诚信异常名录。

第八条 依托单位应当独立申请认定重点企业研究院。

已认定和被取消资格的重点企业研究院的依托单位，不得再申请。

第九条 依托单位应当根据申请指南，在“深圳市科技研发资金管理系统”提交以下材料：

（一）申请书；

（二）建设方案；

（三）专项审计报告；

（四）知识产权合规性声明、科研诚信承诺书；

（五）涉及科研伦理和科技安全的，提供国家有关法律法规和伦理准则要求的批准或者备案文件。

第十条 市科技行政主管部门按照以下程序立项：

（一）对受理的申请材料进行形式审查；

（二）通过审查的，组织专家评审；

（三）根据专家对依托单位按照本办法第九条提交材料进行评审的结果，确定开展现场核查名单；

（四）综合专家评审和现场核查情况，择优确定拟认定的名单及资助金额；

（五）向社会公示拟资助名单及金额，公示期为10日；

（六）公示无异议的，定向发布资助计划并拨付资助资金。

第十一条 市科技行政主管部门对经认定的重点企业研究院，按照依托单位上两个年度平均投入研发经费的25%予以资助，最高资助金额为1000万元。

前款所指的研发经费应当为企业实际投入重点企业研究院的自有资金，不得包括各级财政资助资金。

第十二条 依托单位应当自认定后第二年起，连续五年将重点企业研究院上年度考核报告向市科技行政主管部门报送备案。重点企业研究院年度考核报告应当包含该研究院建设进展、研究成果、成果转化以及资金使用等内容。

未按规定提交重点企业研究院年度考核报告的，不得申请评估后奖励补助。

第十三条 市科技行政主管部门对已认定的重点企业研究院开展两次评估，间隔不少于两年。

评估结果分为“优秀”“合格”“不合格”三个等级。评估结果“优秀”或者“合格”的，给予奖励补助。

第十四条 评估结果为“优秀”的，按照依托单位上两个年度平均投入研发经费的20%给予奖励补助，最高奖励补助为500万元；

评估结果为“合格”的，按照依托单位上两个年度平均投入研发经费的10%给予奖励补助，最高奖励补助为300万元；

评估结果为“不合格”的，取消重点企业研究院资格，不予奖励补助。

前两款所指的研发经费应当为依托单位实际投入重点企业研究院的自有资金，不得包括各级财政资助资金。

第十五条 依托单位应当按照重点企业研究院评估后奖励补助指南申请评估后奖励补助，逾期未提出申请的，视为放弃重点企业研究院资格。

市科技行政主管部门根据评估结果拟定奖励补助名单并向社会公示，公示期为10日。公示无异议的，市科技行政主管部门按照市科技计划项目和资金管理的相关程序拨付资金。

第十六条 市科技行政主管部门对两次评估结果均为“优秀”或者“合格”的重点企业研究院进行定期评价。

第十七条 重点企业研究院自第二次评估结束后，每五年接受一次市科技行政主管部门自行组织的或者委托第三方机构开展的评价。

依托单位应当配合市科技行政主管部门开展评价工作。拒不配合或者未通过评价的，取消重点企业研究院资格。评价工作具体规则由市科技行政主管部门另行制定。

第十八条 本办法未尽事宜应当按照市科技计划项目、资金、过程管理、验收、诚信管理的有关规定执行。

第十九条 本办法自2020年12月1日起施行，有效期五年。

关于以“悬赏制”方式组织开展“新型冠状病毒感染的肺炎疫情应急防治”应急科研攻关项目的工作方案

深科技创新［2020］27号

针对近期发生的新型冠状病毒感染肺炎疫情，为充分调动市内外科技资源，充分发挥深圳市在协同创新及国际科技合作中的优势，尽快推出抗击疫情的科技成果，实现科学防疫，根据深圳市委市政府工作部署和深圳市新型冠状病毒感染的肺炎疫情防控指挥部的工作要求，深圳市科技主管部门（以下简称“市科技主管部门”）计划组织开展“新型冠状病毒感染的肺炎疫情应急防治”应急科研攻关专项。为有效推动项目实施，经研究，制定本工作方案。

一、项目组织方式

项目组织按照悬赏制方式实施。本方案所称悬赏制，指市科技主管部门根据公共利益需要，对公益性科研攻关项目，主动调研凝练悬赏标的，向社会发榜公布，征集揭榜方，并对成功揭榜的项目组织专家论证，按项目技术的先进性、可行性、创新性等进行综合评估，择优予以经费支持。

二、关于悬赏标的

1.悬赏标的定义。悬赏标的指发榜方为推动科研项目攻关，凝练的项目研发方向、研发内容、技术指标、经济指标、对揭榜方要求、实施期限、资助方式和资助强度等。

2.悬赏标的产生。业务处室组织调研我市疫情防治一线对新型冠状病毒感染的肺炎疫情防治方面的需求，包括检测技术、疫苗、药物的治疗机理、预期药效、技术参数等主要研发内容、项目指标，凝练悬赏标的，形成需求列表，与国家、省、其他地区已开展的科研项目做好统筹衔接，突出我市特点，充分发挥深圳市科研优势。

3.悬赏标的确定。组织专家对悬赏标的中研发内容的科学性、项目指标的可行性、实施周期和财政资助的合理性等进行论证，业务处室提出审核意见，由市科技主管部门按程序确定最终悬赏标的，并在指南中予以体现。悬赏标的应以产品和实际效用为导向，不唯论文。

三、关于申报范围

牵头申报单位应当是在深圳市（含深汕特别合作区）依法注册且具有独立法人资格的医疗卫生单位、企业，或香港公营科研机构（包括所有受大学教育资助委员会资助院校或根据《专上学院条例》（第320章）注册的香港生产力促进局及香港生物科技研究院等）。对申报类项目，牵头申报单位或参与单位中至少有一家企业应当具备药物或疫苗生产能力，具有良好的研发基础和条件，2018年营业收入不低于3000万元人民币。

可单独或联合申报，支持产学研用合作攻关，鼓励优质资源合作，鼓励牵头申报单位会同国内外高校、科研机构、企业联合申报，合作单位不超过5个。

非申报类项目不设申报单位要求。

四、关于申报材料

简化申报阶段所需提交的材料，申报阶段可只提供项目申请书等关键材料，其他材料可在合同签订前补交。

采取联合申报的，申请书中应填报合作单位名称并加盖合作单位公章，同时提供合作协议书。合作协议书中应注明各方研究任务分工、财政资金分配、知识产权归属等。

五、关于项目实施周期

项目实施周期结合调研需求和专家论证意见，由市科技主管部门按程序确定。

六、关于项目资助强度

项目资助强度在悬赏标的基础上，由项目单位申报、专家论证、业务处室提出审核意见，市科技主管部门按程序确定。

单个悬赏制科研攻关项目资助强度在1亿元以内的，由市科技主管部门确定。超过1亿元的，报市政府批准后实施。

七、关于资助方式

（一）设置“赛马式资助”“里程碑式资助”“事后资助”和“揭榜奖励制”四种资助方式，由市科技主管部门根据实际情况选定。其中“里程碑式资助”和“事后资助”可由牵头单位自主选择。

1.“赛马式资助”。针对同一悬赏标的，经专家论证和处室核查后有两个以上牵头单位获得立项的，采用“赛马式资助”。同一个项目，参与“赛马”的牵头单位不超过3个。

“赛马式资助”项目设置阶段性考核目标。考核目标包括技术方案和初步研究成果等。考核目标和考核时间在合同中明确。项目立项后，先给予每个牵头单位资助金额20%（最高不超过500万元）的首笔经费；按考核时间组织专家考核，业务处室提出意见。对考核后决定继续支持的，给予第二笔资助经费，首笔经费加第二笔经费不超过资助金额的70%；项目验收前，由项目单位提出申请，经业务处室审核，达到付款条件的，给予剩余经费支持；对考核后决定不继续支持的，按“里程碑式”资助情形中的项目中止处理。

“赛马式资助”项目验收不通过的，对项目经费支出情况进行审计，根据审计结果收回结余资金和孳生利息，项目成员不计入诚信异常库，不影响项目单位申报国家、广东省、深圳市科技计划项目。

2.“里程碑式资助”。针对同一悬赏标的，经专家论证和处室核查后仅有一个牵头单位获得立项的，可采用“里程碑式资助”。

“里程碑式资助”项目设置“里程碑”阶段性考核目标。考核目标包括技术方案和初步研究成果等。考核目标和考核时间在合同中明确。项目立项初期，先给予资助金额的30%；按考核时间组织专家考核，业务处室提出意见，对通过“里程碑”考核的，继续资助，给予资助金额的50%（首笔资助金额加本次资助金额不超过资助金额的80%）；项目验收前，由项目单位提出申请，经业务处室审核，达到付款条件的，给予剩余经费支持。

对未通过“里程碑”考核的，可申请延期考核，延期时间由考核专家确定，延期考核仍不通过的，项目中止。

项目中止或验收不通过的,对项目经费支出情况进行审计，根据审计结果收回结余资金和孳生利息。项目成员不计入诚信异常库，不影响项目单位申报国家、广东省、深圳市科技计划项目。

3.“事后资助”。针对同一悬赏标的，经专家论证和处室核查后仅有一个牵头单位获得立项的，可采用“事后资助”。

对于自筹资金充裕的项目承担单位，可选择“事前立项，事后资助”方式，申请单位立项后可先利用自筹资金进行项目研发，在项目验收通过后，市科技主管部门一次性拨付不限定用途的项目补助资金。项目验收不通过的，不予拨付项目补助资金，项目成员不计入诚信异常库，不影响项目单位申报国家、广东省、深圳市科技计划项目。

4.“揭榜奖励制”。市科技主管部门组织调研检测、疫苗、药物等产品需求，形成悬赏标的，发榜公布，面向全球征集。在规定时间内，有揭榜意向的机构向市科技主管部门备案，承诺有关悬赏标的产品的知识产权归深圳市科技主管部门所有。对在揭榜截止日之前，最先达到悬赏标的要求的揭榜者给予奖励。奖金额度由市科技主管部门组织专家审定，在悬赏标的中明确。奖金从市科技研发资金中安排。“揭榜奖励制”项目无须事前立项。

对悬赏所得标的知识产权，在疫情防控期间，可由深圳市科技主管部门授权深圳企业生产；在疫情结束后可拍卖给深圳企业，或作价增资给深圳市国有企业。

（二）设立提前完成任务奖励机制

为鼓励科研单位加快完成科研攻坚任务，实施提前完成奖励机制。项目在实施周期截止日或揭榜截止日前，达到悬赏标的要求的，每提前一天给予资助金额的1%予以奖励。检测技术项目奖励金额累计不超过200万元，疫苗项目奖励金额累计不超过500万元，治疗药物项目奖励金额累计不超过800万元。

提前完成任务奖励金额不纳入申报类项目资助资金和非申报类项目奖金计算。

八、关于指南拟定及项目受理

根据悬赏标的，拟定项目指南，在市科技主管部门官网和微信公众号发布。

九、关于项目立项

项目受理后，业务处室组织形式审查。业务处室、资管处参照《深圳市重大科技计划项目评审办法（试行）》相关规定，组织专家对申报项目进行论证。专家可从市新型冠状病毒感染的肺炎疫情防控指挥部办公室专家组选取。

立项原则为：专家综合平均分≥60分，且推荐立项的专家数量超过50%，核查通过。不与国家或省已立项项目重复。

在项目专家论证和核查工作完成后，根据立项原则和资助标准，制定拟资助方案，由市科技主管部门按程序确定。

十、关于项目管理及验收

业务处室跟进项目进展情况，做好项目过程管理。对“里程碑式”和“赛马式”项目，按要求组织考核评估。项目评估验收应邀请市级以上医疗机构参与。

事前资助类项目的资金使用按照项目合同执行。项目需要变更、中止、撤销、申请验收等情形，本方案未尽事宜，按我市科技计划项目、资金、验收等相关规定执行。

十一、关于资金拨付

按照合同约定拨款。项目牵头单位为香港的，可以按照《深圳市财政科研资金在港澳地区使用管理规程（试行）》有关规定，将科研资金直接拨付至香港承担单位。

十二、加强组织领导

以“悬赏制”方式组织开展“新型冠状病毒感染应急防治”应急科研攻关项目，既充满挑战，又意义重大。各部门各单位必须高度重视、精心组织、周密部署、全力以赴、清正廉洁，高标准、严要求推动项目迅速实施，力争早出成果、快出成果、出好成果，为打赢疫情抗击战做出努力。

深圳市科技创新委员会印发《关于强化科技支撑打赢疫情防控阻击战促进企业健康发展的若干措施》的通知

深科技创新〔2020〕38号

各有关单位：

《关于强化科技支撑打赢疫情防控阻击战促进企业健康发展的若干措施》已经深圳市新型冠状病毒肺炎疫情防控指挥部办公

室同意，现予以印发，请遵照执行。

特此通知。

深圳市科技创新委员会
2020年3月2日

关于强化科技支撑打赢疫情防控阻击战促进企业健康发展的若干措施

为深入贯彻习近平总书记关于坚决打赢疫情防控阻击战的重要指示精神，全面落实党中央国务院、广东省委省政府、深圳市委市政府关于统筹推进疫情防控和经济社会发展的决策部署，充分发挥科技支撑作用，全力支持抗疫情促发展，制定以下措施。

一、集中力量实施疫情防控科研攻坚行动

（一）紧急开展疫情防控科研攻关。在2020年市财政科技专项资金中调配2亿元（视实际需要可增加调配资金），以定向申报与自由申报相结合实施“新型冠状病毒感染应急防治”专项，以“悬赏制”等方式组织开展“新型冠状病毒感染的肺炎疫情应急防治”应急科研攻关项目，以产品和实际效用为导向主动出击确定悬赏标的。科研攻关项目评审实行“主审制”、经费管理实行“包干制”、资助方式实行“赛马式”“里程碑式”“事后资助”“揭榜奖励制”、项目提前完成实行“奖励制”。支持申报单位独立或联合国内外高校、科研机构、企业申报。鼓励香港高等院校和科研机构牵头申报。过港资金按照《深圳市“深港创新圈”计划项目管理办法（试行）》（深科技创新规〔2018〕3号）规定执行。

（二）支持自主开展疫情防控科研攻关。支持包含深圳湾实验室和鹏城实验室在内的高水平科研机构将疫情防控作为当前科研攻关的重要方向，其自主设立的应急防控科研项目择优视同承担市级科技计划项目。对在疫情防控中发挥重要作用的单位优先支持申建市重点实验室等市级创新载体，优先推荐申建国家、省重点实验室等国家级或省级重大创新平台。

（三）最大力度鼓励攻关和宽容失败。疫情防控科研项目不纳入市级科技计划项目限项范围，项目中止或验收不通过不列入科研诚信异常名录。

（四）加强部省市疫情防控联合攻关。对深圳各类创新主体承担或参与国家和广东省疫情防控的科研攻关项目按照《深圳市国家和广东省科技计划项目配套资助管理办法》（深科技创新规〔2018〕5号）予以配套资助；积极做好与科技部和广东省科技厅对接，加强疫情防控科研项目指南及申报立项信息的共享互通。

二、聚焦疫情防控需求提供全方位科研保障

（五）全面开放疫情防控所需科研资源。向开展疾病溯源和药物筛选研究，疫苗、治疗性抗体、抑制剂等预防及治疗药品和检测试剂、诊疗设备等医疗设备研发的相关机构免费开放国家超级计算深圳中心等重大科技基础设施平台，提供科研基础支撑。

发挥深圳市科技创新资源共享平台作用，线上公布深圳市可供防疫使用的分析仪器、计量仪器、诊断仪器等设备清单。

（六）重点保障疫情防控重点科研机构需求。建立深圳市统一的科研仪器调度平台，设立项目专员制度，市科技行政主管部门安排专人对接疫情防控科研一线单位。发挥集中力量办大事的优势，建立部门协调机制，开设科研物资进口设备采购的应急协调通道。

（七）支持开展完善重大疫情防控体制机制研究。设立软课题项目，系统分析并全面总结各地在疫情监测分析、病毒溯源、防控救治、资源应急保障、政策支持、复工生产、社区联防联控、全社会动员等方面的实战经验，从体制机制上研究提出完善重大疫情防控与健全公共卫生应急管理体系的对策建议。

（八）大力推动前沿科技投入疫情防控一线。推动大数据、人工智能、基因检测、云计算等技术应用于科学抗疫一线，实现医疗协作、疫情预测。支持科研机构和企业协同技术攻关，加快科技成果转化应用。利用红外图像、深度学习、人脸识别等技术，排查与感染者密切接触人群；采用定位终端设备，协助做好隔离人员管理工作；支持运用无人配送技术参与疫情抗击；采用非接触式申报小程序和可穿戴设备，实现信息登记和体温监测，避免医护人员、工作人员交叉感染。

三、汇聚人才力量助力抗疫复产

（九）创新外籍人才用工方式。疫情期间，允许外国高端人才（A类）和从事外教工作的外国专业人才（B类）通过劳务派遣方式用工。允许在深圳市高等院校、科研院所、知名企业工作的外国高端人才（A类）经工作单位同意后以非全日制用工形式在深圳市其他单位工作。放宽语言类外教母语国要求以及外国人来深工作年龄限制和工作许可有效期，获得世界知名大学学士及以上学位的应届外国毕业生，在深圳市高等院校（含港澳地区的高等院校）获得学士及以上学位的应届外国留学生，可直接申请工作许可。

（十）激励科研人员积极投身抗疫战斗。对在疫情防控中做出重大贡献的科研人员，优先推荐参评市科学技术奖，优先提名参评广东省科学技术奖或国家科学技术奖。对在疫情防控中做出重大贡献的科研团队和人员，在高层次人才团队和优秀科技创新人才培养的人才专项中优先予以支持。对在疫情防控中发挥重要作用的科技成果，参评2020年度市科学技术奖，不受其主要完成人不能为上两个年度市科学技术奖获奖完成人、成果推广应用满两年以上、项目需结题验收等限制。此外，对符合条件的科技成果，优先提名参评广东省科学技术奖或国家科学技术奖。鼓励社会力量设立的科学技术奖，优先奖励在疫情防控中做出重要贡献的科技工作者和科研单位。

四、加大惠企支持力度缓解经营压力

（十一）落实租金减免政策。落实“深圳16条”惠企政策，对租用市科技行政主管部门管理的政府物业的非国有企业、科研机构、个体工商户，免除2个月租金。鼓励科技企业孵化载体为入驻企业和创业团队减免租金，市财政专项资金对在疫情防控期间免租金额前50位的市级（含）以上孵化器、众创空间分别给予最高30万元和20万元的补助，补助比例不超过实际减免租金的50%。已享受市、区政府以及市属、区属国有企业持有物业租金减免政策的孵化器和众创空间不再享受此项补助。同时，对为入驻企业和创业团队减免租金的孵化器和众创空间，在运营评价中予以加分支持。

（十二）强化科技金融支持。扩大规模实施贷款贴息贴保计划。对受疫情影响较大的科技型中小企业，鼓励合作银行降低贷款利率，鼓励保险公司和担保机构降低保险（担保）费率。对受疫情影响较大的原委托全贴息转贷项目和原银政企合作项目资助企业，其尚未到期的贷款经金融机构评估后可申请延迟还款，因延迟还款产生的利息，符合条件的按照原银政企合作项目贴息标准予以资助。通过多种方式收集企业融资信息，快速汇总企业融资需求。利用科技金融联盟、创业投资广场、深交所线上路演平台，建立企业与金融机构快速融资渠道，为科技型中小微企业提供多层次、立体化、全过程的投融资服务。利用线上高科技项目投融资平台南方创投网，以股权融资为引领，带动债权融资、政策资助、股权法务、财务税务、管理咨询等全方位服务，打造线上南方科技项目投融资交易会。优先推荐疫情防控中表现突出的科技型中小企业至市属投融资平台，对新冠肺炎的防治技术和产品优先给予尽调和投融资支持。推动相关国有企业通过小贷、融资租赁、担保等业务方式给予抗击疫情企业资金支持。

（十三）加大科技创新券支持力度。2020年预算额度在去年基础上翻一番，经费增加部分重点用于支持疫情防控，将科研活动所需的实验动物研究开发、检验检疫、材料测试等纳入创新券支持范围，提高对科技型中小企业和创业者的支持比例。

五、实施科技管理服务便利化举措

（十四）建立科技管理服务全过程“不见面”审批机制。疫情防控期间，项目申报、过程管理、结题验收等项目管理业务全流程实行网上办理，确有必要提交纸质材料的，待疫情结束后按规定补交。用人单位办理外国人工作许可证转聘、延期、变更、注销业务一律采取不见面审批；暂时取消“延期业务须在许可届满前30日提交”的限制，用人单位可在许可届满前在线提交；在外国人工作、居住较集中单位、区域设立外国人工作许可服务站，提供咨询、业务办理等服务；简化办理延期、转聘业务材料审核，压缩审批时限。开通中英文咨询服务电话热线，便利在深外国专家沟通咨询。提供技术合同认定登记的邮寄服务。已到验收期、应当申请验收的项目，因受疫情影响无法按期提交验收申请的，项目承担单位可以延期验收，延长期限为3个月。因受到疫情严重影响且延长期限需要超过3个月的，项目承担单位应当提交相关证明材料，经审核同意的，延长期限为6个月，验收指标可以视情况做相应调整。

（十五）开展“科技暖企”行动。建立重点科技企业服务制度，实施“一企一策”协调解决企业研发所需防护设备、物资、研发材料供应等问题，助力企业复工复产。利用“互联网+”开展高新技术企业认定、企业研究开发资助、高新技术企业培育资助等扶持政策宣讲和辅导，配合市税务部门加强研发费用加计扣除和高新技术企业税收优惠政策宣讲辅导，引导企业规范研发项目管理和费用归集。利用“鹏程IT人”网上招聘平台，在线举行“深圳高科技企业2020年春季大学校园招聘会”，帮助企业解决疫情期间的大学毕业生招聘难题。

（十六）加强市区联动。市区两级科技行政主管部门要加强信息沟通和服务对接，设立“抗击新冠肺炎疫情”专栏，汇总抗击疫情的政策措施和行动计划及健康宣传资料。鼓励各区科技行政主管部门综合施策，与辖区企业建立沟通机制，加强舆论引导，科学有序推动复工复产。积极开展疫情科学防治宣传，鼓励科技专业人士踊跃做疫情专业知识的传播者，树立社会正能量。

疫情就是命令，防控就是责任。全市各级科技部门、科研机构、科技企业和广大科技工作者要不忘初心、牢记使命，把疫情防控作为主战场，团结协作、奋勇拼搏、攻坚克难，把研究成果应用到战胜疫情的战斗中，把论文写在抗击疫情的第一线，为打赢疫情防控阻击战贡献深圳科技力量，以实际行动和扎实成效赢得这次大战、完成好这次大考。

本措施自发布之日起实施，有效期至2020年12月31日。（具体政策措施已明确执行期限的，从其规定）

第三篇 科技资源环境

Resources & Environment of Science & Technology

第一章 深圳国家高新区

一、概况

1996年12月，深圳市高新技术产业园区（以下简称“深圳高新区”）设立，位于深圳湾畔，北起广深高速公路、南到滨海大道、西临南海大道、东至沙河西路，总规划面积11.52平方千米。

2019年4月，深圳市政府向科技部报备深圳高新区扩区，并印发实施《深圳国家高新区扩区方案》，将南山园区、坪山园区、龙岗园区、宝安园区、龙华园区等五个条件比较成熟的园区纳入深圳高新区范围，形成“一区两核多园”的发展新格局，总规划面积达159.48平方千米，约为扩区前规划面积的14倍。

深圳高新区以习近平新时代中国特色社会主义思想为指导，全面落实党的十九大和十九届二中、三中、四中、五中全会精神，深刻领会习近平总书记关于科技创新的重要论述和视察国家高新区时作出的重要指示精神，坚定不移将自主创新作为发展的主导战略，遵循科技创新规律、产业集聚规律、市场经济规律，取得了良好成效，已成为引领深圳科技创新的核心引擎、辐射带动粤港澳大湾区科技创新的重大力量、发展高新技术产业的先行示范基地。深圳高新区是国家建设世界一流高科技园区的首批六家试点园区之一，连续多年在国家高新区综合排名中位居前列，在推动深圳高新技术产业发展成为全国的一面旗帜中发挥了重要的引领带动作用。

二、“高产田”高质量发展

深圳高新区扩区前规划面积11.5平方千米，以占深圳市不到0.6%的土地面积创造了全市约11%的GDP，单位面积产出居国家级高新区首位，是不折不扣的“优质高产田”。扩区后，深圳高新区以深圳市8%的土地面积创造了全市约25.5%的GDP。根据火炬统计快报，2020年深圳高新区实现营业收入18456.63亿元，同比增长8.3%；工业总产值12444.63亿元，同比增长12.3%；上缴税费843.19亿元，同比增长18.2%；实现净利润2283.29亿元，同比增长11.9%；园区生产总值（GDP）约7063.2亿元。

三、“主阵地”高新技术产业壮大

深圳高新区紧紧围绕主导产业，不断提升园区高新技术企业的聚集度，构建高新技术产业发展生态圈，打造了新一代信息技术、互联网科技、智能制造、生物医药等千百亿级产业集群，培育了华为、中兴、腾讯、迈瑞、大疆等一大批具有国际竞争力和影响力的创新型企业，形成了“头部企业”全面领跑、新锐企业多点开花、中小企业雨后春笋的蓬勃发展局面。截至2020年，深圳高新区拥有境内外上市企业142家，土生土长区内企业占90%，内生式发展模式为国家高新区做出了成功示范。

四、“源动力”创新驱动发展

深圳高新区从无到有、从有到优、从优到精，率先建立起“以企业为主体、市场为导向、政产学研资介相结合”的综合创新生态体系，构建了“众创空间-孵化器-加速器”创业孵化链，成为聚集创新人才和产生创新成果的重要载体。此外，深圳高新区不断完善“基础研究+技术攻关+成果产业化+科技金融+人才支撑”全过程创新生态链，实现了从跟随模仿创新向战略引领创新提升。部省市共建“西丽湖国际科教城”正稳步推进，鹏城实验室、深圳湾实验室、人工智能与数字经济广东省实验室（深圳）等一批高水平的科研平台加快建设，国家战略科技力量实现了零的突破。

五、“主引擎”辐射带动区域创新

深圳高新区努力在全球范围内聚集配置创新资源，在更高层次上参与全球科技合作。创建全球第一个国际科技商务平台，截至2020年底，深圳高新区汇聚了47个国家和地区共84家机构；首创深圳虚拟大学园，截至2020年底，吸引65所知名院校加盟；搭建了一系列独具特色的公共服务平台，开展大跨度宽领域的国内国际合作；加强与“一带一路”沿线国家开展人才交流、技术交流、跨境协作，支持创新主体与创新资源密集的国家和地区建立国际科技合作渠道，双向孵化海外创新创业项目；实施深港澳科技计划项目，积极引进港澳青年创新创业，深入推动粤港澳大湾区产学研融合。

面向“十四五”，迈向新征程，深圳高新区将深刻领会习近平总书记在深圳经济特区建立40周年庆祝大会上的重要讲话和视察广东和深圳的重要指示精神，把高新技术产业发展这面旗帜举得更高，牢牢把握“高”和“新”的发展定位，推动“创新驱动发展”向“创新引领发展”的战略跃升，进一步优化“一区两核多园”的发展布局，率先探索关键核心技术攻关新型举国体制的“深圳路径”，打造畅通国内大循环和联通国内国际双循环的“深圳样本”，加快建成具有全球影响力的世界一流高科技园区。

第二章 深圳虚拟大学园

一、概况

深圳虚拟大学园成立于1999年，是深圳市委市政府为大力发展高新技术产业而实施的具有战略意义的创新举措，是我国第一个集成国内外院校资源、按照一园多校、市校共建模式建设的创新型产学研结合示范基地，是国家有关部委和省市认定的“国家大学科技园”“国家高新技术创业服务中心”“博士后科研工作站”“高校学生科技创业实习基地”“广东省教育部产学研结合示范基地”“广东科技人才基地”。

深圳虚拟大学园在政府和院校共同支持下，根植于深圳特区、联络港澳、服务周边、辐射全国，聚集了66所国内外知名院校，国家大学科技园已建成包括清华大学与北京大学在内的16家产业化基地，14家研究院被认定为“广东省新型研发机构”。

深圳虚拟大学园通过市场为导向的体制机制创新，在人才培养、科研工作、创新创业、成果转化、深港合作等方面为深圳经济建设与发展做了突出贡献，也为成员院校深化教学科研改革、服务社会、支持地方经济发展进行了探索，实现市校共赢。

二、人才培养

2020年，深圳虚拟大学园积极构建创新型开放式教育培训体系，发挥优质教育资源集聚优势，已形成从学士到博士的在职学历学位培养及从短期专项到量身定做企业人才的订单式培养体系。截至2020年底，虚拟大学园已累计培训各类人员40.3万余人，其中培养博士2347名、硕士50444名、本科生73759名、订单培训人员154225名。

深圳虚拟大学园博士后科研工作站工作有序开展。2020年新入站博士后19人，出站15人，现在站人数52人。其中，站内4名博士后获选国家博士后科学基金第67和第68批面上的二等资助。

三、科研工作

深圳虚拟大学园产学研工作持续深化，科研实力增强，已成为特色鲜明且专业突出的高端人才宜聚地、研发机构聚集地、中小科技企业集散地。依托深圳对科技持续投入，深圳虚拟大学园大力整合成员院校科技研发优势，参与深圳科研工作。截至2020年底，深圳虚拟大学园已设立研发机构229家，其中获批市级以上重点实验室和工程实验室创新载体74家，包括省级重点实验室及工程技术研究中心8家、国家工程实验室1家、省部共建国家重点实验室培育基地1家。此外，深圳虚拟大学园已承担国家级科技项目1501项，其中省部项目350项、市级项目2126项、获得专利1866项、软件著作权344项、发表论文5094篇、转化成果2237项。

经过扎实的科研工作，深圳虚拟大学园战略研究迈向新征程。深圳市科技创新战略研究中心(深圳虚拟大学园管理服务中心)借助包含国务院发展研究中心创新发展研究部和中国科学技术信息研究所在内的国家级研究机构力量，立足深圳开展科技创新战略研究工作——参与包含《市场经济条件下的关键核心技术攻关新型举国体制研究》在内的国务院发展研究中心2020年度重点课题，开展《深圳市科技创新指数研究》《深圳对标全球主要创新中心比较研究》《关于设立深圳工业技术创新研究院的研究》等课题研究。

四、创新创业

深圳虚拟大学园是国家级孵化器和国家大学科技园，多次被评为国家级优秀孵化器（A类），拥有良好的创新创业沃土。深圳虚拟大学园优先引进高层次创新创业人才，实施和承接包括“孔雀计划”在内的重大人才工程，加大海内外创新团队引进力度。2018年南都大数据研究院南都创客课题组发布“中国高校孵化器10强”名单，深圳虚拟大学园入选“2018中国高校孵化器10强”；2019年南方都市报联手国际数据集团发布的第二届中国孵化器TOP评选，获评粤港澳优秀孵化器特等奖；同年入选广东省科技厅“粤港澳科技企业孵化器”名单。

2020年，深圳虚拟大学园孵化器成功举办“第十二届深圳创新创业大赛港澳高校预选赛暨第二届深圳虚拟大学园创新创业大赛”，深港澳高校预选赛共征集305个参赛项目（含企业为96个及团队209个），通过审核的参赛项目为251个（含企业为84个及团队167个）。历时6个多月，该大赛20个项目最终分别获预选赛团队组及企业组的一、二、三等奖，20个项目获团队组优胜奖，20个项目分别获团队组及企业组入围奖；26个项目获推荐晋级市赛，15个项目晋级行业决赛；最终获深创赛行业决赛一等奖1个、三等奖2个、优秀奖5个。截至2020年底，深圳虚拟大学园孵化器载体总面积达6.8万平方米，包括虚拟大学园大楼、虚拟大学园产业化综合大楼、虚拟大学园重点实验室平台大楼等设施，可供孵化企业使用场地面积近2.65万平方米，占总面积的38.9%。2020年，孵化器在孵企业92家，全年新增在孵企业30家、毕业企业16家、获得高企认定的在孵企业5家，累计毕业企业188家，深圳虚拟大学园孵化器成立16年来为深圳市科技发展和科技创新做出了巨大的贡献。

五、成果转化

深圳虚拟大学园致力于打造科研资源和产业化资源连接服务平台，践行正向创新和逆向实践相结合的技术价值路径——既以科研本身的学科逻辑催生技术成果并开拓市场，又以企业产品开发为起点向创新链上游传递技术需求，并通过产学研合作和提供服务实现创新。

2020年，深圳虚拟大学园新增转化成果156项，新增技术服务254项，累计转化科技成果2237项及技术服务1490项。

六、深港合作

香港高等教育资源在粤港澳区域内最为丰富，深圳产业创新对香港研发有极强的市场需求，深圳虚拟大学园吸纳香港科教资源，形成了港校与内地院校协同发展及资源融合。

香港高校依托深圳虚拟大学园平台开展科学研究、联合人才培养、高科技创业企业培育等工作。其中国家级项目数105个、广东省项目数17个、深圳市项目数29个。累计承担国家级科技项目1227项、广东省科技计划项目88项、深圳市科技计划542项，各类科技计划项目经费总额超10亿元；累计在深联合培养各类人才10371名，其中博士后87名、博士323名、硕士2813名；在深设立科研机构82家，转化成果109项、技术服务340项、获得专利249项、发表论文2309篇；累计孵化企业240家。

七、学术论坛

2020年深圳虚拟大学园举办12讲名校名师公益课堂，演讲嘉宾由成员院校的12位知名专家学者组成。“深圳虚拟大学园名校名师公益课堂”在深圳全民终身教育学习活动周被评为“终身学习的品牌”。名校名师公益课堂已在城市文化建设中具备一定影响力，为提升城市整体文化素质和创新创业能力贡献了力量。

2020年，深圳虚拟大学园各成员单位组织举办各类学术会议和论坛。由深圳虚拟大学园作为支持单位的“中国电子元件行业协会电声分会第十届会员大会暨2020中国电声产业峰会”在坪山区举办；深圳虚拟大学园联合西北工业大学主办的第二届大湾区“磁与生命健康”前沿与转化高峰论坛在龙华区举办；深圳虚拟大学园联合西安电子科技大学深圳研究院和深圳中国工程院院士活动基地共同主办的“2020首届中国电子可靠性高峰论坛”在南山区举办。

八、联席会议

一年一度的深圳虚拟大学园联席会议是独有的制度安排，在高交会期间，聚集66所入园院校，共商大学园发展规划，已成为深圳虚拟大学园可持续发展的重要传承方式。以“提升科教融合新动能，促进市校合作新发展”为主题的深圳虚拟大学园联席会议于2020年11月10日举办，科技部火炬中心、省科技厅、市政府、市科创委、深圳虚拟大学园成员院校等单位有关负责人及知名企业代表200余人出席会议。深圳市政府领导，深圳科创委主要领导及院校代表出席会议并进行交流发言。

2020年联席会议聚焦全球知名大学和科研院所优质资源，将成员院校人才资源、教育资源、科技资源、深圳产业高度结合，建立了产学研融合发展的新型协同创新管理模式，将深圳虚拟大学园打造成涵盖智囊库、资源池、创新源、项目池功能于一体，兼具国际标准和深圳特色的世界一流大学科技园，为深圳建设中国特色社会主义先行示范区做出贡献。

第三章 深圳光启高等理工研究院

一、概况

深圳光启（以下简称“光启”）成立于2010 年，由五位美国杜克大学及英国牛津大学博士归国创建，是以超材料技术赋能行业为内核的使能型企业。作为一家战略创新型企业，包括光启自主创新的“白起”系列高性能电磁材料在内的多项核心技术和产品已突破禁运。光启热成像智能头盔实现超高效率无感机动巡查发热人员，有效构筑科技防疫线。

光启总部位于中国深圳，是新一代超材料技术和人工智能技术领先者，旗下拥有光启技术（002625.SZ）与光启科学（00439.HK）两家上市公司。

作为全国电磁超材料技术及制品标准化技术委员会的秘书单位及深圳超材料产业联盟发起者，光启拥有一系列源头创新和产业化平台，包括以深圳光启高等理工研究院为核心的新型研发机构群、超材料电磁调制技术国家重点实验室及多个省市级重点实验室、企业博士后科研工作站等研究机构。

光启掌握高性能建模、高并发计算、精细制造、大范围光电感知覆盖、高效率测试五大内核技术，拥有大量自主知识产权。此外，光启领衔起草并发布了全球第一份超材料领域国家标准《电磁超材料术语》，打破了欧美对前沿科技技术和标准垄断，奠定了我国在超材料技术研究和标准转化的国际领先地位。

作为一家以超材料技术赋能行业为内核的使能型企业，光启以产业化需求为牵引，将实验室的超材料科学研究转化为工程实践，构建完整的超材料工业体系——五大内核技术与尖端装备行业结合，形成了新一代超材料技术，并率先应用到我国尖端装备上，在世界超材料产业化竞争中抢占先机，成为行业引领者。光启致力于为行业打造完整的解决方案。截至2020年底，光启超材料技术已经广泛应用在包含先进飞机、大型无人机、海洋航空装备和电子通信系统在内的八大尖端装备领域。

光启在开发超材料尖端装备产品过程中，依托系列科研平台和产业链体系，自主创新技术突破多项禁运。目前，光启已向行业开放高性能材料库，打破发达国家对我国相关领域禁运。

为全力支撑复工复产复学，光启技术发布热成像智能头盔，实现超高效率无感机动巡查发热人员，有效构筑科技防疫第一防线，堪称抗疫期间的“发热排查神器”。

二、专利和标准化工作

作为一家战略创新型企业，光启重视知识产权布局和核心技术保护，积极申请专利，构筑起知识产权“护城河”。截至2020年底，光启已经累计申请专利5815件，获得授权专利3544件，超材料领域专利申请总量位居全球第一,实现超材料底层技术专利覆盖。

光启以设立标委会并以之为依托，领衔技术及产品标准制定，打破欧美技术和标准垄断。全国电磁超材料技术及制品标准化技术委员会秘书处设在光启。该委员会在全球率先开展超材料领域标准制定工作。由光启领衔，检测监管机构、10余家科研院所、相关产业企业共同起草了全球首份超材料领域的国家标准——《电磁超材料术语》，并于2016年10月1日起实施。该标准规定了电磁超材料的类别、功能、设计、基材、应用等相关方面的术语和定义，打破了欧美对前沿科技的技术和标准垄断。随着超材料技术应用不断深入，光启牵头制定了两项国家标准——GB/T 37657—2019《机载超材料天线罩通用规范》和GB/T 37766—2019《机载吸波超材料通用规范》。这两项标准于2019年6月发布，为首批超材料制品国家标准，并于2020年1月1日实施。截至2020年底，由标委会负责归口的国家级标准总数为3项，分别为《电磁超材料术语》《机载超材料天线罩通用规范》和《机载吸波超材料通用规范》。其中，于2020年1月1日起开始实施并正式报批电磁超材料术语外语版的《机载超材料天线罩通用规范》和《机载吸波超材料通用规范》是超材料领域全国首批产品通用规范。该系列标准的正式实施，将进一步健全我国超材料标准体系，并为我国超材料产业发展提供必要的技术支撑。

三、科技成果产业化

光启作为源头创新企业，践行科技创新和成果转化，已产生多项源头创新优秀成果和各级创新奖励。2020年光启荣获《中国专利优秀奖》，2019年摘得四项科技进步奖。其中，项目《超材料低频宽频吸波结构件研发及应用》获得深圳市科技进步奖一等奖；项目《空间大数据综合应用浮空平台》获得深圳市科技进步奖二等奖；项目《超材料空间调制技术研究及产业化应用》获得广东省科技进步二等奖；项目《智能化海空界面搜救平台关键技术研发及产业化》获得中国商业联合会科学技术奖-全国商业科技进步奖特等奖。这是继深圳光启高等理工研究院院长刘若鹏荣获2016年度市长奖，光启荣获2017年度深圳市科技进步一等奖后，再度光荣膺系列创新殊荣，标志着光启践行科技创新和成果转化，源头创新能力不断跃升。

值得一提的是，作为科技创新型机构，光启还最艰难地跨越了从实验室前沿科学研究到工程化技术体系构建的鸿沟。2020年光启超算中心先后完成了两次扩容升级，计算能力比原来增大了6至7倍，可以实现更多复杂材料、更大尺寸、宽频带、全方位的超材料航空结构件的性能仿真，甚至是整机模型的仿真计算。

除了算力的升级外，产能扩充工作持续推进。2020年5月，光启技术深圳银星基地完成扩产，超材料年产量从4000千克提升到8000千克，实现产能翻番。同时，全国最大的超材料制造基地——709项目一期于2020年10月完成封顶，并于2021年3月正式投产，一期建成后，超材料年产能可达40000千克。

超材料在世界范围内产业化成果并不多，整体来说其应用还处于测试和小批量生产阶段。光启作为以超材料技术赋能行业为内核的使能型企业，从无到有构建了我国完整的超材料工业体系，并将新一代超材料技术率先应用到国内尖端装备上，在世界超材料产业化竞争中抢占先机，成为行业引领者。

光启超材料从“被动选择”到“主动赋能”，顺利实现超材料的按需定制和产业化落地。尖端技术从实验室走到市场并奔向战场，成功规模化应用在先进飞机、电子通信系统、单兵AI装备等八大尖端装备领域。

光启在开发复杂超材料产品过程中，突破了底层电磁功能材料技术，“白起”系列就是其中的一个代表。“白起”以其优异的电磁性能对我国尖端装备和通信系统具有极强的基础支撑作用。该系列高性能电磁材料实现批产，标志着我国在高性能电磁材料领域最新的自主创新成果，突破了国外禁运。以产品量产为例，我国某先进航空装备的超材料机载共形天线增益性能提升了近30%，产品尺寸缩减了40%，通信覆盖范围扩大了50%。以警用智能头盔为代表的单兵AI装备保驾护航上海进博会，并屡立战功。

光启结合最先进的航空装备技术，并集成超材料、AI、AR技术，成功研制出新一代人工智能单兵装备——光启警用智能头盔。该头盔大量采用了升级版最先进军用技术，具备十项“黑科技”功能，能全方位保护佩戴者，是续航时间长、使用舒适、全天候作战的AI单兵装备。作为新一代人工智能单兵装备，光启警用智能头盔具有全智能实战性——能够实时自动对人脸、车辆、证件进行识别。此外，能5米外秒级响应识别“黑白名单”人员，并具备语音翻译、实时直播、前后台互动、大规模协同作战等功能，让警务人员在佩戴头盔后，马上变身为“超级战警”。

作为业界首个具备智能头盔快速批量生产的企业，光启凭借在智能头盔领域的研发实力与规模化实战经验，在2020年疫情战斗中，一个月内迅速推出热成像智能头盔N901，实现超高效率无感机动巡查发热人员，支持复工复产复学及全球抗击疫情。此外，该头盔在教育系统、公安系统、地铁、机场、商超、景区、写字楼等大人流量区域皆被广泛启用。其中，广东省工业和信息化厅力推该头盔为第三批抗疫复工产品，获数千万网友肯定，成为名副其实的复工复产复学“神器”。

四、创新平台建设与人才培养

光启不断加强国家和省市级科技创新载体平台建设，提升机构整体科技创新及成果转化能力。光启组建的超材料电磁调制技术国家重点实验室是我国唯一一个超材料技术的国家重点实验室。该实验室根据科技部要求及《依托企业建设国家重点实验室管理暂行办法》（国科发基〔2012〕716号），加强产学研合作，积极开展国内外合作与交流。截至2020年底，光启已先后建设完成并通过验收的省和市级重点实验室及工程实验室共十余个，包括新型关键材料研究室、功能电磁材料研究室、人造微结构研究室、数据科学与建模研究室、超材料制造技术研究室、超材料测试技术研究室、智能制造研究室、智能传感研究室、电磁散射研究室等，拥有丰富的创新载体资源和先进的超材料设计、制备、测试技术。

光启设有全国首个专注于超材料研发与产业化的企业博士后工作站，依托该工作站的深圳光启高等理工研究院分站完成博士后人员培养，建立了专业结构合理和科研能力良好的博士后团队，截至2020年底，已累计培养博士后135人，其中出站99人，2021年将实现博士后“百人”出站目标。

此外，光启拥有近50余名高层次留学人才及科技专家，近300名在岗研究员和工程师等科研技术人才，共同组成光启科技创新与成果转化的中坚力量。

2021年4月，由光启设立的“钱学森计划”于2021年首次正式开展招生，该计划由中组部、广东省/深圳市委组织部、广东省教育厅、深圳市教育局以及深圳相关高校的共同支持和推动，面向超材料底层科学研究的高素质科研人才，通过与高校联合培养博士生的方式，为我国超材料领域培养顶尖高水平科技人才。

第四章 国家超级计算深圳中心

一、概况

国家超级计算深圳中心（以下简称“深圳超算”）于2009年获国家科技部批准成立，是深圳建市以来规模最大的国家级重大科技创新基础设施。10余年来，深圳超算累计服务超三万个用户团队，完成各类计算任务逾千万个，完成15亿核小时计算，已成为计算机资源服务形式最丰富且资源利用率最高的国家级超算中心。

粤港澳大湾区国际科技创新中心和综合性国家科学中心加速建设，科技部和深圳共同布局的重大创新基础设施——深圳超算二期落户深圳光明科学城，计划建成全球领先的超级计算机系统，打造光明科学城首个国家级科技创新平台。

2020年是超算二期机器研制及二期建设的关键年。在粤港澳大湾区和社会主义先行示范区“双区驱动”时代背景下，深圳超算按照深圳市委市政府统一规划和深圳市科技创新委员会统一部署，坚持“聚焦主业、保障服务、固本强基、转型突破”工作基调，推进深圳超算建设和发展。

二、发挥科技战“疫”力量

深圳超算全球率先倡导无偿支持防疫科研攻关，获得国内外各大超算中心响应，影响广泛。2020年疫情期间，深圳超算第一时间无偿为深圳市第三人民医院、深圳大学高等研究院、中山大学药学院等研究团队提供算力和技术科研支持，用于新冠肺炎肺部免疫机制的研究、药物筛选、疫情防控与推演等防疫科研攻关，在疫情趋势预判、疫苗设计、药物设计等方面发挥了重要作用。其中，中山大学药学院发现的抑制新冠病毒复制药物在临床试用过程中显示了极佳效果，促使重症患者出院率达87.5%，优于常规治疗组33.3%的重症患者出院率，研究成果获得《药学学报》封面文章发表。

三、保障超级计算机系统高效运行

狠抓业务系统安全运维和性能优化。2020年，深圳超算建设业务系统运维工作间，保障系统生产环境稳定安全；加强深圳市科技创新委员会网络信息安全管理，完善深圳市科技创新委员会网络安全组织架构和信息安全工作方案的各项管理制度；加强深圳超算主辅机安全生产管理，达到全年未发生重大故障及安全生产和信息安全事故的效果。2020年，深圳超算计算机系统、公有云平台、政务云平台及信息网络系统稳定运行。

四、各项能力水平持续提升

2020年，深圳超算以能力为导向，促进队伍建设取得新突破。一是积极推进领导班子建设，广泛吸纳高端人才。二是建立起具有独立招收培养资质的博士后工作站，为超算中心持续引进和自主培养满足需要的超级计算应用创新人才，并夯实培育基础。三是启动绩效管理体系和薪酬体系优化项目，制定绩效管理体系诊断报告及优化方案，服务人才成长。

新时代，国家发展已确立了新的历史方位，中央对深圳发展提出了建设中国特色社会主义先行示范区的新要求，科技创新迎来新的历史机遇和发展阶段。深圳超算以更强定力，从科技创新到产业发展各层面，以大格局大视野，做系统的顶层设计，大胆开拓、积极进取、开放务实，为建设综合性国家科学中心和具有全球影响力的国际科技创新中心贡献力量。

第五章 深圳华大生命科学研究院

一、概况

华大成立于1999年，是全球领先的生命科学前沿机构。秉承“基因科技造福人类”的使命，以“产学研”一体化发展模式引领基因组学创新发展，不断打造并延伸生态链条机构及产业。包括深圳华大生命科学研究院（原“深圳华大基因研究院”）、华大基因学院、深圳国家基因库、GigaScience四家非营利性机构，还包括已上市的深圳华大基因股份有限公司及筹备上市的深圳华大智造科技有限公司在内的产业化机构。遍布100多个国家（地区）的分支机构与产业链各方建立广泛合作，将前沿多组学科研成果应用于医学健康、农业育种、资源保存、司法鉴定服务等领域，建立世界领先的高端仪器研发与制造平台、大规模测序等技术平台、大数据中心，也为相关国计民生实际需求的精准医疗健康提供自主可控的先进设备、技术保障、解决方案。坚持走“自我实践、民生切入、科研拓展、产业放大、人才成长”的新型发展道路，华大致力于五环联动，切实推动基因科技成果转化，推进基因科技造福人类。

深圳华大生命科学研究院（以下简称“研究院”）以研究生命科学及推进生物技术与全民健康事业发展为宗旨，围绕基因组学核心技术和前沿科学问题开展相关研究工作——为打造先进科研平台，加快科研产出，研究院将持续集中力量提升生命科学核心竞争力，大力发展生物技术与新型装备研制；随着基因组测序量迅猛提升，TB甚至PB级别的海量数据需要更先进的工具和系统来进行高效的数据分析和挖掘，研究院在核心算法工具、智能化数据管理和分析、生物大数据采集等方面不断突破创新，开发生物大数据智能系统尤为重要；在医疗健康领域，基因相关新技术会为医疗健康带来革命性变革，聚焦多组学大数据精准医学研究，在生育健康、肿瘤、传感染等重点疾病领域布局精准诊疗技术开发，促进精准医学产业化发展，形成大数据作为基础知识转化和临床应用转化机制，奠定我国在医学领域长期发展的优势地位。研究院通过建设先进科研平台以及开展各类横向课题，积极推进国际科技合作和交流，启动和参与前沿大科学项目及大科学工程，与国内外知名大学和研究机构开展人才培养与项目合作，进一步提升科研平台水平、研究开发能力、国际合作网络以及高端人才团队，不断增强我国和深圳市在生命科学研究领域的国际影响力，建成以多组学大数据为基础和国际一流的产学研一体化新型生命科学研究院。

二、人才团队

在人员引进和聘用上，研究院高度重视人才培养及优秀青年人才选拔，多年来形成了具有华大特色的高效人才培养及能力提升体系。研究院坚持自主培养和外部引进并举，以任务带项目、学科、人才的“三发三带”理念，重点打造具有较强创新活力的青年创新型人才队伍，并同国内外高校合作进行人才培养，以造就一批具有国际水平的战略科技人才，形成具有原始创新活力的人才梯队。截至2020年底，研究院拥有中科院院士1人，千人计划专家2人，广东省珠江人才计划6人，特支计划1人，深圳市海外高层次人才97人，深圳市高层次人才32人；广东省首批引进的创新团队1个，深圳市孔雀团队1个；全职在岗博士194人、硕士396人，占总职工数的56%；有海外留学背景经历的职工200人，占总职工数的19%。

三、科研工作

在科研工作方面，研究院围绕科学前沿、民生需求、国家战略，落实生命科学研究院的功能定位与目标，在生物核心技术与装备、生物大数据与人工智能、疾病分子机制与精准诊疗、细胞组学数字化生命图谱、探索生命起源与演化5个重点研究领域进行深入科学研究探索及产业应用转化。截至2020年底，研究院拥有国家及省部级创新载体8个，深圳市创新载体17个；累计主持及参与国家及省部级项目237项，累计发表SCI文章3300余篇，其中在顶级期刊CNNS（Cell、Nature、New England Journal of Medicine、Science）上发表文章380余篇，申请专利1400余件；累计转化300多项专利技术，直接转化价值超8亿元。此外，包含“小麦基因组图谱”“酵母长染色体的精准定制合成”在内的多项科研成果先后入选“世界十大科技进展”和“2017年度中国科学十大进展”。

研究院主动承担国家和地方重大科研任务，积极参与各级政府科技计划项目。截至2020年底，累计主持或参与各级各类科研项目或课题511项，其中国家级项目175项、省部级项目66项、市级项目216项、区级项目46项、国际级项目5项、实验室开放课题等其他级别项目3项；承担科技部精准医学研究、重大慢性非传染性疾病防控研究、合成生物学等国家重点研发计划课题51项，牵头实施“新一代基因组测序技术、临床用测序设备及配套试剂的研发”精准医学研究重点专项项目；作为项目主申单位承担国家自然科学基金42项，其中青年科学基金项目31项、面上项目4项、包含重大项目及国际间交流合作在内的项目7项。

四、学术交流与合作

注重与全球科研机构建立长久合作关系。截至2020年底，研究院已同国际生物和环境样本库协会（ISBER）、人类基因变异组计划（HVP）、国际癌症基因组联盟(ICGC)、联合国粮食及农业组织(FAO)、世界自然基金会（WWF）等多个国际联盟及行业组织建立了战略合作关系，在人类健康、生物多样性、生物进化机制等方面开展了合作研究。通过大型国际科研合作，如万种线粒体基因组计划（MT10K）、万种脊椎动物基因组计划(G10K)、千种昆虫转录组进化研究（1KITE）、百种社会性昆虫基因组计划 (ISIGR)等，研究院与国际顶尖科研机构组成合作联盟，推动全球生物多样性遗传资源保护和战略性开发，引领基因组学研究领域的话语权。此外，研究院与欧盟、加拿大、美国等多个国家有关单位一起建立全球精准医学联盟，共同推动全球精准医学快速发展。

五、华大战“疫”

新冠疫情暴发后，为第一时间揭秘新冠病毒及其感染机制，寻找预防和治疗方法，研究院科研人员于2020年大年初一逆行疫区，开展新冠疫情科研攻关——与包括疾控部门及医院在内的20余家单位展开合作，在病毒核酸快速检测、病毒基因组测序和变异监测、人群基因组易感性、病毒感染机制、抗体与疫苗等领域开展科学研究，并取得系列科研成果，实现了基于CRISPR和数字微流控的核酸快速检测技术，公开发表新冠相关科研成果30余篇。这些成果为人类认识新冠病毒、揭示感染机制、理解临床症状及寻找防控治疗方法等提供了重要的工具和思路。

为紧急驰援疫情，华大基因联合共建的武汉“火眼”实验室投入运行，为武汉及周边城市提供充足的检测能力，为发热病人确诊、高危人群排查、疑似病例甄别、阳性感染者隔离、阴性健康人群保护提供精准判断，为一线员工和疫区人群重返工作岗位提供科学依据。随着新冠疫情在全球蔓延，“中国名片”的“火眼”实验室从中国走向全球，在阿联酋、文莱、塞尔维亚、沙特、澳大利亚、菲律宾、加拿大、加蓬、哈萨克斯坦等国家和地区落地，成为国际社会携手应对新冠疫情的“前哨”。截至2020年底，近30个国家和地区的80余“火眼”实验室已启动或在洽谈中，最大日检测通量超过100万人份。

第六章 中国科学院深圳先进技术研究院

一、概况

2006年2月，中国科学院、深圳市人民政府、香港中文大学友好协商，在深圳市共同建立中国科学院深圳先进技术研究院（以下简称“深圳先进院”），实行理事会管理，探索体制机制创新。

2018年，深圳先进院获批牵头建设脑解析与脑模拟及合成生物研究两大深圳市重大科技基础设施，并于2019年在深圳光明科学城动工。深圳先进院牵头建设的深圳先进电子材料国际创新研究院、深圳合成生物学创新研究院、深港脑科学创新研究院三大基础研究机构均在2019年正式揭牌成立。2020年11月20日，深圳市人民政府与中国科学院合作，依托深圳先进院建设的中国科学院深圳理工大学（以下简称“中科院深理工”）正式启动。深圳先进院将抓住粤港澳大湾区和中国特色社会主义先行示范区“双区驱动”机遇，冲击国际科学前沿，前瞻布局战略性新兴产业，多方位促进科教融合和创新发展。

深圳先进院目前由九个研究平台（中国科学院香港中文大学深圳先进集成技术研究所、生物医学与健康工程研究所、先进计算与数字工程研究所、生物医药与技术研究所、广州中国科学院先进技术研究所、脑认知与脑疾病研究所、合成生物学研究所、先进材料科学与工程研究所、前瞻性科学与技术中心）、中国科学院大学深圳先进技术学院、多个特色产业育成基地（深圳龙华及平湖及上海嘉定）、多支产业发展基金、多个具有独立法人资质的新型专业科研机构（深圳创新设计研究院、深圳北斗应用技术研究院、深圳中科创客学院、济宁中科先进技术研究院、天津中科先进技术研究院、珠海中科先进技术研究院、苏州先进技术研究院、杭州先进技术研究院、武汉中科先进技术研究院、山东中科先进技术研究院）等组成。

二、综合科研创新力不断提升

2020年，面对新冠肺炎的不利局面，深圳先进院一面强化疫情防控，一面快速组织恢复科研工作，最终实现逆势增长——中国科学院“率先行动”计划第一阶段目标任务总结评估，深圳先进院2项重大突破和1项重点培育获评优秀；获批国家自然科学基金166项，牵头项目获批科技部重点研发计划重点专项12项（含政府间合作项目4项），均为全国科研院所第一；申请PCT专利567件，申请量居全国高校及科研院所第一；以中国科学院深圳理工大学建设为契机，人才引进与培养迈上新台阶，2020年度引入全职院士5人、国家友谊奖1人、国家特聘专家6人、长江学者5人、万人领军人才2人，获批国家杰青1人及国家优青6人；新增国家特聘青年专家13人及中科院重点引才计划专家11人，均位列中科院第一；牵头项目获批医疗器械领域唯一一个国家高性能医疗器械创新中心，获包含国家科技进步一等奖在内的各级多个奖项；依托深圳先进院建设的三个基础研究机构以优异成绩通过筹建验收，进入稳定支持阶段；牵头建设的两个重大科技基础设施，主体建筑全面封顶；获批广东省2020年度唯一国家专业化众创空间（生物医学）；聚焦“卡脖子”问题，多款材料供华为商用；中科院深理工建设启动会及深圳先进院第二届理事会顺利召开，第二届领导班子届终审计及届满考核顺利完成，主校区建设移交深圳市工务署，过渡校区落户光明区，装修改造工程启动；深圳先进院院长樊建平获深圳经济特区建立40周年创新创业人物和先进模范40人表彰。

各项数据再创新高，综合实力不断提升。2020年度深圳先进院新增合同额23.02亿元，到账17.51亿元；申请专利1723件，授权660件，位列中科院前两名；获博士后基金资助68人，连续5年蝉联中科院科研院所第一；发表论文1612篇，其中CNS（Cell, Nature, Science）系列文章31篇，正刊5篇，自然指数上升至31.11，中科院排名17位；ESI（基本科学指标数据库）前1%学科达5个，中科院排名第5；新增孵化企业218家，新增持股企业38家；人员规模逆势增长近1000人，2020年达4216人，其中员工2484人，海外归国人员839人；郑海荣研究员作为第一完成人获国家科技进步一等奖；获中国科学院青年科学家奖1项，牵头项目获批广东省技术发明一等奖1项及深圳市科学技术奖5项，深圳市一等奖获奖数量连续3年居深圳市第一，获吴文俊奖2项；新增省部级科研载体1项。

三、科学进展

（一）科技抗疫

2020年疫情暴发后，深圳先进院发挥多学科交叉优势，在大数据防控、计算机辅助药物筛选、疫苗及药物研发、快速检测、预防消杀等方面，先后组织17支科研团队参与科技抗疫。深圳先进院开展基于大数据的新冠肺炎传播风险与非药物干预措施的决策支持研究，应急期间持续为各级疾控中心和政府部门提供决策支持，团队负责人与钟南山院士共同获广东“最美科技工作者”；通过可穿戴设备持续监测出院的新冠肺炎患者愈后心肺功能相关体征信息，实现心肺功能监测和评估康复管理；研制mRNA疫苗获深圳市悬赏制项目支持，受国内外多家机构及资本市场密切关注；自主研发防雾涂层技术，累计向109家防疫单位捐赠4万支防雾喷剂，获得一致好评；开发出抗疫系列超表面涂层产品，实现近千万元市场化收入。

深圳先进院积极落实防疫主体责任，相关部门快速制定预案及工作方案，实现园区“零感染”。做好防疫与抗疫工作同时，深圳先进院人自发捐赠，在疫情严峻时期向武汉支援包含2台负压救护车在内的115万元防疫物资，支援武汉共渡难关。

（二）科研项目

2020年，深圳先进院科研项目量质齐增，科研影响力稳步提升。全年新增纵向项目825项，科研项目经费（不含人才项目经费）13.3亿元，其中国家级项目3亿元、中科院项目0.6亿元、广东省项目1亿元、深圳市项目3.9亿元，牵头深圳市基础研究机构建设项目的经费达4.7亿元；获批国家自然科学基金166项，同比增长64%，总经费超1.1亿元，较2019年实现翻倍；牵头项目12项获批科技部重点研发计划项目，总经费超亿元；获批广东省杰青5项。

（三）中科院深理工建设

深化科教融合，中科院深理工筹建进展顺利。2020年，依托深圳先进院建设的中科院深理工已纳入广东省高校设置“十三五”规划中期调整名单，已完成“中国科学院深圳理工大学（筹）”法人注册，2020年度首批筹建经费为1.485亿元。

2020年，中科院深理工光明主校区建设项目获批立项，被列入深圳市重大项目目录，光明滨海明珠校区作为大学过渡校区于2021年初投入使用；新引进国内外顶尖师资62人，常务副校长、学院院长、系主任等已全职到位；获教育部支持，新增研究生指标240个，学生均已入学就读；办学方案通过专家论证，办学申报材料已经由中科院与深圳市联合上报广东省政府。

中科院深理工学科体系不断完善。深圳先进院增列光学工程一级学科博士点和材料与化工专业博士培养点，生物医学工程学科博士点增列论证会通过。2020年，中科院深理工国际化师资达408人（含博导262人），85%具有海外经历；国际化课程体系逐步完善，已有15个国家地区的43位国际学生；获批“生物学”博士后科研流动站；全年招收博士后307人，在站人数达702人。

（四）科技成果

2020年，深圳先进院3项科技成果取得重大突破。一是高端医学影像领域项目在中科院“十三五”验收中获评优秀——国家基金委重大科研仪器专项超声神经调控仪器研制成功，进入整机验收阶段并进入产业化快车道；国家自然基金重大科研仪器研制项目高清晰高灵敏小动物PET成像仪器研发成功，性能达到国内领先水平；牵头组建国家高性能医疗器械创新中心。

二是深圳先进院的低成本健康领域项目在中科院“十三五”验收中获评优秀——成功研制介入手术机器人整机系统，与多家公司合作推进技术转化；突破快速化微液滴生成和高密度颗粒阵列技术，促进dPCR及dELISA亲民化和普及化，取得产业化进展；面向基层医疗机构的低成本健康创新技术和集成应用，通过中国生物医学工程学会组织的专家组鉴定，获得“在全民健康中的应用推广对实现全面建成小康社会的宏伟目标具有重大意义”的评价。

三是深圳先进院的医用机器人与功能康复技术获得重大突破进展——面向机器人辅助经皮穿刺手术，建立多层软组织内穿刺针弯曲预测模型，显著提高了机器人靶向穿刺的精准性和安全性；提出一种能够将微型物体转化为机器人的磁性喷雾技术，在包含靶向送药和狭窄腔室操作在内的领域有巨大应用潜力，相关成果发表在*Science Robotics*上；研制偏瘫患者辅助机器人系统，将实现脑卒中患者早期康复的辅助机器人介入。

2020年，城市大数据计算成为深圳先进院重点培育的第一个领域方向。深圳先进院采用时空大数据分析方法，对全球城市化进程量化，论文发表在*Nature Communications*；流行病流动干预策略算法研究在数据挖掘和知识发现领域的国际最高级别学术会议——KDD 2020，包揽了相关奖项冠亚军；并行性能优化算法在首届ACM中国国际并行计算挑战赛上获一等奖；提出升级版二次光流算法，将视频帧率提升四倍，获AIM2020国际竞赛第一名；研究成果“视频的深度表征与识别技术及应用”，获广东省技术发明一等奖。

脑科学是深圳先进院重点培育的第二个领域方向。深圳先进院通过发展原位冷冻电镜成像技术在国际上首次解析了完整神经突触的受体原位三维结构及组织规则，成果发表在*Nature Neuroscience*上；首次发现一条全新的“脑-骨”轴神经环路，为压力应激导致的骨丢失提供新的策略和治疗靶点，论文发表在*Journal of Clinical Investigation*，被选作当期亮点工作；首次发现了一条调控焦虑症的新环路，成果发表在*Molecular Psychiatry*；首次揭示了成年哺乳动物，季节性皮层可塑性的机制和生物学意义，成果以当期封面故事发表在PNAS上。

先进电子封装材料在中科院“十三五”验收中获评优秀，是2020年深圳先进院重点培育的第三个领域方向。深圳先进院聚焦“卡脖子”问题，晶圆减薄临时键合材料与成套工艺打破美国长期垄断，商品化应用于HW海思鲲鹏920服务器芯片；埋入式电容材料完成技术授权并通过器件端验证；芯片级底部填充材料进入大尺寸芯片验证环节；二维黑磷半导体实现千克级制备，黑磷金属催化剂完成百吨级电子级双氧水制备；突破窄禁带铜基多元化合物半导体材料低温生长工艺，为近红外成像芯片提供全新技术方案；先进材料科学与工程研究所正式去筹，申报筹建国家集成电路材料技术创新中心（深圳）。

肿瘤精准治疗技术是深圳先进院重点培育的第四个领域方向。2020年，深圳先进院成功研制出基于包含CD19和EGFR VIII在内的靶点CAR-T细胞治疗新药，已完成血液病及实体瘤的CAR-T临床研究病例111例，治疗效果显著；自主开发的重大新药“注射用AS1501”获得国家药品监督管理局(NMPA)颁发的临床试验通知书；研发的光学精准治疗新材料——纳米光敏剂，已进入中试放大阶段；开发的CTX双环肽bicycle-P3，可实现脑胶质瘤的靶向荧光成像；研究成果“基于仿生纳米材料的光学精准诊疗基础研究”获得2020年度深圳市自然科学一等奖。

合成生物器件关键技术是2020年深圳先进院重点培育的第五个领域方向。团队在*Nature Microbiology*揭示了细菌细胞分裂的全新机制，该项成果修正了主导细菌细胞生长分裂领域的两大法则；建立了一种人工基因组的高效简化策略，为最小真核基因组的构建及理解生命的核心组成提供了方法；mRNA新冠候选疫苗研发已进入临床前安评申报阶段；发现了新冠病毒感染人神经祖细胞和类脑器官的证据，相关成果发表于*Cell Research*；获批深圳市工程生物产业创新中心，将建成国内首个“楼上楼下”创新创业综合体。

（五）人才队伍建设

深圳先进院深入落实中科院“1+3”改革指示要求，创新引才举措，加大支撑保障，提升人才引培工作力度。2020年，深圳先进院新增“四青”以上高层次人才36人，年度投入经费1000万元，持续提升优秀青年创新基金资助力度；筹办青促会深圳先进院年会、青促会生命科学前沿论坛、青促会所际访问等交流活动，搭建青年人才的交流平台；依托特别研究助理计划新引进中初级博士员工207人，总量达606人。

（六）协同创新生态建设

2020年，深圳先进院与产业合作项目金额达4.21亿元。新增横向委托合同超2.3亿元，到款1.1亿元；产学研合作项目到款1.51亿元，科技成果转移转化现金到账5159万元，新增投资9169万元；发起成立国内首支合成生物产业基金。

2020年度深圳先进院签订联合实验室37个，累计达147个，与包含华为和中广核在内的龙头企业拓展深度合作；区域辐射带动作用进一步增强，牵头建设的深圳市工程生物产业创新中心及光明脑科学技术产业创新中心落户深圳市光明区；国家高性能医疗器械创新中心落户深圳市龙华，共获得市和区两级财政资金支持6亿余元；全国双创基地评估得分位列全国科研院所第一，牵头推进深圳市新一代信息通信产业集群培育工作，在工信部全国集群决赛中获得第一名。

（七）国际合作

面对复杂的国际局势和新冠疫情对全球的冲击，深圳先进院积极探索国际合作的新方式和新模式，国际科技交流合作进展稳定，海外影响力进一步提升。2020年，深圳先进院成功搭建与“一带一路”沿线5个高校的校际合作协议，为中科院深理工与境外联合办学及招生储备奠定良好基础；新增国际科技交流与合作项目84个，涉及31个国家（地区），总经费达4243万元，同比增长132%，引进“短-中-长期”国际人才交流计划（含中国台湾地区）人才48位，参与欧盟和香港的境外项目成功获批4项；国际人才交流计划（CASPIFI）综合管理水平在中科院排名第一，在中科院国际传播综合排名第四。

第七章 深圳清华大学研究院

一、概况

深圳清华大学研究院（以下简称“研究院”）是深圳市政府和清华大学于1996年12月共建的，以企业化方式运作的正局级事业单位，是一个高层次、综合性、开放式的产学研相结合的实体，实行领导小组领导下的院长负责制。

研究院经过23年探索，逐步形成“科技创新孵化器”经营发展模式，建立了完善的产学研相融合的科技创新孵化体系。研究院的建设，以机制体制创新为核心，以学校与地方相结合、研发与孵化相结合、科技与金融相结合、国内与海外相结合的“四个结合”为手段，以研发平台、创新基地、投资孵化、科技金融、国际合作和人才培养六大板块建设为基本内容，打造产学研深度融合立体孵化体系，全方位孵化成果、项目、企业、人才，形成创新价值的循环增值。研究院创造了五个“第一”——中国第一家新型科研机构；第一个提出新型科研机构“四不像”运行管理模式；第一个成立新型科研机构创业投资公司；第一个创建新型科研机构科技金融平台；在北美成立创新创业中心，打造第一个新型科研机构的海外创新创业中心。2015年，“深圳清华大学研究院产学研深度融合的科技创新孵化体系建设”项目获得广东省科学技术奖特等奖。

截至2020年底，研究院共有专职研发人员300余人，其中“973计划”首席科学家5人，深圳市高层次人才15人、海外高层次人才10人、南山区领航人才15人，广东省创新团队2个、广东省自然科学基金研究团队1个、深圳市海外高层次人才创新创业团队8个。研究院累计投入10亿余元，成立了面向战略性新兴产业的70多个实验室和研发中心，培育了一批国家、广东省、深圳市重点实验、工程实验室、公共服务平台。其中，广东省重点实验室2个、广东省工程中心7个、广东省部产学研示范基地1个、深圳市重点实验室9个、深圳市工程实验室10个、深圳市公共服务平台4个。

二、科技工作

在科技成果与产业化方面，依据珠三角地区及国内外科技、产业发展趋势、企业需求，研究院先后投入10多亿元组建研发平台，建成了宽带无线通信研究所、电子信息技术研究所、新材料与生物医药研究所、光机电与先进制造研究所、新能源与环保技术研究所、航空航天技术研究所、综合技术研究所和超滑技术研究所，共14个实验室和61个研发中心，组建了200多名教授、博士、高级研究人员和海归学者组成的科研团队。截至2020年底，研究院获国家技术发明二等奖1项、国家科技进步二等奖2项、中国专利优秀奖1项、中国产学研合作创新奖2项、环境保护科学技术三等奖1项、广东省科学技术特等奖1项、广东省科技进步特等奖1项、深圳市科技技术市长奖1项、深圳市知识产权金梧桐最佳运用奖1项，共获得包含以上奖项在内的国家、省、市级奖20多项；申请专利590余项，其中发明专利占70%以上；承担了包括国家“863”计划、“973”计划、国家重大专项、科技支撑计划、国家重点研发计划、国家自然科学基金重点项目、广东省教育部产学研重大专项等重点课题。此外，先后与400多家企业签订技术合同，组织推进了高端半导体激光器、盐碱地治理改造、数字电视与多媒体、石英晶体力敏传感器、红外快速体温检测仪、RPIR快速生化污水处理、电力线载波通信芯片、双层人工皮肤、超级电容器、纳米银线导电膜等领域的300多项科技成果转化。

在高新技术企业孵化与科技金融方面，截至2020年底，研究院系统累计孵化企业2500余家，培育主板上市公司25家，取得良好的社会经济效益。2020年7月22日，研究院孵化企业——深圳市力合微电子股份有限公司（以下简称“力合微电子”）在上交所科创板正式挂牌上市（股票代码:688589）。力合微电子自主研发的高速电力线通信线路驱动芯片与高速电力线载波通信主芯片一起组成套片，形成了完整的高速载波通信芯片方案。截至2020年底，该方案已向市场推出，并取得规模预售订单。据了解，该芯片通过专业机构相关检测，达到了可完全替代国外同类产品的水平。

在创新基地建设上，研究院立足深圳，辐射珠三角，拓展园区基地，形成一系列高新产业园区和服务机构。截至2020年底，已建成清华信息港（深圳）、清华科技园（珠海）、江苏数字信息产业园、力合佛山科技园、力合顺德科技园、力合清溪科技园等一系列产业园区，为科技创新孵化体系的建设，提供了广阔发展空间。

在高层次人才培养上，截至2020年底，研究院博士后科技工作站累计招收博士后近100名，累计开设各类培训班1000余期，服务于珠三角地区各行业领军企业及政府内训项目。

国际合作上，研究院持续加强与欧洲及日本创新机构的创新平台合作，与德国医谷、英国8 Hours加速器、瑞穗证券、BCG波士顿咨询等签署战略合作协议，拓展加深与德国弗劳恩霍夫应用科学研究促进协会、西班牙瓦伦西亚能源产业集群、日本武士孵化器等机构的合作关系，共同推动中外科技项目交流与跨境服务。

三、公共技术研发平台建设

光机电与先进制造研究所从事光机电一体化、传感器技术、LED照明、先进制造、超精细表面加工、半导体激光芯片技术及应用、微机电系统等方向前沿技术、应用基础和应用研究的综合性、开放型研究。

电子信息技术研究所研究内容包括电子系统、视频广播、通信三大应用的电子设计自动化领域方法学，设计或工具流程，以及高端模拟、射频、应用级数字和系统芯片的前后端设计。此外，还包括数字电视的技术和应用开发、系统级设计、工程实验服务。

宽带无线通信研究所研发领域包括空间飞行器平台测控数传一体机技术、磁检测技术、信道编码、宽带无线通信技术及系统。

新材料与生物医药研究所先后通过广东省和深圳市批准，搭建广东省生物医用材料及植入器械工程技术研究中心、广东省锂离子电容器工程技术研究中心、深圳高端生物医用材料产业化技术开发公共服务平台、深圳可降解生物活性材料工程实验室、深圳锂离子电容器工程实验室及深圳清华大学研究院分析测试中心等公共服务平台。

新能源与环保技术研究所围绕新能源、新材料、节能环保等新兴产业开展核心技术攻关，向新能源新材料企业开放技术研发、技术咨询、检测分析及技术解决方案等专项技术服务平台，为企业孵化或上市提供专利性及高科技项目源。

航空航天技术研究所拥有自主知识产权的高精度三坐标测量机，突破误差建模与修正、微动精密传感、智能控制和智能测量软件等多项关键技术，达到国内领先及国际先进。

研究院于2017年成立综合技术研究所，下设智慧油气、创新战略、城乡发展、电池材料等多个研发中心。

研究院于2018年底引进郑泉水院士领衔的超滑技术研发团队，成立超滑技术研究所。同年深圳市政府为贯彻落实“突破一批颠覆技术，建立面向未来的黑科技培育机制”精神，资助亿元支持郑泉水院士在广东省内建立深圳超滑技术平台。该平台研发超滑微米电容发电机、磁存储设备、超滑航天导电滑环等关键技术，将致力于结构超滑革命性技术应用基础研发和成果转化，汇集国内外超滑领域著名学者及跨学科高级人才，牵引制造业全面升级并造就独角兽企业，保持我国在国际超滑领域的领跑地位。

第四篇 知识产权保护

Intellectual Property Protection

第一章 知识产权发展

一、知识产权的创造和运用

（一）知识产权创造力

2020年，深圳市创新主体知识产权创造积极性显著提升，知识产权创造能力进一步增强，多项指标居全国首位。

2020年深圳市国内专利授权222412件，居全国首位，同比增长33.49%。其中，发明专利授权31138件，同比增长19.53%；实用新型专利授权121613件，同比增长39.09%；外观设计专利授权69661件，同比增长31.13%。深圳市累计有效发明专利拥有量达160046件，约占全国总量7.02%。深圳市每万人口发明专利拥有量达119.1件，约为全国平均水平（15.8件）的8倍，有效发明专利五年以上维持率达83.77%；PCT国际专利申请量20209件，同比增长15.75%，约占全国申请总量（66948件）的30.19%（不含国外企业和个人在中国的申请）；华为公司以5464件PCT国际专利申请连续四年排名世界第一，深圳大学以252件PCT国际专利申请跃居全国高校首位，成为世界高校第三。

2020年，深圳市商标申请量584659件,同比增长16.72%；商标注册量362942件，同比减少8.17%；深圳市累计有效注册商标量达1730268件，同比增长23.88%。深圳市商标申请量和注册量指标均居全国首位。

（二）知识产权运用能力

中国专利奖方面，在第二十一届中国专利奖评审中，深圳市获奖70项，其中中国专利金奖3项，金奖数量占全国总数的10%；中国外观设计金奖2项，金奖数量占全国总数的20%；专利银奖、外观设计银奖、专利优秀奖、外观设计优秀奖分别为4项、2项、55项和4项；深圳市知识产权局获优秀组织奖。

广东省专利奖方面，在第七届广东省专利奖评审中，深圳市企业获评金奖8项、银奖7项、优秀奖10项，杰出发明人3人，获奖数量居全省前列。

深圳市专利奖方面，在2020年度深圳市专利奖评审中，评出深圳市专利奖25项，累计评审深圳市专利奖315件。

版权示范奖方面，在2020年度全国版权示范单位、示范单位（软件正版化）和示范园区（基地）评选中，平安银行股份有限公司和中信期货有限公司荣获2020年度全国版权示范单位（软件正版化），金蝶软件园荣获2020年度全国版权示范园区（基地）。

二、 知识产权执法

（一）加强知识产权执法力度

2020年，深圳市各相关部门依法履行职责，进一步加大知识产权司法保护和行政保护力度，持续推进重点领域专项治理，加强常态化监管，推动知识产权保护环境不断优化。在2019年全国营商环境评价中，深圳市知识产权指标在全国41个城市排名第二，2019年深圳市知识产权行政保护绩效考核获全国副省级城市和地级市第一名。

严格专利行政保护。深圳组织开展知识产权执法保护专项行动，2020年查处专利侵权纠纷案件956件，同比增长5.64%；查处假冒专利违法案件31件，罚没款19.37万元；深化全国专利管理部门与电商平台执法协作机制，处理电商侵权案件803件，出具侵权判定咨询意见56份，办理维权援助申请18份和线下举报投诉案件31件。

严格商标专用权保护。部署开展“铁拳”系列专项行动，2020年查处包含商标侵权和假冒在内的违法案件464件，同比减少35.38%；罚没款546.12万元，移送公安机关涉嫌商标侵权犯罪案件49件；查办侵犯“华为”注册商标专用权集群案，获评2019年度国家商标行政保护十大典型案例。

严格版权执法监管。深圳开展“剑网2020”专项行动，严厉打击网络侵权盗版违法行为。2020年查处包含版权在内的违法案件32件，同比增长77.78%；罚没款9.36万元，移送公安机关涉嫌犯罪案件4件；查获“大千视界App”侵权盗版案，涉及侵权影视作品3268部，累计盗版传播点击总量达3000余万次；检查各类文化经营场所25020家次，立案79件，结案66件；开展“扫黄打非·秋风2020”集中行动，收缴各类非法出版物17.9万余件，破获涉嫌非法出版物刑事犯罪案件5件。

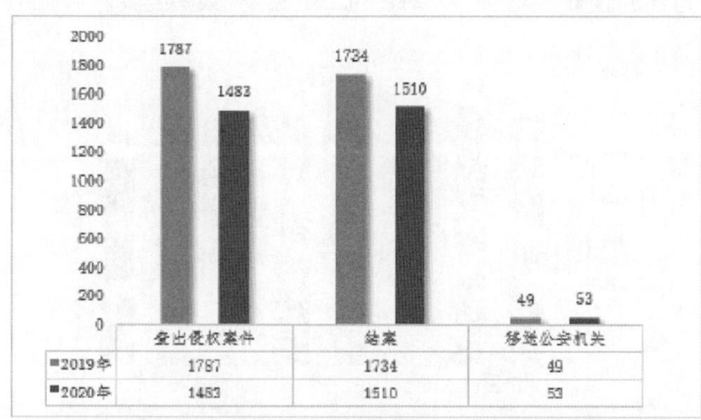

2019—2020 年市市场监督管理局行政执法案件量

严格反不正当竞争执法。查处包含不正当经营活动及侵犯商业秘密在内的行为，2020年处理反不正当竞争违法案件48件，同比减少32.39%，罚没款345.34万元，同比增长17.66%。

严格边境保护执法。2020年，深圳开展“龙腾”“净网”“蓝网”等知识产权保护专项行动和粤港海关保护知识产权联合执法行动，查扣侵权货物8188批次共2123万件，案值6133.3万元，分别同比增长32.4%、50.7%、73.8%，查扣侵权货物数量和案值排名居全国第一，批次排名居全国第二。联合打击粤港澳三地跨境侵权行为的“深圳及拱北海关加强粤港澳海关跨境合作查获侵权货物系列案”入选2019年中国海关知识产权保护十大典型案例。

开展重点领域排查。组织开展重点领域知识产权侵权行为集中排查整治和知识产权代理行业“蓝天”专项整治行动，对网络市场、专业市场、进出口市场、大型商品集散市场、产业聚集区等重点领域集中开展知识产权侵权风险排查和整治，加大服务代理机构违法违规行为整治力度，共核查案件线索98条，行政处罚案件18件。

2020年知识产权行政执法主要专项行动及成果汇总

序号	行动名称	主要内容	主要成果
1	“铁拳 2020”专项行动	以电子商务和重点商品交易市场领域为重点，严厉查处包含商标和专利在内的侵权假冒行为	查办假冒“华为”“VIVO”等知名品牌手机及其配件案件 24 宗，其中移送公安机关 10 宗，刑拘 34 人，涉案货值 361.8 万元，查扣假冒华为、“OPPO”“VIVO”等品牌的手机及其配件一批
2	“剑网 2020”专项行动	着力推进媒体融合发展和院线电影网络版权专项行动，重点整治流媒体和图片领域网络侵权盗版行为，加强短视频、有声读物、知识分享、网络直播等平台版权治理	共立案 37 宗，移送公安 5 宗，涉案金额 110 万元。其中“大千视界 App”侵权盗版案和“深圳一九七九”著作权侵权案均为涉刑案件，已成功移交司法机关处理
3	2020 网络市场监管专项行动（网剑行动）	严厉打击网络市场违法行为，不断净化网络市场环境	集中治理网上包含销售侵权假冒伪劣商品和不正当竞争在内的违法行为，共检查网站、网店、网店经营者等 19786 家次，查办网络销售假冒伪劣商品案件 16 件，互联网不正当竞争案件 21 件
4	“蓝天”行动	组织开展专利代理领域违法专项行动	共接收国家知识产权局转办案件线索 102 宗，接收自办各类投诉举报案件线索 27 宗，立案查处 25 宗。其中，与疫情相关的“不良影响”商标申请线索 13 宗，立案并作出行政处罚 5 宗

（续表）

序号	行动名称	主要内容	主要成果
5	龙腾行动 2020	海关开展知识产权保护专项行动	查扣涉嫌侵权货物 8188 批次共 2123 万件，案值达人民币 6133.3 万元，分别同比增长 32.4%、50.7%、73.8%，查扣侵权货物数量和案值排名居全国第一，批次排名居全国第二
6	粤港海关保护知识产权联合执法行动	打击经深圳关区口岸输往 / 输自香港或者经由香港转运的侵权货物物品	参与粤港海关保护知识产权联合执法行动 3 次，查获侵权货物物品 125 批次共 249 万件，案值约人民币 472 万元，查获侵权货物数量占省内海关近八成

（二）加强知识产权司法保护

加强知识产权案件审理。深圳大力推进繁简分流工作，优化知识产权案件快审和速裁审判机制，实现审判资源优化配置。2020年，深圳市各级人民法院新收知识产权案件69661件，审结知识产权案件69602件，分别同比增长63.29%和69.63%。其中，新收民事一审案件62514件，同比增长82.47%；新收民事二审案件6704件，同比减少15.31%；刑事案件439件，同比减少7.77%；行政案件4件，同比增长100%。新收专利案件4862件，商标案件3581件，著作权案件59644件，不正当竞争类案件394件，其他知识产权纠纷案件1180件。在中兴诉康文森案中发出禁执令，禁止在作出判决前申请执行德国法院的停止侵权判决。此外，在OPPO诉夏普株式会社案中首次下达关于对标准必要专利全球许可费率享有管辖权的裁定。

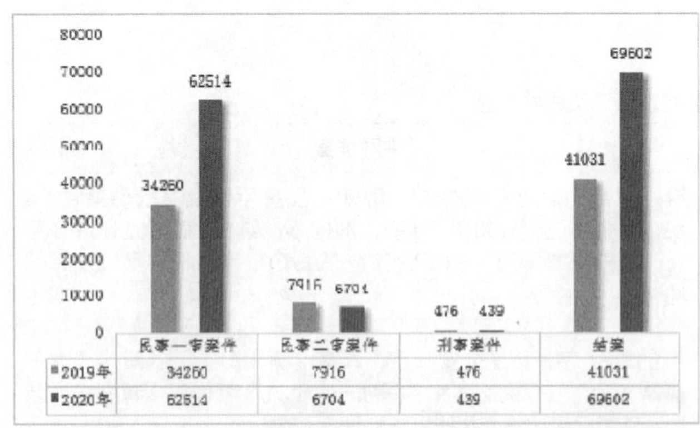

2019—2020年深圳市各级人民法院知识产权案件量

加大知识产权犯罪刑事打击力度。深圳公安机关组织开展“昆仑行动”知识产权分项、“飓风行动”、“蓝剑行动”、“云枭行动”等系列专项行动，跨省及跨市进行“全环节、全要素、全链条”打击，获得全省专项行动考评第一。2020年，深圳市公安机关共受理各类侵犯知识产权案件621件，立案597件，破案499件，刑事拘留1298人，取保候审650人，逮捕975人，移送审查起诉688人。此外，深圳公安机关侦破案值4000万元的跨境制售假冒品牌手机案和案值7000余万元的假冒“大胜”品牌N95口罩案系列大案要案。

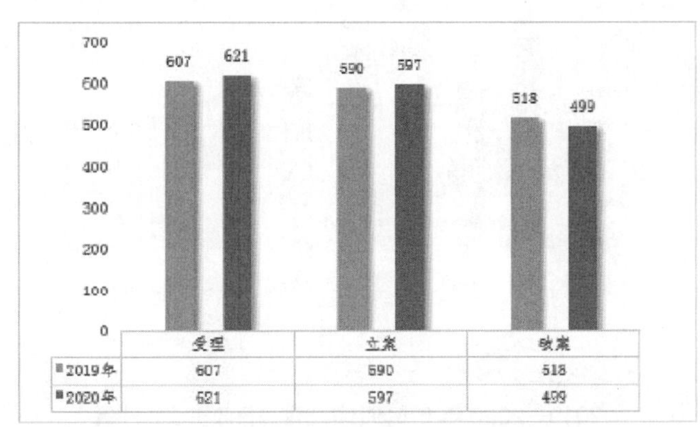

2019—2020年深圳市公安机关知识产权案件量

依法从严批捕起诉侵犯知识产权犯罪案件。2020年，深圳市检察机关共受理、审查、逮捕329件知识产权犯罪案件共552人，受理、审查、起诉292件知识产权犯罪案件共517人，决定逮捕240件知识产权犯罪案件共390人，起诉307件知识产权犯罪案件共549人。“李某某非法制造注册商标标识抗诉案”入选最高人民检察院2019年度检察机关保护知识产权典型案例，为论证合理注册商标标识数量计算标准提供指导。加强检企合作，深圳组织签署网络版权保护合作备忘录，加强重点平台和重点领域网络版权保护。

（三）提升知识产权保护机制建设

司法审判机制建设。深圳积极推进“智慧法院”建设，推动线上管理、确认、保存信息，电子卷宗、证据认定等；出台知识产权快审案件送达指南、证据保全、财产保全工作指引，构建“速裁+快审+精审”三梯次知识产权审判工作机制；出台知识产权法庭技术调查官工作规则，首创适用技术调查官全流程参与协助技术类案件审判工作；发出全国首例先行判决+诉讼禁令，提高知识产权技术类案件审判效率。

协同保护机制建设。2020年，深圳市市场监督管理局、深圳市公安局、深圳海关签署知识产权协同保护合作备忘录，推动行政执法机构进驻市知识产权“一站式”协同保护平台，聚合深圳市11家核心知识产权保护部门，建成行政执法、司法保护、调解仲裁、技术支撑、行业自律“五位一体”的知识产权快速协同保护机制。此外，深圳推动建设中国（深圳）知识产权仲裁中心，打造“一体化”知识产权保护仲裁服务平台。

专利行政裁决示范试点建设。2020年，深圳市获批全国首批八家专利侵权纠纷行政裁决示范建设工作试点，制定《深圳市专利侵权纠纷行政裁决示范建设试点工作方案》，推动技术机构提供知识产权侵权纠纷检验鉴定业务，实施专家技术鉴定机制。“深圳市推进知识产权保护立法，打造专利侵权纠纷行政裁决新模式”入选全国专利侵权纠纷行政裁决建设经验做法。

线上联动保护机制建设。在“云上稽查”基础上，深圳构建多环节网络知识产权高效联动保护“鸿蒙协同云平台”，打通权益单位、专业机构、数据公司、电商平台、鉴定机构、审判机关等，形成集维权鉴权、监测处置、联合打击及司法认定为一体的知识产权线上联动保护机制。该机制获评2020中国市场监管论坛十大“智慧监管”典型创新举措，并入选第三届市场监管领域社会共治优秀案例。

分级分类信用监管试点建设。深圳构建以信用为基础的新型监管体系，推进国家知识产权信用分级分类监管试点建设。2020年，深圳市南山区获批全国唯一区县级国家知识产权信用体系重点推进地区。

海外维权机制建设。2020年，国家海外知识产权纠纷应对指导中心深圳分中心首批获批成立，建立海外风险监控机制、海外纠纷信息共享机制、海外维权服务机制，监测应对14起涉美诉讼案件。该中心首度印发《深圳市知识产权海外维权系列指南》《中国企业海外知识产权维权手册》；协调应对11起“337调查”案件，做好重要案件跟踪、总结、咨询等工作；为180家企业在国际化经营中提供涉外知识产权风险排查，有效降低企业涉外知识产权运用风险。

多元化纠纷解决机制建设。推动非诉机构建设和公证工作，深圳市3个知识产权纠纷调委会与两级法院签订合作协议，新增6个知识产权领域人民调解委员会和2个知识产权领域调解工作室，办理知识产权公证业务2万余件。深圳市贸促委全年为企业优先出具知识产权类商事证明文件894份；接收知识产权案件361件，进入调解程序173件，调解成功35件，涉案标的额约2.1亿元；受理各类知识产权仲裁案件124件，争议金额高达1.6亿元，案均审理期为78天。

深圳市宝安区出台行政执法与刑事司法衔接工作规定，试点“三调联动”调解机制。深圳市龙岗区印发知识产权联席会议制度和工作职责清单。深圳市龙华区出台建立知识产权保护协作机制的意见，龙华法院在全国基层法院中首创设立集审判、调解、宣传、交流于一体的知识产权司法保护中心。

三、知识产权市场完善

（一）知识产权运营情况

2020年，深圳市有效促进知识产权价值实现，知识产权转化运用实力持续增强。据统计，深圳市培育近30个高价值专利组合，布局8家商标品牌示范基地，建设4家知识产权大数据平台，开展3项专利导航试点，培育4家知识产权服务平台，在9个重点行业开展知识产权分析评议。此外，深圳规范有序推进知识产权和科技成果产权交易中心建设，加快中国（南方）知识产权运营中心建设，探索开展国家知识产权运营重点任务。

（二）知识产权金融体系建设

深圳市在全国范围内首创以企业知识产权质押融资债权

及附属担保权益作为底层资产，由市属国有企业小贷公司作为原始权益人的知识产权证券化发行模式，2020年成功发行5单知识产权证券化产品（含全国首单民营科技中小企业专项知识产权ABN项目），发行总金额达14.28亿元，累计以6项证券化产品全国领跑。

2020年，深圳市专利质押金额达96.71亿元，同比增长2倍，质押项目337项，涉及专利1211件；商标质押金额5.86亿元，质押项目12项，涉及商标255件；深圳市累计投保企业逾千家，专利保险保障金额31亿元。深圳成立全国首家知识产权金融全业态联盟，建成知识产权金融公共服务平台并推出全国首单线上知识产权质押融资保险业务。

深圳南山区开展“知识产权保险质押融资专项计划”，为中小型科技企业解决贷款需求。深圳宝安区设立“金融超市”一站式综合金融服务平台，服务企业10万家次。深圳坪山区推出“企业+平台+金融机构”的“知易贷”模式，落地首单纯知识产权质押融资业务。

四、知识产权管理和服务

（一）知识产权政策体系建设

2020年，深圳市加快推进中国特色社会主义先行示范区建设，充分利用特区立法权，加快建设法治政府，知识产权政策法规体系更加健全。

一是在法律法规方面，深圳修订《深圳经济特区知识产权保护条例》，首次在地方性立法中就知识产权惩罚性赔偿制度作出规定，明确故意侵犯知识产权情节严重的依法适用惩罚性赔偿，对包含重复侵权在内的情形从重确定惩罚性赔偿数额，同时完善包含技术调查官制度和强化境外维权服务在内的内容。此外，深圳出台《深圳经济特区科技创新条例》，创新性提出知识产权价值评估、知识产权资本化、知识产权质押融资和证券化等内容，推动创新成果流通转化，实现知识产权价值。

二是在政策文件方面，深圳出台实施《深圳市优化营商环境改革知识产权创造、保护、运用指标协调推进工作方案》，制定五大方向共21项改革举措，着力提升知识产权保护能力，深化知识产权审批制度和服务水平。

三是启动深圳市知识产权“十四五”规划编制工作，形成《深圳市知识产权保护和运用“十四五”规划（送审稿）》。

四是制订《深圳市关于强化知识产权保护的实施方案（送审稿）》，拟开展56个项目158条措施，统筹推进知识产权“严、大、快、同”保护。

五是部市联合印发《中国特色社会主义先行示范区科技创新行动方案》从包含建设国际科技创新城市和国际领先的现代化产业技术体系在内的4个方面提出15项举措，发挥科技创新支撑引领作用。

六是出台《深圳市中级人民法院关于知识产权民事侵权纠纷适用惩罚性赔偿的指导意见》，细化惩罚性赔偿基数确定规则和倍数确立依据，合理设定知识产权市场价值的层级区间。

七是制定《深圳市市场监督管理局关于对知识产权侵权行为先行发布禁令工作指引（试行）》，明确在限定期限内采取删除、屏蔽、断开链接、终止交易和服务等必要措施制止侵权行为，完善侵权查处“快保护”机制。

前海出台《关于建设前海知识产权保护工作示范区的行动方案（2021—2025）》，围绕知识产权司法保护、行政保护、仲裁公证、涉外维权、社会共治等进行系统谋划。

（二）知识产权管理体系建设

2020年，深圳市知识产权管理和服务体系持续完善，知识产权公共服务能力稳步提升。

试点示范培育方面，深圳加强对各级知识产权示范单位培育和服务，累计培育国家知识产权优势企业73家，国家知识产权示范企业19家，深圳市知识产权优势企业累计达280家；深圳市版权兴业示范基地累计达23家；加强创新企业海关知识产权保护，2020年新增知识产权海关备案664项，同比增长36.9%。

企业知识产权管理方面，深圳推动专利代理机构开展知识产权托管服务，为深圳市近400家小微企业提供知识产权咨询、基础代理、管理、维权和规划等全链条专业化服务。全面推动企业知识产权管理规范国家标准贯彻实施，深圳市通过贯标认证的企业数量累计逾3000家，居全省前列。

版权创新发展方面，深圳持续推动软件正版化工作，率先在全国范围内实现市各级政府机关及事业单位全面软件正版化。此外，深圳加快建设国家版权创新发展基地，建立基地建设工作协调机制，成立前海国家版权创新发展课题组，积极谋划五年建设方案及重大项目研究课题。

知识产权联盟监督管理方面，深圳鼓励支持行业协会及龙头企业成立产业知识产权联盟，全市备案在册的知识产权联盟累计达24家，其中11家成功在国家知识产权局备案，数量居广东省首位。

深圳市福田区建成广东省唯一“国家知识产权服务业集聚发展示范区”。深圳南山区获批广东省首个省、市、区三级共建商业秘密保护基地——广东深圳（南山）商业秘密保护基地。

（三）知识产权服务体系建设

知识产权基础服务方面，深圳市推进知识产权“一窗通办”，2020年知识产权电子申请、注册、收费等业务笔数达210万笔，同比增长11.8%，初步搭建起集专利、商标、版权等业务于一体的“全门类”知识产权专业服务大厅。该服务大厅2020年接收快速预审案件3692件，同比增长514%；预审合格2181件，同比增长934%，预审合格案件授权率92.3%；将专利平均授权周期缩短至55天，各项指标均位居全国知识产权保护中心前列。此外，深圳加快推进商标注册便利化改革，建设商标大数据公共服务平台，推进商标查询服务多样化和便利化，深圳市商标受理窗口全年共受理商标业务2.4万件，业务量居全国前列。

知识产权服务机构培育方面，2020年深圳市新设立专利代理机构37家，执业备案492人，通过全国专利代理师资格考试487人，深圳市专利代理机构（不含分支机构）达265家，执业专利代理师1478人，外地代理机构在深分支机构达63家。深圳市经国家知识产权局登记备案的商标代理机构4130家，经广东省版权局批准的作品著作权登记代办机构3家。

知识产权信息公共服务平台建设方面，深圳大学入选第二批高校国家知识产权信息服务中心。中国（深圳）知识产权保护中心入选第四批世界知识产权组织技术与创新支持中心（TISC）并启动筹建工作。深圳新一代地方专利信息服务中心检索分析系统，累计为4万人次提供检索分析服务。

社会治理体系建设方面，深圳市推动行业协会和产业联盟建立知识产权保护服务站点，为10万余家企业精准实施知识产权培训、指导、维权、孵化等服务，累计在包含无人机和机器人在内的产业领域建立知识产权保护工作站97家，覆盖包含新一代信息技术和文化创意产业在内的重点产业领域，强化深圳市知识产权保护工作站联盟建设，形成聚焦产业的社会治理知识产权保护网。

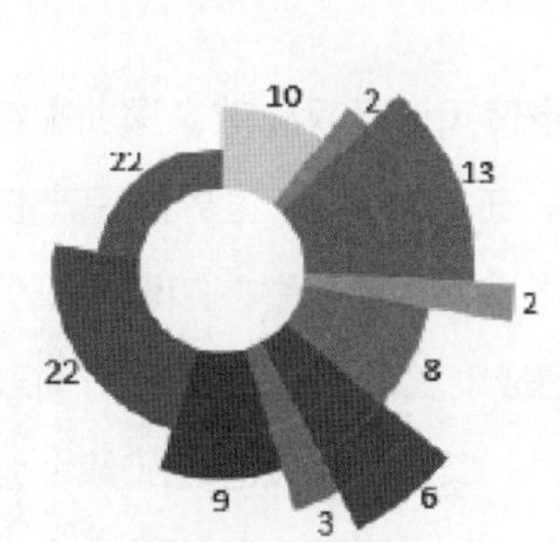

2020年深圳市知识产权保护工作站分布图

深圳市龙岗区建成区知识产权联席会议以及服务中心或服务点的“1+2+N”知识产权公共服务体系。深圳宝安区、光明区、龙华区分别建设区级知识产权服务中心，推动知识产权保护、促进公共服务全覆盖。

（四）知识产权宣传

2020年，深圳市积极推进知识产权文化建设，全方位且多角度开展知识产权宣传培训工作，营造尊重知识产权的良好氛围。

一是开展知识产权专题宣传。借助深圳市在2019年度知识产权行政保护工作绩效考核取得全国城市第一名契机，组织包含人民日报和央广网在内的媒体进行系列宣传，在深圳卫视播出七期知识产权专题宣传节目，举办《问政深圳》知识产权网络访谈活动，编制深圳经济特区建立40周年制度创新经验最严格知识产权保护案例，扩大知识产权工作影响力。

二是发布知识产权系列报告。深圳发布《深圳市2019年知识产权发展状况白皮书》《深圳市2019年度知识产权统计分析报告》《2019年度深圳法院知识产权司法保护状况白皮书》。此外，深圳市举办前海知识产权成果发布会，发布《前海合作区知识产权发展白皮书》。

三是发布知识产权典型案例。深圳评选发布第13届“知识产权十大事件”，发布2019年度深圳法院知识产权十大典型案例及2019年度深圳律师承办知识产权十大典型案例；首次发布深圳海关年度知识产权保护十大典型案例；编制《不可抗力与情势变更典型仲裁案例选编》，为知识产权合同纠纷提供多角度裁判思路。

四是利用重要节点宣传知识产权成效。深圳围绕“知识产权与健康中国”主题，在“4 · 26”世界知识产权日期间启动知识产权文化宣传周系列活动，举办知识产权促进及保护领域专项资金资助项目成果发布会，开展“知识产权看深圳”央媒采风系列宣传活动，各媒体发表报道近50篇；组织开展“绿书签”系列宣传活动，举办主题宣传活动百余场，线上宣传11000余次，发放绿书签5.94万张；借助2020年营商环境全国评价契机，在深圳市范围开展知识产权领域营商环境优化和政策改革宣传，营造保护创新的良好营商环境。

五是创新展示知识产权工作。深圳打造全国首个情景式知识产权青少年网上课堂《知识来了》，发布包含《MG动画|秒懂知识产权发展的“深圳速度”》在内的三期知识产权意识提升MG动画短视频；举办当代艺术国际IP授权展；出品国内首部战疫影视题材知识产权普法动画短片。

六是做好知识产权日常宣传工作。中国（深圳）知识产权保护中心打造“IP快讯”特色宣传品牌，发布推文近400篇；举办“论道”海外维权系列沙龙，深入研讨海外维权热点及堵点问题；举办“民法典时代的知识产权法律保护”活动，加强智慧杆等新基建和新产业知识产权法律保护工作；指导举办第二届粤港澳大湾区资产证券化高峰论坛；编制《中小企业国际化合规指引》，面向企业派发《外向型中小企业合规指引》手册7000余册，发布经贸预警及知识产权动态189篇；通过“海关发布”微博刊载重大案例53篇次，在各类媒体刊发海关打击侵权宣传文章80余篇。

七是深圳各区知识产权宣传加强。深圳福田区和龙岗区推出系列普法教育和知识产权工作宣传视频，龙岗区发布知识产权发展状况白皮书和十大知识产权事件；深圳罗湖区、南山区、盐田区、光明区举办线上线下知识产权联合宣贯活动；深圳龙华区、坪山区、大鹏新区、深汕特别合作区开展知识产权进园区、进社区、进校园等活动。福田法院发布深圳法院首份《商标专用权与公平竞争司法保护状况（2017—2019）》；深圳龙华法院发布《龙华区人民法院知识产权司法保护状况白皮书（2018—2020）》。

（五）知识产权培训

一是开设专业课程。2020年，深圳发布知识产权培训和知识产权意识提升项目计划，面向深圳市企业开展知识产权实务培训及政策法规宣贯，面向深圳市中小学开展知识产权教育课程宣讲；举办系列高端知识产权前沿问题研讨会；开设国家知识产权培训（广东）基地公益培训班10期；面向中小企业开展7项知识产权类培训课程；面向深圳市医护人员举办多次知识产权培训；开展海关知识产权系列培训，联合行业协会开展海关知识产权保护意识提升培训；举办包含全球商标风险管理和跨境电商知识产权风险应对在内的主题直播讲座；在南方科技大学开设“知识产权小课堂”视频系列课程和专家系列主题讲座等。

二是深圳各区开展多样化培训。深圳南山区开展上市企业知识产权高端培训系列课程；宝安区举办“知识产权助力中国制造高质量发展”网上直播活动；龙岗区组织线上公益讲座；坪山区、大鹏新区、深汕特别合作区等开展线上线下知识产权专题培训。

2020年各单位开展的知识产权培训统计表

序号	开展培训单位	培训覆盖面	培训场次
1	深圳市市场监督管理局	面向深圳市企业、知识产权服务机构、中小学等单位开展知识产权实务培训、政策法规宣传、教育课程宣讲等	99
2	深圳市工业和信息化局	面向中小企业开展 7 项知识产权类培训课程，培训人数约为 905 人次	11
3	深圳市卫生健康委	组织深圳市医护人员参加线上线下知识产权培训，培训人员规模达 700 余人	2
4	深圳海关	开展海关知识产权系列培训，参训关员 1555 人，联合行业协会开展包含海关知识产权保护意识提升在内的培训，覆盖企业 900 余家	31+N
5	深圳市贸促委	举办包含全球商标风险管理和跨境电商知识产权风险应对在内的主题直播讲座，吸引 2400 多人参会或在线观看	3

（六）知识产权人才培养

2020年，深圳市持续提升知识产权智库建设，完善知识产权人才培养机制，加强专业人才培养。

在高层次人才培养方面，2020年深圳市依托国家知识产权培训（广东）基地，强化知识产权人才体系建设——深圳大学知识产权学院累计开展七期知识产权高级研修班，培养学员逾200人。此外，深圳加快知识产权高端人才培养——举办知识产权高层次人才会议，推动福田区联合港知交所（深圳）有限公司举办知识产权首席运营官（CIPO）公益培训，开辟全国知识产权高端运营人才培养先河。

在人才政策方面，将知识产权服务业人才纳入人才激励政策范围，符合标准的知识产权服务业人才认定为高层次人才，将知识产权人才纳入创新人才奖励目录，吸引海外知识产权高端人才来深就业创业，2020年共确认海外高层次人才1256名。

在职称评审方面，深圳持续推进执行国家和广东省知识产权专业职称评审制度改革，知识产权专业技术资格申报累计达429人，通过评审373人，其中副高（副研究员）77人、中级（助理研究员）236人、初级（实习研究员）60人。通过评审的人数按专业分，专利类310人、商标类55人、版权类8人。

（七）合作交流

2020年，深圳市多途径开展知识产权交流合作，推动知识产权国际合作新发展。

在推进大湾区知识产权交流合作方面，深圳市中级人民法院导入港籍陪审员参与涉港知识产权案件审理，推动粤港澳大湾区知识产权保护标准的统一；参加粤港澳大湾区仲裁联盟会议，交流深圳市知识产权“调解+仲裁”工作经验；推动中国（深圳）知识产权保护中心与广东省知识产权保护中心等13家保护中心及快速维权中心签署框架合作协议，融入粤港澳大湾区知识产权协同发展大局。

在加强海外知识产权交流合作方面，深圳搭建包含印度和埃及在内的6国“深商圈”，吸引700余家企业入驻，提供政策法律咨询和知识产权维权对接服务。该商圈构建涉外商事法律服务专家库，开通法律咨询热线和咨询邮箱，对包含海外知识产权维权和国际化经营合规风险评估在内的问题提供法律意见。此外，深圳主办《新加坡公约》与多元化纠纷解决主题研讨会；与新加坡国际调解中心（SIMC）签署合作备忘录，提供“调解+仲裁”多元化纠纷解决服务；调整仲裁员名册，知识产权仲裁员增至148人，其中境外仲裁员53人，涉及32个国家和地区。

（八）疫情防控

2020年，深圳市知识产权领域高效助力疫情防控，惠企帮扶措施有效实施，助力企业复工复产。

一是建立侵权物资快速处理机制。深圳市高压态势打击疫情期间包含恶意商标注册申请及制售假冒伪劣防疫物资在内的违法行为，出台《关于生物医药领域知识产权快速处理工作方案》，构建包含生物医药领域快速协同保护和维权援助在内的长效机制；出台《关于新冠肺炎疫情防控期间专利侵权纠纷行政裁决案件中止处理的指导意见》，明确疫情防控期间各部门对专利侵权纠纷行政裁决部分案件中止处理的各种情形；查处“火神山”“雷神山”“钟南山凉茶”等恶意商标注册申请案件7件，查获标有“winner”“稳健医疗”注册商标的假劣防护用品161.3万件；侦办包含销售假冒“飘安”注册商标口罩和假冒“WINNER”注册商标口罩在内的一批疫情相关重大案件；进出口环节查获包含口罩在内的侵权防疫医疗物资13批次，共27.1万件，案值达234.5万元；查获疫情以来全国首宗出口耳温枪侵权案。

二是开通疫情服务绿色通道。深圳市主动对接疫情防控物资生产企业，请求国家知识产权局商标局开辟防疫物资审批绿色通道，编写包含呼吸机在内的防疫物资产业专利分析预警报告，建立防疫物资专利预警分析机制；推行业务“不见面”办理，累计为430件呼吸机、口罩、额温枪、消毒设备等案件提供专业高效的快速预审和优先审查推荐服务；创新推出远程调解仲裁云平台，实现云上受理、远程调解、一键对接仲裁，助力境内外当事人在线高效化解知识产权纠纷。

三是助力企业复工复产。深圳市积极出台《关于积极推进知识产权领域支持企业应对疫情困难落实帮扶措施的通知》《关于疫情防控期间的惠企措施十五条》，优化完善知识产权审批服务方式和流程；出台包含《帮扶企业防控疫情复工复产二十条措施》和《做好“六稳”工作“六保”任务精准帮扶企业重点措施任务表》在内的措施，指导重点企业通过海关总署备案核准，在进出口环节获得知识产权全面保护；发行首单疫情防控专项知识产权证券化项目“南山区-中山证券-高新投知识产权1期资产支持计划（疫情防控）”，发行金额达3.2亿元，12家入池企业融资年成本仅为2.98%，对疫情期间企业经营提供有力支持。

第二章 深圳市2020年知识产权统计分析报告

一、知识产权总体情况

（一）国内专利情况

1.专利申请情况[1]

2020年，深圳市专利申请量310206件，同比增长18.62%，增速高于北京[2]（13.66%），低于广州[3]（59.30%）、上海[4]（23.63%）。其中，发明专利申请量89869件，同比增长8.47%，增速低于广州（23.30%）、上海（16.01%）和北京（12.64%）；实用新型专利申请量149430件，同比增长31.27%；外观设计专利申请量70907件，同比增长9.39%。深圳企业、大专院校、科研单位、机关团体和个人发明专利申请量占比分别为88.60%、3.34%、2.21%、0.49%和5.36%。

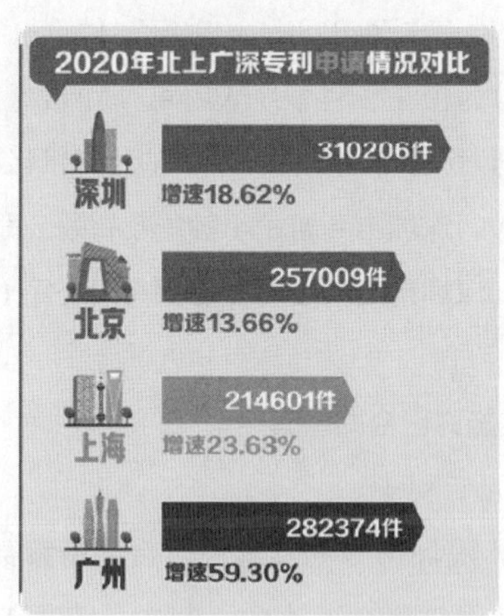

2.专利授权情况

2020年，深圳市专利授权量222412件，占全国专利授权总量的6.32%，占广东省专利授权量的31.34%，同比增长33.49%，比全国平均水平低8.8个百分点，增速高于北京（23.62%），低于广州（48.70%）和上海（38.96%）。其中，发明专利授权量31138件，同比增长19.53%，比全国平均水平低2.57个百分点，增速高于北京（19.08%）和上海（6.48%），低于广州（23.40%）；实用新型专利授权量121613件，同比增长39.09%；外观设计专利授权量69661件，同比增长31.13%。

深圳企业、大专院校、科研单位、机关团体和个人发明专利授权量的占比分别为91.82%、4.11%、2.41%、0.46%和1.20%。

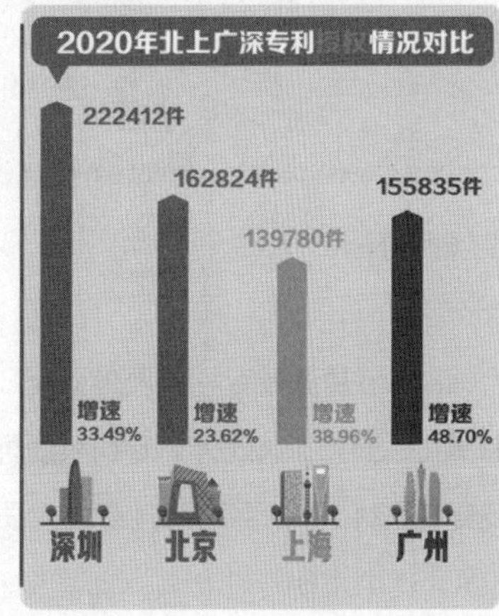

1 因国家知识产权局未下发2020年全年申请数据，本文深圳市国内专利申请数据为初步统计数据。

2 数据来源：北京市知识产权局网站 http://zscqj.beijing.gov.cn/art/2021/1/2 2/art_5670_577256.html。

3 数据来源：广州市知识产权局。

4 数据来源：上海市知识产权局网站 http://sipa.sh.gov.cn/zlsqltj/20210319/1152770690c945fc9ae1cead704af2dc.html。

3.有效发明专利情况

截至2020年12月底，深圳市有效发明专利量160046件，占广东省总量的45.66%，占全国总量的7.02%，同比增长15.53%，比广东省平均水平低2.8个百分点。

深圳市每万人口发明专利拥有量为119.1件[5]，较2019年同期增加11.4件，为全国平均水平8倍，远超广东省“十三五”规划确定的目标值。

深圳市有效发明专利中，维持年限超过10年的达47089件，占总量的29.42%，比全国平均水平高17个百分点。

深圳企业、大专院校、科研单位、机关团体和个人有效发明专利量占比分别为92.65%、2.64%、2.54%、0.19%和1.97%，10年以上有效发明维持率分别为30.47%、7.44%、20.85%、10.93%和22.39%。

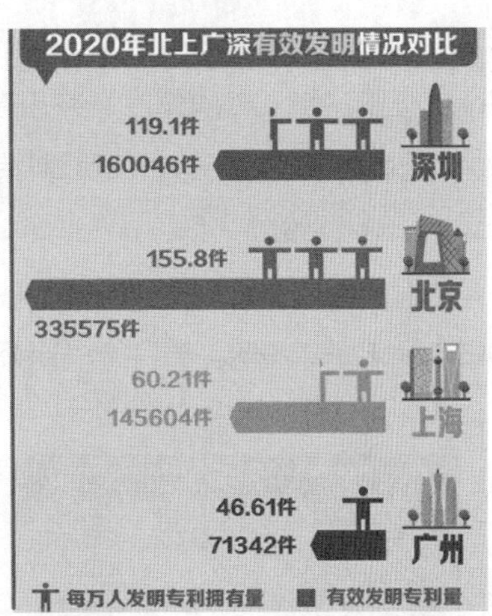

4.专利权质押登记

（1）涉及专利

2020年，深圳市共进行专利权质押登记337件，占广东省质押登记总量的23.00%。此外，专利权质押登记惠及企业300家，涉及专利1211件，平均每件专利权质押登记涉及的专利量为3.6件，其中发明专利和实用新型专利占94.96%，共1168件。

（2）质押金额

2020年，深圳专利权质押金额[6]总计96.71亿元，占广东省专利质押总金额的31.60%，平均每件专利涉及的质押金额786.3万元。其中，质押金额1亿元以上8件，占2.37%；质押金额在1000万元至1亿元103件，占30.56%；质押金额在100万元至1000万元221件，占65.58%。

“十三五”期间，深圳市专利权质押登记金额为322.06亿元，占广东省质押登记总金额的37.23%。

（3）区域分布

2020年，深圳市除大鹏新区和深汕特别合作区外均有专利权质押融资登记，其中登记数量较多的是南山区（136件）、宝安区（75件）、福田区（31件），分别占深圳市质押登记总量的40.36%、22.26%、9.20%。

（4）出质人和质权人分布

2020年，在深圳市已办理的专利权质押登记中，按照出质人类型分为企业335件（占总量的99.41%），个人2件。其中，质押数量较多的企业包括深圳市达科为生物技术股份有限公司、深圳亿维锐创科技股份有限公司、深圳市图元科技有限公司、深圳市橙子数字科技有限公司。

深圳市已办理的专利权质押登记中，按质权人类型分为担保公司242件（占71.81%），银行61件（占18.10%）。按其他类型分为企业32件，个人2件。质押数量排名前三名的质权人分别为深圳市中小企业融资担保有限公司（涉及登记数量97件）、深圳市高新投小额贷款有限公司（涉及登记数量92件）、深圳市高新投融资担保有限公司（涉及登记数量27件）。

5.专利实施许可合同备案

（1）涉及专利

2020年，深圳市专利实施许可合同备案数108件，占广东省备案合同总数的29.43%。其中，普通许可60件，占55.56%；独占许可37件，占34.26%；排他许可11件，占10.19%。涉及专利228件，平均每件专利实施许可合同备案

5 因深圳市统计局暂未公布2020年常住人口数据，沿用2020年12月31日发布的《深圳统计年鉴2020》中2019年末常住人口1343.88万人计算。

6 数据来源：《2020年全国专利商标质押融资统计数据》。

涉及专利量为2.1件。其中，发明专利占31.58%，共72件。

（2）备案金额

2020年，专利实施许可合同备案金额总计2.59亿元，占广东省备案总金额的8.15%。平均每件专利涉及的备案金额113.6万元。其中，备案金额大于1000万元的7件，占6.48%，备案金额在100万元至1000万元的35件，占32.41%。

（3）区域分布

2020年1月至12月，深圳市8个行政区（新区）有专利实施许可合同备案。其中，备案数量最多的是罗湖区27件，占深圳市专利实施许可合同备案总量的25.00%。备案金额最高的是坪山区，备案金额达1.21亿元，占深圳市备案总金额的46.71%。

（4）许可期限

2020年1月至12月，专利实施许可合同备案许可期限小于10年的为95件，占总量的87.96%，满10年不足20年的有13件，占总量的12.04%。

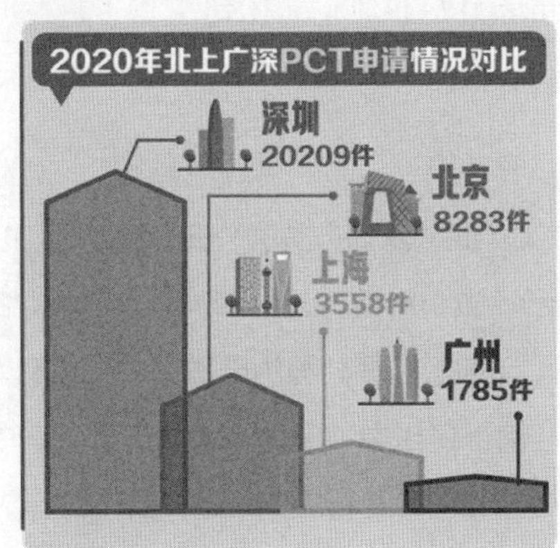

6.商标数据[7]

2020年，深圳市商标申请量和商标注册量均排名全国首位。其中，深圳市商标申请量584659件，同比增长16.72%，商标注册量362942件，同比下降8.17%。“十三五”期间，深圳市商标申请221.3万件，商标注册量140.7万件，较“十二五”期间分别增长3.2倍和3.9倍，增速在北上广深中排名第一。

截至2020年12月，深圳市商标有效注册量1730268件，同比增长23.88%，较“十二五”末增长3.4倍，增速在北上广深中排名第一。

2020年，深圳市商标质押登记12件，占广东省登记总量的20.69%；商标质押金额5.86亿元，占广东省质押总金额的21.27%；涉及商标255件，平均每件商标质押金额229.5万元。

（二）涉外专利情况

1.PCT情况

（1）总体情况

2020年，深圳市PCT专利申请量20209件，同比增长15.75%（全国同比增长17.87%，广东省同比增长13.64%），占全国总量的30.19%，占广东省总量的71.92%，连续17年居全国大中城市第一。

截至2020年12月底，深圳市PCT国际专利申请量累计达16.42万件，较“十二五”末增长1.4倍，占全国总量的38.51%，占广东省总量的79.25%。

（2）国际创新城市对比[8]

2020年，深圳市PCT国际专利公开量为19141件，对比日本东京、美国硅谷、美国纽约、以色列等国际创新城市（国家），仅次于日本东京，大幅领先硅谷、纽约、以色列。

国际创新城市（国家）PCT 国际专利申请公开量对比

城市（国家）	2019 年公开量（件）	2020 年公开量（件）	增速（%）
东京	27586	28029	1.61
深圳	18303	19141	4.58
硅谷	7026	7645	8.81
纽约	2942	3234	9.93
以色列	2072	2263	9.22

*数据来源：INCOPAT 数据库。

7 数据来源：中国商标网 http://sbj.cnipa.gov.cn/sbtj/，《2020 年四季度全国省市县商标主要统计数据》。其中，申请量及注册量统计时间为 2019.12.16–2020.12.15，有效注册量统计时间截止至 2020.12.15。

8 为保持对比数据一致性，本部分深圳市 PCT 数据采用公开数据，数据来源为 Incopat 数据库。

2.海外专利布局情况

（1）美国专利情况

①总体情况

2020年，深圳市美国专利公开量为14761件，在全国各大城市中排名第一位。在国际创新城市（国家）对比中，深圳市美国专利公开量增速（15.04%）最高。

国内主要城市美国专利公开量对比

城市	2019年公开量(件)	2020年公开量(件)	增速（%）
深圳	12831	14761	15.04
北京	8986	9666	7.57
上海	3492	4054	16.09
武汉	1306	1600	22.51
杭州	983	1098	11.70
广州	790	968	22.53
成都	568	787	38.56
重庆	475	649	36.63
青岛	446	622	39.46
南京	437	565	29.29

*数据来源：INCOPAT数据库。

国际创新城市（国家）美国专利公开量对比

城市（国家）	2019年公开量（件）	2020年公开量（件）	增速（%）
东京	57681	57818	0.24
硅谷	49917	49333	−1.17
纽约	36250	34712	−4.24
深圳	12831	14761	15.04
以色列	6404	6771	5.73

*数据来源：INCOPAT数据库。

②申请主体情况

2020年，深圳市美国公开专利量排名前三名的申请人分别是华为技术有限公司、腾讯科技（深圳）有限公司、深圳市大疆创新科技有限公司。其中，华为技术有限公司以6348件专利公开量遥遥领先其他申请人。

2020年深圳市美国专利公开量前十位申请人

排名	申请人名称	2020年公开量(件)
1	华为技术有限公司	6348
2	腾讯科技（深圳）有限公司	946
3	深圳市大疆创新科技有限公司	743
4	中兴通讯股份有限公司	491
5	惠科股份有限公司	442
6	深圳市华星光电科技有限公司	411
7	深圳市汇顶科技股份有限公司	229
8	深圳市道通智能航空技术有限公司	147
9	深圳迈瑞生物医疗电子股份有限公司	106
10	瑞声声学科技（深圳）有限公司	102

*数据来源：INCOPAT数据库。

③专利质量情况

截至2020年底，深圳市美国公开专利被引用次数的前十名如下表所示，被引用数均超过了200。其中排名第一的是煜日升电子（深圳）有限公司的电动订书机专利，被引用数高达354次。前十名当中，申请人较为分散，其中深圳市大疆创新科技有限公司的专利最多，占3件。

（2）欧洲专利情况

①总体情况

2020年，深圳市欧洲专利公开量为9228件，同比增长

2020年深圳市美国专利被引用数前十名

排名	专利号	专利名称	申请人名称	被引用数
1	US7311238B2	电动订书机	煜日升电子（深圳）有限公司	354
2	US9461340B2	电池、电池组件和用户设备	华为技术有限公司	349
3	USD0558460S	数字相框	深圳富泰宏精密工业有限公司	324
4	US20160070265A1	多传感器环境制图	深圳市大疆创新科技有限公司	323

（续表）

排名	专利号	专利名称	申请人名称	被引用数
5	US9056676B1	无人机对接系统与方法	深圳市大疆创新科技有限公司	315
6	US7434964B1	具有散热器组件 LED 灯	鸿准精密工业股份有限公司	312
7	US8984113B2	物联网服务体系结构及实现物联网服务的方法	中兴通讯股份有限公司	247
8	US8908573B1	数据通信系统和方法	深圳市大疆创新科技有限公司	243
9	US20090111543A1	便携式电子装置的保护套	鸿富锦精密工业（深圳）有限公司	242
10	US7903553B2	一种提供 QoS 保证的方法、装置、边缘路由器及系统	华为技术有限公司	226

*数据来源：INCOPAT 数据库。

7.88%。专利公开量为第二位北京市的2.4倍，以明显优势居全国各大城市第一。在国际创新城市（国家）中，深圳市欧洲专利公开量排名第三。

国内主要城市欧洲专利公开量对比

城市	2019 年公开量（件）	2020 年公开量（件）	增速（%）
深圳	8554	9228	7.88
北京	2969	3776	27.18
东莞	1353	1988	46.93
上海	1305	1687	29.27
杭州	577	706	22.36
苏州	439	521	18.68
广州	343	381	11.08
青岛	351	376	7.12
佛山	213	351	64.79
南京	302	337	11.59

*数据来源：INCOPAT数据库。

国际创新城市（国家）欧洲专利公开量对比

城市（国家）	2019 年公开量（件）	2020 年公开量（件）	增速（%）
东京	29905	28029	-6.27
硅谷	9812	9980	1.71
深圳	8554	9228	7.88
以色列	2899	3212	10.80
纽约	2582	2492	-3.49

*数据来源：INCOPAT数据库。

②申请主体情况

2020年，深圳市欧洲专利公开量中，华为技术有限公司、中兴通讯股份有限公司、腾讯科技（深圳）有限公司分列前三位，其中华为技术有限公司以5951件领先。

2020年深圳市欧洲专利公开量前十位申请人

排名	申请人名称	2020 年公开量（件）
1	华为技术有限公司	5951
2	中兴通讯股份有限公司	1031
3	腾讯科技（深圳）有限公司	253
4	深圳市汇顶科技股份有限公司	242
5	深圳市大疆创新科技有限公司	170
6	深圳市华星光电科技有限公司	128
7	比亚迪股份有限公司	94
8	深圳市光峰光电技术有限公司	48
9	深圳市柔宇科技有限公司	47
9	深圳帧观德芯科技有限公司	47

*数据来源：INCOPAT数据库。

③专利质量情况

截至2020年底，深圳市欧洲公开专利中被引用数最高的前十名中有8件为华为技术有限公司的专利，其中排名第一的专利被引用数达119次。

（3）日本专利情况

①总体情况

2020年，深圳市日本专利公开量1936件，在全国各大城市中居第一，同比增长9.19%，北京与上海分别居第二与第三名。国际创新城市（国家）对比中，深圳排名第二。

2020年深圳市欧洲专利被引用数前十名

排名	专利号	专利名称	申请人名称	被引用数
1	EP1713290A1	分体式基站系统，组网方法和基带单元	华为技术有限公司	119
2	EP2045974A1	一个用于网络服务的方法和系统控制	华为技术有限公司	102
3	EP2001167A1	一个根路径计算方法在最短路径桥	华为技术有限公司	101
4	EP1968250A1	一种光学网络与无线通信网络之间互连的系统及其通信方法	华为技术有限公司	89
5	EP2903186A1	蓝牙装置与超低待机功耗和实现方法	深圳市凯狮博电子有限公司	88
6	EP2007065A1	充电关联的方法、系统、计费中心及装置用于应用服务	华为技术有限公司	83
7	EP2800412A1	方法和装置用于测量无线通信系统中增强	华为技术有限公司	80
8	EP2614731A1	一种雾化器用于电子香烟	深圳市合元科技有限公司	79
9	EP1826926A1	短速率业务的实现方法发送的信号在光传输网络	华为技术有限公司	78
10	EP1887732A1	一种用于内容计费的方法和系统	华为技术有限公司	76

*数据来源：INCOPAT数据库。

国内主要城市日本专利公开量对比

城市	2019年公开量（件）	2020年公开量（件）	增速（%）
深圳	1773	1936	9.19
北京	1079	1153	6.86
上海	458	541	18.12
杭州	267	407	52.43
广州	205	366	78.54
南京	173	206	19.08
成都	59	114	93.22
青岛	77	78	1.30
天津	54	71	31.48
武汉	33	67	103.03

*数据来源：INCOPAT数据库。

国际创新城市（国家）日本专利公开量对比

城市（国家）	2019年公开量（件）	2020年公开量（件）	增速（%）
东京	191437	180799	-5.56
深圳	1773	1936	9.19
硅谷	741	810	9.31
纽约	304	539	77.30
以色列	111	105	-5.41

*数据来源：INCOPAT数据库。

②申请主体情况

2020年，深圳市日本公开专利量中，排名前三的申请人分别是华为技术有限公司（1043件）、深圳市大疆创新科技有限公司（185件）、中兴通讯股份有限公司（155件）。

2020年深圳市日本专利公开量前十位申请人

排名	申请人名称	2020年公开量（件）
1	华为技术有限公司	1043
2	深圳市大疆创新科技有限公司	185
3	中兴通讯股份有限公司	155
4	平安科技（深圳）有限公司	55
5	深圳市华星光电科技有限公司	75
6	深圳前海达闼云端智能科技有限公司	40
7	深圳市光峰光电技术有限公司	17
8	腾讯科技（深圳）有限公司	15
9	深圳市塔吉瑞生物医药有限公司	12
10	深圳新宙邦科技股份有限公司	10

*数据来源：INCOPAT数据库。

③专利质量情况

截至2020年底，深圳的日本公开专利被引用数最高的前十名如下表所示，其中4件为华为技术有限公司的专利，排名第一的专利被引用数达135次。

（5）韩国专利情况

①总体情况

2020年，深圳市韩国专利公开量1640件，排名居全国各大城市第一，北京、东莞、上海分别居第二至第四。国际创新城市（国家）对比中，深圳排名第一位。

2020 年深圳市日本专利被引用数前十名

排名	专利号	专利名称	申请人名称	被引用数
1	JP5362912B2	用于温度控制的方法和装置	中兴通讯股份有限公司	135
2	JP5651881B1	成像透镜	瑞声声学科技（深圳）有限公司	30
3	JP6208845B2	一种用于确定移动站和传动装置合作方法	华为技术有限公司	29
4	JP2017503520A	电子烟电池组件，电子烟及其控制方法	惠州市吉瑞科技有限公司深圳分公司	22
4	JP2012529806A	接入控制方法，装置和系统	华为技术有限公司	22
6	JP2013529035A	多光谱敏感元件和其采样方法	博立码杰通讯（深圳）有限公司	20
6	JP2012533240A	一种操作控制方法，系统和 M2Mm2m 用户设备到用户设备	华为技术有限公司	20
8	JP2016509412A	一种网络功能的虚拟网络装置	华为技术有限公司	19
9	JP5667323B1	成像透镜	瑞声声学科技（深圳）有限公司	18
10	JP2017504863A	用于虚拟旅游的系统和方法使用无人飞行器	深圳市大疆创新科技有限公司	16

*数据来源：INCOPAT 数据库。

国内主要城市韩国专利公开量对比

城市	2019 年公开量（件）	2020 年公开量（件）	增速（%）
深圳	1664	1640	-1.44
北京	947	1150	21.44
东莞	417	711	70.50
上海	479	609	27.14
苏州	182	186	2.20
南京	134	174	29.85
佛山	98	126	28.57
广州	101	111	9.90
杭州	73	111	52.05
武汉	99	77	-22.22

*数据来源：INCOPAT数据库。

②申请主体情况

2020年，深圳市韩国公开专利量排名前三名的申请人分别是华为技术有限公司(509件)、中兴通讯股份有限公司(172件)、深圳市华星光电科技有限公司(60件)。

③专利质量情况

截至2020年底，深圳市韩国公开专利被引用次数最高的前十名中，华为技术有限公司和中兴通讯股份有限公司各占据专利3件，其中排名第一的专利被引用数为27次。

国际创新城市（国家）韩国专利公开量对比

城市（国家）	2019 年公开量（件）	2020 年公开量（件）	增速（%）
深圳	1664	1640	-1.44
硅谷	1490	1429	-4.09
纽约	1222	1140	-6.71
东京	740	682	-7.84
以色列	466	521	11.80

*数据来源：INCOPAT数据库。

2020年深圳市韩国专利公开量前十位申请人

排名	申请人名称	2020 年公开量（件）
1	华为技术有限公司	509
2	中兴通讯股份有限公司	172
3	深圳市华星光电科技有限公司	60
4	腾讯科技（深圳）有限公司	48
5	平安科技（深圳）有限公司	42

（续表）

排名	申请人名称	2020年公开量（件）
6	比亚迪股份有限公司	37
7	深圳市汇顶科技股份有限公司	24
8	深圳市商汤科技有限公司	12
9	深圳市大疆创新科技有限公司	11
10	贝特瑞新材料集团股份有限公司	9

*数据来源：INCOPAT数据库。

二、产业及重点行业专利情况

（一）深圳战略性新兴产业情况

2020年，深圳市七大战略性新兴产业中国专利公开量达17.85万件，同比增长14.73%，其中发明专利公开量10.12万件，排名居全国第二，增速1.65%。

国内主要城市战略性新兴产业发明专利公开量对比

城市	2019年公开量（件）	2020年公开量（件）	增速（%）
北京	154283	175699	13.88
深圳	99600	101239	1.65
上海	75925	84952	11.89
杭州	40984	54856	33.85
广州	50947	53202	4.43

*数据来源：INCOPAT数据库。

1.新一代信息技术产业

2020年，深圳市新一代信息技术产业国内发明专利公开量56989件，在全国各大城市中排名第二，同比增长1.95%；PCT国际专利申请量12314件，在全国各大城市中排名第一，同比增长11.77%；欧美日韩四国专利公开总量18316件，在全国各大城市中排名第一，同比增长7.73%。

国内主要城市新一代信息技术产业国内发明专利公开量对比

城市	2019年公开量（件）	2020年公开量（件）	增速（%）
北京	68058	83805	23.14
深圳	55900	56989	1.95
上海	27322	32320	18.29
杭州	14059	21140	50.37
南京	14474	16777	15.91
广州	15687	16770	6.90
武汉	13468	14663	8.87
苏州	10490	13738	30.96
成都	11496	12263	6.67
西安	11351	11778	3.76

*数据来源：INCOPAT数据库。

2020年深圳市日本专利被引用数前十名

排名	专利号	专利名称	申请人名称	被引用数
1	KR1020110112860A	表面金属化方法，用于制备塑料制品的方法和由此制成的塑料制品	比亚迪股份有限公司	27
2	KR1020060032591A	锂离子电池	比亚迪股份有限公司	20
3	KR1020100017513A	用于 Iu 接口的并行多媒体处理方法和装置广播组播服务会话开始	中兴通讯股份有限公司	16
4	KR1020120025615A	所述的方法，终端和网络系统，用于报告缓冲器状态报告	中兴通讯股份有限公司	15
5	KR1020070068456A	一种方法实现的指示 MBS 的资源	华为技术有限公司	14
6	KR1020180112027A	权限管理方法和系统	华为技术有限公司	12
6	KR1020180006961A	视频图像编码方法，视频图像解码方法，编码装置及解码装置	华为技术有限公司	12
6	KR1020170091140A	卷积神经网络模型训练方法和装置	腾讯科技（深圳）有限公司	12
9	KR1020120103747A	用于报告载体的最大功率的方法和装置在载波聚合的情况	中兴通讯股份有限公司	9
9	KR1020090058505A	一种用于锂离子电池的硅－碳复合负极材料及其制备方法	深圳市贝特瑞电子材料有限公司	9

*数据来源：INCOPAT数据库。

国内主要城市新一代信息技术产业PCT国际专利公开量对比

城市	2019年公开量（件）	2020年公开量（件）	增速（%）
深圳	11017	12314	11.77
北京	4244	5408	27.43
东莞	2347	2626	11.89
武汉	1033	1512	46.37
上海	1031	1381	33.95
杭州	429	582	35.66
苏州	250	495	98.00
广州	575	465	-19.13
青岛	163	212	30.06
惠州	205	155	-24.39

*数据来源：INCOPAT数据库。

国内主要城市新一代信息技术产业欧美日韩专利公开量对比

城市	2019年公开量（件）	2020年公开量（件）	增速（%）
深圳	17001	18316	7.73
北京	8724	10124	16.05
东莞	2436	4110	68.72
上海	2273	2626	15.53
武汉	1095	1348	23.11
杭州	599	726	21.20
合肥	538	575	6.88
广州	372	440	18.28
成都	297	375	26.26
苏州	319	332	4.08

*数据来源：INCOPAT数据库。

2.高端装备制造产业

2020年，深圳市高端装备制造产业国内发明专利公开量8487件，在全国各大城市中排名第三，同比增长11.77%；PCT国际专利申请量976件，在全国各大城市中排名第一；欧美日韩四国专利公开总量1313件，在全国各大城市中排名第一，同比增长12.99%。

国内主要城市高端装备制造产业国内发明专利公开量对比

（续表）

城市	2019年公开量（件）	2020年公开量（件）	增速（%）
北京	15429	18286	18.52
上海	8724	10128	16.09
深圳	7593	8487	11.77
南京	5886	6274	6.59
西安	5767	5576	-3.31
广州	5080	5532	8.90
苏州	5211	5471	4.99
杭州	4219	5351	26.83
武汉	4795	4895	2.09
成都	4437	4453	0.36

*数据来源：INCOPAT数据库。

国内主要城市高端装备制造产业PCT国际专利公开量对比

城市	2019年公开量（件）	2020年公开量（件）	增速（%）
深圳	986	976	-1.01
北京	313	375	19.81
上海	176	233	32.39
南京	80	232	190.00
苏州	122	157	28.69
青岛	67	121	80.60
东莞	80	111	38.75
广州	176	100	-43.18
杭州	59	84	42.37
武汉	66	46	-30.30

*数据来源：INCOPAT数据库。

国内主要城市高端装备制造产业欧美日韩专利公开量对比

城市	2019年公开量（件）	2020年公开量（件）	增速（%）
深圳	1162	1313	12.99
北京	926	1019	10.04
上海	356	381	7.02
杭州	162	249	53.70
东莞	141	141	0.00
广州	84	136	61.90
苏州	92	130	41.30
青岛	107	127	18.69
成都	56	92	64.29
武汉	59	80	35.59

*数据来源：INCOPAT数据库。

3.绿色低碳产业

2020年，深圳市绿色低碳产业国内发明专利公开量5687件，同比增长3.25%；PCT国际专利申请量359件，在全国各大城市中排名第四；欧美日韩四国专利公开总量472件，在全国各大城市中排名第二。

国内主要城市绿色低碳产业国内发明专利公开量对比

城市	2019年公开量(件)	2020年公开量(件)	增速(%)
北京	13754	15418	12.10
上海	7248	7661	5.70
青岛	5188	6416	23.67
南京	5689	6038	6.13
广州	5358	5981	11.63
杭州	4871	5919	21.52
深圳	5508	5687	3.25
苏州	4409	5347	21.27
佛山	5050	5104	1.07
西安	5191	4449	-14.29

*数据来源：INCOPAT数据库。

国内主要城市绿色低碳产业PCT国际专利公开量对比

城市	2019年公开量(件)	2020年公开量(件)	增速(%)
青岛	399	499	25.06
佛山	337	370	9.79
上海	158	360	127.85
深圳	450	359	-20.22
珠海	267	292	9.36
北京	226	208	-7.96
苏州	186	193	3.76
南京	68	172	152.94
广州	136	104	-23.53
武汉	137	28	-79.56

*数据来源：INCOPAT数据库。

国内主要城市绿色低碳产业欧美日韩专利公开量对比

（续表）

城市	2019年公开量(件)	2020年公开量(件)	增速(%)
北京	731	750	2.60
深圳	494	472	-4.45
佛山	257	423	64.59
上海	324	318	-1.85
青岛	187	212	13.37
广州	137	183	33.58
杭州	151	152	0.66
珠海	91	134	47.25
东莞	107	116	8.41
苏州	143	105	-26.57

*数据来源：INCOPAT数据库。

4.生物医药产业

2020年，深圳市生物医药产业国内发明专利公开量5605件，同比增长13.44%；PCT国际专利申请量616件，在全国各大城市中排名第三；欧美日韩四国专利公开总量525件，在全国各大城市中排名第三，同比增长72.13%。

国内主要城市生物医药产业国内发明专利公开量对比

城市	2019年公开量(件)	2020年公开量(件)	增速(%)
北京	13698	15193	10.91
上海	9662	10679	10.53
广州	8299	8592	3.53
南京	7565	7187	-5.00
杭州	5684	6631	16.66
深圳	4941	5605	13.44
武汉	4593	4909	6.88
成都	4850	4526	-6.68
苏州	3986	4357	9.31
青岛	4549	4001	-12.05

*数据来源：INCOPAT数据库。

国内主要城市生物医药产业PCT国际专利公开量对比

城市	2019年公开量(件)	2020年公开量(件)	增速(%)
上海	629	759	20.67
北京	571	673	17.86
深圳	686	616	-10.20
苏州	266	330	24.06

（续表）

城市	2019年公开量（件）	2020年公开量（件）	增速（%）
南京	255	311	21.96
广州	278	245	-11.87
杭州	164	234	42.68
武汉	77	114	48.05
无锡	87	113	29.89
成都	161	103	-36.02

*数据来源：INCOPAT数据库。

国内主要城市生物医药产业欧美日韩专利公开量对比

城市	2019年公开量（件）	2020年公开量（件）	增速（%）
北京	994	1364	37.22
上海	762	1235	62.07
深圳	305	525	72.13
南京	213	394	84.98
苏州	199	357	79.40
杭州	164	310	89.02
广州	180	243	35.00
成都	77	178	131.17
武汉	65	107	64.62
无锡	65	85	30.77

*数据来源：INCOPAT数据库。

5.数字经济产业

2020年，深圳市数字经济产业国内发明专利公开量15742件，在全国各大城市中排名第二，同比增长4.88%；PCT国际专利申请量1975件，在全国各大城市中排名第一；欧美日韩四国专利公开总量3963件，在全国各大城市中排名第一，同比增长10.42%。

国内主要城市数字经济产业国内发明专利公开量对比

城市	2019年公开量（件）	2020年公开量（件）	增速（%）
北京	19112	21558	12.80
深圳	15009	15742	4.88
杭州	5185	7500	44.65
上海	5864	7169	22.25
广州	4838	5406	11.74

（续表）

城市	2019年公开量（件）	2020年公开量（件）	增速（%）
南京	3077	4008	30.26
武汉	2630	2645	0.57
成都	2507	2618	4.43
苏州	1862	2448	31.47
合肥	1366	1357	-0.66

*数据来源：INCOPAT数据库。

国内主要城市数字经济产业PCT国际专利公开量对比

城市	2019年公开量（件）	2020年公开量（件）	增速（%）
深圳	2034	1975	-2.90
北京	500	604	20.80
东莞	298	420	40.94
上海	189	247	30.69
杭州	165	214	29.70
青岛	76	109	43.42
广州	136	92	-32.35
苏州	32	36	12.50
珠海	27	26	-3.70
武汉	107	24	-77.57

*数据来源：INCOPAT数据库。

国内主要城市数字经济产业欧美日韩专利公开量对比

城市	2019年公开量（件）	2020年公开量（件）	增速（%）
深圳	3589	3963	10.42
北京	1284	1437	11.92
东莞	430	618	43.72
上海	391	538	37.60
杭州	277	329	18.77
广州	85	134	57.65
青岛	67	66	-1.49
苏州	32	41	28.13
武汉	29	34	17.24
珠海	22	31	40.91

*数据来源：INCOPAT数据库。

6.新材料产业

2020年，深圳市新材料产业国内发明专利公开量9402

件，在全国各大城市中排名第五，同比增长4.04%；PCT国际专利申请量723件，在全国各大城市中排名第一；欧美日韩四国专利公开总量997件，在全国各大城市中排名第二，同比增长32.58%。

国内主要城市新材料产业国内发明专利公开量对比

城市	2019年公开量（件）	2020年公开量（件）	增速（%）
北京	20950	22632	8.03
上海	14061	14890	5.90
苏州	10116	11198	10.70
广州	10459	10340	-1.14
深圳	9037	9402	4.04
南京	8965	9205	2.68
杭州	6669	7881	18.17
西安	7909	7528	-4.82
武汉	7223	7157	-0.91
成都	6150	5915	-3.82

*数据来源：INCOPAT数据库。

国内主要城市新材料产业PCT国际专利公开量对比

城市	2019年公开量（件）	2020年公开量（件）	增速（%）
深圳	805	723	-10.19
上海	375	555	48.00
北京	429	449	4.66
苏州	235	278	18.30
南京	128	206	60.94
广州	256	197	-23.05
宁波	157	169	7.64
武汉	108	157	45.37
杭州	71	120	69.01
东莞	106	117	10.38

*数据来源：INCOPAT数据库。

国内主要城市新材料产业欧美日韩专利公开量对比

城市	2019年公开量（件）	2020年公开量（件）	增速（%）
北京	1248	1677	34.38
深圳	752	997	32.58
上海	568	879	54.75
东莞	177	248	40.11
苏州	116	239	106.03
杭州	114	207	81.58
广州	148	177	19.59
武汉	124	161	29.84
宁波	95	145	52.63
成都	61	120	96.72

*数据来源：INCOPAT数据库。

7.海洋经济产业

2020年，深圳市海洋经济产业国内发明专利公开量263件，同比增长22.90%；PCT国际专利申请量25件，在全国各大城市中排名第一，同比增长150.00%；欧美日韩四国专利公开总量19件，在全国各大城市中排名第四，同比增长111.11%。

国内主要城市海洋经济产业国内发明专利公开量对比

城市	2019年公开量（件）	2020年公开量（件）	增速（%）
上海	1151	1390	20.76
北京	706	880	24.65
广州	641	683	6.55
武汉	675	607	-10.07
青岛	426	456	7.04
杭州	297	434	46.13
南京	285	342	20.00
天津	375	330	-12.00
无锡	312	321	2.88
深圳	214	263	22.90

*数据来源：INCOPAT数据库。

国内主要城市海洋经济产业PCT国际专利公开量对比

城市	2019年公开量（件）	2020年公开量（件）	增速（%）
深圳	10	25	150.00
南京	3	18	500.00
唐山	0	14	—
南通	7	13	85.71

（续表）

城市	2019年公开量（件）	2020年公开量（件）	增速（%）
北京	17	9	-47.06
青岛	7	9	28.57
苏州	4	7	75.00
广州	73	6	-91.78
杭州	2	5	150.00
上海	20	5	-75.00

*数据来源：INCOPAT数据库。

国内主要城市海洋经济产业欧美日韩专利公开量对比

城市	2019年公开量(件）	2020年公开量（件）	增速（%）
北京	23	29	26.09
上海	14	28	100.00
青岛	5	27	440.00
深圳	9	19	111.11
大连	10	15	50.00
天津	6	14	133.33
杭州	5	11	120.00
广州	4	8	100.00
成都	1	7	600.00
宁波	1	6	500.00

*数据来源：INCOPAT数据库。

（二）重点技术领域专利情况

1.5G通信技术

2020年，深圳市5G通信技术[9]国内发明专利公开量5730件，排名居全国各大城市中第一，同比增长12.40%。

国内主要城市5G通信技术国内发明专利公开量对比

城市	2019年公开量（件）	2020年公开量(件）	增速（%）
深圳	5098	5730	12.40
北京	2575	2909	12.97
东莞	1208	2232	84.77
上海	760	1042	37.11
南京	236	250	5.93
成都	192	214	11.46

（续表）

城市	2019年公开量（件）	2020年公开量（件）	增速（%）
广州	156	187	19.87
重庆	122	158	29.51
杭州	97	148	52.58
西安	150	122	-18.67

*数据来源：INCOPAT数据库。

2020年，深圳市5G通信技术PCT国际专利申请公开量2243件，在全国各大城市和国际创新城市（国家）中均居第一位。

国内主要城市5G通信技术PCT国际专利公开量对比

城市	2019年公开量（件）	2020年公开量（件）	增速（%）
深圳	1762	2243	27.30
东莞	827	957	15.72
北京	532	803	50.94
上海	217	363	67.28
南京	13	23	76.92

*数据来源：INCOPAT数据库。

国际创新城市（国家）5G通信技术PCT国际专利公开量对比

城市	2019年公开量(件）	2020年公开量（件）	增速（%）
深圳	1762	2243	27.30
硅谷	510	1045	104.90
东京	665	961	44.51
纽约	48	75	56.25
以色列	27	38	40.74

*数据来源：INCOPAT数据库。

2.人工智能

2020年，深圳市人工智能领域国内发明专利公开量14471件，排名居全国各大城市中第二，同比增长28.29%。

国内主要城市人工智能领域国内发明专利公开量对比

城市	2019年公开量(件）	2020年公开量(件）	增速（%）
北京	15930	26991	69.44
深圳	11280	14471	28.29

9 主要包括天线、基站等5G关键硬件以及新型多址、频谱共享、新型多载波、编解码技术、组网技术、全双工等5G专用信号处理技术。

（续表）

城市	2019年公开量(件)	2020年公开量(件)	增速(%)
上海	6166	9398	52.42
杭州	4186	8259	97.30
广州	5034	6099	21.16
南京	4165	5933	42.45
成都	2758	3688	33.72
武汉	2680	3643	35.93
西安	2838	3396	19.66
苏州	2046	3128	52.88

*数据来源：INCOPAT数据库。

2020年，深圳市人工智能领域PCT国际专利申请公开量1884件，在全国各大城市及国际创新城市（国家）中均排名第一。

国内主要城市人工智能领域PCT国际专利公开量对比

城市	2019年公开量(件)	2020年公开量(件)	增速(%)
深圳	1473	1884	27.90
北京	547	750	37.11
上海	154	260	68.83
东莞	235	207	-11.91
杭州	82	121	47.56

*数据来源：INCOPAT数据库。

国际创新城市（国家）人工智能领域PCT国际专利公开量对比

城市	2019年公开量(件)	2020年公开量(件)	增速(%)
深圳	1473	1884	27.90
东京	1070	1347	25.89
硅谷	810	872	7.65
纽约	322	345	7.14
以色列	238	256	7.56

*数据来源：INCOPAT数据库。

3.高清视频技术

2020年，深圳市8K高清视频技术国内发明专利公开量200件，排名居全国各大城市中第一，同比增长62.60%。

国内主要城市8K高清视频技术国内发明专利公开量对比

城市	2019年公开量(件)	2020年公开量(件)	增速(%)
深圳	123	200	62.60
北京	113	125	10.62
上海	31	54	74.19
杭州	17	28	64.71
广州	23	27	17.39
苏州	7	25	257.14
南京	17	22	29.41
成都	11	19	72.73
青岛	8	17	112.50
武汉	19	16	-15.79

*数据来源：INCOPAT数据库。

2020年，深圳市8K高清视频技术PCT国际专利申请公开量49件，在全国各大城市和国际创新城市（国家）中均排在第二位。

国内主要城市8K高清视频技术PCT国际专利公开量对比

城市	2019年公开量(件)	2020年公开量(件)	增速(%)
北京	10	80	700.00
深圳	34	49	44.12
青岛	—	5	—
上海	—	5	—
南通	—	4	——

*数据来源：INCOPAT数据库。

国际创新城市（国家）8K高清视频技术PCT国际专利公开量对比

城市	2019年公开量(件)	2020年公开量(件)	增速(%)
硅谷	24	89	270.83
深圳	34	49	44.12
东京	30	30	0.00
以色列	14	8	-42.86
纽约	3	5	66.67

*数据来源：INCOPAT数据库。

4.区块链

2020年，深圳市区块链技术国内发明专利公开量4332

件，排名居全国各大城市中第一，同比增长65.09%。

国内主要城市区块链技术国内发明专利公开量对比

城市	2019年公开量（件）	2020年公开量（件）	增速（%）
深圳	2624	4332	65.09
北京	2207	3462	56.86
杭州	676	1464	116.57
上海	612	804	31.37
南京	186	600	222.58
济南	104	509	389.42
广州	348	506	45.40
成都	221	375	69.68
武汉	134	223	66.42
西安	148	208	40.54

*数据来源：INCOPAT数据库。

2020年，深圳市区块链技术PCT国际专利申请公开量374件，在全国各大城市及国际创新城市（国家）中均居第一。

国内主要城市区块链技术PCT国际专利公开量对比

城市	2019年公开量（件）	2020年公开量（件）	增速（%）
深圳	148	374	152.70
杭州	33	89	169.70
北京	37	99	167.57
上海	19	37	94.74
南京	14	32	128.57

*数据来源：INCOPAT数据库。

国际创新城市（国家）区块链技术 PCT 国际专利公开量对比

城市	2019年公开量（件）	2020年公开量（件）	增速（%）
深圳	148	374	152.70
纽约	68	69	1.47
硅谷	78	64	-17.95
以色列	13	19	46.15
东京	12	10	-16.67

*数据来源：INCOPAT数据库。

5.新能源汽车

2020年，深圳市新能源汽车领域国内发明专利公开量5444件，排名居全国各大城市中第二，同比增长3.85%。

国内主要城市新能源汽车领域国内发明专利公开量对比

城市	2019年公开量（件）	2020年公开量（件）	增速（%）
北京	6567	6957	5.94
深圳	5242	5444	3.85
上海	4414	5120	15.99
苏州	3218	3592	11.62
广州	2511	2869	14.26
杭州	2304	2727	18.36
武汉	1841	2512	36.45
南京	2235	2448	9.53
合肥	2397	2448	2.13
长沙	1810	1707	-5.69

*数据来源：INCOPAT数据库。

2020年，深圳市新能源汽车领域PCT国际专利申请公开量462件，在全国各大城市中排名第一，在国际创新城市（国家）中排名第二。

国内主要城市新能源汽车领域 PCT 国际专利公开量对比

城市	2019年公开量（件）	2020年公开量（件）	增速（%）
深圳	536	462	-13.81
宁德	74	318	329.73
北京	165	171	3.64
上海	140	141	0.71
苏州	64	90	40.63

*数据来源：INCOPAT数据库。

国际创新城市（国家）新能源汽车领域PCT国际专利公开量对比

城市	2019年公开量（件）	2020年公开量（件）	增速（%）
东京	1708	1673	-2.05
深圳	536	462	-13.81
硅谷	193	226	17.10
纽约	46	65	41.03
以色列	55	57	3.64

*数据来源：INCOPAT数据库。

6.医疗器械

2020年，深圳市医疗器械领域国内发明专利公开量2524件，排名居全国各大城市中第三，同比增长20.48%。

国内主要城市医疗器械领域国内发明专利公开量对比

城市	2019年公开量（件）	2020年公开量（件）	增速（%）
北京	3546	3977	12.15
上海	3136	3619	15.40
深圳	2095	2524	20.48
杭州	1408	1825	29.62
广州	1889	1805	-4.45
苏州	1379	1574	14.14
南京	1396	1469	5.23
青岛	1028	1314	27.82
成都	1067	1212	13.59
重庆	983	1118	13.73

*数据来源：INCOPAT数据库。

2020年，深圳市医疗器械领域PCT国际专利申请公开量308件，在全国各大城市中排名第一，在国际创新城市（国家）中排名第四。

国内主要城市医疗器械领域PCT国际专利公开量对比

城市	2019年公开量（件）	2020年公开量（件）	增速（%）
深圳	289	308	6.6
上海	166	251	51.2
北京	178	240	34.8
苏州	82	142	73.2
杭州	67	90	34.3

*数据来源：INCOPAT数据库。

国际创新城市（国家）医疗器械领域PCT国际专利公开量对比

城市	2019年公开量（件）	2020年公开量（件）	增速（%）
东京	1663	2296	38.06
硅谷	353	402	13.88
以色列	349	333	-4.58
深圳	289	308	6.57
纽约	211	251	18.96

*数据来源：INCOPAT数据库。

三、重点企业专利情况

2020年，深圳市申请专利的企业达34611家，共申请专利271586件；获得专利授权的企业为33711家，共有199132件专利获得授权；拥有发明专利的企业为12745家，共有发明专利148290件。

（一）高新技术企业

1.专利申请情况

2020年，深圳市申请专利的高新技术企业10809家，共137179件，占深圳市专利申请总量的44.22%。有专利申请的高新技术企业数占深圳市高新技术企业总数的55.57%，同期提高8.3个百分点。

其中，申请发明专利的高新技术企业5399家，共申请发明专利48098件，占深圳市发明专利申请总量的53.52%。有发明专利申请的高新技术企业数占深圳市高新技术企业总数的27.76%，同期提高2.97个百分点。

高新技术企业专利申请中，发明专利占35.06%，同期下降9.62个百分点。

2.专利授权情况

2020年，深圳市获得专利授权的高新技术企业为11341家，共有104656件专利获得授权，占深圳市专利授权总量的47.06%。有专利授权的高新技术企业数占深圳市高新技术企业总数的58.31%，同期提高9.72个百分点。

其中，获得发明专利授权的高新技术企业为2953家，共有22821件发明专利获得授权，占深圳市发明专利授权总量的73.29%。有发明专利授权的高新技术企业数占深圳市高新技术企业总数的15.18%，同期提高0.86个百分点。

3.有效发明专利情况

截至2020年12月，深圳市拥有发明专利的高新技术企业达6949家，共拥有发明专利116544件，占深圳市有效发明专利量的72.82%。拥有发明专利的高新技术企业数占深圳市高新技术企业总数的35.73%。

高新技术企业有效发明专利五年以上维持率为84.65%，比深圳市平均水平高0.88个百分点。

（二）规模以上工业企业

1.专利申请情况

2020年，深圳市申请专利的规模以上工业企业达5264家，共申请专利86838件，占深圳市专利申请总量的27.99%。有专利申请的规模以上工业企业数占深圳市规模以上工业企业总数的51.05%，同期增长5.55个百分点。

其中，申请发明专利的规模以上工业企业2625家，共有发明专利32676件，占深圳市发明专利申请总量的36.36%。有发明专利申请的规模以上工业企业数占深圳市规模以上工业企业总数的25.46%，同期增长2.16个百分点。

2.专利授权情况

2020年，深圳市获得专利授权的规模以上工业企业达5577家，共有授权专利68273件，占深圳市专利授权总量的30.70%。有专利授权的规模以上工业企业数占深圳市规模以上工业企业总数的54.09%，同期增长6.61个百分点。

其中，获得发明专利授权的规模以上工业企业达1393家，共有15458件发明专利获得授权，占深圳市发明专利授权总量的49.64%。有发明专利授权的规模以上工业企业数占深圳市规模以上工业企业总数的13.51%，同期增长0.41个百分点。

3.有效发明专利情况

截至2020年12月，深圳市拥有发明专利的规模以上工业企业达3350家，共拥有发明专利91795件，占深圳市有效发明专利量的57.36%。拥有发明专利的规模以上工业企业数占深圳市规模以上工业企业总数的32.49%。

规模以上工业企业有效发明五年以上维持率为88.22%，比深圳市平均水平高4.4个百分点。

（三）上市公司（境内）

1.专利申请情况

2020年，深圳市申请专利的上市公司232家，共申请专利15504件，占深圳市专利申请总量的5.00%。有专利申请的上市公司数占深圳市上市公司总数的69.67%，同期提高3.12个百分点。

其中，申请发明专利的上市公司达211家，共申请发明专利8294件，占深圳市发明专利申请总量的9.23%。有发明专利申请的上市公司数占深圳市上市公司总数的63.36%，同期增长3.49个百分点.

深圳上市公司专利申请中，发明专利占比53.50%，同期提高0.26个百分点。

2.专利授权情况

2020年，深圳市获得专利授权的上市公司为228家，共获得授权专利11176件，占深圳市专利授权总量的5.02%。有专利授权的上市公司数占深圳市上市公司总数的68.47%，同期提高4.59个百分点。

其中，获得发明专利授权的上市公司有171家，共有3905件发明专利获得授权，占深圳市发明专利授权总量的12.54%。有发明专利授权的上市公司数占深圳市上市公司总数的51.35%，同期提高0.18个百分点。

3.有效发明专利情况

截至2020年12月，深圳市拥有发明专利的上市公司达248家，共拥有发明专利31997件，占深圳市有效发明专利量的19.99%。拥有发明专利的上市公司数占深圳市上市公司总数的74.47%。

上市公司有效发明专利五年以上维持率为93.48%，比全市平均水平高9.71个百分点。

（四）独角兽企业

1.专利申请情况

2020年，深圳市申请专利的独角兽企业16家，共申请专利3436件，占深圳市专利申请总量的1.11%。有专利申请的独角兽企业数占深圳市独角兽企业总数的51.61%，同期提高5.78个百分点。

其中，申请发明专利的独角兽企业15家，共申请发明专利2565件，占深圳市发明专利申请总量的2.85%。有发明专利申请的独角兽企业数占深圳市独角兽企业总数的48.39%，同期提高2.56个百分点。

独角兽企业专利申请中，发明专利占74.65%，同期下降4.2个百分点。

2.专利授权情况

2020年，深圳市获得专利授权的独角兽企业11家，共有1344件专利获得授权，占深圳市专利授权总量的0.60%。有专利授权的独角兽企业数占深圳市独角兽企业总数的35.48%，同期下降10.35个百分点。

其中，获得发明专利授权的独角兽企业10家，共有484件发明专利获得授权，占深圳市发明专利授权总量的1.55%。有发明专利授权的独角兽企业数占深圳市独角兽企业总数的32.26%，同期下降13.57个百分点。

3.有效发明专利情况

截至2020年12月，深圳市拥有发明专利的独角兽企业14家，共有发明专利1889件，占深圳市有效发明专利量的1.18%。拥有发明专利的独角兽企业数占深圳市独角兽企业总数的45.16%。

独角兽企业有效发明专利五年以上维持率为83.48%，比深圳市平均水平低0.29个百分点。

附表1：2020年深圳市知识产权数据一览

指标	总量（件）	增速（%）
专利申请量	310206	18.62
其中：发明专利	89869	8.47
实用新型专利	149430	31.27
外观设计专利	70907	9.39
专利授权量	222412	33.49
其中：发明专利	31138	19.53
实用新型专利	121613	39.09
外观设计专利	69661	31.13
末期有效发明专利量	160046	15.53
其中：每万人口发明专利拥有量	119.1	—

附表2：2020年深圳市五类专利申请人申请量

申请人类型	发明（件）	占比（%）	实用新型(件）	占比（%）	外观设计(件）	占比（%）	申请量（件）
职务	85049	30.36%	134152	47.90%	60893	21.74%	280094
其中：企业	79626	29.32%	131330	48.36%	60630	22.32%	271586
大专院校	2998	66.45%	1338	29.65%	176	3.90%	4512
科研单位	1986	80.21%	441	17.81%	49	1.98%	2476
机关团体	439	28.88%	1043	68.62%	38	2.50%	1520
非职务(个人）	4820	16.01%	15278	50.74%	10014	33.26%	30112
合计	89869	28.97%	149430	48.17%	70907	22.86%	310206

附表3：2020年深圳市五类专利权人授权量

专利权人类型	发明（件）	占比（%）	实用新型（件）	占比（%）	外观设计（件）	占比（%）	授权量（件）
职务	30764	15.08	113619	55.68	59670	29.24	204053
其中：企业	28592	14.36	111124	55.81	59410	29.84	199126
大专院校	1301	50.68	1105	43.05	161	6.27	2567
科研单位	742	59.84	446	35.97	52	4.19	1240
机关团体	129	11.52	944	84.29	47	4.20	1120
非职务（个人）	374	2.04	7994	43.54	9991	54.42	18359
合计	31138	14.00	121613	54.68	69661	31.32	222412

附表4：2020年深圳市五类申请人PCT专利申请量

申请人类型	12月申请量（件）	增速（%）	1–12月申请量（件）	增速（%）
职务	2701	6.80	20010	16.44
其中：企业	2451	9.22	18987	16.38
大专院校	33	-36.54	297	-23.65
科研单位	208	-8.37	689	56.24
机关团体	9	50.00	37	-9.76
非职务（个人）	14	-26.32	199	-27.37
合计	2715	6.55	20209	15.75

附表5：2020年各区专利申请情况

区域	申请总量（件）	发明（件）	发明占比	实用新型（件）	实用新型占比	外观设计（件）	外观设计占比	发明增速	实用新型增速	外观设计增速	申请总量增速
全市	310206	89869	28.97%	149430	48.17%	70907	22.86%	8.47%	31.27%	9.39%	18.62%
宝安区	75606	11384	15.06%	45441	60.10%	18781	24.84%	13.77%	33.23%	12.32%	24.28%
南山区	72917	37518	51.45%	23830	32.68%	11569	15.87%	0.89%	16.20%	1.59%	5.55%
龙岗区	52789	14981	28.38%	23401	44.33%	14407	27.29%	26.15%	37.63%	15.21%	27.56%
龙华区	37760	6324	16.75%	21177	56.08%	10259	27.17%	37.54%	34.84%	20.50%	31.03%

（续表）

区域	申请总量（件）	发明（件）	发明占比	实用新型（件）	实用新型占比	外观设计（件）	外观设计占比	发明增速	实用新型增速	外观设计增速	申请总量增速
福田区	23116	7966	34.46%	10962	47.42%	4188	18.12%	−12.78%	25.15%	−10.24%	2.47%
光明区	21074	4771	22.64%	12238	58.07%	4065	19.29%	25.52%	43.72%	26.12%	35.62%
罗湖区	12314	2922	23.73%	4670	37.92%	4722	38.35%	11.02%	23.74%	−12.65%	4.25%
坪山区	11473	3201	27.90%	6417	55.93%	1855	16.17%	9.10%	37.88%	12.90%	24.29%
盐田区	1932	332	17.18%	639	33.07%	961	49.74%	40.68%	78.99%	41.74%	52.01%
大鹏新区	1071	430	40.15%	563	52.57%	78	7.28%	4.88%	50.53%	18.18%	26.00%
深汕特别合作区	154	40	25.97%	92	59.74%	22	14.29%	5.26%	22.67%	120.00%	25.20%

附表6：2020年各区专利授权情况

区域	授权总量（件）	发明（件）	发明占比	实用新型（件）	实用新型占比	外观设计（件）	外观设计占比	发明增速	实用新型增速	外观设计增速	授权总量增速
全市	222412	31138	14.00%	121613	54.68%	69661	31.32%	19.53%	39.09%	31.13%	33.49%
宝安区	58345	2589	4.44%	37141	63.66%	18615	31.91%	29.13%	41.09%	41.75%	40.72%
南山区	46269	12901	27.88%	21365	46.18%	12003	25.94%	18.07%	31.42%	27.47%	26.42%
龙岗区	39932	7656	19.17%	18661	46.73%	13615	34.10%	39.17%	48.47%	39.20%	43.38%
龙华区	26997	1131	4.19%	16264	60.24%	9602	35.57%	10.34%	33.99%	43.04%	35.83%
福田区	16976	3440	20.26%	9064	53.39%	4472	26.34%	−3.61%	43.49%	15.29%	23.33%
光明区	14714	1465	9.96%	9348	63.53%	3901	26.51%	8.28%	41.87%	53.76%	40.41%
罗湖区	8616	434	5.04%	3415	39.64%	4767	55.33%	25.43%	7.73%	−16.10%	−6.33%
坪山区	8317	1251	15.04%	5341	64.22%	1725	20.74%	28.84%	54.14%	19.29%	41.40%
盐田区	1512	166	10.98%	488	32.28%	858	56.75%	−31.40%	90.63%	76.54%	53.66%
大鹏新区	650	101	15.54%	460	70.77%	89	13.69%	−9.82%	43.75%	85.42%	35.42%
深汕特别合作区	84	4	4.76%	66	78.57%	14	16.67%	—	135.71%	180.00%	154.55%

附表7：截至2020年12月各区有效发明专利情况

区域	有效发明专利总量(件)	增速	人口数（万人）	每万人发明专利拥有量	五年以上维持率
全市	160046	15.53%	1343.88	119.1	83.77%
南山区	66131	11.55%	154.58	427.8	82.67%
龙岗区	39184	19.95%	250.86	156.2	90.06%

（续表）

区域	有效发明专利总量(件)	增速	人口数（万人）	每万人发明专利拥有量	五年以上维持率
福田区	17935	17.95%	166.29	107.9	87.24%
宝安区	11580	21.00%	334.25	34.6	71.60%
光明区	7864	21.94%	65.8	119.5	74.39%
龙华区	6949	8.07%	170.63	40.7	81.38%
坪山区	5335	22.28%	46.3	115.2	82.21%
罗湖区	2181	20.56%	105.66	20.6	73.77%
大鹏新区	1794	-1.64%	15.82	113.4	92.81%
盐田区	1085	16.42%	24.36	44.5	93.18%
深汕特别合作区	8	—	9.34	0.9	37.50%

*人口数据来源：深圳市统计局2020年4月15日发布《深圳市2019年国民经济和社会发展统计公报》

附表8：2020年各区PCT专利申请情况

区域	总量（件）	增速
全市	20209	15.75%
南山区	8217	11.78%
龙岗区	7351	41.18%
福田区	1621	-14.32%
光明区	1022	-27.88%
宝安区	826	-4.73%
坪山区	549	75.96%
龙华区	430	48.28%
罗湖区	95	106.52%
盐田区	64	18.52%
大鹏新区	33	43.48%
深汕特别合作区	1	—

附表9：2020年各区五类申请人专利申请、授权情况

申请（件）							授权（件）						
区域	企业	大专院校	科研机构	机关团体	个人	总量	区域	企业	大专院校	科研机构	机关团体	个人	总量
全市	271586	4512	2476	1520	30112	310206	全市	199132	2520	1246	1155	18359	222412
宝安区	68166	46	63	114	7217	75606	宝安区	53897	26	18	91	4313	58345
南山区	62978	3320	1807	152	4660	72917	南山区	40583	1901	984	151	2650	46269
龙岗区	46637	343	119	111	5579	52789	龙岗区	35958	281	28	82	3583	39932
龙华区	34287	12	53	74	3334	37760	龙华区	25017	0	11	91	1878	26997
福田区	17556	421	116	629	4394	23116	福田区	13160	202	60	516	3038	16976
光明区	20014	28	32	8	992	21074	光明区	14187	2	7	6	512	14714
罗湖区	8899	5	90	287	3033	12314	罗湖区	6542	1	68	130	1875	8616
坪山区	10383	337	68	48	637	11473	坪山区	7817	107	29	28	336	8317
盐田区	1655	0	37	26	214	1932	盐田区	1341	0	21	22	128	1512
大鹏新区	857	0	91	71	52	1071	大鹏新区	546	0	20	38	46	650
深汕特别合作区	154	0	0	0	0	154	深汕特别合作区	84	0	0	0	0	84

附表10：2020年专利申请量前20名企业

排名	企业名称	所属区域	发明（件）	实用新型（件）	外观设计（件）	申请量（件）	增速（%）
1	华为技术有限公司	龙岗区	8540	277	368	9185	37.23%
2	腾讯科技（深圳）有限公司	南山区	6388	40	463	6891	14.01%
3	比亚迪股份有限公司	坪山区	1190	839	115	2144	-7.35%
4	平安科技（深圳）有限公司	福田区	1572	1	31	1604	-59.62%
5	中兴通讯股份有限公司	南山区	1494	27	17	1538	-2.84%
6	深圳供电局有限公司	罗湖区	999	192	7	1198	-3.23%
7	深圳市华星光电半导体显示技术有限公司	光明区	1115	11	5	1131	8.85%
8	TCL 华星光电技术有限公司	光明区	992	3	1	996	1892.00%
9	深圳前海微众银行股份有限公司	南山区	957	10	11	978	32.52%
10	大族激光科技产业集团股份有限公司	南山区	315	503	126	944	-30.89%

（续表）

排名	企业名称	所属区域	发明（件）	实用新型（件）	外观设计（件）	申请量（件）	增速（%）
11	深圳市蓝禾技术有限公司	龙华区	20	440	480	940	80.77%
12	深圳创维 -RGB 电子有限公司	南山区	504	187	215	906	73.90%
13	深圳壹账通智能科技有限公司	南山区	810	0	5	815	-57.49%
14	平安国际智慧城市科技股份有限公司	南山区	626	0	175	801	621.62%
15	中国平安财产保险股份有限公司	福田区	618	0	28	646	15.36%
16	中国平安人寿保险股份有限公司	福田区	600	0	4	604	56.88%
17	深圳市优必选科技股份有限公司	南山区	448	115	37	600	272.67%
18	深圳迈瑞生物医疗电子股份有限公司	南山区	390	156	28	574	19.09%
19	深圳市大疆创新科技有限公司	南山区	70	338	125	533	10.58%
20	深圳 TCL 新技术有限公司	南山区	463	54	0	517	128.76%

附表11：2020年专利授权量前20名企业

排名	企业名称	所属区域	发明（件）	实用新型（件）	外观设计（件）	授权量（件）	增速（%）
1	华为技术有限公司	龙岗区	6370	257	366	6993	47.50%
2	腾讯科技（深圳）有限公司	南山区	2766	28	866	3660	50.56%
3	比亚迪股份有限公司	坪山区	945	752	117	1814	15.62%
4	中兴通讯股份有限公司	南山区	1337	32	27	1396	-12.04%
5	大族激光科技产业集团股份有限公司	南山区	179	665	159	1003	33.38%
6	深圳市大疆创新科技有限公司	南山区	187	311	133	631	7.31%
7	深圳市蓝禾技术有限公司	龙华区	7	225	390	622	34.05%
8	TCL 华星光电技术有限公司	光明区	613	2	1	616	-22.12%
9	努比亚技术有限公司	南山区	548	8	46	602	-34.28%
10	平安科技（深圳）有限公司	福田区	494	1	50	545	0.74%
11	深圳市华星光电半导体显示技术有限公司	光明区	440	10	11	461	121.63%
12	深圳创维 -RGB 电子有限公司	南山区	108	123	191	422	34.82%
13	深圳怡化电脑股份有限公司	南山区	222	112	81	415	-15.65%
14	惠科股份有限公司	宝安区	318	77	0	395	-29.21%
15	深圳市智微智能科技股份有限公司	福田区	2	322	26	350	713.95%
16	深圳供电局有限公司	罗湖区	79	233	35	347	-25.05%
17	深圳市汇顶科技股份有限公司	福田区	134	198	12	344	72.86%
18	宇龙计算机通信科技（深圳）有限公司	南山区	327	3	8	338	-49.70%

（续表）

排名	企业名称	所属区域	发明（件）	实用新型（件）	外观设计（件）	授权量（件）	增速（%）
19	深圳市艾维普思科技有限公司	光明区	0	87	247	334	38.59%
20	周大生珠宝股份有限公司	罗湖区	0	0	252	252	-24.32%

附表12：2020年PCT专利申请量前20名企业

排名	企业名称	所属区域	PCT 申请量（件）	增速（%）
1	华为技术有限公司	龙岗区	6945	49.77%
2	中兴通讯股份有限公司	南山区	1513	10.68%
3	深圳市大疆创新科技有限公司	南山区	1142	11.31%
4	平安科技（深圳）有限公司	福田区	1120	-8.94%
5	瑞声声学科技（深圳）有限公司	南山区	839	0.72%
6	腾讯科技（深圳）有限公司	南山区	579	36.88%
7	深圳市华星光电半导体显示技术有限公司	光明区	424	-48.29%
8	TCL 华星光电技术有限公司	光明区	348	102.33%
9	深圳市汇顶科技股份有限公司	福田区	279	-29.72%
10	深圳壹账通智能科技有限公司	南山区	277	12.15%
11	深圳前海微众银行股份有限公司	南山区	243	539.47%
12	诚瑞光学（深圳）有限公司	坪山区	198	—
13	深圳市道通智能航空技术有限公司	南山区	165	120.00%
14	深圳光峰科技股份有限公司	南山区	140	-0.71%
15	比亚迪股份有限公司	坪山区	129	-39.72%
15	深圳迈瑞生物医疗电子股份有限公司	南山区	129	-31.38%
17	深圳市欢太科技有限公司	南山区	120	-18.37%
18	深圳麦克韦尔科技有限公司	宝安区	98	880.00%
19	欧菲光集团股份有限公司	光明区	94	9300.00%
19	捷开通讯（深圳）有限公司	南山区	94	100.00%

附表13：截至2020年底有效发明专利拥有量前20名企业

排名	企业名称	所属区域	有效发明专利拥有量（件）
1	华为技术有限公司	龙岗区	33878
2	中兴通讯股份有限公司	南山区	14601

（续表）

排名	企业名称	所属区域	有效发明专利拥有量（件）
3	腾讯科技（深圳）有限公司	南山区	10115
4	深圳市华星光电技术有限公司	光明区	4931
5	比亚迪股份有限公司	大鹏新区	4333
6	宇龙计算机通信科技（深圳）有限公司	南山区	2374
7	努比亚技术有限公司	南山区	2154
8	海洋王照明科技股份有限公司	南山区	1226
9	平安科技（深圳）有限公司	福田区	859
10	深圳市腾讯计算机系统有限公司	南山区	800
11	深圳迈瑞生物医疗电子股份有限公司	南山区	788
12	深圳 TCL 新技术有限公司	南山区	722
13	深圳市华星光电半导体显示技术有限公司	光明区	674
14	群康科技（深圳）有限公司	龙华区	665
15	大族激光科技产业集团股份有限公司	南山区	655
16	深圳怡化电脑股份有限公司	福田区	634
17	深圳市中兴微电子技术有限公司	盐田区	614
18	深圳市大疆创新科技有限公司	南山区	578
19	深圳市海洋王照明工程有限公司	南山区	568
20	惠科股份有限公司	宝安区	544

第五篇 各区科技发展

Science & Technology Development in Districts

第一章 宝安区科技发展

一、科技创新概况

2020年，深圳市宝安区科技创新局（区科学技术协会）围绕建设“智创高地”目标，瞄准核心领域，创新工作方法，保持科技创新良好发展态势。

一是高新技术产业快速增长。2020年，深圳市宝安区（以下简称“宝安区”）高新技术产业产值达到 5991.3 亿元，同比增长4.6%；新增国高企业957家，总量达5842家，连续4年居广东省第一；科技型中小企业共计2588家，占深圳市30.66%，科技型中小企业数量连续2年蝉联深圳市第一。

二是区域创新力增强。宝安区全年主营业务收入5亿元以上工业企业的研发机构实现全覆盖，规模以上工业企业研发机构覆盖率达55.8%；研发投入达175.19亿元，同比增长29.9%，增速和总量均为深圳市第三，全社会研发支出占GDP比重的4.55%；深圳先进电子材料国际创新研究院顺利通过筹建期验收；全年新增129个创新平台，各类平台总量达435个；成立5G产业技术与应用创新联盟和宝安区激光产业链技术与应用创新联盟，全区各类产业技术创新联盟达14个。

三是创新载体质量提升。截至2020年底，宝安区建成各类科技园区88个及众创空间26个，提供创新产业空间800多万平方米。新增国家级科技企业孵化器2个，总数达14个，为全市第一；新增国家级众创空间4个，总数达12个。

四是创新生态优化。2020年，宝安区建成湾区新技术新产品展示中心，并开展20场展会及29场宝安发布，累计吸引643家企业参展及160家企业参与宝安发布，线上线下参与人数达492.4万；举办各类银企对接会16场，累计为辖区137家企业促成21.53亿元贷款；新引进区高层次科技创新人才154人，引进培育创客团队12个，新建研究生培养实践基地13个；评审认定7家单位为区科普教育基地，2家单位为区科普示范社区。

二、创新政策体系

2020年，宝安区落实重大政策规划，完善政策引领体系，引领科技创新事业发展方向。一是开展宝安区科技创新发展第十四个五年规划编制，对标市区总体规划，紧贴宝安所需，明确“十四五”期间宝安区科技创新发展的思路、目标、任务；二是修订完善科技创新政策，牵头修订完善《宝安区关于创新引领发展的实施办法》，优化包含企业研发投入和国高认定补贴在内的条款，新增科技攻关内容，突出政策稳增长导向，并同步开展政策配套操作规程修订；三是全面推进区域发展规划，牵头开展《深圳国家高新区宝安园区综合发展规划》编制，明确各片区产业定位和发展方向；落实深圳国家自主创新示范区宝安园区产业规划，并适时启动规划修编，引导各片区产业集聚发展。

三、协同创新机制

2020年，宝安区以研发为主线，推动企业提升发展动力。一方面，推进企业研发机构覆盖，集聚研发创新平台。联合税务、统计、辖区街道等部门组成联合工作组，组织企业进行政策宣讲及专题指导培训，确保企业在研发机构建设的过程中熟知政策，了解流程。2019年，全区研发投入175.19亿元，同比增长29.9%，总量居深圳市各区第三；全力抓好企业研发机构建设，近2年企业研发机构数量增长2倍，达2687家，5亿以上工业企业实现研发机构全覆盖，规模以上工业企业覆盖率达55.8%；以企业为主体建设创新平台，全年新增129个创新平台，总量达435个。另一方面，围绕基础研究和应用基础研究“补短板”，深圳先进电子材料国际创新研究院顺利通过筹建期验收，并于2020年12月30日举办开园仪式。该研究院已申报广东省先进电子封装材料技术创新中心，并将申报国家集成电路材料技术创新中心。此外，推动产业技术创新联盟建设，新增5G产业技术与应用创新联盟和宝安区激光产业链技术与应用创新联盟，宝安区各类产业技术创新联盟达14个。

四、国家高新企业队伍建设

2020年，宝安区聚焦高新技术产业高质量发展，狠抓科技企业提质。初步构建“科技型中小企业—国高企业—规上国高企业—高成长性企业—创新百强企业”科技企业梯队，建立国高培育诊断制度，走进街道、科技园区、企业开展专题辅导活动。2020年辖区新增国高企业957家，总数达5842家，持续 4 年居广东省区县第一。此外，宝安区科技型中小企业共计2588家，总量连续2年深圳市第一。

五、产业空间布局

2020年，宝安区以国家自主创新示范区、国家高新区宝安园区为主抓手，推进科技创新重点片区建设。一是明确国家高新区宝安园区各片区发展定位，支持尖岗山打造宝安香港科技创新园、铁仔山打造软件和信息产业基地、石岩南打造科技成果转化示范区；二是引导城市更新新建项目及旧工业区整治提升项目向科技园区转型发展，加速培育科技桃花源，打造“众创空间-科技企业孵化器-科技产业园”为一体的科技桃花源创新载体体系。2020年新认定科技桃花源14个，总数达到88个800多万平方米，其中国家级孵化器达14家，总量居深圳市各区第一。三是组织专题培训提升科技园区运营水平,发掘多元化园区服务,新增6家“党建引领1+6”科技创新服务站，累计建立总量达27家。

六、科技创新服务

2020年，宝安区加快构建涵盖成果转化、创新孵化、科技金融、创新文化厚植等全链条创新服务支撑体系。一是建成湾区新技术新产品展示中心，打造深圳第一个集产品展示、技术成果转化交易、知识产权保护“三位一体”的产业服务平台。该中心全年共开展20场展及29场宝安发布，累计吸引643家企业参展及160家企业参与宝安发布，参与人数达492.4万。二是发展科技金融，签约包含农业银行及浙商银行在内的金融机构，举办各类银企对接会16场，累计为137家企业促成21.53亿元贷款。三是以创新创业大赛集聚高端创新创业资源，连续7年高水平举办创新创业大赛，国赛电子信息行业总决赛从2017年起连续3年落户宝安。四是抓好科技人才培育，新引进区高层次科技创新人才154人，累计引进1145人；引进培育创客团队12个，新建研究生培养实践基地13个，引导44名博士生及硕士生到实践基地开展课题研究；重点推进2家企业设立省科技专家工作站，对3家企业做好培育建站工作；落实中国国际人才交流大会组织工作，组织40余家企业参展及1000家单位参加网络招聘，提供6000多个职位。五是办好会展活动——组织25家辖区企业在第二十二届高交会参展，并开展2场配套活动；落实宝安双创周9个分会场活动，组织24家科技企业参展；发动区科技企业申报435个深圳创新创业投资大会平台科技项目，项目数居深圳各区第一。

七、科普教育

2020年,宝安区扎实开展全区科普工作。一是充分发挥以科技馆为主的科普教育基地作用，打造科普活动品牌，夯实服务根基。二是壮大科普组织，发动符合条件的单位开展区科普示范社区、区企业科协、区科普教育基地等基层科普组织创建工作，评审认定7家单位为区科普教育基地，2家单位为区科普示范社区。三是组织2020年宝安区科普活动（学术交流）项目工作，资助58个项目。四是开展高质量科普活动——举办深圳（宝安）科普月大型活动；开展“流动科技馆”23场；开展“院士专家进校园”讲座51场；推出中医抗疫、垃圾分类、“仰望星空”、中国“酷”发明等多主体科普展；开展创新教育公益课程。截至2020年底，宝安区累计创建39个科普示范社区，其中包括7个全国科普示范社区及13个省级科普示范社区。

八、科技战“疫”

一是面对新冠肺炎疫情，宝安区在深圳各区中率先开展新冠疫情防控科技攻关。2020年2月11日，宝安区技术攻关特别专项实施方案，鼓励全区科研机构、医疗机构、医药企业开展技术攻关，共推进106个项目申报，21个项目立项，深圳市专家委员会给予充分肯定。二是推动科技园区落实租金减免政策，累计为67个科技桃花源减免企业租金1.46亿元，惠及企业7240家。三是加强疫情防控科普宣传，向社区发放126套防疫科普图册和3万余本《新型冠状病毒防护》科普书籍，得到中国科协应急科普工作领导小组办公室的肯定，科普宣传做法被《应急科普工作简报》刊登报道。

第二章 龙岗区科技发展

一、龙岗区科技发展

2020年，深圳市龙岗区（以下简称“龙岗区”）紧抓双区驱动战略机遇，加快推动科技创新发展。龙岗区成功入选全国第三批双创示范基地，龙岗区科学技术协会获评深圳市唯一“全国科普工作先进集体”。全年辖区高新技术产业产值达9431.79亿元，占规上工业产值的83.5%。

二、创新体系建设完善

2020年，龙岗区结合港澳所需、湾区所向、深圳所能和龙岗所长，编制出台《龙岗区推进粤港澳大湾区国际科技创新中心建设行动计划（2020—2022年）》；立足龙岗区科技创新发展基础、优势、特点，起草完成《龙岗区科技创新“十四五”规划》《深圳国家高新区龙岗园区综合发展规划》；在深圳市各区中率先出台疫情防治技术攻关专项政策，立项扶持13个项目共1442万元。全年共向2363家科技型企业拨付6.3亿元资金，对人才团队、知识产权创造、研发投入、国高培育、平台载体建设、获奖激励等方面扶持；在政府资金撬动作用下，全社会研发投入达504.8亿元，占GDP比重的10.7%，是深圳市（4.9%）的2.2倍，是全国（2.2%）的4.8倍。

三、创新资源加速集聚

2020年，龙岗区深入对接高校创新资源，依托香港中文大学（深圳）筹建深圳先进高分子材料研究院，支持和推动香港中文大学（深圳）、深圳市大数据研究院、龙头企业共建未来网络系统优化创新实验室。广东省超高清视频创新中心正式获批准组建，该中心与四川省超高清视频制作技术协同中心结成战略合作伙伴，并联合8家龙头企业共建前端系统与制作技术实验室。龙岗区支持高等院校和龙头企业建设创新平台，2020年全区共有各级创新平台220家，实现5年翻番。

四、创新力持续提升

鼓励推进知识产权创造，激发企业知识产权创新活力。2020年，龙岗区PCT国际专利申请量占深圳市1/3以上，居深圳市第二；国内专利申请量及授权量稳居深圳市第三；获得市级以上科技进步奖和专利奖共31项，包含国家级奖项12项。此外，龙岗区发布首个《知识产权发展状况白皮书》。辖区发行金额为10亿元的首个知识产权证券化产品在深交所获批，全年完成12家企业共2.43亿元资金发放，帮助企业变“知产”为“资产”。

五、创新载体加速布局

2020年，龙岗区通过构建载体认定、建设扶持、提升激励、租金补贴等扶持政策体系，引导各类市场主体建设各级创新载体。天安云谷、星河WORLD、启迪协信等一批高端载体成为高新技术企业发展主阵地，初步打造“众创空间+孵化器+加速器+产业园”四位一体的全过程孵化育成链条，满足不同成长阶段企业的发展需求。2020年，全区共有众创空间44家（国家级12家、省级1家、市级22家），总面积约12万平方米，入驻初创型企业超400家；孵化器29家（国家级4家、省级1家、市级15家），孵化面积40万平方米，入驻企业800余家；加速器2家，面积超10万平方米；科技创新产业园11家，总建筑面积近200万平方米，在园企业1500多家，其中国高企业180家。

六、创新主体持续壮大

龙岗区开展高新技术企业增量提质行动，2020年共组织1779家企业申报国高，同比增长18.9%；962家企业通过认定，通过率达54%；国高企业总量达2502家，实现5年翻两番。依托包含“深龙英才计划”在内的重大人才工程，瞄准本地产业需求，引育高端创新人才，形成“选得准、引得来、留得住、用得好”局面，打造高层次人才集聚高地，累计引进培育创新创业团队数量居深圳市第二，其中企业类团队数量居深圳市第一。

七、营造良好的创新氛围

2020年，龙岗区首次举办全国双创周深圳主会场活动，囊括9项主会场活动和6项分会场活动；组织召开第十二届深创赛龙岗区预选赛，斩获的晋级总决赛项目数及国赛项目推荐数居深圳市第一；做好高交会及国际人才交流大会参展工作，展示辖区良好的创新创业环境；首届深圳创新创业投资大会中，龙岗分会场入围11个企业和团队进入专家终审会前60强，居深圳市第一；推动知识产权联盟举办线上线下公益讲座26场，为数百家中小科技企业提供“问诊式”服务；深入重点园区开展11期“科技服务直通车”活动，围绕知识产权、国高培育、融资支持等问题，把服务送到企业“家门口”。

八、多措并举推动科学普及

在科学普及法制建设方面，龙岗区积极落实《深圳经济特区科学普及条例》。一是加强科普体系建设，分解《科普条例》任务分工，征求相关部门意见，印发《龙岗区科普工作联席会议制度》和《龙岗区贯彻实施〈深圳经济特区科学技术普及条例〉任务分工方案》。牵头龙岗区27个部门及11个街道分工负责，保障各项任务实施。二是加强科普作品创作，联合龙岗区教育局发掘优秀原创科普作品并参加深圳市第二届科普剧大赛，辖区4所学校参赛，在深圳市38支队伍中脱颖而出，获得一等奖2个，二等奖及三等奖各1个。三是推进科普资源整合，打造“龙岗区科普教育基地线上展”小程序。该小程序汇集科普知识、龙岗区各科普教育基地风采、各基地科普活动预约等内容，成为科普学分制深造的有益探索。

科普阵地建设方面，一是2020年新认定17家单位为龙岗区科普教育基地；指导和推荐辖区科普教育基地申报国家、省、市级基地评选，包含银鹰航空在内的8家单位被评为2020年市级科普教育基地；截至2020年底，累计创建科普教育基地51个（国家级2个、省级8个、市级28个、区级29个）、省级科普示范社区8个、科技特色学校15个（省级5个）。二是建成深圳市首个社区科普馆——“龙岗区科普馆愉园社区站”，组织开展公益科普小课堂活动，为市民开启“家门口”科普课堂。

在科普活动开展方面，龙岗区依托首届深圳科普月开展多样性科普活动。一是围绕“决胜全面小康，践行科技为民——科普立法助力先行示范”的主题开展首届深圳科普月活动，依托各街道社区、企事业单位、各类科普教育基地开展科普活动100余场，活动覆盖上万人。二是推进应急科普活动。开展“防控疫情，科普同行”有奖竞猜活动，吸引83635人参与。此外，龙岗区科学技术协会与龙岗区教育局联合举办“科技战疫，创新强国”主题的中小学抗疫科普知识竞赛，取得良好效果。三是举办“玩转诺奖——改变生活的诺贝尔物理学奖展”活动及第36届全国青少年科技创新大赛龙岗区选拔赛活动。其中，流动科技馆进校园活动先后走进10所学校，覆盖5万受众。此外，连续两年承办“深港澳人工智能大赛”，品牌效应凸显。

青少年科技教育方面，一是龙岗区科学技术协会联合区教育局组织全区中小学校开展线上科技节活动，辖区10万余名中小学生参加了科普知识竞赛、科普绘本创作、创意制作展示等主题的科技活动。二是组织参加广东省青少年科技创新大赛线上决赛。全区共有2个科技实践活动被评为广东省十佳科技活动，3个项目获得广东省一等奖，4所学校项目进入全国青少年科技创新大赛，并连续5年在全国青少年科技创新大赛中获得一等奖。三是指导中小学生申报国家专利300余件，青少年科技创新力显著提升。四是包含龙城高级中学在内的3所学校被评为广东省青少年科技教育创新团队，四联小学被评为广东省青少年科学教育特色学校。截至2020年底，全区共有学生创客实践室82个，培养“中国少年科学院小院士”251人，数量领跑全国。此外，拥有学生科技社团320个、校级少年科学院20个、省级青少年科技教育创新团队3个、市级优秀学生科技社团72个。

科普信息化建设方面，一是推动“天天科普”小程序从“科普中国”转载科普知识及科普活动新闻信息，全年共通过“天天科普”小程序推送信息1000余条。新冠疫情期间，充分发挥22个“科普e站”作用，累计播放防疫影音作品4.68万分钟，传播量达8.6万次。二是通过科普画廊及科普长廊，展示各类防疫安全、科技文化、科学热点等主题知识，及时向市民传送前沿科技资讯和科普知识。三是壮大“科普中国”信息员队伍，加大“科普中国”App使用量及信息传播量。截至2020年底，龙岗区共有“科普中国”信息员6372人，传播量达42927次。

助力科技创新方面，一是推动深圳创新创业投资大会龙岗分会场活动举办，共发动辖区232家企业及89个团队报名参加，报名数位居深圳市第三。二是促进高端智力与企业融合，推动高端人才引领企业技术创新和成果转化。2020年，龙岗区引导推荐4家企业申报院士工作站。三是推进“科创中国”创新资源共享平台共建共享。引导企业注册“科创中国”共享平台，加快推进科技创新资源供需对接，助力区内企业创新发展，促进产学研用深度融合。

第三章 福田区科技发展

一、福田区科技创新

2020年深圳市福田区（以下简称“福田区”）高新技术产业增加值为432.48亿元，同比增长0.1%，占GDP比重的9.1%。2020年1月至9月，福田区专利申请数为16639件，同比减少0.6%，其中发明专利申请数为5461件,同比减少21.4%。此外，福田区全年专利授权数为12774件，同比增长25.2%，其中发明专利授权数为2518件，同比减少10.4%。截至2020年底，福田区有国家级、省级、市级重点实验室、工程研究中心、技术研究中心、公共服务平台等各类创新载体226家，其中国家级共有11家，省级54家，市级161家，主要产业涉及电子信息、新材料、生命健康、先进制造、新能源、智能装备等领域；全区科技企业孵化器和市级以上众创空间合计27家，总面积约23万平方米，其中科技企业孵化器4家，国家级众创空间11家，市级以上众创空间22家；全区有战略性新兴企业1858家，其中新一代信息技术493家、高端装备制造29家、绿色低碳316家、生物医药86家、数字经济700家、新材料118家、海洋经济116家。

二、助力企业复工复产，打赢疫情防控阻击战

自2020年1月23日起，深圳市福田区科技创新局（以下简称“区科技局”）迅速行动，通过多种方式，确保辖区国高企业快速复工。截至2020年3月6日，福田区国高企业复工率达93.12%，全市领先；举办“政企座谈”，通过线上线下连线沟通的方式对辖区重点科技型企业开展调研，了解企业当前情况及遇到的困难；利用云开讲“战疫36计”向企业宣传讲解“福企十一条”“福企新十条”；并准备将同等条件下的本地产品优先纳入政府采购范围，助推辖区企业发展。疫情期间共推动4家科技企业成功上市，多家科技企业在疫情期间继续保持逆境增长。

三、科技创新质量水平提高

（一）加速国家高新技术企业培育

一是加大政策扶持力度，提高企业积极性。新增“国高企业入库培育支持”。二是精准分析企业信息，对接重点培育对象。委托行业协会利用大数据收集辖地内企业信息，按国高申报要求对企业进行分级筛选和信息化处理。三是结合线上线下培训，解决企业申报难题。福田区科创局与各街道通力合作，开展十场线下国高定向培育巡讲活动。区科技局为企业提供了每周两次的国高申报培育线上直播课，邀请企业负责人加入“国高辅导群”，利用信息化手段突破空间限制。2020年福田区国高申报企业926家，通过488家，通过率达52.69%，超额完成深圳市下达的361家的指标。

（二）R&D占GDP的比重提高

区科技局多次召开“福田区企业（单位）研发活动统计报表培训会”，联合区统计局对辖区1600余家符合R&D统计范围的规上企业填报动员和报表填报培训，并举办“5亿元以上工业企业研发报表培训会”。2019年度福田区企业R&D最终认定数为63.71亿元，同比增长10%，占GDP比重的1.4% 。

四、建设“三大工程”，打好科技创新攻坚战

（一）构建都市型分布式智能化科创区

福田区顺应国际创新资源“再中心化”趋势，借鉴伦敦“硅环”与纽约“硅巷”先进经验，对标“曼哈顿+硅谷”，

推动福田从“中央商务区”转型为“中央创新区”；完成“都市型、分布式、智能化”课题报告，并印刷成册；以“河套科技创新合作区”建设为核心，实施重点组团重塑行动，提升都市型科技创新区重要承载空间。河套深港科技创新合作区聚焦生命科学、信息科学、材料科学三大领域，打造港校优势学科重点实验室、国际一流创新研究中心、国家重大科研平台三大集群，搭建产业承载、创业孵化、专家咨询三大平台。截至2020年底，该片区对接和落地的项目数量总数共计132个。梅彩片区按照打造特色化和专业化楼宇标准，谋划并设计深圳新一代产业园顶层招商方案，开展精准招商，举办多场推介会。截至2020年底，该片区已洽谈百余家企业，共导入企业51家，其中包括广东省5G中高频器件创新中心、粤港澳 5G 和新一代无线信息技术公共服务平台、IC设计与应用公共技术服务平台等多个高端创新载体。华强北片区修改完善了《华强上步片区产业空间供给侧改革专项措施》及申请指南，对项目空间布局进行适当调整和修改，对运营机构提交的租金支持材料进行审核。为确保已成立的4家产业园区有效运营，促进资助资金合理使用，根据产业监管协议考核指标，该片区对4家园区主要指标进行考核，并促进优质项目资源导入。

（二）积极打造“大福田”孵化器

一是推动辖区孵化器提质提量。2020年，福田区出台《福田区科技园区（孵化器）认定与管理暂行办法》，积极组织各园区（孵化器）申报；按照科技部、广东省科学技术厅、深圳市科技创新委员会工作部署，积极组织辖区众创空间申报各级众创空间认定，填报科技部火炬统计系统，共推荐4家众创空间申报第四批国家专业化众创空间备案；推荐6家众创空间申报2020年度省级众创空间；推荐4个众创空间申报2021年深圳市科技企业孵化器和众创空间认定与资助。2020年，福田区新增粤港澳青年创新创业工场（福田）和佰加创客空间2家国家级众创空间；新增包含深圳 yeswedo 福保国际 · 优客工场在内的市级众创空间6家；新增包含孔雀谷深港创科育成基地在内的市级科技企业孵化器2家。

二是加大孵化载体扶持力度。在《深圳市福田区防控疫情同舟共济“福企”新十条》推出创新创业孵化载体租金减免支持政策，给予多加科技园区企业租金减免支持；完善《深圳市福田区支持科技企业高成长若干政策》，共给予36家孵化类企业扶持资金308.23万元，给予21家聚集类企业扶持资金338.26万元，给予3家园区综合贡献奖励共353.44万元扶持资金。此外，为推动华强北创新创业示范基地建设，区科技局将智方舟国际智能硬件创新中心项目作为福田区全国双创示范基地建设的重点项目推荐到国家发改委，获得国家发改委1000万元的资金支持。

三是积极开展双创宣传活动。福田区开通创新创业大讲堂，在2020年7月至12月每月邀请一名优秀创业导师及创投合伙人为华强北创客团队及小微企业举办讲座；采取线上推广方式，举办大湾区智能科技应用场景服务生态专场和2020创响中国 · 大湾区智能科技应用场景服务生态引擎计划专场活动；第十二届深圳创新创业大赛福田预选赛区克服疫情不利因素，吸引560个项目报名，报名总量再创新高，同比增长51.4%。预选赛共有62个项目晋级深创赛半决赛，其中13个项目在行业决赛中获奖。

（三）建设一流知识产权生态区

一是以新一代信息技术、人工智能、高端装备制造等重点产业的优质企业为主要标的，构建专利资产池，并筹建特色鲜明、模式创新、可复制可推广的知识产权证券化产品。截至2020年底，证券化入池企业10家，发行额度为1.3亿至1.4亿，预计2021年12月发行。二是知识产权金融创新成效显著，2个知识产权质押融资项目落地，6个存量知识产权质押融资项目快速推进，预计总融资规模达6亿元。三是搭建知识产权大数据中心和南方知识产权公共服务平台，为福田区400个会员企业提供免费知识产权服务，降低福田区企业创新成本2000万元；大力推进知识产权公共服务，推出22项免费服务，为企业提供免费咨询及政策推送服务；举办多场知识产权培训和宣传活动；引导企业有效规避知识产权风险，提升商标保护和运用水平。

五、多措并举，推进科技创新先行典范区创建工作

（一）完善产业扶持政策体系

推出福田区产业发展专项资金科创分项“1+6”政策及相应申报指南和操作指引；率先在深圳市出台支持区块链产业发展专项政策，从产业基金、项目落户、产业用房、企业高成长、研发创新、应用示范、贷款贴息、科技活动交流、人才培训等方面支持区块链产业发展；疫情期间急企业之所急，将“核心人才保险”支持政策的每个单位年度支持总额提高至50万元，该政策共为104家企业的2149个核心人才提供了2234.37万元保险保障补贴；区科技创新局在《“福企”十一条》中重磅推出最高30万元的“规模以上中小型国家高新技术企业生产经营支持”政策，鼓励企业积极抗击疫情，坚持创新创业。截至2020年底，该政策支持企业110家，支持金额达2060万元，有效帮助广大中小型科技企业提高抵抗风险能力。

（二）推进智慧福田WIFI建设

根据《关于福田区智慧福田WIFI通和政府办公大楼无线局域网（WLAN）维护服务的合作协议》约定，福田区于2020年4月支付中国电信股份有限公司深圳分公司307.73万元，用于WIFI网络维护管理，并在确保网络信息安全的基础上保证网络顺畅；对福华社区图书馆、福田文化馆、香蜜湖街道办政务服务大厅、福田街道福南社区党群中心办事大厅等场地改造所搬迁导致WIFI无法使用的项目进行维修，保证智慧福田WIFI通项目平稳运行，保障市民在福田区公益场所网络应用需求；联合电信开展福田区委大楼项目巡检，检测无线网络信号和网速，保证福田区委办公大楼的WIFI有序运行。

（三）配合开展人才引进工作

一是积极做好福田英才荟政策宣传和解释工作，通过开展推介会和宣讲会推介区科技局优惠政策；通过开展座谈会和汇报会了解企业诉求，解释福田区政策和解决企业问题；以电话和邮件答疑方式帮助企业解决产业资金资助申请问题。截至2020年10月底，已受理和审核420家企业申报业务，并对403家企业拨付了人才奖励，共计7590万元。

二是完成区科技局2020年第一批产业人才租赁住房房源分配工作，共受理63家科技型企业申报，并共配租房源183套；完成区科技局2020年第二批产业人才租赁住房房源分配工作，共受理67家科技型企业申报，并共配租房源145套；此外，坂田项目和布吉项目已开通日常受理通道，截至2020年底，完成8批产业人才房受理和审核，共计审核科技型企业54家。这一举措使得更多人才资源汇聚福田，为福田区再中心化、再创业、再提升注入不竭发展新动能。

三是开展人才交流活动，福田区是第十八届中国国际人才交流大会线下活动分会场。该活动由区科技局主办，在福田虚拟展厅发布了39家国高企业技术成果，展示了16位高层次人才风采，推出了6个深港合作区优秀项目，吸引领导和近100位企业代表共同参与开幕式。

（四）全方位开展科学普及

一是面向重点人群持续推进全民科学素质教育。持续开展特色品牌科普活动，主办全国科普日暨2020年深圳科普月、福田区21届青少年科技节活动、福田区第四届STEM0教育嘉年华活动、福田科普互动智慧走廊进校园活动，开展红树林科普教育课程、2020“福田高企校园科普行”、福田市民科普游、福田科普嘉年华等活动，与未来科技馆举办合作共建系列活动，这些科普活动得到师生和市民朋友一致好评。二是联合主办深圳创新创业投资大会。通过多个平台和机构，发动企业积极申报深圳创新创业投资大会，吸引218家企业报名，其中新一代信息技术行业119家、数字经济行业12家、高端装备制造行业41家、生物医药行业17家、新材料行业15家、绿色低碳行业14家。三是开展华强北大街科普提升调研。围绕华强北的电子科技文化特色，福田区以提升华强北科普优势，推进华强北科技文化特色街区建设为目标，开展华强北大街科普提升调研课题研究。

（五）城市更新产业建设

区科技局承担三星工业区、满京华康美地块、天安数码

城、一致药业、智联泰产业园5个城市更新项目，预计未来可提供100万左右的产业空间及每年约30亿元纳税，为打造科技创新中心提供空间保障。据了解，福田区未来计划导入重点科研项目、重大资源平台、龙头企业、上下游产业生态、配套服务生态等要素资源。

第四章 南山区科技发展

2020年，深圳市南山区（以下简称“南山区”）坚持以习近平新时代中国特色社会主义思想为指引，在南山区委区政府正确领导下，抢抓“双区驱动”重大历史机遇，加快实施创新驱动发展战略，为高质量发展提供强有力的科技动能。

一、西丽湖国际科教城建设

2020年，南山区推进西丽湖国际科教城建设，提升源头创新能力。一是加快高校资源集聚。天津大学佐治亚理工深圳学院正式获得教育部设立批文；清华大学深圳国际研究生院、深圳大学二期工程、南方科技大学二期工程建设加速；香港大学深圳校区及北京大学国际校区项目引进取得重大进展。

二是持续布局创新平台。2020年，南山区国家、省、市级创新载体累计达458家，鹏城实验室石壁龙永久园区一期工程进入初步设计阶段，大科学装置鹏城云脑二期进入试运行阶段；南科大深圳国家应用数学中心落地建设，包含深圳市工业技术创新研究院及国际领航创新基地在内的创新平台持续布局；集成电路、生物医药、网络通信等重点产业领域产学研用深度融合创新平台体系逐步形成。

三是产业空间持续拓展。南山区西丽高铁新城建设全力开展，深圳市首个联建总部大楼正式落地，白石岭深港科学园项目顺利立项，国际创新谷和生物经济领航园投入使用，南山科技创新中心及云科技大厦加快建设。

四是公共配套保障持续完善。南山区大沙河生态长廊及西丽生态公园投入使用，深圳大学附属教育集团外国语中学落地建设。辖区石壁龙高压线迁改、白石岭片区LNG管线降压改线、平南铁路迁改等工作推进，为科教城整体环境提升、重大项目落地、综合环境提升提供保障。

五是推进鲲鹏生态发展。充分发挥南山区位、产业、政策资源优势，以及华为科技、生态、创新资源优势，建设南山-华为新一代信息技术应用创新中心、深圳市金融国产化攻关基地、鲲鹏人才培训基地，助力深圳打造行业生态完善、核心技术领先、应用场景丰富、竞争力强的全国鲲鹏产业示范区。

二、提升科技创新服务

一是有效利用财政资金。2020年，南山区通过实施研发投入支持计划、国家高新技术企业倍增支持计划、科技金融贴息资助计划、专利支持计划等政策手段，有效发挥财政资金扶持和引导作用，全年拨付资助项目3782项，金额近9亿元。

二是制定出台抗疫措施。南山区在2020年疫情期间制定7项措施科技抗疫，助力企业复工复产，通过降低企业租金及加快疫情防控科研成果研发、推广、应用，帮助科技企业提升抗风险能力及拓宽知识产权融资渠道，缓解企业因疫情面临的实际困难，激励科技企业提升自主创新力。

三是加大国高培育力度。南山区通过线上培训、线下坐诊、定向辅导等方式，辅导南山区企业申报国高，提高国高复议通过率，累计举办线上国高培育辅导培训12场、专家一对一现场辅导10场、复议辅导会5场，受益企业超1000家，2020年国高企业数达4117家。

四是拓展保障产业空间。加快推进南山生命科技产业园、创智云城、国际创新谷、生物孵化器三期、南山智城等产业园区建设，保障科技企业发展空间需求。

五是加强人才服务。积极走访区内广东省及深圳市高层次人才团队，了解团队项目进展和产业化路径，加强团队支持力度，修订完善支持计划实施细则和操作规程，积极引进广东省和深圳市高层次人才团队落户南山，结合南山区人才安居政策，做好科技人才服务工作。

三、优化创新创业环境

一是完善双创空间评价体系。2020年，南山区开展“投资+孵化”课题研究，完善《南山区双创空间现状调研与政策研究》报告，剖析现有政策实施环境与众创空间运营发展态势，完善孵化器和众创空间资助计划评价指标体系。截至2020年11月，南山区共备案孵化器和众创空间286家，孵化面积达163万平方米，在孵创业团队和初创企业达9752个，累计毕业团队和企业10432个。

二是举办创新创业活动。南山区通过主办2020创新南山“创业之星”大赛及支持中美青年创客大赛，宣传南山创新创业资源，吸引初创科技团队扎根南山，活跃区域创新创业氛围。

三是优化科技金融服务工作。南山区通过对中小科技企业融资环境、融资诉求、主要融资阶段和形式摸底，引导合作金融机构大力服务南山区中小微科技企业。截至2020年，南山科技金融在线平台累计审核1061家企业评级资料，为912家企业出具放款确认书1494次，累计贷款金额达64.26亿元；累计受理716家企业共988笔贷款贴息申请，共补贴1.6亿余元。

四、实施国家知识产权战略

一是实现知识产权全链条保护。2020年，南山区依托联席会议制度，联合公检法部门，建立联动保护机制。线下建立知识产权服务编队，引导企业通过线上综合服务平台开展知识产权保护业务。线上依托南山知识产权综合服务平台建立知识产权网上办事大厅，实现知识产权“创造、运用、保护、管理、服务”业务一网通办，建立南山知识产权大数据库。

二是提升知识产权质量。南山区新引进国家级资源平台，由刘春田、宿迟、金克胜成立的刘宿金工作室正式挂牌落地，并作为南山知识产权联盟委员指导中心推进工作开展。与广东省及深圳市知识产权保护中心签署合作备忘录，在知识产权申报咨询和维权援助方面开展三中心联动，为企业提供更加便捷的服务、资源、渠道。

三是依托平台实现知识产权领跑。2020年，南山区获批国家知识产权信用体系全国唯一一个区县级重点推进地区，获批广东省首个省市区三级共建商业秘密保护基地，发布中国（南山）海外知识产权协同服务平台。南山区科技创新局以三大平台为抓手，实现知识产权领先领跑——2020年，辖区国内专利授权量为46269件，同比增长26.4%，占深圳市20.8%；发明专利授权量为12901件，同比增长18.1%，占深圳市41.4%；PCT国际专利申请量为8217件，同比增长12.5%，占深圳市40.7%。

五、开展全民科普工作

一是积极开展科普及学术科技交流活动。为提升南山区科普活动质量，南山区科学技术协会建立“南山区科普项目库”，通过区科协推荐和社会公开征集两种方式吸纳优秀科普项目入库，并以项目采购方式按需采购入库项目，2020年共立项科普项目26个，学术与科技交流合作项目6个。

二是开展首届深圳科普月活动。筹备首届深圳科普月南山区会场活动，包括南山区科普月主会场活动和科普月分会场活动。南山区科普月主会场活动现场展示招商街道五湾社区、西丽街道TCL园区、南山图书馆、南山区青少年活动中心等会场活动风采，分会场活动由南山区科学技术协会主办的18场大型活动及街道社区组织的130余场活动组成。该活动在《蛇口消息报》及微信公众号平台宣传。

三是整合南山区园区企业资源，完善科普创新载体建设。2020年，南山区围绕西丽湖国际科教城重大战略任务，以“科普助力科教城，打造中国新硅谷”为主题，联合西丽街道TCL国际E城建成深圳市首家科普园区。园区总建筑面积43万平方米，设置“科技文化形象区”“科技创新体验区”“科技科普装置”三大功能区，将科普宣传与产品展示有机融合，为数百家园区企业提供了创新产品展示窗口，寓教于乐开展科普活动。该园区开园后亲子游客月均超1000人。

四是聚合人才服务资源，提升科普质量。南山区对深圳人才公园的深爱人才馆全面升级，融合人才服务、科普互动、政企交流等八大功能，利用高科技人才项目优势和创业成果向公众进行科普宣传，将“硬科技”贯穿“软服务”。馆内设置产品直播、项目路演、科技成果展示、科普互动体验等主题区域，聚焦战略性新兴产业领域，精选科技含量高、互动性强、贴近群众生活的高科技智能产品，展现科技创新对促进经济发展和创造美好生活的重要作用。

五是联合科研机构资源，强化科普智慧，优化科普内容。南山区鼓励科研院所发挥人才、设施、专业优势，向社会开放。如中科院深圳先进院开发“博士课堂”课程，携手68位博士按照教育部科学大纲开发科普课程70余门，累计授课800余课时，辐射受众7万人；举办“脑育未来”线上直播，安排5名脑科学领域科研人员开展包含脑科学公开课及脑科学趣味实验在内的科普线上互动，吸引近50万人观看；开放包含劳伯特生物医学成像研究中心在内的高端实验室，向中小学生展现科研设施和最新成果，传递“爱生活、爱科学、爱国家”的核心理念。

六是广泛开展科技志愿服务。配合南山区新时代文明建设需要，开展各类科技志愿服务活动，并获得中国科协立项支持。此外，科普月期间，南山区成立包含深圳市科技志愿服务南山知识产权保护分队在内的8支科技志愿服务队，全方位开展科技志愿服务活动。

第五章 罗湖区科技发展

一、政策先行，实现创新驱动发展

2020年，深圳市罗湖区（以下简称"罗湖区"）牢牢抓住"双区驱动"战略重大历史机遇，深入编制科技创新十四五规划。坚持问题导向、创新驱动、产研融合、协同发展的基本原则，以形成特色鲜明的新兴产业集群、形成融汇国际的创新要素集聚、打造集约高效的区域创新发展为目标，围绕创新体制机制、科技创新基础、产业空间布局、科技创新生态、科技赋能等分类进行归纳，形成科技创新"十四五"专项规划初稿。编制规划过程中，充分融合国家、广东省、深圳市战略部署，广泛倾听企业、专家、政府部门意见与建议，精心谋划辖区创新驱动发展。

基于罗湖产业基础与实际，深入规划辖区战略性新兴产业发展。编制了《梧桐AI生态小镇综合规划》《罗湖区人工智能产业布局规划》，以清水河片区、梧桐小镇、鹏基深港双创基地为主要支点，形成"总部基地+研发孵化+场景应用"梯次产业空间布局，积极推动辖区人工智能产业发展与梧桐AI生态小镇建设。围绕生物医药、高端医疗、生命信息、健康管理与服务等重点领域，推进辖区生命健康产业发展。

二、战略性新兴产业集聚发展

促进战略性新兴产业规模和质量双提升。2020年，罗湖区战略性新兴企业数量提升至近600家，产值增至1300余亿元。其中，全年营收1亿元以上企业超124家，总营收超1150亿元，同比增长超31%；全年营收10亿元以上的企业超26家，总营收超848亿元，同比增长超32%。辖区企业各类获奖情况取得进展，特辰科技、联合蓝海、柏星龙、深圳供电局均获得中国专利优秀奖；奥拓电子获得国家知识产权优势企业；路桥建设集团获得省科技进步奖2项；柏星龙获评深圳市优秀新业态企业，华运国际物流获评省工业和信息化领域电子商务第二批示范单位等。

2020年，罗湖区多措并举推动国家高新技术企业数量提升。一是全面摸底现状，梳理出拥有核心知识产权的企业522家，了解企业情况，做好预判。二是强化企业服务，对符合申报条件的325家企业进行走访，支持企业申报。三是强化专业服务，2020年委托专业机构举办国高申报辅导会10场及国高政策讲座4场，吸引300余家企业参加。四是全年共引进国高企业23家。2020共组织辖区220家企业申报国家高新技术企业认定，通过认定的企业为110家。截至2020年底，辖区共有国家高新技术企业403家，达成十三五规划国家高新技术企业数量计划目标。

知识产权保护方面，推动辖区专利水平提升。2020年，罗湖区制订专利提升计划，委托专利机构提供专业咨询服务，走访重点企业，举办培训活动9场，迁入发明专利100余项。据统计，辖区全年发明专利授权量同比增加30%，发明、实用新型、外观设计专利授权量共新增9000项，专利实施许可金额达5000万，有效发明专利达2200项，同比增长22%，每万人发明专利拥有量超21.35件。

科技创新平台建设方面，创新载体及新型研发机构数量稳步提升。一是梳理辖区重点企业名单，加大政策宣传力度，推动20家重点科技企业申报创新载体，挖掘存量企业资源，2020年新引进培育创新载体11家。二是对罗湖区60家民办非企业单位性质的研究院深入调查科研情况，鼓励加大研发投入，并于2020年完成5家新型研发机构培育工作。

推动深港创新资源互动。一是搭建平台，培育与引进港澳创新项目。2020年，罗湖区已建成广东省“粤港青年创新创业基地”尚创峰孵化器,依托国家级众创空间中科美城建成粤港澳大湾区深港创意设计中心,通过与新三板挂牌公司深度合作，赋能港澳入孵创新项目。全年通过上述平台培育与引进港澳及国际创新项目15个。二是强化深港产学研合作。支持粤海水务与香港大学、香港中文大学（深圳）、清华大学深圳国际研究生院等知名高校或科研机构组建粤港澳大湾区水安全联合创新中心。该中心与社会科学文献出版社共同发布《水利水资源蓝皮书》——《粤港澳大湾区水资源研究报告（2020）》。三是围绕生命健康产业，成功举办深港医疗创新合作论坛暨罗湖区生命健康产业发展论坛。

三、精准施策，招商引资

园区建设方面，2020年罗湖区挖潜辖区新建成与存量空间，打造7个专业园区，总建筑面积达10.5万平方米，支持战略性新兴产业发展。一是依托城市更新建成空间打造专业园区，包括建成全市首个5G产业专业园区、建成中海慧智产业园、引入润加速产业园等。二是依托综合整治与存量空间打造专业园区与孵化器，建成九明医疗器械产业园，建成地王筑梦之星及众博空间两个众创空间。三是深化深港合作，建成粤港澳大湾区深港创新设计中心。

坚持大项目驱动发展。一是引进多家重点企业。引进百亿级企业闻泰科技，引进十亿级上市公司中金岭南和奥拓电子，上述企业项目落地5年内，将为辖区贡献营收1755亿元，纳税34.3亿元。二是推动重点项目落地。推动上市公司迪安诊断南方总部、独角兽企业软通智慧总部、京东物流旗下深圳京邦达供应链科技公司等重大项目落地罗湖。2020年10月22日，罗湖区举办产业空间推介暨招商大会，区科技创新局报送签约项目3个，会同其他产业部门跟进项目3个，合计占全部签约项目的一半。

引进一批高成长性企业。2020年罗湖区共引进各类科技创新企业76家，包括引进深圳市一通医疗和深圳市城安软通在内的亿元级企业5家；引进包括深水兆业工程和深圳公信智能科技在内的千万级以上企业17家；引进包含深圳市恒得源环保新材料和深圳市环源科技在内的国家高新技术企业23家；吸引包括艾科微电子（深圳）有限公司在内的13家高成长性企业及落地梧桐AI生态小镇的15家创新型企业集聚发展。

招商引资方式方法创新取得成效。一是突出产业链招商和以商招商的特点。罗湖区通过软通动力引进城安软通，并吸引软通智慧落地；通过一通医疗推动迪安诊断南方总部落地；通过大悦城控股对接中粮国家主动食品安全创新中心；通过粤海水务导入粤港澳大湾区水安全联合创新中心及哈工大水资源国家工程研究中心深圳分中心等。二是与投融资机构探索资本招商。通过项目资源扩大招商圈，2020年辖区与青橙资本、高新投、电信方舟5G基金业务协同主体深科促等机构对接科技企业61家。三是与产业服务专业机构合作招商。辖区与启迪领航、中科兴华、方正科技签订战略合作协议，为区科创局输入项目资源23个。四是以赛招商。通过双创大赛遴选优质项目，吸引209个项目报名，大赛过程强化投融资对接和营商环境推介作用，推动4个获奖项目落地罗湖。

四、打造良好的营商环境

加强政策保障，优化科技金融支撑，为成长型企业打造良好的融资环境。2020年，罗湖区降低区内中小科技企业融资成本，对辖区新兴产业企业库科技企业研发及生产经营支出产生的贷款利息、担保、知识产权质押费用予以补贴。此外，与25家银行金融机构签订合作框架协议，为企业解决资金难题，推动32家科技重点企业获批专项贷款约8亿元，并共给予34家企业贷款贴息扶持1400万元。

持续做好科技企业服务，构建“亲清政商”营商环境。一是支持企业疫情防控与复工复产。围绕服务企业复工复产，通过实地走访、电话访谈、线上沟通等方式，及时了解企业复工复产困难，建立问题台账，专班专人解决问题。疫情期间共协助企业解决人员返深、人员招聘、融资等复工复产难题148项；对照复工复产工作指引，与区疫情防控指挥部办公室搭建线上交流平台，及时将疫情防控工作精神转达给企业；协调防疫物资，共为企业发放口罩25.09万个及测温枪1000支，为企业抗击疫情提供支撑与保障。二是优化政策支持体系。推动科技创新产业扶持政策修订，印发《深圳市罗湖区产业转型升级专项资金管理办法及相关实施细则》，突出引增量、提存量、优环境，聚焦重点项目及产业关键环节，支持企业落户罗湖；推动产业政策落地，给予541家科技中小企业抗疫补贴超1亿元，给予110家国高企业和34家重点大企业稳岗补贴共3300万元，给予433家企业知识产权补贴1065万元；推荐并落实100多家重点科技企业人才住房及货币补贴，降低企业人才居住成本。三是创新企业服务方式。创新企业联络人联谊制度，全年共举办老总沙龙6场、企业联络人活动4场、银企对接会活动8场，参与企业达800余家，通过专题培训、拓展活动、头脑风暴等方式，促进政企之间或企业与企业交流。此外，推行企业走访服务制度，全年共走访服务重点科技企业194家，为企业解决包含办公空间和子女入学在内的实际问题，促进企业稳定发展。四是营造产业发展与创新氛围。举办人工智能双创高峰论坛、中国植物生物学大会、国际创客周等活动，营造创新氛围。此外，组织21家重点企业参加第二十二届中国国际高新技术成果交易会，围绕“科技创新点亮罗湖未来”主题举办高交会专场双周发布会。

强化科技人才支撑。将服务科技工作者与战略性新兴产业发展融合，支持辖区创新驱动发展。一是积极参加首届“深圳创新创业投资大会”。辖区共发动87个科技人才团队参赛，其中6大行业共23个项目进入深圳市终审会。二是成功举办第十八届国际人才交流大会。辖区利用互联网5G技术，建成线上罗湖展馆，向海内外130多个国家展示罗湖区人才政策和营商环境，推动20家辖区企业通过线上云招会招募创新人才。三是优化人才政策，发放菁英人才（C类）补贴280.73万元，实现“一站式受理、一次性告知、一条龙服务”。四是深化科研项目支持，全年完成159个软科学项目立项和62个软科学项目结题评审工作，共涉及包含疾病预防在内的50多个科研领域，吸引1000余名医生和教师参与。

五、提升全民科学素质

青少年科创方面，2020年2月22日至3月27日，每周末在深圳市三模科普教育培训基地举办三模线上辅导活动，吸引2000名学生参加。2020年11月15日至27日，于翠园初级中学举办罗湖区中小学第三届大创客节活动，15类型53个赛项共评出3752个奖项。新增的“学生创意微视频大赛”项目系参赛作品最多的赛项，共收到2032件作品。吸引区内80多所学校共7万多名师生参加线上线下活动。活动得到深圳特区报、晶报、广东科技报等30多家新闻媒体广泛报道。2020年11月18日至20日，围绕科协青少年科技创新教育主题，深圳电台898《成长学院》栏目开展6期专题直播，对翠园初级中学、罗湖教科研院附属学校、洪湖小学、红岭小学等青少年科技创新教育特色学校进行全面报道。2020年11月27日至29日，2020粤港澳大湾区青少年无人机科创嘉年华活动总决赛在翠园初级中学隆重举行，广东省9市和港澳的188支参赛队伍共529名选手在5项比赛中角逐16枚金牌。

科普展览方面，2020年9月1日至9月30日，在罗湖区委大楼电梯设置全国科普日及深圳科普月宣传海报，营造良好的科普氛围。2020年9月12日至10月8日，在仙湖植物园、罗湖教科院附属学校、洪湖小学开展“蜂采百花，蜜酿生活”科普巡展活动。活动内容包括蜜蜂科普基本知识、蜜蜂文化与精神、蜜蜂与人类生活、保护生物多样性和《深圳经济特区科学技术普及条例》。2020年11月2日至6日，在罗湖区委大堂举办罗湖科普（2016—2020）成果展，展出罗湖区科普总体情况、科普资源开发情况、科普活动开展情况、科普成果、学生作品等。

科普宣传方面，2020年3月，罗湖区向居民派发1万份疫情防控宣传折页，落实疫情防控宣传工作。2020年5月，制作了3万份折页、1000份海报、50个易拉宝派送至各街道；制作1期5G宣传视频，在深圳市公共频道、移动频道、罗湖+App、罗湖家园网及公众号播放；在深圳新闻网对防疫科普工作进行报道，并通过住建部门宣传。2020年6月11日，辖区相关人员前往广东省陆丰市南塘镇南湖村开展扶贫关爱活动，送去科普e站大屏，并在南湖小学开展“航空航天科普”活动，推动“精准扶贫”与“精准科普”工作开展。2020年7月15日，辖区相关部门在广东省执勤三支队举办“罗湖新时代双拥科普大讲堂-5G改变社会”科普讲座，1500多名部队官兵现场聆听。2020年8月30日，辖区组织黄贝街道前往海洋文化科普教育基地，开展全国科普日实践活动。2020年9月12日，辖区在仙湖植物园举办“蜂采百花，蜜酿生活”全国科普日及深圳科普月系列活动启动仪式。近150组家庭与领导嘉宾参与。当晚，在B站平台上，国内青少年与西澳洲蜜蜂专家国际连线，共同探讨蜜蜂秘密。系列活动至10月8日结束，共开展科普活动34场，免费开放科普教育基地15个，吸引20多万人参加，科普受众达200多万人。

六、创客周活动

为深入实施创新驱动发展战略，推动创新创业高质量发展，营造创新创业良好发展环境，罗湖区积极响应第六届深圳国际创客周，于2020年10月15日至21日组织多场创客活动，营造浓厚双创氛围，加深创业者们对大梧桐新兴产业发展情况及前景的了解。2020年10月15日上午，“后疫情时代，零售的困境和发展出路”主题峰会活动在深圳罗湖举办。活动邀请了行业研究专家、资深投资人、技术专家、企业代表等业内人士，围绕新生代消费行为演变、区块链助力新零售发展、科技推动消费模式变化等主题展开演讲，旨在启发行业创新，助力企业突破，谋求发展机遇，吸引了全国各地新零售行从业者100余人参加。2020年10月16日下午，第六届深圳国际创客周系列活动在中科美城创客空间举行，业内人士作了关于“5G 智联万物—新基建下的5G新机遇”“智慧城市建设与智慧产业创新发展”的主题分享。项目路演环节中，多个项目参与路演。2020年10月22日，“聚力湾区‘双创’，生命健康与创业政策分享会”在尚创峰粤港青年基地举行。该活动采取“线下讲解+线上直播”的形式进行，行业专家、企业代表、创业者代表对当下生物和生命健康产业进行分享，创业培训导师对相关创业扶持政策进行解析，助力企业创新创业。

七、5G基站建设

经过“5+2”“白+黑”持续攻坚克难，依托工作机制创新，罗湖区科技创新局在无抽调人员的基础上，统筹推进5G基站建设。坚持日报、周通报、任务攻坚制度，建立问题协调、建设入场、基站开通全过程责任体系，提升基站建设问题协调与解决效率，截至2020年底，累计协调解决问题1000余个。此外，罗湖区依托工作例会，强化运营商协调与目标管理，加快5G基站建设进度。截至2020年7月10日，罗湖区已建成5G基站3235个，提前45天完成深圳市的建设任务。

第六章 盐田区科技发展

一、盐田区科技发展

2020年，深圳市盐田区（以下简称“盐田区”）聚焦“产业兴盐”奋斗目标，深入实施创新驱动发展战略，积极应对新冠肺炎疫情影响，推动产业高质量发展，为盐田区“十三五”规划圆满收官提供强有力的科技支撑。2020年初，盐田区聚焦疫情防控，有效推动科技抗疫产业链条正常运转，辖区企业华大基因“火眼实验室”核酸检测方法全球推广，展现盐田科技抗疫力量；全年引进多家优质科技企业落户盐田，新增国家级高新技术企业16家，创新主体实现增量提质；盐田区创新创业基地挂牌成立，南开大学深圳研究院完成办公及研发实验场地装修，上海交通大学深圳研究院技术转移中心正式运转，全年新获批3个省级工程技术研究中心及1个市级重点实验室，创新资源加速汇聚；成功举办盐田区首届科普嘉年华，打造盐田区首个由民营科技企业兴办的科普教育基地，利用科普信息化平台广泛开展抗疫知识宣传，科普工作成效显著。

二、开展新冠疫情阻击战

（一）有效发挥科技抗疫力量

2020年，面对新冠肺炎疫情，盐田区将多年生命健康产业优势转化为抗击新冠肺炎疫情强大效能，涌现出以华大基因为代表的一批参与抗疫科研攻关及防疫物资保障的科技企业，为科技抗疫贡献了盐田智慧。深圳华大基因被国家卫健委指定为首批新型冠状病毒第三方检测机构，其研发的新型冠状病毒2019-nCoV核酸检测试剂盒于2020年1月获得中国国家药监局（NMPA）颁发的医疗器械注册证后，又陆续获得欧盟CE IVD、美国FDA EUA、日本PMDA、澳大利亚TGA、新加坡HSA、加拿大HC IO认可和WHO EUL认证资质，成为中国第一家获FDA EUA和WHO EUL权威认证的“全资质”抗疫产品的企业。由华大基因运营的“火眼实验室”为新冠肺炎疫情防控打造一套高通量的核酸检测一体化解决方案，2020年在北京、武汉、深圳等全国24个主要城市投入使用，并在日本、文莱、阿联酋等84个国家和地区建设落地，在全球范围助力新冠肺炎疫情防控工作。安多福消毒高科技公司是一家专业从事消毒器械、抗菌产品、医疗器械等健康卫生产品的研发制造的国家高新技术企业，旗下重要抗疫产品速干手消毒液、酒精消毒剂、皮肤消毒液最大产能分别达到每月50万瓶、750万瓶、150万瓶，有力保障新冠肺炎防控消毒需求，被工业和信息化部确定为中国消毒应急物资供应保障单位，并被广东省授予“抗击新冠肺炎疫情先进集体”荣誉称号。

（二）有序推进企业复工复产

2020年初，为深入贯彻落实习近平总书记关于坚决打赢疫情防控阻击战的重要指示精神，盐田区科技创新局全力支持和推动受疫情影响的科技企业复工复产。一是第一时间落实《盐田区关于应对新冠肺炎疫情支持企业发展的若干措施》政策精神，于2020年3月3日正式发布《盐田区资助抗击新冠肺炎疫情研发攻关项目申报指南》，对获得省、市关于疫情防控研发或产业化立项的公司，按照项目获得上级资助50%配套补贴，每个项目最高资助200万元，每个企业配套资金最高资助500万元，激发辖区科技企业积极投入抗疫产品研发。二是履行辖区防控指挥部物资保障组成员单位职责，解决复工复产防疫物资供应问题，协调对接应急防疫物资供应商，为辖区企业供应9.4万个口罩，采购95桶消毒剂供应重点企业和项目，缓解复工复产企业防控物资紧缺困难。三是主动开展帮扶指导，协调解决包含华大基因和安多福消毒在内的重点防疫物资供应企业上下游产业链复工及物资运输车辆问题，成立3个专项工作小组科学督促复工企业严格落实疫情防控和安全生产主体责任，发布《关于给予新冠肺炎疫情防控期间减免科技创业园租金的通知》，免除辖区科技创业园区5家企业2020年2月、3月、9月的租金共126642.84元，全力支持辖区企业安全、平稳、有序复工复产。截至2020年3月底，经核查的科技企业全部实现复工复产。

三、科技创新发展

（一）推进科技创新平台建设

2020年，盐田区科技创新局全力推进科技创新载体平台建设，融入深圳市“双区”发展创新核心版图，为传统产业转型升级，创新驱动发展提供创新源泉。一是利用《盐田区科技创新扶持办法》对各级创新平台和载体给予扶持，鼓励企业设立研发创新载体，积极申报国家、广东省、深圳市创新载体立项。2020年，盐田区新增汽车电子高可靠控制器工程技术研究中心、网约车云智能终端系统工程技术研究中心、糖化血红蛋白检测工程技术研究中心3个省级工程技术研究中心，新增1个市级重点实验室，为华大生命科学研究院建设的单细胞组学重点实验室。截至2020年底，盐田区共有市级以上各类创新平台37个，包括国家级3个，省级12个，市级22个，其中华大生命科学研究院为深圳市十大基础研究机构之一，为深圳市重点支持的基础研发机构。二是加快推进南开大学深圳研究院及上海交通大学深圳研究院技术转移中心两大科研平台建设。南开大学深圳研究院完成办公及研发实验场地装修，上海交通大学深圳研究院技术转移中心实现正式运转，并建立起包括盐田区人民政府在内的三方组成的共建小组会议机制，强化项目孵化对接，引进2家高科技企业和深圳市高层次人才发展促进会落户盐田。通过平台载体建设运营，促进政产学研资协同互补，为盐田积蓄创新动能。

（二）开展国家高新技术企业培育

2020年，盐田区优化培育辅导与服务，采用专场宣讲和专线辅导联动方式，提升国家高新技术企业培育工作成效，全年共动员辖区49家企业申请国家高新技术企业认定，其中36家通过认定，通过率超70%，再创新高。

2020年盐田区通过认定的国家高新技术企业名单

序号	名 称	认定情况
1	深圳市大分子科技有限公司	首次认定
2	优美众创实业（深圳）有限公司	首次认定
3	深圳华大基因软件技术有限公司	首次认定
4	深圳市中昌探伤器材有限公司	首次认定
5	深圳市物链科技有限公司	首次认定
6	菁良基因科技（深圳）有限公司	首次认定
7	深圳市医之宝科技发展有限公司	首次认定
8	深圳市洲行环保科技有限公司	首次认定
9	精锐动力科技（深圳）有限公司	首次认定
10	深圳市兆比特科技有限公司	首次认定
11	深圳市华南充电科技有限公司	首次认定
12	深圳华石供应链科技有限公司	首次认定
13	深圳市安瑞科科技有限公司	非首次认定
14	深圳市置华机电设备有限公司	非首次认定
15	深圳市百果互动科技有限公司	非首次认定
16	深圳市展行生物有限公司	非首次认定
17	深圳市幸福商城科技股份有限公司	非首次认定
18	深圳裕策生物科技有限公司	非首次认定
19	深圳市壹品光电有限公司	非首次认定
20	中铁建大桥工程局集团第二工程有限公司	非首次认定
21	深圳市大百汇技术有限公司	非首次认定
22	深圳华大临床检验中心	非首次认定
23	深圳市海滨制药有限公司	非首次认定
24	深圳华大基因科技服务有限公司	非首次认定
25	深圳昌恩智能股份有限公司	非首次认定
26	深圳市凯特生物医疗电子科技有限公司	非首次认定
27	深圳码隆科技有限公司	非首次认定
28	深圳市挖金科技有限公司	非首次认定
29	深圳市三格软件科技有限公司	非首次认定

（续表）

序号	名 称	认定情况
30	深圳市艾优威科技有限公司	非首次认定
31	深圳市中昌检测技术有限公司	非首次认定
32	深圳市金科信软件开发有限公司	非首次认定
33	深圳市德立信环境工程有限公司	非首次认定
34	深圳市蓝色贝壳科技有限公司	非首次认定
35	深圳市金思成科技有限公司	非首次认定
36	深圳瑞奥康晨生物科技有限公司	非首次认定

（三）建成启用盐田区创新创业基地

2020年4月，深圳市盐田区人民政府与深圳市青年创业促进会签署合作协议，双方利用各自资源优势，围绕“创新驱动，产业兴盐”战略定位，共建盐田区创新创业基地。同年8月，盐田区创新创业基地揭牌成立，正式落户盐田。盐田区创新创业基地主要依托深圳市青年创业促进会生态体系，利用其创新业服务领域优势资源，开展创新创业活动，提供创新创业服务，引进优秀科技企业落户盐田，为盐田战略新兴产业及未来产业发展提供支持。2020年，该基地引进百家初创型和成长型企业，吸纳数十名博士人才来盐田区就业。

（四）科技成果亮相“高交会”

2020年11月11日至15日，以“科技改变生活，创新驱动发展”为主题的第二十二届中国国际高新技术成果交易会（下文简称“高交会”）在深圳会展中心成功举办。盐田区携16家企业与科研团队的生物医药、5G智能、高校科研平台孵化等领域项目亮相盐田展会。参展项目高度契合高交会主题和特色，集中展示盐田区“火眼”实验室、基因测序仪、物联网5G自动消杀、智能起重机等科技力量，充分展现了盐田区生物医药和人工智能重点发展领域的成果。盐田区科技创新局在高交会中获优秀组织奖，辖区1家企业获优秀展示奖。

（五）成功举办创赛活动

2020年，盐田区以赛会并行模式，举办第十二届深圳创新创业大赛盐田预选赛暨深圳创新创业投资大会盐田分会场（下文简称“深创赛盐田区预选赛暨深投会盐田分会场”）生物医药和人工智能分赛活动。两项分赛共吸引260家企业和团队成功报名，整体报名数量同比增长20%，其中人工智能赛报名项目共计103个，同比增长63%。该赛事邀请41名业内投资机构和行业内技术专家参与指导和评审，具备高度聚焦、深度挖掘、产业联合、资源融合、提量提质、评审专业等特点。

第十二届深创赛盐田区预选赛暨深投会盐田分会场赛事活动成效显著提升，盐田区共有27家企业和团队进入深创赛市赛，其中迈迪加科技获二等奖，7个项目获优秀奖，4个项目入围创投会终审会，3个项目获推荐进入国赛。盐田区科技创新局获“优秀组织单位”称号，盐田区科学技术协会获“优秀组织机构”称号。

四、优化科技服务

（一）产业园区建设

2020年，盐田区严格落实疫情防控和安全管理有关要求，确保园区平稳有序建设发展。2020年,大百汇生命健康产业园区立足发挥园区聚集效应，新引进36家企业入驻。截至2020年末，园区共有入驻企业86家，其中生命健康企业46家，产业特色凸显。为助力企业纾困解难，疫情期间免除区科技创业园入驻企业2020年2月、3月、9月租金共126642.84元，支持园区企业发展。辖区科技创业园全年新引入科技企业1家，为深圳华大智造科技股份有限公司。

（二）产业发展资金扶持

2020年，盐田区科技创新局充分发挥扶持资金引导和撬动作用，及时受理并将资金拨付到位，助推科研项目取得进展。2020年盐田区共发放科技类产业发展资金2808.57万元，资助各类项目共111个。其中，资助国家高新技术企业项目19个，资助金额为480万元；资助企业研发投入项目72个，资助金额为1399.43万元；配套资助市级科技计划项目7个，资助金额为303万元；配套资助市级创新平台项目2个，资助金额为300万元；配套奖励国家级省级市级科学技术奖励项目2个，资助金额为25万元；资助国家高新技术企业首次达到规

2020 年盐田区资助的辖区企业关于国家、省、市重点科技项目和创新平台情况

年份	项目级别	项目名称	资金来源	承办单位	区级资助金额（万元）
2020 年	省级	畜禽重要病原菌耐药性研究及新兽药的研制与应用	市科创委	深圳市安多福动物药业有限公司	15
2020 年	省级	配套奖励国家级省级市级科学技术奖励项目	市科创委	深圳市安多福消毒高科技股份有限公司	10
2020 年	市级	“深圳市人体肠道微生态检测与干预工程实验室” 配套资助市级创新平台项目	市发改委	深圳华大生命科学研究院	200
2020 年	市级	基 20150014 中国万种植物生命之树——生态保护与生物多样性进化研究	市科创委	深圳华大生命科学研究院	50
2020 年	市级	基 20150066 藻类水平基因转移事件及对保护海洋生态多样性的组学研究	市科创委	深圳华大生命科学研究院	50
2020 年	市级	基因编辑 CRISPR-Cas9 技术在小球藻中的应用研究	市科创委	深圳华大生命科学研究院	15
2020 年	市级	胰腺癌的早期诊断试剂开发	市科创委	深圳华大生命科学研究院	10
2020 年	市级	运用动物胚胎发育左 - 右分隔原理发现参与导致乳癌发生的遗传基础（突变基因）	市科创委	深圳华大生命科学研究院	25
2020 年	市级	重 20160087 基于肠道微生物细菌及宏基因组测序辅助治疗糖尿病的技术开发	市科创委	深圳华大生命科学研究院	150
2020 年	市级	全基因组测序技术在抗脓毒症感染的精准应用研究	市科创委	深圳华大临床检验中心	3
2020 年	市级	深圳市法医学重点实验室	市科创委	深圳华大生命科学研究院	100

模以上统计标准项目2个，资助金额为20万元；资助科技创新创业活动和赛事项目2个，资助金额为46.78万元；资助科技型中小企业场租项目2个，资助金额为134.16万元；资助科技创业项目落户项目1个，资助金额为38.4万元；资助生物医药制品产业化项目1个，资助金额为11.8万元；资助药品生产和研究试验管理规范资质认证项目1个，资助金额为50万元。

（三）企业人才住房配租

2020年，为吸引科技企业来盐发展，发挥人才住房在配合辖区科技发展和招商引资方面的重要作用，盐田区科技创新局与住房建设部门积极协调，满足科技企业人才住房需求。2020年内，共计为辖区14家科技企业成功申请配租18套人才住房。

五、科普宣传

（一）科普基地建设

2020年，在盐田区科学技术协会积极推进下，深圳市安多福消毒高科技股份有限公司获批深圳市科普教育基地，成为辖区首家由民营科技企业兴办的科普教育基地。2020年末，盐田区共有海洋、基因科学、人工湿地、污染处理、消毒清洁等领域的市级科普教育基地9个。辖区科普教育基地特色鲜明，兼具实用性、教育性、娱乐性，深受广大群众欢迎。

（二）举办首届科普嘉年华

2020年9月19日，盐田区（深圳）科普月活动启动仪式暨盐田区首届科普嘉年华在深圳市盐田区行政文化中心广场成功举办。活动分为科技展品展示区、科技互动体验区、主舞台展示区3个部分。其中，科技展品区展示了力学、电学、光学、磁学等数十件深圳科学馆科普展品；科技互动体验区由市气象局、华大基因、盐田区消防大队、安多福等17家单位共同开展科技互动展示；主舞台由参展单位代表上台开展第一反应急救、机甲大师对战、滩涂鱼等科普活动。

该科普嘉年华活动是盐田区首次以“广场集市”的形式

2020 年盐田区科普教育基地名单

序号	基地名称	称号	所属单位	办公地点	认定时间
1	深圳市海洋世界有限公司	深圳市科普教育基地	深圳市海洋世界有限公司	盐田区小梅沙海洋世界	2015
2	盐田国际集装箱码头有限公司	深圳市科普教育基地	盐田国际集装箱码头有限公司	深圳沙头角进港三路盐田国际大厦	2015
3	深圳东部华侨城茶溪谷湿地花园	深圳市科普教育基地	深圳东部华侨城茶溪谷湿地花园	盐田区大梅沙东部华侨城	2016
4	万科企业股份有限公司	深圳市科普教育基地	深圳市盐田区梅沙双语学校（万科教育发展基金会举办）	深圳市盐田区大梅沙环梅路 33 号	2016
5	盐田区垃圾焚烧发电科普教育基地	深圳市科普教育基地	深圳市能源环保有限公司盐田垃圾发电厂	深圳市盐田区北山大道盐田坳青鳞坑	2018
6	深圳市华大基因学院科普教育基地	广东省科普教育基地 深圳市科普教育基地	深圳华大基因学院	深圳市盐田区北山工业区 911 室	省级（2018） 市级（2018）
7	盐田水质净化厂科普教育基地	深圳市科普教育基地	深圳水务集团盐田水质净化厂	深圳市盐田区协和路 3 号	2018
8	沙头角水厂科普教育基地	深圳市科普教育基地	深圳市水务（集团）有限公司 沙头角水厂	深圳市盐田区沙头角园林路 70 号沙头角水厂	2018
9	深圳市消毒清洁科普教育基地	深圳市科普教育基地	深圳市安多福消毒高科技股份有限公司	深圳市盐田区盐田北山工业区 7 栋 2 楼	2020

举办，并由市、区政府有关单位、辖区企业和科研机构共同参与的科普活动。活动通过科技展品展示与科技互动体验吸引300人参与，对培养辖区群众科学素养以及思考探索能力，营造崇尚科学和热爱科学的氛围具有重要意义，有力推动了盐田区科学技术普及工作开展。

（三）科普助力疫情防控

2020年，盐田区广泛开展疫情相关科普宣教工作，积极宣传疫情防控知识，增强群众的疫情防护和健康管理意识，为社会大局稳定贡献力量。一是汇聚智力资源，促进线上科普教育开展。依托生命健康产业优势，鼓励动员龙头企业集合专家学者资源向公众开展线上科普宣教。在疫情防控的关键时期，华大基因组成以杨焕明院士为首的科普讲师专家团队，围绕“疫情中的生命科学”主题普及疫情及病毒相关的生物学知识，成功组织线上直播10场次。直播课程在疫情防控关键节点得到公众尤其是青少年广泛关注。据统计，10场课程线上观看总量达38万次，收到诸多热心观众的心得体会，宣传成效明显。二是利用信息化手段，扩大信息宣传覆盖面。积极动员企业职工和社区人员安装使用科普中国App，并通过科普E站开展科普宣传活动。据统计，科技普及、疫情防控、法治建设、核心价值观等主题的科普知识作品累计播放967条，传播过万人。在防疫期间，科普E站和科普中国通过包含信息推送在内的普及手段，实现防疫防控科学知识精准科普，避免了人员聚集，进一步强化群众卫生素养。

第七章 光明区科技发展

一、光明区科技发展

2020年，深圳市光明区（以下简称“光明区”）科技创新工作在区委区政府坚强领导下，紧扣建设世界一流科学城中心任务，抢抓“双区”建设重大机遇，深入实施创新驱动发展战略，强基础、补短板，加速集聚创新要素，围绕产业链补齐创新链，打造一流创新生态，提升科技创新能力和水平，取得了良好成效。

为提升光明科学城集中度和突出光明科学城特点，2020年光明区引进国际科技信息中心和深圳市神经科学研究院2个重大创新载体落户，创新载体落户数累计突破10个；不断健全科技创新政策体系，先后出台包含《光明区支持“3+1 ”产业发展系列政策》在内的12项政策措施，使光明区从无科技创新专项扶持政策区域向深圳市科技创新领域政策强区转变；深入实施高新技术企业提质增量行动，新增国高企业201家，总数达1486家，增速连续多年位居全市前列；推进创新载体建设，市级以上创新服务平台新增22个，累计突破100个；科技型中小企业招商、光创赛、双创周等大型活动均取得良好效果。

二、光明科学城建设

加快资源集聚，光明科学城建设提速见效。坚持需求导向和问题导向，协调解决光明科学城项目引进落户过程中的场地、设备、人员进驻等问题，加快项目落地运营。2020年，深圳湾实验室于光明科学城顺利入驻一期过渡场地；深圳市神经科学研究院已入驻；人工智能与数字经济广东省实验室（深圳）完成选址；中科院深圳理工大学选定过渡校区；环保产品、分布式光伏产品、电动汽车三个国家级检验检测中心全部建成投入使用；深圳市药品检验研究院光明分院过渡场地已投入运营；深圳中国计量研究院技术创新研究院过渡场地于2020年12月7日正式启用；国家超算深圳中心（二期）建设模式及选址已基本明确。此外，2000余名科研人员集聚光明，创研氛围日趋浓厚。

三、科技创新投入

加大创新投入，增强科技实力。通过调整和优化支持方向，合理分配项目资金，为企业研发、生产、转化等提供资金扶持，不断增强企业获得感。2020年光明区在深圳市率先受理国高企业认定区级和市级资助，发放资金近亿元。2020年发放经济发展专项资金和科技发展资助资金共计1.68亿元，资助企业共计1163项（次）。引导企业在包含半导体在内的关键领域加大研发投入，实现R&D经费（研究与试验发展经费）支出占GDP比重达7.94%。

四、科技成果转化

加速科技成果转化，“沿途下蛋”初见成效。2020年，光明区通过主动对接和政策引领的方式，引导辖区创新载体在光明设立产业转化中心，成功落户“国家集成电路设计深圳产业化基地光明园”项目；科研攻关进程加快，促使深圳湾实验室获得省基础与应用基础重大项目1项，承担广东省新冠病毒应急专项1项；包含卫光生物和锦瑞生物在内的多家企业对疫苗试剂的研发及产业化落地取得阶段性进展；产业空间提质增效，拟筹集回收创新型产业用房项目15个，为科研机构及科技企业提供产业空间约22.96万平方米，截至2020年底，10.4万平方米已安排使用。

五、创新生态建设

优化创新生态，创新活力竞相迸发。一是依照深圳市内首创统战、科创、人力、群团“四驾马车”并驾齐驱的方式，光明区于2020年7月31日揭牌成立深港澳科技成果转移转化基地，并审批通过申请入驻项目22个。二是光明区留学生创业园建设成效显著，2020年新增6个入园项目，累计吸引80个入驻项目，孵化成功率达83.3%。截至2020年底，光明区留学生创业园在孵企业31家，培育国高企业9家及规上企业1家，连续两年被广东省科协评为“优秀海智工作站”。三是光明区加速科技金融与产业资源深度融合，完成84家企业科技金融备案，促成辖区11家科技企业获得银行授信1.06亿元，为13家企业获得意向投资金额1.96亿元。四是瞄准打通光明区科学城科技成果转移和科技服务交流瓶颈，2020年9月16日，成立光明科学城科技创新联合会，为辖区企业提供科技创新服务项目100余项，并发展会员单位186家。五是组织光明区企业参展第22届高交会，推动包含中科院文献情报中心在内的机构签署战略合作协议14项。六是加强科普平台建设，积极推广“科普中国”APP，吸引12587人下载注册，目标达成率为251.7%，居深圳市第一，被深圳市科协评为先进单位。七是创新创业氛围浓厚，第四届光创赛参赛报名项目948个，居深圳市第三；推荐至深圳市赛项目70个，获奖项目17个；推荐至国赛项目4个，获奖项目3个；在光明已落地项目9个。

第八章 坪山区科技发展

一、科技创新发展

2020年，深圳市坪山区（以下简称“坪山区”）全面贯彻党的十九大精神，以习近平新时代中国特色社会主义思想为指导，以改革开放再出发及抢抓机遇争示范为目标，强化党建引领工作，用科技助力战“疫”，深化科技体制机制改革，集聚高端创新资源，完善创新产业链条，积极打造深圳东部中心，建设科技创新强区，奋力谱写高质量可持续发展创新坪山建设新篇章。

科技创新成效明显。2020年，坪山区高新技术企业产值为1194.53亿元，同比增长11.9%，占规上工业企业产值64.1%。坪山区战略性新兴产业产值为1308.72亿元，同比增长10.2%。其中，绿色低碳、生物医药、新一代信息技术产业产值分别为561.68亿元、148.66亿元、299.09亿元，同比增长分别为11.4%、36.7%、2.8%。

产业集聚优势不断加强。2020年，坪山区生物产业领域企业共计660家，新增230家，同比增长53.49%；新能源和智能网联企业共计310家，新增82家，同比增长35.96%；新一代信息技术产业领域企业共计1241家，新增658家，同比增长112.86%。

区域创新能力持续提升。坪山区专利申请量及授权量分别为10311件和7610件，与2019年相比分别增长60.03%和89.49%。发明专利申请量和授权量分别为2887件和1128件，与2019年相比分别增长45.88%和89.38%。

创新载体质量持续提高。坪山区重点实验室、工程中心、工程实验室、技术中心、公共技术服务平台、市级以上孵化器和众创空间等市级以上创新平台共计101个（国家级6个、省级49个、市级46个）。2020年坪山区累计新增创新平台30个，同比增长40%。

科技金融体系日益完善。2020年，坪山区成立包含远致富海新兴产业基金在内的10支科技产业基金，认缴总规模达46.22亿元，带动33个项目落户坪山。

二、推动科技战“疫”

一是加强科研技术攻关，保障疫情防控物资供应。疫情期间，坪山区组建科研攻关组，采用“一企一策”方式协调解决企业研发和技术攻关过程中存在的各类问题，联合赛诺菲巴斯德、新产业、理邦等近百家防疫物资生产企业，建立公共卫生关键性药物和器械研发生产体系，推进疫情产品科技成果转化和疫情防控物资供应。据统计，南玻医疗为疫情防控供应1.35亿个口罩，新产业生产全球首款新冠肺炎化学发光抗体检测试剂盒远销近100个国家和地区。理邦仪器为包含武汉“火神山”和“雷神山”在内的医院提供数千台设备。坪山区全年共有25家企业上榜《深圳市抗击新型冠状病毒感染的肺炎疫情相关药品、医疗器械生产企业名单》，占深圳市89家企业的30%。

二是启动基地建设，强化公共卫生战略物资科技支撑。坪山区迅速启动深圳公共卫生战略物资生产储备基地筹建工作，在最短的时间内引进了南玻医疗及美添净化物资生产企业，仅用7天时间就实现第一批产品下线投产。坪山区在疫情期间共生产口罩近3亿只及防护服约20万套，计捐赠5000万余个口罩、2.3万个隔离面罩、2000余套隔离服等防疫物资。为深圳市、全国、全球疫情防控战“疫”提供了坚实“护身铠甲”。

三是主动对接优质资源，大力引进重大科技产业项目。

坪山区主动对接国际和港澳优质科技产业资源，促使深圳坪山-香港凯耀-香雪制药公共卫生产业合作项目签约，推动抗击流感和新型冠状病毒活疫苗、HPV消毒机器人、新发传染病即时体外诊断系统等五大深港防控疫情重大科技产业合作项目正式落地，迅速提升疫苗、药品、防护装备等供给水平。

三、促进高新产业发展

一是推动科技创新重大项目取得新进展。2020年，坪山区比亚迪丰田电动车科技有限公司正式成立；赛诺菲巴斯德疫苗创新中心正式启动建设，计划在2021年建成并投入使用；深圳湾实验室坪山生物医药研发转化中心完成场地装修招标工作，正式进入实质建设阶段；深圳零一学院、深圳科创学院、深圳北京中医药大学研究院、南方科技大学坪山生物医药研究院、赛诺菲巴斯德疫苗创新中心、北京理工大学深圳汽车研究院、深圳清华大学研究院超滑技术研究所等项目稳步推进。

二是加强科技人才队伍建设。2020年，坪山区引进院士团队3个，孔雀C类人才1人；累计有国内外院士团队18个，高层次人才586人，博士807人（含市和区两级并已颁人才证）；推荐孙逢春、王海江、郑泉水等5名高层次人才参与深圳市先行示范区专家库专家评选，推荐包含张斌斌和潘钰莹在内的4人评审认定坪山区“聚龙英才”D类人才。

三是助力企业开展创新突破。坪山区亿立方、理邦、康泰等三家企业获得广东省2019年度科技进步奖二等奖；普瑞金生物获全国创新创业大赛三等奖、2020中国生物医药CDMO企业明日之星、新医疗产业独角兽TOP50三项全国性奖项；诺然美泰及爱立康2家企业进入商务部公布首批经确认取得国外标准认证或注册的医疗物资生产企业清单；鼎铉公司获得全国商用密码应用安全性评估资质综合成绩第一名，并成为工信部车联网智能网联汽车商用密码平台应用试点检测示范单位；包含万乐药业及普瑞金生物在内的7家企业成功审评广东省工程技术研究中心；中欧创新中心成功进入第二批深圳市“十大海外创新中心”；生物医药创新产业园区及创新广场创业创新基地获评深圳市小型微型企业创业创新示范基地。

四、深化体制机制改革

一是推动坪山高新区“委区共建”管理体制机制实质化运行。坪山区落实《深圳国家高新区扩区方案》，推动深圳市政府同意在深圳国家高新区领导小组下设深圳国家高新区坪山园区建设专项小组，使坪山高新区“委区共建”管理体制机制进入实质化运行阶段；关于支持坪山高新区建设的相关意见已通过深圳市政府常务会议审议；深圳市科技创新委员会关于支持坪山高新区建设的2亿元专项资金已拨付至区财政局，并已启动研究资金使用方案，进一步推动坪山高新区建设迈入市级高位统筹及区级高效推动的发展新时期。

二是深化生物医药产业管理体制改革，促进生物医药产业高质量发展。2020年，坪山区高站位编制《生物医药产业管理体制机制改革和创新实施方案》，立足于建立专业管理、贴近市场、企业运行的坪山生物医药产业管理运营体系，强化坪山区生物医药产业集聚发展态势，以“专业化、市场化、信息化、国际化”为目标，打造世界一流的坪山生物医药科技产业城，加快形成以坪山生物医药产业为核心的深圳生物医药产业“一核多中心”格局。

三是强化规划引领，助推科技创新发展。先后启动《坪山区科技创新“十四五”规划》《深圳国家高新区坪山园区综合发展规划》《坪山区生物产业集群发展规划（2020—2035）》编制工作。加快国际一流质量标准的坪山高新区规划建设，打造粤港澳大湾区核心创新引擎。

五、完善创新服务链条

一是全面修订整合现有科技创新政策体系。2020年，坪山区结合实际对《深圳市坪山区科技创新专项资金管理办法》《深圳市坪山区关于加快科技创新发展的若干措施》及其实施细则进行系统修订，使扶持力度更大、普惠性更强、精准性更高，形成覆盖“基础研究+技术攻关+成果产业化+

科技金融+人才支撑”科技创新生态链在内的政策体系。截至2020年底，已完成2019年度科技创新专项资金拨付工作，合计资助企业476家，资助科技创新项目990个，发放资助金额达41776.1722万元。

二是持续深化科技金融工作。坪山区推动包含远致富海新兴产业基金在内的10支科技产业基金成立，基金认缴总规模达46.22亿元，带动33个优质项目落户坪山；积极对接保险、担保、创投、投行等机构；与8家银行建立战略合作，提供覆盖企业全生命周期及全流程的科技金融服务。

三是全力推动知识产权证券化。坪山区推动发行全国首支生物医药产业知识产权证券化产品落地，帮助辖区内11家生物企业获得1.53亿元资金，实现坪山区在知识产权证券化方面零的突破。此外，坪山区与海科兴战略新兴产业园及深城投&中城生命科学园共建园区知识产权工作站，畅通园区知识产权服务渠道，通过园区知识产权工作站开展包含知识产权基础知识培训和政策宣讲在内的知识产权工作。

四是加强国高新企业及科技型中小型企业培育。坪山区通过专业服务团队走访驻点服务、分类管理、指引政策解读等形式推进优质企业培育工作；发动区内351家企业申请国高认定，同比增长12.5%；区内199家企业通过国高认定，超额完成2020年辖区175家国家高新技术企业通过认定指标数，国高企业总数达555家；全年辖区611家科技型中小企业参评，604家企业入库，同比增长58%，其中国高企业247家，占41%。

五是加快完善孵化育成体系。2020年，坪山区出台《深圳市坪山区加快推进孵化器建设的实施意见》资金管理操作规程及《坪山区孵化器（众创空间）》培育库管理操作规程，鼓励区内园区向科技企业孵化器转型升级。截至2020年底，全区拥有市级以上创新平台101个（国家级6个、省级49个、市级46个），科技企业孵化器（众创空间）总面积达16.19万平方米。

六是激发创新要素活力。2020年，坪山区重点举办第十二届中国深圳创新创业大赛坪山预选赛区暨2020年坪山区创新创业大赛、深圳国际生物医药产业创新发展大会、深圳国际生物/生命健康产业展览会、第十八届中国国际人才交流大会坪山展区、第二十二届高交会等科技创新交流活动；征选包含比亚迪汽车工业有限公司在内的15家企业为“坪山区科普教育基地”；举办首届坪山科普月活动，开展“科普进社区”“科普进校园”活动30余场。坪山区通过一系列科普创新活动向外界展示“创新坪山”亮丽名片。

第九章 龙华区科技发展

一、科技创新概况

2020年，深圳市龙华区（以下简称“龙华区”）科技创新工作围绕龙华区委区政府工作部署，以建设现代化国际化创新型中轴新城和数字经济先行区为纲领，深入实施创新驱动发展战略，创新加速突破，新动能不断迸发，全区高质量发展基础更牢固，科技创新的支撑引领作用愈发明显。

2020年，龙华区高新技术产业培育成效显著，战略性新兴产业规模居深圳市前列，国家高新技术企业数量达2734家，数量保持深圳市第三；引进和培育各类高层次科研机构16家；电子科技大学（深圳）高等研究院落地，实现高等院校零的突破；各类创新载体加快建设，各层次创新载体数量达185家，其中国家级创新载体2家、国地联合创新载体1家、省级68家、市级54家；包含国家高性能医疗器械创新中心和广东省小分子新药创新中心在内的国家级和省级创新中心落户；引进省和市创新创业团队2个，累计达24个；新增国家、省、市级孵化载体5家，累计达39家；科技金融项目累计受惠企业110家，备案贷款金额5亿元；推动深圳国家高新区龙华园区、半导体产业园、激光产业园高质量发展；完成梅观产业创新走廊产业规划。

二、科技政策体系

2020年，龙华区印发《深圳市龙华区科技创新专项资金实施细则（修订）》《关于支持深圳北站港澳青年创新创业中心建设扶持若干措施（试行）》《深圳市龙华区关于促进深圳国家高新区龙华园区高质量发展的若干措施（试行）》等系列政策文件，编制《龙华区科技创新发展“十四五”规划》《深圳国家高新区龙华园区综合发展规划》《梅观科技创新走廊产业发展规划》等引领性文件，围绕重点区域构建产业、创新、空间多规结合的前瞻性创新战略规划体系。据统计，龙华区2020年共资助项目1757个，惠及企业1400家，资助金额达5.27亿元，资助总额同比增长115%。

三、科技创新成果

一是加大基础研究和应用基础研究投入力度，提升原始创新能力。2020年，龙华区引进和培育了一批高端科研机构，支撑源头创新发展的科研载体体系逐步建成；年度新认定3家重点研发机构，累计培育和引进各类高层次研发机构16家，包含广东省新型研发机构4家及深圳市基础研究机构3家；电子科技大学高等研究院顺利开学，实现高等院校零的突破。

二是各类创新载体加快建设，服务于产业创新的平台支撑体系不断完善。2020年底，龙华区各层次创新载体数量达185家，其中国家级创新载体2家、国地联合创新载体1家、省级68家、市级54家。此外，龙华区的创新中心迅速发展，国家高性能医疗器械创新中心和广东省小分子新药创新中心、广东省第三代半导体技术创新中心、广东省智能化精密工具创新中心三家省级创新中心顺利落户。

三是企业科技创新能力稳步提升，创新型企业大幅增长。2020年，龙华区新增国高企业164家，总数达2734家；科创板上市企业3家，数量占深圳市1/2；涌现大漠大智控、国电科技通信、首骋新材料等一批拥有先进技术的中小科技企业，以及包含普门科技和星商电子商务在内的新经济领域高成长性企业；形成以龙头企业为引领，中小微企业蓬勃发展的格局。

四是研发投入力度加大。龙华区贯彻落实包含企业研发投入激励和企业内部研发机构培育（提升）在内的多重政策，逐步提升企业研发积极性。2019年龙华区全社会研发支出达73.73亿元，占GDP比重的2.94%。

五是打造协同创新平台新业态。2020年，龙华区出台《深圳市龙华区协同创新平台建设与运行管理办法》，重点建设和培育符合龙华区产业发展导向的协同创新平台，建立以企业为主体、市场为导向、产学研深度融合的技术创新体系，促进创新要素和资源集聚，积极打造开展研发设计、检验检测、成果转化等协同创新活动的重要载体。

六是高层次创新人才团队加速集聚，产业发展和技术创新智力支撑不断强化。2020年，龙华区引进省和市级创新创业团队2个，累计达24个。此外，龙华区大力支持高层次人才创业，其中深圳市亦诺微科技有限公司专注于溶瘤单纯疱疹病毒（oHSV）产品开发，其研发管线上有多款在研溶瘤病毒产品，T3011（瘤内注射）项目是进展最快的项目。

七是实施关键核心技术攻坚。2020年，龙华区鼓励中小科技型企业与龙头骨干企业合作，推动高等院校和科研机构参与研发提供科研支撑，通过产业链上下游企业联合攻关及高等院校和科研机构协同配合，缩短成果产业化进程；资助科技计划项目33个，新增包含企业研发机构和工程技术中心在内的创新载体38家；杰普特光电自主研发生产国内首个MOPA脉冲光纤激光器，打破国外垄断局面；顺络电子生产的片式氧化铌电容、新型片式电感器、跳频滤波器，实现对日本村田的国产化替代；微创医学科技推出中国唯一符合美国FDA认证的630大功率半导体激光光动力肿瘤治疗仪；雷迈科技研发的荧光诊断定位系统获得国内发明专利，为国际首创；中科飞测的半导体前道产品实现国产设备零的突破，填补了国内集成电路先进封装检测设备在高端市场的空白；主打“免疫与溶瘤双重治疗”的亦诺微医药公司产品T3011成为全球第一个在中、美、澳三国同期开展临床实验的溶瘤病毒产品。

八是加快打造国际科技成果转移转化基地。2020年，龙华区高标准筹划梅观产业创新走廊建设，依托梅观快速路串联效应，研究制定《深圳市梅观产业创新走廊产业规划》实施方案，推动构建“AI+IBM+X”（人工智能+电子信息+生物医药+智能制造+前沿产业）产业体系，在沿梅观科技创新产业走廊部署一批科技创新产业空间：一是加快深圳国家高新区龙华园区高质量发展，出台《深圳国家高新区龙华园区综合发展规划》及园区专属管理办法以及专项扶持政策。观澜高新园已批准入园企业24家，现有在建项目8个，总建筑面积达到88.3万平方米。二是加快龙华区科技创新中心（观澜湖）建设，印发《龙华区科技创新中心（观澜湖）入驻管理办法》，第一批拟推荐入驻单位19家，总分配面积约1.7万平方米，入住率将达到73%以上。

九是优化科技金融政策，打破中小企业融资困境。龙华区完善科技金融合作金融服务机构体系，通过牵头实施科技金融政策，有效降低企业融资成本，发挥中小科技企业在推动科技创新、促进战略新兴产业发展、加快经济结构优化等方面的重要作用，帮助中小企业解决融资难问题。2020年，辖区科技金融项目合作的准入投融资服务机构23家，其中银行机构16家、担保机构6家、知识产权评估机构1家。

倡导金融机构对中小科技企业发放新增贷款，有效降低新冠疫情对中小企业的影响。2020年科技金融项目累计备案企业110宗，备案贷款金额近5亿元，同比增长60%。

四、创新生态优化

一是通过优质建设奖励、入驻单位房租资助、配套扶持三方面支持龙华区内孵化载体建设。截至2020年底，龙华区累计拥有国家、省、市、区多层次创客服务平台及创业孵化载体80家（筛重后61家），其中市级以上39家。区内孵化载体建有面积约109万平方米，入驻科技型企业级团队超1900家，同比增长19.6%，入驻国高企业总数240家，同比增长12.7%，累计拥有有效知识产权超10000项，其中发明专利超1200项。

二是完善双创金融支持体系，深化科技与金融合作。龙华区充分发挥财政资金引导和放大作用，建立银政企合作项目库，对入库企业并获得合作银行贷款的入库项目予以贴息资助。辖区全年下达132个贴息项目，累计贴息金额达3036万元，有效缓解企业融资难融资贵问题。

三是积极搭建各类创新交流平台。龙华区举办第二十二届高交会龙华分会场展览活动，组织110多家企业参展。该展会首次利用数字孪生技术，搭建高交会“云展厅”。2020年龙华区共有21个项目获得市赛奖项，其中一、二、三等奖项目11个，占深圳市20%。此外，龙华区以人才促发展，积极开展龙华人才交流大会。大会上，智汇全球云聘会共组织200余家企业参与，发布1400个岗位，共吸引5.5万人关注，并收到近6000份简历投递。大会的“海归博士云路演”活动吸引197个海外博士团队报名，其中21个团队入围并与创新企业和园区进行对接，并洽谈落地意向。

四是加快深圳北站港澳青年创新创业中心建设，出台包含《深圳市龙华区关于支持深圳北站港澳青年创新创业中心建设扶持若干措施（试行）》在内的扶持政策，为港澳青年提供引进落地、创新创业、孵化成长、文化创意、知识产权创造及运用、优化配套服务等全面支持。

五、招商引资与企业服务

一是成立项目洽谈小组，梳理制定项目对接流程图，实现工作条理规范性、提高效率、服务质量。2020年，龙华区累计对接项目65个，其中深圳市埃芯半导体科技有限公司拟落户龙华区半导体产业园，中德（深圳）数字经济创新与赋能中心已提交项目投资协议书。二是重点项目取得进展。龙华区积极推进“深圳能源-西门子能源合作产业园”落户龙华。截至2020年底，龙华区已与深圳能源集团股份有限公司、西门子能源有限公司、力合科创集团有限公司开展合作框架协议签署工作，极大提升了辖区相关高端制造产业整体水平。三是做好企业服务工作，优化企业营商环境。2020年，龙华区针对43家辖区重点企业开展调研走访活动，建立台账与各职能单位对接，坚持马上跟进到底，帮助企业解决包括空间受限和政策扶持在内的诉求55宗，有效推动重点企业发展壮大。

六、科普工作

一是积极响应市科协号召，共同举办2020年深圳（龙华）首届科普月活动，以提升深圳市青少年中小学生和市民科普知识、垃圾分类意识、法律意识为主，围绕“宣传《科普条例》”“弘扬科学家精神”“普及科学知识”等活动内容，从2020年9月1日起在龙华区的6个街道、3所学校、4 个科普基地展开了13场科普活动。活动通过现场体验、讲座、互动交流等市民乐于接受参与的形式，全方位开展科学知识普及，吸引近3万学生和民众参与，现场发放科普读物及宣传资料超10000张。同时配合线上直播及主流媒体等渠道扩大传播范围，吸引数万群众线上参与互动。二是招募组建一支龙华区科普志愿者服务队伍，充分发挥专业和人才优势，大力开展科学知识普及、实用技术推广、青少年科技活动指导、科学辟谣、反伪科学、反封建迷信宣传等各类科技志愿服务活动。

第十章 大鹏新区科技发展

一、科技创新发展

一是高端创新资源加速汇聚。2020年，包含农科院农业基因组学研究中心和农业农村部农业基因数据分析重点实验室在内的一批国家级或省级创新载体落户深圳市大鹏新区（以下简称“大鹏新区”）；诺贝尔奖得主领衔的深圳大学抗衰老与再生医学中心暨深圳创新医学研究院落户坝光；诺奖实验室——马歇尔生物医药工程实验室大鹏转化中心完成改造并获得深圳市药监局实验室体系认证；国家基因库打造华大基因“火眼”大鹏检测中心，参与新冠肺炎病毒高通量检测。二是科技创新综合实力稳步提升。2020年，大鹏新区科研机构及重点企业发表论文300余篇，其中在包含*Nature*在内的期刊上发表高水平论文20篇；农科院基因组所参与的2项成果入选“十三五”十大农业科技标志性成果，1名研究员获全国创新争先奖；斩获包含2020深圳市科学技术奖市长奖和技术发明奖一等奖在内的8个科学技术奖，获奖数量较去年增长1.7倍；2020年全区专利授权650余件，同比增长35.4%。三是创新氛围日益浓厚。2020年大鹏新区成功承办“深创赛”大鹏预选赛暨创新创业大赛，深圳市赛中2个项目获一等奖，3个项目获优秀奖；积极参与2020国际人才大会、高交会、BT峰会、国际生物/生命健康产业展览会、深海科技创新发展论坛等创新活动，在2020生物医学国际论坛上，共和国勋章获得者、中国工程院院士钟南山通过视频寄语期待生物医学在大鹏新区茁壮成长。

二、重点项目发展

一是加快规划建设深圳国际食品谷。深圳市政府六届二百四十次常务会议审议通过《深圳国际食品谷发展规划（2021-2035年）》；编制《国际食品谷科创先导区空间概念规划》，大鹏新区推进坝光科创先导区、坝光战略产业区、国际渔业交易中心等区域联动，精准布局个性化食品与健康、食品加工、智慧农业和健康营养管理四大产业发展方向；完成基因组所过渡所区改造工程，用于国际食品谷先期孵化；推动大鹏新区与河南大学签署战略合作协议，推进河南大学深圳研究院落户；密切接洽包含华中农业大学营养与健康研究院在内的新型研究机构。二是创建生命健康创新试验区。推动大鹏新区与坪山区签署共建粤港澳大湾区生命健康创新试验区合作框架协议，助力大鹏新区生命健康创新试验区和精准医疗先锋区“双区”启航，打造区域有机对接、深度融合、协同发展样板。

三、企业服务升级

一是多措并举助企复产达产。2020年，大鹏新区统筹辖区企业复工复产工作，推动包含领导挂点督导在内的5个工作专班成立，“一企一策”解决企业实际困难。2020年4月初辖区企业返岗率达90%以上，疫情防控专班获深圳市级表彰；出台大鹏新区惠企“9+7”措施，支持企业渡过难关，园区租金补贴和稳增长奖励扶持3800多万元；强化政银企对接，联合人行深圳中心支行发起“下沉社区稳企纾困行动”，推动27家单位获得贷款4488.43万元。二是企业服务加码。推进扶持政策落地，2020年拨付专项资金3062万元，同比增长22.37%，惠及辖区72家企业共161个项目。深化大鹏新区领导挂点服务企业机制，精准服务74家企业，协调解决企业诉求102项。

四、科技体制综合改革

2020年，大鹏新区优化科技项目管理机制，形成系统、全面、可持续的改革部署和工作格局，打通科技创新与经济社会发展通道，最大限度地调动和激发辖区企业创新能力和创新活力。辖区印发了《科技研发及产业化征集制工作方案》，重点支持药物治疗、医疗器械、检验检测、生物育种、海洋资源利用、海洋生态修复、新材料、先进制造等八大领域，引导辖区企事业单位优先从新区重点支持的八大领域中选题申报，立项以研究内容和产品的实际效用为导向，不唯论文。对部分周期较长的优质项目，可采取分阶段考核的"里程碑式"资助，待前一阶段目标实现后，在项目的下一阶段可优先立项。吸引了晶报、读创深圳、直通粤港澳、中国商报等媒体的报道和转发，引起了一定社会反响。相关申报通知首次发布后，就收到了25家单位共44个项目申报。其中，药物研制领域项目13个、检验检测领域项目12个、医疗器械领域项目1个、生物育种领域项目9个、海洋资源利用领域项目6个、海洋生态修复领域项目2个、新材料领域项目1个。强化政策资金引领创新发展导向作用，助力科技创新结出硕果。

五、科普工作

大鹏新区举办"2020年深圳市全国科普日·首届深圳科普月"暨大鹏新区第六届"行知科普·游学大鹏"科普系列活动。活动期间免费开放科普基地5个，累计参观人数1250人；举办线下科普活动18场，其中科普游学活动15场、科普体验活动2场、科普剧场1场，线上科普活动3场，累计参与人数2015人；活动宣传报道累计17次，访问量达1730余次。

第十一章 深汕合作区科技发展

一、科技产业发展及科技创新成果

2020年，深汕特别合作区始终坚持产城融合及产城并进发展理念，坚定发展实体经济，坚持高新技术项目、重大项目、规模集聚项目“三个优先”，聚焦发展人工智能、新一代信息技术、新能源、新材料、海洋科技产业等先进制造业、战略性新兴产业、未来产业，为深圳率先建设体现高质量发展要求的现代化经济体系营造新阵地。经过2020年发展，辖区初步形成了以哈工大机器人集团深汕基地和鑫美安防机器人为代表的机器人产业集群、以万泽航空发动机特种材料生产基地和冠恒氟硅新材料产业园为代表的新材料产业集群、以力劲科技智能压铸装备产业项目和浩能智能高端装备产业园为代表的智能装备产业集群、以腾讯云计算数据中心和华润数据中心为代表的大数据产业集群等。截至2020年底，实现供地产业项目96个，计划总投资超537亿元，达产后年产值预计实现988亿元，年税收70亿元。在已供地产业项目中，41%以上母公司属国家高新技术企业。深汕特别合作区2020年度获国家高新技术企业认定数量创新高，申请通过率为深圳11区中最高。

二、深汕特别合作区科技政策与企业服务

在产业政策扶持方面。深汕特别合作区结合现阶段产业发展情况，制定出台了《深圳市深汕特别合作区支持产业发展的若干措施（试行）》（以下简称“《若干措施》”），《若干措施》重点聚焦新一代信息技术、人工智能、机器人、新能源、新材料、海洋科技等战略性新兴产业，涵盖了支持企业发展壮大、鼓励企业快速增长、支持中小微企业发展、培育国家高新技术企业、支持企业创新平台建设、鼓励企业上市、优化企业融资环境、企业用房资助多类型扶持方向，符合条件的企业最高可获得1000万元奖励，旨在构建以战略性新兴产业为引领，先进制造业为支撑的现代产业体系。同时，深汕特别合作区正在加紧研究支持科技创新及工业技改专项政策，逐步完善合作区企业科技创新环境，打造高质量可持续发展的创新深汕。

在优化企业服务方面。受全球疫情影响，企业经营成本压力加重，发展面临挑战。为把疫情对企业的影响降到最低，深汕特别合作区立足企业、主动服务、多措并举，从政策、金融、法律、抗击疫情多方面入手，支持企业抓紧复工复产，保市场和订单。一是完善机制，成立企服中心。为进一步深化“放管服”改革，转变政府工作职能，优化营商环境，推动服务企业工作常态化和长效化，深汕特别合作区成立深圳市深汕特别合作区企业服务中心。该中心将发挥政企间的“桥梁和纽带”作用，热心服务企业，为企业提供综合服务，助力发展产业。二是精准服务，聚焦项目建设。针对辖区产业项目，制定《领导干部挂点服务企业工作方案》，用好公务员包干这一有力抓手，形成多层次、全覆盖、快速响应的联动机制，精准贴心服务企业。三是科学施策，企业提质增效。成立深汕特别合作区工业经济运行工作专班，定期组织召开工作专班会议，协调相关部门专题解决企业生产经营困难和项目投资受阻问题，加强深汕特别合作区工业经济运行统筹协调，推动工业经济高质量发展。四是金融支持，服务实体经济。推动深圳各大银行在合作区落地。联合深圳人民银行，组织召开政银企工作座谈会，全力帮助企业解决融资难和融资贵问题，确保防疫期间民生和实体经济稳定发展。此外，辖区邀请深圳人民银行党委书记、行长邢毓静作“深入社区

金融支持稳企业保就业”专题讲座，为中小微企业带来稳企纾困金融政策。

三、科技展会及活动

2020年8月18日，深汕特别合作围绕“全球引智，创新引领高质量发展”的主题举行第四届深圳国际品牌周合作区主题活动，这是深汕特别合作区体制机制调整以来，首次与深圳10个区共同参与深圳国际品牌周活动。活动通过“主题演讲+专题论坛”的方式，分享最新研究成果，探究深汕合作区品牌引领产业发展及品牌助力经济腾飞路径，为深圳第“10+1”区高质量发展建言献策。

2020年10月19日，深汕特别合作区在深汕西会展中心举行2020年全国双创周深圳活动——深汕特别合作区主题活动，邀请权威讲师及知识产权领域专家学者针对入区企业相关负责人，开展国家高新技术企业认定政策辅导和知识产权讲座，助力深圳第“10+1”区高新技术产业加快集聚。该活动是深圳第“10+1”区揭牌以来首次与深圳10个区共同参与全国双创周活动。活动以“创业筑梦深汕，创新赋能发展”为主题，以双创为核心，激发双创活力，帮助入区企业申报高新技术企业认证，提升知识产权管理能力，打造具有“深汕特色”的高新技术产业集群。

2020年11月11日，第二十二届高交会上，深汕特别合作区以“创新智造新城，产业聚变未来”为主题，聚焦机器人、人工智能、新技术、新材料等领域，携13家企业亮相高交会，集中展示深汕湾机器人小镇及辖区优秀高科技企业的创新技术和产品。展会期间，家庭常用的扫地机器人、充当导购员的迷你小精灵机器人、农作物喷洒农药的植保无人机，琳琅满目的机器人和人工智能产品是深汕特别合作区科技展团的亮点和特色。此外，AR光学阵列光波导产品、晶体振荡器、高温合金、液晶显示模组等新材料、智能智造产品同样抢眼。高交会上，深汕特别合作区获得组委会颁发的优秀组织奖和优秀展示奖，展团中的天鹰兄弟科技有限公司参展项目获得优秀产品奖。

2020年12月8日，全球招商大会在深圳和八大海外分会场同步开启。大会以“海纳百川圳共赢，先行示范再出发”为主题，向世界各国企业和企业家发出深圳邀约，共创发展奇迹。该招商大会洽谈签约项目242个，总投资额超7800亿元。其中，深汕特别合作区场签约深圳市农科集团深业锦农现代都市田园综合体和中国联通云数据基地项目2个，洽谈签约包含百外集团教育基地和深汇通高新产业园在内的项目8个。

四、创新载体建设

2020年，深汕特别合作区创新载体建设全面提速——深汕湾机器人小镇加速建设，时尚品牌产业园投入运营，深汕海洋智慧港建成招商，深汕生态科技园项目稳步推进。

（一）深汕湾机器人小镇

深汕湾机器人小镇位于深汕特别合作区东部组团，规划面积13.5平方千米，厦深高铁、深汕高速、深汕大道经过该片区，紧邻厦深高铁鲘门站，山海环境优越，交通便利。机器人小镇瞄准战略性新兴产业和未来产业，优先引进具有自主知识产权核心技术的机器人产业龙头企业、机器人公共技术服务平台、配套产业链项目。核心区位于鲘门高铁站片区，占地约5平方千米，致力打造全国最大的机器人小镇。截至2020年底，已引进11家实体企业，以及哈工大机器人集团深汕基地、深汕湾科技城（不含房地产项目）、锐博特创新基地3个平台项目，储备包含赛迪研究院和中航联创在内的多家优质企业。14个已引进项目总占地33.57万平方米，总投资60.11亿元，全部达产后年产值约91.6亿元，年税收约6.62亿元。

（二）时尚品牌产业园

时尚品牌产业园位于深汕大道（G324国道）南侧，项目总投资16.2亿元，占地面积约9.2万平方米，容积率2.5，总建筑面积约22.6万平方米。项目整体空间布局分为“生产、研发办公及公共服务展厅、生活配套”三大区域。该产业园区重点引进新材料、新能源、智能装备制造、新一代信息技术等产业，是深汕特别合作区首个产业集聚的先行示范园区。截至2020年底，园内已入驻多家生产型企业。

（三）深汕海洋智慧港

海洋智慧港位于鲘门镇百安半岛入口处，占地面积约5万平方米，容积率3.5，总建筑面积约23万平方米，是集高端研发办公楼、五星级酒店、海洋主题商业、海洋展示中心为一体的综合产业项目。海洋智慧港项目秉承深圳建设“全球海洋中心城市”以及打造机器人小镇的战略方针，以海洋科技与人工智能产业为核心，重点发展水下机器人、无人船、水声通信、深海传感器、海洋大数据等关键装备和技术，吸引各大海洋高等院校和研究所进驻，打造深汕海洋智库、深汕海洋科研中心、成果孵化基地。

（四）深汕科技生态园

深汕科技生态园项目总投资51.67亿元，占地面积9.12万平方米，总面积63万平方米，计容建筑面积45.58万平方米。项目探索“总部+分支”发展模式，通过打造第四代产业园，提升合作区城市空间活力，凝聚产业力量，建设产业发展综合示范平台。产业定位上，对接深圳科技创新资源，以大数据为核心，重点发展科技创新服务、生产性服务、商业配套服务等产业。

第六篇 研究、开发及科技成果产业化

Research & Development & Industrialization of Scientific & Technological Achievements

第一章 基础研究

一、概况

近年来，为补齐短板，增强科技原创能力，提升对高科技产业发展的支撑能力，深圳市高度重视加强基础研究，不断加大基础研究和应用基础研究投入。2020年，深圳市市级基础研究项目立项数达1353项，立项金额超过9亿元。2020年8月，深圳市发布《深圳经济特区科技创新条例》，率先在全国以立法形式明确要求市级科技研发资金不低于30%的经费投向基础和应用基础研究。

二、获国家科技项目支持情况

2020年，深圳市获国家基金立项数1000余项，获立项经费总额约5.90亿元，同比增长16.5%。深圳市承担国家自然科学基金的竞争力持续增强，得益于近年来深圳市持续加大基础研究投入，高标准建设研究型大学、省实验室、市基础研究机构等重大创新平台，大力引进高层次创新人才，不断完善科技创新体系，优化科研创新环境。其中，深圳大学获批经费2.20亿元，首次突破2亿元，居广东省第2名，位列全国第24名；南方科技大学获批1.22亿元，居广东省第7名，位列全国第51名；中国科学院深圳先进技术研究院获批经费1.18亿元，比2019年增长1倍，居全国第53名，位列全国科研院所第4名。

三、获广东省自然科学基金支持情况

2020年，深圳单位获批广东省自然基金立项项目数达596项，立项金额超过1亿元。

第二章 科技计划项目

2020年，深圳市科技计划体系不断优化完善。深圳市积极落实《深圳市关于加强基础科学研究的指导意见》，出台《深圳市基础研究项目管理办法》《深圳市高等院校稳定支持计划管理办法》，打造了职责清晰且管理规范的项目管理机制，首次实施高等院校稳定支持计划，以稳定经费形式支持高校结合深圳科技创新发展规划及自身发展规划，实现自主布局和自由选题，开展创新性研究，进一步扩大高校科研自主权。此外，积极参与国家自然科学基金区域创新发展联合基金（广东）及广东省基础与应用基础研究基金深圳市联合基金的组织实施工作，吸引和集聚全国的优势科研力量围绕粤港澳大湾区经济、社会、科技战略发展的重大科学问题和关键技术问题开展基础研究。

第三章 科技名录

一、2020年深圳市科技成果登记

2020年深圳市科技成果登记表在线查看

序号	地方部门登记号	项目名称	完成单位	完成人
1	2020J0001	微连接界面反应与接头组织控制机理	哈尔滨工业大学（深圳）	李明雨 计红军 陈宏涛 李卓霖 张志昊
2	2020J0002	重要经济水产动物的基因组学研究	深圳市华大海洋研究院	石琼 游欣欣 卞超 黄玉 徐军民
3	2020J0003	水平荷载作用下高层建筑位移计算与控制	深圳市力鹏工程结构技术有限公司	魏琏 王森 孙仁范 吴忽保 许璇 曾庆立 王娜 刘冠伟 唐辉 周旻旸 林旭新 罗嘉骏 俞寰 王凯锋
4	2020J0004	超高层建筑中无梁空心楼盖的研究及工程应用	深圳市力鹏工程结构技术有限公司	魏琏 王森 许璇 孙仁范 刘冠伟 吴忽保 曾庆立 王娜 唐辉 周旻旸 林旭新 罗嘉骏 俞寰 王凯锋
5	2020J0005	一向少墙高层剪力墙结构体系判别及抗震设计计算方法	深圳市力鹏工程结构技术有限公司	魏琏 王森 孙仁范 曾庆立 许璇 吴忽保 王娜 刘冠伟 唐辉 周旻旸 林旭新 罗嘉骏 俞寰 王凯锋
6	2020J0006	面向大型复杂结构健康服役性能的工程验证技术方法及工程应用	哈尔滨工业大学（深圳）	滕军 卢伟 胡卫华 李祚华 崔燕 唐德徽
7	2020J0007	基于IGZO－TFT的集成电路研究	北京大学深圳研究生院	8778
8	2020J0008	双栅a-IGZO制造技术及其应用开发	北京大学深圳研究生院	张盛东 陈文新 张敏 何红宇 廖聪维 林清平 邵阳 肖祥 胡治晋 王翠翠
9	2020J0009	阳极氧化方法制备同质结金属氧化物薄膜晶体管研究	北京大学深圳研究生院	张盛东 刘翔 林清平 廖聪维 贺鑫 邵阳 冷传利 胡治晋
10	2020J0010	生精障碍发生的分子生物学机制	北京大学深圳医院	桂耀庭 牟丽莎 唐爱发 李俞池 杜野
11	2020R0001	安托山文博公园生态公园区现状资源调查项目	深圳市国艺园林建设有限公司	袁丽丽 邵燕 曹洋 王步 赵峰 金亚兵 刘蕾 解诗杰 马荣富 甘君 郑焕君 高骏 李殷维 刘永金 许建新 黎修东 史正军 崔启超 罗其章 管洁 白宇清 徐华林 陈久桐 张文晖
12	2020R0002	曳引式电梯悬挂系统运行振动分析研究	深圳市特种设备安全检验研究院	王军泉 刘洲平 杨先顺 汤国强 龙枫 曹利维
13	2020R0003	曳引式电梯驱动主机定期载荷试验的必要性研究	深圳市特种设备安全检验研究院	焦一帆 邓伟 詹炜 赵晓涛
14	2020Y0001	排母连接器	深圳市鑫冠辉电子有限公司	郑兆梁 王云辉 唐建平 刘义超 马丽丽 李燕
15	2020Y0002	排母连接器1.0	深圳市鑫冠辉电子有限公司	王云辉 马丽丽 李燕 魏信 眭莉 张传兵
16	2020Y0003	排母连接器2.0	深圳市鑫冠辉电子有限公司	唐建平 刘义超 马丽丽 李燕 眭莉 张传兵
17	2020Y0004	排针连接器1.0	深圳市鑫冠辉电子有限公司	王云辉 唐建平 刘义超 唐外美 魏信 眭莉

（续表）

序号	地方部门登记号	项目名称	完成单位	完成人
18	2020Y0005	排针连接器2.0	深圳市鑫冠辉电子有限公司	郑兆梁 唐外美 魏信 睦莉 张传兵
19	2020Y0006	排针连接器组件	深圳市鑫冠辉电子有限公司	王云辉 唐外美 魏信 睦莉 张传兵
20	2020Y0007	双排排针连接器	深圳市鑫冠辉电子有限公司	郑兆梁 刘义超 马丽丽 李燕 唐外美
21	2020Y0008	高烈度地区大跨度波形钢腹板连续梁桥性能研究	深圳市市政设计研究院有限公司	陈宜言 宗周红 何晓晖 王健 董桔灿 许有胜 林津 孟磊 代亮 于芳 李鑫奎 程依祖 余龙 王小花 王梦雨
22	2020Y0009	深圳市狂犬病流行病学分析与早期预警	深圳市福田区动物防疫监督所	谭理琦 秦智锋 郑晓聪 卢体康 李汶松 孙洁 史秀杰
23	2020Y0010	血液细胞分析流水线系统的研制及产业化	深圳迈瑞生物医疗电子股份有限公司	李朝阳 李学荣 李乐昌 颜昌银 熊文超 郁琦 刘建超 刘隐明 刘鹏昊 王长星 谢子贤 刘林 张军伟 姜斌 胡力坚
24	2020Y0011	文本新闻主体关系智能认知提取系统	深圳报业集团	丁芳桂 郑创伟 谢志成 何亮 陈少彬 杨安颜 李韧 成强 王泳 陈义飞 陈宇辉
25	2020Y0012	新闻类视频画帧特征信息标识检索系统	深圳报业集团	丁芳桂 郑创伟 谢志成 何亮 陈少彬 杨安颜 李韧 成强 王泳 陈义飞 陈宇辉
26	2020Y0013	高性能高密度集成电路封装基板关键技术研发与产业化	深南电路股份有限公司	杨之诚 刘晓阳 曹立强 蔡坚 周进群 谷新 刘国平 杨智勤 王谦 于中尧
27	2020Y0014	植物光照用高光量子效率LED	旭宇光电（深圳）股份有限公司	陈磊 林金填 曹小兵 李超 黎学文 卢淑芬 郭醒 冉崇高 余忠良 王生泉 罗伟 杨玉娟 张文 李之洋 周裕强
28	2020Y0015	智能健康照明全光谱LED平板灯	旭宇光电（深圳）股份有限公司	林金填 曹小兵 陈 磊 黎学文 李超 卢淑芬 郭醒 冉崇高 周裕强 王生泉 罗伟 余忠良 张文 李之洋 杨玉娟
29	2020Y0016	高光电转换效率宽光谱红外线LED	旭宇光电（深圳）股份有限公司	陈磊 林金填 曹小兵 卢淑芬 黎学文 李超 郭醒 冉崇高 余忠良 周裕强 王生泉 罗伟 李之洋 张文 杨玉娟
30	2020Y0017	光聚合固化高辐射通量紫外线LED	旭宇光电（深圳）股份有限公司	林金填 曹小兵 陈磊 李超 黎学文 卢淑芬 郭醒 冉崇高 余忠良 周裕强 王生泉 罗伟 杨玉娟 张文 李之洋
31	2020Y0018	蓝牙Mesh通信智能可调光节律LED筒灯	旭宇光电（深圳）股份有限公司	曹小兵 林金填 黎学文 冉崇高 陈磊 卢淑芬 郭醒 余忠良 李超 周裕强 王生泉 罗伟 李之洋 张文 杨玉娟
32	2020Y0019	基于语音感知识别交互的智能家居终端设备	深圳市奋达科技股份有限公司	梁永治 韦北进 陈文精 何时鸿 余勇 李曙光 杨新辉 叶新 巢坚 梁理伟 刘兆鹏 周彦伟 江婧 李远芳 陈忠华
33	2020Y0020	电连接器	深圳市大塑实业有限公司	谭一平 黄朝 伍源 向彩鹏 宾峰
34	2020Y0021	贴膜治具	深圳市精研科洁科技股份有限公司	钟官生 谢树源 曾德林 曾宪明 张毅俊 胡春辉
35	2020Y0022	倒装模具1.0	深圳市精研科洁科技股份有限公司	张超 吴大伟 邓胜涛 刘坤 陈杰 喻思航
36	2020Y0023	倒装模具2.0	深圳市精研科洁科技股份有限公司	陈果夫 方日炎 周建武 刘天君 付星宇

（续表）

序号	地方部门登记号	项目名称	完成单位	完成人
37	2020Y0024	双阀针式热流道系统	深圳市精研科洁科技股份有限公司	丁友才 曾桥 杨兵 欧阳昌林 王绍忠
38	2020Y0025	电源线插头和电器设备	深圳市大塑实业有限公司	谭一平 黄朝 伍源 向彩鹏 宾峰
39	2020Y0026	超薄拼接屏倒装模具的注塑系统	深圳市精研科洁科技股份有限公司	朱光辉 侯广 钟官生 谢树源 曾德林
40	2020Y0027	用于注射模制装置的部件顶出系统	深圳市精研科洁科技股份有限公司	李建旋 伍卫 孟凡玉 王峥 燕帅
41	2020Y0028	一种电源插头用插片端子以及电源插头	深圳市大塑实业有限公司	谭一平 黄朝 伍源 向彩鹏 宾峰
42	2020Y0029	定模双斜度隧道行位加双斜度弹针塑胶模具	深圳市精研科洁科技股份有限公司	蔡教琛 李泽湘 王炜椿 付星环 陈辉 彭晓林
43	2020Y0030	高频天线印制板技术开发	深圳市景旺电子股份有限公司	王俊 陈晓宇 陈晓青 马奕 李文冠 谢伦魁 张霞 胡奇峰 康国庆 余国强
44	2020Y0031	特定蛋白分析仪研发及产业化	深圳普门科技股份有限公司	曾映 刘先成 徐岩 王铮 张良 唐敬波 夏喜峰 彭学健 曾庆恭 张颖慧 高仕勇 孙琪皓 劳家慧 张嵩 潘晶晶
45	2020Y0032	水滴激光HL-LC-NP-100 100W 激光清洗控制系统软件V1.0	深圳水滴激光科技有限公司	金阳 蒋道福 王维君
46	2020Y0033	水滴激光HL-LC-NP-500 500W激光清洗控制系统软件V1.0	深圳水滴激光科技有限公司	金阳 蒋道福 王维君
47	2020Y0034	试剂盒	深圳三智医学科技有限公司	姜舒 YUN ZHANG（张芸） 罗朝霞 纪惜銮
48	2020Y0035	一种采血袋	深圳市茵冠生物科技有限公司	姜舒 YUN ZHANG（张芸） 罗朝霞 纪惜銮
49	2020Y0036	一种存放细胞冻存袋的冻存盒	深圳市茵冠生物科技有限公司	姜舒 YUN ZHANG（张芸） 罗朝霞 纪惜銮
50	2020Y0037	一种培养皿	深圳市茵冠生物科技有限公司	姜舒 YUN ZHANG（张芸） 罗朝霞 纪惜銮
51	2020Y0038	一种人母乳干细胞的制备方法及其应用	深圳市茵冠生物科技有限公司	姜舒 YUN ZHANG（张芸） 罗朝霞 纪惜銮
52	2020Y0039	一种细胞培养袋	深圳市茵冠生物科技有限公司	姜舒 YUN ZHANG（张芸） 罗朝霞 纪惜銮
53	2020Y0040	一种用于编辑或修复HBB基因的试剂盒	深圳三智医学科技有限公司	姜舒 YUN ZHANG（张芸） 罗朝霞 纪惜銮
54	2020Y0041	一种组合式离心管	深圳市茵冠生物科技有限公司	姜舒 YUN ZHANG（张芸） 罗朝霞 纪惜銮
55	2020Y0042	用于回输细胞的输液袋	深圳市茵冠生物科技有限公司	姜舒 YUN ZHANG（张芸） 罗朝霞 纪惜銮
56	2020Y0043	用于体外诱导脂肪来源间充质干细胞分化为肝细胞的培养基	深圳市茵冠生物科技有限公司	姜舒 YUN ZHANG(张芸) 罗朝霞 纪惜銮
57	2020Y0044	用于制备DC-CTL的试剂盒	深圳市茵冠生物科技有限公司	姜舒 YUN ZHANG（张芸） 罗朝霞 纪惜銮
58	2020Y0045	填海区园林土壤防盐害关键技术研发	深圳文科园林股份有限公司	高育慧 周文君 郑卫国 郑建汀 李军娟 林瑞君 田雪 曹华英 宫彦章 刘天翔

（续表）

序号	地方部门登记号	项目名称	完成单位	完成人
59	2020Y0046	MZ系列数字化埋弧焊机	深圳市瑞凌实业股份有限公司	邱光 王巍 蒋明 贺维 王浩 丁彦 余建国 陈刚 李志宏 吴彬彬 汪清华 刘海平 刘南 耿斌伟 杨兵 袁文涛
60	2020Y0047	光纤皮秒种子源	大族激光科技产业集团股份有限公司	阳其国 金艳丽 钟木荣 包文强 刘晶 陈刘祥 吕启涛 阮双琛 欧阳德钦 杜晨林 陈业旺
61	2020Y0048	70W掺铥光纤激光器	大族激光科技产业集团股份有限公司	吉恩才 曾晶 周心悟 钟木荣 刘晶 阮双琛 欧阳德钦 吴旭 睦肇鹏 何柏林 刘璐
62	2020Y0049	超快激光玻璃切割机	大族激光科技产业集团股份有限公司	谢圣君 孙玉芬 李少荣 阮双琛 张明荣 魏文 黄大平 谢飞 李春波 陈学铭 朱高翔 邓鹏 毕瑜彬 邢沐悦
63	2020Y0050	50W工业级全固态皮秒激光器	大族激光科技产业集团股份有限公司	吕启涛 阮双琛 徐方华 金艳丽 阳其国 吴旭 杜晨林 郭丽 何柏林 钟木荣 李魁 睦肇鹏 王杰 刘晶
64	2020Y0051	格栅组合模架系统	中建科技深圳分公司	张仲华 孙晖 庄镇利 米京国 廖欠明 毛丰强 杜飞 陈丰 孟凡鑫 马俊 曾玉喜 肖毅 毛毳 陈炬
65	2020Y0052	超高层矩形钢管梁柱全偏心节点	悉地国际设计顾问（深圳）有限公司	吴国勤 李建伟 傅学怡 刘云浪 张鑫 樊健生 李全旺 林海
66	2020Y0053	运营地铁安全保护区控制爆破技术研究	深圳市安托山投资发展有限公司	杨琳 李健康 赖广文 刘树亚 薛里 刘刚 梁海颜 付天杰 赵超群 刘世波 肖文海 张勇 任国强 卢柱辉 杨年华
67	2020Y0054	面向三网融合的多媒体网络舆情分析平台	任子行网络技术股份有限公司	沈智杰 景晓军 范娜 王娜 刘刚 许国耀 王贵东 朱缓 吴丽
68	2020Y0055	互联网多媒体内容监管平台	任子行网络技术股份有限公司	沈智杰 景晓军 范娜 吴丽 叶少秋 吴界壁 邓银垒
69	2020Y0056	面向电子系统基础件微孔钻削的关键工艺技术与装备	深圳大学	石红雁 梁雄 徐斌 韩庆红 翟学涛 付连宇 朱建 李宁 张飞
70	2020Y0057	新型H5禽流感病毒(H5N6、H5N8)的综合诊断技术研究	深圳市检验检疫科学研究院	秦智锋 孙洁 马岚 卢体康 房师松
71	2020Y0058	鱼类传染性造血器官坏死病病原分子进化和DNA疫苗的研究	深圳市检验检疫科学研究院	刘荭 贾鹏 刘莹 吴江 温智清 刘建立 郑晓聪 王津津 史卫军 赵现锋 林彦星 史秀杰 于力 何俊强
72	2020Y0059	细胞培养法检测贝类毒素方法的建立	深圳市检验检疫科学研究院	兰文升 刘荭 史秀杰 卢体康 赵现锋 吴江 孙洁 廖立珊 郑晓聪 贾鹏 林庆燕 刘建利 史卫军 林彦星 曾少灵
73	2020Y0060	几种重要海洋弧菌作为海水水质污染指示菌的研究	深圳市检验检疫科学研究院	兰文升 刘荭 张锐 史秀杰 卢体康 赵现锋 吴江 孙洁 林彦星 贾鹏 廖立珊 郑晓聪 刘建利 史卫军 曾少灵 林庆燕
74	2020Y0061	基于数据流的硬件加速方法及系统	深圳鲲云信息科技有限公司	牛昕宇
75	2020Y0062	钢筋混凝土墙体绳锯拆除施工工法	深圳市工勘岩土集团有限公司	刘治军 许建瑞 雷帆 李波 雷斌 杨静 叶坤 莫莉

（续表）

序号	地方部门登记号	项目名称	完成单位	完成人
76	2020Y0063	基于“归一化”设计理念的标准化大功率LED驱动电源的研发与产业化	深圳茂硕电子科技有限公司	陈浩 王畅 刘建铨 张炳杰
77	2020Y0064	勘测科学集成技术在邻近地铁复杂场地的应用研究	深圳市勘察研究院有限公司	侯刘锁 贾海鹏 卢永华 李根强 刘琦 周洪涛 肖兵 余成华 银霞 周林辉 戴俊斌
78	2020Y0065	道路信息模型测绘的关键技术研究与应用	深圳市勘察研究院有限公司	胡朝辉 吕兵 潘文俊 张春明 汪国宏 叶亚林 陈远鸿 阮明浩 闫臻 蒋竟欣 银霞 张海文 王磊 那昊亮 黄煜
79	2020Y0066	城市公共安全应急监测服务保障关键技术研究及应用	深圳市勘察研究院有限公司	卢永华 林宗坚 银霞 刘玉贤 吕兵 刘勇 姜岩 罗小飞 潘文俊 刘琦 余成华 阳安国 侯刘锁 陈远鸿 方门福
80	2020Y0067	一种用于生产手机及电源等产品智能制造的关键创新技术	鹰星精密工业（深圳）有限公司	张树刚 张小英 王卫华 张金鼎 吴开锋
81	2020Y0068	绿地薇甘菊综合防控关键技术及应用	深圳小洲生态环境有限公司	昝启杰 李鸣光 孙延军 昝欣 胡长云 韩诗畴 黄捷 王佐霖 韦萍萍 蒋露 赵晴 伍娥 胡亮 周胜 宋雪 刘炼根 李志刚
82	2020Y0069	TFT-LCD聚酰亚胺取向剂制备技术	深圳市道尔顿电子材料有限公司	薛怀斌 王胜林 王建新 魏能淼 许色强 彭振华 肖亚双 陈斐
83	2020Y0070	基于机器视觉的人体三维运动捕捉系统关键技术研究	深圳先进技术研究院	程俊 师丹玮 姜军 刘远民 王鹏
84	2020Y0071	低功耗射频前端及包含其的电子设备	锐石创芯（深圳）科技有限公司	倪建兴 曹原
85	2020Y0072	粤港澳大湾区红树林生态景观与湿地修复关键技术	北京大学深圳研究生院	李瑞利 王辉 黄文良 邱国玉 柴民伟 王旭光 沈小雪 刘明辉 石聪 宋雪 张善发 黄捷 杨芳 石建娅 胡耀欢
86	2020Y0073	深圳市房屋安全排查技术与预警制度的创新及应用	深圳市建设工程质量检测中心	余忠辉 张道修 杜继予 仇新刚 常正非 张岫文 明娟 刘绪普 王罡 汪四新 丁小波 何春凯 林爱莲
87	2020Y0074	高性能多轴注塑机械手运动控制系统	深圳市华成工业控制股份有限公司	苗立晓 程国醒 卢富华 孙毅 石建军 张卫锋 李超 董改田 冷俊
88	2020Y0075	多功能动态数字化医用X射线摄影系统	深圳市安健科技股份有限公司	成富平 李全忠 周敏南 王栋 叶超 代德权 刘岩 漆万鸿 熊友达 秦杰
89	2020Y0076	低成本氮化镓器件与系统集成技术	南方科技大学	于洪宇 赵鑫 陈建国 汪青 蒋苓利
90	2020Y0077	南方高强度开发区域先进制造业废水特征污染物深度处理关键技术与应用	哈尔滨工业大学（深圳）	王宏杰 孙飞云 成功 韩琦 赵子龙 戴知广 董文艺 李继 张小磊 邢丁予 谢林伸 顾玉蓉 李婷 杨兢欣 张先炳
91	2020Y0078	大体积钢筋混凝土绳锯法定向拆除施工技术	深圳市工勘岩土集团有限公司	刘治军 唐雪云 雷斌 杜思思 杨静 肖养遴 杨建松 莫颜保
92	2020Y0079	干成孔灌注桩缺陷水磨钻法处理技术	深圳市工勘岩土集团有限公司	童心 刘祥伟 肖养遴 雷斌 王荣发 俞丽琴 黄凯 杨小伟

（续表）

序号	地方部门登记号	项目名称	完成单位	完成人
93	2020Y0080	基坑支护全护筒咬合桩钢筋笼定位施工技术	深圳市工勘岩土集团有限公司	李波 李红波 童心 林佳德 雷斌 申小平 黄凯 张国林
94	2020Y0081	旋挖灌注桩深长内外双护筒定位施工技术	深圳市工勘岩土集团有限公司	李洪勋 吴晓玲 王振威 高世泉 雷斌 洪明坚 张立学 李铭先
95	2020Y0082	深基坑灌注桩地面静载试桩双护筒隔离桩侧摩阻力施工技术	深圳市工勘岩土集团有限公司	童心 雷斌 李超 李波 黄凯 俞丽琴 周梅峰 张立学
96	2020Y0083	基坑支护旋挖硬咬合灌注桩钻进综合施工技术	深圳市工勘岩土集团有限公司	高子建 李洪勋 申小平 雷斌 许国兵 王荣发 吴涵 李波
97	2020Y0084	深基坑预应力管桩、预应力锚索联合支护施工技术	深圳市工勘岩土集团有限公司	李超 雷斌 凌观锋 李波 许国兵 刘轶博 陈塬
98	2020Y0085	松散填石层基坑支护咬合桩一荤二素组合式成桩施工技术	深圳市工勘岩土集团有限公司	陈塬 李超 高世泉 雷斌 李波 李伟 周梅峰 张国林
99	2020Y0086	深厚硬岩钻孔灌注桩大直径潜孔锤成桩综合技术研究	深圳市工勘岩土集团有限公司	尚增弟 雷斌 李红波 左文荣 王晶 叶坤 宋明智 骆以道 李波
100	2020Y0087	模块化传染病应急医院快速建造成套技术及应用	中建科工集团有限公司	王伟 于琦 段海 陆建新 李美忠 徐聪 李任戈 许海涛 杨书华 许航 张羽 王川 庄宇 彭鑫 周鹏 王小海 高瑞 孙朋 杨帆 曾志文 帅云静 陈志谋 宋子烨 王彬
101	2020Y0088	土地集约型、环境友好型地铁建设关键技术研究——深圳地铁7号线工程	深圳市地铁集团有限公司	陈湘生 雷江松 朱瑞喜 娄永录 任立志 王新线 宋天田 李爱东 胡德华 段景川 贺锐 丁锐 唐勇 惠世前 赵智强
102	2020Y0089	智慧口岸查验防控系统关键技术研发及产业化	盛视科技股份有限公司	赖时伍 王和平 胡伟 胡刚 彭锦文 周敏 穆晓亮 罗富章 瞿磊 关庆佳 程连强 苗应亮 范福川 张浒 何旋
103	2020Y0090	基于声辐射力的超声诊断方法及应用	深圳大学	陈昕 沈圆圆 周永进 陈思平 陆敏华 董常峰 李乔亮 冯程
104	2020Y0091	基于声辐射力的超声软组织损伤治疗系统	深圳大学	陈昕 沈圆圆 周永进 陈思平 陆敏华 蔡浚楠 张远生
105	2020Y0092	基坑钢管立柱桩砼灌注防绕流施工技术	深圳市工勘岩土集团有限公司	刘晓宁 付文光 李波 凌观锋 谌建华 李洪勋 李超 高世泉
106	2020Y0093	多道内支撑支护深基坑土方栈桥、土坡开挖施工技术	深圳市工勘岩土集团有限公司	王志权 凌观锋 李波 雷斌 张立学 周梅峰 俞丽琴 谌建华
107	2020Y0094	深厚软弱地层长螺旋跟管、旋挖钻成孔灌注桩施工技术	深圳市工勘岩土集团有限公司	崔炳辰 雷斌 王涛 凌观锋 李先圳 俞丽琴 周梅峰 聂长贺
108	2020Y0095	基于无机聚合物抗腐增效技术的彩色高强自密实生态砂浆与混凝土	深圳市航天新材科技有限公司	曹海琳 翁履谦 郭悦 丁文桓 郭书辉 李绍彬 丁小恒 高平 李国学 王一然 陈作锦 陈培都
109	2020Y0096	超宽频高精度无线定位通讯模块关键技术的研发及产业化	深圳市润安科技发展有限公司	钟裕山 郑理强 李丹 钟颖锋 龙中胜 吴军明
110	2020Y0097	智能组网高性能多传动四象限变频器控制系统	深圳市英威腾电气股份有限公司	张东花 黄申力 阮舜辉 沈文 欧康喜 石超 李晨东 刘春夏 罗云 曾川 王二峰 李洪斌 袁星超 李毓财 王勇

（续表）

序号	地方部门登记号	项目名称	完成单位	完成人
111	2020Y0098	基于三温模型和热红外遥感的多尺度蒸散发理论、技术与应用	北京大学深圳研究生院	邱国玉 熊育久 赵少华 鄢春华 李瑞利 张清涛 李程 王永强 谭圣林 谢芳 王丽明 王佩 尹婧 沈小雪 于小惠
112	2020Y0099	组装式大电流功率电感	深圳顺络电子股份有限公司	程志刚 尚玉黎 邹千 李绪辉 彭建传 周相国 黄颖 伍海龙
113	2020Y0100	传递模塑功率电感	深圳顺络电子股份有限公司	夏胜程 李有云 侯勤田 杨亚冰 王辉 余鑫树 谈敏 洪瑜鹏 苏强 王莹莹 华天成 柳祥武 张姝娟 王焊伶 周相国
114	2020Y0101	脉冲变压器	深圳顺络电子股份有限公司	刘金南 黄敬新 李科伟 赵基界 屈相平 刘建锋 杨壮林 贾荣要 谢林芳 周相国
115	2020Y0102	汽车电子磁环网络变压器	深圳顺络电子股份有限公司	龚帮辉 黄敬新 李科伟 刘金南 何杨永 汪梦秋 赵基界 周相国
116	2020Y0103	城市轨道交通生态环保建设综合技术	深圳市地铁集团有限公司	陈湘生 雷江松 朱瑞喜 娄永录 任立志 王新线 宋天田 李爱东 周石喜 段景川 胡德华 孙晓辉 丁锐 唐勇 王波峡
117	2020Y0104	大直径、超深灌注桩分层后注浆施工技术	深圳市工勘岩土集团有限公司	李树青 雷斌 凌观锋 李波 王涛 童心 赵建国 刘晓宁
118	2020Y0105	混凝土内支撑支护基坑底预应力管桩施工技术	深圳市工勘岩土集团有限公司	叶坤 尚增弟 周明佳 雷斌 刘治军 唐雪云 肖养遴 崔炳辰
119	2020Y0106	基坑支护咬合桩长螺旋钻素桩、筒式钻斗旋挖钻荤桩施工技术	深圳市工勘岩土集团有限公司	申小平 李波 雷斌 鲍万伟 凌观锋 聂长贺 许国兵 谌建华
120	2020Y0107	深基坑支护预应力锚索同步钻进、跟锚、注浆扩大头锚固施工技术	深圳市工勘岩土集团有限公司	刘轶博 雷斌 宿峰 张工 黄其鑫 赵建国 李超 许国兵
121	2020Y0108	地铁保护范围内地下连续墙硬岩旋挖引孔、双轮铣凿岩综合成槽施工技术	深圳市工勘岩土集团有限公司	李 波 王振威 雷斌 凌观锋 俞丽琴 王涛 许国兵 聂长贺
122	2020Y0109	集成于电视面板上的栅驱动电路技术研究	北京大学深圳研究生院	张盛东 廖聪维 曾丽媚 张鑫 张玮 石龙强
123	2020Y0110	显示器及其栅极驱动电路和栅极驱动单元电路	北京大学深圳研究生院	张盛东 李文杰 廖聪维 胡治晋 李君梅
124	2020Y0111	一种可适应负阈值电压的移位寄存器及其单元	北京大学深圳研究生院	张盛东 胡治晋 廖聪维 李君梅 李文杰 曹世杰
125	2020Y0112	移位寄存器单元、移位寄存器、栅极驱动电路及显示装置	北京大学深圳研究生院	张盛东 姚健可 廖聪维 冷传利 贺鑫 翟霞云 李建桦 肖祥
126	2020Y0113	高致病性病原微生物微流控芯片高通量快速检测技术研发	深圳市检验检疫科学研究院	顾大勇 郭永超 何建安 史蕾 夏赟 刘春晓 赵纯中 徐云庆
127	2020Y0114	宽动态范围数字等温扩增核酸可视化定量检测技术与理论研究	深圳市检验检疫科学研究院	夏赟 顾大勇 何建安 史蕾 刘培林 赵纯中 叶颖 徐云庆
128	2020Y0115	管家机器人	深圳先进技术研究院	吴新宇 徐扬生 宋展 刘光远 邓雷 程俊 汪盛 刘延祥 王翊 陈春杰 杨勇

（续表）

序号	地方部门登记号	项目名称	完成单位	完成人
129	2020Y0116	基于膜水界面行为解析和微界面调控的高效膜法水处理机制关键技术与应用	哈尔滨工业大学（深圳）	孙飞云 张健君 李晓岩 邢丁予 董紫君 杨淑芳 林玉鹏 陈立春 吴春雷 李若泓 尚文涛 李木 王明明 杨松文 文铮
130	2020Y0117	面向智能城市管理的大数据智能分析关键技术研究	深圳先进技术研究院	须成忠 都政 张帆 王丙强 范小朋
131	2020Y0118	城市电网高电能质量关键技术和装备研究及其应用	深圳供电局有限公司	胡子珩 张华赢 刘莎 李艳 汪伟 汪清 艾精文 邓世聪 伍兴国 薛荣 魏应冬 曹军威 肖先勇 曾江 欧阳森
132	2020Y0119	高安全移动式锂离子电池储能电源关键技术开发及产业化	深圳市华宝新能源股份有限公司	孙中伟 米宏伟 温美婵 张培新 黄少葵 白炜 褚艳秋 吴宗林 刘胥和
133	2020Y0120	长城信安国产制造执行系统（基于PK体系）	深圳中电长城信息安全系统有限公司	陈健 甘梓林 庞允开 周一功 魏勋杰
134	2020Y0121	深基坑超长双管斜撑施工技术	深圳市工勘岩土集团有限公司	黄凯 朱玉清 雷斌 童心 赵园园 刘晓宁 胡珺博 唐雪云
135	2020Y0122	地下管廊硬质基岩绳锯切割开挖施工技术	深圳市工勘岩土集团有限公司	尚增弟 谢艺东 雷斌 左人宇 雷帆 唐雪云 陶阳平 肖养遴
136	2020Y0123	深基坑地下连续墙渗漏钻孔埋嘴高压灌浆堵漏施工技术	深圳市工勘岩土集团有限公司	赵建国 雷斌 李超 许国兵 杨小伟 江雨寒 刘轶博 王涛
137	2020Y0124	密实砂层预应力管桩高压冲刷气举反循环引孔沉桩施工技术	深圳市工勘岩土集团有限公司	李洪勋 尚增弟 雷斌 吴晓玲 高子建 高世泉 崔炳辰 许国兵
138	2020Y0125	视频内容管理关键算法研究	深圳大学	李岩山 张勇 陆哲明 赵东宁 罗成 张鹏 刘星 田灯友 杨建祥 董家龙 莫贵淳 张小帅 黄庆华 谢维信
139	2020Y0126	融合信息设备和信标协同互联的智慧终端关键技术研发及产业化	康佳集团股份有限公司	陆军锋 梁恩志 周忠彪 孙育宁 丘炎卫 翟文俊 曾兵 温海霞 孙志勇 别 琳 柏祥 李 烨 胡吉科 高文斌 叶政晟
140	2020Y0127	深圳市电动平衡车公共检测和技术咨询公共技术服务平台	深圳市检验检疫科学研究院	徐嵘 龙斌 杨左军 戴维盛 闫杰 刘怡 陈帆 周毅 陈华平 赵兴方 冀红略 王成云 梁澄波 秦健 王成涛 李滢舟 鹿文军 谢晋雄 刘闽 林枫 吴绍精 徐蓓蓓 马菁菁 温志英 游沛源 薛晓冬 李钢 肖彦仁
141	2020Y0128	手表动态加压防水测试机	深圳市雷诺表业有限公司	詹西洲 谢海荣 罗素云 杜海荣 刘进永 杨张献
142	2020Y0129	多脉宽合束激光多层脆硬材料标记系统	大族激光科技产业集团股份有限公司	胡述旭 阮双琛 杨柯 彭云贵 曹洪涛 毛玮煜 何正娣 吴旭 吴凡 刘亮 邓建斌 刘千伍 代雨成 刘彦基
143	2020Y0130	高精度大幅面绿光皮秒激光微加工系统	大族激光科技产业集团股份有限公司	阮双琛 姚瑶 杨柯 李少荣 孙玉芬 郭春雨 杨焕 张明荣 郭丽 徐方华 陈瑶 郭缙 胡斐
144	2020Y0131	全自动多头分光高精度蓝宝石镀层超快激光去除系统	大族激光科技产业集团股份有限公司	阮双琛 曹洪涛 刘亮 郭丽 毛玮煜 胡述旭 李春波 吴旭 祝仲飞 许杰 葛一丰 黄旭升 田宇亮 陈登

（续表）

序号	地方部门登记号	项目名称	完成单位	完成人
145	2020Y0132	第三代杂交水稻育种技术	深圳市作物分子设计育种研究院	邓兴旺 唐晓艳 周君莉 陈竹锋 常振仪 谢刚 王锋 尹峰 卢启清 肖荣 刘东风 严维 许纯珏
146	2020Y0133	热带亚热带作物分子设计育种技术研发及产业化	深圳市作物分子设计育种研究院	邓兴旺 唐晓艳 王海洋 陈竹锋 刘东风 周向阳
147	2020Y0134	慢性乙肝病毒携带者中医综合干预方案研究	深圳市中医院	周大桥 童光东 贺劲松 邢宇锋 魏春山 陈斌 靳华 扈晓宇 孙凤霞 何清 蒋开平 蒋俊民 胡振斌 梁健 罗欣拉 李丰衣 赵刚 王丽春 宓余强 龚作炯 郭朋 吴剑华 施维群 杨宏志
148	2020Y0135	慢性乙肝病毒携带者的证候规律及中医药治疗方案研究	深圳市中医院	周大桥 童光东 贺劲松 邢宇锋 魏春山 李丰衣 郭朋 叶永安 孙凤霞 邵凤珍 赵学印 郎庆波 赵刚 施维群 王丽春 扈晓宇 杨宏志 张均倡 杨大国
149	2020Y0136	软肝颗粒治疗乙肝肝硬化（积聚）随机对照研究	深圳市中医院	周大桥 童光东 贺劲松 邢宇锋 魏春山
150	2020Y0137	深基坑预应力锚索套钻拔除施工技术	深圳市工勘岩土集团有限公司	洪明坚 肖养遴 刘晓宁 张立学 雷 斌 崔炳辰 周明佳 王 涛
151	2020Y0138	基坑支护预应力锚索组合式钢腰梁施工技术	深圳市工勘岩土集团有限公司	洪明坚 王荣发 谢守军 雷 斌 张 工 俞丽琴 崔炳辰 莫森升
152	2020Y0139	超深超厚密实砂层预应力管桩综合引孔施工技术	深圳市工勘岩土集团有限公司	高子建 雷 斌 尚增弟 李洪勋 许国兵 洪明坚 申小平 吴 涵
153	2020Y0140	灌注桩混凝土顶面标高监测及超灌控制技术	深圳市工勘岩土集团有限公司	赖锡强 刘晓宁 张立学 王振威 高世泉 彭彪 沈琪 王奕
154	2020Y0141	面向严苛环境不锈钢表面超高性能耐蚀抗焦关键技术及产业化	深圳市诚达科技股份有限公司	陈超 蒋荣兴 陈建民 王金光 赵景茂 肖剑鸣 顾月章 周晓龙 于群 李果 孔育红 汪文发 徐慧勇 汪燕 周梦飞
155	2020Y0142	新能源汽车高功率密度高可靠车载电源	深圳威迈斯新能源股份有限公司	姚顺 马春红 郑必伟 张贤虎 杨学锋 冯颖盈 张昌盛 曹太云
156	2020Y0143	工业机器人高性能伺服驱动器及电机研制与产业化	中国科学院深圳先进技术研究院	冯伟 孙健铨 张晨宁 李金科 苏士娟 冯亚春 张艳辉 张树潇 刘笑 陈清朋 周盈 万谦 邓雪松 何奕 李杰
157	2020Y0144	直流永磁同步伺服电机精密控制的智能道闸	深圳市威捷机电股份公司	涂启纯 饶为沐 支海云 徐晓亮 李刚 周士燚 张岚 周雯 邓云岭
158	2020Y0145	多肽药物的生物物理学调控	北京大学深圳研究生院	李子刚 尹丰 胡宽
159	2020Y0146	视频边缘智能神经网络处理器芯片	深圳云天励飞技术股份有限公司	李爱军 曹庆新 顾鹏 蔡万伟 李炜 叶信锋 Leahwang Lee 汪坚 王和国 蒋文 孔庆海 周阳 杨贤林 王成波 易立强 苏岚 文博 刘贵生 张映俊 奚健 陈敏 尹长生 陈斌 付微 汪洋
160	2020Y0147	全钢砼组合桥梁创新设计技术研究及其应用	深圳市市政设计研究院有限公司	彭栋木 何晓晖 许思婷 张海龙 夏少华 许有胜 张斌 王伟臣 戴文涛 焦肆博 孙继刚 凌雄进 孟凡镇 罗昭鸿 王程伟 于芳 吴岐贤
161	2020Y0148	UDI编码培训教程制作	深圳市标准技术研究院	徐立峰 周哲 孙勇 苏巍 郭静文 练晓

（续表）

序号	地方部门登记号	项目名称	完成单位	完成人
162	2020Y0149	中国商品条码系统成员VIP客户（零售行业）服务	深圳市标准技术研究院	徐立峰 周哲 孙勇 苏巍 练晓 邱彬 郭静文 高上淇 余亚萍 施伟 蔡小慧
163	2020Y0150	食品安全监管追溯与信用管理建设推进项目（市监局集采合同字［2019］046号）	深圳市标准技术研究院	黎志文 徐立峰 周哲 孙勇 苏巍 陈利平 练晓 郭静文 刘浩 林智明 高上淇 余亚萍 李丽娜
164	2020Y0151	企业质量追溯体系评价标准建设及应用试点项目	深圳市标准技术研究院	黎志文 徐立峰 周哲 孙勇 苏巍 施伟 郭静文 练晓 陈利平 郑海燕 高上淇 余亚萍
165	2020Y0152	进口商品数据采集研究项目（深圳）	深圳市标准技术研究院	黎志文 徐立峰 施伟 周哲 孙勇 练晓 高上淇 余亚萍
166	2020Y0153	中国商品信息源数据服务工作室数据整理任务	深圳市标准技术研究院	黎志文 徐立峰 施伟 周哲 孙勇 苏巍 高上淇 余亚萍 练晓 郭静文
167	2020Y0154	全自主服务机器人关键技术及应用	中国科学院深圳先进技术研究院	吴新宇 冯伟 庞建新 徐天添 傅睿卿 李金科 孙健铨 陈春杰 梁国远 马跃 李锡康 刘志斌 王立峰
168	2020Y0155	具有听力检测和听觉补偿、优化功能的智能耳机研发及产业化	深圳市冠旭电子股份有限公司	吴海全 曹磊 郭世文 贡维勇 迟欣 姜德军 吴勇
169	2020Y0156	智能可扩展TaiShan服务器系统	华为技术有限公司	惠卫锋 吴庆波 张华桦 付志鹏 程龙飞 谭玺 李峰 李俊 姚益民 杜开田 张凡 韦晓成 刘永恒 张汝涛 李睿 雷虎宝 张小波 田李
170	2020Y0157	基于智能识别和知识图谱的金融风控平台研发及产业化	深圳壹账通智能科技有限公司	施奕明 汪伟 陈佩武 陈烨 周盛臻 赵之砚 王晓伟 姜桂林 俞玮文 赵云松 徐国强 叶松 屠宁 徐冰 王磊
171	2020Y0158	组织工程骨构建与再生机制及临床转化关键技术创新	南方科技大学医院	裴国献 张智勇 李刚 魏宽海 毕龙 陈滨 孟国林 樊俊俊 王林 李俊琴 高祎 程朋真 刘斌 宋岳 雷星
172	2020Y0159	冲孔咬合桩施工技术	深圳市工勘岩土集团有限公司	胡珺博 王荣发 肖克龙 付文光 黄凯 戴锦鸿 李江涛 周文辉
173	2020Y0160	提离法检查预应力锚杆持有荷载施工技术	深圳市工勘岩土集团有限公司	李超 张立学 刘晓宁 付文光 胡长强 吴晓玲 杨峻青 许国兵
174	2020Y0161	地下结构工程抗浮盲沟排水结构施工技术	深圳市工勘岩土集团有限公司	王贤能 叶坤 王小湖 石海洋 何志勇
175	2020Y0162	长城飞腾便携式计算机产品	中国长城科技集团股份有限公司	刘全仲 张思栋 杨鼎 陈明 林俊 张相斌 冼剑锋 张书震 郭小军 罗建平 翟沛沛 邹海 陈雪 陈胜 郭东荣 席文帅 艾宇 陈海洋 倪国平 李文俊 黎建根 向刁 高小鹏 李良春 易利 邓念勤 张小刚 刘丹 何林 梁盛强 李典鹏
176	2020Y0163	长城擎天SF720飞腾自主安全服务器	中国长城科技集团股份有限公司	曹力 葛广肆 刘全仲 张思栋 黎建根 杨再松 彭勇 史阳 曹翔 刘宇 方小明 张金生 马剑鹏 汪静维 王小军 朱江林 张相斌 林俊 郭小军 何林 袁文明 范世新 黄海 张小刚 刘佩瑶 牛辉 曹利龙 席文帅 朱坤旺 刘玄 邓念勤 余武城 李琴 罗善杰

（续表）

序号	地方部门登记号	项目名称	完成单位	完成人
177	2020Y0164	机械手表走时参数测试及管理系统	深圳市泰坦时钟表科技有限公司	王岩民 沙建洲 张晔 邓建军 张谦 樊伟群 何光先
178	2020Y0165	彩色化学墨粉	深圳市乐普泰科技股份有限公司	孟鸿 刘志军 刘志军 曹方敏 羊辉 闫丽佳
179	2020Y0166	智慧城市建筑节能监管体系平台开发及关键技术研究	深圳市紫衡技术有限公司	任中俊 李辉 张衍国 李清海 蒙爱红 王亮 马晓玲 李俊 邓晓梅 王焱国 张麟 路晓阳 刘玉萍 李毅 董顺 谭志岗
180	2020Y0167	压缩空气系统在线节能诊断与运行优化的关键技术研究	深圳市紫衡技术有限公司	郑建洲 李辉 董顺 任中俊 李俊 谭志岗
181	2020Y0168	大跨度不等高双向曲面网架体系累积提升技术	中建科工集团有限公司	陈华周 汪晓阳 王恒 宋利鹏 张步亭 罗飞 陈晓冬 郑浩 张国臣 马新
182	2020Y0169	深圳市海绵城市设计标准图集编制	深圳市城市规划设计研究院有限公司	丁年 张亮 俞露 任心欣 李亚 孙静 戴韵 胥瀚
183	2020Y0170	基于环流反应与泥水分离耦合的废水生物处理新技术及装备	深圳市清研环境科技有限公司	陈福明 刘淑杰 刘旭 张其殿 赵红兵 吴秉奇 芦嵩林 孔树伟 李辉 段美娟
184	2020Y0171	高速光通信芯片封装基板关键技术研发	深南电路股份有限公司	杨之诚 缪桦 谷新 刘宝林 董晋 焦云峰 杨刚岭 徐明 邓先友
185	2020Y0172	5G承载网络用56Gbps高速率印制电路板技术开发	深南电路股份有限公司	周进群 韩雪川 章红春 刘海龙 丁大舟 李智 王世明 杨中瑞 张永久
186	2020Y0173	电能质量监控系统	深圳市康必达控制技术有限公司	林峰平 付宏斌 文志雄 易柯楠 蒋越 李焕鹏 王崇申 胡炯全 晏文龙 胡显铭 丁建义 张孝山 肖铁航 刘健
187	2020Y0174	公共建筑能耗管理系统技术规程	深圳市紫衡技术有限公司	何影 任中俊 唐振忠 宋毅 谢玉军 易检长 聂志成 欧阳前武 龙平 许嫒嫒 王焱国 张宇峰 卢振 刘澜 袁涛 林武生 黄鹤 杨远林 马俊峰 綦焱飞 古鸿彬
188	2020Y0175	能源托管型合同能源管理模式推广路径的研究	深圳市紫衡技术有限公司	任中俊 欧阳前武 易检长 何影 黄鹤 杨远林 谢玉军
189	2020Y0176	基于深圳市建筑能耗监测系统的在线节能诊断技术研究	深圳市紫衡技术有限公司	任中俊 易检长 何影 欧阳前武 杨伟 杨远林 黄鹤
190	2020Y0177	既有建筑节能改造技术实际效益测量与验证研究	深圳市紫衡技术有限公司	易检长 任中俊 欧阳前武 何影 杨远林 谢玉军 黄鹤
191	2020Y0178	大型动臂塔吊高空二次转换技术	中铁建工集团有限公司	韩 昆 张津滈 骆盐府 南雅轩 甘明 吕燕霞 杨文亮
192	2020Y0179	新型轻量化支点顶模集成平台通用经济性研究与应用	中建三局集团有限公司	吴延宏 白宝军 陈昆鹏 曾佳明 王磊 许超 佘大涛 江书洲 傅峰环 沈露露 李继承 林华文 韩祥 刘洋 刘飞 魏然 罗淙仁 崔 磊 夏盛鑫 顾修佳 王义 蒋中良 陈岭锋 李迪 王建春 曹振杰 杨辉 魏倩 叶贞 伍勇军 石广 刘卫军 王星 王超 赵金明 李嘉文 陈祥宇
193	2020Y0180	钢管柱型钢混凝土梁环梁扩大节点模板加固关键技术研究	中铁建工集团有限公司	王世明 陈惠强 刘智 张宁 高学岩 陈虹文 吕燕霞

（续表）

序号	地方部门登记号	项目名称	完成单位	完成人
194	2020Y0181	CTS不锈钢抗腐蚀改性技术及其工业应用	深圳市诚达科技股份有限公司	陈超 蒋荣兴 陈建民 李世宏 谭金龙 赵红 孔育红 顾月章 董雪林 朱文兵 陆为民 玄昌海 金旭东 丁新三 陈志钊
195	2020Y0182	不锈钢表面改性材料的研发	深圳市诚达科技股份有限公司	陈超 蒋荣兴 陈建民 赵红 胡坤 曹涵 李果 陈奇 金旭东 玄昌海 马雪磊 牛亚娟 杨海 郭标勇 王锋 陆玉琴 廖海文 汪文发 谢卫 何昌林
196	2020Y0183	基于物联网技术的大型商场超市节能运行管理系统及其示范	深圳市紫衡技术有限公司	任中俊 易检长 欧阳前武 何影 李辉 刘永桂 陈立定 谢玉军 杨远林 吴忻生 莫鸿强 李俊 黄政 路晓阳 何志平
197	2020Y0184	紫衡建筑用电管理平台V1.0	深圳市紫衡技术有限公司	何影 任中俊 欧阳前武 易检长 聂志成 邹琼俊 谢文兵 杨涛 陈德林 廖路 胡章平 李冉 程奇 徐霞 史淑明
198	2020Y0185	紫衡空调智能控制系统V1.0	深圳市紫衡技术有限公司	任中俊 何影 欧阳前武 易检长 黄鹤 杨远林 聂志成 谢玉军 宁振兴
199	2020Y0186	商业版智慧机电运维云平台V1.0	深圳市紫衡技术有限公司	任中俊 何影 欧阳前武 易检长 黄鹤 杨远林 聂志成 谢玉军 宁振兴 邹琼俊 谢文兵 杨涛 陈德林 廖路 胡章平 李冉
200	2020Y0187	医院版智慧机电运维云平台V1.0	深圳市紫衡技术有限公司	任中俊 何影 欧阳前武 易检长 黄鹤 杨远林 聂志成 谢玉军 宁振兴 邹琼俊 谢文兵 杨涛 陈德林 廖路 胡章平 李冉 徐霞 史淑明
201	2020Y0188	医院版智慧机电运维App软件V1.0	深圳市紫衡技术有限公司	任中俊 何影 欧阳前武 易检长 黄鹤 杨远林 聂志成 谢玉军 宁振兴 邹琼俊 谢文斌 杨涛 陈德林 廖路 胡章平 李冉 徐霞 史淑明
202	2020Y0189	商业版智慧机电运维App软件V1.0	深圳市紫衡技术有限公司	任中俊 何影 欧阳前武 易检长 黄鹤 杨远林 聂志成 谢玉军 宁振兴
203	2020Y0190	紫衡建筑能耗预测与售电系统V1.0	深圳市紫衡技术有限公司	何影 任中俊 欧阳前武 易检长 聂志成 邹琼俊 谢文兵 杨涛 陈德林 廖路 胡章平 李冉 程奇 徐霞 史淑明
204	2020Y0191	紫衡SOD制冷站智能优化引擎软件V1.0	深圳市紫衡技术有限公司	任中俊 何影 欧阳前武 易检长 黄鹤 杨远林 聂志成 谢玉军 宁振兴
205	2020Y0192	公共建筑机电设备智能化监管平台V1.0	深圳市紫衡技术有限公司	任中俊 何影 欧阳前武 易检长 黄鹤 杨远林 聂志成 谢玉军 宁振兴
206	2020Y0193	城市级建筑能耗监测与分析系统V1.0	深圳市紫衡技术有限公司	何影 任中俊 欧阳前武 易检长 聂志成 邹琼俊 谢文兵 杨涛 陈德林 杨周 廖路 胡章平 李冉 程奇 徐霞 史淑明
207	2020Y0194	城市级建筑能耗监测设备运维管理系统V1.0	深圳市紫衡技术有限公司	何影 任中俊 欧阳前武 易检长 聂志成 邹琼俊 谢文兵 杨涛 陈德林 杨周 廖路 胡章平 李冉 程奇 徐霞 史淑明
208	2020Y0195	600万门级国产FPGA研发与产业化	深圳市国微电子有限公司	赵鹏 吴志远 康海容 高昌垒 温长青 包朝伟 王红梅 邓颖慧 张勇
209	2020Y0196	深圳市食用农产品风险评估技术平台	深圳市农产品质量安全检验检测中心	黄裕 胡祥娜 曹爱巧 陈志军 刘艳 禹绍周 庞李艳 魏秀梅 罗智锐 肖明

（续表）

序号	地方部门登记号	项目名称	完成单位	完成人
210	2020Y0197	石墨烯透明柔性电热膜关键技术及医疗应用	烯旺新材料科技股份有限公司	冯冠平 冯欣悦 郭倩芬 胡益民 王兰兰 张谦 袁凯杰 邓满姣 朱惠忠 汪涵
211	2020Y0198	基坑石方传送带运输施工技术	深圳市工勘岩土集团有限公司	陈小慧 王志权 雷斌 李波 张立学 刘治军 曾家明 高子建
212	2020Y0199	砂质土模块化处理制砂施工技术	深圳市工勘岩土集团有限公司	王志权 陈小慧 雷斌 李波 莫森升 杨 静 刘治军 童心
213	2020Y0200	灌注桩锥形潜孔锤硬岩钻进施工技术	深圳市工勘岩土集团有限公司	李洪勋 雷斌 尚增弟 许国兵 高子建 吴涵 许广大 廖坤盛
214	2020Y0201	基坑开挖塔式压力循环回灌施工技术	深圳市工勘岩土集团有限公司	黄凯 雷斌 童心 秦满辉 谢杭澎 申伟伟 王 平 胡珺博
215	2020Y0202	灌注桩潜孔锤钻进降尘防护绿色施工技术	深圳市工勘岩土集团有限公司	邹俊峰 尚增弟 雷斌 李红波 雷帆 沙桢辉 胡静 刘福胜
216	2020Y0203	潜孔锤孔内掉钻活动式卡销打捞施工技术	深圳市工勘岩土集团有限公司	童心 雷斌 尚增弟 黄凯 李波 李新元 沙桢晖 刘治军
217	2020Y0204	钢管结构柱自锁螺杆升降平台对接施工技术	深圳市工勘岩土集团有限公司	雷帆 雷斌 胡亚江 李森 杨静 纪坚锋 陈涛 洪雨娇
218	2020Y0205	灌注桩大直径潜孔锤气液钻进降尘施工技术	深圳市工勘岩土集团有限公司	邹俊峰 尚增弟 雷斌 韩凯 雷帆 刘治军 杨静 陈小慧
219	2020Y0206	管线下地下连续墙一幅三序二笼成槽施工技术	深圳市工勘岩土集团有限公司	黄凯 雷斌 童心 申小平 李波 胡珺博 秦满辉 申伟伟
220	2020Y0207	深大断裂带超深大直径灌注桩成桩综合施工技术	深圳市工勘岩土集团有限公司	雷斌 童心 李红波 黄凯 李波 陈小慧 刘治军 杨静
221	2020Y0208	填石层灌注桩止水帷幕潜孔锤跟管咬合施工技术	深圳市工勘岩土集团有限公司	高子建 尚增弟 雷斌 李洪勋 鲍万伟 许国兵 吴涵 申小平
222	2020Y0209	大直径旋挖灌注桩硬岩小钻阵列取芯钻进施工技术	深圳市工勘岩土集团有限公司	杨静 雷斌 莫森升 黄晓凯 游玲 李森 陈涛 洪雨娇
223	2020Y0210	基坑支撑梁上模块式移动棚石方爆破防护施工技术	深圳市工勘岩土集团有限公司	李超 雷斌 莫森升 黄晓凯 沙桢晖 李波 陈塬 谢杭澎
224	2020Y0211	地下连续墙大直径潜孔锤跟管咬合引孔成槽施工技术	深圳市工勘岩土集团有限公司	邹俊峰 尚增弟 雷斌 侯雷 莫森升 黄晓凯 孔德健 沙桢晖
225	2020Y0212	地下连续墙抓斗附挂式工字钢接头刷壁器刷壁施工技术	深圳市工勘岩土集团有限公司	苏婷 申小平 雷斌 童心 曾家明 王涛 李波 黄凯
226	2020Y0213	防空洞区地下连续墙堵、填、钻、铣综合成槽施工技术	深圳市工勘岩土集团有限公司	鲍万伟 刘福胜 雷斌 戴锦鸿 聂长贺 邓钧 张宁 蒋镇宇
227	2020Y0214	基坑土洗滤、泥浆压榨一站式固液分离无害化施工技术	深圳市工勘岩土集团有限公司	梁淇垵 雷斌 沙桢晖 谢思可 季婷婷 胡长强 陈小慧 王志权
228	2020Y0215	限高区基坑咬合桩硬岩全回转与潜孔锤组合钻进施工技术	深圳市工勘岩土集团有限公司	李洪勋 雷斌 尚增弟 许国兵 高子建 吴涵 许广大 廖坤盛
229	2020Y0216	水上平台灌注桩“潜水电泵+旋流器+泥浆箱”集成系统二次清孔施工技术	深圳市工勘岩土集团有限公司	高子建 雷斌 童心 李洪勋 吴涵 鲍万伟 申小平 张国林

（续表）

序号	地方部门登记号	项目名称	完成单位	完成人
230	2020Y0217	基于ROV的海生物高压水射流清除系统	中海辉固地学服务（深圳）有限公司	李学成 狄冰 施炎武 李超 陈建红 王尚 叶晓丹 刘雪英 邱雅梦
231	2020Y0218	基于ROV的水下摩擦螺柱焊海底管道牺牲阳极安装技术	中海辉固地学服务（深圳）有限公司	李学成 狄冰 施炎武 蔡东海 黄明泉 戴立波 曾晋 刘彬 莫子翠 邹建文
232	2020Y0219	基于海绵城市建设的城市面源污染控制技术及监测评估	深圳市城市规划设计研究院有限公司	俞露 张亮 丁年 李炳锋 曾小瑱 戴韵 汤钟 孙静
233	2020Y0220	面向关键信息基础设施的主动式安全管理平台	深圳市永达电子信息股份有限公司	戚建淮 郑伟范 宋晶 姚兆东 王凡 彭华 刘建辉 胡金华 孙秋明 李勇新 田佳 杨立龙 王小兵 罗刚 崔洪岩
234	2020Y0221	广东省国有林场森林资源资产负债表深化研究与应用	深圳中大环保科技创新工程中心有限公司	叶有华 虞依娜 曾祉祥 陈晓意 王淑君 王英勇 周婷 倪广艳 郭微 陈三雄 陈平 李兵 江堂龙 陈海军 周凯 孙延军 韩宙 朴美艳 陈志洁
235	2020Y0222	新型植物营养调理功能肥料创制关键技术及应用	深圳市芭田生态工程股份有限公司	王宗抗 孟品品 刘永贤 黄继川 黄培钊 华建青 冷为贵 方进 韩冬芳 陈燕文 陈贵有 吴冬 陈文哲 房钦飞
236	2020Y0223	基于时序知识图谱的金融风控与经济量化决策平台产业化	平安科技（深圳）有限公司	肖京 汪伟 杨余久 王好谦 徐冰 王磊 陈又新 郭振华 刘懿祺 谭韬 张宇辰 赵盟盟 雷泽阳 夏伟浩
237	2020Y0224	海洋电子信息计算平台	研祥智能科技股份有限公司	邹建红 陈志列 庞观士 林诗美 陈超 刘志永 王志栋
238	2020Y0225	一种异构混合内存组件、系统及存储方法	研祥智能科技股份有限公司	庞观士 薛英仪 陈志列 沈航 徐成泽 林诗美 陈超 刘志永 王志栋
239	2020Y0226	基于异构混合内存的NVM坏块识别处理及纠错方法和系统	研祥智能科技股份有限公司	薛英仪 马先明 庞观士 陈志列 沈航 徐成泽 林诗美 陈超 刘志永 王志栋
240	2020Y0227	工业锅炉用安全阀冷、热态整定压力比对试验研究	深圳市特种设备安全检验研究院	孙琦 谢青延 吴继权 程静 龚炯波 樊军
241	2020Y0228	公众对公园服务需求的研究	深圳市公园管理中心	欧阳底梅 龙丹丹 史鸿基 徐菁菁 胡诗旸 冯燕斐 代晓康 胡振华 王丽娟
242	2020Y0229	芳香植物在公园中的应用研究	深圳市公园管理中心	欧阳底梅 蒋华平 龙丹丹 王威 史鸿基 徐艳 徐菁菁 代晓康 胡振华 廖亮 王芳 罗盛荣 马怡馨 江鑫成
243	2020Y0230	粤港澳大湾区药用植物种质资源保护、研究与应用	深圳市中国科学院仙湖植物园	金红 唐旭东 陈虎彪 马骥 王茜茜 杨红梅 刘 蕊 刘海霞 王宏娟 林茂华 许剑怡
244	2020Y0231	国际化城市背景下立体绿化体系构建及公共政策研究	深圳市绿化管理处	朱伟华 宋丽萍 黄隆建 彭毓 马汉 张惠昌 梁治宇 周泓韬 谭一凡 陈柳新 杨成韫 洪武扬 温庚金 罗旭荣 蒋慧
245	2020Y0232	传输装置	深圳市亚辉龙生物科技股份有限公司	肖育劲 宋永波 林华生 林国东 胡鹍辉
246	2020Y0233	样本托架	深圳市亚辉龙生物科技股份有限公司	肖育劲 黄修涛 钟强

（续表）

序号	地方部门登记号	项目名称	完成单位	完成人
247	2020Y0234	新型试剂盒	深圳市亚辉龙生物科技股份有限公司	宋永波 肖育劲 胡鹍辉
248	2020Y0235	试剂混匀装置	深圳市亚辉龙生物科技股份有限公司	肖育劲 宋永波 胡鹍辉
249	2020Y0236	物体抓取装置	深圳市亚辉龙生物科技股份有限公司	肖育劲 张福星 林国栋 宋永波 胡鹍辉
250	2020Y0237	化学发光测定仪	深圳市亚辉龙生物科技股份有限公司	肖育劲 张福星 侯金龙 林国东 彭远刚 李璐阳 喻代俊
251	2020Y0238	样本针清洗装置	深圳市亚辉龙生物科技股份有限公司	胡鹍辉 郭琪琪 肖育劲 张福星
252	2020Y0239	一种磁分离装置	深圳市亚辉龙生物科技股份有限公司	胡鹍辉 何林
253	2020Y0240	配液泵和配液装置	深圳市亚辉龙生物科技股份有限公司	张福星 肖育劲 胡鹍辉 邱焕杰
254	2020Y0241	一种微孔检测装置	深圳市亚辉龙生物科技股份有限公司	黄修涛 肖育劲 张福星 胡鹍辉
255	2020Y0242	补液装置及检测设备	深圳市亚辉龙生物科技股份有限公司	胡鹍辉 郭琪琪 肖育劲 王光亮
256	2020Y0243	脱气装置及检测设备	深圳市亚辉龙生物科技股份有限公司	胡鹍辉 郭琪琪 肖育劲 张福星
257	2020Y0244	注液与吸液一体装置	深圳市亚辉龙生物科技股份有限公司	宋永波 陈天龙 林国东 肖育劲 胡鹍辉
258	2020Y0245	光信号检测的避光结构	深圳市亚辉龙生物科技股份有限公司	张福星 肖育劲 胡鹍辉
259	2020Y0246	试剂与反应器的分离装置	深圳市亚辉龙生物科技股份有限公司	胡鹍辉 肖育劲 张福星 宋永波
260	2020Y0247	一种不对称容器阵列装置	深圳市亚辉龙生物科技股份有限公司	胡鹍辉 何林 肖育劲
261	2020Y0248	全自动化学发光免疫分析仪	深圳市亚辉龙生物科技股份有限公司	王光亮 黄修涛 刘长根 姜婷婷 邹细明 肖容芳
262	2020Y0249	剂液涡旋震荡器及自动分析仪	深圳市亚辉龙生物科技股份有限公司	胡鹍辉 肖育劲 张福星 宋永波
263	2020Y0250	检测机构及体外诊断检测装置	深圳市亚辉龙生物科技股份有限公司	侯金龙 张福星 钟强 黄修涛 秦小强
264	2020Y0251	全自动医疗分析仪及其吸附装置	深圳市亚辉龙生物科技股份有限公司	肖育劲 胡鹍辉 林国东 张福星 宋永波
265	2020Y0252	脂联素测定试剂盒(化学发光法)	深圳市亚辉龙生物科技股份有限公司	夏福臻 杨永宏 刘靖 谢纳
266	2020Y0253	样本分析仪的进样装置和样本分析仪	深圳市亚辉龙生物科技股份有限公司	胡鹍辉 张福星 钟强 林国东 林华生

（续表）

序号	地方部门登记号	项目名称	完成单位	完成人
267	2020Y0254	改性心磷脂包被的纳米磁珠及其制备方法	深圳市亚辉龙生物科技股份有限公司	胡鹍辉 祝亮 陈永棠 夏福臻 钱纯亘
268	2020Y0255	肺炎支原体IgG检测试剂盒（化学发光法）	深圳市亚辉龙生物科技股份有限公司	钱纯亘 龚育清 蒋昶宇
269	2020Y0256	肺炎支原体IgM检测试剂盒（化学发光法）	深圳市亚辉龙生物科技股份有限公司	王刚 龚育清 蒋昶宇
270	2020Y0257	化学发光增强剂及化学发光免疫检测试剂盒	深圳市亚辉龙生物科技股份有限公司	胡鹍辉 王刚 夏福臻 钱纯亘 祝亮
271	2020Y0258	抗心磷脂抗体IgA测定试剂盒（化学发光法）	深圳市亚辉龙生物科技股份有限公司	程方明 杨永宏 邵齐心
272	2020Y0259	一种全自动化学发光免疫分析仪及其使用方法	深圳市亚辉龙生物科技股份有限公司	胡鹍辉 何林
273	2020Y0260	一种为分析装置自动传送样本的样本加载装置	深圳市亚辉龙生物科技股份有限公司	胡鹍辉 何林 肖育劲
274	2020Y0261	EB病毒核心抗原IgA检测试剂盒（化学发光法）	深圳市亚辉龙生物科技股份有限公司	夏福臻 龚育清 蒋昶宇
275	2020Y0262	EB病毒早期抗原IgM检测试剂盒（化学发光法）	深圳市亚辉龙生物科技股份有限公司	夏福臻 龚育清 蒋昶宇
276	2020Y0263	肺炎衣原体IgG抗体检测试剂盒（化学发光法）	深圳市亚辉龙生物科技股份有限公司	钱纯亘 龚育清 王国松
277	2020Y0264	肺炎衣原体IgM抗体检测试剂盒（化学发光法）	深圳市亚辉龙生物科技股份有限公司	王刚 龚育清 王国松
278	2020Y0265	EB病毒核心抗原IgG抗体检测试剂盒（化学发光法）	深圳市亚辉龙生物科技股份有限公司	夏福臻 龚育清 蒋昶宇
279	2020Y0266	高通量全自动免疫分析仪及配套试剂的研发和产业化	深圳市亚辉龙生物科技股份有限公司	何林 肖育劲 夏福臻 马晓雯 韩天明 伍坚 林国东 候金龙 王文杰 熊文峰 徐向红 黄涛 郑燕萍 黄雪梅
280	2020Y0267	一种为样本分析装置传送样本并对样本精确定位的系统	深圳市亚辉龙生物科技股份有限公司	胡鹍辉 何林 肖育劲
281	2020Y0268	吖啶标记结合物及其制备方法、化学发光免疫检测试剂盒	深圳市亚辉龙生物科技股份有限公司	钱纯亘 刘陶旭 祝亮 夏福臻
282	2020Y0269	新型冠状病毒（2019-nCoV）IgG抗体检测试剂盒（磁微粒化学发光法）	深圳市亚辉龙生物科技股份有限公司	钱纯亘 杨永宏 王国松 徐天旺 龚育清
283	2020Y0270	新型冠状病毒（2019-nCoV）IgM抗体检测试剂盒（磁微粒化学发光法）	深圳市亚辉龙生物科技股份有限公司	钱纯亘 龚育清 康业 马腾腾 黄婕
284	2020Y0271	轻质高强陶瓷增材制造关键技术研发及应用	深圳大学	劳长石 陈张伟 苑景坤 刘志远 刘长勇 王沛 姜明光

（续表）

序号	地方部门登记号	项目名称	完成单位	完成人
285	2020Y0272	大尺寸OLED模组自制关键技术及其产业化开发	深圳创维-RGB电子有限公司	沈思宽 陈伟雄 朋朝明 邹文聪 王玉年 尹占江 赵丽 李新 林敏宏 徐千正 黄丹 张广谱 赵强 徐军 刘闪 刘湘铖 张威轶 胡灵超 陶泽华 佟林府 吴昌全 姜晓飞 张曼华 孙彦竹 张洋 刘洪杰 沈新新 郭黎明 周辉 储彪 胡向峰 蔡胜平
286	2020Y0273	大屏AIoT电视关键技术研发及产品研制	深圳创维-RGB电子有限公司	洪文生 徐遥令 沈思宽 侯志龙 侯亚荣 尹占江 吴伟 陈球霞 李宾 胡灵超 王德闯 金立平 宛永琪 李杨 喻召福 张曼华 张威轶 黄浩 刘湘铖 胡向峰 王江 沈文钊 李煌辉 蔚鹏飞 姜晓飞 伍银河 袁新艳
287	2020Y0274	基于全周期数据治理的精细化智能营销平台	深圳市酷开网络科技有限公司	赵磊 程鹏 李晓榕 张勇 李丹峰 吴旭 邢焱 丁子云 唐慧敏 刘亚玲 陈滢 曾有兰 喻召福 王昳晗 张起凡 王玖洲 胡娟鹃 李俊 陈少华 马全辉 王强 陈颖轩 刘艺 吴了心 徐燕峰 邹蒙 孙文慧 伍银河
288	2020Y0275	基于国产SoC芯片支持TVOS和AVS的融合型超高清数字电视终端项目	深圳创维数字技术有限公司	张恩利 陈飞 于洋 唐文龙 张威轶 佟国权 许辉 姚李李 龙文 张万里 林远大
289	2020Y0276	8K超高清VR一体机	深圳创维新世界科技有限公司	李文权 黄琴华 郭利华 张毅 袁新艳 陈玉武 陈球霞 孙启东 伍银河
290	2020Y0277	可印刷高介电常数绝缘显示材料关键技术研究及应用	创维液晶器件（深圳）有限公司	周忠伟 郭向茹 毛林山 常伟 方荣虎 宁洪龙 姚日晖 彭俊彪 朱镇南 唐飞 袁新艳 安希朋 石灵云 徐贤俊 廖鸿明 汪文昌 高飞 吕怀远 钟志勇 刘欢喜
291	2020Y0278	基于互联网的建设工程电子化匿名投标及自动化资审	深圳市斯维尔科技股份有限公司	李俊华 张志 彭明 熊瑶 王子杰 洪松远 姚会奇 许超 樊红缨 张华
292	2020Y0279	水利工程InSAR毫米级变形监测关键技术研究与示范应用	深圳市水务规划设计院股份有限公司	平扬 龚春龙 陈凯 王明洲 汪燕 熊寻安 曾庆彬 周威 李陶 吉海 苏腾飞 刘益豪 曹梦成 黄小平 曹志德 花基尧 李薇 欧阳经富
293	2020Y0280	基于荧光型白光LED的可见光以太网通信系统	深圳技术大学	柴广跃 陆黎明 敬奕艳 胡永星 廉顺存 赵志刚 张旺 项炳锡 刘俊敏 王秋霞 刘晶 王裕机 范正淙 吴煜皓 钟政均
294	2020Y0281	城市级高精度实景三维模型构建关键技术及应用	深圳市规划国土房产信息中心	武吉军 任玲 姚丽娜 陈博 彭子凤 刘江涛 梁玥 陶佳 梁铭 霍文虎 戴凡 江曼 李川莎 刘娜 张光元 毛雅琼 赵英雄
295	2020Y0282	深圳湾红树林基围鱼塘健康评估及其修复研究	广东内伶仃福田国家级自然保护区管理局	徐华林 李瑞利 王孟琪 沈小雪 曾立强 杨芳 黄晓军 柴民伟 叶潇 于凌云 汤奇 陈婷 李万金 匡远亭 叶金梅
296	2020Y0283	深圳湾鹭科鸟类营巢地选择与保育对策研究	广东内伶仃福田国家级自然保护区管理局	王孟琪 徐华林 黎双飞 黄晓军 曾立强 叶潇 汤奇 李万金 匡远亭 黄夏子 李荔 韦萍萍 黄瑛 崔文浩 张伊曼
297	2020Y0284	LED数码管温度数据综合监测软件	深圳市赛迪兴科技有限公司	甘林 刘延

（续表）

序号	地方部门登记号	项目名称	完成单位	完成人
298	2020Y0285	LED数码屏固点对点智能校正系统	深圳市赛迪兴科技有限公司	曹志强 王雪健 甘林
299	2020Y0286	LED数码屏亮度色差自动优化系统	深圳市赛迪兴科技有限公司	林华超 乔勇 吕海平
300	2020Y0287	LED数码屏智能感应操控系统软件	深圳市赛迪兴科技有限公司	冯耀枫 曹志强
301	2020Y0288	电器LED数码屏操作智能互动系统	深圳市赛迪兴科技有限公司	黄爱丽 万明豪 冯耀枫
302	2020Y0289	四方精创家佣险投保平台V1.0	深圳四方精创资讯股份有限公司	陈实 汪锡伟 黎俊伟 陈辉 范烨 金小豪 苏伟 孟鹏飞 赵星宇
303	2020Y0290	四方精创旅游险投保平台V1.0	深圳四方精创资讯股份有限公司	陈实 汪锡伟 黎俊伟 陈辉 范烨 金小豪 苏伟 孟鹏飞 赵星宇
304	2020Y0291	四方精创农商行CA签章系统V1.0	深圳四方精创资讯股份有限公司	陈帆 陈达 陈列松 王伟锋 付晨辰 曾聪聪 吴杰鑫 蒋亭 李晨星 吴庆明 曹俭 张齐 张德强
305	2020Y0292	四方精创农商行移动营销系统V1.0	深圳四方精创资讯股份有限公司	张得瑜 阮奇荪 侯林 余永胜 张永龙 何挺 张军 王金德 赵洋洋 张岳 秦宇 陈林
306	2020Y0293	四方精创保险公司会员管理系统V1.0	深圳四方精创资讯股份有限公司	魏陈博 唐智超 李子党 尤锦芳 林锦蓉 黎小陶 彭冬冬 齐蕾 胡晓非 朱文祥 谢明柳
307	2020Y0294	四方精创讯必达网络推广CMS系统V2.0	深圳四方精创资讯股份有限公司	石潇潇 郭田 温伟梁 洪梓瑞 王增 顾斌 付亮 徐夏昊 钟伟 程明
308	2020Y0295	四方精创农商行借款合同管理系统V1.0	深圳四方精创资讯股份有限公司	万小龙 周丹 曾清銮 陶君瑞 屈旭鹏 吴小斌 谢铖锴 邓锦婷 骆凯 梁教亮 陈卓Jack 任曙轩 张明洋
309	2020Y0296	四方精创PU分布式架构配置管理系统V1.0	深圳四方精创资讯股份有限公司	罗曦 彭珊 董艳艳 甘义杰 周闯闯 高田 何峰 蓝海涛 杨权雄 蒋朕 刘汉禹 刘帅Tom 彭晓玲 谌宏基
310	2020Y0297	四方精创农商行新一代微贷营销系统V1.0	深圳四方精创资讯股份有限公司	陈佳良 尹福久 杨孟斌 王新明 刘敏倩 何莉云 钟世锦 张友年 周辉模 方杰 张亮 任逸承 王飞 张锐Peter 刘双双 王志 崔强
311	2020Y0298	四方精创农商行征信本地化管理系统V1.0	深圳四方精创资讯股份有限公司	梁文灏 龚冰 李振亚 冯辉 王敏飞 龚城磊 谢文彬 魏永伟 韦凤燕 孙乾坤 邹宇翔
312	2020Y0299	四方精创PU运维管理平台模版管理系统V1.0	深圳四方精创资讯股份有限公司	廖鹏Kevin 周依琼 程宇恒 周逸健 林佳展 郑亚东 张旭东 骆文 邱凯 张渺
313	2020Y0300	四方精创电子证件区块链统一认证平台V1.0	深圳四方精创资讯股份有限公司	何清平 郭少龙 周濛 王斌 邓俊杰 秦江洪 王超 陈高 李小强 覃刚 刘佼陇 张华飞
314	2020Y0301	四方精创PU基础平台组件区块链管理系统V1.0	深圳四方精创资讯股份有限公司	肖里泽 林嘉生 岑卓诚 黄武军 冯友 孙杰 邓玉桂 蔡威David 裴玉婷 钱小勇 何争明
315	2020Y0302	四方精创区块链电子合同签订与管理系统V1.0	深圳四方精创资讯股份有限公司	何清平 郭少龙 周濛 王斌 邓俊杰 秦江洪 王超 陈高 李小强 覃刚 刘佼陇

（续表）

序号	地方部门登记号	项目名称	完成单位	完成人
316	2020Y0303	四方精创商业银行经侦网络查询查控系统V1.0	深圳四方精创资讯股份有限公司	刘飞翔 王建英 蔡瑶 曹智勇 陈博奇 陈洁 陈列松 王伟锋 王志坚 林基章 吴杰鑫 陈伟见 林强 谌宏基 成智敏 崔强 蒋丽娜 孔祥静 李晨星 李杰好 曾聪聪 闫曦 向万军 施俊 陈高 骆凯 陈卓Jack 胡景盛 曹豪 刘丹Dana 陈骞 陈芷颖 周洁 刘超Allen 常凤斌 孟鹏飞 赵星宇 陈良广 廖志
317	2020Y0304	四方精创保险公司会员管理系统（客户端）V1.0	深圳四方精创资讯股份有限公司	魏陈博 唐智超 李子党 尤锦芳 林锦蓉 黎小陶 彭冬冬 齐蕾 胡晓非 朱文祥 谢明柳
318	2020Y0305	四方精创乐高式银行账户中心账务处理平台V1.0	深圳四方精创资讯股份有限公司	冯榉 张兰Penny 李泽豪 王华秀 石晓玲 赖胜荣 魏传波 张利达 陈哲明 郭志杰 杨晓东 郝世民 徐楫远 蔡瑶
319	2020Y0306	四方精创乐高式银行智能存款账户管理系统V1.0	深圳四方精创资讯股份有限公司	侯安东 王冲冲 王龙亮 胡芳文 高尉峰 张模 江宜静 崔新跃 曾蕾 尹健康 黎国明 陈美锦 徐森森 陈贯策 陈司煜 林忠亿 李坤 罗锋 王鹏Wythe 夏天涵 蒋丽娜
320	2020Y0307	四方精创乐高式银行智能存款账务处理系统V1.0	深圳四方精创资讯股份有限公司	林辉 蒙梓阳 曾尧 曾愉骅 苏斗贵 陈冰钧 汪瑞文 孙磊 孟登竹 陈即彪 陈军Liam 李涛Toly 蓝高鹏 陈佳宇 李贺Adewin 黎华银 徐航 樊加帅
321	2020Y0308	四方精创乐高式银行智能贷款授信审批系统V1.0	深圳四方精创资讯股份有限公司	陈毅隆 吴荣 胡王龙 李靖 龙艳婷 曾健 黎佩才 方昉 郁昌达 蔡小翔 孙建国 马娜 骆志文 陈燊
322	2020Y0309	四方精创乐高式银行智能理财签约管理系统V1.0	深圳四方精创资讯股份有限公司	肖锡慧 管承林 邓绍军 魏玉 陈旭Lloyd 罗寰骥 刘旻焘 覃松毅 陈荣超 梁伟Levin 王胜乾 李宁Nanili 于宗桂 陈军 陈超兰 阳运生 马荧 张家达 陈骏 黄木财 唐彪 邬亮
323	2020Y0310	四方精创商业银行信用卡发卡营销管理系统V1.0	深圳四方精创资讯股份有限公司	陈良彩 赵二军 邱月月 甄欣 张盼花 薛木生 何佳豪 陈芷颖 周洁 刘超Allen 常凤斌 曹智勇 陈博奇
324	2020Y0311	四方精创讯必达网络推广App系统（iOS版）V2.0	深圳四方精创资讯股份有限公司	石潇潇 郭田 温伟梁 洪梓瑞 王增 顾斌 付亮 徐夏昊 钟伟 程明
325	2020Y0312	四方精创区块链电子合同签订与管理App系统V1.0	深圳四方精创资讯股份有限公司	何清平 郭少龙 周溦 王斌 邓俊杰 秦江洪 王超 陈高 李小强 覃刚 刘佼陇
326	2020Y0313	四方精创PU基础平台组件缓存数据库管理系统V1.0	深圳四方精创资讯股份有限公司	黄慧敏 戴惠兰 刘田园 龚湖选 郑小婷 曾政雄 代备 张宇星 谢粮海 林甜甜 周丽婷 刘博 解玉新
327	2020Y0314	四方精创电子证件区块链统一认证移动端软件V1.0	深圳四方精创资讯股份有限公司	何清平 郭少龙 周溦 王斌 邓俊杰 秦江洪 王超 陈高 李小强 覃刚 刘佼陇 张华飞
328	2020Y0315	四方精创商业银行税务贷款审批后端管理系统V1.0	深圳四方精创资讯股份有限公司	杨博 李祺炜 杜晓波 蔡华翔 刘方晴 钟秋华 邱继聪

（续表）

序号	地方部门登记号	项目名称	完成单位	完成人
329	2020Y0316	四方精创乐高式银行电子钱包App账务处理系统V1.0	深圳四方精创资讯股份有限公司	曾傲冬 王少兵 梁土娣 黎幸锋 易淼 曾尚涛 王兆兵 陈钊锋 张育良 王承林 潘建七 张弛 赵悦 丁雄师 李益利 王兴国 徐红亮 季涛 王璐Stephy 陈洁
330	2020Y0317	四方精创乐高式银行电子钱包App支付处理系统V1.0	深圳四方精创资讯股份有限公司	蒋世文 裴云立 陶成 周杰 陈嘉诚 郑茂中 胡鑫Lucky 汪卫卫 邓冬禾 高翔 艾安丹 于苏林 徐飞 黄梅竹 金志汶 邢欢欢
331	2020Y0318	四方精创PU基础平台组件统一对象存储管理系统V1.0	深圳四方精创资讯股份有限公司	赵栋 朱天伟 刘长奇 尧正 刘晓燕 陈杨 杨国栋 郭镇涛 张佳琪 聂国祥 林彬 唐志鹏 杜浩 邓利芳 王建英 皮锦霞 成智敏
332	2020Y0319	四方精创乐高式银行账户中心流水纪录处理平台V1.0	深圳四方精创资讯股份有限公司	张慧 王寿勇 王小芹 张娇娇 伦振朋 韩兆容 熊皓 谭二福 王文泽 张超Jim 赵亚俊 任旭庚
333	2020Y0320	四方精创讯必达网络推广App系统（Android版）V1.0	深圳四方精创资讯股份有限公司	石潇潇 郭田 温伟梁 洪梓瑞 王增 顾斌 付亮 徐夏昊 钟伟 程明
334	2020Y0321	四方精创基于区块链的农产品供应链金融服务平台（管理端）V1.0	深圳四方精创资讯股份有限公司	石潇潇 郭田 温伟梁 洪梓瑞 王增 程明 顾斌 付亮 徐夏昊 钟伟
335	2020Y0322	四方精创基于区块链的农产品供应链金融服务平台（银行端）V1.0	深圳四方精创资讯股份有限公司	石潇潇 郭田 温伟梁 洪梓瑞 王增 程明 顾斌 付亮 徐夏昊 钟伟
336	2020Y0323	四方精创基于区块链的农产品供应链金融服务平台（用户端）V1.0	深圳四方精创资讯股份有限公司	石潇潇 郭田 温伟梁 洪梓瑞 王增 程明 顾斌 付亮 徐夏昊 钟伟

二、2020年度深圳市科学技术奖名单

2020年度深圳市科学技术奖名单在线查看

（一）市长奖2名

序号	获奖人	单位名称 / 职务	获奖时间
1	黄三文	中国农业科学院深圳农业基因组研究所所长、研究员	2020年
2	李屹	深圳光峰科技股份有限公司创始人、董事长	2020年

（二）市长特别奖1名

序号	获奖人	单位名称 / 职务	获奖时间
1	刘磊	深圳市第三人民医院党委书记、院长	2020年

（三）自然科学奖11项

序号	项目名称	主要完成人	获奖等级	获奖时间
1	基于仿生纳米材料的光学精准诊疗基础研究	蔡林涛（中国科学院深圳先进技术研究院）、马轶凡（中国科学院深圳先进技术研究院）、郑明彬（中国科学院深圳先进技术研究院）、潘宏（中国科学院深圳先进技术研究院）、刘兰兰（中国科学院深圳先进技术研究院）	一等奖	2020年
2	拓扑物质的电子输运	卢海舟（南方科技大学）、王春明（南方科技大学）、何洪涛（南方科技大学）、杜宗正（南方科技大学）	一等奖	2020年

（续表）

序号	项目名称	主要完成人	获奖等级	获奖时间
3	基于中层几何结构的三维重建理论与方法	陈宝权（中国科学院深圳先进技术研究院）、黄惠（中国科学院深圳先进技术研究院）、李扬彦（中国科学院深圳先进技术研究院）、南亮亮（中国科学院深圳先进技术研究院）、程章林（中国科学院深圳先进技术研究院）	二等奖	2020年
4	基于有机催化的不对称轴手性化学	谭斌（南方科技大学）、李绍玉（南方科技大学）、漆良文（南方科技大学）、陈叶辉（南方科技大学）、王永彬（南方科技大学）	二等奖	2020年
5	基于多学科融合策略的重大慢病发生发展新机制及其精准诊疗新靶点新技术研究	吴正治（深圳市第二人民医院）、刘俊秋（吉林大学）、谢妮（深圳市第二人民医院）、张小静（深圳大学）、龙伯华（深圳市老年医学研究所）	二等奖	2020年
6	高效率长寿命量子点发光二极管的基础研究	陈树明（南方科技大学）、张恒（南方科技大学）	二等奖	2020年
7	碳化和氯离子协同作用下海砂混凝土结构劣化 机制	刘伟（深圳大学）、刘军（深圳大学）、邱启文（深圳大学）、董志君（深圳信息职业技术学院）	二等奖	2020年
8	新型高密度磁场调制型永磁机构的理论研究及 应用	蹇林旎（南方科技大学）、石玉君（南方科技大学）	二等奖	2020年
9	苦丁茶资源科学、物质基础及其功效机制研究	贺震旦（深圳大学）、吴序栎（深圳大学）、宋勋（深圳大学）、李晨阳（深圳大学）、胡小鹏（深圳大学）	二等奖	2020年
10	共轭分子材料的功能化及应用	梁永晔（南方科技大学）、郭旭岗（南方科技大学）、何凤（南方科技大学）、田雷蕾（南方科技大学）、杨庭斌（南方科技大学）	二等奖	2020年
11	从0到1——中国原创的筋膜学新学科体系的建立	王军（深圳大学）、原林（深圳大学）	二等奖	2020年

（四）技术发明奖4项

序号	项目名称	主要完成人	获奖时间
1	超高清视频高效实时编码与重建关键技术	王荣刚（北京大学深圳研究生院）、王振宇（北京大学深圳研究生院）、赵洋（北京大学深圳研究生院）、高文（北京大学深圳研究生院）、吴伟（深圳创维-RGB电子有限公司）	2020年
2	核电高可靠性数字化仪控系统关键技术及应用	张黎明(中广核工程有限公司)、江辉(中广核工程有限公司)、黄伟军(中广核工程有限公司)、张学刚(中广核工程有限公司)、张睿琼(中广核工程有限公司)、孙伟(中广核工程有限公司)	2020年
3	高精度、高稳定性多线激光雷达技术及应用	邱纯鑫（深圳市速腾聚创科技有限公司）、刘乐天（深圳市速腾聚创科技有限公司）	2020年
4	3D打印骨科器械关键技术与应用	赖毓霄（中国科学院深圳先进技术研究院）、秦岭（中国科学院深圳先进技术研究院）、李龙（中国科学院深圳先进技术研究院）、张鹏（中国科学院深圳先进技术研究院）、张明（深圳中科精诚医学科技有限公司）、王新峦（中国科学院深圳先进技术研究院）"	2020年

（五）技术进步奖55项

1.技术开发类44项

序号	项目名称	主要完成人	完成单位	获奖等级	获奖时间
1	第五代大容量长距离干线DWDM光传输设备研制及规模商用	周军 李良川 肖治宇 司明刚 刘玲 钟胜前 卢彦兆 余毅 常天海 张德江 罗军 常志文 孔凡华 罗龙	华为技术有限公司	一等奖	2020年
2	面向无人机航拍的专业数字影像系统研发及应用	曹子晟 赵文军 麻军平 周长波 张强 庹伟 孙辉 陈星 张青涛 代宇廷 罗如君	深圳市大疆创新科技有限公司	一等奖	2020年

（续表）

序号	项目名称	主要完成人	完成单位	获奖等级	获奖时间
3	高端重症呼吸机	李新胜 颜永生 周小勇 艾世明 刘京雷 余飞 刘金鹏 秦奋 马小建 伍乐平 姚刚 潘瑞玲 南知白 陈俊 方明东	深圳迈瑞生物医疗电子股份有限公司，深圳迈瑞软件技术有限公司	一等奖	2020年
4	密码芯片的安全性设计及评估技术研发与应用	李慧云 张明宇 邵翠萍 庄腾飞 徐国卿	中国科学院深圳先进技术研究院，深圳中科讯联科技股份有限公司，深圳市汇春科技股份有限公司	一等奖	2020年
5	核电站高效安全换料大修机器人关键技术与智能装备研发及应用	周国丰 段星光 徐晓冬 赵阿朋 黄文有 刘青松 吴士杰 丑武胜 刘刚 黄海华 刘治 吴凤岐 吴玉 张美玲 陈嘉杰	中广核研究院有限公司，北京理工大学，中广核工程有限公司，大连华锐重工集团股份有限公司，北京航空航天大学	一等奖	2020年
6	新一代屏下光学指纹识别关键技术的研究与应用	叶金春 林金辉 钟华 皮波 何毅 李顺展 蒋鹏 凌伟 青小刚 张玮 尹婷 程思球 谢浩 陈伟文 柳玉平	深圳市汇顶科技股份有限公司	一等奖	2020年
7	基于无机聚合物抗腐增效技术的彩色高强自密实生态砂浆与混凝土	曹海琳 翁履谦 郭悦 丁文桓 陈宇 Pavel Krivenko 郭书辉 李绍彬 高平 李国学	深圳市航天新材科技有限公司，深圳航天科技创新研究院	一等奖	2020年
8	海上风电变流器	周党生 王琰 郑大鹏 吕一航 王武华 姜圳 喻俊鹏 邹建龙 黄峰一 娄洪立 张刚 朱善伦 周泽平 王素飞 秦志	深圳市禾望电气股份有限公司	一等奖	2020年
9	城市复杂配电网高供电可靠性关键技术研究与应用	康文韬 马楠 李锐 余英 黄福全 邓世聪 时亨通 张安龙 王廷凰 薛荣 黄超 刘子俊 吕启深 尚龙龙 朱正国	深圳供电局有限公司，南京南瑞继保工程技术有限公司，天地电研（北京）科技有限公司，广州穗华能源科技有限公司，南方电网深圳数字电网研究院有限公司，广州友智电气技术有限公司，广州水沐青华科技有限公司	一等奖	2020年
10	非接触智能语音交互系统	刘轶 黄石磊 郭荣勇 程刚 汤进 邹月娴 陈诚 孙鸿哲 赵海峰 费思成 蒋志燕 吕少岭 张沛 何竹	深圳市北科瑞声科技股份有限公司，东华医为科技有限公司，北京大学深圳研究生院，安徽大学	一等奖	2020年
11	面向云网融合的软件定义安全技术研究与应用	闫新成 郝振武 马苏安 赵红勋 田甜 周娜 霍玉臻 毛玉欣	中兴通讯股份有限公司	二等奖	2020年
12	三代核电厂严重事故应对核心安全技术攻关与产业化应用	陈鹏 展德奎 陈美兰 刘东杰 杨方青 张娟花 贺东钰 夏少雄	中广核研究院有限公司，中广核工程有限公司，中山大学	二等奖	2020年
13	三代核电1E级热缩套管（核级电缆附件）	康树峰 张定雄 王志勇 邢福发 郭智利 王佰茂 夏春亮 周和平	深圳市沃尔核材股份有限公司	二等奖	2020年
14	智能输注系统的研发与产业化	JIE LIU 钟要齐 唐亚洲 江慎斗 刘奇松 邵安岑 王海 董俊	深圳麦科田生物医疗技术有限公司	二等奖	2020年
15	高功率超快激光关键技术及其精密加工装备的产业化	阮双琛 LUE QITAO 赵光辉 李少荣 孙玉芬 欧阳德钦 郭春雨 钟木荣	深圳技术大学，大族激光科技产业集团股份有限公司，深圳大学	二等奖	2020年
16	新生儿无创呼吸机关键技术创新及临床应用	邹栋 封志纯 吴本清 黄裕钦 扈钧 贺百元 丁璐	深圳市科曼医疗设备有限公司，中国人民解放军总医院第七医学中心，深圳市人民医院	二等奖	2020年

（续表）

序号	项目名称	主要完成人	完成单位	获奖等级	获奖时间
17	新型冠状病毒（2019-nCoV）IgG抗体和IgM抗体化学发光免疫分析试剂盒研发及产业化项目	饶微 李婷华 袁锦云 刘坤 肖泽林 何海华 王燕梅 戚永跃	深圳市新产业生物医学工程股份有限公司	二等奖	2020年
18	钢箱梁桥面高强高韧轻集料复合型铺装成套技术研究	徐波 丁庆军 徐涛 徐东 刘敬华 赵刚 张海龙 宋华	深圳市市政设计研究院有限公司，武汉理工大学，深圳市恒浩建工程项目管理有限公司	二等奖	2020年
19	支持IPV6网络协议的高性能第二代防火墙软件技术研发及产业化	胡斌 蔡成志 王林 赵振洋 朱峥嵘 刘余 李凯 张斌	深信服科技股份有限公司，深圳海关信息中心	二等奖	2020年
20	矩阵式柔性充电堆	李志刚 万新航 王文东 饶敏 唐健民 靳权 王笑波 刘小龙	深圳奥特迅电力设备股份有限公司	二等奖	2020年
21	高可靠性大电流IGBT器件关键技术研发及规模化应用	吴海平 杨钦耀 陈刚 凌和平 杨广明 李旺勤 薛鹏辉 杨胜松	比亚迪半导体有限公司，比亚迪股份有限公司	二等奖	2020年
22	大容量5G多模基带池解决方案	张诗壮 封葳 段向阳 吴枫 郭丹旦 刘燕武 邱刚 赵喆	中兴通讯股份有限公司	二等奖	2020年
23	400G超大容量核心路由器印制电路板	缪桦 杜玉芳 韩雪川 丁大舟 陆敏菲 吴庆 幸锐敏 郭聪	深南电路股份有限公司	二等奖	2020年
24	管式低压扩散炉系列设备关键技术研发及产业化	肖岳南 余仲 张勇 伍波 周湘源 李致文 文鸥 韩泉	深圳市捷佳伟创新能源装备股份有限公司	二等奖	2020年
25	智慧口岸查验防控系统关键技术研发及产业化项目	赖时伍 王和平 胡伟 胡刚 彭锦文 周敏 穆晓亮 罗富章	盛视科技股份有限公司	二等奖	2020年
26	超高清视频终端AI语音交互与图像处理关键技术及应用	洪文生 徐遥令 尹占江 侯亚荣 喻召福 黄浩 陈军 鲍晓杰	深圳创维-RGB电子有限公司	二等奖	2020年
27	基于纳米分散技术的高效防雾消毒抑菌产品研发与应用	孙大陟 张至 李小放 张利民 南玉 李丹丹 章晨涛 袁建忠	南方科技大学，深圳南科新材料科技有限公司，创维集团智能装备有限公司	二等奖	2020年
28	高精度智能时间网	何力 赵福川 罗彬 韩柳燕 王琳琳 陆荣舵 李晗 薄开涛	中兴通讯股份有限公司，中国移动通信有限公司研究院	二等奖	2020年
29	应用于智能电网的智能快速固体绝缘环网柜	王建文 张佳 刘玉玺 杨志亮 袁战刚 程军 吴国军 曹倩茹	深圳市金博联电力技术有限公司	二等奖	2020年
30	面向电子系统基础件微孔钻削的关键工艺技术与装备	石红雁 徐斌 梁雄 韩庆红 翟学涛 付连宇 李宁 朱建	深圳大学，深圳市金洲精工科技股份有限公司，深圳市大族数控科技有限公司	二等奖	2020年
31	智慧口岸智能通关系统关键技术与应用	周受钦 吕洁印 周海宝 戚铭尧 曹广忠 段战归 陈东明	深圳中集智能科技有限公司，深圳中集科技有限公司，清华大学深圳国际研究生院，深圳大学	二等奖	2020年
32	超宽频高精度无线定位通讯模块关键技术的研发及产业化	钟裕山 郑理强 李丹 钟颖锋 龙中胜 吴军明	深圳市润安科技发展有限公司	二等奖	2020年
33	面向智慧交通的无线通信设备关键技术研发及规模化应用	罗瑞发 刘咏平 何宁 向涛 徐根华 李兴锐 周维 李怀山	深圳市金溢科技股份有限公司	二等奖	2020年

（续表）

序号	项目名称	主要完成人	完成单位	获奖等级	获奖时间
34	微型高集成片式抗电磁干扰滤波器关键技术研发	林亚梅 朱建华 肖倩 王志华 黎燕林 刘季超 尹红葵 唐聃	深圳振华富电子有限公司	二等奖	2020年
35	高精度全彩色三维传感器测量网技术及应用	刘晓利 刘梦龙 彭翔 何懂 陈海龙 汤其剑 蔡泽伟 关颖健	深圳市易尚展示股份有限公司，深圳大学	二等奖	2020年
36	智能组网高性能多传动四象限变频器控制系统研发及其应用	张东花 黄申力 阮舜辉 沈文 欧康喜 石超 李晨东 刘春夏	深圳市英威腾电气股份有限公司	二等奖	2020年
37	MAC高分子自粘橡胶复合防水卷材技术开发	谭武 蒋继恒 周敬益 周明 廖家友 卢家安 程东发 彭晨曦	深圳市卓宝科技股份有限公司	二等奖	2020年
38	高色域低能耗超薄一体化显示终端关键技术研发及产业化	王智勇 王平 周友根 何怀亮 尹鸽 莫战磊 魏松林 葛兴	惠科股份有限公司	二等奖	2020年
39	全自动电芯制片卷绕及封装一体化关键设备研制及产业化	谭国彪 闵升 李友舟 呙德红 吴泽喜 张云艳 眭柏林 黄本夫	深圳市诚捷智能装备股份有限公司	二等奖	2020年
40	多功能动态数字化医用X射线摄影系统	秦杰 成富平 李全忠 周敏南 王栋 代德权 熊友达 漆万鸿	深圳市安健科技股份有限公司	二等奖	2020年
41	双氯芬酸钠缓释片工艺技术创新和产品质量提升	赖振洪 倪宇翔 黄怀 王炜 吴景华 周向荣 强皎 曾环想	国药集团致君（深圳）坪山制药有限公司，国药集团致君（深圳）制药有限公司	二等奖	2020年
42	氢溴酸依他佐辛原料及其注射液	吴子强 刘东华 罗唐 卓秋琪 袁庆 于玉根 雷光华 谭汉梯	深圳万乐药业有限公司	二等奖	2020年
43	深水水下井口切割回收工具系统研制及应用	张武辇 贾银鸽 姜柯 邱定跃 陈奖 鲁肖松 陈懿 魏振名	深圳市远东石油钻采工程有限公司	二等奖	2020年
44	基于多自由度点胶技术的高速高精密点胶机研发及产业化	吴桂远 Shin Dongik 王本正 王文好 张少良 吴俊 周晓丹 林永志	深圳市轴心自控技术有限公司	二等奖	2020年

2.社会公益类10项

序号	项目名称	主要完成人	完成单位	获奖等级	获奖时间
45	深圳市新冠肺炎精准防控策略及实施效果研究	冯铁建 何建凡 邹旋 梅树江 逯建华 唐秀娟 张仁利 张振 刘晓剑 王敬忠 房师松 谢旭 黄亚兰 夏俊杰	深圳市疾病预防控制中心	一等奖	2020 年
46	城市河流生态修复的关键技术及应用	刘俊国 杨小毛 吴锋 张作泰 唐圆圆 王波 赖梅东 吴属连 梅立永 姜刘志 林明 黄鑫 齐伟	南方科技大学，深圳市深港产学研环保工 程技术股份有限公司	一等奖	2020 年
47	尿液无创筛查技术体系构建及转化应用研究	吴松 叶亚金 李翀 范祖森 蔡志明 杨昭 黄毅 欧铜 张小龙 常玉棋 雷崎方 陶涛 蔡贤明 王永强	深圳大学，中国科学院生物物理研究所，深圳市罗湖区人民医院，深圳市飞点健康管理有限公司	一等奖	2020 年
48	南方高强度开发区域先进制造业废水特征污染物深度处理关键技术与 应用	王宏杰 孙飞云 成功 韩琦 赵子龙 戴知广 董文艺 李继	哈尔滨工业大学（深圳），深圳市环境科学研究院	二等奖	2020 年

（续表）

序号	项目名称	主要完成人	完成单位	获奖等级	获奖时间
49	深圳教育云教学平台构建与应用	张惠敏 冯圣中 梁为 魏晓亮 陈浩 黄伟龙 彭岩 陈颖	深圳市教育信息技术中心，国家超级计算深圳中心（深圳云计算中心），科大讯飞股份有限公司	二等奖	2020 年
50	新发突发传染病诊防治 体系新模式在新型冠状病毒感染中的应用	刘映霞 杨扬 王召钦 杨明辉 沈晨光 黄婷 赵方 王福祥	深圳市第三人民医院	二等奖	2020 年
51	乳腺癌超声精准诊疗技术研发及应用	徐金锋 董发进 肖杨 罗慧 李双双 刘莹莹 张海 丁志敏	深圳市人民医院，中国科学院深圳先进技术研究院，深圳迈瑞生物医疗电子股份有限公司	二等奖	2020 年
52	食品真伪鉴别与溯源关键技术研究及应用	吴浩 陈波 岳振峰 颜治 肖陈贵 赵超敏 赵旭 赵琼晖	深圳海关食品检验检疫技术中心	二等奖	2020 年
53	支气管哮喘的发病新机制以及治疗新策略	邱晨 史菲 王凌伟 李富荣 酆孟洁 李杰 陈丹丹 余秀	深圳市人民医院	二等奖	2020 年
54	椎间盘退行性疾病的基础研究及临床系列微创创新治疗	易伟宏 李长青 朱艳霞 杨大志 王尔天 刘东宁 李晓波 黄曹	华中科技大学协和深圳医院，中国人民解放军陆军军医大学附属第二医院，深圳大学，南宋医疗（深圳）有限公司	二等奖	2020 年

3.重大工程类1项

序号	项目名称	完成单位	获奖等级	获奖时间
55	土地集约型、环境友好型地铁建设关键技术研究——深圳地铁7号线工程	深圳市地铁集团有限公司，中电建南方建设投资有限公司，中国电建集团铁路建设有限公司，深圳大学，中国铁路设计集团有限公司，中国水利水电第四工程局有限公司，中国水利水电第十四工程局有限公司，中国水利水电第八工程局有限公司，中国水利水电第十一工程局有限公司，中国水利水电第七工程局有限公司	一等奖	2020年

（六）青年科技奖8名

序号	获奖人	单位名称	职务	获奖时间
1	刘靖康	影石创新科技股份有限公司	总经理	2020年
2	陈磊	旭宇光电（深圳）股份有限公司	研发总监/高级工程师	2020年
3	曾小伟	中山大学 深圳	副教授	2020年
4	孟龙	中国科学院深圳先进技术研究院	副研究员	2020年
5	郑家新	北京大学深圳研究生院	特聘研究员/副教授	2020年
6	徐磊	深圳市华傲数据技术有限公司	首席科学家	2020年
7	王孝宇	深圳云天励飞技术有限公司	首席科学家	2020年
8	黄燕	哈尔滨工业大学（深圳）	教授	2020年

（七）专利奖25项

序号	专利号	项目名称	单位名称	发明人/设计人	获奖时间
1	ZL201410387196.4	一种射频接收机及接收方法	华为技术有限公司	易岷 梁建 朱年勇	2020年
2	ZL201110337707.8	疟原虫感染的红细胞的识别方法及装置	深圳迈瑞生物医疗电子股份有限公司	叶波 钱程 祁欢	2020年

（续表）

序号	专利号	项目名称	单位名称	发明人/设计人	获奖时间
3	ZL201410020980.1	发送系统信息的方法和装置	中兴通讯股份有限公司	方惠英 戴博 石靖 夏强 吴立杰 鲁照华	2020年
4	ZL201711481615.0	合成模糊人脸图像的方法和装置、计算机装置及存储介质	深圳云天励飞技术有限公司	吴涛 牟永强	2020年
5	ZL201611124784.4	一种歌词文件生成方法及装置	腾讯音乐娱乐（深圳）有限公司	赵伟峰	2020年
6	ZL201480002082.1	限位装置及使用其的飞行器	深圳市大疆灵眸科技有限公司	赵涛 王鹏 任利学 赵喜峰	2020年
7	ZL201710954945.0	一种人脸活体检测方法及终端设备	平安科技（深圳）有限公司	李长缤	2020年
8	ZL201730457923.4	汽车	比亚迪股份有限公司	廉玉波 艾格 唐文全 范吉晗 钟晓鸣	2020年
9	ZL201711001082.1	一种舵机控制系统和方法	深圳市创客工场科技有限公司	林剑冰	2020年
10	ZL201410487553.4	核电站堆芯功率象限倾斜因子的显示方法和装置	大亚湾核电运营管理有限责任公司	周骁凌 廉志坤 李志军 胡汝平 徐志献	2020年
11	ZL201310468210.9	一种图像局部不变特征的语义映射方法及语义映射系统	深圳高科新农技术有限公司	李岩山 谢维信	2020年
12	ZL201110197059.0	一种LED显示屏多功能控制系统	康佳集团股份有限公司	魏洵佳 任平	2020年
13	ZL201310210468.9	透明导电膜	欧菲光集团股份有限公司	赵云华 高育龙 杨云良 顾滢	2020年
14	ZL201510308569.9	投影系统、光源系统以及光源组件	深圳光峰科技股份有限公司	胡飞 李屹	2020年
15	ZL201110152623.7	多卡多待终端及其同步方法和装置	展讯通信（深圳）有限公司	韩巍 陈贤亮	2020年
16	ZL201310075976.0	一种高清晰度LED显示屏及其超小点间距贴片式LED复合灯	深圳市奥拓电子股份有限公司	沈毅 毕金明 张亚林 刘玲 吴振志 吴涵渠	2020年
17	ZL201710309222.5	用于3D成像的激光阵列	深圳奥比中光科技有限公司	王兆民 闫敏 许星	2020年
18	ZL201510496614.8	一种改善骨传导扬声器音质的方法及骨传导扬声器	深圳市韶音科技有限公司	廖风云 陈迁 陈皞 齐心	2020年
19	ZL201610512610.9	试剂与反应器的分离装置	深圳市亚辉龙生物科技股份有限公司	肖育劲 胡鹍辉 张福星 吴本清 宋永波 侯金龙	2020年
20	ZL201611188394.3	液晶显示器件及其液晶显示面板的驱动方法	惠科股份有限公司	陈猷仁	2020年
21	ZL201510465720.X	听力检测方法及装置	深圳市冠旭电子股份有限公司	曹磊 彭信龙 吴海全 师瑞文 彭久高	2020年
22	ZL201410849292.6	一种用于夹臂式刀库的360度分度装置	深圳市创世纪机械有限公司	李立 夏军	2020年
23	ZL201710593768.8	一种机顶盒WiFi和蓝牙共存优化方法及装置	深圳创维数字技术有限公司	曹黎	2020年
24	ZL201610989652.1	一种复合转轴组件、多功能键盘及平板电脑套件	捷开通讯（深圳）有限公司	李兵权 宗力 邹爱军	2020年
25	ZL201510033662.3	一种幽门螺杆菌分型检测的试剂盒	深圳市伯劳特生物制品有限公司	马伟民 张永顶 马新民	2020年

（八）标准奖15项

序号	标准编号	标准名称	单位名称	获奖时间
1	3GPP TS 28.510	包含虚拟化网络功能的移动网络的配置管理	中兴通讯股份有限公司	2020年
2	ISO 20760-1:2018(E)	城镇水回用-集中式水回用系统指南：第I部分集中式系统设计原则	清华大学深圳国际研究生院	2020年
3	NB/T 20472-2017RK	压水堆核电厂核岛工艺系统管道布置设计准则	中广核工程有限公司	2020年
4	GB5009.268—2016	食品安全国家标准食品中多元素的测定	深圳市疾病预防控制中心	2020年
5	GB/T 31983.31-2017	低压窄带电力线通信第31部分：窄带正交频分复用电力线通信物理层规范	深圳市力合微电子股份有限公司	2020年
6	SZDB/Z 209-2016	A型流感病毒荧光微球试纸条快速检测方法	深圳市检验检疫科学研究院	2020年
7	GB/T 33465-2016	电感耦合等离子体发射光谱法测定汽油中的氯和硅	深圳市计量质量检测研究院	2020年
8	GB/T 33822-2017	纳米磷酸铁锂	深圳市德方纳米科技股份有限公司	2020年
9	YS/T 1127-2016	镍钴铝三元素复合氢氧化物	深圳先进储能材料国家工程研究中心有限公司	2020年
10	YY/T 1480-2016	基于声辐射力的超声弹性成像设备性能试验方法	深圳大学	2020年
11	GB/T 34798-2017	核酸数据库序列格式规范	深圳华大生命科学研究院	2020年
12	GB/T 34991-2017	基于12.5kHz信道的时分多址（TDMA）专用数字集群通信系统空中接口物理 层及数据链路层技术规范	海能达通信股份有限公司	2020年
13	SZDB/Z 231-2017	医养融合服务规范	深圳市罗湖区人民医院	2020年
14	GB/T 9813.4-2017	计算机通用规范第4部分：工业应用微型计算机	研祥智能科技股份有限公司	2020年
15	YY/T 1439.2-2016	医用气体压力调节器第2部分：汇流排压力调节器和管道压力调节器	深圳迈瑞生物医疗电子股份有限公司	2020年

三、2020年深圳市科技计划项目验收

2020年第一批科技计划项目验收结果在线查看
（《深圳科技年鉴》收录验收结果
为深圳市科技创新委员会最终确定的验收结果）

（一）2020年第一批验收科技计划项目验收结果

序号	项目编号	项目名称	承担单位	验收结论
1	JCYJ20160520163535684	基于辐照加工技术的超高分子量聚乙烯纤维的抗蠕变性能研究	深圳大学	通过
2	CKCY20170508145918305	基于共享单车的wifi热点精准定位及防盗报警系统解决方案	深圳市三奇客科技控股有限公司	通过
3	JSGG20170412163418191	重20170371 游戏行业基于R语言的可视化高维数据处理技术研发	深圳市梦域科技有限公司	通过
4	JCYJ20160330095448858	基20160102 电子器件中高分子/无机界面应力及失效分析研究	北京大学深圳研究生院	通过
5	CYZZ20170329140630286	一种新型的压缩空气系统节能控制技术的开发与应用	深圳市格瑞拓能源科技有限公司	通过
6	CYZZ20170320104816355	NMP（N-甲基吡咯烷酮）回收成套设备关键技术的研发	深圳市鑫嘉能科技有限公司	通过

（续表）

序号	项目编号	项目名称	承担单位	验收结论
7	JSGG20170414105936425	重20170113 基于物联网的高压电缆接头在线检测系统关键技术研发	深圳市金博联电力技术有限公司	通过
8	CYZZ20160429143201001	起重机在线监控管理系统	深圳市益尔智控技术有限公司	通过
9	JSGG20170414112835373	重20170214 基于SDN的分组和电路融合交换(SPOTN)关键技术研发	深圳市中航比特通讯技术有限公司	通过
10	CYZZ20160420112041465	城市轨道交通用新型DC-1.5kV复合防护伞形刚性悬挂瓷绝缘子	深圳市银星绝缘子电气化铁路器材有限公司	通过
11	JSGG20170413152500660	重20170133 高压多路MPPT逆变箱变一体机关键技术研发	深圳创动科技有限公司	通过
12	CYZZ20170331152000463	基于移动互联网的电动汽车共享调度控制系统	深圳市联程共享电动汽车租赁有限公司	通过
13	CYZZ20170405141716905	面向包装行业的高端自动化检测系统研发	深圳市中博讯达软件有限公司	通过
14	JCYJ20160531183850059	快速检测流感病毒荧光探针技术研发	香港理工大学深圳研究院	通过
15	JSGG20170414104907541	重20170318 独居空巢老人室内智能监护系统关键技术研发	深圳市双驰科技有限公司	通过
16	CKCY20170724142352774	互联网+美发服务平台“Q发屋”	深圳快剪网络科技有限公司	通过
17	JSGG20170824105824338	重20170619 多温蓄冷型节能高低温试验箱设备关键技术研发	深圳市大稳科技有限公司	通过
18	JCYJ20170306141755150	加载表面等离激元波导的石墨烯微波-光信号调制器	厦门大学深圳研究院	通过
19	CYZZ20170406150252193	雾霾浓度传感器技术研究	深圳市世纪天行科技有限公司	通过
20	CYZZ20170327163346083	蓝图速配虚拟现实家居系统	深圳市蓝图速配科技有限公司	通过
21	JCYJ20160229172757249	基20160019 基于肠道菌群的无创骨质疏松标志物检测研究	深圳华大生命科学研究院	通过
22	JSGG20170412160335763	重20170118 高效直线双极空气压缩系统关键技术研发	深圳市康普斯节能科技股份有限公司	通过
23	KJYY20170412153606214	SF20170089 地贫基因检测技术在新生儿中的应用示范	深圳华大生命科学研究院	通过
24	CYZZ20170721172600783	新型高光效大功率LED生产工艺技术的开发及应用	深圳市华鑫伟天光电有限公司	通过
25	KJYY20170412092129260	SF20170072 全闪存阵列存储管理系统应用示范项目	柏科数据技术（深圳）股份有限公司	通过
26	JCYJ20160301114303878	基20160069 超高精度纳米压印图形复制缺陷的机理研究	南方科技大学	通过
27	CYZZ20170330160746768	基于安全管控的即时通讯智能终端及即时通讯监护平台智能控制系统	深圳市云宝网络科技有限公司	通过

（续表）

序号	项目编号	项目名称	承担单位	验收结论
28	JSGG20170413120225512	重20170410 行业应用云PaaS平台的关键技术研发	深圳市永兴元科技股份有限公司	通过
29	JCYJ20170302142547533	基于一维纳米线的场效应室温气体传感器研究	深圳大学	通过
30	JCYJ20160510154736343	基20160215 随机刺激信号的人工神经网络自学习系统研究	深圳先进技术研究院	通过
31	CKCY20170720160542256	VR立体声骨传导蓝牙耳机研发	深圳市一程科技有限公司	通过
32	CYZZ20170330100330734	基于ZigBee通信技术的无线智能LED驱动电源系统研发	深圳市志和兴业电子有限公司	通过
33	JSGG20170413161918824	重20170322 基于变异系数的双聚类算法及其用户行为分析关键技术研发	深圳市云房网络科技有限公司	通过
34	CYZZ20170323143825572	风力发电系统的防雷方案	深圳普泰电气有限公司	通过
35	JSGG20170410104845129	重20170361 消费级RGB-D设备的三维模型自动建造关键技术研发	深圳亚联发展科技股份有限公司	通过
36	CKCY20170725141603314	停车场无感支付系统研发	深圳市智车宝信息科技有限公司	通过
37	JCYJ20170307165611557	用于实时检测活体细胞内miRNA 的新型纳米探针	香港中文大学深圳研究院	通过
38	JSGG20170413144325717	重20170115 柔性分布式光伏电站快装一体化组件及系统关键技术研发	深圳市鑫明光建筑科技有限公司	通过
39	JSGG20170412111535007	重20170045 面向国六排放标准的气体传感器研发	深圳安培龙科技股份有限公司	通过
40	JCYJ20160301100720906	基20160034 中药小分子心血管活性成分系统药理学数据库构建	深圳清华大学研究院	通过
41	KQCY20170330160624488	新型肿瘤原代细胞培养及体外药敏试验技术的研发和产业化	深圳优圣康医学检验实验室	通过
42	CYZZ20170401143119331	基于无损降噪技术的智能助听器研发及产业化	深圳航天金悦通科技有限公司	通过
43	JCYJ20170306141926192	基于眼部触觉反馈的虚拟现实沉浸感研究	厦门大学深圳研究院	通过
44	JCYJ20170307141019252	基于时空大数据的突发事件中城市群体移动轨迹分析与预测	厦门大学深圳研究院	通过
45	KJYY20170724171556130	多梯度发泡结构的全塑型环保塑胶跑道应用示范	深圳市航天新材科技有限公司	通过
46	JCYJ20170307100750340	基于深度学习的重点人员时空轨迹特征识别关键技术研究	深圳北航新兴产业技术研究院	通过
47	RKX20180416164734646	R&D投入核算体系变化对策深化研究	深圳市维度统计与大数据研究院	通过
48	JSGG20170413152936281	重20170441 面向代谢疾病的肠道菌群分析关键技术研发	深圳市万机创意电子科技有限公司	通过
49	CYZZ20170314162522661	包虫病鉴别诊断快速检测试剂	深圳真瑞生物科技有限公司	通过
50	CYZZ20170331152625646	用于出国旅游智能分析大数据系统的研发	深圳优克云联科技有限公司	通过

（续表）

序号	项目编号	项目名称	承担单位	验收结论
51	CKCY20170724091117847	手机玻璃自动光学检测设备研发与产业化	深圳市伯为智能设备有限公司	通过
52	JSGG20170413144907426	重20170129 生物基快递包装材料关键技术研发	深圳光华伟业股份有限公司	通过
53	JCYJ20160427113303899	Breg细胞在抗磷脂综合征合并复发性流产患者中的调节作用	深圳中山泌尿外科医院	通过
54	JCYJ20160427100211076	基于上颌中切牙分类和三维有限元分析的种植导板设计及临床评价	深圳市龙岗中心医院	通过
55	GJHS20170313151948344	广东省新型激光显示工程技术研究中心建设	深圳市绎立锐光科技开发有限公司	通过
56	GRCK20160829164857425	基于大电商平台的3D-360度商品展示技术	深圳前海力合英诺孵化器有限公司	通过
57	CKCY20180321154701533	超低功耗物联网电池式智能可视门铃及安全云平台项目	深圳市易联视通技术有限公司	通过
58	CYZZ20170331154501420	新型纯天然环保硅藻泥内墙装饰材料的研发	深圳市海龟梦新能源科技环保材料有限公司	通过
59	CYZZ20170331140549428	基于MES的柔性智能制造系统的关键技术研究	深圳市凯之成智能装备有限公司	通过
60	CYZZ20170401110057722	融合智能家居设备的智能服务型机器人	深圳市佳奇机器人科技有限公司	通过
61	JCYJ20170307090810981	网络中信息传播源的推断与网络取证算法的研究	香港城市大学深圳研究院	通过
62	CYZZ20170308090459598	燃烧优化控制废气减排关键技术研发	深圳德尔科机电环保科技有限公司	通过
63	CKCY20170721154546304	LeSingle智能语音交互系统的研发及应用	深圳乐生活智能科技有限公司	通过
64	CYZZ20170331163737980	智能交互VR教育系统平台开发	深圳市虚拟现实技术有限公司	通过
65	CKCY20170721154916079	基于QoS差异化的智慧4G通道AAC平台研发	深圳翰飞网络科技有限公司	通过
66	JCYJ20160429145043230	职业性铅中毒CCM3基因易感性研究	深圳市光明区疾病预防控制中心（深圳市光明区检验中心）	通过
67	JCYJ20160422143829290	单分散J聚合物液晶液滴生物传感器的研究	深圳大学	通过
68	CYZZ20160531144119411	深度主动降噪耳机的研发	深圳跃豁达科技有限公司	通过
69	JSGG20170412152144762	重20170020 多模态人机交互的智能管家服务机器人研发	深圳市银星智能科技股份有限公司	通过
70	JCYJ20160328144942069	基20160105 新型低维碳材料的量子光学性能研究	深圳大学	通过
71	JCYJ20160330095359100	基20160140 重金属污染土壤的生物-电动力耦合修复技术研究	北京大学深圳研究生院	通过
72	JSGG20170413113458644	重20170267 基于物联网技术的高安全性智能卡操作系统研发	精工伟达科技（深圳）有限公司	通过
73	CYZZ20170721140733616	基于自适应反馈与云平台技术的视频会议系统研发	深圳明心科技有限公司	通过

（续表）

序号	项目编号	项目名称	承担单位	验收结论
74	JCYJ20160428181340082	基于中医辨证论治的综合护理干预方案在自然分娩镇痛中的应用	深圳市中医院	通过
75	JSGG20170414094410466	重20170084 基于高镍体系的圆柱形锂离子动力电池关键技术研发	深圳市比克动力电池有限公司	通过
76	JSGG20170413140907339	重20170196 石墨烯复合磷酸铁锂正极材料关键技术研发	深圳市贝特瑞纳米科技有限公司	通过
77	CYZZ20170328102825769	基于流媒体软交换技术的多媒体教学系统平台	深圳市艾迪思特信息技术有限公司	通过
78	CYZZ20170329151857660	基于公共安全防范的智能通道管理系统开发	深圳市美铭科技有限公司	通过
79	CYZZ20170329164610518	六维企业体检通健康管理平台	深圳六维生命健康管理有限公司	通过
80	CYZZ20170328143907782	uArm多功能服务机械手臂	深圳市众为创造科技有限公司	通过
81	JSGG20170822160913003	重20170406 基于多模态信息融合的全天候目标识别关键技术研发	深圳北斗通信科技有限公司	通过
82	CYZZ20150508145054573	触摸屏制程用核心材料-OC光阻剂	深圳市查科本显示材料有限公司	通过
83	CYZZ20170405154429233	智能化综合音频互动平台的应用研发	深圳市懒人在线科技有限公司	通过
84	CYZZ20170405162217973	微组装关键工艺技术研究	深圳市华讯方舟微电子科技有限公司	通过
85	JSGG20170413102215877	重20170092 基于供热大数据监测及智慧运行云平台关键技术研发	深圳汉光电子技术有限公司	通过
86	JSGG20170413172031554	重20170275 基于微服务架构的云应用开发平台的研发	深圳花儿绽放网络科技股份有限公司	通过
87	JSGG20170414152501834	重20170130 新能源电动汽车辅助供电车载模块电源关键技术研发	深圳市瀚强科技股份有限公司	通过
88	JCYJ20160428101710597	甘精胰岛素联合西格列汀对初诊2型糖尿病Nrf2-Keap1-ARE信号通路影响的研究	深圳市南山区蛇口人民医院	通过
89	JCYJ20160429173148375	全基因组测序比较分析围产期感染B族链球菌的毒力基因研究	深圳市宝安区妇幼保健院	通过
90	CKCY20170718114423897	基于云终端远程服务实现的虚拟化移动办公系统研发	深圳璇玑信息技术有限公司	通过
91	CKCY20170721165000586	基于垂直起降函道动力系统的X35高智能战斗机模型及飞控	深圳市远景航空技术有限公司	通过
92	CYZZ20170330162525155	基于敏捷型供应链管理的农业信息化分布式智能控制平台	深圳超群高科技有限公司	通过
93	CYZZ20170329155945611	全综合智能大数据智慧车场平台	深圳市智慧享联网络技术有限公司	通过
94	JCYJ20160427153326556	ARID1A基因突变调控AKT信号通路促进肝癌生长增殖的机制	深圳市第三人民医院	通过

（续表）

序号	项目编号	项目名称	承担单位	验收结论
95	JCYJ20160427145626702	丙泊酚对小鼠原代肝细胞PI3K/Akt/GSK-3β信号通路的影响机制	深圳市卫生健康发展研究中心	通过
96	JSGG20170412151534422	重20170264 超高速大容量智能无线接入控制服务器（AC）关键技术研发	深圳市吉祥腾达科技有限公司	通过
97	JCYJ20160425104312430	基于裂解肽ABH3发展治疗耐药型骨肉瘤的靶向药物研究	深圳市第二人民医院	通过
98	JCYJ20170302154032530	抑制物联网中的分布式拒绝服务攻击研究	深圳大学	通过
99	CYZZ20170331144915658	基于GIS与空间数据模型技术的数字化油气管道工程图输出系统	深圳四维集思技术服务有限公司	通过
100	JSGG20170822110531535	重20170191 高端汽车线路板化学锡银涂层关键技术研发	深圳市创智成功科技有限公司	通过
101	CKCY20170724142425857	集智能系统、现代工业设计于一体低碳出行电动车的研究	爱步科技（深圳）有限公司	通过
102	JSGG20170413163622547	重20170180 高综合性能低成本动力电池负极材料关键技术研发	贝特瑞新材料集团股份有限公司	通过
103	GRCK20170821112542212	新型光纤激光麦克风阵列的研发及其在周界安防系统中的应用	深圳大学	通过
104	JCYJ20160413164316142	益生菌产品的菌相分析与复合微生态制剂的研制	深圳职业技术学院	通过
105	JCYJ20160429161218745	肿瘤微环境局部缺氧促进TAMs募集对宫颈癌发生淋巴转移的作用机制研究	南方医科大学深圳医院	通过
106	JCYJ20160428092445411	基于LIBS精准祛痣新方法的前期应用研究	深圳市南山区蛇口人民医院	通过
107	CYZZ20170724155504986	高性能直放式霍尔电流传感器技术开发	深圳市艾华迪技术有限公司	通过
108	JSGG20170413162031313	重20170150 手机虹膜识别红外LED开发关键技术研发	深圳市瑞丰光电子股份有限公司	通过
109	JSGG20170413153845042	重20170226 系列化AMOLED显示驱动芯片关键技术研发	深圳市百泰实业股份有限公司	通过
110	JCYJ20170307150528934	基于临床医疗信息处理的疾病风险预测方法研究	哈尔滨工业大学（深圳）	通过
111	GJHS20170310094114289	广东省偏光片技术研究开发工程中心	深圳市三利谱光电科技股份有限公司	通过
112	JCYJ20160428163346770	新型双批次PET显像剂18F-FDG 药物合成模块的研发	深圳市保健委员会办公室	通过
113	JCYJ20170307093131123	表面等离激元增强砷化镓纳米线阵列太阳能电池基础研究	山东大学深圳研究院	通过
114	CYZZ20170331153816098	基于大数据分析商用车行业移动CRM系统	深圳市深远汽车咨询服务有限公司	通过
115	CYZZ20170330155210928	快速充电高能量密度聚合物锂离子的研发	深圳市沃能新能源有限公司	通过
116	CYZZ20170330110810597	面向社区矫正的定位跟踪与监管系统研发	深圳中科健安科技有限公司	通过
117	JCYJ20160422113119640	机器学习在视障患者听觉功能磁共振成像分析中的应用研究	深圳大学	通过

（续表）

序号	项目编号	项目名称	承担单位	验收结论
118	CKCY20170824101250469	泰信通超融合SDN平台	深圳市泰信通信息技术有限公司	通过
119	CKCY20180321154215262	基于蓝牙5.0技术+LAN/WIFI智能门锁上下行远程控制系统	深圳市中诺无线科技有限公司	通过
120	JCYJ20160428175036148	FUNDCI调控线粒体自噬在CRF骨骼肌萎缩中的作用及黄芪多糖干预	深圳市中医院	通过
121	CKCY20170721145522287	新一代3D全高清电子腹腔镜影像系统	深圳市博盛医疗科技有限公司	通过
122	JCYJ20160226192223251	基20160060 无线终端物理层安全关键算法与理论研究	深圳大学	通过
123	CYZZ20170331145859031	基于大数据的执法视音频智能存储与管理系统	深圳警翼软件技术有限公司	通过
124	JSGG20170413170317308	重20170312 基于“互联网+”的现代农业大数据综合服务平台关键技术研发	深圳市华之粹生态科技有限公司	通过
125	JCYJ20160301112450474	神经连接生成中活性区组装的结构生物学研究	南方科技大学	通过
126	JCYJ20160331185933583	基20160090 用于下肢深静脉血栓精确检查的T1加权磁共振成像技术研究	深圳先进技术研究院	通过
127	JCYJ20160428154108239	基20160170 心力衰竭的线粒体机制研究	北京大学深圳研究生院	通过
128	JSGG20170411141141955	重20170031 智能划片机关键技术研发	深圳市华腾半导体设备有限公司	通过
129	JCYJ20160428154632404	离子液体掺杂石墨烯燃料电池阴极催化剂制备及杂化机理研究	香港城市大学深圳研究院	通过
130	JCYJ20170302153920897	云环境中的异构存储资源分配与性能优化研究	深圳大学	通过
131	CYZZ20170724154934227	基于公安应用人脸识别智能技术	深圳火眼智能有限公司	通过
132	JSGG20170413162858294	重20170314 基于大数据的公安阵地控制机器人虚拟化关键技术研发	深圳市星火电子工程公司	通过
133	CYZZ20170330140350271	基于大数据的外贸F2B+SaaS服务平台关键技术的研发	格罗斯产业链服务（深圳）有限公司	通过
134	JCYJ20170307165529564	低氧介导的自噬信号在骨关节炎发病中的分子机理研究	香港中文大学深圳研究院	通过
135	CYZZ20170330113208347	高性能FPC紫外固态激光切割制造工艺及设备的研发	深圳市火焱激光科技有限公司	通过
136	CKCY20170725150740171	BIM可视化物联云平台的研究	椭圆方程（深圳）信息技术有限公司	通过
137	JSGG20170823113747959	重20170580 高效节能型高频模块化UPS的关键技术研发	深圳市宝安任达电器实业有限公司	通过
138	GRCK20170822141503491	智能乒乓球拍及运动监测系统	深圳职业技术学院	通过
139	JCYJ20160425150757025	基20160192 四足机器人仿生控制关键技术研究	深圳航天科技创新研究院	通过
140	GJHS20120628112055644	全降解铁金属血管支架材料研制与产品开发	先健科技（深圳）有限公司	通过
141	JCYJ20170307144334776	非成像式人体隐藏物识别	深圳市太赫兹科技创新研究院	通过

（续表）

序号	项目编号	项目名称	承担单位	验收结论
142	CYZZ20170320153425784	基于全桥拓扑技术的新能源汽车DC-DC转换器研发	深圳市蓝德汽车电源技术有限公司	通过
143	JCYJ20160428175316298	microRNA通过下调Wnt/β-catenin通路介导糖尿病骨质疏松及滋肾降糖丸干预作用的研究	深圳市中医院	通过
144	GJHS20170313102318548	基于物联网工业控制系统的风险智能识别与安全应急技术与系统	中海油信息科技有限公司	通过
145	JSGG20170412165821859	重20170147 5G通讯基站天线用铝合金表面局部铜焊盘制备关键技术研发	摩比天线技术（深圳）有限公司	通过
146	JCYJ20170818143652693	面向可穿戴器件的柔性超表面太赫兹调控研究	深圳大学	通过
147	CKCY20170724145147571	人工智能红绿灯调度系统关键技术的研发	深圳市智慧交通有限公司	通过
148	JCYJ20170307165328836	风能发电机空气动力学并行数值模拟方法和软件	深圳先进技术研究院	通过
149	JSGG20170412143213660	重20170015 仿人服务机器人关键技术研发	中兴通讯股份有限公司	通过
150	JCYJ20160328161613864	基20160089 基于肺癌早期发生关键分子标志物的机制研究	深圳市疾病预防控制中心	通过
151	CYZZ20170330111929772	基于用电成本优化的储能系统调度与控制	深圳库博能源科技有限公司	通过
152	CKCY20170822101141876	PP停车费	深圳市神州路路通网络科技有限公司	通过
153	KJYY20170411170018517	SF20170018 石墨烯供暖系统的应用示范	烯旺新材料科技股份有限公司	通过
154	JSGG20170412153957140	重20170463 针对白癜风和银屑病治疗的JAK激酶抑制剂临床前关键技术研发	深圳微芯生物科技股份有限公司	通过
155	JCYJ20170302150411789	分布式天线系统智能协同调度新理论研究	深圳大学	通过
156	JCYJ20170302154149766	预测式超高清全景视频的分发机制研究	深圳大学	通过
157	JCYJ20160301111338144	基20160066 间充质干细胞治疗骨关节疾病的研究	深圳市第二人民医院	通过
158	JSGG20160315145745597	重20160243 高性能低功耗安全SOC芯片研发	国民技术股份有限公司	通过
159	JCYJ20170307172513653	面向数据中心光互联的空分复用光交换网络基础研究	北京大学深圳研究院	通过
160	CYZZ20170327152221500	面向新能源汽车的智能电池管理系统的研发	深圳市国新动力科技有限公司	通过
161	JCYJ20160428175947624	苍附导痰丸对多囊卵巢综合征大鼠肿瘤坏死因子-α及MAPK-JNK信号通路的影响	深圳市中医院	通过
162	CYZZ20170330152258772	基于太阳能智能型集成模式自动检测车载空气净化器	深圳市柏斯曼电子科技股份有限公司	通过
163	JCYJ20160427174117767	缺血后处理对PCI患者MIRI的影响及分子机制的研究	中国医学科学院阜外医院深圳医院	通过
164	GJHS20170310141811457	高性能总线型工业机器人专用伺服控制技术研究与应用	深圳市汇川技术股份有限公司	通过
165	JCYJ20160428175717223	复方叶下珠抑制HBx激活Shh信号通路防治HCC的作用机制研究	深圳市中医院	通过

（续表）

序号	项目编号	项目名称	承担单位	验收结论
166	GJHZ20170313172439851	门控因子VEGFR3参与FGF-2和TNF-α诱导淋巴管生成在鼻咽癌转移中的机制研究	深圳市第二人民医院	通过
167	JCYJ20160229205812004	利用草药芯片从穿心莲提取物中寻找对抗风湿性关节炎的组分的研究	香港科技大学深圳研究院	通过
168	JCYJ20170302142203605	面向电子冷却的超薄均热板制造及传热特性研究	深圳大学	通过
169	CKCY20170721151753760	相变抑制高效传热器件研发及应用	深圳市嘉名科技有限公司	通过
170	CYZZ20170724155149896	高速高精度移位机器人行走关键技术研发	深圳市领志光机电自动化系统有限公司	通过
171	JSGG20170822101335574	重20170605 高安全等级智能可调光LED防爆灯系统关键技术研发	深圳民爆光电股份有限公司	通过
172	JCYJ20170306162414058	SOCS1/核因子κB介导肠Treg/Th17失衡机制及在应激性炎性肠病发生中的地位	广东海洋大学深圳研究院	通过
173	JCYJ20160425104858256	复合TGF-β1缓释微球的新型3D打印支架构建软骨的研究	深圳市第二人民医院	通过
174	CKCY20170724163706282	基于无人机倾斜摄像的3D建模系统研发	深圳市安泽拉科技有限公司	通过
175	JSGG20170413100657397	重20170399 新型高效高通量人体毛发中毒（药）物的司法鉴定检测关键技术研发	广东南天司法鉴定所	通过
176	JCYJ20160429104111283	RNA甲基化转移酶NSUN2对膀胱癌增殖的调控机制研究	深圳市罗湖区人民医院	通过
177	JSGG20170412161621917	重20170242 可规划精准时间触发的高速以太网传输关键技术研发	邦彦技术股份有限公司	通过
178	JCYJ20170302143001451	基于Al2O3/AlN异质结的MIS型超宽禁带半导体功率电子器件	深圳大学	通过
179	JSGG20170414111229388	重20170208 基于区块链和大数据的智能交通服务基础架构关键技术研发	深圳市深圳通电子商务有限公司	通过
180	CKCY20170721153929852	AR+智慧旅游增强现实系统的研发	深圳市创族智能实业有限公司	通过
181	CKCY20170721154335839	基于智能纳米驻极体发电复合膜关键技术研发	深圳市柔纬联科技有限公司	通过
182	JCYJ20170307165459562	基于中药紫红素的新型肿瘤靶向纳米光敏药物的研究	香港中文大学深圳研究院	通过
183	CYZZ20170331160648822	基于蓝牙MESH自组网和大数据分析的智能家居云服务平台研发	深圳市微智电子有限公司	通过
184	JCYJ20170307141315473	面向车载防撞雷达系统应用的SIW天线阵列研究与设计	厦门大学深圳研究院	通过
185	JCYJ20170307164747920	基于图推理的云计算系统性能诊断方法研究	深圳先进技术研究院	通过
186	JCYJ20170302150006125	5G蜂窝网络中基于D2D通信技术的无线资源管理与优化	深圳大学	通过
187	KJYY20170412153145727	SF20170037 基于SM1国密算法的核设施出入控制的应用示范	深圳航天科技创新研究院	通过
188	JCYJ20160428145818099	基20160171 非人灵长类视觉神经再生研究	深圳北京大学香港科技大学医学中心	通过

（续表）

序号	项目编号	项目名称	承担单位	验收结论
189	JCYJ20170306150333250	深圳市中重度霾成因及污染输送机制研究	深圳市国家气候观象台（深圳市气候中心 深圳市天文台）	通过
190	JSGG20160819102856186	重20160597 高强度超薄触控玻璃基材研发	中国南玻集团股份有限公司	通过
191	JCYJ20160506172651253	基20160216 基于卷积神经网（CNN）感知的深度驾驶算法研究	北京大学深圳研究生院	通过
192	JSGG20160229113501508	重20160226 高保真音频芯片研发	展讯通信（深圳）有限公司	通过
193	CYZZ20170721162047114	低温陶瓷材料与金属真空钎焊技术的研发	深圳市晟达真空钎焊技术有限公司	通过
194	KQJSCX20170327162043431	"太阳能电池-氢能燃料电池-光电化学池"一体化公厕污水处理关键技术研究	哈尔滨工业大学（深圳）	通过
195	JCYJ20160422142317026	麻醉药右美托咪定通过PI3K/AKT介导ENaC上调减轻ALI大鼠肺水肿机制的研究	深圳市人民医院	通过
196	JSGG20170414142311009	重20170344 小间距LED显示屏器件0505RGB(微间距)关键技术开发	深圳市洲明科技股份有限公司	通过
197	JCYJ20170303160036674	有机金属纳米薄膜:双相界面制备方法及其光电应用探索	香港理工大学深圳研究院	通过
198	JCYJ20160427185306518	基于聚焦超声技术的神经干细胞移植治疗脑缺血再灌注损伤的实验研究	深圳北京大学香港科技大学医学中心	通过
199	CKCY20170724093049489	电解高氢低氧纳米制水技术的研发	深圳市庄工匠科技有限公司	通过
200	JCYJ20170302142545828	新型大规模多天线系统中分组天线选择优化算法研究	深圳大学	通过
201	GJHS20170314151626100	面向3C产品装配与包装的智能工业机器人和自动化生产线研发	深圳雷柏科技股份有限公司	通过
202	JCYJ20170307145308498	全域精细编码信号通信系统	深圳清华大学研究院	通过
203	JSGG20170414111407387	重20170163 硅酮气道支架关键技术研发	深圳市美好创亿医疗科技股份有限公司	通过
204	JCYJ20170306092030521	基于组合设计的纠删码技术研究	北京大学深圳研究生院	通过
205	CKCY20180321154513757	一种新配比改性技术的TGDDE双组环氧粘接剂的研制	深圳市新泰盈电子材料有限公司	通过
206	CYZZ20170331154551683	便携式视频喉镜的研发及产业化	深圳市宏济医疗技术开发有限公司	通过
207	JCYJ20170307154837020	集成电路7nm技术节点用Ge(Sn)基MOS器件中载流子散射机理研究	深圳华中科技大学研究院	通过
208	GJHS20170314145616568	精密刀具制造智能测控系统	深圳市金洲精工科技股份有限公司	通过
209	GRCK20170823110509148	石墨烯高分子复合材料的性能研究与应用	清华大学深圳国际研究生院	通过
210	JCYJ20160307145209361	基于四波混频效应的悬挂芯光纤DNA传感器	深圳大学	通过
211	JCYJ20170307172155799	卫星光通信新型自适应光学研究	深圳华中科技大学研究院	通过
212	JCYJ20170307172638001	具有超宽调谐范围的灵活带宽型光学滤波器研究	深圳华中科技大学研究院	通过

（续表）

序号	项目编号	项目名称	承担单位	验收结论
213	CYZZ20170330162927859	一种大幅增加天然气产量并可处理段塞流的螺杆式压缩机	深圳市冠瑞达能源装备有限公司	通过
214	JCYJ20170811155442454	新一代高分辨率指纹识别系统	哈尔滨工业大学（深圳）	通过
215	JSGG20170414102006540	重20170372 4K超高清激光光学引擎核心技术研发	深圳光峰科技股份有限公司	通过
216	CYZZ20170330151529542	Energy Cloud 智慧建筑能源管理云计算平台	深圳市凯弦欣能科技有限公司	通过
217	JCYJ20160229122349365	基20160035 超薄高灵敏度钙钛矿图像传感器研究	北京大学深圳研究生院	通过
218	JCYJ20170307172130906	交互式多源属性图像协同全局分割技术研究	深圳华中科技大学研究院	通过
219	JSGG20170412140209392	重20170123 反应堆堆内构件在役检查关键技术研发	中广核检测技术有限公司	通过
220	GJHS20160318100936623	大容量可扩展16X16高速光交换集成芯片和模块(2016年度)	中兴通讯股份有限公司	通过
221	CYZZ20170405144305186	金贝塔人工智能金融科技平台	金贝塔网络金融科技（深圳）有限公司	通过
222	JCYJ20170306095735097	具备深度学习的分组组合群智能模型及应用研究	深圳信息职业技术学院	通过
223	CKCY20170821163008373	UBK用户银行	深圳市非零无限科技有限公司	通过
224	JCYJ20160429171510887	剖宫产术中“父亲早接触”行为对家庭成员影响的研究	深圳市宝安区妇幼保健院	通过
225	GJHS20170314154410735	经典名方标准颗粒的研究	华润三九医药股份有限公司	通过
226	JCYJ20170302153323978	黑磷的非线性光克尔效应及其应用	深圳大学	通过
227	JCYJ20160428144325551	ACE2在高度近视眼球后巩膜重构中的作用机理研究	深圳市眼科医院	通过
228	JCYJ20160427104925452	基20160166 微创颅内压光纤实时监测技术研究	深圳大学	通过
229	JCYJ20170307151807788	信息中心网络路由相关技术的研究及应用	哈尔滨工业大学（深圳）	通过
230	JCYJ20170302150053136	新型高速、低功耗超晶格相变存储器	深圳大学	通过
231	JCYJ20160427184123851	基20160148 结核病高通量蛋白芯片检测和分析技术研究	深圳市第三人民医院	通过
232	KJYY20170721140720709	新能源客车空调科技应用示范项目	深圳创维空调科技有限公司	通过
233	JCYJ20160428182137473	基20160178 基于深度学习的监控视频对象实时跟踪与内容分析研究	清华大学深圳国际研究生院	通过
234	JCYJ20160509100737182	基20160205 宽光谱半导体发光器件关键技术研究	深圳信息职业技术学院	通过
235	CYZZ20170721162505661	基于自动功率调整的红外多点触摸屏的研发及产业化	深圳市兆点创控科技有限公司	通过
236	GRCK20170821113024349	基于环境废弃物的低成本高性能氧还原催化剂的开发	深圳大学	通过
237	JCYJ20160229205601482	基20160043 基于聚集诱导发光材料的化学研究	香港科技大学深圳研究院	通过
238	JCYJ20170302153337765	基于多模信息的帕金森症的诊断和预测方法研究	深圳大学	通过
239	JCYJ20170306170559215	基于零水印的动漫作品的版权保护技术研究	武汉大学深圳研究院	通过
240	JSGG20170414162203784	重20170256 反无人机关键技术研究	科立讯通信股份有限公司	通过

（续表）

序号	项目编号	项目名称	承担单位	验收结论
241	JCYJ20160425104534335	游离异种DNA监测异种移植物存活与排斥反应的可行性研究	深圳市第二人民医院	通过
242	JSGG20170414145156935	重20170199 高性能三维石墨烯吸波材料关键技术研发	深圳光启岗达创新科技有限公司	通过
243	CKCY20170721155832175	工业大数据智能监控分析系统	深圳市玄羽科技有限公司	通过
244	JCYJ20170307144612471	KIF11在人乳腺癌中促增殖的分子机制及其临床意义研究	深圳市龙岗区妇幼保健院	通过
245	JCYJ20170302153208613	静态物体的部件运动方式分析及其应用	深圳大学	通过
246	CYZZ20170721162058579	低辐射少曝光剂量的数字乳腺X射线成像系统的研发	深圳柏斯生物科技有限公司	通过
247	JCYJ20160429190215470	基20160142 血清中癌症转移标记物的痕量检测技术研究	深圳先进技术研究院	通过
248	JCYJ20160331185006518	基20160087 基于混合型视网膜成像技术的健康分析研究	清华大学深圳国际研究生院	通过
249	JCYJ20160331141313917	基20160117 高性能波长扫描激光光源研究	香港理工大学深圳研究院	通过
250	JCYJ20170307154749425	基于机器学习的超大规模集成电路高效布图规划方法研究	深圳华中科技大学研究院	通过
251	CKCY20170720154828176	基于LoRa低功耗广域网技术的智能火灾预警系统	深圳市亿兆互联技术有限公司	通过
252	CYZZ20170405091849218	新一代智能家居系统能耗管理关键技术研究开发	安卓（深圳）工控设备有限公司	通过
253	JSGG20170413155300720	重20170039 碳纤维增强热塑性复合材料汽车尾门注塑模具关键技术研发	深圳市华益盛模具股份有限公司	通过
254	JCYJ20170307093018753	面向视频安全监控的超低分辨率人脸识别技术研究	山东大学深圳研究院	通过
255	JCYJ20160429185449249	基20160153 金属离子在创伤手术和修复过程中的应用研究	香港大学深圳医院	通过
256	CKCY20170718114411164	智能微波感应模块的研发	瑞德探测技术（深圳）有限公司	通过
257	JCYJ20170303154245825	入侵物种薇甘菊对土壤微生物菌群的影响以及微生物防治的探索	中国农业科学院深圳农业基因组研究所	通过
258	JCYJ20160422170522075	应用蛋白质质谱高通量分析平台探讨阿尔兹海默病与脑淀粉样血管病的关联性研究	深圳市人民医院	通过
259	JCYJ20170307151258279	高频谱效率和高能量效率的多用户混合双工分布式天线系统的研究	哈尔滨工业大学（深圳）	通过
260	JCYJ20170302142515949	面向5G的毫米波通信关键技术研究	深圳大学	通过
261	JSGG20170414170905038	重20170197 石墨烯复合磷酸铁锰锂离子电池正极材料的关键技术研发	深圳市德方纳米科技股份有限公司	通过
262	JCYJ20170306164738129	基于深度序列时空建模的复杂场景人体动作识别研究	北京大学深圳研究生院	通过
263	JCYJ20170307172447622	基于非易失内存的新型大数据存储技术	深圳华中科技大学研究院	通过

（续表）

序号	项目编号	项目名称	承担单位	验收结论
264	JSGG20170414112714341	重20170402 虚拟现实(VR)在教育领域应用的技术研发	深圳国泰安教育技术有限公司	通过
265	JCYJ20170307151312215	面向大数据研究的复杂系统表征方法及应用	哈尔滨工业大学（深圳）	通过
266	JCYJ20170302154328155	数据驱动的智能动态物流配送路径规划研究	深圳大学	通过
267	JSGG20170414114147358	重20170455 Beta2-类天然氨基酸的合成关键技术研发	深圳翰宇药业股份有限公司	通过
268	JCYJ20160226192924528	基20160016 骨关节组织干细胞鉴定分离及对治疗关节软骨退变的临床前期研究	深圳大学	通过
269	JCYJ20170306165336143	应用于电子皮肤的碳基柔性可拉伸传感器研究	北京大学深圳研究生院	通过
270	GRCK20170823110507282	常温常压制备碳气凝胶应用于铅酸电池负极性能改善	清华大学深圳国际研究生院	通过
271	JCYJ20160331190123578	基20160091 基于高效图处理的基因拼接分析研究	深圳先进技术研究院	通过
272	JSGG20160229125049615	重20160010 基于石墨烯的高精度非侵入式心律失常诊断技术研发	深圳市绿航星际太空科技研究院	通过
273	JCYJ20160324163734374	基20160075 基于功能核酸的致病菌分子诊断试剂研发	清华大学深圳国际研究生院	通过
274	JCYJ20170307100314152	七氟醚通过NLRP/ caspase-1途径引起阿尔茨海默病模型小鼠小胶质细胞焦亡及其机制研究	深圳市人民医院	通过
275	JSGG20170414104216477	重20170448 基于纳米孔技术的血细胞DNA甲基化测试在肺癌预警筛查中的应用研发	深圳市亚辉龙生物科技股份有限公司	通过
276	JCYJ20170413162617606	基20170150 虚拟环境中的人机交互关键技术研究	深圳先进技术研究院	通过
277	GJHS20160331170526430	广东省光机电一体化重点实验室	深圳清华大学研究院	通过
278	JSGG20170413150840822	重20170183 高鲁棒性电池管理系统关键技术研发	深圳市海德森科技股份有限公司	通过
279	JCYJ20170302144402023	面向遥感大数据解译的影像多尺度表达关键技术研究	深圳大学	通过
280	CKCY20170720150005476	纺织品数码印花用水性环保纳乳墨水的研发与生产	深圳市宝丽材料科技有限公司	通过
281	RKX20180411143427053	美国NIH、NSF等科研项目评审制度研究及对深圳的启示	南方科技大学	通过
282	JCYJ20160331115457945	基20160111 毫米波感知的无线异构传输技术研究	南方科技大学	通过
283	JCYJ20160422154812784	SDF-1α化学交联胶原膜缓释给药及募集内源性干细胞促进成骨的研究	深圳市人民医院	通过
284	CYZZ20170724141159571	基于CCD高精度定位触发喷码功能全自动喷码机研发	深圳市圭华自动化设备有限公司	通过
285	JCYJ20160428144135222	基20160158 眼科手术精准治疗关键技术研究	深圳市眼科医院	通过
286	JCYJ20160331141459373	基20160071 美金刚衍生物的研究	香港理工大学深圳研究院	通过
287	JCYJ20170307151750788	物联网安全通信机制研究	哈尔滨工业大学（深圳）	通过
288	JCYJ20160427104855100	基20160168 组蛋白去乙酰化酶抑制剂与核苷衍生物协同抗肿瘤效果与机制研究	深圳大学	通过
289	JCYJ20170817161703353	无线能量与数据同步传输系统的关键技术研究	清华大学深圳国际研究生院	通过

（续表）

序号	项目编号	项目名称	承担单位	验收结论
290	KJYY20170405161248988	SF20170086 步态肌电质量测评技术在腰椎疾病康复治疗上的应用示范	深圳清华大学研究院	通过
291	JCYJ20160331114230843	基20160084 DNA损伤修复机制与肿瘤精准医疗研究	深圳大学	通过
292	JCYJ20160428094509275	补中益气汤治疗咳嗽变异性哮喘的临床观察及抗炎机制研究	深圳市南山区蛇口人民医院	通过
293	JCYJ20160331192843950	基20160120 人体植入射频收发芯片关键技术研究	深圳先进技术研究院	通过
294	JCYJ20170302154254147	基于进化多目标优化的多媒体数据非凸压缩感知重构	深圳大学	通过
295	JCYJ20160429190927063	基20160165 恐惧反应异常导致负性情绪的脑环路机制研究	深圳先进技术研究院	通过
296	JCYJ20160428144605809	锂对角膜异常KE蛋白抑制作用的实验研究	深圳市眼科医院	通过
297	JSGG20160608100223213	重20160546 数据中心机房的高效节能关键技术研究	深圳力维智联技术有限公司	通过
298	JCYJ20160226191842793	基20160033 广播电视内容分析理论与算法研究	深圳大学	通过
299	JCYJ20170306164939111	基于机器学习的超低功耗数字芯片设计	北京大学深圳研究生院	通过
300	JCYJ20160422152608675	国产新型心肺复苏系统（复苏机器人）临床医学转化研究	深圳市人民医院	通过
301	JCYJ20160520175255386	微尺度柱状钽合金多阶段塑性变形及损伤机理的研究	深圳大学	通过
302	JCYJ20170811152540640	基于微机电系统的无创式糖尿病诊断电子鼻的研究	哈尔滨工业大学（深圳）	通过
303	GJHZ20180419190732022	基于深度学习的乳腺图像分析与癌症诊断研究	哈尔滨工业大学（深圳）	通过
304	JCYJ20170307164023599	面向影像大数据的图像压缩关键技术研究	深圳先进技术研究院	通过
305	JCYJ20150929170644623	基20150077光通讯用微纳半导体激光器光电设计与制备的研究	香港中文大学（深圳）	通过
306	JSGG20170414094227487	重20170044 激光诱导沉积多孔石墨烯直写工艺与设备研发	镭射谷科技(深圳)股份有限公司	通过
307	JCYJ20160301114634613	基20160028 基于廉价金属有机化合物的光功能材料研究	南方科技大学	通过
308	JCYJ20170302151209762	面向5G安全的新型图像物理不可克隆芯片的研发	深圳大学	通过
309	JSGG20170412152609916	重20170085 基于有机硅电解液的锂离子动力电池关键技术研发	深圳市朗能电池有限公司	通过
310	JCYJ20160428180924481	基于系统生物学研究活血降糖饮对波动性高血糖大鼠糖尿病肾病的防治作用及机制	深圳市中医院	通过
311	JCYJ20170307093106023	癌症早期检测SERS传感芯片的研究	山东大学深圳研究院	通过
312	JCYJ20170307165432612	miRNA-338-3p的功能特与青年人胶质母细胞瘤预后的意义	香港中文大学深圳研究院	通过
313	KQJSCX20170327150948772	轻质高强陶瓷材料开发及应用	深圳大学	通过
314	JSGG20170413164129391	重20170011 基于SLAM技术的无轨导航机器人关键技术研发	深圳市佳顺智能机器人股份有限公司	通过
315	JCYJ20160506172227337	基20160212 沉浸式虚拟现实视频内容生成与编码技术研究	北京大学深圳研究生院	通过

（续表）

序号	项目编号	项目名称	承担单位	验收结论
316	JSGG20170410163800456	重20170106 高效能整装式第四代智能数据中心关键技术研发	深圳市阿尔法特网络环境有限公司	通过
317	JSGG20170821150851490	重20170263 新一代超大容量分组交换机关键技术研发	中兴通讯股份有限公司	通过
318	KJYY20170412153658082	SF20170088 肿瘤高通量测序基因检测诊疗的应用示范	深圳华大生命科学研究院	通过
319	JCYJ20170302142239135	高分辨卫星遥感图像的海上目标检测方法研究	深圳大学	通过
320	JCYJ20160318095308401	基20160032 第三代半导体封装用微纳米复合钎料合金的合成及应用研究	哈尔滨工业大学（深圳）	通过
321	JCYJ20160429185854999	孤独谱系障碍儿童早期情绪认知障碍的神经机制研究	深圳市康宁医院	通过
322	JCYJ20160505175141489	基于分裂Bregman方法的心脏MR图像分割与临床诊断分析研究	哈尔滨工业大学（深圳）	通过
323	JCYJ20170413161515911	基20170146 基于多模态大数据融合的心血管斑块破裂风险监测方法研究	深圳先进技术研究院	通过
324	JCYJ20160427151540695	基于T细胞免疫组库的活动性肺结核病诊断和鉴别诊断新技术研究	深圳市第三人民医院	通过
325	JSGG20160429154945736	重20160462 基于氮平衡的污水处理厂总氮去除关键技术研发	深圳市铁汉生态环境股份有限公司	通过
326	CYZZ20170330152211770	新型程控多通道直流电流源的研发	深圳市嘉兆鸿电子有限公司	通过
327	JCYJ20160428164440255	基20160144 脑疾病分子标记物筛查的神经网络示踪技术研究	深圳市第二人民医院	通过
328	JCYJ20170302153827712	面向小样本问题的深度学习图像识别算法研究	深圳大学	通过
329	JCYJ20160330095629781	基20160127 用于早期诊断阿尔茨海默病的PET-CT新型显影剂的研究	北京大学深圳研究生院	通过
330	JCYJ20160229210327924	基20160057 靶向TLR4信号通路的抗类风湿性关节炎中药研究	香港浸会大学深圳研究院	通过
331	JCYJ20170412150946024	基20170141 统一局部性理论研究及存储系统协同优化	北京大学深圳研究生院	通过
332	JCYJ20160331151245672	基20160093 植物抗逆基因挖掘与应用研究	深圳职业技术学院	通过
333	JCYJ20160330101037385	热可调相变储能微胶囊和微球的制备及其在节能建材中的应用研究	深圳信息职业技术学院	通过
334	JCYJ20160428181941284	基20160181 面向物联网的低功耗多模多频终端芯片关键技术研究	清华大学深圳国际研究生院	通过
335	JCYJ20170302143105991	高灵敏光纤光栅海底地震检波器关键技术研究	深圳大学	通过
336	CYZZ20170328105023970	基于指纹识别技术的蓝牙指纹挂锁的研发	深圳市金鹰汇科技有限公司	通过
337	JCYJ20160226105337556	基20160002 抗乳腺癌小分子新药的研究	北京大学深圳研究生院	通过
338	GQYCZZ20160531162417057	汽车内饰水性塑胶涂料项目	深圳市嘉卓成科技发展有限公司	通过
339	CYZZ20170406094821067	虚拟轨道智慧交通系统	深圳市以捷智慧交通科技有限公司	通过
340	JCYJ20160301114759922	基20160045 高功率全光纤窄线宽光纤激光放大器研发	南方科技大学	通过

（续表）

序号	项目编号	项目名称	承担单位	验收结论
341	JCYJ20160226105227446	基20160036 共价药物候选分子的设计与成药性问题研究	北京大学深圳研究生院	通过
342	JSGG20160510155132355	重20160519 车载高比能量动力电池关键技术研发	深圳市比亚迪锂电池有限公司	通过
343	JCYJ20160427170611414	人体植入医疗器械用低模量高强度Ti2448合金的低温相变研究	北京大学深圳研究院	通过
344	JCYJ20170303094658400	基于分时段信号处理的OFDM系统快速时变信道估计与均衡技术研究	深圳信息职业技术学院	通过
345	JCYJ20170302145906843	重度听障者的电听觉特性研究及其在电子耳蜗语音增强算法中的应用	深圳大学	通过
346	JCYJ20160331174854880	基20160097 柔性可拉伸生物电子传感器件研究	深圳先进技术研究院	通过
347	GJHS20170314153319017	广东省光机电一体化重点实验室	深圳清华大学研究院	通过
348	JCYJ20160429115309834	基20160187 面向乳腺癌早期筛查的反射与透射融合超声CT技术研究	哈尔滨工业大学（深圳）	通过
349	JCYJ20160331115823245	基20160139 诱导性多能干细胞分化为胰岛细胞的研究	南方科技大学	通过
350	JCYJ20160229195124187	基20160041 新型二维半导体材料黑磷的可控制备与应用技术研究	深圳先进技术研究院	通过
351	JCYJ20170302154106666	基于二维特征感知的三维元素交互布局技术	深圳大学	通过
352	JCYJ20170307151148585	面向下一代无线网络的高能量-频谱效率传输模型和关键技术研究	哈尔滨工业大学（深圳）	通过
353	JSGG20170411145427214	重20170265 基于光纤振动传感技术的报警系统关键技术研发	中兴通讯股份有限公司	通过
354	JSGG20170412145203293	重20170146 抗菌促愈合耐磨涂层材料关键技术研发	深圳爱尔创口腔技术有限公司	通过
355	JCYJ20160331191741738	基20160099 用于微机电系统（MEMS）器件集成的封装光刻胶研究	深圳先进技术研究院	通过
356	JCYJ20170307155957688	高斯过程在时序大数据应用中的关键问题研究	香港中文大学（深圳）	通过
357	JCYJ20160226092135176	基20160062 供水系统贾第虫和隐孢子虫迁移规律及灭活研究	深圳职业技术学院	通过
358	JCYJ20160331142330969	基20160132 海洋航行器超疏水表面减阻技术研发	西北工业大学深圳研究院	通过
359	JSGG20170413172838162	重20170192 大功率LED高密度照明灯具散热关键技术研发	深圳市绎立锐光科技开发有限公司	通过
360	KJYY20170413162318686	SF20170087 基于功能社区的心脑血管疾病防治应用示范	深圳市第二人民医院	通过
361	CYZZ20170330164436202	柔性液晶书写技术及应用产品研究开发	深圳市好写科技有限公司	通过
362	CKCY20170721153804800	智能天窗——室内阳光模拟系统	深圳市一窗科技有限责任公司	通过
363	JCYJ20160509162237418	基20160214 基于可穿戴设备的多维度情境信息感知系统研究	哈尔滨工业大学（深圳）	通过

（续表）

序号	项目编号	项目名称	承担单位	验收结论
364	JCYJ20160427113153295	基20160154 基于微流控芯片技术的人类胚胎质量评估研究	深圳中山泌尿外科医院	通过
365	JCYJ20150930104948169	基20150078适用云端数据分析的二维光谱成像微型光谱仪的研究	深圳大学	通过
366	JCYJ20160331115633182	基20160086 神经突触反向调控分子标记物的筛选及机制研究	南方科技大学	通过
367	JSGG20170412144403032	重20170259 400G超高密度无源多芯光子连接组件及系统关键技术研究	衡东光通讯技术（深圳）有限公司	通过
368	JCYJ20160331113033413	基20160081 生物法处理挥发性有机物技术研究	深圳职业技术学院	通过
369	JSGG20170414161112817	重20170174 基于电动汽车电池系统标定的关键技术研发	深圳市科列技术股份有限公司	通过
370	JCYJ20170302153540973	高稳定输出功率的超短脉冲激光器的研制	深圳大学	通过
371	JCYJ20160331114205502	基20160070 新型微小RNA治疗骨关节炎的研究	深圳大学	通过
372	JCYJ20160226105838578	基20160049 金属空气燃料电池关键材料研究	北京大学深圳研究生院	通过
373	CKCY20170720152046364	用于细胞制剂规范化生产的高生物安全性细胞培养体系的构建	深圳四正柏生物科技有限公司	通过
374	JCYJ20160229153100269	基20160030 神经细胞突触相关蛋白质复合体的结构与功能研究	深圳北京大学香港科技大学医学中心	通过
375	JCYJ20160229204849975	基20160053 异种器官移植的猪多基因改造研究	深圳市第二人民医院	通过
376	JCYJ20160301113356947	基20160047 宽色域高效率量子棒显示模组研究	南方科技大学	通过
377	JSGG20170412145935322	重20170416 城市绿地系统低影响开发关键技术研发	深圳市真和丽生态环境股份有限公司	通过
378	JCYJ20160429191638556	基20160174 浅层含水层成像及地表水-地下水转化与污染防治技术研究	南方科技大学	通过
379	JCYJ20160330100025255	基20160104 微显示系统的关键技术研究	北京大学深圳研究生院	通过
380	JCYJ20160229195455154	基20160044 基于电化学技术的导热导电互连材料与制程关键技术研究	深圳先进技术研究院	通过
381	GJHS20120702113257111	海底观测网岸基控制运行与数据管理系统	清华大学深圳国际研究生院	通过
382	JCYJ20160226191451487	基20160048 细胞衰老抑癌或促癌的内-外源机制研究	深圳大学	通过
383	JCYJ20160330095549229	基20160096 近海环境重金属生物毒理机制与净化技术研究	北京大学深圳研究生院	通过
384	JCYJ20160329161334453	基20160103 极低功耗纳米隧穿FinFET（T-FinFET）关键技术研究	北京大学深圳研究院	通过
385	JCYJ20160229201759414	基20160056 治疗耐药菌感染的噬菌体制剂的研究	深圳先进技术研究院	通过
386	JSGG20170413103632220	重20170292 基于虚拟现实技术的消防战训桌面推演平台关键技术研发	天维尔信息科技股份有限公司	通过
387	JCYJ20160229123546997	基20160001 金属配合物激发态的基础与应用研究	香港大学深圳研究院	通过
388	JCYJ20160226193029593	基20160050 功能性DNA双亲性嵌段聚合物的合成及应用研究	南方科技大学	通过

（续表）

序号	项目编号	项目名称	承担单位	验收结论
389	JCYJ20170307170746099	小兰屿蝴蝶兰遗传图谱构建及性状基因挖掘	深圳市兰科植物保护研究中心	通过
390	ZDSYS20170303165926217	深圳市量子科学与工程重点实验室	南方科技大学	通过
391	GGFW20170412173430027	载20170035 深圳市电动平衡车公共检测和技术咨询公共技术服务平台	深圳市检验检疫科学研究院	通过
392	GCZX20170412141755481	载20170051 深圳市基于云平台架构的全自动化智慧码头 信息技术研究开发中心	招商局国际信息技术有限公司	通过
393	ZDSYS20170303174835434	深圳市高机能材料增材制造重点实验室	南方科技大学	通过
394	GGFW20170412094838176	载20170001 深圳市多波段五轴数控激光加工公共技术服务平台	深圳信息职业技术学院	通过
395	GCZX20170412141847634	载20170015 南海网络工程技术研究中心	中海油信息科技有限公司	通过
396	GGFW20170412151308588	载20170048 视频编解码公共技术服务平台	北京大学深圳研究生院	通过
397	ZDSYS20170303140546700	深圳市智能多媒体与虚拟现实重点实验室	北京大学深圳研究生院	通过
398	GCZX20170407151805804	载20170016 深圳市基站天线与射频工程技术研究中心	摩比天线技术（深圳）有限公司	通过
399	ZDSYS20170303140513705	深圳市先进电子器件与集成应用重点实验室	北京大学深圳研究生院	通过
400	LXRY20121105165911036	原边反馈的AC-DC开关电源芯片	深圳市矽湾微电子有限公司	通过
401	LXRY20121106171545161	面向互联网的新一代创新知识管理平台	深圳市汉络计算机技术有限公司	通过
402	CYZZ20150831111815053	专注于健康护理领域的e陪护平台的研发	深圳市万泉河医疗科技有限公司	通过
403	FWCX20120618114219322	基于市场驱动的技术转移与研发资源共享协作服务平台	深圳市海之力科技实业有限公司	通过
404	CXZZ20120830091217226	基于物联网技术的制造企业全数字化物流管控协同平台	深圳市一信通软件有限公司	通过
405	CYZZ20150427162347479	基于物联网的供暖节能和智能介护系统	深圳红杉数据健康有限公司	通过
406	CYZZ20150828152118370	基于O2O服务的“声乐导师”移动终端系统技术研发	深圳市雷润兄弟技术服务有限公司	通过
407	GRCK20150828113543590	手持三轴稳定器	深圳市网联运通软件技术有限公司	通过
408	CYZZ20150610141120041	基于海量信息分析挖掘技术的视频监控系统软件的研发	深圳市维森软件股份有限公司	通过
409	CYZZ20150831162012396	高性能128路彩色超声医疗高频开关电源的研究	深圳优博聚能科技有限公司	通过
410	CXZZ20130321141542282	移动智慧医疗挂号网的开发	深圳市万泉河科技股份有限公司	通过
411	CYDS20120615153807545	葫芦搜——基于语义的技术检索分析平台	深圳市汉络计算机技术有限公司	通过
412	CXZZ20130514163118504	储能空调系统	深圳市弗劳德能源科技有限公司	通过
413	CXZZ20120824150709894	国际信用卡支付服务平台（优仕支付）	深圳市网商网科技有限公司	通过

（续表）

序号	项目编号	项目名称	承担单位	验收结论
414	CXZZ20120830141418632	多功能控温育种装备与关键技术的创新研发及产业化	广东中绿园林集团有限公司	通过
415	CXZZ20130319172406251	移动医疗健康视频互动信息平台开发及应用	深圳市中青合创传媒科技有限公司	通过
416	CKCY20170508144753290	基于对象存储技术的OStorage企业级数据存储系统	深圳奥思数据科技有限公司	通过
417	CYZZ20150831141413381	基于云平台的智能停车系统技术研发	深圳市盛世基业物联网有限公司	通过
418	CXZZ20130517111237478	浩瀚下一代网络攻击预警与防范系统	深圳市安络科技有限公司	通过
419	CYZZ20150513104808964	污泥原位减量化及资源化技术及装备的研发	深圳市合盛行环境技术控股有限公司	通过
420	CXZZ20150601112015823	普20150318 基于云计算的商业全渠道支付系统技术研发	深圳市道讯科技开发有限公司	通过
421	CYZZ20130402111651636	基于SNS开放图谱的母婴电商平台的研发及应用	深圳贝多芬网络科技有限公司	通过
422	CYZZ20150828145828151	新能源汽车全智能高清液晶仪表控制系统的研发	深圳市视景达科技有限公司	通过
423	GRCK20150828113229678	LED蓝牙音箱球泡灯	深圳市网联运通软件技术有限公司	通过
424	CXZZ20150929171308623	普20150450 基于手势控制的手机研发	深圳一卡通新技术有限公司	通过
425	CYZZ20150827091402354	高效、稳定的曝光机UV光源驱动器	深圳市梅林科技有限公司	通过
426	JCYJ20130402151000858	唐氏综合征羊水差异蛋白的筛选和鉴定	深圳市宝安区妇幼保健院	通过
427	GJHZ20150313145847773	一站式毒驾检测手持终端研制与产业化	深圳市威尔电器有限公司	通过
428	CXZZ20130517144241780	LED照明灯具IC驱动电源研发项目	深圳市长方集团股份有限公司	通过
429	CKCY20170505155345488	跌倒自动报警的智能拐杖保护伞	深圳市德智源科技有限公司	通过
430	CYZZ20150828151230135	移动支付近场社交智能手环	深圳市创新活科技有限公司	通过
431	JSGG20150929095847107	重20150188 基于藻类叶绿素荧光检测传感器的研发	深圳市生强科技有限公司	通过
432	CKCY20160429174349915	EC Smart-E企业级智慧能源数据监测、分析及管理系统	深圳志远睿源科技有限公司	通过
433	CYZZ20160505153515543	统一大数据保护分析（UDPA）一体化系统研发	深圳星桥数据技术有限公司	通过
434	CYZZ20160530095827654	基于ITSS新标准的企业运维管理软件云平台	深圳邦企信息技术有限公司	通过
435	CYZZ20130417112311377	W951车联网智能交通系统（智能公交）	深圳华宏联创科技有限公司	通过
436	CYZZ20140812101623346	环保免电池移动互联网血糖监测系统	深圳市和普利科技有限公司	通过
437	CYZZ20140421111239225	移动公共文化交流视频通平台	深圳市世文通文化传播有限公司	通过
438	CXZZ20140725113933329	模块式多电平光伏并网逆变器	深圳市金宏威技术有限责任公司	通过
439	CYZZ20160122115209885	餐厨垃圾资源化成套设备与处理技术开发	深圳市绿佳宝环保有限公司	通过
440	GJHZ20160226095611257	残障关爱信息化整体解决方案及智能终端产品的研发	深圳市南和移动通信科技股份有限公司	通过

（续表）

序号	项目编号	项目名称	承担单位	验收结论
441	JSGG20130412112742268	重2013-018 垃圾渗滤液对土壤污染及修复的研发	深圳市百斯特环保工程有限公司	通过
442	CKCY20170505095908775	能源互联网非侵入式需求监测和负荷识别系统的研发	深圳市芝电能源科技有限公司	通过
443	CXZZ20150930144540513	普20150434 基于太阳能的海水淡化系统研发	哈尔滨工业大学（深圳）	通过
444	CKFW20160414094350301	江浩创客服务平台	深圳江浩电子有限公司	通过
445	CYZZ20140903154401224	3D AOI自动光学检测装备研发	深圳市龙瑞智能科技有限公司	通过
446	JCYJ20140415133418816	CSBS在早期诊断孤独症和智力发育迟缓中的临床应用	深圳市龙岗区妇幼保健院	通过
447	CXZZ20130514114423644	电力控制新型侧装式断路器柜的研发	深圳市旭明电力技术有限公司	通过
448	CYZZ20150818090410623	双冷源低温冷链空调系统关键技术的研发	深圳市科利玛节能技术有限公司	通过
449	JSGG20150602153940635	重20150140 超远程短波对数立体阵列大型天线关键技术研究	深圳市威通科技有限公司	通过
450	CYZZ20140417143157882	新型工业循环水处理设备	深圳市华水环保科技有限公司	通过
451	CXZZ20130321161009954	鱼藤酮原药超临界萃取和环保增效型乳油技术的研究与产业化	深圳市华农生物工程有限公司	通过
452	CXZZ20140901095918630	实现自动一体化包装生产线的工艺创新项目	深圳市金之彩文化创意有限公司	通过
453	FHQ20150818140317029	深圳市索佳科技创新园（孵化加速器）	深圳市爱索佳实业有限公司	通过
454	CKCY20170508114016456	基于机器视觉在线检测的民爆行业全自动导爆管打把机关键技术研发	深圳市大能智造科技有限公司	通过
455	CXZZ20120821100856248	一种新型垃圾渗滤液纳滤浓液处理技术及设备的研发	深圳市百斯特环保工程有限公司	通过
456	CYZZ20150824095207260	一种模块化锂电池柔性制造数控系统的研发	深圳迅泰德自动化科技有限公司	通过
457	CYZZ20150703163506517	基于等离子技术的Edda Air空气净化系统的研发	深圳利登环保工程有限公司	通过
458	CYZZ20130416104704939	圆柱锂电铜带(或铜镀镍带)组合超声波焊接机的研发	深圳市华普森科技有限公司	通过
459	GRCK20170424162917185	基于深度学习的脑部组织医学图像的自动分割系统的研发及应用	深圳前海力合英诺孵化器有限公司	通过
460	CYZZ20150407145548526	动态尿液计量仪	深圳市美伦医用仪器有限公司	通过
461	CYZZ20160513110226244	基于burst模式超短脉冲智能激光切割设备技术开发	深圳市触点蓝天科技有限公司	通过
462	JSGG20130923160851031	重2013-069 基因工程自然杀伤细胞（NK-SBN）免疫治疗技术开发	深圳市赛百诺基因技术有限公司	通过
463	CKCY20170428101203267	高功率密度高效能直驱盘式电机	深圳小象电动科技有限公司	通过

（续表）

序号	项目编号	项目名称	承担单位	验收结论
464	CYZZ20150604152500948	中小型储能系统用新型储能聚合物磷酸铁锂电池研发	深圳市宜加新能源科技有限公司	通过
465	CKFW20150821160348071	国新南方知识产权研究院创客综合服务平台	深圳市国新南方知识产权研究院	通过
466	GRCK20170424154409260	智慧标识互动导视系统	深圳市御风创客码头投资有限公司	通过
467	JCYJ20120831153904083	光纤传感关键技术研究	天津大学深圳研究院	通过
468	GRCK20170421110149688	大学生求职馆平台建设与软件开发	深圳大学	通过
469	CYZZ20130326150600187	适用于乡镇医疗机构的便携式内窥镜摄像系统研制	深圳市中科康医疗科技有限公司	通过
470	CXZZ20120615150700998	基于云计算的融合通信运营平台项目	南凌科技股份有限公司	通过
471	JSGG20130415152038111	重2013-003 电动汽车动力电池总成系统轻量化关键技术研究	深圳巴斯巴科技发展有限公司	通过
472	JCYJ20150525092941052	前海欠固结软土卸荷时效性机理及其在隧道保护中的应用研究	深圳大学	通过
473	CYZZ20150813104100981	利用真菌转化农作物秸秆为新型环保空调包装材料的研究与应用	深圳市南理工技术转移中心有限公司	通过
474	CKSJS20150930145729689	暨南大学深圳校区“燕晗自造”创客实践室	暨南大学深圳旅游学院	通过
475	CYZZ20150831110045287	基于云技术的分布式电站运维平台研发	深圳先进储能技术有限公司	通过
476	CYZZ20150818145700201	分布式数据实时分析系统	深圳市天下房仓科技有限公司	通过
477	JCYJ20130329145731574	个性化人工关节置换系统中的多层次生物力学问题研究	哈尔滨工业大学（深圳）	通过
478	CYZZ20150410141632691	亚微米级超镜面研磨抛光设备的研发及推广	深圳市海德精密机械有限公司	通过
479	CYZZ20130417173850236	直流参数I-V曲线测试仪	深圳市育诚先进半导体有限公司	通过
480	CYZZ20150828152444213	基于移动互联网的O2O互动营销云平台技术研发	深圳市联众互动科技有限公司	通过
481	JCYJ20150513151706561	单光子量子密钥分发高速后处理技术	哈尔滨工业大学（深圳）	通过
482	CKKJ20150918113000222	天禧科技创客孵化空间	深圳中融天禧投资管理有限公司	通过
483	GRCK20170421104128235	基于半导体泵浦的高光束质量全固态Yb:KGW皮秒激光器的研制	深圳大学	通过
484	CYZZ20150831101054537	全自动打螺杆机器人开发项目	深圳市威富多媒体有限公司	通过
485	CYZZ20160428140232684	乐花花消费金融信息服务平台系统研发	深圳乐花花信息科技有限公司	通过
486	CXZZ20150402105204189	普20150032 集成电路失效分析技术研发	深圳市展芯科技有限公司	通过
487	CYZZ20150605161541557	半导体器件全自动测试分选打标编带一体机	深圳市复德科技有限公司	通过

（续表）

序号	项目编号	项目名称	承担单位	验收结论
488	CXZZ20151117103407489	普20150160 智能模糊图像处理系统关键技术研发	深圳市福斯康姆智能科技有限公司	通过
489	CYZZ20160512150440544	基于WebRTC技术的在线多媒体客户沟通管理云平台研发	深圳市迈盛达信息技术有限公司	通过
490	GRCK20170424153805639	纳米流体低温热源热能集聚装置	深圳大学	通过
491	CKCY20160429165344176	pocodoro（口袋多乐）	孔雀团队依托单位	通过
492	JSGG20160301164055799	重20160006 锂离子动力电池辊压分切一体化设备研发	深圳市赢合科技股份有限公司	通过
493	JCYJ20130329114940668	生态浮床技术修复深圳湾富营养化海域的应用研究	深圳大学	通过
494	JCYJ20160520175355048	新型氟代吡啶衍生物类共轭聚合物的设计、合成及光伏性能研究	深圳大学	通过
495	GRCK20170421104234620	地铁维检智能多旋翼飞行机器人	深圳大学	通过
496	CXZZ20150529145610562	普20150308 支持Qi标准的无线充电芯片研发	深圳劲芯微电子有限公司	通过
497	CKCY20170504155247093	三维实战指挥平台	深圳华启科技有限公司	通过
498	CKCY20170428112327321	高分子新材料环保不爆轮胎的研发	深圳市金特安科技有限公司	通过
499	CKKJ20160414161412540	中科育成极客创客空间	深圳中科育成科技有限公司	通过
500	CKCY20170508145243909	一种高品质3D打印增材（钛合金粉）的制造	深圳市赛迈特新材料有限公司	通过
501	CKCY20160429155006422	基于自主IP核的工业以太网核心控制模块	深圳市智鼎自动化技术有限公司	通过
502	CKCY20160428155739297	基于节能技术的高抗风长续航的互联网无人机研发	深圳市阿拉丁无人机有限公司	通过
503	CYZZ20160531161216991	矿物铸件（自动化设备及精密机床应用）	深圳市鼎石新材料有限公司	通过
504	CYZZ20150624160443431	移动用户游戏行为挖掘分析数据仓库研发项目	深圳市金卓网络科技有限公司	通过
505	CXZZ20140409143738738	混合式在线智能教育平台	深圳市邦德培训中心	通过
506	CXZZ20140618154443279	基于移动互联网的移动智能金融营销平台关键技术研发	深圳文思海辉信息技术有限公司	通过
507	JSGG20150929164058201	重20150203 空中飞行器目标跟踪与探测技术的研究	深圳一电科技有限公司	通过
508	FHQ20140520173825206	“福田-华强云产业园”孵化器项目	华强云投资控股有限公司	通过
509	CYZZ20140523160628921	MOEMS（微光机电系统）技术的光开关芯片研究及国产化	深圳市盛喜路科技有限公司	通过
510	CYZZ20140904145923610	基于新型MOS晶体管绝缘栅制备方法的CMOS线阵图像传感器	深圳市志宇传感科技有限公司	通过
511	LXRY20121105142512114	应用于便携式电子产品的无线电充电系统	深圳市欧普索科技有限公司	通过
512	CYZZ20150601160529526	纳米无机隔热涂料	深圳琦美龙新建材科技有限公司	通过

（续表）

序号	项目编号	项目名称	承担单位	验收结论
513	CKKJ20150918154920168	硬蛋	深圳市可购百信息技术有限公司	通过
514	CYZZ20150826152337307	基于养老服务的睡眠监测系统技术研发	深圳市前海堃元智慧有限公司	通过
515	FHQ20140519093134472	深圳市光明区留学人员创业园管理服务中心	深圳市光明区科技创新服务中心（深圳市光明区留学人员创业园管理服务中心）	通过
516	JCYJ20150729104249783	抑郁症的诱发机制及早期诊断标准研究	深圳大学	通过
517	CYZZ20140509150806820	基于AISC芯片技术的北斗应急通讯系统的研发及应用	深圳市智星通信息技术有限公司	通过
518	CYZZ20150410153505566	点阵式红外夜视光源模组的研发和产业化	深圳市赛博优讯科技股份有限公司	通过
519	CYZZ20150828103952354	超薄端头立式旋转阴极关键技术的研发	深圳市金耀玻璃机械有限公司	通过
520	JSGG20160229143624716	重20160178 微型超远程智能单兵音视频实时侦察系统研究	深圳市威通科技有限公司	通过
521	JSGG20160328150149591	重20160330 再生骨料混凝土用缓释高效减水剂关键技术研究	深圳大学	通过
522	CXZZ20151116103101114	普20150346 新型生物降解复合材料的研发	深圳市亚塑科技有限公司	通过
523	JCYJ20160531191427098	临街高层住宅建筑自然通风与降噪耦合设计的技术研究	哈尔滨工业大学（深圳）	通过
524	JSGG20160301162317618	重20160084 高精度电容式压力传感器关键技术研发	深圳市特安电子有限公司	通过
525	FHQ20150331092549122	中科创客学院	深圳中科创客学院有限公司	通过
526	CXZZ20130322102117991	金融行业自助设备运营管理平台	深圳广电银通金融电子科技有限公司	通过
527	KQCX20150331173541545	用于胎儿心脏大血管畸形检查的三维高分辨磁共振成像技术	深圳先进技术研究院	通过
528	CXZZ20150402143545240	普20150106 智能AGV搬运机器人的研发	深圳精智机器有限公司	通过
529	CYZZ20160525145947984	电容去离子电极材料研发及产业化	深圳市盘古环保科技有限公司	通过
530	JCYJ20150625102813025	基于多重机理的仿生海洋防污涂层的制备与研究	深圳大学	通过
531	CYZZ20150612101544134	新一代环保耐磨防水补漏新材料	深圳市艾达凯防水工程有限公司	通过
532	CXZZ20140828105747163	超硬材料高效精密磨具技术创新研发	深圳市常兴技术股份有限公司	通过
533	CXZZ20150504142337214	普20150210 高热稳抗迁移彩色塑料母粒关键技术研发	深圳建彩科技发展有限公司	通过
534	JSGG20160330162126790	重20160388 用于高精度压力传感器应变材料及其封装技术的关键技术研发	深圳市力合测控技术有限公司	通过
535	JSGG20160329163744063	重20160344 生态环保无机颜料关键技术研发	深圳力合通科技有限公司	通过

（续表）

序号	项目编号	项目名称	承担单位	验收结论
536	JCYJ20151013162733704	基20150090 有机复合柔性热电材料及其印刷器件制备研究	哈尔滨工业大学（深圳）	通过
537	CKCY20170725172446308	工业企业能源智慧管理平台研发	深圳市仟源智能科技有限公司	复议
538	JSGG20170414153419804	重20170323 基于区块链的政务服务系统的关键技术研发	深圳市新开元信息技术发展有限公司	复议
539	GQYCZZ20160429151102437	醇基燃料与天然气掺混燃烧核心技术研发及应用项目	深圳源圭能源有限公司	复议
540	JSGG20170414100534231	重20170081 基于模型预测的无电解电容变频器关键技术研发	深圳市振邦智能科技股份有限公司	复议
541	JSGG20160429163253719	重20160159 基于SONOS工艺的EEPROM存储器芯片关键技术研发	深圳市芯飞凌半导体有限公司	复议
542	JCYJ20160425110110658	异种移植中人可溶性CD40L通过CD40信号通路激活猪血管内皮细胞的功能与机制研究	深圳市第二人民医院	复议
543	CKCY20170725153712038	无线化HDMI终端的研发和应用	深圳市江澜科技有限公司	复议
544	JSGG20170411140333839	重20170154 高镍正极/硅碳负极动力电池电解液关键技术研发	深圳新宙邦科技股份有限公司	复议
545	JSGG20160428181846047	重20160454 骨质疏松鉴别诊断试剂盒的研发	清华大学深圳国际研究生院	复议
546	JCYJ20160330095659560	基20160073 前列腺炎及前列腺癌快速诊断研究	北京大学深圳研究生院	复议
547	JCYJ20160229165305551	基20160020 节能型窗墙一体化技术研究	香港城市大学深圳研究院	复议
548	KJFHQ20160829201416797	360淘金金麒麟养成计划	深圳市迷因创投有限公司	复议
549	JCYJ20160429093033251	基20160160 首诊转移性肾癌的液体活检基础研究	深圳市罗湖区人民医院	复议
550	CYZZ20170330111038078	肠道病毒四重荧光定量RT-PCR检测试剂盒	深圳市艾伟迪生物科技有限公司	复议
551	JCYJ20160331150844452	基20160077 国花牡丹基因组学研究	深圳华大生命科学研究院	复议
552	JCYJ20160427105140594	基20160167 微小RNA靶向细胞周期相关蛋白调控肿瘤发生的机制研究	深圳大学	复议
553	JCYJ20160229173844278	基20160015 基于中药及复方的抗三阴乳腺癌的天然药物发现及分子机理研究	香港理工大学深圳研究院	复议
554	JSGG20160301103446375	重20160300 秋水仙素药物结构修饰关键技术研发	南方科技大学	复议
555	JCYJ20170302153752613	基于深度学习和薄板样条隐变量的人脸表情识别研究	深圳大学	复议
556	JSGG20170413163816434	重20170013 具有可召唤及可跟随功能的智能轮椅关键技术研发	深圳市尚荣医用工程有限公司	复议
557	JCYJ20160429185235132	基20160162 基于生物标记物的孤独症诊疗研究	深圳市康宁医院	复议
558	JSGG20170414145105933	重20170016 深海仿生鱼集群水下监测关键技术研发	深圳光启空间技术有限公司	复议
559	JCYJ20160229153541081	基20160065 耐药性金黄色葡萄球菌免疫治疗关键技术研发	深圳罗兹曼国际转化医学研究院	复议
560	CYZZ20170330145543625	AreoX-X5高清晰四旋翼智能无人机的研发	深圳火星探索科技有限公司	复议

（续表）

序号	项目编号	项目名称	承担单位	验收结论
561	JCYJ20170412171011187	基20170123 全天候自适应智能交通监控清晰成像系统技术的研究	清华大学深圳国际研究生院	复议
562	CKCY20170721102150198	基于人工智能的救援无人机多机协同技术研发	深圳市书呆科技有限公司	复议
563	JCYJ20160427185241351	大麻素受体的表观遗传学调控在皮肤瘙痒性疾病中的作用机制研究	深圳北京大学香港科技大学医学中心	复议
564	CYZZ20170303093528435	V店加小商户店铺管理云平台	深圳昭隆信息科技有限公司	复议
565	CKCY20180327124439066	面向智能制造行业的人工智能（AI）的数据分析及预测管理系统	深圳市微埃智能科技有限公司	复议
566	JSGG20170414150421896	重20170201 连续时空电磁频谱感知及大数据处理关键技术的研发	深圳航天东方红海特卫星有限公司	复议
567	JSGG20170413163030692	重20170388 钻孔灌注桩承载安全性智能监测管控系统研发	深圳宏业基岩土科技股份有限公司	复议
568	JCYJ20160229210357960	基20160014 核酸适配子修饰紫杉醇偶合物免疫介导治疗乳腺癌的研究	香港浸会大学深圳研究院	复议
569	GGFW20170412151153286	载20170043 新能源汽车电源系统检测公共技术服务平台	深圳安博检测股份有限公司	复议
570	ZDSYS20170302110532713	高性能分组交换平台重点实验室	中兴通讯股份有限公司	复议
571	CYZZ20160531164518347	新型智慧城市移动综合服务平台	华讯方舟智慧信息科技(深圳)有限公司	不通过
572	JSGG20170410164528575	重20170240 移动平台激光通信系统关键技术研发	深圳市招华智能股份有限公司	不通过
573	CYZZ20160525155440277	基于USB Type-C快充技术的超高集成度电池充放电芯片	深圳慧能泰半导体科技有限公司	不通过
574	CXZZ20140905162127249	带减反光裸眼3D显示模组研发	深圳市亮晶晶电子有限公司	不通过
575	CYZZ20160422142542312	基于语音与网络交互式智能照明控制技术的研究	深圳有巢智能技术有限公司	不通过
576	CYZZ20150330111806818	大功率高效节能LED照明驱动芯片及系统	深圳太清微电子科技有限公司	不通过
577	CKFW20150821143634073	乐美客创客服务平台	深圳市乐美客科技有限公司	不通过
578	CYZZ20140612094734626	一种应用于国Ⅴ排放标准的片式宽域氧传感器项目研发	深圳市普利斯通传感科技有限公司	不通过
579	CXZZ20140905090940733	物联网全能型网关	爆米时光科技（深圳）有限公司	不通过
580	CKFW20150821114730940	超算创客云服务平台	深圳云通数据信息技术有限公司	不通过
581	CKCY20170508102130564	用于vr系统的超宽带和超声波的定位体感技术的研究及产业化	创客数字科技（深圳）有限公司	不通过
582	CYZZ20160407165759331	三小场所消防安全管理应用平台	深圳州富网络科技有限公司	不通过
583	CYZZ20120831144358934	微博数据挖掘与性格分析的软件系统	深圳市博羽智慧科技有限公司	不通过

（续表）

序号	项目编号	项目名称	承担单位	验收结论
584	JCYJ20130402151000856	多重置换扩增技术富集胎儿有核红细胞基因方法学研究及应用	深圳市宝安区妇幼保健院	不通过
585	CXZZ20150430113450385	普20150195 生物农药鱼藤酮原药提取技术研发	深圳市华农生物工程有限公司	不通过
586	CYZZ20160520160439713	智能化低频脉冲磁疗仪系列关键技术研究及应用	深圳迈杰数码科技有限公司	不通过
587	CYZZ20140617171901700	第二代共振式无线充电芯片研发	深圳劲芯微电子有限公司	不通过
588	FHQ20150521165211562	深圳（福田）国际互联网金融产业园孵化器	深圳（福田）国际互联网金融产业园有限公司	不通过

2020 年第 2 批科技计划项目验收结果在线查看
（《深圳科技年鉴》收录验收结果为深圳市科技创新委员会最终确定的验收结果）

（二）2020 年第 2 批科技计划项目验收结果

序号	项目编号	项目名称	承担单位	验收结论
1	CYZZ20150828163908666	SAMEX P2 移动及后端开发平台软件	深圳市赛美科斯软件系统开发有限公司	通过
2	CKCY20160829190146093	基于 SCS 的纳米防水创新项目	中梦（深圳）科技有限公司	通过
3	CKCY20160429170659916	基于物联网的智能酒店微信控制系统研发与应用	深圳市前海铂智科技有限公司	通过
4	JSGG20170413171746130	重 20170273 移动互联网大数据标签平台和千万级终端精细化运营关键技术研发	深圳市腾讯计算机系统有限公司	通过
5	JSGG20170414154547769	重 20170012 基于相机自动调焦的检测设备关键技术研发	深圳市同为数码科技股份有限公司	通过
6	JCYJ20170306144525365	复杂环境下基于学习理论的多目标实时跟踪关键问题研究	深圳职业技术学院	通过
7	JCYJ20160428171238706	垂体 ACTH 细胞糖皮质激素非基因组作用的分子机制	北京大学深圳医院	通过
8	CKCY20180326170114027	新型柔性超大尺寸全彩 LED 显示屏研发及产业化	深圳市奥拓立翔光电科技有限公司	通过
9	CYZZ20170330161150550	大功率 HID 专用智能电子镇流器的研发	深圳市嘉佑科技有限公司	通过
10	CYZZ20170401154254257	物联网 + 综合指挥调度系统的研发	深圳市航安网络科技有限公司	通过
11	SGLH20161212101631809	从材料创新出发构筑高效稳定的钙钛矿太阳能电池	北京大学深圳研究生院	通过
12	CKCY20170724091913515	基于纳米 α-Al2O3 磨粒应用技术的蓝宝石抛光液的研发	深圳市佳欣纳米科技有限公司	通过
13	GJHS20170314114621759	广东省心脑血管疾病药物（奥萨）工程技术研究中心	深圳奥萨制药有限公司	通过
14	JCYJ20170306160146913	深圳市居民二苯甲酮类紫外吸收剂暴露水平、污染特征及健康风险研究	深圳市疾病预防控制中心	通过
15	JCYJ20160428100929771	缓解动脉化静脉皮瓣循环系统载荷实验研究	深圳市宝安区沙井人民医院	通过
16	CKCY20170721164738664	财经文本语义感知识别及财经智慧内核系统的研发	深圳市智可科技有限公司	通过
17	JCYJ20160429090813380	基 20160156 中毒系统分析体系构建及人体健康效应评价研究	深圳市职业病防治院	通过

（续表）

序号	项目编号	项目名称	承担单位	验收结论
18	RKX20180412181555851	深圳发起参与国际大科学计划和国际大科学工程策略研究	深圳国家高技术产业创新中心	通过
19	CKFW20160829185301603	融一凤巢创客服务平台	深圳市融一凤巢设计发展有限公司	通过
20	JSGG20170414143009027	重 20170168 环境自适应高分子绿色建筑涂料及薄膜关键技术研发	深圳市国华光电科技有限公司	通过
21	CYZZ20170324154959624	工业机器人用永磁同步伺服电机及驱动系统项目	深圳市百盛传动有限公司	通过
22	JSGG20170413163305708	重 20170125 电动汽车柔性充电堆关键技术研发	深圳市科华恒盛科技有限公司	通过
23	JCYJ20170302142312688	面向 5G 系统的低复杂度下行 NOMA 技术研究	深圳大学	通过
24	JCYJ20160427193559599	术中实时三维 CT 导航下 MISS-TLIF 治疗腰椎退行性疾病的临床及生物力学研究	深圳市宝安区人民医院	通过
25	JCYJ20160427185812471	深圳 2014 年登革热暴发流行的分子病毒特征和溯源研究	深圳市宝安区人民医院	通过
26	JCYJ20160427190559022	1- 磷酸鞘氨醇受体（S1PR）对一型糖尿病诱导勃起功能障碍的影响及作用机制	深圳市宝安区人民医院	通过
27	JSGG20170413113438810	重 20170422 益生藻纳米生长促进剂研发	深圳市深港产学研环保工程技术股份有限公司	通过
28	RKX20180412181558355	深圳市科技创新“十三五”规划中期评估报告研究	深圳国家高技术产业创新中心	通过
29	JSGG20170414141239041	重 20170383 高光束质量 kHz 级大能量窄脉宽双频固体激光技术研发	深圳市航天泰瑞捷电子有限公司	通过
30	JSGG20170822110100205	重 20170320 基于开放技术的可信多路高端计算系统研发	深圳市宝德软件开发有限公司	通过
31	CYZZ20170329155439828	基于新型物联网协议的 LED 照明智控系统	深圳市铭濠科技有限公司	通过
32	JSGG20170822103206281	重 20170523 高安全宽温度的超级电容启动电源系统的关键技术研发	深圳市华思旭科技有限公司	通过
33	CKCY20170508151201392	基于移动个体定位识别感知系统的关键技术研发	深圳市清大鹏城电子科技有限公司	通过
34	CYZZ20170724160813145	基于云计算的交互式学习创客教育平台的关键技术研发	深圳市艾肯麦客科技有限公司	通过
35	CYZZ20170331165103409	基于背夹方式的物流快递终端解决方案	深圳智贝壳科技有限公司	通过
36	KQJSCX20170331162214306	新型二维半导体材料的力电和热电耦合性能	深圳先进技术研究院	通过
37	CYZZ20170330162518484	基于车联网的城市级智能车载视频监控管理系统	深圳市易甲文技术有限公司	通过
38	GJHS20170302144525488	基于物联网技术的行业智能移动终端产业化	深圳市优博讯科技股份有限公司	通过
39	JCYJ20160527101842119	超低压低功耗高性能音频 ΔΣ 调制器的研究	深圳信息职业技术学院	通过
40	CKCY20170724164605626	无人工厂新一代移动作业机器人关键技术研发	深圳市功夫机器人有限公司	通过
41	CKCY20170721111046195	VR 与 AR 相结合的眼科手术智能培训系统关键技术研发	深圳科创广泰技术有限公司	通过

（续表）

序号	项目编号	项目名称	承担单位	验收结论
42	JCYJ20170817160708491	微生物信号对藻际生态系统形成的调节作用	清华大学深圳国际研究生院	通过
43	CYZZ20160530113235118	下一代光互联核心元件	深圳市雍邑科技有限公司	通过
44	JCYJ20170412171959157	基 20170209 区域环境变化下赤潮灾害的形成机制与防控技术研究	清华大学深圳国际研究生院	通过
45	JCYJ20160428135756806	HGF 通过 PI3K/ p38 MAPK 通路对乳腺癌细胞 COX2 基因表达的作用及分子机制研究	深圳市龙华区中心医院	通过
46	CYZZ20170331155424888	智慧城市综合停车信息云平台与解决方案	伟龙金溢科技（深圳）有限公司	通过
47	JCYJ20160428141830465	NLRP12 通过负调 NF-κB 通路介导角膜保护作用及免疫调控机制研究	深圳市龙华区中心医院	通过
48	JCYJ20160426161806577	青少年滥用合成毒品的群体性特征及初始吸毒原因的流行病学调查研究	深圳市药物警戒和风险管理研究院	通过
49	JCYJ20160429174611494	基 20160150 婴幼儿胆道闭锁疾病早期诊断中的智能识别技术研究	深圳市儿童医院	通过
50	CKCY20170724111409212	基于稳定同位素分析的产地溯源技术开发及应用	深圳雨伦环境科技有限公司	通过
51	CYZZ20170331112457200	有害藻类抑制菌的研发与深度信息挖掘	深圳市恒创基因科技有限公司	通过
52	JCYJ20160608153218487	基 20160237 心血管介入器械生物力学行为与评价研究	深圳先进技术研究院	通过
53	CYZZ20170401140605340	来画手绘视频制作平台	深圳市前海手绘科技文化有限公司	通过
54	JCYJ20170307151848226	基于卷积神经网络的工业字符智能识别方法研究	哈尔滨工业大学（深圳）	通过
55	JCYJ20160422164132993	细胞外基质蛋白 SPON2 表达上调对胃癌增殖及侵袭转移的作用及相关的分子机制研究	深圳市人民医院	通过
56	JSGG20170413141945849	重 20170119 3D 曲面玻璃用的新型 UV 感光墨水材料关键技术研发	深圳市格莱特印刷材料有限公司	通过
57	CYZZ20170330111708069	高韧型 LED 环氧封装胶的高耐候、高光效关键技术研发	深圳市宝力新材料有限公司	通过
58	CYZZ20170406102237422	基于万物互联的 Kalay 云端服务平台研发	物联智慧科技（深圳）有限公司	通过
59	CYZZ20170406100608220	基于磁动力的等离子表面处理关键技术的研究	深圳市诚峰智造有限公司	通过
60	JCYJ20170307171034705	自体造血干细胞移植治疗糖尿病足的基础及临床研究	深圳市罗湖区人民医院	通过
61	JCYJ20160429114659119	Der f 疫苗免疫治疗肺癌的分子机制研究	深圳市罗湖区人民医院	通过
62	JCYJ20160429171931438	尘螨抗原 Der f 1/SEB 靶向纳米疫苗免疫治疗过敏性哮喘的研究	深圳市罗湖区人民医院	通过
63	CXZZ20120615163108982	一种嵌入式机器视觉识别系统的研发及产业化	深圳市宝捷信科技有限公司	通过
64	JCYJ20160427111040009	IL-6/STAT3/miR-21 通路在砷化合物诱导肝 THLE-3 细胞恶性转化中的作用及机制	深圳市宝安区沙井预防保健所	通过
65	JCYJ20170811152808282	来自海流中振动翼型的绿色能源	哈尔滨工业大学（深圳）	通过
66	CKCY20170724151830665	密封性能智能检测系统的研发	深圳市高晟智能装备有限公司	通过

（续表）

序号	项目编号	项目名称	承担单位	验收结论
67	JCYJ20160428164113144	基 20160176 超声导波结构损伤监测传感器研究	深圳航天科技创新研究院	通过
68	CKCY20170508154833928	基于全市场金融信息产品“知财道”的关键技术研发及应用	深圳小知科技有限公司	通过
69	CYZZ20130417161219189	节能型智能控制茶机的研发	深圳市北鼎科技有限公司	通过
70	JCYJ20160427172544991	CaR-CsE/ H2S 通路对大鼠冠脉血管内皮细胞缺血再灌注引起的氧化应激损伤机制研究	中国医学科学院阜外医院深圳医院	通过
71	CKCY20170721172315721	标志设计在线搜索及交易平台 -LOGO 库	深圳市标点文化传播有限公司	通过
72	CKCY20170421145543443	视觉定位导航控制器（超高速图像识别关键元器件）	深圳市有光图像科技有限公司	通过
73	CYZZ20160506170136385	基于 VR 技术的娱乐智能健身系统的开发	深圳市灼华网络科技有限公司	通过
74	CYZZ20130830161219236	保护视力预防近视的教学发光黑板	深圳市创新安泰科技发展有限公司	通过
75	CYZZ20160530102036026	太阳能高速公路实时警示系统	深圳市鹏瑞华兴科技有限公司	通过
76	CYZZ20150410112937144	全自动高精度、速度、双循环送料 LED 贴片机的研究	深圳市景颢光电科技有限公司	通过
77	CYZZ20170405145004548	基于实时以太网控制的高精度协作型 SCARA 机器人	深圳市越疆科技有限公司	通过
78	CKCY20170724160152684	一种公网集群对讲、监控的行业终端及整体解决方案	深圳市新和沃智能科技有限公司	通过
79	CYZZ20150514152259745	日处理 0.5 ~ 10 吨多量级小型垃圾催化气化处理利用成套装置研制及产业化	深圳市绿野清风环保工程有限公司	通过
80	CYZZ20160420100752705	第二代声学系统	深圳市波奇智能系统有限公司	通过
81	CKCY20160829192237056	一种电动轮毂电机的智能控制系统研发	深圳一哥智行科技有限公司	通过
82	JCYJ20160425152019671	保护动机理论在妊娠糖尿病人群健康教育的应用研究	广州中医药大学深圳医院（福田）	通过
83	GRCK20170821113003255	移动终端设备的屏幕隐私保护方法及系统	深圳大学	通过
84	KQJSCX20170330110206042	环保型抗污损化合物标靶分子的高通量筛选研究	深圳大学	通过
85	KJYY20130621115948942	智能公交系统在智能交通云上的应用	深圳华宏联创科技有限公司	通过
86	JCYJ20170818143618288	基于过渡金属硫族化合物层状材料的柔性传感器的研究	深圳大学	通过
87	CYZZ20150527143218687	海量语音信息智能检索系统的研发	深圳市至诚华宇信息技术有限公司	通过
88	CXZZ20130426111523532	小麦 - 玉米麦类蛋白玉米的杂优制种和选育	深圳市百绿生物科技有限公司	通过
89	JCYJ20170818163921328	模型与数据驱动相结合的 SOFC 系统热电耦合特性分析与管控研究	深圳华中科技大学研究院	通过
90	CYZZ20170406150446857	智慧安全校园大数据服务平台的研发与设计	深圳市几米物联有限公司	通过

（续表）

序号	项目编号	项目名称	承担单位	验收结论
91	CKCY20160429155808308	懿芯（Y-Tech）辅助自闭症儿童康复训练的远程人机交互平台	深圳机器之心科技有限公司	通过
92	JCYJ20160427183909738	sPD-1 调节 PD-1/PD-Ls 通路参与 HIV 致病的分子机制研究	深圳市第三人民医院	通过
93	CYZZ20170330152416762	全角度发光的高光效 LED 灯丝灯泡的研发	深圳市兰谱芯科技有限公司	通过
94	CXZZ20140818142525659	智能电视嵌入式操作系统研究开发及应用	深圳 TCL 数字技术有限公司	通过
95	CYZZ20130830111606467	可识别彩色 3D 码的应用研究	深圳市心艺来移动互联技术有限公司	通过
96	GRCK20170821111018128	基于光纤布拉格光栅颅脑温度光纤探测器	深圳大学	通过
97	CKCY20170504150158168	基于可穿戴设备的儿童感觉统合能力评测与训练系统	深圳金镁科技有限公司	通过
98	FHQ20140520103037925	创新谷（深圳移动互联网孵化器）	深圳创新谷投资管理有限公司	通过
99	CYZZ20170330144117558	基于云端数据中心的超声波燃气表远程诊断与校准系统	深圳齐环科技有限公司	通过
100	LXRY20121106111735242	智能个性化网络推荐系统	深圳二木科技有限公司	通过
101	CYZZ20170406143035656	基于区块链的云服务和网络安全防护系统	深圳达阅科技控股有限公司	通过
102	JSGG20170824162949969	重 20170225 基于 TOF 的车载双摄像头远距离测距关键技术研发	深圳市比亚迪电子部品件有限公司	通过
103	GRCK20150828143800048	微远视频监控管理系统	深圳市国威科技创新服务有限公司	通过
104	CKCY20170724111920271	GSM 和 TCP/IP 通信无线网关的设计与实现方法	深圳市辰阳亿信科技有限公司	通过
105	JSGG20160608153359186	重 20160554 基于国产 CPU 内核的电器专用 SOC 芯片研发	深圳市恒昌通电子有限公司	通过
106	CYZZ20170721160326969	柴油车尾气净化关键技术及主动再生式处理装置的研究	深圳市贝斯特净化设备有限公司	通过
107	JSGG20170413170110695	重 20170435 海洋平台油田终端污水处理智能运维技术研发	中海油信息科技有限公司	通过
108	CKCY20170724111717754	基于绿色 WLAN 网络的 AP 高效管理技术开发	深圳汇安信息技术有限公司	通过
109	CKCY20170724145635627	小青 maybe 声控智能音响	外道（深圳）科技有限公司	通过
110	JCYJ20160428141209515	数字化三维模型构建在 PCNL 术前应用价值的探讨	深圳市龙华区中心医院	通过
111	JCYJ20160429174426094	基 20160152 儿童灾难性癫痫的认知功能损伤机制及外科治疗方案研究	深圳市儿童医院	通过
112	JCYJ20160428142040945	口腔菌群与肠道菌群在 IgA 肾病中的关系及应用研究	深圳市龙华区中心医院	通过
113	JCYJ20160427185712266	神经突触生长调节蛋白 Drebrin 与 Spikar 的结构生物学研究	深圳北京大学香港科技大学医学中心	通过
114	JCYJ20160429141557064	基于 ITLS 的创伤急救处置流程制定及院前应用效果的评价	深圳市急救中心	通过

（续表）

序号	项目编号	项目名称	承担单位	验收结论
115	JSGG20170823161024704	重 20170622 机器人室内无线定位和集群控制系统关键技术研发	深圳市元征科技股份有限公司	通过
116	JCYJ20160429182239611	负载表面修饰的骨髓间充质干细胞的支架在心肌修复再生研究	华中科技大学协和深圳医院	通过
117	JCYJ20160429182213285	催产素对神经病理性疼痛镇痛机制的研究	华中科技大学协和深圳医院	通过
118	JCYJ20160429181552085	基于大数据平台血清肿瘤标志物对肺癌早期诊断的价值	华中科技大学协和深圳医院	通过
119	JCYJ20160427105822161	MTHFR 甲基化与环境因素对缺血性脑卒中易感性的作用研究	深圳市南山区慢性病防治院	通过
120	JCYJ20160429181957912	DNA 聚合酶 Y 对线粒体 DNA 常见缺失突变的调控及在老年性聋中作用机制的研究	华中科技大学协和深圳医院	通过
121	JCYJ20160429182440222	HBM 为框架的护理干预对儿童疫苗及时接种质量的影响分析	华中科技大学协和深圳医院	通过
122	JCYJ20160429182122843	TRPV2 在脂肪细胞分化及肥胖治疗中的机制研究	华中科技大学协和深圳医院	通过
123	CKCY20170724154211207	空陆两栖微型个人飞行控制系统的研发	深圳市哈威飞行科技有限公司	通过
124	JCYJ20160429183751163	sPD-1-PSMA 融合蛋白靶向树突状细胞疫苗抗前列腺癌的实验研究	华中科技大学协和深圳医院	通过
125	CKCY20170721162441403	中小流域洪水径流预报及防洪决策智能系统	华南智水科技有限公司	通过
126	JCYJ20160331185848286	基 20160128 上臂智能康复技术及应用研究	深圳先进技术研究院	通过
127	JCYJ20160331193229720	基 20160124 城区多维度空气污染扩散数值模拟系统研发	深圳先进技术研究院	通过
128	JCYJ20160429184552717	基 20160188 超声神经调控新技术研究	深圳先进技术研究院	通过
129	JCYJ20160428180328415	中医量化运动处方对糖尿病患者治疗结局影响的临床研究	深圳市中医院	通过
130	JCYJ20160428143433768	基于外周血淋巴细胞蛋白质组学的早期 AD 分子标志物的筛选与鉴定	深圳市疾病预防控制中心	通过
131	CYZZ20170331113757326	安全软件开发生命周期 (S-SDLC) 管理平台产业化	深圳开源互联网安全技术有限公司	通过
132	GRCK20170823161319135	基于电子器件新型轻质高导热材料的开发与设计	北京大学深圳研究生院	通过
133	GRCK20170823161258783	热超导涂层材料	北京大学深圳研究生院	通过
134	GRCK20170823110459282	高精度柔性薄膜压力传感器研发	清华大学深圳国际研究生院	通过
135	RKX20180413181939223	深圳提升基础研究和产业创新能力实施策略研究	清华大学深圳国际研究生院	通过
136	JCYJ20160422144516003	阿司匹林对缺氧微环境下肺腺癌干细胞的影响及机制研究	深圳市人民医院	通过
137	CKCY20170725153531249	电池堆芯材料的研发及产业化	深圳市欧姆阳科技有限公司	通过
138	CKCY20170424144331233	污染源（废水）实时在线监控系统平台项目	深圳市泽环智能技术有限公司	通过
139	JSGG20170412093408043	重 20170171 高储能密度锂离子电容器关键技术研发	深圳市智胜新电子技术有限公司	通过

（续表）

序号	项目编号	项目名称	承担单位	验收结论
140	CYZZ20170721164811373	LED 产品频闪 CFF 测试系统技术开发	深圳南方立讯检测有限公司	通过
141	JCYJ20160428180630652	基于磁性管理理念下的护士人本管理模式实践性研究	中山大学附属第八医院（深圳福田）	通过
142	CYZZ20170330160921014	高品质智能温控纳米蒸汽美发类产品项目研发	深圳市洋沃电子有限公司	通过
143	CKCY20170504153927655	功能性纤维素气凝胶及其复合材料的应用研究	加新科技（深圳）有限公司	通过
144	JSGG20170824152405020	重 20170604 开关电源的高能效固态电容器关键技术研发	深圳市柏瑞凯电子科技有限公司	通过
145	GJHS20170313113859234	景观生态－活性污泥复合处理系统的构建及稳定运行机制研究	哈尔滨工业大学（深圳）	通过
146	JSGG20170821140133333	重 20170517 基于多冷源网膜蒸发式变频空调系统的关键技术研发	深圳市英维克科技股份有限公司	通过
147	CKFW20160826140243660	智能制造众创服务平台	深圳市精匠智创科技有限公司	通过
148	JCYJ20160527101807403	开关序列最优空间矢量脉冲宽度调制算法及其直接代码实现研究	深圳信息职业技术学院	通过
149	CKCY20170712162113967	快速固化碳纤维预浸料研究与产业化	深圳市烯碳复合材料有限公司	通过
150	JSGG20170413163845410	重 20170059 超声切割凝血刀系统关键技术研发	深圳市尚荣医疗股份有限公司	通过
151	GRCK20170823114044148	高通量智能毛细管电泳仪	深圳前海力合英诺孵化器有限公司	通过
152	GRCK20170823114716909	基于 Web 的云工厂协同服务系统	深圳前海力合英诺孵化器有限公司	通过
153	CKCY20180327124217922	联网实体游戏主要技术研发	深圳市坤易电子有限公司	通过
154	GJHS20170309100514330	触控微间距 LED 显示技术的研发与应用	深圳市联建光电股份有限公司	通过
155	JCYJ20160301100921349	基 20160008 空间机器人关键技术研究	深圳清华大学研究院	通过
156	GRCK20170822165940082	用于对等网络和雾计算系统的提升网络设备之间连通率的新型连接中间件（FogConnect）	深圳市新创空间科技有限公司	通过
157	JSGG20170823160757004	重 20170395 量子点光致发光器件关键技术研发	深圳市聚飞光电股份有限公司	通过
158	CYZZ20170405152133092	无人机动力锂电池管理系统（BMS）的研发	深圳市超力源科技有限公司	通过
159	JCYJ20160428154842603	基 20160197 基于云服务的机器人单目视觉导航模块关键技术研究	香港城市大学深圳研究院	通过
160	JCYJ20160329150236426	基 20160133 基于微纳机器人技术的癌细胞多维信息检测与诊断研究	香港城市大学深圳研究院	通过
161	GJHZ20170313103930830	压电陶瓷材料增材制造的关键技术研发	清紫生物科技（深圳）有限公司	通过
162	GRCK20170821113132421	基于全向底盘的巡检机器人研制	深圳大学	通过

（续表）

序号	项目编号	项目名称	承担单位	验收结论
163	CYZZ20170303150017985	PB 级视觉探索分析的自主交互式平台研发	深圳市中安网域科技有限公司	通过
164	CKCY20170725153459826	类脑视觉认知引擎关键算法及产品的研发和应用	深圳市数聚天源人工智能有限公司	通过
165	JCYJ20160429174400950	基 20160151 原发性免疫缺陷病精准医疗技术研究	深圳市儿童医院	通过
166	JCYJ20160429191618506	基 20160173 河道底泥重金属二次污染机制和综合生态治理研究	南方科技大学	通过
167	JCYJ20160428172636458	自体动静脉内瘘扣眼式穿刺皮下隧道建立的研究	北京大学深圳医院	通过
168	CKCY20170724170323991	imdOS 信息化管理设计操作系统 V2.0	深圳市沃易科技有限公司	通过
169	CKCY20170721160549121	FPC 功能自动测试机	豫鑫达（深圳）智能化设备有限责任公司	通过
170	CKCY20170721170628291	新型智能立体停车设备	深圳市快易停智能科技有限公司	通过
171	CYZZ20170331144657816	水污染源及水平衡在线监控预警系统的研发	深圳市天地互通科技有限公司	通过
172	CYZZ20170331153155263	高速高便携低功耗的多功能 VR 盒子	深圳市欧阳麦乐科技有限公司	通过
173	JSGG20170412115256747	重 20170436 垃圾焚烧烟气处理高速离心雾化器研发	深圳市山水乐环保科技有限公司	通过
174	CYZZ20170323095859861	智能建筑物联设施云管理平台研究	深圳市骏凯联信科技有限公司	通过
175	JSGG20160510111224664	重 20160486 节能轻型屋面系统防水保温材料研发	深圳市卓宝科技股份有限公司	通过
176	GRCK20170823161543480	深圳市大学城科研试剂共享平台——“SciShare”初创项目	北京大学深圳研究生院	通过
177	CYZZ20170320161737048	基于精准室内定位技术的智慧导览系统研发	深圳市深层互联科技有限公司	通过
178	JCYJ20160422143839551	基于纳米金共振吸收效应的快速肿瘤诊断新方法	深圳市人民医院	通过
179	CYZZ20170328140852097	企业跨行多账户资金智能管理金融服务平台	深圳万企联金融服务有限公司	通过
180	CYZZ20170330104614913	IRIDIUM 综合应用性能分析系统技术研发及产业化	深圳七七元素科技有限公司	通过
181	CYZZ20170401111316766	基于互联网 + 技术的充电桩智能运维系统研究	深圳益邦阳光有限公司	通过
182	JSGG20160428155313715	重 20160429 户外防水防震节能 LED 地砖屏研发	深圳市迈锐光电有限公司	通过
183	CYZZ20170324110957724	塑料光纤电力抄表系统的研发	深圳市物联光通创新科技发展有限公司	通过
184	JCYJ20160429144417335	医学科研人员知识共享与协同创新互动机制及知识服务模式研究	深圳市医学信息中心	通过
185	CKCY20170724155809982	阵列式易燃物预警系统	捍防（深圳）实业有限公司	通过
186	JCYJ20160422142121988	肺结节病 TCRβ 链 CDR3 免疫组库高通量测序研究	深圳市人民医院	通过

（续表）

序号	项目编号	项目名称	承担单位	验收结论
187	JCYJ20160428173527959	苯转化的恶性细胞外泌体 miR-221 在细胞增殖和凋亡抑制信号传导中的作用及机制	深圳市宝安区石岩卫生监督所（深圳市宝安区石岩预防保健所）	通过
188	JCYJ20170306153605871	基于电介质微纳结构的超薄偏振光学器件基础研究	西北工业大学深圳研究院	通过
189	JSGG20170413143215938	重 20170414 油烟颗粒物与 VOCs 一体化高效净化技术研发	深圳市力德环保工程有限公司	通过
190	JCYJ20160422143433757	骨桥蛋白在早发型重度子痫前期胎盘血管病变机制中作用的研究	深圳市人民医院	通过
191	CYZZ20170330142529502	三维多无人机系统协同控制关键技术研发	深圳曼塔智能科技有限公司	通过
192	GRCK20170821110850047	多视点 3D 脚型测量仪器的研制	深圳大学	通过
193	CYZZ20170330161111054	超薄高硬度触摸屏的研发与产业化	深圳市多鑫达实业有限公司	通过
194	JSGG20160301100206969	重 20160160 超高冲击加速度传感器的研发	深圳清华大学研究院	通过
195	CKCY20170824153528835	i 配模—基于互联网 +BIM 的建筑铝模周转平台	深圳市鈤励科技有限公司	通过
196	CYZZ20170330090606612	低功耗光波导智能 AR 眼镜研发	深圳市看见智能科技有限公司	通过
197	JCYJ20160429190300857	基 20160198 手术规划与训练系统关键技术研究	深圳先进技术研究院	通过
198	JCYJ20160429191503002	基 20160013 癌症分子靶向纳米药物的关键技术研发	深圳先进技术研究院	通过
199	CYZZ20170331103530634	基于 GIS 的道路小修管养一体化处理系统研究	深圳市鹏途交通科技有限公司	通过
200	JCYJ20160429184226930	基 20160199 情感语音交流智能机器人平台的研究	深圳先进技术研究院	通过
201	JCYJ20160608153434110	基 20160235 高分辨高灵敏 PET 分子影像仪器研制	深圳先进技术研究院	通过
202	JCYJ20170818155249053	恶性外域杂草薇甘菊种群表观遗传分化中的环境效应研究	中山大学深圳研究院	通过
203	JCYJ20160428141119180	数字化定制锁定钢板外固定治疗胫骨中下段骨折生物力学研究	深圳市龙华区中心医院	通过
204	CKCY20170824102742680	东欣文化体育大数据平台	深圳市东欣网络科技有限公司	通过
205	CKCY20170721141505614	基于物联网的模具智能制造系统	深圳益模精钻机器人技术有限公司	通过
206	JCYJ20160422144656321	龋活跃儿童牙菌斑的微生物群落多样性及宏基因组学研究	深圳市人民医院	通过
207	JCYJ20160429180424783	生酮饮食治疗 Dravet 综合征的前瞻性随机对照研究及机制探讨	深圳市儿童医院	通过
208	JCYJ20160429180316118	石墨烯材料对口腔致龋菌的抑制作用及其改性口腔充填材料的研究	深圳市儿童医院	通过
209	CKCY20170721154817782	手机防水涂层材料和真空吸附式自动喷涂设备技术的研发	云台科技（深圳）有限公司	通过
210	CKCY20180323140851487	精整加工机器人	中科君胜（深圳）智能数据科技发展有限公司	通过

（续表）

序号	项目编号	项目名称	承担单位	验收结论
211	JSGG20160429114438287	重 20160459 全光谱多参数水质监测系统研发	深圳大学	通过
212	GRCK20170823110457194	面向家庭护理机器人的柔性手爪结构设计与优化	清华大学深圳国际研究生院	通过
213	JCYJ20160428182227081	基 20160184 多臂空间机器人遥操作技术研究	清华大学深圳国际研究生院	通过
214	JCYJ20160428182026575	基 20160190 海洋生物压缩成像技术研究与开发	清华大学深圳国际研究生院	通过
215	CYZZ20170331143333147	节能型虚拟化桌面云交互终端系统	深圳市擎联科技有限公司	通过
216	CKCY20170721150536784	富含载脂蛋白 A 的人血高密度脂蛋白制剂的研发	深圳越洋生物科技有限公司	通过
217	CKCY20170721170213039	柔性智能可穿戴连续测量体温计	深圳宇联高新科技有限公司	通过
218	JCYJ20160122105635112	深圳市垃圾焚烧烟气 PM2.5 中重金属污染物的生成机理及磁聚并脱除技术研究	北京大学深圳研究生院	通过
219	CYZZ20130412172036259	新一代大功率 LED 封装共晶焊智能检测和高精度芯片定位视觉系统	深圳盛世天予科技发展有限公司	通过
220	JCYJ20160429190045482	基于互联孔隙化技术的新型骨再生支架	香港大学深圳医院	通过
221	RKX20180412181547739	深圳市独角兽企业政策措施研究	深圳国家高技术产业创新中心	通过
222	CYZZ20170330112949311	基于互联互通技术的充电桩管理云平台	深圳市前海亿车科技有限公司	通过
223	RKX20180411143522879	粤港澳大湾区发展路径研究	南方科技大学	通过
224	JCYJ20151029154245758	基 20150102 糖尿病相关的体液 DNA 甲基化研究	深圳市绿航星际太空科技研究院	通过
225	JSGG20170412153009953	重 20170458 新型抗体制备及其在肿瘤靶向治疗中关键技术的研发	深圳华大基因科技有限公司	通过
226	CKCY20170824150534401	工业车辆无人驾驶技术的开发	未来机器人（深圳）有限公司	通过
227	JCYJ20160428172000077	腹腔镜输卵管妊娠术后输卵管及卵巢功能的研究	北京大学深圳医院	通过
228	JSGG20170413103811649	重 20170419 红树林主要虫害生物防治技术研发	深圳市铁汉生态环境股份有限公司	通过
229	GRCK20170818091016844	食品中百草枯农药残留快速检测试纸条的研制	深圳大学	通过
230	JCYJ20170307164520410	基于新型材料的超压囊体技术研究	深圳光启高等理工研究院	通过
231	CYZZ20170228150348636	智能云交互式六轴感应电动牙刷的研发	深圳市富邦新科技有限公司	通过
232	CYZZ20170329161725917	10Gpbs InGaAs 数字接收光电二极管芯片及光器件技术开发	芯思杰技术（深圳）股份有限公司	通过
233	JCYJ20160428095110571	神经突触相关基因多态性与儿童孤独症谱系障碍的关联研究	深圳市罗湖区妇幼保健院	通过
234	JCYJ20160429172357751	3D 打印技术在重度成人僵硬性脊柱畸形不对称截骨中的应用	深圳市罗湖区人民医院	通过
235	JCYJ20160428172437446	深圳市人副肠孤病毒的感染现状及其分子特征研究	北京大学深圳医院	通过
236	CYZZ20170330141513231	基于双目与 IMU 的视觉惯导定位系统研究与开发	深圳市寒武纪智能科技有限公司	通过

（续表）

序号	项目编号	项目名称	承担单位	验收结论
237	GJHZ20170314153223728	用于灵巧手的触觉传感器	深圳清华大学研究院	通过
238	JCYJ20160426100250466	基于自噬理论探讨“湿热”证与大鼠动脉粥样硬化的关系及小檗碱稳定斑块的机制研究	深圳市宝安区中医院	通过
239	JCYJ20160422155108542	阻断 RANKL 通路有效改善二磷酸盐药物引起种植牙病人颌骨坏死的研究	深圳市人民医院	通过
240	JSGG20160229153235853	重 20160157 1.5W 系列高可靠抗辐射厚膜混合集成 DC/DC 变换器模块研制	深圳市振华微电子有限公司	通过
241	JCYJ20160422152408705	ZBP-89 抑制缺氧信号通路对肝癌干细胞“干性”的影响和机制	深圳市人民医院	通过
242	JSGG20160819093235521	重 20160604 微电网能量实时管理控制装置关键技术研发	深圳市科陆电子科技股份有限公司	通过
243	JCYJ20160428145633098	基于蛋白组学的肝脏胰岛素抵抗机制研究	深圳市慢性病防治中心	通过
244	JCYJ20160429185634596	甲基苯丙胺诱导行为敏化大鼠皮质－基底节回路神经递质微透析的纵向研究	深圳市康宁医院	通过
245	JCYJ20160428145537703	妊娠梅毒患者及其婴儿治疗随访的脱失情况、影响因素及干预研究	深圳市慢性病防治中心	通过
246	JCYJ20160428145728055	耐多药结核病优化治疗方案的探索性研究	深圳市慢性病防治中心	通过
247	CYZZ20160530095023031	基于无线充电系统的战斧 F1 家庭互联网娱乐游戏机的研发	深圳蓝港智慧科技有限公司	通过
248	JCYJ20160429142714360	自制冲吸装置联合输尿管导引鞘在软镜治疗肾结石中的临床应用研究	深圳市宝安区松岗人民医院	通过
249	JSGG20170414102438527	重 20170167 新能源汽车动力电池精密结构件关键技术研发	深圳市科达利实业股份有限公司	通过
250	GQYCZZ20141009155341836	交流永磁同步三闭环伺服驱动器	深圳市中科伺服科技有限公司	通过
251	CYZZ20170331104814276	高速下具有高精度的全自动点胶机的研发	恩捷斯智能系统（深圳）有限公司	通过
252	JCYJ20160422170251848	miR27 调控血管内皮细胞 H3 组蛋白乙酰化引起动脉粥样硬化的机制研究	深圳市人民医院	通过
253	KJYY20170412150641301	SF20170066 基于 VR+LED 微间距技术的人屏互动智能显示系统应用示范	深圳市光祥科技股份有限公司	通过
254	JCYJ20160425152812445	孕早期子痫前期预测的前瞻性研究	深圳市南山区妇幼保健院	通过
255	JCYJ20160429190637611	随机对照临床试验——精液采集地点对精液质量和精子 DNA 完整性的影响及其机制研究	香港大学深圳医院	通过
256	JCYJ20160429185525629	体外重构卵巢诱导人类原始生殖嵴细胞向卵母细胞分化的研究	香港大学深圳医院	通过
257	JCYJ20160429190356200	下调 ILK 表达对人鼻咽癌细胞的转移和 EMT 转化的影响及其作用机制	香港大学深圳医院	通过
258	JCYJ20160429190322125	水合氯醛和右美托咪定对幼鼠脑细胞凋亡和成年后学习功能的影响	香港大学深圳医院	通过

（续表）

序号	项目编号	项目名称	承担单位	验收结论
259	JCYJ20160428103500561	全科诊疗服务的标准化全科思维模型分析	深圳市宝安区福永人民医院	通过
260	JCYJ20160429190235638	右美托咪定对成年人外显记忆与内隐记忆的影响及术中知晓的防治	香港大学深圳医院	通过
261	JCYJ20160428182447438	茵陈蒿汤对胆汁淤积性肝损伤保护作用机制研究	深圳市中医院	通过
262	GRCK20170822170208801	基于 IOT 及窄带物联网技术的共享设备研究及产业应用	武汉大学深圳研究院	通过
263	JCYJ20160428092715993	MicroRNA-21 对生物人工胰腺疗效影响的实验研究	深圳市南山区蛇口人民医院	通过
264	JCYJ20160428175431652	新型毛细管电泳技术在尿样本儿茶酚胺类化合物检测中的应用研究	中山大学附属第八医院（深圳福田）	通过
265	JCYJ20160428175336440	葡萄糖 -6- 磷酸脱氢酶缺乏症基因突变分析的临床价值	中山大学附属第八医院（深圳福田）	通过
266	JCYJ20160428181039686	足癣患者足部真菌群落多样性与微环境研究	中山大学附属第八医院（深圳福田）	通过
267	JSGG20170817144926753	重 20170514 智能化高效节能型变频热泵控制器的关键技术研发	深圳市深蓝电子股份有限公司	通过
268	JCYJ20160427112917896	CD24、MMP-2 及 TK1 在不同病理类型结直肠息肉恶变筛查中的价值	深圳市盐田区人民医院	通过
269	JCYJ20160428174605066	REG1A 基因多态性与鼻咽癌遗传易感性及治疗反应性的关系	中国科学院大学深圳医院（光明）	通过
270	JCYJ20160427174443407	放射医学检查电子角度仪研制	深圳市光明新区中心医院	通过
271	CKKJ20160822191043233	we serve 众创空间	深圳市众创空间创业投资管理有限公司	通过
272	JCYJ20160422144926325	IL-37 在动脉粥样硬化中的作用及分子机制研究	深圳市人民医院	通过
273	GJHZ20170314151811009	新型陶瓷结构的电子烟雾化系统关键技术	深圳市合元科技有限公司	通过
274	JCYJ20160429182829382	羟基磷灰石、去甲万古霉素骨水泥 (HAC/NVCM) 治疗椎间隙感染的动物实验研究	华中科技大学协和深圳医院	通过
275	JCYJ20160429182558793	CAR-T 细胞与双功能溶瘤病毒协同靶向抗癌研究	华中科技大学协和深圳医院	通过
276	JCYJ20160429185900035	载阿霉素相变氟碳纳米粒的制备及其在分子显像和靶向治疗的实验研究	香港大学深圳医院	通过
277	JCYJ20160429190841946	难治性幽门螺杆菌感染与临床药物干预及高通量测序技术的关联性多中心研究	香港大学深圳医院	通过
278	JCYJ20160422151912249	CEACAM1- 靶向载 LTZ 脂质超声微泡通过调控 p38MAPK/Caspase-3 对扩张型心肌病作用及机制研究	深圳市人民医院	通过
279	JCYJ20160429183052202	从 PI3K/AKT 通路探讨菟丝子提取物及单体对卵巢早衰大鼠模型的影响	华中科技大学协和深圳医院	通过
280	JCYJ20160429120016420	单侧 / 双侧横突加压建立退行性腰椎侧凸动物模型的实验研究	深圳市龙岗区第三人民医院	通过
281	JCYJ20160427185121156	非小细胞肺癌中 OB-cadherin 的表达与铂类药物化疗敏感性的关系及相关机制研究	深圳北京大学香港科技大学医学中心	通过

（续表）

序号	项目编号	项目名称	承担单位	验收结论
282	JCYJ20160427185401364	FAM170B 在精子顶体发生过程中的作用及其分子机制	深圳北京大学香港科技大学医学中心	通过
283	JCYJ20160427185601855	特异性激活 Gq 信号通路促进轴突再生的机制研究	深圳北京大学香港科技大学医学中心	通过
284	JCYJ20160427113514229	不同来源胚胎囊胚培养与移植的临床应用价值研究	深圳中山泌尿外科医院	通过
285	JCYJ20160427113429186	髓源性抑制细胞参与子宫内膜异位症发生发展的分子机制研究	深圳中山泌尿外科医院	通过
286	JCYJ20160427113223456	无精子症患者睾丸 piRNA 表达谱的建立及其调控机制的研究	深圳中山泌尿外科医院	通过
287	GJHS20170309150419074	千万门高性能军用 FPGA 器件项目	深圳市国微电子有限公司	通过
288	JCYJ20160428151236429	深圳地区 G6PD 缺乏症基因突变谱及 G6PD 筛查优化研究	罗湖区计划生育服务中心	通过
289	CYZZ20170329141030193	高可靠总线技术的自适应高精度一体化高性能伺服系统	深圳市弘粤驱动有限公司	通过
290	JCYJ20160429171830975	膳食营养状况对不孕症患者行 IVF 助孕周期中卵子质量及妊娠结局的关系研究	深圳市罗湖区人民医院	通过
291	JCYJ20160427192617570	多中心、开放式胰腺癌精准治疗的初步研究	深圳市宝安区人民医院	通过
292	JCYJ20160427191726109	经颅磁刺激对遗忘型轻度认知障碍患者复杂脑网络的影响	深圳市宝安区人民医院	通过
293	JCYJ20160428101420063	Kin17 蛋白与子宫颈癌细胞增殖及患者预后生存的关系研究	深圳市宝安区沙井人民医院	通过
294	JCYJ20160427191215135	互联网 + 急救 O2O 云平台研究与实现	深圳市宝安区人民医院	通过
295	JCYJ20160427192457549	葫芦素 B 抑制 STAT3 信号活化改善肿瘤微环境治疗吉非替尼耐药 NSCLC 的研究	深圳市宝安区人民医院	通过
296	JCYJ20160427193000217	Ang-(1-7) 和 AngII 对肌源性泡沫细胞高密度脂蛋白受体、ATP 结合盒转运子 A1 表达及胆固醇外流的影响	深圳市宝安区人民医院	通过
297	JCYJ20160427192147031	3D 打印技术制作个性化根形种植体的动物实验研究	深圳市宝安区人民医院	通过
298	JCYJ20160427191026117	间充质干细胞诱导免疫性血小板减少症调节性 B 细胞分化研究	深圳市宝安区人民医院	通过
299	JCYJ20160427192552523	超声内镜引导下的经口胆囊穿刺引流术最佳入路选择	深圳市宝安区人民医院	通过
300	JCYJ20160427185421516	基于蛋白质组学技术阐述中医禁食疗法对脾虚痰湿引起的胰岛素抵抗作用机理	深圳市宝安区人民医院	通过
301	JCYJ20160427191440905	痛风性肾病 NLRP3 炎症小体信号通路与血浆磷脂代谢变化的机制研究	深圳市宝安区人民医院	通过
302	JCYJ20160425104402559	PGC-1α 信号通路在脓毒症大鼠心肌线粒体功能调节中的作用研究	深圳市第二人民医院	通过
303	JCYJ20160422172903230	不同清洗方法对消化内镜生物膜影响的研究	深圳市第二人民医院	通过
304	JCYJ20160425095217769	机器人导航定位系统辅助经皮骶髂螺钉固定骨盆后环损伤的实验研究	深圳市第二人民医院	通过

（续表）

序号	项目编号	项目名称	承担单位	验收结论
305	SGLH20161209105517753	hSF-MSCs 复合超分子明胶水凝胶及新型药物治疗关节软骨缺损的关键技术研发	深圳市第二人民医院	通过
306	JCYJ20160425104207008	急性白血病患者肛周感染预见性护理干预模式研究	深圳市第二人民医院	通过
307	JCYJ20160612152651093	基 20160218 具有广泛抗生物粘附特性的界面材料研究	深圳先进技术研究院	通过
308	GJHZ20170314154914747	剪切力诱发肌腱病的实验研究	深圳先进技术研究院	通过
309	JCYJ20160422143629104	重组 IL-18 基因的双歧杆菌对结肠癌调节机制的研究	深圳市人民医院	通过
310	JCYJ20160428175626942	慢性应激对大鼠血脑屏障的影响及逍遥散的调节作用研究	深圳市中医院	通过
311	JCYJ20160422164518800	多模态功能定位技术在颅脑肿瘤的临床应用与评估	深圳市人民医院	通过
312	JCYJ20160427155352873	基于区域卫生信息平台的疾病监测预警技术研究	深圳市宝安区疾病预防控制中心	通过
313	JCYJ20160428180754156	软肝颗粒治疗乙肝肝硬化的疗效及其抑制血管增生的抗肝纤维化机制	深圳市中医院	通过
314	JCYJ20160428175010774	基于 Lgr5 与 Wnt/β-catenin 通路探讨萎胃颗粒干预胃癌前病变的机制研究	深圳市中医院	通过
315	JCYJ20160428171509109	心理契约视角下医生职业倦怠产生机制及干预策略研究	北京大学深圳医院	通过
316	CKCY20170707161518199	基于微型传感器阵列的在线水质检测预警系统和微流体芯片	深圳一目科技有限公司	通过
317	JCYJ20160422151142150	基于 MALDI-TOF MS 技术的耐碳青霉烯类抗生素肠杆菌科细菌耐药机制快速检测方法的建立与临床应用	深圳市人民医院	通过
318	KJFHQ20160829171537405	爱码客（AirMaker）孵化器	深圳市锦绣大地投资有限公司	通过
319	GJHZ20170314151528005	基于人 iPS 细胞的阿尔茨海默症类器官（Organoid）模型关键技术研究	深圳清华大学研究院	通过
320	JCYJ20170302153341980	菲并咪唑衍生物双极分子构筑的非掺杂深蓝光 OLED 的构效关系及光电性能研究	深圳大学	通过
321	JCYJ20160429175723608	临床常见血清型沙门菌多重 PCR 诊断方法的建立及应用研究	深圳市儿童医院	通过
322	GRCK20170823161352634	磁屏蔽和导热贴膜材料的制备	北京大学深圳研究生院	通过
323	GJHZ20170313145614463	小分子有机半导体的电学、光学性质研究及其在有机光电器件中的应用	北京大学深圳研究生院	通过
324	KQJSCX20170329152357439	全覆盖地中海贫血基因检测试剂盒的研制及自动化检测	亚能生物技术（深圳）有限公司	通过
325	GRCK20170823151045242	基于数码单反相机的高曝光同步精度的轻小型航空测绘相机	深圳信息职业技术学院	通过
326	JCYJ20160422151256436	房颤病人心房肌纤维化与射频消融手术治疗预后研究	深圳市人民医院	通过
327	JSGG20170414143820531	重 20170121 彩色全息光聚合物材料的关键技术研发	深圳市深大极光科技有限公司	通过
328	CKCY20170721165708310	基于磁场编码解码技术的磁力导航技术与应用	深圳市元智慧科技有限公司	通过

（续表）

序号	项目编号	项目名称	承担单位	验收结论
329	CKCY20180323150603968	面向农产品批发领域的 SaaS 服务平台的研发	深圳市菜农信息科技有限公司	通过
330	JCYJ20160428105519113	基于自噬溶酶体途径探讨黄连配伍吴茱萸干预阿尔茨海默病的化学成分与分子机制	深圳市老年医学研究所	通过
331	JCYJ20160428105555220	基于网络药理学与脑脊液谱效学相结合研究天泰 1 号多靶协同抗老年性痴呆的物质基础	深圳市老年医学研究所	通过
332	JCYJ20160425100840929	脂质合成通路关键因子 SCAP 参与膀胱癌发生发展的机制研究	深圳市第二人民医院	通过
333	JCYJ20160425104432398	CITED1 在甲状旁腺激素调控骨骼代谢中的机理研究	深圳市第二人民医院	通过
334	JCYJ20160429104231738	快速成型技术辅助足趾移植再造拇指的临床应用	深圳市龙岗区骨科医院	通过
335	RKX20180412181545208	新一轮深圳重点发展科技产业领域研究	深圳国家高技术产业创新中心	通过
336	JSGG20160608155823745	重 20160529 水性丙烯酸结构胶粘剂关键技术研发	深圳市顾康力化工有限公司	通过
337	GQYCZZ20151110162650256	智能车载平台开发以及产业化	深圳市趣创科技有限公司	通过
338	JCYJ20160429161334124	SHARPIN：新的皮肤肿瘤抑制基因与治疗靶点	南方医科大学深圳医院	通过
339	JCYJ20160428140315277	调节性 T 细胞中凋亡途径的改变与子痫前期炎症免疫激活发病机制的相关性研究	深圳市龙华区中心医院	通过
340	JCYJ20160428142231354	变异链球菌磷酸转移酶系统 PtxA、PtxB 小分子抑制剂的筛选及其防龋作用研究	深圳市龙华区中心医院	通过
341	GJHS20140605151755467	MFP 系列高功率声光调 Q 脉冲光纤激光器	深圳市创鑫激光股份有限公司	通过
342	JCYJ20160608140827794	基 20160219 新型碳纳米复合材料电催化剂研究	南方科技大学	通过
343	JCYJ20160429181451546	基 20160159 带状疱疹性神经痛的短时程脊髓电刺激治疗及机制研究	华中科技大学协和深圳医院	通过
344	JCYJ20160429175332604	深圳地区婴幼儿麻疹病毒感染的分子生物学特性研究	深圳市儿童医院	通过
345	JCYJ20160429175623274	miR-148a/T-bet 通路对腺病毒肺炎中记忆 NK 细胞调控的机制研究	深圳市儿童医院	通过
346	JCYJ20160429181145972	SURPI 在儿童感染性脑炎病原体检测中的应用	深圳市儿童医院	通过
347	JSGG20160818152648289	重 20160599 量子点电致发光显示技术研发	深圳 TCL 工业研究院有限公司	通过
348	JCYJ20160429174706491	儿童非酒精性脂肪肝病的肠道菌群基因研究	深圳市儿童医院	通过
349	JCYJ20160429175432818	miR-200c 抑制肾母细胞瘤生物学功能及浸润转移机制研究	深圳市儿童医院	通过
350	CYZZ20170307153908174	智慧城市物联网无人机解决方案	深圳市多翼创新科技有限公司	通过
351	CYZZ20160531090405761	基于开关电源同步二极管关键技术研发	深圳东科半导体有限公司	通过
352	GJHS20170314110658125	腹主动脉瘤破裂重要脏器的血液灌注维持急救介入器械研制	先健科技（深圳）有限公司	通过
353	JCYJ20160429180540076	F Ⅷ在重型血友病 A 患儿体内药代动力学的研究	深圳市儿童医院	通过

（续表）

序号	项目编号	项目名称	承担单位	验收结论
354	JSGG20170822141207380	重 20170200 石墨烯高温电热薄膜关键技术研发	烯旺新材料科技股份有限公司	通过
355	JCYJ20160429175112465	个性化角膜塑形术控制深圳地区青少年近视的研究	深圳市儿童医院	通过
356	JCYJ20160429093323481	调节性 T 细胞及调节性 B 细胞在三氯乙烯药疹样皮炎发病中的作用研究	深圳市职业病防治院	通过
357	GJHZ20170314155404913	感知驱动的高效视频编码	深圳先进技术研究院	通过
358	CKKJ20160825155226775	茗创茶社创客空间	深圳创行邦社群品牌管理咨询有限公司	通过
359	CYZZ20170401104149969	“云 + 微网”智慧课堂云盒解决方案	深圳青檬通信技术有限公司	通过
360	KQJSCX20170328155402991	半固态金属微观流动机理与控制机制研究	南方科技大学	通过
361	JCYJ20170306161056974	纳米氧化石墨烯通过 TET 蛋白诱导 DNA 羟甲基化的作用特征与调控机制	深圳市疾病预防控制中心	通过
362	GQYCZZ20160518113326085	环保型防爆电动巡检车的技术开发	深圳霸特尔防爆科技有限公司	通过
363	JCYJ20170306141716014	3D 打印构建仿生心肌补片的应用基础研究	北京大学深圳研究院	通过
364	CKCY20170724093945871	便携式一体化快速微流控 PCR 系统	深圳市尚维高科有限公司	通过
365	JSGG20170822165535297	重 20170602 应用于废液中金属离子回收用新型离子交换树脂关键技术研发	深圳市天得一环境科技有限公司	通过
366	JSGG20170816090210497	重 20170211 新一代 4K 超高清广播级演播室摄像机关键技术研发	深圳市明日实业有限责任公司	通过
367	JCYJ20160427151500192	H7N9 血凝素蛋白的中和表位鉴定及其免疫原性研究	深圳市第三人民医院	通过
368	CKCY20180326142652863	基于 RFID 应用的智能零售数字化管理平台	深圳市九尚科技有限公司	通过
369	JSGG20170824145703678	重 20170022 助老助残智能人形机器人研发	旗瀚科技有限公司	通过
370	JCYJ20160428174821506	3D 打印手术导板在腕舟骨骨折内固定术中的应用	北京大学深圳医院	通过
371	JCYJ20160428144701106	C3 基因治疗青光眼	深圳市眼科医院	通过
372	JCYJ20160429175202720	多色流式细胞技术检测儿童急性 B 淋巴细胞白血病微小残留病的方案探讨	深圳市儿童医院	通过
373	JCYJ20160331114551175	基 20160109 多视点监控视频中人体智能跟踪技术研究	深圳大学	通过
374	GRCK20170822141700990	基于人工智能的外贸直通车 P4P 机器人	深圳职业技术学院	通过
375	JSGG20170412154657982	重 20170269 基于深度学习的视频结构化大数据和检索云平台的研发	深圳市海能通信股份有限公司	通过
376	CKCY20170719095510158	极高频 (50G) 射频同轴继电器研发	深圳市西科技术有限公司	通过
377	JSGG20170414093206443	重 20170450 重大传染性疾病仿制药研究	深圳万乐药业有限公司	通过
378	CKCY20170724154419319	基于 IDH1 突变的新型脑胶质瘤精准治疗药物开发	深圳明氏医药生物科技有限公司	通过
379	CKFW20160414153721743	南科大智能感知与虚拟现实创客服务平台	南方科技大学	通过
380	JCYJ20170811155517130	大型桥梁无线健康监测网络的能量优化机理研究	哈尔滨工业大学（深圳）	通过

（续表）

序号	项目编号	项目名称	承担单位	验收结论
381	CYZZ20170327161048778	重组痘病毒载体基因治疗药物及新型疫苗规模化制备平台建设	深圳源兴基因技术有限公司	通过
382	CYZZ20170721154623076	基于多屏交互式技术的实时教学系统	深圳市翰博士科技有限公司	通过
383	JCYJ20160427105041864	基 20160186 基于低维材料锁模器件的医用大能量脉冲光纤激光器关键技术研究	深圳大学	通过
384	CKCY20170724152118889	基于云计算光栅式近红外手持式食品检测设备的研发	深圳市农彩汇科技有限公司	通过
385	JCYJ20160422152223097	新型有机硅双季铵盐抗菌材料的合成及性质研究	深圳市人民医院	通过
386	CYZZ20170721171505533	面向公共建筑的智慧节能解决方案	深圳市新科聚合网络技术有限公司	通过
387	CYZZ20160516113620083	基于移动医疗平台的智能无线胎心仪研发	深圳市和来科技有限公司	通过
388	JCYJ20160427110027326	副溶血性弧菌 O3:K6 的溯源、体外生长及乳鼠肠道内定殖研究	深圳市南山区疾病预防控制中心	通过
389	CYZZ20170330105807203	基于新媒体创新模式的多媒体社交娱乐系统	深圳对对科技有限公司	通过
390	CYZZ20170329172827565	富氢水生成器标准化关键技术的研发和产业化	深圳市科力恩生物医疗有限公司	通过
391	GJHS20170215095623774	TD-LTE-Advanced 大容量 MIMO 技术应用与验证 (2017 年度)	中兴通讯股份有限公司	通过
392	GJHS20170302110653875	IMT-2020 网络架构研究 (2017 年度)	中兴通讯股份有限公司	通过
393	GJHS20170313113617970	云计算环境用户数据隐私保护关键技术	哈尔滨工业大学（深圳）	通过
394	KJYY20170411145009029	SF20170036 超融合存储关键技术的应用示范	中兴通讯股份有限公司	通过
395	JCYJ20160429181246583	DEHP 导致隐睾症跨代遗传的自我修复机制	深圳市儿童医院	通过
396	CYZZ20170724163154257	基于精控大视角共融技术的裸眼 3D 隐形光学膜	深圳市聚飞光学材料有限公司	通过
397	CYZZ20170314160706465	智能化多功能放射性辐射快速检测系统	深圳市利美泰克自控设备有限公司	通过
398	CKCY20180323140644745	多轴机器人一体化关节模组的研发	深圳市赫瑞科技有限公司	通过
399	JCYJ20160428180919224	CGRP 在髓核源性神经痛大鼠脊髓水平痛觉敏化的作用	中山大学附属第八医院（深圳福田）	通过
400	CYZZ20170721163400030	基于云服务器包裹快速分拣系统的研发	深圳赛盒科技有限公司	通过
401	CYZZ20130319160235017	标准化过敏原及体外诊断试剂的研制	深圳市博卡生物技术有限公司	通过
402	KJYY20170720161241575	僵尸网络监控溯源态势感知平台应用示范	深圳市安之天信息技术有限公司	通过
403	JCYJ20170307140505192	双重靶标 c-Mpl 拮抗多肽的筛选及其对白血病细胞动态发育的调控作用	中山大学深圳研究院	通过
404	JCYJ20170817115209011	多视点成像视觉感知性能模型和空间扭曲表征模型研究	北京理工大学深圳研究院	通过
405	JCYJ20170817115017509	高强铝合金电弧增材逐层交互控形控性新方法及机理研究	北京理工大学深圳研究院	通过

（续表）

序号	项目编号	项目名称	承担单位	验收结论
406	JCYJ20170817114959584	基于能量映射的非成像光学原理与技术研究	北京理工大学深圳研究院	通过
407	JCYJ20170817115139963	有旋场约束柔性制造机理与方法研究	北京理工大学深圳研究院	通过
408	CYZZ20170720154422611	针对高性能计算与动漫渲染的分布式存储云平台设计与开发	深圳市瑞驰信息技术有限公司	通过
409	JSGG20170822170107534	重 20170247 物联网智能化移动目标感应控制 SOC 芯片关键技术研发	泉芯电子技术（深圳）有限公司	通过
410	JCYJ20170817114951575	硅基远红外透射光学级赋形曲面加工机理研究	北京理工大学深圳研究院	通过
411	CKCY20170720164242763	3D 打印手术导板应用于颅颜面部整形外科的数字医疗云服务平台	深圳德智达科技有限公司	通过
412	KQJSCX20170328153203033	手性螺环二酚的关键技术研发及其应用	南方科技大学	通过
413	CYZZ20170724101728179	Apple HomeKit 与 Alexa 平台智能家居系统研发	深圳市畅飞博科技有限公司	通过
414	CYZZ20170720155808498	基于被动红外感应技术的 4G 无线 scout 关键技术研发	深圳市超诺科技有限公司	通过
415	KQJSCX20170331161244761	基于非贵金属负极的高性能电化学储能器件应用关键技术研发	深圳先进技术研究院	通过
416	JSGG20170822111615833	重 20170392 危险气体远程实时监测监控系统研发	中兴仪器（深圳）有限公司	通过
417	JCYJ20170811154119292	短波红外压缩感知计算成像技术研究	哈尔滨工业大学（深圳）	通过
418	CKCY20170720095956540	嘟嘟智能多媒体话机	深圳全洲通科技有限公司	通过
419	RKX20180416164849996	深港科技资金流动机制研究	深圳国家高技术产业创新中心	通过
420	GJHS20170302110457779	5G 移动通信总体技术研究（2017 年度）	中兴通讯股份有限公司	通过
421	CYZZ20170328171312890	一种低功耗高精密微型步进电机的研发	深圳博柯安电机有限公司	通过
422	JSGG20170824112630679	重 20170021 智能人机协作机器人研发	深圳市佳士科技股份有限公司	通过
423	CKCY20170721093250115	基于发展障碍人士特殊需要数字化智能康复平台的开发	深圳海润特殊教育科技有限公司	通过
424	KQJSCX20170331161854780	基于工作负载感知的虚拟网络资源分配架构的关键技术研发	深圳先进技术研究院	通过
425	CKCY20170721102150198	基于人工智能的救援无人机多机协同技术研发	深圳市书呆科技有限公司	通过
426	JCYJ20160428142411948	EV71 重症感染相关 LncRNA 筛选及其天然免疫调控功能和机制研究	深圳市疾病预防控制中心	通过
427	GJHZ20170313113529978	可连续变弯度自适应机翼机构创新设计与控制研究	哈尔滨工业大学（深圳）	通过
428	CKCY20180323141444753	INLEMS 生命环境管理系统 - 辅助生殖实验室环境监控系统	力盟生命科技（深圳）有限公司	通过
429	CKCY20180321154250458	长效海洋重防腐及可脱附防污复合高聚物材料与应用技术	深圳安盾海洋新材料有限公司	通过
430	CKCY20180322152159049	基于 SaaS 模式的海房宝智能客户跟踪系统关键技术的研发	深圳市柚财科技有限公司	通过
431	CYZZ20170328161931186	鼎尖房产中介 Saas 平台全面信息化解决方案	深圳市鼎尖软件有限公司	通过

（续表）

序号	项目编号	项目名称	承担单位	验收结论
432	CYZZ20170331142816734	车联网远程控制安全系统	福尔达车联网（深圳）有限公司	通过
433	JSGG20160608155032510	重 20160531 石墨烯 / 碳纳米管复合散热薄膜关键技术研发	深圳清华大学研究院	通过
434	CYZZ20170330111828100	大功率高密度流明 LED 光引擎模块关键技术的研发	深圳市立洋上拓照明科技有限公司	通过
435	JSGG20160606145149745	重 20160541 超临界水氧化有机废物装置研制	深圳中广核工程设计有限公司	通过
436	JCYJ20170307174738825	造血干细胞移植前后外泌体 miRNA 敏感生物标志物的筛选研究	南方医科大学深圳医院	通过
437	CYZZ20170331095709896	基于新一代物联网 NB-IoT 技术的共享单车智能锁	深圳市物联锁科技有限公司	通过
438	JCYJ20160428181916222	基 20160185 大型结构件高效精密加工工艺与装备关键技术研究	清华大学深圳国际研究生院	通过
439	GJHS20150416161104417	5G 移动通信系统总体技术研究（2015 年）	中兴通讯股份有限公司	通过
440	GRCK20170822152504483	海洋化妆品的产业化	深圳市人民医院	通过
441	JCYJ20160428181505577	粪便导流术预防直肠癌术后吻合口漏的临床研究	中山大学附属第八医院（深圳福田）	通过
442	JCYJ20170307143728891	可溶性 DC-SIGN 调节 Th17 细胞分化的作用及其在 HBV 感染中的意义	南方医科大学深圳医院	通过
443	JCYJ20160425110110658	异种移植中人可溶性 CD40L 通过 CD40 信号通路激活猪血管内皮细胞的功能与机制研究	深圳市第二人民医院	通过
444	JCYJ20170811154309920	高通量天基信息网络多址接入与容量逼近方法研究	哈尔滨工业大学（深圳）	通过
445	JSGG20160429104101251	重 20160145 DNA 大片段文库制备在水稻精准测序中的关键技术研发	中国农业科学院深圳农业基因组研究所	通过
446	JCYJ20170816152011392	高性能单晶 α-Al2O3 纤维强韧 ZrO2 复合材料制备及机理研究	深圳清华大学研究院	通过
447	CYZZ20170724142135504	基于 BIM 技术的工程项目平台的研发	中易天建设工程技术（深圳）有限公司	通过
448	JCYJ20170817115037194	THz 差异谱段技术检测大分子结构的机理方法研究	北京理工大学深圳研究院	通过
449	JCYJ20170817114937658	宽带光学滤波器逻辑开关高速性能与新型结构的理论分析	北京理工大学深圳研究院	通过
450	JCYJ20170817115145372	非对称自由曲面光学系统约束参量化理论与方法研究	北京理工大学深圳研究院	通过
451	JCYJ20150525092941015	基 20150003 生物组织样本高透明度处理及应用研究	深圳大学	通过
452	GJHS20170314153047460	针对脑中风及肝炎重大疾病创新药物的临床前研究	深圳市中科艾深医药有限公司	通过
453	KQJSCX20170331161449096	新型高帧频高分辨超声弹性成像关键技术及系统研究	深圳先进技术研究院	通过
454	JSGG20170412153411369	重 20170440 关键进化节点鱼类的全基因组测序技术研发	深圳华大海洋科技有限公司	通过
455	GJHZ20170314105503899	资源可持续型绿色混凝土组合结构研发及其性能研究	深圳大学	通过

（续表）

序号	项目编号	项目名称	承担单位	验收结论
456	JSGG20170822105543574	重 20170554 抗蠕变高导电铜包铝合金导体关键技术研发	深圳市神州线缆有限公司	通过
457	CYZZ20170721144900417	基于工业路由芯片技术的高集成多通道智慧办公工无线路由系统	深圳市中科联合通信技术有限公司	通过
458	JCYJ20170817110526264	不对称有机催化串联环化反应构建手性 2,3- 二氢苯并呋喃骨架	南方科技大学	通过
459	CYZZ20170330111442178	新型三相不平衡自动调节技术研发	深圳市慧大成智能科技有限公司	通过
460	CKCY20170724162321096	纹通小指纹识别系统	深圳纹通科技有限公司	通过
461	JCYJ20160426093926044	MiR-133a 在终末期肾病患者中的表达及调节 BMP-2 诱导的平滑肌细胞分化的作用机制	深圳市龙华区人民医院	通过
462	CKCY20170721143258883	高精度智能化自动光学检测设备的研发	深圳市华清创智科技有限公司	通过
463	KQCY20170726090639311	下一代 8K120Hz 超高清视频光电集成传输解决方案	深圳市埃尔法光电科技有限公司	通过
464	SGLH20161212141256837	基于深度逆向强化学习的智能助残轮椅半自动控制关键问题研究及原型系统	深圳先进技术研究院	通过
465	JCYJ20170303104937484	深圳空气污染对人群健康影响及效应修饰研究	深圳市宝安区慢性病防治院	通过
466	JCYJ20170818095924259	高容量负极材料异质结构过渡金属氧化物 / 石墨烯 / 网状交联碳的设计合成及其嵌锂机理研究	深圳大学	通过
467	CYZZ20170724160245182	基于云计算的糖尿病风险评估和趋势预判技术的智能健康管理平台研发及产业化	深圳市汉优科技有限公司	通过
468	JCYJ20160530190702313	小鼠多能性干细胞相互转化的单细胞基因表达与调控的研究	南方科技大学	通过
469	CKCY20180322090601898	高效智能脉冲激光清洗设备的开发	深圳市汇泽激光科技有限公司	通过
470	JCYJ20160226185623304	基 20160011 乳腺癌中表达异常的非编码核酸通过自噬信号通路调控肿瘤发生发展机制的研究	清华大学深圳国际研究生院	通过
471	JCYJ20170307100942297	PLA2G7 基因甲基化调控缺血性脑卒中发生的分子机制研究	深圳市南山区慢性病防治院	通过
472	CKCY20180327124439066	面向智能制造行业的人工智能（AI）的数据分析及预测管理系统	深圳市微埃智能科技有限公司	通过
473	JSGG20160301103446375	重 20160300 秋水仙素药物结构修饰关键技术研发	南方科技大学	通过
474	JCYJ20170817110005371	三氟甲硫基吲哚啉化合物的不对称合成	南方科技大学	通过
475	JCYJ20170817112532779	GABA 类氨基酸的手性合成及其抗癫痫药物的研发	南方科技大学	通过
476	JSGG20170821173236499	重 20170300 工业 4.0 全过程生产物料实时追踪系统关键技术研发	研祥智能科技股份有限公司	通过
477	CYZZ20170329145122835	基于液晶补偿技术的 AMOLED 用圆偏光片的研发	深圳市汇龙天成科技有限公司	通过

（续表）

序号	项目编号	项目名称	承担单位	验收结论
478	JCYJ20170306170851910	多信息融合偏瘫患者远端关节运动功能智能评定系统研究	深圳市老年医学研究所	通过
479	JSGG20170414153419804	重 20170323　基于区块链的政务服务系统的关键技术研发	深圳市新开元信息技术发展有限公司	通过
480	JCYJ20170306170937861	基于鸟类飞行编队原理的高铁牵引供电不平衡分布式混合补偿系统协同 控制及优化研究	武汉大学深圳研究院	通过
481	JCYJ20170817094552356	新型钠离子电池中空多孔结构负极材料的设计合成及性能研究	深圳大学	通过
482	JCYJ20160428142912690	基于免疫磁分离和多重信号放大的 EV71 病毒可视化检测	深圳市疾病预防控制中心	通过
483	CYZZ20170721104130455	支持条码识别的 4G 医疗移动数据终端的研发	深圳盈达信息科技有限公司	通过
484	JSGG20170822103353358	重 20170661　基于高效液相色谱法 HPLC 糖化血红蛋白分析系统关键技术研发	深圳市凯特生物医疗电子科技有限公司	通过
485	CYZZ20170721174401549	可 360 度旋转高稳定性便携式军用计算机研发	深圳市磐鼎科技有限公司	通过
486	JSGG20170814163515679	重 20170221　服务机器人微型编码器及控制芯片的关键技术研发	峰岹科技（深圳）有限公司	通过
487	JSGG20170817151929844	重 20170257　飞行器精密进近导航着陆设备关键技术的研发	深圳市鼎耀科技有限公司	通过
488	JCYJ20170818165039485	新型空芯微结构光纤与传感特性基础研究	深圳华中科技大学研究院	通过
489	JCYJ20170818162129916	3D 闪存数据存储可靠性关键技术研究	深圳华中科技大学研究院	通过
490	JCYJ20170307095935867	基于深度学习的影像组学对乳腺癌分子分型的预测研究	深圳市人民医院	通过
491	KJYY20170720161425454	医用超声精密清洗设备（长龙超声清洗器）应用示范	深圳市美雅洁技术股份有限公司	通过
492	JCYJ20170306161727162	精子形成相关蛋白 CCDC62 的结构与功能研究	深圳北京大学香港科技大学医学中心	通过
493	JCYJ20170811161545863	图像及视频显著性物体检测关键技术研究	哈尔滨工业大学（深圳）	通过
494	JCYJ20160428105935612	基于“肾脑相关”探讨熟地黄调控 ADHD 神经元发育及线粒体功能的机制研究	深圳市老年医学研究所	通过
495	JCYJ20160428105749954	自噬在“远志－石菖蒲”药对治疗阿尔茨海默病中的作用及分子机制研究	深圳市老年医学研究所	通过
496	CYZZ20170721141900627	智慧水务综合信息管理平台的研发	深圳市腾龙信息技术有限公司	通过
497	JCYJ20170413093108233	基 20170318　二萜类化合物抑制 TTK 蛋白激酶及其抗肝癌机制研究	深圳市人民医院	通过
498	JSGG20170824154458183	重 20170311　国产自主可控超大规模结构分析软件系统关键技术研发	深圳创新设计研究院有限公司	通过
499	CKCY20170725153712038	无线化 HDMI 终端的研发和应用	深圳市江澜科技有限公司	通过
500	KQJSCX20170330152147422	支持低成本物联网芯片的低功耗多频段频率生成器研究	清华大学深圳国际研究生院	通过
501	JCYJ20170307153032483	优势身心灵模式对深圳市流动儿童心理弹性的促进研究	清华大学深圳国际研究生院	通过

（续表）

序号	项目编号	项目名称	承担单位	验收结论
502	JCYJ20170817161409809	基于帧率上变换的新一代视频压缩的算法研究	清华大学深圳国际研究生院	通过
503	GGFW20170412151153286	载 20170043 新能源汽车电源系统检测公共技术服务平台	深圳安博检测股份有限公司	通过
504	JSGG20160608151640887	重 20160552 新型大屏真笔迹电磁触控智能交互终端的关键技术研究	深圳市闪联信息技术有限公司	通过
505	JCYJ20160428174730137	双极射频消融与冷冻消融治疗房颤的动物试验比较研究	中国科学院大学深圳医院（光明）	通过
506	JCYJ20170307145847484	含钯废液中超痕量钯回收技术研究	深圳清华大学研究院	通过
507	JSGG20170823094947340	重 20170633 湿式电除尘净化设备关键技术研发	深圳市新广恒环保技术有限公司	通过
508	JCYJ20160429181842402	PARP-1/Sirt-1 功能失衡在糖尿病肾病发病机制的作用研究	华中科技大学协和深圳医院	通过
509	JSGG20170822112336252	重 20170289 智能消防头盔系统的研发	深圳市泛海三江电子股份有限公司	通过
510	JCYJ20170817141403781	利用多光谱分析方法对市售有抗肿瘤作用的中草药皂角刺质量评价研究	深圳市药品检验研究院（深圳市医疗器械检测中心）	通过
511	KJFHQ20160829145105298	深港国际卫星产业孵化器	协同卫星通信（深圳）有限公司	通过
512	CKCY20180326160045895	基于物联网的生鲜果蔬产品溯源系统研发及产业化	深圳市瑞泊科技有限公司	通过
513	CYZZ20170330145543625	AreoX-X5 高清晰四旋翼智能无人机的研发	深圳火星探索科技有限公司	通过
514	CYZZ20170721163132627	PON 无延时透明传输光纤聚合拉远系统	深圳海荻威光电科技有限公司	通过
515	JSGG20170821171139052	重 20170631 激光复合增减材制造装备研发	深圳光韵达光电科技股份有限公司	通过
516	JSGG20170822152653038	重 20170624 机器视觉工业检测系统关键技术研究	深圳科瑞技术股份有限公司	通过
517	CKCY20180320170925490	MK180x 高频高性能副边同步整流控制芯片的研发	茂睿芯（深圳）科技有限公司	通过
518	JCYJ20170811154233370	空间互联网中海量数据流业务的无码率高效传输机理研究	哈尔滨工业大学（深圳）	通过
519	JCYJ20160331150844452	基 20160077 国花牡丹基因组学研究	深圳华大生命科学研究院	通过
520	GJHZ20170313111237888	FZD7-SSEA3 肿瘤免疫疫苗研制与疗效研究	深圳大学	通过
521	JCYJ20170818102503604	基于贝叶斯滤波的多目标探测与跟踪理论及算法研究	深圳大学	通过
522	JSGG20170823094304807	重 20170572 高分散性纳米分散液及多基材防护水性涂料关键技术研发	深圳市美丽华科技股份有限公司	通过
523	CYZZ20170405151119107	鲜榨空气制水机的研发及应用	天泉鼎丰智能科技有限公司	通过
524	JCYJ20160331191401141	基 20160129 虚拟手术仿真系统研究	深圳先进技术研究院	通过
525	JCYJ20170818155200084	三维纳米结构钠离子电池电极的构筑及性能研究	深圳先进技术研究院	通过
526	GJHS20170314161620400	基于云计算的国际大宗商品交易系统关键技术研究	深圳先进技术研究院	通过

（续表）

序号	项目编号	项目名称	承担单位	验收结论
527	CYZZ20170717145129801	新一代智能制造 X-MES 软件开发	深圳微迅信息科技有限公司	通过
528	GJHZ20170314154845576	含镁活性骨修复材料的 3D 构建及成骨成血管机制研究	深圳先进技术研究院	通过
529	JCYJ20160608160307181	基 20160220 高储能密度纳米聚合物复合材料的构建与介电储能行为研究	深圳先进技术研究院	通过
530	SGLH20161212140718841	基于智慧云的智能互动儿童教育机器人系统的研制	深圳先进技术研究院	通过
531	CYZZ20170724142515031	车车安云智能辅助安全驾驶系统	深圳市车车安信息技术有限公司	通过
532	JSGG20170822140852612	重 20170195 氧化石墨烯基高阻隔水性光固化涂料关键技术研发	深圳市八六三新材料技术有限责任公司	通过
533	JCYJ20160428110124165	Nazumazoles A-C 及类似物全合成及其生物活性研究	深圳市老年医学研究所	通过
534	JCYJ20160428110235852	基于 iTRAQ 定量蛋白质组学技术探讨补肾活血方对原发性骨质疏松症的作用机理和干预靶点	深圳市老年医学研究所	通过
535	GCZX20170731155801050	移动终端三维传感工程技术研究中心	深圳市易尚展示股份有限公司	通过
536	ZDSYS201703031501514	深圳市民用小型无人机可靠性重点实验室	深圳市大疆创新科技有限公司	通过
537	GQYCZZ20160224171040294	同轴电缆宽带网络接入技术 2.0SOC 商业芯片研发及产业化	深圳市赛锐琪科技有限公司	复议
538	JSGG20170414110204422	重 20170415 亚麻籽蛋白中支链氨基酸提取关键技术研发	深圳市诚致生物开发有限公司	复议
539	JSGG20170821143313871	重 20170004 智能异型元器件贴插机关键技术研发	中源智人科技（深圳）股份有限公司	复议
540	JSGG20170413162752680	重 20170430 机械污染物净化系统分离效果的测试方法研发	华测检测认证集团股份有限公司	复议
541	JSGG20170821155451140	重 20170638 大台面高精度线路板测试机研发	深圳麦逊电子有限公司	复议
542	JSGG20170413153302942	重 20170139 新型高功率铝－石墨二次电池关键技术研发	深圳市华力特电气有限公司	复议
543	JSKF20150928174443687	节能型养生壶研发	深圳市北鼎科技有限公司	复议
544	JSGG20170412142503960	重 20170184 数据中心直接蒸发冷却自然冷风墙关键技术研发	深圳科士达科技股份有限公司	复议
545	JSGG20160328151657828	重 20160342 单层石墨烯在锂离子动力电池隔膜中应用研发	深圳市本征方程石墨烯技术股份有限公司	复议
546	JSGG20160607161350293	重 20160549 基于国密算法和远程密钥加载技术的随机数字密码键盘关键技术研发	深圳市九思泰达技术有限公司	复议
547	JSGG20160301160057760	重 20160036 基于能效模型的中央空调节能控制系统关键技术研发	深圳市海源节能科技有限公司	复议
548	GCZX20170412094457136	载 20170027 深圳市玻璃幕墙绿色节能智能化工程技术研究中心	深圳市奇信集团股份有限公司	复议
549	CYZZ20140819150539206	基于小额贷款行业的数字金融服务平台的关键技术研发	深圳华夏通宝信息技术有限公司	复议

（续表）

序号	项目编号	项目名称	承担单位	验收结论
550	GJHZ20170314152701465	转移性乳腺癌基因组特征和免疫逃逸机制研究	深圳华大生命科学研究院	复议
551	KQJSCX20170727100433270	基于二维材料异质结的新型半浮栅闪存的关键技术开发	深圳大学	复议
552	CKCY20160429170601029	电动汽车分时租赁车联网技术开发	深圳市软通德迈科技有限公司	复议
553	CYZZ20170331113033447	大数据人机交互 VR 旅游平台	深圳市花生数字多媒体有限公司	复议
554	CYZZ20160527110202700	基于参数控制的蓝宝石晶体智能制造技术产业化	深圳市晶格材料科技有限公司	复议
555	CYZZ20140828162206052	跨协议集群 PUSH 系统的研发	深圳市新银河技术有限公司	复议
556	CYZZ20160421164407567	绿色食品远程共享软件系统	深圳市科裕达智能电子有限公司	复议
557	CYZZ20170401164441552	智能化频谱使用评估大数据分析平台	深圳市远翰科技有限公司	复议
558	CKCY20170724100702602	高透节能环保玻璃的隔热涂料制取技术研发	深圳市中玻联合新材料有限公司	复议
559	CYZZ20170330145552257	一种全新互动形态的跨平台手机游戏语音平台研发	深圳云娃科技有限公司	复议
560	CKCY20170720100145297	牙周炎致病菌实时荧光 PCR 多重检测试剂的研发	深圳市基音生物科技有限公司	复议
561	CYZZ20170329103446285	面向电商的高密集货到人的智能仓储系统	深圳市鲸仓科技有限公司	复议
562	CKCY20170823164132369	虚拟现实建筑装饰设计软件工具	深圳市易晨虚拟现实技术有限公司	复议
563	CYZZ20170405142631329	面向建筑机电行业抗震支撑关键技术的研究	深圳优力可科技股份有限公司	复议
564	CYZZ20170405150816086	基于老年慢病及妇幼健康管理的研究与应用	深圳瑞麦科技有限公司	复议
565	KQJSCX20170331161310587	胎盘源外泌体与子痫前期发病的关系及在子痫前期诊断中的应用	深圳先进技术研究院	复议
566	CYZZ20170724161303120	新型医学检测技术平台的开发与应用	深圳市东亿健康服务有限公司	复议
567	CKCY20170724140734423	高精度数控电子雕刻机系统的研发	深圳市国匠数控科技有限公司	复议
568	CKCY20170721163642969	一种检测口腔菌斑的双色指示剂关键技术开发	深圳临检生物科技有限公司	复议
569	JCYJ20160401095857424	机动车尾气二次有机气溶胶生成潜势的隧道测试研究	香港城市大学深圳研究院	复议
570	JCYJ20160428173152329	PRPS2 在精子发生过程中的调控作用及其机制研究	北京大学深圳医院	复议
571	JCYJ20160428144848002	深圳市糖尿病视网膜病变三级防控网络的建立	深圳市眼科医院	复议
572	CKCY20180321154050818	智能地震检波器测试仪	深圳面元智能科技有限公司	复议
573	CKCY20180320170901329	基于电力载波的车库 LED 灯智能控制系统	深圳市前海巨能海通能源科技有限公司	复议
574	JCYJ20160427153238750	寨卡病毒（ZIKV）诱导细胞自噬的机制研究	深圳市第三人民医院	复议

（续表）

序号	项目编号	项目名称	承担单位	验收结论
575	JCYJ20160422150209240	VEGF 介导的骨骼肌转化对糖尿病创面愈合的影响及其机制	深圳市人民医院	复议
576	JCYJ20160428172335984	Statins 与 CsA 联用降低 allo-HSCT 移植术后 GVHD 发病风险的协同免疫抑制效应及其作用机理的研究	北京大学深圳医院 ·	复议
577	JCYJ20160427190820603	自主研发的系列鼻插在新生儿持续气道正压通气中的应用：一项前瞻性随机对照研究	深圳市宝安区人民医院	复议
578	JCYJ20160429172247015	肾癌染色体重排热点的形成机制及临床诊疗作用研究	深圳市罗湖区人民医院	复议
579	JCYJ20160429185804993	WDR70 偶联 RNA 转录和 pre-mRNA 剪接过程的分子机制	香港大学深圳医院	复议
580	JCYJ20160428141615317	PCDH8 基因表达与甲状腺乳头状癌的相关性研究	深圳市龙华区中心医院	复议
581	CYZZ20130402103544823	机械动力加力装置项目	深圳蓝宇通机电科技有限公司	复议
582	JCYJ20160425103340738	TGF-β/Smad 信号在肝脏炎症微环境促进肝癌炎癌转化的角色转换和机制研究	深圳市第二人民医院	复议
583	CYZZ20130318173351204	“网络电影厂”影视资源交易平台	深圳市永禾精英文化传播有限公司	不通过
584	CYZZ20150831150059115	基于云计算的数据存储备份服务平台	深圳市木浪科技有限公司	不通过
585	CYZZ20140530102900139	多维化高智能计算机系统	深圳市睿极客科技有限公司	不通过
586	CKCY20170508111310500	超高速半潜式隐身多功能无人艇平台的研发	深圳三方无人技术有限公司	不通过
587	JCYJ20130329161430887	缺血修饰性白蛋白与脂肪酸结合蛋白联合检测在心血管疾病早期快速诊断中的作用和意义	中国医学科学院阜外医院深圳医院	不通过
588	CYZZ20130416142747127	煤岩动力灾害监测预警系统	深圳思量微系统有限公司	不通过
589	CXZZ20140625155521622	基于 GPRS 技术的水质在线监测系统	深圳市博远中天科技发展有限公司	不通过
590	CKCY20170508090747929	基于“互联网 +”的医疗服务平台的开发	深圳嘉宾医院	不通过
591	JCYJ20160427153524391	基于植物负义 RNA 病毒载体制备 MERS-CoV 亚单位疫苗及免疫效果评价	深圳市第三人民医院	不通过
592	CKCY20160429170701329	电动汽车磁共振无线充电技术开发	深圳橙天动力科技有限公司	不通过
593	JSGG20160608115728349	重 20160532 纤维基高吸水性树脂与氯化钙复合干燥剂的研发	干霸干燥剂（深圳）有限公司	不通过
594	CYZZ20130401152744933	肿瘤核酸诊断试剂盒开发	深圳市恒志生物技术有限公司	不通过
595	CYZZ20170303093528435	V 店加小商户店铺管理云平台	深圳昭隆信息科技有限公司	不通过
596	CYZZ20150831102801537	车联网小体积高精度卫星导航 / 惯性组合导航终端	深圳市华颖泰科电子技术有限公司	不通过
597	JSGG20160331103247408	重 20160328 基于物联网技术的糖尿病院外监护平台关键技术研发	深圳中迈数字医疗技术有限公司	不通过

2020 年第 3 批科技计划项目验收结果在线查看
（《深圳科技年鉴》收录验收结果
为深圳市科技创新委员会最终确定的验收结果）

（三）2020年第3批科技计划项目验收结果

序号	项目编号	项目名称	承担单位	验收结论
1	JCYJ20130319164732236	一种新型防治糖尿病早期血管病变的海洋生物活性肽的作用机制基础研究	深圳恒生医院	通过
2	JCYJ20160429185235132	基20160162 基于生物标记物的孤独症诊疗研究	深圳市康宁医院	通过
3	JSGG20170413153325987	重20170234 基于UART通信接口的全息双模移动卫星智能通信终端关键技术研发	深圳市友恺通信技术有限公司	通过
4	JSGG20170821162604882	重20170594 基于物联网的光伏电站在线智能监测诊断关键技术研发	深圳古瑞瓦特新能源股份有限公司	通过
5	CKCY20180321114428005	节能环保可再生紫外光固化复合涂料的研究	深圳市科大科技新材料有限公司	通过
6	JCYJ20160428174449636	深圳市槟榔的流行病学调查以及影响戒断的相关因素分析	北京大学深圳医院	通过
7	JCYJ20160428100849075	miR-544靶向调控VCP基因与人骨肉瘤AKT/PI3K/NF- KappaB/MMP-9信号通路的研究	深圳市中西医结合医院	通过
8	JCYJ20160229165305551	基20160020 节能型窗墙一体化技术研究	香港城市大学深圳研究院	通过
9	JCYJ20170307144115825	核受体TLX调控PD-L1参与肿瘤免疫逃逸的作用及机制研究	南方医科大学深圳医院	通过
10	JCYJ20170307094345589	组合检测Cc16与HMGB1在无创-有创通气序贯治疗急诊呼吸衰竭中的预测价值研究	深圳市宝安区人民医院	通过
11	JSGG20170413163816434	重20170013 具有可召唤及可跟随功能的智能轮椅关键技术研发	深圳市尚荣医用工程有限公司	通过
12	GJHZ20170310161947503	《利用系统生物学加速止咳平喘中药的创新药物研发》	南方科技大学	通过
13	CYZZ20170330111038078	肠道病毒四重荧光定量RT-PCR检测试剂盒	深圳市艾伟迪生物科技有限公司	通过
14	CYZZ20170331154936597	低成本高灵敏幽门螺杆菌呼气分析仪系统方案	深圳市唯锐科技有限公司	通过
15	CKCY20170724090819373	基于大数据的个人海外申学竞争力智能分析及自动评分系统的研发与应用	藕丝科技（深圳）有限公司	通过
16	CYZZ20170331150341224	高精度手机金属后壳全自动视觉检测设备的技术开发	深圳市恒工科技有限公司	通过
17	JSGG20160429163253719	重20160159 基于SONOS工艺的EEPROM存储器芯片关键技术研发	深圳市芯飞凌半导体有限公司	通过
18	JCYJ20160229173844278	基20160015 基于中药及复方的抗三阴乳腺癌的天然药物发现及分子机理研究	香港理工大学深圳研究院	通过
19	CKCY20180328104601791	一种防水透气、小型化、高精度24G车载毫米波雷达的开发	深圳乐驾智能系统有限公司	通过
20	JCYJ20150402094341899	左西孟旦预处理及后处理对重症心脏瓣膜病心肌缺血再灌注损伤的影响及其机制	中国医学科学院阜外医院深圳医院	通过

（续表）

序号	项目编号	项目名称	承担单位	验收结论
21	GJHS20170314101707032	新一代蓝宝石切割系统开发	深圳市大德激光技术有限公司	通过
22	JCYJ20170307151634428	水溶性近红外二区（NIR-Ⅱ）荧光分子的合成及生物成像研究	深圳清华大学研究院	通过
23	CYZZ20170721102856562	用于研磨锂离子电池负极材料的全自动球形研磨机的研发	深圳市华达兴机械设备有限公司	通过
24	JCYJ20170302153752613	基于深度学习和薄板样条隐变量的人脸表情识别研究	深圳大学	通过
25	CYZZ20170724100412050	基于云平台的实时视频转码EPG系统研究	深圳市悦众智合网络传媒有限公司	通过
26	CYZZ20170406164533411	应用于HDI和多层FPC高精密水平除胶渣+化学沉铜技术的研发	深圳市华兴四海机械设备有限公司	通过
27	JCYJ20160318095218091	数据中心网络容错存储及数据传输访问优化关键技术研究	哈尔滨工业大学（深圳）	通过
28	CKCY20180329110606195	应用自适应滤波和GSP算法的人人称生理参数智能分享终端	深圳人人称科技有限公司	通过
29	CKCY20180323140249949	基于K12创新体系教育体验式3D打印学具与教育的研发	深圳市三维一启科技有限公司	通过
30	KQJSCX20170328154608157	新型神经科学微流控装置的研发	南方科技大学	通过
31	JCYJ20170307095822325	多糖纳米抗原呈递系统的构建及其在抗肿瘤免疫治疗中的应用	深圳市人民医院	通过
32	JSGG20170821105152456	重20170041　10kW级半导体激光光纤合束器及其配套器件研发	深圳联品激光技术有限公司	通过
33	CKCY20170725172446308	工业企业能源智慧管理平台研发	深圳市仟源智能科技有限公司	通过
34	JCYJ20160425103911638	组蛋白异常修饰诱导ncRNA异常表达在原发性肝癌复发和转移中的作用及其机制的研究	深圳市第二人民医院	通过
35	JCYJ20170302165516395	粉尘螨过敏原Der f1抑制调节性B细胞分化的机制研究	深圳市龙岗区耳鼻咽喉医院	通过
36	GJHS20140731154138268	TD-LTE系统试验设备开发	华为技术有限公司	通过
37	JCYJ20170306140945736	Mfn-2在肝癌细胞的上皮细胞间质转化及转移侵袭中的作用机制研究	深圳市龙岗中心医院	通过
38	JCYJ20170303151334808	结直肠癌特异性T细胞克隆筛选及其抗肿瘤作用研究	深圳华大生命科学研究院	通过
39	GJHZ20170310090257380	基于纳米载体构建的抗肺肿瘤干细胞DC疫苗研究	深圳市人民医院	通过
40	JCYJ20170818164352257	果蔬农产品农残的表面增强拉曼光谱快检方法及应用研究	深圳华中科技大学研究院	通过
41	JCYJ20170307161544087	基于多视角多重线性特征抽取的海量视频趣味度分析方法研究	香港浸会大学深圳研究院	通过
42	CYZZ20170329140508187	移动端企业视频自营销平台的开发	深圳市企拍文化科技有限公司	通过
43	ZDSYS201703021105327	高性能分组交换平台重点实验室	中兴通讯股份有限公司	通过

（续表）

序号	项目编号	项目名称	承担单位	验收结论
44	CYZZ20170406155050421	新一代工业级大幅面熔融沉积式高温FDM3D打印机研发	深圳巨影三维设备有限公司	通过
45	JCYJ20170412171011187	基20170123 全天候自适应智能交通监控清晰成像系统技术的研究	清华大学深圳国际研究生院	通过
46	JSGG20170414105527437	重20170212 智能全网数据流调度关键技术研发	深圳市迅雷网络技术有限公司	通过
47	JSGG20170928160311212	安2017001 基于建筑信息模型（BIM）技术的核电厂房安全管理平台研发	中冶建筑研究总院（深圳）有限公司	通过
48	JCYJ20170817162416978	基于高分辨质谱蛋白质组学分析技术鉴定肉类属性研究	深圳市计量质量检测研究院	通过
49	JCYJ20160428143724235	基于分子代谢特征的甲状腺癌危险分层及其预后因子的研究	深圳市疾病预防控制中心	通过
50	JSGG20170822102534618	重20170524 智能电网配网自动化终端技术的关键技术研发	深圳深宝电器仪表有限公司	通过
51	JCYJ20170817114239348	商用密码芯片中防御物理攻击的算法安全与芯片安全	深圳信息职业技术学院	通过
52	JCYJ20170817140537062	可降解生物材料不同化学官能团的体内外力化学降解机理研究	深圳北航新兴产业技术研究院	通过
53	JCYJ20170817162119873	糖皮质激素多特异性抗体识别特性及高灵敏比率荧光多残留免疫分析技术研究	深圳市计量质量检测研究院	通过
54	CKCY20180322162005154	基于人工智能中文语义分析平台的研发	中润普达（深圳）大数据技术有限公司	通过
55	JCYJ20170817105041557	创建NHC过渡金属催化剂诱导的远程立体手性转移技术	南方科技大学	通过
56	CKCY20180327155703632	智能 UV－LED 固化系统	深圳市天添智能云设备有限公司	通过
57	JCYJ20160428175005906	Candida nivariensis所致外阴阴道念珠菌病发病的分子机制	北京大学深圳医院	通过
58	CYZZ20170721155542312	4K超高清多视窗视频处理器	聚联视通（深圳）科技有限公司	通过
59	GJHS20160331183313435	高效低成本声电耦合模具精密加工新技术的产业化应用示范	清华大学深圳国际研究生院	通过
60	JCYJ20160530153822178	应用稳定同位素标记技术研究柚皮苷经人体肠道微生物代谢的产物	中山大学深圳研究院	通过
61	CKCY20180326160005949	EVEBOT食品喷绘机器人的研发与设计	深圳亿瓦创新科技有限公司	通过
62	JCYJ20170817114441260	超短脉冲皮秒激光对脆性材料的微细精密加工机理及应用研究	深圳信息职业技术学院	通过
63	JCYJ20170307154652899	基于线粒体分裂/融合探讨益气活血法干预肾小管间质纤维化进展的机制	深圳市中医院	通过
64	JCYJ20160608153641020	基20160222 新型耐海洋生物附着不锈钢特性的研究	深圳先进技术研究院	通过

（续表）

序号	项目编号	项目名称	承担单位	验收结论
65	JCYJ20170818154941048	人群肠道微生物组的群体分类特征挖掘和宿主表型关联的探索性研究	深圳先进技术研究院	通过
66	JCYJ20170818101347761	基于预编码技术和信道编码的高性能超奈奎斯特通信研究	深圳大学	通过
67	JCYJ20170817145536203	系统性红斑狼疮GWAS及家系研究数据的整合分析及关联研究	深圳华大生命科学研究院	通过
68	CKCY20180328101401769	基于计算机视觉和深度学习的疲劳驾驶检测系统	深圳市践一科技有限公司	通过
69	KQJSCX20170726145748464	低维氧化锌纳米材料的表面改性及其在湿度传感器方面的应用	南方科技大学	通过
70	JSGG20170822105644555	重20170397 重要历史事件的知识图谱建设和可视化平台研发	深圳市北科瑞声科技股份有限公司	通过
71	JCYJ20170412170118573	基20170143 深度神经网络及其记忆机制在中文知识表示与推理中的适应性研究	清华大学深圳国际研究生院	通过
72	JSGG20170824112840518	重20170548 微纳米核壳结构的疏水导热材料关键技术研发	深圳市博恩实业有限公司	通过
73	JSGG20170818142232920	重20170132 锂离子电池化成老化节能安全专用设备的关键技术研发	深圳市德朗能电子科技有限公司	通过
74	CKCY20170505141104114	智慧城市停车收费系统的研发	深圳市中智车联科技有限责任公司	通过
75	JSGG20170824112359196	重20170396 装配式绿色建筑工业化生产安装关键技术研发	深圳市勘察研究院有限公司	通过
76	JSGG20170822111016386	重20170562 新型耐高温耐蚀刻聚酰亚胺光刻胶关键技术研发	深圳市瑞福达液晶显示技术股份有限公司	通过
77	GCZX20170727102948327	深圳市智慧能源监测技术研究工程开发中心	瑞斯康微电子（深圳）有限公司	通过
78	JSGG20170413095202954	重20170237 应用与手持设备的第五代(5G)毫米波相控天线阵列关键技术研发	深圳市信维通信股份有限公司	通过
79	JCYJ20160428143348745	深圳市居民高氯酸盐暴露水平、暴露途径及其与甲状腺疾病相关性研究	深圳市疾病预防控制中心	通过
80	JCYJ20160422170206664	结直肠癌microRNA筛选及基于microRNA的新型靶向纳米药物的抗肿瘤疗效及机制研究	深圳市人民医院	通过
81	JCYJ20150601090833370	基20150008 子宫内膜癌变异基因筛查技术研究	北京大学深圳医院	通过
82	GJHS20160318100706263	地址驱动可信网络关键技术和验证（2016年度）	中兴通讯股份有限公司	通过
83	JCYJ20160531195129079	基20160241 纳米载药系统及其转运机理研究	清华大学深圳国际研究生院	通过
84	GCZX20170728145235538	新型绿色包装材料工程技术研究中心	深圳市裕同包装科技股份有限公司	通过
85	GQYCZZ20160426140110478	结构化大数据应用平台	深圳市汉云科技有限公司	通过
86	JSGG20170823140232367	重20170587 智能蓄电池及云管理平台关键技术研发	深圳市普禄科智能检测设备有限公司	通过

（续表）

序号	项目编号	项目名称	承担单位	验收结论
87	GJHS20170310170158086	深圳市万泽中南研究院有限公司+新型研发机构初创期建设补助	深圳市万泽中南研究院有限公司	通过
88	JSGG20170818103332292	重20170046 面向电力设备的无源无线温度在线监控系统关键技术研发	深圳市三和电力科技有限公司	通过
89	KQJSCX20170327151332499	新型一体式柴油车尾气后处理装置的开发	深圳大学	通过
90	JCYJ20170818154457845	绿色溶剂处理的酞菁在有机发光二极管（OLED）空穴注入/传输层的应用研究	南方科技大学	通过
91	JCYJ20170817161931586	纳米颗粒强化餐厨垃圾厌氧消化能量转化的效应与机制	清华大学深圳国际研究生院	通过
92	KQJSCX20170330151956264	基于环糊精与碳化硅泡沫陶瓷填料的水合物强化生成技术	清华大学深圳国际研究生院	通过
93	JSD201105310162A	电力系统中AFOCT技术开发	深圳市方隅光电科技有限公司	通过
94	CYZZ20170406170950746	乳腺癌易感基因筛查panel研发	深圳蓝图基因科技有限公司	复议
95	JCYJ20160427183548637	易感SNP等位基因上调ADD3表达在胆道闭锁发生中的作用和机制	深圳市第三人民医院	复议
96	CKCY20180327153801816	基于公网LTE和专网DMR的双模智能融合终端及系统	深圳科立讯通信有限公司	复议
97	JSGG20170822150230918	重20170445 基于p16基因分子水平的肺癌术后综合康复管理系统研发	深圳市恒康泰医疗科技有限公司	复议
98	JSGG20170823094015674	重20170518 用于PERC晶体硅电池的银浆制备关键技术开发	深圳市首骋新材料科技有限公司	复议
99	CYZZ20170724101826157	基于Lighting和Micro接口的双面混用低压双通道电流快充技术的研发	深圳市鑫德胜电子科技有限公司	复议
100	KJFHQ20160829201416797	360淘金金麒麟养成计划	深圳市迷因创投有限公司	不通过

（四）2020年第4批科技计划项目验收结果

2020年第4批科技计划项目验收结果在线查看
（《深圳科技年鉴》收录验收结果为深圳市科技创新委员会最终确定的验收结果）

序号	项目编号	项目名称	承担单位	验收结论
1	SGLH20161209101100926	异常交易触发的基于事件检测和舆情分析之股票近期走势预测	深圳大学	通过
2	CYZZ20170717113305088	固定污染源超低烟尘排放连续测量系统的研制与开发	深圳市翠云谷科技有限公司	通过
3	JCYJ20160229210357960	基20160014 核酸适配子修饰紫杉醇偶合物免疫介导治疗乳腺癌的研究	香港浸会大学深圳研究院	通过
4	JSGG20170413151919363	重20170140 基于金属粉末注射成形工艺的硬质合金数控刀片关键技术研发	深圳市注成科技股份有限公司	通过
5	JCYJ20160427185241351	大麻素受体的表观遗传学调控在皮肤瘙痒性疾病中的作用机制研究	深圳北京大学香港科技大学医学中心	通过

（续表）

序号	项目编号	项目名称	承担单位	验收结论
6	JSGG20170822162805479	重20170159 改性高模数硅酸钾在水性防腐材料应用中的关键技术研发	深圳航天科技创新研究院	通过
7	JCYJ20170818100431895	基于MapReduce的大规模数据拟合回归方法研究	深圳大学	通过
8	CYDS20120608172055328	菠萝游戏平台	深圳市菠萝游戏有限公司	通过
9	GQYCZZ20150717150037174	生物基沥青混合料改性剂的研制及产业化	深圳市博富隆新材料科技有限公司	通过
10	JCYJ20160420094834492	隔姜灸配合推拿疗法对中老年人膝骨关节炎治疗效果的相关性研究	深圳市龙岗区第五人民医院	通过
11	JSGG20170821151939377	重20170553 耐火耐腐蚀特殊合金材料光缆的关键技术研发	深圳市特发信息光电技术有限公司	通过
12	CKCY20170720151646141	高精度LED模组智能检测系统的研发	深圳市摩西尔工业检测设备有限公司	通过
13	JSGG20170822153632074	重20170198 使用石墨烯制备长效高导热率水性切削液关键技术研发	富兰克科技（深圳）股份有限公司	通过
14	CYZZ20170330145552257	一种全新互动形态的跨平台手机游戏语音平台研发	深圳云娃科技有限公司	通过
15	CYZZ20160531113638287	基于物联网的城市级智能泊车管理系统关键技术的研发	深圳市标迪赛思科技有限公司	通过
16	KJYY20170721145859857	面向电力行业的智能安全锁系统技术科技应用示范	深圳市创维群欣安防科技股份有限公司	通过
17	JCYJ20160429182058044	联合PD-L1阻断剂增强自杀基因系统治疗乳腺癌的研究	华中科技大学协和深圳医院	通过
18	GJHS20170227150055853	CDMA与TD-LTE多网协调关键技术与测试验证（2017年度）	中兴通讯股份有限公司	通过
19	CYZZ20170724140645111	关于新型智能识别控制技术的解决方案	深圳市谷粱科技有限公司	通过
20	CYZZ20170721170817374	物联网高集成高安全eSIM卡项目开发	深圳融卡智能科技有限公司	通过
21	CYZZ20170721110434472	超高压小体积金属化薄膜电容器技术研发	深圳市创仕鼎电子有限公司	通过
22	GQYCZZ20150331140408036	一时护全民智能健康云平台服务系统	深圳易兴科技有限公司	通过
23	CYZZ20170724161124586	基于人工智能算法的比赛直播和制作的系统研发	深圳市新智慧网络技术有限公司	通过
24	CYZZ20170720145327557	基于海量信息处理技术的用电数据监测及能效优化平台	深圳市数聚能源科技有限公司	通过
25	JCYJ20170818143547435	结合深度学习的多摄像机网络智能视频监控关键技术研究	深圳大学	通过
26	CYZZ20160530155907921	微小尺寸人工合成蓝宝石镜片加工工艺的开发与应用	深圳市尊宝精密光学有限公司	通过
27	CKCY20180326123700387	超细线径黄光制程银浆开发	乾宇电子材料（深圳）有限公司	通过
28	JSGG20160607161350293	重20160549 基于国密算法和远程密钥加载技术的随机数字密码键盘关键技术研发	深圳市九思泰达技术有限公司	通过

（续表）

序号	项目编号	项目名称	承担单位	验收结论
29	CKCY20180319154823545	基于物联网的生物样本全息溯源系统的研发	深圳华云生物科技发展有限公司	通过
30	KJYY20170721161606426	基于云服务的智慧教学在教育信息化中的应用示范	深圳市鸿合创新信息技术有限责任公司	通过
31	JSGG20170411140333839	重20170154　高镍正极/硅碳负极动力电池电解液关键技术研发	深圳新宙邦科技股份有限公司	通过
32	JSGG20170412142503960	重20170184　数据中心直接蒸发冷却自然冷风墙关键技术研发	深圳科士达科技股份有限公司	通过
33	GJHS20170314110217471	多模多频高精度天线	深圳市华信天线技术有限公司	通过
34	JCYJ20170306155944271	轻质、高强锆酸镧泡沫陶瓷的制备、孔结构调控及其隔热机理研究	西北工业大学深圳研究院	通过
35	JCYJ20160427152106244	脂氧合酶12基因多态性调控结核病易感的分子机制研究	深圳市第三人民医院	通过
36	KQJSCX20170328155428476	基于金属Sn 和Bi 的高容量长循环的锂离子电池负极材料研究	南方科技大学	通过
37	JSGG20170823143838191	重20170563　PC硬盘用铝合金及产品关键技术研发	深圳市华加日西林实业有限公司	通过
38	JCYJ20170818141810756	具有CO高效装载、可控释放和释放监控性能的新型纳米诊疗剂用于肿瘤精准诊疗	深圳大学	通过
39	CKCY20180321154509018	一种无人超市系统的研发	深圳市道都科技有限公司	通过
40	JCYJ20170306160553495	StAR和3β-HSD在DEHP致生殖毒性中的分子调控与信号通路研究	深圳市疾病预防控制中心	通过
41	GRCK20160826145822984	智能医疗康复型可穿戴设备及芯片的研发和产业化	深圳创客微科技有限公司	通过
42	GQYCZZ20160427145010428	智能细胞工厂——再生医学工业级细胞标准化制备关键技术	深圳爱生再生医学科技有限公司	通过
43	JSGG20170823171138734	重20170356　基于HI-END级高保真度智能化数字音频解码关键技术研发	深圳市三诺数字科技有限公司	通过
44	JCYJ20170303170108208	基于区块链的身份管理技术研究	武汉大学深圳研究院	通过
45	JSGG20170414090428464	重20170421　海洋观测中继平台关键技术研发	深圳市朗石科学仪器有限公司	通过
46	JCYJ20160427153348709	功能性SNP调控IL17基因表达介导肠结核黏膜免疫应答的分子机制	深圳市第三人民医院	通过
47	CKCY20180327155001853	微米级半导体封装设备Die Bonder研发	深圳市微组半导体科技有限公司	通过
48	CYZZ20170724102157866	基于星行轮系的超薄精密双面研磨及抛光设备关键技术的研发	深圳赛贝尔自动化设备有限公司	通过
49	GJHS20170301112031691	稳定同位素质谱联用技术在食醋掺伪鉴别中的应用研究	深圳市计量质量检测研究院	通过
50	GJHS20170227150154978	基于NFV/SDN移动核心网络系统开发（2017年度）	中兴通讯股份有限公司	通过

（续表）

序号	项目编号	项目名称	承担单位	验收结论
51	CYZZ20170330160709527	电梯物联网通信服务云平台及其硬件系统开发创业项目	深圳市图焌科技有限公司	通过
52	CKCY20170822110215706	智能煤矸分选机器人	深圳市时维智能装备有限公司	通过
53	JSGG20170823153833271	重20170613 建筑结构物低噪无尘切割关键技术研发	深圳市钻通工程机械股份有限公司	通过
54	CYZZ20170724091447420	多功能空气质量检测仪控制软件关键技术的研发	深圳市沃普时代科技有限公司	通过
55	JCYJ20170307143928246	miR-122-TGF-β通路调控肝癌转移的作用及其机制研究	南方医科大学深圳医院	通过
56	CYZZ20160526093101833	基于主动雷达技术的低功耗非接触3D手势识别技术研发	深圳市广懋创新科技有限公司	通过
57	CKCY20180321154044359	诺如病毒一体化检测技术的研究及其便携式诊断系统的研制	深圳市朗司医疗科技有限公司	通过
58	CYZZ20170724110905363	基于共享新模式的智能CDN加速平台的研发	深圳市云帆加速科技有限公司	通过
59	CYZZ20180305164809404	基于区块链、大数据的车联网信用体系系统的研发	深圳市优信保信息技术有限公司	通过
60	JCYJ20160428143914757	急性迟缓性麻痹病例CV-A24分离株致病性的分子基础研究	深圳市龙华区疾病预防控制中心	通过
61	CYZZ20170721163324465	基于人体工程大数据应用的智能音频睡眠解决方案	深圳大动静科技有限公司	通过
62	JCYJ20170818093935581	抗体介导的间充质干细胞缺血心肌靶向迁徙研究	清华-伯克利深圳学院筹备办公室	通过
63	JSGG20170413163030692	重20170388 钻孔灌注桩承载安全性智能监测管控系统研发	深圳宏业基岩土科技股份有限公司	通过
64	CKCY20180326142801779	新型纳米碳基吸附催化复合材料的制备及应用研究	深圳市太鸟科技有限公司	通过
65	CKCY20180321153839635	面向5G时代用的纳米级自动耦合激光焊接设备的研发	镭神技术（深圳）有限公司	通过
66	JCYJ20170816151958999	面向人机交互的形变目标检测-跟踪技术研究	深圳清华大学研究院	通过
67	CYZZ20170331150806678	基于线上线下一体化的虚拟现实云平台	深圳市眼界科技有限公司	通过
68	CKCY20180322155848423	多维度无线通迅模块的研发	森蓝移动互联科技（深圳）有限公司	通过
69	JCYJ20170817162629875	基于芯片层流特性的药检微肝脏模型的构建研究	清华大学深圳国际研究生院	通过
70	JCYJ20170818162259843	基于靶向增氧纳米光敏剂的氧干预肿瘤诊疗研究	深圳先进技术研究院	通过
71	JCYJ20170307173900343	液流电池中高能量密度电解液的性质研究和有机无机混合电解液的制备	香港科技大学深圳研究院	通过
72	GRCK20170822164847423	基于数据驱动的航天复杂产品制造过程质量控制技术研究	哈尔滨工业大学（深圳）	通过
73	JSGG20170821143535167	重20170626 智能排爆机器人关键技术研发	深圳市天和时代电子设备有限公司	通过
74	CKCY20180321155201788	基于红外探测的新能源充电车位防占系统研发	深圳市长戈科技有限公司	通过

（续表）

序号	项目编号	项目名称	承担单位	验收结论
75	CYZZ20170721103503215	基于动力电池内部恒温系统测试的冷热一体智能测试设备的研发	深圳市宏瑞达环境技术有限公司	通过
76	JCYJ20160427105140594	基20160167 微小RNA靶向细胞周期相关蛋白调控肿瘤发生的机制研究	深圳大学	通过
77	JSGG20170413154603151	重20170050 基于电磁扫描成像技术的实时无创测温系统研发	深圳市一体医疗科技有限公司	通过
78	CYZZ20170330171930279	消化道高频超声内镜	深圳英美达医疗技术有限公司	通过
79	CYZZ20170724155342426	Single Pass工业级速瓦楞纸数码印刷设备研发	深圳汉华工业数码设备有限公司	通过
80	CYZZ20170720162603533	关于自助互动展示及自助购物系统核心技术的研发及应用	深圳绱慧科技有限公司	通过
81	JSGG20170413154439345	重20170157 高固相率半固态压铸成形关键技术研发	深圳市银宝山新科技股份有限公司	通过
82	JSGG20170822161410271	重20170099 高效太阳能储能离并网一体逆变器关键技术研发	深圳市美克能源科技股份有限公司	通过
83	JCYJ20170818155853672	极化SAR信息精确提取关键科学问题研究	深圳先进技术研究院	通过
84	JCYJ20170818163739458	基于代谢工程与点击化学的标记技术可视化探究肠道病毒致病机制	深圳先进技术研究院	通过
85	JCYJ20170307164610282	具有内皮细胞-支架仿生界面的小口径组织工程血管构建和内皮化研究	深圳先进技术研究院	通过
86	JCYJ20160425103035168	基于内质网应激通路探讨乳腺癌干细胞发病机制及中药复方干预研究	深圳市第二人民医院	通过
87	KQJSCX20170330154900754	与抗癌溶瘤病毒疗法联合用药的小分子抑制剂开发及应用	北京大学深圳研究生院	通过
88	CYZZ20170720155853906	中国人糖尿病并发症易感性基因检测及在线分析系统开发	深圳市潘道生物科技有限公司	通过
89	JCYJ20170817162121275	应用生物3D打印技术构建梯度组织工程血管并用于体外血栓机化模型研究	清华大学深圳国际研究生院	通过
90	JSGG20160229143033490	重20160229 三代压水堆核电厂燃料包壳破损在线诊断装置关键技术研发	中广核工程有限公司	通过
91	CYZZ20170721165640984	基于cocos2dx的平台批量设计游戏开发项目	深圳米趣玩科技有限公司	通过
92	CYZZ20170721143928799	警务综合执法智能分析平台	深圳朗驰科技有限公司	通过
93	JCYJ20170818163342873	结合单细胞组学和基因治疗方法的ON型视觉通路人造视网膜电刺激方案	深圳先进技术研究院	通过
94	CKCY20160829185854137	一种基于虚拟技术的便携VR一体机	深圳市英达维诺电路科技有限公司	通过
95	JCYJ20170307100832684	金属蛋白催化的重氮化合物反应及其在小分子药物绿色合成中的应用	北京大学深圳研究生院	通过
96	CKCY20170724165350586	VR虚拟现实技术在科普教育中的应用	深圳仓谷创新软件有限公司	通过

（续表）

序号	项目编号	项目名称	承担单位	验收结论
97	JSGG20170822152830739	重20170193 新型字模标签防伪材料关键技术研发	深圳市冠为科技股份有限公司	通过
98	JCYJ20170817160926795	基于红外热波的电力设备缺陷无损检测技术及试验平台研究	清华大学深圳国际研究生院	通过
99	JSGG20170811090127389	重20170381 硬质岩体“绳锯水平切割+液体二氧化碳竖向割裂”综合爆裂施工技术研发	深圳市工勘岩土集团有限公司	通过
100	JCYJ20150529150715499	基20150010 颈椎曲度异常的早期治疗方法与治疗管理研究	深圳市中医院	通过
101	CYZZ20170721160827766	基于CNT分散技术的新型吨量级碳纳米管浆料研发及产业化	深圳市金百纳纳米科技有限公司	通过
102	CYZZ20170724101222587	基于酮基溶剂电解液的低温型动力电池研发	深圳市东聚能源科技有限公司	通过
103	CYZZ20170724090716154	智能售药诊断系统的研发	深圳市孚瑞友胜电子有限公司	通过
104	JCYJ20170307094315281	cAMP诱导的P450scc/P450c17途径在职业性微波辐射对男性工人睾丸合成睾酮功能中的作用研究	深圳市龙华区疾病预防控制中心	通过
105	CKCY20170724105910797	一种用于化妆品复合型软管包装印刷表面质量检测系统的项目研发	深圳盛通智能科技有限公司	通过
106	JCYJ20170413152640731	基20170002 眼球内微创靶向治疗的微型机器人关键技术研究	深圳先进技术研究院	通过
107	CYZZ20170721163757486	大功率LED封装散热关键技术的研发	深圳市未林森科技有限公司	通过
108	GJHS20170215095708787	地址驱动可信网络关键技术和验证（2017年度）	中兴通讯股份有限公司	通过
109	GJHS20170314160552050	血管内高分辨光声/超声/OCT多模态成像系统及关键技术的研究	深圳先进技术研究院	通过
110	CKCY20170508161359279	基于雾拍夜拍算法的图像高保真处理平台	深圳乐言科技有限公司	通过
111	GJHZ20170314112258560	噬菌体示色传感器的快速检测技术研究	清华-伯克利深圳学院筹备办公室	通过
112	JCYJ20170303160155330	基于关联规则挖掘和深度学习的个性化服装推荐研究	香港理工大学深圳研究院	通过
113	JCYJ20170818144745087	新型环金属钌配合物合成及其克服肿瘤多药耐药机制研究	深圳大学	通过
114	JCYJ20170818115704188	基于量子密码技术的安全网络支付协议研究	深圳职业技术学院	通过
115	CYZZ20170718142206610	新型促消化宠物保健品的关键技术研究及其产业化	深圳市红瑞生物科技有限公司	通过
116	JCYJ20150831201123287	基20150068 基于全基因组测序的被子植物系统进化研究	深圳华大生命科学研究院	通过
117	JCYJ20170818142053544	靶向CDK6基因逆转肝癌细胞的多药耐药性研究	深圳大学	通过
118	JCYJ20170817141236095	基于肠道菌群的中药五味子抗阿尔兹海默症作用机制研究	深圳市药品检验研究院（深圳市医疗器械检测中心）	通过
119	JCYJ20170817162507554	基于低温沉积联合热致相分离技术一体化骨软骨支架构建研究	清华大学深圳国际研究生院	通过
120	CYZZ20170724154746810	基于智能物联网技术的MIA-IoT平台管理系统	深圳知路科技有限公司	通过

（续表）

序号	项目编号	项目名称	承担单位	验收结论
121	CYZZ20170721171549078	基于深度学习的多特征融合指纹识别算法	深圳市诺赛特系统有限公司	通过
122	JCYJ20160422090117011	基于关键因子的深圳市暴雨变化特征及其成因研究	深圳市国家气候观象台（深圳市气候中心 深圳市天文台）	通过
123	CYZZ20160518094829795	一种汽车高级辅助驾驶集成电路的开发	深圳市森国科科技股份有限公司	通过
124	JSGG20170821160422085	重20170093 轨道交通空调高效节能控制器关键技术研发	深圳市麦格米特控制技术有限公司	通过
125	CKCY20180329104913072	特殊贵重药品智能化管理设备的研发	深圳市维思安科技发展有限公司	通过
126	JCYJ20170815161437298	透明基底可控制备石墨烯及其在光伏玻璃电极中的应用研究	西北工业大学深圳研究院	通过
127	JCYJ20170818165917438	基于无序混合媒体的大尺度复杂城市场景三维重建	深圳华中科技大学研究院	通过
128	JCYJ20170817110440310	高介电聚合物基复合材料中微纳层状化的结构与性能研究	南方科技大学	通过
129	CYZZ20170721170504271	大尺寸电容式触摸屏的研发与产业化	深圳市盛迪瑞科技有限公司	通过
130	CYZZ20170724102047640	基于国产低功耗处理器的视频云存储系统	深圳市泽云科技有限公司	通过
131	GJHS20160325151820342	支持Web技术的移动智能终端标准与兼容性评测体系研发（2016年度）	中兴通讯股份有限公司	通过
132	RKX20180413181704792	深圳可持续发展综合评价体系研究	哈尔滨工业大学（深圳）	通过
133	CYZZ20170721165406452	电光型IQ调制器自动偏置电压控制器的研发	深圳帕格精密系统有限公司	通过
134	JCYJ20170807144449135	基于二维材料黑磷的新型P53/MDM2多肽抑制剂纳米递药体系构建及其靶 向肿瘤和肿瘤干细胞治疗的研究	北京大学深圳研究生院	通过
135	JSGG20170822162132846	重20170258 立体多层叠闪存控制芯片关键技术研发	深圳市硅格半导体有限公司	通过
136	JSGG20170823090515479	重20170286 基于SLAM算法的增强现实系统的关键技术研发	深圳晨芯时代科技有限公司	通过
137	CYZZ20170721093042568	基于NB-IoT技术的无线环境优化系统研究	深圳市优网精蜂网络有限公司	通过
138	JCYJ20170817094407954	3D打印表面具有可控微纳米结构的空心管状生物陶瓷支架及成骨效应	深圳大学	通过
139	KQJSCX20170330155020267	利用细胞移植获得高成熟度人心室肌细胞的技术与应用	北京大学深圳研究生院	通过
140	CKCY20180320170854543	基于云端控制的立体停车设备的研发	深圳市奇见科技有限公司	通过
141	JCYJ20170816151922176	空天通信系统无线资源优化方法研究	深圳清华大学研究院	通过
142	JCYJ20170818114014753	基于可见光通信系统的无线定位、测向及跟踪技术研究	香港科技大学深圳研究院	通过
143	GQYCZZ20150722173248017	新研科技互联网发培训O2O平台建设	深圳市新一代信息技术研究院有限公司	通过

（续表）

序号	项目编号	项目名称	承担单位	验收结论
144	JCYJ20160427184134564	基20160204 有源血液循环辅助设备关键技术研究	哈尔滨工业大学（深圳）	通过
145	JCYJ20160608141439330	基20160244 农产品药物残留超灵敏光学快检技术研究	深圳市农产品质量安全检验检测中心	通过
146	CKCY20180323174659823	应用于医学研究的数据探索服务云平台	深圳市宇数科技有限公司	通过
147	JCYJ20170811153306372	MOF及其衍生有序多孔碳在重金属离子电化学传感器中的应用研究	哈尔滨工业大学（深圳）	通过
148	CYZZ20170720103400487	储能式有轨电车充电站项目	深圳市德利和能源技术有限公司	通过
149	JSGG20170822163623256	重20170673 交互式智能交流系统中红外光电子器件的贴片式技术研发	深圳成光兴光电技术股份有限公司	通过
150	JCYJ20170818143107733	褐藻胶寡糖通过与过敏原相互作用的抗过敏机制研究	深圳大学	通过
151	KQJSCX20170328153625183	面向3D打印微波毫米波器件的自动化建模优化和调试技术	南方科技大学	通过
152	JSGG20170824115557897	重20170589 分布式锂电池直流高压系统关键技术研发	深圳天邦达科技有限公司	通过
153	JCYJ20170817101514030	TRIM72在心肌肥大心律失常中的作用和机制	深圳大学	通过
154	JCYJ20170818141442145	军民融合智能化皮秒可见光条纹相机研究	深圳大学	通过
155	JCYJ20170816152620649	基于生物摩擦学的球窝型人工颈椎间盘结构设计理论及应用	深圳清华大学研究院	通过
156	CYZZ20170724164218908	新型全自动光器件自动耦合封装设备的研发	深圳市兴启航自动化设备有限公司	通过
157	JSGG20170821154230302	重20170592 电池化成分容匹配一体化系统关键技术研发	深圳市恒翼能科技有限公司	通过
158	KQJSCX20170728101942700	二级构象确定的稳定多肽侧链修饰方法及其生物学应用	北京大学深圳研究生院	通过
159	CYZZ20170724163508270	基于云端的数据加密与密文检索系统	深圳云塔信息技术有限公司	通过
160	JCYJ20170817100919133	中空核壳结构合金/碳高容量负极材料的可控制备及储钠机理	深圳大学	通过
161	JCYJ20170817111325155	人类活动对茅洲河潜流带微生物多样性及生态功能的影响机制	南方科技大学	通过
162	KQJSCX20170731162830878	急性脑缺血的影像组学方法研究	深圳先进技术研究院	通过
163	JSGG20170822113812258	重20170465 降低移植排斥的双特异性抗体关键技术研发	菲鹏生物股份有限公司	通过
164	JCYJ20170818091727570	红树林湿地深古菌的碳代谢多样性及其分子生物学机制研究	深圳大学	通过
165	JCYJ20170413173434280	基20170198 海洋环境中纳米材料毒理学研究	香港科技大学深圳研究院	通过
166	KQJSCX20170327151152722	柔性全固态锂离子电池关键材料的研究开发	深圳大学	通过

（续表）

序号	项目编号	项目名称	承担单位	验收结论
167	KQJSCX20170727101208249	基于光催化与光热效应协同作用的海水净化与淡化	深圳大学	通过
168	JCYJ20170818093116044	基于超临界水气化污泥催化产富氢燃气为燃料的固体氧化物燃料电池产电特性及能质转化研究	深圳大学	通过
169	JCYJ20170413093032806	基20170234 肺栓塞遗传致病性基因突变位点的鉴定及诊疗Panel的开发研究	深圳市人民医院	通过
170	JSGG20170414144825282	重20170083 300Wh/kg锂离子动力电池关键技术研发	欣旺达电子股份有限公司	通过
171	GJHS20170314161106706	医学影像数据引导的 3D 打印精准成型的生物活性材料的研制 及应用	深圳先进技术研究院	通过
172	JCYJ20170818114754288	基于模糊控制的轮毂电机驱动电动汽车线控电液复合制动控制策略研究	深圳职业技术学院	通过
173	CYZZ20170330094622675	基于健康管理数据服务的智能石墨烯食器研发	深圳市纳美健康科技有限公司	通过
174	JSGG20170823164211865	重20170601 高效节能型微模块数据中心系统的关键技术研发	深圳市英威腾电源有限公司	通过
175	JSGG20170824094640025	重20170520 电动车充电数据挖掘与主动预测关键技术研发	普天新能源（深圳）有限公司	通过
176	JCYJ20170818141507055	极端天气道路照明系统研发	深圳大学	通过
177	GQYCZZ20160727101538096	磷酸铁锂动力电池新型涂碳铝箔集流体应用研究与产业化	深圳好电科技有限公司	通过
178	KQJSCX20170331161718502	海洋源可食膜可控化制备及其应用	深圳先进技术研究院	通过
179	KQJSCX20170726104623185	生物酶驱动微纳米马达在仿生环境中的运动机理研究	哈尔滨工业大学（深圳）	通过
180	JCYJ20170407155608882	基20170102 二维半导体材料生长机制与器件优化的理论研究	清华-伯克利深圳学院筹备办公室	通过
181	JSGG20170824085242651	重20170676 功率型LED器件的散热和光学结构设计关键技术的研发	创维液晶器件（深圳）有限公司	通过
182	JCYJ20170818162909200	黑磷/贵金属异质结的制备及光电特性研究	深圳先进技术研究院	通过
183	JCYJ20170818143001461	二氟甲基醚类化合物的合成方法研究及其在药物设计合成中的应用	深圳大学	通过
184	JCYJ20170817100300603	面向深度学习的跨硬件平台体系结构优化方法	深圳大学	通过
185	CKCY20170724152700236	面向4G/5G通信的高精度低抖动1588时钟同步芯片的研究	深圳市英特瑞半导体科技有限公司	通过
186	JCYJ20170817104715174	可在空气氛下运作的三重态湮灭光子上转换溶液体系	南方科技大学	通过
187	GJHZ20170313145533297	核壳结构液晶显示器间隔物微球材料的研发	北京大学深圳研究生院	通过
188	JSGG20170822145532618	重20170522 高效节能中央空调蓄冰移峰填谷的关键技术研发	深圳市得益节能科技股份有限公司	通过
189	CYZZ20170331113046531	基于蓝牙5.0技术的智能家居语音控制系统技术研发	深圳市蚂蚁雄兵物联技术有限公司	通过

（续表）

序号	项目编号	项目名称	承担单位	验收结论
190	CYZZ20170721142432426	基于垂直腔面发射的远距离红外激光照明器的研发	深圳市三千米光电科技有限公司	通过
191	GRCK20170823162136621	高端处理器复合材料散热装置扁平化结构设计及产品加工工艺研发	南方科技大学	通过
192	CKCY20170823145118710	低压直流伺服驱动器	深圳市微秒控制技术有限公司	通过
193	JSGG20170823140127645	重20170101 高安全高可靠动力电池绝缘监测系统关键技术研发	深圳市超思维电子股份有限公司	通过
194	KQJSCX20170726145619108	纵向高导热柔性聚合物基热界面材料设计与制备	南方科技大学	通过
195	JCYJ20170811155308246	“结构-感知”一体连续型微创手术机器人建模与控制研究	哈尔滨工业大学（深圳）	通过
196	JSGG20170818141026832	重20170529 无铅无卤通孔锡膏关键技术研发	深圳市唯特偶新材料股份有限公司	通过
197	GQYCZZ20151120160325244	高压多串智能锂电池芯片的设计及产业化	深圳市质能达微电子科技有限公司	通过
198	CKCY20180323140319885	基于RFID技术的五层数据加密智能集装箱电子锁的研发	深圳市速看信息技术有限公司	通过
199	KQJSCX20170727101953680	光纤表面波导生物传感器	深圳大学	通过
200	JCYJ20170818155006471	五维多光子显微成像技术用于脑肿瘤在体无标记边界诊断研究	深圳先进技术研究院	通过
201	JSGG20170824162746016	重20170194 石墨烯纳米银复合电磁屏蔽膜关键技术研发	深圳市益达兴科技股份有限公司	通过
202	CKCY20180322145052761	基于云服务技术的用电需求侧管理智能平台	深圳市恒泰能源科技有限公司	通过
203	CKCY20180321154057701	基于通信自动化的射频机械同轴装置的研究与应用	深圳京茂磊通信科技有限公司	通过
204	JCYJ20160226105602871	基20160010 靶向与细胞毒性复合抑制剂抗乳腺癌研究	北京大学深圳研究生院	通过
205	JCYJ20170412151008290	基20170181 融合区块链与内容网络的传感物联网高效可控安全体系架构研究	北京大学深圳研究生院	通过
206	JCYJ20170817112037041	基于低秩矩阵分解的协同过滤推荐系统的研究	南方科技大学	通过
207	GJHS20170301111926686	典型用能系统节能诊断技术研究与应用	深圳市计量质量检测研究院	通过
208	JSGG20170821140744973	重20170477 便携式微流控POCT干式血气生化分析系统关键技术研发	深圳市国赛生物技术有限公司	通过
209	CYZZ20170405150714697	基于自适应控制的智能云台系统的研究	深圳市浩瀚卓越科技有限公司	通过
210	CKCY20180320171036087	基于新能源汽车锂电池箱（舱）智能防灭火系统关键技术研究	中消安科技实业（深圳）有限公司	通过
211	CYZZ20170724151654814	基于AIFF技术的高速传输液晶显示屏	深圳市晶鸿电子有限公司	通过
212	JCYJ20160608151520697	基20160243 基于多环萜类化合物的抗肺癌先导药物的研究	香港中文大学深圳研究院	通过
213	JSGG20170816165923281	重20170611 高频高效直立C型精密连接器关键技术研发	深圳市创益通技术股份有限公司	通过

（续表）

序号	项目编号	项目名称	承担单位	验收结论
214	JCYJ20170818103220315	基于知识约束的变型产品设计过程优化研究	山东大学深圳研究院	通过
215	CKKJ20160824165951324	ACT Lab(瑞知先进认知技术实验室)	瑞知（深圳）科技有限责任公司	通过
216	CYZZ20170721170550080	基于北斗高精度定位的典型应用产品	深圳市华赢飞沃科技有限公司	通过
217	GJHS20150416160722573	TD-LTE/LTE-FDD/TD-SCDMA/WCDMA/GSM多模多频智能终端研发(2015年度)	中兴通讯股份有限公司	通过
218	CKCY20180320171017692	应用于智能家居产业的无线电能传输技术研究	吉成无线（深圳）有限公司	通过
219	JCYJ20170817113844300	大模式数少模光纤及模式复用/解复用器基础研究	北京大学深圳研究院	通过
220	KJYY20170721153210505	基于物联网的智慧城市在社区服务系统的应用示范	深圳市麦驰物联股份有限公司	通过
221	CYZZ20170720153135381	面向公共区域的WiFi探针建模分析与监控人群流量系统	深圳奇迹智慧网络有限公司	通过
222	JCYJ20170818150601930	基于微弧氧化的铝及铝合金航空构件表面耐腐蚀防护涂层开发	北京大学深圳研究生院	通过
223	JSGG20170824105246186	重20170290 移动虚拟现实内容分发平台及移动端头显设备的研发	深圳市酷开网络科技有限公司	通过
224	GJHS20160323152149277	典型行业排水特征污染物脱除成套技术研究与示范（第三笔）	哈尔滨工业大学（深圳）	通过
225	JSGG20170824095649454	重20170407 基于AR技术的车载全息投影技术的研发关键技术研发	深圳市豪恩汽车电子装备股份有限公司	通过
226	CKCY20180321153910933	基于双光谱融合定位的便携式高铁智能电力巡检仪	深圳市行知达科技有限公司	通过
227	JCYJ20170817105007999	二维半导体器件与电极接触的核心问题研究	南方科技大学	通过
228	GQYCZZ20160531110128223	心血管脉搏波远程监护仪及健康管理平台	深圳瑞光康泰科技有限公司	通过
229	JCYJ20170818093517263	无机有机复合的固态聚合物电解质及其固/固界面关键问题研究	深圳大学	通过
230	JCYJ20170817102218122	面向软件定义网络环境下的动态安全模型研究	深圳大学	通过
231	JCYJ20170818163003088	新型二维广谱光催化剂的制备与光解水制氢应用研究	深圳先进技术研究院	通过
232	CYZZ20170721110308923	单兵穿戴式HUD救援智能系统的研发与产业化	深圳市百慕大工业有限公司	通过
233	JCYJ20170818161702462	三维打印镍铝高温合金复合材料的纳米颗粒增强机制研究	深圳先进技术研究院	通过
234	CYZZ20170724101528027	超薄高效小间距 LED 显示屏电源关键技术的研究	深圳市荣电创新技术有限公司	通过
235	JSGG20170818153436590	重20170368 高密度超薄型刚挠结合板层压关键技术研发	深圳明阳电路科技股份有限公司	通过
236	JSGG20170822142244030	重20170570 低温共烧陶瓷（LTCC）基板关键技术研发	深圳顺络电子股份有限公司	通过
237	JSGG20170811153431415	重20170337 互联网+电动汽车充电站智能管理平台关键技术研发	深圳天源迪科信息技术股份有限公司	通过
238	JSGG20170821140924025	重20170262 新一代车载安全驾驶辅助系统关键技术研发	深圳市赛格导航科技股份有限公司	通过

（续表）

序号	项目编号	项目名称	承担单位	验收结论
239	JCYJ20160427105015701	基20160196 低能电子照射下二维材料边缘嵌入式纳米表面的设计制造及应用研究	深圳大学	通过
240	GRCK20170822164346685	挠性航天器基于Stewart隔振平台的隔振控制技术研究	哈尔滨工业大学（深圳）	通过
241	GJHZ20170313150021171	基于EEG/EMG信号和视觉信息的药物试验受体情绪及行为智能分析研究	北京大学深圳研究生院	通过
242	CKCY20180329142625744	基于区块链技术的JUICE开放服务平台	矩阵元技术（深圳）有限公司	通过
243	GJHS20140429093437753	超高速无线局域网的国际标准化与技术验证研究2014年度	中兴通讯股份有限公司	通过
244	CKCY20180328165837548	基于FGF增减材混合加工技术在翻砂铸造行业的革新	广东华领智能制造有限公司	通过
245	CKCY20170721160835630	基于1500VDC光伏电站的汇流监测及通信关键技术研发	深圳市凡与科技有限公司	通过
246	CKCY20170823163245400	高速列车被动安全防护技术及解决方案	深圳市乾行达科技有限公司	通过
247	GQYCZZ20180202181318052	紧缩场系统的研发	深圳市新益技术有限公司	通过
248	JCYJ20170818100006280	图匹配算法及其在心脏运动估计中的应用研究	深圳大学	通过
249	JSGG20170818162403168	重20170377 IPTV（广电新媒体）实时用户行为大数据分析系统及应用平台研发	深圳创维数字技术有限公司	通过
250	GJHS20170220162046398	TD-SCDMA HSPA+系统设备研发(2017年度)	中兴通讯股份有限公司	通过
251	GJHS20150416161004464	智能电视终端操作系统参考设计开发及批量应用（2015年度）	中兴通讯股份有限公司	通过
252	JSGG20170822153717702	重20170203 嵌入式GPU实现深度ADAS算法关键技术研发	深圳市爱培科技术股份有限公司	通过
253	GJHS20150417101532749	新型高性能路由器系统	华为技术有限公司	通过
254	GJHS20170302110349779	LTE-Hi基站设备研发（2017年度）	中兴通讯股份有限公司	通过
255	KQJSCX20170727101233642	低成本大规模场景快速建模与预览视频生成关键技术研究	深圳大学	通过
256	GJHS20160331192217815	新型高性能路由器系统(2016)	华为技术有限公司	通过
257	JSGG20170822111103593	重20170584 新能源汽车电池纳米超细粉体材料制备关键技术研发	博亿（深圳）工业科技有限公司	复议
258	RKX20170807173033899	深圳与硅谷、以色列、新加坡、香港创新政策对比研究	香港科技大学深圳研究院	复议
259	JCYJ20170412112640428	基20170044 超高声速飞行器轨迹生成与跟踪控制研究	北京理工大学深圳研究院	复议
260	KQJSCX20170727163424873	用于OCT的VCSEL波长扫描光源研究	清华-伯克利深圳学院筹备办公室	复议
261	JSGG20170823112249702	重20170607 高压并网发电机组的远程监测与诊断的关键技术研发	深圳市沃尔奔达新能源股份有限公司	复议

（续表）

序号	项目编号	项目名称	承担单位	验收结论
262	JSGG20170818101946757	重20170028 面向动车组车身打磨抛光的智能机器人研发	深圳市泰达机器人有限公司	复议
263	CKCY20180321154201782	动力型大单晶耐高温长寿命三元正极材料技术开发	高点（深圳）科技有限公司	复议
264	CKCY20170720143431166	荷电水雾吸附技术空气净化产品	深圳浥清科技有限公司	复议
265	CYZZ20180302150141249	基于互联网的模块化门禁系统研发	深圳市小石科技有限公司	复议
266	JSGG20170824144107673	重20170187 水性纳米高遮盖3D打印涂料关键技术研发	深圳凯奇化工有限公司	复议
267	JSGG20170824141131083	重20170579 基于光纤传感的核电站核废水处理监测系统关键技术研发	深圳中科传感科技有限公司	复议
268	JCYJ20160427152201873	LncRNA AK075442在肝癌发生发展中的作用及其表达失调的分子机制	深圳市第三人民医院	复议
269	JSGG20170824142722471	重20170536 基于变饱和度光学干涉技术的变色防伪薄膜关键技术研发	深圳市科彩印务有限公司	复议
270	JCYJ20160817172025986	基20160255 水下导航关键技术研究	哈尔滨工业大学（深圳）	复议
271	JSGG20170823102614411	重20170535 超薄IPS智能手机终端用偏光片关键技术研发	深圳市盛波光电科技有限公司	复议
272	JSGG20170823162316562	重20170634 智能清洁机器人及其多机协同作业技术研发	深圳乐行天下科技有限公司	复议
273	JCYJ20170413154349187	基20170330 TCR-T细胞免疫治疗恶性肿瘤研究	深圳市免疫基因治疗研究院	复议
274	JSGG20170824150322939	重20170162 柔性屏用单组分环氧封框胶关键技术研发	深圳飞世尔新材料股份有限公司	复议
275	JSGG20170822102357191	重20170558 复杂地层矿山石油钻头用高端聚晶金刚石复合片关键技术研发	深圳市海明润超硬材料股份有限公司	复议
276	JSGG20170821141456682	重20170492 纳米复合材料与上向流滤池联用脱氮除磷技术研发	深圳市清泉水业股份有限公司	复议
277	CYZZ20170721172802421	金融行业基于生物特征识别技术和国密加密技术的被动式电磁手写触控液晶屏模组研发	深圳市上融科技有限公司	复议
278	CYZZ20160527141607122	基于云智能支付平台的高性能智能移动支付终端研发及应用	深圳睿付科技有限公司	不通过
279	JCYJ20160330095659560	基20160073 前列腺炎及前列腺癌快速诊断研究	北京大学深圳研究生院	不通过
280	CYZZ20170401160929201	基于人脸识别的虚拟化妆系统	深圳港云科技有限公司	不通过

2020年第5批科技计划项目验收结果在线查看
（《深圳科技年鉴》收录验收结果为深圳市科技创新委员会最终确定的验收结果）

（五）2020年第5批科技计划项目验收结果

序号	项目编号	项目名称	承担单位	验收结论
1	ZDSYS201707281026184	深圳市新能源材料基因组制备和检测重点实验室	北京大学深圳研究生院	通过
2	ZDSYS20170303160502987	微尺度光信息技术重点实验室	深圳大学	通过
3	GJHS20150416150325495	5G无线密集网络构架与关键技术研发（2015年度）	中兴通讯股份有限公司	通过

（续表）

序号	项目编号	项目名称	承担单位	验收结论
4	GJHS20170313150213648	新型高性能低成本导电玻璃基板的关键技术研发	北京大学深圳研究生院	通过
5	JCYJ20170412101508433	基20170085 基于双网络交联水凝胶的3D打印生物墨水的研究	清华-伯克利深圳学院筹备办公室	通过
6	JCYJ20170413104438332	基20170040 捕获空间非合作目标的机构和结构系统设计研究	哈尔滨工业大学（深圳）	通过
7	JCYJ20170818143841444	β-乳球蛋白-植物多酚共价复合物的功能特性研究	深圳大学	通过
8	JCYJ20170817104854302	细胞黏附分子作为乳腺癌治疗新靶点的探究	南方科技大学	通过
9	JCYJ20170817110130636	神经修复活性cyclocitrinol家族天然产物的全合成研究	南方科技大学	通过
10	GJHS20170220162140185	软件可配置超高吞吐率5G基站试验平台研究（2017年度）	中兴通讯股份有限公司	通过
11	KQJSCX20180328093434771	可诱导心肌干细胞的应用新技术开发	深圳大学	通过
12	ZDSYS201707251409055	深圳市大数据和人工智能重点实验室	香港中文大学（深圳）	通过
13	JCYJ20170818100931714	活细胞线粒体膜荧光标记及超分辨成像研究	深圳大学	通过
14	JCYJ20170818095803319	钴酸铁非碳空气正极纳米阵列的有效构筑及催化机理研究	深圳大学	通过
15	JCYJ20170818162548196	基于自组装微阵列牺牲模板技术制备高灵敏度柔性压力传感器及其性能研究	深圳先进技术研究院	通过
16	GJHS20160318100605725	软件可配置超高吞吐率5G基站试验平台研究开发（2016年度）	中兴通讯股份有限公司	通过
17	JCYJ20170818142642395	新型二维碳氮基材料的可控制备与光催化研究	深圳大学	通过
18	JCYJ20170307100703967	神经系统药物硫利哒嗪和氯雷他定联合TLR7免疫佐剂杀伤结肠癌细胞的分子机制研究	深圳市人民医院	通过
19	JCYJ20170818170222368	基于无铅铁电/反铁电宽带隙可调光子晶体的光开关研究	深圳华中科技大学研究院	通过
20	CKCY20180323140709800	基于3LCD显示的新型激光光源投影技术	深圳彩翼光电科技有限公司	通过
21	JSGG20170822153537946	重20170363 新型液晶显示模组异形切割关键技术研发	TCL华星光电技术有限公司	通过
22	GJHS20130329164049199	节能低碳玻璃纳米涂覆涂料的研制与产业化	深圳市德厚科技有限公司	通过
23	JCYJ20160520174730707	内向整流钾离子通道15基因在肾癌发生中的作用及机制研究	深圳大学	通过
24	GJHS20160823161742746	FPGA研发与产业化应用	深圳市紫光同创电子有限公司	通过
25	CYZZ20170720145730663	基于模拟自然光线技术的高效节能LED智能台灯技术研发	深圳市宇华智界科技有限公司	通过
26	GJHS20130403093645526	数字对讲机基带SOC产业化	深圳市微芯智能科技有限公司	通过
27	GJHS20120629101525284	广东省博泰海产品生物废弃物综合利用院士工作站	深圳市深博泰生物科技有限公司	通过
28	JCYJ20170818085438996	多肽非末端氨基的选择性修饰技术研究	北京大学深圳研究生院	通过

（续表）

序号	项目编号	项目名称	承担单位	验收结论
29	JCYJ20170818112151323	个性化人工血管的分层3D打印和快速组装成型的可行性研究	湖南大学深圳研究院	通过
30	JCYJ20170817111150174	生物碱氮氧化物类似物氮氮化物的合成及抗癌活性研究	南方科技大学	通过
31	JCYJ20170818164507350	煤粉掺混生物质的富氧燃烧的着火及稳定性的理论与实验研究	深圳华中科技大学研究院	通过
32	JSGG20170822101722018	重20170487　正电位改性新型水处理材料关键技术研发	深圳安吉尔饮水产业集团有限公司	通过
33	JCYJ20170306140444161	颅内压和脑温实时监测在高血压脑出血微创锥颅手术治疗的应用研究	深圳市龙岗中心医院	通过
34	JCYJ20170817095210760	基于概率图模型的医学大数据挖掘与算法研究	深圳大学	通过
35	GGFW20170413162056907	载20170039　动力电池检测公共技术服务平台	中检集团南方测试股份有限公司	通过
36	GJHS20150417103948745	FPGA研发与产业化应用	深圳市紫光同创电子有限公司	通过
37	GJHS20120702104447797	氯替泼诺及其中间体的工艺优化及产业化	深圳市瑞谷医药技术有限公司	通过
38	GJHS20120629163902472	松脂基农药助剂产业化开发与应用研究	深圳诺普信农化股份有限公司	通过
39	JCYJ20170307111748761	miR-130a调控雄激素受体表达的分子机制及其生物学意义	北京大学深圳医院	通过
40	JCYJ20170818103059486	DNA甲基化调控CD8+T细胞免疫反应在HBV感染中的作用和机制研究	山东大学深圳研究院	通过
41	JCYJ20170816172938761	基于气膜压力变化的玻璃基板平面度检测的关键技术研究	浙江大学深圳研究院	通过
42	JCYJ20160520163119426	形成蛋白（Formins）恢复神经元突触可塑性改善阿尔兹海默病认知能力的研究	深圳大学	通过
43	GJHS20160331195103161	基于微流控芯片技术的肺癌单细胞分选及基因组测序分析	深圳先进技术研究院	通过
44	GJHS20150918181216921	TD-LTE家庭基站及网关研发	华为技术有限公司	通过
45	JCYJ20170307095606266	系统性红斑狼疮iPS细胞及向B淋巴细胞分化过程中的甲基腺嘌呤修饰图谱及功能研究	深圳市人民医院	通过
46	CKCY20180319154840749	10倍速桌面级SLA光固化3D打印机关键技术研发	沃尔创新（深圳）科技有限公司	通过
47	JCYJ20170817094735945	光控释药纳米脂质体的构建及在光动力治疗中的应用研究	深圳大学	通过
48	CKCY20180322102505917	分体式低能耗制冷系统关键技术研发	深圳篆意科技有限公司	通过
49	GJHS20170314095017650	风电机组智能控制技术研究及示范	深圳市禾望电气股份有限公司	通过
50	JCYJ20170306091657539	FGF-2-CXCL14通过募集肿瘤相关巨噬细胞影响鼻咽癌肺转移的机制研究	深圳市第二人民医院	通过
51	JCYJ20170811154527927	具有二次结构银纳米纤维的构筑及其催化燃料电池阴极氧还原性能研究	哈尔滨工业大学（深圳）	通过

（续表）

序号	项目编号	项目名称	承担单位	验收结论
52	JCYJ20170817104311912	六磷酸肌醇(IP6)小分子调控胰岛素分泌和糖尿病发生的机制和转化研究	南方科技大学	通过
53	JCYJ20170817094310049	薄片队列微电极微细电火花加工三维微模具及其表面台阶效应与电极损耗规律	深圳大学	通过
54	JCYJ20170413155047512	基20170251 基于靶向递送技术的新型降血压肽研究	深圳职业技术学院	通过
55	GJHS20140613150741825	超材料便携式路由器	深圳市共进电子股份有限公司	通过
56	JSGG20170822093953679	重20170664 静脉血管投影设备关键技术研发	深圳市中科微光医疗器械技术有限公司	通过
57	JCYJ20170818104529523	尺寸效应和应力状态对微介观尺度下金属材料韧性断裂行为影响规律的研究	山东大学深圳研究院	通过
58	CKCY20180323174717883	用于机器人的新型可多维度运动的球形矢量舵机的研发	深圳市闪龙科技有限公司	通过
59	CKCY20180322093215776	面向智能制造的软件构造平台研发与应用示范	深圳易伙科技有限责任公司	通过
60	CYZZ20170721141609866	轨道交通地铁车辆智能化信息管理系统	深圳市元基科技开发有限公司	通过
61	GJHS20160824145340138	智能电视终端操作系统 UI 研发、智能电视一体机解决方案及产业化	深圳创维-RGB电子有限公司	通过
62	GJHS20150319155601728	智能电视终端操作系统UI研发、智能电视一体机解决方案及产业化	深圳创维-RGB电子有限公司	通过
63	JCYJ20170413162242627	基20170236 基于鼻咽癌精准分子分型诊疗体系的研究	深圳市第二人民医院	通过
64	JSGG20170823113609722	重20170284 高速度、高精度工业级影像扫描器关键技术研发	深圳市销邦科技股份有限公司	通过
65	JCYJ20170818144255777	用于超高速紫外光通讯和高安全性无线紫外光通讯的高信号噪声比Au/MgZnO/Ga掺杂ZnO/In隧道结紫外光探测器的制备及特性研究	深圳大学	通过
66	KQJSCX20170727100802505	纳米薄层材料精细化工催化氢化新技术	深圳大学	通过
67	GJHS20150416154856120	高性能射频功率放大管研发（2015年度）	中兴通讯股份有限公司	通过
68	GJHS20140429093437764	2013ZX03005007 无线体域网关键技术研究（极低功耗验证）	中兴通讯股份有限公司	通过
69	JCYJ20170817104802070	低配位钛络合物的合成及其在小分子活化及催化上的应用研究	南方科技大学	通过
70	CYZZ20170721142825744	移动网络智慧连接管理核心系统的研发及应用	深圳市威宇智通科技有限公司	通过
71	CKCY20180329185311750	机器人自动化电弧喷涂系统开发	深圳市佳士机器人科技有限公司	通过
72	KQJSCX20170726103546683	用于智能行走辅助设备的步态检测与力柔顺控制技术解决方案	哈尔滨工业大学（深圳）	通过
73	GJHZ20180413182001835	兆赫兹无线充电系统及芯片研究	清华大学深圳国际研究生院	通过
74	JCYJ20170307104838077	骨髓瘤细胞递呈抗原激活Th2细胞促进Th2和骨髓瘤细胞增殖	深圳市龙岗区人民医院	通过

（续表）

序号	项目编号	项目名称	承担单位	验收结论
75	JCYJ20170818101638620	靶向蛋白激酶Aurora B治疗乳腺癌转移的分子机制研究	深圳大学	通过
76	GJHS20170309144505193	工业源烟气中多污染物智能化协同控制技术	宇星科技发展（深圳）有限公司	通过
77	GJHS20160325151650010	毫米波超大容量室内局域无线接入技术研究(2016年度)	中兴通讯股份有限公司	通过
78	JCYJ20170307161535847	信号分子硫化氢调控内皮祖细胞改善糖尿病裸鼠血管新生和血管修复的机制研究	中国医学科学院阜外医院深圳医院	通过
79	ZDSYS20170728090403108	深圳市空天动力及能源重点实验室	哈尔滨工业大学（深圳）	通过
80	JCYJ20170818103244664	应用环境驱动的多失真准则三维视频编码算法研究	山东大学深圳研究院	通过
81	GJHS20130403151453859	aTRB30 TD-SCDMA 基站收发模块	深圳市虹远通信有限责任公司	通过
82	GCZX20170726104802112	深圳市焊接光源工程技术研究中心	大族激光科技产业集团股份有限公司	通过
83	JCYJ20170818101704025	面向多维时空大数据的索引优化研究	深圳大学	通过
84	CYZZ20170721145825778	新型主动性敷料——透明质酸敷料的设计与开发	深圳市琉璃光生物科技有限公司	通过
85	JCYJ20170816172454095	阵列式可延展柔性表面肌电极的制备和应用	浙江大学深圳研究院	通过
86	GJHS20170227150021629	毫米波超大容量室内局域无线接入技术研究(2017年度)	中兴通讯股份有限公司	通过
87	JCYJ20170303101644483	男男性接触人群基于微信公众号“互联网+”的艾滋病干预检测策略构建及其干预效果研究	深圳市龙岗区疾病预防控制中心	通过
88	JCYJ20170818161918918	双模态分子成像探针用于脑胶质瘤边界精准识别的研究	深圳先进技术研究院	通过
89	CYZZ20170721154901912	云平台的数据保护管理系统	深圳云安宝科技有限公司	通过
90	KQJSCX20170731164301774	基于多载体协同跟随的跨场景人群异常事件检测方法研究	深圳先进技术研究院	通过
91	KJYY20170413112635942	SF20170009 天然气分布式能源冷热电三联供系统的应用示范	深圳市燃气集团股份有限公司	通过
92	JCYJ20170817093725277	InP/ZnS量子点对肝脏微粒体酶的影响及其机制	深圳大学	通过
93	CYZZ20170721142957794	基于GNSS的多频多模式高精度天线的开发	深圳华天信通科技有限公司	通过
94	JCYJ20170816172409618	板级光互连用大尺寸玻璃基导光层制作技术研究	浙江大学深圳研究院	通过
95	JCYJ20170307141840188	核受体NURR1促进前列腺癌去势抵抗发展的作用机制研究	深圳市龙华区人民医院	通过
96	JCYJ20170818091123693	核糖核酸酶L抗病毒机制及其调控小分子开发	北京大学深圳研究生院	通过
97	CYZZ20170724171036371	超高性能交流-直流 PSR PWM控制芯片研发及产业化	深圳市群芯科创电子有限公司	通过
98	JSGG20170822161151776	重20170679 光纤传输xPON/10GPON产品及智能生产的研发	深圳特发东智科技有限公司	通过

（续表）

序号	项目编号	项目名称	承担单位	验收结论
99	GJHZ20170314102535241	caspase-7影响视网膜神经节细胞凋亡和轴突再生的细胞信号通路研究	深圳市眼科医院	通过
100	GJHS20150416160515151	LTE-Advanced公共测试验证平台构建(2015年度)	中兴通讯股份有限公司	通过
101	GJHS20120627090317253	FPC和KL的相互作用及其在ARPKD囊肿形成中的作用	深圳市人民医院	通过
102	JCYJ20170410171958839	基20170176 基于磁性隧道结的电磁环境探测技术研究	香港中文大学（深圳）	通过
103	JCYJ20170306160932340	深圳市居民有机磷阻燃剂内暴露水平及其与氧化应激的关联性研究	深圳市疾病预防控制中心	通过
104	JCYJ20170817100210291	组蛋白甲基化调控蛋白PTIP在非小细胞肺癌发生发展中的功能和机	深圳大学	通过
105	JCYJ20170818085827131	基于脉动阵列架构的低功耗深度学习硬件计算软件仿真系统	北京大学深圳研究生院	通过
106	CKCY20180321154534395	基于BIM技术的建筑机电设备智能供应平台的研发	鸿业（深圳）信息技术服务有限公司	通过
107	GJHS20170310142523110	短流程低成本金属钛绿色制备新技术的研发及其产业化	深圳市新星轻合金材料股份有限公司	通过
108	JCYJ20170818094001391	硅光开关阵列关键波导技术研究	清华-伯克利深圳学院筹备办公室	通过
109	JCYJ20170818105010341	以原子级厚度二维半导体为增益介质的等离子体纳米激光器	香港理工大学深圳研究院	通过
110	CYZZ20170721110206544	幽门螺杆菌耐药基因检测试剂盒研发	深圳市鸿美诊断技术有限公司	通过
111	JCYJ20170817113758285	面向毫米波5G应用的MIMO及超密集组网关键技术研究	北京大学深圳研究院	通过
112	CKCY20180327143201763	基于神经网络识别的微表情研判辅助系统的研究	深圳市恩钛控股有限公司	通过
113	CKCY20170724114238114	基于人工神经网络的金融量化交易系统的研发	深圳昆腾信息科技有限公司	通过
114	JSGG20170822104021314	重20170478 全自动同型半胱氨酸HCY快速检测核心技术研发	深圳市希莱恒医用电子有限公司	通过
115	GJHS20150416151031682	FPGA研发与产业化应用(2015年度)	中兴通讯股份有限公司	通过
116	GJHS20130402153718667	多模多频高精度天线	深圳市华信天线技术有限公司	通过
117	CYZZ20170724162136036	高可靠性电子类流体分配阀及模组开发	深圳市宗泰电机有限公司	通过
118	JCYJ20170817112848591	用于物联网传感器的CMOS工艺兼容的高效硅基太阳能电池关键技术研究	深港产学研基地(北京大学香港科技大学深圳研修院）	通过
119	CYZZ20170714140612955	基于人脸识别的幼儿发热疫情主动筛查系统	深圳市景阳信息技术有限公司	通过
120	GJHS20170313152541375	复杂电磁环境下绿色通信网络射频组件	深圳市虹远通信有限责任公司	通过
121	JCYJ20170307154314477	基于放射学参数设计的无级调节脊柱复位器的应用研究	深圳市罗湖区中医院	通过

（续表）

序号	项目编号	项目名称	承担单位	验收结论
122	JCYJ20160608214524052	基20160234 光声成像技术在消化道内窥临床转化中的关键技术研究	深圳先进技术研究院	通过
123	GJHS20140429093437755	TD-LTE多频射频商用芯片研发[2014年度]	中兴通讯股份有限公司	通过
124	GJHS20120629145252675	基于多协议标记交换的综合多业务接入平台	深圳市超宏达科技有限公司	通过
125	JSGG20170822102251801	重20170513 基于大数据运维的空调低功耗智能控制器的关键技术研发	深圳市建滔科技有限公司	通过
126	JCYJ20170818154936083	面向未来预测的人工智能理论与算法研究	中山大学深圳研究院	通过
127	CKCY20180319154907917	漂流伞基于大数据分析的精准营销系统研发	深圳市漂流伞科技有限公司	通过
128	JCYJ20170818105351600	石墨烯-氧化铝常规超材料的制备及其双负机理研究	山东大学深圳研究院	通过
129	CKCY20180322161019473	基于人脸识别技术的移动互联智能执法终端的研究与应用	深圳市云戟科技有限公司	通过
130	JCYJ20170818140234295	量子保密通信关键密码技术研究	深圳职业技术学院	通过
131	CKCY20180329110654649	基于远程传感器监测的工云物联自动化监测平台	深圳工云科技有限公司	通过
132	JCYJ20170818100526471	脂肪干细胞结合生物微环境模拟体系构建仿生髓核的实验研究	深圳大学	通过
133	JCYJ20170816172623776	用于车辆防撞的多输入多输出雷达分析与建模	浙江大学深圳研究院	通过
134	JCYJ20170306092132534	CXCR2-CAR-T细胞的构建及其治疗多发性骨髓瘤的实验研究	深圳市第二人民医院	通过
135	JCYJ20170818104824165	基于互联网+大数据的药品不良反应监测管理模型再造和关键技术研究	深圳市药物警戒和风险管理研究院	通过
136	JCYJ20170817105950724	基于软物质材料纳米离子传感器的人体血液电解质测量技术	南方科技大学	通过
137	JCYJ20170818142312522	基于代谢组学技术平台的三阴性乳腺癌小分子生物标志物研究	深圳大学	通过
138	GJHS20160331172114878	云计算环境下的钓鱼网站鉴别关键技术研发及其产业化	深圳先进技术研究院	通过
139	JCYJ20170307161031266	CHX等离子体射流治疗种植体周围炎的实验研究	深圳市宝安区妇幼保健院	通过
140	ZDSYS201707281432317	深圳市可食用及药用资源研究重点实验室	香港科技大学深圳研究院	通过
141	GJHS20150417110652573	基于资源消耗量评价方法的商业楼宇绿色设计与评价关键技术研究	筑博设计股份有限公司	通过
142	GJHS20130402155752386	家用婴幼儿睡眠监测系统	深圳市迈迪加科技发展有限公司	通过
143	JCYJ20170306154417817	加味水陆二仙丹对糖尿病肾病KKay小鼠肾脏保护及其对Wnt/β-catenin通路的影响	北京中医药大学深圳医院（龙岗）	通过
144	JCYJ20170306142045288	Beclin1、Livin和nm23-H1与子宫内膜异位症的相关性研究	深圳市龙岗区第二人民医院	通过
145	JCYJ20170818163026031	流式-批处理混合计算模型下的多数据流连接优化	深圳先进技术研究院	通过

（续表）

序号	项目编号	项目名称	承担单位	验收结论
146	JCYJ20170817100322198	碳化硅(SiC)新能源并网逆变器电磁干扰建模理论与方法研究	深圳大学	通过
147	GJHS20170314171301245	公共交通在线支付验票终端研发及其在移动金融应用示范	深圳市久通物联科技股份有限公司	通过
148	GJHS20170314094959322	海上风电机组试验检测关键技术研究及设备研制	深圳市禾望电气股份有限公司	通过
149	GJHS20160325151033800	5G无线密集网络构架与关键技术研发（2016年度）	中兴通讯股份有限公司	通过
150	GJHS20120625155831956	生物细胞筛精密成型工艺及模具的研究与开发	深圳市昌红科技股份有限公司	通过
151	JCYJ20170306091933286	睾丸特异性新基因SPACA7的相互作用蛋白及其分子信号通路研究	深圳市第二人民医院	通过
152	JCYJ20170818091708114	工业废水中重金属的靶向吸附回收	北京大学深圳研究生院	通过
153	JCYJ20170818090542084	先天性纯红细胞再生障碍性贫血疾病(DBA)的发病机理研究	北京大学深圳研究生院	通过
154	JCYJ20170816151055158	基20170149 新一代高确定性嵌入式实时操作系统关键原理技术研究	深圳航天科技创新研究院	通过
155	JCYJ20170411102101881	基20170189 时空大数据的统计建模理论与分布式优化方法研究	深圳市大数据研究院	通过
156	KQJSCX20170330153838500	基于单重态裂变机制的新型太阳能电池的设计开发	北京大学深圳研究生院	通过
157	GJHS20150918181216917	TD-SCDMA增强型网络优化工具研发	华为技术有限公司	通过
158	JCYJ20170818085855597	基于石墨纸的有机柔性热控晶体管	北京大学深圳研究生院	通过
159	JCYJ20170818143305472	Tau蛋白异常磷酸化对糖尿病视网膜病变的早期预警及靶向干预研究	深圳大学	通过
160	CKCY20180322144719975	超长待机智能门铃关键技术的研发	深圳市云开物联技术有限公司	通过
161	CYZZ20170724151129176	新型中小推力有铁芯永磁同步直线电机	深圳线马科技有限公司	通过
162	CYZZ20170721172144916	基于移动互联网和深度学习的监理系统的研发与应用	深圳市深海瑞格科技有限公司	通过
163	JCYJ20170818093844118	纳米MoS2与可见光催化去除纳克级污染物的新型净水器研发	清华-伯克利深圳学院筹备办公室	通过
164	JSGG20170823162148466	重20170250 消费级电子产品无线充电关键技术研发	努比亚技术有限公司	通过
165	CKCY20180319114451004	基于MBBR耦合工艺的高效低耗污水处理技术研发及应用	深圳市华宇创鑫环境科技有限公司	通过
166	JSGG20170822151602118	重20170490 区域性流域污染物通量监测与水质评估综合管理系统研发	深圳市宇驰检测技术股份有限公司	通过
167	JSGG20170928162758210	安2017005 公共安全三维应急指挥及模拟演练系统研发	深圳市海力特科技有限责任公司	通过

（续表）

序号	项目编号	项目名称	承担单位	验收结论
168	CKCY20170724165754144	基于空间能量合成的短波/超短波通信设备的研制	深圳市玖合鑫科技发展有限公司	通过
169	GJHS20170313160134831	兼容公网的TD-LTE专网宽带多媒体集群双模基带芯片 与终端研发及专网与公网系统互联互通功能验证	海能达通信股份有限公司	通过
170	JCYJ20170307112009204	CRP-CD32/CD64-IKK-NFκB通路介导炎症在类风湿关节炎关节损害中的作用及其机制研究	北京大学深圳医院	通过
171	CYZZ20170721160924489	基于ODPS和RDS的NFC支付应用系统	深圳市讯联智付网络有限公司	通过
172	CKCY20180321154730732	轻薄化坚固型金属网格OGS透明电容触摸屏	深圳市风谷创新技术有限公司	通过
173	CYZZ20170721170228634	动车用低烟无卤阻燃特种电缆的关键技术研发	深圳市泰士特线缆有限公司	通过
174	CKCY20180323174706506	智能三维动态打标激光振镜的研发	深圳市斯凯乐激光科技有限公司	通过
175	CKCY20180326123647358	特高压宽范围电磁兼容抗扰度测试系统的研发	深圳华科信达技术有限公司	通过
176	CKCY20180322145229492	光伏智能无水清洗机器人的研发	深圳市妙能科技有限公司	通过
177	CKFW20160829152047092	太空科技健康产业创客服务平台	深圳市绿航星际太空科技研究院	通过
178	GJHS20130407162652521	九寨沟旅游区用指挥型车载信息终端	深圳市赛格导航科技股份有限公司	通过
179	GJHS20130402100443402	替卡格雷缓释片的开发	深圳市华力康生物医药有限公司	通过
180	JCYJ20170818144127727	miR-132-USP9X/HN1调控肌细胞分化的分子机制研究	深圳大学	通过
181	CKCY20180330170608216	轨道交通票务互联网支付平台	深圳创智数通科技有限公司	通过
182	JCYJ20170818092745839	非晶硅基电子传输层对碘铅钙钛矿太阳能电池光电性能的影响机理研究	深圳大学	通过
183	CKCY20170508092228933	基于物联云平台的AR移动社交平台开发	深圳市果壳文化科技有限公司	通过
184	CKCY20170824155700547	微波等离子体材料处理技术	深圳优普莱等离子体技术有限公司	通过
185	CYZZ20160513104908525	TFT闪烁管控自动烧录的技术研发	深圳市汉弘达电子科技有限公司	通过
186	GJHS20120702170123609	水蓄冷蓄能布水设备	深圳市弗劳德能源科技有限公司	通过
187	GJHS20120620171544931	首迈RAON光纤到户综合接入系统	深圳市首迈通信技术有限公司	通过
188	JCYJ20170811160940162	基于自调整驱动支链的大倾转能力并联机器人设计方法	哈尔滨工业大学（深圳）	通过
189	CKCY20180323140939258	PupilVR自闭症社交训练系统	深圳市大瞳科技有限公司	通过
190	JCYJ20170817111548026	反位效应对钌催化剂催化水氧化活性的影响	南方科技大学	通过

（续表）

序号	项目编号	项目名称	承担单位	验收结论
191	CYZZ20170720155049435	一种高性能SCA光学胶的制备方法与工艺研究	深圳市高仁电子新材料有限公司	通过
192	CYZZ20170721113214064	360度全景环绕音效+语音控制智能无线音箱的研发	深圳市创意者科技有限公司	通过
193	CYZZ20170721170220032	基于普通挡风玻璃的抬头显示辅助安全驾驶系统	深圳前海智云谷科技有限公司	通过
194	CKCY20180326155822992	福鸽生物识别+移动物联工作平台的研发	深圳福鸽科技有限公司	通过
195	GJHS20120618163430697	装备状态监测与故障诊断特派员工作站	深圳市亚泰光电技术有限公司	通过
196	GJHS20140612094033556	智能信息识别网络防盗锁	深圳市同创新佳科技有限公司	通过
197	JCYJ20170818161400180	皮层下通路在物体基本属性加工上的作用及其神经机制	深圳先进技术研究院	通过
198	CYZZ20170721101228823	基于稀土永磁体的永磁伺服驱动系统的关键技术研发	深圳市智创电机有限公司	通过
199	CYZZ20170721152838896	基于8核64位A53构架的智能机顶盒的研发应用	深圳酷睿星科技有限公司	通过
200	CYZZ20170724145526251	鹰眼车险反欺诈人工智能平台	云数信息科技（深圳）有限公司	通过
201	CYZZ20170724101348572	基于裸眼3D技术全贴合液晶显示模组关键技术的开发	深圳亿成光电科技有限公司	通过
202	CKCY20170720150506900	面向装配的零件3D位姿精确识别系统	深圳市金园智能科技有限公司	通过
203	CKCY20170822104327801	单杯饮品饮料系统技术开发	深圳鼎加弘思饮品科技有限公司	通过
204	CKCY20170721102214271	触摸屏LCM引脚全自动脉冲热压焊接机的关键技术研发	深圳市四维自动化设备有限公司	通过
205	GJHS20170314141317219	公众保险一站式服务运营系统示范	深圳市永兴元科技股份有限公司	通过
206	CXZZ20140509114122413	大尺寸多功能投射式电容触摸屏关键工艺技术开发	深圳市正星光电技术有限公司	通过
207	GJHS20140414101435082	采用NFC、Z-wave等技术实现密钥识别和无线组网的酒店行业专用电子门锁	深圳市同创新佳科技有限公司	通过
208	GJHS20130403095121855	移动综合信息化应用平台研发	深圳市深讯数据科技股份有限公司	通过
209	GJHS20140403104654377	基于无线智能传感器网络的结构健康监测系统研究与开发	深圳市海川实业股份有限公司	通过
210	CKCY20180329185308927	关于创建商用厨房设备维修平台及KMES系统的研发	深圳市厨盟天地信息技术有限公司	通过
211	CYZZ20170317105846487	基于增强免疫比浊法的新型心脑血管疾病诊断试剂盒研发及产业化	海格德生物科技（深圳）有限公司	通过
212	JCYJ20170818090238288	抗癌天然产物iriomoteolide-2a的合成和生物活性研究	北京大学深圳研究生院	通过
213	CKCY20180320171101916	高照度LED封装散热技术的研发及应用	深圳市裕维科技有限公司	通过

（续表）

序号	项目编号	项目名称	承担单位	验收结论
214	JCYJ20160608161000821	基20160232 航空发动机核心热端部件残余应力效应的多尺度研究	哈尔滨工业大学（深圳）	通过
215	CYZZ20170331103400909	超大功率特殊紫外波段LED固化系统	深圳市永成光电子股份有限公司	通过
216	JSGG20170411153824480	重20170027 银基离线Low-E钢化玻璃均质化关键技术研发	海控南海发展股份有限公司	通过
217	GJHS20170228150729132	微细孔高性能塑件的低能耗绿色注塑关键设备及技术研发	锦丰科技（深圳）有限公司	通过
218	GJHS20170313154158595	复杂电磁环境下可见光通信工程化应用的关键技术研究及示范	深圳市洲明科技股份有限公司	通过
219	GJHS20150416102644651	智能监护（AII6000B型）转运呼吸机	深圳市安保科技有限公司	通过
220	GJHS20130402163628436	TD-LTE及FDD 技术试验及标准	华为技术有限公司	通过
221	GJHS20120615153132123	实时交通信息的车载卫星导航终端研发与中试	深圳市赛格导航科技股份有限公司	通过
222	GJHS20120629101655144	多功能无线接入设备	深圳市普方科技有限公司	通过
223	JCYJ20170306093243010	Occludin降解启动BBB内皮细胞凋亡程序的机制研究	深圳市第二人民医院	通过
224	CKCY20180322101108257	新型智能全自动化的手机屏背光模组组装设备的研发	深圳市中易恒智能装备有限公司	通过
225	CYZZ20170719161125173	具有数字-模拟音频转换功能的智能背夹式电源	深圳市易湘瑞科技有限公司	通过
226	JCYJ20160429173153697	反馈控制RhoA RNAi在中枢神经再生中的作用研究	深圳市龙岗区第二人民医院	通过
227	GQYCZZ20150914115910851	“超视云”在线运营系统	深圳市超视科技有限公司	通过
228	GJHS20120618163430698	重大设备状态监测技术	深圳市亚泰光电技术有限公司	通过
229	JCYJ20180307123639612	有机柔性器件内部电荷传输的材料相关特性及机制研究	北京理工大学深圳研究院	通过
230	CYZZ20170721162903853	基于机器视觉的并联机器人分拣与跟踪系统研发	深圳市佳康捷科技有限公司	通过
231	KJYY20170721142357399	细菌感染伤口红蓝光治疗设备应用示范	深圳普门科技股份有限公司	通过
232	GGFW20170728144958170	高阶集成电路芯片设计验证与可靠性验证平台	苏试宜特（深圳）检测技术有限公司	通过
233	CYZZ20170721141621725	低功耗微模块数据中心机房的方案设计与应用	深圳市兴晟图信息技术有限公司	通过
234	JCYJ20170811154933612	空间探测中磁力仪磁补偿的关键技术研究	哈尔滨工业大学（深圳）	通过
235	CYZZ20170721161635835	基于毫米波雷达的智能车机研发与产业化	深圳源诚技术有限公司	通过
236	JCYJ20170818104441521	多孔复合材料的设计合成及其在锂硫二次电池中的应用	山东大学深圳研究院	通过
237	JCYJ20170817112708243	基于纳米MOSFET的新型太赫兹探测器研究	深港产学研基地(北京大学香港科技大学深圳研修院）	通过

（续表）

序号	项目编号	项目名称	承担单位	验收结论
238	CKCY20180321154050818	智能地震检波器测试仪	深圳面元智能科技有限公司	通过
239	JCYJ20160608153308846	基20160252 水下远距离激光成像技术研究	深圳先进技术研究院	通过
240	GRCK20170823142152536	关节软组织平衡精准系统	深圳武汉理工大研究院有限公司	通过
241	CKCY20170717102648952	基于RFID、可视化路径的企业大数据云平台	深圳市赢路互联网科技有限公司	通过
242	JCYJ20170307140332076	钠离子电池用三明治状碳纳米片负极材料的可控构筑与储能机制	中南大学深圳研究院	通过
243	GJHS20130403150817359	云网络监控及信息管理平台	深圳市宝腾互联科技有限公司	通过
244	CKCY20180329190947049	基于ROS的机器人自主导航轮椅	精锐动力科技（深圳）有限公司	通过
245	JCYJ20170818100522101	面向航空发动机健康评估的轴承磨损状态演变规律研究	深圳大学	通过
246	CKCY20180330170522777	基于连续互嵌技术的高端I型无铁芯直线电机	阿斯科纳科技（深圳）有限公司	通过
247	CYZZ20170724110206680	基于磁传动双中心技术的混合脱泡装置研发	深圳市麦力西科技有限公司	通过
248	CYZZ20170718114808842	智能磁通自适应的高功率密度永磁同步电机驱动器研发	深圳博汇之能科技有限公司	通过
249	KQJSCX20170327151457055	亚细胞水平下纳米制剂生物学效用优化的原理及机制	深圳大学	通过
250	JCYJ20160425103130218	BNIP3调控线粒体自噬减轻急性缺氧性肾小管焦亡的实验研究	深圳市第二人民医院	通过
251	JCYJ20170306144630259	未知复杂环境下基于深度强化学习的机器人自主导航算法研究	深圳职业技术学院	通过
252	GJHS20140716091819139	高性能复合材料自扶正船艇的研发、制造及产业化研究	深圳市海斯比海洋科技股份有限公司	通过
253	GJHS20120626101510691	高速高精密智能 PCB 数控机床研发及产业化	深圳市强华科技发展有限公司	通过
254	CXZZ20120829155854426	奥软网络智能手机移动应用广告平台	深圳市奥软网络科技有限公司	通过
255	CYZZ20170724101048648	基于3D技术的大数据新型教育互动平台	云幻教育科技股份有限公司	通过
256	JSGG20170823144843046	重20170309 基于大数据的肿瘤发病因素分析及预防关键技术研发	深圳市联影医疗数据服务有限公司	通过
257	CYZZ20170721112338842	智能交通控制与决策基础数据采集系统的研发	深圳市赛诺杰科技有限公司	通过
258	JCYJ20170818153352628	产油酵母生物合成番茄红素的代谢调控研究	深圳华中科技大学研究院	通过
259	CYZZ20170721140303530	基于北斗高精度融合算法定位技术的导航设备的研发	深圳市西博泰科电子有限公司	通过
260	CYZZ20160531145131771	智能电表红外通信全性能检测平台研发	深圳市科曼信息技术股份有限公司	通过

（续表）

序号	项目编号	项目名称	承担单位	验收结论
261	JCYJ20150930150304185	基20150088面向5G的空口及高速编码技术研究	哈尔滨工业大学（深圳）	通过
262	GJHS20120628160032831	新型抗肿瘤光敏剂血卟啉醚酯原料和冻干粉针剂的产业化研究	深圳市中兴扬帆生物工程有限公司	通过
263	GJHS20130326160837593	应用于智能缝制设备的自动控制剪切系统	深圳市雅诺科技股份有限公司	通过
264	CKCY20180326123704906	高精度自然手写自动批改教育软件的研发	深圳市助天使软件技术有限公司	通过
265	CYZZ20170721145442125	基于TOF技术的移动机器人远程实时成像服务平台研发	深圳市砝石激光雷达有限公司	通过
266	JCYJ20170818091450164	天然产物安卓幸的抗癌机制研究	北京大学深圳研究生院	通过
267	JSGG20170821143313871	重20170004 智能异型元器件贴插机关键技术研发	中源智人科技（深圳）股份有限公司	通过
268	JSGG20170822100757740	重20170598 降低VOC排放的绿色印刷关键技术研究	美盈森集团股份有限公司	通过
269	JCYJ20160608091848749	基20160242 钙信号酶相关的抗肿瘤蛋白质药物研究	北京大学深圳研究生院	通过
270	CYZZ20160530153045338	半导体封装后段测试设备的研发与产业化	深圳市邦乐达科技有限公司	通过
271	JCYJ20170818155415617	基于对抗式生成网络的图像智能分类算法及应用	中山大学深圳研究院	通过
272	CYZZ20170707151844830	高精度智能3D动态聚焦激光大尺度扫描振镜的研究	深圳市欧亚激光智能科技有限公司	通过
273	CKCY20180319175229388	面向酒店管理的智慧云客控系统研发	维肯智能（深圳）有限公司	通过
274	CYZZ20170724160600915	基于三网融合的DVB+OTT平台	深圳市爱立峰科技有限公司	通过
275	CKCY20170725153622349	基于P2SP的CDN管理平台的研发	深圳星聚网络技术有限公司	通过
276	CKCY20170724150141308	基于旋转导向钻井技术的随钻测井仪器关键部件研发	深圳市智能钻井技术有限公司	通过
277	CKCY20170719165539106	可穿戴多功能理疗仪器的开发	深圳华瑞技术有限公司	通过
278	JSGG20170414143635496	重20170141 面向高精度激光布线应用的银浆银粉材料关键技术研发	深圳市中金岭南科技有限公司	通过
279	JSGG20170414100534231	重20170081 基于模型预测的无电解电容变频器关键技术研发	深圳市振邦智能科技股份有限公司	通过
280	CYZZ20160531091432313	面向5G移动通信网络的小型化、高隔离度、超宽带阵列天线技术	深圳市华一通信技术有限公司	通过
281	KQCY20170329155926962	基于电化学生物传感技术的致病菌快速检测平台	深圳鼎新融合科技有限公司	通过
282	JCYJ20170817161546744	三维仿真模拟情境下危机逃生与救援疏散的动态心理过程研究	清华大学深圳国际研究生院	通过
283	CKCY20180322151819402	Delta高速并联机器人视觉控制技术及视觉标定技术研究	深圳市卓博机器人有限公司	通过
284	JCYJ20170818160138138	基于深度强化学习的家族性腺瘤性息肉病-基因-药物相互作用网络的模型及方法研究	深圳先进技术研究院	通过

（续表）

序号	项目编号	项目名称	承担单位	验收结论
285	CKCY20180329185239961	天择金融社区虚拟实验分析平台的研发	深圳市天择教育科技有限公司	通过
286	JCYJ20170818094022586	具可解释性的新机器学习理论研究	清华-伯克利深圳学院筹备办公室	通过
287	CKCY20180323175012685	基于云计算和大数据的全球跨境物流智能服务平台的研发	深圳市前海西游科技有限公司	通过
288	CYZZ20170406100302017	基于CCD视觉定位的高精度全自动3C细微件植入设备研发	富东群自动化科技（深圳）有限公司	通过
289	CYZZ20170320105212470	新能源智能混合动力自行车	深圳市家信信息科技开发有限公司	通过
290	CKCY20170720152447448	基于X86多核处理器可重构计算的高度集成化智能相机的开发	深圳市精纬视智能科技有限公司	通过
291	JSGG20160608100922614	重20160553 应用于3G/4G终端的射频功率放大器芯片研发	深圳飞骧科技有限公司	通过
292	JCYJ20160527172144272	基于多维度组学生物数据分析及深度学习模型构建基因调控网络研究及应用	深圳职业技术学院	通过
293	CYZZ20160531112432515	基于6LoWPAN技术的无线智能门锁	深圳中智科创机器人有限公司	通过
294	JCYJ20150324141711645	锂离子电池金属氧化物薄膜电极基础研究及其改性技术	深圳大学	通过
295	JCYJ20170307155244629	基于BCR信号通路探讨miRNA-3613-3p在IgA肾病中的致病机制及临床应用研究	深圳市中医院	通过
296	CKCY20180321154745916	基于双向DCDC高频隔离500kW直流微网储能变流器技术的开发	深圳市洛仑兹技术有限公司	通过
297	CYZZ20170721171053699	智能防盗定位搜索系统的开发	深圳易优智能科技发展有限公司	通过
298	CYZZ20170721093817352	10层二阶阴阳HDI高频板关键技术研发和应用	深圳市精莞盈电子有限公司	通过
299	CYZZ20170724154541114	智能OBD汽车自动诊断系统的研发及应用	深圳市轩宇车鼎科技有限公司	通过
300	JCYJ20170818094707964	基于代谢组学探索组蛋白修饰调控肿瘤代谢的靶点研究	深圳大学	通过
301	CYZZ20170724140554363	高性能机器视觉计算集群技术及产品研发	深圳市瑞讯云技术有限公司	通过
302	JSGG20170824091941005	重20170386 基于机器人技术的变电站设备自动化巡检系统关键技术研发	深圳市朗驰欣创科技股份有限公司	通过
303	CKCY20170823152549627	硅时代的芯片降温灵药	小墨热管理材料技术（深圳）有限公司	通过
304	JSGG20170412145934208	重20170243 5G 大规模多进多出阵列天线（Massive MIMO）关键技术研发	深圳国人通信股份有限公司	通过
305	JSGG20170414150421896	重20170201 连续时空电磁频谱感知及大数据处理关键技术的研发	深圳航天东方红卫星有限公司	通过
306	JCYJ20160530190156590	便携式拉曼光谱现场快速检测化妆品中禁用抗生素研究	深圳市检验检疫科学研究院	通过

（续表）

序号	项目编号	项目名称	承担单位	验收结论
307	KJFHQ20160829195055100	福永云创孵化器	深圳市福永云创孵化器有限公司	通过
308	GJHS20120612152731623	基于超高频RFID的智能物流技术及其应用系统的开发	宝德科技集团股份有限公司	通过
309	CYZZ20170721103954003	基于医养结合的智慧养老服务平台建设	康美健康云服务有限公司	通过
310	CYZZ20170721144051600	新型EBG结构 高隔离度MIMO UWB超宽带天线研发	深圳万百万科技有限公司	通过
311	CKCY20180328100202074	基于水动力学的重油乳化能量系统及设备的研发	深圳市国能环保科技有限公司	通过
312	JCYJ20151029173639477	基20150104 基于大数据的代谢组学评估及其在航天医学中的应用	深圳市绿航星际太空科技研究院	通过
313	CKCY20170724111209035	基于互联网的停车充电一体化运营管理系统关键技术的研发	深圳无疆新能科技有限公司	通过
314	CYZZ20170401164441552	智能化频谱使用评估大数据分析平台	深圳市远翰科技有限公司	通过
315	GJHS20170215095558776	高性能射频功率放大管研发（2017年度）	中兴通讯股份有限公司	通过
316	JCYJ20160429093033251	基20160160 首诊转移性肾癌的液体活检基础研究	深圳市罗湖区人民医院	通过
317	CKCY20180322165619276	超薄智能安全帽的柔性可弯曲与安全固态电源装置技术的研发	深圳清大中康科技有限公司	通过
318	CYZZ20170724101826157	基于Lighting和Micro接口的双面混用低压双通道电流快充技术的研发	深圳市鑫德胜电子科技有限公司	通过
319	CYZZ20170720154625565	一站式知识产权保护服务平台研发项目	深圳市安盾知识产权服务有限公司	通过
320	CYZZ20170329170021492	PET/PETG 聚酯类塑料增韧增粘增温改性剂	深圳市鑫恒力科技有限公司	通过
321	CKCY20170824104919600	全景+人工智能算法方案SDK	深圳市圆周率软件科技有限责任公司	通过
322	GJHS20160325151640154	基于LCOS的眼镜型透视融合显示系统(2016年度)	中兴通讯股份有限公司	通过
323	GJHZ20120618141428416	抗肿瘤新药LD0015临床前研究	中山大学深圳研究院	通过
324	GCZX20170726142017698	半导体芯片散热组件工程技术研究中心	深圳市超频三科技股份有限公司	通过
325	CYZZ20170720155129170	Sennogait穿戴式步态分析系统 在运动康复领域的应用	深圳创感科技有限公司	通过
326	CYZZ20170724152722375	胡桃云智能心电监护系统的研发	深圳市胡桃医疗科技有限公司	通过
327	CYZZ20170331151256719	全自动3D玻璃精密热弯智能成型设备研发	深圳市环球同创机械有限公司	通过
328	CKCY20170823102754681	药物开发用新型含氟试剂产业化	深圳市中科邦奇氟医学材料有限公司	通过
329	GRCK20170823152136668	一种新型顽固性头痛和鼻炎治疗装置	深圳市科思投资发展有限公司	通过
330	JSGG20170414145105933	重20170016 深海仿生鱼集群水下监测关键技术研发	深圳光启空间技术有限公司	通过

（续表）

序号	项目编号	项目名称	承担单位	验收结论
331	GQYCZZ20150914170202555	佳易德智能玻璃3.0的研制及产业化	深圳市德厚科技有限公司	通过
332	GJHS20120702095539063	中国沼小粪蝇亚科的系统分类研究	深圳市仙湖植物园管理处（深圳市园林研究中心）	通过
333	CKCY20180326155739577	运用大数据创新酒店用工模式的来来人力资源共享平台	来来信息科技（深圳）有限公司	通过
334	CYZZ20170721162355264	安全可信桌面虚拟化一体机研发	深圳市云海麒麟计算机系统有限公司	通过
335	JSGG20170824092338849	重20170493 含盐反渗透浓水资源化处理及零排放技术研发	深圳市捷晶能源科技有限公司	通过
336	CYZZ20170331174618730	创立UV LED工业光源行业优势企业和品牌	深圳市杜莎科技有限公司	通过
337	JCYJ20170817101008912	染色质重塑蛋白PBRM1转录调控天然免疫反应的机制研究及其作为结肠癌预后标志物的探索	深圳大学	通过
338	CKCY20170724103355487	基于氧化锆陶瓷制精密部件的烧结与磨削加工工艺的研发	深圳鑫鹏海新材料有限公司	通过
339	JSGG20160427105120572	重20160125 基于复合纳米粒子的低频太赫兹乳腺造影成像关键技术研究	深圳市一体医疗科技有限公司	通过
340	GQYCZZ20160224171040294	同轴电缆宽带网络接入技术2.0 SOC商业芯片研发及产业化	深圳市赛锐琪科技有限公司	通过
341	JCYJ20160425142650280	CHCCs模式对社区高血压患者清晨血压管理的效果分析	深圳市福田区慢性病防治院	通过
342	CKCY20170502161527837	基于高品质静电纳米纺丝的新型空气过滤材料及产品研发	深圳瑞祥居科技发展有限公司	通过
343	KJYY20170721111117103	手术内窥镜下及手术室内3D-VR手术直播系统应用示范	深圳市科创数字显示技术有限公司	通过
344	CKCY20180322152709349	面向全客户端在线分享的实时3D可视化云服务平台的研发	深圳三维盘酷网络科技有限公司	通过
345	KQJSCX20170727100433270	基于二维材料异质结的新型半浮栅闪存的关键技术开发	深圳大学	通过
346	GQYCZZ20160429151102437	醇基燃料与天然气掺混燃烧核心技术研发及应用项目	深圳源圭能源有限公司	通过
347	JCYJ20160426173856639	活血化瘀干预治疗对老年高血压病患者生存质量影响的临床研究	深圳市罗湖区中医院	通过
348	CYZZ20170724145854576	LWD随钻近钻头地质导向测井系统解决方案	深圳市鲁明科通精密仪器股份有限公司	通过
349	KQJSCX20170731165939298	面向个体化运动监测的心电健康衫	深圳先进技术研究院	通过
350	CYZZ20160527110532725	纳米银线柔性触摸屏的研发及产业化	深圳市志凌伟业技术股份有限公司	通过
351	CKCY20170724114528002	基于串联质谱的代谢物大健康与临床检测服务平台的建立和产品研发	深圳康谱生物科技有限公司	通过
352	JCYJ20160531110513702	十种药用石斛共生微生物宏基因组研究	深圳市兰科植物保护研究中心	通过

（续表）

序号	项目编号	项目名称	承担单位	验收结论
353	CYZZ20150828164303838	南油服装批发市场B2B移动电商项目（叮咚欧品）	深圳市左键视觉科技有限公司	通过
354	JCYJ20130402171350058	中药编码系统信息化研究	深圳市中医药学会	通过
355	CKCY20180321161001812	基于区块链的商业虚拟资产后端云服务	深圳市思普睿科技有限公司	通过
356	JSGG20170414143808831	重20170086 智能型高功率密度大容量特种高压变频节能装置关键技术研究	深圳市库马克新技术股份有限公司	通过
357	CKCY20180320171106470	基于分米级的无线定位停放的体能共享的免维护共享助力自行车系统的研发	深圳前海优时科技有限公司	通过
358	ZD201111080120A	基因组学支撑的中国南海新型芋螺毒素研发	中山大学深圳研究院	通过
359	JSGG20170823145302838	重20170508 4.5V高电压高能量密度锂离子电池关键技术研发	曙鹏科技（深圳）有限公司	复议
360	CKCY20170721164853747	嵌入式集成梯度射频线圈技术在磁共振系统的研发及应用	深圳鑫德瑞电气科技有限公司	复议
361	JCYJ20170816172316775	柔性智能介电结构的动力学行为与调控	浙江大学深圳研究院	复议
362	KQCY20170330160832226	固态激光雷达	深圳力策科技有限公司	复议
363	CKCY20180320170857007	基于三维机器视觉的智能抓取机器人核心技术的研发及产业化	深圳市超准视觉科技有限公司	复议
364	JSGG20170821110144513	重20170009 机器人关节减速器关键技术研发	深圳市荣德机器人科技有限公司	复议
365	CYZZ20170724140416202	面向离散制造业的智能制造可视化系统的研发	深圳华制智能制造技术有限公司	复议
366	CYZZ20170720150841684	涡轮/压气机通流设计与分析软件研发	深圳森蓝忠信科技有限公司	复议
367	JSGG20170822161444090	重20170532 高性能芳纶纸基印制电路板用覆铜箔层板关键技术研发	深圳昊天龙邦复合材料有限公司	复议
368	JCYJ20170816172431715	结构与示踪动力学驱动的PET图像重建	浙江大学深圳研究院	复议
369	JCYJ20170818090044949	组蛋白甲基转移酶SETD2对先心病形成与发展的作用与机制	北京大学深圳研究生院	复议
370	CKCY20180321154105318	精确识别物体与三维重建高清显示AR头显设备的研发	太平洋未来科技（深圳）有限公司	复议
371	JSGG20170822142712399	重20170205 服务5G通讯服务器的高功率CPU 3D散热的关键技术研发	深圳兴奇宏科技有限公司	复议
372	JCYJ20170818141928220	花生四烯酸ω-羟化酶CYP4A14在高血压肾损害发病机制中的作用	深圳大学	复议
373	JSGG20170823140113498	重20170600 智能压力调控供水管网降漏关键技术研发	深圳市拓安信计控仪表有限公司	复议
374	JSGG20170822105737782	重20170500 废旧磷酸铁锂动力电池梯次利用与再生回收关键技术研发	深圳市比亚迪锂电池有限公司	复议
375	JSGG20170822155513230	重20170494 新型防污堵格栅除污机及其应用技术研发	深圳市凯宏膜环保科技有限公司	复议

（续表）

序号	项目编号	项目名称	承担单位	验收结论
376	JSGG20170413152540284	重20170426 水体底泥污染的修复与控制综合技术研发	光大环保(中国)有限公司	复议
377	GGFW20160819155847776	载20160026 深圳市创新经济数据挖掘和分析公共服务平台	哈尔滨工业大学（深圳）	复议
378	JCYJ20160429183220234	通过随机对照实验筛选循环microRNA作为异位妊娠早期诊断标记物的研究	华中科技大学协和深圳医院	不通过
379	CKCY20170721100514605	AR精准成像显示模组的研发	深圳市龙境科技有限公司	不通过
380	CYZZ20150617162612306	基于大数据分析的CRM 系统开发	深圳市号令天下通讯有限公司	不通过
381	CKCY20170717142157297	应用机器视觉技术的智能相机的开发	中航测控（深圳）有限公司	不通过
382	GRCK20170822153613767	多路高保真超远距离加密图传系统在VR直播领域的应用	前海科创投控股有限公司	不通过
383	CKCY20170721143636888	智慧共享型儿童摇摇车运营系统的开发	深圳市沃达峰科技有限公司	不通过
384	GRCK20170823142318298	多功能应急预警设备	深圳武汉理工大研究院有限公司	不通过
385	GJHS20140509101838851	基于液相复合晶体法生产高性能低成本的磷酸铁锂技术研究	深圳市德睿新能源科技有限公司	不通过

四、2020年深圳市新增高新技术企业名单

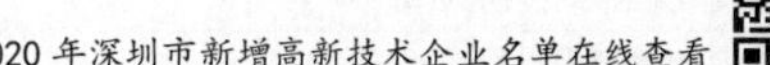

序号	单位名称
1	深圳市好钜润科技有限公司
2	北极光电（深圳）有限公司
3	深圳市中美欧光电科技有限公司
4	深圳市轩宇车鼎科技有限公司
5	深圳掌通宝科技有限公司
6	深圳市沐梵照明有限公司
7	深圳市芭田生态工程股份有限公司
8	深圳市海纳微传感器技术有限公司
9	深圳市晟鑫达科技有限公司
10	深圳中质安股份有限公司
11	津泽印刷（深圳）有限公司
12	深圳市全容科技有限公司
13	深圳市卓昇技术有限公司
14	深圳市炎唐装饰有限公司
15	深圳市粤大明智慧照明科技有限公司
16	深圳市中诺思科技股份有限公司
17	深圳市华藤环境信息科技有限公司
18	深圳市电科电源股份有限公司
19	深圳市奇洛普科技有限公司
20	深圳市佰伦仕机电设备有限公司
21	深圳市太平洋自动化设备有限公司
22	深圳市联创科技集团有限公司
23	深圳市创亿通途科技有限公司
24	深圳市合发五金塑胶模具有限公司
25	深圳市巨能伟业技术有限公司
26	深圳熙卓科技有限公司
27	深圳市深鸿盛电子有限公司
28	深圳市研迅诚科技有限公司
29	骏业塑胶（深圳）有限公司
30	深圳市墨库图文技术有限公司
31	深圳天源新能源股份有限公司
32	深圳昱朋科技有限公司
33	深圳市壳子塑胶制品有限公司
34	深圳市傲天科技股份有限公司
35	深圳市旭澜卡科技有限公司
36	深圳市海德精密陶瓷有限公司
37	深圳市慧川科技发展有限公司
38	深圳市创马优精密电子有限公司
39	深圳市泰森光电有限公司
40	深圳网联光仪科技有限公司
41	深圳市捷星维电子有限公司
42	深圳生溢快捷电路有限公司
43	深圳市帝源新材料科技股份有限公司
44	深圳合创永安智能科技有限公司
45	深圳市飞图视讯有限公司
46	深圳市卡曼普精密技术有限公司
47	深圳市兴威帆电子技术有限公司
48	深圳市华增科技有限公司
49	索曼电子（深圳）有限公司
50	深圳市普利司德高分子材料有限公司
51	深圳市灸大夫医疗科技有限公司
52	深圳易莱孚智能科技有限公司
53	深圳市神州龙资讯服务有限公司
54	深圳市一米云安保运营有限公司
55	深圳磊飞照明科技有限责任公司
56	深圳市通易信科技开发有限公司
57	深圳赛骄阳能源科技股份有限公司
58	深圳越登智能技术有限公司
59	深圳市立华新电路板有限公司
60	展联电器（深圳）有限公司
61	深圳市格外设计经营有限公司
62	深圳市鑫鸿顺科技有限公司
63	创富东日（深圳）科技有限公司
64	深圳异构域数字技术有限公司
65	深圳前海皓隆科技有限公司
66	深圳市智岩科技有限公司
67	深圳市波斯曼技术有限公司
68	深圳市网旭科技有限公司
69	深圳飞世尔新材料股份有限公司

（续表）

序号	单位名称
70	深圳市爱得乐电子有限公司
71	深圳指尖科技有限公司
72	深圳市立信创源科技有限公司
73	深圳市金合联供应链技术有限公司
74	深圳市旅云保科技有限公司
75	深圳市景雄科技有限公司
76	深圳市宇隆伟业科技有限公司
77	深圳市众源光电有限公司
78	深圳敏捷云计算科技有限公司
79	深圳市永维达机械设备有限公司
80	深圳市迈乐技术有限公司
81	深圳市宝科特精密科技有限公司
82	深圳迅策科技有限公司
83	深圳市美博尔科技有限公司
84	深圳市智璟科技有限公司
85	深圳市银幕光电科技有限公司
86	深圳市蜜蜂电子有限公司
87	深圳市浩安科技有限公司
88	深圳市前海众康源实业有限公司
89	深圳市爱立康医疗股份有限公司
90	深圳市杰智达电子有限公司
91	深圳市创云科技有限公司
92	深圳市宇博能源设备有限公司
93	深圳市海铭德科技有限公司
94	深圳市优服信息技术有限公司
95	深圳利民通科技发展有限公司
96	深圳市安一福科技有限公司
97	深圳市瑞世兴科技有限公司
98	深圳华越南方电子技术有限公司
99	深圳前海智合科技有限公司
100	深圳市格莱特印刷材料有限公司
101	深圳市锐耀科技有限公司
102	深圳市芯腾宇电子科技有限公司
103	深圳市展杰文达电子有限公司
104	深圳市盛迪瑞科技有限公司
105	深圳市中顺和盈科技有限公司
106	深圳市易中电子有限公司
107	深圳市中视讯科技有限公司
108	柏斯速眠科技（深圳）有限公司
109	深圳市托迈思科技有限公司
110	艾科芯（深圳）智能科技有限公司
111	深圳市昕力医疗设备开发有限公司
112	深圳市宝兴隆包装制品有限公司
113	深圳市万嘉科技有限公司
114	深圳市洲行环保科技有限公司
115	新鼎电子（深圳）有限公司
116	深圳市翔通光电技术有限公司
117	深圳市众云网科技有限公司
118	深圳市时造电子科技有限公司
119	深圳市聚芯影像有限公司

（续表）

序号	单位名称
120	中广深光电（深圳）有限公司
121	深圳市天盈隆科技有限公司
122	深圳市华科新能源科技有限公司
123	深圳市华尔威体育用品制造有限公司
124	深圳市华富汇创网络科技有限公司
125	深圳市川瑞贝科技有限公司
126	深圳市方瑞科技有限公司
127	深圳市国润立科技有限公司
128	锐胜精机（深圳）有限公司
129	深圳市巨鼎医疗设备有限公司
130	深圳市雄华光学有限公司
131	深圳竹信科技有限公司
132	深圳市强华科技发展有限公司
133	深圳市彩虹奥特姆科技有限公司
134	深圳市柯雷科技开发有限公司
135	深圳虹川科技有限公司
136	深圳市爱浦信电子有限公司
137	深圳市海川伟业科技有限公司
138	深圳市欣万和达电子有限公司
139	深圳市艾斯克数码科技有限公司
140	深圳市德昌旺科技有限公司
141	深圳前海中盛环保科技有限公司
142	深圳联达新材料科技有限公司
143	深圳启源电器有限公司
144	深圳市蕠华半导体有限公司
145	深圳市植合体技术有限公司
146	深圳市大富方圆成型技术有限公司
147	深圳市朗黛实业发展有限公司
148	深圳市安途瑞鸿科技有限公司
149	宏伟建设工程股份有限公司
150	深圳市汇泰科电子有限公司
151	深圳市环连科技有限公司
152	深圳市铁创科技发展有限公司
153	深圳市缔轩科技有限公司
154	深圳市汇鑫科技股份有限公司
155	深圳瑞和建筑装饰股份有限公司
156	深圳市晶灿生态环境科技有限公司
157	深圳卡安兴科技有限公司
158	深圳深超换能器有限公司
159	深圳市华天启科技有限公司
160	深圳迪能激光科技有限公司
161	深圳市朝阳光科技有限公司
162	深圳市众迈科技有限公司
163	深圳美克拉网络技术有限公司
164	深圳市创一丰顺科技有限公司
165	深圳市东木科技有限公司
166	深圳市致趣科技有限公司
167	深圳市云硕灯业有限公司
168	深圳市宁深检验检测技术有限公司
169	深圳市海龙电子信息技术有限公司

（续表）

序号	单位名称
170	深圳易加油信息科技有限公司
171	深圳市富德康电子有限公司
172	亿科尔科技（深圳）有限公司
173	深圳市拓普沃电源有限公司
174	深圳市爱普丰电子有限公司
175	深圳市药欣生物科技有限公司
176	昶旭电子制品（深圳）有限公司
177	深圳市多翼电智科技有限公司
178	深圳市原驰电子有限公司
179	深圳市艾捷森科技开发有限公司
180	深圳市云中飞电子有限公司
181	深圳市万桥技术有限公司
182	深圳国冶星光电科技股份有限公司
183	深圳市艺水科技有限公司
184	深圳市诺元科技有限公司
185	深圳市江益达科技股份有限公司
186	深圳波洛斯科技有限公司
187	深圳市南泽智能科技有限公司
188	深圳市普特生物医学工程有限公司
189	深圳市中讯天成科技有限公司
190	精确制冷设备（深圳）有限公司
191	万维显示科技（深圳）有限公司
192	深圳市联泰兴电子科技有限公司
193	深圳市移联天下电子商务有限公司
194	深圳市森林鑫科技有限公司
195	深圳极联信息技术股份有限公司
196	深圳市祥冠光电有限公司
197	深圳生之源药械研究所有限公司
198	深圳瑞捷金富科技有限公司
199	深圳鸿盛达电镀设备有限公司
200	深圳市冠群电子有限公司
201	深圳市广联富科技有限公司
202	深圳市永达康精密科技有限公司
203	深圳市易立城建设工程有限公司
204	深圳市伟奇服装有限公司
205	深圳市起立科技有限公司
206	深圳市威视特光电科技有限公司
207	深圳市百亨电子有限公司
208	深圳视耐尔电子科技有限公司
209	深圳市嘉兴南电科技有限公司
210	深圳市惟新科技股份有限公司
211	银广厦集团有限公司
212	深圳成光兴光电技术股份有限公司
213	深圳市富视彩电子科技有限公司
214	深圳市探寻信息技术有限公司
215	深圳市森讯达电子技术有限公司
216	深圳市福瑞达显示技术有限公司
217	深圳市宇鑫伟业科技有限公司
218	深圳市凯卓光电有限公司
219	深圳市金曼斯光电科技有限公司

（续表）

序号	单位名称
220	深圳市井微网络科技有限公司
221	深圳市七彩虹禹贡科技发展有限公司
222	深圳市杰恩创意设计股份有限公司
223	深圳易思智科技有限公司
224	深圳市拓普生物科技有限公司
225	深圳声研科技发展有限公司
226	深圳市云纵电子有限公司
227	深圳市欣恒坤科技有限公司
228	深圳市麦思美汽车电子有限公司
229	深圳飞马机器人科技有限公司
230	深圳市至佳生活网络科技有限公司
231	深圳市鸿天盛信息技术有限公司
232	深圳市音润科技有限公司
233	深圳市菲米克斯软件科技有限公司
234	深圳市金安科技有限公司
235	深圳市瑞迅通信息技术有限公司
236	深圳易嘉恩科技有限公司
237	深圳智扬信达信息技术有限公司
238	深圳市信立德科技有限公司
239	深圳汉诺威国际机器人发展股份有限公司
240	深圳贵之族生科技有限公司
241	深圳市瑞邦精密机械有限公司
242	深圳市天策激光科技有限公司
243	深圳市东一思创电子有限公司
244	太平洋电信股份有限公司
245	思迪恩深圳智能集团有限公司
246	深圳信通环球科技有限公司
247	壹车宜家信息科技有限公司
248	深圳市合创盈电子科技有限公司
249	深圳市追日电子科技有限公司
250	深圳市西陆光电技术有限公司
251	深圳中绿环境集团有限公司
252	深圳市领灿科技有限公司
253	深圳市台电实业有限公司
254	深圳市柯瑞玛科技有限公司
255	深圳市隆兴威光电有限公司
256	深圳市鸿源精密器材有限公司
257	深圳市高健实业股份有限公司
258	深圳市海芯电子科技有限公司
259	深圳瑞波光电子有限公司
260	深圳市优优绿能电气有限公司
261	深圳市瑞丽牙科技术有限公司
262	深圳齐杉科技有限公司
263	国微集团（深圳）有限公司
264	深圳市精创热能科技有限公司
265	深圳乐行天下科技有限公司
266	深圳市中光光电有限公司
267	深圳市汉狮精密自控技术有限公司
268	深圳市缘力胜科技有限公司
269	深圳市恒达友创网印设备有限公司

（续表）

序号	单位名称
270	深圳市翔科源科技有限公司
271	深圳市今视通数码科技有限公司
272	深圳市微米生物技术有限公司
273	深圳市倍量科技有限公司
274	深圳市同步安讯信息技术有限公司
275	深圳市柏斯曼电子科技股份有限公司
276	深圳市协众塑胶制品有限公司
277	深圳市精极科技有限公司
278	深圳市超思维电子股份有限公司
279	深圳市星亮塑胶五金有限公司
280	深圳市杨森工业机器人股份有限公司
281	顶码（深圳）科技有限公司
282	深圳市银宝山新压铸科技有限公司
283	深圳高速工程信息有限公司
284	深圳市瓯粤科技有限公司
285	深圳市微尔纳科技开发有限公司
286	深圳市领治医学科技有限公司
287	深圳市金誉半导体股份有限公司
288	深圳市国创纳米抗体技术有限公司
289	深圳市欧速特自动化科技有限公司
290	深圳思凯微电子有限公司
291	深圳市千亿高科电子有限公司
292	深圳市云歌人工智能技术有限公司
293	深圳市亿特朗科技有限公司
294	深圳市众源电子有限公司
295	沛鸿电子（深圳）有限公司
296	深圳创联时代电子商务有限公司
297	深圳市绿翔源科技有限公司
298	深圳市晖飏科技有限公司
299	中华商务联合印刷（广东）有限公司
300	深圳弘远电气有限公司
301	深圳市得一微电子有限责任公司
302	达琦华声电子（深圳）有限公司
303	深圳市景阳科技股份有限公司
304	深圳市铠盛通光电科技有限公司
305	深圳市多米诺时代科技有限公司
306	倍利得电子科技（深圳）有限公司
307	深圳市东进技术股份有限公司
308	深圳市东汇精密机电有限公司
309	深圳大希创新科技有限公司
310	深圳市沃而润生态科技有限公司
311	深圳市隆科电子有限公司
312	华盛新能源科技（深圳）有限公司
313	深圳市货车宝科技有限公司
314	深圳市锐德精密科技有限公司
315	深圳博瑞天下科技有限公司
316	深圳市久恒兴科技有限公司
317	深圳方圆宝信息科技服务有限公司
318	深圳市力合鑫源智能技术有限公司
319	深圳市佳甬麒科技有限公司

（续表）

序号	单位名称
320	深圳市协鑫信息技术有限公司
321	深圳市凌康技术有限公司
322	深圳市秉名科技有限公司
323	广东科正技术服务有限公司
324	深圳倍出彩科技有限公司
325	深圳市芯斐电子有限公司
326	深圳市有限元科技有限公司
327	深圳市金正江大五金塑胶制品有限公司
328	深圳市网通通信技术有限公司
329	深圳市俱进纸品包装有限公司
330	深圳市格瑞斯优雅眼镜有限公司
331	深圳市智物联网络有限公司
332	深圳市华生元基因工程发展有限公司
333	深圳易新泰微电子有限公司
334	深圳市风云实业有限公司
335	深圳市斯比特电子有限公司
336	深圳爱加密科技有限公司
337	深圳斯巴达光电有限公司
338	深圳市滨海电子有限公司
339	深圳市凯弦欣能科技有限公司
340	深圳市安威无线科技有限公司
341	深圳市赫尔诺电子技术有限公司
342	中建照明有限公司
343	深圳市蓝云软件有限公司
344	深圳博脑医疗科技有限公司
345	富顺安建工业（深圳）有限公司
346	深圳振华数据信息技术有限公司
347	深圳市协美科技有限公司
348	招商局金融科技有限公司
349	深圳市梅比西电气设备有限公司
350	精英制模实业（深圳）有限公司
351	中科圣杰（深圳）科技集团有限公司
352	深圳深南电燃机工程技术有限公司
353	扬宇光电（深圳）有限公司
354	深圳市锦上嘉科技有限公司
355	深圳市柳溪机械设备有限公司
356	深圳企大信息技术有限公司
357	深圳市炬火能源有限公司
358	深圳市金力洁净设备安装有限公司
359	深圳市博科信息技术有限公司
360	深圳市中龙电气有限公司
361	深圳市华辰信科电子有限公司
362	凡方数码技术有限公司
363	深圳中恒检测技术有限公司
364	深圳兰联数码科技有限公司
365	深圳宝嘉电子设备有限公司
366	协丰万佳科技（深圳）有限公司
367	昭工表面制品（深圳）有限公司
368	深圳叠云联创科技有限公司
369	深圳市共安实业发展有限公司

（续表）

序号	单位名称
370	深圳鼎加弘思饮品科技有限公司
371	深圳市康蔚科技有限公司
372	深圳市联业光电技术有限公司
373	欧斯麦普塑胶五金制品（深圳）有限公司
374	深圳市智仁科技有限公司
375	深圳市乐腾科技有限公司
376	深圳市鼎泰富科技有限公司
377	深圳市博乐智能有限公司
378	盛兴隆塑胶电子（深圳）有限公司
379	深圳市康奈特电子有限公司
380	深圳市高巨能科技有限公司
381	深圳市古迪鑫宇科技有限公司
382	深圳视觉龙智能传感器有限公司
383	深圳市创互科技有限公司
384	深圳市金泰科环保线缆有限公司
385	深圳市远弗科技有限公司
386	深圳市飞宇通视讯工程有限公司
387	深圳市亮佳美照明有限公司
388	深圳市鹏翔技术有限公司
389	深圳市睿格鑫电子有限公司
390	深圳市简能网络技术有限公司
391	深圳市汉拓科技有限公司
392	深圳市远东华强导航定位有限公司
393	深圳德福创科技有限公司
394	深圳市风行趋势科技有限公司
395	深圳市金地楼宇工程有限公司
396	深圳市英尚智能技术有限公司
397	深圳市首谷科技有限公司
398	深圳市欣视景科技股份有限公司
399	深圳市安群生物工程有限公司
400	深圳市卡迪智能科技有限公司
401	深圳市炫丽塑胶科技有限公司
402	众立智能科技（深圳）有限公司
403	深圳市耀星信息科技有限公司
404	深圳市三束镀膜技术有限公司
405	深圳深南电环保有限公司
406	深圳市鹏翔运达机械科技有限公司
407	深圳贝尔创意科教有限公司
408	深圳市银浩自动化设备有限公司
409	威科电子模块（深圳）有限公司
410	深圳市伏特能源股份有限公司
411	深圳前海智绘大数据服务有限公司
412	深圳市万相源科技有限公司
413	深圳市河汉计算机有限公司
414	深圳市嘉瑞泰格科技有限公司
415	深圳市欧普索科技有限公司
416	深圳市瑞达飞行科技有限公司
417	深圳市祥汉科技有限公司
418	深圳市鸿艺源建筑室内设计有限公司
419	深圳市烯世传奇科技有限公司
420	深圳市凯利华电子有限公司
421	深圳市威富智能设备有限公司
422	深圳市海澜光电有限公司
423	深圳市拍明芯城电子有限公司
424	华智能电子（深圳）有限公司
425	深圳市宇威衡器有限公司
426	深圳市荣为信科技有限公司
427	深圳富明精密工业有限公司
428	深圳市秋田科技有限公司
429	深圳市永恒建欣精密模具有限公司
430	深圳明阳电路科技股份有限公司
431	新月光电（深圳）股份有限公司
432	深圳市金思成科技有限公司
433	绿诺能源科技（深圳）有限公司
434	天职电子（深圳）有限公司
435	深圳市懿美莱科技有限公司
436	深圳市硕凯电子股份有限公司
437	深圳市新盛新达科技有限公司
438	深圳市大地动画传媒有限公司
439	深圳市海鸿微电子科技有限公司
440	深圳市忆捷创新科技有限公司
441	深圳达人高科电子有限公司
442	深圳鑫振华光电科技有限公司
443	深圳源创存储科技有限公司
444	深圳市爱世达资讯科技有限公司
445	深圳市瑞立视多媒体科技有限公司
446	深圳市昊一源科技有限公司
447	深圳市汇德力电子有限公司
448	深圳市星源材质科技股份有限公司
449	深圳市瑞亿祥科技有限公司
450	深圳市中车信息科技开发有限公司
451	熵智科技（深圳）有限公司
452	深圳深态环境科技有限公司
453	深圳市飞帆泰科技有限公司
454	金堡利升科技（深圳）有限公司
455	深圳市思远半导体有限公司
456	深圳市升立德科技有限公司
457	深圳市奥凯视科技有限公司
458	深圳市宝德自动化精密设备有限公司
459	深圳市兴恺科技有限公司
460	深圳市鑫威特尔科技有限公司
461	深圳雷霆应急科技有限公司
462	深圳市华威讯电器有限公司
463	深圳市吉祥腾达科技有限公司
464	深圳市杰阳精密五金有限公司
465	宝士达网络能源（深圳）有限公司
466	深圳市国微电子有限公司
467	深圳市文山电子有限公司
468	深圳市品思达科技有限公司
469	深圳市有方科技股份有限公司
470	深圳市亚力盛电子股份有限公司
471	深圳市旭东数码科技有限公司
472	深圳市娜尔思时装有限公司
473	金莉哲信（深圳）科技有限公司
474	深圳市宝利通电子有限公司
475	深圳市名家汇科技股份有限公司
476	深圳市格瑞邦科技有限公司
477	深圳市沃马驰电子科技有限公司
478	深圳市多亲科技有限公司
479	深圳市言必信科技有限公司
480	深圳市思卡乐科技有限公司
481	深圳市志胜威电子设备有限公司
482	深圳汉诺医疗科技有限公司
483	深圳市仙鱼环保科技有限公司
484	深圳市诺信通讯设备有限公司
485	深圳市海鹏信电子股份有限公司
486	深圳市海一电器有限公司
487	深圳市远润欣电子有限公司
488	深圳米飞泰克科技有限公司
489	深圳市云海电子辅料有限公司
490	深圳市能源环保有限公司
491	深圳市华盛控科技有限公司
492	深圳市汉筑设计顾问有限公司
493	黄志达设计（深圳）有限公司
494	深圳市万兴锐科技有限公司
495	深圳市寰标检测技术有限公司
496	深圳市金志成塑胶科技有限公司
497	深圳市智光网云技术有限公司
498	深圳市绿联科技有限公司
499	深圳万顺叫车云信息技术有限公司
500	深圳市华剑建设集团股份有限公司
501	深圳普莱思照明设计顾问有限责任公司
502	深圳市格特隆光电股份有限公司
503	深圳市讯通天煜科技有限公司
504	深圳市宏讯实业有限公司
505	雅昌文化（集团）有限公司
506	深圳卓飞同创科技有限公司
507	深圳市振华兴科技有限公司
508	深圳市汉维视科技有限公司
509	深圳力生物流仓储科技有限公司
510	深圳市惠杰科技有限公司
511	中广核中电能源服务（深圳）有限公司
512	深圳市启航视讯科技有限公司
513	中铁建大桥工程局集团第二工程有限公司
514	日星电线（深圳）有限公司
515	深圳钻邦客网络科技有限公司
516	深圳市明华光电有限公司
517	深圳市雅辉永信科技有限公司
518	深圳市环亚联合设计有限公司
519	多华塑胶色料（深圳）有限公司

（续表）

序号	单位名称
520	云幻教育科技股份有限公司
521	深圳市诚辉达电子有限公司
522	深圳市荣利伟业科技有限公司
523	深圳市微网力合信息技术有限公司
524	深圳深科资源开发有限公司
525	新文兴科技（深圳）有限公司
526	深圳市金风驰科技有限公司
527	深圳市铭达技术有限公司
528	深圳市卡博尔科技有限公司
529	深圳市金视康科技有限公司
530	欧迪斯自动化设备（深圳）有限公司
531	深圳市厚和科技有限公司
532	深圳微能世纪科技有限公司
533	深圳市合生九起科技有限公司
534	深圳劲嘉新型智能包装有限公司
535	深圳市华烨电子有限公司
536	深圳市华力特起重机械设备有限公司
537	深圳市益通源实业有限公司
538	深圳市佳劲源科技有限公司
539	深圳市思品信息技术有限公司
540	深圳市龙洲利工具有限公司
541	深圳市金豪泰科技有限公司
542	深圳市宏泰精密科技有限公司
543	深圳市天泽汉宇科技有限公司
544	深圳市星链供应链云科技有限公司
545	深圳市深传互动科技有限公司
546	深圳市晟龙信息科技有限公司
547	深圳市创丽科技有限公司
548	深圳市鑫达辉软性电路科技有限公司
549	克奥兹泵业（深圳）有限公司
550	深圳市雨辰科技有限公司
551	深圳市海芝通电子股份有限公司
552	金旭环保制品（深圳）有限公司
553	深圳市铭海光照明有限公司
554	深圳联开生物医疗科技有限公司
555	深圳飞特尔科技有限公司
556	深圳市中新力电子科技有限公司
557	深圳市靶心配比科技有限公司
558	深圳市绿得宝保健食品有限公司
559	深圳星创信息技术有限公司
560	深圳市蝶通视讯有限公司
561	深圳市中海光电科技有限公司
562	深圳市锦凌电子有限公司
563	深圳市艾威图技术有限公司
564	深圳市蓝游网络科技有限公司
565	深圳市中智盛安安全技术有限公司
566	深圳澳米科技有限公司
567	深圳市国信合成科技有限公司
568	深圳市其利天下技术开发有限公司
569	深圳华锐通隧道机械有限公司
570	深圳钜宝精密模具有限公司
571	深圳深桑科科技有限公司
572	深圳市高登设备有限公司
573	深圳普罗米修斯视觉技术有限公司
574	英诺激光科技股份有限公司
575	深圳市升昊科技有限公司
576	深圳市礼悦科技有限公司
577	深圳鼎泰展览服务有限公司
578	深圳市众汉科技有限公司
579	深圳市锦鸿无线科技有限公司
580	深圳市捷翔电子有限公司
581	深圳思特顺科技有限公司
582	深圳市卓耀科技有限公司
583	深圳澳特爱电子有限公司
584	深圳市浩煌机电设备有限公司
585	深圳市追风马科技有限公司
586	深圳本地宝新媒体技术有限公司
587	深圳市色彩光电有限公司
588	深圳市邦华电子有限公司
589	深圳市瀚海星实业有限公司
590	深圳市森斯环境艺术工程有限公司
591	深圳市富创意科技实业有限公司
592	奥意建筑工程设计有限公司
593	深圳市惠尔凯博海洋工程有限公司
594	深圳前海星概念信息技术有限公司
595	深圳市智胜新电子技术有限公司
596	深圳慧联无限科技有限公司
597	深圳市久阳机械设备有限公司
598	深圳市华之洋光电科技有限公司
599	消检通（深圳）科技有限公司
600	深圳市东力科创技术有限公司
601	深圳市盛隆兆业实业有限公司
602	深圳深略智慧信息服务有限公司
603	深圳市图泰电子有限公司
604	深圳高飞翔塑胶五金制品有限公司
605	深圳市大梦龙途文化传播有限公司
606	深圳旅通软件科技有限公司
607	深圳科力迩科技有限公司
608	深圳市鼎驰科技发展有限公司
609	深圳市十八度电器有限公司
610	深圳市劲力超科技有限公司
611	深圳市思赢科技有限公司
612	深圳市华科达检测有限公司
613	深圳市置辰海信科技有限公司
614	深圳市先力精工科技有限公司
615	深圳直角设计工程有限公司
616	深圳市大创物联科技有限公司
617	深圳中科闻歌科技有限公司
618	光子（深圳）精密科技有限公司
619	深圳市金鹏建筑装饰工程有限公司
620	深圳市富海合五金制品有限公司
621	深圳市华讯达科技有限公司
622	深圳市尔泰科技有限公司
623	深圳市盛思达通讯技术有限公司
624	深圳市川菱科技有限公司
625	乐刷科技有限公司
626	深圳市群乐东方电子科技有限公司
627	深圳市新鸿兴包装有限公司
628	深圳市深鸿海自动化设备有限公司
629	深圳市普光太阳能有限公司
630	深圳联创立达环境技术有限公司
631	深圳惠能智联科技有限公司
632	深圳市鑫君特智能医疗器械有限公司
633	深圳市魔城互动网络科技有限责任公司
634	深圳市金政软件技术有限公司
635	深圳市鑫保泰技术有限公司
636	深圳鎏信科技有限公司
637	深圳市施瑞安科技有限公司
638	深圳明心科技有限公司
639	深圳市诺德机器人有限公司
640	深圳市龙芯世纪科技有限公司
641	深圳市环球绿地新材料有限公司
642	深圳深兄环境有限公司
643	深圳市玩视科技有限公司
644	深圳菲思伦科技有限公司
645	深圳市道网科技有限公司
646	深圳市鹏福创新五金有限公司
647	深圳市杰恒舜智能科技有限公司
648	深圳金皇尚热熔胶喷涂设备有限公司
649	深圳市深联钢建筑工程有限公司
650	深圳市益光科技有限公司
651	深圳中华自行车（集团）股份有限公司
652	深圳柏成科技有限公司
653	深圳市锦耀达环保材料有限公司
654	深圳市海菲创新科技有限公司
655	深圳市同洲电子股份有限公司
656	深圳市威富通讯技术有限公司
657	深圳市佳迪新材料有限公司
658	深圳市鼎泰智能机械停车系统有限公司
659	深圳澳华电气股份有限公司
660	深圳国融智能科技有限公司
661	华为技术有限公司
662	深圳市康尼塑胶有限公司
663	深圳市前海九米信息技术有限公司
664	深圳市泛科科技有限公司
665	钧捷智能（深圳）有限公司
666	深圳市金豪彩色印刷有限公司
667	深圳纽斯声学系统有限公司
668	深圳市威福光电科技有限公司
669	深圳市百亿耳电器有限公司

（续表）

序号	单位名称
670	深圳市优品诚电路有限公司
671	深圳市五轮科技股份有限公司
672	深圳市丰顺科线缆科技有限公司
673	深圳市环球数码影视文化有限公司
674	深圳锐尔信息科技有限公司
675	经方精密医疗（深圳）有限公司
676	深圳市瑞道金属结构有限公司
677	深圳市思考乐文化教育科技发展有限公司
678	盈天实业（深圳）有限公司
679	深圳渊联技术有限公司
680	深圳科蓝金信科技发展有限公司
681	深圳市易兴泰科技有限公司
682	深圳市艾格斯特科技有限公司
683	深圳市耐立德科技有限公司
684	深圳市晶欣电子科技有限公司
685	深圳市天软科技开发有限公司
686	深圳灵图慧视科技有限公司
687	杰人软件（深圳）有限公司
688	深圳市豪塑科技有限公司
689	深圳市两岸光电科技有限公司
690	深圳市华昇智能科技有限公司
691	深圳长朗智能科技有限公司
692	泰仕达电子（深圳）有限公司
693	深圳正浩高新材料技术有限公司
694	深圳市睿瓷科技有限公司
695	深圳市丰盛源科技有限公司
696	深圳市朗克思照明有限公司
697	深圳市宏博基电科技有限公司
698	深圳力堃科技有限公司
699	深圳艾文普科技有限公司
700	深圳市德沃尔实业有限公司
701	深圳市精捷能电子有限公司
702	深圳市移动力量科技有限公司
703	深圳杉源医疗科技有限公司
704	深圳市伟旭丞玻璃有限公司
705	深圳市卡能光电科技有限公司
706	深圳市福田区环境技术研究所有限公司
707	深圳市中田生态建设工程有限公司
708	乐得利钟表（深圳）有限公司
709	深圳市易联技术有限公司
710	深圳立欧实业有限公司
711	深圳市锐迪智慧科技有限公司
712	龙善环保股份有限公司
713	深圳市志海实业股份有限公司
714	嘉瑞金属制品（深圳）有限公司
715	深圳市哥伦布数据科技有限公司
716	深圳市拓普牙科技术有限公司
717	深圳市胜盈新型建材有限公司
718	深圳青源光电有限公司
719	深圳市方创建筑科技有限公司
720	深圳市万政科技有限公司
721	深圳东金汽车电子有限公司
722	深圳市工勘岩土集团有限公司
723	深圳市力得得力技术有限公司
724	深圳市欣博莱特科技有限公司
725	深圳市华冠视讯科技有限公司
726	深圳市超洁科技实业有限公司
727	深圳市越华电气有限公司
728	深圳市创想三维科技有限公司
729	深圳市科信达包装材料有限公司
730	深圳市日杰精密机械有限公司
731	深圳市纵联网络科技有限公司
732	玩悦科技（深圳）有限公司
733	深圳市喜丽时钟表文化传播有限公司
734	深圳比特耐特信息技术股份有限公司
735	深圳捷鸿超声设备有限公司
736	深圳市正强混凝土有限公司
737	清能艾科（深圳）能源技术有限公司
738	深圳市红歌网络科技有限公司
739	深圳市元智汇科技有限公司
740	深圳天鹰兄弟无人机创新有限公司
741	深圳三智医学科技有限公司
742	深圳市金诺耐光电科技有限公司
743	深圳市布易科技有限公司
744	深圳永探电子有限公司
745	太平电路科技（深圳）有限公司
746	深圳市光宝光电有限公司
747	深圳能赋连创科技有限公司
748	深圳市课匠堂教育科技有限公司
749	深圳华测国际认证有限公司
750	深圳市源之诚塑胶有限公司
751	深圳市本元威视科技有限公司
752	深圳市皓龙激光设备有限公司
753	深圳市宏浩园林建设有限公司
754	深圳市全息医疗科技有限公司
755	深圳市冠乔科技有限公司
756	夸克能源工程实验室（深圳）有限公司
757	深圳市中源盛科技有限公司
758	星源电子科技（深圳）有限公司
759	深圳天元羲王材料科技有限公司
760	深圳数码模汽车技术有限公司
761	深圳市布谷鸟科技有限公司
762	深圳市泰兴源科技有限公司
763	深圳市启晟互联网科技有限公司
764	深圳金融电子结算中心有限公司
765	通用空气（深圳）有限公司
766	深圳市明天新能源科技有限公司
767	深圳市驰卡技术有限公司
768	科宏光电（深圳）有限公司
769	深圳市耐特电路板有限公司
770	深圳北极之光科技有限公司
771	深圳皇嘉财润财务顾问股份有限公司
772	深圳市索恩达电子有限公司
773	深圳市丰联达科技有限公司
774	深圳市众力创精密制造有限公司
775	深圳市鼎飞技术有限公司
776	深圳市博林达科技有限公司
777	深圳市路易丰科技有限公司
778	深圳云合科技有限公司
779	深圳市鑫诺昌电子有限公司
780	深圳市安特纳杰通信技术有限公司
781	深圳瑞新达新能源科技有限公司
782	深圳市捷豹自动化设备有限公司
783	同城在线（深圳）传媒有限公司
784	安胜旗信息咨询（深圳）有限公司
785	深圳市中冀联合技术股份有限公司
786	爱博康电子（深圳）有限公司
787	深圳聚果科技有限公司
788	深圳市欣力通科技有限公司
789	深圳唯修汇科技有限公司
790	深圳市纳设智能装备有限公司
791	深圳市东迪电路有限公司
792	凯茂科技（深圳）有限公司
793	深圳市国网迈腾电力科技股份有限公司
794	深圳市新阳唯康科技有限公司
795	深圳瑞德林生物技术有限公司
796	深圳土佬哥密封件有限公司
797	深圳市迅享科技有限公司
798	深圳市科利德光电材料股份有限公司
799	深圳海带宝网络科技股份有限公司
800	深圳市旭锦科技有限公司
801	韩端国际教育科技（深圳）有限公司
802	深圳市赤道科技有限公司
803	深圳市业丰包装制品有限公司
804	深圳市晶越电子有限公司
805	深圳市国电投资有限公司
806	深圳市桃子自动化科技有限公司
807	深圳模德宝科技有限公司
808	深圳市当智科技有限公司
809	深圳市维嘉美橡塑电子有限公司
810	深圳市宏能微电子有限公司
811	业聚医疗器械（深圳）有限公司
812	平田精密器材（深圳）有限公司
813	深圳市昂泰利科技有限公司
814	深圳朗特智能控制股份有限公司
815	深圳市正大盛印刷包装有限公司
816	深圳市贝加电子材料有限公司
817	深圳市康定通安电子有限公司
818	深圳市金涞连接线有限公司
819	深圳市瑞成科讯实业有限公司

（续表）

序号	单位名称
820	网御安全技术（深圳）有限公司
821	深圳宇信和科技有限公司
822	深圳市亚的斯自动化设备有限公司
823	深圳亿瓦创新科技有限公司
824	深圳可思美科技有限公司
825	深圳市雁联移动科技有限公司
826	深圳市格林亚明实业有限公司
827	深圳中铭高科信息产业股份有限公司
828	深圳市平方兆赫科技有限公司
829	深圳市蜘蛛旅游网络技术有限公司
830	深圳市兴业云信息技术有限公司
831	深圳市英朗光电有限公司
832	深圳市奥嘉达科技有限公司
833	深圳市利红金科技有限公司
834	深圳微在网络科技有限公司
835	乔丰科技实业（深圳）有限公司
836	深圳市齐普生数字系统有限公司
837	深圳市日月神生物科技股份有限公司
838	深圳懂你教育科技有限公司
839	深圳市朗恒电子有限公司
840	深圳市裕明鑫科技有限公司
841	深圳市欧圳科技有限公司
842	深圳市中讯网联科技有限公司
843	深圳市中科新业信息科技发展有限公司
844	深圳市东大洋建材有限公司
845	深圳市兴海物联科技有限公司
846	深圳东博士科技有限公司
847	深圳市虚拟现实科技有限公司
848	深圳市隆盛达威科技有限公司
849	弘凯光电（深圳）有限公司
850	深圳市金丛智能科技有限公司
851	深圳市麦迪瑞科技有限公司
852	深圳市鑫德胜电子科技有限公司
853	深圳市华普微电子有限公司
854	深圳星耀智能计算技术有限公司
855	深圳市南方亿信计算机信息系统有限公司
856	深圳贝力佳电子科技有限公司
857	深圳市丰景晟电子科技有限公司
858	深圳恒泰克科技有限公司
859	杰能股份有限公司
860	深圳市兴通达信息技术有限公司
861	深圳市华博科技开发有限公司
862	深圳市富道信息科技有限公司
863	深圳市编玩边学教育科技有限公司
864	深圳市新锐霖电子有限公司
865	深圳市泰启光电有限公司
866	深圳市精确科技有限公司
867	深圳市海鑫旺电子有限公司
868	深圳金茂电子有限公司
869	深圳天启远达科技有限公司

（续表）

序号	单位名称
870	深圳市快找网络科技有限公司
871	深圳市安特计算机科技有限公司
872	深圳市微碧半导体有限公司
873	深圳市远行科技股份有限公司
874	深圳市鑫龙通信技术有限公司
875	深圳市有伴科技有限公司
876	畅达星科技（深圳）有限公司
877	深圳市艾昕宸电子有限公司
878	深圳市嘉禄德光电科技有限公司
879	深圳市鑫胜都模具科技有限公司
880	优美众创实业（深圳）有限公司
881	深圳市宝康隆科技有限公司
882	深圳市乐华数码科技有限公司
883	深圳市实义德科技有限公司
884	深圳智能光谱有限公司
885	深圳市益联塑胶有限公司
886	深圳市中深爱的寝具科技有限公司
887	深圳市微特智能系统有限公司
888	深圳市希格玛计算机技术有限公司
889	深圳汉王友基科技有限公司
890	谏早电子科技（深圳）有限公司
891	深圳市一面网络技术有限公司
892	深圳市润海通科技有限公司
893	深圳TCL新技术有限公司
894	深圳市中亿远环保科技有限责任公司
895	深圳市无限动力发展有限公司
896	深圳市超视智慧科技有限公司
897	深圳市联合创新实业有限公司
898	深圳泰中科技有限公司
899	深圳市华信天线技术有限公司
900	深圳市华信一机械有限公司
901	深圳伯乐乔科技有限公司
902	深圳市鸿远辉科技有限公司
903	深圳市方伯第科技有限公司
904	深圳宝峰印刷有限公司
905	深圳市普瑞美泰环保科技有限公司
906	深圳德普思建筑设计有限公司
907	金贝塔网络金融科技（深圳）有限公司
908	深圳加华微捷科技有限公司
909	深圳市凌普鑫科技有限公司
910	深圳市东吉联电子有限公司
911	深圳市晶影光技术有限公司
912	深圳市瑞玮工程有限公司
913	深圳市荣晖旺塑胶电子有限公司
914	深圳卫宁中天软件有限公司
915	深圳市宏辉自动化设备有限公司
916	深圳市海龙智通电子科技有限公司
917	深圳市鑫金泉钻石刀具有限公司
918	深圳前海中科创达科技有限公司
919	深圳海联讯科技股份有限公司

（续表）

序号	单位名称
920	深圳市宝祥彩色印刷有限公司
921	深圳市科拜斯物联网科技有限公司
922	深圳陶陶科技有限公司
923	深圳市轴心压电技术有限公司
924	深圳市杰成镍钴新能源科技有限公司
925	深圳市威雄精机有限公司
926	深圳市方利来科技有限公司
927	深圳市顶尖传诚科技有限公司
928	深圳中科健安科技有限公司
929	深圳市民润环保科技有限公司
930	深圳市人彩科技有限公司
931	深圳市彬赢光电有限公司
932	维恩贝特科技有限公司
933	深圳市权达电子有限公司
934	深圳市中渤光电有限公司
935	深圳飞赛精密钣金技术有限公司
936	深圳市维约自控工程有限公司
937	深圳市格雅表业有限公司
938	深圳市环泰伟业电子科技有限公司
939	深圳市华阳通机电有限公司
940	深圳市好山水测绘科技有限公司
941	晓能（深圳）科技有限公司
942	深圳市旭东数字医学影像技术有限公司
943	深圳威尔图科技有限公司
944	深圳市中图仪器股份有限公司
945	深圳格瑞克机械有限公司
946	深圳市思迅软件股份有限公司
947	深圳市捷视飞通科技股份有限公司
948	盛纬伦（深圳）通信技术有限公司
949	深圳市得辉达智能科技有限公司
950	深圳凯思诚科技有限公司
951	深圳微孚智能信息科技有限公司
952	中通大地空间信息技术股份有限公司
953	深圳道本未来科技有限公司
954	深圳宏鑫瑞特科技有限公司
955	深圳市金宝信科技有限公司
956	深圳富佑嘉捷科技有限公司
957	深圳市天眼云客信息技术有限公司
958	深圳华远云联数据科技有限公司
959	深圳市群芯科创电子有限公司
960	深圳市金宇宙能源有限公司
961	深圳奥视通电子有限公司
962	深圳市皓明佳科技有限公司
963	深圳市西尔曼科技有限公司
964	深圳至秦仪器有限公司
965	深圳市镭煜科技有限公司
966	深圳市永尧电子科技有限公司
967	云印技术（深圳）有限公司
968	汇智众通（深圳）科技文化产业有限公司
969	深圳市丰禾原电子科技有限公司

（续表）

序号	单位名称
970	深圳妙明智能科技有限公司
971	深圳市鹏程翔实业有限公司
972	深圳市井智高科机器人有限公司
973	深圳艾创力科技有限公司
974	深圳市金百纳纳米科技有限公司
975	深圳市双翌光电科技有限公司
976	深圳市越丹科技有限公司
977	深圳市华汇设计有限公司
978	深圳市顺佳成售电有限公司
979	深圳市恒必达电子科技有限公司
980	易顺云（深圳）科技有限公司
981	深圳市安普创视科技有限公司
982	深圳市八零联合装备有限公司
983	深圳市摩天氟碳科技有限公司
984	深圳市旭锦鹏程科技有限公司
985	深圳市万泊科技有限公司
986	深圳市中科建设集团有限公司
987	深圳市联特佳汽车模具有限公司
988	深圳纳百鑫光学有限公司
989	深圳市力拓创能电子设备有限公司
990	深圳奥又美云健康科技有限公司
991	深圳市贝特尔机器人有限公司
992	深圳市爱迪尔电子有限公司
993	深圳完美星空科技有限公司
994	深圳市爱租机科技有限公司
995	深圳市真屏科技发展有限公司
996	深圳市原创科技有限公司
997	深圳市景曜数控设备有限公司
998	深圳奇迹智慧网络有限公司
999	深圳市富通盈科技有限公司
1000	深圳市智立方自动化设备有限公司
1001	深圳凯泽鑫电子有限公司
1002	同立通信（深圳）有限公司
1003	深圳市东景盛电子技术有限公司
1004	深圳市讯科标准技术服务有限公司
1005	维正知识产权科技有限公司
1006	伟思电脑设备（深圳）有限公司
1007	深圳市百慧文化发展有限公司
1008	深圳市正成电气有限公司
1009	深圳先锋居善科技有限公司
1010	深圳市零差云控科技有限公司
1011	深圳市芊熠智能硬件有限公司
1012	深圳市赤狐软件技术有限公司
1013	深圳欧泰华工程设备有限公司
1014	深圳海普洛斯医学检验实验室
1015	深圳新泰隆光电有限公司
1016	深圳市宝腾互联科技有限公司
1017	深圳市冰旭科技有限公司
1018	深圳万佳安建设有限公司
1019	深圳市新兴达科技发展有限公司
1020	深圳市力科信实业有限公司
1021	深圳卡比视讯科技有限公司
1022	深圳市溢鑫科技研发有限公司
1023	深圳市世野科技有限公司
1024	斯比泰科技（深圳）有限公司
1025	深圳市海拓天城科技有限公司
1026	深圳富兴伟业自动化科技有限公司
1027	卓度计量技术（深圳）有限公司
1028	圣石激光科技（深圳）有限公司
1029	深圳市松明光电有限公司
1030	深圳市巨匠激光器械有限公司
1031	深圳市成利富科技有限公司
1032	深圳市罗格电子科技有限公司
1033	深圳市拓维模型技术有限公司
1034	深圳市日盛华科技有限公司
1035	深圳市智引科技有限公司
1036	深圳市亿储电子有限公司
1037	深圳市上源艺术设计有限公司
1038	深圳市博辉特科技有限公司
1039	深圳众为兴技术股份有限公司
1040	深圳市电应普科技有限公司
1041	深圳市高展光电有限公司
1042	深圳市富佳达五金塑胶制品有限公司
1043	深圳市海派特光伏科技有限公司
1044	深圳市特尔佳科技股份有限公司
1045	禾麦科技开发（深圳）有限公司
1046	深圳华达川自动化科技有限公司
1047	深圳中集智能停车有限公司
1048	深圳天丰泰科技股份有限公司
1049	深圳市宝和诚五金有限公司
1050	鑫唐信息技术（深圳）有限公司
1051	深圳市立心科学有限公司
1052	深圳卡洛迪信息技术有限公司
1053	深圳市中联信信息技术有限公司
1054	深圳正博弘大科技有限公司
1055	深圳市雷诺华科技实业有限公司
1056	深圳市欧利德仪器仪表有限公司
1057	深圳市标利科技开发有限公司
1058	深圳市格瑞弘电子有限公司
1059	伟亨实业（深圳）有限公司
1060	深圳市博林环保工程有限公司
1061	深圳市弘荣和建筑工程有限公司
1062	深圳市金硕微科技有限公司
1063	深圳市聚豪装饰工程有限公司
1064	中科力函（深圳）低温技术有限公司
1065	深圳市优丽达科技有限公司
1066	深圳华云信息系统有限公司
1067	深圳市群兴旺模具科技有限公司
1068	深圳市克伦特印刷设备有限公司
1069	微视智能技术（深圳）有限公司
1070	深圳东妍科技有限公司
1071	深圳市林辰展华科技有限公司
1072	深圳市沃尔德电子有限公司
1073	深圳市卡普瑞环境科技有限公司
1074	美迪斯电梯有限公司
1075	深圳市威诺华照明电器有限公司
1076	深圳市市政工程咨询中心有限公司
1077	深圳金泰格机电股份有限公司
1078	深圳市中港建筑工程有限公司
1079	深圳市鑫中鑫塑胶五金有限公司
1080	深圳驿普乐氏科技有限公司
1081	深圳市理德铭科技股份有限公司
1082	深圳市睿启正科技有限公司
1083	联合无线科技（深圳）有限公司
1084	深圳中科华通信息服务有限公司
1085	深圳市海特科阀门和控制有限公司
1086	深圳波赛冬网络科技有限公司
1087	深圳市凤翔光电电子有限公司
1088	深圳绿净网科技有限公司
1089	深圳泰首智能技术有限公司
1090	深圳中旭细胞再生医学研究有限公司
1091	深圳市广焊逆变科技有限公司
1092	深圳凌奈智控有限公司
1093	深圳市群安达建筑科技有限公司
1094	深圳市四驾马车科技实业有限公司
1095	深圳市华傲数据技术有限公司
1096	深圳市力创信息科技有限公司
1097	深圳市华一传动技术有限公司
1098	深圳市朗尼科智能股份有限公司
1099	磊鑫达电子（深圳）有限公司
1100	深圳市迈翔科技有限公司
1101	深圳慧新辰技术有限公司
1102	深圳市国盛伟业精密仪器有限公司
1103	深圳市卫光生物制品股份有限公司
1104	深圳禾苗通信科技有限公司
1105	深圳市新恒基电气有限公司
1106	深圳市极成光电有限公司
1107	深圳市顺欣同创科技有限公司
1108	深圳市高工产研咨询有限公司
1109	深圳市九州电子之家有限公司
1110	深圳市阿尔拓科技有限公司
1111	深圳市鸿利泰光电科技有限公司
1112	深圳市铭冠珠宝首饰有限公司
1113	深圳平安综合金融服务有限公司
1114	深圳市中捷智安科技有限公司
1115	深圳市安卫普科技有限公司
1116	深圳市德睿创科技有限公司
1117	深圳市互联互通汽电科技有限公司
1118	深圳市中仁能源科技有限公司
1119	德正数字技术（深圳）有限公司

（续表）

序号	单位名称
1120	深圳市玛塔创想科技有限公司
1121	深圳市蓝森科技有限公司
1122	深圳市亿凌捷科技有限公司
1123	深圳市安邦信电子有限公司
1124	深圳市睿谷思创科技有限公司
1125	深圳市繁维医疗科技有限公司
1126	深圳市精研科洁科技股份有限公司
1127	深圳华诺生物科技有限公司
1128	深圳市德方纳米科技股份有限公司
1129	深圳市绽放工场科技有限公司
1130	深圳数研锦瀚智慧科技有限公司
1131	深圳市易睿通科技有限公司
1132	深圳市空中秀科技有限公司
1133	深圳市凯弦电气自动化有限公司
1134	深圳市圣丰模具塑胶有限公司
1135	深圳市兆驰股份有限公司
1136	深圳市宝泽科技有限公司
1137	深圳市维简健康科技有限公司
1138	深圳市友德祥科技有限公司
1139	深圳市航嘉聚源科技股份有限公司
1140	深圳市三合钜科电子有限公司
1141	深圳沸石科技股份有限公司
1142	深圳盈天下视觉科技有限公司
1143	深圳市中施科技有限公司
1144	深圳市今古科技有限公司
1145	深圳市精朗联合科技有限公司
1146	茂睿芯（深圳）科技有限公司
1147	深圳市云际通科技有限公司
1148	深圳前海微众银行股份有限公司
1149	深圳市业聚实业有限公司
1150	深圳市正晧科技有限公司
1151	深圳运捷迅信息系统有限公司
1152	深圳讯智物联科技有限公司
1153	慧荣科技（深圳）有限公司
1154	深圳市图之宏电子科技有限公司
1155	深圳市华通鑫宇科技有限公司
1156	深圳市费思泰克科技有限公司
1157	慧峰光电（深圳）有限公司
1158	深圳市优卡特电子有限公司
1159	深圳市卓盟科技有限公司
1160	深圳市骏和高科技有限公司
1161	深圳市思迪科科技有限公司
1162	深圳市强大创新科技实业有限公司
1163	深圳市华科成长软件有限公司
1164	深圳市联明电源有限公司
1165	深圳市鼎为通信有限公司
1166	深圳市中清环境科技有限公司
1167	深圳市蛇口招商港湾工程有限公司
1168	深圳市淘驰科技有限公司
1169	深圳市正运动技术有限公司

（续表）

序号	单位名称
1170	深圳瑞为智能科技有限公司
1171	深圳市聚鑫德源科技有限公司
1172	深圳市及时网络技术有限公司
1173	深圳市羽恒科技有限公司
1174	深圳市众为创造科技有限公司
1175	深圳市东方亮彩精密技术有限公司
1176	深圳市赋诺电子有限公司
1177	深圳诺丁汉可持续发展研究院有限公司
1178	深圳普瑞赛思检测技术有限公司
1179	速亿联科技发展（深圳）有限公司
1180	深圳市迅豹聚能科技有限公司
1181	深圳市凯达尔科技实业有限公司
1182	深圳市鼎星精密科技有限公司
1183	生物源生物技术（深圳）股份有限公司
1184	深圳华望技术有限公司
1185	深圳市卡莱德光电科技有限公司
1186	深圳市鑫泰光电科技有限公司
1187	深圳市齐普光电子股份有限公司
1188	深圳国昌鸿精密五金有限公司
1189	深圳市鸿润芯电子有限公司
1190	深圳创华智能科技有限公司
1191	深圳市顺达成科技有限公司
1192	深圳市威兆半导体有限公司
1193	深圳企银科技有限公司
1194	深圳市宏康大伟科技有限公司
1195	深圳市极限网络科技有限公司
1196	爱步科技（深圳）有限公司
1197	深圳市宝明科技股份有限公司
1198	深圳中科智美科技有限公司
1199	乐森机器人（深圳）有限公司
1200	深圳市大班长科技有限公司
1201	华远电气股份有限公司
1202	深圳尚米网络技术有限公司
1203	深圳宣顶实业有限公司
1204	深圳市前海亿车科技有限公司
1205	深圳市鑫科光电科技有限公司
1206	深圳市萌爱动漫文化发展有限公司
1207	深圳捷工智能电气股份有限公司
1208	深圳采贝教育科技有限公司
1209	深圳市嘉荣华科技有限公司
1210	深圳市华汉伟业科技有限公司
1211	深圳市腾远智拓电子有限公司
1212	深圳市兴泰达科技有限公司
1213	深圳市翠云谷科技有限公司
1214	太平洋未来科技（深圳）有限公司
1215	深圳市汇芯通信技术有限公司
1216	深圳市兴丰元机电有限公司
1217	深圳市网联天下科技有限公司
1218	深圳市兴盛达橡塑制品有限公司
1219	深圳市微组半导体科技有限公司

（续表）

序号	单位名称
1220	深圳市一诺真空科技有限公司
1221	深圳市朗科科技股份有限公司
1222	凌群电脑（深圳）有限公司
1223	库奥（深圳）照明技术有限公司
1224	深圳市鼎元智能科技有限公司
1225	深圳市盈鹏光电有限公司
1226	安升电子（深圳）有限公司
1227	深圳汇盛环保科技有限公司
1228	深圳艾斯特创新科技有限公司
1229	深圳市海拓达电子技术有限公司
1230	深圳市格林威交通科技有限公司
1231	深圳市深信创联智能科技有限责任公司
1232	深圳市爱克信智能股份有限公司
1233	深圳英众世纪智能科技有限公司
1234	深圳市君海达科技有限公司
1235	深圳市夏瑞科技有限公司
1236	深圳市硅格半导体有限公司
1237	深圳市道尔智控科技股份有限公司
1238	深圳市中物互联技术发展有限公司
1239	深圳市广田环保涂料有限公司
1240	智道智慧科技（深圳）有限公司
1241	任子行网络技术股份有限公司
1242	深圳市新园素网络科技有限公司
1243	深圳市敏特达电子有限公司
1244	深圳市海格森科技有限公司
1245	通用动力（深圳）有限公司
1246	深圳市理邦精密仪器股份有限公司
1247	深圳市群科电子有限公司
1248	深圳瑞迪泰科电子有限公司
1249	深圳市华镁龙模具制版有限公司
1250	深圳市宏威创电子有限公司
1251	深圳市纽尔科技有限公司
1252	百强电子（深圳）有限公司
1253	惠联云技术（深圳）有限公司
1254	深圳市伊力科电源有限公司
1255	深圳市启望科文技术有限公司
1256	深圳市国迪电子有限公司
1257	深圳市东方鼎盛科技有限公司
1258	深圳市灿升实业发展有限公司
1259	深圳赤湾胜宝旺工程有限公司
1260	深圳市星迪尔实业有限公司
1261	深圳市三德大康电子有限公司
1262	深圳市博大鑫电子有限公司
1263	深圳市越疆科技有限公司
1264	深圳腾河智慧科技有限公司
1265	深圳市金海滨光电科技有限公司
1266	深圳市新联芯电子有限公司
1267	高点（深圳）科技有限公司
1268	深圳市亿维天地电子设备有限公司
1269	深圳市观麦网络科技有限公司

（续表）

序号	单位名称
1270	深圳市前海智车科技有限公司
1271	深圳市鸿彩展示器材有限公司
1272	深圳市啪啪运动科技有限公司
1273	深圳市任非电子元件有限公司
1274	深圳市慧嘉智科技有限公司
1275	深圳市全球通检测服务有限公司
1276	深圳倍易通科技有限公司
1277	深圳市高士达精密机械有限公司
1278	深圳市科奈信科技有限公司
1279	深圳市张小枫空间设计有限公司
1280	普天新能源（深圳）有限公司
1281	深圳市万利春印刷有限公司
1282	深圳市芯启源科技有限公司
1283	深圳市创美实业有限公司
1284	深圳航天信息有限公司
1285	深圳市为视特科技有限公司
1286	深圳市赛野展览展示有限公司
1287	深圳市信诚达自动化设备有限公司
1288	深圳市格莱特光电有限公司
1289	深圳市安森盛世科技有限公司
1290	深圳市八通达科技有限公司
1291	深圳市美臣科科技有限公司
1292	深圳市一只蘑菇科技有限公司
1293	深圳乐创信息通讯技术有限公司
1294	深圳尼索科连接技术有限公司
1295	铁科院（深圳）检测工程有限公司
1296	深圳市魔方卫星科技有限公司
1297	深圳市三羊科技有限公司
1298	深圳市万家照明有限公司
1299	深圳市匠心智汇科技有限公司
1300	深圳市康乐美科技有限公司
1301	深圳市浩天科技展示有限公司
1302	深圳市迪沃视讯数字技术有限公司
1303	深圳市富辉鸿电子科技有限公司
1304	深圳市三鑫弘科技有限公司
1305	深圳市思众智汇科技有限公司
1306	深圳市方度电子有限公司
1307	深圳市铭思拓技术有限公司
1308	深圳市赛贝尔光电智能技术有限公司
1309	深圳市乐视环球科技有限公司
1310	深圳市兴和盛世电子有限公司
1311	深圳市海纳激光科技有限公司
1312	深圳市国威信电子科技有限公司
1313	深圳市银闪科技股份有限公司
1314	深圳刺猬教育科技有限公司
1315	深圳市九天睿芯科技有限公司
1316	深圳道尔法科技有限公司
1317	深圳市兆比特科技有限公司
1318	深圳市钜力能科技有限公司
1319	深圳市十方度文化传播有限公司
1320	深圳超能电路板有限公司
1321	深圳市鸿富胜科技有限公司
1322	深圳宏芯宇电子股份有限公司
1323	深圳市研强物联技术有限公司
1324	深圳市小溪流科技有限公司
1325	东江模具（深圳）有限公司
1326	高新兴物联科技有限公司
1327	吉成无线（深圳）有限公司
1328	深圳市龙诚光电科技有限公司
1329	深圳易普森科技股份有限公司
1330	百汇精密塑胶模具（深圳）有限公司
1331	深圳市兴少华机电有限公司
1332	深圳市亚高智能科技有限公司
1333	深圳助你科技有限公司
1334	深圳市海德信息技术有限公司
1335	时代生物科技（深圳）有限公司
1336	富基电子（深圳）有限公司
1337	深圳市奥利弗科技有限公司
1338	深圳市首航新能源有限公司
1339	吉麦思科技（深圳）有限公司
1340	深圳点龙网络科技有限公司
1341	深圳市视诺祺电子科技有限公司
1342	深圳市华汇艺园林规划设计有限公司
1343	深圳市铱硙医疗科技有限公司
1344	深圳豪杰创新电子有限公司
1345	深圳市艾迪思特信息技术有限公司
1346	深圳市知链科技有限公司
1347	深圳市腾达辉电子科技有限公司
1348	深圳中讯智慧科技有限公司
1349	深圳平晨半导体科技有限公司
1350	深圳市神州云海智能科技有限公司
1351	深圳市韦宏达科技有限公司
1352	深圳市富广源科技有限公司
1353	深圳市蓓媞科技有限公司
1354	深圳市卓粤电气有限公司
1355	深圳市金洲精工科技股份有限公司
1356	深圳市振凯兴机电设备有限公司
1357	深圳市数字星河科技有限公司
1358	深圳市全正科技有限公司
1359	深圳市华信达仓储设备有限公司
1360	深圳市伊爱高新技术开发有限公司
1361	深圳市深南信息技术科技有限公司
1362	深圳市朗彤数字科技有限公司
1363	深圳市南科动力科技有限公司
1364	深圳市绿巨能科技发展有限公司
1365	丝路视觉科技股份有限公司
1366	深圳市火种数字科技有限公司
1367	深圳市巨彩科技有限公司
1368	深圳市美达印刷有限公司
1369	深圳市松禾智能系统有限公司
1370	深圳市盛普威技术有限公司
1371	深圳市沣视科技有限公司
1372	深圳市斯康达电子有限公司
1373	安科创新（深圳）有限公司
1374	汇莱实业（深圳）有限公司
1375	深圳市海腾建设工程有限公司
1376	深圳市创立宏科技有限公司
1377	深圳市华电晨光智能科技有限公司
1378	深圳市科悦多智能电子有限公司
1379	深圳市溢海亮电子有限公司
1380	深圳市富冠网络科技有限公司
1381	深圳市帅航户外照明科技股份有限公司
1382	深圳市宝测达科技有限公司
1383	深圳悦美移动科技有限公司
1384	深圳市荣电创新技术有限公司
1385	深圳市蓝思航技术有限公司
1386	深圳市辉中盛科技有限公司
1387	深圳市明亚顺科技有限公司
1388	深圳市度点科技有限公司
1389	深圳市钝化技术有限公司
1390	永曜电机（深圳）有限公司
1391	深圳市鑫益嘉科技股份有限公司
1392	深圳升华三维科技有限公司
1393	天音移动通信有限公司
1394	海鹏辉精密工业（深圳）有限公司
1395	深圳市智汇幕墙科技有限公司
1396	深圳市康源环境纳米科技有限公司
1397	深圳市酷客智能科技有限公司
1398	深圳市鹏圣达光电有限公司
1399	深圳市青蓝半导体有限公司
1400	深圳市君晟宏翔科技有限公司
1401	深圳市智创电机有限公司
1402	深圳市瑞鸿安科技有限公司
1403	深圳市菱泰能源科技有限公司
1404	深圳市润之汇实业有限公司
1405	深圳一诺基业科技有限公司
1406	深圳市茵冠生物科技有限公司
1407	时空胶囊（深圳）科技有限公司
1408	深圳市显盈科技股份有限公司
1409	深圳市建福科技有限公司
1410	深圳市鹏城电气有限公司
1411	深圳市赛普洁净技术有限公司
1412	本州电子（深圳）有限公司
1413	深圳市行云数据技术有限公司
1414	深圳市众凌汇科技有限公司
1415	深圳市佳世拓科技有限公司
1416	深圳市捷高软件信息有限公司
1417	深圳市朗迅实业有限公司
1418	深圳前海川谷信息技术有限公司
1419	深圳市华塑技术有限公司

（续表）

序号	单位名称
1420	深圳市智源力电子有限公司
1421	深圳市三正安视科技有限公司
1422	深圳市泰合唯信科技有限公司
1423	深圳睿思科信息技术有限公司
1424	深圳市博思高科技有限公司
1425	深圳市杰瑞佳科技有限公司
1426	深圳市九洲电器有限公司
1427	深圳市中科智联科技有限公司
1428	深圳市捷先数码科技股份有限公司
1429	深圳创达云睿智能科技有限公司
1430	深圳星融信息科技有限公司
1431	深圳市国方科技有限公司
1432	深圳昱拓智能有限公司
1433	深圳市国立智能电力科技有限公司
1434	深圳百城精工有限公司
1435	深圳市中孚能电气设备有限公司
1436	行影通（深圳）科技有限公司
1437	深圳市星颖达实业有限公司
1438	深圳不惑科技有限公司
1439	深圳市华智联科技有限公司
1440	深圳市国威源科技有限公司
1441	深圳市摩尔环宇通信技术有限公司
1442	深圳市深捷通管业发展有限公司
1443	深圳市森瑞工贸有限公司
1444	深圳立讯检测股份有限公司
1445	深圳市来事达电线电缆实业有限公司
1446	深圳市顺盟科技有限公司
1447	深圳市聚力得电子有限公司
1448	深圳市红孩儿信息技术有限公司
1449	深圳市源建传感科技有限公司
1450	中航智能建设（深圳）有限公司
1451	深圳市创达电子有限公司
1452	深圳欧德士科技有限公司
1453	深圳市友恺通信技术有限公司
1454	华测检测认证集团股份有限公司
1455	深圳昌恩智能股份有限公司
1456	深圳中安高科电子有限公司
1457	深圳市鼎茂科技有限公司
1458	深圳万测试验设备有限公司
1459	深圳市诚德来实业有限公司
1460	深圳市腾源电气设备有限公司
1461	深圳市速航科技发展有限公司
1462	深圳市旅行家科技有限公司
1463	深圳市胜航精密连接器有限公司
1464	深圳市佳欣纳米科技有限公司
1465	深圳市永顺创能技术有限公司
1466	鋐隆塑胶电子（深圳）有限公司
1467	深圳亿维锐创科技股份有限公司
1468	深圳市深晶微电子科技有限公司
1469	深圳市粤能环保科技有限公司

（续表）

序号	单位名称
1470	深圳市三特科技有限公司
1471	深圳市信豪科技有限公司
1472	深圳捷创电子科技有限公司
1473	深圳惠民制药有限公司
1474	深圳市数码人技术有限公司
1475	深圳市睿思特智能科技有限公司
1476	深圳市好博译翻译有限公司
1477	深圳市创奇电气有限公司
1478	深圳市君安德连接器有限公司
1479	深圳市森邦照明有限公司
1480	博瑞生物医疗科技（深圳）有限公司
1481	深圳市瑞嘉达电子有限公司
1482	深圳市威大医疗系统工程有限公司
1483	深圳市森瑟科技发展有限公司
1484	深圳市丽尔科实业有限公司
1485	深圳市昌鹏通工业材料设备有限公司
1486	深圳亿络科技有限公司
1487	深圳市爱得利机电有限公司
1488	深圳市万威视讯电子有限公司
1489	深圳市和科达超声设备有限公司
1490	深圳八零赫兹工业设计有限公司
1491	深圳市奥术信息科技有限公司
1492	深圳市凯广荣科技发展有限公司
1493	深圳市正源分子生物科技有限公司
1494	通盈电业（深圳）有限公司
1495	深圳瑞融信信息技术有限公司
1496	深圳市泉光半导体有限公司
1497	深圳市广浦瑞科技有限公司
1498	深圳市绿彩科技开发有限公司
1499	深圳市雅诺科技股份有限公司
1500	深圳市永安环保实业有限公司
1501	深圳市壹厘米科技有限公司
1502	深圳市方得实业有限公司
1503	深圳市诺威达科技有限公司
1504	深圳青虹数据技术有限公司
1505	深圳市睿迪医疗器械有限公司
1506	深圳市灵感纬度科技有限公司
1507	深圳市鹏博辉电子有限公司
1508	深圳市上喜绿色能源科技有限公司
1509	深圳市中科微光医疗器械技术有限公司
1510	深圳智慧园区信息技术有限公司
1511	深圳市多翼创新科技有限公司
1512	深圳瀚维智能医疗科技有限公司
1513	深圳市宝晟建设集团有限公司
1514	深圳市圣伟精密科技有限公司
1515	深圳市甲天行科技有限公司
1516	深圳市泰科动力系统有限公司
1517	深圳市龙影天下信息系统有限公司
1518	深圳市瑞赛生物技术有限公司
1519	深圳市逐日无限科技有限公司

（续表）

序号	单位名称
1520	海利宏元（深圳）科技有限公司
1521	深圳市海淇展示文化有限公司
1522	深圳市瑞沃德生命科技有限公司
1523	深圳市酷童小样科技有限公司
1524	深圳市纷彩电子有限公司
1525	深圳市恒川激光技术有限公司
1526	深圳博英特科技有限公司
1527	深圳市天誉环保技术有限公司
1528	深圳市盛世润达智能科技有限公司
1529	深圳市钰华朗科技有限公司
1530	深圳市欧瑞电力设备有限公司
1531	深圳市智汇奇策科技有限公司
1532	深圳市创世纪科技发展有限公司
1533	深圳市久大轻工机械有限公司
1534	深圳市瑞峰成机械有限公司
1535	摩比天线技术（深圳）有限公司
1536	深圳市恒昌塑胶五金制品有限公司
1537	深圳新创云计算机有限公司
1538	深圳市车资道科技有限公司
1539	深圳市创维软件有限公司
1540	深圳市汇清科技股份有限公司
1541	深圳市诚瑞丰科技股份有限公司
1542	深圳市中联创科电子科技有限公司
1543	深圳市科泰时代电子有限公司
1544	卫盈联信息技术（深圳）有限公司
1545	恩达电路（深圳）有限公司
1546	深圳市凯木金科技有限公司
1547	深圳永德立新能源有限公司
1548	深圳市米仓金服信息技术有限公司
1549	深圳市雅贝康科技有限公司
1550	深圳市勤益和实业有限公司
1551	深圳市德群快捷电子有限公司
1552	深圳市芯皓科技有限公司
1553	深圳市新雅建设工程有限公司
1554	深圳市一讯达科技有限公司
1555	深圳市科雷特能源科技股份有限公司
1556	深圳市天可医疗科技有限公司
1557	深圳市迈顺源科技有限公司
1558	深圳市鑫鹏博电子科技有限公司
1559	深圳市无线道科技有限公司
1560	深圳市一越智能科技有限公司
1561	深圳英飞拓智能技术有限公司
1562	明治橡胶化成（深圳）有限公司
1563	深圳市祥恒光电科技有限公司
1564	深圳市大成天下信息技术有限公司
1565	深圳贝斯特机械电子有限公司
1566	麒麟电子（深圳）有限公司
1567	炬星科技（深圳）有限公司
1568	深圳市圆周率软件科技有限责任公司
1569	深圳市飞亿达电子有限公司

（续表）

序号	单位名称
1570	深圳市贝克影音数码科技有限公司
1571	深圳世纪百利环保科技有限公司
1572	深圳市快极互动科技有限公司
1573	深圳市特发信息光网科技股份有限公司
1574	深圳市炫音族科技有限公司
1575	深圳市美瑞安科技有限公司
1576	深圳市晟达真空钎焊技术有限公司
1577	深圳市明申科技有限公司
1578	派克微电子（深圳）有限公司
1579	深圳市安盛模具有限公司
1580	深圳市智安天下科技有限公司
1581	深圳市宝丽洁科技有限公司
1582	深圳市唯思源科技有限公司
1583	深圳市索飞翔科技有限公司
1584	深圳市旺业信息技术有限公司
1585	深圳蓝信电气有限公司
1586	深圳市友杰智新科技有限公司
1587	深圳市瀚天鑫科技有限公司
1588	深圳市宏开轻质墙体材料有限公司
1589	深圳市好年璟科技有限公司
1590	安赫科技（深圳）有限公司
1591	深圳市智利洋科技有限公司
1592	深圳市博尔特科技发展有限公司
1593	深圳安信软件有限公司
1594	深圳迪限科技有限公司
1595	深圳市耐美特工业设备有限公司
1596	深圳市鑫雅豪智能科技股份有限公司
1597	深圳华明环保科技有限公司
1598	深圳奥简科技有限公司
1599	卧安科技（深圳）有限公司
1600	深圳锐视威科技有限公司
1601	深圳市富罗瑞达仪器仪表有限公司
1602	深圳市旗文众邦电子有限公司
1603	深圳市浩源光电技术有限公司
1604	深圳市友邦工程塑料有限公司
1605	深圳市数组科技有限公司
1606	深圳市法本电子有限公司
1607	深圳天澄科工水系统工程有限公司
1608	深圳真瑞生物科技有限公司
1609	深圳华弘信息技术有限公司
1610	深圳市天诺泰科技有限公司
1611	深圳市新亚电子制程股份有限公司
1612	深圳市桥桥科技有限公司
1613	深圳市翔洲宏科技有限公司
1614	深圳市崟涛油墨科技有限公司
1615	深圳市寻材问料网络科技有限公司
1616	深圳市方泰设备技术有限公司
1617	深圳天川电气技术有限公司
1618	深圳康姆科技有限公司
1619	深圳市电子商务安全证书管理有限公司

（续表）

序号	单位名称
1620	深圳瀚星翔科技有限公司
1621	深圳市犇拓电子科技有限公司
1622	深圳市恩普达工业系统有限公司
1623	极品影视设备科技（深圳）有限公司
1624	捷行机械工程（深圳）有限公司
1625	深圳市同立方科技有限公司
1626	深圳市隆发新材料技术有限公司
1627	深圳市默贝克驱动技术有限公司
1628	深圳市元征软件开发有限公司
1629	以特心坊（深圳）科技有限公司
1630	深圳市正翔电池能源有限公司
1631	深圳市华美泰科技发展有限公司
1632	晓能互联科技（深圳）有限公司
1633	力源电池科技（深圳）有限公司
1634	深圳市东亿软件技术有限公司
1635	小墨热管理材料技术（深圳）有限公司
1636	深圳市康康网络技术有限公司
1637	深圳市大川科鹏工业技术有限公司
1638	深圳丰泰达电子有限公司
1639	深圳益实科技有限公司
1640	深圳因数科技有限公司
1641	深圳市瑞丰光电子股份有限公司
1642	恒明星光智慧文化科技（深圳）有限公司
1643	深圳市欧度利方科技有限公司
1644	深圳市定军山科技有限公司
1645	深圳一目科技有限公司
1646	深圳百里科技有限公司
1647	深圳市潜行精密制造有限公司
1648	深圳市医之宝科技发展有限公司
1649	深圳零度智能机器人科技有限公司
1650	深圳市联派源科技有限公司
1651	深圳市青虹激光科技有限公司
1652	深圳市力鸿鑫模具有限公司
1653	深圳市鸿屹光科技有限公司
1654	深圳市飞鲨电子有限公司
1655	深圳泰科晶显科技有限公司
1656	深圳市捷力源科技有限公司
1657	深圳市伟博瑞吉软件有限公司
1658	深圳市鹏建互联科技股份有限公司
1659	深圳市吉奥科技有限公司
1660	深圳市泽青源科技开发服务有限公司
1661	深圳睿境环保科技有限公司
1662	深圳市威益德科技有限公司
1663	深圳市润吉精密五金有限公司
1664	深圳市轩达电子有限公司
1665	深圳市山本光电股份有限公司
1666	深圳市坦成科技有限公司
1667	爱博欧电子（深圳）有限公司
1668	深圳鼎晶科技有限公司
1669	深圳市德润赛尔光电有限公司

（续表）

序号	单位名称
1670	深圳市德标电池科技有限公司
1671	深圳市华昱数字科技有限公司
1672	深圳前海浩方科技有限公司
1673	深圳市安嘉科技有限公司
1674	深圳市瑞德福科技有限公司
1675	深圳市金流明光电技术有限公司
1676	深圳市麦斯杰网络有限公司
1677	深圳市晟大光电有限公司
1678	深圳市港祥辉电子有限公司
1679	深圳市维加视讯技术有限公司
1680	深圳市星河智善互联网技术有限公司
1681	深圳市销邦数据技术有限公司
1682	深圳市华通电气设备有限公司
1683	深圳市捷腾电路有限公司
1684	深圳麦克维尔空调有限公司
1685	深圳市迈创力科技有限公司
1686	深圳市创佳兴电子有限公司
1687	深圳垦拓流体控制有限公司
1688	深圳市烨弘数码科技有限公司
1689	深圳市克洛诺斯科技有限公司
1690	深圳市中天元实业有限公司
1691	深圳市远翰科技有限公司
1692	深圳市爱贝宝移动互联科技有限公司
1693	深圳市歆歌电子科技有限公司
1694	深圳市国威科创新能源科技有限公司
1695	精华隆智慧感知科技（深圳）股份有限公司
1696	中海智能装备制造（深圳）有限公司
1697	深圳市欧阳麦乐科技有限公司
1698	深圳市中深光电股份有限公司
1699	深圳市时商创展科技有限公司
1700	深圳市奥迈和电子有限公司
1701	深圳正峰印刷有限公司
1702	深圳市溢诚电子科技有限公司
1703	深圳博洛科技有限责任公司
1704	深圳市二一教育股份有限公司
1705	深圳市辂元技术有限公司
1706	深圳瑞力网科技有限公司
1707	深圳市福森环境科技有限公司
1708	深圳启奥朗程科技有限公司
1709	深圳市创凌智联科技有限公司
1710	深圳市和谐号教育科技有限公司
1711	深圳市绿金人防工程有限公司
1712	深圳市金冠威科技有限公司
1713	深圳市蜀丰科技有限公司
1714	灿芯技术（深圳）有限公司
1715	深圳市鑫宝达电机有限公司
1716	深圳市都乐精密制造有限公司
1717	深圳市思奥特照明科技有限公司
1718	深圳博尚精密制造有限公司
1719	深圳市百佳华网络科技有限公司

（续表）

序号	单位名称
1720	深圳市永杰霖科技有限公司
1721	松乐智能装备（深圳）有限公司
1722	深圳市子轩光电子科技有限公司
1723	深圳市雨博士雨水利用设备有限公司
1724	深圳市在那科技有限公司
1725	深圳市玖洲宝科技有限公司
1726	深圳闻信电子有限公司
1727	深圳爱加物联科技有限公司
1728	深圳市成华腾达实业有限公司
1729	深圳市志恒鑫科技有限公司
1730	深圳鹏城新能科技有限公司
1731	深圳市动力飞扬科技有限公司
1732	深圳市德泰能源有限公司
1733	深圳宇拓瑞科新能源科技有限公司
1734	深圳市锴诚精密模具有限公司
1735	深圳市凌壹科技有限公司
1736	深圳市联得自动化装备股份有限公司
1737	深圳市迈德威视科技有限公司
1738	深圳市天机电子有限公司
1739	深圳市飞速精密模具有限公司
1740	深圳众赢维融科技有限公司
1741	深圳市瑞思新创科技有限公司
1742	优车库网络科技发展（深圳）有限公司
1743	深圳市盛元半导体有限公司
1744	深圳市骏途智能设备有限责任公司
1745	深圳市汉锦机械科技有限公司
1746	深圳市诚宇鑫精密五金有限公司
1747	深圳市荣华安骏机电设备有限公司
1748	深圳飞骧科技有限公司
1749	深圳市高创自动化技术有限公司
1750	深圳市达瑞电子科技有限公司
1751	深圳市风云智创科技有限公司
1752	深圳市齐圣达实业发展有限公司
1753	深圳市索阳新能源科技有限公司
1754	深圳市嘉瑞工业自动化有限公司
1755	深圳磊诺科技有限公司
1756	深圳市欧力克斯科技有限公司
1757	深圳市长盛和自动化设备有限公司
1758	深圳跳蛛科技有限公司
1759	深圳市赋安安全系统有限公司
1760	深圳浪潮早上班云技术有限公司
1761	深圳市鼎盛利模具有限公司
1762	柒小佰（深圳）科技有限公司
1763	深圳市龙方自动化科技有限公司
1764	深圳驼人生物医疗电子股份有限公司
1765	深圳市天辰防务通信技术有限公司
1766	深圳云码通科技有限公司
1767	深圳市鸿嘉利信息技术有限公司
1768	深圳市宝立创科技有限公司
1769	深圳市豪恩智能物联股份有限公司

（续表）

序号	单位名称
1770	深圳安盾海洋新材料有限公司
1771	中农海稻（深圳）生物科技有限公司
1772	深圳市博亚电磁科技有限公司
1773	深圳市华美检测有限公司
1774	深圳市盛路物联通讯技术有限公司
1775	深圳中研塑力科技有限公司
1776	深圳市天音电子有限公司
1777	深圳市一道科技有限公司
1778	高盈表业（深圳）有限公司
1779	深圳市互动力科技有限公司
1780	深圳小鱼儿科技有限公司
1781	深圳市东飞凌科技有限公司
1782	深圳市中勘勘测设计有限公司
1783	深圳市嘉业精密五金有限公司
1784	深圳市爱思诺制冷设备有限公司
1785	深圳易伙科技有限责任公司
1786	深圳市大力鸿震智能脚轮科技有限公司
1787	深圳市天熙科技开发有限公司
1788	深圳市蓝海华腾技术股份有限公司
1789	深圳市安顺康医疗电子有限公司
1790	深圳市鹏城建筑集团有限公司
1791	深圳市聚赢档案管理有限公司
1792	深圳市卓芯微科技有限公司
1793	深圳市希尔光学技术有限公司
1794	牛村科技（深圳）有限公司
1795	深圳市比恩希科技有限公司
1796	深圳德诚达光电材料有限公司
1797	深圳市研成工业技术有限公司
1798	深圳市伯亿传媒有限公司
1799	深圳市超业电力科技有限公司
1800	深圳市龙云创新航空科技有限公司
1801	深圳佑驾创新科技有限公司
1802	深圳市和力泰智能制造有限公司
1803	深圳市中地建设工程有限公司
1804	深圳市凯风科技有限公司
1805	深圳市克耐克科技有限公司
1806	深圳市金博诚科技有限公司
1807	金上晋科技（深圳）有限公司
1808	深圳市安泽智能机器人有限公司
1809	海德盟数控技术（深圳）有限公司
1810	深圳市兆捷科技有限公司
1811	深圳市宝迪凯科技有限公司
1812	深圳市顺恒利科技工程有限公司
1813	深圳市麦游互动科技有限公司
1814	深圳市尚优像电子有限公司
1815	深圳市脑立方科技有限公司
1816	深圳众宇欣科技有限公司
1817	深圳市神州龙智慧城市科技有限公司
1818	深圳市盈联光学有限公司
1819	深圳市森茂微科技有限公司

（续表）

序号	单位名称
1820	深圳市沃富康科技有限公司
1821	深圳市飞铃智能系统集成有限公司
1822	深圳市安盾知识产权服务有限公司
1823	深圳市守正航空工业有限公司
1824	深圳市深佳科技发展有限公司
1825	深圳市坤展塑胶五金有限公司
1826	深圳市傲天医疗智能系统有限公司
1827	深圳市卓美瑞科技有限公司
1828	深圳市盟大网络科技有限公司
1829	深圳市伟佰利科技有限公司
1830	深圳市瀚晖威视科技有限公司
1831	深圳市富思捷工程设计咨询有限公司
1832	永德利硅橡胶科技（深圳）有限公司
1833	深圳市悦众智合网络传媒有限公司
1834	深圳市荣嘉毅科技有限公司
1835	深圳市秦安科技有限公司
1836	深圳市科美芯光电技术有限公司
1837	深圳市东凌电子有限公司
1838	深圳成鹏电子有限公司
1839	深圳市登峰科技有限公司
1840	深圳市富林兴科技有限公司
1841	深圳市谷米科技有限公司
1842	深圳技威时代科技有限公司
1843	深圳市本多自动化科技有限公司
1844	深圳市普飞科技发展有限公司
1845	深圳海兰电子有限公司
1846	深圳市仁钢电子有限公司
1847	深圳市希尔科技发展有限公司
1848	深圳市昌润利环保科技有限公司
1849	深圳市雄韬电源科技股份有限公司
1850	深圳市方德信科技有限公司
1851	深圳市尚荣医疗股份有限公司
1852	深圳市迈普视通科技有限公司
1853	深圳市威标检测技术有限公司
1854	深圳市深智电科技有限公司
1855	深圳市保环科技有限公司
1856	贝壳派创新科技（深圳）有限公司
1857	深圳沸石智能技术有限公司
1858	深圳市海淘谷信息技术有限公司
1859	深圳市海滨制药有限公司
1860	深圳市优奕视界有限公司
1861	深圳市镭光智能有限公司
1862	深圳市炜烨丰电子科技有限公司
1863	深圳市正海欣科技有限公司
1864	深圳市延创兴电子有限公司
1865	深圳市盛浜泰科技有限公司
1866	深圳市博英医疗仪器科技有限公司
1867	深圳市高亮光光电科技有限公司
1868	深圳中缆电缆集团有限公司
1869	深圳市艾科赛龙科技股份有限公司

（续表）

序号	单位名称
1870	深圳市罗博威视科技有限公司
1871	深圳市特瑞锶自动化设备有限公司
1872	深圳市威凯特科技有限公司
1873	深圳尚蓝柏科技有限公司
1874	深圳西米通信有限公司
1875	深圳市安托士建筑设计顾问有限公司
1876	深圳开维教育信息技术股份有限公司
1877	深圳乔合里科技股份有限公司
1878	深圳洲斯移动物联网技术有限公司
1879	深圳市弘粤驱动有限公司
1880	深圳市安泰自动化设备有限公司
1881	深圳市麦沃电子科技有限公司
1882	深圳市炫联科技有限公司
1883	深圳市精莞盈电子有限公司
1884	深圳市鼎峰智能技术有限公司
1885	深圳市友基技术有限公司
1886	深圳市山河动力电子有限公司
1887	深圳市深远数据技术有限公司
1888	深圳市联合云仓网络科技有限公司
1889	深圳市京泉华科技股份有限公司
1890	深圳市鹏特软件科技有限公司
1891	深圳欣欣互动科技有限公司
1892	深圳市力通威电子科技有限公司
1893	深圳优依购互娱科技有限公司
1894	深圳市凯特生物医疗电子科技有限公司
1895	深圳虾皮信息科技有限公司
1896	深圳市鼎泰佳创科技有限公司
1897	深圳双星微电子科技有限公司
1898	深圳市天维思信息技术有限公司
1899	深圳新维时代人工智能有限公司
1900	深圳宏宇天翔科技有限公司
1901	深圳市太美亚电子科技有限公司
1902	深圳市优聚显示技术有限公司
1903	深圳市伟力低碳股份有限公司
1904	深圳市微晶光学科技有限公司
1905	深圳市博尔创意文化发展有限公司
1906	深圳市宏宇辉科技有限公司
1907	深圳市工匠社科技有限公司
1908	深圳市众鑫创展科技有限公司
1909	深圳森工科技有限公司
1910	深圳市海诚建筑工程有限公司
1911	深圳市易瑞来科技股份有限公司
1912	安泰保险科技（深圳）有限公司
1913	莱尔德电子材料（深圳）有限公司
1914	深圳市芯飞凌半导体有限公司
1915	深圳品网科技有限公司
1916	深圳市源禹环保科技有限公司
1917	深圳市海豚互联网有限公司
1918	深圳市鑫龙业电子科技有限公司
1919	深圳市美思美科智能科技股份有限公司

（续表）

序号	单位名称
1920	深圳市盈辉电子有限公司
1921	深圳市锐迪芯电子有限公司
1922	深圳谷探科技有限公司
1923	深圳市腾基建设工程有限公司
1924	深圳市文泰达电子有限公司
1925	深圳市沃勒尔运动用品有限公司
1926	深圳东和邦泰科技有限公司
1927	深圳市电王科技有限公司
1928	深圳市欧龙优新材料科技有限公司
1929	深圳市乾行达科技有限公司
1930	深圳市迪博企业风险管理技术有限公司
1931	色幻无线光电科技（深圳）有限公司
1932	深圳市比比赞科技有限公司
1933	深圳市穗晶光电股份有限公司
1934	深圳市米谷智能有限公司
1935	深圳市伟创立电子科技有限公司
1936	深圳市卓邦电子科技有限公司
1937	深圳市金凯科技有限公司
1938	深圳市中宇科技开发有限公司
1939	深圳市金力圣电子科技有限公司
1940	深圳市万凯达科技有限公司
1941	深圳市鼎阳科技股份有限公司
1942	深圳市广洁明水处理技术有限公司
1943	深圳市艺源博科技有限公司
1944	深圳市龙吉顺实业发展有限公司
1945	深圳启新伟业电路有限公司
1946	深圳市正扬兴科技有限公司
1947	深圳市亚启科技有限公司
1948	深圳市优特杰科技有限公司
1949	深圳市成晟新能源技术有限公司
1950	深圳勇艺达机器人有限公司
1951	深圳市磐鼎科技有限公司
1952	深圳市为汉科技有限公司
1953	深南电路股份有限公司
1954	深圳市星禾宏泰自动化设备有限公司
1955	深圳市五大湖新概念环保科技有限公司
1956	深圳市久巨工业设备有限公司
1957	深圳市漂流伞科技有限公司
1958	深圳市慧享技术有限公司
1959	深圳市康英科技有限公司
1960	深圳市鼎盛皇科技发展有限公司
1961	深圳市力合创新科技有限公司
1962	深圳市卡妙思电子科技有限公司
1963	深圳市佳科源实业有限公司
1964	深圳市银顺达科技有限公司
1965	深圳市大首自动化技术有限公司
1966	深圳镭霆激光科技有限公司
1967	深圳中科传感科技有限公司
1968	华强方特（深圳）科技有限公司
1969	深圳市翰博士科技有限公司

（续表）

序号	单位名称
1970	银雁科技服务集团股份有限公司
1971	深圳富睿晨电子科技有限公司
1972	深圳力维信息技术有限公司
1973	深圳凯视通科技有限公司
1974	深圳市汉唐邦科技有限公司
1975	联合微创医疗器械（深圳）有限公司
1976	深圳乐趣网络科技有限公司
1977	深圳市飞科讯电子有限公司
1978	深圳市优圣康生物科技有限公司
1979	深圳市友利帆科技有限公司
1980	深圳市联拓自动化设备有限公司
1981	深圳市明润建筑设计有限公司
1982	深圳市华力宇电子科技有限公司
1983	深圳欧创芯半导体有限公司
1984	深圳市皕像科技有限公司
1985	深圳市矽硕电子科技有限公司
1986	深圳市首诺信电子有限公司
1987	百斯迈奇能源技术服务（深圳）有限公司
1988	欣旺达电动汽车电池有限公司
1989	深圳市非洗不可网络科技有限公司
1990	深圳市松冠科技有限公司
1991	深圳睿网云联科技有限公司
1992	深圳广田智能科技有限公司
1993	深圳市萱嘉生物科技有限公司
1994	众志飞救医疗科技（深圳）有限公司
1995	深圳市丹耐美克环保科技有限责任公司
1996	深圳中聚世纪无人机有限公司
1997	深圳艾彼邻科技有限公司
1998	深圳市博星电子有限公司
1999	深圳市鑫华锋科技有限公司
2000	深圳市宇风节能环保设备科技有限公司
2001	宝德网络安全系统（深圳）有限公司
2002	兰和科技（深圳）有限公司
2003	深圳市高科兴机电有限公司
2004	深圳市长深气体有限公司
2005	深圳市艾特自动化有限公司
2006	深圳市固源塑胶制品有限公司
2007	深圳市卓朗微电子有限公司
2008	深圳市慧瑞电子材料有限公司
2009	深圳市大升高科技工程有限公司
2010	深圳华杰智能电网科技有限公司
2011	深圳市深普能电子有限公司
2012	深圳市企富晟科技有限公司
2013	深圳市怡昌动力技术有限公司
2014	深圳市亲邻科技有限公司
2015	深圳市鑫易航电子科技有限公司
2016	深圳市壹优新能源有限公司
2017	深圳智慧人生工贸有限公司
2018	深圳市喜达科技有限公司
2019	深圳市宏远达环境发展有限公司

（续表）

序号	单位名称
2020	深圳金喜来电子股份有限公司
2021	深圳市佰慧智能科技有限公司
2022	深圳巴伦如梭网络有限公司
2023	科尔迅智能科技（深圳）有限公司
2024	深圳市容大感光科技股份有限公司
2025	深圳市信联征信有限公司
2026	深圳市英特齐塑胶电子有限公司
2027	深圳市中科纳米科技有限公司
2028	深圳慧城智联科技有限公司
2029	深圳市深玻特种工程玻璃实业有限公司
2030	深圳华强电子交易网络有限公司
2031	深圳欣豪电子科技有限公司
2032	深圳市德盟科技股份有限公司
2033	深圳唐彩装饰科技发展有限公司
2034	深圳市视清科技有限公司
2035	深圳科创新源新材料股份有限公司
2036	深圳市芯链科技有限公司
2037	深圳市广发兴科技有限公司
2038	深圳市中品科技有限公司
2039	深圳市东明炬创电子有限公司
2040	深圳市华智创科智能科技有限公司
2041	深圳力合通科技有限公司
2042	深圳市美蓓亚斯科技有限公司
2043	深圳市朗琴音响技术有限公司
2044	深圳市科彤科技有限公司
2045	中易天建设工程技术（深圳）有限公司
2046	深圳市鼎泰化工有限公司
2047	深圳四维集思技术服务有限公司
2048	深圳市中升薄膜材料有限公司
2049	深圳市诚之益电路有限公司
2050	深圳市捍卫者安全装备有限公司
2051	深圳市睿冠光电玻璃有限公司
2052	深圳市罗茂科技有限公司
2053	深圳市诺金环保技术有限公司
2054	深圳易科讯科技有限公司
2055	深圳市博视科技有限公司
2056	深圳市五三通电子科技有限公司
2057	深圳前海金融科技服务有限公司
2058	深圳市亚声威格科技有限公司
2059	深圳博为教育科技有限公司
2060	深圳市大嘉机器人自动化设备有限公司
2061	广东中科检测技术股份有限公司
2062	深圳市泽行科技有限公司
2063	深圳新锐芯科技有限公司
2064	深圳天盈光电系统有限公司
2065	深圳市嘉驰机电科技有限公司
2066	深圳纤亿通科技有限公司
2067	深圳市前海信息通信发展有限公司
2068	邑升顺电子（深圳）有限公司
2069	野宝车料工业（深圳）有限公司

（续表）

序号	单位名称
2070	深圳市锐方达科技有限公司
2071	深圳市昌宝机电设备有限公司
2072	深圳力策科技有限公司
2073	深圳市金盛机电科技有限公司
2074	深圳市蓝科迅通科技有限公司
2075	深圳市麦恩科技有限公司
2076	深圳市铭特科技有限公司
2077	深圳家红齿科技术有限公司
2078	深圳慧源创新科技有限公司
2079	深圳新维智能科技有限公司
2080	深圳极钛星华信息技术有限公司
2081	深圳柏睿网络科技有限公司
2082	深圳市金鑫华建筑工程有限公司
2083	深圳市墨者安全科技有限公司
2084	深圳市艾米艺术设计有限公司
2085	深圳市宏科特电子科技有限公司
2086	深圳市集银科技有限公司
2087	利维智能（深圳）有限公司
2088	深圳市联特通讯有限公司
2089	深圳市欣翔辉电子有限公司
2090	深圳市文丰装饰设计工程有限公司
2091	深圳市恒远盛世科技有限公司
2092	深圳博普勒智控科技有限公司
2093	深圳市艾伟迪生物科技有限公司
2094	深圳市智腾达软件技术有限公司
2095	深圳市中科能电子技术有限公司
2096	深圳市思迈电气有限公司
2097	深圳市九洲智和科技有限公司
2098	深圳市鑫诺诚科技有限公司
2099	深圳市商联软件开发有限公司
2100	深圳市洁王精细化工科技有限公司
2101	广东震仪智能装备股份有限公司
2102	深圳市盛林纸品包装有限公司
2103	深圳市晶扬电子有限公司
2104	深圳市弘亮光电股份有限公司
2105	深圳市恒冠电子有限公司
2106	深圳市沃福泰克科技有限公司
2107	深圳市聚胜得电子有限公司
2108	深圳市兴科瑞拓科技有限公司
2109	深圳君正时代集成电路有限公司
2110	深圳华北工控股份有限公司
2111	深圳市宝丰通电器制造有限公司
2112	深圳中迈信息技术有限公司
2113	深圳市联君科技股份有限公司
2114	深圳铁盒子文化科技发展有限公司
2115	深圳市亚太未来教育科技发展有限公司
2116	飞霸科技（深圳）有限公司
2117	深圳文业装饰设计工程有限公司
2118	深圳市诺然美泰科技股份有限公司
2119	深圳纵横世纪科技有限公司

（续表）

序号	单位名称
2120	深圳市雅迅达液晶显示设备有限公司
2121	深圳市正佑数控机床有限公司
2122	深圳市博多电子有限公司
2123	深圳市杰维工业设备有限公司
2124	深圳市杰能机电工程有限公司
2125	深圳市迈悦科技有限公司
2126	深圳市瑞德鑫自动化有限公司
2127	深圳市旭感神州信息技术有限公司
2128	深圳市瑞雷特电子技术有限公司
2129	深圳市百惠通科技有限公司
2130	深圳市环泰电器有限公司
2131	深圳市合泰文化发展有限公司
2132	深圳盛鼎源电子有限公司
2133	英特赛尔科技（深圳）有限公司
2134	小雅智能平台（深圳）有限公司
2135	微位（深圳）网络科技有限公司
2136	深圳绿食宝科技有限公司
2137	深圳市麦士德福科技股份有限公司
2138	益杉科技（深圳）有限公司
2139	海豚大数据网络科技（深圳）有限公司
2140	深圳市华晶宝丰电子有限公司
2141	深圳市鹏利达电子有限公司
2142	深圳市环测威检测技术有限公司
2143	深圳奥萨医药有限公司
2144	深圳前海明粤新思软件有限公司
2145	深圳华迅光通技术有限公司
2146	深圳市华鑫网安科技有限公司
2147	深圳因赛德思医疗科技有限公司
2148	深圳酷骑童趣科技有限公司
2149	横川机器人（深圳）有限公司
2150	深圳市小村机器人智能科技有限公司
2151	深圳市通力科技开发有限公司
2152	深圳市擎源医疗器械有限公司
2153	深圳市圆创网联信息技术有限公司
2154	深圳市陆玖五金制品有限公司
2155	深圳创维新世界科技有限公司
2156	深圳市道诚电子科技有限公司
2157	深圳市智远可达科技有限公司
2158	深圳市德昌裕塑胶制品有限公司
2159	深圳市长盈精密技术股份有限公司
2160	深圳市易科唐科技有限公司
2161	深圳中科净化技术有限公司
2162	深圳市点购电子商务控股股份有限公司
2163	深圳市鑫正宇科技有限公司
2164	深圳市合步科技有限公司
2165	深圳市金嵘达科技有限公司
2166	深圳市青蓝自动化科技有限公司
2167	深圳市艾特软件有限公司
2168	深圳市盈泰五金有限公司
2169	深圳市中惠创新科技有限公司

（续表）

序号	单位名称
2170	深圳市科士华电子科技有限公司
2171	深圳市锐宝智联信息有限公司
2172	华米互联（深圳）有限公司
2173	深圳市手心游戏科技有限公司
2174	深圳市华源达科技有限公司
2175	深圳华美和汽车部件制造有限公司
2176	立信染整机械（深圳）有限公司
2177	深圳市世尊科技有限公司
2178	深圳市浩博特电子有限公司
2179	深圳亚迪欣电子有限公司
2180	深圳奥视数字视觉技术有限公司
2181	深圳市美怡雅化妆用具有限公司
2182	深圳市爱丰达盛科技有限公司
2183	深圳市鹏途交通科技有限公司
2184	深圳市佳明科电子有限公司
2185	深圳市航信科技有限公司
2186	深圳市吉方工控有限公司
2187	深圳市鑫力盛五金电子有限公司
2188	深圳市睿宝智能科技有限公司
2189	深圳市奇力模具有限公司
2190	深圳市诺冠科技有限公司
2191	深圳市潜创微科技有限公司
2192	深圳市欧朗德斯环保科技有限公司
2193	深圳市昊昱精密机电有限公司
2194	深圳市富创汽车科技有限公司
2195	深圳市艾优威科技有限公司
2196	深圳市众行网科技有限公司
2197	深圳园林股份有限公司
2198	中建科工集团有限公司
2199	深圳市利成科技有限公司
2200	深圳极联信息技术开发有限公司
2201	深圳市宇华智界科技有限公司
2202	深圳市慎勇科技有限公司
2203	广东泽和环保科技有限公司
2204	贝格迈思（深圳）科技有限公司
2205	深圳市英诺维信自动化设备有限公司
2206	深圳市弘端电子有限公司
2207	深圳市讯美科技有限公司
2208	深圳市正生技术有限公司
2209	深圳市金煜盛网印科技有限公司
2210	深圳市越华晖实业有限公司
2211	汇金智融（深圳）科技有限公司
2212	深圳市赛瑞产业研究有限公司
2213	深圳市盛泰智能数码有限公司
2214	深圳市阿宝科技有限公司
2215	深圳市移趣科技有限公司
2216	深圳车泰斗科技有限公司
2217	深圳市科睿达自动化设备有限公司
2218	深圳市利业机电设备有限公司
2219	深圳市国华识别科技开发有限公司

（续表）

序号	单位名称
2220	深圳市科赛电子有限公司
2221	深圳市星火车联科技有限公司
2222	深圳市柏明胜医疗器械有限公司
2223	深圳市欣锐特电子有限公司
2224	深圳市德尔制冷设备有限公司
2225	深圳市环球数码科技有限公司
2226	深圳世通电脑有限公司
2227	深圳市壹纳科技有限公司
2228	深圳市华耀智能装备科技有限公司
2229	深圳联智云科技有限公司
2230	深圳市华芯通信科技有限公司
2231	深圳市锐傲视讯有限公司
2232	深圳市林普世纪通信技术有限公司
2233	深圳市中天视觉数码科技有限公司
2234	深圳云停智能交通技术研究院有限公司
2235	深圳宽洋网络发展有限公司
2236	深圳市天海检测技术有限公司
2237	深圳市海镭激光科技有限公司
2238	福瑞莱环保科技（深圳）股份有限公司
2239	深圳市中恒正科技有限公司
2240	深圳市华惠连接器有限公司
2241	深圳市杰美晟模具有限公司
2242	深圳市友一科技有限公司
2243	深圳和而泰智能控制股份有限公司
2244	深圳市清荣福科技有限公司
2245	深圳市津田电子有限公司
2246	深圳市易捷通科技股份有限公司
2247	深圳市华安泰智能科技有限公司
2248	深圳市伊科赛尔环保科技有限公司
2249	深圳双猴科技有限公司
2250	深圳市卓瑞源科技有限公司
2251	卫健智能（深圳）有限公司
2252	深圳市展东科技有限公司
2253	深圳市慧智南方科技有限公司
2254	深圳市瑞能创新科技有限公司
2255	深圳市富尔顿照明科技有限公司
2256	深圳市益普科技有限公司
2257	深圳市卡德姆科技有限公司
2258	深圳市超力源科技有限公司
2259	深圳市雷鸟网络传媒有限公司
2260	深圳市金美科电子有限公司
2261	深圳市深投环保科技有限公司
2262	深圳市中科研拓科技有限公司
2263	则灵艺术（深圳）有限公司
2264	兴鼎工程（深圳）有限公司
2265	深圳科诺医学检验实验室
2266	深圳智赛机器人有限公司
2267	深圳市伊诺时代科技有限公司
2268	深圳亿上光科技有限公司
2269	深圳市尚佳能源网络有限责任公司

（续表）

序号	单位名称
2270	深圳友浩车联网股份有限公司
2271	深圳市金典电子科技有限公司
2272	深圳市鑫科德自动化有限公司
2273	深圳市中企怡华环保科技有限公司
2274	深圳市金达来精密科技股份有限公司
2275	深圳市佰特生态环保科技有限公司
2276	深圳市阿尔泰车载娱乐系统有限公司
2277	深圳市三通运维科技有限公司
2278	深圳市兴研科技有限公司
2279	深圳市银河通信科技有限公司
2280	深圳市龙翰凤翼科技有限公司
2281	深圳市宝德计算机系统有限公司
2282	深圳市成玉信息技术有限公司
2283	深圳市荣和科技有限公司
2284	深圳市新华安包装制品有限公司
2285	深圳市吉百顺科技有限公司
2286	深圳市德诚旺科技有限公司
2287	深圳前海联动云软件科技有限公司
2288	深圳宁冠鸿科技股份有限公司
2289	深圳市云威电路有限公司
2290	深圳市知用电子有限公司
2291	深圳市金彩虹精密制造股份有限公司
2292	深圳市众创三维科技有限公司
2293	深圳市智慧享联网络技术有限公司
2294	中科力函（深圳）热声技术有限公司
2295	深圳市仁创艺电子有限公司
2296	深圳准诺检测有限公司
2297	深圳市华翼智能有限公司
2298	深圳市新领航电机有限公司
2299	深圳市科路迪机械设备有限公司
2300	深圳市千分一智能技术有限公司
2301	深圳市金钟默勒电器有限公司
2302	深圳市科晟电子有限公司
2303	深圳市文集智能有限公司
2304	深圳市星睿达科技有限公司
2305	深圳市吟云科技有限公司
2306	深圳市卡森机电技术有限公司
2307	深圳市顺鑫昌文化股份有限公司
2308	深圳市智联九九通讯技术有限公司
2309	深圳宏崎达技术有限公司
2310	深圳市东宸智造科技有限公司
2311	深圳市君思科技有限公司
2312	深圳汉弘软件技术有限公司
2313	深圳市绘云生物科技有限公司
2314	深圳创想电子技术有限公司
2315	深圳星莱特科技有限公司
2316	深圳市千山利实业有限公司
2317	深圳市金凯博科技有限公司
2318	深圳市优迈德科技有限公司
2319	深圳市精铸模具有限公司

（续表）

序号	单位名称
2320	深圳市欧克勒亚科技有限公司
2321	深圳龙达世纪网络科技有限公司
2322	深圳市雅码科技有限公司
2323	深圳矽速科技有限公司
2324	深圳市昂捷电子有限公司
2325	深圳市智微智能科技股份有限公司
2326	深圳市数聚能源科技有限公司
2327	深圳市容大数字技术有限公司
2328	深圳市富尼数字科技有限公司
2329	航天网安技术（深圳）有限公司
2330	深圳市环球意科科技有限公司
2331	深圳市巨领智能装备有限公司
2332	深圳市力为自动化有限公司
2333	深圳市鹏巨术信息技术有限公司
2334	深圳佳肽生物科技有限公司
2335	深圳市通网技术股份有限公司
2336	深圳一苇科技有限公司
2337	深圳市普博科技有限公司
2338	深圳爱玩网络科技股份有限公司
2339	深圳市紫衡技术有限公司
2340	深圳市艺博堂环境艺术工程设计有限公司
2341	深圳市盛信康科技有限公司
2342	深圳市永创威科技有限公司
2343	深圳市乐翔电气有限公司
2344	深圳市港嘉工程检测有限公司
2345	深圳市向阳新能源科技有限公司
2346	深圳市盛利达数控设备有限公司
2347	深圳博克斯塑胶有限公司
2348	科豪达科技（深圳）有限公司
2349	深圳市润地机械设备有限公司
2350	深圳瑞福来智能科技股份有限公司
2351	深圳市瑞云科技有限公司
2352	深圳晋阳精密模具有限公司
2353	深圳国鑫恒运科技有限公司
2354	深圳泽瑜科技有限责任公司
2355	深圳市饭立得科技有限公司
2356	深圳市欧思卡智能设备有限公司
2357	深圳市优普科技有限公司
2358	深圳硅基智能科技有限公司
2359	深圳市诺林电子科技有限公司
2360	深圳市金控科技有限公司
2361	深圳市银服通企业管理咨询有限公司
2362	深圳市百诺信科技有限公司
2363	深圳市富登科技有限公司
2364	深圳市英威腾光伏科技有限公司
2365	蓝鲸智能机器人（深圳）有限公司
2366	音王文化（深圳）有限公司
2367	深圳市沛泓电子有限公司
2368	深圳市希顺有机硅科技有限公司
2369	深圳京科精密模型有限公司

（续表）

序号	单位名称
2370	深圳市宏日嘉净化设备科技有限公司
2371	深圳杰泰科技有限公司
2372	深圳诺曼威科技有限公司
2373	深圳市华橙数字科技有限公司
2374	深圳市铱云云计算有限公司
2375	丰图科技（深圳）有限公司
2376	深圳市中泰盛科技有限公司
2377	深圳市汇恩电子有限公司
2378	深圳市中科动力信息技术服务有限公司
2379	深圳市中信容大信息科技有限公司
2380	深圳市亿天诚激光科技有限公司
2381	深圳市和光同诚科技有限公司
2382	捷和电机制品（深圳）有限公司
2383	深圳市东佳实业有限公司
2384	深圳微网能源技术有限公司
2385	深圳市注圣硅胶制品有限公司
2386	深圳市禾芯科技有限公司
2387	南华汇盈科技发展（深圳）有限公司
2388	深圳市松博宇科技股份有限公司
2389	恒瑞源正（深圳）生物科技有限公司
2390	深圳市摩士龙实业有限公司
2391	中广核鑫誉蓄能科技（深圳）有限公司
2392	深圳市隆吉维斯五金有限公司
2393	深圳市柏英特电子科技有限公司
2394	深圳市中兴系统集成技术有限公司
2395	深圳市日升科技有限公司
2396	深圳市喜来喜科技有限公司
2397	深圳鑫宏力精密工业有限公司
2398	深圳时空壶技术有限公司
2399	深圳科卫机器人科技有限公司
2400	深圳联辉科电子技术有限公司
2401	深圳市金准生物医学工程有限公司
2402	深圳市航建工程造价咨询有限公司
2403	深圳市长荣科机电设备有限公司
2404	深圳市战音科技有限公司
2405	深圳九华星科技有限公司
2406	深圳市乐欣电子科技有限公司
2407	仲汉电子（深圳）有限公司
2408	深圳市金峰数码通讯有限公司
2409	深圳市引路人光电科技有限公司
2410	深圳线马科技有限公司
2411	深圳市永兴展星科技有限公司
2412	深圳市言文设计有限公司
2413	深圳市先智物联科技有限公司
2414	鹏得精密科技（深圳）有限公司
2415	六艺源设计（深圳）有限公司
2416	深圳市航安网络科技有限公司
2417	深圳市励科机电科技工程有限公司
2418	深圳市华莱光电科技有限公司
2419	深圳正玺绿色建筑科技工程有限公司

（续表）

序号	单位名称
2420	深圳市康莱米电子股份有限公司
2421	深圳市鸿达顺科技开发有限公司
2422	深圳市纽维科技有限公司
2423	深圳市多推网络科技有限公司
2424	深圳市雄帝科技股份有限公司
2425	深圳市富吉真空技术有限公司
2426	深圳市莫科连电子有限公司
2427	深圳天骄医疗科技有限公司
2428	深圳市施乐德电气实业有限公司
2429	深圳市国力科技有限公司
2430	深圳市帆程科技有限公司
2431	深圳市大隆科技有限公司
2432	深圳市领芯者科技有限公司
2433	深圳市日迅鑫科技股份有限公司
2434	深圳盈达信息科技有限公司
2435	深圳市鼎城五金塑胶有限公司
2436	深圳市思凯科技开发有限公司
2437	深圳市康尔诺生物技术有限公司
2438	深圳市云筑实业有限公司
2439	深圳市建达强科技有限公司
2440	深圳市奥智利科技发展有限公司
2441	深圳市启华自动化设备有限公司
2442	深圳天天嗨玩网络科技有限公司
2443	深圳市哲弘实业有限公司
2444	深圳市正昊精密科技有限公司
2445	深圳市鑫旭飞科技有限公司
2446	深圳市毅顺锦鸿模具有限公司
2447	深圳市文业照明实业有限公司
2448	深圳市华中通用技术有限公司
2449	深圳市优贝特科技有限公司
2450	深圳蓝新科技有限公司
2451	深圳市双盈电子科技有限公司
2452	深圳市天益恒达快速成型技术有限公司
2453	深圳市一变变压器有限公司
2454	深圳市北斗智能科技有限公司
2455	深圳鹏汇功能材料有限公司
2456	深圳市企企通科技有限公司
2457	深圳市星火数控技术有限公司
2458	深圳市安煋信息技术有限公司
2459	深圳市诺威达电汽有限公司
2460	深圳市八百通机电科技有限公司
2461	深圳市法码尔科技开发有限公司
2462	深圳尚桥信息技术有限公司
2463	深圳市异度信息产业有限公司
2464	深圳市盘龙环境技术有限公司
2465	深圳市艾伦森光电有限公司
2466	浩海威半导体（深圳）有限公司
2467	曦威胜科技开发（深圳）有限公司
2468	深圳市思汇恒实业有限公司
2469	深圳市汇鑫利电子科技有限公司

（续表）

序号	单位名称
2470	深圳市华维诺电子有限公司
2471	深圳亿迈珂标识科技有限公司
2472	深圳市中科数码技术有限公司
2473	深圳市鲁光电子科技有限公司
2474	深圳市智广城科技有限公司
2475	深圳市诸葛瓜科技有限公司
2476	深圳市兴汇科技有限公司
2477	深圳盛显科技有限公司
2478	深圳市和域城建筑设计有限公司
2479	深圳市佳贤通信设备有限公司
2480	深圳市实能高科动力有限公司
2481	深圳市益嘉包装制品有限公司
2482	深圳市三江物联环保科技有限公司
2483	广东智铭设计有限公司
2484	深圳市先行电气技术有限公司
2485	深圳市伯森光电科技有限公司
2486	深圳市锦欣晟科技有限公司
2487	深圳市意迈自动化科技有限公司
2488	深圳芯启航科技有限公司
2489	深圳市高梁红电子科技有限公司
2490	深圳安博电子有限公司
2491	深圳市尺素科技有限公司
2492	深圳市锐美奇光电有限公司
2493	深圳市安瑞科科技有限公司
2494	深圳市凯度电器有限公司
2495	天下知光科技（深圳）有限公司
2496	深圳市励创微电子有限公司
2497	深圳市鸣鸿刀精密模具有限公司
2498	深圳市诚峰智造有限公司
2499	海林电脑科技（深圳）有限公司
2500	深圳市思普达软件系统股份有限公司
2501	德本科技（深圳）有限公司
2502	深圳市熙龙玩具有限公司
2503	深圳坤弘印务有限公司
2504	深圳市卓豪智能电器发展有限公司
2505	深圳民爆光电股份有限公司
2506	深圳智卓创鑫电子科技有限公司
2507	深圳市仁清卓越科技有限公司
2508	深圳市鑫泽峰科技有限公司
2509	深圳市爱卓依科技有限公司
2510	深圳小迈信息技术有限公司
2511	深圳市申瑞实业有限公司
2512	深圳市合盈幕墙装饰设计工程有限公司
2513	深圳市神飞电子科技有限公司
2514	深圳市展能生物科技有限公司
2515	深圳市丰宜科技有限公司
2516	深圳市显控科技股份有限公司
2517	深圳市东信高科自动化设备有限公司
2518	深圳市贝腾科技有限公司
2519	深圳市博恩实业有限公司
2520	深圳市嘉天宇电子有限公司
2521	深圳市鑫台创电机有限公司
2522	深圳市博远贵金属科技有限公司
2523	深圳市春盛海科技有限公司
2524	深圳市康茂网络科技有限公司
2525	深圳市悠然居网络科技有限公司
2526	深圳市深研生物科技有限公司
2527	深圳市宇星鸿精密科技有限公司
2528	深圳市特雷格电子科技有限公司
2529	嘉瑞能源科技（深圳）有限公司
2530	深圳市标美照明设计工程有限公司
2531	深圳市迪威迅股份有限公司
2532	深圳市新旭龙通信实业有限公司
2533	深圳市安迪尔电器有限公司
2534	深圳市华谊飞虎科技有限公司
2535	深圳市绿色千田锡业科技有限公司
2536	深圳市雅臣智能生物工程有限公司
2537	深圳市格朗电器有限公司
2538	深圳市前海展旺新能源科技有限公司
2539	深圳中顺易金融服务有限公司
2540	深圳市森克威尔自动化有限公司
2541	深圳市大智创新科技股份有限公司
2542	深圳市迈康信医用机器人有限公司
2543	深圳市凌沃网络科技有限公司
2544	南方电网深圳数字电网研究院有限公司
2545	深圳市德而沃电气有限公司
2546	深圳市国人在线信息技术有限公司
2547	威盛电子（深圳）有限公司
2548	深圳市海柔创新科技有限公司
2549	深圳市汉得利电子科技有限公司
2550	深圳市斯普莱特激光科技有限公司
2551	深圳市法本信息技术股份有限公司
2552	深圳市康隆医疗科技有限公司
2553	深圳市恒久瑞电子科技有限公司
2554	深圳市索源科技有限公司
2555	深圳市维度统计咨询股份有限公司
2556	深圳市迅朗科技有限公司
2557	深圳市思科泰技术股份有限公司
2558	深圳市超诺科技有限公司
2559	深圳市星银医药有限公司
2560	深圳市鸿宇光电有限公司
2561	深圳市格调家私有限公司
2562	深圳市星范儿文化科技有限公司
2563	深圳市博阅科技股份有限公司
2564	深圳市汇川技术股份有限公司
2565	深圳市触想智能股份有限公司
2566	广景视睿科技（深圳）有限公司
2567	深圳市恒佳智能科技有限公司
2568	深圳市深特变电气设备有限公司
2569	深圳市云智评信息技术有限公司
2570	深圳市陶氏水处理设备技术开发有限公司
2571	深圳市滕骏科技有限公司
2572	深圳市海力特科技有限责任公司
2573	深圳科赛威科技有限公司
2574	深圳市中裕冠科技有限公司
2575	深圳市三宝创新智能有限公司
2576	深圳奥尼电子股份有限公司
2577	深圳木成林科技有限公司
2578	深圳市欣瑞康精密五金制品有限公司
2579	深圳市众阳电路科技有限公司
2580	大象声科（深圳）科技有限公司
2581	深圳市和美精艺科技有限公司
2582	深圳群伦项目管理有限公司
2583	深圳市永达电子信息股份有限公司
2584	恩卓光电科技（深圳）有限公司
2585	深圳市华唯计量技术开发有限公司
2586	深圳市软盟技术服务有限公司
2587	深圳创维-RGB电子有限公司
2588	深圳市西子能源有限公司
2589	深圳市迈科龙医疗设备有限公司
2590	深圳锋芒信息技术有限公司
2591	深圳市汇智伟业信息技术有限公司
2592	深圳市隆瑞科技有限公司
2593	深圳市爱维泰克科技有限公司
2594	深圳市志和兴业电子有限公司
2595	深圳市雅腾电机有限公司
2596	深圳市锐拓精机有限公司
2597	深圳市易联科电子有限公司
2598	深圳市华海联能科技有限公司
2599	深圳华域佳泰纺织科技有限公司
2600	深圳市大华氏机械设备有限公司
2601	深圳市派科自动化设备有限公司
2602	深圳市三鑫精美特玻璃有限公司
2603	深圳市威宝通电子有限公司
2604	深圳唐恩科技有限公司
2605	深圳景源达建设集团有限公司
2606	深圳市商软信息科技有限公司
2607	深圳市桥博设计研究院有限公司
2608	深圳市建装装饰工程有限公司
2609	深圳市海宇鸿电子科技有限公司
2610	深圳市前海欢雀科技有限公司
2611	深圳市福昇精密五金有限公司
2612	深圳市创芯人科技有限公司
2613	深圳市高瀚电路科技有限公司
2614	深圳市泰格莱精密电子有限公司
2615	深圳市镭射源科技有限公司
2616	深圳市精锐兄弟机床有限公司
2617	深圳市华信康科技有限公司
2618	深圳江行联加智能科技有限公司
2619	深圳市浩枫科技有限公司

（续表）

序号	单位名称
2620	深圳市则成电子股份有限公司
2621	深圳市智晟鑫科技有限公司
2622	深圳市中鉴安全生产技术咨询有限公司
2623	深圳优米云数字技术有限公司
2624	深圳市兴龙盛机械有限公司
2625	深圳市天下房仓科技有限公司
2626	深圳麦哲科技有限公司
2627	深圳市宝视达科技有限公司
2628	深圳市品顺鑫科技有限公司
2629	深圳市华夏盛科技有限公司
2630	深圳市福斯特半导体有限公司
2631	深圳融安网络科技有限公司
2632	通嘉科技（深圳）有限公司
2633	深圳市信冠机电有限公司
2634	深圳墨子谷科技有限公司
2635	深圳市深水水务咨询有限公司
2636	深圳市思乐数据技术有限公司
2637	深圳市孔明科技有限公司
2638	深圳特思嘉工业电子有限公司
2639	深圳市鹏微软件技术有限公司
2640	深圳市点嘀互联网络有限公司
2641	鑫晨防护科技（深圳）有限公司
2642	深圳超级码力科技有限公司
2643	深圳市爱派赛科技有限公司
2644	深圳市柔信电路科技有限公司
2645	深圳市碧绿天科技有限公司
2646	深圳中集天达空港设备有限公司
2647	深圳小宅科技有限公司
2648	深圳市悦好教育科技有限公司
2649	深圳市云英信息技术有限公司
2650	深圳市华瑞安科技有限公司
2651	深圳广田云万家科技有限公司
2652	深圳艾为电气技术有限公司
2653	深圳市利创富科技有限公司
2654	深圳市英创艾伦智能科技有限公司
2655	深圳市快捷电子科技有限公司
2656	深圳市鹏桑普太阳能股份有限公司
2657	深圳市数存科技有限公司
2658	深圳市小迪网络技术有限公司
2659	深圳市旗云智能科技有限公司
2660	深圳曦华科技有限公司
2661	深圳市南方鸿达实业有限公司
2662	深圳市瑞思祥科技有限公司
2663	深圳前海盈余科技有限公司
2664	深圳市中天环境有限公司
2665	蜥蜴时达（深圳）工业数据服务有限公司
2666	深圳市一图智能科技有限公司
2667	深圳市博源电子有限公司
2668	深圳市普德新星电源技术有限公司
2669	深圳市迈睿迈特环境科技有限公司

（续表）

序号	单位名称
2670	深圳安易行科技有限公司
2671	深圳市云联友科科技有限公司
2672	小柚互动（深圳）科技有限公司
2673	深圳市润泽机器人有限公司
2674	深圳未知君生物科技有限公司
2675	深圳市昊全科技有限公司
2676	声浪威音箱木制品（深圳）有限公司
2677	速博达（深圳）自动化有限公司
2678	深圳市智昇科技发展有限公司
2679	深圳市迈特威视网络科技有限公司
2680	深圳市玖禾电子有限公司
2681	深慧视（深圳）科技有限公司
2682	深圳鼎雄电子科技有限公司
2683	深圳新阳蓝光能源科技股份有限公司
2684	航电建筑科技（深圳）有限公司
2685	深圳维示泰克技术有限公司
2686	深圳市灼华互娱科技有限公司
2687	深圳市华塑万诚塑胶材料有限公司
2688	深圳万和制药有限公司
2689	深圳智尚视讯科技有限公司
2690	深圳市尚德好电子科技有限公司
2691	深圳市蓝禾照明有限公司
2692	深圳市志腾永盛科技有限公司
2693	深圳市水务工程检测有限公司
2694	深圳市歌中歌服饰有限公司
2695	深圳市几米物联有限公司
2696	深圳市健信五金有限公司
2697	深圳市坐标建筑装饰工程股份有限公司
2698	深圳市圣瀚宇自动化设备有限公司
2699	深圳市奥新科技有限公司
2700	深圳市汉环科技有限公司
2701	深圳市凌鑫电子有限公司
2702	深圳市矽塔科技有限公司
2703	深圳瑞利声学技术股份有限公司
2704	深圳市艾为智能有限公司
2705	深圳市信心智能标签技术有限公司
2706	深圳未名新鹏生物医药有限公司
2707	深圳清溢光电股份有限公司
2708	艾莱凯特光电科技（深圳）有限公司
2709	现代精密机械（深圳）有限公司
2710	深圳智筑信息科技有限公司
2711	深圳市同昌汇能科技发展有限公司
2712	凯智隆誉科技（深圳）有限公司
2713	深圳市银河系科技有限公司
2714	深圳市振业时代科技有限公司
2715	深圳市运泰利自动化设备有限公司
2716	深圳奥凯普电容器有限公司
2717	深圳市恒润丰德科技有限公司
2718	深圳市格瑞普电池有限公司
2719	深圳创维光学科技有限公司

（续表）

序号	单位名称
2720	深圳市魔块智能有限公司
2721	深圳市睿盈电子科技有限公司
2722	深圳市子午线信息科技有限公司
2723	深圳市天意通防伪包装材料有限公司
2724	深圳纳瓦科技有限公司
2725	深圳市多为通讯科技有限公司
2726	深圳市升达康科技有限公司
2727	建滔覆铜板（深圳）有限公司
2728	深圳市金三维实业有限公司
2729	深圳市莎朗科技股份有限公司
2730	深圳市莱克斯瑞智能家居有限公司
2731	深圳市精科睿精密制品有限公司
2732	深圳水石建筑规划设计有限公司
2733	深圳安志生态环境有限公司
2734	深圳市达富光通信有限公司
2735	深圳市尖端科技有限公司
2736	深圳市腾腾高科电子技术有限公司
2737	深圳市安凯悦电子科技有限公司
2738	深圳市旭海森科技有限公司
2739	广东爱斯凯电气有限公司
2740	深圳市智海鑫科技有限公司
2741	深圳市盟迪奥科技股份有限公司
2742	深圳前海小鸟云计算有限公司
2743	深圳市万物云科技有限公司
2744	深圳市瀚索科技开发有限公司
2745	深圳市金徽诚科技有限公司
2746	深圳市诚业通信技术有限公司
2747	深圳市绿境惠环保科技有限公司
2748	深圳市广裕丰橡胶制品有限公司
2749	深圳市比洋光通信科技股份有限公司
2750	深圳市天瑞伟业智能科技有限公司
2751	深圳市强达电路有限公司
2752	深圳市智微智能软件开发有限公司
2753	深圳市奇见科技有限公司
2754	捷开通讯（深圳）有限公司
2755	深圳市康冠医疗设备有限公司
2756	深圳市峰霖光通信有限公司
2757	深圳市创能达电子科技有限公司
2758	深圳英飞拓软件开发有限公司
2759	广昌达新材料技术服务（深圳）股份有限公司
2760	深圳市联华电子有限公司
2761	深圳市爱佳尔科技有限公司
2762	深圳市华卓智能科技有限公司
2763	深圳市宇声自动化设备有限公司
2764	深圳市鼎钜五金有限公司
2765	中新智擎科技有限公司
2766	深圳飓风伟业网络有限公司
2767	深圳市海纳时代电子有限公司
2768	格罗斯产业链服务（深圳）有限公司
2769	深圳市随行科技有限公司

（续表）

序号	单位名称
2770	深圳市欣隆华科技有限公司
2771	深圳中创联合科技发展有限公司
2772	深圳市里阳电子有限公司
2773	深圳市万泽中南研究院有限公司
2774	深圳市沃珂科技有限公司
2775	深圳市顺科智能设备有限公司
2776	深圳市博纬智能识别科技有限公司
2777	深圳星标科技股份有限公司
2778	深圳盛源生物技术有限公司
2779	深圳市艾力威尔新材料技术有限公司
2780	深圳市安耐科电子技术有限公司
2781	深圳创盈芯实业有限公司
2782	深圳市远望工业自动化设备有限公司
2783	深圳市拓普联科技术股份有限公司
2784	深圳市简睿科技有限公司
2785	深圳市德立云物联网科技有限公司
2786	深圳千里马装饰集团有限公司
2787	深圳市紫牛智光科技有限公司
2788	深圳市金鼎胜照明有限公司
2789	深圳市蓝极星光电科技有限公司
2790	深圳市宝舵表业有限公司
2791	深圳市金华源五金制品有限公司
2792	深圳德森精密设备有限公司
2793	深圳市日东昇电子有限公司
2794	深圳物讯科技有限公司
2795	深圳市永驰环保设备有限公司
2796	深圳市证通金信科技有限公司
2797	深圳市金版文化数字传媒有限公司
2798	深圳市凯信光电有限公司
2799	深圳市海视泰科技有限公司
2800	利宾来塑胶工业（深圳）有限公司
2801	深圳市金绒达新材料科技有限公司
2802	深圳市奥科立自动化有限公司
2803	深圳市科瑞德消毒用品科技开发有限公司
2804	深圳市卓尔摄影器材有限公司
2805	华宏光电子（深圳）有限公司
2806	深圳市华远环境科技有限公司
2807	丸一橡胶（深圳）有限公司
2808	航天建设集团深圳有限公司
2809	深圳市卓视达科技信息有限责任公司
2810	深圳市锐彩科技有限公司
2811	伏尔特电气（深圳）有限公司
2812	深圳市长龙铁路电子工程有限公司
2813	深圳市迪丰能源科技有限公司
2814	深圳灵蜂智能科技有限公司
2815	深圳市精优达科技有限公司
2816	深圳市携网科技有限公司
2817	深圳创维数字技术有限公司
2818	深圳市德沃先进自动化有限公司
2819	深圳市硅零科技有限公司

（续表）

序号	单位名称
2820	深圳市拓享科技有限公司
2821	深圳市英诺泰克科技有限公司
2822	深圳市天地星联通信科技有限公司
2823	深圳市丰迅能电子科技有限公司
2824	深圳市泛海数据科技有限公司
2825	深圳市任子行科技开发有限公司
2826	深圳市正天伟科技有限公司
2827	深圳市德立信环境工程有限公司
2828	深圳市赛邦新材料有限公司
2829	深圳易信科技股份有限公司
2830	深圳市丰兆为科技有限公司
2831	深圳市万为物联科技有限公司
2832	深圳市艾锐达光电有限公司
2833	深圳市云镜照明科技有限公司
2834	深圳市森威尔科技开发股份有限公司
2835	深圳鹏基园林有限公司
2836	深圳市创银科技股份有限公司
2837	深圳市鑫业新光电有限公司
2838	深圳市泽宇智能工业科技有限公司
2839	深圳市振凯电子科技有限公司
2840	深圳市百盛兴业科技有限公司
2841	深圳市新观点科技有限公司
2842	深圳市医护宝智能科技有限公司
2843	深圳市先锋电力有限公司
2844	先进光电器材（深圳）有限公司
2845	深圳市凯润科技有限公司
2846	深圳市光网世纪科技有限公司
2847	深圳市中磁计算机技术有限公司
2848	深圳市华尔泰德科技有限公司
2849	深圳市恒驱电机股份有限公司
2850	深圳市任网游科技发展有限公司
2851	深圳市弘南科通信设备有限公司
2852	深圳市清研环境科技有限公司
2853	深圳市乐惠光电科技有限公司
2854	深圳市诺瓦机器人技术有限公司
2855	深圳那么艺术科技有限公司
2856	深圳铨力半导体有限公司
2857	深圳市正易电子科技有限公司
2858	深圳市永恒时代塑胶有限公司
2859	深圳市北泰显示技术有限公司
2860	深圳市智宇实业发展有限公司
2861	深圳市鼎品电器有限公司
2862	深圳市广力源电子有限公司
2863	深圳市百斯特电子有限公司
2864	深圳市致翰达科技有限公司
2865	中会光电（深圳）有限公司
2866	深圳恒邦新创科技有限公司
2867	深圳市百川安防科技有限公司
2868	深圳市锦祥自动化设备有限公司
2869	国泰达鸣精密机件（深圳）有限公司

（续表）

序号	单位名称
2870	深圳市互联在线信息技术有限公司
2871	深圳向云科技有限公司
2872	深圳市艾励美特科技有限公司
2873	深圳祖师汇科技股份有限公司
2874	深圳市海之鸿表面技术有限公司
2875	深圳市永兴元科技股份有限公司
2876	深圳市兰凯欣科技有限公司
2877	深圳市金新建材有限公司
2878	深圳市智鑫博达科技有限公司
2879	深圳市神通天下科技有限公司
2880	深圳市岑科实业有限公司
2881	深圳国研建筑科技有限公司
2882	深圳市新鹏科技有限公司
2883	深圳市深米网络科技有限公司
2884	深圳市正合信息技术有限公司
2885	深圳中物智建科技有限公司
2886	深圳市圣思照明科技有限公司
2887	深圳市金顿士科技有限公司
2888	深圳市大鹏激光科技有限公司
2889	深圳市华兴四海机械设备有限公司
2890	深圳铭家智汇科技有限公司
2891	深圳市阜昌技术有限公司
2892	深圳市强泰盛电子有限公司
2893	深圳市讯泉科技有限公司
2894	深圳市沃维电气制造有限公司
2895	深圳市艾丽鑫光学电子有限公司
2896	深圳市君视芯科技有限公司
2897	深圳市通标科技有限公司
2898	深圳市创诚科电子有限公司
2899	深圳益农机械设备制造有限公司
2900	深圳米唐科技有限公司
2901	哨鸟（深圳）前海科技有限公司
2902	深圳市迅威恒达科技有限公司
2903	深圳华南城网科技有限公司
2904	深圳市云海物联网科技有限公司
2905	深圳文治电子有限公司
2906	深圳市道格恒通科技有限公司
2907	深圳市欣上科技有限公司
2908	深圳市泰路科技有限公司
2909	深圳市市政设计研究院有限公司
2910	深圳市易湘瑞科技有限公司
2911	深圳一信泰质量技术有限公司
2912	深圳市德立通智能科技有限公司
2913	深圳市米尔电子有限公司
2914	深圳市木瓜移动科技有限公司
2915	深圳中显屏创光电有限公司
2916	工启机器人（深圳）有限公司
2917	深圳市泉立威电子科技有限公司
2918	深圳市道丰宁科技有限公司
2919	深圳市优控激光科技有限公司

（续表）

序号	单位名称
2920	华创云鼎科技（深圳）有限公司
2921	深圳环城自动化设备有限公司
2922	深圳市统先科技股份有限公司
2923	深圳市阿尔法斯科技有限公司
2924	深圳市赛欧细胞生物科技有限公司
2925	深圳市亿嘉建筑系统有限公司
2926	深圳东和精密技术有限公司
2927	深圳市利普信通科技有限公司
2928	深圳市安规科技有限公司
2929	深圳市天天佑安防科技有限公司
2930	深圳市雷能混合集成电路有限公司
2931	深圳澳建装饰集团有限公司
2932	深圳市速亿通科技有限公司
2933	深圳市丽琦科技有限公司
2934	深圳市瑞盈创联电子科技有限公司
2935	深圳市恒达无限通信设备有限公司
2936	深圳市科曼信息技术股份有限公司
2937	深圳市鑫泰科尔电子有限公司
2938	深圳市集美模具科技有限公司
2939	深圳利路通连接器股份有限公司
2940	深圳皇尊年华电子有限公司
2941	深圳市大象视界科技有限公司
2942	深圳市粤华城科技股份有限公司
2943	深圳市圣地保人防有限公司
2944	深圳市伟润达科技有限公司
2945	深圳永昌和科技有限公司
2946	深圳市中欣科技有限公司
2947	深圳市星火电子工程公司
2948	深圳水之稻科技有限公司
2949	深圳市汉匠自动化科技有限公司
2950	深圳深亚能环保科技有限公司
2951	深圳市杰美康机电有限公司
2952	深圳市贝来加尔技术有限公司
2953	深圳市仕瑞达自动化设备有限公司
2954	深圳市龙奇电子有限公司
2955	深圳市紫金支点技术股份有限公司
2956	深圳市轻迈车业有限公司
2957	深圳市意盛科技有限公司
2958	深圳市贝贝特科技实业有限公司
2959	深圳市业丰科技有限公司
2960	塑云科技（深圳）有限公司
2961	深圳市明电环球科技有限公司
2962	深圳市凯码时代科技有限公司
2963	深圳市星河达科技有限公司
2964	深圳市深大极光科技有限公司
2965	深圳市爱特姆科技有限公司
2966	深圳捷牛科技有限公司
2967	深圳市睿华涂布科技有限公司
2968	深圳市迈尔盛绝缘材料有限公司
2969	深圳市云海麒麟计算机系统有限公司

（续表）

序号	单位名称
2970	深圳市居家三人行家饰用品有限公司
2971	深圳市航智精密电子有限公司
2972	深圳市安泽拉科技有限公司
2973	深圳市大开实业发展有限公司
2974	深圳市金诺威电子有限公司
2975	深圳市华百安智能技术有限公司
2976	岭东核电有限公司
2977	深圳智电新能源科技有限公司
2978	深圳市华联讯电子有限公司
2979	深圳市新好时代电子有限公司
2980	深圳市凌云视迅科技有限责任公司
2981	华纤（深圳）新型材料有限公司
2982	深圳市置华机电设备有限公司
2983	彼赛芬科技（深圳）有限公司
2984	丰屋鄀家科技（深圳）有限公司
2985	深圳市万音信息科技有限公司
2986	深圳市世纪顺实业有限公司
2987	深圳瑞奥康晨生物科技有限公司
2988	深圳市润海电子有限公司
2989	深圳臻林科技有限公司
2990	深圳市豪科园林有限公司
2991	深圳三铭电气有限公司
2992	深圳市艾能聚科技有限公司
2993	深圳市悦诚达信息技术股份有限公司
2994	深圳市弘玉信息技术有限公司
2995	深圳悦想网络技术有限公司
2996	深圳市飞点健康管理有限公司
2997	深圳市显科科技有限公司
2998	深圳市魅力健康科技有限公司
2999	深圳市哈德胜精密科技股份有限公司
3000	深圳市东丽华科技有限公司
3001	深圳市莱拓照明有限公司
3002	广东恒之光照明工程有限公司
3003	深圳市易基因科技有限公司
3004	深圳市东田通利电业制品有限公司
3005	深圳鸿泰天地照明有限公司
3006	深圳市金沃林科技有限公司
3007	深圳市新枝科技有限公司
3008	深圳富沐智能设备有限公司
3009	深圳市宝源机电设备有限公司
3010	深圳市朗鑫智能科技有限公司
3011	深圳市国华建业电子科技有限公司
3012	深圳市凯盛科技工程有限公司
3013	深圳市源动信息技术有限公司
3014	深圳天源锦合技术有限公司
3015	深圳市赛福力电子技术开发有限公司
3016	深圳市拓思迪科技有限公司
3017	深圳市兰星科技有限公司
3018	启迪电子信息科技（深圳）有限公司
3019	深圳市好运多科技有限公司

（续表）

序号	单位名称
3020	深圳市驰安科技有限公司
3021	深圳市东大景观设计有限公司
3022	瑞安复合材料（深圳）有限公司
3023	深圳市方品科技有限公司
3024	深圳市深讯数据科技股份有限公司
3025	深圳市翰泰精密机械有限公司
3026	深圳云译科技有限公司
3027	深圳市福鑫电子有限公司
3028	维特力（深圳）流体工程有限公司
3029	深圳市代宝科技有限公司
3030	东舟技术（深圳）有限公司
3031	深圳市凌捷信科技有限公司
3032	深圳市华恒五金机械有限公司
3033	深圳市苇渡智能科技有限公司
3034	深圳市巨沃科技有限公司
3035	深圳优派汉王触控科技有限公司
3036	深圳市网娱视通科技有限公司
3037	深圳市华灵云科技有限公司
3038	深圳市山高精密科技有限公司
3039	深圳市琅琅五金电子有限公司
3040	深圳市银月光科技有限公司
3041	深圳市酷炫游科技有限公司
3042	深圳市迈科视讯电子有限公司
3043	深圳市康帕斯科技发展有限公司
3044	深圳轻昵科技有限公司
3045	深圳市芯成像科技有限公司
3046	深圳市多彩实业有限公司
3047	深圳市南峰水处理服务有限公司
3048	德瑞精工（深圳）有限公司
3049	深圳市道都科技有限公司
3050	深圳二十一克产品设计有限公司
3051	深圳怡丰自动化科技有限公司
3052	深圳市踏路科技有限公司
3053	深圳市上示科技有限公司
3054	深圳雨燕智能科技服务有限公司
3055	昌遂控股（深圳）有限公司
3056	深圳市天显威科技有限公司
3057	深圳市星光塑胶原料有限公司
3058	深圳市联合信通科技有限公司
3059	深圳市一家乐数码科技有限公司
3060	深圳市云帆赢通信息技术有限公司
3061	深圳兴准科技有限公司
3062	深圳市中联制药有限公司
3063	深圳市鑫美幻想工程有限公司
3064	深圳达普信科技有限公司
3065	深圳市龙威科技发展有限公司
3066	深圳市繁维科技有限公司
3067	深圳市安泰科能源环保有限公司
3068	深圳市华怡丰科技有限公司
3069	深圳市雷兴阳实业有限公司

（续表）

序号	单位名称
3070	深圳市纳芯威科技有限公司
3071	深圳第一创想科技有限公司
3072	深圳市倍斯特自动化科技有限公司
3073	深圳市水务科技发展有限公司
3074	深圳美力环境技术有限公司
3075	深圳勤本电子有限公司
3076	深圳伊卡普科技有限公司
3077	深圳市帅泰科技有限公司
3078	深圳市飞企科技有限公司
3079	深圳融天云科软件技术有限公司
3080	深圳市荣兆业光电电子有限公司
3081	怡轩科技（深圳）有限公司
3082	深圳市中络电子有限公司
3083	深圳凯吉星农产品检测认证有限公司
3084	深圳市万联亿通科技有限公司
3085	深圳市华胜杰科技有限公司
3086	深圳市美尚照明有限公司
3087	深圳市昊天原科技有限公司
3088	深圳市景新浩科技有限公司
3089	深圳市益达兴科技股份有限公司
3090	深圳市创盈非晶新材料技术有限公司
3091	深圳市力诚智能卡有限公司
3092	深圳市荣力精密工业有限公司
3093	深圳市普林达电子科技有限公司
3094	深圳市瑞驰信息技术有限公司
3095	深圳安德生印刷设备有限公司
3096	深圳市鹏测科技有限公司
3097	深圳市旭晟半导体股份有限公司
3098	深圳云图数智信息科技有限公司
3099	深圳市金锐显数码科技有限公司
3100	深圳市旗开电子有限公司
3101	深圳市泽恩电子有限公司
3102	泰创科技股份有限公司
3103	深圳市永正光电有限公司
3104	深圳市亚然照明有限公司
3105	深圳市河图信息科技有限公司
3106	深圳微纳增材技术有限公司
3107	深圳市一诺威科技有限公司
3108	深圳波顿香料有限公司
3109	深圳市宏达鑫精密模具制品有限公司
3110	雪龙数控设备（深圳）有限公司
3111	深圳市普伦特科技有限公司
3112	深圳市创芯技术有限公司
3113	深圳市锦粤达科技有限公司
3114	深圳众志鼎能科技有限公司
3115	深圳日高胶带新材料有限公司
3116	深圳市南方硅谷半导体有限公司
3117	深圳嘉西亚建筑设计有限公司
3118	深圳市通泰祥电业制品有限公司
3119	深圳爱生再生医学科技有限公司

（续表）

序号	单位名称
3120	深圳市恒盛华泰塑胶电子科技有限公司
3121	深圳融天创科信息技术有限公司
3122	深圳市沃感科技有限公司
3123	深圳市好盈科技有限公司
3124	深圳市领略数控设备有限公司
3125	深圳翌信信息科技有限公司
3126	深圳市鹏瑞精密钣金制品有限公司
3127	深圳华润九新药业有限公司
3128	深圳市金睿朗精密制造有限公司
3129	易普森智慧健康科技（深圳）有限公司
3130	深圳市汉飞克科技有限公司
3131	深圳市酷佐科技有限公司
3132	深圳市海格金谷工业科技有限公司
3133	深圳市鑫建宝精密模具配件有限公司
3134	欧达可精机（深圳）有限公司
3135	深圳市极酷威视科技有限公司
3136	深圳智能思创科技有限公司
3137	深圳市建安智控技术有限公司
3138	深圳市深联创展科技开发有限公司
3139	深圳市易电能源互联网科技有限公司
3140	深圳市优立信科技有限公司
3141	深圳市旭联信息技术有限公司
3142	深圳市多美实业有限公司
3143	深圳市隆顺电子有限公司
3144	深圳芯易德科技有限公司
3145	深圳宇视科技有限公司
3146	深德彩光电（深圳）有限公司
3147	深圳市新良科技有限公司
3148	深圳市键嘉电子有限公司
3149	深圳辰美达科技有限公司
3150	深圳市伽彩光电有限公司
3151	深圳顺为通信技术有限公司
3152	深圳互由科技有限公司
3153	深圳华网电力设计院股份有限公司
3154	深圳平安通信科技有限公司
3155	深圳市瑞德光电子科技有限公司
3156	深圳小黄电智能科技有限公司
3157	深圳市中易达机电工程有限公司
3158	深圳市瀚德智能机器人有限公司
3159	深圳市佳科智能工程有限公司
3160	深圳诺普信农化股份有限公司
3161	深圳市腾龙信息技术有限公司
3162	深圳倜傥国际设计有限公司
3163	深圳市海鑫达连接线有限公司
3164	深圳市驭智装备技术有限公司
3165	深圳市吉迩科技有限公司
3166	深圳纳德光学有限公司
3167	深圳奥统平技术有限公司
3168	深圳超磁机器人科技有限公司
3169	深圳市视捷光电科技有限公司

（续表）

序号	单位名称
3170	深圳市美域展览设计有限公司
3171	深圳市中认联科检测技术有限公司
3172	深圳市泰沃德自动化技术有限公司
3173	佳威盛电子（深圳）有限公司
3174	深圳市广汇源环境水务有限公司
3175	深圳市博昌达电子科技有限公司
3176	深圳市腾毅诚实业有限公司
3177	深圳市科普特电子有限公司
3178	深圳市天创科智科技有限公司
3179	深圳市易体益科技有限公司
3180	深圳市芯悦动科技有限公司
3181	深圳市新正虹塑胶电子有限公司
3182	深圳市天海世界卫星通信科技有限公司
3183	深圳市七号网络科技有限公司
3184	深圳华钛自动化科技有限公司
3185	深圳市国立旭振电气技术有限公司
3186	深圳市西研科技有限公司
3187	深圳市信诺诚电子科技有限公司
3188	深圳信新智本创意股份有限公司
3189	深圳市浩翔净化科技有限公司
3190	深圳市微购科技有限公司
3191	深圳市星百亿电子有限公司
3192	深圳博阳好易信息技术有限公司
3193	深圳市觅拓物联信息技术有限公司
3194	深圳市跨越新科技有限公司
3195	深圳市甲壳虫能源科技有限公司
3196	深圳市雷迪奥视觉技术有限公司
3197	深圳市霍达尔仪器有限公司
3198	深圳哇哇鱼网络科技有限公司
3199	深圳市东强精密塑胶电子有限公司
3200	深圳市汇科源电子科技有限公司
3201	深圳市慧天影视器材有限公司
3202	深圳市汇奇美科技有限公司
3203	深圳市易赛通信技术有限公司
3204	深圳市铁幕电子竞技科技有限公司
3205	深圳市智信精密仪器有限公司
3206	深圳市毕美科技有限公司
3207	深圳数智创科技有限公司
3208	深圳市源隆光学科技有限公司
3209	深圳市贝康科技有限公司
3210	深圳精益油脂技术有限公司
3211	广东品胜电子股份有限公司
3212	深圳市迈威芯片设计有限公司
3213	明纳信息技术深圳有限公司
3214	深圳市东恒科技有限公司
3215	深圳市晶科鑫实业有限公司
3216	深圳市祥泷科技有限公司
3217	深圳市汇晨电子股份有限公司
3218	建研科技发展（深圳）有限公司
3219	深圳市名洋能源科技有限公司

（续表）

序号	单位名称
3220	华序科技开发（深圳）有限公司
3221	深圳市中为光通信技术有限公司
3222	深圳琥珀智通科技有限公司
3223	深圳市光派通信技术有限公司
3224	深圳市蓝晨科技股份有限公司
3225	深圳市兴晟图信息技术有限公司
3226	普联技术有限公司
3227	深圳市博威兴电子科技有限公司
3228	深圳市正东兴通讯设备有限公司
3229	深圳市富荣电子有限公司
3230	深圳市磊通科技有限公司
3231	深圳市盛格纳电子有限公司
3232	深圳市谷粱科技有限公司
3233	深圳市同行者科技有限公司
3234	深圳市顺捷真空技术有限公司
3235	准银科技（深圳）有限公司
3236	深圳精达宇科技有限公司
3237	深圳道和诉箭信息技术有限公司
3238	深圳赛盒科技有限公司
3239	深圳太古计算机系统有限公司
3240	深圳市常润电子有限公司
3241	深圳易通技术股份有限公司
3242	亚瑞源科技（深圳）有限公司
3243	深圳市微众软件有限公司
3244	深圳市焜腾科技发展有限公司
3245	深圳市翌日科技有限公司
3246	深圳左邻永佳科技有限公司
3247	深圳南方立讯检测有限公司
3248	深圳宝兴电线电缆制造有限公司
3249	深圳市领航威科技有限公司
3250	深圳中时利和科技有限公司
3251	微控物理储能研究开发（深圳）有限公司
3252	深圳加美生物有限公司
3253	深圳市维拍物联智能技术有限公司
3254	深圳市微开互联科技有限公司
3255	深圳市合越信息技术有限公司
3256	深圳市超越激光智能装备股份有限公司
3257	深圳市三一显示设备有限公司
3258	视丰达科技（深圳）有限公司
3259	深圳毅彩鸿翔新材料科技有限公司
3260	深圳市客所思电子科技有限公司
3261	深圳火眼智能有限公司
3262	深圳复临科技有限公司
3263	深圳市贝兰德科技有限公司
3264	深圳市磐镭智能科技有限公司
3265	英望科技（深圳）有限公司
3266	深圳市易联易通科技有限公司
3267	深圳市煜德鑫激光科技有限公司
3268	深圳市舟海科技有限公司
3269	深圳中电数码显示有限公司

（续表）

序号	单位名称
3270	深圳市宏恒星再生科技有限公司
3271	深圳市中诺通电子有限公司
3272	瑞识科技（深圳）有限公司
3273	深圳市云视科技有限公司
3274	深圳美亚美科技有限公司
3275	深圳市迈迪杰电子科技有限公司
3276	深圳迪亚士照明科技有限公司
3277	深圳市亚特联科技有限公司
3278	深圳市柯林健康医疗有限公司
3279	深圳市微蓝智能科技有限公司
3280	卓亚士电子（深圳）有限公司
3281	深圳市宝森照明有限公司
3282	深圳市华翌科技有限公司
3283	深圳市海那边科技有限公司
3284	深圳合民生物科技有限公司
3285	深圳聚信时代实业有限公司
3286	深圳市稳亮电子股份有限公司
3287	深圳国免易购电子商务有限责任公司
3288	佳时达礼品（深圳）有限公司
3289	深圳市迪浦电子有限公司
3290	华润赛美科微电子（深圳）有限公司
3291	深圳市康风环境科技发展有限公司
3292	深圳市丝路蓝创意展示有限公司
3293	深圳市赛盛技术有限公司
3294	深圳市引线科技有限公司
3295	深圳市山水原创动漫文化有限公司
3296	华世界网络科技（深圳）有限公司
3297	友贸电机（深圳）有限公司
3298	深圳市麦趣科技有限公司
3299	深圳建安置业工程有限公司
3300	深圳市齐鑫电子有限公司
3301	深圳市小二极客科技有限公司
3302	深圳市东宁数控设备有限公司
3303	玺得（深圳）科技有限公司
3304	深圳市蓝石环保科技有限公司
3305	深圳英菲森特科技有限公司
3306	深圳市微星视道科技有限公司
3307	深圳市穗深冷气设备有限公司
3308	深圳市玖润光电科技有限公司
3309	深圳璐璐兴家居用品有限公司
3310	深圳市宝泰光电科技有限公司
3311	深圳市鸿德尚技术有限公司
3312	深圳市展视光电技术有限公司
3313	深圳门海安全技术有限公司
3314	深圳圣缘节能科技有限公司
3315	深圳市万商联购信息科技有限公司
3316	深圳市艾肯麦客科技有限公司
3317	深圳优旺特科技有限公司
3318	深圳市致宸信息科技有限公司
3319	深圳市东虹鑫静电器材有限公司

（续表）

序号	单位名称
3320	深圳市泰尔康生物医药科技有限公司
3321	深圳恒鼎智能装备有限公司
3322	深圳市爱智慧科技有限公司
3323	维达力实业（深圳）有限公司
3324	深圳市恒创智达信息技术有限公司
3325	深圳市依崇微电子科技有限公司
3326	建威建设集团（深圳）有限公司
3327	深圳市航天泰瑞捷电子有限公司
3328	深圳市永创自动化设备有限公司
3329	深圳市腾达丰实业有限公司
3330	深圳阿尔法商品检验有限公司
3331	深圳同创音频技术有限公司
3332	深圳华康生物医学工程有限公司
3333	深圳广视角科技有限公司
3334	深圳市利华美科技有限公司
3335	深圳市飞通宽带技术有限公司
3336	广东恒锦通科技有限公司
3337	深圳市通展精密科技有限公司
3338	深圳市国进电气有限公司
3339	深圳市拓新电气有限公司
3340	深圳市振惠建混凝土有限公司
3341	深圳市迪美欧科技有限公司
3342	深圳市新天源电子有限公司
3343	深圳科兴药业有限公司
3344	深圳市美可达科技有限公司
3345	深圳市斯昱林建筑工程有限公司
3346	深圳市永凯机电设备有限公司
3347	深圳市华富快捷电路有限公司
3348	深圳市亚略特生物识别科技有限公司
3349	深圳市飞比电子科技有限公司
3350	深圳市小瑞科技股份有限公司
3351	深圳玖伍微联信息技术有限公司
3352	深圳市格瑞达照明工程有限公司
3353	深圳市冠宏达科技有限公司
3354	深圳市雅士长华智能科技有限公司
3355	深圳市百耐信科技有限公司
3356	深圳市中基自动化有限公司
3357	深圳市三恩时科技有限公司
3358	深圳市华乾科技有限公司
3359	深圳市刚竹医疗科技有限公司
3360	深圳市沃易科技有限公司
3361	深圳市罗丹贝尔科技有限公司
3362	龙汾科技（深圳）有限公司
3363	深圳市青青源科技有限公司
3364	深圳市新升华电子器件有限公司
3365	深圳市精诚信五金机械有限公司
3366	深圳天基权健康科技集团股份有限公司
3367	深圳迅宿科技有限公司
3368	深圳市成大机电科技有限公司
3369	深圳市快金数据技术服务有限公司

（续表）

序号	单位名称
3370	深圳市航通北斗信息技术有限公司
3371	深圳市大蓬车电子科技有限公司
3372	深圳市宽动态科技有限公司
3373	深圳市合力士机电设备有限公司
3374	深圳市中远达智能科技有限公司
3375	深圳市昂宇电子有限公司
3376	深圳市鼎钛海工装备有限公司
3377	深圳市宏申工业智能有限公司
3378	深圳市天威视讯股份有限公司
3379	深圳市威耀光电有限公司
3380	深圳易新能源科技有限公司
3381	深圳市睿翔塑胶有限公司
3382	深圳市合凡科技有限公司
3383	深圳市晶茂微科技有限公司
3384	深圳市溯安智能科技有限公司
3385	深圳市瑞益弘科技有限公司
3386	深圳市优教优学教育科技发展有限公司
3387	深圳市格瑞达实业有限公司
3388	深圳市摩拉科技有限公司
3389	未来创建（深圳）科技有限公司
3390	深圳市合联发实业有限公司
3391	启辰自动化设备（深圳）有限公司
3392	深圳市中证云星智慧物联科技有限公司
3393	泉镒兴电子科技（深圳）有限公司
3394	深圳市东晟数据有限公司
3395	锦瀚智慧管网技术有限公司
3396	金钟电子传动与控制（深圳）有限公司
3397	深圳市盈和致远科技有限公司
3398	深圳市光通网络技术有限公司
3399	深圳市华明鑫光电科技有限公司
3400	深圳市宏瀚微电子有限公司
3401	深圳市陀螺传媒有限公司
3402	深圳市南宏达科技有限公司
3403	深圳市安星数字系统有限公司
3404	中广核（深圳）运营技术与辐射监测有限公司
3405	深圳市艾德沃克物联科技有限公司
3406	深圳市勤实电力科技有限公司
3407	深圳市爱普特微电子有限公司
3408	深圳市彤影光电科技有限公司
3409	深圳市轴心自控技术有限公司
3410	深圳市华途数字技术有限公司
3411	深圳市东恒尚科信息技术有限公司
3412	深圳市瀚宏数码科技有限公司
3413	深圳市瑞捷恩科技有限公司
3414	深圳零世科技有限公司
3415	深圳市家惠宝智能家居有限公司
3416	深圳维特智能科技有限公司
3417	深圳无境创新科技有限公司
3418	深圳市博瑞尔实业有限公司
3419	深圳市海科盛科技有限公司

（续表）

序号	单位名称
3420	深圳市诚思品科技有限公司
3421	深圳市常工电子计算机有限公司
3422	深圳市恒工科技有限公司
3423	深圳市万汇芯源科技有限公司
3424	深圳市易佰特软件有限公司
3425	深圳中集天达吉荣航空制冷有限公司
3426	深圳市永丰生态环境有限公司
3427	深圳市新国都支付技术有限公司
3428	深圳市华旭科技开发有限公司
3429	深圳市万恒科技有限公司
3430	深圳市德善科技有限公司
3431	深圳市新通物探工程有限公司
3432	深圳市林茂科技有限公司
3433	深圳绿源轩电子技术有限公司
3434	深圳市前海贝壳网络科技有限公司
3435	深圳明佳创新电子有限公司
3436	深圳市即构科技有限公司
3437	海能达通信股份有限公司
3438	佺冠科技（深圳）有限公司
3439	深圳市盛佳丽电子有限公司
3440	深圳市洲明科技股份有限公司
3441	深圳市多辉电机有限公司
3442	深圳市晶利德实业有限公司
3443	深圳市思为软件技术有限公司
3444	深圳市天博智科技有限公司
3445	深圳东洋旺和实业有限公司
3446	深圳市朝峰恒科技有限公司
3447	兴燊环境技术（深圳）有限公司
3448	深圳市博图数字传媒有限公司
3449	深圳市豪锐科技有限公司
3450	深圳集成微电子有限公司
3451	深圳市航达科技有限公司
3452	深圳市星河电路股份有限公司
3453	深圳市爱立峰科技有限公司
3454	深圳北斗国芯科技有限公司
3455	深圳市高进实业有限公司
3456	凤冠电机（深圳）有限公司
3457	深圳风月科技有限公司
3458	深圳悦鑫新能源有限公司
3459	深圳市海蒂科技有限公司
3460	深圳市绿泰环保科技有限公司
3461	深圳智链物联科技有限公司
3462	深圳百年厨具有限公司
3463	深圳市城铭科技有限公司
3464	深圳市鸿瑞峰安防电子有限公司
3465	深圳市旻泰电子科技有限公司
3466	深圳市元创兴科技有限公司
3467	深圳合丰橡胶制品有限公司
3468	深圳市鼎泰智云科技有限公司
3469	深圳市安致兰德科技有限公司

（续表）

序号	单位名称
3470	深圳上泰生物工程有限公司
3471	深圳市金创金属材料有限公司
3472	深圳市嘉昱机电有限公司
3473	深圳市基础工程有限公司
3474	深圳市图美电子技术有限公司
3475	哈瓦国际航空技术（深圳）有限公司
3476	深圳市晨洋通信产品有限公司
3477	深圳市劲嘉科技有限公司
3478	深圳市赛尔盈电子有限公司
3479	深圳市纬嘉壹科技有限公司
3480	深圳市雷诺表业有限公司
3481	深圳市诚荣净水科技有限公司
3482	中国长城科技集团股份有限公司
3483	深圳市温暖生活科技有限公司
3484	深圳市先亚生物科技有限公司
3485	深圳市力美拓科技有限公司
3486	深圳市明粤科技有限公司
3487	深圳可信计算技术有限公司
3488	深圳市宇商科技有限公司
3489	深圳精准精密机械有限公司
3490	深圳市密姆科技有限公司
3491	深圳市玲涛光电科技有限公司
3492	深圳感臻科技有限公司
3493	深圳市墨朴建筑设计有限公司
3494	深圳富美达照明有限公司
3495	日东智能装备科技（深圳）有限公司
3496	深圳市聚迅科技有限公司
3497	深圳市红坚果科技有限公司
3498	深圳光华信通科技有限公司
3499	深圳市紫宸激光设备有限公司
3500	深圳市科瑞隆科技有限公司
3501	深圳市铠硕达数码有限公司
3502	深圳市中德利科技有限公司
3503	深圳源鸿建安科技集团有限公司
3504	深圳市中云智慧科技有限公司
3505	深圳市思坎普科技有限公司
3506	深圳市优尼影科技有限公司
3507	深圳雷柏科技股份有限公司
3508	深圳市蓝畅科技有限公司
3509	深圳市恒聚芯电子科技有限公司
3510	深圳市鹏信捷通科技有限公司
3511	深圳市坤灿电子有限公司
3512	深圳市安帕尔科技有限公司
3513	深圳市欧克有机玻璃制品有限公司
3514	深圳市万成佳和电子有限公司
3515	深圳市欣泰德科技有限公司
3516	深圳市创必得科技有限公司
3517	深圳融易学教育科技有限公司
3518	深圳市格灵人工智能与机器人研究院有限公司
3519	深圳市赛伦北斗科技有限责任公司

（续表）

序号	单位名称
3520	深圳市赛义德信息技术有限公司
3521	深圳禾思众成科技有限公司
3522	深圳市欧兰特智能控制系统有限公司
3523	深圳市密控网络科技有限公司
3524	深圳市利群联发科技有限公司
3525	深圳市鑫航盛科技有限公司
3526	深圳市良标科技有限公司
3527	深圳市中易科技有限责任公司
3528	深圳市梅曼激光设备有限公司
3529	深圳今日人才信息科技有限公司
3530	深圳市懿臻实业有限公司
3531	深圳市坤同智能仓储科技有限公司
3532	深圳市天时伟业新能源有限公司
3533	深圳市骏鼎达新材料股份有限公司
3534	四洲义齿（深圳）有限公司
3535	深圳市亿科环球科技有限公司
3536	深圳市一诺微特电机有限公司
3537	深圳市晶宏欣光电有限公司
3538	深圳市恒安特斯网络科技有限公司
3539	深圳市同一方光电技术有限公司
3540	深圳市艾特网能技术有限公司
3541	恒尔股份有限公司
3542	深圳蓝晶生物科技有限公司
3543	深圳市康妮智能科技有限公司
3544	深圳市精森源科技有限公司
3545	深圳市合顺泰科技有限公司
3546	深圳市思博慧数据科技有限公司
3547	深圳市精易迅科技有限公司
3548	深圳市易庆德光电有限公司
3549	深圳市华富洋照明科技有限公司
3550	深圳市华尔康电路有限公司
3551	深圳市火焱激光科技有限公司
3552	深圳市莱尚科技有限公司
3553	深圳市佳保安全股份有限公司
3554	深圳市远华蓝泰电子有限公司
3555	深圳九明珠信息科技有限公司
3556	深圳市创时代电子科技有限公司
3557	深圳安凯利电池有限公司
3558	深圳威迈斯新能源股份有限公司
3559	深圳市天策规划设计有限公司
3560	深圳曼瑞德科技有限公司
3561	深圳市易光科技有限公司
3562	深圳海云安网络安全技术有限公司
3563	多玛凯拔科技有限公司
3564	深圳市迪昇电子有限公司
3565	深圳市富厚自行车配件有限公司
3566	广东益天下环境科技有限公司
3567	易造机器人（深圳）有限公司
3568	深圳市华尔博思科技有限公司
3569	深圳热电新能源科技有限公司

（续表）

序号	单位名称
3570	希尔思仪表（深圳）有限公司
3571	深圳市特比格机电科技有限公司
3572	深圳市海之诚自动化技术有限公司
3573	深圳佳弟子科技有限公司
3574	深圳中智科创机器人有限公司
3575	深圳市明正宏电子有限公司
3576	深圳市必易微电子有限公司
3577	深圳市众志天成科技有限公司
3578	深圳市爱绿地能源环境科技有限公司
3579	深圳市深大云伴健康科技有限公司
3580	深圳市柏星龙创意包装股份有限公司
3581	深圳市证通电子股份有限公司
3582	深圳六律数码科技有限公司
3583	深圳市挖金科技有限公司
3584	深圳海油工程水下技术有限公司
3585	深圳市盛辉电气设备有限公司
3586	深圳市技湛科技有限公司
3587	深圳信盈达科技有限公司
3588	深圳市天美意科技有限公司
3589	深圳市星三力光电科技有限公司
3590	深圳市科森达电子有限公司
3591	深圳市和庆光电有限公司
3592	深圳市红方光电照明有限公司
3593	深圳市科陆电子科技股份有限公司
3594	深圳品阔信息技术有限公司
3595	深圳市纳海智控科技有限公司
3596	深圳市西盟特电子有限公司
3597	深圳市一通检测技术有限公司
3598	深圳市金富威塑胶制品有限公司
3599	深圳市敢为软件技术有限公司
3600	深圳市盈源电子有限公司
3601	深圳市顺利通达科技有限公司
3602	深圳市美丽加科技有限公司
3603	深圳市立德通讯器材有限公司
3604	深圳市中禾环保工程有限公司
3605	深圳市游迷天下科技有限公司
3606	深圳市德科科技有限公司
3607	深圳市山月园园艺有限公司
3608	深圳市慧鼎创科技有限公司
3609	深圳市深蓝电子股份有限公司
3610	宇之亮电子（深圳）有限公司
3611	墨刻设计（深圳）有限公司
3612	深圳市贝可科技有限公司
3613	深圳市佰泽电子有限公司
3614	深圳市时代通信技术有限公司
3615	深圳市柠檬互动科技有限公司
3616	深圳市深电高科电气有限公司
3617	深圳市迅飞凌科技有限公司
3618	深圳市铂晶艺术文化有限公司
3619	深圳市脉山龙信息技术股份有限公司

（续表）

序号	单位名称
3620	深圳市艾森视讯科技有限公司
3621	深圳市瑞博兴源电子有限公司
3622	深圳市意佳汽车智能科技有限公司
3623	深圳市亿聚电子科技有限公司
3624	深圳市正达环境工程实业有限公司
3625	深圳市深远通科技有限公司
3626	深圳市茵诺圣生物科技有限公司
3627	深圳市益尔智控技术有限公司
3628	君凯迪科技（深圳）有限公司
3629	深圳市中明科技股份有限公司
3630	深圳市乾宝自动化设备有限公司
3631	深圳市天海同光科技有限公司
3632	深圳市德宝精密科技有限公司
3633	深圳市中兴新云服务有限公司
3634	深圳市天龙科技有限公司
3635	深圳市分享信息系统有限公司
3636	深圳市中科恒辉科技有限公司
3637	前海联大（深圳）技术有限公司
3638	深圳市赋安智能安防系统有限公司
3639	深圳市佰兴电子科技有限公司
3640	深圳市华利阳电子有限公司
3641	深圳市途锐科技有限公司
3642	深圳市立泰能源科技有限公司
3643	深圳链条科技有限公司
3644	谷林电器（深圳）有限公司
3645	深圳市中网致标网络技术有限公司
3646	深圳市迅龙创威网络技术有限公司
3647	深圳市萌蛋互动网络有限公司
3648	深圳市联尚光电有限公司
3649	深圳瀚凯科技有限公司
3650	深圳市鹏云汇科技有限公司
3651	深圳墨世科技有限公司
3652	深圳市米尔迪克精密机械科技有限公司
3653	深圳大美激光设备有限公司
3654	深圳市睿智物联科技有限公司
3655	深圳市诚信神火科技有限公司
3656	深圳市车云网科技有限公司
3657	深圳安迪上科新材料科技有限公司
3658	深圳博纳精密给药系统股份有限公司
3659	深圳大桥化工有限公司
3660	深圳市康祥电子有限公司
3661	深圳市飞鸟与鱼科技开发有限公司
3662	深圳市光千合新材料科技有限公司
3663	深圳市启沛实业有限公司
3664	深圳市科创数字显示技术有限公司
3665	深圳市感恩网络科技有限公司
3666	深圳市凯实科技有限公司
3667	广东钜宏科技股份有限公司
3668	深圳市中科云科技开发有限公司
3669	深圳市瑞康宏业科技开发有限公司

（续表）

序号	单位名称
3670	深圳市烨兴膜结构工程有限公司
3671	深圳市新宇昇电子有限公司
3672	深圳市东仪电子有限公司
3673	深圳市奇力电子有限公司
3674	深圳市秋然科技发展有限公司
3675	恒天益科技（深圳）有限公司
3676	深圳市益威电子有限公司
3677	深圳市海文环保技术有限公司
3678	深圳光台实业有限公司
3679	深圳市研控科技有限公司
3680	深圳象泰科技有限公司
3681	深圳市易通自动化设备有限公司
3682	深圳市纽莱特实业有限公司
3683	深圳市华源新科技发展有限公司
3684	深圳市宝坚电子技术有限公司
3685	深圳华工能源技术有限公司
3686	深圳市龙航科技有限公司
3687	飞思未来（深圳）科技有限公司
3688	国药集团致君（深圳）制药有限公司
3689	深圳乐播科技有限公司
3690	深圳市创族智能实业有限公司
3691	深圳市中源创科技有限公司
3692	深圳市华付信息技术有限公司
3693	深圳市同强信息技术有限责任公司
3694	平安国际智慧城市科技股份有限公司
3695	深圳市仕兴鸿精密机械设备有限公司
3696	深圳市伟泰鑫实业有限公司
3697	深圳市雷亚德光电有限公司
3698	深圳市影领电子有限公司
3699	深圳市泰科汉泽精密电子有限公司
3700	深圳市普天阳医疗科技股份有限公司
3701	深圳市美盛电子有限公司
3702	广东标顶电子有限公司
3703	深圳市芯天下技术有限公司
3704	招商局国际信息技术有限公司
3705	深圳超诚缝纫科技有限公司
3706	深圳市信达德科技有限公司
3707	华瑞同康生物技术（深圳）有限公司
3708	深圳市佳康捷科技有限公司
3709	深圳市鑫远见机械制造有限公司
3710	深圳众投互联信息技术有限公司
3711	深圳市瑞华半导体有限公司
3712	深圳华引动力科技有限公司
3713	皓量科技（深圳）有限公司
3714	深圳市欣振声电子有限公司
3715	游晟纺织科技（深圳）有限公司
3716	深圳市天择教育科技有限公司
3717	深圳市金永信科技有限公司
3718	深圳力士智造科技有限公司
3719	深圳市德高五金有限公司
3720	深圳智盛信息技术股份有限公司
3721	深圳市觅客科技有限公司
3722	深圳百勤建设工程有限公司
3723	深圳市赛威尔电器有限公司
3724	深圳市中交阳光科技有限公司
3725	深圳市泰比特科技有限公司
3726	深圳市酷驼科技有限公司
3727	深圳市百恒电气有限公司
3728	深圳市金科特种材料股份有限公司
3729	深圳市铭泽智能电力科技有限公司
3730	深圳市百斯特节能科技有限公司
3731	深圳市盛邦科技有限公司
3732	深圳市辰翔新能源技术有限公司
3733	深圳市天行健机电设备有限公司
3734	深圳维思加通信技术有限公司
3735	深圳市嘉丰泰光电有限公司
3736	深圳市金誉宝科技有限公司
3737	深圳市全家蒙福创意设计有限公司
3738	深圳市旭辉光电科技有限公司
3739	深圳市康特客科技有限公司
3740	深圳市中视动科技有限公司
3741	深圳市兴万联电子有限公司
3742	深圳市越宏普照照明科技有限公司
3743	中保车服科技服务股份有限公司
3744	纬衡浩建科技（深圳）有限公司
3745	先健科技（深圳）有限公司
3746	舒可士（深圳）科技有限公司
3747	深圳市联合创艺建筑设计有限公司
3748	深圳奥景源科技有限公司
3749	深圳市泉辉橡塑制品有限公司
3750	深圳市盛天龙视听科技有限公司
3751	深圳市长泰传媒有限公司
3752	深圳蚁巢网络科技有限公司
3753	深圳市华硕达科技有限公司
3754	深圳市峰泳科技有限公司
3755	悦创显视科技（深圳）有限公司
3756	中建二局第二建筑工程有限公司
3757	深圳市锋迈科技有限公司
3758	深圳市本特利科技有限公司
3759	中兴仪器（深圳）有限公司
3760	祐富百胜宝电器（深圳）有限公司
3761	深圳市瀚洋光电科技有限公司
3762	深圳市宏扬能源科技有限公司
3763	深圳华创建筑装饰股份有限公司
3764	深圳市科泰超声自动化设备有限公司
3765	深圳市锐健电子有限公司
3766	深圳斯佳精密科技有限公司
3767	深圳市速联技术有限公司
3768	深圳前海云东家科技有限公司
3769	深圳市玩瞳科技有限公司
3770	深圳市鹏扬三维科技有限公司
3771	深圳市恒双展业科技有限公司
3772	深圳市盛能杰科技有限公司
3773	深圳尚拓激光技术有限公司
3774	深圳市深创电器有限公司
3775	深圳市联祥印刷有限公司
3776	深圳市格物正源质量标准系统有限公司
3777	深圳市兴晶泰科技有限公司
3778	深圳英宝莱科技有限公司
3779	深圳市昊源诺信科技有限公司
3780	深圳市诺信博通讯有限公司
3781	深圳市联合东创科技有限公司
3782	深圳市华佳慧科技有限公司
3783	深圳天源迪科信息技术股份有限公司
3784	深圳市汇天宇科技有限公司
3785	深圳君鉴科技有限公司
3786	深圳海思安生物技术有限公司
3787	深圳市海思半导体有限公司
3788	森骏卓越精密模具（深圳）有限公司
3789	深圳市源泉科技开发有限公司
3790	深圳市创宇丰科技有限公司
3791	深圳市米联信息技术有限公司
3792	深圳市华德共创科技有限公司
3793	深圳恒星软件有限公司
3794	深圳达骏软件设计有限公司
3795	深圳市莱特赛思电子有限公司
3796	顾云咨询服务（深圳）有限公司
3797	深圳市新讯信息技术有限公司
3798	深圳市超越电气技术有限公司
3799	深圳西塔克工业有限公司
3800	广东民安电气消防安全检测有限公司
3801	深圳市应天机电设备有限公司
3802	深圳市智邻科技有限公司
3803	深圳市一合智能科技有限公司
3804	深圳市策城软件有限公司
3805	深圳市柏莱电子有限公司
3806	深圳市路福寝具有限公司
3807	深圳市中升建科科技发展有限公司
3808	深圳杰安创科技有限公司
3809	深圳市永利兴游乐设备有限公司
3810	深圳市中饰南方建设工程有限公司
3811	深圳中鼎工业科技有限公司
3812	深圳市信源自动化设备有限公司
3813	深圳市精微康投资发展有限公司
3814	深圳市广业电子科技有限公司
3815	深圳东昇射频技术有限公司
3816	深圳市科宇电源科技有限公司
3817	深圳市通构科技有限公司
3818	深圳远荣智能制造股份有限公司
3819	深圳市裕源欣电子科技有限公司

（续表）

序号	单位名称
3820	深圳市凯中精密技术股份有限公司
3821	深圳市欧博凯科技有限公司
3822	深圳市德威控制系统有限公司
3823	深圳市慧航星科技有限公司
3824	深圳市祥盛兴科技有限公司
3825	深圳市海顿热能技术有限公司
3826	深圳市羽利美科技有限公司
3827	深圳市东永盛光通讯技术有限公司
3828	深圳市德馨包装制品有限公司
3829	深圳市友立联科技有限公司
3830	深圳市安般科技有限公司
3831	深圳市志和兴实业有限公司
3832	深圳市铭恒达精密五金有限公司
3833	深圳市格维电子科技有限公司
3834	深圳市中广电通灯业有限公司
3835	深圳市恒昌源电子有限公司
3836	深圳市叁柒无限网络科技有限公司
3837	深圳市信维通信股份有限公司
3838	深圳市程锦塑胶五金有限公司
3839	深圳市泛海三江电子股份有限公司
3840	富森茂五金（深圳）有限公司
3841	深圳市铁工机自动化技术有限公司
3842	深圳市海普天智能科技有限公司
3843	深圳市创生达电子有限公司
3844	深圳市铂曼科技有限公司
3845	深圳市海光电子有限公司
3846	深圳市联昶电子有限公司
3847	深圳市爱瑞古德科技有限公司
3848	深圳市登峰自动化设备有限公司
3849	深圳市泰丰隆自动化设备有限公司
3850	深圳市伊视贝科技有限责任公司
3851	大金来科技（深圳）有限公司
3852	深圳市安泽通科技发展有限公司
3853	深圳市智惠付信息技术有限公司
3854	深圳新房网络科技有限公司
3855	深圳市云帆自动化技术有限公司
3856	深圳市普林电路有限公司
3857	深圳市油博士润滑科技有限公司
3858	深圳市恒创威机械有限公司
3859	深圳市永恒盛五金制品有限公司
3860	深圳市智百威科技发展有限公司
3861	深圳市博天通讯有限公司
3862	深圳市赛航科技有限公司
3863	深圳市百洲半导体光电科技有限公司
3864	深圳市希尔景观设计有限公司
3865	深圳市雷欧帕科技有限公司
3866	深圳康普盾科技股份有限公司
3867	深圳市得润电子股份有限公司
3868	深圳市成为信息技术有限公司
3869	深圳市千业精密金属有限公司

（续表）

序号	单位名称
3870	深圳弘江军科技有限公司
3871	柏涛建筑设计（深圳）有限公司
3872	深圳市润富康实业有限公司
3873	深圳市特深电气有限公司
3874	深圳市索诺瑞科技有限公司
3875	深圳市常胜信息技术有限公司
3876	深圳市纳安特汽车电子有限公司
3877	中检（深圳）环境技术服务有限公司
3878	深圳市昊微科技有限公司
3879	深圳黑八互动娱乐有限公司
3880	深圳市千行电子有限公司
3881	深圳市维特世嘉科技有限公司
3882	金毅电子（深圳）有限公司
3883	深圳市晟江科技有限公司
3884	深圳市云恩科技有限公司
3885	深圳市美创达诚安检设备有限公司
3886	深圳市锦新源科技有限公司
3887	深圳汉草药研纳米生物科技有限公司
3888	深圳华思软件有限公司
3889	深圳市德龙电器有限公司
3890	深圳市金科信软件开发有限公司
3891	华昌隆科技（深圳）有限公司
3892	深圳智慧林网络科技有限公司
3893	深圳新海讯光电有限公司
3894	深圳派特科技有限公司
3895	深圳三火科技有限公司
3896	深圳市盛鑫科金属有限公司
3897	中瑞云软件（深圳）有限公司
3898	深圳百乐宝生物农业科技有限公司
3899	深圳市雄丰达特钢科技有限公司
3900	深圳万乐药业有限公司
3901	深圳华加日幕墙科技有限公司
3902	深圳市均佳机电设备有限公司
3903	深圳市指尖娱乐网络有限公司
3904	深圳市荣伟业电子有限公司
3905	深圳市源烯科技有限公司
3906	深圳市深鸿宇科技有限公司
3907	深圳市福源晖科技有限公司
3908	深圳市奥迈兴自动化设备有限公司
3909	深圳市晶讯软件通讯技术有限公司
3910	深圳市通产丽星股份有限公司
3911	深圳市普拉斯玛自动化设备有限公司
3912	深圳市郑中设计股份有限公司
3913	深圳市麦瑞科林科技有限公司
3914	深圳市新山幕墙技术咨询有限公司
3915	深圳市泰科盛自动化系统有限公司
3916	深圳市宏腾通电子有限公司
3917	深圳市三彩显示有限公司
3918	深圳市海云通信有限公司
3919	深圳市科安达轨道交通技术有限公司

（续表）

序号	单位名称
3920	深圳市思创优技术有限公司
3921	深圳市尚宏自动化设备有限公司
3922	深圳华盛过滤系统有限公司
3923	深圳市安迅咨询服务有限责任公司
3924	深圳市豪林电子有限公司
3925	深圳坚朗海贝斯智能科技有限公司
3926	深圳市晨钰自动化设备有限公司
3927	深圳华建综合能源技术有限公司
3928	空气管家（深圳）技术有限公司
3929	深圳市泰德创新科技有限公司
3930	深圳飓风传媒科技有限公司
3931	深圳市正大盈拓识别技术有限公司
3932	深圳市新劲力机械有限公司
3933	深圳市万国电器有限公司
3934	深圳市毅荣川电子科技有限公司
3935	广东鑫基建设工程有限公司
3936	深圳市阿瑞仕科技有限公司
3937	深圳市裕佳康精密科技有限公司
3938	深圳市欣音达科技有限公司
3939	蓝叶电子制造（深圳）有限公司
3940	捷利港信软件（深圳）有限公司
3941	深圳小鹰网络科技有限公司
3942	深圳市华竣展览有限公司
3943	深圳市兆农农业科技有限公司
3944	深圳市灰度软件有限公司
3945	深圳市英威腾电气股份有限公司
3946	深圳市嘉立创科技发展有限公司
3947	深圳市共济科技股份有限公司
3948	深圳市航天新材科技有限公司
3949	深圳迪乐普数码科技有限公司
3950	深圳市创通智能设备有限公司
3951	环盛智能（深圳）有限公司
3952	深圳市湾区通信技术有限公司
3953	深圳市东众软件开发有限公司
3954	深圳洪堡智能科技有限公司
3955	深圳市祖科光源科技有限公司
3956	深圳市航盛电子股份有限公司
3957	深圳市欣普斯科技有限公司
3958	深圳市昊天宸科技有限公司
3959	深圳市福大自动化科技有限公司
3960	深圳市TCL高新技术开发有限公司
3961	深圳市金佳利机电有限公司
3962	美联运动器材（深圳）有限公司
3963	深圳中科飞测科技有限公司
3964	深圳市三力基业电机有限公司
3965	深圳市瑞格生物科技有限公司
3966	深圳市前海迅智系统科技有限公司
3967	深圳市华运国际物流有限公司
3968	深圳市华睿智兴信息科技有限公司
3969	深圳市前海智慧交通运营科技有限公司

（续表）

序号	单位名称
3970	深圳市美科星通信技术有限公司
3971	深圳市合杰电子有限公司
3972	深圳市家康科技有限公司
3973	深圳市博盛尚科技有限公司
3974	深圳市江波龙电子股份有限公司
3975	深圳市博观环境科技有限公司
3976	深圳市猎芯科技有限公司
3977	深圳市国恒检测有限公司
3978	深圳市臻美亚太科技有限公司
3979	深圳市科硕电机有限公司
3980	深圳市智化电科技有限公司
3981	深圳市展行生物有限公司
3982	华强方特（深圳）电影有限公司
3983	深圳市集名科技有限公司
3984	深圳市大景智能控制有限公司
3985	芯海科技（深圳）股份有限公司
3986	深圳市朗坤环境集团股份有限公司
3987	深圳荟凝自动化有限公司
3988	深圳市森树强电子科技有限公司
3989	深圳市金岛自动化设备有限公司
3990	深圳市海拓华擎生物科技有限公司
3991	深圳市佳创视讯技术股份有限公司
3992	深圳市恒然电机有限公司
3993	深圳市荣测捷科技有限公司
3994	中广核环保产业有限公司
3995	深圳市维森软件股份有限公司
3996	深圳市欧亚建设工程有限公司
3997	深圳市科羽科技发展有限公司
3998	深圳市迅雷网文化有限公司
3999	深圳市闪联信息技术有限公司
4000	牛剑教育科技（深圳）有限公司
4001	深圳市擎天达科技有限公司
4002	深圳市昊华电气有限公司
4003	深圳中成科信智能设备有限公司
4004	深圳市华星祥科技有限公司
4005	深圳市安腾信息技术有限公司
4006	深圳市华威世纪科技股份有限公司
4007	深圳市蓝希望电子有限公司
4008	深圳市银河光电科技有限公司
4009	深圳市正东源科技有限公司
4010	深圳市捷汇多科技有限公司
4011	广东天鉴检测技术服务股份有限公司
4012	深圳市中能制冷科技有限公司
4013	深圳市美铠光学科技有限公司
4014	深圳市建造工科技有限公司
4015	深圳市心迪宝通信设备有限公司
4016	深圳市中南活力实业股份有限公司
4017	深圳市杉叶实业有限公司
4018	深圳市乐派商显科技有限公司
4019	深圳市东深电子股份有限公司

（续表）

序号	单位名称
4020	深圳市小亿网络有限公司
4021	深圳奇立电子科技有限公司
4022	深圳市东鹏科技发展有限公司
4023	深圳市怡亚通供应链股份有限公司
4024	深圳市三浦半导体有限公司
4025	深圳市摩记电子有限公司
4026	深圳市建工集团股份有限公司
4027	深圳市奥科斯特智能装备股份有限公司
4028	深圳市绿园农业开发有限公司
4029	深圳厨之道环保高科有限公司
4030	深圳市瑞连晟环保科技有限公司
4031	深圳市威廉姆自动化设备有限公司
4032	未来汽车科技（深圳）有限公司
4033	深圳市百瑞空气处理设备有限公司
4034	深圳市茁迩科技发展有限公司
4035	深圳市特辰科技股份有限公司
4036	深圳市东象设计有限公司
4037	深圳前海优管信息技术有限公司
4038	深圳市瑞蓝技术有限公司
4039	深圳市思创捷电子科技有限公司
4040	深圳依时货拉拉科技有限公司
4041	深圳市晨亿达电子有限公司
4042	深圳美联兴科技股份有限公司
4043	深圳一点盐光科技有限公司
4044	深圳市赛纳威环境科技有限公司
4045	深圳市巨鑫电子有限公司
4046	深圳市双银科技有限公司
4047	深圳市宝驰科技发展有限公司
4048	深圳市智恩自动化科技有限公司
4049	深圳市逸游无限科技有限公司
4050	深圳市凯威达电子有限公司
4051	深圳市安仕新能源科技有限公司
4052	深圳市凉屋游戏科技有限公司
4053	深圳市融创信息技术咨询有限公司
4054	深圳市金瑞电子材料有限公司
4055	深圳市步步精科技有限公司
4056	深圳市国翰科技有限公司
4057	深圳淇诺科技有限公司
4058	深圳立讯电声科技有限公司
4059	深圳市天成照明有限公司
4060	广电计量检测（深圳）有限公司
4061	深圳市光华士科技有限公司
4062	深圳市轻码云科技有限公司
4063	深圳市弘祥光电科技有限公司
4064	深圳市昂捷信息技术股份有限公司
4065	深圳市中孚电器有限公司
4066	深圳市精联模胚有限公司
4067	乐活农业信息化技术有限公司
4068	深圳平行数据有限公司
4069	深圳市赛雨易昊科技有限公司

（续表）

序号	单位名称
4070	深圳市捷通科技有限公司
4071	深圳市泰达讯科技有限公司
4072	深圳市兴晟捷电子有限公司
4073	深圳达实智能股份有限公司
4074	深圳市富程威科技有限公司
4075	深圳市俊安环境科技有限公司
4076	深圳市励高表面处理材料有限公司
4077	深圳市睿宝通智能科技有限公司
4078	深圳市台钲精密机械有限公司
4079	深圳市金诚载带有限公司
4080	深圳市雷赛软件技术有限公司
4081	深圳市锐劲数控有限公司
4082	深圳佳红科技有限公司
4083	深圳市赛金科技有限公司
4084	富宝来塑胶五金制品（深圳）有限公司
4085	深圳市鹏达金电子设备有限公司
4086	深圳威特姆光电科技有限公司
4087	深圳市奥博特科技有限公司
4088	深圳市互盟科技股份有限公司
4089	深圳万拓科技创新有限公司
4090	深圳阜时科技有限公司
4091	深圳市慧大成智能科技有限公司
4092	深圳市博来盛精密模具有限公司
4093	深圳泰思特半导体有限公司
4094	深圳市阶新科技有限公司
4095	深圳市摩天之星企业管理有限公司
4096	深圳市盛世光电科技有限公司
4097	深圳市世展建设有限公司
4098	深圳时代首游互动科技有限公司
4099	深圳市沃泰能源有限公司
4100	深圳市亿金辉金属锡制品有限公司
4101	深圳市为海建材有限公司
4102	深圳大通博创科技有限公司
4103	深圳市昱晟通讯设备有限公司
4104	深圳市光逸科技创新有限公司
4105	深圳云集智造系统技术有限公司
4106	深圳市誉达机械自动化有限公司
4107	深圳市中昌探伤器材有限公司
4108	深圳鹏城建科集团有限公司
4109	深圳市英科力环保科技有限公司
4110	深圳市高登新材料有限公司
4111	深圳市库贝尔生物科技股份有限公司
4112	深圳西斯特科技有限公司
4113	深圳市杰仕博科技有限公司
4114	深圳瑞诚电业有限公司
4115	深圳市马博士网络科技有限公司
4116	深圳柏维环保科技有限公司
4117	深圳健康传奇科技有限公司
4118	深圳市思捷创科技有限公司
4119	深圳市林慧通科技有限公司

（续表）

序号	单位名称
4120	深圳优艾智合机器人科技有限公司
4121	广东城基生态科技股份有限公司
4122	深圳市誉和钻石工具有限公司
4123	深圳市途马科技有限公司
4124	深圳市深一龙电子有限公司
4125	深圳市老郎中电子有限公司
4126	深圳市万志宇科技有限公司
4127	深圳市睿盈达科技有限公司
4128	深圳卫力集团有限公司
4129	深圳市美彩光电有限公司
4130	深圳龙澄高科技环保股份有限公司
4131	深圳市银之杰科技股份有限公司
4132	深圳市海德模具有限公司
4133	深圳雅讯信息技术有限公司
4134	宏阜精密零组件（深圳）有限公司
4135	深圳德讯信息技术有限公司
4136	深圳市鹏川科技有限公司
4137	深圳长信福环保材料有限公司
4138	深圳市鑫源通电子有限公司
4139	深圳市捷美瑞科技有限公司
4140	海尔（深圳）研发有限责任公司
4141	深圳市深保警用装备科技有限公司
4142	深圳市四格互联信息技术有限公司
4143	深圳华工环保科技有限公司
4144	深圳市锦德盛科技有限公司
4145	深圳市瑞辉钟表有限公司
4146	深圳市牧泰莱电路技术有限公司
4147	深圳驰越科技有限公司
4148	深圳嘉普通太阳能股份有限公司
4149	深圳建科网络科技有限公司
4150	深圳信路通智能技术有限公司
4151	深圳市华南充电科技有限公司
4152	中科水滴科技（深圳）有限公司
4153	深圳市君恒利建设工程有限公司
4154	深圳市金宇鸿科技有限公司
4155	深圳市天合光电有限公司
4156	深圳市腾盛精密装备股份有限公司
4157	国民技术股份有限公司
4158	深圳市德天泰科技有限公司
4159	深圳市朝夕科技有限公司
4160	深圳市电信工程有限公司
4161	三和创精密模具（深圳）有限公司
4162	中集海洋工程有限公司
4163	深圳市名远新材科技有限公司
4164	深圳市群宇科技有限公司
4165	深圳市畅锐科技有限公司
4166	深圳市通则技术股份有限公司
4167	广东灿城农产品集团有限公司
4168	深圳市荣强科技有限公司
4169	深圳世伦五金电子有限公司

（续表）

序号	单位名称
4170	深圳市海能达通信有限公司
4171	深圳市慧创联合科技有限公司
4172	艾斯格林科技深圳有限公司
4173	深圳市中浦信建设集团有限公司
4174	深圳市一收呗网络有限公司
4175	研祥智慧物联科技有限公司
4176	深圳优比康科技有限公司
4177	深圳市万康佳健科技有限公司
4178	深圳市美锐精密电子有限公司
4179	深圳幕思宇显示科技有限公司
4180	深圳市千代电子材料有限公司
4181	深圳市斐畅佳实业有限公司
4182	深圳市耐科电气有限公司
4183	深圳市彬绿园林有限公司
4184	深圳市汇辰自动化技术有限公司
4185	深圳市思创斯克电子有限公司
4186	深圳市锐能微科技有限公司
4187	深圳市晓微科技有限公司
4188	深圳市卓信特通讯科技有限公司
4189	深圳市易容达电子有限公司
4190	深圳市芯科控技术有限公司
4191	深圳市明鑫电源技术有限公司
4192	深圳市虹彩检测技术有限公司
4193	深圳市鸿汉科技有限公司
4194	深圳市实锐泰科技有限公司
4195	深圳碳原子科技有限公司
4196	深圳市禹龙通电子有限公司
4197	菁良基因科技（深圳）有限公司
4198	深圳市冠航环境科技工程有限公司
4199	深圳市睿晖新材料有限公司
4200	深圳市世邦环境科技有限公司
4201	深圳市鼎新软件科技有限公司
4202	昂纳信息技术（深圳）有限公司
4203	深圳市泓腾生物科技有限公司
4204	深圳市东方拓宇科技有限公司
4205	深圳市奇虎智能科技有限公司
4206	深圳市富发世纪科技有限公司
4207	深圳前海运动保网络科技有限公司
4208	深圳市好家庭体育发展有限公司
4209	深圳市大雅新科技有限公司
4210	深圳市泓之发机电有限公司
4211	深圳市懒人在线科技有限公司
4212	深圳市鑫冠辉电子有限公司
4213	深圳市卡卓无线信息技术有限公司
4214	深圳前海立方信息技术有限公司
4215	深圳聚点互动科技有限公司
4216	深圳市华实精密工业有限公司
4217	深圳市科皓信息技术有限公司
4218	深圳市外星人创新电子有限公司
4219	深圳创多奇科技有限公司

（续表）

序号	单位名称
4220	深圳市邦正精密机械有限公司
4221	深圳市康时源科技有限公司
4222	深圳市麦科隆精密机械有限公司
4223	深圳市中科联盛科技有限公司
4224	洞玛生物技术（深圳）有限公司
4225	深圳市车智杰车联网有限公司
4226	深圳思诺美科技有限公司
4227	深圳市齐墨科技有限公司
4228	深圳市橙果电子有限公司
4229	深圳市中瑞远博软件信息有限公司
4230	光宏光电技术（深圳）有限公司
4231	深圳市恩科电子有限公司
4232	深圳市汇大光电科技股份有限公司
4233	深圳市品声科技有限公司
4234	深圳市多氟多新能源科技有限公司
4235	深圳市诚亿自动化科技有限公司
4236	深圳市大晟机械有限公司
4237	深圳市芯蓝图科技有限公司
4238	鲲腾泰克科技（深圳）有限公司
4239	中海北斗（深圳）导航技术有限公司
4240	宏齐光电子（深圳）有限公司
4241	深圳市前海海联鑫科技有限公司
4242	深圳市富志科技有限公司
4243	深圳市欧凯伞业有限公司
4244	深圳市丹耐斯机械有限公司
4245	深圳中兴新材技术股份有限公司
4246	深圳市爵影科技有限公司
4247	飞的科技（深圳）有限公司
4248	深圳嘉利祥精工股份有限公司
4249	深圳中标国际检验技术有限公司
4250	深圳市铭匠模具有限公司
4251	育昇电子（深圳）有限公司
4252	深圳市南方源芯电气有限公司
4253	深圳市物链科技有限公司
4254	深圳市魔力信息技术有限公司
4255	深圳市海恒通科技有限公司
4256	深圳市追越科技有限公司
4257	深圳市格利美照明有限公司
4258	深圳市善时仪器有限公司
4259	深圳市集益创新信息技术有限公司
4260	深圳市杰特声汽车电子有限公司
4261	深圳惟电创新科技有限公司
4262	深圳市捷创自动化设备有限公司
4263	深圳市斯科尔科技有限公司
4264	盛嘉伦橡塑（深圳）股份有限公司
4265	深圳市力琪新材料科技有限公司
4266	深圳黄董设计顾问有限公司
4267	华强方特（深圳）动漫有限公司
4268	深圳市三阳新能源科技有限公司
4269	深圳市思创新精密科技有限公司

（续表）

序号	单位名称
4270	深圳市南天门网络信息有限公司
4271	深圳市万聚源科技股份有限公司
4272	深圳市中鑫新能源科技有限公司
4273	深圳市台峰自行车有限公司
4274	大树（深圳）环保有限公司
4275	深圳市福士工业科技有限公司
4276	深圳市双环全新机电股份有限公司
4277	深圳市道通智能软件开发有限公司
4278	东泰精密塑胶科技（深圳）有限公司
4279	深圳市大众通信技术有限公司
4280	中科天智运控（深圳）科技有限公司
4281	深圳市同博威科技有限公司
4282	深圳市龙枫电子有限公司
4283	深圳市鹏泰建筑科技有限公司
4284	深圳市合力鑫电子设备有限公司
4285	深圳市财盈通科技有限公司
4286	深圳市锐拓节能有限公司
4287	深圳市赢时胜信息技术股份有限公司
4288	深圳思为科技有限公司
4289	深圳市朗坤五金制品有限公司
4290	深圳市蓝能世通电子有限公司
4291	深圳市乔本金刚石刀具有限公司
4292	深圳市康贝特电子有限公司
4293	深圳中集专用车有限公司
4294	深圳市有为环境科技有限公司
4295	深圳市天祥新材料有限公司
4296	深圳市鑫源力劲科技有限公司
4297	深圳市宏达鑫电脑配件有限公司
4298	深圳市赛宝伦科技有限公司
4299	深圳市万鹏达科技有限公司
4300	中航光电精密电子（深圳）有限公司
4301	深圳市同信光通讯科技有限公司
4302	禧图纸品印刷（深圳）有限公司
4303	深圳市世坤科技实业有限公司
4304	深圳市芝电能源科技有限公司
4305	吉浦斯信息咨询（深圳）有限公司
4306	深圳小美网络科技有限公司
4307	行云智能（深圳）技术有限公司
4308	深圳前海九慧金服科技有限公司
4309	深圳市金晨翔机械设备有限公司
4310	深圳市雁联计算系统有限公司
4311	深圳卡路里科技有限公司
4312	深圳市沃恒特电池有限公司
4313	深圳市赛尔生物技术有限公司
4314	深圳福能达空气与水科技发展有限公司
4315	深圳市十八度卓越科技有限公司
4316	深圳市浩视达科技有限公司
4317	深圳市鑫巨彩电子有限公司
4318	深圳市赛特标识牌设计制作有限公司
4319	深圳市凯赛电机有限公司

（续表）

序号	单位名称
4320	深圳市搜电科技发展有限公司
4321	深圳市芯智科技有限公司
4322	深圳市乐百特新材料技术有限公司
4323	深圳市盛弘电气股份有限公司
4324	深圳市普斯德光电有限公司
4325	深圳康雅生态环境有限公司
4326	深圳市鹏海运电子数据交换有限公司
4327	深圳市盈源丰机电科技有限公司
4328	深圳市驰名电机有限公司
4329	深圳益邦阳光有限公司
4330	深圳市益田科技有限公司
4331	深圳市富维赛科技有限公司
4332	深圳市艾尔依蒂照明电器有限公司
4333	深圳量子云科技有限公司
4334	深圳市迪安杰智能识别科技有限公司
4335	深圳市佳马钟表有限公司
4336	品上佳自行车（深圳）有限公司
4337	深圳市辛辰科技有限公司
4338	深圳市怡华兴电子有限公司
4339	深圳市向宇龙自动化设备有限公司
4340	深圳市环讯通科技有限公司
4341	深圳市珑文实业有限公司
4342	深圳市建筑科学研究院股份有限公司
4343	深圳市壹平台信息技术有限公司
4344	深圳市英视自动化科技有限公司
4345	奇酷互联网络科技（深圳）有限公司
4346	深圳市创百业科技有限公司
4347	深圳市宏联电路有限公司
4348	深圳市深邃科技有限公司
4349	深圳市讯茂科技有限公司
4350	深圳市华晨阳科技有限公司
4351	深圳市众智联合电子科技有限公司
4352	深圳市小间距光电有限公司
4353	深圳市乾锦电子科技有限公司
4354	深圳市智顺科技有限公司
4355	深圳市坤兴科技有限公司
4356	深圳市金众工程检验检测有限公司
4357	深圳昂瑞微电子技术有限公司
4358	深圳市益电通技术有限公司
4359	深圳市康凯威科技有限公司
4360	深圳市摩乐吉科技有限公司
4361	深圳市本顿科技有限公司
4362	新乐华家用电器（深圳）有限公司
4363	国民科技（深圳）有限公司
4364	深圳市领域实业有限公司
4365	深圳市富世达通讯有限公司
4366	誉威精工科技（深圳）有限公司
4367	深圳进化动力数码科技有限公司
4368	深圳市北诚自动化设备有限公司
4369	深圳市中图信息技术有限公司

（续表）

序号	单位名称
4370	深圳市赛尔美电子科技有限公司
4371	深圳市诚得信电子有限公司
4372	深圳市昱鑫共创科技发展有限公司
4373	深圳市亿联智能有限公司
4374	韩端科技（深圳）有限公司
4375	深圳市星鸿发眼镜框线科技有限公司
4376	深圳市科伟特科技有限公司
4377	深圳市中意兴运动用品有限公司
4378	深圳市毅宏光通信有限公司
4379	深圳泰山体育科技股份有限公司
4380	深圳市睿勤科技有限公司
4381	深圳健路网络科技有限责任公司
4382	深圳市奥特迅软件有限公司
4383	深圳市佳信新科技有限公司
4384	深圳市汉界智能工程有限公司
4385	深圳市新泽宇音响科技有限公司
4386	深圳市睿杰鑫电子有限公司
4387	深圳市马灵鼠电子科技有限公司
4388	深圳市行者机器人技术有限公司
4389	深圳市东美测量仪器有限公司
4390	深圳市竞争力教育科技有限公司
4391	深圳市佳音王科技股份有限公司
4392	深圳市天宁达胶粘技术有限公司
4393	中建四局第五建筑工程有限公司
4394	深圳市鸿辉达电子材料有限公司
4395	深圳市双新环保科技有限公司
4396	顺景园精密铸造（深圳）有限公司
4397	深圳无限能源科技有限公司
4398	深圳市泰量电子有限公司
4399	虎刺怕互联网服务（深圳）有限公司
4400	深圳市爱卡车联网技术有限公司
4401	深圳特发信息光纤有限公司
4402	深圳市新辉机电设备有限公司
4403	记忆科技（深圳）有限公司
4404	深圳蜂鸟创新科技服务有限公司
4405	深圳市智佳能自动化有限公司
4406	深圳市科莱昂科技有限公司
4407	深圳市瑞祥达电子有限公司
4408	深圳市卡默莱智能科技有限公司
4409	深圳心诺智造医疗有限公司
4410	博立码杰通讯（深圳）有限公司
4411	深圳市民达科技有限公司
4412	深圳市深讯科科技有限公司
4413	深圳纳弘熠岦光学科技有限公司
4414	深圳市再造文化发展有限公司
4415	深圳市玛斯电源有限公司
4416	深圳市金其美医疗器械有限公司
4417	深圳中大环保科技创新工程中心有限公司
4418	深圳市芯众云科技有限公司
4419	深圳市国电科技通信有限公司

（续表）

序号	单位名称
4420	深圳市贵锦科技有限公司
4421	深圳市亿盟塑胶模具有限公司
4422	深圳市腾荣欣科技发展有限公司
4423	深圳市惠和缘科技有限公司
4424	航天欧华信息技术有限公司
4425	深圳市晶族科技有限公司
4426	深圳市恩裳纺织品有限公司
4427	深圳航天科技创新研究院
4428	深圳市红树林环保科技有限公司
4429	深圳市瑞昇新能源科技有限公司
4430	深圳市中盛瑞达科技有限公司
4431	东洋通信技术（深圳）有限公司
4432	深圳市果酱时代科技有限公司
4433	深圳市泛玛科技有限公司
4434	深圳市正和仲泰精密五金有限公司
4435	深圳市信盛超硬精密技术有限公司
4436	深圳博士创新技术转移有限公司
4437	深圳市保途者科技有限公司
4438	深圳维度精密模具有限公司
4439	深圳市福乐沃光电科技有限公司
4440	深圳市觉度艺术设计顾问有限公司
4441	深圳市富拓姆精密科技有限公司
4442	深圳粤锭精机有限公司
4443	深圳市欧恩德技术有限公司
4444	深圳市协和诚电子有限公司
4445	深圳盈科达科技有限公司
4446	深圳市利谱信息技术有限公司
4447	深圳市德同兴电子有限公司
4448	深圳市华海威科技有限公司
4449	深圳市声光行科技发展有限公司
4450	深圳市鑫佳索科技有限公司
4451	格云特自动化科技（深圳）有限公司
4452	展讯通信（深圳）有限公司
4453	深圳七七元素科技有限公司
4454	全通智爱教育科技（深圳）有限公司
4455	深圳市佳和三英精密机械有限公司
4456	深圳市迈达普科技有限公司
4457	深圳市乐视播科技有限公司
4458	深圳市品为科技有限公司
4459	深圳市东兴丰电子有限公司
4460	深圳市铭瑞鑫五金制品有限公司
4461	深圳沃特检验技术有限公司
4462	深圳市志凌伟业技术股份有限公司
4463	深圳市中舟通信技术有限公司
4464	深圳市创自技术有限公司
4465	深圳市金耀辉科技有限公司
4466	深圳市杰准精密机械有限公司
4467	深圳市丞辉威世智能科技有限公司
4468	深圳市海络云计算机有限公司
4469	深圳市松茂电气有限公司

（续表）

序号	单位名称
4470	深圳市东升磁业有限公司
4471	深圳市惠程信息科技股份有限公司
4472	无限光通讯（深圳）有限公司
4473	深圳市宏晨宇科技有限公司
4474	稻兴科技（深圳）有限公司
4475	骏材（深圳）科技工程有限公司
4476	深圳艺博林科技模型设计有限公司
4477	深圳市联兆电子有限公司
4478	深圳市谛源光科有限公司
4479	深圳市绿洲彩虹机电科技有限公司
4480	深圳市嘉莹达电子有限公司
4481	深圳市新铭升激光设备有限公司
4482	深圳稳泰电声有限公司
4483	深圳市旭龙光电有限公司
4484	深圳市南科信息科技有限公司
4485	深圳市斯维尔科技股份有限公司
4486	深圳市民乐管业有限公司
4487	深圳市诚芯微科技有限公司
4488	瑞信塑胶电子（深圳）有限公司
4489	深圳双瑞环保能源科技有限公司
4490	富璟科技（深圳）有限公司
4491	深圳市景峻精密工业有限公司
4492	深圳市韩安特科技有限公司
4493	深圳市青柠互动科技开发有限公司
4494	深圳市阅影科技有限公司
4495	深圳中交安科技有限公司
4496	深圳市奥坤鑫科技有限公司
4497	深圳市众信嘉禾电子科技发展有限公司
4498	深圳睿云智合科技有限公司
4499	深圳市豪恩声学股份有限公司
4500	深圳市嘉冠塑胶制品有限公司
4501	深圳市博奥特智能科技有限公司
4502	深圳市嘉联激光有限公司
4503	深圳联合水产发展有限公司
4504	深圳市美格信测控技术有限公司
4505	深圳市光科数字科技有限公司
4506	深圳店匠科技有限公司
4507	深圳市中天潜水装备有限公司
4508	深圳市综科食品智能装备有限公司
4509	深圳市新都丰电子有限公司
4510	深圳采集云数据科技有限公司
4511	深圳康元智能科技有限公司
4512	深圳木头科技有限公司
4513	深圳市金版文化发展股份有限公司
4514	深圳市元道通信技术有限公司
4515	深圳市鑫恩拓科技有限公司
4516	深圳市中电电力技术股份有限公司
4517	深圳市财富趋势科技股份有限公司
4518	深圳波而特电子科技有限公司
4519	深圳超多维科技有限公司

（续表）

序号	单位名称
4520	深圳格诺致锦科技发展有限公司
4521	深圳市极致兴通科技有限公司
4522	太阳高新技术（深圳）有限公司
4523	深圳市同进共赢科技有限公司
4524	深圳市车易泊技术股份有限公司
4525	深圳市诠云科技有限公司
4526	深圳市联华懿盛实业有限公司
4527	深圳市富篷泰科技有限公司
4528	深圳市大族电机科技有限公司
4529	深圳聚星创想财税科技有限公司
4530	深圳市点绿科技有限公司
4531	深圳市国硕宏电子有限公司
4532	深圳掌智付信息科技有限公司
4533	深圳海途乐科技有限公司
4534	深圳市北美通科技有限公司
4535	深圳市深汕特别合作区威可特熔断器有限公司
4536	深圳市传代金文化有限公司
4537	深圳市国扬通讯有限公司
4538	深圳市信泰工业自动化设备有限公司
4539	深圳市德才科技有限公司
4540	深圳市南锐电气技术有限公司
4541	深圳市图敏智能视频股份有限公司
4542	深圳市海斯科技有限公司
4543	深圳市和盈互联科技有限公司
4544	深圳市金宸精密机械有限公司
4545	深圳市现代牛仔科技有限公司
4546	深圳汉华工业数码设备有限公司
4547	竞华电子（深圳）有限公司
4548	深圳威讯电子有限公司
4549	深圳市迅捷光通科技有限公司
4550	深圳市龙海环宇自动化有限公司
4551	深圳市优耐尔电子科技有限公司
4552	深圳市橙视科技发展有限公司
4553	深圳市腾阁机电实业有限公司
4554	深圳市纽斯威科技有限公司
4555	晶门科技（深圳）有限公司
4556	深圳市博安达信息技术股份有限公司
4557	深圳市环阳通信息技术有限公司
4558	深圳市原速光电科技有限公司
4559	深圳承轩浩业科技发展有限公司
4560	深圳市百思泰科技有限公司
4561	深圳市裕惟兴电子有限公司
4562	深圳泛光科技有限公司
4563	深圳兆鼎科技有限公司
4564	深圳市创盈达电子有限公司
4565	深圳创动科技有限公司
4566	深圳市深海瑞格科技有限公司
4567	深圳盗梦信息科技有限公司
4568	深圳超俊科技有限公司
4569	深圳市金奥博科技股份有限公司

（续表）

序号	单位名称
4570	深圳市韵蓝科技有限公司
4571	深圳奥哲网络科技有限公司
4572	深圳市格金电力电子技术有限公司
4573	广东易百珑智能科技有限公司
4574	深圳蒙发利科技有限公司
4575	深圳恩楷电子科技有限公司
4576	德章电子技术（深圳）有限公司
4577	深圳市三辰科技有限公司
4578	深圳市中鹏电子有限公司
4579	深圳市亮键电子科技有限公司
4580	深圳市长勘勘察设计有限公司
4581	深圳市欣宏亚电子股份有限公司
4582	深圳卓锐思创科技有限公司
4583	深圳市荣盛时尚科技有限公司
4584	深圳市金旺达机电有限公司
4585	深圳市森棋印刷有限公司
4586	比瑞科技（深圳）有限公司
4587	强中航（深圳）科技有限公司
4588	深圳市鼎鸿跃科技有限公司
4589	深圳索信达数据技术有限公司
4590	光大水务（深圳）有限公司
4591	深圳市威文科技有限公司
4592	深圳市寒武纪智能科技有限公司
4593	深圳市亚达明科技有限公司
4594	深圳市深华世纪科技有限公司
4595	平显智能装备（深圳）有限责任公司
4596	深圳市恒大模具有限公司
4597	深圳派立通科技有限公司
4598	深圳市伟哲自动化机械有限公司
4599	全芯科微电子科技（深圳）有限公司
4600	深圳市宇亿鑫照明科技有限公司
4601	深圳市博鑫电路科技有限公司
4602	深圳市卓翼科技股份有限公司
4603	深圳市联影医疗数据服务有限公司
4604	深圳市鑫王牌科技发展有限公司
4605	维嘉塑胶制品（深圳）有限公司
4606	深圳市莱莉雅环保科技有限公司
4607	深圳市鑫精工平衡机有限公司
4608	深圳市众一贸泰电路板有限公司
4609	深圳市云图华祥科技有限公司
4610	深圳市泛联科技有限公司
4611	深圳市正锋光电有限公司
4612	深圳市光大激光科技股份有限公司
4613	深圳市巨龙兄弟实业有限公司
4614	深圳市优购时代科技有限公司
4615	深圳市力沃信息科技有限公司
4616	深圳市智水小荷技术有限公司
4617	深圳市燎原玻璃有限公司
4618	天利航空科技深圳有限公司
4619	深圳游禧科技有限公司

（续表）

序号	单位名称
4620	深圳市炜煌打印机有限公司
4621	深圳小悠娱乐科技有限公司
4622	深圳凯世光研股份有限公司
4623	深圳市得信宇机电设备有限公司
4624	深圳市众恒世讯科技股份有限公司
4625	深圳市晨鑫达电子有限公司
4626	深圳市万通光电科技有限公司
4627	深圳路迪网络有限公司
4628	深圳兆龙印刷机械有限公司
4629	深圳市金钻锐帆五金制品有限公司
4630	深圳市创维群欣安防科技股份有限公司
4631	枫烨（深圳）科技有限公司
4632	深圳市泰宇电源有限公司
4633	深圳市广利达精密机械有限公司
4634	深圳市易尚展示股份有限公司
4635	深圳市微正电子科技开发有限公司
4636	深圳市金致卓科技有限公司
4637	深圳市亿诚发科技有限公司
4638	深圳市金谷园实业发展有限公司
4639	深圳市中联讯科技有限公司
4640	深圳市众航物联网有限公司
4641	深圳市广厦科技有限公司
4642	深圳市联创杰科技有限公司
4643	深圳市天麟精密科技有限公司
4644	深圳华大基因软件技术有限公司
4645	深圳市宏利超显光电科技有限公司
4646	深圳鼎盛电脑科技有限公司
4647	深圳市特发信息股份有限公司
4648	深圳市宏顺达塑胶制品有限公司
4649	深圳市艾德尔健康发展有限公司
4650	深圳市安奈儿研发设计有限公司
4651	深圳富创通科技有限公司
4652	深圳市维超智能科技有限公司
4653	深圳泽惠通通讯技术有限公司
4654	深圳市鸿伟源科技有限公司
4655	深圳市兴华台手写科技有限公司
4656	高盈量化云科技（深圳）有限公司
4657	深圳市客路网络科技有限公司
4658	深圳市必提学院教育科技有限公司
4659	深圳比途科技有限公司
4660	深圳市和至智能科技有限公司
4661	深圳市广立进科技有限公司
4662	深圳多诺信息科技有限公司
4663	深圳市拓日新能源科技股份有限公司
4664	深圳市南瑞华腾新能源有限公司
4665	深圳市纳泽光电有限公司
4666	深圳市明南电子有限公司
4667	深圳市思特佳图科技有限公司
4668	深圳迈瑞生物医疗电子股份有限公司
4669	深圳海视博专显科技有限公司

（续表）

序号	单位名称
4670	深圳市合正汽车电子有限公司
4671	深圳市企辉科技有限公司
4672	雪华铃家用电器（深圳）有限公司
4673	深圳市彩煌热电科技有限公司
4674	深圳市安之眼科技有限公司
4675	深圳市兆通影视科技有限公司
4676	深圳市春秋云计算信息技术有限公司
4677	深圳市信浩智能技术有限公司
4678	深圳市中科计算机软件技术有限责任公司
4679	深圳市媒讯云峰科技有限公司
4680	深圳市未来智能技术服务有限公司
4681	深圳市奥金瑞科技有限公司
4682	深圳市鑫鸿发环保设备有限公司
4683	深圳市讯鹏科技有限公司
4684	深圳市金盛鑫科技有限公司
4685	中电瑞华（深圳）电子科技有限公司
4686	深圳市飞帆五金电子有限公司
4687	深圳市嘉兆鸿电子有限公司
4688	深圳市星耀蓝图科技有限公司
4689	深圳市欣安博电子开发科技有限公司
4690	深圳市科斯福科技有限公司
4691	深圳市伍曦设计顾问有限公司
4692	深圳英伦科技股份有限公司
4693	深圳市前海弘程游戏有限公司
4694	深圳中建院建筑科技有限公司
4695	深圳文思海辉信息技术有限公司
4696	深圳市爱路恩济能源技术有限公司
4697	深圳市国显科技有限公司
4698	深圳市发蒲鑫塑胶模具有限公司
4699	深圳市惟拓力医疗电子有限公司
4700	深圳市奕豪科技有限公司
4701	深圳市大疆灵眸科技有限公司
4702	深圳中科强华低成本健康科技有限公司
4703	深圳市鹏亿发精密模具有限公司
4704	深圳市威尔电器有限公司
4705	海信电子科技（深圳）有限公司
4706	维谛技术有限公司
4707	深圳市邦钰机电设备有限公司
4708	深圳市海振邦科技实业有限公司
4709	深圳市朗奥洁净科技股份有限公司
4710	深圳多备特信息科技有限公司
4711	深圳市耀亮科技有限公司
4712	深圳市恒科翔电子科技有限公司
4713	深圳市赛盈地脉技术有限公司
4714	深圳市威特利电源有限公司
4715	深圳市鑫盛联电路板有限公司
4716	深圳市泰能新材料有限公司
4717	深圳市卓睿通信技术有限公司
4718	深圳市美亚迪光电有限公司
4719	深圳市振雄模具配件有限公司

（续表）

序号	单位名称
4720	中兴通讯股份有限公司
4721	深圳市海斯比海洋科技股份有限公司
4722	深圳市和鑫晟科技有限公司
4723	深圳普赢创新科技股份有限公司
4724	深圳市真迈生物科技有限公司
4725	深圳市稳勤科技有限公司
4726	深圳市晟视科技有限公司
4727	深圳名彩智能卡有限公司
4728	深圳安软信创技术有限公司
4729	深圳市中盛泰实业股份有限公司
4730	深圳市易维鹰途科技有限公司
4731	新拓三维技术（深圳）有限公司
4732	深圳市鑫东邦科技有限公司
4733	深圳市瑞安医疗服务有限公司
4734	深圳市好写科技有限公司
4735	深圳市瑞锋仪器有限公司
4736	深圳市宏济医疗技术开发有限公司
4737	钜冠协创（深圳）科技有限公司
4738	深圳市索沃思数码有限公司
4739	鑫满达电路（深圳）有限公司
4740	深圳市斯纳达科技有限公司
4741	深圳光大同创新材料有限公司
4742	深圳市创锐芯电子有限公司
4743	深圳市恩逸新能源有限公司
4744	深圳市上融科技有限公司
4745	深圳翎翔设备有限公司
4746	深圳市云房网络科技有限公司
4747	优业电子（深圳）有限公司
4748	众鼎瑞展电子科技（深圳）有限公司
4749	深圳市云杉医疗管理有限公司
4750	施达沃防火科技（深圳）有限公司
4751	深圳市沅欣智能科技有限公司
4752	深圳市安格斯机械有限公司
4753	深圳市百川粉末冶金有限公司
4754	深圳奥比中光科技有限公司
4755	深圳市骏丰模具有限公司
4756	深圳市汇业达通讯技术有限公司
4757	深圳唯特智能技术有限公司
4758	深圳市洛沃克科技有限公司
4759	深圳市永旭兴业科技有限公司
4760	深圳市中燃科技有限公司
4761	深圳市小牛测控技术有限公司
4762	深圳市侨柏科技有限公司
4763	亮马铝业（深圳）有限公司
4764	深圳市玮发科技有限公司
4765	深圳市凯奥模具技术有限公司
4766	深圳市金明伟激光工艺有限公司
4767	深圳市科伟达超声波设备有限公司
4768	深圳市思迅网络科技有限公司
4769	深圳市嘉泰智慧科技有限公司

（续表）

序号	单位名称
4770	深圳市天兴恒塑胶电子科技有限公司
4771	深圳中琛源科技股份有限公司
4772	深圳市新浩科技有限公司
4773	深圳市汉科电子股份有限公司
4774	深圳劲芯微电子有限公司
4775	深圳市天佑照明有限公司
4776	深圳市腾城科技有限公司
4777	深圳市普威迅科技有限公司
4778	深圳市唐彩照明科技有限公司
4779	深圳票联金融服务有限公司
4780	深圳市阿科奇电子科技有限公司
4781	深圳鑫茂新能源技术有限公司
4782	深圳世纪稳特电子有限公司
4783	深圳市旭日高新科技有限公司
4784	深圳市宇飞鸿电子科技有限公司
4785	诺尔医疗（深圳）有限公司
4786	深圳市正元利电子有限公司
4787	深圳市南航电子工业有限公司
4788	深圳市迦南伟业科技有限公司
4789	深圳市雷赛智能控制股份有限公司
4790	深圳市欧凯电路有限公司
4791	珈伟新能源股份有限公司
4792	深圳欣强智创电路板有限公司
4793	深圳市盛装科技有限公司
4794	深圳市艾美龙科技有限公司
4795	深圳市永康达电子科技有限公司
4796	深圳市泽迪科技有限公司
4797	深圳市泽视达科技发展有限公司
4798	深圳市开工科技有限公司
4799	深圳市鸿锐达科技有限公司
4800	深圳中幼星睿科技有限公司
4801	深圳市深九龙科技有限公司
4802	深圳市华诚设计开发有限公司
4803	深圳华拓明通科技有限公司
4804	深圳市国祯环保科技股份有限公司
4805	深圳市本荣科技有限公司
4806	深圳市百果互动科技有限公司
4807	深圳市方中天网络技术有限公司
4808	深圳云天励飞技术股份有限公司
4809	深圳市诚电科技有限公司
4810	深圳市汇川控制技术有限公司
4811	科锐精密工业（深圳）有限公司
4812	深圳市一九智能电子科技有限公司
4813	深圳市立可自动化设备有限公司
4814	深圳市零次方空间设计有限公司
4815	深圳怡化电脑股份有限公司
4816	深圳市申凯电子有限公司
4817	深圳市大族光电设备有限公司
4818	深圳市穗彩科技开发有限公司
4819	深圳市必事达电子有限公司

（续表）

序号	单位名称
4820	深圳市清泉水业股份有限公司
4821	深圳铮铭科技有限公司
4822	深圳市乐航智能科技有限公司
4823	肯特智能技术（深圳）股份有限公司
4824	深圳市世和安全技术咨询有限公司
4825	深圳市碧海扬帆科技有限公司
4826	深圳三十一室内设计有限公司
4827	深圳市正道公路工程有限公司
4828	深圳润华建安工程有限公司
4829	深圳市昌誉金属科技有限公司
4830	广东天源环境科技有限公司
4831	深圳沃顿科技有限公司
4832	深圳华通威国际检验有限公司
4833	深圳市壹零壹精密设备有限公司
4834	深圳市纳宏光电技术有限公司
4835	深圳市销邦锋度科技有限公司
4836	深圳市华普教育科技有限公司
4837	深圳市超盟金服技术信息服务有限公司
4838	深圳市好利时实业有限公司
4839	深圳市壹品光电有限公司
4840	深圳市汉普智造科技有限公司
4841	深圳市摩尔森电子有限公司
4842	深圳瑞欧光技术有限公司
4843	深圳市鑫祥诚科技有限公司
4844	深圳市国腾盛华电子有限公司
4845	广东创辉鑫材科技股份有限公司
4846	深圳市红光城实业有限公司
4847	深圳前海蓝莓文化传播有限公司
4848	深圳市商德先进陶瓷股份有限公司
4849	深圳市鸿裕达半导体有限公司
4850	深圳市前海恒道智融信息技术有限公司
4851	阿里巴巴（深圳）技术有限公司
4852	深圳市旭日熵能新能源有限公司
4853	深圳市凯日一电子有限公司
4854	风纹物联（深圳）技术有限公司
4855	深圳市鑫华邦科技有限公司
4856	深圳市迩立信息科技有限公司
4857	深圳市因达尔科技有限公司
4858	深圳市普特斯科技有限公司
4859	凯润银科信息技术（深圳）有限公司
4860	深圳给乐信息科技有限公司
4861	毅华盛世科技（深圳）有限公司
4862	深圳市鹏讯网络科技有限公司
4863	深圳市晶进科技有限公司
4864	深圳市祺升箱包制品有限公司
4865	深圳市优一像电子有限公司
4866	深圳市利烨包装设计有限公司
4867	宇星科技发展（深圳）有限公司
4868	深圳市九品科技有限公司
4869	深圳市华阳通达精密机械有限公司

（续表）

序号	单位名称
4870	深圳特斯麦特仪器设备有限公司
4871	深圳市森盈生物科技有限公司
4872	深圳柔宇显示技术有限公司
4873	深圳市深铭易购商务有限公司
4874	深圳码隆科技有限公司
4875	深圳市数帝网络科技有限公司
4876	深圳市富高康电子有限公司
4877	深圳市龙强精密工业有限公司
4878	深圳汇生通科技股份有限公司
4879	深圳摩尔声学科技有限公司
4880	深圳市盛世基业物联网有限公司
4881	深圳市富安软件开发有限公司
4882	扬宇富机械制造（深圳）有限公司
4883	深圳市源创鑫环保科技有限公司
4884	广东未来科技有限公司
4885	深圳市道通科技股份有限公司
4886	深圳市力马微科技有限公司
4887	深圳晶芯半导体封测有限公司
4888	深圳市康晶达光电技术有限公司
4889	深圳市海邻科信息技术有限公司
4890	深圳徕科技术有限公司
4891	深圳市迈腾电子有限公司
4892	深圳山田电器有限公司
4893	深圳市海创嘉科技有限公司
4894	深圳市康达深害虫防治有限公司
4895	深圳市联软科技股份有限公司
4896	深圳市同进视讯技术有限公司
4897	深圳市百泉河实业有限公司
4898	深圳市思博威激光科技有限公司
4899	深圳市翔虹生态科技有限公司
4900	深圳市众联思创电子科技有限公司
4901	深圳玩智商科技有限公司
4902	深圳华熙环境建设有限公司
4903	深圳市倍耐德材料科技有限公司
4904	深圳博沃智慧科技有限公司
4905	深圳市科盈通电子科技有限公司
4906	中建科技（深汕特别合作区）有限公司
4907	深圳市利宏伟实业有限公司
4908	创想智控科技（深圳）有限公司
4909	深圳市芯澜电子技术有限公司
4910	中广核研究院有限公司
4911	深圳市鼎尔泰科技有限公司
4912	深圳市绿色半导体照明有限公司
4913	深圳市杰深科技有限公司
4914	深圳炎泰丰华科技有限公司
4915	深圳市申瑞达科技有限公司
4916	深圳市纳林科技有限公司
4917	深圳市海适科技有限责任公司
4918	深圳市华科精密组件有限公司
4919	润木机器人（深圳）有限公司

（续表）

序号	单位名称
4920	深圳市中深创客信息咨询有限公司
4921	深圳市金安达科技有限公司
4922	深圳贯虹自动化有限公司
4923	深圳市高福科技有限公司
4924	睿魔智能科技（深圳）有限公司
4925	深圳市全星创展科技有限公司
4926	深圳锐迪森光电有限公司
4927	深圳市斯博恩电气自动化有限公司
4928	深圳市霆宝科技有限公司
4929	深圳市绿源坊园林花卉有限公司
4930	深圳市丰瑞德机电技术有限公司
4931	邦彦技术股份有限公司
4932	深圳市今日投资数据科技有限公司
4933	深圳市粤瓷电子科技有限公司
4934	深圳市中行建设工程顾问有限公司
4935	深圳市三瑞电源有限公司
4936	深圳数拓科技有限公司
4937	深圳市永裕光电有限公司
4938	深圳奥拦科技有限责任公司
4939	恒达精密制造（深圳）有限公司
4940	深圳拓美中电科技有限公司
4941	深圳市日之邦电子有限公司
4942	香港华艺设计顾问（深圳）有限公司
4943	深圳市富安娜家居用品股份有限公司
4944	深圳嘉源锐信管理软件有限公司
4945	深圳市广利佳电子有限公司
4946	深圳中富电路股份有限公司
4947	深圳市新联恒达科技有限公司
4948	深圳市华伟兴实业有限公司
4949	深圳宝铭微电子有限公司
4950	深圳市安浩芯科技有限公司
4951	深圳清清视界眼科产品有限公司
4952	深圳市工匠自动化设备有限公司
4953	深圳市德宇鑫科技有限公司
4954	深圳市风发科技发展有限公司
4955	深圳华容伟业电子有限公司
4956	深圳市锐视明科技有限公司
4957	深圳市宝佳精科照明有限公司
4958	深圳市深圳通电子商务有限公司
4959	深圳市捷为科技有限公司
4960	深圳市玖诺通信技术有限责任公司
4961	深圳市史迪安电子科技有限公司
4962	深圳市强信达电子有限公司
4963	香江精密（深圳）有限公司
4964	深圳市喆兴塑胶电子有限公司
4965	深圳优克云联科技有限公司
4966	深圳永清水务有限责任公司
4967	深圳市企鹅网络科技有限公司
4968	深圳市安软慧视科技有限公司
4969	深圳市梓晶微科技有限公司

（续表）

序号	单位名称
4970	深圳市源启智能科技有限公司
4971	深圳市华兴鼎盛科技有限公司
4972	深圳市优讯信息技术有限公司
4973	中信海洋直升机股份有限公司
4974	深圳创纪城网络科技有限公司
4975	深圳市环源科技发展有限公司
4976	深圳市诺飞科技开发有限公司
4977	深圳创硕光业科技有限公司
4978	深圳微点生物技术股份有限公司
4979	深圳市兴汇达科技有限公司
4980	深圳市新一代信息技术研究院有限公司
4981	深圳市华鑫热能科技有限公司
4982	爱讯达科技（深圳）有限公司
4983	深圳市保身欣科技电子有限公司
4984	深圳虹望奈喜美电器有限公司
4985	深圳市键创辉煌电子科技有限公司
4986	深圳市盛利科创精密科技有限公司
4987	深圳市鑫麟钰鼎科技有限公司
4988	深圳市瑞迪兴智能科技有限公司
4989	深圳市骏普科技开发有限公司
4990	深圳市弗赛特科技股份有限公司
4991	深圳市镱豪金属有限公司
4992	深圳市泰格运控科技有限公司
4993	果尔佳建筑产业有限公司
4994	深圳市长坤科技有限公司
4995	深圳市绿恩环保技术有限公司
4996	深圳鸿祥源科技有限公司
4997	深圳市优品投资顾问有限公司
4998	深圳市新乡弘科技有限公司
4999	深圳睿世达信息科技有限公司
5000	深圳固邦科技有限公司
5001	深圳华瑞物联科技有限公司
5002	深圳信瓷科技有限公司
5003	深圳市力合天高科技有限公司
5004	深圳市道通智能航空技术有限公司
5005	深圳市小糯米科技有限公司
5006	深圳市鑫银华机械有限公司
5007	深圳英智源智能系统有限公司
5008	深圳美工源塑胶模具有限公司
5009	中微半导体（深圳）股份有限公司
5010	深圳市红阳光能源技术有限公司
5011	深圳市众铭安科技有限公司
5012	深圳市天道医药有限公司
5013	比亚迪通信信号有限公司
5014	深圳市安浩瑞和电子有限公司
5015	深圳市盛海信息服务有限公司
5016	深圳市睿能技术服务有限公司
5017	深圳市银达通科技有限公司
5018	深圳市车安科技发展有限公司
5019	深圳市志康科技有限公司

（续表）

序号	单位名称
5020	深圳市天瑞祥宇电子有限公司
5021	深圳市华海同创科技有限公司
5022	深圳市巍特环境科技股份有限公司
5023	深圳市尚为伟业有限公司
5024	深圳英飞拓科技股份有限公司
5025	深圳市超捷电子有限公司
5026	深圳市仟仪科技有限公司
5027	深圳市不见不散电子有限公司
5028	深圳小海豚医药科技有限公司
5029	浪尖设计集团有限公司
5030	深圳市鸿荣兴科技有限公司
5031	普顿流体技术（深圳）有限公司
5032	深圳市科颂科技有限公司
5033	深圳市圭石南方科技发展有限公司
5034	深圳市鸿展通科技有限公司
5035	深圳市盈达顺科技有限公司
5036	深圳市智展电子有限公司
5037	深圳市维力谷无线技术股份有限公司
5038	百度国际科技（深圳）有限公司
5039	深圳市三联众瑞科技有限公司
5040	深圳市思强光电有限公司
5041	中芯国际集成电路制造（深圳）有限公司
5042	深圳市特普科电子设备有限公司
5043	深圳市深瑞墨烯科技有限公司
5044	深圳市卓科光电有限公司
5045	深圳市原图光电科技有限公司
5046	深圳市斯贝达电子有限公司
5047	深圳逗点生物技术有限公司
5048	深圳市红岩电控设备有限公司
5049	深圳市创一显示科技有限公司
5050	深圳市华浩德电子有限公司
5051	深圳市车安达汽保设备有限公司
5052	深圳攀瑞科技有限公司
5053	深圳市领德辉科技有限公司
5054	深圳市格亮特光电科技有限公司
5055	深圳市久实电子实业有限公司
5056	深圳爱立德永盛科技有限公司
5057	深圳市前海荣群铝业科技有限公司
5058	深圳市雅顿空调设备有限公司
5059	深圳市意大斯智能卫浴洁具科技有限公司
5060	深圳市智联云网科技有限公司
5061	深圳华制智能制造技术有限公司
5062	深圳市沃尔核材股份有限公司
5063	深圳市中正天科技有限公司
5064	深圳市蓝海永兴实业有限公司
5065	永进电镀（深圳）有限公司
5066	深圳市集大自动化有限公司
5067	大族激光科技产业集团股份有限公司
5068	深圳华大临床检验中心
5069	贝特瑞新材料集团股份有限公司

（续表）

序号	单位名称
5070	深圳市华尚诚智能科技工程有限公司
5071	深圳市东拓硅胶科技有限公司
5072	深圳市迈进科技有限公司
5073	深圳市灵韵先锋科技有限公司
5074	深圳市信合达数码有限公司
5075	深圳市众创立科技有限公司
5076	深圳市宏泰达科技有限公司
5077	深圳市铭德自动化设备有限公司
5078	深圳通锐微电子技术有限公司
5079	深圳市星辰雨科技有限公司
5080	深圳粤牛科技有限公司
5081	深圳市光兴创科技有限公司
5082	深圳市胜康电子科技有限公司
5083	深圳微伴生物有限公司
5084	深圳麦逊电子有限公司
5085	深圳市拓展光电有限公司
5086	深圳北斗应用技术研究院有限公司
5087	深圳市博巨兴微电子科技有限公司
5088	深圳久凌软件技术有限公司
5089	深圳市旭东金鑫科技有限公司
5090	深圳市派康科技有限公司
5091	深圳市富鑫精密科技有限公司
5092	深圳市纳泽科技有限公司
5093	气派科技股份有限公司
5094	深圳市宜丽环保科技股份有限公司
5095	铁汉山艺环境建设有限公司
5096	深圳市瓦力自动化有限公司
5097	深圳市朗硕科技有限公司
5098	剑科云智（深圳）科技有限公司
5099	广东百事泰医疗器械股份有限公司
5100	深圳龙源精造建设集团有限公司
5101	深圳市福瑞联电子有限公司
5102	深圳市沃鹏机械设备有限公司
5103	深圳市凯瑞奇自动化技术有限公司
5104	深圳市多友机械制品有限公司
5105	深圳市英捷特喷码设备有限公司
5106	深圳市凯思特医疗科技股份有限公司
5107	深圳中网讯通技术有限公司
5108	深圳市喂车科技有限公司
5109	深圳市中联宇航科技有限公司
5110	深圳市众平机电有限公司
5111	深圳市易准数控系统有限公司
5112	深圳诚和电子实业有限公司
5113	深圳市恒顺合鑫科技有限公司
5114	深圳市恒立泰科技有限公司
5115	深圳仕泽医疗器械有限公司
5116	深圳市众志自动化设备有限公司
5117	中审（深圳）认证有限公司
5118	深圳市柠檬光子科技有限公司
5119	深圳市华夏七彩科技有限公司

（续表）

序号	单位名称
5120	深圳市乐迈科技有限公司
5121	深圳市科汇兴科技有限公司
5122	深圳普门信息技术有限公司
5123	深圳市创艺智能门窗科技有限公司
5124	深圳市宏盛佳电子设备有限公司
5125	深圳市协创鑫智能装备有限公司
5126	深圳市敏佳捷自动化科技有限公司
5127	深圳德蓝生态环境有限公司
5128	广东安普迪康电气技术有限公司
5129	深圳市泓铭电气有限公司
5130	深圳市翼慧通科技有限公司
5131	深圳市宁和科技有限公司
5132	深圳市优莱特新材料科技有限公司
5133	埃克斯工业（广东）有限公司
5134	深圳市星嘉艺纸艺有限公司
5135	深圳市致道景观有限公司
5136	广东省恒博信息有限公司
5137	深圳市优杰特光电有限责任公司
5138	深圳市畅视通信息技术有限公司
5139	深圳市耐斯特能源科技有限公司
5140	深圳市行之成电子有限公司
5141	深圳市西思特科技有限公司
5142	深圳海安胜智能股份有限公司
5143	深圳市鑫合发机械设备有限公司
5144	深圳市高捷力科技有限公司
5145	深圳市宝荣兴塑胶电子有限公司
5146	深圳市畅享玩科技有限公司
5147	深圳市智杰芯科技有限公司
5148	深圳市小柠檬教育科技有限公司
5149	深圳市德明微电子有限公司
5150	深圳市龙辉腾科技有限公司
5151	深圳市宜诺自动化设备有限公司
5152	深圳市贝斯达医疗股份有限公司
5153	深圳芯邦科技股份有限公司
5154	深圳市骏辉腾科技有限公司
5155	光大绿色环保管理（深圳）有限公司
5156	深圳市比斯坦科技有限公司
5157	深圳市凯佳达智能显示有限公司
5158	深圳市恒瑞兴自动化设备有限公司
5159	深圳市春晖信档案技术服务有限公司
5160	深圳市爱贝科精密机械有限公司
5161	深圳西文科技发展有限公司
5162	深圳市明瞳视光科技有限公司
5163	深圳中科优瑞医疗科技有限公司
5164	深圳市华艺阳光装饰设计工程有限公司
5165	深圳豪达尔机械有限公司
5166	深圳市源清环境技术服务有限公司
5167	深圳莱必德科技股份有限公司
5168	深圳市健云互联科技有限公司
5169	深圳市利万家智能技术有限公司

（续表）

序号	单位名称
5170	深圳市耀德科技股份有限公司
5171	深圳市铠硕达科技有限公司
5172	深圳市卡的智能科技有限公司
5173	深圳大道半导体有限公司
5174	深圳市易捷通光电技术有限公司
5175	深圳市光聚通讯技术开发有限公司
5176	深圳市程捷模架科技有限公司
5177	深圳市方圆环保科技有限公司
5178	深圳市智达保温技术有限公司
5179	深圳市大白菜科技有限公司
5180	深圳市禾望电气股份有限公司
5181	深圳市德懋塑胶有限公司
5182	深圳市守卫者智能科技有限公司
5183	深圳羽声电子有限公司
5184	深圳市维尔晶科技有限公司
5185	深圳市鑫佳伟科技有限公司
5186	深圳市迅雷网络技术有限公司
5187	深圳市量为科技有限公司
5188	深圳市科维新光电科技有限公司
5189	深圳市秦通科技有限公司
5190	深圳市裕丰精密科技有限公司
5191	深圳市策维软件技术有限公司
5192	深圳市乐讯科技有限公司
5193	深圳市伟创源科技有限公司
5194	深圳市大百汇技术有限公司
5195	深圳市恒成微科技有限公司
5196	深圳市玉沣科技有限公司
5197	深圳市思拓通信系统有限公司
5198	深圳市鑫宇欣电子有限公司
5199	深圳市证通云计算有限公司
5200	深圳市鸿发鑫科技有限公司
5201	深圳市诺亚环球景观规划有限公司
5202	深圳市赛卓塑业有限公司
5203	深圳市格林威电子有限公司
5204	深圳深宝电器仪表有限公司
5205	深圳市意普兴科技有限公司
5206	深圳市创基真空科技有限公司
5207	深圳恒方大高分子材料科技有限公司
5208	新纬科技（深圳）有限公司
5209	深圳市恒光通科技有限公司
5210	深圳市奇鹏茂业电子有限公司
5211	深圳市华美绿生态环境集团有限公司
5212	深圳市非常聚成科技有限公司
5213	擎茂微电子（深圳）有限公司
5214	深圳智汇创想科技有限责任公司
5215	深圳市轻松到家科技股份有限公司
5216	深圳市赢诺科技有限公司
5217	深圳市国盛电业发展有限公司
5218	深圳市诚捷机械配件有限公司
5219	深圳市优百特光电有限公司
5220	深圳市赢合技术有限公司
5221	深圳市大族元亨光电股份有限公司
5222	深圳市格雷特通讯科技有限公司
5223	深圳市中荣煜建筑工程有限公司
5224	深圳市浩宝技术有限公司
5225	深圳正宇视讯科技有限公司
5226	深圳市新鸿镁医疗器械有限公司
5227	深圳市长盛迅兴精密组件有限公司
5228	深圳市一点帮科技有限公司
5229	深圳前海三和共创实业有限公司
5230	深圳市矩阵多元科技有限公司
5231	深圳市汉派科技有限公司
5232	深圳市裕丰隆金属材料有限公司
5233	深圳市奥成仪器科技有限公司
5234	深圳市兴通物联科技有限公司
5235	广钢气体（深圳）有限公司
5236	深圳市赛思永盛科技有限公司
5237	深圳市逸马科技有限公司
5238	深圳市迈瑞德电子有限公司
5239	深圳前海橙色魔方信息技术有限公司
5240	深圳地大环境科技有限公司
5241	深圳市百冠电池有限公司
5242	深圳市致历宝牙科配制有限公司
5243	深圳市赛维显示技术有限公司
5244	深圳市驰创达科技有限公司
5245	深圳市鸿图骏达科技有限公司
5246	深圳威迈斯软件有限公司
5247	深圳市台技光电有限公司
5248	深圳市鑫浩客电子科技有限公司
5249	深圳市新博电科技开发有限公司
5250	深圳市思达仪表有限公司
5251	深圳市浩川自动化技术有限公司
5252	中建四局土木工程有限公司
5253	深圳市添力越科技有限公司
5254	路华置富电子（深圳）有限公司
5255	深圳市华力特电气有限公司
5256	深圳市劲力思特科技有限公司
5257	深圳市优博讯科技股份有限公司
5258	深圳市腾龙源实业有限公司
5259	深圳市自易通科技有限公司
5260	深圳市永霖科技有限公司
5261	深圳华聚创芯科技有限公司
5262	深圳市名思展示设计工程有限公司
5263	深圳前海沃尔科技有限公司
5264	德恩照明（深圳）有限公司
5265	深圳市循州电子科技有限公司
5266	深圳市创思德科技有限公司
5267	深圳市普新环境资源技术有限公司
5268	深圳市优瑞电子有限公司
5269	深圳市和胜金属技术有限公司
5270	钛深科技（深圳）有限公司
5271	深圳市摩码科技有限公司
5272	意迈事牙科（深圳）有限公司
5273	深圳市九州星河科技有限公司
5274	深圳市福摩索金属制品有限公司
5275	深圳市绿大科技有限公司
5276	深圳市冠旭电子股份有限公司
5277	深圳市慧通关网络科技有限公司
5278	深圳市奥莱德电子有限公司
5279	深圳市昌豪微电子有限公司
5280	深圳市万通网通信技术有限公司
5281	特斯汀豪斯科技（深圳）有限公司
5282	星星精密科技（深圳）有限公司
5283	深圳市巨能光电有限公司
5284	欣旺达电子股份有限公司
5285	深圳市翰博景观及建筑规划设计有限公司
5286	深圳市冠智达实业有限公司
5287	深圳中柏科技有限公司
5288	深圳市易洁包装制品有限公司
5289	深圳市一博电路有限公司
5290	深圳市新联兴精密压铸有限公司
5291	深圳市志合传媒有限责任公司
5292	深圳市新图科技有限公司
5293	深圳市唯锐科技有限公司
5294	深圳云盟互动网络技术有限公司
5295	深圳市星迈科技有限公司
5296	深圳市万协兴科技有限公司
5297	深圳市有芯电子有限公司
5298	深圳市恒鑫兴智能科技有限公司
5299	深圳市家信信息科技开发有限公司
5300	深圳市大耳马科技有限公司
5301	高精精密塑胶制品（深圳）有限公司
5302	深圳市连捷科技有限公司
5303	深圳市镭神智能系统有限公司
5304	深圳基亚环境治理有限公司
5305	深圳市中亿鑫五金制品有限公司
5306	深圳市金峰环保科技有限公司
5307	深圳市魅动智能股份有限公司
5308	深圳安博检测股份有限公司
5309	深圳市凌雄租赁服务有限公司
5310	深圳一清创新科技有限公司
5311	深圳市医贝科技有限公司
5312	深圳市瑞精创实业有限公司
5313	深圳捷易建设集团有限公司
5314	胜达微电机（深圳）有限公司
5315	深圳市广昌达石油添加剂有限公司
5316	深圳市鑫凯胜自动化设备制造有限公司
5317	深圳市新石器创新技术有限公司
5318	深圳市泰视朗科技有限公司
5319	深圳市友瑞达科技有限公司

（续表）

序号	单位名称
5320	深圳市嘉宝包装制品有限公司
5321	深圳市万萌建科集团有限公司
5322	深圳市御美高标电子有限公司
5323	友联船厂（蛇口）有限公司
5324	深圳市海康精密模具有限公司
5325	深圳市友联天美科技有限公司
5326	深圳市立顺电通科技有限公司
5327	深圳市中测计量检测技术有限公司
5328	深圳市齐远兴电子有限公司
5329	深圳市天泽科技实业有限公司
5330	深圳市友惠电子有限公司
5331	深圳前海港影生物科技有限公司
5332	深圳市欣智旺电子有限公司
5333	深圳市睿智威显示技术有限公司
5334	深圳市卓尔科技开发有限公司
5335	深圳市华保科技有限公司
5336	深圳鹏锐信息技术股份有限公司
5337	深圳市树源科技有限公司
5338	深圳市埃西尔电子有限公司
5339	深圳安博鹏程检测技术服务有限公司
5340	深圳深汕特别合作区乾泰技术有限公司
5341	深圳市科路兴科技有限公司
5342	深圳市三肯光电有限公司
5343	深圳可视科技有限公司
5344	深圳市恒荣水处理设备有限公司
5345	深圳市乐华行模具有限公司
5346	深圳市小猫信息技术有限公司
5347	深圳市聚泉鑫科技有限公司
5348	深圳小田冷链物流股份有限公司
5349	深圳中科系统集成技术有限公司
5350	矩阵元技术（深圳）有限公司
5351	深圳市铭锐祥自动化设备有限公司
5352	深圳市融智兴科技有限公司
5353	深圳四博智联科技有限公司
5354	深圳市君安康医疗科技有限公司
5355	深圳市艾华迪技术有限公司
5356	深圳市方元千色科技开发有限公司
5357	乐普（深圳）国际发展中心有限公司
5358	深圳市景阳信息技术有限公司
5359	深圳砺剑防卫技术有限公司
5360	深圳市华达兴机械设备有限公司
5361	深圳市富鑫达电子有限公司
5362	精浩精密工业（深圳）有限公司
5363	深圳市易流科技股份有限公司
5364	深圳前海新心数字科技有限公司
5365	深圳市龙兴盛五金塑胶有限公司
5366	深圳市中电以太电子有限公司
5367	深圳市奥怡轩实业有限公司
5368	深圳市晶扬科技有限公司
5369	深圳市信义科技有限公司

（续表）

序号	单位名称
5370	深圳市鹏塑科技发展有限公司
5371	深圳黑潮互动娱乐有限公司
5372	深圳市卡瑞思科技有限公司
5373	深圳市普创智控科技有限公司
5374	民生通讯（深圳）有限公司
5375	美禄电子（深圳）有限公司
5376	深圳南天东华科技有限公司
5377	深圳市迈斯艾尔科技发展有限公司
5378	深圳市胜华鑫科技有限公司
5379	深圳市华富可节能技术有限公司
5380	深圳市朗得力科技有限公司
5381	深圳市永联科技股份有限公司
5382	深圳威冠激光科技有限公司
5383	长电（深圳）自动化设备有限公司
5384	深圳市恒泰盈科技有限公司
5385	深圳市华曦达科技股份有限公司
5386	深圳市木林胜微电子有限公司
5387	深圳市诺斯特新材料股份有限公司
5388	深圳市新厚泰电子科技有限公司
5389	万魔声学科技有限公司
5390	深圳市凯强热传科技有限公司
5391	深圳市宏森环保科技有限公司
5392	深圳市万阳光电有限公司
5393	合得成五金锻造（深圳）有限公司
5394	深圳市飞扬工程检测有限公司
5395	深圳市华尊科技股份有限公司
5396	深圳市银方加博科技有限公司
5397	深圳市晨晟科技有限公司
5398	深圳市道讯科技开发有限公司
5399	深圳市江天包装材料有限公司
5400	深圳市鑫东泰塑胶有限公司
5401	深圳市云领天下科技有限公司
5402	深圳市福瑞诺科技有限公司
5403	深圳市铁发科技有限公司
5404	深圳市三电测控技术有限公司
5405	研祥智能科技股份有限公司
5406	深圳市早知道科技有限公司
5407	港融科技有限公司
5408	深圳市日航新技术有限公司
5409	中兴新能源汽车有限责任公司
5410	深圳市裕铭力科电子科技有限公司
5411	深圳市精诚达电路科技股份有限公司
5412	深圳恩鹏健康产业股份有限公司
5413	深圳市智安万家科技有限公司
5414	深圳科士达科技股份有限公司
5415	深圳市博瑞斯特科技有限公司
5416	深圳远鹏装饰集团有限公司
5417	明智信息技术（深圳）有限公司
5418	深圳市万恒光电有限公司
5419	深圳市华宇新能源科技有限公司

（续表）

序号	单位名称
5420	深圳市德誉兴业电子有限公司
5421	深圳崇德动漫股份有限公司
5422	博科能源系统（深圳）有限公司
5423	深圳市北电正光科技有限公司
5424	深圳市美芯微半导体科技有限公司
5425	深圳市合飞科技有限公司
5426	深圳市创芯微电子有限公司
5427	瑞声声学科技（深圳）有限公司
5428	深圳市贝诺光科科技有限公司
5429	深圳海力德油田技术开发有限公司
5430	深圳市森通电力科技有限公司
5431	深圳朗田亩半导体科技有限公司
5432	深圳市自由美标识有限公司
5433	深圳鸿发自动门有限公司
5434	深圳市科兰德实业发展有限公司
5435	深圳酷宅科技有限公司
5436	深圳市赛易特信息技术有限公司
5437	深圳市林电自动化有限公司
5438	深圳大仓机器人研发有限公司
5439	深圳市大族数控科技有限公司
5440	深圳市富瑞精密制品有限公司
5441	深圳市龙晶微电子有限公司
5442	深圳市金照明科技股份有限公司
5443	鸿兴印刷（中国）有限公司
5444	深圳市成中胜机电科技有限公司
5445	深圳市格德精密模具有限公司
5446	深圳市晟碟半导体有限公司
5447	深圳美力王智能科技有限公司
5448	深圳市小亿科技有限公司
5449	深圳市锐界科技有限公司
5450	深圳市汇顶自动化技术有限公司
5451	深圳移航通信技术有限公司
5452	深圳孔雀科技开发有限公司
5453	深圳市友联普达科技有限公司
5454	深圳市大分子科技有限公司
5455	凯斯设计（深圳）有限公司
5456	深圳市宏利源五金有限公司
5457	雷松科技（深圳）有限公司
5458	深圳市南极光铝业有限公司
5459	深圳市中核海得威生物科技有限公司
5460	深圳市锦辉五金电子有限公司
5461	深圳市光彩凯宜电子开发有限公司
5462	深圳市众力达机械有限公司
5463	深圳市宇通瑞特科技有限公司
5464	深圳雷杜生命科学股份有限公司
5465	深圳拓世智能科技有限公司
5466	深圳正山物联科技有限公司
5467	深圳市正亚激光设备有限公司
5468	深圳金三立视频科技股份有限公司
5469	禹智环保科技（深圳）有限公司

（续表）

序号	单位名称
5470	深圳市永盛旺机械设备有限公司
5471	深圳市鸿瑞泰电子有限公司
5472	深圳市鑫鸿宇数控设备有限公司
5473	深圳市启瑞建设工程有限公司
5474	深圳市雄裕橡胶五金制品有限公司
5475	深圳市华域数安科技有限公司
5476	深圳市泰信通信息技术有限公司
5477	深圳市飞立电器科技有限公司
5478	深圳市力通电子有限公司
5479	光大环保（中国）有限公司
5480	深圳市组合科技有限公司
5481	深圳市帝显电子有限公司
5482	深圳市优克联新技术有限公司
5483	深圳市尚明精密模具有限公司
5484	深圳市铁汉生态环境股份有限公司
5485	深圳力越新材料有限公司
5486	深圳市赢和信息技术有限公司
5487	深圳鼎识科技股份有限公司
5488	深圳市高科润电子有限公司
5489	深圳市时光电子有限公司
5490	深圳市艾比欧视听科技有限公司
5491	深圳市源创数码科技有限公司
5492	深圳市天工开物景观艺术有限公司
5493	深圳绿动力环境治理工程有限公司
5494	深圳市盛维自动化设备科技有限公司
5495	深圳市蓝海佳和电子科技有限公司
5496	深圳市对接平台科技发展有限公司
5497	深圳市奋达科技股份有限公司
5498	深圳市中科恒润科技发展有限公司
5499	深圳市翔宇兴博光电有限公司
5500	深圳德坤物流有限公司
5501	深圳市精源达科技有限公司
5502	深圳市科运科技有限公司
5503	深圳市南博万设备开发有限公司
5504	深圳市连盛精密连接器有限公司
5505	深圳市沙漠风网络科技有限公司
5506	深圳市金证科技股份有限公司
5507	深圳市博彩新材料科技有限公司
5508	深圳康泰生物制品股份有限公司
5509	深圳市华科创智技术有限公司
5510	深圳市金顺怡电子有限公司
5511	深圳市雷凌显示技术有限公司
5512	深圳市洪星宏电子科技有限公司
5513	深圳市德捷力冷冻科技有限公司
5514	深圳市雅宝智能装备系统有限公司
5515	深圳市中航比特通讯技术有限公司
5516	深圳市倍力奇科技有限公司
5517	物农科技（深圳）有限公司
5518	深圳文思海辉信息科技有限公司
5519	深圳市TCL云创科技有限公司

（续表）

序号	单位名称
5520	深圳市中兴软件有限责任公司
5521	深圳市银丰鑫精密五金制品有限公司
5522	深圳市腾盛精密热流道有限公司
5523	深圳市美迪牙科器材有限公司
5524	深圳市深水兆业工程顾问有限公司
5525	深圳市泉鑫环保科技有限公司
5526	深圳市高格芯微电子有限公司
5527	深圳市融创飞宇通讯有限公司
5528	深圳市极客智能科技有限公司
5529	深圳市天圆科技有限公司
5530	深圳市华聚科学仪器有限公司
5531	深圳市特瑞吉科技有限公司
5532	深圳市华禹无线供电技术有限公司
5533	深圳市燚磊实业有限公司
5534	深圳市良胜电子有限公司
5535	深圳鹏源建工（集团）有限公司
5536	深圳市晟西电子有限公司
5537	深圳市乾诚自动化技术有限公司
5538	深圳市新潮电器有限公司
5539	日海智能科技股份有限公司
5540	深圳市未林森科技有限公司
5541	深圳奥维德机电有限公司
5542	群锋电子（深圳）有限公司
5543	深圳市华天信通科技有限公司
5544	深圳市小宝机器人有限公司
5545	深圳市联科科技有限公司
5546	深圳市特艺达装饰设计工程有限公司
5547	深圳市粲阳科技有限公司
5548	深圳市芯易邦电子有限公司
5549	闻客信息（深圳）有限公司
5550	深圳市盛兴瑞科技有限公司
5551	深圳市万通达科技有限公司
5552	深圳市百里和科技有限公司
5553	深圳市赛维克世纪光电有限公司
5554	深圳市山水合环保科技有限公司
5555	深圳市伟鹏世纪科技有限公司
5556	深圳天德钰电子有限公司
5557	深圳市龙辉三和安全科技集团有限公司
5558	深圳市鼎盛科电子有限公司
5559	矽电半导体设备（深圳）股份有限公司
5560	深圳市赛柏敦自动化设备有限公司
5561	深圳市雅乐电子有限公司
5562	深圳市索麦科技有限公司
5563	深圳市赛龙自动化科技有限公司
5564	深圳捷仕科技有限公司
5565	深圳市金凯博自动化测试有限公司
5566	深圳市易贵科技有限公司
5567	深圳市麦格米特驱动技术有限公司
5568	深圳市朗格鑫科技股份有限公司
5569	深圳市华科检测技术有限公司

（续表）

序号	单位名称
5570	深圳市云帆加速科技有限公司
5571	深圳裕策生物科技有限公司
5572	深圳市邦贝尔电子有限公司
5573	深圳市兴盛源电子有限公司
5574	深圳市海凌威电子有限公司
5575	深圳市感动智能科技有限公司
5576	深圳市云速信息科技有限公司
5577	深圳博芯科技股份有限公司
5578	深圳市艾格斯电子有限公司
5579	深圳市瑞邦创建电子有限公司
5580	深圳正阳工业清洗设备有限公司
5581	深圳市华晨达机电有限公司
5582	深圳华鑫顺科技有限公司
5583	深圳市杰迈精密自动化有限公司
5584	深圳市恒平电子有限公司
5585	深圳信炜科技有限公司
5586	深圳市创行智能科技有限公司
5587	深圳市德润水下工程有限公司
5588	深圳市鲲鹏泰精密科技有限公司
5589	深圳市灵动通科技有限公司
5590	深圳市恒达鸿科技有限公司
5591	深圳市极光尔沃科技股份有限公司
5592	深圳市立昌机电设备有限公司
5593	深圳市强军科技有限公司
5594	深圳市经纬智慧系统有限公司
5595	深圳市兴龙宝实业有限公司
5596	深圳市星河智善科技有限公司
5597	深圳市欣旭塑胶五金有限公司
5598	中创机电科技（深圳）有限公司
5599	深圳市中手游网络科技有限公司
5600	深圳市瀚邦为电子材料有限公司
5601	深圳市昱为科技有限公司
5602	深圳市安亿达制冷设备有限公司
5603	深圳市金博联电力技术有限公司
5604	深圳市吉迈克环保科技有限公司
5605	深圳市杰昌实业有限公司
5606	深圳市洁泰超声洗净设备有限公司
5607	深圳奥特迅电力设备股份有限公司
5608	前海节事科技（深圳）有限公司
5609	齐力制冷系统（深圳）有限公司
5610	深圳市金道微电子有限公司
5611	金蝶软件（中国）有限公司
5612	深圳市阿特威尔科技有限公司
5613	深圳永旭动力科技有限公司
5614	深圳时空数字科技有限公司
5615	深圳市辰驹电子科技有限公司
5616	深圳市索迪统计师事务所有限公司
5617	深圳市三思试验仪器有限公司
5618	深圳市知行智驱技术有限公司
5619	深圳华驰新能源科技有限公司

（续表）

序号	单位名称
5620	深圳市希普工业设备有限公司
5621	深圳市华恒鑫通讯科技有限公司
5622	敬科（深圳）机器人科技有限公司
5623	深圳市中安测标准技术有限公司
5624	深圳市瑞邦多层线路板科技有限公司
5625	深圳市海源节能科技有限公司
5626	深圳市保华自动化设备有限公司
5627	深圳市德星云科技有限公司
5628	深圳市鑫永成科技有限公司
5629	深圳市康弘环保技术有限公司
5630	深圳市深普镭科技有限公司
5631	深圳市雅晶源科技有限公司
5632	深圳市瑞精精密五金有限公司
5633	深圳市华杰软件技术有限公司
5634	深圳市宏祺电子科技有限公司
5635	深圳正品创想科技有限公司
5636	深圳市三方圆生物科技股份有限公司
5637	深圳市安达莲花科技有限公司
5638	深圳新诺机械有限公司
5639	深圳市康恩普电子有限公司
5640	深圳市易仓科技有限公司
5641	深圳诚顺鑫电子科技有限公司
5642	深圳市精盛数控机床有限公司
5643	深圳市丰巢科技有限公司
5644	深圳市壹电电力技术有限公司
5645	深圳市展能科技有限责任公司
5646	深圳锐取信息技术股份有限公司
5647	深圳市宝佳利运动器材有限公司
5648	深圳市花生数字多媒体有限公司
5649	深圳逻辑自动化科技有限公司
5650	深圳市迈科光电有限公司
5651	欣派电子（深圳）有限公司
5652	深圳市科鑫源电子有限公司
5653	深圳市中锂能源技术有限公司
5654	深圳市中航生命健康科技有限公司
5655	深圳市好上好信息科技股份有限公司
5656	深圳市百胜莱精密五金有限公司
5657	深圳市全景达科技有限公司
5658	深圳市世纪福科技有限公司
5659	深圳邦健生物医疗设备股份有限公司
5660	深圳乐智机器人有限公司
5661	深圳市欣冠精密技术有限公司
5662	深圳信立泰药业股份有限公司
5663	深圳嘉华众力科技有限公司
5664	深圳市矩阵室内装饰设计有限公司
5665	深圳市德宝荣科技有限公司
5666	深圳香蕉设计有限公司
5667	深圳市尚诚信息技术有限公司
5668	深圳市舒尼光电科技有限公司
5669	深圳市享多多网络技术有限公司
5670	深圳市广宁股份有限公司
5671	深圳嘉信源科技实业有限公司
5672	深圳市朗迈新材料科技有限公司
5673	深圳市朗技精密技术有限公司
5674	深圳市金盈丰电子科技有限公司
5675	深圳市兆丰精密科技有限公司
5676	深圳市新峰龙工业有限公司
5677	深圳市晶相技术有限公司
5678	深圳市希普仕科技有限公司
5679	深圳安科高技术股份有限公司
5680	深圳市双嘉富电子有限公司
5681	深圳市宝德软件开发有限公司
5682	深圳市奥拓普科技有限公司
5683	力工科技（深圳）有限公司
5684	深圳市喜百汇电子科技有限公司
5685	深圳市建滔科技有限公司
5686	三丈信息（深圳）有限公司
5687	中科辰飞科技实业（深圳）有限公司
5688	深圳市创百智能科技有限公司
5689	深圳来电科技有限公司
5690	深圳市源微创新实业有限公司
5691	深圳市博奥特科技有限公司
5692	深圳瑞丰恒激光技术有限公司
5693	深圳市尚荣医用工程有限公司
5694	深圳市合言信息科技有限公司
5695	深圳市保洁恒环境产业有限公司
5696	深圳市润步科技有限公司
5697	深圳市麦格松电气科技有限公司
5698	深圳兴科华创信息技术有限公司
5699	深圳市新宁现代物流有限公司
5700	深圳市浩毅丰科技有限公司
5701	深圳市弘德隆电子科技有限公司
5702	深圳市精创兴科技有限公司
5703	深圳市洋浦科技有限公司
5704	永联印刷耗材（深圳）有限公司
5705	深圳市利智科技有限公司
5706	英爵音响（深圳）有限公司
5707	深圳市星标电子科技有限公司
5708	深圳源兴基因技术有限公司
5709	深圳市德强电机有限公司
5710	深圳市安梦娜床品科技有限公司
5711	深圳市泰斯特光电设备有限公司
5712	深圳市欢创科技有限公司
5713	深圳市汇深网信息科技有限公司
5714	深圳市德芯电子科技有限公司
5715	深圳昊达智能科技股份有限公司
5716	深圳世光半导体有限公司
5717	深圳易悦恒新塑胶模具有限公司
5718	深圳市闪点照明有限公司
5719	深圳市国基视讯技术有限公司
5720	深圳韦格纳医学检验实验室
5721	深圳市亿鑫越科技有限公司
5722	深圳市唯酷光电有限公司
5723	深圳微思特软件有限公司
5724	深圳市金其美科技有限公司
5725	深圳市联翔照明有限公司
5726	深圳市奥富科数码科技有限公司
5727	深圳市先力得热处理有限公司
5728	深圳市南北通通信技术有限公司
5729	深圳市无限充科技有限公司
5730	深圳市九九八科技有限公司
5731	深圳市凯达新电子有限公司
5732	深圳市光联世纪信息科技有限公司
5733	深圳市恩孚电子科技有限公司
5734	深圳泰科芯元科技有限公司
5735	深圳市正达飞智能卡有限公司
5736	深圳船奇科技有限公司
5737	正大康地（蛇口）有限公司
5738	深圳市云软信息技术有限公司
5739	深圳市擎联科技有限公司
5740	深圳中兴飞贷金融科技有限公司
5741	深圳市聚茂源科技有限公司
5742	深圳市鑫华煦橡胶制品有限公司
5743	深圳市兰谱芯科技有限公司
5744	深圳光宇电源科技有限公司
5745	深圳市向阳鑫精密科技有限公司
5746	深圳市亮点精工科技有限公司
5747	顺时实业（深圳）有限公司
5748	深圳锐取电子有限公司
5749	深圳市芯特智能装备有限公司
5750	深圳市惠红兴科技有限公司
5751	深圳市旭航诚电子有限公司
5752	深圳市华耀检测技术服务有限公司
5753	深圳市有鱼智能科技有限公司
5754	深圳圆机科技有限公司
5755	深圳市韵唐光电科技有限公司
5756	深圳聚能云技术有限公司
5757	深圳市腾讯计算机系统有限公司
5758	深圳源创环保科技有限公司
5759	深圳市三力高科技有限公司
5760	深圳市相宇环保科技有限公司
5761	深圳市准亿科技有限公司
5762	深圳市数博环球电子有限公司
5763	深圳市航鸿达科技有限公司
5764	深圳市谷地照明有限公司
5765	深圳市维骏文化旅游科技有限公司
5766	深圳诺测检测技术有限公司
5767	深圳市杨梅红艺术教育集团有限公司
5768	深圳市隆泰兴环保科技有限公司
5769	深圳市热丽泰和生命科技有限公司

（续表）

序号	单位名称
5770	深圳市元美供应链管理有限公司
5771	深圳亚联发展科技股份有限公司
5772	深圳市云湖电子科技有限公司
5773	深圳市阿普奥云科技有限公司
5774	深圳泰昌同信科技有限公司
5775	深圳市安众电气有限公司
5776	誉标检测（深圳）有限公司
5777	深圳联和热流道系统有限公司
5778	深圳市天任顺华科技有限公司
5779	腾美医疗线材（深圳）有限公司
5780	深圳市冠瑞达能源装备有限公司
5781	深圳市越日兴实业有限公司
5782	深圳市英泰格瑞科技有限公司
5783	深圳市迪维迅机电技术有限公司
5784	深圳市中科利亨车库设备股份有限公司
5785	深圳市艾兰特科技有限公司
5786	深圳市福特兴自动化设备有限公司
5787	华强方特（深圳）智能技术有限公司
5788	深圳市南方瑞通科技有限公司
5789	凯业五金塑胶制品（深圳）有限公司
5790	深圳和通自动化设备有限公司
5791	深圳市宏曦睿科技有限公司
5792	深圳万思佳电器有限公司
5793	深圳耐诺科技股份有限公司
5794	深圳美讯医学检验科技有限公司
5795	深圳盖亚威视科技发展有限公司
5796	深圳顺络电子股份有限公司
5797	深圳康桥软件技术有限公司
5798	深圳市火乐科技发展有限公司
5799	深圳市言必果科技有限公司
5800	深圳市顶尖称重设备有限公司
5801	深圳市奥森环境景观有限公司
5802	深圳市南电云商有限公司
5803	深圳市云点工业科技有限公司
5804	深圳市海得地实业有限公司
5805	深圳市瑞吉讯科技有限公司
5806	深圳万佳睿创技术有限公司
5807	深圳市赛威利华净化科技有限公司
5808	深圳市芭格美生物科技有限公司
5809	深圳市拍档科技有限公司
5810	深圳市鸿瑞传感仪器有限公司
5811	深圳市光亚塑胶电子有限公司
5812	深圳市乐塔驰电子有限公司
5813	深圳市金汇丰精密机械有限公司
5814	深圳市瑞亿科技电子有限公司
5815	深圳市远望谷信息技术股份有限公司
5816	深圳雅昌科技有限公司
5817	格林美股份有限公司
5818	深圳市时纬机器人有限公司
5819	深圳市凯祥源科技有限公司

（续表）

序号	单位名称
5820	深圳市华亚信科技有限公司
5821	深圳市爱默斯科技有限公司
5822	深圳市诚致远环保科技有限公司
5823	深圳市零壹移动互联系统有限公司
5824	深圳市鸿明精密电路有限公司
5825	深圳蚂里奥技术有限公司
5826	深圳久和工业自动化设备有限公司
5827	深圳市艾赛泰克科技有限公司
5828	深圳燕浩实业发展有限公司
5829	深圳市铭上光电有限公司
5830	深圳市海云天科技股份有限公司
5831	深圳市天英科技开发有限公司
5832	深圳市欧亚激光智能科技有限公司
5833	深圳市沃尔奔达新能源股份有限公司
5834	威创达钟表配件（深圳）有限公司
5835	深圳市威悬通讯技术有限公司
5836	深圳市奥软网络科技有限公司
5837	深圳市比泰利电子有限公司
5838	深圳市皓祥光电有限公司
5839	广东洁盟超声实业有限公司
5840	深圳市汇铭科技有限公司
5841	深圳市乐创享科技有限公司
5842	深圳市国脉科技有限公司
5843	深圳市同颖环保包装科技有限公司
5844	深圳市腾创精密五金有限公司
5845	深圳市海业创兴科技有限公司
5846	深圳市冰冰纸业有限公司
5847	深圳市西沃智能科技有限公司
5848	深圳市晶莱新材料科技有限公司
5849	努比亚技术有限公司
5850	深圳市艾利特医疗科技有限公司
5851	深圳市联视微科技有限公司
5852	深圳市荣恒达智能科技有限公司
5853	深圳市鑫彩晨科技有限公司
5854	深圳通感微电子有限公司
5855	全成信电子（深圳）股份有限公司
5856	深圳市安普检测技术服务有限公司
5857	深圳市一七玩信息技术有限公司
5858	深圳市量子氢生物技术有限公司
5859	深圳市奇利新塑胶精密模具有限公司
5860	深圳市土世界环保科技工程有限公司
5861	深圳市沃特美机械有限公司
5862	广东南天司法鉴定所
5863	深圳市爱康生物科技有限公司
5864	深圳市凯力诚实业发展有限公司
5865	深圳市永昌达电子有限公司
5866	深圳市晶禾通讯技术有限公司
5867	招联消费金融有限公司
5868	深圳市兴元环境工程有限公司
5869	深圳市鸿普泰科技有限公司

（续表）

序号	单位名称
5870	深圳市雷赛控制技术有限公司
5871	深圳市电精科技有限公司
5872	深圳市安思疆科技有限公司
5873	深圳市晔茂伟业电子有限公司
5874	深圳市景阳博创数码科技有限公司
5875	深圳市富诺威电子科技有限公司
5876	深圳市森美拓电子有限公司
5877	深圳市有钢自动化技术有限公司
5878	深圳市诚友鑫科技有限公司
5879	深圳伟途智联科技有限公司
5880	深圳市安全守护科技有限公司
5881	深圳手付通科技有限公司
5882	深圳市博腾纳科技有限公司
5883	深圳市洛斐客文化有限公司
5884	微物联技术（深圳）有限公司
5885	深圳艾科智泊科技有限公司
5886	深圳市有源诚科技有限公司
5887	深圳市信濠精密技术股份有限公司
5888	深圳市利群榕兴科技有限公司
5889	深圳市洪恩智能消防有限公司
5890	深圳市博研商用设备有限公司
5891	深圳市普乐特电子有限公司
5892	深圳市思考力科技有限公司
5893	凯德仪表（深圳）有限公司
5894	深圳市新晶路电子科技有限公司
5895	深圳市灵感智慧科技有限公司
5896	深圳拓新伟业科技有限公司
5897	深圳市天乔科技有限公司
5898	深圳市金晟晖电子有限公司
5899	深圳点猫科技有限公司
5900	深圳市乐易网络股份有限公司
5901	深圳市科成精密五金有限公司
5902	深圳市诺德斯特科技有限公司
5903	深圳市万康服饰有限公司
5904	深圳市零刻科技有限公司
5905	品能智能照明（深圳）有限公司
5906	深圳市博富隆新材料科技有限公司
5907	深圳跃升电子有限公司
5908	深圳市深圳通有限公司
5909	深圳市优威视讯科技股份有限公司
5910	深圳市宝腾科技有限公司
5911	深圳市精实机电科技有限公司
5912	深圳市恒新泰电子有限公司
5913	深圳市大帝科技发展有限公司
5914	深圳市勤创光电科技有限公司
5915	深圳市宇讯达电子有限公司
5916	深圳市捷智天成科技有限公司
5917	深圳市简测智能技术有限公司
5918	深圳市海宸兴科技有限公司
5919	深圳市奥拓电子股份有限公司

（续表）

序号	单位名称
5920	深圳市彼洋自动化科技有限公司
5921	皓曨科技（深圳）有限公司
5922	深圳华夏泰和知识产权有限公司
5923	深圳市力合智显科技有限公司
5924	深圳市领航通移动视讯有限公司
5925	深圳市天博塑胶科技有限公司
5926	深圳市众富诚自动化设备有限公司
5927	深圳市拓睿特科技有限公司
5928	深圳市兴特能源科技有限公司
5929	深圳市亿光精密器械有限公司
5930	深圳大晟建设集团有限公司
5931	深圳市欧力科技有限公司
5932	深圳市英尔科技有限公司
5933	深圳市创意智慧港科技有限责任公司
5934	深圳市华图智慧科技有限公司
5935	深圳天深医疗器械有限公司
5936	大佳电子科技（深圳）有限公司
5937	力生眼镜（深圳）有限公司
5938	深圳康体生命科技有限公司
5939	深圳市鑫升新能源有限公司
5940	深圳市斯蒙奇科技有限公司
5941	深圳市维颂电子有限公司
5942	深圳市富斯迈电子有限公司
5943	深圳市佳斯特电子有限公司
5944	深圳戴鑫信息技术有限公司
5945	深圳市艾博尔新能源有限公司
5946	深圳市菲菱科思通信技术股份有限公司
5947	深圳市小矮人软件有限公司
5948	深圳市全德力金属处理科技有限公司
5949	深圳市彩昊龙科技有限公司
5950	深圳市中航大记环境技术有限公司
5951	深圳市秀狐科技有限公司
5952	深圳市江昇控制技术有限公司
5953	深圳市富途网络科技有限公司
5954	深圳市卓翌网络科技有限公司
5955	深圳市睿禾科技有限公司
5956	深圳市三格软件科技有限公司
5957	深圳中集科技有限公司
5958	深圳市东和达机械有限公司
5959	深圳市光鉴科技有限公司
5960	深圳圣诺医疗设备股份有限公司
5961	深圳市绚图新材科技有限公司
5962	深圳大时代科技有限公司
5963	弘华中威（深圳）科技有限公司
5964	深圳市沃鹏动力科技有限公司
5965	深圳市时誉高精科技有限公司
5966	深圳小区宝网络技术有限公司
5967	深圳伊帕思新材料科技有限公司
5968	深圳市兴启航自动化设备有限公司
5969	深圳市格林兄弟科技有限公司

（续表）

序号	单位名称
5970	深圳蓝韵生物工程有限公司
5971	深圳斯多福新材料科技有限公司
5972	深圳市海讯科机电技术有限公司
5973	深圳浩彩显示技术有限公司
5974	一只（深圳）信息科技有限公司
5975	深圳市科拉德嵌入式技术有限公司
5976	中盟科技有限公司
5977	深圳市德瑞斯电气技术有限公司
5978	深圳市卓茂科技有限公司
5979	深圳捷力泰科技开发有限公司
5980	深圳市联畅精密电子有限公司
5981	优必选软件技术（深圳）有限公司
5982	深圳市英迈通信技术有限公司
5983	深圳日上光电有限公司
5984	深圳市净森源活性炭有限公司
5985	深圳市豪威尔家居智能科技有限公司
5986	悉地国际设计顾问（深圳）有限公司
5987	深圳太极云软技术有限公司
5988	深圳晶恒兴光电科技有限公司
5989	深圳华大基因科技服务有限公司
5990	深圳市青晓科技有限公司
5991	深圳朗光科技有限公司
5992	昌宁德康生物科技（深圳）有限公司
5993	深圳市铭诚达科技有限公司
5994	深圳市成像通科技有限公司
5995	深圳市中电照明股份有限公司
5996	深圳市友创智能设备有限公司
5997	深圳市锦锐科技有限公司
5998	深圳逗爱创新科技有限公司
5999	深信服科技股份有限公司
6000	深圳市汇能达塑料有限公司
6001	新汉兴智能科技（深圳）有限公司
6002	深圳市美耐斯光电有限公司
6003	深圳市飞鸿光电子有限公司
6004	深圳市宏贯光电科技有限公司
6005	深圳市柯爱亚电子有限公司
6006	深圳市华光明眼镜制造有限公司
6007	深圳泓泰鼎业电子有限公司
6008	深圳市杰和科技发展有限公司
6009	深圳英驰供应链管理有限公司
6010	深圳市安保科技有限公司
6011	深圳爱莫科技有限公司
6012	深圳米乐传媒有限公司
6013	深圳市鑫明康精密电子有限公司
6014	深圳中拓天达环境工程有限公司
6015	深圳中天昊电子科技有限公司
6016	深圳市中科华工科技有限公司
6017	深圳市中北精密科技发展有限公司
6018	铂睿特（深圳）触控显示技术有限公司
6019	深圳市鑫三奇科技有限公司

（续表）

序号	单位名称
6020	深圳市新隆达表业有限公司
6021	深圳市铭濠科技有限公司
6022	维正科技服务有限公司
6023	深圳市华威精密机械有限公司
6024	华夏城视网络电视股份有限公司
6025	深圳市百川声电子有限公司
6026	深圳市神舟电脑股份有限公司
6027	深圳市欧凌镭射科技有限公司
6028	深圳市科力尔电机有限公司
6029	深圳市华科半导体有限公司
6030	深圳市航天无线通信技术有限公司
6031	深圳市优讯龙腾科技有限公司
6032	深圳卓创智能科技有限公司
6033	深圳市盛鸿辉科技有限公司
6034	深圳市气象服务有限公司
6035	深圳蜂格科技有限公司
6036	中广核检测技术有限公司
6037	深圳市商汤科技有限公司
6038	光芯薄膜（深圳）有限公司
6039	深圳市丰泰塑料制品有限公司
6040	深圳市谷峰电子有限公司
6041	深圳市福特电子有限公司
6042	深圳市水视界环保科技有限公司
6043	深圳洪堡科技有限公司
6044	深圳市南华岩土工程有限公司
6045	深圳市奕源金属制品有限公司
6046	深圳市佳成绳带织造有限公司
6047	前海瑞智捷自动化科技（深圳）有限公司
6048	深圳市海伊石油技术有限公司
6049	深圳市得康洗净电器有限公司
6050	深圳市通达智科技有限公司
6051	深圳市达明通讯电子有限公司
6052	中铁广州工程局集团深圳工程有限公司
6053	深圳市光为光通信科技有限公司
6054	深圳市雄韬锂电有限公司
6055	深圳市硕创科技有限公司
6056	深圳市位和科技有限责任公司
6057	深圳市若菲特科技有限公司
6058	深圳市研通高频技术有限公司
6059	深圳市坚美欧电子有限公司
6060	深圳市科信达电子有限公司
6061	深圳市德豪显示照明科技有限公司
6062	深圳市勘察研究院有限公司
6063	深圳市康丽达实业有限公司
6064	深圳市科莱达环保设备有限公司
6065	安费诺东亚电子科技（深圳）有限公司
6066	深圳市健思研科技有限公司
6067	深圳市锦红兴科技有限公司
6068	深圳市格瑞拓能源科技有限公司
6069	深圳市奥生办公设备有限公司

（续表）

序号	单位名称
6070	深圳市东方龙科实业有限公司
6071	深圳市柏特瑞电子有限公司
6072	深圳市锐铭鑫科技有限公司
6073	深圳市迈科智控科技实业有限公司
6074	深圳市倍斯特科技股份有限公司
6075	深圳市兰丰科技有限公司
6076	深圳市华夏光彩股份有限公司
6077	深圳市国腾智达电子有限公司
6078	深圳市粤港科技有限公司
6079	中建科技集团有限公司
6080	深圳市泰胜鑫环保科技有限公司
6081	和昌未来科技（深圳）有限公司
6082	深圳市大族机器人有限公司
6083	深圳市中业交通工程有限公司
6084	深圳市瑞美义科技有限公司
6085	深圳西龙同辉技术股份有限公司
6086	深圳梅沙科技有限公司
6087	深圳市融美光科技有限公司
6088	深圳市玛雅通讯设备有限公司
6089	深圳市盛隆丰实业有限公司
6090	深圳市宏佳誉科技开发有限公司
6091	深圳市恒瑞灵机电有限公司
6092	深圳市智兴盛电子有限公司
6093	深圳市金瑞精工钨钢科技有限公司
6094	深圳市光科全息技术有限公司
6095	深圳市梅塞德斯科技有限公司
6096	深圳市瑞康电子有限公司
6097	深圳亚力盛科技有限公司
6098	深圳市科路迅电子有限公司
6099	深圳市宏旺微电子有限公司
6100	深圳市泓齐网络科技有限公司
6101	深圳市梦网视讯有限公司
6102	深圳市鹏源电子有限公司
6103	深圳市金博恩科技有限公司
6104	深圳市华成工业控制股份有限公司
6105	深圳市正杰智能工程有限公司
6106	深圳市德惠模具有限公司
6107	深圳市爱思拓信息存储技术有限公司
6108	深圳信隆健康产业发展股份有限公司
6109	深圳市怡化时代科技有限公司
6110	深圳飞易达电机有限公司
6111	深圳市高美特塑胶模具有限公司
6112	普宙飞行器科技（深圳）有限公司
6113	天维尔信息科技股份有限公司
6114	深圳爱她他智能餐饮技术有限公司
6115	深圳市艾姆诗数码科技有限公司
6116	深圳市同奥科技有限公司
6117	深圳市多门数字科技有限公司
6118	深圳微电充科技有限公司
6119	深圳市泰力格打印技术有限公司

（续表）

序号	单位名称
6120	深圳美克激光设备有限公司
6121	深圳市众视广电子有限公司
6122	深圳市宇驰达电子有限公司
6123	深圳市易事达电子有限公司
6124	深圳北斗通信科技有限公司
6125	深圳市华益盛模具股份有限公司
6126	深圳市招科智控科技有限公司
6127	深圳雷特网络科技有限公司
6128	深圳市百通达科技有限公司
6129	深圳广美雕塑壁画艺术股份有限公司
6130	深圳市速普仪器有限公司
6131	广东夏龙通信有限公司
6132	天固信息安全系统（深圳）有限公司
6133	深圳市方腾光源技术有限公司
6134	深圳恒越机电设备有限公司
6135	深圳市嘉明特科技有限公司
6136	深圳市力沣实业有限公司
6137	深圳市凯沃尔电子有限公司
6138	深圳市微达安计算机有限公司
6139	深圳市鸿焜精工有限公司
6140	深圳市汉华光电子有限公司
6141	深圳库博能源科技有限公司
6142	深圳万顺荣电子科技有限公司
6143	深圳市鑫利特精密刀具有限公司
6144	深圳市纳路特科技有限公司
6145	深圳市豆悦网络科技有限公司
6146	深圳市振耀科技有限公司
6147	深圳市东旭发自动化有限公司
6148	深圳市夺标环保技术有限公司
6149	深圳市天阳谷科技发展有限公司
6150	深圳市华安邦数字技术有限公司
6151	深圳市汉龙时代光电有限公司
6152	深圳市力可兴电池有限公司
6153	深圳市诺百纳科技有限公司
6154	深圳市金板科技有限公司
6155	鹏元晟高科技股份有限公司
6156	深圳拓邦股份有限公司
6157	华铭彩印（深圳）有限公司
6158	深圳言成复合线有限公司
6159	深圳市飞鱼星科技有限公司
6160	深圳振强生物技术有限公司
6161	深圳市中地软件工程有限公司
6162	深圳市玉卓光电子器件有限公司
6163	深圳市湘升电力电器实业有限公司
6164	深圳市飞业泰电子有限公司
6165	深圳市摩西尔电子有限公司
6166	图为信息科技（深圳）有限公司
6167	茉丽特科技（深圳）有限公司
6168	中坤电线（深圳）有限公司
6169	深圳市金畅兴精密机械有限公司

（续表）

序号	单位名称
6170	深圳市沃信达科技有限公司
6171	深圳市永视新电子科技有限公司
6172	深圳市日锋电子有限公司
6173	深圳市秀武电子有限公司
6174	深圳市测力佳控制技术有限公司
6175	深圳市云记科技有限公司
6176	深圳东紫科技有限公司
6177	深圳市飞盒科技有限公司
6178	深圳市思科瑞光电有限公司
6179	芯思杰技术（深圳）股份有限公司
6180	深圳市比亚美塑胶模具有限公司
6181	深圳市金溢科技股份有限公司
6182	深圳市中跃半导体科技有限公司
6183	深圳市广泰博科技有限公司
6184	深圳萨摩耶数字科技有限公司
6185	深圳市泓田电子有限公司
6186	深圳市和宏实业股份有限公司
6187	深圳派成铝业科技有限公司
6188	深圳市纳瑞自动化设备有限公司
6189	深圳市科视创科技有限公司
6190	深圳奥腾光通系统有限公司
6191	深圳市全球威科技有限公司
6192	深圳市鑫豪信电子科技有限公司
6193	深圳市栩睿科技有限公司
6194	深圳市永捷机电工程技术有限公司
6195	深圳市华微电脑技术有限公司
6196	深圳市华晟兴精密五金有限公司
6197	卓领电子（深圳）有限公司
6198	爱发科豪威光电薄膜科技（深圳）有限公司
6199	深圳市鹏跃新能源科技有限公司
6200	深圳市国威通电子技术有限公司
6201	深圳市七善科技有限公司
6202	深圳市卡酷尚硅胶电子有限公司
6203	深圳市永威达智能科技有限公司
6204	深圳智筹信息科技有限公司
6205	深圳市绿诗源生物技术有限公司
6206	深圳市易孚信息科技有限公司
6207	深圳市光比纳通信有限公司
6208	深圳顺源网络科技有限公司
6209	深圳市银河贝思特科技有限公司
6210	深圳市一么么科技有限公司
6211	深圳市松柏实业发展有限公司
6212	深圳易拓创兴科技有限公司
6213	深圳市和田古德自动化设备有限公司
6214	深圳市中企工联保家电服务有限公司
6215	深圳东南创通智能科技有限公司
6216	深圳市多尼卡航空电子有限公司
6217	深圳市丰兆新材料股份有限公司
6218	深圳市欧诺克科技有限公司
6219	深圳市国人光速科技有限公司

（续表）

序号	单位名称
6220	深圳海外装饰工程有限公司
6221	影石创新科技股份有限公司
6222	深圳市耐锐照明有限公司
6223	深圳市信威电子有限公司
6224	深圳市联诚发科技股份有限公司
6225	深圳市长江连接器有限公司
6226	深圳天溯计量检测股份有限公司
6227	深圳市锋瑞佳实业发展有限公司
6228	深圳前海茂佳软件科技有限公司
6229	深圳市唯特偶新材料股份有限公司
6230	深圳市柳鑫实业股份有限公司
6231	深圳市国赛生物技术有限公司
6232	深圳中集智能科技有限公司
6233	深圳市鼎铭精密机械有限公司
6234	深圳市亚太兴实业有限公司
6235	深圳市扬帆精密模具有限公司
6236	深圳市搜了网络科技股份有限公司
6237	深圳市猎游科技有限公司
6238	深圳市美韵声科技有限公司
6239	深圳市绿光纳米材料技术有限公司
6240	深圳市铁汉人居环境科技有限公司
6241	深圳市旋木尚艺装饰工程有限公司
6242	深圳市华博能源材料有限公司
6243	深圳华迈兴微医疗科技有限公司
6244	深圳市云立方网络有限公司
6245	深圳市捷佳伟创新能源装备股份有限公司
6246	深圳市银拓科技有限公司
6247	米诺顿（深圳）科技有限公司
6248	深圳市绿力科技有限公司
6249	深圳高灯计算机科技有限公司
6250	深圳市和盛信息科技有限公司
6251	万佛（深圳）智能科技有限公司
6252	深圳市鉬励科技有限公司
6253	深圳市佳合美电子有限公司
6254	深圳市赛亚气雾剂有限公司
6255	深圳市卓能新能源股份有限公司
6256	深圳市中讯恒达科技有限公司
6257	深圳市叁线数控设备有限公司
6258	深圳市高氏粘合剂制品有限公司
6259	深圳联创宏声电子有限公司
6260	深圳台丰科技有限公司
6261	深圳市幸福商城科技股份有限公司
6262	比亚迪半导体有限公司
6263	深圳市特康生物工程有限公司
6264	深圳市迪艾亚科技有限公司
6265	深圳古威科技有限公司
6266	深圳市集创兴科技有限公司
6267	深圳市荣康电子有限公司
6268	深圳市创实互联科技有限公司
6269	深圳市华士精成科技有限公司

（续表）

序号	单位名称
6270	深圳灵江计算机技术有限公司
6271	深圳市艾瑞斯电子有限公司
6272	深圳市龙威盛电子科技有限公司
6273	深圳市未来工场科技有限公司
6274	深圳市鑫三力自动化设备有限公司
6275	深圳匠诚塑胶五金电子有限公司
6276	深圳市豪鹏科技有限公司
6277	深圳市惠康电机制造有限公司
6278	深圳市创晶科技有限公司
6279	深圳中港联盈实业有限公司
6280	深圳长飞智连技术有限公司
6281	深圳市航顺芯片技术研发有限公司
6282	深圳市锦上科技有限公司
6283	深圳市创品新媒体科技有限公司
6284	深圳金迈克精密科技有限公司
6285	深圳市艾特铭客科技有限公司
6286	深圳市三维机电设备有限公司
6287	深圳市皓星伟业科技有限公司
6288	天纺标（深圳）检测认证股份有限公司
6289	凌龙智能（深圳）科技有限公司
6290	深圳市志橙半导体材料有限公司
6291	玛西普医学科技发展（深圳）有限公司
6292	深圳前海帕拓逊网络技术有限公司
6293	深圳市迪威泰实业有限公司
6294	深圳市腾飞信息系统集成有限公司
6295	深圳市大德激光技术有限公司
6296	深圳市光网视科技有限公司
6297	深圳市聚和源科技有限公司
6298	深圳慧能泰半导体科技有限公司
6299	深圳市汉微科技有限公司
6300	深圳市昂佳科技有限公司
6301	深圳市安联安全工程技术有限公司
6302	深圳市有光图像科技有限公司
6303	深圳市吉祥达机械设备有限公司
6304	深圳凯扬自动化设备有限公司
6305	深圳市睿德锋科技有限公司
6306	深圳市浩达电路有限公司
6307	深圳市创新奇通讯有限公司
6308	深圳市皇驰科技有限公司
6309	深圳市晶科视界电子有限公司
6310	深圳市百创网络科技有限公司
6311	深圳市哈工大交通电子技术有限公司
6312	深圳市天一智联科技有限公司
6313	深圳市杉岩数据技术有限公司
6314	深圳市华亿兄弟光电有限公司
6315	深圳市航声电子科技有限公司
6316	深圳市声表电子有限公司
6317	深圳市交通工程试验检测中心有限公司
6318	深圳市华鑫弘汇科技有限公司
6319	深圳市靓源建设集团有限公司

（续表）

序号	单位名称
6320	深圳市鸿富精研科技有限公司
6321	深圳市麦思浦半导体有限公司
6322	深圳市锦鸿光电有限责任公司
6323	深圳光启尖端技术有限责任公司
6324	深圳市达俊宏科技股份有限公司
6325	深圳市辉英信电子有限公司
6326	深圳市恒利德实业有限公司
6327	深圳市德弧科技有限公司
6328	深圳创视智能视觉技术股份有限公司
6329	深圳市华夏准测检测技术有限公司
6330	深圳丰威源自动化设备有限公司
6331	深圳安托网络服务有限公司
6332	声爱科技（深圳）有限公司
6333	深圳市中昌检测技术有限公司
6334	深圳威尔视觉传媒有限公司
6335	深圳万润综合能源有限公司
6336	同业君创科技（深圳）有限公司
6337	深圳市鑫道为科技有限公司
6338	深圳市西姆特科技开发有限公司
6339	鸿图盈海科技（深圳）有限公司
6340	深圳市信驰达科技有限公司
6341	深圳市声辉电子有限公司
6342	深圳市昭昱电子科技有限公司
6343	深圳市嘉田峪照明艺术有限公司
6344	深圳普迈仕精密制造技术开发有限公司
6345	深圳市超级猩猩健身管理有限公司
6346	深圳市康为宏科技有限公司
6347	深圳市耀威镀膜科技有限公司
6348	深圳市京科凌智技术有限公司
6349	深圳信瑞新能源科技有限公司
6350	深圳市新泰盈电子材料有限公司
6351	深圳市佳思特光电设备有限公司
6352	深圳市科尔诺电子科技有限公司
6353	深圳市福之星电子有限公司
6354	深圳市玮思科技有限公司
6355	深圳市鑫飞宏电子有限公司
6356	麦特科（深圳）科技有限公司
6357	深圳市糖果设计顾问有限公司
6358	深圳市荣信诚科技有限公司
6359	深圳市豪博讯电子科技有限公司
6360	深圳市中钞信达金融科技有限公司
6361	深圳市福伦达精工技术有限公司
6362	深圳市恒欣旺科技有限公司
6363	永祥瑞（深圳）科技有限公司
6364	环胜电子（深圳）有限公司
6365	深圳优优互联网络科技有限公司
6366	亚洲电力设备（深圳）有限公司
6367	深圳市概念智慧科技有限公司
6368	深圳欧华帝斯科技有限公司
6369	进通电器（深圳）有限公司

（续表）

序号	单位名称
6370	深圳市宇隆移动互联网有限公司
6371	深圳市壹玖肆贰科技有限公司
6372	深圳市九州安域科技有限公司
6373	深圳市亚圣建筑装饰设计工程有限公司
6374	加减信息科技（深圳）有限公司
6375	深圳市道尔顿电子材料有限公司
6376	深圳市高工电子有限公司
6377	深圳市立能威微电子有限公司
6378	深圳市同启通讯技术有限公司
6379	深圳市桑隆科技有限公司
6380	深圳前海铂盛元科技有限公司
6381	深圳市广德建筑设计咨询有限公司
6382	深圳市卓宝科技股份有限公司
6383	深圳市深汕特别合作区智慧城市研究院有限公司
6384	融合同创（深圳）科技有限公司
6385	自远磨具（深圳）有限公司
6386	深圳瑞德饮水科技有限公司
6387	杰达实业（深圳）有限公司
6388	深圳市国维茗科技有限公司
6389	深圳市优云健康管理科技有限公司
6390	深圳斯特普科技有限公司
6391	三峡电能（广东）有限公司
6392	深圳市鑫盛凯光电有限公司
6393	优力大光电（深圳）有限公司
6394	深圳市七一二科技有限公司
6395	深圳市永鑫达电子塑胶有限公司
6396	深圳市凯泰高科技有限公司
6397	泉后（深圳）信息技术有限公司
6398	深圳市永亨五金塑胶有限公司
6399	深圳市恺成科技有限公司
6400	深圳博磊达新能源科技有限公司
6401	深圳市精密达机械有限公司
6402	深圳市深档数码技术有限公司
6403	深圳市华腾半导体设备有限公司
6404	烯旺新材料科技股份有限公司
6405	深圳市安品源科技有限公司
6406	深圳中青宝互动网络股份有限公司
6407	深圳市华慧能节能科技有限公司
6408	深圳毅能达金融信息股份有限公司
6409	华清眼镜（深圳）有限公司
6410	深圳市炜圣钛电子有限公司
6411	深圳市利运格电子有限公司
6412	深圳市雅棉居品数据股份有限公司
6413	深圳巨影三维设备有限公司
6414	深圳思拓海洋电机有限公司
6415	深圳市凌防科技有限公司
6416	深圳德宝西克曼智能家居有限公司
6417	深圳市宏达瑞精密五金有限公司
6418	深圳市明微电子股份有限公司
6419	深圳市志邦科技有限公司

（续表）

序号	单位名称
6420	深圳市行知网络科技有限公司
6421	深圳市荣盛智能装备有限公司
6422	深圳市耐施菲信息科技有限公司
6423	深圳欧斯普瑞智能科技有限公司
6424	深圳市华越美科技有限公司
6425	深圳市米神科技有限公司
6426	深圳中元电子有限公司
6427	赛尔康技术（深圳）有限公司
6428	深圳光达顺科技有限公司
6429	深圳市陶和数码科技有限公司
6430	深圳市顾康力化工有限公司
6431	广东天地和实业控股集团有限公司
6432	深圳前海跨海侠跨境电子商务有限公司
6433	深圳市技加科技有限公司
6434	深圳金蝶账无忧网络科技有限公司
6435	深圳市恒科泰电源科技有限公司
6436	深圳同益新中控实业有限公司
6437	深圳市诚顺德机电科技有限公司
6438	深圳市伟特立光电有限公司
6439	深圳鑫想科技有限责任公司
6440	深圳市慧为智能科技股份有限公司
6441	深圳市科创捷自动化精密设备有限公司
6442	深圳鼎泰福精密工业有限公司
6443	深圳市术雷电子科技有限公司
6444	深圳市耐思特实业有限公司
6445	深圳市凯狮博电子有限公司
6446	深圳华兆科技有限公司
6447	深圳市名歌软件技术有限公司
6448	深圳市锐谷科技有限公司
6449	深圳市隆客色电子技术有限公司
6450	深圳琦富瑞电子有限公司
6451	深圳前海锦泽实业有限公司
6452	深圳市深创高科电子有限公司
6453	深圳市力容电子有限公司
6454	深圳多度智能科技有限公司
6455	深圳市森通远科技有限公司
6456	深圳市金泰壹电子有限公司
6457	深圳万和兴电子有限公司
6458	深圳市科仕美塑胶模具有限公司
6459	深圳市锐创新科技有限公司
6460	深圳市景晔交通器材有限公司
6461	深圳市金蝶天燕云计算股份有限公司
6462	深圳市奥宇达电子有限公司
6463	深圳市诺科科技有限公司
6464	深圳市晟楷桦建筑工程有限公司
6465	深圳澳东检验检测科技有限公司
6466	深圳市天博检测技术有限公司
6467	深圳云安宝科技有限公司
6468	深圳优尼信息技术有限公司
6469	深圳市安达凯科技有限公司

（续表）

序号	单位名称
6470	深圳市易宏达机电设备有限公司
6471	深圳市浩能科技有限公司
6472	深圳市金泉益科技有限公司
6473	深圳铂睿智恒科技有限公司
6474	深圳市亿控电子科技有限公司
6475	深圳市威尔达电子有限公司
6476	智科光光电（深圳）有限公司
6477	深圳市前海能源科技发展有限公司
6478	深圳市中深装建设集团有限公司
6479	深圳市金石三维打印科技有限公司
6480	深圳市正基电子有限公司
6481	深圳市大树生物环保科技有限公司
6482	深圳市速加科技有限公司
6483	深圳市鑫联盈科技有限公司
6484	深圳英驱新能源有限公司
6485	深圳市海太瑞成光缆有限公司
6486	深圳市华诚彩印纸品包装有限公司
6487	深圳市倍康美医疗电子商务有限公司
6488	深圳市好拍档信息技术有限公司
6489	深圳市联巨兴科技有限公司
6490	深圳市腾浪再生资源发展有限公司
6491	深圳市领耀东方科技股份有限公司
6492	深圳市宝润兴业互联网信息服务有限公司
6493	深圳市迈拓铝设备技术有限公司
6494	深圳智空未来信息技术有限公司
6495	深圳市凯思特信息技术有限公司
6496	深圳市拔超科技有限公司
6497	深圳市远望谷锐泰科技有限公司
6498	深圳市拓宝莱照明科技有限公司
6499	深圳市派沃新能源科技股份有限公司
6500	深圳市康能富盛压铸制品有限公司
6501	深圳市博为光电股份有限公司
6502	深圳市沃特瑞迪科技有限公司
6503	深圳池航科技有限公司
6504	深圳市好时达电器有限公司
6505	深圳市硅谷明天科技发展有限公司
6506	深圳市百盛传动有限公司
6507	深圳市全印图文技术有限公司
6508	车大福（深圳）科技有限公司
6509	腾讯科技（深圳）有限公司
6510	深圳微众信用科技股份有限公司
6511	深圳市森安科技有限公司
6512	深圳市中兴微电子技术有限公司
6513	深圳市上河图模型有限公司
6514	深圳市协源塑胶五金模具有限公司
6515	深圳市粤百翔科技有限公司
6516	乙达科技（深圳）有限公司
6517	深圳市常丰激光刀模有限公司
6518	深圳市易海现代服务业有限公司
6519	深圳劲嘉盒知科技有限公司

（续表）

序号	单位名称
6520	深圳市嘉石机电工程设计有限公司
6521	深圳市销邦科技股份有限公司
6522	深圳市维尔乐思科技有限公司
6523	深圳市君和睿通科技股份有限公司
6524	深圳国裕智能电子有限公司
6525	深圳市酷商时代科技有限公司
6526	雅成电子（深圳）有限公司
6527	深圳市智芯茂科技有限公司
6528	深圳市纽瑞芯科技有限公司
6529	深圳市逸云天电子有限公司
6530	深圳市宇驰检测技术股份有限公司
6531	深圳市飞霞电器有限公司
6532	深圳市合尔为科技有限公司
6533	深圳市宇驰环境技术有限公司
6534	深圳市华天通科技有限公司
6535	深圳银迅科技有限公司
6536	深圳市同乐安防设备有限公司
6537	深圳视爵光旭电子有限公司
6538	深圳煜炜光学科技有限公司
6539	深圳市新星联合管道有限公司
6540	易联科技（深圳）有限公司
6541	深圳市神州动力数码有限公司
6542	广东汉瑞通信科技有限公司
6543	深圳市西伦土木结构有限公司
6544	深圳市乐凡信息科技有限公司
6545	深圳市海芯电池有限公司
6546	深圳滨海航空文化科技有限公司
6547	深圳众源信息技术有限公司
6548	深圳市奇音电子有限公司
6549	深圳市泰屹科技有限公司
6550	深圳市海吉科技有限公司
6551	深圳市通茂机电设备有限公司
6552	深圳国人科技股份有限公司
6553	深圳市川大智胜科技发展有限公司
6554	深圳市讯和通科技有限公司
6555	深圳市鸿圆机械电器设备有限公司
6556	雷日光电（深圳）有限公司
6557	深圳市金瑞凯利生物科技有限公司
6558	深圳市海理焊锡制品有限公司
6559	深圳盛必达通信有限公司
6560	深圳市集品实业有限公司
6561	深圳市奥游科技有限公司
6562	深圳蓝韵生物医疗科技有限公司
6563	深圳市慧创源环保科技有限公司
6564	深圳市赛飞奇光子技术有限公司
6565	深圳市前海喜越科技有限公司
6566	深圳市欣达兴电子科技有限公司
6567	深圳市普瑞科斯电子有限公司
6568	深圳市华熠科技有限公司
6569	深圳市山禾乐科技开发有限公司

（续表）

序号	单位名称
6570	深圳市赛纳电子科技有限公司
6571	深圳市博诺技术有限公司
6572	深圳市西博泰科电子有限公司
6573	深圳市欧德深科技有限公司
6574	深圳市晶兴科技有限公司
6575	深圳市艾德化学品科技有限公司
6576	深圳市康瑞通精密仪器有限公司
6577	深圳市摩尔斯科技有限公司
6578	深圳市森日有机硅材料股份有限公司
6579	深圳卡特加特智能科技有限公司
6580	深圳市盛福来电机科技有限公司
6581	深圳市楠轩光电科技有限公司
6582	深圳麦格米特电气股份有限公司
6583	深圳海福地电子科技有限公司
6584	深圳市氢蓝时代动力科技有限公司
6585	深圳市爱特爱全优润滑技术工程有限公司
6586	深圳市宏商材料科技股份有限公司
6587	敦泰电子（深圳）有限公司
6588	深圳市优行航空服务有限公司
6589	深圳市尚德尔科技有限公司
6590	深圳市佳信捷智慧物联有限公司
6591	深圳城科科技有限公司
6592	彩迅工业（深圳）有限公司
6593	深圳市明安伟业科技有限公司
6594	深圳市讴旎科技有限公司
6595	深圳市建和智能卡技术有限公司
6596	深圳市蓝色贝壳科技有限公司
6597	深圳市修诚文化传播有限公司
6598	深圳市励拓致远科技有限公司
6599	深圳市天和时代电子设备有限公司
6600	深圳市利美泰克自控设备有限公司
6601	深圳市裕富照明有限公司
6602	深圳市优发科技有限公司
6603	深圳市优乐学科技有限公司
6604	深圳市长亮科技股份有限公司
6605	深圳市南华中天科技有限公司
6606	赋思科技（深圳）有限公司
6607	深圳国政科技有限公司
6608	深圳市烁讯电子有限公司
6609	深圳市安堡德信息技术有限公司
6610	深圳市威斯登信息科技有限公司
6611	深圳市鑫卡立方智能科技有限公司
6612	深圳简单医疗科技有限公司
6613	汉仪科技（深圳）有限公司
6614	深圳雾芯科技有限公司
6615	深圳汉阳天线设计有限公司
6616	深圳慈航无人智能系统技术有限公司
6617	深圳市中科先见医疗科技有限公司
6618	深圳市凯东源现代物流股份有限公司
6619	深圳航天科创智能科技有限公司

（续表）

序号	单位名称
6620	深圳神盾卫民警用设备有限公司
6621	深圳市捷仕朗智能科技有限公司
6622	深圳米乔科技有限公司
6623	深圳市贝斯特精工科技有限公司
6624	深圳易行机器人有限公司
6625	深圳思洛普科技有限公司
6626	深圳市力拓光电科技有限公司
6627	深圳市京泰防护科技股份有限公司
6628	深圳市美迪科生物医疗科技有限公司
6629	深圳市合元科技有限公司
6630	深圳市魔意科技有限公司
6631	深圳市回波医疗器械有限公司
6632	深圳市黑卡科技有限公司
6633	翊诚科技（深圳）有限公司
6634	深圳市爱康泉水处理服务有限公司
6635	深圳冰川网络股份有限公司
6636	深圳市梅杨食品安全技术有限公司
6637	深圳市蓝巨科技有限公司
6638	深圳市铭远华创科技有限公司
6639	深圳市强生光电科技有限公司
6640	深圳讯豪信息技术有限公司
6641	深圳市凯全通信科技有限公司
6642	深圳市龙岗远望软件技术有限公司
6643	乐乎科技（深圳）有限公司
6644	深圳市纽贝尔电子有限公司
6645	深圳银雁数据科技有限公司
6646	赛昂斯（深圳）智能科技有限公司
6647	深圳市普瑞康生物技术有限公司
6648	深圳前海硬之城信息技术有限公司
6649	深圳市希立仪器设备有限公司
6650	深圳市元秦生物科技有限公司
6651	中际物联科技（深圳）有限公司
6652	深圳市昕凯数控设备有限公司
6653	深圳市星商电子商务有限公司
6654	长兴智能科技（深圳）有限公司
6655	深圳英之泰教育科技有限公司
6656	瓜藤科技（深圳）有限公司
6657	深圳市华翰鸿运国际物流技术有限公司
6658	深圳市宙视达科技有限公司
6659	深圳市中软易通科技有限公司
6660	深圳市弘安盛电子有限公司
6661	深圳市百瑞琪医疗器械有限公司
6662	深圳市弘盛优创机电工程设计有限公司
6663	深圳华棠景观事务所有限公司
6664	深圳东灏兴科技有限公司
6665	深圳爱米基因科技有限责任公司
6666	深圳市金威士得科技有限公司
6667	深圳市研唐科技有限公司
6668	深圳市雷色光电科技有限公司
6669	深圳市博软通科技开发有限公司

（续表）

序号	单位名称
6670	深圳科尔新材料科技有限公司
6671	深圳市飞思腾科技有限公司
6672	深圳唯爱智云科技有限公司
6673	深圳浩翔光电技术有限公司
6674	深圳斐视沃德科技有限公司
6675	深圳水木空间建筑设计有限公司
6676	深圳市德力士自动化科技有限公司
6677	深圳市冠深泰科技有限公司
6678	深圳市盘古环保科技有限公司
6679	深圳市是源医学科技有限公司
6680	深圳市朗司医疗科技有限公司
6681	深圳市久一电子有限公司
6682	深圳市思拓微电子有限公司
6683	深圳市喜悦智慧数据有限公司
6684	深圳锐沣科技有限公司
6685	深圳市东铭电机有限公司
6686	深圳市奥创科技开发有限公司
6687	深圳市晶视科实业有限公司
6688	深圳深浦电气有限公司
6689	四块科技（深圳）有限公司
6690	深圳市协川科技有限公司
6691	深圳市华胜建设工程有限公司
6692	科通工业技术（深圳）有限公司
6693	深圳市文鼎特电子科技有限公司
6694	深圳市家乡游网络科技有限公司
6695	深圳市禾葡兰信息科技有限公司
6696	深圳市国元鼎盛科技有限公司
6697	深圳市蔚科电子科技开发有限公司
6698	深圳市博懋科技有限公司
6699	深圳市工易付电子科技有限公司
6700	深圳市祥根生物科技有限公司
6701	深圳市赛迈科技有限公司
6702	深圳市瑞德医疗科技有限公司
6703	深圳衣全球联合设计有限公司
6704	深圳市鼎盛智能技术有限公司
6705	深圳市一格教育科技有限公司
6706	深圳添锦辉光电科技有限公司
6707	深圳市宝莱纳科技有限公司
6708	深圳市和尔普技术有限公司
6709	深圳市房多多网络科技有限公司
6710	深圳市富云帝科技有限公司
6711	深圳华石供应链科技有限公司
6712	深圳市数力科技有限公司
6713	易联亿客（深圳）智能科技有限公司
6714	深圳前海壹互联科技投资有限公司
6715	深圳中微电科技有限公司
6716	深圳市众森电子有限公司
6717	深圳市星河科创智能自动化技术有限公司
6718	深圳思畅机器人系统有限公司
6719	深圳市建源达镜业科技有限公司

（续表）

序号	单位名称
6720	深圳默辉生物科技有限公司
6721	深圳市联创三金物联网科技有限公司
6722	深圳市图微安创科技开发有限公司
6723	深圳市明辉达塑胶电子有限公司
6724	深圳市新超越弹簧设备有限公司
6725	深圳市宝国电子科技有限公司
6726	深圳市商票圈科技有限公司
6727	深圳太太药业有限公司
6728	深圳富集新能源科技有限公司
6729	深圳市阿卡索资讯股份有限公司
6730	深圳市亿铭欣精密塑胶模具有限公司
6731	深圳市万联芯科技有限公司
6732	深圳至汉装备科技有限公司
6733	深圳市浩霸电池有限公司
6734	深圳市快视电子有限公司
6735	深圳市慧传科技有限公司
6736	深圳市优威高乐技术有限公司
6737	深圳市星点点科技有限公司
6738	深圳市金世纪工程实业有限公司
6739	深圳臻像科技有限公司
6740	深圳市轱辘车联数据技术有限公司
6741	深圳市智驾实业有限公司
6742	深圳市威思嘉科技有限公司
6743	深圳天之行电器有限公司
6744	广东润联信息技术有限公司
6745	深圳市联合力创科技有限公司
6746	深圳市钱海网络技术有限公司
6747	深圳市万名科技有限公司
6748	和合数据科技（深圳）有限公司
6749	深圳算子科技有限公司
6750	深圳南科超膜材料技术有限公司
6751	深圳市卡美特电子技术有限公司
6752	深圳市洪桦环保科技有限公司
6753	深圳市查策网络信息技术有限公司
6754	深圳市赛格导航科技股份有限公司
6755	深圳市伊元科技有限公司
6756	深圳高力特通用电气有限公司
6757	深圳市汇健医疗工程有限公司
6758	深圳市劳斯韦伯科技有限公司
6759	深圳市晨讯物联科技有限公司
6760	深圳市鸿和达智能科技有限公司
6761	深圳市日水机械设备有限公司
6762	洲磊新能源（深圳）有限公司
6763	深圳市博迪科技开发有限公司
6764	深圳市拓保软件有限公司
6765	深圳市和创互动科技有限公司
6766	声海电子（深圳）有限公司
6767	深圳保时健生物工程有限公司
6768	深圳市志煌科技有限公司
6769	深圳联芯微电子科技有限公司

（续表）

序号	单位名称
6770	深圳市博源电子商务有限公司
6771	深圳市博屹电子有限公司
6772	深圳市伟华联合科技有限公司
6773	高榕科技（深圳）有限公司
6774	深圳领威科技有限公司
6775	维尼健康（深圳）股份有限公司
6776	晶准生物医学（深圳）有限公司
6777	深圳方泰新材料技术有限公司
6778	深圳智慧光迅信息技术有限公司
6779	艺之卉时尚集团（深圳）有限公司
6780	深圳市沛承隆辉环保有限公司
6781	深圳市祈飞科技有限公司
6782	深圳市智宇鑫科技有限公司
6783	深圳市中科同辉科技有限公司
6784	深圳市兆新能源股份有限公司
6785	深圳尚玛网络科技有限公司
6786	深圳市老爸当家科技有限公司
6787	深圳市华阳国际工程造价咨询有限公司
6788	深圳市鸿盟兴机电设备制造有限公司
6789	深圳莱瑞多媒体技术有限公司
6790	深圳市创芯智汇电子科技有限公司
6791	深圳市科瑞特自动化技术有限公司
6792	深圳市华芯机器人技术有限责任公司
6793	深圳市环视通数字技术开发有限公司
6794	深圳市华裕祥塑胶模具有限公司
6795	深圳市明灯科技有限公司
6796	柏悦科技（深圳）有限公司
6797	深圳八度光电科技有限公司
6798	深圳市瑞琪世纪软件技术有限公司
6799	深圳市聚商鼎力网络技术有限公司
6800	企鹅软件（深圳）有限公司
6801	深圳市淳睿科技发展有限公司
6802	深圳德谱仪器有限公司
6803	深圳市知穹科技有限公司
6804	深圳市拓迈科技有限公司
6805	深圳市晟丰达科技有限公司
6806	深圳市哲扬科技有限公司
6807	深圳市鑫宏博照明有限公司
6808	深圳市中正测绘科技有限公司
6809	深圳市伟勤自动化设备有限公司
6810	深圳向一智控科技有限公司
6811	深圳市微润灌溉技术有限公司
6812	深圳市灰度工业设计有限公司
6813	深圳市农科蔬菜科技有限公司
6814	深圳市云天智能通讯有限公司
6815	肃木丁建筑设计咨询（深圳）有限公司
6816	深圳讴法科技有限公司
6817	深圳学无国界教育科技有限公司
6818	深圳市脉威时代科技有限公司
6819	深圳市磐峰智能科技有限公司

（续表）

序号	单位名称
6820	中戈科技有限公司
6821	深圳市沙利文生物科技有限公司
6822	深装总建设集团股份有限公司
6823	深圳市天宇通电子科技有限公司
6824	深圳市中创智远科技有限公司
6825	深圳市浩太科技有限公司
6826	深圳光子晶体科技有限公司
6827	精锐动力科技（深圳）有限公司
6828	深圳万狼科技有限公司
6829	深圳市晶美声电子科技有限公司
6830	深圳麦迈科技有限公司
6831	深圳迪华智能科技有限公司
6832	深圳市壹登科技有限公司
6833	深圳市五分钟洗车科技有限公司
6834	深圳市豌豆机器人科技有限公司
6835	和域医疗（深圳）有限公司
6836	深圳天朗环保工程有限公司
6837	深圳市静音科技有限公司
6838	深圳市瑞彩电子技术有限公司
6839	深圳市技雄信息技术有限公司
6840	深圳市力特实业发展有限公司
6841	深圳市数队科技有限公司
6842	尊爵智能（深圳）物联有限公司
6843	深圳市斯迈耐特科技有限公司
6844	深圳西大仪器有限公司
6845	深圳市安科创科技有限公司
6846	深圳市梅丽纳米孔科技有限公司
6847	深圳市派旗纳米技术有限公司
6848	深圳尊一品科技有限公司
6849	深圳市益百分实业有限公司
6850	深圳趣动智能科技有限公司
6851	深圳比利美英伟营养饲料有限公司
6852	深圳市米珂暖通设备有限公司
6853	深圳市美深威科技有限公司
6854	深圳市创捷科技有限公司
6855	深圳市邦嘉实业有限公司
6856	深圳市汇德绘设计事务有限公司
6857	深圳市魅鸟科技有限公司
6858	洪都天顺（深圳）科技有限公司
6859	深圳市瑞邦环球科技有限公司
6860	深圳市泰欣能源科技有限公司
6861	深圳市衡兴安全检测技术有限公司
6862	深圳市骐麟激光应用科技有限公司

（续表）

序号	单位名称
6863	深圳威宇佳智能控制有限公司
6864	深圳市精益精科技有限公司
6865	深圳上达生态环境科技有限公司
6866	深圳传奇无限网络有限公司
6867	深圳市科航科技发展有限公司
6868	深圳市捷丰泰科技有限公司
6869	深圳市金琰科技有限公司
6870	深圳华影数美科技有限公司
6871	深圳市卓艺泛亚设计有限公司
6872	深圳市基克纳科技有限公司
6873	深圳玛特照明设计顾问有限公司
6874	深圳市高新兴科技有限公司
6875	深圳市伟业永升科技有限公司
6876	深圳市立美特科技有限公司
6877	深圳市丽德宝纸品有限公司
6878	深圳市唯绿农产品有限公司
6879	深圳市齐芯微电子有限公司
6880	深圳易佳特科技有限公司
6881	深圳市时代万网科技有限公司
6882	深圳凝方科技有限责任公司
6883	深圳市美盛源精密五金有限公司
6884	深圳市库卡自动化设备有限公司
6885	深圳市卓力能电子有限公司
6886	深圳市鹏家数字科技有限公司
6887	深圳市东华机械设备有限公司
6888	深圳市诺盛豪自动化有限公司
6889	深圳市长卓电子科技有限公司
6890	深圳市元维科技有限公司
6891	深圳快门摄影器材有限公司
6892	深圳市福田建安建设集团有限公司
6893	深圳市爱格丽生物科技有限公司
6894	深圳市鼎源精密塑胶有限公司
6895	深圳市家家分类科技有限公司
6896	深圳柏德医疗科技有限公司
6897	深圳市掌潮科技有限公司
6898	深圳市奥芯博电子科技有限公司
6899	深圳市誉娇诚科技有限公司
6900	深圳市胜德意建筑资源科技有限公司
6901	深圳市雄昌厨房设备有限公司
6902	深圳市盛讯达科技股份有限公司
6903	海通科创（深圳）有限公司
6904	深圳市施美乐科技股份有限公司
6905	深圳市润德贤食品科技有限公司

（续表）

序号	单位名称
6906	深圳市凯卓邦科技有限公司
6907	深圳康诚博信科技有限公司
6908	深圳市犇越科技有限公司
6909	深圳市冰海科技有限公司
6910	深圳市深联科技有限公司
6911	宝德仕电玩制造（深圳）有限公司
6912	深圳市可诺数码科技有限公司
6913	深圳市瑞泊科技有限公司
6914	经纬医疗器材制造（深圳）有限公司
6915	深圳市富泰和精密制造股份有限公司
6916	深圳市索瑞达电子有限公司
6917	赤湾集装箱码头有限公司
6918	深圳市创欣仪表设备有限公司
6919	深圳市汉欣诺电子有限公司
6920	深圳市深电能售电有限公司
6921	深圳市易普拉斯工业有限公司
6922	深圳市美师傅科技有限公司
6923	深圳市明达电子有限公司
6924	深圳会众生物技术有限公司
6925	深圳市前海乐成科技有限公司
6926	深圳市韦斯特安防技术有限公司
6927	深圳市英诺美达科技有限公司
6928	深圳市众采堂艺术空间设计有限公司
6929	深圳市禾讯数字创意有限公司
6930	深圳市亚联讯网络科技有限公司
6931	深圳市荣诚通科技有限公司
6932	中航华东光电深圳有限公司
6933	深圳市南海高新科技有限公司
6934	深圳市共进电子股份有限公司
6935	深圳市偶然科技有限公司
6936	深圳市大创科技信息有限公司
6937	深圳小洲生态环境有限公司
6938	深圳市芯仙半导体有限公司
6939	深圳市和芯润德科技有限公司
6940	全屋优品电子商务（深圳）有限公司
6941	深圳市羽微电子有限公司
6942	深圳市博视系统集成有限公司
6943	深圳市尹泰明电子有限公司
6944	深圳市小贝科技有限公司
6945	深圳市振阳软件开发有限公司
6946	深圳市骏飞实业有限公司
6947	深圳市友林电子有限公司

第七篇 科技服务体系

Technology Service System

第一章 政策咨询与服务机构

一、深圳市科技专家委员会办公室

（一）机构职能

深圳市科技专家委员会（以下简称“专家委员会”）原名深圳市科技顾问委员会，是深圳市人民政府于1996年批准成立，由具有较高科学技术水平和丰富的实践经验、具备开拓创新精神的科学技术工作者所组成的深圳市政府的科学技术咨询智囊机构。专家委员会常设机构专家委办公室（以下简称“专家委办”），归属于深圳市科学技术协会领导，其前身是深圳市技术引进评议咨询委员会办公室，成立于1986年，是深圳市财政全额拨款的事业单位。

专家委办的宗旨是发挥各类专家和学者的聪明才智，积极推动深圳市科技、经济、社会全面进步，提高政府决策民主化和科学化水平。专家委办的主要任务是接受深圳市政府及有关部门委托，对政府中长期科学技术研究发展规划和计划制定、重大科技项目立项、重大科技成果评价提供咨询、论证、建议。对深圳市高新技术产业发展战略、方针、政策、法规、办法等提出咨询建议，参与政府科技资源配置的评审工作。对深圳市科技改革、科研机构设置及调整、科技人才引进和培养、国内外科技交流活动和国际合作开展等工作提出咨询建议。

（二）科技工作

1.承担科技项目的评审工作

2020年专家委办在深圳市科学技术协会正确领导下，以习近平新时代中国特色社会主义思想为指引，深入学习贯彻习近平总书记对广东重要讲话和对深圳工作重要批示指示精神，紧紧围绕深圳市中心工作及“双区建设”战略机遇，克服新冠疫情的影响，努力使各项工作有序推进。

截至2020年12月6日，专家办会先后承接了深圳市盐田区、龙华区、龙岗区、宝安区有关部门及深圳市人社局和深圳市科学技术协会的委托，组织了44批次共603名专家，对3479个项目进行了评审，为政府部门提供科学决策依据。

此外，2020年专家委办承担主管部门深圳市科学技术协会的评审任务包括2020年度深圳市青年科技奖受理及评审、2020年度科学技术普及项目评审、2020年深圳市科学技术协会软课题项目受理及专家评审、2019年度深圳市科学技术协会软课题项目验收评审、2020年度深圳市科协学会学术专项活动评审。专家委办全年累计组织了11批次共75名专家，对846个项目进行评审。

其中，专家委办承担2020年度青年科技奖评定全过程工作，最终共评选出8位获奖候选人；负责深圳市科学技术协会的软课题项目管理全过程工作，并确立软课题题目15个，经书面和答辩评审，推荐申报单位6个；负责起草《深圳市科协专家评审费用管理办法》，经党组会议审议通过后正式实施。

2.开展专家学术交流活动

专家学术活动是专家委办2020年开展的重点工作，对活跃深圳市学术气氛、增进科技交流与合作具有重要意义。2020年初，专家委办与深圳商报合作开展2020年专家学术活动，打造“科技专家研讨会”系列活动。系列研讨会以最新科技热点和前沿事件为话题，组织深圳科技专家进行讨论，发挥深圳科技人才建言献策作用。

研讨会全年共举办8场，主题分别为“深圳智造新场景”“5G与新基建”“‘新基建’与智慧城市建设”“海洋新城建设”“2035年深圳智慧城市畅想”“智能创新计算”“海水稻与国家生态粮仓”“先行示范的深圳科普模式”；邀请华为、腾讯、浙大、深大、华大海洋、深圳市人工智能协会及中科院深圳先进技术研究院等国内外知名的机构演讲嘉宾30人；首次启动线上直播，线上直播流量突破200万次，线下共计吸引了数千人参会。

3.扩建科技志愿服务队伍

根据《中国科协科普部关于进一步做好科技志愿服务有关工作的通知》（科协普函基字〔2019〕49号）以及《科技志愿服务管理办法（试行）》有关要求，2020年专家委办将科技志愿服务工作进一步落实。全年科技志愿服务总队成员不断走访鼓励各协会学会及科技类企业加入科技志愿服务队伍并成立科技志愿服务分队。其中，深圳市南山区科协和罗湖区科协积极发展下属各协会学会成立志愿服务队。截至2020年12月，共成立志愿服务分队130余支，吸纳2500余人加入开展科技志愿服务。深圳市各科技志愿服务分队全年服务帮助100余家小微型企业和社区街道。

面对新春期间疫情防控形势，总队响应国家疫情防控部署，率先开展科技志愿服务工作，推出“抗击疫情 科学家在行动”大型公益活动，组织深圳科学家录制疫情科普视频，助力企业复工复产。截至2020年6月中旬，20余名不同领域的科技工作者参与视频录制，视频点击量超600万。此外，总队委托深圳商报开发“深圳市科技志愿服务”微信公众号，并于2020年10月上线运营，解决了志愿者和分队注册登记、活动发布、志愿者招募等问题。

2020年11月18日，科技志愿服务分队座谈会召开，21支分队代表参加会议，专家委办代表对科技志愿服务补贴项目申报事项进行解读，深圳市科学技术协会党组书记林祥出席会议并发表重要讲话。

4.建设管理科技专家库

专家委办2020年通过新媒体广泛宣传并受理，征集了一批新专家入库并加强专家库日常维护管理，致力把该专家库建设成为深圳市规模最大、专业门类最齐全、管理最规范、社会影响最大、诚信度最高、最实用的科技专家库，为专家委办组织的科技项目评审和决策咨询工作提供有力智力保障，也为其他单位提供专家资源。

二、《深圳特区科技》杂志社

（一）概况

《深圳特区科技》杂志于1984年创刊，是由深圳市科学技术协会主管，经国家新闻出版署正式批准，国内外公开发行的科技杂志。杂志每月面向全国发行5万册，读者涵盖企业创始人、经营者及投资者，以报道特区科技事业成就、科技工作动态、科技成果转化等为主要内容，突出介绍港澳台及海外科技发展新进展，对促进科技交流合作具有重要意义。

（二）科技工作

2020年，杂志社全年累计出版4期（双月刊，其中合刊两期）《深圳特区科技》杂志，着重阐述了深圳战略新兴产业概貌，内容涵盖互联网、新能源、新材料、新一代信息技术等领域以及新冠肺炎科技创新、深圳特区建立40周年、第二十二届中国国际高新技术成果交易会等多个主题方向，从侧面记录深圳科技产业发展的轨迹。

同年，杂志社承编出版《深圳科技年鉴》（2020年卷），汇编深圳市全年度科技系统的重要统计数据以及权威报告，为政府部门及科研单位决策提供参考依据，是反映深圳科技事业发展变化的综合性史料文献和参考书。

（三）科普活动

2020年《深圳特区科技》杂志社承办“科普进社区、进校园、进工业园区”系列活动共计7场。活动通过展览、体验、实操等形式，让社区居民和中小学生将科普知识融入学习与生活，引领市民了解科学技术给生活带来的变化与影响，引导其树立全民学科学、爱科学、用科学的良好风尚，全面提升市民的科学素质。

“科普进社区”活动先后走进宝安区和福田区的6个街道4个社区公园及2所学校，围绕2020年深圳市首届科普月各区科普成果展和科普嘉年华系列主题开展科普活动。其中，科普活动宝安区开展3场，含“科普进校园”2场，福田区开展科普活动5场。全年的科普活动通过展览展示、讲解、互动体验等方式向社区民众及青少年学生普及科学知识。

第二章 科技交流

一、深圳市科学馆

（一）机构职能

深圳市科学馆（后文简称“市科学馆”）于1987年建成，属深圳市科协直属具有独立法人资格的财政核拨补助事业单位，位于深圳市福田区上步中路和深南中路交汇处，建筑面积约12000平方米，常设科普展厅及活动面积约5000平方米。

市科学馆设有常设展厅三层，共五个主题展区，分别是创造展区、探索展区、思维展区、引领展区和水展区。在科普活动方面，市科学馆开发了科普3D电影、电磁大舞台、科学表演、亲子实验室等多个新型科普项目，不定期开展专题展览，成为深圳市实施科教兴国和科教兴市战略、普及科技知识、提高公众科学文化素养的科普教育基地。

据统计，2020年，在严格落实省市疫情防控工作的基础上，市科学馆开馆共计210天，参观流量约10万人次，累计接待学校和社会各类团体14个，科普展教和科普活动优化升级，深圳科技馆（新馆）建设持续推进。

（二）科普展教和科普活动

2020年，在响应落实各级部门关于新冠疫情防控工作要求的基础上，市科学馆扎实开展科普工作，积极谋划场馆功能定位转型升级，集中力量推进深圳科技馆（新馆）建设进度，各项工作有序开展。

1.防控新冠疫情，做好应急保障工作

新冠疫情发生以来，市科学馆落实各级部门防控要求，成立新冠肺炎防控工作组，由馆长担任组长，各部门负责人及物业管理人员担任组员，以严格标准、细致措施、硬性要求落实新冠肺炎疫情防控工作，做好应急保障和科普工作。

（1）及时开展应急科普宣传工作

及时开展线上科普，第一时间助力疫情防控。一是及时发声，坚定科普宣传立场。2020年1月23日，市科学馆官方网站紧急转发《怎样预防“新型冠状病毒”？》《权威解读新型冠状病毒的传染性有多强？如何避免中招？》《防御“新型冠状病毒”人人要做8件事》等疫情科普文章。二是场馆联动，建立防疫科普联盟。2020年2月5日至28日，市科学馆微信公众号连续发布《对抗疫情，全国科技馆在行动！科学实验挑战赛等你来！》《深圳市科学馆邀您参加“新型冠状病毒肺炎科普知识有奖竞答活动”》《“科学防疫抗疫，使命有你有我”主题科普征文启事》，与全国科技馆携手共话科普，共抗疫情。

组织线下科普，充分发挥科普宣传能力。一是紧急制作张贴防疫科普海报，打好疫情防控宣传仗。2020年1月23日，市科学馆紧急部署科普宣传任务，就疫情展开科普工作，在场馆周边张贴包括“新型冠状病毒感染的肺炎健康科普知识”“戴口罩的正确方法”“洗手的正确方法”等主题在内的疫情专题海报。2020年2月6日，市科学馆将深圳市科技传播促进会捐赠的科普小手册及时发放给场馆内企业租户和周边市民。二是2020年2月1日，在深圳市科协的指导下，市科学馆成立“抗击新型冠状病毒肺炎科普橱窗宣传小组”，组织更新“新型冠状病毒防控知识宣传”科普长廊，针对“什么是新型冠状病毒”“新型冠状病毒的传播途径”“前往公共场所怎样预防”“何时就医”等10个公众关心的问题开展科普宣传，提高市民疫情防范能力。

（2）做好场馆安全保障工作

市科学馆按照规定开展场馆消毒，建立防疫工作流程，做好入馆登记、测量体温、信息排查工作，并设置临时隔离点。

市科学馆杨云龙同志春节期间全程坚守工作岗位，被深圳商报及读创App评为“战疫时期深圳同行者”，传递抗疫正能量。

2.承办深圳科普展

市科学馆坚持开展科普工作，2020年开展科普进校园和科普进社区3次，招募科普服务志愿者约1300人次，承办“科技防疫·健康科普”深圳科普展1场，科普工作扎实开展。

（1）更新和改造展品展项

市科学馆坚持展品展项维护更新工作，将展品完好率保持在95%以上。2020年，市科学馆重点维护包含“小球旅行记”和“舞剑机器人”在内的大型展品，布置“学习强安”展项，并对科普剧场进行更新改造。

（2）积极组织科普活动

2020年，市科学馆组织日常科普活动约200场，吸引广大市民群众参与。市科学馆还积极参加各类科普技能比赛，被评为2020年全国科学实验挑战赛优秀组织单位，并在2020年首届深圳科普成果展示大赛中获得二等奖。此外，在第二届深港澳人工智能大赛中，由市科学馆推荐的易趣机器人战队获得VEX IQ挑战赛和VEX VRC挑战赛一等奖。

（3）承办深圳科普展

为迎接首届深圳科普月，在市科协领导下，市科学馆承办了“科技防疫·健康科普”深圳科普展，展览时间为2020年9月1日至2020年10月15日，为期45天。“科技防疫·健康科普”深圳科普展由五个模块构成，分别是“知己知彼·解码病毒”“科研利剑·战疫必胜”“常态化防控·行思行远”“大国担当·先行示范”“市科协在行动”。展览得到了深圳市第三人民医院、华大基因、卫康世洁乐、卡联科技等多家单位的支持，展出“火眼”实验室(气膜版)模型、核酸采样工作站、基因测序仪、呼吸湿化治疗仪、消杀机器人、人脸测温仪等一批在抗疫过程当中立下赫赫战功的科技产品及科技产品模型，展品总计超过60件。该展览使观众对新冠肺炎治疗有更直观的了解，对深圳科技实力有更深刻的认识。据统计，展览共吸引约1.5万人参观，完成满意度调查220份，99%的观众表示有收获。展览期间，媒体报道10余次，覆盖受众50万人，产生了广泛的社会影响。

（4）场馆功能改造升级

服务新时代深圳城市发展战略，全面调整和提升科学馆场馆功能。在提升科普功能方面，一是与深圳市教育局联合打造青少年科技创新展示培育中心；二是加挂“深圳市科普中心”牌子，打造深圳市科普资源的集散中转地；三是购置一批高水平科普展品，提升常设展览质量和水平，提升市科学馆展览口碑。在人才功能方面，一是谋划建设院士专家基地；二是作为中共深圳市科学技术协会党校（深圳市科学技术协会科技人才学院）办学场所；三是布局“科技工作者之家”有关功能，开辟科技工作者交流学习进步的公共空间，服务全市两百多万名科技工作者。

为解决市科学馆建筑外立面破损问题，2020年11月10日，市科学馆邀请大楼建筑原设计师何镜堂院士到市科学馆实地调研，何镜堂院士建议借助改造升级机会，对市科学馆进行内外统筹修缮提升，利用市科学馆区位优势，与新科技馆错位发展，满足场馆转型升级后的科普功能和人才功能，使提升后的市科学馆成为吸引高端人才的抓手和平台、科技工作者之家、老建筑的改造典范。2020年底，市科学馆加紧推动场馆综合改造设计方案工作。

（5）首次获评巾帼文明岗

市科学馆办公室是市科学馆内设机构，现有工作人员5名，其中女性4名，负责市科学馆日常运营管理服务、对外协调组织各类科普活动、处理观众咨询服务、深圳科技馆（新馆）建设综合协调等工作。根据《关于确定2020年度深圳市巾帼文明岗和创岗活动先进个人的决定》（深妇字〔2020〕2号），市科学馆办公室被评为2020年度深圳市巾帼文明岗。

3.开展多个招标项目，推进新馆工作

2020年，在社会公众和各级领导关注下，在市科协全力推动下，深圳科技馆（新馆）建设项目取得重要进展。

（1）启动并完成多个招标项目

完成智慧科技馆设计项目招标工作。2020年5月11日，《深圳科技馆（新馆）展教工程智慧科技馆设计公告》发布。

同年6月，确定中标单位，召开廉政约谈会议，与中标单位签署廉政约谈履约承诺书。截至2020年底初步设计及编制初稿工作开展。

完成二楼公共大厅展示方案及重大展项设计竞赛（方案设计阶段）评审工作。2020年6月1日，发布《深圳科技馆（新馆）二楼公共大厅展示方案及重大展项设计竞赛公告》，吸引国内外优秀设计团队广泛关注，美国、加拿大、日本、英国、葡萄牙、西班牙等国家共44家设计公司参与竞赛。2020年8月，创意征集阶段评审工作完成，选出8家设计单位入围方案设计阶段。同年11月8日评选获奖方案，并后续开展初步设计及深化设计制作工作。

完成整体展教方案创意设计项目招标工作。2020年9月9日，发布《深圳科技馆（新馆）展教工程常设展区整体展教方案创意设计公告》。同年12月，召开展教方案创意设计交流会探讨方案内容，优化方案思路，并召开廉政约谈会议，组织中标单位签署廉政约谈履约承诺书。

完成大部分特效影院建设项目招标工作。2020年9月19日，科普特效影院建设项目系列招标工作启动。同年12月，巨幕立体影院、飞行影院、4D影院、2D/3D激光投影屏幕4个标段完成评标、定标、公示，并进入设计阶段。

（2）配合开展建筑工程相关工作

2020年5月，市科学馆向市建筑工务署提出深圳科技馆（新馆）展厅流线设计方案意见；完成深圳科技馆（新馆）建筑工程可行性研究报告（二次修编）并报深圳市发改委审核，于同年9月正式获得批复；2020年7月8日，举行土石方、基坑支护、桩基工程开工仪式；同年9月，与深圳市深水水务咨询有限公司正式签订土地复垦费用四方监管协议；同年12月，取得深圳科技馆（新馆）建筑工程项目总概算批复。

（3）多次开展专家座谈和调研活动

2020年6月21日，深圳市科学技术协会党组成员、新馆筹建办主任孙楠带队向上海市科学技术协会学习科技馆内容建设；2020年10月15日，孙楠带队前往中国科学院空间应用工程与技术中心及中国科学技术馆，研讨先进场馆建设经验；2020年11月9日，邀请联合国教科文组织“卡林加科普奖”获奖者、中国自然科学博物馆协会名誉理事长李象益开展“深圳科技馆（新馆）专题讲座”；同年12月2日，邀请深圳市建筑工务署工程档案服务项目负责人、深圳市档案馆员开展深圳科技馆（新馆）展教工程档案管理培训讲座。

（4）得到深圳市委市政府及深圳市政协高度关注。

2020年1月22日，深圳市人大常委会副主任蒋宇扬主持召开新馆规划建设工作领导小组第二次会议，时任深圳市委常委、统战部部长林洁及时任深圳市委常委、宣传部部长李小甘参加会议。2020年5月22日，深圳市委常委、统战部部长，深圳市政协党组副书记杜玲到深圳市科学技术协会调研新科技馆项目建设情况。2020年11月27日，深圳市政协副主席王大平组织召开深圳市科技馆功能设计相关事项座谈会。2020年12月15日，杜玲同志和蒋宇扬同志调研市科学馆综合改造提升工作，听取深圳科技馆（新馆）常设展区整体展教内容创意方案汇报。

二、深圳市科技开发交流中心

（一）机构职能

深圳市科技开发交流中心（以下简称“交流中心”）成立于1987年，是深圳市科学技术协会直属具有独立法人资格的事业单位，是国家科技部中国科学技术交流中心在深圳的唯一工作对接单位，是深圳市最早开展国际科技交流合作、引进海外科技人才、举办国内外科技展览、组织科技企业赴海外参展的政府专业服务机构。

作为深圳市科学技术协会重要的民间对外科技交流窗口，交流中心承担中国科协、广东省科协、深圳市科协的科技交流任务，参与国家层面的科技交流活动，推动科技部国际科技合作项目在深圳推介并落实；承担深港澳科技交流合作工作，联系港澳地区科研院所、高校、科技社团及企业，开展面向港澳地区的科技创新交流活动；承担中国科协海智计划广东（深圳）工作基地建设任务，开展海外招才引智及海外人才创新创业服务，致力搭建海外智力为国服务平台；承担深圳国际创新创业服务平台的建设工作，联合政产学研力量，促进国际科技成果在深落地转化；承担组织“中国深圳”科技展团参加国际科技类专业展会工作，助力深圳科技企业开拓海外市场，有力促进深圳科技界、产业界与国际同行的交流合作，引领深圳科技发展前沿。

（二）科技工作

1.发动各方力量，以科技助力抗疫

2020年抗疫防疫工作贯穿始终，交流中心积极发动海智工作站成员、深圳国际创新创业服务平台联盟成员、广大科技工作者以科技助力“战疫”行动，为防疫抗疫贡献力量。10多家海智工作站及20多家双创平台成员单位积极投入到驰援武汉抗疫物资的行动中，并利用科技助力企业复工复产。

2.推进深圳国际创新创业服务平台建设

一是成功举办首届科创中国·深圳创新创业投资大会（以下简称“大会”）。大会企业组与团队组在新一代信息技术、高端装备制造、新材料、数字经济、绿色低碳、生物医药6个行业领域中展开角逐。经过启动仪式、项目征集、分会场初审会、专家终审会、材料审查流程，大会评出2020年度60强项目参与最终闭门对接会与颁奖典礼。大会充分运用资源优势，从深圳市各政府部门、各区科协（科技局）、外地科协、商协会、高校研究院、投资机构等方面征集项目4474个，达到了良好引流效果；充分利用深圳创投领域优势，发动深圳市天使母基金、深圳创新投集团、深圳高新投集团、宝能投资集团、东方富海、同创伟业、松禾资本等投资机构参与，结合线上与线下双向路演模式及优质项目资源，吸引了200余家投资机构与投资人参与终审会，大会投资额超1亿元；充分发挥服务差异化优势，打造了科技经理人服务、投融资服务、银行授信服务、政策支持服务、创业服务、挖掘提升服务等六个创新创业服务体系。同时为参与的项目企业与团队提供政策支持、资本对接支持、银行授信支持、创业服务支持、个人荣誉支持等。

二是落实深圳市科学技术协会相关工作——参与制定《深圳市“科创中国”试点城市建设方案》《深圳市科学技术协会关于贯彻习近平总书记在科学家座谈会上讲话精神的实施意见》《2022年世界科技组织论坛策划方案》以及参与推进落实深圳市科学技术协会“四位一体”组织创新。深圳市科学技术协会推出“科创中国+国际平台+创投大会+双创联盟”四位一体方案，是服务模式创新，更是组织创新，是在深圳技术转移成果转化工作领域的率先尝试。从体系效应看通过四个环节次序联动，有效打通中央和地方以及活动与平台与资源池之间的链接通道。同时体系中的“四位”相互双向流通，互为支撑。通过“四位”合力，高层次人才和硬科技项目的技术转移和成果转化创新生态初具形态。

三是继续运营深圳国际创新创业服务平台。2020年，交流中心对深圳国际创新创业服务平台空间进行2.0版本软装升级；完成深圳国际创新创业生态数据应用平台3.0版本迭代，汇总最新数据，其中人才80个、项目157个（含深大项目40个及深海所项目18个）、园区25家、国高企业17013家、独角兽企业25家、瞪羚企业233家，半导体产业链及无人机产业链2条;完成招才引智项目21个;完成联盟管理办法及章程制定——在深圳创新创业投资大会启动仪式上，同期组织召开联盟启幕大会并策划完成三期联盟产学研合作活动；参与推动光明区分平台建设，并于2020年9月16日正式授牌。

3.创新推进科技交流合作

受全球新冠疫情影响，“中国深圳”科技展团未能成行，国际科技交流合作面临新挑战。为积极应对挑战，交流中心创新工作方式，通过线上线下联动举办科技交流活动。

一是瞄准产学研合作最前沿，举办2020中欧科技创新合作发展论坛。论坛由开幕式暨主旨论坛和四个平行分论坛——2020中欧第三代半导体产业高峰论坛、航空航天科技创新与产业发展论坛、生命科学与生物医药产学研协同创新论坛、数字经济产学研协同创新发展论坛以及中欧创新科技项目路演活动组成。围绕“创新引领发展、合作共赢未来”论坛主题，聚焦中欧科技合作重点领域和重点方向，中国、德国、英国、比利时、芬兰、乌克兰、法国、意大利等国的45名专家在论坛上发表了主题演讲并开展圆桌对话。其中，中国科学院、中国工程院、国际欧亚科学院院士3名，德国国家科学院、德国国家工程院、乌克兰国家科学院院士3名。瑞典、芬兰、英国、法国等国先进制造、生物医药、电子科技领域的高科技团队进行线上路演，与产业投资机构进行精准对接。论坛从多角度、多领域、多学科探讨中欧科技创新交流合作及国际前沿科技成果转化应用新模式新机制，推动中欧企业、科研机构、科技服务业深度融合，为世界经济可持续发展提供新动能。中国科协副主席李洪出席论坛，中国和欧洲相关国家政府官员、行业专家、高校教授和科技企业、产业园区、创新载体、投资机构等代表近800人及企业500余家参加论坛。论坛期间，各媒体及网络平台共发表专题报道50余篇，活动直播观看量达905974人次，云相册点击量达3万余次，获得了高度的社会关注。论坛活动的开展，进一步拓展了国际科技合作渠道，使交流中心与中科协有关部门及多个国家一级学会组织建立了密切联系，汇聚了高端科技和国际创新资源，为今后开展高质量国际科技交流与合作积累了经验。

二是打造“2020深圳科技创新周系列活动”品牌，举办第二届数字化智能制造活动、第二届深港澳人工智能大赛暨AI科普嘉年华活动、健康中国·筑梦未来——国家重大疫情防控与健康产业发展思考论坛，夯实创新要素交流平台。第二届数字化智能制造活动由智能制造发展主论坛与智能制造项目路演两大部分组成，秉承“搭平台、聚共识、谋发展”的宗旨，围绕“智囊荟聚逆战突围”主题，为加快推进制造业创新发展，重新梳理制造业发展动力与脉络，促进中国智造“突围”建言献策。项目路演部分设置产融对接环节，为项目方和投融资机构搭建深度交流平台，促进“智造”项目和科技成果落地发展。第二届深港澳人工智能大赛暨AI科普嘉年华活动赛项数量及嘉年华互动内容量较首届有大幅提升。比赛包括MakeX雷霆营救机器人大赛和MakeX智造大师机器人大赛在内的9项人工智能创新赛事，嘉年华科技展位增至42个，覆盖人工智能方方面面。活动紧贴全球AI技术产业未来发展方向，聚焦青少年群体AI创新教育，有效促进了三地青少年的科技交流和青少年科技创新教育互动。健康中国·筑梦未来——国家重大疫情防控与健康产业发展思考论坛上，包括美国医学与生物工程院院士、俄罗斯工程院外籍院士、深圳大学党委常委、副校长张学记，深圳市第三人民医院党委书记、院长刘磊在内的多位业界大咖出席论坛，分享公共重大疫情防控下的深度思考，探讨疫情之下健康产业的发展趋势、新技术新模式在健康产业发展中所扮演的角色、公共重大疫情危机下的预防与管理方法，吸引了200余名专业听众聆听。作为后疫情时期防疫常态化下的行业高峰论坛，引起了媒体广泛报道，展现了深圳市在科技防疫抗疫和健康产业发展方面所取得的成果，为推动深圳健康产业高质量发展注入强劲动力。

三是举办2020深海科技创新发展论坛系列活动。深圳市委常委杜玲和深圳市人大常委会副主任、深圳市科协主席蒋宇扬出席主论坛活动并致辞，深圳市政府副市长张勇参加闭门会议。活动围绕“以科技创新为引擎，加快培育新兴海洋产业，推动蓝色经济发展”主题，举办深海科技创新发展论坛、闭门会议、深海智能技术与装备学术交流会、深海科考船宣讲会等活动，并组织参会专家到新区坝光片区及涉海相关企业参访。包括国家科技部原部长、院士徐冠华和自然资源部海洋二所所长、院士李家彪在内的权威专家发表主题演讲，共同探讨深海高技术发展现状及趋势，吸引了近千名观众到场聆听。活动期间，中科院深海研究所牵头组织深海智能技术与装备学术交流会和深海科考船宣讲会。同时，将闭门会议的专家意见形成报告上报深圳市政府。深圳市委常委、常务副市长刘庆生批示请深圳市发改委、教育局、科创委相关职能部门结合深圳实际，参考专家建议，加快深圳市海洋科技产业发展，推动全球海洋中心城市建设。

四是聚焦关键领域，助力科技成果转化。组织举办国际科技项目线上路演系列活动。2020年6月4日成功举办北欧创新项目（人工智能专场）线上投融资对接会，同年6月27日成功举办欧洲科创项目线上产融对接活动。两个活动共征集了36个来自瑞典、芬兰、德国、瑞士、奥地利、捷克等欧洲国家的科创项目，甄选了生物医药、智能制造、先进机械制造、清洁能源、环保技术、电子信息等领域10个优秀欧洲科创项目进行线上实时路演，与包括松禾资本、国中创投、涌金集团涌铧投资、正轩投资、华松资本、宝能投资等知名创投机构进行实时云对接。成功举办科创中国ITEC国际技术交易联盟平台全球高新技术线上路演（深圳站）北欧医疗科技专场活动。活动由中国国际科技交流中心主办，中国技术交易所、中国北欧创新创业基地、深圳市科学技术协会联合承办。项目路演精选7个北欧高科技医疗项目和1个德国项目，邀请了挪威驻华大使馆、冰岛驻华大使馆、北欧医疗健康集群、数字科技研究院、中国北欧创新创业基地、国科嘉和、未名新鹏、弘汇投资等机构代表与项目方实时网上互动。举办科创中国 · 深圳创新创业投资大会18场系列路演活动。自2020年8月开始，陆续组织开展"科创中国"深圳硬科技项目路演——科技创新创业投融资对接会，推动优质科技项目与资本集中对接并加速孵化。

4.持续深化深港澳科技交流合作

一是强化深港澳科技联盟组织建设，增进联盟成员协同合作。组织召开深港澳科技交流工作专题座谈会，14个学会协会及相关企业机构负责人围绕如何充分发挥广东省粤港澳合作促进会信息科技专委会作用，共同推动深港澳科技、金融、创意设计等方面的创新合作和协同发展的问题进行深入探讨。与会的成员就帮助企业应对新冠疫情冲击、推动创新科技成果转化、参与建设深圳国际创新创业平台等内容进行交流。统筹组织深港澳科技联盟成员单位举办科技或学术相关领域的深港澳交流活动。如新一代信息技术科普讲座（线上）暨深港澳科技交流活动系列讲座、2020 信息化视听行业高峰论坛、深港澳科技联盟抗疫经验报告暨创新成果发布会等，汇聚联盟力量，整合创新资源，推动区域协同创新，助力粤港澳湾区建设。

二是举办2020粤港澳大湾区青少年无人机科创嘉年华活动，来自广东省9市及港澳188支队伍共529名选手角逐总决赛5项比赛16枚金牌。活动充分利用粤港澳大湾区"9+2"城市群影响力及科技创新优势，打造粤港澳地区具有实质特色的中小学生科技创新竞赛高端品牌，为粤港澳大湾区青少年科技创新教育交流搭建良好平台，促进大湾区科技创新教育融合发展。

三是举办2020年深港科技界交流年度专场活动暨第二届深港澳科技联盟年度专场活动。活动旨在进一步贯彻实施大湾区战略，加强深港澳科技创新合作，主要活动环节包括深港澳科技创新基地参访、系列主题研讨活动、深港澳科技界交流年会年度工作总结会等。活动围绕"创新引领发展，助力双区驱动"主题，邀请深港澳科技界人士开展线上线下互动交流，将深圳毗邻港澳的地缘优势转化为合作优势、创新优势，深化深港澳交流合作，助力粤港澳大湾区战略实施和先行示范区建设。深港澳社团、高校、企业等人才及科研院所专家300余人参与活动。

四是举办2020深港澳科技论坛系列线上活动。该活动在深港澳三地轮流举行，旨在共商深港澳科技发展前景，为深港澳三地及粤港澳大湾区建设建言献策。六场活动主题分别为"智能制造赋能产业发展""深港澳携手，共建5G物联网新生态""新一代信息技术助力智慧城市发展""智慧医疗促进大健康产业发展""电子商务平台发展新趋势""新基建赋能大湾区建设"。共邀请了24位深港澳专家学者和企业精英以线上视频会议形式进行主题分享和综合述评，每场活动均吸引近百位深港澳科技工作者参加，促进了深港澳三地科技社团、企业单位、科技工作者交流与合作。

五是组织香港、澳门、广东高校师生组成"中山大学湾区经济发展研习营"前往立方汇和恒悦创客魔方深圳海智工作站学习交流，青年学子通过实地考察及座谈深入了解中国科协海智计划以及深圳海智工作站服务大湾区创新创业发展方面开展的工作。

5.推进海智计划纵深发展

一是继续开展海智工作站建站工作，推进海智工作。深圳海智基地区别于园区型海智基地实体优势，中心利用学会协会资源，多渠道宣传海智计划，通过发展建立和管理海智工作站，将海智工作触角深入到深圳知名企业、大型国企、协会学会、科技园区、科技院所等，推动深圳海智工作，开展科技人才和项目的引进及合作。2020年，新建和授牌7家海智工作站，累计建立25家海智工作站。

二是进一步强化服务能力建设，不断完善海智工作服务体系建设。第一，发挥中国科协、广东省科协、地方海智工作站桥梁作用。一方面积极推荐深圳海智工作站参与申报中国科协和广东省科协海智项目。招商启航海智工作站的“第二届招商杯创意创新创业大赛”凭借“创意—创新—创业”全链条孵化模式打磨优秀创意和创新产品，成功入选中国科协国际联络部2020年海智计划服务科技经济融合发展行动助力活动评审。另一方面积极推荐深圳企业和海智工作站申报海智基地和省级海智工作站，并协助广东省海智工作站深圳企业开展年度评估工作。第二，2020年首次设立深圳海智合作项目，鼓励工作站开展人才引进及创新创业，受到海智工作站热烈响应。全年共收到33个项目申报，并择优评选出“海归创业交流会”“宝安产业考察行暨‘青创湾区’人才政策宣讲”“科技企业投融资实战论坛”“新基建带来新机遇”等11个项目进行合作，助力海智工作站开展人才交流、政策宣讲、投融资对接、产业信息等海智服务工作。第三，为增强海智工作站黏性，建立常态交流机制。深圳海智基地每季度举办一次海智工作站交流活动，通过交流成功经验并分享资源信息，有效促进各海智工作站业务交流，促进了深圳市科协、园区、协会、入孵企业等资源对接，增强深圳海智工作站之间紧密联结和协同创新。

三是发挥海智工作站优势作用，指导海智工作形成品牌效应。积极支持深圳海智工作站组织开展招才引智项目对接活动，打造品牌项目。深物联工作站的“莲花山之夜”系列活动，是为深物联共同体的专家、企业、项目获得合作发展资源而开展的融资、融智、融市产业社交平台；深圳市留创园工作站积极组织企业参与包括中国海归创业大赛在内的全国性双创活动，为园区企业提供赛前培训及座谈服务，助力企业发展；深圳产学研合作促进会工作站采取“产学研+政府”“产学研+企业”新模式，争取地方政府资源，助力人才落地，推动科技成果转化。

四是协助中国科协海智基地工作座谈交流活动（深圳场）在深圳召开。广东、福建、湖南的11个海智基地及海外人才离岸创新创业基地代表或调研组成员参加会议，分别介绍各自开展引智工作情况和在实际工作中遇到的问题难点。提出新形势下在引智、引技、引资过程中亟待解决的新问题。专家组和基地代表之间积极互动，深入探讨交流各基地在引智过程中政府政策衔接、金融服务、财税政策、经费保障等方面存在的问题和经验。并协助实地考察调研深圳国际创新创业平台、立方汇海智工作站、中国科协（深圳）海外人才离岸创新创业基地、华润集团，听取人才引进服务情况和机构发展经验。

五是协助中国科协完成台湾玉山科技协会两岸青年交流团访问深圳的安排与接待。在为期四天的深圳之旅中，台湾青年交流团走进了深圳国际创新创业服务平台、招商局集团、中国平安、腾讯、中兴通讯等企业和机构进行深度探访。考察活动让台湾青年朋友实地观察到深圳的科技创新和产业发展情况，了解大陆的产业现状及产业趋势，增进了深圳与台湾青年的相互了解和友谊。

第三章 技术推广

一、深圳技术转移促进中心

（一）机构职能

深圳市技术转移促进中心（以下简称“促进中心”）是深圳市科技创新委员会直属正处级事业单位。单位职能主要是贯彻落实技术转移法律法规以及技术转移有关的规划及计划；负责深圳市技术合同登记与技术市场统计分析；负责国家技术转移南方中心运营工作；推动技术转移公共服务平台建设及技术转移交流、合作、技术转移联盟发展，为技术转移机构建设及运营提供咨询服务，并培训技术转移人才；受委托承担国家、省、市创新创业大赛的组织实施等工作；完成主管部门交办的其他工作。

2020年促进中心在深圳市科技创新委员会领导和支持下，克服新冠疫情挑战，统筹推进疫情防控和促进中心业务发展，促使各项工作稳中有进。

（二）科技工作

1.落实技术合同登记工作

一是技术合同登记数量和金额不断增长。据统计，2020年促进中心共登记技术合同11717份，同比增长15%，合同成交额达1036.3亿元，同比增长47%。其中，登记类别为免征流转税的合同有7578份，成交额达521.9亿元，登记类别为其他的合同有4139份，成交额达521.9亿元。

二是在深圳市科技创新委员会网站和微信公众号上定期发布技术转移交易指数和深圳市技术转移及服务机构发展研究报告。技术转移交易指数以50作为技术转移交易活跃强弱的分界点，当交易指数大于50，说明该时期技术转移交易市场处在活跃上升通道，当交易指数小于50，则表示技术转移交易市场活跃度下降，甚至有交易规模缩减趋势。该指数此发布以来，都大于50，表明深圳市技术交易活跃度高。2020年第三季度的深圳市技术转移交易指数为75.1，处于非常活跃的上升通道，增速较第二季度略有回落，但远高于前三年（2017-2019）同期平均水平。

2.完成“深创赛”工作

自2009年以来，深圳市已连续12年举办中国深圳创新创业大赛（以下简称“深创赛”），吸引了3.62万个项目参赛，培育出捷顺科技、汇川技术、金溢科技等11家A股上市企业（含3家科创板），其中海目星和震有科技2020年科创板上市。截至2020年4月，有1388家企业获得国家高新企业认定，620家企业获得深圳市高新企业认定。2020年10月29日，历时192天的第十二届深创赛圆满结束，最终180个项目获奖。该届深创赛，报名人数创历史新高，新基建和疫情相关领域项目引人注目，吸引社会投资约4亿元。

深创赛深圳赛区推荐92家企业参加第九届中国创新创业大赛国赛，最终斩获1等奖1个、三等奖1个、优秀奖56个，获奖率达63.0%。深圳、江苏、浙江均获得2个一、二、三等次奖项，并列第一。深圳市宝安区、南山区、龙岗区获奖数量连续两年在深圳市排名前三。

3.推进技术转移和成果转化科技计划

2020年，促进中心完成2019年度相关科技计划并发布2020年相关科技计划指南。2019年9月份，促进中心首次负责深圳市技术转移和成果转化资助项目及创业资助项目，2020年上半年已全部完成2019年科技计划相关工作。同时，按照深圳市科技创新委员会部署，对外发布2020年技术转移和成果转化资助项目及创业资助项目的项目申报指南。截至2020年底，已完成专项审计、征求市各委办局意见、拟资助项目对外公示、提请审定等相关环节，预计2021年上半年完成相关工作。

4.国家技术转移南方中心建设

一是促进中心完成了深圳科技创新服务大厦（国家技术转移南方中心）概念设计招标工作；推进设计单位进行概念设计；解决了地块被临时占用的难题；与深圳市建筑工务署商议项目移交事宜。

二是加强技术转移机构和人才队伍建设。促进中心技术转移机构备案工作快速推进，2020年共新增15家市级技术转移机构备案。此外，配合火炬中心人才培养要求，推进南方中心人才培养基地举办3次初级技术经纪人培训，累计培训198名持证技术经纪人。

5.出台政策文件

2020年，促进中心起草了《深圳市技术合同技术性收入享受税收优惠管理办法》，截至2020年底，完成了深圳市科技创新委员会和深圳市税务局意见征求、对外公众意见征求、提请委务会审定的工作，并提请深圳市司法局审议，预计2021年内与深圳市国家税务局共同发布该管理办法。

同年，促进中心完成《深圳科技悬赏项目管理办法》意见征求工作，根据反馈，拟修改后再次征求委外意见。

6.强化信息化工作

2020年，为及时响应疫情防控要求，促进中心开发并上线运行了技术合同登记不见面网上办理系统；为确保2020年深创赛如期进行，促进中心完善深创赛网上报名系统功能模块；为确保业务系统正常运行，促进中心完成了2020年度信息化服务合同签订工作；2020年4月，促进中心按深圳市科技创新委员会相关要求，完成云主机租用合同工作，继续租用超算中心云主机；2020年6月底，为避免深圳市统计局机房搬迁影响，确保日常办公网络畅通，促进中心重新布线网络。

二、深圳软件行业协会

（一）协会概况

深圳市软件行业协会（以下简称“协会”）成立于1988年，由从事软件研发、销售、系统集成和信息服务以及为产业提供咨询、人才培训、投融资服务等企事业单位自发组成，属深圳市5A级协会。

协会秉承“产业第一，服务至上”服务宗旨，以全深圳市软件和信息技术企业为服务对象，吸纳会员单位约3900家。其中，理事及以上单位约200家。

2020年是“十三五”规划的最后一年，全国软件和信息技术服务业实现跨越式发展，深圳作为“软件名城”，产业规模从2015年的4503.1亿元增加至2019年的7337亿元，持续居全国第二，仅次于北京。协会围绕《软件和信息技术服务业发展规划（2016-2020年）》的工作任务、数字经济扶持计划、软件产业相关政策，积极配合相关部门推进文件政策落实。2020年是国发〔2020〕8号文发布之年，为软件和集成电路产业高质量发展奠定基调。同时，广东省发布《发展软件与信息服务战略性支柱产业集群行动计划（2021-2025）》，“双区驱动”发展战略赋予深圳软件产业新使命。2020年，协会持续打造公共服务平台角色，推动产业高质且稳健发展。

（二）软件产业发展概况

工信部2019年软件产业统计数据显示，全国规模以上软件和信息技术服务业收入达72072亿元，同比增长16.4%。深圳市软件收入规模居全国各副省级城市第一。其中，嵌入式系统软件收入比全国各副省级城市第二的青岛市多千亿，贡献全国1/4以上的嵌入式系统软件收入。受国际贸易摩擦影响，深圳软件出口呈现负增长态势，但出口规模仍占全国软件出口总额的1/3以上。

2019年全国八个软件名城软件收入增长情况

城市	2019年（亿元）	同比增长（%）	占全国比重（%）
北京	11893.1	23.2%	16.6%
深圳	6928.0	16.7%	9.6%
上海	5911.9	22.2%	8.2%
南京	5147.5	12.1%	7.1%
杭州	4995.0	16.3%	6.9%

（续表）

城市	2019年（亿元）	同比增长（%）	占全国比重（%）
广州	4283.1	18.8%	5.9%
成都	3522.6	15.6%	4.9%
济南	2851.9	14.6%	4.0%
全国	72071.9	16.4%	——

2020年前三季度深圳软件产业保持平稳发展态势，软件业务收入累计达6191.2亿元，同比增长12.1%，2020年全年软件收入规模超8360亿元[1]。

2016-2020年深圳软件收入增长图

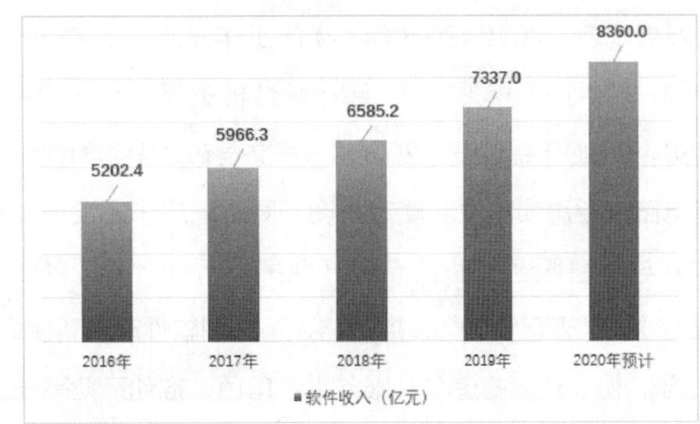

从软件收入构成来看，信息技术服务收入同比增长12.6%，为软件收入第一大类别。嵌入式系统软件收入达1654.3亿元，同比增长14.7%，增速高于软件收入总体增长水平，华为技术、中兴通讯、迈瑞生物等企业嵌入式软件收入增长发挥带动作用。

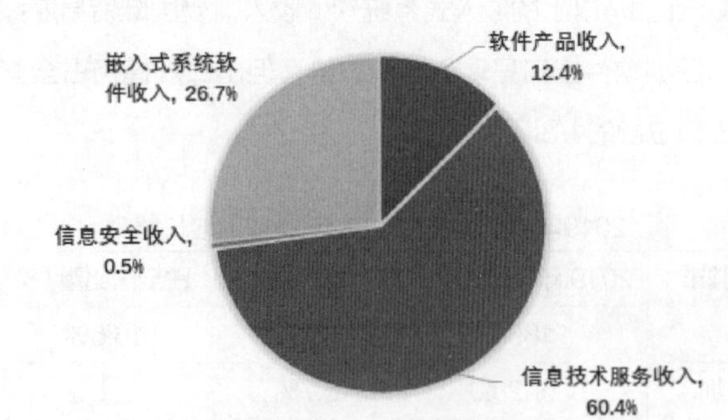

图2 2020年前三季度深圳软件收入构成图

1 依据实际统计口径估算

（三）抗击新冠疫情，助力复工复产

一是提出倡议，积极响应。为发挥软件企业和软件从业人员抗击新冠疫情的作用，2020年2月1日协会向软件企业发出倡议，坚定必胜信念，以实际行动践行党中央号召和决策部署；其次，加强防范，认真落实疫情防控工作要求；再次，提供支撑保障，为疫情防控工作做贡献；最后，积极推广沟通，确保业务连续；

二是配合产业部门了解企业困难。疫情期间，协会配合深圳市工业和信息化局了解疫情对企业的影响、复工期间所遇到的困难、企业对行业发展的诉求等；联系近700家企业了解供需需求，协助联系防疫物资采购；定期向深圳市工信局汇报软件企业复工复产情况，及时反映企业诉求。

三是发挥软件产业特性，助力复工复产。为支持各单位实时并智能化管理员工在疫情期间的健康状态，实现远程在线办公，确保生产经营正常开展，协会及时推广员工健康上报、视频会议、协同办公、协同开发等场景App应用、工具软件、小程序等，充分利用网络优势和软件服务完善防控措施、提升防控水平、推进复产复工。

四是协助企业解决资金困难。为解决企业资金问题，协会投融资联盟携手深圳各大银行，推出信贷资源和线上支持的抗疫专项信贷产品，为广大中小软件企业提供资金解决方案。

五是协同软件企业抗疫。诸多软件企业在抗疫第一时间采取行动，履行社会责任。协会副会长单位华为向武汉捐赠抗疫资金3000万，免费开放WeLink助力远程办公；副会长单位迈瑞生物向疫情严重地区提供包含监护仪和呼吸机在内的医疗仪器；监事单位腾讯设立15亿抗疫基金；理事单位蓝凌软件联合钉钉免费提供蓝凌智能0A。

（四）配合政府工作

一是对软件和集成电路设计企业所得税优惠政策进行核查。2020年是软件和集成电路企业所得税优惠政策核查制度推进的第五年，协会受主管部门委托，继续做好政策宣贯和税务核查工作。2020年深圳市申请2019年度软件和集成电路设计企业所得税优惠政策的企业共有474家。其中，新办软件和集成电路设计企业311家，规划布局内重点软件和集成电路设计企业96家。

二是开展软件产业统计及课题研究。自2000承接深圳软件产业统计工作年始，协会见证了深圳软件产业规模实现近120倍翻倍。截至2020年底，协会自建在线统计系统，为深圳市几千家企业提供服务，系统记录上报记录近90000条，其中年报记录约19000条。

广东省工信厅召开的全省软件和信息技术服务业统计工作座谈会中，协会获评“2019年度广东省软件和信息服务业统计工作突出贡献单位”。

在年度报表和定期报表数据基础上，协会完成《深圳市软件产业运行分析报告》《南山区软件产业发展研究报告》《南山区信创产业发展研究报告》等，分析深圳软件产业的发展现状和趋势，为相关部门制订政策提供信息支撑。

三是数字经济政策宣传贯彻。在新的政策形势下，2020年深圳市工业和信息化局针对深圳市经济发展需求和企业发展痛点难点，推动数字经济产业持续健康发展，发布《2021年数字经济产业扶持计划申请指南》。政策发布后3天，深圳市工信局信软处即联合协会举办数字经济产业扶持政策解读宣讲会。会上市工信局信软处相关负责人详细介绍扶持计划细则以及稳增长政策实施细则，中国鲲鹏产业源头创新中心刘宇鹏总经理对该数字经济扶持计划信息技术应用创新方向展开探讨。

四是针对税收优惠政策落实展开调研。2020年8月4日，国务院印发《新时期促进集成电路产业和软件产业高质量发展若干政策》（〔2020〕8号）。新政发布仅两天，国家税务总局深圳市税务局联合深圳市发改委、深圳市工信局、深圳市软件行业协会、中芯国际（深圳）、腾讯科技、大疆创新等企事业单位，开展新税收政策宣讲，提前谋划政策落地措施。协会就税务核查遇到的问题和调研中企业反映的情况，与相关部门及企业负责人交流，促使新政细则贴近企业需求，推进集成电路和软件产业高质量发展。

五是开展软件行业中小企业调研。为了解软件行业中小企业发展情况及落实国家战略发挥的作用，工业部中小企业局委托中国中小企业发展促进中心展开软件行业中小企业调研并展开调研研讨会，由深圳市中小企业服务局主办，协会承办。工信部信发司软件产业处、工信部中小企业发展促进中小数据智能研究院、深圳市工业和信息化局信息化和软件服务业处、深圳湾区中小企业国际创新交流中心、深圳市软件行业协会等相关负责人出席会议并发表讲话。紫金支点、深信服、深科特等中小企业代表在会上进行交流，共同探讨软件企业在发展面临的实际问题。通过调研讨论，调研组了解了深圳市软件行业中小企业发展的真实需求，对制定助力中小企业发展政策具有重要意义。

（五）扎实落实各项服务

1.科技服务

软件企业和产品评估方面，协会持续开展行业自律服务，由中国软件行业协会统一标准，统一评估。2020年，协会给1177家企业办理评估，其中575家企业首次评估。此外，协会给2545件产品评估。

软件著作权及产品测试方面。2020年，协会共办理计算机软件著作权3487件。截至2020年11月，协会累计对2639件软件产品进行测试。

专利及商标案件方面。截至2020年11月，协会承接专利案件281件，包括发明专利75件、实用新型143件、外观设计63件。协会承接商标案件85件，包括新申请商标案件62件及变更转让商标案件16件。

2. 科技活动

2020年，协会共举办了24场政策宣贯、技术交流、知识产权、信创研讨、考察调研、投融资等主题会员活动，通过线上线下结合的方式，吸引1800余会员参与。按章程规定，协会全年共召开2次理事会，出席人数均超过半数，符合理事会召开条件。

讲座培训方面，一是协会开展涉密信息系统集成资质认定讲解；二是围绕中国软件行业协会发布的《信息系统服务商交付能力评估要求》（T/SIA 011-2019）及《软件服务商交付能力评估标准》（T/SIA 009 - 2020）团体标准，协会开展信息系统服务商交付能力及软件服务商交付能力评估讲解；三是协会承办2020年“创客中国”深圳市专、精、特、新中小企业创新创业大赛公共服务活动之软件和信息技术服务业税务政策解读会，针对软件和信息技术服务业税务政策进行解读。

座谈研讨方面，一是围绕“着眼数字经济发展，推动信息产业创新”主题召开软件行业专家恳谈会，近40位行业代表针对深圳数字经济产业发展困难、推动深圳软件和信息技术服务产业高质量发展、新兴信息技术业态培育和发展等热点问题进行探讨；二是就国发〔2020〕8号文提出的产业高质量发展建议，开展集成电路和软件产业高质量发展座谈会，邀请行业专家及龙头企业代表开展探讨文件精神落实问题，在税收、人才、产学研合作、投融资、发展情况等方面进行交流；三是协会与深圳市委党校调研组调研深圳市软件和集成电路产业发展情况，围绕当前深圳市软件和集成电路产业发展现状、面临困境、推进集成电路和软件产业高质量发展等问题进行交流，并走访万兴科技；四是开展新形势下科创企业无形资产法律风险防范论坛——2020年9月，协会与深圳市版权协会及北京德和衡律师事务所联合举办“新形势下科创企业无形资产法律风险防范论坛暨珠江计划启动仪式”；五是召开信息技术应用创新产业发展研讨会——由深圳市工业和信息化局及深圳市南山区人民政府指导，深圳市南山区科技创新局及深圳市信息技术应用创新联盟主办，深圳市南山区科技创业服务中心及深圳市软件行业协会承办的第二届深圳市信息技术应用创新产业发展研讨会成功召开。

知识产权保护方面，深圳市软件行业协会知识产权保护工作站自2018年10月挂牌成立以来，通过各类讲座及活动，为企业提供宣传、指导、维权、孵化等综合性服务。

投融资合作方面，协会自2017年成立深圳软件行业投资联盟以来，举办了多场路演、政策解读、专业论坛等活动，对接诸多优质的金融机构。

华为云合作方面，协会致力于为软件企业技术和业务赋能，优化华为云合作生态，积极推动会员企业上云上平台。

第四章 科技社会组织

一、民办非企业名录

序号	单位名称	联系人
1	深圳市安和城市风险管理研究院	陈少群
2	深圳市宏略创新管理研究院	苏滨虹
3	深圳市优型科技创新研究院	张羽翔
4	深圳市微米有机垃圾资源化利用服务中心	梅志鹏
5	深圳市公共防伪技术与物联网应用研究院	高雅菲
6	深圳市先进质量管理技术研究院	刘名概
7	深圳市大湾科普教育研究院	桂江
8	深圳市至元湾区健康科技协同创新中心	宋燕
9	深圳市中科美城科普促进中心	邓丽红
10	深圳市骐骥前海科技产业研究院	陈鹏
11	深圳市有为协同教育技术研究院	蔡维
12	深圳市若比邻社区创新科技促进中心	许春勉
13	深圳市华瑞同康精准医学研究所	隗义然
14	深圳市科聚湾区经济研究院	饶楚新
15	深圳市南科大英莎科技协同创新研究院	王枝
16	深圳市鸟兽虫木自然保育中心	温美程
17	深圳市美兆室内环境研究院	廖伟冬
18	深圳市掌网立体视觉研究院	胡治国
19	深圳市智研时代绿色发展研究中心	涂宜芳
20	深圳市万众基因转化医学研究院	陈玲
21	深圳市爱润儿童友好科普促进中心	胡芸辉
22	深圳市天策科技创新研究院	李雅婷
23	深圳市粤教青少年综合素养教科研中心	赵珊
24	深圳市绿色金融科技研究院	马卫华
25	深圳市众望科讯新材料产业研究院	谢璐羽
26	深圳市格物流程研究院	王立中
27	深圳市鼎邦代谢研究院	谭庆芝

（续表）

序号	单位名称	联系人
28	深圳市智合先进材料应用技术研究院	俞雪勇
29	深圳市同创伟业创新科技科普中心	邹琪
30	深圳市生命谷生命科技研究院	黄双双
31	深圳市炎黄基石科技产业研究院	何学来
32	深圳市两宜史丰收速算法研究推广中心	史丰宝
33	深圳市华测标准物质研究所	张春艳
34	深圳市华讯方舟通信技术研究院	易慧
35	深圳市连邦工程新材料研究院	何烨
36	深圳市天赢高新技术产业研究院	徐子豪
37	深圳市星瞳科技创新科普促进中心	李丽君
38	深圳市南科大财经科技研究院	王迪
39	深圳市君融财富管理研究院	吴瑞敏
40	深圳市启新科普促进中心	林培植
41	深圳市天地智能交通研究院	严奔
42	深圳市中元品牌价值研究中心	方永灼
43	深圳市基准精密技术研究院	欧阳渺安
44	深圳市尚龙数学技术与交叉学科产业化研发中心	朱咏梅
45	深圳市观筑建筑发展交流中心	刘岩
46	深圳市鲲云人工智能应用创新研究院	肖梦秋
47	深圳市蜂群物联网应用研究院	高文贤
48	深圳市联合院士创新中心	杜雪
49	深圳市点石产业发展创新中心	文婷
50	深圳市桂电电子信息与先进制造技术研究院	冯丽伊
51	深圳市经纬国际经济研究院	柯姗
52	深圳市众合新型肥料创新中心	余敏淑
53	深圳市联影高端医疗装备创新研究院	刘秋华
54	深圳市华樾教育科技研究院	刘闯
55	深圳市奇点生命科学产业研究院	华丽娜
56	深圳市中城数字技术创新研究院	邓秋梅

（续表）

序号	单位名称	联系人
57	深圳市卫蓝大气污染监控与防治工程技术研究中心	刘诚
58	深圳市南电粤鹏节能环保研究院	孙长富
59	深圳市百盈高端医疗设备科技成果转化中心	杨赵宇
60	深圳市新生代心理科学研究院	陈方兵
61	深圳市行云跨境电商研究院	胡紫藤
62	深圳市斯维尔城市信息研究院	傅雯
63	深圳市云财管理科学研究院	梁金祥
64	深圳市博纶生物技术研究院	李海林
65	深圳市泛融云计算研究院	劳振佳
66	深圳市华雅科技成果转化研究院	刘会民
67	深圳市中睿科技发展研究所	刘字濠
68	深圳市协力新能源与智能网联汽车创新中心	谢海明
69	深圳市中裕冠海洋产业研究院	赵瑞杰
70	深圳市筵实青少年科技素养教育研究中心	邓怡
71	深圳市博士视觉健康研究院	戴钰如
72	深圳市畅想人工智能产业促进中心	谢敬威
73	深圳市百川大数据科技创新研究院	王振辉
74	深圳市博厚科技产业创新发展研究院	朱佳芳
75	深圳市新创想大数据研究院	孔礼丽
76	深圳市希合普生物医药研究院	朱皓泽
77	深圳市瑞德智慧电力创新研究院	鲍友革
78	深圳市合海海洋开发装备技术研究中心	杨晨琛
79	深圳市数信数字技术应用研究院	陈州
80	深圳市鼎诚技术经济评价中心	贺秋圆
81	深圳市贝瑞中医药创新研究院	陈燕
82	深圳市国创新能源研究院	尹辉
83	深圳市智胜高技术研究院	余凌英
84	深圳市北科生物技术研究院	薛靖
85	深圳市郁森林自然教育科普中心	林小云
86	深圳市蓝海湾新能源与环境创新研究院	史向军
87	深圳市华元生物科学研究院	刘琳娜
88	深圳市慧天夏人工智能和工业互联网研究院	洪丹妮
89	深圳市梦想家科普教育中心	辛世民

二、社会团体（深圳市科学技术协会主管）

序号	学会名称	联系人
1	深圳市分析测试协会	刘雅
2	深圳市潜能开发研究会	罗宝玲
3	深圳市数学学会	邹娟
4	深圳市计算机用户协会	李蓟宁
5	深圳市电子学会	夏俊
6	深圳市真空学会	李颖贞
7	深圳自动化学会	刘佳
8	深圳市电气节能研究会	孙长富
9	深圳市照明学会	王婉莹
10	深圳市通信学会	李银松
11	深圳市电机工程学会	陈晨
12	深圳市模具技术学会	刘成洋
13	深圳市营养学会	宋金萍
14	深圳市心理卫生协会	袁雪飞
15	深圳市保健科技学会	梁凯林
16	深圳市发明家协会	韩思远
17	深圳市青少年科技教育协会	刘波
18	深圳市科普志愿者协会	李光 刘肖玲
19	深圳市印刷学会	黄秋平
20	深圳市老年科技工作者协会	张秋惠
21	深圳市工程师联合会	倪季青
22	深圳市深港科技合作促进会	邓小昆
23	深圳市科技专家协会	刘丹
24	深圳市 CIO 协会	李周念
25	深圳市铁路技术研究会	裘友学
26	深圳市涂料技术学会	李阳
27	深圳市智能化学会	刘卫群
28	深圳市营养师协会	巫文婷
29	深圳市高层次人才联谊会	程作君
30	深圳市流程创新官协会	罗晓静
31	深圳市科技信息发展协会（前军民融合）	徐崇翔
32	深圳市心理咨询师协会	牛万春
33	深圳市老年保健协会	袁玉华

（续表）

序号	学会名称	联系人
34	深圳市海洋学会	李威
35	深圳市航空航天人才协会	聂睿姬
36	深圳市创客协会	梁玉婷
37	深圳市专家人才联合会	郭清蓝
38	深圳市脑健康科学研究会	江安宁
39	深圳市教育科学发展促进会	徐建山
40	深圳市数学科普学会	罗振华
41	深圳市心理服务协会	吕劲云
42	深圳市高新企业数字化学会	蓝国勇
43	深圳市产教融合促进会	陈玥
44	深圳市新明企业家协会	杨林
45	深圳市生态环境科学促进会	韩莉娜
46	深圳市智能服装服饰产业发展研究会	张鹤青
47	深圳市创新产业融合促进会	朱欢
48	深圳市创业创新联合会	张伟华
49	深圳市科技创业促进会	蒋工
50	深圳市人工智能学会	张怡
51	深圳市检验检测认证协会	文子瑞
52	深圳市新兴战略产业博士专家联谊会	莫丽影
53	深圳市虚拟大学科技成果转移促进会	兰兆娟
54	深圳市科普教育基地联合会	杨小莹
55	深圳市博士后科技促进协会	余飞慧
56	深圳市数独协会	何春
57	深圳市高层次人才发展促进会	张云翔
58	深圳市计算机学会	李婷
59	深圳市生物医药促进会	罗晶
60	深圳市新零售产业互联协会	黄亮
61	深圳市芯片科技促进会	程强
62	深圳市艺术与科学协会	毕宝仪
63	深圳市科技传播促进会	郝立芳
64	深圳市先进技术转化应用促进会	孙禹婷
65	深圳市高科技企业协同创新促进会	朱慧丽
66	深圳市先进技术协同创新协会	王秋萍
67	深圳市青少年人工智能教育学会	李凯
68	深圳市智慧城市研究会	龚异秋
69	深圳市区块链技术应用协会	周滨慧

三、深圳院士（专家）工作站（2017年至2018年）

序号	建站单位	所在区
1	深圳雅鑫建筑钢结构工程有限公司	福田区
2	深圳市航天食品分析测试中心有限公司	福田区
3	深圳高速工程顾问有限公司	福田区
4	深圳华润九新药业有限公司	福田区
5	深圳市市政设计研究院有限公司	福田区
6	深圳市建筑设计研究总院有限公司	福田区
7	深圳市地铁集团有限公司	福田区
8	深圳市国艺园林建设有限公司	福田区
9	深圳晶泰科技有限公司	福田区
10	中国广核电力股份有限公司	福田区
11	深圳市城市规划设计研究院有限公司	福田区
12	深圳市燃气集团股份有限公司	福田区
13	深圳市城市交通规划设计研究中心有限公司	罗湖区
14	深圳市综合交通设计研究院有限公司	罗湖区
15	深圳市星火电子工程公司	罗湖区
16	中集海洋工程有限公司	南山区
17	中科遥感（深圳）卫星应用创新研究院有限公司	南山区
18	深圳市科创数字显示技术有限公司	南山区
19	旗瀚科技有限公司	南山区
20	深圳市特发信息股份有限公司	南山区
21	深信服科技股份有限公司	南山区
22	深水海纳水务集团股份有限公司	南山区
23	深圳新阳蓝光能源科技股份有限公司	南山区
24	深圳航天智慧城市系统技术研究院有限公司	南山区
25	深圳市澳华农牧有限公司	南山区
26	深圳康泰生物制品股份有限公司	南山区
27	深圳海王医药科技研究院有限公司	南山区
28	深圳创维－RGB电子有限公司	南山区
29	深圳圣诺医疗设备股份有限公司	南山区
30	深圳市沃特新材料股份有限公司	南山区

续表

（续表）

序号	建站单位	所在区
31	深圳云安宝科技有限公司	南山区
32	深圳市创鑫激光股份有限公司	宝安区
33	深圳市创世纪机械有限公司	宝安区
34	华讯方舟科技有限公司	宝安区
35	深圳诺普信农化股份有限公司	宝安区
36	深圳市裕同包装科技股份有限公司	宝安区
37	深圳市中科利亨车库设备股份有限公司	宝安区
38	亚太卫星宽带通信（深圳）有限公司	宝安区
39	深圳市乾行达科技有限公司	宝安区
40	中兴仪器（深圳）有限公司	宝安区
41	欣旺达电子股份有限公司	宝安区
42	深圳市鹰眼在线电子科技有限公司	龙岗区
43	深圳市尚维高科有限公司	龙岗区
44	深圳怡丰自动化科技有限公司	龙岗区
45	深圳微健康基因科技有限公司	龙岗区
46	深圳华大北斗科技有限公司	龙岗区
47	深圳市信宇人科技股份有限公司	龙岗区
48	深圳市清泉水业股份有限公司	龙岗区
49	深圳华大海洋科技有限公司	盐田区
50	深圳市市政工程总公司	龙华区
51	深圳市天鼎微波科技有限公司	龙华区
52	深圳百乐宝生物农业科技有限公司	坪山区
53	深圳华意隆电气股份有限公司	坪山区
54	深圳市金新农科技股份有限公司	光明区
55	研祥智能科技股份有限公司	光明区
56	深圳市卫光生物制品股份有限公司	光明区
57	深圳中科飞测科技有限公司	光明区
58	深圳爱湾医学检验实验室	光明区
59	深圳亦诺微医药科技有限公司	大鹏新区

四、企业科协名录（截至2020年10月）

序号	企业科协名称
1	研祥智能科技股份有限公司
2	深圳市水务（集团）有限公司
3	深圳达实智能股份有限公司
4	深圳奥特迅电力设备股份有限公司（上市）
5	深圳市嘉达高科产业发展有限公司
6	深圳广田装饰集团股份有限公司（上市）
7	深圳市海川实业股份有限公司
8	深圳市联创科技集团有限公司
9	深圳市航盛电子股份有限公司
10	深圳大明世纪集团有限公司
11	深圳市中深装建设集团有限公司
12	深圳华远微电科技有限公司
13	麦格雷博电子（深圳）有限公司
14	深圳普迈仕精密制造技术开发有限公司
15	深圳市奥拓电子股份有限公司（上市）
16	深圳市弘南科通信设备有限公司
17	深圳市南山区百旺学校
18	深圳实验承翰学校
19	深圳市安普康科技有限公司
20	深圳市科荣软件有限公司
21	深圳市龙吉顺实业发展有限公司
22	深圳市坪山新区阳光小学
23	深圳市龙岗区名星学校
24	深圳市坪山新区秀新学校
25	深圳市龙科源水产养殖有限公司
26	深圳市创显光电有限公司
27	深圳市东汇精密机电有限公司
28	深圳市振华兴科技有限公司
29	深圳市雅歌投资有限公司
30	深圳市科达利实业股份有限公司
31	深圳市蓝蓝科技有限公司
32	慧锐通智能科技有限公司
33	深圳市锦雅电子数码科技有限公司
34	深圳市南航电子工业有限公司
35	好优投科技（深圳）有限公司
36	中建钢构有限公司
37	惠科电子（深圳）有限公司

（续表）

序号	企业科协名称
38	深圳中科金证科技有限公司
39	深圳市艾宇森自动化技术有限公司
40	深圳市亚哲科技有限公司
41	深圳御泽天投资有限公司
42	深圳市日联科技有限公司
43	深圳市永兴元科技有限公司
44	深圳市路远自动化设备有限公司
45	深圳市东方风光新能源技术有限公司
46	深圳市金证科技股份有限公司
47	深圳市正东源科技有限公司
48	中兴通讯股份有限公司（上市）
49	深圳产学研科技服务有限公司
50	深圳市莎朗科技股份有限公司
51	深圳市金泰克半导体有限公司
52	深圳市康时源科技有限公司
53	深圳市博升通信有限公司
54	深圳市志凌伟业技术股份有限公司
55	深圳市福浪电子有限公司
56	深圳市海芝通电子股份有限公司
57	深圳市领亚电子有限公司
58	深圳市春旺环保科技股份有限公司
59	深圳市升达康科技有限公司
60	深圳市桑山电子有限公司
61	深圳市慧明眼镜有限公司
62	深圳市中科电工科技有限公司
63	深圳人因工程技术研究院
64	摩比天线技术（深圳）有限公司
65	深圳市伞友咖啡创业服务平台
66	深圳麦亚信科技股份有限公司
67	深圳新阳蓝光能源科技股份有限公司
68	深南电路有限公司
69	宏伟建设工程股份有限公司
70	深圳市恒泰互联有限公司
71	深圳市松柏实业发展有限公司
72	深圳前海启能科技创新服务有限公司

（续表）

序号	企业科协名称
73	深圳市金蜜蜂科技有限公司
74	深圳市雷铭科技发展有限公司
75	深圳市鼎煜信息技术有限公司
76	深圳海天雄电子有限公司
77	深圳市古安泰自动化技术有限公司
78	深圳市三鼎光电科技有限公司
79	深圳市中戈科技有限公司
80	深圳市蓝盾数码技术发展有限公司
81	深圳市宝鹰建设集团股份有限公司（上市）
82	深圳市鑫宇环检测有限公司
83	深圳市领航通移动视讯有限公司
84	深圳市兴源智能仪表股份有限公司
85	深圳市鸿淏高科产业发展有限公司
86	深圳市天鼎微波科技有限公司
87	深圳市超视科技有限公司
88	深圳市博通智能技术有限公司
89	深圳市龙岗区平安里学校
90	深圳市浩丰股份有限公司
91	深圳市易尚展示股份有限公司（上市）
92	豪迈高新技术园
93	深圳市中虹天意实业有限公司
94	深圳波顿集团
95	深圳市艺博堂环境艺术工程设计有限公司
96	深圳市方泰认证咨询有限公司
97	深圳市万凯荣科技有限公司
98	深圳市证通佳明光电有限公司
99	深圳市数博环球电子有限公司
100	深圳蓝盾装备科技有限公司
101	深圳市倍特力电池有限公司
102	德中堂（深圳）医药科技有限公司
103	深圳博士创新技术转移有限公司
104	深圳市希顺有机硅科技有限公司
105	深圳市金肯科技有限公司
106	深圳市鹏烽科普有限公司
107	深圳九星智能航空科技有限公司

（续表）

序号	企业科协名称
108	深圳中科创客学院有限公司
109	深圳城市学院
110	哈尔滨工业大学（深圳）
111	深圳市光辉电器实业有限公司
112	深圳市倍测检测有限公司
113	亚采教育培训（深圳）有限公司
114	深圳市世纪阳光照明有限公司
115	深圳市乐高乐教育投资发展有限公司
116	深圳市时尚易城投资发展有限公司
117	深圳市英威腾交通技术有限公司
118	华润集团（华润三九上市）
119	蓝盾西点教育文化管理（深圳）有限公司
120	深圳波士邦网络科技有限公司
121	中安国通卫星科技开发有限公司
122	深圳小筑理信息技术有限公司
123	深圳市威勒科技股份有限公司
124	广东容祺智能科技有限公司
125	深圳云安宝科技有限公司
126	深圳市诚德来实业有限公司
127	深圳金证引擎科技有限公司
128	深圳市腾讯计算机系统有限公司
129	深圳创客智联股权投资管理有限公司（未拿牌匾）
130	深圳市智慧谷产业园管理有限公司
131	深圳市创梦天地科技有限公司
132	深圳市天健（集团）股份有限公司（上市）
133	深圳市城市交通规划设计研究中心有限公司
134	深圳星云极客科技孵化器有限公司
135	华讯方舟科技有限公司
136	深圳市星田极客创业园管理有限公司
137	深水海纳水务集团股份有限公司
138	深圳华大海洋科技有限公司
139	深圳雅鑫建筑钢结构工程有限公司
140	深圳高速工程顾问有限公司
141	深圳市科创数字显示技术有限公司
142	深圳市尚维高科有限公司

（续表）

序号	企业科协名称
143	中科遥感（深圳）卫星应用创新研究院有限公司
144	深圳市中航科技展览有限公司（补）
145	旗瀚科技有限公司
146	深圳市特区建发投资发展有限公司
147	深圳市未来交互信息技术有限公司
148	深圳市市政设计研究院有限公司
149	中国葛洲坝集团绿园科技有限公司
150	深圳市恒誉洋实业有限公司
151	深圳华意隆电气股份有限公司
152	深圳市金新农科技股份有限公司（上市）
153	深圳市航天食品分析测试中心有限公司
154	晶瑞（深圳）科技创新中心有限公司
155	深圳市卫光生物制品股份有限公司（上市）
156	深圳市裕同包装科技股份有限公司（上市）
157	深圳市鹰眼在线电子科技有限公司
158	深圳中科飞测科技有限公司
159	深圳市燃气集团股份有限公司（上市）
160	深圳投石信息科技有限公司
161	深圳市城市规划设计研究院有限公司
162	深圳创新设计研究院有限公司
163	深圳众博创客空间有限公司
164	深圳博士创新技术转移有限公司
165	深圳点猫科技有限公司
166	深圳市缘安邦咨询服务有限公司
167	深圳中电智谷运营有限公司
168	深圳华厦眼科医院
169	魅力曲线（深圳）科技有限公司
170	深圳市衣信互联网科技有限公司
171	深圳市中装建设集团股份有限公司（上市）
172	清华大学深圳国际研究生院
173	深圳市恒星农业科技孵化有限公司
174	深圳市吉方工控有限公司
175	深圳市美盈科技孵化管理有限公司
176	创享界商务服务（深圳）有限公司（未有牌匾）
177	深圳信息职业技术学院（未有牌匾）

（续表）

序号	企业科协名称
178	深圳市查策网络信息技术有限公司
179	佳兆业科技产业（深圳）有限公司
	鹏城实验室

（续表）

序号	企业科协名称
	深圳市烽炀科技实业有限公司
	深圳创跃精密机械有限公司
	深圳市泰然天安科技园

第八篇 科学普及

Dissemination of Science

第一节 科技活动

2020年度“自主创新大讲堂”场次表

序号	项目编号	项目名称	申报单位	项目内容概述	项目起止时间	项目执行地点
1	2020XH11	自主创新大讲堂——星火沙龙系列活动（线上）(8场)	深圳市计算机用户协会	协会申办星火沙龙系列活动（线上）（共八场）。本次沙龙系列活动主题内容包括了5G通讯、物联网、区块链等八类应用技术。	第一场：2020年10月13日 第二场：2020年10月22日 第三场：2020年10月27日 第四场：2020年10月29日 第五场：2020年11月3日 第六场：2020年11月5日 第七场：2020年11月10日 第八场：2020年11月12日	深圳市福田区深南中路2038号爱华大厦2栋15层1522室
2	2020XH11	汇创新——深港青年科技互动沙龙系列（6场）	深圳市印刷学会	“汇创新——深港青年科技互动沙龙系列”是深圳市印刷学会创新建立的一个新品牌活动，是就当下国际国内科技发展形势，不局限于印刷科技发展的科技创新沙龙。该沙龙活动将邀请行业内外科技前沿大咖就所在领域展开探讨，是专业性强的小型高端沙龙。希望借助深圳市科协“自主创新大讲堂”平台，随着“汇创新”不断开展活动建立影响力，形成具有影响力的品牌沙龙“汇创新”。	第一场：2020年10月16日 第二场：2020年10月23日 第三场：2020年11月12日 第四场；2020年11月13日 第五场：2020年11月19日 第六场：2020年11月24日	深圳市印刷学会会议室
3	2020XH11	自主创新大讲堂——星火沙龙系列活动（8场）	深圳市虚拟大学科技成果转移促进会	自主创新大讲堂——星火沙龙系列活动是以虚大科促会“科技论道”主题沙龙活动为基础，通过邀请行业内专家，进行深入交流，找到新的应用场景，打造为技术研发提供新思路的小型系列沙龙。活动将围绕细分领域，开展10期的主题活动。	第一场：2020年8月24日 第二场：2020年9月13日 第三场：2020年9月21日 第四场：2020年9月25日 第五场：2020年9月29日 第六场：2020年10月13日 第七场：2020年10月25日 第八场：2020年11月17日	第一场：深圳虚拟大学园R4栋A217活动室 第二场：深圳虚拟大学园R4栋A217活动室 第三场：深圳市福田区田面设计之都5栋 第四场：深圳市南山区龙珠四路方大城二号楼6楼 第五场：深圳虚拟大学园R4栋A217活动室 第六场：深圳市盐田区深盐路大百汇中心一楼圆桌会议室 第七场：深圳虚拟大学园R4栋A217活动室 第八场：深圳虚拟大学园R4栋A217活动室

（续表）

序号	项目编号	项目名称	申报单位	项目内容概述	项目起止时间	项目执行地点
4	2020XH11	自主创新大讲堂——“科技教育创新与实践”星火沙龙系列活动	深圳市通识科技教育发展研究中心	活动通过小型沙龙的形式，举办10期活动。聚集深圳市优秀的年轻科技教师，深入探讨目前最前沿的科技教育理念和方法，在相互交流沟通的过程中，碰撞出新的思维火花，以提升青年科技教师的综合素质，为培养青年人才提供良好的土壤。	2020年11月27日	龙华区外国语学校、景鹏小学、南华小学、福田小学、百花小学等
5	2020XH11	自主创新大讲堂——星火沙龙系列活动（4场）	深圳市CIO协会	深圳市CIO协会已有单位会员200余家，个人会员超800人，拥有广泛的会员基础。协会会员主要是从事IT行业的专业研发人才，集中在企业生产和管控研发一线IT领域。协会计划挑选时下热点技术问题，遴选会员企业，召开线上线下不同主题的星火创新沙龙活动。活动围绕技术创新点，进行专题研讨，在交流中激发研发人员的创新思维，以解决技术难题。 工作形式：交流研讨沙龙	第一场：2020年9月4至2020年9月5日 第二场：2020年9月18日 第三场：2020年11月6日 第四场：2020年11月21日	第一场：东山珍珠岛酒店 第二场：中海凯骊酒店 第三场：凯雷斯顿酒店 第四场：宝安登喜路国际大酒店
6	2020XH11	自主创新大讲堂——星火沙龙系列活动	深圳自动化学会	由深圳自动化学会牵头，协同会员单位，了解在工程实施或日常研发中遇到的技术难题或瓶颈，“把问题抬到桌面上，将办法运用到实际中”，组织行业专家和技术带头人，以沙龙的形式分析问题的原因，碰撞思想，共享信息，形成成果报告。计划办12场。	第一场：2020年9月29日 第二场：2020年10月14日 第三场：2020年10月15日 第四场：2020年10月20日 第五场：2020年10月23日 第六场：2020年10月30日 第七场：2020年11月13日 第八场：2020年11月20日	第一场：深圳市博铭维智能科技有限公司会议室 第二场：深圳市天圳自动化技术有限公司会议室 第三场：深圳市汇生通科技股份有限公司会议室 第四场：深圳自动化学会会议室 第五场：深圳市汇生通科技股份有限公司会议室 第六场：深圳市爱克信智能股份有限公司会议室 第七场：深圳市华威智能技术有限责任公司会议室 第八场：深圳市华威智能技术有限责任公司会议室
7	2020XH11	万能芯片FPGA的发展与创新应用	深圳市芯片科技促进会	FPGA是现场可编程阵列的简称，广泛应用于工控、医疗、消费电子、军工领域，活动介绍FPGA的发展状况、FPGA开发板的使用、FPGA的创新应用，推动FPGA的生态建设。	2020年10月22日	福田区车公庙科技园会议室
8	2020XH11	星火沙龙创新交流活动	深圳市照明学会	星火创新沙龙活动主要包含3个主题，分别是智慧基础设施暨智慧灯杆建设论坛、智慧照明产品标准制定交流会、医疗健康照明座谈会。活动邀请参加人员均来自行业内的专家学者、研发人员、企业领导，针对疫情，探讨智慧城市基础设施发展建设和医疗健康照明产品可以为防疫做出的贡献。	第一场：2020年9月18日 第二场：2020年10月13日 第三场：2020年10月23日	第一场：深圳市国汇大酒店福田厅 第二场：云松大厦11D（利亚德研发中心） 第三场：广电文创中心"

（续表）

序号	项目编号	项目名称	申报单位	项目内容概述	项目起止时间	项目执行地点
9	2020XH11	自主创新大讲堂——深圳科技月学术活动建筑科技讲座（10场）	深圳市注册建筑师协会	为推进于粤港澳大湾区建设和深圳建设中国特色社会主义先行示范区，促进科技创新与发展，深圳市注册建筑师协会在深圳市科技月，通过建筑师网络学院主办了自主创新大讲堂学术论坛，邀请业内专家，为专业技术人员进行科技教育。1.大跨度公共建筑前沿创新技术——广州白云机场和深圳国际机场。2.粤港澳大湾区城市设计——从福田规划到前海规划的创新。3.城市更新与居住区空间设计。4.基于建筑学视角的绿色设计与技术。5.超高层办公建筑设计及应急技术措施。6.地区总设计师制度——前海超级总部城市总设计师制。7.深圳四十年——产业与城市。8.现代医院建筑设计及应急措施。9.装配式建筑——住宅、医院、学校等（应急医院建设）。10.建筑策划与后评估——深圳已有建筑的安全评估（防火、防水、防台风）	2020年9月18日至2020年9月30日	深圳市设计大厦会议室 建筑师网络学院 深圳注册建筑师网 深圳城市学院
10	2020XH11	自主创新大讲堂——星火沙龙列活动（2场）	深圳市信息行业协会	深圳市信息行业协会将举办自主创新大讲堂——星火沙龙系列活动两场，第一场为“信息技术人才专场沙龙”，第二场为“工业互联网团体标准建设沙龙”。	第一场： 2020年10月28日 第二场： 2020年12月30日	第一场：北京天融信网络安全技术有限公司深圳分公司 第二场：深圳工业展览馆2楼工业互联网体验中心"
11	2020XH11	中集集团“科技月”技术合作交流系列活动（5场）	深圳市机械工程学会	中集集团将组织开展自主创新大讲堂——星火沙龙系列活动，主题为“中集集团‘科技月’技术合作交流系列活动”。该项活动开展企业、供应链头部企业、国内顶尖高校间的技术合作交流，营造创新交流氛围，解决材料应用相关的难题。此外，制定具体沙龙活动方案，动需集中探讨解决某项技术问题，介绍每期拟集中攻关和探讨的方向。中集集团产品业务众多，存在需要解决的技术问题，为宝钢、河钢、中化集团、深大等企业和高校的技术研发和材料应用提供了充足的应用场景，具有良好的技术合作交流活动的基础条件。	第一场： 2020年9月1日 第二场： 2020年9月30日 第三场： 2020年10月20日 第四场： 2020年10月29日 第五场： 2020年11月10日	"第一场：中集集团总部大楼 第二场：中集集团总部大楼 第三场：中集集团总部大楼，深圳大学 第四场；中集集团总部大楼 第五场：中集集团总部大楼"
12	2020XH11	自主创新大讲堂——星火沙龙系列活动（4场）	深圳市电子学会	组织开展10场创新沙龙活动，制定具体沙龙活动方案，开展创新企业、创新链、————供应链间的专业人才交流，促进创新人才互动，优化科技创新生态，营造创新交流氛围，集体解决技术链条的难题。	第一场： 2020年10月22日 第二场： 2020年10月26日 第三场： 2020年10月27日 第四场： 2020年11月9日	"第一场：深圳量子科学与工程研究院 第二场：深圳市民中心 第三场：深圳市民中心 第四场：深圳市电子学会 "

（续表）

序号	项目编号	项目名称	申报单位	项目内容概述	项目起止时间	项目执行地点
13	2020XH11	自主创新大讲堂——星火沙龙系列活动（7场）	深圳市蔬菜批发协会	当前农业逐步朝着科技型以及现代化方向发展，深圳市蔬菜批发协会策划组织10场关于“现代农业科技”的沙龙活动，邀请专家们进行交流，对现代农业科技进一步认知和了解。	第一场：2020年8月29日 第二场：2020年10月29日 第三场：2020年10月30日 第四场：2020年11月9日 第五场：2020年11月10日 第六场：2020年11月16日 第七场：2020年11月17日	南山区北斗时空服务协同创新中心
14	2020XH11	星火沙龙系列活动——认证咨询技术交流会	深圳市分析测试协会	交流会以主题报告及座谈交流的形式举行，邀请市许可审查中心高级工程师做专题报告，解读“细则”所面临的实际运用问题。会期1天。	2020年5月27日	深圳市求水山酒店
15	2020XH11	自主创新大讲堂-星火沙龙系列活动	深圳市专家人才联合会	深圳市专家人才联合会入会专家人才已4000多人，下设21个专业委员会，计划每个专业委员会开展一场星火沙龙活动，为创新创业、创新链、供应链人才提供交流的空间，并进行人才项目路演环节，营造专业技术人才创新交流氛围,共同探讨解决技术问题。	第一场：2020年10月30日 第二场：2020年12月5日 第三场：2020年12月8日 第四场：2020年12月9日"	第一场：福田区中洲大厦德邦证券会议室 第二场：福田区国际创新中心A栋512 第三场：深圳科学馆 第四场：深圳人才研修院
16	2020XH11	星火沙龙系列活动——智慧实验室建设交流研讨会	深圳市分析测试协会	交流会以专题学术报告报告及座谈交流的形式举行，邀请深圳海关资深专家做专题学术汇报。会期1天。	2020年8月5日	深圳市求水山酒店
17	2020XH11	星火沙龙系列活动——珠宝首饰检测技术交流会	深圳市分析测试协会	交流会以主题报告及座谈交流的形式举行。特邀市质量院高级工程师解读《足金硬金饰品》团体标准和讲授《微区分析在首饰行业中的应用》。会期1天	2020年8月10日	深圳市求水山酒店
18	2020XH11	自主创新大讲堂——星火沙龙之物联网产业大讲堂系列活动（10场）"	深圳市物联网产业协会	《物联网产业大讲堂》由深圳市物联网产业协会创办，旨在打造国内物联网圈的专家和学者展示最新学术成果传播平台，为物联网从业者提供交流和学习平台。 大讲堂每月至少举办2期，每期活动均选取行业当下关注的话题，邀请知名专家、企业高管、技术骨干等为主讲嘉宾，同台交流，回应外界对物联网热点问题和重大主张的关切。	2020年10月28日	深圳市南山区东方科技大厦2205

（续表）

序号	项目编号	项目名称	申报单位	项目内容概述	项目起止时间	项目执行地点
19	2020XH11	星火沙龙系列活动——医学测试技术交流会	深圳市分析测试协会	组织开展质谱在临床中的应用相关交流会，邀请专家分享学术报告，与深圳相关领域多名专家交流。会期1天	2020年8月26日	深圳市求水山酒店
20	2020XH11	星火沙龙系列活动——化工技术交流会	深圳市分析测试协会	交流会以主题报告及座谈交流的形式举行。邀请化工行业高级工程师做专题技术分享。会期1天。	2020年6月20日	深圳市龙岗区求水山酒店华山厅
21	2020XH11	物联网技术攻关星火沙龙系列活动（6场）	深圳市数据链产业促进会	根据目前企业在物联网方面遇到的技术难点，需要外部行业专家及专业人员的大力支持和指导，并针对企业的MQTT多并发问题、高温下传感器稳定问题、低功耗窄带传输速度等具体技术问题及应用场景，研讨并制定最优的技术解决方案，活动旨在帮助企业加快研发速度、缩短研发周期、节省研发成本。	第一场：2020年10月15日 第二场：2020年10月20日 第三场：2020年10月29日 第四场：2020年11月2日 第五场：2020年11月10日 第六场：2020年11月12日	第一场：宝安甲岸工业园多功能会议室 第二场：宝安庭威产业园多功能会议室 第三场：宝安甲岸工业园多功能会议室 第四场：宝安甲岸工业园多功能会议室 第五场：宝安甲岸工业园多功能会议室 第六场：宝安庭威产业园多功能会议室
22	2020XH11	星火沙龙系列活动——生化测试技术交流会	深圳市分析测试协会	以主题报告及座谈交流的形式开展，邀请市质量院高级工程师作主题分享，旨在介绍分享先进快速检测技术。会期1天。	2020年6月16日	深圳市求水山酒店2号楼6层求1厅后场
23	2020XH11	星火创新沙龙——沉浸式赋能公共空间应用	深圳市数字创意与多媒体行业协会	活动邀请行业专家，召集会员企业就如何高效运用全息、5G+VR、AR、裸眼3D、人工智能、大数据等多媒体高科技展示及交互技术展开讨论，以提升数字科技时代的沉浸式创新和受众体验感，打造具有创新意识的“沉浸式”。	2020年10月28日	深圳市福田保税区创意保税园B座6楼
24	2020XH11	湾区科学青年先锋沙龙（3场）	深圳市生物医药促进会	湾区科学青年先锋沙龙，是促进科学青年交流交友和服务科学青年成长成才的重要平台。	第一场：2020年11月7日 第二场：2020年11月13日 第三场：2020年11月26日	第一场：动车国际5F动车咖啡 第二场：南山区优客工场2F会议室 第三场：宝能科技园长征创客空间
25	2020XH11	自主创新大讲堂——星火创新沙龙系列活动——“双区驱动”下，深圳工程师创新沙龙系列（6场）	深圳市工程师联合会	活动通过相关领域专业人士参与沙龙与互动交流，促进创新型企业、创新链、供应链之间的专业人才交流，推动科技成果转化落地。	第一场：2020年11月10日 第二场：2020年11月22日 第三场：2020年11月26日 第四场：2020年12月10日 第五场：2020年12月13日 第六场：2020年12月24日	第一场：深圳市科技大厦7楼会议室 第二场：深圳市罗湖区教科院 第三场：深圳深航国际酒店 第四场：深圳市锦田小学 第五场：深圳市东晓小学 第六场：深圳市罗湖区教科院

（续表）

序号	项目编号	项目名称	申报单位	项目内容概述	项目起止时间	项目执行地点
26	2020XH12	自主创新大讲堂“发明有道”——发明创新的途径与方法——科学馆专场活动	深圳市企业科技创新促进会	创新是一个民族进步的灵魂，是一个国家兴旺发达的不竭动力，科技创新越来越决定一个民族和国家的发展进程。延续科学馆专场活动，旨在提升科技创新与打造知识产权强国，面向广大市民群众及专业领域技术人员，在深圳市科学馆开展专场讲座。	2020年12月13日	深圳市科学馆
27	2020XH12	极地科考与天气——“雪龙”号极地科考实践中的气象影响自主创新大讲堂	深圳市气象减灾学会	邀请中国极地研究中心“雪龙”号极地科考船船长兼雪龙2号破冰船工程部副总工程师沈权先生开展一期“极地科考与天气——‘雪龙’号极地科考实践中的气象影响”自主创新大讲堂专题讲座。内容主要讲述雪龙船穿越西风带航行、极地航海海洋气象保障技术研究及应用、破冰船技术及破冰方法、浅析北冰洋海区气象变化特性、二次破冰航道中的航行方法、欺骗岛航法、从救援俄罗斯破冰船被困浅谈南极航行安全等知识。	2020年12月12日	深圳市科学馆一楼多功能厅
28	2020XH12	物联网安全创新技术与发展趋势	深圳市物联网协会	物联网安全创新技术与发展趋势活动将邀请两名物联网安全领域内的专家（均为行业领军企业专家）分析物联网安全市场情况，讨论最有效的物联网安全创新技术，主要解读：1）物联网安全前沿技术趋势及行业创新方向。2）涵盖车联网、智能家居、智能交通、智能物流等行业的物联网安全方案实践与探索，深入探讨安全创新技术在物联网行业的应用，共享最有效的物联网安全创新技术。	2020年11月1日	深圳市科学馆一楼多功能厅
29	2020XH12	自主创新大讲堂——科学馆专场活动（人工智能）	深圳市科普教育基地联合会	拟邀请在人工智能专业领域领军人物或代表性人物，根据人工智能在广大群众市民中需求度高但认识程度差异大这一当前社会特点，围绕什么是人工智能及人工智能在各行业领域的应用的内容向广大市民群众开展课题讲座，普及人工智能通识基础。	2020年11月22日	深圳市科学馆201
30	2020XH12	创新与知识产权保护	深圳市质量强市促进会	活动阐述企业研发创新与知识产权保护的重大关系，以及企业持续创新和发展中的知识产权核心作用。促进会邀请相关专家授课，时间半天。	2020年12月19日	深圳市福田区上步中路1003号科学馆1楼多功能厅
31	2020XH12	“保护人类健康，实现美丽中国”自主创新大讲堂	深圳市老年科技工作者协会	活动邀请中国工程院院士、原暨南大学教授、校长，现任澳门科技大学常务副校长刘人怀院士讲述非法收集和回收利用餐厨垃圾对环境和居民健康产生的威胁，讲解居于全球领先地位的餐厨垃圾处理新技术，引导节能减耗、分类回收、废物再利用的良好社会风气。	2020年10月29日	深圳市科学馆

（续表）

序号	项目编号	项目名称	申报单位	项目内容概述	项目起止时间	项目执行地点
32	2020XH12	自主创新大讲堂——科学馆专场活动——数独之美与创新能力	深圳市数独协会	“自主创新大讲堂-科学馆专场活动-数独之美与创新能力”玩味数独逻辑之美，提升市民科学素质和创新思维能力。此外，让数独爱好者在头脑碰撞中产生新的灵感,产生解决技术攻关新的思路。	2020年12月26日	深圳市科学馆一楼多功能厅
33	2020XH13	2020深圳院士专家高峰会暨粤港澳大湾区科技创新发展论坛	深圳市专家人才联合会	为贯彻党的十九大精神，切实推进习近平总书记提出的加快“粤港澳大湾区建设”部署，全面加强粤港澳地区深入交流合作，拟举办2020深圳院士专家高峰会暨粤港澳大湾区科技创新发展论坛，邀请包括粤港澳大湾区的5位院士，针对当前的发展现状和未来发展趋势，探索为支撑深圳中国特色社会主义先行示范区的且以基础科学为支撑的深港澳科技创新合作新机制，开启新时代中国特色社会主义现代经济体系建设的新征程，新起点。	2020年11月1日	深圳好日子皇冠假日酒店
34	2020XH13	自主创新大讲堂——精品学术活动——中国（深圳）5G+工业互联网大会暨粤港澳大湾区CIO冬季高峰论坛	深圳市CIO协会	深圳市CIO协会冬季拟定举办2020中国（深圳）5G+工业互联网大会暨粤港澳大湾区CIO冬季高峰论坛，以"5G+工业互联网"技术或学术为大方向，定位于粤港澳大湾区范围，邀行业及领域前沿高层次专家作为嘉宾，国内外工业协同创新权威研究机构、专家、深圳市龙头企业共同探讨，分享5G+工业互联网技术动态、产业方向、最佳实践。拟召开规模线上+线下超500人以上的，为期一天的CIO冬季高峰论坛。	2020年12月26日	深圳国际会展中心
35	2020XH13	食品安全与健康高峰论坛	深圳市健康产业发展促进会	食品安全与健康高峰论坛邀请食品安全、食品认证、营养健康等方面专家，利用粤港澳大湾区建设契机，结合当前农业发展现状及深圳创建食品安全城市和健康城市理念，分别从我国的食品安全国家标准、国民营养计划、追溯技术与应用等方面的最新研究成果和发展趋势作精彩的分享。以落实健康中国战略为契机，以传播“食品安全与健康”为核心价值，普及食品安全与健康新理念，促进发挥食品和营养对人民健康的基础性作用，更好地满足人民群众对营养健康新的需求，维护百姓舌尖上的安全，助力中国健康。	2020年9月11日	深圳市福田区会展中心

（续表）

序号	项目编号	项目名称	申报单位	项目内容概述	项目起止时间	项目执行地点
36	2020XH13	第四届深港澳大数据论坛	深圳市信息行业协会	论坛活动持续一天，上午举行一场主论坛，邀请粤港澳大湾区和海内外的政企代表及知名专家学者，围绕“以数据为核心，加快释放新基建价值”主题进行分享和探讨。下午举行两场分论坛，分别为“工业大数据分论坛”和“城市数据治理分论坛”，两场分论坛就“如何建立工业大数据生态，促进大数据在制造业中的应用”，以及“数字经济发展中，大数据对城市治理的作用及如何助力智能湾区建设”主题进行探讨等话题展开讨论。	2020年11月27日	深圳市福田区福朋喜来登大酒店4楼深圳厅

第二章 青少年科技教育

2020年是《深圳经济特区科学技术普及条例》(以下简称"《科普条例》")实施的第一年，也是贯彻落实《深圳市全民科学素质行动计划纲要实施方案(2017—2020年)》(深府函[2017]56号)的收官之年。在深圳市委市政府领导下，在深圳各区和各部门紧密配合下，深圳市科学技术协会(以下简称"深圳市科协")广泛开展青少年科技创新活动，持续加强科普基础设施和人才队伍建设，营造讲科学、爱科学、学科学、用科学的社会氛围，为普及科学知识、提升青少年科学素质、厚植科技创新土壤做出了努力。

一、科技创新教育

2020年，为贯彻落实《科普条例》提出的在义务教育阶段逐步实施科普教育学分制的要求，深圳市科协联合深圳市教育局加强顶层设计，以科普教育学分制为主线，推进青少年科技创新教育，促进青少年科学素质提升，呈现联合培养、协同推进、学者引领、湾区联动等特点。

加强制度建设，做好顶层设计。深圳市科协联合市教育局，成立了专门课题组，赴北京和上海学习借鉴先进经验和做法；多次组织深圳相关学校校长和科技老师，深入研究探讨科普教育学分制的必要性和可行性；制定《深圳市中小学科普教育学分制试点实施方案》《深圳市科普教育学分制认证管理办法》《深圳市科普教育学分制学校管理办法》《深圳科普学分制资源点创建及评估办法》等文件草案。根据设计，深圳科普教育学分制将呈现出基础学分和激励学分双积分、科普教育实践活动和科技竞赛活动两类型、小学高段和初中跨学段、校内外和线上线下多途径、市级统筹和分级负责多主体以及评价学校办学水平、评选优秀学生、自主招生方面重激励的特点。

重点实施四大青少年科学素养提升行动。一是科普进校园行动，组织开展"科学与中国"院士专家进校园活动。在2020年疫情防控常态化时期，深圳市科协依托中国科学院高端科研资源，录制了20期院士专家讲座，通过线上微课堂的形式为大湾区中小学生介绍前沿科技，展示科学魅力。二是开展科技创新成果共育行动。充分依靠深圳市科协所属的协会、学会、研究会等社会团体专业力量，推进社会团体与学校科技创新项目对接，指导学生完成科技创新项目，让每个项目的个性化需求得到学科专业力量支持。三是开展馆校合作行动。深圳市科协与中国科技馆深度合作，探索异地馆校结合的科学教育研究，扩大科普资源共建与分享等。四是开展创客实践室与科技社团建设行动。建设一批有影响力的科技创新教育特色学校，打造一支稳定的中小学科技创新教师队伍，培养一批科技创新幼苗。在高新技术企业中聘请一批科技创新导师，实施名师培养工程，建立一批深圳市和各区科技创新教育名师工作室。

二、创新科普教育活动

2020年，深圳市科协积极探索科技、文化、运动多维融合的新型科普形式，创新科学传播方式，为进一步促进青少年科学素质提升。

一是精心打造2020年首届"深圳科普月"品牌活动。2020年首届"深圳科普月"活动围绕"决胜全面小康，践行科技为民"主题，于2020年9月3日至9月30日在包含深圳市科学馆在内的深圳多地同步开展。深圳市十个区(新区)均举办分会场活动，市区相关单位开展科普讲座、科普论坛、科普展览、互动体验等科普惠民活动470场；面向公众开放包含科研院所和高新技术企业在内的科普基地154家；涉及5G应用、人工智能、卫星技术、海洋科学等多个学科领域；累计辐射公众超百万人次，受众满意度接近100%。该活动形成了“市主场活动-各区分会场活动-各部门特色活动-全市科普资源联合行动”的生动局面，为深圳市民尤其是青少年朋友开启了一场科普盛宴。

二是筹备2020年第二届深圳市科普剧大赛活动。大赛前期，深圳市科协精心组织，联合深圳市委宣传部、深圳市教育局、团市委共同发文，围绕“科学防疫战疫，倡导文明新风”的主题，组织深圳市中小学生参加科普剧大赛。经过3个多月筹备及筛选，最终有38支参赛队伍在比赛中进入表演赛的最终舞台表演阶段，50余部剧本被推送参加广东省科普剧大赛剧本赛。经过优中选优，共选拔了8支队伍入围广东省赛表演赛，50部作品进入剧本赛的最终评选。深圳代表队在广东省赛中取得的优异成绩，是对深圳市科普剧大赛质和量的双重肯定，充分展现了深圳中小学校在科普剧创作和表演领域的优秀能力和积极向上的精神风貌。

二是举办首届深圳市青少年科技运动会。“科技+运动”的形式集趣味性、普及性、探究性为一体，以“探究科学、创新实践、运动竞技”为特点，将科技探究学习与竞技巧妙融合。运动会项目各具特色，“铁丝陀螺制作”比持久性、“钢球爬坡”比高度、“抛石机设计”比投远、“风动力小车”比速度、“纸桥承重”比跨度、“气火箭制作”比准成、“钻木取火”比合作、“八角擂台赛”比策略与挑战、“无人车”比编程与拼装、“VR方程式”比设计与操控、“创意编程”比设计。通过寓教于乐的方式让学生学会竞争与合作，学会面对成败得失，成为身心健康的学习者。

三、科技赛事

以赛促学，办好青少年科技类赛事。深圳市科协打造各类赛事平台，为青少年科技创新教育提供广阔舞台，培养青少年的创新精神、科学道德、实践能力。

一是创新开展青少年科技创新大赛。由深圳市教育局、深圳市科协、团市委主办的第36届深圳市青少年科技创新大赛在2020年进行了赛制改革，打造“网络评审—线下赛—终评答辩”的金字塔模式。该模式为深圳青少年提供一个从全面普及到重点培育的路径，是深圳市多措并举大力培育中小学生科技创新教育的体现。2020年3月下旬的广东省赛中，深圳市代表队共有19个青少年科技创新成果和5个青少年科技实践活动、30幅少年儿童科学幻想绘画、20个科技辅导员科技教育创新成果参加广东省赛终评，最终获得11个一等奖，15个二等奖，13个三等奖。其中，学生创新成果项目获得5个一等奖。该创新大赛中，深圳市一等奖获奖数量在广东省21个地级市中并列第一。此外，学生项目中获得包括专利申请奖和广东工业大学校长创新奖在内的9个专项奖，夺奖数量在广东省名列前茅。

二是举办2020粤港澳大湾区青少年无人机科创嘉年华活动。该活动于2020年11月27日在罗湖举行，吸引了大湾区“9+2”城市积极响应，通过各城市层层选拔，共有177支优秀选手队伍参加竞技角逐。深圳、香港、澳门等5个城市的9家无人机和高科技公司助力嘉年华科创展示，成功打造一场高质量、高水平、高规格的青少年无人机科创嘉年华。

第九篇 科技新闻

Technology News

第一章 自主创新

第二章 产业创新

第三章 企业创新

第一章 自主创新

深圳开年第一天：重奖科技创新

2020年1月2日，新年后的第一个工作日，深圳科学技术奖励大会如期举行，2018年度和2019年度深圳市科学技术奖成功颁出。

大会对2018年和2019年度深圳市科学技术奖的相关项目和人选予以奖励。其中，2018年共有106项10名人选获奖，分别是市长奖2名、自然科学奖4项、技术发明奖3项、科技进步奖59项、青年科技奖8名、专利奖25项、标准奖15项。

2019年共有102个项目和10名人选获奖，分别是市长奖2名、自然科学奖8项、技术发明奖3项、科技进步奖53项、青年科技奖8名、专利奖23项、标准奖15项。

市长奖每名奖金300万元，自然科学奖与技术发明奖均设置了一等奖和二等奖，一等奖奖金100万元，二等奖奖金50万元。

4名市长奖获得者皆作出重要原创性研究

中国科学院深圳先进技术研究院副院长郑海荣和深圳微芯生物科技股份有限公司董事长鲁先平获得2018年度市长奖。清华大学深圳国际研究生院副院长康飞宇和深圳天源迪科信息技术股份有限公司董事长陈友获得2019年度市长奖。

郑海荣是国家杰出青年基金获得者兼973首席科学家。他致力于医学成像技术和设备的研究，在声波或磁场与生物体互作用的机制等基本理论问题和实验技术上取得了原创性的突破。鲁先平带领微芯生物研发出全球首个亚型选择性的组蛋白去乙酰化酶抑制剂-西达本胺，是中国医药史上首个原创化学新药。

康飞宇长期致力于碳材料及其在能源与环境中应用的研究，发表SCI论文330篇，解决了天然石墨及石墨烯应用于锂离子电池的关键技术问题，推动了我国天然石墨深加工技术和高安全性可充电电池的发展。陈友1993年创立天源迪科，带领公司在通信行业首次实现了国产大型应用软件商用，带领团队成功研发包含“电信实时在线计费”“计费联机采集”在内的商用软件系统，均为国内首创。

深圳创新活力可以从四位获奖者的年龄中看出。4名获奖者中，最年轻的是“70后”郑海荣，其余三位获奖者均为“60后”。他们的获奖对于进一步激发深圳科技工作者投身科技创新事业有重要的引领带动作用。

深圳原始创新成果不断涌现

据统计，2018年度和2019年度的自然科学奖、技术发明奖、科技进步奖三大奖累计评出130个获奖项目，覆盖了电子信息、生物与新医药、航空航天、新材料、新能源与节能、资源与环境、先进制造与自动化八大高新技术领域。

深圳正在加快补齐原始创新能力的短板。从这些获奖项目可以看出，原始创新成果不断涌现。围绕打造“双区驱动”战略支撑，深圳推动科技研发项目全生命周期改革，构建“基础研究+技术攻关+成果产业化+科技金融”的全过程科技创新生态链，基础研究取得一系列新原理、新方法、新技术。

由北京大学深圳研究生院主持攻关的“电动车动力电池材料结构及性能的基础科学研究”项目，首次发现新型单层二维锂离子电池电极材料，为进一步提升电动车动力电池的能量密度、功率密度、稳定性、安全性提供理论指导；由中国科学院深圳先进技术研究院主持攻关的“声镊理论及其操控效应”项目，首次提出人工结构声场灵活调控声辐射力的新原理和“声筛”概念，有力推动了声镊技术在生物体系中的发展和超声医学创新应用；由香港大学深圳研究院完成的“金属配合物激发态的基础与应用研究”项目，首次实现具有自主知识产权的含有刚性四齿配体的高效率磷光铂（Ⅱ）配合物，处于国际领先水平。

产学研深度融合，深圳创新体系不断完善。以北京大学深圳研究院和深圳市华星光电技术有限公司合作的项目“集成于电视面板上的栅驱动电路技术研究”为例，开发出具有自主知识产权的TFT集成栅驱动电路技术，技术指标国内领先，率先实现了高端大尺寸窄边框高分辨率电视面板的国产化，提升了我国高端显示面板的制造能力。

三大奖获奖科技人员平均年龄不超过40岁

青年科技人才扎根深圳，在各自领域取得丰硕成果，已成为科技创新的中流砥柱。

据统计，2018年度和2019年度的三大奖分别奖励718名和674名科技人员，获奖科技人员平均年龄分别为39岁和40岁。在两个年度三大奖获奖成果中，40岁以下的科技人员809人，占比58%，其中80后科技工作者参与获奖的有127项，占比98%。

企业是科技创新的主体。2018和2019年度，由企业主持完成的获奖成果分别是92项和73项，占比分别为87%和74%。深圳企业突出的科技创新能力，有力支撑了高新技术产业发展。

以获得2018年度科技进步奖技术开发类一等奖的“超大容量智能骨干路由器技术创新及产业化”项目为例，华为技术有限公司成功研制完成新一代超宽智能骨干路由器设备并批量生产销售，在国家骨干网、城域网核心节点、国际关口局大规模部署，实现了多业务的综合承载，并在一系列技术上取得突破。2019年上半年，该设备全球市场份额占41%，世界排名第一。

（《南方日报》，2020-01-03，记者：王春艳 张秀娟）

深圳启动新型冠状病毒感染应急防治技术攻关

2020年1月26日，深圳市科技创新委发布2020年“新型冠状病毒感染应急防治”专项项目申请指南，围绕新型冠状病毒（2019-nCoV）感染诊疗的关键科学技术问题，开展联合攻关，为新型冠状病毒及新发突发传染病防控及诊疗提供理论及技术支撑。

据了解，此次专项组织科研力量开展应急防治技术科研攻关，解决新型冠状病毒感染肺炎早期检测、治疗、防控中的问题。研究方向包括新型冠状病毒感染肺炎防控及检测技术，重点支持早期或即时检测技术以及潜伏期监测技术的研发；新型冠状 病毒感染肺炎治疗策略及药物研发；新型冠状病毒疫苗研发。

本专项第一批项目分定向申报项目及自由申报项目。其中面向流行病学研究、临床诊疗标准、治疗性抗体研发的3个定向申报课题已经紧急启动。

据悉，该专项支持强度较大，拟针对上述研究方向，择优支持不超过20个项目，每个项目资助强度最高不超过800万元，研究期限不超过3年。牵头申请单位应当是在深圳市（含深汕特别合作区）依法注册，具备法人资格的高等院校、科研机构、医疗卫生机构及科技型企业。

（深圳报业集团《深圳特区报》，2020-01-27，记者：闻坤）

深圳科技部门迅速行动
为打赢疫情阻击战提供强大的科技支撑

疫情就是命令，防控就是责任。为应对新型冠状病毒感染的肺炎疫情，深圳科技部门主动担当作为，迅速采取行动，统筹精准施策，为打赢疫情阻击战提供强大的科技支撑。

一是迅速推进专责小组统筹做好科学防疫工作。深圳市科技创新委作为市新型冠状病毒感染的肺炎疫情防控指挥部攻关组组长单位，牵头制定并组织实施《科研攻关组工作方案》；会同市发改委、市教育局、市财政局、市卫健委、市市场监管局、深圳海关、市港澳办、中科院先进院、深圳湾实验室等成员单位，共同推进科学防疫工作。编制发布《深圳科创委新型冠状病毒感染的肺炎疫情防控工作方案》，明确科学防疫任务，作出人员安全指引，印发全委各处、各单位组织实施。同时，建立协同工作机制，加大科技攻关力度，指导市第三人民院、市疾控中心、华大基因、先进院、深圳湾实验室等重点科研单位做好分工协作，形成工作合力。

二是快速启动“新型冠状病毒感染应急防治”技术攻关。一方面，采用定向委托方式，由市第三人民医院、市疾控中心等单位牵头，围绕新型冠状病毒感染肺炎防控及检测技术、治疗策略及药物研发、病毒疫苗研发3个领域开展重点技术攻关。另一方面，发布疫情防控防治项目，支持具备条件的创新实体围绕新型冠状病毒感染肺炎防控及检测技术、治疗策略及药物研发、新型冠状病毒疫苗研发等进行技术攻关，充分调动全市高校、科研院所、企业积极参与疫情防控科研工作。

三是综合施策积极为科研攻关创造条件。设立疫情防控专家组，成员由深圳及港澳疫病监测、病毒检测、临床诊疗、抗体疫苗研发、医疗器械等领域19位专家组成，专职为科研攻关提供决策咨询。协助紧急申报科研主体资质，确保市疾控中心和市第三人民医院2家生物安全防护三级实验室（深圳市仅有2家）在最短时间获得国家卫健委批复，取得新冠病毒培养等实验资质。梳理全市可供防疫使用的分析仪器、计量仪器、诊断仪器等设备共享清单，通过网站和微信公众号等渠道公布，供高等院校、科研院所、相关企业查询使用，协调解决市三院科研设备需求，拟首批征用8种9台套设备。对市第三人民医院和市疾控中心设备需求，均予以全力协调、优先保障。

四是多措并举为创新主体营造良好环境。第一时间发布《深圳市科技创新委关于适度减免园区企业租金 同舟共济战疫情倡议书》，号召高新区各园区、科技企业孵化器、众创空间以及产业用房业主，为延迟复工的企业适度减免租金，减轻企业负担。截至2020年2月9日，已有包括福海信息港、福永云创孵化器、壹境空间、大运软件小镇、深圳市留学人员（龙岗）创业园、众创智谷科技企业孵化器、X-space国际青年创客峰、中芬设计园等12家孵化载体出台租金减免办法，为入驻企业和创业团队减轻负担，预计惠及小微企业和创业团队1200余家。及时发布《深圳市科技创新委员会关于加强新型冠状病毒高等级病原微生物实验室生物安全及科研活动管理的通知》，指导深圳市高等院校、科研院所、相关企业开展科研活动时，做好个人防护，保障生命安全。为做好外国专家防疫工作，紧急开通24小时中英双语热线电话，将防控重点信息录制成语音，在热线电话接通后自动播放。发布中英文版《关于做好在深工作外国人防控新型冠状病毒感染工作的温馨提示》，公布新型冠状病毒感染防控指引和市、区疾控中心咨询热线。将温馨提示编成短信发送至全市12000多家用人单位负责人和经办人，提醒下载英文版防控指引给外籍员工。优化审批流程，外国人来华工作许可业务采取不见面审批，并就防控期间可能出现的业务材料提交不便等情况推出包含承诺制和事后补交在内的多种措施，减轻疫情对外国人办理许可业务的影响。

各区科技部门也积极响应，综合施策，为辖区做好疫情防控贡献科技力量。宝安科创局迅速成立了疫情防控领导小组，积极向73家科技园区及科技企业传达延迟企业复工的文件精神，并号召辖区各科技园区采取惠企措施，减免企业租金。截至2020年2月9日，高新奇战略新兴产业园、汇聚创新园、汇聚新桥107创智园、创新智慧港等13家园区或众创空间主动减免企业半个月或一个月租金。南山科创局通过发动工业百强、上市企业、医疗器械生产企业、商场超市企业、外贸企业等企业寻找采购渠道，与南北医药、海王星辰、京东云等企业平台搭建采购平台，综合各渠道建立采购信息数据库，联系汇总物资采购信息渠道123条；龙岗区科创局对符合条件的"新型冠状病毒感染应急防治"技术攻关项目给予最高400万元的资金扶持，同时简化了审批流程，推动资金尽快拨付企业，最大限度鼓励和吸引各类科研力量参与国家、省、市新型冠状病毒感染的肺炎疫情防控应急科技攻关工作；罗湖区科创局利用辖区33个"科普e站"新增疫情相关栏目，结合权威信息制作科普微视频等多种方式开展疫情科学防治宣传；龙华区科创局分别向辖区各科技园区、创新孵化载体发出倡议书，号召对延迟复工的入驻企业、机构适当减免租金、物业管理费等，并对辖区内涉及抗击新冠病毒相关药品、医疗器械研发和生产企业（机构）信息（共15家）进行摸排统计，做好信息储备；盐田科创局组织了专人对盐田区科技创业园进行暗访检查，督促园区物业管理企业落实疫情防控措施。

（深圳市科技创新委员会，2020-02-09）

深圳成为我国第四个综合性国家科学中心

唯有强化基础性科学研究，才能为科技创新发展提供内生原动力。2020年1月21日，科技部、发展改革委、教育部等国家五部委联合印发的《加强"从0到1"基础研究工作方案》（以下简称"《方案》"）的通知中明确提出北京怀柔、上海张江、合肥、深圳综合性国家科学中心应加大基础研究投入力度，加强基础研究能力建设。这是深圳综合性国家科学中心首次写入国家公开发布的文件。

综合性国家科学中心是国家科技领域竞争的重要平台，是国家创新体系建设的基础平台。建设综合性国家科学中心，有助于汇聚世界一流科学家，突破一批重大科学难题和前沿科技瓶颈，显著提升中国基础研究水平，强化原始创新能力。

研究发现，通过科技革命走向现代化的国家，都是科学基础雄厚的国家。有专家指出，美国近25年的经济增长，50%以上归功于以基础研究为动力的研究和开发。

基础研究的重要性不言而喻。但这长期以来是深圳的短板。深圳市科创委负责人坦承，总体来讲，目前基础研究仍是深圳科技创新体系的短板，主要表现在基础研究布局与投入不足，缺少高水平大学、科研院所、创新载体等。

此前，全国仅有北京怀柔、上海张江、合肥三个综合性国家科学中心。2019年8月，《中共中央国务院关于支持深圳建设中国特色社会主义先行示范区的意见》正式出台，首次提出"以深圳为主阵地建设综合性国家科学中心，在粤港澳大湾区国际科技创新中心建设中发挥关键作用"。此次国家五部委《方案》的下发，意味着深圳已经成为我国第四个综合性国家科学中心。

据悉，《方案》遵循突出问题导向、坚持以人为本、注重方法创新、优化学术环境、强化稳定支持等原则实施23项措施，充分发挥基础研究对科技创新的源头供给和引领作用，解决我国基础研究缺少"从0到1"原创性成果的问题。

《方案》提出建立有利于原始创新的评价制度。注重评价代表作的科学水平和学术贡献，让论文回归学术，避免唯论文、唯职称、唯学历、唯奖项倾向；支持高校、科研院所自主布局基础研究；鼓励科学家围绕重要方向开展长期研究，不追热点，把冷板凳坐热；鼓励和支持科学家敢于啃硬骨头，敢于挑战最前沿科学问题。

《方案》提出国家科技计划突出支持重要原创方向。持续支持量子科学、脑科学、纳米科学、干细胞、合成生物学、发育编程、全球变化及应对、蛋白质机器、大科学装置前沿研究等重点领域。突出支持关键核心技术中的重大科学问题。重点支持人工智能、网络协同制造、3D打印和激光制造、重点基础材料、先进电子材料、云计算和大数据、高性能计算、生物育种、高端医疗器械、集成电路和微波器件、重大科学仪器设备等重大领域，推动关键核心技术突破。

《方案》也明确引导企业加大投入，切实落实企业研发费用按75%比例税前加计扣除财税优惠政策，并在具备条件的企业建设国家重点实验室。

深圳近年来高度重视“从0到1”的基础研究。“综合性国家科学中心将争取国家支持集中布局建设世界一流的重大科技基础设施集群。”有专家表示，集聚具有国际先进水平的实验室、研发机构、科研院所、研究型大学以及顶尖科学家和高层次人才，重点开展基础研究和应用基础研究，打造重大原始创新的重要策源地，强化原始创新能力，是深圳科技创新升级的核心“引擎”。

在新高度新起点，2020年政府工作报告就全面铺开及纵深推进粤港澳大湾区和深圳先行示范区建设提出新要求——聚焦建设综合性国家科学中心主阵地，打造全球创新创业创意之都。截至2020年3月，深圳正加快布局重大创新载体，累计建成基础研究机构12家、诺奖实验室11家、省级新型研发机构46家，各类创新载体总量突破2260家。

（深圳报业集团《深圳特区报》，2020-03-06，记者：闻坤）

深圳41个项目荣获省科技奖

2020年3月25日，广东省科技创新大会在广州举行，179个2019年度广东省科技奖项目获表彰。其中，深圳41个项目获奖，获奖比重达22.9%，占比创近10年来新高。

此次深圳共获得自然科学奖3项，技术发明奖5项，科技进步奖33项。其中6个主持完成的项目获得一等奖，分别是自然科学奖一等奖1项，技术发明奖一等奖2项，科技进步奖特等奖1项，科技进步奖一等奖2项，一等奖数量占广东省一等奖授奖总量的16%。

深圳市大疆创新科技有限公司的“三维环境智能感知系统研发及应用”项目摘得科技进步奖唯一的特等奖，这是深圳市单位第7次获此殊荣，也是深圳民营科技企业主持攻关的成果再度问鼎该重大奖项。该项目攻克了无人系统自主导航过程中的跟踪、定位、避障难题，实现了多视觉传感器信息融合的三维图像获取、精准视觉测距、障碍物的检测与躲避等技术创新，拓宽了无人机的应用场景。在全球抗击新冠肺炎疫情中，加载了智能避障技术的大疆无人机，凭借其强大的技术优势和安全性能，成为防控巡逻、疏导人群、公共场所消杀的智能工具，经济社会效益显著。

清华大学深圳国际研究生院获得2个自然科学奖，获得自然科学奖一等奖1项。该院主持完成的自然科学奖一等奖“高安全性二次电池关键材料研究”项目，揭示了多价态离子在二氧化锰中的存储机理并发明了高安全水系锌离子电池。这一成果推动了新型安全水系锌离子电池理论体系的建立和发展，对推动高安全电池和材料的理论发展和实际应用具有重要指导意义。

深圳大学在三大奖种有6个项目获奖，获得技术发明一等奖1项。深圳大学牵头完成的技术发明奖一等奖项目“重大基础设施结构形变精密三维测量技术与装备”，瞄准基础设施安全运维保障的重大需求，实现了核心测量传感器、技术方法、高端装备以及应用的全链条创新，发明研制出公路交通、轨道交通、水利市政等基础设施安全装备测量与检测装备，填补国内空白，达到国际领先水平，促进我国基础设施结构形变精密测量从“静态到动态、离散到连续、抽查到普查”的跨越。

中科院先进技术研究院牵头完成的技术发明奖一等奖项目“视频的深度表征与识别技术及应用”，让人工智能“读懂”复杂视频。据悉，项目第一完成人深圳先进院数字所所长乔宇研究员带领团队，经过多年研究开发和应用验证，提出了视频长短时表征与识别等一系列创新性方法，突破了包含轨迹卷积及中心损失在内的核心技术，显著提升了复杂视频行为分类、大规模人像识别、物体检测、场景分类等重要视觉任务的性能。截至2020年3月，项目研发的技术已广泛应用于智慧城市、机器人、互联网多媒体等多个领域，提高了城市的管理效率和能力，创造了显著的经济和社会效益。

（深圳报业集团《深圳特区报》，2020年03月26日，记者: 闻坤）

从“双区”战略高度建设国家科学中心

深圳经济特区建立40多年来，已经成为国内制造业强市，未来的制造业将与人工智能深度融合，制造业将越来越有“灵魂”。加强创新力度，加快科学中心的建设，有利于制造业向更高层次发展，从深圳制造走向深圳智造。

2021年3月16日，第6期《求是》杂志发表中共中央总书记、国家主席、中央军委主席习近平的重要文章《努力成为世界主要科学中心和创新高地》。文章是习近平总书记2018年5月28日在中国科学院第十九次院士大会和中国工程院第十四次院士大会上讲话的一部分。文章指出：“中国要强盛、要复兴，就一定要大力发展科学技术，努力成为世界主要科学中心和创新高地”。

把握建设世界主要科学中心的机遇

创新是发展的第一动力，党的十八大以来，创新被提到前所未有的高度，特别是党的十九届五中全会提出，坚持创新在我国现代化建设全局中的核心地位，把科技自立自强作为国家发展的战略支撑。《努力成为世界主要科学中心和创新高地》与《中共中央关于制定国民经济和社会发展第十四个五年规划和二〇三五年远景目标的建议》《中华人民共和国国民经济和社会发展第十四个五年规划和2035年远景目标纲要》，在主导思想和主体内容上一脉相承，形成了完整思想体系。

世界科学中心是先从英国开始，逐步过渡到欧洲其他国家，再到美国，我国正面对难得的发展机遇期。英国最早开始工业革命，最早完成工业革命，一度成为世界第一强国。马克思在《共产党宣言》写到，资产阶级在它的不到一百年的阶级统治中所创造的生产力，比过去一切世代创造的全部生产力更多更大。我国改革开放以来，生产力大幅度提升，科学技术快速发展。我们比历史上任何时期都更接近中华民族伟大复兴的目标，比历史上任何时期都更需要建设世界科技强国。世界新一轮科技革命和产业变革同我国转变发展方式有了历史性交汇期，面临着千载难逢的历史机遇。

党的十九大以来，中国共产党将现代化进程分为两个阶段。第一个阶段，从2020年到2035年，基本实现社会主义现代化。第二个阶段，从2035年到本世纪中叶，把我国建成富强民主文明和谐美丽的社会主义现代化强国。从大国到强国跃升，创新和科学技术是坚实的基础和强大的支撑。纵观世界发展，只有成为世界科学中心，才能成为世界强国。

2019年2月18日，中共中央和国务院印发《粤港澳大湾区发展规划纲要》，要求大湾区形成以创新为主要支撑的经济体系和发展模式，建成国际一流湾区；要求深圳成为具有全球影响力的国际科技创新中心，发挥作为经济特区、全国性经济中心城市、国家创新型城市的引领作用，加快建成现代化国际化城市，努力成为具有世界影响力的创新创意之都。《中共中央国务院关于支持深圳建设中国特色社会主义先行示范区的意见》要求，以深圳为主阵地建设综合性国家科学中心，深圳要建成现代化国际化创新型城市，到本世纪中叶，成为竞争力、创新力、影响力卓著的全球标杆城市。

“十四五”规划纲要提出支持北京、上海、粤港澳大湾区形成国际科技创新中心，建设北京怀柔、上海张江、大湾区、安徽合肥综合性国家科学中心。深圳当前面临建设“中国特色社会主义先行示范区”和“粤港澳大湾区”双重机遇，要趁势而上，建成国家科学中心，为我国成为世界主要科学中心和创新高地作出深圳的贡献。

在改革创新中建立国家科学中心

深圳靠改革起步，靠改革立身和发展。深圳经济特区建立40多年来，首创1000多项改革举措，有力突破了束缚生产力发展的体制和机制瓶颈，人民群众的积极性大增，全社会的活力迸发。改革没有完成时，只有进行时。进入新时代，改革进入了深水区，更为复杂，难度更大。

《努力成为世界主要科学中心和创新高地》指出，新时代全面深化改革决心不能动摇，勇气不能减弱。科技体制改革要敢于啃硬骨头，敢于闯难关，破除一切制约科技创新的思想障碍和制度藩篱。2015年8月，党中央、国务院出台《深化科技体制改革实施方案》，相关部门制定了《关于分类推进人才评价机制改革的指导意见》《关于深化科技奖励制度改革的方案》等，解决了影响创新发展的一些体制机制问题。

深圳一直致力于通过改革解决创新问题，早在2006年就制定了全国首部改革创新法规《深圳经济特区改革创新促进条例》，2020年8月2日深圳市第六届人大常委会会议审议通过《深圳经济特区科技创新条例》，提出把创新驱动作为城市发展主导战略，以科技创新为核心推进全面创新，完善科技创新体制机制。加强基础研究和应用基础研究，强化关键核心技术攻关，促进科技成果转化和产业化，深化科技金融创新，充分发挥人才支撑作用，构建以“基础研究和应用基础研究”“技术攻关”“成果产业化”“科技金融”“人才支撑”为重点的全过程创新生态链。

目前各种制度和规定束缚人的积极性的问题仍然比较突出，需要通过进一步改革逐步解决。如更大力度实施研发费用加计扣除及高新技术企业税收优惠等普惠性政策，运用政府采购政策支持创新产品和服务，完善激励科技型中小企业创新的税收优惠政策，健全以创新能力、质量、实效、贡献为导向的科技人才评价体系，构建充分体现包括知识和技术在内的创新要素价值的收益分配机制，实行以增加知识价值为导向的分配政策，完善科研人员职务发明成果权益分享机制，探索赋予科研人员职务科技成果所有权或长期使用权，提高科研人员收益分享比例。

深圳还在探索综合运用财政后补助和间接投入的方式，通过资助、贷款贴息、奖励、基金等多种形式支持高等院校、科研机构、企业以及科技人员开展科技创新活动。改革科技项目立项和组织方式，建立主要由市场决定的科技项目遴选、经费分配、成果评价机制。

深圳已经将光明区确定为综合性国家科学中心核心承载区及粤港澳大湾区国际科技创新中心核心枢纽，重点发展信息、生命科学、新材料。作为后发展区域，光明区在科学技术方面几乎是“一张白纸”，但一张白纸更好绘制图画，要更注重通过改革创新建立新的体制机制，在原始创新、成果转化、人才培养等多方面有新的突破。

力求重点领域有新突破

新技术是创新的重点，也是建设科学中心的关键。《努力成为世界主要科学中心和创新高地》指出，进入21世纪以来，全球科技创新进入空前密集活跃的时期，新一轮科技革命和产业变革正在重构全球创新版图并重塑全球经济结构。信息、生命、制造、能源、空间、海洋等的原创突破为前沿技术提供了更多创新源泉，学科之间、科学和技术之间、技术之间、自然科学和人文社会科学之间日益呈现交叉融合趋势，深刻影响着国家前途命运和人民生活福祉。

高新技术产业已成为深圳的支柱产业，人工智能、机器人、无人机、可穿戴设备等处于全球领先地位。但是，深圳也需要解决一些“短板”和“卡脖子”问题。深圳是全国工业机器人研发、生产和消费中心，拥有大规模机器人企业集群和国内最为完整的机器人产业链。但是，机器人产业链的上游，如新型传感和先进控制等核心技术主要在国外。芯片是现代信息产业的核心，我国是芯片进口大国，芯片的设计、制造、封装等三大领域的核心技术也主要在国外。关键核心技术要不来、买不来、讨不来，只能靠自己的努力。

要通过新发展格局的形成，实现高新技术产业发展的良性循环。习近平总书记在深圳经济特区建立40周年庆祝大会上的重要讲话，对深圳构建新发展格局提出了具体要求。新发展格局反映了辩证发展过程，过度依赖国际市场会带来比较严重的后果。因为国际市场毕竟不像国内市场那样稳定，政局、战争、疫情、灾难等，以及不确定的关税壁垒、歧视性政策等，都可能对外向型经济造成较大影响。新冠疫情发生后，对我国经济产生冲击，尤其是“两头在外”的企业，即产业链条的上游和核心技术在国外，产品销售主要在国外，受到的冲击更为严重。构建新发展格局，要深化对内经济联系，要率先建设更高水平开放型经济新体制，要坚持扩大内需这个战略基点，使生产、分配、流通、消费更多依托国内市场。

基础研究是整个科学体系的源头。基础研究这个短板问题，长期困扰产业和企业，需要重点解决。深圳在基础研究方面，可以充分利用建设综合性国家科学中心的契机，加快布局创新要素，以光明科学城为核心承载区，形成全市乃至粤港澳大湾区基础研究体系。办好深圳大学和南方科技大学在内的高校，引进世界名校创办研究院，引进院士及诺贝尔获奖者创办实验室，建设国家实验室等高水平基础研究平台。加大应用基础研究，以重大科技项目为目标，将应用基础研究与产业化以及创新链与产业链有效衔接，加快科研成果转化为商品，更好服务社会和人民。

《深圳经济特区科技创新条例》提出加快建设深圳综合性国家科学中心，作为国家创新体系建设的重要基础平台，开展重大科技基础设施项目预先研究，集中布局建设重大科技基础设施集群；建设一批跨领域及跨学科的前沿交叉研究平台，与重大科技基础设施形成交叉融合、紧密协作、相互支撑的创新内核，强化原始创新能力，发挥其在粤港澳大湾区国际科技创新中心建设中的关键作用；明确将加大基础研究经费投入，深圳市政府投入基础研究和应用基础研究资金不低于市级科技研发资金的30%。截至2021年初，全国基础研究和应用基础研究投入平均仅为6%，而发达国家高达15%~25%，深圳的力度空前，将强化原创导向，夯实产业基础。

深圳经济特区建立40多年来，已经成为国内制造业强市，未来的制造业将与人工智能深度融合，制造业将越来越有“灵魂”。加强创新力度及加快科学中心的建设，有利于制造业向更高层次发展，从深圳制造走向深圳智造。

（深圳报业集团《深圳特区报》，2021-03-30，记者：袁晓江）

深圳市委常委会会议暨市建设国家可持续发展议程创新示范区领导小组会议召开以先行示范标准勇当可持续发展先锋

2020年4月30日，深圳市委常委会会议暨市建设国家可持续发展议程创新示范区领导小组会议召开，听取深圳市建设国家可持续发展议程创新示范区进展情况汇报，研究部署下一步工作。深圳市委书记、深圳市建设国家可持续发展议程创新示范区领导小组组长王伟中主持会议。

会议指出，要深入学习贯彻习近平总书记关于可持续发展的重要讲话和重要指示批示精神，增强“四个意识”、坚定“四个自信”、做到“两个维护”，坚持新发展理念，坚定不移走可持续发展之路，以先行示范标准，勇当可持续发展先锋。

会议强调，要再接再厉，善作善成，高标准高质量建设国家可持续发展议程创新示范区。

一要强化战略定力，以更宽广视野及更长远眼光把握发展方向。胸怀“两个大局”，统筹推进疫情防控和经济社会发展工作，牢牢扭住深圳市“三个阶段”目标任务，抢抓“双区驱动”重大历史机遇，扎实推进国家可持续发展议程创新示范区建设。

二要强化对标意识，瞄准最高最好最优最强加快发展。充分借鉴国际先进地区和一流城市经验做法，着力增强资源环境承载力和社会治理支撑力，努力创造更多可操作、可复制、可推广的经验模式，为超大型城市可持续发展发挥示范效应。

三要强化系统思维，增强发展的整体性协调性。坚持统筹推进，聚焦重点任务，持续提升科技创新支撑引领作用，突出项目带动，推进深圳市可持续发展议程创新示范区《建设方案》工程项目提速增效。

四要强化共建共治共享共同富裕，推动社会更加公平更加有序。坚持法治先行，强化公共卫生法治保障，创新社会治理体系，充分发挥法治在治理体系和治理能力现代化中的重要作用。加快智慧城市和“数字政府”建设，加快推动教育医疗增量提质，促进基本公共服务均等化优质化。

五要强化底线意识，牢牢把握发展主动权。决不以牺牲环境为代价换取一时经济增长，继续实施能源消耗总量和强度双控行动，加快建立绿色低碳循环发展经济体系，抓好水质提升、空气质量提升、“无废城市”建设等重点工作，坚决打赢污染防治攻坚收官战。

会议要求，要加强统筹协调，强化责任担当，狠抓工作落实，全面对标对表国家可持续发展议程创新示范区建设任务，补短板、强弱项，以只争朝夕的干劲推动各项任务落地见效。

根据规划，深圳2020年建成国家可持续发展议程创新示范区，到2025年成为可持续发展国际先进城市，到2030年成为可持续发展的全球创新城市。

（深圳市科技创新委员会/深圳电视台，2020-05-02）

深圳市科技创新委推出深圳科技政策“智能查询助手”平台

为落实深圳市疫情防控惠企16条政策，帮助企业复工复产，助力企业全面精准享受各项科技政策，深圳市科创委在最短时间内率先开发出“深圳科技政策智能查询助手”平台，并在深圳市科创委官网上线。该平台是全国科技系统内首个智能查询平台，从根本上帮助查询者从长篇政策内容中难以获取政策要点，解决了人工咨询不方便、不全面与不系统、政策信息与企业需求不对称的难题，切实解决信息“鸿沟”。平台实现了政府与企业之间的信息对称与透明，将有效打击黑中介的不法行为。平台是深圳市科技创新委员会在“深圳市招大商、招优商、招好商”工作中的重要举措之一，也是政府亲近产业，服务企业，打造“阳光政府”和“透明政府”的具体举措。

该平台主要特点：一是政策聚焦。平台重点梳理了市科技创新委科技创新政策中的24条对企业支持力度较大且关注度较高的政策，首批发布已生效政策13条，基本涵盖了不同政策支持对象和支持类别，提供政策原文下载，配以政策图解、申请指南、申请链接等内容。二是智能查询。平台可针对科技企业、园区、人才等不同对象，提供各种条件自由组合智能查询。查询者根据自身需求进行多项条件勾选，通过“傻瓜”式条件组合，实现一键智能速配，基于算法智能匹配出对应的需求政策。三是流程图解。精准解读每项政策的核心内容，以简单易懂的图解方式，展示政策要点及申请流程，使查询者能够轻松读懂政策内容，了解政策申请流程，解决查询者需耗时费力通读长篇政策却难以迅速定位核心政策内容的难题。

（深圳市科技创新委员会，2020-05-07）

深圳市首个街道外国人来华工作许可工作站设立

2020年5月8日，外国人来华工作许可招商街道工作站正式对外服务，这是继深圳市外国人来华工作许可业务设立坪山工作站和华为工作站后，首次在深圳市街道办设工作站。

为优化营商环境，深圳市科创委（外专局）与南山招商街道办密切合作，共同推进深圳市外国人来华工作许可“放管服”改革。

一是突出“放”字，创新审批模式。据统计，深圳市南山区招商街道及周边区域有来自112个国家的外籍人员10922人。辖区内有6所国际学校和众多知名跨国企业，如苹果、飞利浦、IBM、中海油等。以往用人单位和外籍人士办理外国人来华工作许可业务，须到福田中心区的市民中心行政服务大厅，耗时费力。设立工作站后，通过全流程网上申办、深圳市科创委后台审核、招商街道服务窗口验原件发证等环节，用人单位和外籍人士实现就近办理工作许可，大大节约时间成本。

二是抓好“管”字，健全监管机制。为确保“放而不乱，放而有序”，深圳市科创委（外专局）加强对工作站窗口人员业务培训，入职前统一在市民中心行政服务大厅窗口实习，熟悉业务，宣讲工作纪律。同时与招商街道办签订协议，明确双方职责、工作机制、保密要求等，压实服务窗口责任。为加强事中事后监管，深圳市科创委（外专局）还将不定时随机对工作站业务进行抽查复核。

三是聚焦“服”字，构建服务体系。在街道设立工作站，不仅将业务延伸到基层，就近为外籍人士提供服务，街道办可以了解辖区内外籍人员及其用人单位相关信息，从而在社区融入、文化宣传、疫情防控等方面实施精准管理和服务。结合深圳市国际化街区建设，来华工作许可街道办工作站模式在全深圳复制推广，逐步建立覆盖全市的外国人来华工作许可服务体系。

下一步，深圳市科创委（外专局）将加强与公安局出入境部门合作，实行更加开放便利的境外人才工作和出入境政策，共建“深圳市外国人就业居留事务服务中心”和“外国人综合服务管理系统”，率先在全国实现外国人工作居留六个“一”，即“一套材料、一张表单、一次申请、一窗受理、一网通办、一次办结”，吸引更多优秀外籍人才来深圳市创新创业，为深圳建设中国特色社会主义先行示范区、创建社会主义现代化强国城市范例提供人才保障和智力支撑。

（深圳市科技创新委员会，2020-05-11，谭祎）

深圳市“生物医学国家专业化众创空间”获批

2020年3月25日，科技部公布第三批23家国家专业化众创空间示范名单，其中依托于中国科学院深圳先进技术研究院建设的“生物医学国家专业化众创空间”（简称“生物医学众创空间”）是广东省此次唯一上榜的国家专业化众创空间。

国家专业化众创空间示范遴选工作由科技部2016年启动，截至2020年3月底，全国累计获批73家，其中深圳3家。根据要求，国家专业化众创空间作为重要的创新创业服务平台，以推动科技型创新创业和服务于实体经济为宗旨，高效配置和集成各类创新要素，实现精准孵化，成为推动龙头骨干企业、科研院所、高校等多方协同创新的重要载体。

此次入选的生物医学众创空间依托深圳先进院在IBT领域多年积累与研学产资“四位一体”的创新创业资源优势，发挥带动示范效应。一方面，以自身研发创新工作为本，面向未来产业发展需求，布局生物医学工程、生物医药、脑科学、合成生物学等核心学科技术。另一方面，以扶持创业孵化平台为基，建设中科创客学院和育成中心两大平台，协同大小微企业，整合产业资源，持续培养具有影响力的产业群，搭建国际化的全链条孵化体系。

截至2020年5月，生物医学众创空间已培养超过200个创新团队，与企业建立了超百个联合实验室，并牵头成立了包含低成本健康与合成生物协会在内的产业联盟，构建起学术与产业间的桥梁。

（深圳市科技创新委员会，2020-05-26）

深圳新增22家国家备案众创空间

2020年4月26日，科技部公布了2020年度国家备案众创空间名单，确定498家众创空间为国家备案众创空间，其中包括腾讯众创空间（深圳）在内的22家深圳众创空间入选。

众创空间以降低创业门槛、完善创新创业生态系统、激发全社会创新创业活力为目标，以专业化服务推动创业者应用新技术、开发新产品、开拓新市场、培育新业态。近年来，深圳市科技创新委大力支持行业领军企业、高校及科研院所、创业投资机构、社会组织等机构建设众创空间，涌现出一批具有较强影响力的众创空间。截至2020年5月26日，深圳拥有国家备案众创空间112家，在培育经济发展新动能、服务实体经济转型升级发挥了重要作用。下一步，深圳市科技创新委将继续加强对众创空间的指导和支持，建立动态调整机制，推动众创空间高质量发展，构建良好创新创业生态。

（深圳市科技创新委员会，2020-05-26）

推动安全科技信息化建设 探索科技强安先行示范机制

核心提示

夯实城市安全基石，科技信息化建设至关重要。自2019年初深圳市机构改革以来，深圳市应急管理局全面贯彻落实《中共中央国务院关于支持深圳建设中国特色社会主义先行示范区的意见》，积极落实党中央国务院、广东省委省政府和深圳市委市政府对于科技强安的决策部署，以科技信息化推动新时期应急管理工作改革创新，努力在城市公共安全可持续发展方面，积极探索先行示范的新机制、新模式、新路径。

2020年7月10日，由深圳市应急管理局与深圳市城市公共安全技术研究院共同打造的深圳市应急管理监测预警中心暨城市公共安全技术联合创新中心正式揭牌启动。该中心的成立将为深圳市应急管理信息化“一库三中心N系统”建设提供技术支撑和基础保障，以科技为抓手进一步筑牢城市安全防线。

聚焦城市公共安全需求推动技术创新

据了解，此次揭牌成立的监测预警中心（联创中心）即为深圳市应急管理信息化建设总体布局中核心之一，致力于打造集监测预警、应急会商、公共服务、产业协同创新及科研成果转化等功能为一体的综合平台，为深圳市应急管理信息化“一库三中心N系统”体系建设提供技术保障，全面提高深圳应急管理监测预警能力、监管执法能力、辅助指挥和决策能力和社会动员能力，实现以信息化推进深圳市应急管理现代化水平的提升。

未来，中心将围绕城市公共安全重点、痛点、难点问题，充分利用深圳市高科技产业基础好、高科技企业、研发机构实力强且科技人才集聚的优势，引进重点科研机构和行业领先企业，面向深圳市应急管理产业链各个环节，集成有效创新资源，搭建前置实验环境，联合开展应急管理技术研究及应用系统开发测试，加速安全科学技术引进及成果转化，推动形成集业务应用、成果转化、示范展示与人才培养为一体的联合创新生态体系，努力培育应急管理产业发展和科技研发的生态圈和产业链。

目前，深圳市应急管理局以深圳市城市公共安全技术研究院为依托，已整合华为、平安、航天、防灾减灾院、云天励飞、海康威视等多家科研机构和重点企业的技术优势和人才力量，将有力支撑应急管理科技信息化建设发展，全面提高深圳市多灾种和灾害链综合监测、风险早期识别、预报预警能力。

该中心汇聚了政府、企业、社会力量，共同参与应急管理信息化建设，有效健全完善以应急管理系统为主力、专业应急力量为协同、社会应急力量为辅助的深圳特色应急管理体系，切实提高各类灾害事故应急处置能力。同时，中心聚焦城市公共安全需求和开展重点项目技术攻关，为深圳乃至全国创新城市安全发展提供了可借鉴的新思路和新理念。

“一库三中心N系统”构建应急管理信息化体系

根据深圳市应急管理信息化发展规划，从2019年起，深圳市应急管理局启动了“一库三中心N系统”信息化建设。通过大数据的整合分析，立体化信息体系的全面建设，对人的不安全行为、物的不稳定状态、环境的变化因素和应急救援处置需求强化管理，确保在日常监管和突发事件处置时“看得见、听得到、调得动”，做到监管“千里眼”“顺风耳”。

“一库”即应急管理大数据库，汇聚融合多个行业领域的信息数据，为实现风险管控动态化、监测预警智能化提供基础数据支撑。截至2020年7月13日，已完成15个深圳市市直委办局的数据汇聚，共入库数据表530张，85个接口数据总量约2.6亿多条。

“三中心”分别为监测预警中心、宣传教育中心、应急指挥中心。监测预警中心从“物”的因素入手，采用物联网、大数据、云计算、人工智能、区块链等先进技术，对高危工贸和危化品作业场所、轨道工程、危险边坡、老旧建筑、油气管道等各类风险点进行实时监测和分析，实现早期风险识别并及时预报预警；宣传教育中心重点关注“人”的因素，着力打造线上线下融合一体的宣传教育培训平台，线上开发建设“学习强安”平台，为全体市民提供安全宣传、教育、学习一站式服务，目前一期和二期开发完成并上线运行，线下推动市、区、街道创建各具特色的体验式宣教场所，形成全市“1+11+N”宣传教育阵地；应急指挥中心立足于“救”，通过建立“市＋区＋街道+前端末梢”联通的智慧化应急指挥体系，实现突发事件预防应对一体化和扁平化，达到“一图全面感知、一键可知全局、一体运行联动”的目标。

“N系统”是基于“一库三中心”的各类信息化应用系统模块。在感知网络建设方面，作为全省感知网络建设2019年示范试点单位，截至2020年7月上旬，已完成深圳市一二级重大危险源企业的视频、DCS监测数据接入、建模等任务，规划了市应急管理感知网络接入平台；在危险化学品安全生产风险监测预警及动态监控系统建设方面，实现深圳全市90家加油站数据对接，在深圳30家加油站实现“8+8”智能化功能；在城市生命线监测预警系统建设方面，融合物联网、云计算、大数据、移动互联、BIM/GIS等现代信息技术，感知桥梁、燃气、供水、排水、地下管廊等地下管网城市生命线运行状况，分析生命线风险及耦合关系，实现城市生命线系统风险的及时感知、早期预测预警、高效处置应对，坪山区已试点开展监测预警系统的架构搭建和系统开发；在有限空间作业在线审批及监测预警系统建设方面，已完成系统平台开发，并在深圳市1946家含有限空间作业管理的工贸企业全面推广。

推动深圳应急科技信息化建设先行示范

推动安全科技信息化建设，是当前我国应急管理工作发展的大势所趋。深圳市应急管理局有关负责人向记者介绍，作为社会主义先行示范区，深圳近年来在安全技术创新方面一直在努力探索，“一库三中心N系统”的建设体现了综合性、体系化、深圳特色。“首先是突出问题导向，针对城市安全多年来沉淀和积累的问题，补短板强弱项；二是符合信息化规律，从数据到架构再到应用系统，形成科学流程；三是依托深圳企业产业信息化方面的优势，建设高起点，通过5G、物联网、高新技术来支撑”。

据了解，通过一年多来的建设，深圳“一库三中心N系统”应急管理信息化体系已初步形成并展现成效。截至2020年7月，该体系已初步完成15家安委办成员单位数据接入，共入库应急领域数据表530张、接口数据85个、图层数据65个，总数据记录在2.6亿条，总数据量达1.3T，完成重点关注的安全生产及城市安全领域业务的数据标准修订，包括3511项数据元、250项代码集、260项资源目录和接口服务等。

以宣传教育中心为例，该中心建设以“学习强安”App为平台，已于2020年初全面上线，为深圳市民提供安全宣传、教育、学习一站式服务。截至2020年7月13日，该平台注册人数已超过300万人，注册企业超过14万家，总课程数超过120门，学习人员规模超1300万人次。2020年以来，该中心开展了复工复产、疫情防控、森林防火、三防、防灾减灾、开学第一课等系列专题活动，累计完成应急管理、安全生产、自然灾害事故等线上教育培训超70万小时。

（深圳报业集团《深圳特区报》，2020-07-13，记者：晓蓉）

《深圳经济特区科技创新条例》正式发布
多项规定全国首创

为补齐科技创新发展短板，深圳首次立法赋予科技人员职务科技成果所有权或长期使用权；允许港澳高校和科研机构申请内地科技项目；首个确立公司“同股不同权”制度……2020年8月30日，深圳市人大常委会正式发布表决通过的《深圳经济特区科技创新条例》（以下简称“《条例》”），其中不少制度设计均为国内首创，条例将于2020年11月1日起施行。

法至少三成市级科研资金投入基础研究

为保障对基础研究的投入，深圳在全国率先以立法形式规定“深圳市政府投入基础研究和应用基础研究的资金应当不低于市级科技研发资金的30%”，并“支持企业及其他社会力量通过设立基金或捐赠等方式投入基础研究和应用基础研究”，且企业用于此方面的捐赠支出可视作能够促进社会发展进步的“公益捐赠”，将创设性地享有优惠待遇。

鉴于科创领域投资具有投入大、周期长、风险高等特点，而大多数科技型中小微企业发展初期缺少长期资金注入，资本不足成为制约其发展速度和发展质量的关键因素之一。《条例》规定通过政府引导和市场培育的方式，建立覆盖种子期投资、天使投资、风险投资、并购重组投资的基金体系，引导社会资本投资高新技术产业、战略性新兴产业、未来产业等项目。

同时，投资科技型中小微企业或早期科技项目的企业和个人，可享受税收优惠待遇及专项资金补贴。为科技企业提供金融服务的地方金融机构也将纳入财政奖励补贴、风险补偿、风险代偿等范围。

建立科技成果决策尽职免责机制

为鼓励创新，《条例》将对科技人员的激励由目前的“先转化后奖励”调整为“先赋权后转化”，并变通了《专利法》关于职务科技成果权属的相关规定，在国内首次以立法形式规定“全部或者主要利用财政性资金取得职务科技成果的，高等院校和科研机构应当赋予科技成果完成人或者团队科技成果所有权或者长期使用权”。

其中，“按份共有的，科技成果完成人或者团队持有的份额不低于70%”；结合科技成果转化周期特点，将所赋予的长期使用权期限设定为不少于10年；但规定“对于同一职务科技成果，科技人员获得职务科技成果所有权或者长期使用权的，其单位可以不再给予成果转化收益及相关奖励”。

同时，鉴于科技成果决策的不确定因素较多且决策风险较高，为避免高等院校和科研机构领导人员决策时瞻前顾后，错失发展良机，解决科技成果决策的后顾之忧，《条例》建立了科技成果决策尽职免责机制，规定高等院校和科研机构有关负责人履行勤勉尽职义务，严格执行决策，公示管理制度，没有牟取非法利益或者恶意串通的，可以免予追究其在科技成果定价、自主决定资产评估、职务科技成果赋权中的决策失误责任。

此外，总结此次新冠肺炎疫情科技攻关经验，《条例》规定“对于涉及国家利益和社会公共利益的重大技术攻关项目，深圳市政府可通过下达指令性任务等方式，组织关键核心技术攻关”，这是我国地方立法首次就政府主导的重大技术攻关作出明确规定。

允许科技人员到企业兼职挂职

由于大多数科技企业创业时缺少资金支持，注册资本比较少，随着企业的不断发展，往往需要经历多轮股权融资，导致企业创始股东及其他对公司科技创新有重大影响股东的持股比例不断被稀释，继而逐渐失去其对公司的控制权，不利于公司的进一步技术更新和长期发展。《条例》将借鉴美国等发达国家和地区以及我国科创板做法，变通国家《公司法》关于公司实行“一股一权”“同股同权”制度的规定，在国内立法中首次确立公司“同股不同权”制度，并允许设置特别表决权的公司通过证券交易机构上市交易，从而保证上述股东在公司进行多次股权融资后，仍可以以较小的持股比例对公司享有控制权。

“这一制度的确立，有利于保护公司创始股东权益，激发引进资本积极性，吸引全球创新人才来深创业，对深圳的科技创新具有重要意义。”深圳市人大常委会法工委相关负责人说。

此外，为支持鼓励包含高等院校和科研机构在内的事业单位专业技术岗位人员开展科技成果研发和转化活动，《条例》规定建立科技人员双向流动制度，允许科技人员到企业兼职、挂职、参与项目合作并取得合法报酬，在职创办企业或者离岗创新创业。高等院校和科研机构也可以聘请有创新实践经验的管理人才或科技创新人才担任兼职教师或者兼职研究员。

同时，将支持高等院校、科研机构、企业设立技术转移部门，引入技术经理人全程参与发明披露、价值评估、专利申请与维护、技术推广、对接谈判等科技成果转化活动。

允许港澳高校申请内地科技项目

知识产权价值评估是知识产权运营交易的基础，也是知识产权工作的难点。多年来，市场上始终难以形成一套稳定、公允、权威的知识产权价值评估体系。为此，《条例》规定，除了设立知识产权和科技成果产权交易平台，还将制定知识产权评估标准，培育具有公信力和市场认可度的评估机构，建立高价值专利指标体系。

同时，推动知识产权质押融资和证券化，规定市、区政府可以建立知识产权质押融资风险补偿机制、设立坏账补偿和贴息专项资金，支持金融机构开展知识产权质押融资业务。企业以知识产权开展质押融资，符合条件的，可以由财政性资金给予贴息贴保。《条例》也规定了推进以知识产权运营未来收益权为底层资产发行知识产权证券化产品，明确企业成功发行知识产权证券化产品的，市、区政府可以给予适当补贴。

为加强粤港澳大湾区科技创新合作，推进“广州—深圳—香港—澳门”科技创新走廊建设，《条例》还首次通过经济特区法规规定，允许香港、澳门符合条件的高等院校、科研机构申请内地科技项目，允许相关资金在大湾区跨境使用。同时，将加强与粤港澳大湾区其他城市的科技创新合作，支持跨行政区开展科学技术攻关、共建科技创新平台、知识产权保护等工作，发起或者参与国际大科学计划和大科学工程建设。

（新华网，2020-08-31，记者：张玮）

第十八届中国国际人才交流大会网上大会正式启动

2020年9月7日下午，第十八届中国国际人才交流大会网上大会启动仪式在北京、深圳、莫斯科三地以视频连线方式举行。中国科学技术部部长王志刚、俄罗斯联邦科学与高等教育部部长法利科夫 · 瓦列里 · 尼古拉耶维奇、中共深圳市委书记王伟中出席启动仪式并致辞。中国科学技术部党组成员陆明主持启动仪式。中俄两国科技主管部门、高等院校、科研院所、企业代表以及部分海外机构代表在线收看。

王志刚指出，开放合作、互利共赢，积极融入全球创新网络，参与全球科技治理是中国政府始终坚持的理念。在新冠肺炎疫情全球肆虐，科技全球化大势遭遇逆全球化冲击阻隔的背景下，本届大会继续以“融全球智力促创新合作谋共同发展”为主题，邀请来自各国的科学家、工程师、企业家汇聚一堂，并邀请俄罗斯作为主宾国参会，共同举办以中俄科技创新合作为主题的系列活动。此举对于增进各方交流合作，共谋创新发展，具有十分重要的意义。面向未来，中国将以更加积极的态度和更加务实的举措，深入开展国际科技合作，切实保障人才合法权益，让海内外人才在享受“中国机遇”的同时，各得其所、大展其长，以科技的力量、创新的智慧，为推动全球治理体系变革和构建人类命运共同体作出新的更大贡献。

法利科夫表示，俄罗斯首次作为主宾国参加大会，是俄中科技创新年规划内的重大议程，必将成为推动俄中关系发展的一件大事。该大会有来自俄罗斯36个联邦主体的大学、科研院所、小微创新企业的代表参会，涉及新材料、生物医学、生态安全、信息和农业技术等多个领域的前沿项目线上展出，充分表明俄中合作地域的广泛性和合作领域的多样性，表明了俄罗斯机构愿与中方专家开展联合研究和人才交流的迫切愿望。相信本次大会将有助于巩固两国在科学教育领域已取得的合作成果，为俄中前沿领域联合研究献计献策。

王伟中表示，40年来，深圳经济特区始终坚持深化改革、扩大开放、创新驱动，吸引和汇聚了大量海内外优秀人才，取得了举世瞩目的发展成就。深圳正以习近平新时代中国特色社会主义思想为指导，抢抓建设粤港澳大湾区和深圳先行示范区重大历史机遇，坚持把人才优先发展战略作为城市核心战略，以主阵地作为加快建设综合性国家科学中心，全面落实粤港澳大湾区境外高端人才和紧缺人才政策，不断优化完善“基础研究+技术攻关+成果产业化+科技金融+人才支撑”的全过程创新生态链，加快建设市场化、法治化、国际化一流营商环境，努力打造国际人才高地和具有全球影响力的创新创业创意之都。诚邀天下英才相聚鹏城，共创更大发展奇迹。

网上大会设“虚拟展厅”“项目对接”“主宾国”“线上招聘”“在线服务”等5大功能区，国家电投、中国商飞、中广核等16家央企集中设展，20个国家和地区的79家海外机构组团“亮相”，2000余项海内外优质项目寻求对接，3453家用人机构“云端”揽才，提供16671个岗位，着力打造科技创新合作及国际人才交流新平台，为参会各方提供开展务实高效合作新渠道。

大会引发了全媒体的广泛关注，人民日报、新华社、中央广播电视总台、光明日报、经济日报、中国日报、科技日报、中国青年报、中国新闻社、塔斯社、安莎社、深圳特区报、深圳卫视等160多家境内外媒体广泛报道，启动仪式直播观看量超350万，新媒体阅读量破2800万。

大会充分发挥网络平台的独特作用，举办一系列丰富务实的展览展示、论坛研讨、对接交流等活动，以科技力量和创新智慧，为深圳经济特区建立40周年献礼，为推动全球治理体系变革，构建人类命运共同体作出新的更大贡献。

相关链接

聚焦中俄科技创新合作 深圳论坛“云端”论道

2020年9月7日下午，第十八届中国国际人才交流大会（以下简称“大会”）在北京、深圳、俄罗斯两国三地，通过视频连线方式举办“中俄科技创新合作”主题的深圳论坛主论坛。

本次论坛邀请了中国科学技术部国际合作司副司长陈霖豪、深圳市科技创新委员会主任梁永生、北京大学副校长张平文、国家电力投资集团有限公司总会计师陈西、俄罗斯联邦科学与高等教育部国家科技政策司代司长肖明·阿列克谢·阿列克谢耶维奇、莫斯科罗蒙诺索夫国立大学副校长沙赫莱·谢尔盖·米哈伊洛维奇、俄罗斯科学院远东研究所所长马斯洛夫·阿列克谢·亚历山德罗维奇等嘉宾，就疫情防控常态化和后疫情时代如何加快中俄科技创新合作政策、机制、环境建设；搭建两国高等院校联合科研和人才共同培养平台；推动两国企业在重点领域加强务实合作等热点问题与观众们分享政策环境、合作经验，展示合作成果，提出意见建议，为构建中俄科技创新开放合作、互利共赢的新局面提供思想启迪、智慧交流。

2019年6月5日，习近平主席与普京总统共同签署了中俄关于发展新时代全面战略协作伙伴关系的联合声明，同时决定2020年和2021年举办中俄科技创新年，以扩大中俄科技创新合作的深度和广度。2020年8月26日，中俄科技创新年以北京和莫斯科两地视频连线方式拉开帷幕，习近平主席和普京总统分别致信祝贺。在全球新冠肺炎疫情肆虐之际，如期举办中俄科技创新年，以及以“中俄科技创新合作”为主题的深圳论坛主论坛，充分体现了科技创新在新时代两国关系中的重要性和特殊性。

中俄两国科技创新合作潜力巨大，且互补性强。在后疫情时代，两国应坚持“互利共赢”基调，充分关切双方的需求和利益，最大程度调动积极性，不断探索建立将俄罗斯基础科学优势和技术优势与中国应用科学及产业优势有效结合的新型合作机制，进一步提高两国科研和科技人文交流水平，持续推动两国企业间的务实合作，以充分发挥中俄科技创新合作和人才交流1+1>2的功效和作用。在造福两国人民，为全球科技治理贡献更多“中俄方案”的同时，积极构建人类命运共同体，为世界和平安宁、共同发展、文明交流互鉴做出贡献。

（深圳市科技创新委员会，2020-09-09）

2020全国双创周深圳活动暨第六届深圳国际创客周盛大启动

2020年10月15日下午，深圳一年一度的创客盛会——2020全国双创周深圳活动暨第六届深圳国际创客周在龙岗区星河WORLD拉开帷幕。

以“创新引领创业，创业带动就业”为主题的2020年双创周活动，由深圳市人民政府主办，深圳市发展和改革委员会、深圳市科技创新委员会、深圳市龙岗区人民政府承办，深圳市各区政府（新区管委会）及深汕特别合作区协办。深圳市市长陈如桂、副市长艾学峰，深圳市政府秘书长高圣元，深圳市发展改革委主任郭子平，深圳市龙岗区委书记张礼卫，深圳市市科技创新委主任梁永生，深圳市龙岗区区长代金涛，深圳市龙岗区副区长陈广文，星河控股集团董事长黄楚龙等嘉宾出席了双创周活动启动仪式，百名创新创业者及媒体人参与启动仪式。

启动仪式现场首先通过大屏幕与北京主会场连线，观看了李克强总理在北京主会场的讲话。

李克强总理指出创新创业市场主体对我国经济基本盘起到了基础性支持作用，面对当前的困难挑战，需要更大地发挥创新创业团体的市场能力和社会创造力，形成全国联动、协调推进、竞相发展的良好局面。随后，总理宣布“2020年全国大众创业万众创新云上活动周”正式启动。

与北京连线结束后，随着一段精彩的人机互动表演，深圳活动的启动仪式正式开始。深圳市发展改革委主任郭子平为启动仪式致辞。她表示，创新是深圳的血脉，创业是深圳的基因，创新创业群体已经成为深圳自主创新的重要力量。

近年来，深圳不断加大对创新型中小企业和创客团队的支持，建设了一批双创示范基地及创客空间，培育出了包含大疆创新和柔宇科技在内的独角兽企业。创新创业企业的活力也增强了城市的经济韧性，包括机器人和医疗器械在内的高端制造业表现尤为突出，助力深圳2020年上半年实现GDP转正。

启动仪式还邀请了云天励飞技术股份有限公司董事长兼首席执行官陈宁和深圳市速腾聚创科技有限公司创始人兼董事长邱纯鑫上台，共同分享了他们的创业历程。

112家创新型科技企业及海内外创客团队主在会场双创成果展区参展，展示产品上千件，涵盖了机器人、5G、商业航天、高端制造、物联网、视觉艺术、工艺设计等众多领域，还特别设置了“海陆空”高科技展示区，集中展示无人机、无人车、水下机器人、智能卫星等人工智能技术与落地成果，呈现出精彩纷呈的活动特色。

由国星宇航公司研发的全国首个新冠肺炎疫情卫星地图速查系统，推出以“卫星+疾控”为技术特色的查询方式，方便市民直观地查询所处地点附近的疫情定位分布和确诊数据，以提升疫情自我防范能力。

此外，国星宇航公司研发了自主可控卫星多功能载荷、卫星AI大脑系统、“星时代”AI星座、星云平台、直播地球等众多核心产品，让卫星应用不再遥远。双创周还举行了高峰论坛、项目路演、互动体验、成果发布等各类活动，展现大众创业万众创新蓬勃发展的良好态势和丰硕成果。

此外，为充分体现“创业带动就业”的主题特色，双创周将邀请包括柔宇科技、点猫科技、深圳市人工智能与机器人研究院等在内的50多家企业开展现场招聘会，推动社会及高校毕业生就业。

2020年10月15日至10月21日，为期7天的双创周活动，遵循“统筹布局，市区联动”原则，按照“1+N”模式安排活动会场。主会场设在龙岗区星河WORLD，各区（新区）及各创新创业示范基地设置18个分会场，共安排主会场活动9个及分会场活动18个。深圳市民通过参与双创周各项活动，能近距离体验各种新产品、新技术、新应用，体验创新创业给生活带来的巨大变革。

（深圳市科技创新委员会，2020-10-16）

相关链接

2020年全国双创活动周“中国科学院创客之夜”在深圳举行

2020年10月15日晚，2020年全国双创活动周“中国科学院创客之夜”在深圳市国风艺术馆举行，结合全国双创活动周“云上活动周”平台开展活动。150余人受邀参与线下活动。

该活动以“率先行动，创新引领”为主题，重点展示中国科学院、深圳市科技企业、科研机构与高校的优秀科技创新成果，展示相关核心技术助力双创的项目案例。组织线上线下结合的论坛、项目路演展示、投资对接等活动，旨在助力科技成果落地转化，促进各类双创资源的合作拓展。

院士专家共探创新创业新模式

起源于高交会的“中国科学院创客之夜”活动于2014年首次举办。沿袭去年传统，本次活动展开双创主题演讲环节，邀请了院士专家共探科技成果创新创业的新模式。

中国科学院院士、中国科学院长春光学精密机械与物理研究所研究员王立军以《光电芯片技术进展》为题，介绍了半导体激光技术的应用前景，他表示国际社会已经进入“光子时代”“光信息时代”“光制造时代”，理论发展是前提、器件发展是基础、芯片发展是核心、需求发展是牵引，市场发展是目的，是光电科技的发展特点，抓住“核心”发展“芯片”，解决国家“卡脖子”问题，争取并跑和领跑是今后发展的重点。

投资领域相关代表从专业投资角度演讲表示，深圳成长期和成熟期阶段的企业投资已经高度市场化，与上海和北京形成三足鼎立的态势，然而对于初创期企业的投资还比较薄弱。在政府的支持下，基金机构致力于通过引导子基金对初创企业进行投资，推动深圳天使投资行业和初创期企业发展。

中国科学院深圳先进技术研究院先进材料科学与工程研究所副所长、武汉中科先进技术研究院院长喻学锋在演讲中表示，科技成果转化无时无刻不面临“失败”“死亡”的风险，长期困扰着整个链条上的探索者。对此，他以《智造新材 创享未来》为主题，分享了跨越科技成果转化“死亡谷”的“先进院模式”。

作为一名扎根深圳的创业者，深圳市越疆科技有限公司创始人分享了个人创业经历，他表示，深圳拥有完善的供应链、资金链、人才链，是高新技术与智能硬件创业者的天堂，创业者要聚焦技术、产品、运营模式的创新，在迭代升级中，带领企业不断探索与发展。

“快闪路演”轮番PK “国之重器”亮相成果展

活动现场，包括“深度学习处理器研发及产业化”“轴耦合自动驾驶整车在环测试系统”在内的30个优秀双创项目在会议现场展开了紧锣密鼓的“快闪路演”PK，包括深圳天使母基金体系投资专家在内的50余名投资人现场进行投资意向对接与交流，将活动的协同创新氛围推向高潮。

中科院深圳先进技术研究院展示了“协同型一体化手术导航机器人”系统项目，旨在解决市场上现有手术导航产品与成像设备无法有效协同的问题。“高灵敏全集成液滴式数字PCR检测系统”研发项目，在包含肿瘤治疗的伴随诊断和病原微生物检测在内的精准医疗领域有广泛的应用前景。

沈阳自动化所的水导激光加工技术项目也参与了路演活动，项目负责人表示，该技术属于难加工材料制造领域，具有加工表面无毛刺、无热影响区、材料适应性广等优点，并已在相关领域进行试用。此外，生物医药领域的mRNA疫苗纳米递送解决方案，在肿瘤疫苗和传染性疾病疫苗领域均有潜在的应用价值。

此外，“中国科学院——科技让生活更美好”主题展在

“深圳国际创客周”主会场同步展出，汇聚展示了“弘光专项”“STS科技服务网络计划”“中国科学院国家双创示范基地项目”等中国科学院内外200余个优秀科技双创成果及国家重点资助项目。

据了解，活动也将登陆“云上活动周”平台，通过“中国科学院创客之夜”主题官网及小程序在线平台，线上线下同步开展项目展示，打破了活动地域限制。活动将优秀科技双创项目面向全国投资机构、意向合作机构、社会大众开放展示，进一步增强了曝光度和传播效率，对促进优秀科技创新创业成果落地转化，拓展双创资源合作具有积极意义。

该活动是在中国科学院与深圳市人民政府指导下，由中国科学院科技促进发展局、深圳市发展和改革委员会、深圳市科技创新委员会主办，中国科学院深圳先进技术研究院和中国科学院深圳理工大学（筹）承办。

（央广网深圳，10月16日，记者：黄倩，通讯员：丁宁宁 冯春）

2020深圳院士专家高峰会召开

2020年11月1日，由深圳市科学技术协会、福田区委区政府主办，福田区人才工作局、福田区企业发展服务中心、福田区委推进粤港澳大湾区建设领导小组办公室、深圳市专家人才联合会承办的“顺应时代大势·引领创新发展——2020深圳院士专家高峰会”在深圳市福田举行。当日，16位院士（专家）围绕深入推进深港科技创新合作，抢抓社会主义先行示范区综合改革试点历史机遇等重大课题深入讨论，为推动粤港澳大湾区创新协同发展建言献策。深圳市委常委、常务副市长刘庆生，深圳市人大常委会副主任、市科协主席蒋宇扬，福田区委副书记、区长黄伟出席活动并致辞。

在河套深港科技创新合作区院士专家咨询圆桌会议上，院士（专家）与福田区委区政府领导以及各区直部门和合作区办各部主要负责人就提高合作区在科研合作、人才引进、项目管理和文化环境等方面的国际化水平，打造完整的人才培养链条，创新科研管理机制以及促进产学研全方位发展等话题进行讨论。

2020年11月1日下午，2020深圳院士专家高峰会暨粤港澳大湾区创新发展论坛在好日子酒店召开，参加论坛的有中国工程院院士、外籍院士、大学校长、各领域的专家、相关部门领导、国内外社团负责人及各级媒体，共计300多人齐聚一堂。在本次粤港澳大湾区创新发展论坛上，围绕“顺应时代大势·引领创新发展”主题展开演讲，哈尔滨工业大学校长周玉院士，澳门科技大学唐嘉乐副校长、中山大学孙冬柏常务副校长、深圳大学李清泉校长分别以“创新驱动，同频共振——一流大学与城市区域协调发展”“创新多元发展，助力大湾区建设”“大科学设施：创新发展的基石”和“一体两翼：以强化教育与科技协同为路径推动创新发展”四个专题发表了演讲。大会由深圳市福田区委常委、组织部部长邝肖华和深圳大学校长李清泉主持。

（深圳市科学技术协会，2020-11-01）

第二届深港澳人工智能大赛开幕 深港澳近500支AI战队同台PK

2020年11月14日，第二届深港澳人工智能大赛暨AI科普嘉年华在深圳大运中心主体育馆拉开帷幕。

本届大赛由中央人民政府驻香港特别行政区联络办公室青年工作部、深圳市科学技术协会、共青团深圳市委员会、深圳市龙岗区人民政府指导，深圳市科技开发交流中心和龙岗区科技创新局（龙岗区科学技术协会）主办。赛事共吸引深港澳三地近500支人工智能战队参赛。

深圳市科学技术协会党组成员孙楠表示，大赛促进了深圳人工智能教育产业发展，同时让深圳、香港、澳门三地的青少年有一个深度交流合作的平台，为大湾区人工智能的发展提供人才储备，以此带动人工智能产业的优化与完善，进一步加快大湾区人工智能的发展进程。

龙岗区科技创新局局长桂军昌表示，近年来龙岗发展质量和效益不断提升，科技创新和科技普及两翼起飞。希望深港澳三地青少年能够通过赛事体验科技魅力，弘扬创新精神，探索科学奥秘。

第二届深港澳人工智能大赛暨AI科普嘉年华是国内外影响广泛的人工智能领域官方专业赛事，是2020中国（深圳）科技创新活动周项目。本届大赛相比往届，赛项数量及嘉年华互动内容有了大幅提升，内容包括MakeX 雷霆营救机器人大赛和MakeX 智造大师机器人大赛在内的9项人工智能创新赛事，嘉年华部分扩增至42个科技展位，覆盖人工智能的方方面面。

本届赛事赛期为两天，9个赛项将通过各自赛制进行激烈比拼，涵盖了小学和中学全年龄段。为增加活动趣味性，现场还设置了巨型机器人互动、战队表演赛、无人机飞行体验等内容，现场氛围火爆，科技趣味浓厚。

（深圳市科学技术协会，2020-11-14）

第二届中国科普创新发展高峰论坛 在深圳成功举办

2020年11月15日第二届中国科普创新发展高峰论坛在深圳会展中心召开，作为第22届中国国际高新技术成果交易会活动之一，该论坛由广东省科学技术协会、广东省科学技术厅、深圳市科学技术协会共同主办，广东院士联合会支持，深圳市科普企业协会承办。

全国政协外事委员会委员、中国国际人才交流协会副主席、科学技术部原副部长、国家外国专家局原局长张建国，广东省科协党组成员、专职副主席刘建军，科技部战略规划司原副司长余健，深圳市科协党组成员、驻会副主席张治平出席论坛并致辞。中国工程院院士、深圳市科普企业协会会长陈湘生，广东省实验动物监测所所长、广东省科普基地联盟副主席朱才毅，华大基因大众传播部总监、深圳市科普企业协会副会长项飞，中国科学技术大学副研究员、科普专家、《科技袁人》栏目主讲人袁岚峰，广东长隆集团动植物管理中心总经理曹良，深圳市东方红卫星高级副总经理薛力军等发表主旨演讲。

科学技术部原副部长张建国在致辞中指出，科技的发展没有止境，科学的普及一直在路上。希望科普论坛充分发挥好平台宣传效应，让秉持科学态度、尊重科学规律、坚守科学认知、实施科学举措成为一种习惯，必将为经济高质量发展贡献巨大能量。

广东省科协党组成员、专职副主席刘建军在致辞中提出，应当准确把握当前我国经济社会发展的结构性特征，确实拿出像新中国成立之初扫盲一样的决心、胆识、魄力与举措大力加强和改进科普工作，科普的重点在少年，赢得少年我们才赢得未来。科普的难点在农民，赢得农民我们才能赢得全民素质的提高。但是科普的关键在精英，赢得精英才能赢得资源与社会影响力。

科技部战略规划司原副司长余健分享了把科技自立自强作为建设粤港澳国际科创中心的战略支撑。

深圳市科协党组成员、驻会副主席张治平致辞时表示，科普创新发展需要全社会各界的共同努力和支持，如何融合行政和市场的力量，把科技创新资源转化为有效的科普资源，才能真正实现科协普及和科技创新两翼齐飞。

中国工程院院士、深圳市科普企业协会会长陈湘生发言时表示，全社会共同营造崇尚科学、热爱科学的氛围，从教育做起、从娃娃抓起、从家庭、企业、每位领导着手，对科学精神、科学家精神进行极大的普及，推动全民科学素质的提升，助力科技创新与科学普及实现两翼齐飞。

论坛期间还举办了科普未来“前沿科技科普公益课”企业入驻仪式，深圳市科协党组成员、驻会副主席张治平，深圳市科普企业协会执行会长许薇，以及深圳华大基因股份有限公司、大疆创新科技有限公司、深圳航天东方红卫星有限公司、深圳市优必选科技股份有限公司、深圳巨影三维设备有限公司、深圳市福莱奥体育文化传播有限公司六家科普企业代表参与入驻仪式，将一起携手共同打造“科普未来——前沿科技科普公益课”。

现场举行了2020年度科普企业颁奖仪式，经组委会专家评审获得“2020年度科普企业贡献奖”企业为大疆创新科技有限公司、深圳航天东方红卫星有限公司、深圳华大基因股份有限公司、深圳市优必选科技股份有限公司、深圳市博尔创意文化发展有限公司。“2020年度科普企业新秀奖”获奖企业为深圳市康风环境科技发展有限公司、深圳市花生数字多媒体有限公司、深圳市福莱奥体育文化传播有限公司、深圳萌想文化传播有限公司、深圳贝壳红实业有限公司。

企业嘉宾分别围绕“科普在企业发展中的作用”和“如何实践科普产业融合与创新”主题进行了圆桌对话环节，就科普产业化议题展开了深度的讨论。

（深圳市科学技术协会，2020-11-15）

深圳荣获全球智慧城市大会“全球使能技术”大奖

2020年11月18日，在第十届全球智慧城市大会上，深圳市凭借在智慧城市领域的创新理念和卓越成就荣获“全球使能技术”大奖。

全球智慧城市大会是世界前沿的智慧城市盛事，被业内誉为智慧城市行业的“奥斯卡”，大会自2011年开始举办以来，为政府、企业、社会机构以及研究中心搭建了一个国际化交流平台。

据了解，这是深圳继连续两年在国办电子政务办组织开展的网上政务服务能力第三方评估中位列32个重点城市首位和在“中国智慧城市发展水平评估”中位列首位后，斩获的一个国际性大奖。此次斩获的“全球使能技术”大奖是对深圳在以科技赋能城市精细治理方面所取得成效的充分肯定。

深圳市政务服务数据管理局表示，力争到2025年，将深圳打造为具有深度学习能力的鹏城智能体，成为全球新型智慧城市标杆和“数字中国”的城市典范，推动实现城市的全域感知、全网协同、全业务融合和全场景智慧，让城市能感知、会思考、可进化、有温度，让市民共享数字生活、共创智慧社会。

此外，同期举行的全球智慧城市大会颁奖礼上，深圳人工智能应用创新服务中心摘得2020年世界智慧城市大奖中国赛区-包容与共享城市奖项桂冠，成为中国首位该奖项获得者。

深圳人工智能应用创新服务中心由深圳市政务服务数据管理局和福田区人民政府联合创建，联合包含中电科集团在内的国家级技术资源，打造了包括一个院士领衔的专家委员会，一个政府部门加科研力量的运营团队，一个线上加线下的服务平台，以及N个开放共赢合作伙伴的组织机构，致力于建设政府、企业、科研院所等多方信任和自主参与的数字创新空间。

（深圳报业集团《深圳特区报》，2020-11-19，记者：黄子芸 秦小艳）

第五届深圳（国际）科影周成功举办

2020年11月14日至20日，由中国科学技术协会和深圳市人民政府主办，中共深圳市委宣传部、深圳市科学技术协会、深圳市文化广电旅游体育局、深圳市教育局、中国科教电影电视协会、深圳市标新科普研究院等单位承办的第五届深圳（国际）科技影视周（以下简称“科影周”）在深圳成功举办。

科影周是《深圳文化创新发展2020（实施方案）》中的重点活动，连续四年被选中入“深圳宣传文化十件大事——深圳城市文化菜单重点项目之一”，并获评为“第十届深圳关爱行动——百佳市民满意项目”。

在为期一周的时期里，第五届科影周围绕“未来之光”主题，推出“第11届中国国际科教影视展评暨制作人年会”和“第5届中国（深圳）国际气候影视大会”两个特色版块。

“中国国际科教影视展评暨制作人年会”主要活动包括国际优秀科教影视作品征集与推优、科教科幻影视“大师班”讲座、国际科教影视与科幻创作发展高端论坛。其中，最引人瞩目的是被誉为“国际科教影视界奥斯卡”的“中国龙奖”颁奖典礼。据了解，“中国龙奖”是国际科教影视最高奖项，被誉为“科教影视作品的奥斯卡”，截至2020年已有68个国家和地区共2000多部作品参评。本届年会已征集68个国家共556部作品，5（中、印，英，美，德）个国家地区60多位科教影视专家参会，评选出77部优秀作品。其中，获奖作品38个，提名作品39个，得到国际业内人士的普遍认可。年会活动首次与优酷、B站、抖音等新媒体平台合作，突出“互联网+”及科普影视作品“小而美”的特点，对推动和发掘优秀短视频、微电影创作团队、创作者具有重要意义。科幻成为本届年会的重要主题。

中国（深圳）国际气候影视大会，是中国乃至世界首创以应对气候变化为主题，以影视为传播手段的绿色公益活动。大会包含专业论坛、评优晚会、公众展映及科普讲座、“青锋少年”中小学生气候题材作品创作培训四大版块；专业论坛以“气候变化与绿色复苏”为主题，包含主论坛及“气候变化与企业环境责任”与“气候变化的风险与治理”两个平行论坛。政府、NGO组织、行业专家、企业家在内的重量级嘉宾在会上进行探讨。据统计，五届大会共征集全球130个国家和地区共7309部气候变化及环保题材作品。其中，第五届征集了124个国家共2171部作品，由原国家广电总局电影局局长刘建中领衔的7名国内外知名专家组成评审团，评选出12部获奖作品，获奖影片得到联合国气候变化框架公约组织及业内人士的支持和认可。此外，获奖作品后续会送往2021年于英国格拉斯哥举行的联合国气候变化大会中国角进行展映。本届大会重要组成版块“青锋少年”气候短片创作以知识点培训结合能力工作坊形式开展，指导老师针对作品创作全过程进行辅导，通过“大手拉小手”的方式，在普及气候变化知识的同时，鼓励青少年通过影视手法表达对气候问题的思考，帮助他们从小树立低碳生活理念。

此外，第五届科影周期间，获奖作品展映走进社区、学校、公共场馆，为市民奉上一场文化与科技完美结合的饕餮盛宴，让观众聆听深圳创新驱动发展的声音。

（深圳市科学技术协会，2020-11-20）

2020中欧科技创新合作发展论坛在深圳成功举办

2020年11月19至21日，由中国科学技术协会、深圳市人民政府主办，中国科协企业创新服务中心、深圳市科学技术协会、中国生物工程学会、中国通信学会、中国宇航学会、中国航空学会、中国科学院深圳先进技术研究院等承办，包括深圳市科技开发交流中心与深圳市CIO协会在内的单位执行的2020中欧科技创新合作发展论坛在深圳成功举办。

本次论坛作为“科创中国”试点城市的年度重点活动，以“创新引领发展，合作共赢未来”为主题，搭建中欧产学研合作协同创新国际化平台，多角度、多学科、多领域深入探讨中欧科技创新交流合作及国际前沿科技成果转化应用新模式新机制，推动中欧企业、科研机构、科技服务业深度融合，为科学家与企业深度合作创造条件，进一步促进科技与经济深度融合，为世界经济可持续发展提供新动能。

中国科协副主席李洪在致辞中指出，对外开放是我国基本国策，推进高水平对外开放是我国发展进入新阶段的必然选择，对于推动建立国际国内双循环相互促进的新发展格局具有重要意义。作为最大的发展中国家和最大的发达国家联合体，中欧是维护世界和平的两大力量；作为世界上两个重要的经济体，中欧是促进共同发展的两大市场；作为东西方文化重要发祥地，中欧是推动人类进步的两大文明。中国与欧洲地区国家建交多年，在政治、贸易、科技创新等诸多领域相互理解，交流上稳步推进，建立了坚固的战略合作伙伴关系。中欧科技合作一直是中欧全面战略合作伙伴关系中的核心内容和重要组成部分，符合双方在经济和社会方面的发展需求，对推动中欧经济社会进步，提升中欧双方人民福祉具有重大意义。希望中欧科技界、产业界、投资界的专家学者以及参会代表，能够通过此次论坛，分享理念，对话交流，凝聚共识，共同探讨中欧科技创新发展与合作的新模式与新方向。

广东省科协党组成员、专职副主席冯日光在致辞中指出，广东省是欧洲在中国大陆最重要的投资贸易伙伴之一，欧盟也成为广东企业对外投资的重要目的地。期待本次论坛能够进一步深化广东与欧洲在内的世界各国的科技创新合作，促进中欧科技投资合作和成果转化。

深圳市人大常委会副主任、市科协主席蒋宇扬在致辞中表示，2020年是深圳经济特区建立40周年。40年来，深圳贯彻新发展理念，落实高质量发展要求，实施创新驱动发展战略。欧盟在电子信息和通信工程、数字化、航天航空等多个专业领域具有领先优势，有很多值得深圳借鉴和学习的地方。希望本次论坛的举办能助力跨国界、跨学科、跨地域的科技合作交流。

在开幕式暨主旨论坛上，来自中国、德国、英国、比利时、芬兰等国家的8位嘉宾作主题演讲。欧洲科技商会主席Florian von Tucher就“中欧科技国际合作创新探索与实践”发表演讲，他指出，中国对于科技和创新进行了极大的投入，有非常开放的态度来推进国际合作。中国是国际社会在科技合作方面重要的合作伙伴，对于欧洲而言，中国作为伙伴的地位和作用越来越重要。

国家气候变化专家委员会主任、科技部原副部长刘燕华就“中欧科技合作•绿色复苏”发表演讲，他指出，中欧在应对气候变化和公共卫生健康领域有很好的合作基础，也有很大的潜力。绿色复苏是一场社会经济的变革的拐点，在这个拐点中有阵痛但是也有潜力，将来要引进的就是绿色要素，要输出的是绿色产品，要形成绿色产业链，同时营造绿色的生产和生活方式。

欧盟驻华代表团公使衔参赞、科技处处长魏立国博士就“中欧科研创新合作：经验与前景”发表演讲，他分享了中欧在科技合作领域方面的一些经历和实践。20多年前中欧双方就已经签署了科技合作的协议。具体到科技领域有“地平线2020”欧洲研究与创新框架计划，有一些针对基础科研领域开展的研究项目，许多中国团队参与到计划中来。在地平线2020计划里面，中国是目前为止排名仅次于美国的欧盟第二大合作伙伴。地平线2020是完全对中国团队开放的，也对全球的团队开放，希望能够进一步促进中欧合作，通过合作来应对全球所面临的难题，包括气候变化等。

科技部中国科学技术交流中心二级研究员、国际欧亚科学院中国科学中心院士赵新力就“抓住机遇，迎接挑战，打造中欧科技创新共同体”发表主题演讲。他指出，中国和欧洲是两大举足轻重的实体，中国加上欧盟的人口占世界的四分之一以上，GDP占了世界的三分之一以上。从利玛窦等传教士把天文学和西方的现代数学理念带入中国，到中欧建交后在工程技术和航空工业方面合作，中欧科技创新合作源远流长。当前，面临逆全球化和新冠疫情，大挑战带来未来合作和发展的大机遇，中欧更应抓住先机，加强合作，打造中欧科技创新共同体，才能快速发展，互利共赢。

主旨论坛上，比中经贸委员会主席Bernard Dewit、巴伐利亚州中国代表处首席代表Dr. Lucie Merkle、芬兰市长协会主席、原芬兰萨娄市市长兰塔克可、英国科技委员会数字产业集群总监James Bedford分别作“开创中欧科技国际合作创新新局面”“德国巴伐利亚州和中国的商贸关系与合作愿景”“北欧国家及城市科技创新服务体系建设”“中英科技项目成果转化合作实践”主题演讲。

本次论坛由开幕式暨主旨论坛、四个平行分论坛——2020中欧第三代半导体产业高峰论坛、航空航天科技创新与产业发展论坛、生命科学与生物医药产学研协同创新论坛、数字经济产学研协同创新发展论坛和中欧创新科技项目路演活动组成，共邀请中国、德国、英国、比利时、芬兰、乌克兰、法国、意大利等欧洲国家共45位专家发表主题演讲。其中包含中国科学院、中国工程院、国际欧亚科学院院士3位，德国国家科学院与工程院及乌克兰国家科学院的3位院士，论坛邀请了中国、欧洲相关国家政府官员、行业专家、高校教授和科技企业、产业园区、创新载体、投资机构等代表参加，500余家企业，800余人现场参会。受新冠肺炎疫情影响，论坛采取线上线下联动，国外专家视频参会的方式开展。论坛实况通过科创中国、深圳商报 · 读创客户端、央视新闻+客户端、新华社现场云客户端、新浪微博（深圳商报官方微博）、今日头条、抖音短视频等平台进行了直播推广发布，总计观看量超90万人次。

（深圳市科学技术协会 2020-11-21）

2020年“深圳杯”数学建模挑战赛圆满结束

2020年11月20日至22日，由中国工业与应用数学学会和 深圳市科学技术协会主办的2020年“深圳杯”数学建模挑战赛决赛在深圳南山举行。受疫情影响，挑战赛活动改为线上开展，来自清华大学等62支队伍入围决赛，参加网络视频答辩。

“深圳杯”数学建模挑战赛被称为“智力大运会”，从

2011年起在深圳大运动会开幕前首次举办，截至2020年已举办9届，吸引了上千余名大学生参与。活动突出实用性和专业性，旨在使参赛同学能够进一步领会用数学建模的方法，并解决实际问题，促进成果转化，创造具备经济效益和社会效益的技术。多年来，挑战赛的课题都与深圳的科技、民生、社会问题紧密相关。

2020年挑战赛的四个课题中，A题涉及深圳的社会保障体系建设。要求参赛队伍参考国际上先进标准，根据国情和现状给出未来5年、10年、15年深圳医疗和养老保障需要实现的目标的量化描述。根据深圳市的现状，如人口数量与结构、经济收入与消费水平、医疗资源与水平、社会保障制度与能力等，分析研究在未来5年、10年、15年如何合理配置医疗和养老资源。A课题与深圳密切相关的民生问题，对深圳实现建设国家“先行示范区”发展目标有重要意义。

除了与民生相关外，还有非线性噪声抗性星座图设计、无线可充电传感器网络充电路线规划、公交车在高峰和平峰转换期间的调度3个课题，高度聚焦用数学建模的方法去解决实际问题。

经过紧张的答辩，最终24支参赛队伍获评各题一二三等奖，其中贵州大学斩获谭永基特别奖及A题一等奖，西安电子科技大学获得B题一等奖，南开大学获得C题一等奖，北京航空航天大学获得D题一等奖。

“数学来源于生活，存在于生活，应用于生活”，“深圳杯”数学建模挑战赛的举办，大大增进了大家对深圳的了解。在通过挑战赛的平台大力吸引人才的同时，也发挥大家的聪明才智，运用数学的思维为深圳的发展提出建议。

（深圳市科学技术协会，2020-11-22）

“礼赞40年，科创赢未来”
深圳学生创客节（2020）暨第36届深圳市
青少年科技创新大赛成功举办

由深圳市科学技术协会、深圳市教育局、共青团深圳市委员会主办，深圳市教育科学研究院、深圳市青少年科技教育协会等单位承办的“深圳学生创客节（2020）暨第36届深圳市青少年科技创新大赛”的主场活动于2020年11月29日在深圳市第三高级中学初中部举办，深圳市科协党组成员、驻会副主席张治平，深圳市教育局党组成员、副局长赵立等领导出席了此次活动开幕式并观赛。

张治平同志在开幕式上表示，深圳作为一座把创新驱动作为城市发展主导战略的城市，历来重视青少年的科普工作。深圳市科协每年组织指导面向青少年开展的科普活动丰富多彩，如举办机器人大赛、海陆空模型比赛、无人机大赛、人工智能大赛等各类科技竞赛，要求各科普教育基地优先向青少年免费开放等。尤其是2020年1月1日《深圳经济特区科学技术普及条例》正式施行，标志着深圳科普工作步入法治化轨道。该活动是贯彻落实《科普条例》的具体举措。面对充满未知的世界，孩子们通过科技教育探索“十万个为什么”，获取进入科学世界的敲门砖和金钥匙。丰富多彩的科普活动，悄然播下了一颗颗科技启蒙的种子。希望科技教育走出书本，放飞“好奇宝宝”童心，解放孩子们的创造力。让科技教育融入青少年日常生活，培育更多有科学素养的未来栋梁。

该活动历时3个月，活动内容主要包括科普名家进校园活动、学生创客秀活动、创客马拉松竞赛活动（包括学生创客马拉松竞赛活动、教师创客马拉松竞赛活动）、“2020世界机器人大赛-青少年机器人设计大赛”深圳选拔赛（包括

MakeX机器人挑战赛项、RoboGenius超变战场挑战赛项）、第六届中国“互联网+”大学生创新创业大赛萌芽赛道项目深圳选拔赛、深圳市中小学生海陆空模型竞赛（包括1/16遥控电动房车平跑车竞速赛、遥控游艇水上足球赛、火箭伞降竞时赛）。

——Robo Genius-超变战场赛 提升了抗压能力和临场应变能力

“2020世界机器人大赛-青少年机器人设计大赛”深圳选拔赛Robo Genius-超变战场赛吸引深圳市近50所中小学200余名师生参与。Robo Genius-超变战场赛主要内容是把火星探索和AI的相关知识设计到比赛任务中，通过拼搭和编程，完成相关挑战。沉浸式的赛场及激烈的对抗在考验选手策略执行和团队配合的同时，进一步提升了选手的抗压能力和临场应变能力。选手们在享受比赛带来乐趣的同时收获更多的友谊，更弘扬了拼搏的赛事精神！

——教师创客马拉松赛 促进教师专业成长

2020年教师创客马拉松竞赛共吸引深圳市40支中小学队伍近160余名老师参与。竞赛要求选手们在规定时间内，采用组织方提供的工具，现场动手制作一个创意作品，并编写相应的程序使之正常运行。

该竞赛以“我为深圳经济特区四十周年献礼”为主题展示深圳经济特区成立四十周年以来取得的辉煌成就。作品完成后，各团队成员通过路演讲解的方式分享了作品的创意和功能。为期两天的创客马拉松竞赛，不仅激发了教师们的创客灵感，而且还进一步提高了教师的设计思维和创新能力。

——科技创新大赛 激发科学兴趣和想象力

第36届深圳市青少年科技创新大赛活动宗旨为激发广大青少年的科学兴趣和想象力，培养其科学思维、创新精神、实践能力，深圳市赛首次采用网络评审加线下赛的模式，共收到深圳市科技发明作品661件，科学论文270篇，科幻绘画529幅，科技实践126个，辅导员科教制作及科教方案116个，共计十万中小学生参与。大赛在培养青少年创新精神、实践能力和社会主义核心价值观以及提高科学素质方面发挥了重要而独特的作用，激励广大青少年努力成长为担当民族复兴伟业的中坚力量。

——学生创客马拉松赛 作品具有实用和推广价值

“学生创客马拉松竞赛活动”是把创意变成现实的造物比赛活动。该竞赛共有全市中小学校小学组、初中组、高中组合计近70支队伍共200余名学生参加。竞赛使用国产开源硬件结合编程软件和各类工具让参赛选手们根据比赛主题现场设计制作一个具有实用和推广价值的实物创客作品。该竞赛旨在培养学生的创新意识、创新思维、创新能力、创新人格，鼓励学生勇于探索、大胆尝试、创新创造。

——MakeX机器人挑战赛 展现个人创意和团队协作

2020世界机器人大赛—青少年机器人设计大赛深圳选拔赛MakeX机器人挑战赛融合了“创造、协作、快乐、分享”的赛事精神，旨在通过机器人比赛激发青少年对于创新创造的热爱，让师生更加深刻认识成为科技创新人才对未来社会的价值。该大赛设置了MakeX Starter智慧交通和MakeX Challenge智造大师两个赛项，吸引了来自深圳市近50所学校的参赛队伍参加。通过比赛，参赛选手展示了多样化的机器人设计、展现了个人创意和团队协作智慧，在赛事中学会了如何运用编程、设计、搭建等技能去完成挑战。

——海陆空模型竞赛 培养创新思维创新精神

“深圳市中小学生海陆空模型竞赛”是提升学生的科学综合素养，培养学生创新思维、创新精神及实践探究能力的一项赛事。该竞赛共有170多支队伍，260余名中小学生参加。竞赛包含遥控游艇水上足球赛、1/16遥控电动房车竞速赛、火箭伞降竞时赛三个项目。海陆空模型竞赛活动以竞赛为抓手，进行爱国主义及国防教育，推进全市中、小学生阳光体育活动、科技教育活动的开展，让学生们在参加科技体育教育竞赛活动中，增长知识、陶冶情操、强健体魄，为我国社会和经济的可持续发展培养后备力量。

日前，深圳市青少年科技创新大赛培育的4个项目喜获2020年11月举办的第六届中国国际“互联网+”大学生创新创业大赛“萌芽赛道”的“创新潜力奖”，领跑全省。活动上，4个获奖项目的学生代表上台共同敲响了科创教育未来的时代之鼓，点亮了梦想与创意之光。

（深圳市科学技术协会 2020-11-29）

2020粤港澳大湾区青少年无人机科创嘉年华活动举行

2020年11月27日至29日，2020粤港澳大湾区青少年无人机科创嘉年华活动总决赛在深圳市罗湖区翠园初级中学举行。广东省9市、香港、澳门共188支队伍529名选手在总决赛角逐5项比赛16枚金牌。

本次活动由中央人民政府驻香港特别行政区联络办公室青年工作部指导，广东省科学技术协会、深圳市科学技术协会、深圳市罗湖区人民政府、香港资讯科技联会、扶轮总社、国际专业无人机学会共同主办。活动开幕式于2020年11月28日上午进行，参与人数近1000人，广东省科学技术协会科普部部长吴仕高，广东省科技厅引智处副处长夏兴林，深圳市科协党组成员孙楠，罗湖区人民政府副区长左金平，香港资讯科技联会副会长兼秘书长陈炜国及粤港澳大湾区其他城市科协、教育局领导出席了开幕式。

188支队伍同台竞技，感受无人机无穷魅力

2020年11月28日上午，活动开幕式在翠园初级中学操场举行，11个城市188支队伍500多名学生整齐排列在操场舞台前方，喜迎活动开幕。开幕式上，罗湖区人民政府副区长左金平代表罗湖区致欢迎辞，广东省科协科普部部长吴仕高代表省科协致祝贺词，深圳市科协党组成员孙楠代表主办方致辞。随着200架无人机编队整齐排列出无人机、礼花、“粤港澳”字样、“大湾区”字样、“科创”字样等造型，表达对大湾区建设的美好祝福，总决赛正式启动。现场嘉宾和线上观众实时感受无人机极速飞行的魅力。

据了解，该赛事坚持学生全身心发展理念，以学生“所见、所感、所思、所想、所用”设5大比赛项目。

无人机短片拍摄赛，25支队伍以“我的学校”为主题，使用无人机将自己所见的学校校风校貌拍摄下来，制作成短视频作品并解说，宣传推广学校科技成果。

无人机任务挑战赛，设FPV竞速赛和一目视竞速赛，有23支队伍参赛，每支队伍5名选手，合力对无人机进行改装完成比赛，由操控选手通过第一视角显示屏或眼镜，直接感受无人机携带载重盒极速飞行的情况，完成各项任务。

“逐梦大湾区”无人机程序任务赛，24支队伍参加，每支队伍都要认真思考及充分考虑，通过程序设计合理飞行线路，确保无人机按照指令顺利飞达目的地。

无人机科创嘉年华竞赛，96支队伍，是最多选手参加的比赛，他们充分发挥想象力，通过绘画和制作实物的形式，将心中的无人机和粤港澳大湾区表现出来。

无人机智能物联赛，20支队伍的选手正熟练地使用无人机完成物联任务，将无人机真正融入生活中。

此外，现场还设置了10个科技体验区，让参加本次活动的师生在参赛之余，了解高新科技，体验科技带来的乐趣。

克服疫情影响，稳定安全组织好赛事

为确保活动圆满举行，2020年3月开始组委会从通过网络直播平台进行线上辅导，组织2000多学生进行学习，安排辅导老师协助参赛学校社团开展实操训练。2020年7月至8月的选拔赛与2019年不同，2019年广东9市选拔赛统一在深圳罗湖举行，2020年则由每个城市每所参赛学校独立成分赛场，创作作品通过网络平台直接报送至各分赛区进行评审，实操项目由参赛选手在自己学校进行操作，专业裁判员在学校进行监督，组委会主裁判通过视频直播方式进行观看。既不影响赛事选拔，也保证了赛事公平公开公正，保障了学生安全。经过100多天选拔，11个城市近300支队伍，共产生188队伍进入总决赛。

总决赛于2020年11月27日至29日举行，大赛组委会为每名参赛选手设置二维码参赛证，选手们参赛前14天开始进行健康全记录。赛场上，参赛选手经过严格测温、检查、核对，方可进场比赛。活动主办方之一的罗湖区人民政府对比赛场地、入住酒店、行车线路进行全覆盖排查，对疫情防控、安全保卫、食品安全、应急救援等进行周密部署，力保活动在安全有序进行。

粤港澳大湾区青少年科创嘉年华活动，充分利用粤港澳大湾区影响力和科技创新优势打造青少年竞技交流活动，已成为粤港澳地区具有影响力和实质特色的中小学生科技创新竞赛高端品牌，是搭建粤港澳大湾区青少年科技创新教育交流的最好平台。

该活动由深圳市科技开发交流中心、深圳市罗湖区科学技术协会、深圳市科协学会服务中心、深圳市青少年科学素质发展促进会、深圳自动化学会等单位承办，并得到了深圳市教育局、香港特区政府教育局、澳门科学技术协会、广州市科学技术协会、佛山市科学技术协会、肇庆市科学技术协会、东莞市科学技术协会、惠州市科学技术协会、珠海市科学技术协会、中山市科学技术协会、江门市科学技术协会等单位大力支持，广东省粤港澳合作促进会信息专委会、粤港澳大湾区科普联盟、深港科技社团联盟、深港澳科技联盟、国际扶轮3450区、香港理工大学建筑及房地产学系、IAM UAS Sol ution、香港电脑学校、澳门智慧城市联盟协会、深圳市翠园初级中学、深圳市三模科普教育培训基地、深圳市创想教育科技有限公司、惠州华鹰旋翼通用航空有限公司等单位支持协办。

搭建无人机竞技交流平台，促进大湾区科技创新教育融合发展

作为活动主办方之一，深圳市科协在支持青少年科技创造活动和加强粤港澳大湾区交流等方面做了大量工作。2020年1月1日，《深圳经济特区科学技术普及条例》正式施行，明确了加强科学教育和针对青少年科普活动各项要求，在义务教育阶段逐步实行科普教育学分制，提高青少年科学素质，明确了举办科技创新竞赛等活动的要求。深圳市科协打造了青少年科技创新大赛、七巧板比赛、机器人大赛、科普成果展示大赛、科普剧大赛、新科技馆设计大赛等高水平的科普赛事，成为提高青少年科技创新素养的重要平台。在粤港澳大湾区交流方面，举办了2020深港澳科技论坛系列活动，聚焦智能制造、5G物联网、智慧医疗、电子商务、新基建等领域开展线上线下活动20多场次，支持学会协会举办交流论坛等高水平活动。打造了粤港澳科技社团联盟品牌，与香港IT资讯科技联会联合发起成立“深港科技社团联盟”，促进深港两地近两百家科技社团在联盟大平台上互动交流，建立“深港科技交流年会”品牌活动。2019年，邀请澳门加入，成为范围更大的深港澳科技联盟，在服务三地科技交流、技术转移、产业合作等方面发挥了重要作用。粤港澳大湾区青少年无人机科创嘉年华活动，正是在此基础上打造出的精品活动，已成为推动深港澳文化，乃至粤港澳文化交流的重要组成部分。

打造青少年科技创新教育新体系，助推罗湖教育高质量发展

罗湖是深港连接的“情感码头”，粤港澳大湾区无人机科创嘉年华活动，正是罗湖区认真贯彻落实先行示范区行动

方案，在新征程中展现罗湖作为和体现罗湖担当的重要举措，是提升内地对香港“亲和力”及对香港青年“向心力”的具体行动。

罗湖区科协是罗湖区实施科普工作的职能部门，特别在青少年科普工作中形成特色，通过多举措加强辖区青少年科技创新教育，开办了青少年科技创新教育课程，举办了青少年科创夏令营，组建了青少年科技教育志愿者队伍，开展了校园科普巡展，携手教育局、团区委等部门举办“大创客节”系列活动等，推动辖区青少年科学素质大提升。2018至2019年，罗湖区学生在广东省青少年创新大赛获一等奖3个，二等奖1个，在国家级航天航空模型比赛获3金4银6铜，在深圳市名列前茅。在刚刚结束的第六届中国国际“互联网+”大学生创新创业大赛中，罗湖区翠园中学的2个作品获萌芽赛道国家金奖“创新潜力奖”，成为全国唯一的“双金奖”学校，刷新了大赛新纪录。

2020年，罗湖区科协以辖区学校实际需求和项目特色为导向，引入社会力量，与区教育局共同探索青少年科技创新教育新模式，建设翠园初级中学（机器人、无人机）、罗湖教科院附属学校（人工智能）、红岭小学（项目式趣味科学）、洪湖小学（自然科学探究）四所罗湖区科技创新教育特色学校，并在深圳电台新闻898《成长学院》连续制作6期直播节目，宣传特色学校和大创客节。截至2020年11月，罗湖区科协开展的青少年科技创新教育已形成“六个一（一课一营一展一队一赛一校）”体系，有效推动辖区教育高质量发展。

（深圳市科学技术协会， 2020-11-29）

广东省科学技术厅党组书记、厅长龚国平：让深圳高新技术的旗帜继续高扬

“总书记在深圳经济特区建立40周年庆祝大会的重要讲话，对新时代深圳经济特区建设提出六项明确要求，我们要以强烈的责任感和紧迫感，不负总书记的嘱托，全力支持深圳做好科技创新工作。” 2020年11月，广东省科学技术厅党组书记、厅长龚国平接受记者采访时表示，创新已成为深圳的“城市基因”，广东省科技厅将在推进综合性国家科学中心和重大创新平台建设、开展核心技术攻关、深化科技体制改革、推动科技创新立法等五方面全力支持深圳建设中国特色社会主义先行示范区和综合改革试点，续写深圳高新技术优势领先的“春天故事”，让高新技术的旗帜在新时代继续高高飘扬。

2020年1月至8月深圳有效发明专利达18万件

据龚国平介绍，广东科技创新工作取得了阶段性突破。2019年广东省的R&D/GDP达到2.88%，提前一年完成“十三五”规划目标，高新技术企业数量超5万家，中小型科技企业数量超2.8万家。广东的区域创新综合能力连续四年位居全国第一，大湾区国际科技创新中心建设加速推进。

“深圳是我国高新技术产业发展的一面旗帜。2019年，深圳高新技术产业实现产值26277.98亿元，实现增加值9230.85亿元，占GDP比重超过34%。深圳拥有国家级高新技术企业达1.7万家，上市公司313家。2019年深圳全社会研发经费投入1328亿元，占GDP比重提升至4.93%，保持全国领先。2019年1月至8月，深圳有效发明专利达18万件，疫情之下，增幅明显，足见实力。”龚国平说。

广东省科技厅将从以下五方面重点支持深圳的科技创新工作——

推进综合性国家科学中心和重大创新平台建设

龚国平说，2020年7月，《大湾区综合性国家科学中心

先行启动区建设方案》获国家发展改革委和科技部正式批复实施。按照部署，广东正举全省之力推进实施一批重大方案、落地一批重大项目、构建一批重大平台，推进大湾区综合性国家科学中心加快建设。“首先，我们要全力推动深圳重大科技基础设施建设。”龚国平说，科技厅将支持深圳加快光明科学城和西丽湖科教城建设，布局一批重大科技基础设施和前沿交叉研究平台、新型研发机构、研究型大学等诸多创新平台和载体，构建“应用基础研究—技术开发—产业应用”创新链；支持深圳稳步推进已先行启动的未来网络试验设施、国家超级计算深圳中心（二期）等设施建设；支持深圳市谋划建设一批重大科技基础设施项目；支持深圳开展国际科技信息中心建设，构建以“两中心”（深圳市科技文献中心和深圳市科技情报服务中心）为核心的国际化、立体化科技信息及服务体系。

“其次，广东省科技厅将全力推动深圳实验室体系建设。”龚国平说，围绕生命和信息重点领域，加快建设鹏城实验室、深圳湾实验室、人工智能与数字经济省实验室（深圳）3个广东省实验室，建设一批企业类国家级重点实验室和高校类国家重点实验室。

“此外，围绕第三代半导体、人工智能、大数据、清洁能源、脑科学、合成生物学等前沿领域，还要在深圳推动建设一批基础研究机构和新型研发机构”龚国平透露。

重点开展核心技术攻关 大力支持创新产业链发展

深圳是广深港科技走廊的重要结点。龚国平认为，深圳新一轮的科技创新，重点还是开展核心技术攻关，尤其以创新链和产业链融合发展为抓手，牵引带动全省乃至全国的科技创新高质量发展。

“首先，广东科技厅会支持深圳建设国家新一代人工智能创新发展试验区”龚国平说，主要依托行业龙头企业和省实验室，建设“智慧医疗”“智能无人系统”“智能金融”“视觉智能处理”“开源软硬件”等省新一代人工智能开放创新平台，促进人工智能和实体经济深度融合，推动产业链上下游深度合作，支持建设具有国际竞争力的先进制造业基地。

“其次，还要支持深圳优势企业单位参与5G垂直示范应用，积极参与“宽带通信和新型网络”“合成生物学”部省联动国家重点研发计划和“新一代通信与网络”省重点领域研发计划，形成一批自主可控、具有国际竞争优势的重大科技产品和装备”龚国平进一步介绍说。

推进深圳国家可持续发展议程创新示范区建设

“深圳市国家可持续发展议程创新示范区”是经中国国务院2018年初批复，以创新引领超大型城市可持续发展为主题的国家可持续发展议程创新示范区，是首批国家可持续发展议程创新示范区之一。

龚国平表示，广东省科技厅将通过支持“深港科技创新合作区”发展来进一步推进深圳国家可持续发展议程创新示范区建设。位于落马洲河套地区的深港科技创新合作区被定位为粤港澳大湾区创新发展的新引擎。在龚国平看来，充分利用好深港科技创新合作区独特的“平台”和“通道”作用非常关键。支持深港科技创新合作区发展，主要部署建设一批重大创新平台落地，链接国际科技创新网络，配置全球创新资源，集聚国际顶尖科技人才，开展国际科技合作，携手光明科学城建设综合性国家科学中心，辐射广阔内地市场，不断增强高质量发展动能，从而推动粤港澳国际科技创新中心建设发展。

其次，通过举办2030年可持续发展议程论坛（中国·深圳）、绿色低碳无废领域论坛活动、全球青年创新集训营（UNLEASH2019）、2019年国际青年创新大会等一系列国际性活动，不断吸引高层次人才向深圳集聚。

龚国平介绍说，当前，深圳正在成为国际创新人才高地，以“高精尖缺”导向，在面向新一代信息技术、高端装备制造、绿色低碳、生物医药、数字经济、新材料、海洋经济、现代种业和精准农业、现代工程技术等重点领域，已经逐步引进培育了国际一流水平的创新创业团队和高层次人才，这为深圳在下一个四十年续写春天的故事打下了坚实人才基础。

龚国平还指出，广东省科技厅还会大力支持深圳引进港澳及国际著名高校开展高等教育合作项目，做大做强一批基础研究和应用基础研究学科。此外，支持中国科学院与深圳共建属地化科研平台，推动中科院深圳先进技术研究院、中科院精密测量科学与技术创新研究院深圳分院、深港脑科学创新研究院、深港生物医药创新研究院等等一批科研院所建设。

支持深圳深化科技体制改革

"深圳要成为大湾区中世界级的科技创新之城，在未来一段时期中，进一步深化科技体制机制改革仍然是深圳改革的重要方向" 龚国平在采访中透露，广东组织召开全省科技成果转移转化座谈会，加快研究出台促进科技成果转化工作的意见和举措。

他表示，深化科技体制改革，首先是支持深圳打造更具国际竞争力的人才发展环境。广东省科技厅全面实施外国人来华工作许可制度和外国人才签证制度，支持深圳探索制定外籍"高精尖缺"人才认定标准，为符合条件的外籍人员办理R字签证；提升R字签证"含金量"，探索给予持证人免办工作许可权益；优化外国人才服务保障机制，实施更优外国人才永久居留政策，鼓励外籍创新创业人才通过人才积分评估申请永久居留。

其次是深化科研项目管理改革。改革科研项目立项和组织方式，建立主要由市场决定的科技项目遴选、经费分配、成果评价机制。支持深圳实施重大项目评审"主审制"，攻关项目"悬赏制"，开展项目经费使用"包干制"改革试点。

再次是统筹推进科技成果权属改革。探索赋予深圳在科研人员职务科技成果所有权或长期使用权、成果评价、收益分配改革等方面先行先试，深化科技成果使用权、处置权和收益权改革。

支持深圳推动科技创新立法

深圳已颁布实施《深圳经济特区科技创新条例》。龚国平在采访中表示，广东省科技厅将加强省市协同，积极推动《条例》的落实，为深圳科技创新工作提供坚强的法制保障。

"我们要构建多元化基础研究投入机制。"龚国平说："要突出企业在技术创新中的作用，建立特定情形下政府主导重大技术攻关制度，在加强概念验证中心、中试基地、检测认证机构建设等方面，进一步完善以企业为主体、市场为导向、产学研深度融合的技术创新体系"。

龚国平说，深圳在科技创新基金体系、发挥多层次资本市场作用、金融综合服务等方面，已经探索出一些成功经验。今后将进一步构建以政府投入为引导、企业投入为主体，政府资金与社会资金、股权融资与债权融资、直接融资与间接融资有机结合的科技投融资体系。

"我们还要支持深圳通过推进高价值专利培育、建立知识产权运营体系、规定知识产权证券化和知识产权质押融资制度、加强知识产权海外维权等，构建知识产权创造、运营、保护、管理等全链条服务体系"。

（深圳报业集团《深圳特区报》，2020-12-01，记者：古国真 李苑立）

第十八届中国国际人才交流大会俄罗斯主宾国活动圆满闭幕

2020年12月9日下午，第十八届中国国际人才交流大会（以下简称"大会"）俄罗斯主宾国活动闭幕仪式在深圳及莫斯科两地以视频连线方式举行。中国科技部副部长黄卫和俄罗斯科教部副部长鲍切诺娃·纳塔利娅出席仪式并致辞，中国科技部党组成员陆明主持闭幕仪式。科技部外专司、引智司、合作司、交流中心、国际人才交流中心，国务院国资委国际合作局、深圳市科技创新委、哈尔滨市科技局相关负责人，部分大会合作单位和俄罗斯高等院校、科研机构、科技企业代表出席闭幕式。

黄卫副部长在致辞中表示，新冠疫情没有阻碍中俄两国的友谊和交流，作为中俄科技创新年启动后的首场重要活动，大会俄罗斯主宾国活动通过网上平台与中俄各界公众见面，取得了良好效果，希望俄罗斯能成为大会长期合作伙伴，与中方一起推动务实双边国际科技合作与交流，携手提升中俄新时代全面战略协作伙伴关系，更好地造福两国及世界人民。

鲍切诺娃副部长表示，作为俄中科技创新年框架下的重要活动，大会俄罗斯主宾国活动举办了“俄罗斯主宾国活动周”、高科技论坛、主题圆桌会议、双边会晤洽谈等9场重要活动，两国500多位知名专家、专业学者、企业负责人参加，线上线下活动参与人数超过80万，俄罗斯重点大学和科研机构集中展示了近150个合作项目、科研成果、人才培养方案，为未来缔结合作协议打下了坚实基础，俄方将继续巩固科技合作成果，并寻找更多发展双边合作的新机遇。

会上，中国国际人才交流中心副主任夏兵与俄罗斯仪器制造与信息通讯国际联盟副主席、执行委员会主席波波夫·根纳季分别代表中俄双方对大会俄罗斯主宾国活动作总结汇报。自2020年9月启动以来，网上大会围绕先进制造、新材料、生物医药及卫生健康、高校科教创新合作等领域，分别在北京、深圳、上海、哈尔滨、南京、武汉、西安等地，以线下和线上视频会议结合形式举办了9场专题活动，成立了中俄天然产物与新药发现（CRAND）联盟，为“中俄丝路产业园分中心”授牌，发起共建“丝路科教中心”倡议。网上大会设置的俄罗斯主宾国虚拟展区内，76家俄罗斯高等院校、科研机构、科技企业共携带183项科技创新和人才交流项目设展推介，参展机构和项目数量创下历届大会单国参展参会之最，为促进中俄人才双向流动，促使成果转化和创业投资的务实协作取得突破性进展。

闭幕仪式前，最后一场俄罗斯主宾国活动举办。国务院国资委国际合作局以及16家中央企业、10家俄罗斯高校、科研机构，以“线下+线上”视频连线的方式针对项目研发进程、应用场景、合作方式等内容进行互动交流。

相关链接

第十九届中国国际人才交流大会 2021年4月在深召开

2020年12月10日上午，第十九届中国国际人才交流大会（以下简称“大会”）组委会第一次会议在深圳召开，对第十八届大会举办情况进行总结，介绍并审议了第十九届大会总体工作方案和组委会构成，部分合作单位代表进行发言。会议由深圳市政府副秘书长李卓文主持，大会组委会主任、科技部党组成员陆明，深圳市副市长聂新平出席会议并讲话。

根据大会统一部署，第十九届大会定于2021年4月24日至25日在深圳举办。大会将深入贯彻党的第十九届五中全会精神和“十四五”规划要求，围绕“创新、发展、合作、共赢”主题提质升级，立足国际化、专业化、多元化、信息化、市场化，汇聚全球创新和人才资源，搭建互联互通、互利共赢的国际交流合作平台、成果交易平台，携手各方共享科技进步和创新发展的“中国机遇”，构建休戚与共的科技创新共同体。

陆明在讲话中强调，2021年是中华民族实现第一个百年奋斗目标收获之年，是开启新征程、实施“十四五”规划的起步之年，也是大会设立的第20个年头，办好本届大会意义重大。他要求，各单位要提高政治站位，服务“四个面向”，进一步明确大会在新发展格局中的定位，构建新的比较优势；要坚持创新驱动，不断开辟国际科技创新和人才交流新资源，实现提质增效；要密切沟通配合，真诚热情待客；要加强监督管理，提高风险防控能力，为参展参会各方保驾护航。把大会办成国际科技创新成果和国际人才交流的博览会、交易会。

聂新平副市长表示，深圳40年来发展成一座充满魅力、动力、活力、创新力的国际化创新型城市，关键在于吸引和汇聚了大量海内外优秀人才。一年一度的国际人才交流大会是我国高规格且国际化的人才盛会，也是全国各地招才引智的重要平台，对深圳招才引智发挥了十分重要的作用。深圳将继续发挥好毗邻港澳和高新技术产业发达的优势，线上线下用好科技手段，提升人才匹配精准度，做好疫情防控工作，办一届更高质量且更具影响力的国际人才盛会，为实施人才强国战略提供更加有力的支撑。

中国国际人才交流中心副主任夏兵对第十八届大会情况进行了总结。以网上大会为主要展洽形式的第十八届大会，通过网上展洽及多场形式多样且内容丰富的主题活动，取得了积极效果。截至2020年11月30日，大会官网和相关平台注册单位5291家，个人59598名；其中1654家企业和个人在项目对接功能区发布信息3185条；4619家用人单位通过大会招聘平台发布29118个岗位信息，吸引54050名应聘者注册应聘，共收集简历90230份；大会网站及相关平台点击量900余万次。

深圳市科技创新委主任梁永生介绍，第十九届大会将采用“线下线上并重”的“双引擎”会展新模式。其中线下展会设开幕式、深圳论坛、展览洽谈、人才招聘、主题活动等5大板块。线上展会设虚拟展厅、项目对接、线上招聘、在线服务等功能服务区，利用大会平台以及各方优势资源，引入创新与科技力量，实现跨空间展示、跨国别连接、跨用户合作，打造线上线下融合的“双螺旋”服务空间，为各级政府、企事业单位、专业机构提供项目供需匹配、海外品牌宣传、国际人才大数据分析等综合服务，真正实现大会永不落幕。

会前，陆明同志一行还专程前往河套深港科技创新合作区和光明科学城调研，分别参观了南山国际化交流中心、招商街道境外人员管理服务中心、大疆创新科技有限公司、深圳市外国人就业居留事务服务中心等，并听取了有关情况汇报。

（深圳市科技创新委员会，2020-12-14）

2020年可持续发展与国际青年创新论坛在深举行
以创新科技推动可持续发展

2020年12月22日至23日，“2020年可持续发展与国际青年创新论坛”在联合国工业发展组织、联合国亚太经社理事会等机构的大力支持下，由深圳市科技创新委员会、深圳市青年联合会、深圳市青年创业促进会、深圳可持续发展研究院在深圳青年广场举行。以“创新驱动、科技赋能，推动高质量可持续发展”为主题，来自全球七十多个国家的三万多名青年，通过线上线下相结合的方式共赴创新盛会，展望国际青年科技创新美好未来，倡导以科技创新推动人类可持续发展。

论坛以加强引进培养一批具有国际水平的战略科技人才、科技领军人才、青年科技人才和高水平创新团队，聚天下英才而用之为目标。当下，新冠肺炎疫情仍在全球肆虐，主办方在保证安全办会的基础上，进一步落实节俭办会和务求实效的八项规定，以可持续发展为导向，进一步激发全民创新创业活力，引导更广泛的社会资源关注国内外可持续发展与产业结构调整方向，吸引海内外优秀创业团队及企业到深圳创业发展，努力营造良好的创新创业生态环境，寻求科技创新与可持续发展的契合点。

深圳市政协副主席徐友军出席大会并致辞。国务院发展研究中心副所长谷树忠，深圳市科创委党组书记、副主任邱宣，共青团深圳市委书记、深圳市青年联合会名誉主席方琳等领导出席论坛，联合国副秘书长、联合国亚太经社理事会执行秘书长阿尔米达·萨尔西娅·阿里沙赫巴纳女士，联合国工发组织投资和技术促进办公室主任哈希姆博士通过视频致辞。

徐友军表示，科技创新是引领深圳发展的第一动力。深圳将深入贯彻落实中央、省、市有关精神，深入实施创新驱动发展战略，着力深化科技领域改革，有效整合创新资源，全面激发全社会创新创业活力，努力推动深圳更好更快发展。继续坚持科技发展以人为本的原则，坚定可持续发展的战略方向，进一步打开科技创新局面，开创未来。

阿尔米达·萨尔西娅·阿里沙赫巴纳在视频讲话中肯定了数字经济在新冠疫情中发挥的积极作用，指出青年是社会、经济、文化变革的主要动力，并对青年一代推动未来世界的发展提出了殷切期待。她表示，联合国亚太经社理事会和联合国系统机构为积极推进可持续发展目标的落实，正与包括成员国在内的所有利益攸关方密切合作，寻找新途径为年轻人提供帮助，与他们一起制定创新解决方案，该方案有望在亚太地区得到加快落实。

哈希姆博士在视频讲话中强调青年是未来发展的动力，是数字革命、创业、创新的主力，并公布将与深圳市青年创业促进会开展“全球企业家计划”和“虚拟导师计划”两项全球性合作项目，为促进全球价值投资起到积极作用。

在“后疫情时代的经济可持续发展”“韧性城市更新与深圳可持续发展”“良好健康和福祉与深圳行动”三场平行论坛上，20多位国内外知名专家学者和青年高层次人才代表围绕主题进行深入探讨和经验分享嘉宾精彩绝伦的论坛发言，为各国间团结合作、共克时艰、互利共赢、实现可持续发展贡献智慧，为各方务实合作打下了坚实基础。

哈希姆先生表示，该论坛在推进全球可持续发展建设中发挥着重要作用，并有望扩大影响，打造长期制度性平台，不断拓展制度性研究领域，为保护生态环境，为中国企业更好的走向世界、参加“阿联酋2021年迪拜世界博览会”、立足世界舞台创造良好条件。

（深圳新闻网，2020-12-23，记者：黄琳，通讯员：蔡淑娟）

中共深圳市委关于制定深圳市国民经济和社会发展第十四个五年规划和二〇三五年远景目标的建议

“十四五”时期是我国开启全面建设社会主义现代化国家新征程的第一个五年，是深圳实现建设中国特色社会主义先行示范区第一阶段发展目标的五年。中国共产党深圳市第六届委员会第十七次全体会议认真学习贯彻党的十九届五中全会和中央经济工作会议精神，深入学习贯彻习近平总书记出席深圳经济特区建立40周年庆祝大会和视察广东、深圳重要讲话、重要指示精神，全面落实广东省委十二届十二次全会精神，就制定深圳市国民经济和社会发展第十四个五年规划和二〇三五年远景目标提出以下建议。

一、率先高质量全面建成小康社会，朝着建设中国特色社会主义先行示范区的方向前行，努力创建社会主义现代化强国的城市范例

1.深圳经济特区建立40年改革开放实践创造伟大奇迹。深圳经济特区诞生于我们党和国家把工作中心转移到经济建设上来的历史转折点，成长于波澜壮阔的改革开放大潮中。40年来，深圳始终牢记党中央创办经济特区的战略意图，坚持党的全面领导，高举中国特色社会主义伟大旗帜，解放思想、改革创新，勇担使命、砥砺奋进，在建设中国特色社会

主义伟大进程中谱写了勇立潮头、开拓进取的壮丽篇章，为全国改革开放和社会主义现代化建设作出了重大贡献，发展成为充满魅力、动力、活力、创新力的国际化创新型城市。深圳是改革开放后党和人民一手缔造的崭新城市，是中国特色社会主义在一张白纸上的精彩演绎。40年来，深圳实现了由一座落后的边陲小镇到具有全球影响力的国际化大都市的历史性跨越，实现了由经济体制改革到全面深化改革的历史性跨越，实现了由进出口贸易为主到全方位高水平对外开放的历史性跨越，实现了由经济开发到统筹社会主义物质文明、政治文明、精神文明、社会文明、生态文明发展的历史性跨越，实现了由解决温饱到高质量全面小康的历史性跨越，走过了国外一些国际化大都市上百年走完的历程，创造了世界发展史上的奇迹。深圳经济特区的巨大成就，向世界展示了我国改革开放的磅礴伟力，展示了中国特色社会主义的光明前景，充分证明党中央关于兴办经济特区的战略决策是完全正确的。

2.率先高质量全面建成小康社会。“十三五”时期是深圳发展史上具有里程碑意义的五年。党的十八大以来，习近平总书记三次视察广东、深圳，多次作出重要指示批示，出席深圳经济特区建立40周年庆祝大会并发表重要讲话，为深圳发展领航掌舵。5年来，在以习近平同志为核心的党中央坚强领导下，深圳市委切实增强“四个意识”，坚定“四个自信”，做到“两个维护”，统筹推进“五位一体”总体布局，协调推进“四个全面”战略布局，积极参与推动粤港澳大湾区建设，全面启动中国特色社会主义先行示范区建设，加快深圳综合改革试点落地实施，有力有序有效应对新冠肺炎疫情、中美经贸摩擦、香港“修例风波”等严重冲击，各项事业发展取得全方位、历史性成就。高质量发展跃上更高台阶，预计二〇二〇年地区生产总值超过2.8万亿元，居亚洲城市前五，地均和人均地区生产总值居内地城市前列，单位生产总值能耗和水耗处在全国大中城市最低水平，全社会研发投入占地区生产总值比重达4.93%，达到全球领先水平，构建形成“基础研究＋技术攻关＋成果产业化＋科技金融＋人才支撑”全过程创新生态链，国家级高新技术企业数量是“十二五”期末的三倍、居全国城市第二位，高新技术产业发展成为全国的一面旗帜。改革开放实现重大突破，率先推进营商环境改革，在全国营商环境评价中名列前茅，商事主体数量、创业密度居全国大中城市首位，科技供给侧结构性改革、国资国企改革、创业板改革并试点注册制、住房供给和保障制度改革等成效显著。积极参与“一带一路”建设，主动融入广东省“一核一带一区”区域发展格局，在粤港澳大湾区中的核心引擎功能显著增强，深港澳合作更加紧密，前海发展生机勃勃，全市进出口总额突破3万亿元大关，出口总额实现全国“二十八连冠”，成为全国改革开放的一面旗帜。现代化城市功能品质大幅提升，城市空间布局更加均衡合理，地铁规划总里程超过1200公里，运营总里程突破400公里，“十横十三纵”高快速路网加快建设。在全球率先实现5G独立组网全覆盖。在全国率先实现全市域消除黑臭水体，水环境实现历史性、根本性、整体性好转，PM2.5年均浓度达到国际先进水平，建成“千园之城”。民生社会事业显著进步，基础教育学位数量增长超30%，高校数量从9所增至15所，三甲医院总量接近翻番。落实“房住不炒”要求，建设筹集公共住房43万套，是“十二五”时期的2.4倍。文化事业蓬勃发展，文化产业增加值占地区生产总值比重达8%，支柱产业地位持续巩固，实现全国文明城市“六连冠”。深入推进平安深圳建设，社会大局保持和谐稳定。对口帮扶贫困县全部摘帽，助力近160万人口实现脱贫，近3年连续被评为全国扶贫协作“好”档次。统筹新冠肺炎疫情防控和经济社会发展取得重大战略成果。法治建设迈出重大步伐，全面从严治党取得重大成果，党的全面领导显著增强。经过五年的砥砺奋斗，“十三五”时期主要目标任务顺利完成，高质量全面建成小康社会胜利在望，为开启全面建设社会主义现代化新征程奠定坚实基础。

3.深圳发展环境面临深刻复杂变化。当今世界正经历百年未有之大变局，国际力量对比深刻调整，新冠肺炎疫情影响广泛深远，世界进入动荡变革期。中华民族伟大复兴战略全局统筹展开，我国发展仍处于重要战略机遇期，已转向高质量发展阶段，经济长期向好的基本面没有改变，继续发展具有多方面的优势和条件。“两个大局”深度联动构成“十四五”时期广东和深圳发展环境的主基调。进入新发展阶段，习近平总书记为新时代深圳经济特区建设擘画了宏伟蓝图，亲自谋划、亲自部署、亲自推动粤港澳大湾区、中国特色社会主义先行示范区建设和深圳综合改革试点实施，为深圳未来发展创造了重大历史机遇。经过40年的发展和积累，深圳在产业、科技、人才、体制机制等方面形成了强大的发展优势，展现出强劲的发展活力。

同时，深圳发展也面临一些困难和挑战，发展质量和效益与国际先进城市相比还有差距，基础研究、原始创新、关键核心技术“卡脖子”问题仍比较突出，生态环境和民生领域存在短板，城市治理承压明显、发展空间不足，统筹发展与安全任务艰巨，干部队伍把握新发展阶段、贯彻新发展理念、构建新发展格局的能力和素质有待提高。深圳必须胸怀“两个大局”，心怀“国之大者”，深刻认识我国社会主要矛盾变化带来的新特征新要求，深刻认识错综复杂的国际环境带来的新矛盾新挑战，深刻认识深圳经济发展面临所有的“危”都源自发展质量不高、所有的“机”都要通过高质量发展才能抓住，增强机遇意识和风险意识，保持战略定力，坚定必胜信念，发扬斗争精神，树立底线思维，志存高远，感恩奋进，对标最高最好最优最强，把赶超作为常态，把卓越作为追求，保持“归零”心态、“冲刺”姿态、“赶考”状态，努力在危机中育先机、于变局中开新局。

4.到二〇三五年建成社会主义现代化强国的城市范例远景目标。习近平总书记寄望深圳在建设社会主义现代化国家新征程中作出新的更大贡献，赋予深圳新时代的历史使命，要求深圳建设好中国特色社会主义先行示范区，创建社会主义现代化强国的城市范例，提高贯彻落实新发展理念的能力和水平，形成全面深化改革和全面扩大开放新格局，推进粤港澳大湾区建设，丰富“一国两制”事业发展新实践，率先实现社会主义现代化。深圳要肩负好新时代的历史使命，勇当驶向中华民族伟大复兴光辉彼岸的第一艘“冲锋舟”，为我国实现社会主义现代化作出新的更大贡献。

到二〇二五年，建成现代化国际化创新型城市，基本实现社会主义现代化。经济实力和发展质量跻身全球城市前列，研发投入强度和产业创新能力世界一流，文化软实力大幅提升，公共服务水平和生态环境质量达到国际先进水平。

到二〇三〇年，建成引领可持续发展的全球创新城市，社会主义现代化建设跃上新台阶。经济总量和居民人均收入大幅跃升，建成现代化经济体系；粤港澳大湾区综合性国家科学中心先行启动区全面建成，基础研究和原始创新能力大幅提升，创新能级跃居世界城市前列；粤港澳大湾区核心引擎和资源配置功能显著增强，国际交流更加广泛，成为全球重要的创新中心、金融中心、商贸中心、文化中心，跻身全球先进城市行列；建成高水平公共服务体系，人民生活更加美好，以先行示范标准完成国家碳排放达峰行动任务，天更蓝地更绿水更清，社会文明达到新高度。

到二〇三五年，建成具有全球影响力的创新创业创意之都，成为我国建设社会主义现代化强国的城市范例，率先实现社会主义现代化。成为高质量发展高地，城市综合经济竞争力世界领先，经济总量、人均地区生产总值在二〇二〇年基础上翻一番；成为法治城市示范，建成一流法治政府、模范法治社会，营商环境位居全球前列，城市治理体系系统完备、科学规范、运行高效；成为城市文明典范，开放多元、兼容并蓄的城市文化特征更加鲜明，城市品位、人文魅力充分彰显，时尚创意引领全球；成为民生幸福标杆，实现幼有善育、学有优教、劳有厚得、病有良医、老有颐养、住有宜居、弱有众扶，市民享有更加幸福安康的生活；成为可持续发展先锋，碳排放达峰后稳中有降，打造人与自然和谐共生的美丽中国典范。

到本世纪中叶，那时的深圳将是让世界刮目相看的另一番景象，拥有高度的物质文明、政治文明、精神文明、社会文明、生态文明，成为全球城市版图中的璀璨明珠，最能彰显中国特色社会主义制度优势，最能代表中国参与全球竞争合作，最能引领世界城市发展潮流，以更加昂扬的姿态屹立于世界先进城市之林，成为竞争力、创新力、影响力卓著的全球标杆城市。

二、“十四五”时期经济社会发展指导方针和主要目标

5.“十四五”时期经济社会发展指导思想。高举中国特色社会主义伟大旗帜，深入贯彻党的十九大和十九届二中、三中、四中、五中全会精神、中央经济工作会议精神，坚持以马克思列宁主义、毛泽东思想、邓小平理论、“三个代表”重要思想、科学发展观、习近平新时代中国特色社会主义思想为指导，全面贯彻党的基本理论、基本路线、基本方略，深入学习贯彻习近平总书记对广东、深圳系列重要讲话和重要指示批示精神，统筹推进“五位一体”总体布局，协调推进“四个全面”战略布局，准确把握新发展阶段，坚决贯彻新发展理念，服务构建新发展格局，坚持稳中求进工作总基调，以推动高质量发展为主题，以深化供给侧结构性改革为主线，以改革创新为根本动力，以满足人民日益增长的美好生活需要为根本目的，认真落实省委“1+1+9”工作部署，与时俱进优化完善市委“1+10+10”工作安排，抢抓建设粤港澳大湾区及深圳先行示范区和实施深圳综合改革试点重大历史机遇，率先建设体现高质量发展要求的现代化经济体系，率先营造彰显公平正义的民主法治环境，率先塑造展现社会主义文化繁荣兴盛的现代城市文明，率先形成共建共治共享共同富裕的民生发展格局，率先打造人与自然和谐共生的美丽中国典范，统筹发展和安全，建设好中国特色社会主义先行示范区，创建社会主义现代化强国的城市范例，率先实现社会主义现代化，为广东在全面建设社会主义现代化国家新征程中走在全国前列并创造新的辉煌提供有力支撑，为我国全面建设社会主义现代化国家和实现中华民族伟大复兴的中国梦作出新的更大贡献。

6.“十四五”时期经济社会发展基本要求。推动“十四五”时期经济社会发展，要严格遵循坚持党的全面领导、坚持以人民为中心、坚持新发展理念、坚持深化改革开放、坚持系统观念等重大原则，准确把握习近平总书记深刻总结的经济特区建设规律，全面落实好以下基本要求。

——在加强党的全面领导和党的建设上走在前列、勇当尖兵。深入贯彻新时代党的建设总要求，始终保持经济特区建设正确方向，激发党员干部干事创业的热情和劲头，营造风清气正的良好政治生态。

——在推动高质量发展、构建新发展格局上走在前列、勇当尖兵。以推动高质量发展为主题，锚定高效益、高效率、高品质，奋力跑出现代化建设的“加速度”，坚持扩大内需的战略基点，增强畅通国内大循环、联通国内国际双循环功能，成为构建新发展格局的先行示范者。

——在服务全国全省大局上走在前列，勇当尖兵。全面落实国家重大发展战略，充分发挥粤港澳大湾区中心城市功能，着力增强“一核一带一区”主引擎作用，以先行示范区的担当作为更好服务全国全省发展。

——在实施创新驱动发展战略上走在前列、勇当尖兵。强化创新在现代化建设中的核心地位，强化科技自立自强对发展的战略支撑作用，强化企业创新主体地位，强化人才第一资源，为建设科技强国贡献“深圳力量”。

——在全面深化改革、全面扩大开放上走在前列、勇当尖兵。以更大的政治勇气和政治智慧，与时俱进全面深化改革，提高改革综合效能，锐意开拓全面扩大开放，率先建设更高水平开放型经济新体制。

——在推动城市治理体系和治理能力现代化上走在前列、勇当尖兵。将全周期管理意识贯穿城市规划、建设、管理和生产、生活、生态全过程各方面，注重在科学化、精细化、智能化上下功夫，努力走出一条符合超大型城市特点和规律的治理新路子。

——在社会主义法治建设上走在前列，勇当尖兵。坚持科学立法、严格执法、公正司法、全民守法，加快法治城市、法治政府、法治社会建设，营造一流法治环境。

——在践行社会主义核心价值体系上走在前列、勇当尖兵。围绕新时代举旗帜、聚民心、育新人、兴文化、展形象的使命任务，在物质文明建设和精神文明建设上都交出优异

答卷，更好满足群众精神文化生活新期待。

——在践行以人民为中心的发展思想、促进共同富裕上走在前列、勇当尖兵。坚持人民主体地位，维护人民根本利益，促进社会公平，增进民生福祉。

——在促进人与自然和谐共生上走在前列，勇当尖兵。牢固树立和践行绿水青山就是金山银山的理念，深入实施可持续发展战略，加快构建现代生态文明体系，实施具有深圳特色的乡村振兴战略，打造安全高效的生产空间、舒适宜居的生活空间、碧水蓝天的生态空间。

7.“十四五”时期经济社会发展主要目标

——经济实力及发展质量跻身全球城市前列。新经济发展国际领先，综合经济实力跃上更高台阶，经济总量超过4万亿元，研发投入强度和产业创新能力世界一流，全社会研发投入占地区生产总值比重达5%左右，关键核心技术攻关取得重要突破，基本建成具有全球影响力的科技和产业创新高地。

——文化软实力大幅提升。社会主义核心价值观深入人心，特区精神和新时代深圳精神充分彰显，城市文明程度、公共文化服务水平、文化产业发展质量显著提高，建成一批标志性文化基础设施，形成更具国际影响力的文化品牌和城市品牌。

——民生福祉达到新水平。实现更加充分更高质量就业，居民收入增长和经济增长基本同步，收入分配结构明显改善，多样化、高品质公共服务供给更加丰富，全覆盖和可持续社会保障体系更加完善。

——生态环境质量达到世界先进水平。形成低消耗、少排放、能循环、可持续的绿色低碳发展方式，大气、水、土壤等环境质量持续提升，生态安全屏障体系更加完善，建成“近者悦，远者来”的生态之城。

——城市治理体系和治理能力现代化基本实现。城市治理制度体系更加完备，城市治理的法治化、科学化、精细化、智能化水平大幅提升，城市运转更聪明、更智慧、更安全、更具韧性。

三、深化完善全过程创新生态链，建设具有全球影响力的科技和产业创新高地

坚定不移实施创新驱动发展主导战略，推动自主创新和开放创新并重，主动融入全球创新网络，集聚高端创新资源，提升“基础研究＋技术攻关＋成果产业化＋科技金融＋人才支撑”全过程创新生态链能级，打造最好最优创新环境。

8.着力增强基础研究能力。以主阵地作为推进粤港澳大湾区综合性国家科学中心建设，高标准建设光明科学城、河套深港科技创新合作区、西丽湖国际科教城、大运深港国际科教城，加快综合粒子设施、脑解析与脑模拟设施、合成生物研究设施等重大科技基础设施建设。打造战略科技力量，高标准建设国家实验室。加快深圳湾实验室和量子科学与工程研究院建设，谋划布局更多国家重点实验室，努力实现更多“从0到1”的原始创新。制定基础研究行动计划，夯实科研基础，引育源头机构，主动参与战略性科学计划和科学工程。加快建设国际科技信息中心。完善基础研究长期稳定持续投入机制，确保每年基础研究资金投入不低于市级科研资金的30%。

9.打好关键核心技术攻坚战。探索关键核心技术攻关新型举国体制的“深圳路径”，面向前沿领域共性需求，聚焦集成电路、人工智能、生物医药、合成生物、新型显示、关键新材料、基础软件等领域，实施重大装备和关键零部件技术攻关计划。开展种源“卡脖子”技术攻关，有序推进生物育种产业化应用。积极参与量子信息、高端医疗器械、脑科学、细胞和基因、空天科技、深海等领域国家重大科技攻关，加快突破一批前沿性引领性技术。建立“需求方出题、科技界答题”新机制，“一技一策”突破关键技术。

10.加速科技成果向现实生产力转化。强化企业创新主体地位，促进各类创新要素向企业集聚，鼓励企业加大研发投入。支持头部企业组建创新联合体，整合上下游创新资源，推动大中小企业融通创新。推进产学研深度融合，推动科研设施和科学仪器开放共享，打造科技金融和科技成果转化平台、知识产权和科技信息服务平台等，建设一批具有全球竞

争力的中试转化基地，培育发展一批技术转移机构和技术经理人。加大新技术新产品研发与应用示范支持力度，推动重大技术装备首台（套）、新材料首批次、软件首版次推广应用，实施首台（套）重大技术装备保险补偿。推动深圳国家高新区高质量发展，创新高新区管理模式，优化“一区两核多园”空间布局，加快建成世界一流高科技园区。

11.推动科技金融深度融合。完善科技金融服务体系，创建国家科创金融改革创新试验区。提高政府投资引导基金效能，用好各类产业基金。实施普惠性科技金融政策，鼓励银行发展科技金融专营机构，开展投贷联动。筹建知识产权和科技成果产权交易中心，率先探索知识产权证券化，加强前沿领域高价值发明专利布局。大力发展创业投资，引导创业投资机构加大对种子期和初创期科技企业的投入，支持科技企业与资本市场对接，打造国际风投创投中心。

12.建设开放包容先行的国际人才高地。实施更加开放的人才政策，打造国内外人才汇聚之城。制定紧缺人才清单，靶向引进培养一批具有国际水平的战略科技人才、科技领军人才、青年科技人才和高水平创新团队，壮大工程师和高技能人才队伍。健全一流人才服务保障体系，实行更加便利的境外人才引进和出入境管理制度，完善社保、教育、医疗、居住等公共服务，着力解决国际化专业人才后顾之忧。探索实施技术移民政策，畅通海外科学家、高端创新人才来深工作通道，加快海外人才创新创业基地建设。支持人力资源服务业发展壮大，健全国际化猎头机制，加大柔性引才力度，高水平举办中国国际人才交流大会和“人才日”系列活动，推动建立全球创新领先城市科技合作组织和平台。

四、发挥先行示范作用，为广东打造新发展格局战略支点提供强有力支撑

牢牢把握扩大内需这一战略基点，扭住供给侧结构性改革，注重需求侧改革，形成需求牵引供给、供给创造需求的更高水平动态平衡，增强畅通国内大循环、联通国内国际双循环功能，促进国内国际市场高效链接、双向开放，为构建新发展格局先行示范。

13.畅通国内大循环。依托国内超大规模市场，深化对内经济联系、增加经济纵深，打通堵点、补齐短板，贯通生产、分配、流通、消费各环节。提升“深圳质量”“深圳标准”，打造“深圳设计”“深圳品牌”，以高质量产品、高效率服务、高性能供给创造和引领国内市场需求。深化收入分配制度改革，提高中低收入者收入，扩大中等收入群体规模，创造更多高收入就业岗位。提升金融支付结算便利性，畅通供需两端资金资本循环。加快建设现代流通体系，完善空港、海港、铁路和公路等重大交通基础设施，大力发展智慧物流、保税物流、冷链物流，打造国家综合物流枢纽节点。

14.联通国内国际双循环。抢抓《区域全面经济伙伴关系协定》机遇，深入研究和积极参与《全面与进步跨太平洋伙伴关系协定》。充分利用国内国际两个市场、两种资源，稳住欧美市场，深耕日韩市场，开拓新兴市场，增强全球资源配置能力，实现高质量“引进来”和高水平“走出去”。发挥贸易强市辐射带动作用，打造国内优质产品出口集散地。打造数字贸易国际枢纽港，通过数字赋能促进贸易方式优化升级，提升贸易效率和便捷性。建设国际化关键电子元器件交易平台，提高进口产品质量和规模。创新招商引资方式，提升全球招商大会影响力，持续引进竞争力强、关联度高、成长性好的产业链引擎项目。探索全域自由贸易试验区建设，实行跨境服务贸易负面清单管理制度，促进内外贸质量标准、检验检疫、认证认可等规则相衔接，推进同线同标同质，支持出口产品转内销。大力发展研发合同外包、软件信息服务、高端医疗康养等服务贸易。

15.深度参与“一带一路”建设。加强与沿线国家和地区在投资贸易、科技创新、能源资源、物流交通、智慧城市、公共卫生等领域合作，努力打造“一带一路”枢纽城市。鼓励深圳企业参与沿线国家和地区重大基础设施建设运营，参与建设深圳中欧班列铁路货运大通道，打造粤港澳大湾区—中亚—东欧—西欧国际陆上物流新通道。深入推进第三方市场合作，重点培育东南亚、南亚、中东、非洲等目标市场。

推进包括中缅经济走廊和中越经贸合作区在内的境外重点园区建设。深化国际人文交流，积极承办国家重大主场外交活动，引进和谋划一批大型国际会议和国际组织机构。

16.充分释放消费潜能。顺应消费升级趋势，提升传统消费，培育新型消费，适当增加公共消费。提升消费基础设施水平，打造世界级地标性商圈，加快建设国际消费中心城市，打造国际国内旅游消费目的地，吸引集聚高端消费。推动线下经营实体向场景化、体验式、互动性、综合型消费场所转型。促进实物消费提档升级，推动汽车等消费品由购买管理向使用管理转变，大力发展智能终端、可穿戴设备、超高清视频、智慧家居等新型消费，提升文化、旅游、体育、健康、养老、家政等领域消费品质。创新无接触式消费模式，发展网络直播、互动娱乐、体验消费。促进线上线下消费有机融合，支持商贸企业“触网上云”，培育定制消费、智能消费、时尚消费等商业新模式。探索开展市内免税业务，研究规划建设国际免税城，推动免税经济发展。

17.全力扩大精准有效投资。优化投资结构，促进投资增长，提升投资效能，更好发挥投资对扩大需求、优化供给的关键作用。加大对集成电路制造、新材料、高端装备、生物医药等重大产业项目投资力度，增强先进制造业发展后劲。引导企业加大技改投资力度，促进新技术、新工艺、新设备改造提升。瞄准未来产业和新经济发展需求，遵循技术进步和市场经济规律，加大对新型基础设施领域投资。持续加大教育、医疗、住房、文化、养老、托幼、生态等重点领域补短板投资。发挥政府投资撬动作用，激发民间投资活力，形成市场主导的投资内生增长机制。

五、以深圳综合改革试点牵引战略战役性改革，在更高起点、更高层次、更高目标上推进改革开放再出发

坚持改革不停顿，开放不止步，坚持摸着石头过河和加强顶层设计相结合、问题导向和目标导向相结合，深入实施深圳综合改革试点，促进改革系统集成并协同高效，在重点领域和关键环节改革上形成一系列可复制可推广的重大制度创新成果，为全国制度建设作出重要示范。

18.创新要素市场化配置体制机制。优化要素市场化配置，完善要素确权、定价、交易、监管等制度，在土地管理、技术成果转化利益分配、人才流动和工时薪酬等方面实施更加灵活的创新举措。深化土地要素市场化改革，健全长期租赁、先租后让、弹性年期供应等工业用地市场供应体系，探索增加混合产业用地供给，完善土地二级市场规则，盘活存量土地和低效用地。推进资本市场改革发展，深化创业板注册制改革，推出深市股指期货，探索设立“丝路板”，优化私募基金市场准入环境，推动数字货币应用，开展基础设施领域不动产投资信托基金试点。深化财政体制改革，优化事权和财权划分，加强预算绩效管理，提高财政资金使用效率。率先建立数据权属界定和保护利用制度，构建全球领先的数据要素市场。

19.优化市场化法治化国际化营商环境。深化“放管服”改革，全面推行权力清单、责任清单、负面清单制度，实施市场准入特别措施清单制度。健全以信用为基础的新型监管机制，提升市场综合监管能力，对新技术新产业新业态新模式实行包容审慎监管。全面实施“网上办”“指尖办”和“一次办”，大力推行“秒批”“秒报”，推进政务服务标准化、规范化、便利化。强化竞争政策基础地位，完善公平竞争审查制度，加强反垄断和反不正当竞争执法司法。推动构建简税制、轻税赋、严征管、优服务的地方税体系，落实好减税降费政策，降低企业经营成本。实施最严格的知识产权保护，开展新型知识产权法律保护试点，打造保护知识产权标杆城市。加强社会信用体系建设，健全守信激励、失信惩戒和信用修复机制，构建统一的社会信用平台。深化破产制度的综合配套改革，完善自然人破产制度。深入推进区域性国资国企综合改革，健全以管资本为主的国有资产管理体制，探索实行国有企业投资负面清单管理。推动社区集体经济转型，提升集体资产利用价值。优化民营经济发展环境，加快构建亲清政商关系，健全政企沟通协商制度。大力激发和弘扬企

业家精神，依法平等保护各种所有制企业产权和自主经营权，依法保护企业家合法权益，促进非公有制经济健康发展和非公有制经济人士健康成长。

20.深化科技供给侧结构性改革。创新科研项目立项和组织方式，实行“揭榜挂帅”“赛马式资助”“里程碑式考核”等制度，探索以悬赏方式组织项目，完善重大科技计划项目评审“主审制”，扩大高等院校学术自主权和科研人员选题权。创新科技投入方式，完善非竞争性拨款、竞争性拨款“双轨制”模式，健全多渠道社会投入机制，加大对基础前沿研究支持力度。健全职务科技成果产权制度，赋予科研人员职务科技成果所有权或长期使用权，优化科研成果转化利益分配机制，推动科技企业实施“同股不同权”，保护创始人利益。推进“科创中国”试点城市建设，促进科技经济深度融合。完善科技决策咨询系统，建立科技咨询支撑行政决策的科技决策机制，建设高水平科技智库。加快科技伦理监管立法，建立健全科技人员自律机制。

21.完善高水平开放型经济体制。在内外贸、投融资、财政税务、金融创新、出入境等方面，探索更加灵活的政策体系、更加科学的管理体制，推进规则、规制、管理、标准等与国际接轨，推动在深设立国际性产业与标准组织。全面实施准入前国民待遇加负面清单管理制度，放宽前沿技术领域的外商投资准入限制，落实外资企业在金融服务、政府采购、补贴政策、出资方式等方面国民待遇，保护外资企业合法权益。推动贸易投资自由化便利化，拓展国际贸易“单一窗口”功能，深化服务贸易创新发展，推进跨境电子商务综合试验区建设。健全促进和保障境外投资的政策和服务体系，提高企业适应利用国际规则能力、国际市场开拓能力、防范国际市场风险能力，坚定维护深圳企业海外合法权益和资产安全。扩大金融业和航运业对外开放，实施国际船舶登记和保税加油改革，强化深圳天然气交易中心交易平台功能，探索建设深圳国际原油交易中心。

22.完善民生服务供给体制。深化户籍制度改革，完善居住证制度，稳步推进基本公共服务常住人口全覆盖。着力构建社会公共服务多主体参与、多渠道融资、多模式建设、多元化供给新机制。深化医药卫生体制改革，鼓励社会力量发展高水平医疗机构，构建便利国际医疗机构、人才、技术、药品和医疗器械准入、使用的规则体系，建设国际医疗合作示范区。深化教育体制改革，建立新时代教育评价制度机制，扩大高校办学自主权，引进更多境外优质教育资源，开展高水平中外合作办学。优化社会保障机制，完善普惠婴幼儿照护托育服务体系，实现政务服务平台医保政务服务一体化办理。

23.完善生态环境和城市空间治理体制。建立自然资源资产产权制度，深化自然资源生态空间用途管制改革，开展重要生态空间自然资源确权登记。推进区域空间生态环境评价改革，探索生态产品服务价值核算机制，推进碳排放投融资机制建设，促进绿色消费，发展绿色金融。实行环境污染强制责任保险制度和产品环保强制性地方标准改革试点，健全环境公益诉讼制度。健全城市空间统筹管理体制机制，推动在建设用地的地上、地表、地下分别设立使用权，探索按照海域的水面、水体、海床、底土分别设立使用权，促进空间合理开发利用。开展航空资源结构化改革试点，争取先行先试低空空域管理改革，推动通用航空发展，完善无人机飞行管理制度。

六、增强粤港澳大湾区核心引擎功能，携手共建世界级城市群

全面准确贯彻党中央战略意图，落实“一国两制”基本方针，深化深港澳合作，引领带动“一核一带一区”建设，增强中心城市辐射带动效应，助力粤港澳大湾区加快建设富有活力和国际竞争力的一流湾区和世界级城市群。

24.加强深港澳更紧密务实合作。深入实施“湾区通”工程，推进基础设施互联互通，加快东部过境公路、深港西部快轨等重点项目规划建设。推动三地经济运行的规则衔接、机制对接。实行更加便利的通关模式，探索更多“一事三地”“一策三地”“一规三地”创新举措，促进人员、货物、资金、技术、

信息等要素高效便捷流动，提升市场一体化水平。强化创新资源协同配合和产业分工协作，推动广深港澳科技创新走廊建设，打造开放互通的区域创新体系，联合培育若干世界级产业集群。创新完善港澳居民来深就业创业服务体系，推动在深工作生活的港澳居民在民生方面享有“市民待遇”。加强深港澳青年创新创业基地建设，促进深港澳青少年广泛交往、全面交流、深度交融，增强对祖国的向心力。深化三地在教育、文化、智库、旅游、社会保障、疫情防控、应急管理、环境治理等领域的合作，打造优质生活圈。加强与港澳政府部门、法定机构、商会协会等交流，构建多层级合作框架机制。

25.加快建设深圳都市圈。制定实施深圳都市圈发展规划，以深莞惠大都市区为主中心，以深汕特别合作区、河源都市区、汕尾都市区为副中心，形成中心引领、轴带支撑、圈层联动的发展格局。协同东莞、惠州强化临深片区产业、基础设施、公共服务等优化布局，共同打造具有全球竞争力的电子信息、人工智能等世界级先进制造业产业集群。加密都市圈交通网络建设，规划建设1000公里地铁、1000公里轻轨和城际铁路、1000公里高快速路，促进国家铁路、城际铁路和市域（郊）铁路、城市轨道对接融合，与周边城市构建半小时交通圈。推动生态环境共保共治、民生服务共建共享，创新城际住房合作机制，促进教育、医疗、养老、环保等政策衔接。

26.强化广深“双城联动、比翼双飞”。协同打造一批重大科技基础设施，共建具有世界影响力的国际科技创新中心。加快广州—深圳国际性综合交通枢纽建设，合力提升粤港澳大湾区门户枢纽功能。研究共建世界新兴产业、先进制造业和现代服务业基地，在科技创新、智能网联汽车、智能装备、生物医药等重点领域加强合作。充分发挥广州、深圳都市圈中心城市辐射带动作用，全面深化在教育、医疗、文化、旅游、人才、就业、生态等领域的合作发展。

27.强化“一核一带一区”主引擎作用。做优做强“核”引擎，加强与珠江西岸先进装备制造业联动发展，创新产业园区共建、产业梯度转移、产业链协作机制，促进珠江口东西两岸融合互动。助力提升“带”能级，积极对接沿海经济带，突出陆海统筹、港产联动，推动深圳汕头深度协作，支持汕头建设省域副中心城市，强化与汕潮揭都市圈、湛茂都市圈海洋经济协调发展。支持广东北部生态发展区打造生态经济发展新标杆，全面加强与韶关、梅州、清远、河源、云浮等地生态型产业合作，广泛开展人文旅游交流。

28.积极融入国家区域发展大局。深度对接国家重大区域发展战略，在形成国内统一大市场中拓展合作共赢发展空间。深化与京津冀协同发展、长江经济带发展、长三角一体化发展、黄河流域生态保护和高质量发展等重大区域发展战略协同，深度对接雄安新区建设，支持西部大开发、东北全方位振兴、中部崛起，拓展更为广阔发展合作空间。深化泛珠三角区域合作，积极参与珠江—西江经济带、广西东盟经济技术开发区、海峡西岸经济带、成渝地区双城经济圈等建设，主动对接浦东开发开放、海南自由贸易港国家战略，与上海、海南等加强改革联动、互学互鉴。继续推进援疆援藏和对口帮扶协作工作，促进巩固拓展脱贫攻坚成果同乡村振兴有效衔接。深化研究市区乡村振兴的特殊内涵，改善城中村人居环境。

29.建设全球海洋中心城市。坚持陆海统筹，全面提升海洋资源开发保护水平，推动从近海到远海、从浅海到深海、从海洋资源浅层次利用到深度开发和海洋环境综合治理并重转变。大力发展海洋新兴产业，推动智能海洋工程制造业创新中心和南方海洋科学城建设，促进海工装备产业智能化和高端化发展。推动高端航运要素集聚，加快发展航运金融、海事保险、航运法务等高附加值航运服务。大力提升海洋科技创新能力，高标准规划建设海洋大学和国家深海科考中心，布局一批海洋领域基础研究平台、海上试验场、应用研究与成果转化平台等重大项目。创新发展海洋金融，筹建国际海洋开发银行。

30.加快大湾区合作示范平台建设。深化前海深港现代服务业合作区改革开放，推动前海深港现代服务业合作区与前海蛇口自贸片区“双扩区”，对标国际高标准经贸规则，实现更高水平的投资贸易便利、跨境资金往来便利、人才等要素供给便利，打造全面深化改革创新试验平台和高水平对外开放门户枢纽。深化“前海模式”，建立健全对接港澳的开放型经济新体制和跨境合作制度体系，探索推进与港澳服务贸易自由化，打造金融业对外开放试验示范窗口和跨境人民币业务创新试验区，加快建设国际化城市新中心。高标准规划建设河套深港科技创新合作区，推进“一区两园”统筹开发，布局港澳高校优势学科重点实验室、国际一流研究中心和国家重大科研平台，推动科研资金跨境使用、科技基础设施跨境协调管理、科研设备便利通关和共享使用等制度创新，打造国际离岸创新中心和综合性国家科学中心开放创新先导区。高水平规划建设盐田沙头角深港国际旅游消费合作区和深港口岸经济带，加快推进口岸改造和新设，推动口岸沿线开发开放，以深港陆路口岸与邻近区域、过境地块为中心，促进科技产业、文旅消费、医疗教育协同发展。

七、巩固壮大实体经济根基，构建高端高质高新的现代产业体系

坚持把发展经济着力点放在实体经济上，围绕产业链部署创新链和创新链布局产业链，增强产业链的根植性和竞争力，培育新的经济增长极，全面提高产业核心竞争力。

31.推进产业基础高级化及产业链现代化。把推动制造业高质量发展摆在更加突出的位置，保持制造业比重基本稳定。实施“产业基础再造”工程，提升基础核心零部件、关键基础材料、先进基础工艺、基础关键技术、重大基础软件等研发创新能力，在生物医药、新能源、集成电路、未来通信高端器件、超高清视频、高性能医疗器械等领域打造国家级产业创新中心和制造业创新中心。推进产业链“质量提升”行动，加强质量、标准、计量、检测等体系和能力建设，推动优势技术领域的“深圳标准”成为国际标准。实施“全产业链发展”战略，健全重点产业链“链长制”，完善供应链清单制度和系统重要性企业数据库，增强产业链供应链自主可控能力。重塑再造高品质工业园区、高科技产业带等发展空间，保留提升100平方公里工业区块，整备改造100平方公里产业空间，推广定制产业空间模式，推动由“项目等候空间”到“空间等着项目”，实现有优质项目就有承载空间。

32.加快发展战略性新兴产业和未来产业。发展壮大新一代信息技术、生物医药、高端装备制造、新材料、绿色低碳、海洋经济等产业，构建一批战略性新兴产业增长新引擎。实施培育先进制造业集群行动，重点发展5G、人工智能、超高清视频、智能制造装备、时尚产业等先行性先进制造业集群，着力发展集成电路、生物医药、新能源汽车、新材料、数字经济等战略性先进制造业集群。实施“未来产业引领”计划，前瞻布局量子科技、深海深空、氢燃料电池、增材制造、微纳米材料等前沿技术创新领域，建设未来产业试验区。加快发展若干产业生态主导型企业，培育一批专注细分领域的“专精特新”小巨人企业和“单项冠军”企业，构建完善大中小微企业专业化分工协作、共同发展的产业体系。适应科技制造小批量、定制化特征，大力发展都市型智造业。

33.提升现代服务业发展能级和竞争力。推动现代服务业和先进制造业协同发展，打造具有全球影响力的服务经济中心城市。大力发展知识密集型服务业，对标国际一流水平，大力发展研发、设计、会计、法律、会展等现代服务业。加大服务业领域开放力度，加强深港澳专业服务业合作交流力度，加快建设一批专业服务业示范基地。做大做强做优总部经济，健全全球精准招商联动机制和跟踪服务机制，引进一批更高能级和更有影响力的标杆型总部企业。建设国际会展中心城市，推进会展业国际化、专业化、品牌化发展，增强高交会、海博会等展会国际影响力，探索设立中国国际进口博览会分会场和举办“一带一路”进口博览会，打造集会展、商贸、购物、文娱为一体的会展经济圈。

34.建设全球金融创新中心。打造全球创新资本形成中心，支持深圳证券交易所创新发展，推动恢复深圳证券交易所主板上市功能，健全多层次的资本市场体系。打造全球金融科技中心，前瞻布局新一代金融基础设施，提升金融业关键信息基础设施安全水平，完善金融科技产业孵化机制。加快金融集聚区建设，打造香蜜湖新金融中心、前海深港国际金融城、红岭新兴金融产业带。推动金融双向开放，支持设立外资控

股的证券、基金、期货、保险公司，促进与港澳金融市场互联互通和金融产品互认，建设粤港澳大湾区债券平台、保险服务中心。创建国家绿色金融改革创新试验区，探索运用金融手段解决环境和社会领域可持续发展问题。建设金融创新监管试验区，探索地方金融监管立法，推动设立金融法院，试点“沙盒监管”管理模式。

八、加快数字化整体转型，打造全球数字先锋城市

顺应数字时代发展潮流，抢抓数字技术产业变革机遇，发挥数据作为最活跃生产要素的重要价值，大力发展数字经济，加快建设数字政府、智慧城市、数字社会，促进数字化转型，引领数字新生活，打造具有全球影响力的数字深圳。

35.加快释放数字经济潜力。制定数字化发展战略规划，加快推动数字产业化及产业数字化，壮大数字经济生产力，实现数字经济五年翻番。实施“5G＋8K＋AI＋云”新引擎战略，加快推进未来城市场景应用和融合，打造鲲鹏生态体系，建设国家数字经济创新发展试验区和国家新一代人工智能创新发展试验区。推动大数据、云计算、数字货币、区块链等数字产业加快发展，加快培育平台经济等数字化新业态，拓展包含数字创意和数字影音在内的数字文化内容。实施工业互联网发展战略，大力支持工业机器人和传感器的发展，建设更多灯塔工厂、无人工厂、智慧车间，发展普惠性“上云用数赋智”。加快金融、物流、零售、旅游等服务业数字化进程。

36.建设全球领先的数字基建。系统谋划数字化和智能化城市规划建设。科学布局支撑数字化发展的基础网络体系，构建覆盖“5G＋千兆光网＋智慧专网＋卫星网＋物联网”的通信网络基础设施体系，全面布局基于互联网协议第六版（IPv6）的下一代互联网，建设广覆盖、大连接、低功耗窄带物联网，推动跨境通信网络建设。统筹推进包含数据中心和工业互联网在内的新型基础设施建设，前瞻布局算力基础设施，加快粤港澳大湾区大数据中心建设，构建多元协同和数智融合的算力体系。深入推进“5G＋千行百业”应用，提升应用场景支撑能力。加快传统基础设施数字化升级，支持城市公用设施、建筑、电网、地下管网等物联网应用和智能化改造。

37.加强数字政府建设。加快推动政务流程全面优化和数字化再造，构建全面网络化、高度信息化、服务一体化的现代政府治理新形态。建设同城双活数据中心和异地备份中心，统一全市内外网络和政务云体系，推动政务数据高效采集、有效互联和规范使用，实现跨层级、跨区域、跨系统、跨部门、跨业务协同管理和服务。持续推进“互联网＋政务服务”，推广掌上政府、指尖服务、刷脸办事，强化电子证照、电子印章、电子签名、电子档案等基础平台支撑，全面提升“i深圳”系列服务品牌，让数据多跑路，百姓少跑腿。

38.推动城市运转更聪明更智慧。利用数字化全方位赋能城市，提升城市巨系统的运行效率、配置效率、产出效率，打造国际新型智慧城市标杆。建设“云上城市”，加快发展数字教育和远程医疗，建设公平普惠且便捷高效的智慧化民生服务体系。依托“城市大脑”探索构建数字孪生城市，实施“数字＋”行动，推进城市基础设施数字化改造，适应数字技术全面融入社会生活，形成全民畅享的数字新生活。

39.加快完善数据治理体系。强化数据安全保护，建立健全数字经济体制机制，建立健全包括区块链和人工智能在内的新兴领域、数字版权、数字货币方面的制度法规，完善数据所有权、使用权、收益权，加强个人信息保护。加大数据资源开放共享力度，建立健全统一的政府数据开放平台，实行公共数据开放负面清单，引导社会机构和企业依法开放自有数据，与公共数据深度对接。推动数据资源资产化管理，鼓励数据资源合规交易、高效利用，促进数据要素在产业链上下游充分流通和深度融合。积极参与数字领域国际规则和标准制定，提出更多“深圳方案”。率先探索建立数据资源产权、交易流通、跨境传输和安全保护等基础制度和标准规范，推动数据资源开发利用。

九、全面提升城市规划建设管理水平，增强城市综合承载力和服务辐射能级

顺应超大型城市发展规律，统筹空间、规模、产业结构，统筹规划、建设、管理和生产、生活、生态等各个方面，推动存量优化、增量提质、流量增效，推进以人为核心的新型城市化，强化城市承载力、吸引力、竞争力和可持续发展能力。

40.全面优化城市开发格局。深入实施“东进、西协、南联、北拓、中优”发展战略，完善“多中心、网络化、组团式、生态型”空间结构，构建“一核多心网络化”的城市空间体系。做大做优做强都市核心区，聚焦金融、科创、时尚等核心功能建设福田中央活力商务区，打造具有创新资源集聚辐射枢纽功能的南山中央智力区，建设罗湖旧城改造可持续发展示范区，打造龙华新兴产业高地和时尚产业新城。提升东部发展能级，打造产城融合的龙岗—坪山城市东部中心，加快建设龙岗全球电子信息产业高地、坪山未来产业试验区，打造盐田国际航运枢纽和离岸贸易中心和大鹏世界级滨海生态旅游度假区。优化西部向湾格局，高标准建设宝安中心区和海洋新城。拓展北部发展腹地，建设世界一流的光明科学城和深圳城市北部中心。高水平建设深汕特别合作区，优化完善管理体制机制，加快包含深汕第二高速和深汕高铁在内的重大基础设施建设，实施好乡村振兴战略，打造深圳产业体系拓展、城市功能延伸的新兴城区、现代化国际性滨海智慧新城。

41.持续推进国土空间提质增效。高标准推动重点片区开发，坚持基础先行、公共配套、共性开发、差异发展，创新开发模式和支持政策，打造深圳湾超级总部基地、环中心公园活力圈、北站商务区等一批国际化城市新客厅。优化城市建设用地结构，优先安排社会民生用地，保持合理产业用地规模，提高居住用地比例。创新土地整备机制，有序推进城市更新，深化历史遗留违法建筑处置。加强城市整体设计，提升城市建设美学水平，营造小尺度、人性化、富有人情味的城市空间肌理，塑造丰富多变的街道景观，加强城市特色风貌塑造，保护提升历史风貌，全面提升城市空间品质。

42.打造国际化门户枢纽。推进交通强国试点城市建设，构建现代化的综合交通运输体系。打造国际航空枢纽，谋划建设深圳第二机场，加快深圳机场第三跑道、卫星厅、T4航站楼等基础建设，推动国际航线、航班时刻和国际航权优化配置，加密与国际重要城市航线航班，探索在深圳设立大湾区联合管制中心。巩固提升世界级集装箱枢纽港地位，加快超大型集装箱码头和深水航道建设，巩固欧美航线优势，构建近距离内陆港体系，发展海铁联运和水水中转，完善深圳港集疏运体系。全力推进对外战略通道建设，加快深中通道建设，谋划推动深珠（伶仃洋通道）建设，构建赣深、贵广—南广、沿海等铁路走廊，完善“南北终到、东西贯通、互联互通”高铁通道布局。建设高密度网络化的轨道交通枢纽体系，推进轨道快线、普线、中小运量轨道交通融合，加快城市轨道交通网络向周边城市延伸，形成“内湾半小时，湾区一小时”交通网络体系。提高城市交通综合服务水平，以公共交通为导向优化城市交通结构，改善慢行片区步行设施、自行车网络、风雨连廊系统，推进轨道—公交—慢行三网融合发展。加密大湾区城市水上线路，构建方便快捷的水上客运网络。

43.提高城市管理精细化水平。树立全周期管理意识，实现规划建设管理一体化贯通，在细微处下功夫。强化依法治理，健全完善城市治理法规体系，提升用法治思维和法治方式解决城市治理顽症难题的能力。优化城市管理职责分工，构建权责明晰、服务为先、管理优化、执法规范、安全有序的城市管理体制。推进国际化街区建设，完善国际化语言环境，提高公共服务国际化水平，提升城市国际化品质。完善城市管理标准体系，推进城市净化、绿化、美化、亮化，打造全国最干净城市。

十、全面提升法治建设水平，打造中国特色社会主义法治示范城市

深入贯彻习近平法治思想，坚定不移走中国特色社会主义法治道路，全面推进科学立法、严格执法、公正司法、全民守法，有效发挥法治固根本、稳预期、利长远的保障作用，着力打造最安全稳定、最公平正义、法治环境最好的标杆城市。

44.用足用好经济特区立法权。完善党委领导、人大主导、政府依托、各方参与的立法工作格局，健全立法评估制度，建立立法重大利益调整论证咨询机制，完善立法协商和立法听证工作机制。健全立法和改革决策相衔接机制，切实发挥立法引领、推动、规范、保障改革的作用。加强高质量发展、社会治理、民生保障等重要领域立法，加快推动人工智能、无人驾驶、大数据、生物医药、医疗健康、信息服务、数字经济等新兴领域立法，形成一批可复制可推广的立法成果，为国家前沿新兴领域立法探索经验。

45.加快建设一流法治政府。完善重大行政决策程序，实施重大行政决策目录管理制度，探索在市、区、街道三级全面推行专职法律顾问制度。推进严格规范公正文明执法，完善行政执法标准化体系，健全行政执法自由裁量基准制度，全面推行行政执法公示、执法全过程记录、重大执法决定法制审核制度。深化行政执法辅助人员改革，推动赋予行政执法辅助人员部分执法权限。深化行政复议体制改革，完善政务公开、政务失信问责机制，强化对行政权力的制约和监督。

46.全面提升司法公信力。深化司法体制综合配套改革，全面落实司法责任制，加快推进执法司法制约监督体系改革和建设，深化以审判为中心的刑事诉讼制度改革，推进民事诉讼程序繁简分流改革试点，深化行政诉讼体制改革。建立切实解决执行难长效机制。推进司法规范化建设，推动大数据、人工智能、区块链等信息技术与审判执行工作深度融合。推进政法跨部门大数据办案平台建设应用。提升涉外涉港澳台商事审判专业化水平，健全域外法律查明和适用机制，完善与港澳仲裁司法协助安排。完善检察制度，推进刑事检察、民事检察、行政检察、公益诉讼检察协调发展。

47.加快建设模范法治社会。加大全面普法力度，完善普法责任制，让法治成为社会共识和基本准则。完善多层次多领域社会规范，强化道德规范建设，深入推进诚信建设制度化，全面推进合规建设。建设覆盖全业务、全时空的公共法律服务体系，推进公共法律服务实体、热线、网络三平台融合发展。完善法律援助制度，健全律师行业权利保障机制及惩戒机制。推动公证机构创新、规范发展，拓宽公证服务范围。深化粤港澳联营律师事务所试点，建设粤港澳大湾区国际仲裁中心，建立司法、仲裁、调解相衔接的跨境商事争议解决中心，建立粤港澳大湾区法治研究机制和便利的司法交流新路径，高标准建设前海深港国际法务区，提升涉外法律服务水平。做强法治城市人才支撑，鼓励具备条件的高校建设高水平法学院、律师学院，建设德才兼备的高素质法治工作队伍。

十一、提升城市文化软实力，塑造展现社会主义文化繁荣兴盛的现代城市文明

坚持以社会主义核心价值观引领文化建设，坚持文化自信，走中国特色社会主义文化发展道路，着力推动物质文明和精神文明协调发展，不断激发全社会文化创新创造活力，更好满足人民精神文化生活新期待，加快建设区域文化中心城市和彰显国家文化软实力的现代文明之城。

48.建设更高水平的精神文明。加强中国特色社会主义理论建设，深入实施习近平新时代中国特色社会主义思想传播工程，推进马克思主义理论研究和建设工程。大力弘扬社会主义核心价值观，实施铸魂立德工程，加强青少年爱国主义、集体主义、社会主义教育，做好关心下一代工作。加强人文社会科学重点研究基地、学术平台和新型智库建设，繁荣发展哲学社会科学。弘扬“敢闯敢试、敢为人先、埋头苦干”的特区精神，发扬“敢闯敢试、开放包容、务实尚法、追求卓越”的新时代深圳精神。深化全国文明城市创建，拓展新时代文明实践中心和爱国主义教育基地建设，打造“关爱之城”“志愿者之城”升级版，拓展双拥模范城创建。开展市民文明素养提升行动，加强社会公德、职业道德、家庭美德、个人品德教育，加强诚信深圳和家庭、家教、家风建设。

49.构建普惠性、高质量、可持续的公共文化服务体系。加快建设“新时代十大文化设施”，推动国家级博物馆和美术馆深圳分馆落地，推进深圳党史馆和国家方志馆特区分馆建设，打造国际一流城市文化地标。高标准完成“十大特色文化街区”改造提升，加强历史文化古迹保护传承，形成充

满活力的城市文化群落。深化文艺院团改革。规划实施新时代文艺发展工程，大力推进文艺精品创作。优化基层文化服务体系，深化“图书馆之城”和“一区一书城、一街道一书吧”建设，建成“十分钟文化服务圈”。广泛开展全民健身运动，创建城市社区运动场地设施建设试点城市。积极申办国际大型体育赛事，建设国家队训练基地，推进国家体育消费试点城市建设。

50.构建更具竞争力的现代文化产业体系。实施文化产业数字化战略，积极参与国家文化大数据体系建设，加快发展数字文化产业，探索设立文化企业孵化器，打造新型文化企业、文化业态和文化消费模式。大力发展文化创意、时尚设计等产业，赋能提升黄金、珠宝、服装、家具、工艺品等优势传统产业。加快建设深圳创意设计馆和创新创意设计学院，引进世界高端创新设计资源，提升包括深圳设计周和深圳环球设计大奖在内的国际影响力。提升文博会和慈展会国际化专业化市场化水平，加快建设国家级文化产业平台，推进文化与金融、旅游、科技融合发展。创建国家文化和旅游消费示范城市和国家全域旅游示范区，有序推动国际邮轮港建设。

51.建设现代文化传播体系。深化深圳报业、广电、出版集团改革，加快推进媒体深度融合，做大做强新型主流媒体，建强用好区级融媒体中心，增强传播力引导力影响力公信力，构建全媒体传播格局。加强网络空间治理，实施网络内容建设工程和网络传播精品创作计划，发展积极健康的网络文化。加强深港澳文化合作，联合举办多种形式的文艺活动，开展跨界重大文化遗产保护，涵养同宗同源的文化底蕴，携手共建人文湾区。加强国际传播能力建设，拓宽“大外宣”平台，引进国际文体组织落户深圳，举办一批国家级、国际化文化活动，构建兼具“中国味”和“世界范”的文化交流平台，推介深圳形象，讲好中国故事。

十二、持续改善人民生活品质，形成共建共治共享共同富裕的民生发展格局

践行以人民为中心的发展思想，拿出更多改革创新举措，尽力而为，量力而行，用心用情用力办好民生社会事业，努力解决好民生突出问题，努力让人民群众的获得感成色更足、幸福感更可持续和安全感更有保障。

52.实现更充分更高质量就业。强化就业优先政策，完善就业公共服务体系，突出创业带动就业，扩大灵活就业和新就业形态空间，提升就业质量。加强新产业新业态领域就业创业技能培训，大力推进“粤菜师傅”“广东技工”“南粤家政”三项工程。缓解结构性就业矛盾，加强托底安置就业，促进重点群体稳定就业。保障劳动者待遇和权益，健全工资合理增长机制，增加劳动者劳动报酬，多渠道增加市民财产性收入。

53.建设高质量教育体系。实施基础教育学位保障攻坚计划，新增基础教育学位87.1万座，加快推进国家基础教育综合改革示范区建设。推动学前教育普惠优质发展，创新发展公办幼儿园。促进义务教育优质均衡发展，建更多“家门口的好学校”。推进普通高中优质特色发展，加快高中园建设。推进高等教育特色化、内涵式发展，推动深圳大学和南方科技大学创建“双一流”，构建与城市发展相匹配的高等教育体系。加快推进省部共建职业教育示范城市，打造一流现代职业教育体系。完善终身学习制度，促进特殊教育公平融合发展。推动思想政治理论课改革创新，加强师风师德建设，促进学生全面发展。规范发展各类教育培训，实施国际化特色教育示范工程，支持和促进民办教育高质量、多样化发展。

54.打造健康中国的“深圳样板”。建立健全“综合性区域医疗中心＋基层医疗集团”为主体的整合型优质医疗服务体系，推动社康服务体系扩容提质，大力发展家庭病床和个性化家庭医生签约服务。大力推进中医药传承创新，构建中医治未病服务体系，建设深圳中医药标准化国际化示范基地。优化提升“医疗卫生三名工程”，推动三甲医院数量倍增，加快创建具有国际领先水平的国家区域医疗中心，建成全新机制的医学科学院。开展“健康深圳”建设行动，健全居民

健康管理制度，完善重大疾病防治体系。加强精神卫生和心理健康建设。实施青少年体育活动促进计划，持续开展爱国卫生运动。

55.完善住房供应和保障体系。坚持“房住不炒”，多措并举促进房地产市场平稳健康发展。构建完善“4+2+2+2”住房供应和保障体系，加强保障性租赁住房建设，逐步使租购住房在享受公共服务上具有同等权利，规范发展长租房市场。推动土地供应向租赁住房建设倾斜，单列租赁住房用地计划，探索利用集体建设用地和企事业单位自有闲置土地建设租赁住房。整顿租赁市场秩序，规范市场行为，对租金水平进行合理调控。健全公共住房分配管理、封闭流转、各类公共住房定价机制，完善公共住房租后监管制度。坚持稳地价、稳房价、稳预期，促进房地产市场平稳健康发展，有效防范化解房地产市场风险。建立健全经济适用、品质优良、绿色环保的住房标准体系，提升物业现代化管理水平，加快老旧小区改造。持续改善城中村居住环境和配套服务，打造整洁有序、安全舒适的新型社区。

56.完善广覆盖、优保障、可持续的社会保障制度。实施全民参保计划，做到“应保尽保”。落实渐进式延迟法定退休年龄政策，加快发展以基本养老保险为基础、以企业（职业）年金为补充、与个人储蓄型养老保险和商业保险相衔接的养老保险体系。加快构建以促进健康为导向的创新型医保制度，鼓励商业健康保险与基本医疗保险补充衔接，推动长期护理险落实落地。健全灵活就业人员社保制度，完善港澳台及海外人员参保政策，率先探索放开外籍高层次人才养老保险延缴趸缴政策。推动统一的社会保险公共服务平台率先落地。健全综合性救助体系，提升困难群众保障水平。健全退役军人工作体系和保障制度。深化公益慈善体制机制改革，推行“阳光慈善”。加强残疾人康复和保障服务水平，建设无障碍城市。

57.实施促进人口中长期均衡发展战略。实施科学合理积极的人口政策，加强超大型城市人口正向调节，推动人口与产业、城市相互促进、协调发展，不断创造有利于城市发展的人口总量势能、结构红利和素质资本叠加优势。提高优生优育和服务水平，探索2岁以下、2—3岁分层照护托育模式，降低市民生育、养育、教育成本。建设儿童友好型城市，加强儿童安全保护，拓展儿童活动空间。建设青年发展型城市，完善青年创新创业“生态圈”。创新都市养老服务模式，健全以居家为基础、社区为依托、机构为支撑、医养相结合的养老服务体系，构建15分钟养老服务圈，发展“银发经济”。

58.完善社会治理格局。完善党委领导、政府负责、民主协商、社会协同、公众参与、法治保障、科技支撑的社会治理体系，建设人人有责、人人尽责、人人享有的社会治理共同体，打造全国市域社会治理现代化标杆城市。优化市、区、街道三级事权划分，推动社会治理和服务重心下移，深化“多网合一”网格化服务管理，完善以“块数据”智能底板为基础的市域社会治理平台。坚持和发展新时代“枫桥经验”，推广群众诉求服务“光明模式”，健全社会矛盾纠纷排查预警和多元调处化解机制，健全社会心理服务综合网络，努力将矛盾化解在基层。完善基层群众自治机制，拓展非户籍常住人口参与基层治理途径。发挥群团组织和社会组织作用，畅通社会工作者、志愿者、行业协会等参与社会治理渠道，促进政府治理和社会调节、居民自治良性互动。

十三、着力完善生态文明体系，打造人与自然和谐共生的美丽中国典范

以碳排放达峰为核心做好工作安排，深入实施生态优先战略，把自然生态作为城市建设发展的基底，依据生态格局统筹生产生活布局，率先建成绿色低碳、美丽宜居、人与自然和谐共生的生态城市。

59.提升生态系统质量和稳定性。落实生态保护红线、环境质量底线、资源利用上线硬约束，确定城市承载力上限和适宜空间，促进全域生态网络空间结构更加稳定。按照山水林田湖草系统共治原则，推进生态空间整体保护、系统修复、综合治理。实施“山海连城计划”，推动生态游憩连廊建设，构建蓝绿共生、城海交融、水城融合的生态格局。加强自然保护地建设，推进河库湿地和红树林湿地保育。加大海洋环

境保护力度，严格落实海洋生态红线管理制度，推进典型海洋生态系统保育和修复。实施生物多样性保护工程，建立区域生物多样性监测评估体系，加强外来物种管控。持续推进“千园之城”建设，打造花景道路、花漾街区、花园路口，建成世界著名花城。

60.巩固提升环境品质。强化系统管理，突出资源节约、减少排污、精准科学依法治污，实行多污染物协同控制和区域生态环境联防共治。以打造全市域雨污分流为核心，构建全要素治理、全周期管理、全流域统筹的治水体系，加快恢复河流生态功能，实现治水从“治污”迈向“提质”。实施新一轮绿化提升行动，高质量建设江河安澜、秀水长清的万里碧道，推进江河湖海生态保护治理。精准实施大气污染防治，统筹臭氧和PM2.5协同治理，深入实施移动源、工业源、扬尘源、生活面源污染控制工程。加强土壤污染预防、风险管控、修复监管，加强白色污染治理，推动包括医疗废物、化学品在内的危险废物处理全过程管控，重视新污染物治理。加强噪声污染防治，健全噪声污染源头防控机制。

61.推动绿色低碳发展。构建市场导向的绿色技术创新体系，强化深圳排放权交易所平台作用，加强新能源、节能环保技术领域的科学研究和市场应用，培育一批绿色领军企业。推动绿色产业发展，大力发展新能源汽车、可再生资源、高效储能等产业，健全绿色制造体系，建设绿色工厂，打造绿色示范园区。实施“绿色建造”行动，大力推广装配式建筑和绿色建筑。加强绿色低碳交通体系建设。推进能源结构清洁化，加快发展智能电网，建设绿色清洁能源中心等重要平台，构建清洁低碳且安全高效的能源体系。完善绿色金融政策体系，创新绿色金融产品和服务。实施能源消耗总量和强度“双控”行动，探索实施超低能耗、近零能耗示范工程。

62.引导全民践行绿色生产生活方式。推进“无废城市”建设，全面推进垃圾减量分类，健全再生资源回收体系和生活垃圾分类收运体系，推进固体废弃物源头减量化、无害化、资源化治理。打造全国节水典范城市，强化用水总量和强度控制，加强再生水和海水等非传统水资源开发利用。大力弘扬绿色文化，鼓励绿色消费，培育全民节约意识、环保意识、生态意识。

十四、统筹发展和安全，全面提升城市安全韧性水平

贯彻落实国家安全战略，统筹传统安全和非传统安全，把安全贯穿城市发展各领域和全过程，防范和化解影响现代化进程的各种风险，筑牢城市安全防线。

63.加强国家安全体系和能力建设。坚持总体国家安全观，完善地方涉国家安全风险研判、防控协同、防范化解机制。加强国家安全人民防线建设，建立多层次国家安全宣传和教育培训机制。坚决防范和严厉打击敌对势力渗透、破坏、颠覆、分裂活动，切实维护政治安全。严格落实意识形态工作责任制，全面加强学校思想政治工作，加强网络、高校、青少年等重要阵地建设管理，坚决守好意识形态安全“南大门”。

64.全面加强经济安全。健全对外开放安全保障体系，发展先进适用技术，提升运用规则的能力水平，实现重要产业、基础设施、战略资源、重大科技等关键领域安全可控。开展产业链上下游薄弱环节技术攻关，夯实制造业基础能力，提高产业链供应链自主可控能力。坚决维护金融安全，提高金融监管透明度和法治化水平，加强新兴金融领域的监管和风险预警，确保不发生系统性金融风险。依法规范平台企业发展，提升监管能力，坚决反对垄断和不正当竞争行为。完善供应链安全风险预警监测体系和风险防控体系，提高动态监测和实时预警能力，增强应对重大冲击能力。加强政府债务和中长期支出责任管理，强化地方政府隐性债务风险防范。

65.建设强大的城市生命线系统。建设安全多元、清洁低碳的现代能源体系，完善电力供应支撑体系，打造世界一流智能电网。巩固提升“多气源、一张网、互联互通、功能互补”天然气供应保障格局，有序推进天然气分布式能源站建设和城市天然气输配系统建设。优化成品油和LPG仓储设施布局，构建以企业储备为主的成品油储备体系。保障安全优质的城市供水，推进自来水入户直饮。推进珠三角水资源配置工程，

构建东江和西江双水源保障格局，建成双源互通、调配灵活的水网体系。

66.维护社会安全稳定。健全安全生产责任体系，完善城市安全风险分级管控和隐患排查治理机制，实施“科技强安”战略，加强安全监测预警系统建设和城市基础设施建设、运营、维护等全过程综合风险管控。完善社会治安防控体系，织密一线防控网络，坚决打击涉黄赌毒、传销、涉黑涉恶、金融诈骗等违法犯罪活动。实施食品安全战略，完善供深食品标准体系，加强药品和医疗器械安全监管，切实保障食品药品安全。健全网络安全防护体系，加强新兴领域网络安全威胁和风险分析，严厉打击网络违法犯罪行为，营造清朗网络空间。

67.提升城市灾害防御和应急救援能力。大力推动海绵城市建设，强化内涝治理。持续推进综合防灾、减灾、抗灾、救灾能力和应急体系建设。开展自然灾害防治能力提升工程建设和自然灾害综合风险普查，强化汛旱风、地震、地质、海洋、森林火灾等重点灾害综合治理。优化防灾减灾工程设施布局，健全应急避难场所运行管理机制。建立安全可靠、体系完备、平战结合的人防工程系统，实现人防建设与城市建设融合发展。打造专业化的应急救援队伍，全面落实“四个一”应急响应处置机制，提升重特大及综合性突发事件响应和处置能力。制定战略和应急物资储备目录，加强战略物资和应急物资保障。

68.完善重大疫情防控机制。推进上下联动的疾病预防控制改革，完善社区工作者、社康医务人员、社区警务室“三位一体”的社区小区联防联控机制。健全重大疫情救治体系，坚持早发现、早诊断、早隔离、早治疗，坚持集中患者、集中资源、集中专家、集中收治，构建完备的传染病救治医院网络体系。完善疫情监测多点触发预警机制和健全突发公共卫生事件应急响应机制，加强应急演练和应急预案管理，提高及时发现、快速处置、精准管控、有效救治能力和关键技术研发储备能力，深化与港澳公共卫生管理合作，推进城际间预案对接、信息互通、防控协同。加强公共卫生应急物资储备建设，健全突发公共卫生事件医疗保险和救助制度，建立重大疫情医疗救治费用保障机制，探索建立重大疫情特殊群体、特定疾病医药费豁免制度。完善创伤与急救体系，提高紧急医学救援能力。

十五、坚持和加强党的全面领导，为实现“十四五”规划和二〇三五年远景目标提供坚强保证

深入贯彻新时代党的建设总要求，以改革创新精神在加强党的全面领导和党的建设方面率先示范，把党的领导制度优势转化为治理效能，团结带领全市人民，凝聚起推动经济社会发展的强大合力。

69.加强党的全面领导和党的建设。把学习贯彻习近平新时代中国特色社会主义思想作为头等大事和首要政治任务，增强“四个意识”，坚定“四个自信”，做到“两个维护”，坚决按照习近平总书记、党中央要求谋划推动深圳发展，严明政治纪律和政治规矩，不断涵养风清气正的良好政治生态。坚持和完善党领导经济社会发展的体制机制，完善党委研究经济社会发展战略、分析经济形势、研究重大政策的工作机制，织牢织密上下贯通和执行有力的组织体系，建立健全推动高质量发展率先实现社会主义现代化的指标体系、政策体系、考评体系，确保党中央决策部署全面有效落实。扩大基层党的组织覆盖和工作覆盖，推进基层党组织“标准+质量+示范”建设，把基层党组织打造成为坚强战斗堡垒。

70.打造忠诚干净担当的高素质专业化干部队伍。全面贯彻新时代党的组织路线，落实好干部标准，坚持“知事识人、序事辨材”，切实把真心干事、善于干事、干净干事、能干成事的干部及时发现出来、使用起来。加强思想淬炼、政治历练、实践锻炼、专业训练，在重点工作、重大斗争第一线培养干部、锤炼干部，提高干部队伍落实新发展理念、构建新发展格局、领导现代化建设的能力。办好全市各级党校和深圳改革开放干部学院。推动干部队伍革命化、专业化、国际化，大力培养选拔使用“鲲鹏型”“狮子型”“拓荒牛型”干部，以战略眼光培育优秀年轻干部。落实好“三个区分开来”，健全容错纠错机制，加强对敢担当善作为干部的激励

保护，推动形成能者上、优者奖、庸者下、劣者汰的正确导向，为改革者负责、为担当者担当，激发党员、干部干事创业的热情和劲头。

71.深入推进党风廉政建设和反腐败斗争。把严的主基调长期坚持下去，不断增强党自我净化、自我完善、自我革新、自我提高能力。持之以恒正风肃纪，严格落实中央八项规定及其实施细则精神，锲而不舍纠治“四风”，严肃查处顶风违纪行为，以优良党风政风带动社风民风。健全完善监督制度机制，加强政治监督，强化对权力运行的制约和监督。坚定不移惩治腐败，坚持无禁区、全覆盖、零容忍，一体推进不敢腐、不能腐、不想腐，扎实推进社会主义先行示范区廉洁建设，推动全面从严治党向纵深发展。

72.积极发展社会主义民主政治。支持和保证人大及其常委会依法行使职权，创造性开展立法和监督工作，强化人大代表与人民群众的联系，扩大人民有序政治参与。坚持和完善中国共产党领导的多党合作和政治协商制度，充分发挥政协专门协商机构作用，提高政治协商、民主监督、参政议政水平。发挥工会、共青团、妇联等人民团体作用，把各自联系的群众紧紧凝聚在党的周围。不断完善大统战工作格局，广泛团结凝聚港澳台同胞和海外侨胞力量，促进政党关系、民族关系、宗教关系、阶层关系、海内外同胞关系更加和谐。

73.健全规划制定和落实机制。按照党的十九届五中全会、中央经济工作会议精神和省委工作部署，编制深圳市“十四五”规划纲要和专项规划，确定“十四五”时期经济社会发展的重要目标、重点任务、主要路径，形成定位准确、边界清晰、功能互补、统一衔接的规划体系。充分发挥规划引领作用，健全政策协调和工作协同机制，完善重大工程、重大项目、重大改革、重大政策的统筹协调、一体推进工作机制，完善规划实施监测评估机制，确保“十四五”发展各项目标任务落到实处。

实现“十四五”规划和二〇三五年远景目标，意义重大，任务艰巨，前景光明。全市各级各部门和广大干部群众要更加紧密地团结在以习近平同志为核心的党中央周围，坚定不移贯彻落实党中央、国务院决策部署及省委、省政府工作部署，乘势而上、起而行之、感恩奋进，永葆“闯”的精神、“创”的劲头、“干”的作风，以一往无前的奋斗姿态、风雨无阻的精神状态，建设好中国特色社会主义先行示范区，创建社会主义现代化强国的城市范例，率先实现社会主义现代化，努力续写更多“春天的故事”，努力创造让世界刮目相看的新的更大奇迹。

（深圳报业集团《深圳特区报》，2020-12-31，）

2020年深圳十件大事出炉！

岁末年初，深圳报业集团和深圳广电集团评选出了2020年深圳十件大事。十件大事只是2020年众多事件中的代表，记录下了深圳前行的步伐。而循足印，我们也将看到深圳未来的方向，更多“春天的故事”正在续写。

1.习近平总书记出席深圳经济特区建立 40 周年庆祝大会并发表重要讲话

2020年10月14日，深圳经济特区建立40周年庆祝大会在深圳前海隆重举行。习近平总书记出席大会并发表重要讲话，高度评价深圳等经济特区创造的辉煌成就，深刻总结经济特区40 年改革开放和创新发展积累的宝贵经验，对新时代经济特区在更高起点上推进改革开放作出了重大战略部署，对推动经济特区工作开创新局面，为全面建设社会主义现代化国家和实现第二个百年奋斗目标作出更大的贡献具有重大指导意义。深圳迅速掀起学习贯彻习近平总书记重要讲话精神的热潮，坚定不移沿着总书记指引的方向奋勇前进，建设中国特色社会主义先行示范区，努力创建社会主义现代化强国的城市范例，在新征程上创造让世界刮目相看的新的更大奇迹。

2.深圳奋力夺取疫情防控和经济社会发展“双胜利”

深圳市委市政府把人民群众生命安全和身体健康放在第一位，集全市之力打响了疫情防控的人民战争、总体战、阻击战，用一个月时间遏制了疫情蔓延势头，用两个月时间实现境内确诊病例清零，并将复工复产恢复到去年同期水平，保持社区传播零报告、院感事件零发生、特殊场所零感染、复工复产零发病。深圳防疫工作得到中国-世界卫生组织新冠肺炎联合专家考察组高度评价，并将深圳疫情防控策略作为典型案例向全球推介。通过包含“惠企16条”在内的有力举措，上半年深圳经济实现深“V”反弹，GDP增长在全国一线城市中率先转正，前三季度增速达2.6%，一季优于一季，成为中国经济复苏的“风向标”。深圳取得疫情防控和经济社会发展“双胜利”，交出了一份超大型城市抗击疫情的优异答卷。

3.深圳综合改革试点落地，首批授权 40 项清单发布，创业板改革并试点注册制顺利落地

2020年10月11日，中共中央办公厅、国务院办公厅印发了《深圳建设中国特色社会主义先行示范区综合改革试点实施方案（2020 - 2025年）》，赋予深圳在重点领域和关键环节改革上更多自主权，支持深圳在更高起点、更高层次、更高目标上推进改革开放，率先完善各方面制度，构建高质量发展体制机制，推进治理体系和治理能力现代化。2020年10月18 日，国家发改委正式发布深圳综合改革试点首批40项授权事项清单。2020年4月27日，中央全面深化改革委员会第十三次会议审议通过了《创业板改革并试点注册制总体实施方案》，正式启动了创业板注册制改革。2020年8月24日，18家公司在深交所创业板集体开市交易，标志着创业板改革注册制顺利落地。伴随近20年来科技企业的快速发展和创业板的设立有机融合，进一步巩固深圳金融中心的地位。

4.深圳第六次荣膺“全国文明城市”称号

2020年11月10日，中央文明办公布第六届全国文明城市入选城市名单和复查确认保留荣誉称号的前五届全国文明城市名单。深圳第六次荣膺全国文明城市称号，并作为复查测评成绩排名靠前的全国文明城市（区）受到通报表扬。全国文明城市是所有城市品牌中含金量最高且创建难度最大的一个，是反映城市整体文明水平的综合性荣誉称号，是目前国内城市综合类评比中的最高荣誉，也是最具有价值的城市品牌。

5.深圳不断完善“基础研究 + 技术攻关 + 成果产业化 + 科技金融 + 人才支撑”全过程创新生态链，成为我国第四个综合性国家科学中心

2020年3月3日，科技部、发展改革委、教育部、中科院、自然科学基金委等国家五部委联合下发《加强“从0到1”基础研究工作方案》，明确提出：“北京、上海、粤港澳科技创新中心和北京怀柔、上海张江、合肥、深圳综合性国家科学中心应加大基础研究投入力度，加强基础研究能力建设”。这是深圳综合性国家科学中心，首次写入国家公开发布的文件，将成为深圳科技创新升级的核心引擎。2020年3月28日，深圳市人民政府发文支持光明科学城打造世界一流科学城，这是加快以深圳为主阵地建设综合性国家科学中心的重要举措。2020年11月，国务院办公厅督查室通报了第七次大督查发现的典型经验做法，称深圳市不断完善“基础研究 + 技术攻关 + 成果产业化 + 科技金融 + 人才支撑”全过程创新生态链，构建起“以企业为主体、市场为导向、产学研资深度融合”的技术创新体系。

6.深圳优化营商环境改革持续深入

2020年3月11日，深圳举行新闻发布会对外解读《深圳市2020年优化营商环境改革重点任务清单》。这一被誉为优化营商环境的“深圳一号改革工程”任务清单，涉及14个重点领域，共提出210项具体改革举措，为深圳“双区”

建设增添动力。2020年8月26日，深圳市六届人大常委会第四十四次会议通过了《深圳经济特区个人破产条例》，这是我国首部个人破产法规，成为我国极具改革意义的“破冰之举”，也是深圳市为优化营商环境的一项重大举措。2020年10月29日，深圳市第六届人民代表大会常务委员会第四十五次会议通过了《深圳经济特区优化营商环境条例》，对深圳市优化营商环境改革作出全面规范，将成为政府和公共服务部门履行职责的规范和遵循，市场主体享有优质营商环境和维护自身合法权益的法律依据。2020年8月10日，2020年《财富》世界500强排名发布。深圳表现亮眼，8家总部位于深圳的企业进入榜单。其中，新增的深圳市投资控股有限公司首次入围。

7.深圳在生态文明建设上先行示范，水污染治理等污染防治取得历史性成就

深圳市委市政府牢固树立“绿水青山就是金山银山”理念，积极探索经济、社会、环境协调并进的可持续发展道路，将“在生态文明建设上先行示范”作为全市十大发展战略路径之一。2020年10月12日，包括深圳南山区在内的5个区获评第四批“国家生态文明建设示范区”，同时深圳荣获第四批“国家生态文明建设示范市”称号。至此，深圳实现了10个区全域生态文明建设示范创建，成为全国唯一获此殊荣的副省级城市。2020年是污染防治攻坚战的收官之年。深圳水环境质量实现巩固提升，159个黑臭水体和1467个小微黑臭水体稳定消除黑臭，茅洲河全流域水环境综合整治工程入选中央生态环保督察办初步遴选的 77 个典型案例之一。空气质量达到国际先进水平，“无废城市”建设试点稳步推进。

8.深圳市委六届十七次全会擘画深圳“十四五”和二〇三五宏伟蓝图

中共深圳市委六届十七次全会，是在深圳高质量全面建成小康社会胜利在望和即将迈入全面建设社会主义现代化新征程的关键时刻召开的一次重要会议。会议深入学习贯彻习近平总书记在党的十九届五中全会上的重要讲话、五中全会精神、中央经济工作会议精神，深入贯彻落实习近平总书记出席深圳经济特区建立40周年庆祝大会和视察广东乃至深圳重要讲话及重要指示精神，按照广东省委十二届十二次全会部署要求，研究谋划“十四五”时期深圳市经济社会发展，审议《中共深圳市委关于制定深圳市国民经济和社会发展第十四个五年规划和二〇三五年远景目标的建议》，动员深圳市上下牢记嘱托，感恩奋进，建设好中国特色社会主义先行示范区，创建社会主义现代化强国的城市范例，率先实现社会主义现代化。

9.深圳民主法治建设迈出重大步伐

深圳市第六届人民代表大会及其常务委员会依法履职，用足用好经济特区立法权，修订了知识产权保护条例，出台了个人破产条例、科技创新条例、生态环境公益诉讼等一批全国首创法规。2020年8月21日，《人民日报》刊发了中央依法治国办关于第一批全国法治政府建设示范地区和项目命名的决定，深圳荣获“全国法治政府建设示范市”称号，这是中央依法治国办对各地法治政府建设的最高褒奖。

10.深圳率先进入5G时代

2020年8月17日，深圳宣布已经实现5G独立组网全覆盖，率先进入5G时代。这也是全国乃至全球首个实现5G独立组网全覆盖的城市。此次实现5G独立组网全覆盖，是深圳全面推动5G建设的成果，同样也是深圳加快建设智慧城市的重要举措。深圳5G基站已累计建成超过4.6万个，基站密度国内第一，成为全球5G第一城。深圳从5G技术全球领先，力争向5G生态领跑突破。

（深圳报业集团《深圳晚报》，2021-01-13）

2020年“深圳经济分析报告”发布：深圳领跑粤港澳大湾区城市群！

2021年1月起，北京大学汇丰商学院智库（简称“北大汇丰智库”）将定期对外发布基于“实时预测”（Nowcasting）方法的《深圳经济分析报告》。最新的模型（2021年1月20日）显示，2020年四季度深圳不变价GDP同比增长6.3%，全年同比增长约3.8%，这一增速超过全国平均增速（2.3%），领跑粤港澳大湾区城市群。

深圳市“十四五”规划和“2035年远景目标”提出，到2035年，深圳经济总量和人均地区生产总值要在2020年基础上翻一番。要实现该奋斗目标，未来十五年深圳经济年均增速应达到4.8%左右。为助力深圳这一规划目标的实现，该系列报告将在定期分析深圳经济特征与形势的基础上，使用Nowcasting方法实时监测深圳经济，给出高频更新的GDP预测，以期为政策调控提供更多参考。

深圳领跑粤港澳大湾区城市群，创新驱动特征明显

继2017年超越广州及2018年超越香港后，当前深圳经济总量居于上海和北京之后，处全国第三及粤港澳大湾区第一，其增速与人均上占优势。2020年前三季度，深圳地区生产总值为19787亿元，分别落后上海和北京7515亿元及5972亿元。但同期生产总值同比增速为2.6%，分别快于上海和北京的-0.3%和0.1%。

另外，高端制造业和战略性新兴产业是经济增长的重要驱动力，第三产业占比超过60%，重点为金融、地产、互联网信息服务，深圳经济增长的创新驱动特征明显。从全球看，粤港澳大湾区在数字通信、视听技术、电信等方面的PCT专利申请数量明显高于其他三大湾区，其中深圳2019年PCT专利申请量1.75万件，国际专利申请50强中7家深圳企业入围，华为以4411件PCT申请量连续三年位居榜首；从全国看，深圳的PCT专利申请量和有效发明专利五年以上维持率稳居全国城市首位；从湾区看，粤港澳大湾区“9+2”城市群中，深圳的研发（R&D）支出占GDP比重持续领先，2010年为4.11%，2019年增至4.93%，正逐步向创新经济转型。

值得一提的是，“双循环”发展格局下，“双区”建设为深圳经济长期发展带来机遇。经济内外“双循环”发展的核心是在继续参与国际分工基础上，进一步扩大内需，推动要素市场化配置以及实现创新驱动的发展模式。深圳在创新上有产业基础、产品、服务在国内有较大市场、在对外开放方面有先行经验，在要素市场化配置上有深港合作的内生需求，与“双循环”的发展逻辑较契合。《深圳建设中国特色社会主义先行示范区综合改革试点实施方案（2020-2025年）》的出台，赋予深圳在重点领域和关键环节改革上更多自主权，首批授权给深圳的40个事项中，就有20多项需要修订现行法律法规，显示出对深圳在全球产业链中占据更重要地位的期望，体现了深圳在“双循环”发展格局中的引领示范作用，也为深圳经济长期发展带来更多机遇。

2020年深圳经济复苏较快，在“9+2”城市群中率先转正

受新冠疫情影响，2020年一季度深圳GDP同比下降6.6%，工业、投资、消费、外贸出口受影响最大，2月份降幅接近或超过20%。随着疫情得到控制，深圳经济复苏较快，二季度GDP累计同比在粤港澳大湾区“9+2”城市群中率先转正，前三季度累计增长2.6%。其中，高技术制造与战略新兴产业引领工业复苏；固定资产投资快速增长，第三产业带动作用明显；社会消费品零售总额复苏进程较慢；出口从三

季度开始加快恢复。

北大汇丰智库基于2010年以来的工业、投资、若干制造业行业增加值、消费、出口等十三类混频数据，基于动态因子模型提取共同因子以反映深圳经济动能，并实时预测2015年以来深圳经济GDP增速。最新的模型（2021年1月20日）显示，2020年四季度深圳不变价GDP同比增长6.3%，全年同比增长约3.8%，这一增速超过全国平均增速（2.3%），领跑粤港澳大湾区城市群。

（深圳报业集团《深圳特区报》，2021-01-23，记者：李丽，通讯员：本力）

第二章 产业创新

深圳扶持数字经济产业出实招

深圳市工业和信息化局2020年6月8日发布的有关申请指南通知显示，深圳从2020年6月8日起组织实施2021年数字经济产业扶持计划，真金白银支持数字经济产业链关键环节和服务体系的提升，其中单个项目资助金额最高可达300万元。深圳支持数字经济产业包含大数据和云计算在内的新基建项目，以此打造数字经济创新发展试验区，助力“双区”建设提速。

深圳市工业和信息化局有关负责人介绍，根据数字经济产业链关键环节提升计划，深圳支持申报单位围绕产业链关键环节，以创新集聚优势资源和提升产业层级为战略任务，以重点领域服务和模式创新、重大战略布局、规模化示范应用推广、关键技术工艺提升、生产环节核心技术掌握为目标，实施对经济或社会经济效益显著、产业发展起到支撑引领作用、主要性能指标取得突破的新产品应用推广。

深圳对数字经济产业链关键环节提升的单个项目资助，最高可达300万元且不超过项目总投资的30%，其资助的范围主要包括信息技术应用创新、互联网、大数据、云计算、信息安全、区块链等方面。其中，大数据方面，重点支持数据采集、数据清洗、数据分析发掘、数据可视化、大数据行业应用等领域；云计算方面，重点支持基础设施即服务（IaaS）、平台即服务（PaaS）、软件即服务（SaaS）等领域；区块链方面，重点支持区块链底层平台建设，以及在金融、政务、教育、医疗、交通等领域的应用。

数字经济产业服务体系扶持计划主要包括公共服务和高端会展。其中，公共服务方面，深圳支持申报单位以降低企业研发成本和风险、提升产业共性技术及公共服务水平、完善产业发展支撑环境为目标，开展共性技术研究、成果转化服务、技术交流、资源数据共享、产品推广服务、决策咨询、产学研合作、科技成果转化、标准制定、认证测试等服务，通过整合现有资源，打造和打通各类公共服务平台，建设产业服务体系，提升产业公共服务能力。高端展会方面，深圳支持高校、企业、行业协会等机构主办或承办数字经济产业领域的有关技术交流、产品推广等方面的国内外知名展会、高端论坛等活动。按照计划，公共服务类单个项目资助金额不超过300万元且不超过经专业审计机构专项审计后确认费用的50%。高端展会类单个项目资助金额不超过300万元。

得益于政策支持和技术创新的不断驱动，深圳数字经济产业领跑全国，包括基于大数据和云计算在内的新一代信息技术应用处于全球领先地位。其中，人工智能领域是数字经济的重点发展领域之一。深圳作为首个国家创新型城市，目前已拥有数百家人工智能企业，逐步形成覆盖设计、开发、制造、服务等环节的全链条人工智能产业系统。

值得一提的是，深圳数字经济在民生政务、生命健康、生态环保等方面实现场景化应用，“秒批”已经成为深圳优化营商环境的“标配”，“i深圳”汇聚政务服务、公共服务、便民服务资源，为企业和市民提供便利服务。目前，深圳正积极发展智能经济、健康产业等新产业新业态，打造数字经济创新发展试验区。

中国（深圳）综合开发研究院常务副院长郭万达表示，深圳应借助“双区驱动”机遇，加大对数字经济产业的扶持，不断优化营商环境，加快推进智慧城市基础设施建设、加大数字经济创新载体搭建、加强数字经济知识产权保护力度，从人工智能、大数据、物联网等多个重点领域不断突破与创新，推动数字经济创新发展试验区建设。

（深圳报业集团《深圳特区报》，2020-06-09，记者：吴德群）

2020深圳国际石墨烯论坛成功召开

2020年7月4日，由深圳市科技创新委员会和南山区政府共同主办，清华大学深圳国际研究生院、中国科学院金属研究所、深圳盖姆石墨烯中心共同承办的“2020深圳国际石墨烯论坛”成功召开。受疫情影响，本次论坛采用线上直播方式举办。论坛旨在推进我国石墨烯及碳纳米材料的研究和产业化应用，加强国际间的合作与交流，从学术和产业化视角探讨石墨烯、其他二维材料、碳纳米材料的科学研究进展和产业发展现状，为国内外杰出科学家与企业家搭建交流与合作平台，促进国内外石墨烯相关领域科学研究与产业应用发展。

本次论坛围绕石墨烯、新型二维材料、碳纳米材料，以石墨烯等二维材料的制备、器件应用、能源应用、环境和健康应用及产业化发展为主题，邀请了石墨烯领域世界知名科学家和产业界人士作主旨演讲，吸引了来自全球各地2000余人通过线上平台观看了此次论坛。论坛上，2010年中国科学院院士、清华大学副校长薛其坤教授，中国科学院院士、全国政协常委、北京大学刘忠范教授，中国科学院院士、北京大学张锦教授等知名学者分别就“MXenes材料最新研究进展”“超低功耗二维半导体器件”“二维超导材料调控”“超洁净大尺寸CVD石墨烯薄膜规模化制备”“石墨炔的合成及应用探索”“质子辅助超平整石墨烯薄膜生长”等主题发表精彩演讲。问答互动环节过程中报告嘉宾与直播观众就“鸟粪石墨烯”“魔角石墨烯超导”“石墨烯产业未来发展方向”“如何降低石墨烯及二维材料生产成本”等热门话题进行了热烈的互动交流。

深圳国际石墨烯论坛作为具有国际影响力的高水平专业性论坛，自2014年以来连续成功举办七届，累计吸引200余位具有全球影响力的学术界及产业界专家，累计参会人数超过3000人，以深圳深厚的电子信息和新能源产业基础为支撑，系统研讨石墨烯作为基础材料在能源、显示、电子电路等领域交叉融合产生的重大研究成果和技术突破，对于加快深圳市石墨烯前沿技术探索和产业应用开发进程，推进石墨烯材料技术、深圳市电子信息、新能源等相关优势产业的紧密结合，提升深圳市新材料产业在全国的竞争力，培育深圳全球竞争新优势，有着重大积极的意义。

（深圳市科技创新委员会， 2020-07-21）

2020中国（深圳）工业互联网产业发展大会暨粤港澳大湾区CIO高峰论坛举行

2020年8月15日，由深圳市科学技术协会指导，深圳市CIO协会主办的2020中国（深圳）工业互联网产业发展大会暨粤港澳大湾区CIO高峰论坛在深圳前海成功举行。

工信部信息技术发展司副司长王建伟、深圳市科协党组成员孙楠、深圳市工信局副巡视员李郑祥、深圳市宝安区副区长娄岩峰等领导出席大会。孙楠在致辞时表示，深圳市科协将积极搭建学术交流平台，帮助工业企业提质增效，推动工业互联网应用发展，为加快企业发展贡献科学力量。

此次峰会围绕如何通过先进技术赋能湾区建设为重点，各位专家学者们从工业互联到新基建，从5G到AI、安全、数据进行分析讨论，带给现场近300位粤港澳的参会嘉宾一场专业的高峰论坛。大会采用了线上线下同步直播的方式，让知识亮点实现同步分享，观看直播人数超4000人。

（深圳市科学技术协会，2020-08-15）

中国国际数字化软件展在深开幕

数字世界，未来已来。2020年8月29日，由深圳市科学技术协会指导，数字化学会与华为云联合主办，深圳市科技开发交流中心和深港澳科技联盟等协办的2020中国国际数字化软件展在深圳开幕。深圳市科学技术协会党组成员孙楠出席并发表致辞，包含华为云中国区总裁洪方明及数字化学会会长和华为产品数字化与IT装备CTO丘水平在内的数字化领域专家学者、国际知名企业家、业界领军人物、研究机构和金融机构代表共500余人现场参会，共谋数字化转型创新之路，推动数字经济发展。

2020年，被视为新基建元年。一方面，新冠疫情的蔓延，让中国乃至世界更加深刻地认识到数字化技术对复工复产和提质增效的意义。另一方面，“加强新型基础设施建设”2020年被首次写入政府工作报告，成为扩大有效投资和激发数字经济发展的重要举措。

“新基建的核心是建设数字基础设施，即依靠新联接和新计算，加速行业数字化转型进程”，数字化学会会长丘水平表示，该展会旨在推动数字化发展的组织和个人联合起来，集中展现前沿的数字技术，洞察数字化发展趋势，探索多样化的数字化转型路径，打造中国版“汉诺威”，为世界贡献数字化转型的“中国方案”。

围绕有关数字化转型的热点议题，华为云中国区总裁洪方明、国家工业软件与先进设计研究院常务副院长田锋等知名企业领袖及权威专家发表了主题演讲，以前瞻视角洞悉数字化未来发展。

在开幕式上，包含《MBD模型标准（2020版）》《企业数字化转型白皮书（2020版）》在内的重量级行业报告发布，集中展示专业研究成果，引领数字化产业方向。其中，《白皮书》对当前数字化转型的新挑战进行了分析，提出了2020年六大数字化新风向，指出基于大数据、物联网、云平台的全业务链数字孪生将成为企业业务数字化的最新前沿，为产业链上下游企业提供方向性指引。

展会围绕数字化软件的技术与应用，以“数字世界，未来已来”为主题，形成“会+展+智能体验”三位一体的交流合作平台。据了解，为期两天的展会以深圳为主会场，并在上海设置分会场。展会期间采用“云上”办会的全新模式呈现，共设置一场高峰论坛和近50场数字化实战解析与全时段线上智能体验。

（深圳市科学技术协会，2020-08-29）

深圳加大力度支持技术攻关

2020年10月10日，由深圳市科技创新委员会制定的《深圳市技术攻关专项管理办法》（以下简称“《办法》”）印发实施，重点支持新一代信息技术、高端装备制造、绿色低碳、生物医药、数字经济、新材料、海洋经济等战略性新兴产业领域。

《办法》提出，根据定位不同，技术攻关专项分为面上项目、重点项目、重大项目、悬赏项目四类。其中面上项目聚焦战略性新兴产业等科技领域，侧重于对产业发展关键技术和关键零部件等进行攻关;重点项目聚焦战略性新兴产业、促进生态文明建设、民生改善等科技领域，侧重于对科技瓶颈性核心技术、关键零部件、高端装备，进行集中攻关和重点突破；重大项目聚焦重大应用研究和重大战略产品开发，侧重于对重要领域的重大技术系统、重大工程、重大装备等进行重点攻关；悬赏项目侧重于以更加灵活的方式和实际效用为导向，通过面向社会悬赏揭榜的方式，对符合产业发展导向或者公益性应急需要的科研攻关予以支持。

根据《办法》，面上项目实施期为2 - 3年，重点项目和重大项目实施期为3 - 5年。对符合条件的项目，资助额不高于项目总预算的50%，并且根据项目评审结果，实行阶梯资助。其中，面上项目单个项目资助额不超过500万元（含本数）；悬赏项目单个项目资助额不超过1000万元(含本数)；重点项目单个项目资助额不超过1000万元（含本数）；重大项目单个项目资助额不超过3000万元（含本数）。经深圳市政府批准的悬赏项目及战略性关键核心技术攻关重大项目，资助金额不受上述限制。

《办法》同时鼓励产学研用联合攻关，深圳市内外（含港澳）的高等院校、科研机构、企业和社会组织等单位可以作为面上项目、重点项目、重大项目的合作单位。

在资助方式上，技术攻关专项项目设置“事前立项，事前资助”和“事前立项，事后补助”资助方式，由深圳市科技行政主管部门根据实际情况选定。其中，“事前立项，事前资助”包括“赛马式资助”“里程碑式资助”和“中期评估式资助”。

（深圳报业集团《深圳特区报》，2020-10-15，记者：林捷兴）

深创赛行业决赛结果揭晓 180个项目获奖 一窥深圳科技产业发展最新态势

2020年10月21日，第十二届深创赛行业决赛结果揭晓，共有180个项目获奖，包括“天枢轨道交通智慧安全立体防控平台”“新一代工业级智能处理器”在内的54个项目分别获得一、二、三等奖，126个项目获得优秀奖。

2020年深创赛参赛项目技术水平高，共拥有24949 项知识产权，成为本届参赛项目突出特点。2020年10月14至16日，深创赛组进入决赛环节，276个项目跻身决赛。从决赛现场获悉，人工智能项目落地应用场景更为丰富，部分生命健康行业的优秀项目已获投资，先进制造领域优质企业发展迅猛，反映了“后疫情”时代深圳科技产业发展的最新态势。

一、人工智能项目落地场景更丰富

人工智能行业进入落地阶段，大量小微场景的算法需求涌现出来。在入选决赛的276个项目中，不少AI项目场景化的算法更具特色，显示出AI丰富的应用场景。

在工业领域的应用方面，用人工智能工业视觉可以检测芯片生产瑕疵，可提高15%的检测准确率。皓瞳人工智能工业视觉检测平台应用大数据技术及深度学习图像算法，解决半导体生产中图像检测分析问题，帮助客户降低70%人力成本。生命健康领域的创新应用趋于多样化。比如，将AI建模技术应用于超微粒子流体显微成像，是人工智能技术又一新应用方向。该项目AI建模技术用于显微成像，包括微粒图像人工智能识别、测试结果人工智能分析，拥有16项软件著作权、47项专利，其中包括29项发明专利。该项目最终入选国赛，项目负责人说：“我们的订单已排到明年6月，所以只要技术领先，就不用发愁市场销售了”。

二、生命健康类项目水平高受青睐

2020年深创赛参赛项目中，生物医药类项目专利拥有量为1503项，软件著作权1056项，反映了“后疫情”时代生命健康产业发展迅猛的现状。

生命健康类参赛项目有两个亮点，一是参与新冠病毒mRNA疫苗研制的部分企业已获得投资和政府扶持，比如，“新冠病毒mRNA疫苗纳米递送新材料”项目申请了21项专利。该项目夺得第四届光创赛“最具投资价值奖”和新材料行业二等奖。企业已获650万元天使投资，有机会获得光明区165万元科技资助。二是参赛企业加大创新药的研发力度，取得技术突破。“针对TRPC5靶点致力于抑郁症和慢性肾病创新抗体新药研发”团队专门从事抑郁症和慢性肾病的创新药物研发，在全球首次发现了慢性肾病和抑郁症的靶点和基因结构，根据基因结构筛选出了化合物与抗体药，计划在深圳进行一系列创新药物的后续开发和产业化，该项目顺利进入本届深创赛行业决赛。

三、先进制造类项目瞄准国际前沿

先进制造类项目瞄准国际前沿技术，取得令人瞩目的创新成果。一方面，为了突破“卡脖子”技术瓶颈，深企推出创新技术。光谱共焦位移传感器颠覆了传统的三角激光测距法，项目负责人刘先生表示：“我们产品拥有自主知识产权，分辨率高，可按客户实际需求提供配套方案，灵活修改和调整设计，从而打破西方发达国家对我国的技术封锁”。另一方面，深圳企业凭借先进的技术实力打开了国际市场，比如，速博达借助5G产业化东风驶入快车道。随着5G基站建设的加快，5G基站储能电池包自动化生产线的需求趋旺，速博达为欣旺达建设了3条5G基站储能电池包自动化生产线，产能和产品良率大幅提升，速博达负责人透露，深圳和光明区的创业环境很好，企业自2018年成立以来获得了高速发展，预计2020年产值可达1.8亿元。

值得一提的是，深创赛上涌现出海洋类项目具有小而精的特点。创业者们表示，海洋类项目研发难度很大，周期较长，亟需资源对接。“海洋智慧监测预警”项目在光源端、成像端及智能识别技术有所创新，尚缺水下无线通信技术的行业资源，项目负责人应先生透露：“一位评委现场告诉我有一家公司已研发出了先进的水下无线通信技术，还给了我联系方式，这个行业资源对我们研发很重要，参加深创赛就是学习和取经”。

为此，深创赛既成为科技创新竞赛舞台，也成为促进人才、资金、项目对接合作的交流平台。

（深圳市科技创新委员会，2020-10-23）

第十二届深创赛颁奖活动圆满结束 67个“新基建”领域项目获奖

第十二届中国深圳创新创业大赛（以下简称“深创赛”）颁奖活动于2020年10月29日在招商银行深圳分行大厦举行，深圳市人民政府副秘书长李卓文、深圳市科技创新委员会副主任黄臻、招商银行深圳分行副行长曾令武等领导出席活动并颁奖。本次大赛是后疫情时代举办的首届深创赛，“新基建”领域项目成为大赛的最大赢家，占据一、二、三等次奖项半壁江山。

深创赛是深圳市人民政府与科技部火炬中心主办，深圳市科技创新委员会承办的公益性创新创业权威赛事。大赛实施国、市、区三级赛事联动机制，是各区、前海管理局和高校预选赛的晋升通道。第十二届深创赛于2020年4月21日线上正式启动，共吸引6432个项目报名参赛，参赛项目数同比增长5.9%。其中，673个项目进入半决赛，276名选手角逐6个行业赛决赛的一、二、三等奖和优秀奖，最终54个项目斩获一、二、三等奖。

据了解，2020年深创赛具有三大特点：首先，因疫情影响，深创赛采用线上启动方式，从组织发动到赛前辅导，组委会创新赛事设置和服务手段，促进大赛组织取得了良好效果。组委会制作大赛启动H5，在深创赛微信公众号、科创委官网、新浪网、腾讯网等各大媒体宣传传播，截至行业决赛结束，各大媒体浏览量高达300万次。报名期间，联合14个预选赛区制作政策辅导视频，在深创赛微信公众号上宣传传播；为方便选手进行项目申报，制作“申报指南微网页”，在深创赛微信公众号进行传播；深圳赛区共推荐了92家企业参加国赛，并举办3场国赛辅导。在国赛半决赛上，58家深圳企业获得优秀，5家企业晋级全国总决赛，占全国名额14.7%，晋级数量与广东和江苏共同排名全国第一。

第二，“新基建”领域项目成大赛的赢家，“新基建”领域67个项目获奖，占获奖项目的37.2%。其中，27个项目获得了一、二、三等奖，40个项目获得优秀奖。后疫情时代，“新基建”为我国经济建设注入新的活力，“新基建”是发源于科技端的基础设施建设，包括人工智能、5G、大数据、工业互联网、城市轨道交通等。深圳各区紧抓“新基建”的契机，罗湖区预选赛2020年增加了“5G场景创新大赛”，在大赛启动仪式上同时举办5G园区开园仪式。盐田区预选赛人工智能报名项目合计103个，同比增长63%，增长幅度较大。深圳不少优秀企业为我国“新基建”贡献宝贵力量，比如，获得2020年深创赛互联网和移动互联网企业组一等奖的“天枢”轨道交通智慧安全立体防控平台，在国内细分领域排名第一，项目团队利用大数据技术有效地实现了地铁轨道交通的安全管理。

第三，参加行业决赛项目技术水平高，深创赛对推动深圳建设先行示范区具有积极作用。由于大赛全面对接政府支持政策，此项功能导向促使参赛项目技术水平明显提高，得到评委肯定。相关投资机构负责人表示，深创赛的参赛项目水平越来越高，关于5G基站和物联网的新基建的项目大量涌现，从国带回来的项目变少了，自主创新的项目增多了，这是2020年深创赛的新特点；“卡脖子”的新产品新技术方向是风口。相关投资人表示，参赛项目技术含量高，项目覆盖面广，医疗健康领域项目增多，涌现了包含细胞治疗和基因免疫治疗在内的前沿科技优秀项目，从深创赛舞台上跑出了更多领军企业。据统计，参赛项目核心成员中，博士2799人、硕士4143人、本科11648人。参赛企业和团队拥有知识产权24949件。

深创赛作为深圳促进技术转移和成果产业化的重要平台，在“双区驱动”时代背景下，对深圳科技创新发挥越来越重要的作用。

（深圳市科技创新委员会 2020-10-30）

2020中国(深圳)集成电路峰会在深圳成功召开

2020年10月30日至31日，为期两天的2020年“中国（深圳）集成电路峰会”在深圳成功召开。本届峰会以“新时期，芯生态”为主题，以创新共赢和开放合作为理念，聚焦IC设计产业、研讨先进特色制造和封装工艺、探索创新生态体系、促进产品创新应用。

峰会由中国半导体行业协会集成电路设计分会秘书长程晋格主持。时任深圳市副市长聂新平出席峰会，深圳市政府副秘书长李卓文、广东省科技厅二级巡视员周木堂、南方科技大学学术副校长张东晓院士、中国半导体行业协会常务副秘书长黄子河在峰会上致辞。行业知名专家学者、技术大咖、企业家以及来自全国各地的国家级集成电路设计产业化基地、地方性行业协会、产业园区相关领导1000余人参加峰会。

李卓文副秘书长在致辞中指出，当前我国集成电路产业面临的环境更加复杂、严峻，重点企业承受了很大压力。深圳市委市政府高度重视集成电路产业发展，将发挥深圳产学研深度融合优势，主动融入全球创新网络，吸引培育集成电路产业高端人才。希望业内人士借助峰会交流，为我国和深圳集成电路产业发展建言献策。

时任深圳市科技创新委主任梁永生做了《深圳集成电路产业发展报告》主题演讲。他指出，2019年，深圳IC业销售收入为1327亿元，首次突破千亿元大关，同比增长63.5%，整体的增长速度超过全国平均水平。梁永生主任总结了深圳IC设计业的特点、详细分析了深圳IC产业发展中面临的挑战，提出从基础研究、技术攻关、成果产业化、科技金融、人才支撑五大方面建设全过程创新生态链。展望未来，梁永生主任从产业链、产学研、国际化等三个角度进行了阐释和分享。

峰会上，中国半导体行业协会副理事长魏少军教授，中国科学院院士、量子科学与工程研究院俞大鹏院长，芯谋研究首席分析师顾文军等专家分别围绕“巩固设计业龙头地位”“量子科技领域的挑战与思考建议-量子行动在深圳”“集成电路产业研究报告”主题做了演讲，分享了专家们对产业生态、发展机遇、技术趋势等方面的经验和思考。

峰会采用“1+10”的会议模式，即“一个高峰论坛+十个专业分论坛”，分论坛包括“集成电路设计创新论坛”“‘芯火’生态及产业创新论坛”“EDA研究及发展布局”“集成电路供应链发展论坛”和“芯片安全技术论坛”“5G与物联网发展论坛”“5G与先进电子材料发展论坛”“安防半导体产业创新发展论坛”“普迪飞云端半导体大数据分析”和“半导体上市企业线上投资者交流论坛”。

本届IC峰会上，与会嘉宾深入探讨和交流了覆盖IC设计、制造、封测、应用的集成电路产业全链条主题，共同推动中国集成电路产业创新发展，进一步为促进集成电路技术创新与应用合作，推动集成电路产业、技术与资本对接搭建集成电路行业交流平台。深圳集成电路产业的持续发展也将对深圳作为粤港澳大湾区重要引擎、建设中国特色社会主义先行示范区和打造成为微电子国际创新城市中发挥重要和积极作用。

（深圳市科技创新委员会，2020-11-05）

“2020文化科技创新论坛”深圳开幕

2020年11月7日，由深圳市委宣传部、南山区人民政府、深圳大学主办，深圳大学文化产业研究院和深圳大学社会科学部承办的“2020文化科技创新论坛”在深圳开幕。论坛发布了《文化科技蓝皮书：文化科技创新发展报告（2020）》，该蓝皮书已连续8年出版，是全面反映国内外文化科技融合创新领域的权威性、前沿性成果。

当今，数字信息技术的裂变式发展正全方位重构传统行业的生态环境，新冠肺炎疫情的暴发与常态化防控对数字化和信息化提出了刚性要求。论坛上，专家指出文化科技融合仍然是文化创新发展的主要动力，科技创新推动了文化艺术的创作、传播、消费转型，重塑了文化艺术产业生态。鉴于国际疫情防控态势依然严峻，面对疫情给2020年文旅产业带来的挑战，专家纷纷建言献策，对后疫情时代如何推动文旅产业数字化、智慧化转型、业态创新，以及如何提升文旅公共服务、线上营销、场景设计等提出见解。

（《人民日报海外版》，2020-11-09，记者：宗祖盼）

中科院科技创新投资产业联盟 2020论坛暨联盟揭牌仪式在宝安举行

2020年11月17日上午，中科院科技创新投资产业联盟2020论坛暨联盟揭牌仪式在宝安召开。中国科学院副院长张涛、中国科学院控股有限公司董事长索继栓、中国科学院控股有限公司副董事长兼总经理杨建华，深圳市副市长艾学峰，宝安区副区长娄岩峰等出席活动。

中科院科技创新投资产业联盟是中国科学院批准设立的产业联盟，集合了中国科学院下属26家产研究院所、20家大型科技投资机构、10家大型科技企业，旨在联合中国科学院科技创新、投资、产业化资源，打造创新链、产业链、资本链有效衔接的协同发展机制，特别是发挥投资对促进科技创新及推动产业变革的催化作用，加速科技成果转移转化，服务国家创新驱动发展战略。

揭牌仪式后，现场还举办了“首届中科院科技成果转化主题论坛&圆桌会议”，各嘉宾从科研、投资、产业三大维度向大家分享科技成果转移转化经验，并就科技成果转移转化难点与问题进行交流、碰撞，激发创新思维，探索规律和方法。

中国科技产业投资管理有限公司是宝安区通过基金出资引进的国内一线创投机构，对宝安区引资引智，构建更具竞争力的营商环境，加快产业升级转型，导入中国科学院科研和产业资源具有重大意义。通过“基金+创新投资联盟”的双轮驱动机制，促进中科院与深圳市及宝安区合作交流，建立长效沟通机制，充分发挥中科院的科研背景和资源优势，促使宝安区创新链、产业链和资本链更好地互动发展，为宝安区内的企业提供权威的支持和赋能，推动科技成果转移转化，完善宝安区的产业结构。

（深圳新闻网，2020-11-18，记者：谢莹）

科创中国 · 深圳创新创业投资大会迎来终审 超4000个项目参与巅峰对决

2020年11月18日，备受瞩目的“科创中国 · 深圳创新创业投资大会”专家终审会在南山举行。终审会为期3天，对六大行业领域全国共4467个项目进行评审，最终评选出120个优秀项目。

大会由中国科学技术协会和深圳市人民政府指导，中国科协企业创新服务中心、深圳市科学技术协会、深圳市福田区人民政府共同主办，深圳产学研合作促进会、深圳国际创新创业服务平台、深圳国际创新创业联盟、深圳市科技开发交流中心与深圳市科聚湾区经济研究院联合承办，深圳市福田区科技创新局与深圳市福田区科学技术协会、深圳市罗湖区科学技术协会、深圳市盐田区科学技术协会、深圳市南山区科学技术协会、深圳市宝安区科学技术协会、深圳市龙岗区科学技术协会、深圳市龙华区科技创新局、深圳市坪山区科技创新局、深圳市光明区科技创新局共同协办，是“科创中国”深圳试点建设的一项重要实践，也是深圳市科学技术协会重点打造的服务创新创业，推动科技成果转化的示范品牌。

大会以“智创鹏城，点亮梦想”为主题，共设置六大行业领域，分别为新一代信息技术、新材料、高端装备制造、数字经济、生物医药、绿色低碳。

据组委会介绍，活动自2019年11月在中国科协的支持下发起并开始筹备，受疫情影响，活动2020年6月正式启动。经过5个多月征集，14个分会场共征集项目4467个。其中，新一代信息技术、新材料、高端装备制造、数字经济、生物医药、绿色低碳领域的征集数量分别为2063个、275个、698个、565个、558个、308个。

大会创新评审方式，专家终审会采用线上评审与线下路演两轮评审，结合评审结果选出120个优秀项目，排名前60的项目可获优胜奖。

终审排名前60名的项目参与颁奖典礼，项目嘉年华同期举行，以充分展示它们技术领先、模式创新、产业层次高、综合竞争能力强的风采。此外，大会将在赛后对参会项目进行持续服务，提供八大保障及服务，对优质参会项目进行贴身“保姆”式科技服务和常态化跟踪服务，加速推动项目成果转化落地。在投融资方面，大会已成立国际创新创业投资联盟，该联盟成员包含各大知名投资机构和银行机构，并针对大会获奖项目投资成立专项投资基金，投资基金规模达10亿元。

深圳市科学技术协会党组书记、驻会副主席林祥，原深圳市政协副主席、深圳产学研合作促进会创会会长廖军文出席终审会，并致辞。

（深圳市科学技术协会，2020-11-18）

2020年深港科技界交流年度专场活动暨第二届深港澳科技联盟年度专场活动在深举行

2020年12月4日，由深圳市科学技术协会、深港科技社团联盟、香港资讯科技联会、深港澳科技联盟主办，包含深圳市科技开发交流中心在内的单位承办的2020年深港科技界交流年度专场活动暨第二届深港澳科技联盟年度专场活动在深圳举行。深圳市人大常委会副主任、市科协主席蒋宇扬出席了本次活动。

活动以“创新引领发展，助力双区驱动”为主题，旨在为深港澳科技界交流合作搭建平台，将深圳毗邻港澳的地缘优势转化为合作优势和创新优势。活动集聚深港澳科技联盟成员、深港澳社团、高校、企业、科研院所专家人才等300余人参与。

香港资讯科技联会会长邱达根和香港中文大学工程学院副院长黄锦辉通过视频在活动上致辞，他们回顾了联盟的发展历程和近年来的工作，指出深港交流是大势所趋，希望联盟继续以科创为抓手，创造更多机会促进两地青年交流融合，并祝愿联盟发展壮大，在深港澳科技合作方面发挥更大效力。中央人民政府驻香港特别行政区联络办公室青年工作部副部长张志华向年会发视频祝贺，祝愿联盟继续壮大，为深港澳科技交流贡献更多力量。

会上，深港澳科技联盟深圳、香港、澳门三方代表分别作了工作报告。报告系统总结回顾了深港澳科技联盟2020年度的工作成绩，谋划未来工作方向。报告指出，在国内国际双循环相互促进的新发展格局下，粤港澳大湾区作为双循环体系的重要节点枢纽，区域协同创新能级有望进一步提升。一年来，联盟立足粤港澳大湾区战略和深港澳创新发展需求，利用港澳的国际化优势，紧盯产业发展新趋势，举办高水平的产学研交流活动，推动创新要素在湾区内合理布局和流动。未来联盟将继续抢抓粤港澳大湾区建设重大历史机遇，充分融合发挥三地创新优势，促进深港澳三地产业优势互补、紧密协作、联动发展，为建设具有全球影响力的国际科技创新中心做出积极贡献。

同期还举行了2020海智工作站授牌仪式、第二届深港澳大学生创客大赛、计算机科技贡献奖的颁奖仪式，以鼓励深港澳大学生和计算机科技界精英人士。为深入实施中国科协海智计划，充分发挥科协组织的优势和作用，加快推进大湾区国际科技创新中心建设，专场活动对通过“中国科协海智计划广东（深圳）基地工作站”评审的机构进行了授牌。

据悉，深圳市科学技术协会与香港资讯科技联会在多年推动深港科技合作的基础上，于2009年12月会同深港两地科技社团共同发起，成立了“深港科技社团联盟”。2019年，为进一步贯彻实施大湾区战略，加强深港澳科技创新合作，深圳市科协在深港科技社团联盟的工作基础上，拓展引入澳门科技产业界及科技社团，发起成立了深港澳科技联盟。联盟积极整合三地创新要素和人才资源，在推动科技创新、产业交流合作、科技成果转移转化、青少年科技教育等方面做了大量富有成效的工作，已成为深港澳民间科技交流的重要渠道和平台。

（深圳市科学技术协会，2020-12-04）

2020年全球创新指数出炉 深圳–香港–广州科技集群位居全球第二

2020年12月9日，世界知识产权组织（WIPO）发布以“谁为创新出资？”为主题的报告《2020年全球创新指数（GII）》中文版。经WIPO中国办事处授权，广东省知识产权局在官方网站已全文发布该报告中文版。报告显示，中国在131个经济体中位列第14名，与2019年持平。其中，广东在创新方面的表现十分亮眼，深圳–香港–广州科技集群位居全球第二，仅次于东京–横滨。

中国是GII创新排名进步最大的经济体之一

《2020年全球创新指数》（GII 2020）报告显示，2013年至2020年期间，中国在131个经济体中的排名提升了21位。在中等偏上收入组别的37个经济体中位列第一，仍然是GII指数排名前30位中唯一的中等收入经济体。中国在单位GDP本国人专利申请量、本国人实用新型申请量、本国人商标申请量、本国人外观设计申请量、创意产品出口在贸易总额中的占比等重要创新指标上均位居第一。世界顶尖的科技集群中，有17个位于中国。

在创新投入和创新产出两大核心指标方面，中国以排名第26位的创新投入，创造了排名第6位的创新产出。同时，中国在研发投入和市场成熟度方面排名均有所上升。在创新国际化方面，同族专利得分在中国创新质量得分比重达10%，远高于中等收入经济体平均4%的水平。在全球品牌价值指标方面，中国排名第17位。世界最具价值的5000个品牌中，有408个来自中国，总价值达16万亿美元，其中9个品牌跻身世界前25位。

通过GII排名可以看出，全球创新格局在转移。在过去几年中，中国、越南、印度和菲律宾是GII创新排名进步最大的经济体且持续处于上升期。

华为连续3年居全球PCT国际专利榜首位

将目光聚焦广东，在以PCT国际专利申请量和科学出版物为核心评价指标的科技集群中，深圳–香港–广州科技集群位居全球第二。在深圳–香港–广州科技集群中，按科学出版物表现排名第一的科学组织为中山大学。

世界知识产权组织（WIPO）发布的《2020年PCT年鉴》显示，2019年，华为以4411件PCT国际专利申请公布量第

5次（连续第3年）位居全球PCT国际专利申请人排行榜首位，OPPO移动通信和平安科技分别位列第五位和第八位。深圳大学和华南理工大学分别位列全球PCT国际专利高校申请人排行榜第三位和第五位。GII报告按价值和来源排列了2020年前25位全球品牌，平安、华为、微信分别位列第九位、第十位、第十九位。

和往年一样，GII中文版为摘要版，精选了原版报告与中国相关的前言、序言、主要研究结论和排名、科技集群排名以及中国国家概况等内容，以飨读者。

（深圳报业集团《深圳特区报》，2020-12-10）

深圳创新创业投资大会颁奖典礼暨大湾区科技大会成功举办

2020年12月17至18日，深圳创新创业投资大会（2020）颁奖典礼暨大湾区科技大会在深圳成功举办。中国科协党组成员、书记处书记宋军，广东省科协党组书记、专职副主席郑庆顺，深圳市委常委、统战部部长杜玲，深圳市人大常委会副主任、市科协主席蒋宇扬，深圳市人民政府副市长吴以环等领导出席相关活动。该活动由中国科学技术协会、深圳市人民政府指导，中国科协企业创新服务中心、中国国际科技交流中心、深圳市科学技术协会、深圳市福田区人民政府等单位联合主办，深圳产学研合作促进会和深圳市科技开发交流中心承办，活动现场揭晓深圳创新创业投资大会（2020）年度60强。

宋军在开幕式致辞时指出，中国科协今年推出“科创中国”品牌，探索服务创新新模式，促进科技与经济深度融合发展。深圳举办“深圳创新创业投资大会”活动，是发挥科协和科技社团优势与地方经济发展合作的一次有效尝试，将对全国科协组织服务创新创业起到启发作用和示范效果。希望深圳市科协充分利用创新创业投资大会平台，以会聚才，以才兴业，营造创新创业创造的良好生态，为更多项目和投资者实现高效连接，有效地服务深圳技术转移、成果转化、创新创业工作，为深圳乃至大湾区发展做出新的贡献。

深圳创新创业投资大会（2020）是深圳推进“科创中国”试点城市建设的重要举措。自2020年3月1日开始，14 个分会场历时7个月，共向全国共征集六大领域（新一代信息技术、新材料、高端装备制造、数字经济、生物医药、绿色低碳）4600多个项目，举办了30多场项目路演。经过各分会场初审、线上复赛、线下终审会，最终评选出60个（团队+企业）优胜项目。在活动现场举行的深圳创新创业投资大会项目嘉年华上，60个优胜项目进行了集中展示。当天同时举行的闭门对接会上，50余家知名投资机构与120个优秀项目进行了对接。此外，组委会还评出多个榜单，包括《最具投资价值团队top5》《最具投资价值企业top5》《最具成长潜力项目top10》和《科技创新领军人物top10》等。该大会充分体现了中国科协与地方政府“会地合作”的优势，多方资源整合特别是充分调动了各级科协组织及科技社团的主动性、积极性、创造性，牵动了市场的力量，吸引大批产业界、投资界机构和人士参与其中，用小成本撬动了大市场，是科协组织促进科技成果转移转化的有力尝试和组织创新。大会将建立“项目库”并提供“保姆式”保障及服务，通过线上线下多元化结合，加速推动项目成果转化落地。在投融资服务方面，大会成立了深圳国际创新创业投资联盟，联盟成员包含各大知名投资机构和银行机构，将针对大会获奖项目的投资成立专项投资基金，投资基金规模10个亿。

同期举行的大湾区科技大会上举办了多场高水平论坛。中国科学院院士、南方科技大学物理系讲席教授、量子科学与工程研究院院长俞大鹏应邀做了题为《历史之大变局下的科技自主之路》的主题报告。特别在湾区前瞻对话环节，来自广州、深圳、珠海、佛山、肇庆、惠州、东莞、中山、江门等粤港澳大湾区（广东）九个城市的科协主席，分享如何发挥科协优势，通过组织创新连接资源、整合资源，打造大湾区创新创业良好生态，真正实现大湾区科技与经济相促进，共同推动“科创中国”在广东做实落地，先行示范。

活动现场发布了《粤港澳大湾区新一代人工智能发展蓝皮书（2020）》。在广东期间，宋军一行还调研访问了南方科技大学、华为东莞松山湖基地、清华东莞创新中心等单位。

（深圳市科学技术协会，2020-12-18）

2020深圳文化创新十大新势力

创意园里打卡、网上手绘视频、平台直播带货……在这个快速迭代的时代，在2020年这个特殊的年份，科技的进步不仅在改变着经济形态，也在改变着文化创新的模式。在传统的文化机构之外，一股新的创新力量正在崛起，并深刻地改变着我们的生活。新的生活方式带来新的文化消费趋势，重新审视文创的力量，正当其时。以不同的视角寻找深圳文创创新力量，盘点以文化和感性为起点，在信息经济和互联网+的潮流下，在产业融合发展背景下，出现的新行业、新企业、新技术、新现象，去探讨人的创意所能创造的最大奇迹。

1.特效制作转动影视齿轮

从2019年创造了国产动画纪录的《哪吒之魔童降世》到2020年备受期待的《急先锋》《美人鱼2》《姜子牙》，人们从一部部爆款电影中认识了深圳洛克特视效科技有限公司。洛克特是一家服务全球的全流程高端商业化视觉内容服务公司，主创团队2004年进入电影视效制作领域，由中国最早一批视效制作人与好莱坞制作团队联合创办。制作内容涉及电影电视剧、CG动画、游戏片头和文旅夜游等多个领域。随着网剧《扶摇》和电影《哪吒之魔童降世》等一批圈内头部项目的完成，以洛克特为代表的一批影视特效公司正在推动深圳影视行业的齿轮。

2.打造“中国文创第一镇”

周末打卡创意园，正在成为深圳文艺青年新的生活方式。从早年成功的华侨城LOFT创意文化园到正在崛起的甘坑客家小镇，华侨城集团作为国内旅游地产的样板，其旗下华侨城文创投不断引入新的文创项目，成功打造深圳多个特色街区。其中快速发展的甘坑小镇项目，投资500亿元，以创意、管理、资本介入，通过IP文创形象、VR内容科技产业、古镇生态旅游和旧城改造实现产城游一体化。传统遇见未来，打造深圳文创IP旅游新地标，进而成为“中国文创第一镇”。

3.网络直播链接传统文创

怎么把文化创意变成真金白银，是每一位文创从业者都要思考的问题。2020年，如其来的疫情让直播带货火遍大江南北，传统文化创意行业纷纷对接新销售形式，罗湖水贝珠宝集团就是其中代表。罗湖水贝是全国珠宝产业最集中的优势特色产业区域，水贝汇聚了约3500家珠宝品牌，诞生了40多家国内知名的终端及批发品牌，吸引了10多家上市珠宝企业入驻，年产销值超过1000亿元，销售量占全国50%以上。如今对接了抖音和快手直播平台，2020年建全国第一个珠宝类抖音直播基地。

4.文旅融合主题乐园带动全产业链

文旅融合是文化产业升级重要方向，诞生于深圳的华强方特走在了前列。10年内华强方特开出24家主题乐园，2017年华强方特游客量已经一跃成为全球第五，仅次于国际上的迪士尼集团、默林集团、环球影城和国内的华侨城。截至2020年12月28日，华强方特已有24家主题公园开业，不仅在全国遍地开花，还输出到了海外。华强方特形成了以创意设计为核心，辐射主题公园、文化衍生品、特种电影、主题演艺、动漫产品、影视后期等全产业链。

5.线上线下为艺术家服务

从早年的艺术印刷到近年来的艺术品鉴证备案，雅昌成功地从一家印刷企业转型为文化创意企业。雅昌旗下包括雅昌艺术网、艺术家综合服务中心、无线业务、艺术图书出版等模块。雅昌艺术网是全球最重要的中国艺术品专业门户与最活跃的在线互动社区，是获取艺术资讯的首选媒体平台，拥有逾100万专业会员及800万人次日均浏览量。2020年，疫情期间上线的雅昌得藏在线拍上线仅1个月浏览量超3174.4万人次。

6.最专业的数字视觉服务商

科技正在深刻地改变文化生活。总部坐落在深圳市南山区华侨城LOFT创意文化园的数虎图像，是一家专业的创意科技型服务企业，也是国内最专业的数字视觉服务商之一。数虎图像发力视觉创意领域，已经从单一的数字图像技术服务公司成长为专业视觉工程服务商，并积累了大量专利技术，业务涵盖多媒体演艺、数字化展厅、影视动漫等，在北京、上海、深圳、武汉、西安等地设有机构。

7.引领潮流的互联网手绘视频

2020年短视频正在从中国火遍全世界。深圳来画是一家简单易用的手绘视频创作平台，拥有海量的模板素材，用户只需通过简单几步，就能将手绘图片、文字、照片、音乐、声音、手势等素材完美结合，实现丰富的展示效果。来画以技术为驱动，创意为导向，致力于搭建引领潮流的互联网手绘视频生态圈。

8.人工智能辅助城市规划

作为引领新一轮科技革命和产业变革的战略性技术，人工智能在2020年持续火爆。成立于2016年的深圳小库科技有限公司，是一家专注于人工智能在城市规划和建筑设计领域应用的科技公司。小库科技为建筑设计倾力打造出人工智能设计云平台，它集云端SaaS、数据库、小库AI大脑、核心算法四大主要构件于一体，以智能规划、智能单体、小库装备三大产品模块来作为建筑师智能助手，辅助城市规划、建筑方案、开发决策。

9.特色小镇成文化创意新坐标

久负盛名的深圳观澜版画小镇，是中国新兴木刻运动的先驱者著名版画家陈烟桥的故乡。版画村总规划面积达140万平方米，其中中心区面积31.6万平方米，包括版画工坊、国际艺术家村、陈烟桥陈列馆、道路、景观等，未来还将完成版画基地艺术部落、田园畅想、博物馆、配套服务、版画学院教育实习基地、信息传播中心等项目。观澜版画原创基地旨在打造集原创、收藏、展示、交流、研究、培训和产业开发为一体的中国版画事业与产业并进的发展基地。版画工坊是观澜版画基地的原作拓印中心。

10.以精品IP为核心布局手游产业

新生代的成长对于手游产业的发展正在产生深刻影响，不管你承不承认，他们已经成为手游市场的主力军。深圳凯撒文化是国内知名的以手游为主营业务的上市公司，以精品IP为核心，以领先的产业链布局和优质多元的IP储备，在游戏、动漫、影视等核心领域推出大量精品。2020年，公司营收业绩保持稳健。截至2020年12月28日，自研游戏达30余款，拥有许多优质IP资源。先后研发多款精品，包括《火影忍者：巅峰对决》《代号：荣耀》在内的多部作品。

（深圳报业集团《深圳商报》，2020-12-28，记者：梁瑛）

第三章 企业创新

高科技企业复工也有“科技范”

高科技企业是深圳实体经济中的“当家花旦”。正值新冠肺炎疫情防控关键期，深圳高科技企业能否在做好疫情防控工作的同时，有序复工复产，对深圳市打好疫情防控总体战至关重要。据了解，复工复产企业按照疫情防控指引建立健全细致的防疫管理制度，全力保障一线员工配备防护用品，合理布置办公场所人流密度，复工复产也有“科技范”。

“不让风险来，不带风险走”

科技企业是深圳的创新主体，企业安全复工对深圳创新发展重要性不言而喻。据了解，如华为、微芯生物、光启等一批龙头企业均已有序复工，坚持疫情防控和科研生产两不误，在政府引导支持下，发挥科技创新“压舱石”的作用。

据了解，华为公司已迅速发布严密的园区疫情防控管理规定，并利用新ICT技术，高效落实群防群控，“不让风险来，不带风险走”，创造安全的复工环境。

据华为有关负责人介绍，公司快速推出线上每日健康打卡系统。同时，建立疫情防疫知识库，提供园区防疫管控及员工防护专区，并按需开展在线考试。同时，华为实现了风险人员名单与园区门禁系统联动。针对乘坐班车、步行入园、自驾入园的员工，先采用手持体温仪进行测温。

“病毒有多细微，防疫措施就得有多细微”微芯生物领导表示，员工生命安全和身体健康是根本，微芯生物在做好充分防疫工作基础上，通过严格的复工备案指导后，于2020年2月10日正式复工。

据了解，抗疫情期间，微芯生物第一时间成立疫情防控小组，防控小组密切关注国家抗疫相关政策与要求，制定一系列详尽的复工复产制度及操作流程。主要措施包括对办公区域、电梯间、洗手间等重点区域进行定期彻底消杀，同时为每间办公室配备包含酒精和口罩在内的防疫必需品，每日为每位员工发放2个口罩，在办公区域粘贴各类防疫防控宣传标语等。

为保障酒精使用安全，公司在复工前召集各办公室安全员完成线上安全培训；为避免打卡交叉感染，将指纹打卡考勤调整为人脸识别；为方便体温异常员工及时隔离，总部及坪山子公司均设立隔离观察室；为确保防疫物资充足，公司组织化学部员工调配酒精和消毒粉等；为让员工避免接触人群，公司采取远程办公和错峰出行，统一为员工提供午餐盒饭配送。

制度细致完善、物资准备充分、复工计划严密……使码隆科技成为较早复工的一批企业之一。

码隆科技领导表示，公司之前按照规定进行复工报备，向辖区政府提交“企业复产复工备案表”，上报复工时间、防控机制、员工排查、设施物资情况等信息。公司还第一时间准备应急预案和应急物资，比如做好相关的防疫信息登记，减少或取消开会以及就餐等聚集性活动，每天定点消毒。

码隆科技领导表示，鉴于复工期间办公楼人员较集中，公司也很贴心地灵活调整了上下班时间，鼓励员工错峰上下班，也对可能发生的各种情况进行了充分而细致的准备，助力所有防疫单位打好这一仗。

据悉，深圳不少科技企业在政府部门指引下，细化防控措施、备足防疫物资、因地制宜有序复工或做好复工准备，确保复工和防疫两不误。

数字化营运及远程办公“轻车熟路”

光启技术位于深圳观澜的超材料智能工厂，自复工后该工厂一直处于满产状态。

光启有关负责人介绍，超材料市场需求旺盛，2020年上半年是公司2019年订单的集中交付期。随着疫情防控的进展，光启技术在确保公司人员健康安全的基础上，同时也确保各项生产任务和新增研制生产任务的交付进度不受影响。

据悉，光启严格执行上级政府部门关于开展疫情防控工作的指引，员工复工前自我监测，返深后自我隔离14天无相关症状者可分批次有序复工，公司安排专车接送复工后员工上下班，员工进入办公区域前先测量体温，体温合格发放防护口罩进入办公区域。公司安排定期消毒，配备充足的防护服、护目镜、防护口罩、防护手套、洗手液、消毒液等防护用品，保护员工身体安全。

截至2020年2月19日，光启的研制生产能力和建设整体进度未受太大影响。据公司有关负责人介绍，光启深圳银星基地扩产建设项目、深圳阿波罗超材料智能结构及装备研发中心建设项目、顺德新一代隐身技术智能制造基地项目的建设进度短期内受原材料、施工、设备供应商复工时间影响，但整体建设未受影响，会按政府要求和公司规划如期完工。“公司上下坚定信心充分应对，在严格落实全员防控的同时，确保安全生产，有序应对不断增多的研制生产任务，保证超材料装备产品的交付”。

“疫情发生后，为了保障每一位员工的安全，码隆第一时间对内发布远程办公的策略，制定了严密的复工计划并做了相关物资准备” 码隆科技执领导告诉记者，公司其实从2020年2月3日就开启远程办公模式，虽然人在不同地方，但凭借有序的调度和丰富的异地合作经验，保证落地服务的稳定运行，公司一切业务都在正常有序而高效地运营中。

文件存取、部门沟通、项目管理、远程会议……码隆跨国界和跨地区的各个分部已有丰富且长期的协同经验。“远程办公对我们来说尽在掌握，即使不见面也能继续推进我们零售行业解决方案在世界各地顺利落地”。

据了解，越来越多的科技企业已经启动了远程办公状态，不少公司80%以上的工作量都是在远程办公平台上完成，包括公司的ERP系统、报送系统、计划系统以及培训系统等都已经接入到云平台。数字化运营不仅能够最大程度降低损失，还能够转危为机。

“减免物业租金”是利好“及时雨”

疫情当前，深圳及时出台16条纾困措施助企业共渡难关，高科技企业深受其惠。多家受访企业表示，特殊时期，深圳市出台的应对疫情支持企业共渡难关的若干措施，每一条都紧扣实际，切实解决企业面临的各方面问题，为企业在特殊防疫时期，给予及时有效的支持，利于稳定企业生产运营节奏。

深圳青铜剑科技股份有限公司负责人告诉记者，因为疫情推迟复工，公司的运营受到一些影响，但是国外市场的需求情况很不错，这给了公司上下很大的动力。尤其是政府出台的系列惠企措施，更令他们深受鼓舞。

“政府出台的措施很全面，涵盖了防控肺炎疫情、帮助企业纾困、保障市民生活等。对我们来说，最直接的一条就是‘减免物业租金’。因为公司现有办公场地大部分是租用政府产业用房，可以免除2个月租金，仅此一项就‘减负’近百万。”深圳青铜剑科技股份有限公司负责人深有感触地说。

据了解，在防疫指挥部的指引下，青铜剑科技已于2020年2月17日复工。该公司制定了疫情防控工作方案、应急预案，并严格落实执行；及时收集、实时掌握员工行程、身体状况等信息；并采购了充足的口罩、护目镜、手套、消毒液、酒精、灭菌洗手液等防疫物资。

码隆科技领导表示，疫情发生以来，市政府及区政府在全方位开展防疫工作的同时，也对企业的运转和复工等方面给予了非常实际且给力的支持。其中减免物业租金、降低企业住房公积金缴存比例、减轻工商企业用电成本等对企业来说是非常利好的“及时雨”，我们也会继续关注政策的发展与施行，并进行申请工作。

（深圳报业集团《深圳特区报》，2020-02-19，记者：闻坤）

600片柔性屏1500架无人机切换造型美轮美奂 深圳科技元素给春晚增色

央视鼠年春晚昨晚上演，深圳科技元素精彩亮相。来自深圳的高科技企业柔宇科技，其研发的600片超薄“蝉翼”全柔性屏魅力登场，生动呈现出一幅幅小康生活的锦绣画卷。此外，深圳大漠大无人机编队，打造1500架无人机组成的水平动态立体天幕，与舞台舞者融为一体，呈现一场场科技感十足的视觉盛宴。

在央视春晚主会场歌舞节目《锦绣小康》中，除了乌兰图雅、凤凰传奇、杜江、魏大勋、王鸥等一众明星，还有20名演出人员各手持一组柔性屏方格闪亮登场。近4分钟的演出中，柔宇的全柔性屏阵容共完成了20余种动态设计的全同步呈现。3D鼠年专属贺年灯笼、贴春联、挂花灯、气球……还有孩子们萌憨可爱的拜年模样，将零点的节日气氛推向高潮。

这20组共600片全柔性屏变幻显示的视频和图片，可分时切换，也可同步播放和暂停。20余种视频素材在演出人员手中缤纷切换，画面协调一致，完美呼应春晚节目的内容。

柔宇科技有关负责人介绍，此次600片“蝉翼”全柔性显示屏，具有轻、薄、柔、艳、高清等特点，可以像真实树叶一样随风飘动，不仅具有AMOLED的鲜艳色彩，而且拥有大色域、强对比、广视角、高清分辨率。每片柔性屏集成了超过2000万个柔性超精密器件，数百万个柔性集成电路单元，近百种微纳米薄膜材料，是科技与自然的完美融合。

当镜头切换到粤港澳大湾区分会场，宛如一艘巨轮的港珠澳大桥白海豚岛舞台上空，搭载高亮度LED灯的深圳大漠大1500架无人机在空中集结形成方阵，然后如璀璨星河般错落盘旋，上下起伏，缓缓变化成澳门荷花、香港紫荆花、广州木棉花的图案，以及广州塔、深圳平安大厦、港珠澳大桥、香港维多利亚港、澳门旅游塔等地标建筑，代表着新的一年大湾区一片欣欣向荣的美好景象。

深圳大漠大智控技术公司有关负责人表示，依靠1500架超大规模高精度差分无人机编队与大型露天实景舞台和演员近距离互动，展现超大型水平动态立体“天幕”，这种表演要求无人机编队系统有极高的可靠性。本次参演编队系统采用了提升可靠性的多项关键创新技术，实现表演时100%准时率、100%完美升空率、99.99%空中可靠性三项指标。

（深圳报业集团《深圳特区报》，2020-01-25，记者：闻坤）

投2亿攻关疫情防控 加大力度纾困科技企业

调配2亿元防控科研攻关资金、全面开放所需科研资源、抗疫重大贡献的科研人员优先提名科技奖、财政补助免租惠企的孵化器和众创空间……2020年3月2日晚，深圳市科技创新委（以下简称“市科创委”）印发《关于强化科技支撑打赢疫情防控阻击战 促进企业健康发展的若干措施》（以下简称“《若干措施》”）的通知。

据了解，《若干措施》共五部分十六条，从疫情防控科研攻关、提供全方位科研保障、汇聚人才抗疫复产、为科技企业纾困、服务便利化五个方面着手，促进全市各级科技部门、科研机构、科技企业各科技工作者，为打赢疫情防疫阻击战贡献深圳科技力量。

紧急调配2亿元用于科技攻关

“把研究成果应用到战胜疫情的战斗中，把论文写在抗击疫情的第一线”深圳市科创委有关负责人表示，为全面落实党中央国务院、广东省委省政府、深圳市委市政府关于统筹推进疫情防控和经济社会发展的决策部署，充分发挥科技支撑作用，全力支持抗疫情促发展，此次制定《若干措施》，全力支持抗疫情促发展，努力把“两难”变为“两全”。

突出“超常规”方式开展疫情防控科研攻关。《若干措施》提出集中力量实施疫情防控科研攻坚行动。在2020年市财政科技专项资金中紧急调配2亿元，视实际需要可增加调配资金，用于支持开展疫情防控科研攻关。

首次开展悬赏制应急科研攻关。评审实行“主审制”、经费管理实行“包干制”、资助方式实行“赛马式”“里程碑式”“事后资助”“揭榜奖励制”、项目提前完成实行“奖励制”。支持与国内外高校、科研机构、企业联合申报，鼓励香港高校后和科研机构牵头申报，对承担或参与国家和广东省疫情防控科研攻关项目予以配套支持。

最大力度鼓励攻关和宽容失败。《若干措施》提出，疫情防控科研项目不纳入市级科技计划项目限项范围，项目中止或验收不通过不列入科研诚信异常名录。

推动前沿科技投入抗疫一线

“打战离不开保障，科研资源全面开放”深圳市科创委有关负责人表示，《若干措施》聚焦疫情防控所需，突出“超硬核”科研保障打好科技抗疫战。

《若干措施》提出，向开展疾病溯源、药物筛选研究、疫苗、治疗性抗体及检测试剂等研发机构免费开放国家超级计算深圳中心等重大科技基础设施平台。

发挥深圳市科技创新资源共享平台作用，线上公布全市可供防疫使用的分析仪器、计量仪器、诊断仪器等设备清单，建立全市统一的科研仪器调度平台，发挥集中力量办大事的优势，积极建立部门协调机制，开设科研物资进口设备采购的应急协调通道。

此次疫情发生后，众多高科技产品投入一线使用，取得不错的成效。《若干措施》进一步明确发挥深圳科技优势，推动大数据、人工智能、基因检测、云计算等应用于科学抗疫一线，实现医疗协作、疫情预测。

《若干措施》还提出，利用红外图像、深度学习、人脸识别等技术，排查与感染者密切接触人群，采用定位终端设备，协助做好隔离人员管理工作；支持运用无人配送技术参与疫情抗击；采用非接触式申报小程序、可穿戴设备，实现信息登记、体温监测，避免医护人员、工作人员交叉感染。

重大贡献者优先提名科技奖

深圳市科创委有关负责人介绍，为激励科研人员积极投身抗疫战斗，《若干措施》突出“全方位”激励科技人才担当奉献。

《若干措施》提出，对在疫情防控中做出重大贡献的科研人员，优先推荐参评市科学技术奖，优先提名参评广东省科学技术奖或国家科学技术奖。鼓励社会力量设立的科学技术奖，优先奖励在疫情防控中做出重要贡献的科技工作者和科研单位。

对在疫情防控中做出重大贡献的科研团队和人员，在包括高层次人才团队和优秀科技创新人才培养在内的人才专项中优先予以支持。

为汇聚人才力量助力抗疫复产，《若干措施》创新外籍人才用工方式。提出疫情期间允许在深圳市高等院校、科研院所、知名企业工作的外国高端人才（A类）经工作单位同意后以非全日制用工形式在深圳市其他单位工作。

放宽语言类外教母语国要求、外国人来深工作年龄限制、工作许可有效期，获得世界知名大学学士及以上学位的应届外国毕业生，在深圳市高等院校（含港澳地区的高等院校）获得学士及以上学位的应届外国留学生，可直接申请工作许可。

鼓励科技孵化载体减免租金

疫情当前，小微企业生存压力凸显，减免租金成了实实在在的帮扶措施。深圳市科创委有关负责人表示，《若干措施》加大惠企支持力度缓解经营压力，进一步落实租金减免政策。

《若干措施》提出，对租用市科技行政主管部门管理的政府物业的非国有企业、科研机构、个体工商户，免除2个月租金。

鼓励科技企业孵化载体为入驻企业和创业团队减免租金。对在疫情防控期间免租金额前50位的市级（含）以上孵化器和众创空间分别给予最高30万元和20万元的补助，补助比例不超过实际减免租金的50%。

《若干措施》加大科技创新券支持力度。科技创新券全年预算额度翻番，大力支持科技型中小企业充分利用资源开展科技研发活动。

强化科技金融支持。《若干措施》鼓励合作金融机构提供低息（费）的资金支持，对原委托全贴息转贷项目和原银政企合作项目允许延迟还款。建立重点科技企业服务制度，实施“一企一策”协调解决企业研发所需防护设备、物资、研发材料供应等问题。

科技项目审批全过程“不见面”

疫情期间，如何让科技管理服务便利化，减少人员接触带来的感染风险，科技主管部门突出“不见面”机制做好科技管理服务。

《若干措施》提出，疫情防控期间，项目申报、过程管理、结题验收等项目管理业务全流程实行网上办理，确有必要提交纸质材料的，待疫情结束后按规定补交。用人单位办理外国人工作许可证转聘、延期、变更、注销业务一律采取不见面审批。

提供技术合同认定登记的邮寄服务。因受疫情影响无法按期提交验收申请的，允许项目承担单位申请最长6个月的延期验收。

开展“科技暖企”行动。《若干措施》建立重点科技企业服务制度，实施“一企一策”协调解决企业研发所需防护设备、物资、研发材料供应等问题，助力企业复工复产。利用“互联网+”开展高新技术企业认定。

（深圳报业集团《深圳特区报》，2020-03-04，记者：闻坤）

王伟中陈如桂调研新冠肺炎防控科研攻关工作并召开座谈会

2020年3月10日，深圳市委书记、深圳市新冠肺炎防控领导小组（指挥部）组长（总指挥）王伟中，深圳市市长、市新冠肺炎防控领导小组（指挥部）常务副组长（常务副总指挥）陈如桂到中科院深圳先进院及南方科技大学调研新冠肺炎防控科研攻关工作，并召开专家座谈会，代表深圳市委、市政府向全市奋战在科研攻关一线的广大科技工作者和医务工作者表达崇高敬意和衷心感谢。王伟中强调，要深入学习贯彻习近平总书记关于疫情防控特别是新冠肺炎防控科研攻关工作的重要讲话和重要指示精神，把新冠肺炎防控科研攻关作为一项重大而紧迫任务，集中优势力量全面加强疫情防控科研攻关，为战胜疫情贡献深圳先行示范区的科技力量。

疫情发生以来，中科院深圳先进院共有17支团队投入科研攻关，涉及大数据防控、药物研发筛选、快速检测等方面。听取疫苗研发、合成生物研究设施、人工智能药物筛选平台等情况介绍后，王伟中说，防疫战也是科技战，要尽快研制出安全有效的疫苗、药物、检测技术和产品，全力满足抗击疫情需要。要针对“卡脖子”问题开展精准攻关，努力实现关键高端医疗装备自主可控。

随后，王伟中一行来到南科大生物实验室和冷冻电镜创新研究中心，了解护目镜防雾湿巾研制应用以及AI驱动的新冠病毒传播感染建模和预测模拟平台研发进展情况，听取电镜中心与市第三人民医院合作开展新冠病毒扩展纯化技术和真实形貌分析项目的情况介绍，寄望南科大继续加大科研攻关力度，加强与科研院所和企业联合攻关，强化科研、临床合作，推进科技协同创新，不断取得新突破。

在随后召开的座谈会上，深圳大学副校长张学记，深圳市第三人民医院院长刘磊，深圳市中医院副院长、教授李惠林，深圳市第三人民医院肝病研究所教授张政，中科院深圳先进院合成生物学研究所所长刘陈立，深圳华大生命科学研究院院长徐讯6位专家，结合自己的岗位专业和研究方向，介绍了科研与临床研究结合、药物和疫苗研发、病毒学和免疫学诊断、前沿技术科研攻关、中西医结合救治、快速检测等方面研究进展，并提出意见建议。王伟中与陈如桂边听边记，不时与大家交流。

王伟中充分肯定疫情发生以来，深圳市科研团队和专家队伍争分夺秒开展科研攻关所取得的重要阶段性成果。他强调，要深入学习贯彻习近平总书记重要讲话和重要指示精神，把疫情防控科研攻关作为一项重大而紧迫的任务抓紧抓实抓好，充分发挥深圳高新技术产业发展是全国一面旗帜的优势，为打赢疫情防控人民战争、总体战、阻击战作出深圳贡献，体现深圳先行示范区的担当作为；要充分发挥专家团队和专业队伍的重要作用，全力开展疫情防控科研攻关；聚焦重点项目关键课题持续攻关，及时总结优化诊疗方案，推进多种技术路线疫苗研发，深化病毒溯源及其传播途径研究，加强疫病防控和公共卫生科研攻关体系建设，尊重科研规律，坚持质量第一、安全第一，为维护人民群众生命安全和身体健康作出新的更大贡献；要充分发挥深圳科技创新优势，加快建设生物医药强市；加大力度推进公共技术平台建设，推进科研仪器和科研信息开放共享，助推科创型企业加快成长；推动生物医药领域产学研深度融合，加强知识产权保护，多措并举助推科研成果产业化，健全完善“基础研究+技术攻关+成果产业化+科技金融”全过程创新生态链；加强生物医药人才队伍建设，以好平台聚才，以好机制为人才赋能；进一步深化科研体制改革，全面推行符合科研规律的项目形成机制、评审方式、评价机制；要加强国际科研交流合作，强化与港澳联合攻关，密切跟踪国际科研动态，深化经验交流，加强科研合作，争取早日用科技力量战胜疫情，为构建人类命运共同体贡献智慧。

陈如桂在主持时强调，深圳市委市政府将全力支持深圳高校、科研机构、企业在疫情防控、生物医药、生命科技等领域进行科研攻关，充分发挥综合性国家科学中心、国家感染性疾病临床医学研究中心等平台优势，进一步加强疫病防控和公共卫生科研攻关体系和能力建设，努力产出更多高质量的防控科研成果，为打赢疫情防控阻击战提供强有力的科技支撑。

深圳市领导高自民、裴蕾、艾学峰参加调研。

（深圳报业集团《深圳特区报》，2020-03-11，记者：綦伟）

工行深圳市分行金融科技助力企业复工复产

为应对疫情，工行深圳市分行为助力企业顺利复工复产上线“人员健康信息管理系统”，以金融科技力量支持企业恢复生产经营。截至2020年3月13日，工行已免费为深圳地区超过50家企业成功上线该系统，有效解决了企业人员健康信息管理难题，保障企业安全有序复工。

企业在推进复工复产过程中面临到岗人员增多、人员管理及疫情防控难度加大等难题，“人员健康信息管理系统”能解决防疫时期公共场所防控人力不足和信息传递精准度低的痛点。据工行相关工作人员介绍，该系统免费提供给企业使用且无须企业再次开发，可帮助复工企业实时掌握员工健康情况，避免线下接触，减少交叉感染风险。截至2020年3月上旬，已上线该系统的企业涉及院校、制造业、电商等多个行业，适应多场景应用需要。

工行深圳辖内坪山支行1天内为某塑胶制品企业上线系统，解决企业近200名员工健康信息登记难题。同期，工行深圳布吉支行为6家企业实现系统上线，并生成企业专属二维码，帮助上线企业完成员工个人信息登记及生成电子通行码，实现人员出入扫码管理，企业疫情防控能力得到提升。

防疫特殊时期工行不断升级线上金融服务，加强产品创新，除了推广“人员健康信息管理系统”外，还推出“银校通”“党费云”“工银e缴费”“赛博云”等重点产品满足疫期企业复工复产需要以及个人生活便利。

自疫情发生以来，工行深圳市分行坚决履行国有大行社会责任和使命担当，推出系列针对性措施和应急应对方案，从线下网点消毒，简化业务流程，开辟绿色通道，到线上金融服务功能升级和产品创新；从加速政策响应和业务审批，到支持企业生产运转和技术研发;从降低融资成本，降息减负，到主动政策扶持，加强抗疫相关企业和中小微企业信贷支持。

（深圳报业集团《深圳特区报》，2020-03-13，记者：柳文力 李光生）

深圳先进院：引领新型科研机构自主创新的新旗帜

四十载惊涛拍岸，九万里风鹏正举。

2020年是深圳经济特区建立40周年，也是建设粤港澳大湾区和中国特色社会主义先行示范区的关键之年。面对重大历史机遇，充分释放“双区驱动效应”，深圳坚持把创新驱动发展作为城市发展主导战略，不断增强发展活力、动力、创新力，引领经济在高质量发展道路上行稳致远。

围绕“双区”建设，深圳培育出的一批新型科研机构成为重要驱动力。从一二十年前，深圳清华大学研究院和中国科学院深圳先进技术研究院（后文简称“深圳先进院”）先后落户，到鹏城实验室、深圳湾实验室、华大基因研究院等遍地开花。目前，深圳的省级新型科研机构已达46家。

它们不仅是源头创新的生力军，夯实深圳综合性国家科学中心根基，更是推动产业发展的“加速器”。以深圳先进院为代表的新型科研机构，通过体制机制创新、基础源头创新、产业协同创新，不断完善“基础研究+技术攻关+成果产业化+科技金融”全过程创新生态链，打造华南智力高地，推动创新成果快速走向市场，成为区域创新的重要源头，逐步走出一条科技创新引领高质量发展的新路径。

突破传统体制机制 激发科研机构创新活力

从最初5人团队发展到3000余人规模，从以集成技术为主，到布局人工智能、脑科学、合成生物学、材料学等前沿科学领域，孵化企业达968家，专利申请总量达8706件，累计输出人才1.3万，扎根深圳13年的深圳先进院是新型科研机构的典型。深圳先进院的飞速发展，离不开其作为新型科研机构在体制机制创新上取得的突破。

不同于传统科研机构，新型科研机构大多采取理事会领导下的院长负责制，理事会由政府和发起单位共同组成。深圳先进院就由中国科学院、深圳市政府、香港中文大学三方共建而成。

“共建三方在深圳先进院发展过程中提供了强有力的人才及管理支撑，而深圳先进院也将持续发挥纽带作用，一方面打造大湾区创新枢纽，另一方面搭建中科院与深圳市的合作桥梁”深圳先进院院长樊建平表示。

在运营方式上，深圳先进院坚持事业单位企业化运作，设立末位淘汰制度，改变以往给人才贴“永久牌”的评价机制，实现能上能下且能进能出的流动性。

“与传统科研机构固化的人力资源状况有所不同，深圳先进院近三年每年人才流动率保持在15%至18%，既保障了先进院人才队伍的创新活力，又以科技人才输入的形式反哺上下游产业经济发展”樊建平说道。

管理模式上，高校和传统机构大多实行学术团队制，强调自由探索，“慢工出细活”，而深圳先进院则实行中心制，强调团队攻关。“特别是面对大型的战略研究课题，深圳先进院科研组织多个研究中心同时攻关，形成学科交叉和集成创新的优势”。

正是通过体制机制的改革，遵循市场发展规律，深圳先进院这类新型科研机构逐渐打造出独具特色的研、学、产、资四位一体的“微创新体系”，在产业合作、科技服务、成果孵化等探索中不断释放出科研力量，迸发创新活力。

面向国际前沿学科领域 补齐基础研究“短板”

科技创新有个“玉米论”——大家都想吃爆米花，如果不去种玉米，哪会有爆米花。唯有强化基础性科学研究，才能为科技创新发展提供内生原动力。

“基础研究的重要性不言而喻，但这长期以来是深圳的短板”深圳市科技创新委员会相关负责人表示，短板主要表现在基础研究布局与投入不足，缺少高水平大学、科研院所及创新载体等。

2020年1月21日，科技部、发改委、教育部等国家五部委联合印发《加强“从0到1”基础研究工作方案》，全面加强基础科学研究，并确定深圳正式成为综合性国家科学中心。

布局高水平研究平台，就是为科技创新“种玉米”。该负责人表示，根据方案，深圳将支持一批基础研究机构建设，大力培育集科学发现、技术发明、产业发展“三发”一体化的新型研发机构。

事实上，以深圳先进院为代表的新型科研机构的兴起，不仅有效地填补了深圳基础研究资源的先天不足，也为深圳培育发展新型科研机构提供经验和启示。

成功制备新型模拟人类自闭症的非人灵长类动物模型；以定量公式揭示生物迁徙进化策略；原创大分子新药AS1501获得临床批件；研制出140纳米超分辨3D活体生物光学显微镜；自主研发的超薄芯片临时键合胶材料替代美国进口……仅2019年，多项重量级科研成果在深圳诞生。

这些产出于深圳先进院的重大成果或见刊于包括《自然》在内的国际顶级学术期刊，或打破“卡脖子”技术，应用于磁共振成像系统等“国之重器”，助力国际前沿学术舞台上不断发出“深圳声音”。

“发力源头创新要抓住代表未来的突破性技术发展机遇”在樊建平看来，深圳必须以建设综合性国家科学中心为契机，向国际尖端创新发力，未来在核心技术和核心价值创造上占得先机，掌握市场的话语权。

瞄准突破性技术，深圳先进院着力融合信息技术（IT）与生物技术（BT），重点布局机器人、生物医药、大数据、脑科学、合成生物学、材料学等领域，2019年共发表论文1461篇，其中CNS系列文章14篇，自然指数上升至23.45，在深圳市科研机构中位居第一；新申请专利1515件，PCT324件，授权665件，在中科院体系中排名第一；为夯实深圳综合性国家科学中心根基和全面加强基础科学研究提供支撑。

“深圳先进院是中国科技研究的一个亮点”中国科学院院士苏国辉高度评价称，它关注国家需求，重视战略研究，着力填补短板，因此技术十分前沿，总的来讲，供给高端创新资源，为我国的整体科技发展发挥了非常重要的作用。

搭建高质量平台 厚植“人才森林”

深圳向来高度重视人才引进工作，在深圳先进院“三个一流”的建院目标中，“人才一流”被列在首位。作为深圳先进院的“人才伯乐”，樊建平不遗余力多次组队到海外招聘，以确保博士员工60%以上从海外引进，形成高端科技人才的聚集效应。

深圳先进院坚持“但求所用，不求所有”的人才观，通过设立“高级访问学者”岗位，吸纳知名学者非全时工作。截至2020年4月1日，在院兼职的客座教授217位，与全时中青年骨干、优秀的年轻博士、学生组成三级人才梯队，在学科把握、队伍建设、人才评价等方面起到了很大的引领作用。

“先进院就好比一个花园，人才就像种子，资金和管理加起来也不如种子的作用重要。如果种子就是灌木种子，怎么长得成参天大树呢？”在樊建平的理念中，深圳先进院要打造的是一片人才“森林”，找到“好种子”尤为重要。

2019年，深圳先进院新引入全职院士2人，“杰青”3人，新获批“优青”4人。截至2020年4月，人员规模已达3364人，其中“海归”超600名，博士后在站人数达552人，中科院体系排名第一。值得一提的是，深圳先进院已连续三年获得深圳市“人才伯乐奖”。该院副院长郑海荣获得深圳市科技奖最高荣誉“市长奖”，使深圳先进院成为第一个两次获得市长奖的单位。

高质量平台及创新载体为人才创造施展才干的机会。2019年深圳先进院新增5项省部级科研载体，包括中科院定量工程生物学重点实验室及中科院脑联结解析与调控重点实验室。牵头建设深圳市“脑解析与脑模拟”“合成生物研究”两项重大科技基础设施已在光明科学城破土动工。

此外，依托深圳先进院建设的中国科学院深圳理工大学（暂定名，以下简称“中科院深理工”）将成为下一个聚集人才的“强磁场”，首场招聘会便吸引了近百名教授学者，建成后将以“三院一体”模式，为国家培养国际化、创新型、复合型领军人才。

协同产业转型升级 解决“两张皮”问题

对于深圳战略性新兴产业发展，新型科研机构的驱动作用也十分明显。由于新型科研机构投管分离、独立核算、自主经营、自负盈亏，其科研成果必须面向市场，加快新技术的产业转化，因此迅速地拉动了深圳传统行业的转型升级，同时有效解决了科技与产业脱节的“两张皮”问题。

当中，“国有新制”模式下的深圳先进院发挥了综合性科研机构和公共研发服务平台的功能，在协同产业创新方面成效显著。据统计，2019年深圳先进院与产业界合作项目金额达6.95亿元，累计合作金额达19.74亿元，其中不乏华为、商汤、中广核等龙头企业；新增孵化企业209家，累计孵化企业达968家，其中包括上海联影及中科乐普在内的行业“独角兽”；新增持股企业38家，累计持股263家，占股部分目前总估值达76亿元。

“企业与科研院所联合培养博士后，是企业建设研发能力的捷径。在企业设立博士后流动站，与企业共建联合实验室成为深圳先进院帮助民营经济转型升级的重要抓手”樊建平介绍道。

截至2020年4月1日，深圳先进院已与包括比亚迪和深信服在内46家企业建立稳定合作关系，累计联合招收博士后118人，累计共建联合实验室102家，通过共同建立实验平台及双导师培养机制，持续为企业输送高端人才。

行业协会是连接研发与产业的重要纽带，深圳先进院积极投入行业协会及产业联盟建设。10年前由深圳先进院牵头建设的深圳市机器人协会，如今会员企业近500家，产值近1000亿元，已发展成为国内机器人领域会员个数和产值规模最大的地方性协会。

面向新兴产业，2019年深圳先进院还牵头成立了深圳市人工智能学会、粤港澳大湾区先进电子材料技术创新联盟、深圳市脑认知脑疾病学术与产业联盟、亚洲合成生物学协会，构建起学术与产业间的桥梁。

中国科学院院士张旭评价称，深圳先进院10多年来形成了很有特色的研究方向，特别是在与产业发展结合方面成绩突出，许多产业核心技术研发走在前面。“深圳先进院在很多领域的研究目标明确且转化能力高，符合建院定位和对区域发展的作用，可以说不负众望”。

自1996年首个新型科研机构在深圳试点至今，已过去24个年头，在探索体制机制创新、科研领域创新、产业协同创新上，新型科研机构建设已逐步形成“深圳模式”。2019

年9月，科技部印发《关于促进新型研发机构发展的指导意见》的通知，鼓励设立科技类民办非企业单位。这意味着发源于深圳且实践于深圳的新型科研机构模式已经得到高度认可，先行示范区的首个示范样本已初现蓝图。

（深圳报业集团《深圳特区报》，2020-04-01，记者：文坤 丁宁宁 严偲偲）

南方科技大学参与援建智慧教室
助力多国高校在线教学

在全球抗击新冠肺炎疫情关键时期，各国院校开展在线教学，有效避免了青年学子因疫情造成学习中断。2020年初，包含南方科技大学和联合国教科文组织高等教育创新中心（中国深圳）在内的教育机构共建的智慧教室在拉合尔工程技术大学（巴基斯坦）、艾因夏姆斯大学（埃及）、吉布提大学（吉布提）和金边皇家大学（柬埔寨）相继落地投入使用。

据了解，智慧教室拥有先进的互动教学录播系统，支持多机位课程录制和后期制作，并配备有专门的学习管理系统以及课堂互动系统，已建成的智慧教室项目有力地促进了当地在线教学水平的提升，为疫情期间各国学子的学习带去便利。

2019年底建成的巴基斯坦智慧教室项目落地在拉合尔工程技术大学的计算机科学学院，将作为该国信息通信技术应用促进高等教育创新顶层设计的典范。巴基斯坦旁遮普省高教委主席Fazal Ahmad Khalid教授提出，该省高教委将继续扩展项目，将旁遮普省其他高等院校都配备智慧教室，实现资源的共建共享。

在吉布提，联合国教科文组织高等教育创新中心于2020年1月在吉布提大学完成部署了吉布提有史以来的首个智慧教室，高等教育研究部部长Nabil Mohamed Ahmed率领官方代表团见证了智慧教室的启用。高等教育创新中心还为吉布提大学的IT人员及教师提供了多轮培训，带他们参观并操作智慧教室设备，并演示了智慧教室硬件及软件的操作、如何对教学资源进行录制和编辑、如何在讲座中利用内置的学习管理系统进行辅助等。而在柬埔寨，分管教育的副国务卿H.E.Sann Vathana一行专程参观了位于金边皇家大学的智慧教室，并称赞该智慧教室是柬埔寨ICT与高等教育结合的最佳实践契机。

据了解，由南科大、联合国教科文组织高等教育创新中心和中国优秀教育信息化企业携手共建的智慧教室还计划在科伦坡大学（斯里兰卡）、亚的斯亚贝巴大学（埃塞俄比亚）、蒙古科技大学（蒙古）、内罗毕大学（肯尼亚）、马克雷雷大学（乌干达）、艾哈迈德·贝洛大学（尼日利亚）和冈比亚大学（冈比亚）等相继落地。

联合国教科文组织高等教育创新中心2016年在深圳揭牌成立，是联合国教科文组织在亚太地区设立的唯一专注于高等教育的二类中心。为响应“一带一路”倡议，支持发展中国家高等教育发展，提高教育质量、促进教育公平，该中心充分发挥信息通信技术的潜力，依托南科大优秀师资力量，联合中国优秀企业，与亚非国家当地顶尖大学展开合作。

（深圳报业集团《深圳特区报》，2020-04-01，记者：韩文嘉 通讯员：王站嘉）

深圳PCT国际专利申请全国十六连冠 7家深企闯入国际专利申请50强

世界知识产权组织（WIPO）2020年4月7日发布2019年专利、商标、工业品外观设计国际注册数据，7家深圳企业闯入国际专利申请50强，华为连续3年居企业申请人榜首。记者2020年4月9日从深圳市知识产权局了解到，深圳PCT国际专利申请已连续16年全国城市排名第一，占全国总量30.63%，占广东省总量70.61%，创新驱动优势明显。

世界知识产权组织数据显示，2019年，中国超过美国成为提交国际专利申请量最多的国家。华为技术有限公司以4411件PCT国际专利申请排名第一。国际专利申请50强中，深圳占据7席，较上年增加两家，包括平安科技（1691件，第8位）、中兴通讯（1085件，第18位）、大疆创新（874件，第23位）、华星光电（654件，第31位）、腾讯（485件，第43位）和深圳传音控股（476件，第45位）。

据深圳市知识产权局知识产权促进处负责人介绍，2019年全市PCT国际专利申请1.75万件，智能制造业申请量增势明显。在深圳申请量排名前20位中，有4家企业新晋上榜，分别是TCL华星光电（液晶显示器件）、欢太科技（互联网技术开发）、光峰科技（激光显示）、雾芯科技（电子烟）。

深圳企业一直坚持以包括专利在内的知识产权“利器”积极布局国际市场。2019年，深圳的创新主体在美、欧、日、韩的发明专利公开量分别为7308件、7636件、897件、988件，以较大优势位列全国各大城市第一名。华为在上述四个国家（地区）中发明专利公开量均为深圳市首位。

2019年美国公开量排名中，深圳位居前六的申请人分别是华为、腾讯、TCL华星光电、大疆创新、中兴通讯、惠科股份。其中TCL华星光电的增长率最高，达305.06%；惠科股份的美国公开专利量也较上一年度增长了2倍。截至2019年底，深圳的美国公开专利被引用数排名第一的是华为的网络设备专利。被引用数最高前十名当中，华为的专利占据一半。

据悉，对比重点国际创新城市（国家），2019年深圳的PCT国际专利申请公开量仅次于日本东京，大幅领先硅谷、纽约、以色列。

（深圳报业集团《深圳特区报》，2020-04-10，记者：何泳）

科技企业可望实施“同股不同权”

在深圳注册的科技企业，可望实施“同股不同权”，给企业创始人更好保护。2020年4月28日首次提请市人大常委会会议审议的《深圳经济特区科技创新条例（草案）》突破了上位法，在股权设置中作出重大创新规定。

对基础研究加强财政投入

此次立法将基础研究作为重点，进行了重要制度创新。一是对基础研究加强财政投入。《条例（草案）》在全国率先以立法形式固定财政对基础研究的投入，规定投入比例不低于财政科技专项资金的30%，保证财政持续稳定支持基础研究。

二是突出国家级重大基础设施建设。首次在立法中规定长期稳定推进深港创新合作区、光明科学城、西丽湖国际科教城、鹏城实验室等国家级重大科技创新载体平台建设，推动重大科技基础设施建设与交叉前沿研究深度融合。

三是构建多元化基础研究投入机制。发挥企业和社会力量在基础研究中的作用，通过立法支持企业独立或者联合高等院校和科研机构承担基础研究项目，通过税收扣除等方式，引导企业和社会力量加大科技创新投入。

职务科技成果所有权可归属个人

科技成果转化是加速创新驱动发展的重要引擎。当前，我国《合同法》《专利法》《科技成果转化法》等法律规定“职务发明创造”或“职务科技成果”属于单位所有，科研人员不能取得成果的所有权，这也影响着科研人员对于成果转化的积极性。

《条例（草案）》以特区法规固定以事前产权激励为核心的科技成果权属改革。科研人员执行单位工作任务形成的职务科技成果，所有权归属于单位。主要利用本单位的物质技术条件所完成的科技成果，由双方约定，没有约定的，所有权归属于科研人员。

在成果转化收益分配上，高等院校和科研机构利用财政性资金形成的科技成果转化收入全部留归本单位。单位应当将科技成果转化净收入的百分之七十以上，用于奖励完成或转化该技术成果做出重要贡献的人员。

确立“同股不同权”制度

阿里巴巴、京东、小米等企业为何选择境外上市？股权差异安排是重要原因。我国《公司法》规定，公司实行“一股一权”“同股同权”制度。大部分科技企业在创业之初，创始股东拥有技术，但公司注册资本较小，随着之后多次的股权融资，创始股东的持股比例不断稀释，有失去公司控制权的风险。美国等提供“同股不同权”制度安排的资本市场，往往更受新经济和新科技企业的青睐。

同股不同权，也就是我们平常所说的AB股权架构，每份B股拥有的表决权数量为每份A股的数倍，能够避免公司上市后的控制权稀释，契合新经济公司上市诉求。

《条例（草案）》确定了“同股不同权”制度，规定在深圳注册的企业可以设置特殊股权结构，在普通股份之外，设置拥有大于普通股份表决权数量的特别表决权股份，并允许该类公司在深交所上市交易。

据了解，“同股不同权”制度能够保证科技企业原始股东以较小的持股比例继续对公司享有控制权，防止恶意收购，将有力地吸引全球创新人才和资源，激发科技人员到深创业及引进资本的积极性，对深圳的科技创新具有重要意义。

部分前沿项目须签科研伦理承诺书

近年来，随着包括基因工程和人工智能在内的科学技术的发展，也带来了科研伦理的挑战。

《条例（草案）》规定，从事科技创新活动，应当遵守科研伦理准则。财政性资金设立的科技项目涉及生命科学、医学、人工智能等前沿领域或对社会、环境具有潜在威胁的科技创新活动，项目负责人应在立项前签订科研伦理承诺书。从事涉及人的生物医学科研和实验动物生产和使用的单位，应当按照国家相关规定设立资质合格的伦理委员会，对相关科研活动加强审查和监管。

（深圳报业集团《深圳特区报》，2020-04-29，记者：李舒瑜 周元春）

深圳科技型企业已超过3万家
国家级高新技术企业总量全省第一

2020年6月5日，深圳市2020年高新技术企业认定和培育入库申请正式启动，科技企业可以登录深圳市科技业务管理系统在线申请。

从已发布的高新技术企业认定和培育入库申请指南中获悉，在深圳市或深汕合作区内依法注册且具有独立法人资格的企业，注册成立一年以上，均可以申请高新技术企业培育入库和高新技术企业认定。

网上受理时间为2020年6月5日至2020年6月26日。2020年7月11日，深圳市科创委员会启动2020年第二批高新技术企业认定和培育入库网上受理。

深圳还加快实施国家高新技术企业培育计划，除了对通过认定的国高企业给予奖励性补助外，还建立国高企业培育库，并按一定比例资助入库企业的研发支出。

2020年6月1日，深圳市科创委公布2019年度企业研究开发资助计划第一批拟资助企业名单，比亚迪、腾讯、大族激光、中兴通讯等10236家高新技术企业拟获得277847．4万元研发资助。

截至2020年6月6日，深圳拥有科技型企业超过3万家，通过深入实施国家高新技术企业培育计划，深圳的国家级高新技术企业总量超过1．7万家，居广东省第一及全国大中城市第二。

（深圳报业集团《深圳商报》，2020-06-06，记者：王海荣）

华为在英国建光电子研发与制造基地

华为公司2020年6月25日宣布，该公司在英国剑桥的园区项目第一期规划已获得当地政府批准，相关设施将主要用于光电子的研发与制造。

据华为介绍，华为剑桥园区位于高科技企业云集的英国剑桥“硅沼泽”腹地。一期规划用地9英亩（约合3.6公顷），设施建筑面积达50000平方米，投资规模预计为10亿英镑（约合12亿美元），带来400多个工作岗位，落成后将成为华为海外光电子业务总部。

华为表示，一期规划将聚焦光器件和光模块的研发与制造，通过集研发制造功能于一体，以加速产品研发和商业化进程，更高效地将产品推向市场。光电子技术是光纤通信系统的一项关键技术，华为在英国的这项重大投资旨在推动相关技术应用于全球数据中心和网络基础设施。

华为公司领导在一份声明中表示，英国具有开放的市场环境和一流的人才，因此华为选择在剑桥建设光电子业务的研发与制造基地。华为计划将其打造成英国领先的产学研一体的光电子研究创新平台，推动光通信技术的发展和全球应用。华为将依托该基地继续加强与高校和研究机构的合作，支撑英国的“工业战略”，助力英国光电子技术持续领先，促进“英国技术”在全球的应用。

据介绍，截至2020年6月25日，华为在英国有1600名员工，并且为英国所有大型移动网络和宽带网络服务提供商供应网络设备。

（深圳报业集团《深圳特区报》，2020-06-27，记者：张家伟）

深圳今年前5月新设外企1611家

利用外资情况是检验改革开放和经济发展成果的重要指标之一。深圳市商务局（以下简称“市商务局”）昨天发布的数据表明，深圳迄今仍是全国乃至全球范围对资本最具吸引力的热土之一。2020年前5个月，深圳克服新冠肺炎疫情影响，成功吸引合同外资60.14亿美元，新设外商投资企业1611家，实际利用外资25.05亿美元。

外商投资企业既是深圳改革开放和特区发展的受益者，也是深圳经济和社会发展的贡献者。尽管外商投资企业仅占深圳全部商事主体的约2%，但对深圳经济发展贡献巨大，近年来每年可创造深圳约1/5的GDP、40%的进出口贸易、近30%税收，成为经济社会发展的重要组成部分。

深圳市商务局负责人表示，包括众多世界500强的高管在内，外国客商普遍认可深圳的营商环境，看好深圳的投资前景，不断追加在深圳的投资，且投资方向越来越向高技术和高附加值的高端领域挺进。

近十年来，在深圳落地生根的重大外资项目招商成果可谓数不胜数，包括韩国三星通信技术研究院、美国英特尔全球智能设备创新中心、摩根大通银行深圳分行、高通深圳创新中心、德国思爱普大中华区南方总部、美国苹果深圳研发中心、法国空客中国创新中心、英国Arm科技中国总部、开泰银行（中国）有限公司、瑞士雀巢深圳研发中心、德国莱茵TüV集团全球无线及物联网测试认证中心、爱尔兰埃森哲全球创新研发中心、美国波士顿咨询亚太区数字化中心、瑞士ABB集团全球开放创新中心、法国赛诺菲疫苗创新中心等高端项目。

从数据可以得出外资对深圳的偏好程度。该负责人介绍说，截至2020年5月底，深圳累计批准外商直接投资项目94168个，累计吸收合同外资2944.41亿美元，累计实际利用外资1159.91亿美元。世界500强企业中，已有290家在深投资。

由于新冠肺炎疫情和外部经贸形势对深圳经济工作产生了一定影响，如何进一步推动外资大项目落地，扎实做好稳外资工作，确保实现全年实际利用外资增长目标，是深圳当前和未来一段时间如何做好外资利用工作的重点。“我们将抓住《外商投资法》实施的重大机遇，积极调整外资工作方向，稳步推进全市外资工作转型”该负责人透露，深圳市将稳定外商投资存量，加强存量外商投资企业的调研摸排，开展《深圳经济特区外商投资促进保护条例》立法调研，进一步创新深圳市外商投资企业权益保护机制，为外商投资企业提供更好的权益保障。同时，提振外商投资信心，通过举办日本、中国香港、欧美企业专项投资促进活动，加强深圳营商环境的国际国内推介力度，并统筹全市项目资源，开展市区联合招商行动，力求实现外商投资项目数量和质量的“双提升”。

据了解，深圳市商务局联合各有关部门，进一步发挥政策吸引外资的作用，大力推动国发23号文、广东省外资十条、深圳市利用外资若干措施等一系列政策扎实落地，指导企业用足用好各项惠企政策，保障内外资企业同等待遇，实现外资稳存量及促增量。

（深圳报业集团《深圳特区报》，2020-07-21，记者：张程）

2020年度国家科技奖初评结果出炉
深圳14个项目通过初评

2020年8月3日，国家科学技术奖励工作办公室正式公布了2020年度国家科学技术奖的初评结果。据统计，共有14个深圳通用项目初评通过，包括技术发明奖和科技进步奖两大奖项。其中，建议初评等级为技术发明一等奖1项，技术发明二等奖4项，科技进步一等奖3项，科技进步二等奖6项。

据了解，本年度初评通过46项国家自然科学奖项目、47项国家技术发明奖通用项目、133项国家科学技术进步奖通用项目。专用项目另行公布。

领军企业继续领跑。作为全球领先的ICT产业巨头的华为，2020年度有3个项目通过初评，彰显强劲创新实力。其分别为“超高清视频多态基元编解码关键技术”“物联网系统数据安全关键技术及应用”“超大容量智能骨干路由器技术创新及产业化”项目。其中，“超高清视频多态基元编解码关键技术”建议初评等级为技术发明一等奖。

在通信组，中兴通讯主持完成的“宽带移动通信有源数字室内覆盖QCell关键技术及产业化应用”项目初评等级为技术发明二等奖。

中海石油（中国）有限公司深圳分公司此次有2个项目通过初评，分别是“海洋深水浅层钻井关键技术及工业化应用”“海洋深水钻探井控关键技术与装备”项目。

创新企业作为主体彰显创新活力。迈瑞参与完成的“血液细胞荧光成像染料的创制及应用”项目，初评等级为技术发明二等奖。比亚迪主持完成的“高性能电动汽车动力系统关键技术及产业化”项目，初评等级为科技进步二等奖。

此外，深圳市得润电子股份有限公司和深圳镭神智能参与的项目也获初评通过。得润电子参与完成的“LED封装用高性能高分子材料合成与加工应用产业化成套技术”项目，初评等级为科技进步一等奖。镭神智能参与完成的“厘米级型谱化移动测量装备关键技术及规模化工程应用”项目，初评等级为科技进步二等奖。

新型科研机构和高校作为重要创新力量创新成果颇丰。其中，中科院深圳先进技术研究院与联影等合作完成的“高场磁共振医学影像设备自主研制与产业化”项目，初评等级为科技进步一等奖。北京大学深圳研究生院和华为等共同完成的“超高清视频多态基元编解码关键技术”项目，初评等级为技术发明一等奖。

此外，还有土木建筑组的悉地国际设计顾问（深圳）有限公司参与完成的“现代空间结构体系创新、关键技术、工程应用”项目，初评等级为科技进步一等奖。深圳华森建筑与工程设计顾问有限公司的“复杂受力钢-混凝土组合结构基础理论及高性能结构体系关键技术”项目，初评等级为科技进步二等奖。

自2010年以来，深圳斩获包括国家技术发明奖一等奖和科技进步奖特在内的奖等国家科技奖项135项，凸显深圳科技创新实力节节攀升，建设综合性国家科学中心和大湾区国际科技创新中心成效显著。

（深圳报业集团《深圳特区报》，2020-08-05，记者：闻坤 实习生：谭梓健）

2025年深圳新经济规模将突破2万亿

2020年9月8日，中国（深圳）综合开发研究院（简称“综研院”）发布的《新40年·新40企——深圳未来发展的新力量》认为，深圳经济特区未来40年是属于新消费和新科技的40年。该领域已涌现腾讯、华为、海思、大疆、乐信等一批明星企业及创新之星，将在未来40年为深圳经济增添新活力、新动力。

报告认为，在新消费和新科技企业带动下，未来5年，深圳GDP增速预计达到6.5%，到2025年人均GDP达3.5万美元，超过高收入经济体中位数；期间，新经济增速预计保持9%，占GDP比重达50%，创造近500万工作岗位；到2025年，深圳最终消费率有望达到50%，最终消费规模达2.2万亿，实现翻番，仅次于北京和上海。

深圳40企 未来新力量

报告认为，随着“双循环”新发展格局的推进和新基建和新消费的兴起，智能经济、消费经济、健康经济、数字经济将成为深圳经济关键的增长点和发力点，这些行业的企业也将成为深圳未来40年发展的生力军。

课题组通过构建新经济企业评价模型及邀请权威专家和政府相关人士进行二次评选，确立能够代表深圳未来40年发展的40家新经济企业，包括华为、腾讯、海思半导体、中兴、乐信、汇顶科技、金蝶、迈瑞、华大基因、大疆、奥比中光、云天励飞、平安科技、微众银行、顺丰等。

上述40家企业分布在芯片、新消费、新金融、新材料、新硬件、人工智能、云计算、生命健康等十大创新领域，课题组进一步对深圳2000年以后成立的优秀新经济企业通过行业潜力和市场规模、企业市值和估值规模、经营态势、技术能力、治理情况等维度的定量打分和专家评价，评出了这些领域未来的十大创新企业之星。

著名经济学家、中国（深圳）综合开发研究院院长樊纲表示，创新是深圳经济特区发展根本动力，也是凝聚在深圳这座城市的基因。深圳未来更需要迭代出如海思半导体、大疆、乐信等一批能够真正代表中国未来新力量的企业。

新经济将占半壁江山

报告认为，深圳未来40年将是消费红利和科技红利进一步凸显的40年。在新科技和新消费驱动下，经济将迎来新一轮快速增长，产业结构进一步优化，具体表现在4个方面：

新经济占据半壁江山：2021-2025年，随着政策的深入布局和企业的持续创新，深圳新经济增速仍将保持9%的平均增速。到2025年，深圳市新经济规模预计将突破2万亿，占GDP比重预计将达50%，预计能够创造近500万的工作岗位。

GDP高速增长：2021-2025年，受战略性新兴产业稳定高速增长的驱动，深圳GDP增速预计6.5%左右，到2025年实现名义GDP总量4.2-4.5万亿元的规模。人均GDP有望达到3.5万美元，超过高收入经济体中位数。

消费规模全国第三：预计到2025年，深圳最终消费率将达到50%，最终消费规模预计将达到2.2万亿，实现翻番，仅次于北京和上海。预计到2030年，深圳最终消费规模有望突破3万亿，逐步向消费型社会转型。

跻身全球城市TOP50：预计到2025年，深圳世界500强企业数量将超过10家，独角兽企业将超过30家。深圳有望成为全球经济枢纽与创新枢纽，突出创新策源地和国际创新要素集聚，突出金融科技、产融结合、跨境金融创新，突出新消费，跻身全球城市TOP50。

本土综合性消费平台是短板

报告认为，在消费领域，深圳目前仍有短板，“一小一低”（社会消费品零售总额规模小，最终消费率低）是主要问题。深圳社消零规模长期排名靠后，不到上海的一半，消费对经济的拉动作用有待提升。

此外，互联网消费平台也制约深圳发展国内大循环。当前深圳互联网消费平台仅有包含乐信和环球易购在内的为数不多的几家。未来深圳本土需要培育更多“阿里式”“京东式”“拼多多式”综合性消费平台龙头，在建设国际消费中心城市和畅通国内大循环板块方面有更多政策布局。

（深圳报业集团《深圳特区报》，2020-09-08，记者：闻坤）

科教融合促进市校合作新发展
深圳虚拟大学园2020年联席会议举行

2020年11月10日，深圳虚拟大学园2020年联席会议在深举行。会议以“提升科教融合新动能、促进市校合作新发展”为主题，推动深圳虚拟大学园实现赋能升级，助力深圳建设具有全球影响力的创新创业创意之都。深圳市委常委、深圳市政府党组成员田夫出席。

田夫表示，人才引领发展，创新决定未来，建设深圳虚拟大学园是深圳广泛吸引人才，实施自主创新的战略重要举措。截至2020年11月10日，深圳虚拟大学园聚集65所国内外知名院校，建成17家院校产业化基地，累计投资孵化企业1400家，为深圳培养各类人才40余万，已发展成为我国最有影响力和竞争力的产学研科教合作的典范，成为深圳科技创新、经济发展、深港合作的重要平台，为经济特区建设做出了重要贡献。未来，深圳将抢抓粤港澳大湾区、先行示范区、实施综合改革试点的重大历史机遇，继续扩大对深圳虚拟大学园的政策支持和资金扶持。

科技部火炬中心、广东省科技厅、深圳市科创委、深圳虚拟大学园成员院校等单位有关负责人及知名企业代表200余人出席会议。

（深圳报业集团《深圳特区报》，2020-11-10，记者：闻坤）

2020年深圳创新成绩单出炉：国高企业或超1.8万家，数量全国第二

2020年1月至11月，深圳全市高新技术产业实现产值25454亿元，同比增长3.3%；预计2020年全社会研发投入占地区生产总值比重达4.93%，保持全国领先。国家高新技术企业有望突破1.8万家，是“十二五”末期的3倍，居全国城市第2位……

在2020年深圳市科学技术奖励大会上，深圳通报了2020年全市创新驱动发展情况。通报显示，2020年深圳发布《深圳经济特区科技创新条例》，出台了支持深港科技创新合作区深圳园区建设国际开放创新中心的若干意见，支持光明科学城打造世界一流科学城的若干意见等政策措施，与科技部联合印发《中国特色社会主义先行示范区科技创新行动方案》，加快完善科技创新环境制度。

其次，深圳还强化基础和应用基础研究，加快综合性国家科学中心建设。大湾区综合性国家科学中心先行启动区建设方案成功获批，河套深港科技创新合作区、光明科学城、西丽湖国际科教城建设加速推进，包括综合粒子设施和脑解析与脑模拟在内的大科学装置顺利开工，鹏城云脑Ⅱ等大科学装置建成运行。2020年基础研究投入近45亿元，占深圳市财政科技投入比例达39%。鹏城实验室成为国家在深圳布局的首个国家重大科研机构，深圳湾实验室及深圳量子科学与工程研究院被纳入国家重大科研机构建设体系，获批建设深圳国家应用数学中心，深圳市创新载体达到2693家，其中国家级129家。

聚焦集成电路、5G、人工智能等重点产业链，由市领导担任“链长”，全力保障产业链、供应链、创新链的安全稳定。聚焦关键核心技术，由高新技术龙头骨干企业牵头，高校、科研机构和科技型中小企业联合参与，开展了11批87个重点技术攻关项目，努力探索新型举国体制的深圳路径。

深圳还落实新发展理念，出台深圳国家自主创新示范区产业规划，推动深圳国家高新区高质量发展。加大战略性新兴产业扶持力度，在全球率先实现5G独立组网全覆盖。面对复杂的市场环境，深圳企业创新动力充沛。2020年前三季度，深圳企业提交21.9万件专利申请，专利授权量16.4万件，PCT国际专利申请1.4万件，多项知识产权核心指标居全国首位。

人才是科技创新的第一资源。通报介绍，深圳已建立市场导向的人才吸引和认定政策，推进外籍人才签证便利化。截至2021年初，深圳拥有全职院士54人，高层次人才17万人，留学归国人员15余万人，专业技术人才196余万人。

（南方报业集团南方网，2021-01-07，记者：杜艳）

第十篇 科技企业办事指南

Regulation & Guidance

第一章 认定与申报

深圳市2021年高新技术企业认定和培育入库申请指南

一、申请内容

高新技术企业认定

高新技术企业培育入库

二、设定依据

（一）《高新技术企业认定管理办法》（国科发火〔2016〕32号）；

（二）《高新技术企业认定管理工作指引》（国科发火〔2016〕195号）；

（三）《深圳市企业研究开发项目与高新技术企业培育项目资助管理办法》（深科技创新规〔2019〕5号）；

（四）《国家税务总局深圳税务局关于税务师事务所出具2021年高新技术企业认定专项鉴证报告有关事项的通知》（深税函〔2021〕46号）。

三、审批数量及方式

审批数量：无数量限制

审批方式：自愿申报、专家评审、审批机关审定。

四、审批条件

（一）高新技术企业认定申请单位应当是在深圳市或深汕合作区内依法注册且具有独立法人资格的企业，申请认定时须注册成立一年以上。发证日期为2019年或2020年的有效期内的高新技术企业不能申报，发证日期为2018年的有效期内的高新技术企业名称发生变更的，须完成高新技术企业名称变更事项后再申请认定。

（二）申请高新技术企业培育入库的企业需同时满足以下两个条件：

1. 从未获得高新技术企业资格。

2. 从未获得高新技术企业培育入库资格。

申请高新技术企业培育入库必须同时申请高新技术企业认定。

（三）企业通过自主研发、受让、受赠、并购等方式，获得对其主要产品（服务）在技术上发挥核心支持作用的知识产权的所有权。

（四）对企业主要产品（服务）发挥核心支持作用的技术属于《国家重点支持的高新技术领域》规定的范围。

（五）企业从事研发和相关技术创新活动的科技人员占企业当年职工总数比例不低于10%。

（六）企业近三个会计年度（实际经营期不满三年的按实际经营时间计算，下同）的研究开发费用总额占同期销售收入总额的比例符合如下要求：

1. 最近一年销售收入小于5000万元（含）的企业，比例不低于5%；

2. 最近一年销售收入在5000万元至2亿元（含）的企业，比例不低于4%；

3. 最近一年销售收入在2亿元以上的企业，比例不低于3%。

其中，企业在中国境内发生的研究开发费用总额占全部研究开发费用总额60%以上；

（七）近一年高新技术产品（服务）收入占企业同期总收入的比例不低于60%。

（八）企业创新能力评价应达到相应要求。

（九）企业申请认定前一年内未发生重大安全、重大质量事故、严重环境违法行为。

（十）符合《科技型中小企业评价办法》（国科发政〔2017〕115号）评价入库条件的企业（主要条件：职工总数≤500人、年销售收入≤2亿元、资产总额≤2亿元等，评价入库网址：http://www.innofund.gov.cn），应当评价入库后再申请高新技术企业认定，并在高新技术企业认定申请书中注明科技型中小企业评价入库编号。

说明：同一企业同一年度只能申报一次高新技术企业认定，高新技术企业培育入库必须和高新技术企业认定同批次申请。

五、申请材料

（一）登录全国高新技术企业认定管理工作网（https://tyrz.chinatorch.org.cn/），完成企业注册，已注册企业完善核准企业信息；

（二）登录深圳市科技业务管理系统（https://sticapply.sz.gov.cn/），完善核准企业信息，在线填报申请书，提供通过该系统打印的申请书纸质文件；

（三）科技成果转化、企业高新技术产品（服务）的关键技术和技术指标、生产批文、认证认可和资质证书、产品质量检测报告等相关材料复印件；

（四）知识产权相关材料（含知识产权证书及反映技术水平的证明材料及参与制定标准情况，知识产权权属人应为申请企业）、科研项目立项证明（已验收或结题项目需附验收或结题报告）、科技成果转化（总体情况与转化形式及应用成效逐项说明）、研究开发组织管理等相关材料复印件；

（五）经具有资质的会计师事务所出具的，并报深圳市注册会计师协会备案且封面含有防伪标识的，近三个会计年度的财务会计报告（包括会计报表、会计报表附注、财务情况说明书）；

（六）企业职工和科技人员情况说明材料，包括在职、兼职和临时聘用人员人数、人员学历结构、科技人员名单及其工作岗位等；

（七）符合条件的中介机构（会计师事务所或税务师事务所）出具的企业近三个会计年度研究开发费用，和近一个会计年度高新技术产品（服务）收入专项审计或鉴证报告原件，企业提供研究开发活动说明材料。根据《高新技术企业认定管理工作指引》（国科发火〔2016〕195号）以及深圳市财政局和深圳市税务局相关规定，中介机构需要符合以下条件：

1. 出具专项审计报告的会计师事务所条件

（1）具备独立执业资格，成立三年以上，近三年内无不良记录；

（2）承担认定工作当年的注册会计师或税务师人数占职工全年月平均人数比例的30%以上，全年月平均在职职工人数为20人以上；

（3）相关人员具有良好的职业道德，了解国家科技和经济产业政策，熟悉高新技术企业认定工作有关要求；

（4）专项审计报告需要报深圳市注册会计师协会备案且封面含有防伪标识。

重要提示：企业应当审慎选择经营正常、诚信良好、符合条件的中介机构出具专项审计报告。

2. 出具专项鉴证报告的税务师事务所条件

（1）税务师事务所须在深圳市税务局公布的出具2021年高新技术企业认定专项鉴证报告的税务师事务所名单（https://shenzhen.chinatax.gov.cn/sztax/xxgk/tzgg/202105/f9dfa984230a4d6181cd8eb98d50a6cc.shtml）内。

（2）专项鉴证报告需要在深圳市涉税专业服务管理平台（https://shenzhen.chinatax.gov.cn/ssfw）中进行备案，且封面含有防伪标识。

（八）近三个会计年度企业所得税年度纳税申报表主表及附表复印件；

（九）上年度与高新技术产品（服务）相关的代表性的销售合同与发票复印件；

（十）企业承诺书。（样本可在申报系统下载）

以上材料 A4 纸双面打印，非空白页（含封面）需连续编写页码，装订成册（胶装），在书脊处注明公司名称及申请年度，书面申请材料只需 1 份。对涉密企业，须将申请认定高新技术企业的申报材料做脱密处理，确保涉密信息安全。

申报企业只需要在申请书封面和承诺书加盖企业公章，申请材料整体加盖骑缝章，申请材料其他页不需要申报企业盖章。中介机构只需要在以下表格盖章处盖章，其他页不需要中介机构盖章：

1.“七、企业研究开发活动汇总表”；

2.“八、企业年度研究开发费用结构明细表”；

3.“九、上年度高新技术产品（服务）汇总表”。

六、申请表格

本指南规定提交的表格，登录深圳市科技业务管理系统在线填报。

七、受理机关

（一）受理机关：深圳市科技创新委员会

（二）受理时间

第一批：

网上受理时间：2021 年 6 月 10 日——2021 年 7 月 1 日（截至 18:00）

第二批：

网上受理时间：2021 年 7 月 16 日——2021 年 8 月 12 日（截至 18:00）

温馨提示：根据疫情防控工作需要，网上申报完成后，企业书面材料受理时间和方式深圳市科技创新委员会另行通知。请各申报企业确保申报书中联系人和法人代表手机号码准确，手机保持畅通。

联系电话：

1. 出具专项鉴证报告的税务师事务所条件、纳税申报表、销售发票问题咨询

深圳市税务局：83876901

2. 出具专项审计报告的会计师事务所条件问题咨询

深圳市财政局：83515412

3. 其他问题咨询

深圳市科技创新委员会：26548598、86329895、88127373、88125094。

受理地点：

根据政务短信通知确定。

八、审批决定机关

全国高新技术企业认定管理工作领导小组办公室

九、审批程序

企业自我评价—“高新技术企业认定管理工作网”注册登记—深圳市科技业务管理系统注册登记—网上申报—向深圳市科技创新委员会提交申请材料—深圳市科技创新委员会组织专家评审—深圳市高新技术企业认定办公室审查认定—全国高新技术企业认定管理工作领导小组办公室公示审查—全国高新技术企业认定管理工作领导小组办公室备案、公告、颁发证书—深圳市科技创新委员会确定高新技术企业培育入库条件—深圳市科技创新委员会公示并公告高新技术企业培育入库名单

十、审批时限

成批处理

十一、审批证件及有效期限

证件：证书

有效期限：三年

十二、审批的法律效力

申请高企认定的单位凭认定文件享受税收优惠政策和深圳市科技研发资金认定奖励

十三、收费

不收费

十四、年审或年检

无年审

附件：2021 年高新技术企业专项鉴证税务师事务所名单（https://shenzhen.chinatax.gov.cn/sztax/xxgk/tzgg/202105/f9dfa984230a4d6181cd8eb98d50a6cc.shtml）

声 明：

深圳市科技创新委员会从未委托任何单位或个人为申报单位代理申报事宜，申请单位必须自主申报。凡是购买、委托代写项目申请书、提供虚假证明材料的，一经发现并查实，即视为骗取财政资金，一律不予受理、取消申请资格、撤销立项项目，并按规定严肃处理。深圳市科技创新委员会将严格按照有关标准和程序受理，不收取任何费用。如有任何中介机构和个人假借深圳市科技创新委员会领导和工作人员名义向申报单位收取费用的，请知情者即向深圳市科技创新委员会举报。

申报单位提供无防伪标识封面（未备案）或属于虚假防伪标识封面（未备案）的审计 / 鉴证报告，深圳市科技创新委员会不予采用。相关审计 / 鉴证报告经核查认定属于虚假材料的，按照深圳市科技创新委员会科研诚信管理相关规定予以处理。

2021 年度深圳市科学技术奖励申请指南

一、申请内容

申请深圳市科学技术奖市长奖、自然科学奖、技术发明奖、科技进步奖四类奖项。

二、设定依据

（一）《深圳市科学技术奖励办法》，深圳市人民政府，深府〔2016〕87 号；

（二）《深圳市科学技术奖励办法实施细则》，深圳市科技创新委员会，深科技创新规〔2016〕3 号。

三、奖励强度与方式

奖励强度：有数量限制，受深圳市科学技术奖奖金年度总额控制。

市长奖、自然科学奖、技术发明奖、科技进步奖四类奖项奖金标准如下：

（一）市长奖每名 300 万元；

（二）自然科学奖一等奖奖金 100 万元，二等奖奖金 50 万元；

（三）技术发明奖一等奖奖金 100 万元，二等奖奖金 50 万元；

（四）科技进步奖中的技术开发类和重大工程类项目一等奖奖金 100 万元，二等奖奖金 50 万元；社会公益类项目一等奖奖金 50 万元，二等奖奖金 30 万元。

审批方式：单位申报、专家评审、答辩或现场考察、社会公示、审批机关审定。

四、办理条件

申请奖励应当符合以下条件：

（一）申请市长奖的，应当是在当代科学技术前沿取得重大突破或者在科学技术发展中有卓越贡献，或是在科学技术创新、科学技术成果转化、高技术产业化中，创造巨大经济效益或者社会效益的自然人；应当由市、区人民政府有关部门推荐提名；项目的主要工作应当在深圳市内完成。

（二）申请自然科学奖的，应当是在基础研究和应用基础研究中阐明自然现象、特征、规律，做出重要科学发现的自然人，要求：

1. 仅限于在国内立项的科学研究成果，其代表性论文或论著公开发表时间2年以上(即2018年12月31日前发表)；

2. 每位完成人必须是代表性论文或论著的作者，排名前3位的完成人（含少于3位完成人的）必须是代表性论文或论著的第一作者或通讯作者；

3. 项目所附材料清单中的代表性论文或论著，以申请书所列目录及重要性顺序提交，不超过8篇。鼓励填报在国内期刊发表的论文或国内出版的专著。

（三）申请技术发明奖的，应当是运用科学技术知识做出产品、工艺、材料及其系统等重要技术发明的自然人。要求：

1. 申请项目必须有已经获得国家授权的发明专利，且推广应用时间在2年以上（即2018年12月31日前已应用），新冠肺炎疫情防控的科技成果不受推广应用满2年的限制；

2. 本项目前3位完成人（含少于3位完成人的）必须是项目授权知识产权的发明人；

3. 项目申请书所列主要技术专利，不超过10件，发明专利必须提交相应证书、摘要页、权利要求书和说明书；

4. 项目所附材料清单中的知识产权及相关权利要求书和代表性论文，以申请书所列主要技术专利及重要性顺序或技术关联的主要发表论文及重要性顺序提交。

（四）申请科技进步奖的，应当是在应用推广先进科学技术成果，完成重大科学技术工程、计划、项目等方面做出突出贡献的组织或者自然人。要求：申请项目研究成果整体推广应用时间在2年以上(即2018年12月31日前已应用)；重大工程类项目要有国家、省、市发改部门立项批文，并提交2018年12月31日前的工程竣工验收报告；新冠肺炎疫情防控的科技成果，申请科技进步奖不受上述限制。

（五）对涉及有审批要求的项目，必须提交相应的行业许可批准证明材料（如：新药、医疗器械、动植物新品种、农药、化肥、兽药、食品、通信设备、电力设备、压力容器等），除新冠肺炎疫情防控的科技成果外，其获得批准时间达到2年以上（即2018年12月31日前已获得批准）。

（六）深圳市科学技术奖自然科学奖、技术发明奖、科技进步奖，同一人同一年度只能作为一个申请项目的完成人参加评定。

（七）2019年度或2020年度深圳市科学技术奖自然科学奖、技术发明奖和科技进步奖获奖项目完成人，不能作为完成人申报本年度市科学技术奖自然科学奖、技术发明奖、科技进步奖。

（八）在市科学技术奖以往年度获奖项目或本年度其他申请项目中所列的代表性论文专著、主要知识产权证明、主要技术评价证明材料，不得重复使用。

（九）申请项目第一完成人必须征求未列入报奖主要完成人的知识产权权利人（发明专利指发明人）和论文专著作者的同意，并签署承诺。

（十）申请项目代表性论文（专著）的第一作者及通讯作者未列入申请项目完成人时，其本人应当出具知情同意证明。

（十一）列入国家或省市级科技计划及基金支持的申请项目，应当提供结题验收证明（新冠肺炎疫情防控的科技成果除外）。

（十二）属于两个以上（含两个）完成人合作完成的申请项目，必须提交完成人合作关系证明和出具合作完成的证明材料。

（十三）申请单位或完成人未列入科研诚信异常名录或者联合惩戒名单。

（十四）《深圳市科学技术奖励办法实施细则》第六条规定的其他条件。

五、申请材料

（一）登录深圳市科技业务管理系统在线填报申请书，根据每类奖项申请书填写说明的要求，在线提交相应的附件材料和申请书签字盖章扫描件。

（二）申请技术发明奖和科技进步奖技术开发类或重大

工程类的，还需提交：

1. 申请项目的专项审计报告：统计范围为申请项目整体应用推广开始截至2020年底，应包含申请项目已整体应用推广的产品名单、形成的收入、毛利额、上缴税金，分年度统计；出具申请项目专项审计报告的第三方专业机构为依法注册成立的会计师事务所，由申请单位自行选定；审计报告应当采用经深圳市注册会计师协会备案的含有防伪标识封面的专项报告。

2. 申请项目的完成人所在完成单位及推广应用情况中所列应用单位产生的应用情况和效益佐证材料，指用于佐证应用情况和效益的客观材料，如验收报告、用户报告、技术合同、销售或服务合同、检测报告等。应用单位出具的相应说明或证明可以作为佐证材料，不要求必须提交。如提交，须加盖法人单位公章。填写经济效益数据的，提交支持数据成立的客观佐证材料，如到账凭证或所在单位财务部门出具的相关证明等。

（三）属于新冠肺炎疫情防控的科技成果，第一完成单位需提供情况说明作为附件。

（四）项目受理时申请单位无须提交纸质申请材料。申请单位在网上填报受理时限内登录深圳市科技业务管理系统在线填报申请书，上传电子扫描版申请附件（复印件需加盖申请单位公章），点击“签字盖章页打印”，将打印文件签字盖章后扫描上传并提交（完成提交后，系统受理状态为“待窗口受理”）。

申请单位对申请材料的合法性、真实性、准确性和完整性负责。如有虚假，深圳市科技创新委员会核实后将不予奖励，并将申请单位列入深圳市科技创新委员会科研诚信异常名录，视情节轻重，依法追究相关责任。

六、申请表格

本指南规定提交的表格，登录深圳市科技业务管理系统在线填报。

七、审批受理机关

（一）受理机关：深圳市科技创新委

（二）受理时间：

网上填报受理时间：2021年4月2日至2021年5月16日（截至18：00）

（三）联系人：88102264，88102159

八、审批决定机关

深圳市科技创新委会（深圳市奖励办）提出拟奖名单报市奖励委审定后，报市政府批准。

九、审批程序

申请人网上申报—向深圳市科技创新委员会收文窗口提交申请材料—深圳市科技创新委员会（深圳市奖励办）对申请材料进行初审—组织专家评审—深圳市科技创新委员会（深圳市奖励办）拟定拟奖名单—社会公示—深圳市科技创新委员会（深圳市奖励办）报深圳市奖励委审定拟奖名单—深圳市科技创新委员会（深圳市奖励办）报深圳市政府批准—深圳市科技创新委员会（深圳市奖励办）拨付奖金。

十、审批时限

每年一次，成批处理。

十一、审批证件及有效期限

证件：批准文件和证书

有效期限：无

十二、审批的法律效力

申请人凭批准文件获得市科学技术奖奖金和荣誉证书。

十三、收费

不收费

十四、年审或年检

无年审

声 明:

深圳市科技创新委员会从未委托任何单位或个人为项目申报单位代理资金申报事宜，申请单位必须自主申报。凡是购买或委托代写项目申请书的，或是提供虚假证明材料的，一经发现并查实，即视为骗取财政资金，一律不予受理、取消申请资格、撤销立项项目，并按规定严肃处理。深圳市科技创新委员会将严格按照有关标准和程序受理，不收取任何费用。如有任何中介机构和个人假借深圳市科技创新委员会领导和工作人员名义向申报单位收取费用的，请知情者即向深圳市科技创新委员会举报。

项目申请单位提供无防伪标识封面（未备案）或属于虚假防伪标识封面（未备案）的申请项目专项审计报告，深圳市科技创新委员会不予采用。申请项目审计报告经核查认定属于虚假材料的，深圳市科技创新委员会将申请单位或审计机构列入科研诚信异常名录，按照《深圳市科研诚信管理办法（试行）》有关规定予以处理。

第二章 政府资助与申请

科技创新计划

深圳市科技创新委员会2021年基础研究面上项目申请指南

一、申请内容

基础研究面上项目是以获取自主知识产权、原始创新成果、培养创新型人才为目标，发展科学知识的独创性基础研究项目以及围绕临床问题开展的科学研究项目。主要支持科研人员在科技计划资助范围内自主选题并开展具有创新性的科学研究项目。成果形式主要以论文、著作、专利等为主。

二、设定依据

（一）《关于促进科技创新的若干措施》，中共深圳市委、深圳市人民政府，深发〔2016〕7号；

（二）《深圳市关于加强基础科学研究的实施办法》，深圳市人民政府，深府规〔2018〕25号；

（三）《深圳市科技计划管理改革方案》，深圳市人民政府，深府〔2019〕1号；

（四）《深圳市科技计划项目管理办法》，深圳市科技创新委员会，深科技创新规〔2019〕1号；

（五）《深圳市科技研发资金管理办法》，深圳市科技创新委员会及深圳市财政局，深科技创新规〔2019〕2号；

（六）《深圳市基础研究项目管理办法》，深圳市科技创新委员会，深科技创新规〔2020〕6号。

三、支持强度与方式

支持强度：有数量限制，受科技研发资金年度总额控制。单个基础研究面上项目资助额度最高不超过60万元。

支持方式：事前资助

四、办理条件

（一）申请单位应当是在深圳市或深汕合作区内依法注册，具有独立法人资格的高等院校、科研机构、医疗卫生单位以及具有基础研究能力的国家、省、市级企业重点实验室依托单位。

申请单位应具备较好的科研实验环境，能提供良好的科研用房及仪器设备。

（二）申请人（项目负责人）必须是申请单位全职人员，在该项目研究中承担实质性任务，具有承担基础研究项目或者从事基础研究经历，并符合下列条件之一：

1. 具有高级专业技术职务（职称）；

2. 具有博士学位；

3. 具有中级专业技术职务（职称）或者硕士学位的人员申请面上项目须有2名与其研究领域相同且具有高级专业技术职务（职称）的科学技术人员推荐。

（三）正在博士后工作站内从事研究的科学技术人员申请面上项目，须由申请单位提供书面承诺，保证在项目获得资助后延长其在博士后工作站的期限至项目资助期满或者出站后继续留在申请单位从事相关研究。

（四）项目组主要成员中如有申请人所在申请单位以外的人员，其所在单位即被视为合作申报单位。如有合作单位，应注意以下事项：

1.合作申报单位不超过1个。

2.申请书中填报合作单位名称并加盖合作单位公章，同时提供合作协议书。协议书中应明确双方研究内容分工、财政资金及自筹资金分配、知识产权归属等相关内容。其中，项目研究中所发表的论文和著作的第一署名单位应为申请单位。

3.申请单位应承担大部分研发内容，财政资助资金分配比例应大于合作单位资金分配比例。合作单位为深圳市外单位的，不参与分配财政资助资金。

4.项目组五位主要成员中至少三位为申请单位研究人员。

5.有企业参与的，自筹经费金额应不低于市财政资金资助企业的金额，并提供自筹经费投入承诺书。

五、注意事项

（一）限项申请规定

1.高等院校及科研机构及医疗卫生单位的项目申请人或国家、省、市级企业重点实验室依托单位同年只能申报1项基础研究项目（面上项目或重点项目）。

2.高等院校及科研机构及医疗卫生单位的项目申请人或国家、省、市级企业重点实验室依托单位，申请和正在承担（包括主持和参与）的市级科技计划项目（平台载体和事后补助类除外）总数不得超过3项。

3.获得2020年度基础研究重点项目的项目负责人，不得申请。

4.获得2021年度深圳市高等院校稳定支持计划资助的项目负责人，不得申请。

（二）申请人在以往市级科技计划或其他机构（如科技部、国家自然科学基金、省科技厅等）资助项目基础上提出的新项目，应在项目可行性报告中明确阐述二者的异同、继承、发展关系。同一项目不得多头申报和重复申报。

（三）2021年度医疗卫生机构仅限申报医学领域（学科代码H，2020年基础研究面上项目对医疗卫生机构的平均资助强度约13万元/项）。

（四）申请单位（包括合作单位）、项目负责人、项目组主要成员未列入科技诚信异常名录。

（五）项目涉及科研伦理与科技安全（如临床研究和信息安全）的相关问题，申请单位应当严格执行国家有关法律法规和伦理原则。涉及实验动物、动物实验、人的生物医学研究，应提供伦理审查委员会意见。

六、申请材料

（一）登录深圳市科技业务管理系统在线填报申请书，提交申请书签字盖章扫描件。

（二）2019年度完税证明复印件（非事业单位提供）。

（三）经深圳市注册会计师协会备案的含有防伪标识封面的2019年度财务审计报告复印件（非事业单位提供）。

（四）项目可行性研究报告原件。

（五）知识产权合规性声明原件。

（六）科研诚信承诺书原件。

（七）申请人博士学位证书或高级专业技术职务（职称）证书、近三年代表性研究成果和学术水平的证明材料（论文、专著、专利、高层次人才证书、获奖证书等）复印件。

（八）申请人与申请单位签订的劳动合同复印件（用人单位或其人事部门盖章）。

（九）申请人近一年内（截至2021年1月）的深圳社会保险缴纳凭证复印件（境外人员未在深圳缴纳社保的，提供可充分证明在申请单位全职工作的材料）。

（十）申请单位提供本项目在深自有科研用房和仪器设备清单等证明材料。

（十一）有合作单位的，应提供合作协议（加盖双方单位公章）。

（十二）有企业参与的，应提供自筹经费投入承诺书。

（十三）申请人为在站博士后的，申请单位应提供申报面上项目承诺书。

（十四）伦理审查委员会意见（涉及实验动物、动物实验、人的生物医学研究的）。

项目受理时申请单位无须提交纸质申请材料。申请单位在网上填报受理时限内登录深圳市科技业务管理系统在线填报申请书，上传电子扫描版申请附件（复印件需加盖申请单位公章），点击“签字盖章页打印”，将打印文件签字盖章后扫描上传，提交审核（系统受理状态为“待窗口受理”）。

项目申报材料中的研究内容、项目组成员和拟取得的学术指标、技术指标等应科学合理且严谨规范，并将作为项目评审、合同签订、过程管理、验收结题及项目评估的依据，原则上不予调整。请各申报单位严肃对待。

项目从2021年开始实施，实施期限为3年。

七、受理机关

（一）受理机关：深圳市科技创新委员会

（二）受理时间：

网上填报受理时间：2021年2月9日至2021年3月22日（截至24:00）

办公时间：工作日上午9：00—12：00，下午14：00—17:45

（三）书面材料提交地点：深圳市福田区福中三路市民中心（具体地点另行通知）。

书面材料提交时间：获得立项资助的申请单位须通过深圳市科技业务管理系统打印项目申请书后按照要求提交纸质申请材料，纸质申请材料一式一份，A4纸正反面打印/复印，项目申请书中填报合作单位处需加盖合作单位公章，复印件需加盖申请单位公章，按照本指南申请材料的排列次序对非空白页（含封面）需连续编写页码，胶装成册，复印件需加盖申请单位公章（具体提交时间和方式另行通知）。

（四）联系电话：

电子信息科技处：88100682，88101054；

生物科技处：88102164，88121058；

智能装备制造处：88102172，88125001；

高新技术处：88125027，88103124；

技术支持电话：86576087，86576088。

八、决定机关

深圳市科技创新委员会

九、办理程序

网上申报—电子材料初审—专家评审—社会公示—深圳市科技创新委员会审定—项目入库—提交纸质材料—下达计划—签订合同书—拨付经费

十、办理时限

成批处理

十一、证件

证件：批准文件

有效期限：申请单位应当在收到批准文件之日起1个月内，与深圳市科技创新委员会签订项目合同书。

十二、法律效力

申请人凭批准文件获得深圳市科技研发资金资助。

十三、收费

不收费

十四、年审或年检

无年审。深圳市科技创新委员会按照项目合同书对项目进行跟踪管理和组织验收。

声 明：

申请人和申请单位对申请材料的合法性、真实性、准确性和完整性负责。对抄袭剽窃或弄虚作假的，深圳市科技创新委员会核实后不予立项或撤销项目，并纳入科研诚信异常名录，同时视情节轻重，依法依规追究相应责任。

深圳市科技创新委员会从未委托任何单位或个人为项目申报单位代理资金申报事宜，申请单位必须自主申报。凡是购买、委托代写项目申请书、提供虚假证明材料的，一经发现并查实，即视为骗取财政资金，一律不予受理、取消申请资格、撤销立项项目，并按规定严肃处理。深圳市科技创新委员会将严格按照有关标准和程序受理，不收取任何费用。如有任何中介机构和个人假借深圳市科技创新委员会领导和工作人员名义向申报单位收取费用的，请知情者即向深圳市科技创新委员会举报。

项目申报单位需提交审计报告的，应当按照《深圳市科技计划项目管理办法》的规定，提供经深圳市注册会计师协会备案的含有防伪标识封面的审计报告。项目申报单位提供无防伪标识封面（未备案）或属于虚假防伪标识封面（未备案）的审计报告，深圳市科技创新委员会不予采用。审计报告经核查认定属于虚假材料的，项目单位五年内不得申请市科技计划项目，深圳市科技创新委员会将其列入科研诚信异常名录，并按照深圳市政府失信联合惩戒有关规定予以处理。

项目申报单位一经立项，即对项目执行全过程负有主体责任；有义务按合同约定开展研发活动，完成约定目标；有义务接受主管部门监督，配合主管部门完成中期检查和抽查；有义务最迟在合同到期后6个月内向主管部门提交纸质验收申请资料。不履行上述义务的，主管部门按规定将项目承担单位和项目负责人记入科研诚信异常名录，取消其一定年限内申请科研资助的资格，并依法追究责任。

深圳市科技创新委员会2021年基础研究重点项目申请指南

一、申请内容

基础研究重点项目支持科研人员针对已有较好基础的研究方向或领域开展深入且系统的创新性研究，推动若干重要领域或科学前沿取得突破。成果形式主要以论文、著作、专利等为主。

二、设定依据

（一）《关于促进科技创新的若干措施》，中共深圳市委、深圳市人民政府，深发〔2016〕7号；

（二）《深圳市关于加强基础科学研究的实施办法》，深圳市人民政府，深府规〔2018〕25号；

（三）《深圳市科技计划管理改革方案》，深圳市人民政府，深府〔2019〕1号；

（四）《深圳市科技计划项目管理办法》，深圳市科技创新委员会，深科技创新规〔2019〕1号；

（五）《深圳市科技研发资金管理办法》，深圳市科技创新委员会及深圳市财政局，深科技创新规〔2019〕2号；

（六）《深圳市基础研究项目管理办法》，深圳市科技创新委员会，深科技创新规〔2020〕6号。

三、支持强度与方式

支持强度：有数量限制，受科技研发资金年度总额控制。

支持方式：事前资助

四、办理条件

（一）申请单位应当是在深圳市或深汕合作区内依法注册，具有独立法人资格的高等院校、科研机构、医疗卫生单位以及具有基础研究能力的国家、省、市级企业重点实验室依托单位。

申请单位应具备较好的科研实验环境，能提供良好的科研用房及仪器设备。

（二）申请人（项目负责人）必须是申请单位全职人员，在该项目研究中承担实质性任务，具有承担基础研究项目经历，并具有高级专业技术职务（职称），且项目完成年度不超过60周岁。项目总人数（应为全职人员，不含在培学生）的50%以上应为申请单位全职人员，且须在深圳连续购买社会保险半年以上。

（三）项目组主要成员中如有申请人所在申请单位以外的人员，其所在单位即被视为合作申报单位。如有合作单位，应注意以下事项：

1.合作申报单位不超过1个。

2.申请书中填报合作单位名称并加盖合作单位公章，同时提供合作协议书。协议书中应明确双方研究内容分工、财政资金及自筹资金分配、知识产权归属等相关内容。其中，项目研究中所发表的论文和著作第一署名单位应为申请单位。

3.申请单位应承担大部分研发内容，财政资助资金分配比例应大于合作单位资金分配比例。合作单位为深圳市外单位的，不参与分配财政资助资金。

4.项目组五位主要成员中至少三位为申请单位研究人员。

5.有企业参与的，自筹经费金额应不低于市财政资金资助企业的金额，并提供自筹经费投入承诺书。

五、注意事项

（一）限项申请规定

1.高等院校、科研机构、医疗卫生单位的项目申请人或国家、省、市级企业重点实验室依托单位同年只能申报1项基础研究项目（面上项目或重点项目）。

2.高等院校、科研院所、医疗卫生机构的项目申请人或国家、省、市级企业重点实验室依托单位，申请和正在承担（包括主持和参与）的市级科技计划项目（平台载体和事后补助类除外）总数不得超过3项。

3.获得2020年度基础研究重点项目的项目负责人，不得申请。

4.获得2021年度深圳市高等院校稳定支持计划资助的项目负责人，不得申请。

（二）申请人在以往市级科技计划或其他机构（如科技部、国家自然科学基金、省科技厅等）资助项目基础上提出的新项目，应在项目可行性报告中明确阐述二者的异同及继承与发展关系。同一项目不得多头申报和重复申报。

（三）申请单位（包括合作单位）、项目负责人、项目组主要成员未列入科技诚信异常名录。

（四）项目涉及科研伦理与科技安全（如临床研究和信息安全）的相关问题，申请单位应当严格执行国家有关法律法规和伦理原则。涉及实验动物、动物实验、人的生物医学研究，应提供伦理审查委员会意见。

六、申请材料

（一）登录深圳市科技业务管理系统在线填报申请书，提交申请书签字盖章扫描件。

（二）2019年度完税证明复印件（非事业单位提供）。

（三）经深圳市注册会计师协会备案的含有防伪标识封面的2019年度财务审计报告复印件（非事业单位提供）。

（四）项目可行性研究报告原件。

（五）知识产权合规性声明原件。

（六）科研诚信承诺书原件。

（七）申请人高级专业技术职务（职称）证书及近三年代表性研究成果（学术水平）的相关证明材料（论文、专著、专利、高层次人才证书、获奖证书等）复印件。

（八）申请人与申请单位签订的劳动合同复印件（用人单位或其人事部门盖章）。

（九）50%以上的项目组成员（即项目总人数的50%以上，须包括申请人）半年以上（截至2021年1月）的深圳社会保险缴纳凭证复印件（境外人员未在深圳缴纳社保的，提供可充分证明在申请单位全职工作的材料）。

（十）申请单位提供本项目相关在深自有科研用房和仪器设备清单等证明材料。

（十一）有合作单位的，应提供合作协议（加盖双方单位公章）。

（十二）有企业参与的，应提供自筹经费投入承诺书。

（十三）伦理审查委员会意见（涉及实验动物和动物实验、人的生物医学研究的）。

项目受理时申请单位无须提交纸质申请材料。申请单位在网上填报受理时限内登录深圳市科技业务管理系统在线填报申请书，上传电子扫描版申请附件（复印件需加盖申请单位公章），点击“签字盖章页打印”，将打印文件签字盖章后扫描上传，提交审核（系统受理状态为“待窗口受理”）。

项目申报材料中的研究内容、项目组成员和拟取得的学术指标、技术指标等应科学合理、严谨规范，并将作为项目评审、合同签订、过程管理、验收结题及项目评估的依据，原则上不予调整。请各申报单位严肃对待。

项目从2021年开始实施，实施期限为3年。

七、受理机关

（一）受理机关：深圳市科技创新委员会

（二）受理时间：

网上填报受理时间：2021年2月9日至2021年3月22日（截至24:00）

办公时间：工作日上午9：00—12：00，下午14：00—17:45

（三）书面材料提交地点：深圳市福田区福中三路市民中心（具体地点另行通知）。

书面材料提交时间：获得立项资助的申请单位须通过深圳市科技业务管理系统打印项目申请书后按照要求提交纸质申请材料，纸质申请材料一式一份，A4纸正反面打印/复印，项目申请书中填报合作单位处需加盖合作单位公章，复印件需加盖申请单位公章，按照本指南申请材料的排列次序对非空白页（含封面）需连续编写页码，胶装成册，复印件需加盖申请单位公章（具体提交时间和方式另行通知）。

（四）联系电话：

电子信息科技处：88100682，88101054；

生物科技处：88102164，88121058；

智能装备制造处：88102172，88125001；

高新技术处：88125027，88103124；

技术支持电话：86576087，86576088。

八、决定机关

深圳市科技创新委员会

九、办理程序

项目征集—发布课题—网上申报—电子材料初审—专家评审—现场核查—社会公示—深圳市科技创新委员会审定—项目入库—提交纸质材料—下达计划—签订合同书—拨付经费

十、办理时限

成批处理

十一、证件

证件：批准文件

有效期限：申请单位应当在收到批准文件之日起1个月内，与深圳市科技行政主管部门签订项目合同书。

十二、法律效力

申请人凭批准文件获得深圳市科技研发资金资助。

十三、收费

不收费

十四、年审或年检

无年审。深圳市科技创新委员会按照项目合同书对项目进行跟踪管理和组织验收。

声 明：

申请人和申请单位对申请材料的合法性、真实性、准确性和完整性负责。对抄袭剽窃或弄虚作假的，深圳市科技创新委员会核实后不予立项或撤销项目，并纳入科研诚信异常名录，同时视情节轻重，依法依规追究相应责任。

深圳市科技创新委员会从未委托任何单位或个人为项目申报单位代理资金申报事宜，申请单位必须自主申报。凡是购买、委托代写项目申请书、提供虚假证明材料的，一经发现并查实，即视为骗取财政资金，一律不予受理、取消申请资格、撤销立项项目，并按规定严肃处理。深圳市科技创新委员会将严格按照有关标准和程序受理，不收取任何费用。如有任何中介机构和个人假借深圳市科技床位委员会领导和工作人员名义向申报单位收取费用的，请知情者即向深圳市科技创新委员会举报。

项目申报单位需提交审计报告的，应当按照《深圳市科技计划项目管理办法》规定，提供经深圳市注册会计师协会备案的含有防伪标识封面的审计报告。项目申报单位提供无防伪标识封面（未备案）或属于虚假防伪标识封面（未备案）的审计报告，深圳市科技创新委员会不予采用。相关审计报告经核查认定属于虚假材料的，项目单位五年内不得申请市科技计划项目，深圳市科技创新委员会将其列入科研诚信异常名录，并按照市政府失信联合惩戒有关规定予以处理。

项目申报单位一经立项，即对项目执行全过程负有主体责任；有义务按合同约定开展研发活动，完成约定目标；有义务接受主管部门监督，配合主管部门完成中期检查和抽查；有义务最迟在合同到期后6个月内向主管部门提交纸质验收申请资料。不履行上述义务的，主管部门按规定将项目承担单位和项目负责人记入科研诚信异常名录，取消其一定年限内申请科研资助的资格，并依法追究其他责任。

2021年深圳市软科学研究项目申请指南

一、申请内容

申报单位从《2021年深圳市软科学研究项目申报选题》中选择课题题目进行申报。

二、设定依据

（一）《深圳市科技计划管理改革方案》，深圳市人民政府，深府〔2019〕1号；

（二）《深圳市科技计划项目管理办法》，深圳市科技创新委员会，深科技创新规〔2019〕1号；

（三）《深圳市科技研发资金管理办法》，深圳市科技创新委员会及深圳市财政局，深科技创新规〔2019〕2号；

（四）《深圳市软科学研究项目管理办法》，深圳市科技创新委员会，深科技创新规〔2019〕6号。

三、强度方式

有数量限制，受深圳市科技研发资金年度总额控制，重点课题单个项目资助强度不超过100万元，一般课题单个项目资助强度不超过50万元。软科学研究项目不要求申报单位自筹资金。

四、办理条件

（一）申报单位应当是在深圳市或者深汕合作区内依法注册，具有独立法人资格的企业、高等院校、科研机构、社会组织等单位且具有组织项目实施的相应能力。

（二）申报单位须从指定的《2021年深圳市软科学研究项目申报选题》中选择选题申报。一个软科学研究项目应当确定一个项目负责人。

（三）项目负责人应当具有完成项目所需的软科学研究能力和组织管理协调能力。项目负责人为非申请单位全职研究人员的，应当与项目申请单位约定投入申请项目研究工作量占本人工作量的50%以上。

（四）项目申请单位和项目负责人在申请项目时未列入本深圳市科研诚信异常名录。

（五）项目申请单位应当自主申报，委托科技中介机构申报的，不予受理并列入科研诚信异常名录。

（六）项目负责人原则上每年只能承担一个软科学研究

项目，且同时承担在研软科学研究项目不超过两项。

（七）深圳市科技行政主管部门可以对已在市级部门预算管理单位申报安排项目支出的研究项目的申报不予受理。

（八）项目实施期限为一年。

鼓励项目申请单位与非深圳市研究机构开展软科学课题研究合作。

五、申请材料

（一）登录深圳市科技业务管理系统（https://sticapply.sz.gov.cn/）在线填报申报书；

（二）知识产权合规性声明（通过深圳市科技业务管理系统扫描在线上传）；

（三）申报单位和项目负责人所签的诚信承诺书。项目申请单位为企业的，还应当提交《承诺书》，确保其营业执照信息及上年度完税情况相关事项真实无误（通过深圳市科技业务管理系统扫描在线上传）；

（四）市级以上政府部门推荐材料及项目研究水平相关证明材料（通过深圳市科技业务管理系统在线上传，可以选择提交）；

（五）合作协议文件（深圳市外研究机构作为合作单位的应当提交，通过深圳市科技业务管理系统扫描在线上传）。

项目受理时申请单位无须提交纸质申请材料。申请单位在网上填报受理时限内登录深圳市科技业务管理系统在线填报申请书，上传电子扫描版申请附件（复印件需加盖申请单位公章），点击“签字盖章页打印”，将打印文件签字盖章后扫描上传，提交审核（系统受理状态为“待窗口受理”）。

六、申请表格

本指南规定提交的表格，申请单位登录深圳市科技创新委科技业务管理系统https://sticapply.sz.gov.cn/在线填报。

七、受理机关

（一）受理机关：深圳市科技创新委员会

（二）受理时间：

网上填报受理时间：2021年5月14日至2021年6月15日（截至18:00）。

办公时间：星期一至星期五

上午9:00—12:00，下午14:00—17:45

（三）书面材料提交地点：深圳市福田区福中三路市民中心（具体地点另行通知）。

书面材料提交时间：获得立项资助的申请单位须通过深圳市科技业务管理系统打印项目申请书后按照要求提交纸质申请材料，材料的纸质版务必和电子版保持一致，纸质申请材料一式一份，A4纸正反面打印/复印，复印件需加盖申请单位公章，按照本指南申请材料的排列次序对非空白页（含封面）需连续编写页码，胶装成册，复印件需加盖申请单位公章（具体提交时间和方式另行通知）。

（四）咨询电话：

政策法规处：88102523，88103417

八、决定机关

深圳市科技创新委员会

九、办理程序

申请人网上申报并提交申请材料—深圳市科技创新委员会开展形式审查、组织专家评审、答辩或现场考察环节—深圳市科技创新委员会拟定资助方案—社会公示—深圳市科技创新委员会委务会审定项目资金下达计划—申请单位与深圳市科技创新委员会签订项目合同书—拨付项目资金

十、办理时限

成批处理

十一、证件及有效期限

证件：批准文件

有效期限：申请单位应当在收到批准文件之日起1个月

内，与深圳市科技创新委员会签订项目合同书。

十二、法律效力

申请人凭批准文件获得深圳市科技研发资金资助。

十三、收费

不收费

十四、年审或年检

无年审。深圳市科技创新委员会按照项目合同书对项目进行跟踪管理和组织验收。

声 明：

深圳市科技创新委员会从未委托任何单位或个人为项目申报单位代理资金申报事宜，申请单位必须自主申报。凡是购买、委托代写项目申请书、提供虚假证明材料的，一经发现并查实，即视为骗取财政资金，一律不予受理、取消申请资格、撤销立项项目，并按规定严肃处理。深圳市科技创新委员会将严格按照有关标准和程序受理，不收取任何费用。如有任何中介机构和个人假借深圳市科技创新委员会领导和工作人员名义向申报单位收取费用的，请知情者即向深圳市科技创新委员会举报。

项目申报单位一经立项，即对项目执行全过程负有主体责任；有义务按合同约定开展研发活动，完成约定目标；有义务接受主管部门监督，配合主管部门完成中期检查和抽查；有义务最迟在合同到期后6个月内向主管部门提交纸质验收申请资料。不履行上述义务的，主管部门按规定将项目承担单位或项目负责人记入科研诚信异常名录，取消其一定年限内申请科研资助的资格，并依法追究其他责任。

深圳市科技创新委员会2021年第一批技术攻关重点项目申请指南

一、申请内容

为增强深圳市高新技术产业核心竞争力，提升产业整体自主创新能力，突破关键零部件等产业发展共性关键技术，聚焦深圳市战略新兴产业、促进生态文明建设、促进民生改善等科技领域瓶颈性关键技术，对深圳市高新技术产业重点领域、优先主题、重点专项的关键技术攻关予以资助。

二、设定依据

（一）《深圳经济特区科技创新条例》，深圳市第六届人民代表大会常务委员会公告，第205号；

（二）《关于促进科技创新的若干措施》，中共深圳市委，深发〔2016〕7号；

（三）《深圳市科技计划管理改革方案》，深圳市人民政府，深府〔2019〕1号；

（四）《深圳市科技计划项目管理办法》，深圳市科技创新委员会，深科技创新规〔2019〕1号；

（五）《深圳市科技研发资金管理办法》，深圳市科技创新委员会、深圳市财政局，深科技创新规〔2019〕2号；

（六）《深圳市技术攻关专项管理办法》，深圳市科技创新委员会，深科技创新规〔2020〕13号。

三、支持强度与方式

支持强度：有数量限制，受科技研发资金年度总额控制，单个项目资助强度最高不超过1000万元。

支持方式：事前资助

四、申请条件

申请技术攻关重点项目资助应当符合以下条件：

（一）申请牵头单位应当是在深圳市或深汕特别合作区内依法注册并具有独立法人资格，且2020年度营业收入在2000万元以上（含2000万元）的国家或深圳市高新技术企业（证书发证年度为2018年、2019年、2020年）、技术先进型服务企业（证书在受理结束之日仍在有效期内）；

（二）采用联合申报方式。鼓励产学研用合作攻关，牵头单位2020年度营业收入不足1亿的，参与单位应有1家企业2020年度营业收入在1亿以上（含1亿元）。国内（含港澳）高校、科研机构、企业可作为合作单位参与项目；

（三）申请单位应当具有良好的研发基础和条件（在深具备研发场地、设施、人员等条件）、健全的财务制度、优秀的技术及管理团队，能提供相应的配套资金，项目自筹资金不低于申请的财政资助资金总额；

（四）项目负责人必须为申请牵头单位的全职在职人员，且项目完成年度不超过60周岁；申请牵头单位主要成员人数不少于单个合作单位人数；项目组成员总人数的50%以上须在深圳购买社会保险；

（五）联合申报应注意以下事项：

1.申请书中填报合作单位名称并加盖合作单位公章；

2.合作协议中应明确申请牵头单位和合作单位的研发内容分工和知识产权分配相关内容；

3.申请牵头单位资金分配比例不少于单个合作单位的分配比例，深圳市外单位作为合作单位的，不参与分配财政资助资金；

4.申请牵头单位可联合国内（含港澳）创新资源共同研发。

（六）本项目申请实行限项制，具体要求是：

1.原则上同一个法人单位只能牵头申请1项本批次技术攻关重点项目；2021年度已承担或申请未办结的技术攻关重点项目牵头承担单位，不得再次牵头申请本年度技术攻关重点项目；2020年度研究开发费用支出超过5亿元的申请牵头单位不受此条款限制；

2.申报主体未列入科技诚信异常名录，未违反国家、省、市联合惩戒政策和制度规定，未被列为失信联合惩戒对象；

3.已承担2018、2019年、2020年技术攻关重点项目的项目负责人不得作为本批次技术攻关重点项目申请的项目负责人。

（七）如果项目申请涉及科研伦理与科技安全（如生物安全和信息安全）的相关问题，申请单位应当严格执行国家有关法律法规和伦理准则。

五、申请材料

（一）登录深圳市科技业务管理系统在线填报申请书，提交申请书签字盖章扫描件，提供通过该系统打印的申请书纸质文件原件；

（二）2020年完税证明复印件；

（三）经深圳市注册会计师协会备案的含有防伪标识封面的2020年财务审计报告复印件（牵头单位营业收入不足1亿元的，同时提供1家营业收入在1亿元以上合作企业的财务审计报告）；

（四）项目可行性研究报告原件；

（五）知识产权合规性申明原件；

（六）科研诚信承诺书原件；

（七）50%以上项目组成员近3个月内的深圳社会保险缴纳明细或凭证复印件；

（八）合作协议原件；

（九）项目涉及科研伦理和科技安全的，提供国家有关法律法规和伦理准则要求的批准或备案文件复印件；

（十）可以选择提供知识产权证(包括专利和软件著作权，证书有效期应在项目受理截止日期2021年4月16日之前)、查新报告、检测报告、获奖证书、国家省立项计划文件、广东省企业科技特派员派驻协议书等证明材料复印件。

项目受理时申请单位无须提交纸质申请材料。申请单位在网上填报受理时限内登录深圳市科技业务管理系统在线填报项目申请书，提交申请书签字盖章扫描件，并在科技业务系统中上传其他申请材料的电子版扫描件（复印件需加盖申请单位公章后上传）后提交审核（系统受理状态为“待窗口受理”）。

特别提醒：申请人和申请单位对申请材料的合法性、真实性、准确性和完整性负责。申请材料的研究内容、项目组成员、拟取得的学术、技术及经济指标应科学合理，严谨规范，并作为项目评审、合同签订、过程管理、验收结题及项目评估的依据，原则上不予调整。项目一经立项，投入资金总额不予调整，深圳市财政资金申请额与实际下达资助额之间的差额部分，由项目申请单位自筹资金补足。

对抄袭剽窃或弄虚作假的，深圳市科技创新委员会核实后将不予立项或撤销项目，并纳入科研诚信异常名录，同时视情节轻重，依法依规追究相应责任。

六、申请表格

本指南规定提交的表格，申请单位登录深圳市科技业务管理系统在线填报。

七、受理机关

（一）受理机关：深圳市科技创新委员会

（二）受理时间：

网上填报受理时间：2021年3月26日至2021年4月16日（截至24:00）；

（三）书面材料提交地点：深圳市福田区福中三路市民中心（具体地点另行通知）。

书面材料提交时间：拟立项项目的申请单位须通过深圳市科技业务管理系统打印项目申请书后按照要求提交纸质申请材料，纸质申请材料一式一份，A4纸正反面打印/复印，项目申请书中填报合作单位处需加盖合作单位公章，复印件需加盖申请单位公章，按照本指南申请材料的排列次序对非空白页（含封面）需连续编写页码，胶装成册（具体提交时间和方式另行通知）。

（四）联系电话：

智能装备领域：88102172，88127371

技 术 支 持：86576087，86576088

八、决定机关

深圳市科技创新委员会

九、审批程序

项目征集—发布课题—申请单位网上申请—深圳市科技创新委员会对申请材料进行初审—专家评审—现场核查—深圳市科技创新委员会审定—深圳市科技创新委员会下达项目资金计划—申请单位与深圳市科技创新委员会签订项目合同书—拨付资助经费

十、审批时限

成批处理

十一、证件及有效期限

证件：批准文件

有效期限：申请单位应当在收到批准文件之日起1个月内，与市科技创新委签订项目合同书。

十二、法律效力

申请单位凭批准文件获得深圳市科技研发资金资助。

十三、收费

不收费

十四、年审或年检

无年审。深圳市科技创新委员会按照项目合同书对项目进行跟踪管理和组织验收。

声 明：

深圳市科技创新委员会从未委托任何单位或个人为项目

申请单位代理资金申请事宜，申请单位必须自主申请。凡是购买、委托代写项目申请书的、提供虚假证明材料的，一经发现并查实，即视为骗取财政资金，一律不予受理、取消申请资格、撤销立项项目，并按规定严肃处理。深圳市科技创新委员会将严格按照有关标准和程序受理，不收取任何费用。如有任何中介机构和个人假借深圳市科技创新委员会领导和工作人员名义向申请单位收取费用的，请知情者即向深圳市科技创新委员会举报。

项目申请单位需提交审计报告的，应当按照《深圳市科技计划项目管理办法》规定，提供经深圳市注册会计师协会备案的含有防伪标识封面的审计报告。项目申请单位提供无防伪标识封面（未备案）或属于虚假防伪标识封面（未备案）的审计报告，深圳市科技创新委员会不予采用。相关审计报告经核查认定属于虚假材料的，项目单位五年内不得申请深圳市科技计划项目，深圳市科技创新委员会将其列入科研诚信异常名录，并按照深圳市政府失信联合惩戒有关规定予以处理。

项目申请单位一经立项，即对项目执行全过程负有主体责任；有义务按合同约定开展研发活动，完成约定目标；有义务接受主管部门监督，配合主管部门完成中期检查和抽查；有义务最迟在合同到期后6个月内向主管部门提交纸质验收申请资料。不履行上述义务的，主管部门按规定将项目承担单位和项目负责人记入科研诚信异常名录，取消其一定年限内申请科研资助的资格，并依法追究责任。

深圳市科技创新委员会2021年第二批技术攻关重点项目申请指南

一、申请内容

为增强深圳市高新技术产业核心竞争力，提升产业整体自主创新能力，突破关键零部件产业发展共性关键技术，聚焦深圳市战略新兴产业，促进生态文明建设和民生改善科技领域关键技术，对深圳市高新技术产业重点领域、优先主题、重点专项的关键技术攻关予以资助。

二、设定依据

（一）《深圳经济特区科技创新条例》，深圳市第六届人民代表大会常务委员会公告，第205号；

（二）《关于促进科技创新的若干措施》，中共深圳市委，深发〔2016〕7号；

（三）《深圳市科技计划管理改革方案》，深圳市人民政府，深府〔2019〕1号；

（四）《深圳市科技计划项目管理办法》，深圳市科技创新委员会，深科技创新规〔2019〕1号；

（五）《深圳市科技研发资金管理办法》，深圳市科技创新委员会、深圳市财政局，深科技创新规〔2019〕2号；

（六）《深圳市技术攻关专项管理办法》，深圳市科技创新委员会，深科技创新规〔2020〕13号。

三、支持强度与方式

支持强度：有数量限制，受科技研发资金年度总额控制，单个项目资助强度最高不超过1000万元。

支持方式：事前资助

四、申请条件

申请技术攻关重点项目资助应当符合以下条件：

（一）申请牵头单位应当是在深圳市或深汕特别合作区内依法注册并具有独立法人资格，且2020年度营业收入在

2000万元以上（含2000万元）的国家或深圳市高新技术企业（证书发证年度为2018年、2019年、2020年）及技术先进型服务企业（证书在受理结束之日仍在有效期内）。

（二）采用联合申报方式。鼓励产学研用合作攻关，牵头单位2020年度营业收入不足1亿的，参与单位应有1家企业2020年度营业收入在1亿以上（含1亿元）。国内（含港澳）高校、科研机构、企业可作为合作单位参与项目。

（三）申请单位应当具有良好的研发基础和条件（在深具备研发场地、设施、人员等条件）、健全的财务制度、优秀的技术及管理团队，能提供相应的配套资金，项目自筹资金不低于申请的财政资助资金总额。

（四)项目负责人必须为申请牵头单位的全职在职人员，且项目完成年度不超过60周岁；申请牵头单位主要成员人数不少于单个合作单位人数；项目组成员总人数的50%以上须在深圳购买社会保险。

（五）联合申报应注意以下事项：

1.申请书中填报合作单位名称并加盖合作单位公章。

2.合作协议中应明确申请牵头单位和合作单位的研发内容分工及知识产权分配相关内容。

3.申请牵头单位资金分配比例不少于单个合作单位的分配比例。深圳市外单位作为合作单位的，不参与分配财政资助资金。

4.申请牵头单位可联合国内(含港澳)创新资源共同研发。

（六）本项目申请实行限项制，具体要求是：

1.原则上同一个法人单位只能牵头申请1项本批次技术攻关重点项目；本年度已承担或申请未办结的技术攻关重点项目牵头承担单位，不得再次牵头申请本年度技术攻关重点项目；2020年度研究开发费用支出超过5亿元的申请牵头单位不受此条款限制；

2. 申请（包括合作）单位、项目负责人、项目组主要成员未列入科研诚信异常名录；

3.已承担2018、2019年、2020年技术攻关重点项目的项目负责人不得作为本批次技术攻关重点项目申请的项目负责人。

（七）如果项目申请涉及科研伦理与科技安全（如生物安全及信息安全）的相关问题，申请单位应当严格执行国家有关法律法规和伦理准则。

五、申请材料

（一）登录深圳市科技业务管理系统在线填报申请书，提交申请书签字盖章扫描件，提供通过该系统打印的申请书纸质文件原件；

（二）2020年完税证明复印件；

（三）经深圳市注册会计师协会备案的含有防伪标识封面的2020年财务审计报告复印件（牵头单位营业收入不足1亿元的，同时提供1家营业收入在1亿元以上合作企业的财务审计报告）；

（四）项目可行性研究报告原件；

（五）知识产权合规性申明原件；

（六）科研诚信承诺书原件；

（七）50%以上项目组成员近3个月内的深圳社会保险缴纳明细或凭证复印件；

（八）合作协议原件；

（九）项目涉及科研伦理和科技安全的，提供国家有关法律法规和伦理准则要求的批准或备案文件复印件；

（十）可以选择提供知识产权证(包括专利和软件著作权，证书有效期应在项目受理截止日期2021年6月25日之前)、查新报告、检测报告、获奖证书、国家省立项计划文件、广东省企业科技特派员派驻协议书等证明材料复印件。

项目受理时申请单位无须提交纸质申请材料。申请单位在网上填报受理时限内登录深圳市科技业务管理系统在线填报项目申请书，提交申请书签字盖章扫描件，并在科技业务系统中上传其他申请材料的电子版扫描件（复印件需加盖申请单位公章后上传）后提交审核（系统受理状态为“待窗口受理”）。

特别提醒：申请人和申请单位对申请材料的合法性、真实性、准确性和完整性负责。申请材料的研究内容、项目组成员和拟取得的学术、技术及经济指标应科学合理，严谨规范，并作为项目评审、合同签订、过程管理、验收结题及项目评估的依据，原则上不予调整。项目一经立项，投入资金总额不予调整，深圳市财政资金申请额与实际下达资助额之间的差额部分，由项目申请单位自筹资金补足。

对抄袭剽窃或弄虚作假的，深圳市科技创新委员会核实后将不予立项或撤销项目，并纳入科研诚信异常名录，同时视情节轻重，依法依规追究相应责任。

六、申请表格

本指南规定提交的表格，申请单位登录深圳市科技业务管理系统在线填报。

七、受理机关

（一）受理机关：深圳市科技创新委员会

（二）受理时间：

网上填报受理时间：2021年6月7日-2021年6月25日（截至24:00）；

书面材料提交地点：深圳市福田区福中三路市民中心（具体地点另行通知）。

（三）书面材料提交时间：拟立项项目的申请单位须通过深圳市科技业务管理系统打印项目申请书后按照要求提交纸质申请材料，纸质申请材料一式一份，A4纸正反面打印/复印，项目申请书中填报合作单位处需加盖合作单位公章，复印件需加盖申请单位公章，按照本指南申请材料的排列次序对非空白页（含封面）需连续编写页码，胶装成册（具体提交时间和方式另行通知）。

（四）联系电话：

材料能源领域：88103124，88125027

技 术 支 持：86576087，86576088

八、决定机关

深圳市科技创新委员会

九、审批程序

项目征集—发布课题—申请单位网上申请—深圳市科技创新委员会对申请材料进行初审—专家评审—现场核查—深圳市科技创新委员会审定—深圳市科技创新委员会下达项目资金计划—申请单位与深圳市科技创新委员会签订项目合同书—拨付资助经费

十、审批时限

成批处理

十一、证件及有效期限

证件：批准文件

有效期限：申请单位应当在收到批准文件之日起1个月内，与深圳市科技创新委员会签订项目合同书。

十二、法律效力

申请单位凭批准文件获得深圳市科技研发资金资助。

十三、收费

不收费

十四、年审或年检

无年审。深圳市科技创新委按照项目合同书对项目进行跟踪管理和组织验收。

声 明：

深圳市科技创新委员会从未委托任何单位或个人为项目申请单位代理资金申请事宜，申请单位必须自主申请。凡是购买、委托代写项目申请书、提供虚假证明材料的，一经发现并查实，即视为骗取财政资金，一律不予受理、取消申请资格、撤销立项项目，并按规定严肃处理。深圳市科技创新委员会将严格按照有关标准和程序受理，不收取任何费用。如有任何中介机构和个人假借深圳市科技创新委员会领导和工作人员名义向申请单位收取费用的，请知情者即向深圳市科技创新委员会举报。

项目申请单位需提交审计报告的，应当按照《深圳市科技计划项目管理办法》规定，提供经深圳市注册会计师协会备案的含有防伪标识封面的审计报告。项目申请单位提供无防伪标识封面（未备案）或属于虚假防伪标识封面（未备案）的审计报告，深圳市科技创新委员会不予采用。相关审计报告经核查认定属于虚假材料的，项目单位五年内不得申请深圳市科技计划项目，深圳市科技创新委员会将其列入科研诚信异常名录，并按照深圳市政府失信联合惩戒有关规定予以处理。

项目申请单位一经立项，即对项目执行全过程负有主体责任；有义务按合同约定开展研发活动，完成约定目标；有义务接受主管部门监督，配合主管部门完成中期检查和抽查；有义务最迟在合同到期后6个月内向主管部门提交纸质验收申请资料。不履行上述义务的，主管部门按规定将项目承担单位或项目负责人记入科研诚信异常名录，取消其一定年限内申请科研资助的资格，并依法追究责任。

深圳市科技创新委员会2021年第三批技术攻关重点项目申请指南

一、申请内容

为增强深圳市高新技术产业核心竞争力，提升产业整体自主创新能力，突破关键零部件产业发展共性关键技术，聚焦深圳市战略新兴产业，促进生态文明建设和民生改善科技领域瓶颈性关键技术，对深圳市高新技术产业重点领域、优先主题、重点专项的关键技术攻关予以资助。

二、设定依据

（一）《深圳经济特区科技创新条例》，深圳市第六届人民代表大会常务委员会公告，第205号；

（二）《关于促进科技创新的若干措施》，中共深圳市委，深发〔2016〕7号；

（三）《深圳市科技计划管理改革方案》，深圳市人民政府，深府〔2019〕1号；

（四）《深圳市科技计划项目管理办法》，深圳市科技创新委员会，深科技创新规〔2019〕1号；

（五）《深圳市科技研发资金管理办法》，深圳市科技创新委员会、深圳市财政局，深科技创新规〔2019〕2号；

（六）《深圳市技术攻关专项管理办法》，深圳市科技创新委员会，深科技创新规〔2020〕13号。

三、支持强度与方式

支持强度：有数量限制，受科技研发资金年度总额控制，单个项目资助强度最高不超过800万元。

支持方式：事前资助

四、申请条件

申请技术攻关重点项目资助应当符合以下条件：

（一）申请牵头单位应当是在深圳市或深汕特别合作区内依法注册并具有独立法人资格，且2020年度营业收入在2000万元以上（含2000万元）的国家或深圳市高新技术企业（证书发证年度为2018年、2019年、2020年）及技术先进型服务企业（证书在受理结束之日仍在有效期内）。

（二）采用联合申报方式。鼓励产学研用合作攻关，牵头单位2020年度营业收入不足1亿的，参与单位应有1家企业2020年度营业收入在1亿以上（含1亿元）。国内（含港澳）

高校、科研机构和企业可作为合作单位参与项目。

（三）申请单位应当具有良好的研发基础和条件（在深具备研发场地、设施、人员等条件）、健全的财务制度和优秀的技术及管理团队，能提供相应的配套资金，项目自筹资金不低于申请的财政资助资金总额。

（四）项目负责人必须为申请牵头单位的全职在职人员，且项目完成年度不超过60周岁；申请牵头单位主要成员人数不少于单个合作单位人数；项目组成员总人数的50%以上须在深圳购买社会保险；

（五）联合申报应注意以下事项：

1.申请书中填报合作单位名称并加盖合作单位公章；

2.合作协议中应明确申请牵头单位和合作单位的研发内容分工及知识产权分配相关内容；

3.申请牵头单位资金分配比例不少于单个合作单位的分配比例，深圳市外单位作为合作单位的，不参与分配财政资助资金；

4.申请牵头单位可联合国内（含港澳）创新资源共同研发；

（六）本项目申请实行限项制，具体要求是：

1.原则上同一个法人单位只能牵头申请1项本批次技术攻关重点项目；本年度已承担或申请未办结的技术攻关重点项目牵头承担单位，不得再次牵头申请本年度技术攻关重点项目；2020年度研究开发费用支出超过5亿元的申请牵头单位不受此条款限制；

2.申请（包括合作）单位、项目负责人、项目组主要成员未列入科研诚信异常名录；

3.已承担2018年、2019年、2020年技术攻关重点项目的项目负责人不得作为本批次技术攻关重点项目申请的项目负责人。

（七）如果项目申请涉及科研伦理与科技安全（如生物安全及信息安全）的相关问题，申请单位应当严格执行国家有关法律法规和伦理准则。

五、申请材料

（一）登录深圳市科技业务管理系统在线填报申请书，提交申请书签字盖章扫描件，提供通过该系统打印的申请书纸质文件原件；

（二）2020年完税证明复印件；

（三）经深圳市注册会计师协会备案的含有防伪标识封面的2020年财务审计报告复印件（牵头单位营业收入不足1亿元的，同时提供1家营业收入在1亿元以上合作企业的财务审计报告）；

（四）项目可行性研究报告原件；

（五）知识产权合规性申明原件；

（六）科研诚信承诺书原件；

（七）50%以上项目组成员近3个月内的深圳社会保险缴纳明细或凭证复印件；

（八）合作协议原件；

（九）项目涉及科研伦理和科技安全的，提供国家有关法律法规和伦理准则要求的批准或备案文件复印件；

（十）可以选择提供知识产权证(包括专利和软件著作权，证书有效期应在项目受理截止日期2021年7月9日之前)、查新报告、检测报告、获奖证书、国家省立项计划文件、广东省企业科技特派员派驻协议书等证明材料复印件。

项目受理时申请单位无须提交纸质申请材料。申请单位在网上填报受理时限内登录深圳市科技业务管理系统在线填报项目申请书，提交申请书签字盖章扫描件，并在科技业务系统中上传其他申请材料的电子版扫描件（复印件需加盖申请单位公章后上传）后提交审核（系统受理状态为“待窗口受理”）。

特别提醒：申请人和申请单位对申请材料的合法性、真实性、准确性和完整性负责。申请材料的研究内容、项目组成员和拟取得的学术、技术及经济指标应科学合理，严谨规范，并作为项目评审、合同签订、过程管理、验收结题及项目评估的依据，原则上不予调整。项目一经立项，投入资金总额不予调整，深圳市财政资金申请额与实际下达资助额之间的差额部分，由项目申请单位自筹资金补足。

对抄袭剽窃或弄虚作假的，深圳市科技创新委员会核实后将不予立项或撤销项目，并纳入科研诚信异常名录，同时视情节轻重，依法依规追究相应责任。

六、申请表格

本指南规定提交的表格，申请单位登录深圳市科技业务管理系统在线填报。

七、受理机关

（一）受理机关：深圳市科技创新委员会

（二）受理时间：

网上填报受理时间：2021年6月18日-2021年7月9日（截至24:00）；

（三）书面材料提交地点：深圳市福田区福中三路市民中心（具体地点另行通知）。

书面材料提交时间：拟立项项目的申请单位须通过深圳市科技业务管理系统打印项目申请书后按照要求提交纸质申请材料，纸质申请材料一式一份，A4纸正反面打印/复印，项目申请书中填报合作单位处需加盖合作单位公章，复印件需加盖申请单位公章，按照本指南申请材料的排列次序对非空白页（含封面）需连续编写页码，胶装成册（具体提交时间和方式另行通知）。

（四）联系电话：

生物医药领域：88100637

医疗器械领域：88102164

资源环境领域：88128850

技术支持：86576087，86576088

八、决定机关

深圳市科技创新委员会

九、审批程序

项目征集—发布课题—申请单位网上申请—深圳市科技创新委员会对申请材料进行初审—专家评审—现场核查—深圳市科技创新委员会审定—深圳市科技创新委员会下达项目资金计划—申请单位与深圳市科技创新委员会签订项目合同书—拨付资助经费

十、审批时限

成批处理

十一、证件及有效期限

证件：批准文件

有效期限：申请单位应当在收到批准文件之日起1个月内，与深圳市科技创新委员会签订项目合同书。

十二、法律效力

申请单位凭批准文件获得深圳市科技研发资金资助。

十三、收费

不收费

十四、年审或年检

无年审。深圳市科技创新委员会按照项目合同书对项目进行跟踪管理和组织验收。

声 明：

深圳市科技创新委从未委托任何单位或个人为项目申请单位代理资金申请事宜，申请单位必须自主申请。凡是购买、委托代写项目申请书、提供虚假证明材料的，一经发现并查实，即视为骗取财政资金，一律不予受理、取消申请资格、撤销立项项目，并按规定严肃处理。深圳市科技创新委员会将严格按照有关标准和程序受理，不收取任何费用。如有任何中介机构和个人假借深圳市科技创新委员会领导和工作人员名义向申请单位收取费用的，请知情者即向深圳市科技创新委员会举报。

项目申请单位需提交审计报告的，应当按照《深圳市科技计划项目管理办法》规定，提供经深圳市注册会计师协会备案的含有防伪标识封面的审计报告。项目申请单位提供无防伪标识封面（未备案）或属于虚假防伪标识封面（未备案）的审计报告，深圳市科技创新委员会不予采用。相关审计报告经核查认定属于虚假材料的，项目单位五年内不得申请深圳市科技计划项目，深圳市科技创新委员会将其列入科研诚信异常名录，并按照深圳市政府失信联合惩戒有关规定予以处理。

项目申请单位一经立项，即对项目执行全过程负有主体责任；有义务按合同约定开展研发活动，完成约定目标；有义务接受主管部门监督，配合主管部门完成中期检查和抽查；有义务最迟在合同到期后6个月内向主管部门提交纸质验收申请资料。不履行上述义务的，主管部门按规定将项目承担单位或项目负责人记入科研诚信异常名录，取消其一定年限内申请科研资助的资格，并依法追究责任。

深圳市科技创新委员会2021年第四批技术攻关重点项目（电子信息专项）申请指南

一、申请内容

为增强深圳市高新技术产业核心竞争力，提升产业整体自主创新能力，突破关键零部件产业发展共性关键技术，聚焦深圳市战略新兴产业，促进生态文明建设和民生改善科技领域瓶颈性关键技术，对深圳市高新技术产业重点领域、优先主题、重点专项的关键技术攻关予以资助。

二、设定依据

（一）《深圳经济特区科技创新条例》，深圳市第六届人民代表大会常务委员会公告，第205号；

（二）《关于促进科技创新的若干措施》，中共深圳市委，深发〔2016〕7号；

（三）《深圳市科技计划管理改革方案》，深圳市人民政府，深府〔2019〕1号；

（四）《深圳市科技计划项目管理办法》，深圳市科技创新委员会，深科技创新规〔2019〕1号；

（五）《深圳市科技研发资金管理办法》，深圳市科技创新委员会及深圳市财政局，深科技创新规〔2019〕2号；

（六）《深圳市技术攻关专项管理办法》，深圳市科技创新委员会，深科技创新规〔2020〕13号。

三、支持强度与方式

支持强度：有数量限制，受科技研发资金年度总额控制，单个项目资助强度最高不超过800万元。

支持方式：事前资助

四、申请条件

申请技术攻关重点项目资助应当符合以下条件：

（一）申请牵头单位应当是在深圳市或深汕特别合作区内依法注册并具有独立法人资格，且2020年度营业收入在2000万元以上（含2000万元）的国家或深圳市高新技术企业（证书发证年度为2018年、2019年或2020年）及技术先进型服务企业（证书在受理结束之日仍在有效期内）。

（二）采用联合申报方式。鼓励产学研用合作攻关，牵头单位2020年度营业收入不足1亿的，参与单位应有1家企业2020年度营业收入在1亿以上（含1亿元）。国内（含港澳）

高校、科研机构和企业可作为合作单位参与项目。

（三）申请单位应当具有良好的研发基础和条件（在深具备研发场地、设施、人员等条件）、健全的财务制度、优秀的技术及管理团队，能提供相应的配套资金，项目自筹资金不低于申请的财政资助资金总额。

（四）项目负责人必须为申请牵头单位的全职在职人员，且项目完成年度不超过60周岁；申请牵头单位主要成员人数不少于单个合作单位人数；项目组成员总人数的50%以上须在深圳购买社会保险；

（五）联合申报应注意以下事项：

1.申请书中填报合作单位名称并加盖合作单位公章；

2.合作协议中应明确申请牵头单位和合作单位的研发内容分工及知识产权分配的相关内容；

3.申请牵头单位资金分配比例不少于单个合作单位的分配比例，深圳市外单位作为合作单位的，不参与分配财政资助资金；

4.申请牵头单位可联合国内（含港澳）创新资源共同研发；

（六）本项目申请实行限项制，具体要求是：

1.原则上同一个法人单位只能牵头申请1项本批次技术攻关重点项目；本年度已承担或申请未办结的技术攻关重点项目牵头承担单位，不得再次牵头申请本年度技术攻关重点项目；2020年度研究开发费用支出超过5亿元的申请牵头单位不受此条款限制；

2.申报主体未列入科技诚信异常名录，未违反国家、省、市联合惩戒政策和制度规定，未被列为失信联合惩戒对象；

3.已承担2018年、2019年、2020年技术攻关重点项目的项目负责人不得作为本批次技术攻关重点项目申请的项目负责人。

（七）如果项目申请涉及科研伦理与科技安全（如生物安全及信息安全）的相关问题，申请单位应当严格执行国家有关法律法规和伦理准则。

五、申请材料

（一）登录深圳市科技业务管理系统在线填报申请书，提交申请书签字盖章扫描件，提供通过该系统打印的申请书纸质文件原件；

（二）2020年完税证明复印件；

（三）经深圳市注册会计师协会备案的含有防伪标识封面的2020年财务审计报告复印件（牵头单位营业收入不足1亿元的，同时提供1家营业收入在1亿元以上合作企业的财务审计报告）；

（四）项目可行性研究报告原件；

（五）知识产权合规性申明原件；

（六）科研诚信承诺书原件；

（七）50%以上项目组成员近3个月内的深圳社会保险缴纳明细或凭证复印件；

（八）合作协议原件；

（九）项目涉及科研伦理和科技安全的，提供国家有关法律法规和伦理准则要求的批准或备案文件复印件；

（十）可以选择提供知识产权证(包括专利和软件著作权，证书有效期应在项目受理截止日期2021年8月12日之前)、查新报告、检测报告、获奖证书、国家省立项计划文件、广东省企业科技特派员派驻协议书等证明材料复印件。

项目受理时申请单位无须提交纸质申请材料。申请单位在网上填报受理时限内登录深圳市科技业务管理系统在线填报项目申请书，提交申请书签字盖章扫描件，并在科技业务系统中上传其他申请材料的电子版扫描件（复印件需加盖申请单位公章后上传）后提交审核（系统受理状态为“待窗口受理”）。

特别提醒：

申请人和申请单位对申请材料的合法性、真实性、准确性和完整性负责。申请材料的研究内容、项目组成员和拟取得的学术、技术、经济指标应科学合理，严谨规范，并作为项目评审、合同签订、过程管理、验收结题及项目评估的依据，原则上不予调整。项目一经立项，投入资金总额不予调整，深圳市财政资金申请额与实际下达资助额之间的差额部分，由项目申请单位自筹资金补足。

对抄袭剽窃或弄虚作假的，深圳市科技创新委员会核实后将不予立项或撤销项目，并纳入科研诚信异常名录，同时视情节轻重，依法依规追究相应责任。

六、申请表格

本指南规定提交的表格，申请单位登录深圳市科技业务管理系统在线填报。

七、受理机关

（一）受理机关：深圳市科技创新委员会

（二）受理时间：

网上填报受理时间：2021年7月26日-2021年8月12日（截至24:00）；

（三）书面材料提交地点：深圳市福田区福中三路市民中心（具体地点另行通知）。

书面材料提交时间：拟立项项目的申请单位须通过深圳市科技业务管理系统打印项目申请书后按照要求提交纸质申请材料，纸质申请材料一式一份，A4纸正反面打印/复印，项目申请书中填报合作单位处需加盖合作单位公章，复印件需加盖申请单位公章，按照本指南申请材料的排列次序对非空白页（含封面）需连续编写页码，胶装成册（具体提交时间和方式另行通知）。

（四）联系电话：

电子信息领域：88100682，88101054

技术支持：86576087，86576088

八、决定机关

深圳市科技创新委员会

九、审批程序

项目征集—发布课题—申请单位网上申请—深圳市科技创新委员会对申请材料进行初审—专家评审—现场核查—深圳市科技创新委员会审定—深圳市科技创新委员会下达项目资金计划—申请单位与深圳市科技创新委员会签订项目合同书—拨付资助经费

十、审批时限

成批处理

十一、证件及有效期限

证件：批准文件

有效期限：申请单位应当在收到批准文件之日起1个月内，与深圳市科技创新委员会签订项目合同书。

十二、法律效力

申请单位凭批准文件获得深圳市科技研发资金资助。

十三、收费

不收费

十四、年审或年检

无年审。深圳市科技创新委员会按照项目合同书对项目进行跟踪管理和组织验收。

声 明：

深圳市科技创新委员会从未委托任何单位或个人为项目申请单位代理资金申请事宜，申请单位必须自主申请。凡是购买、委托代写项目申请书、提供虚假证明材料的，一经发现并查实，即视为骗取财政资金，一律不予受理、取消申请资格、撤销立项项目，并按规定严肃处理。深圳市科技创新委员会将严格按照有关标准和程序受理，不收取任何费用。如有任何中介机构和个人假借深圳市科技创新委员会领导和工作人员名义向申请单位收取费用的，请知情者即向深圳市科技创新委员会举报。

项目申请单位需提交审计报告的，应当按照《深圳市科技计划项目管理办法》等规定，提供经深圳市注册会计师协会备案的含有防伪标识封面的审计报告。项目申请单位提供无防伪标识封面（未备案）或属于虚假防伪标识封面（未备案）的审计报告，深圳市科技创新委员会不予采用。相关审计报告经核查认定属于虚假材料的，项目单位五年内不得申请深圳市科技计划项目，深圳市科技创新委员会将其列入科研诚信异常名录，并按照深圳市政府失信联合惩戒有关规定予以处理。

项目申请单位一经立项，即对项目执行全过程负有主体责任；有义务按合同约定开展研发活动，完成约定目标；有义务接受主管部门监督，配合主管部门完成中期检查和抽查；有义务最迟在合同到期后6个月内向主管部门提交纸质验收申请资料。不履行上述义务的，主管部门按规定将项目承担单位或项目负责人记入科研诚信异常名录，取消其一定年限内申请科研资助的资格，并依法追究责任。

深圳市科技计划项目验收申请指南

一、受理对象

深圳市财政专项资金事前资助项目以及按照深圳市科技计划项目合同（以下简称“合同”）规定应当申请验收的项目。

二、设定依据

《深圳市科技计划项目管理办法》，深圳市科技创新委员会，深科技创新规〔2019〕1号。

《深圳市科技计划项目验收实施办法》，深圳市科技创新委员会，深科技创新〔2015〕267号。

三、验收方式

深圳市科技创新委组织相关领域专家，以会议审核、集中答辩、现场答辩方式进行验收。其中，资助金额小于100万元的项目一般采取会议审核方式进行验收。资助金额大于等于100万元的项目一般采取集中答辩方式进行验收（重点实验室、工程技术研究中心、公共技术服务平台等对研发场地有要求的项目，以及孔雀团队等资助金额大且要求高的项目，一般采取现场答辩方式进行验收）。

具体答辩日期和地点以深圳市科技创新委员会事前通知为准。

四、申请条件

（一）合同到期申请验收

1.承担单位已按合同约定完成了研究任务，实现了预期目标。

2. 项目承担单位（以下简称“承担单位”）在合同到期后6个月内，将纸质验收申请资料交至行政服务大厅深圳市科技创新委员会受理窗口（以窗口出具的受理回执为准）。

（二）申请复议验收

1.承担单位已按《深圳市科技计划项目复议验收通知书》要求补充并完善了相关资料。

2.承担单位在《深圳市科技计划项目复议验收通知书》规定时限内，将纸质复议验收申请资料交至行政服务大厅市科技创新委受理窗口（以窗口出具的受理回执为准）。

（三）申请项目延期

1.承担单位为完成合同约定的研发任务，被迫延长开发周期，无法按期申请验收；

2.项目延期原则上只能申请一次，且延长不超过1年；

3.承担单位应在合同到期前，登录深圳市科技业务管理系统提交项目延期申请，经单位管理员审核通过后，将纸质申请交至行政服务大厅深圳市科技创新委员会受理窗口。

五、申请材料（除明确要求外，一般只需要提供复印件，验原件）

（一）合同到期申请验收应提交以下纸质材料

1.深圳市科技计划项目验收申请书原件。

2.深圳市科技计划项目合同复印件。

3.主项目的验收通过证明复印件（限国家和省配套项目，且主项目已经上级部门验收的提供）。

4.深圳市科技创新委员会同意变更合同的书面批复资料复印件（限合同到期日，技术参数、知识产权、文章等指标，或者设备采购预算信息发生过变更的项目提供）。

5.项目实施总结报告原件。

6.项目科技报告原件。

7.证明合同约定技术指标完成情况的第三方检测报告或公开发表的文章复印件。基础研究项目既可以提供第三方检测报告，也可以提供公开发表的文章。其它类别项目只可提供第三方检测报告。

第三方检测报告是指，合法具有相关领域检测资质的第三方机构（独立于承担单位、合作单位、利益相关方以外的机构）针对合同约定技术指标完成情况出具的检测结果。

提供第三方检测报告的，送检单位必须是合同约定的项目承担单位。检测机构必须具有相应技术领域的检测资质。既有承担单位，又有合作单位的项目，既可由承担单位独立提供，也可由承担单位与合作单位分别提供。

提供公开发表文章的，除文章本身要符合以下第8条关于文章的要求外，还应包含证明指标的推导和演算在内的内容。

8.知识产权指标完成情况统计表原件（限合同约定了知识产权指标的项目提供）。

9.证明合同约定数量和质量的文章或著作的复印件（著作仅需提供首页、目录页、有关编辑和发行信息的页面）。文章或著作未正式发表但已收到用刊通知的，应提供用刊通知和文章全文（著作内容同上）的复印件。文章或著作内容应与项目研究方向相关，致谢部分应注明项目编号（限合同约定了文章发表指标的项目提供）。

项目组成员必须是文章或著作的第一作者或通讯作者，且该第一作者或通讯作者在文章或著作中标注的所属单位也必须是项目承担单位。仅以承担单位内设的实验室或其它内设科研机构作为第一作者或通讯作者所在单位进行标注的文章或著作不能作为完成相应指标的依据（重点实验室、工程技术研究中心、公共技术服务平台项目除外）。

10.证明合同约定数量和质量的专利申请受理回执及专利授权证书复印件。专利内容应与合同研究内容相关。项目承担方为单位法人的，该单位应为专利权人；项目承担方为自然人的，该自然人应为专利权人（限合同约定了专利申请和授权指标的项目提供）。

11.证明合同约定数量的软件著作权证书复印件。软件应与合同研究内容相关；项目承担方为单位法人的，该单位应为软件著作权人；项目承担方为自然人的，该自然人应为软件著作权人（限合同约定了软件著作权指标的项目提供）。

12.承担单位申请验收时上年度财务报告复印件。

13.深圳市科技计划项目专项审计报告复印件（限资助额大于或等于100万元的项目提供）。

14.深圳市科技计划项目经费决算表原件（限资助额小于100万元的项目提供）。

15.合同约定了人员培养目标的，承担单位应对照下列情况提供相应证明。

1）以获得学位为培养目标，且培养对象为在校学生的，如果合同到期时学生仍未毕业，应提供相应数量的培养人员名单和学生所在学校出具的委托培养证明（含委托培养单位名称、培养人员名单、培养目标，加盖学生所在院系公章或学校学生处/教务处公章）。如果合同到期时学生已毕业，应提供相应人员的学位证书复印件。

2）以获得学位为培养目标，且培养对象为社会人员的，应提供被培养人员的学位证书复印件和这些人员合同执行期内的社保购买证明复印件（加盖单位公章）。

社保购买证明应以人为单位按月汇总提供。合同约定培养几个人就要提供几个人的证明。培养对象如果是在合同执行期间加入项目组参与研发工作的，从加入项目组当月开始提供证明即可。

3）以获得职称为培养目标的，应提供职称证书或培训证书复印件，和这些人员合同执行期内的社保购买证明复印件（加盖单位公章）。具体要求与上述“以获得学位为培养目标，且培养对象为社会人员的”相同。

16.专项审计报告附件3至附件18，或项目决算表的表二至表十七中填报的所有支出，应提供以下证明材料。

1）承担单位与供货方或服务提供方签订的合同复印件；

2）供货方或服务提供方向承担单位开具的发票和收据复印件；

3）承担单位向供货方或服务提供方付款的银行转账凭证复印件；

4）供货方向承担单位提供的货物清单（含货名、型号、单价、数量等）；

5）服务提供方向承担单位提供的服务名录（含服务名称、服务内容，收费标准、服务次数等）；

6）承担单位向项目组成员中无工资性收入的相关人员（如在校研究生）和项目组临时聘用人员支付劳务费的银行转账凭证复印件；

7）承担单位向本单位项目组成员中在册员工及长期聘用人员支付人员费的银行转账凭证复印件；

8）承担单位支付绩效支出的银行转账凭证复印件。

（二）申请复议验收时应提交以下纸质材料

1.深圳市科技计划项目复议验收申请书原件；

2.深圳市科技计划项目复议验收通知书复印件；

3.深圳市科技计划项目合同复印件（仅提供纸质版，电子版不必在市科技创新委科技业务管理系统中上传）；

4.按复议验收通知书要求补充的材料复印件；

合同到期申请验收和申请复议验收的纸质材料装订要求如下：

1.一式二份，统一使用白色封皮，页码连续编写，按附件所列清单顺序胶装。一本装订不下的可分上册和下册装订。

2.打印（复印）资料时请使用A4纸双面打印（复印），复印件需加盖申请单位公章。

3.书脊标注本项目验收年度（如2017年）、项目名称、单位名称。

（三）申请项目延期的纸质材料要求，以深圳市科技业务管理系统（http://apply.szsti.gov.cn）申报单位人员登录页面右侧的“变更业务申请操作指引”为准。

六、申请表格

（一）合同到期申请验收

本指南规定需提交的深圳市科技计划项目验收申请书，请登录市科技创新委科技业务管理系统http://apply.szsti.gov.cn/在线填报。其他表格、提纲等请从指南附件下载填报。

（二）申请复议验收

本指南规定需提交的深圳市科技计划项目复议验收申请书，请登录市科技创新委科技业务管理系统http://apply.szsti.gov.cn/在线填报。

七、受理机关

（一）合同到期申请验收和申请复议验收

1.受理机关：深圳市科技创新委员会

2.受理日期：全年受理

3.受理地点：行政服务大厅西厅5~40号窗口

4.联系电话： 88102426,88102416，88121260

（二）申请项目延期

1.受理机关：深圳市科技创新委员会

2.受理日期：全年受理

3.受理地点：市民中心C区5051室

4.联系人：深圳市科技创新委员会合同签订责任人，联系电话（以合同为准，原8200XXXX和8210XXXX电话已改为8810XXXX和8812 XXXX）

八、决定机关

深圳市科技创新委员会

九、审定程序

（一）合同到期申请验收

申请单位网上申报—深圳市科技创新委员会网上初审—申请单位向窗口提交纸质申请材料—深圳市科技创新委员会对纸质申请材料进行核验—组织专家集中答辩或者现场答辩验收—审定验收结论—向社会公布验收结论

（二）申请复议验收

申请单位网上申报—深圳市科技创新委员会网上初审—申请单位向窗口提交纸质申请材料—深圳市科技创新委员会对纸质申请材料进行核验—组织专家复议验收—审定复议验收结论—向社会公布复议验收结论

（三）申请项目延期

项目负责人在业务系统中提交变更申请至单位管理员—单位管理员审核通过后提交申请—变更申请人向深圳市科技创新委员会窗口提交变更申请书的纸质材料（需单位盖章）—窗口接受纸质材料后受理—深圳市科技创新委员会审定—将审定结果告知申请人

十、对合同到期项目和复议验收项目的验收答辩安排

按照申请顺序，分批组织专家验收并审定验收结论。

十一、项目验收审定证件及有效期限

证件：验收证书

有效期限：长期有效

十二、法律效力

（一）申请单位凭验收证书和合同期内相应票据，可按合同预算提取项目资助资金的保证金部分。保证金比例以合同约定为准。

（二）验收结论为“不通过”的项目，深圳市科技创新委员会自公布验收结论之日起三年内不予受理项目承担单位（企业）或项目组成员（高校及科研机构）申请市科技计划项目立项资助，也不推荐其申报国家级和省级科技计划项目。

十三、收费

不收费

十四、年审或年检

无年审或年检

关于未委托中介机构代办验收申请的声明

深圳市科技创新委员会从未委托任何中介机构代办深圳市科技计划项目验收申请。深圳市科技创新委员会鼓励和支持项目承担单位自行申请项目验收，如在项目验收工作中发现项目承担单位委托中介机构代办验收申请的，将保留取消其后续获得资助资格的权力。

深圳市科技创新委员会
2021年可持续发展科技专项项目申请指南

一、申请内容

充分发挥科技创新在推动经济、社会、环境可持续发展中的支撑和引领作用，重点聚焦资源高效利用、生态环境治理、健康深圳建设、社会治理和扶贫开发等领域可持续发展技术

创新及科技成果应用与示范，对符合条件的可持续发展科技创新项目予以资助。

二、设定依据

（一）《国务院关于印发中国落实2030年可持续发展议程创新示范区建设方案的通知》，国务院，国发〔2016〕69号；

（二）《深圳市人民政府关于印发深圳市可持续发展规划（2017—2030年）及相关方案的通知》，深圳市人民政府，深府〔2018〕27号；

（三）《深圳市科技计划管理改革方案》，深圳市人民政府，深府〔2019〕1号；

（四）《深圳市科技计划项目管理办法》，深圳市科技创新委员会，深科技创新规〔2019〕1号；

（五）《深圳市科技研发资金管理办法》，深圳市科技创新委员会及深圳市财政局，深科技创新规〔2019〕2号；

（六）《深圳市可持续发展科技专项项目管理办法》，深圳市科技创新委员会，深科技创新规〔2020〕8号。

三、支持强度与方式

支持强度：有数量限制。受科技研发资金年度总额控制，并根据项目研发主要内容、项目考核指标（含经济指标、学术指标、技术指标等）以及研发实际需要，单个项目资助强度最高不超过800万元。

资助资金纳入2021年深圳市级财政预算安排。项目从2021年1月1日起开始实施，实施期限为3年。

支持方式：事前资助

四、申请条件

申请深圳市可持续发展科技专项项目（以下简称“项目”）资助应当符合以下条件：

（一）牵头申请单位应当是在深圳市（含深汕特别合作区）依法注册，具备法人资格的高等院校、科研机构、医疗卫生单位、国家或深圳市高新技术企业。

（二）牵头申请单位应当在深圳具备良好的研发场地、设施、人员团队等条件，诚信守法，具有良好的信誉、健全的组织机构、完善的财务会计和知识产权保护相关制度。申请单位中有企业的（含牵头与合作单位），要求自筹资金不低于企业申请的财政资助额。

（三）项目负责人应当具有完成项目所需专业技术能力和组织管理协调能力，项目负责人应为申请单位的全职研究人员，承担实质性研发任务，且项目完成年度原则上不超过60周岁。项目组成员总人数50%以上须在深圳连续购买社会保险半年以上。

（四）牵头申请单位应当联合1至3家合作单位采用“产学研用（医）”联合申报方式。牵头申请单位和合同单位应当签订合作协议，明确各方的合作内容、主要分工、财政资助资金分配比例、成果归属等方面的权责事项。牵头单位应负责研发内容的50%以上。牵头申请单位资金分配比例不少于单个合作单位的分配比例，深圳市外的合作单位不参与分配财政资助资金。

（五）涉及应用示范内容的，应明确示范地点，并应与技术使用单位分别签订《科技应用示范项目协议》，示范地点应在深圳市、深汕合作区、深圳市对口帮扶地区。涉及扶贫开发内容的，应与深圳市对口帮扶地区有关单位签订合作协议。

（六）牵头申请单位、合作单位、项目负责人和项目组成员未列入科研诚信异常名录。

（七）项目申请涉及科研伦理与科技安全（如生物安全和信息安全）相关问题的，申请单位应当严格执行国家有关法律法规和伦理准则。

限项要求:同一年度，牵头申请单位或项目负责人应遵循以下限项原则：

1.可持续发展专项项目按照《深圳市科技创新委员会关于2020年申请科技计划项目限项要求的通知》规定的原则进行限项申报；

2.企业只能牵头申报1项；

3.申请人只能牵头申报1项；

4.高校及科研机构不能重复申请同一个项目；

5.申请单位或项目负责人主持和参与市级科技计划在研项目不超过（含）3项；

6.项目组主要成员（含项目负责人）中至少3位为牵头申请单位的人员。

五、申请材料

（一）深圳市创新创业专项可持续发展科技专项项目申请书原件（加盖牵头和合作单位公章）。

（二）2019年度完税证明复印件（非事业单位提供）。

（三）经深圳市注册会计师协会备案的含有防伪标识封面的2019年度财务审计报告复印件（非事业单位提供）。

（四）项目可行性研究报告原件，有效合作协议盖章原件，知识产权合规性声明原件，科研诚信承诺书原件。项目申请单位（包括项目牵头和参与单位）为企业的，须提供自筹经费投入承诺书。

（五）项目负责人职称证书或学历证明、高层次人才证书、获奖证书等复印件。项目负责人与申请单位签订的劳动合同复印件（单位或其人事部门盖章），50%以上的项目组成员（包括项目负责人）半年以上（截至申报时最近月份）的深圳社会保险缴纳凭证复印件。

（六）项目负责人主持或参与市级以上科技计划项目的清单（企业提供单位的项目情况），以及与本项目有关的研究内容获得其他渠道资助的情况说明（盖单位公章）。项目负责人或牵头申请单位（企业）出具的主持和参与在研市级科技计划项目未超3项的承诺书（申请单位盖章）。

（七）可以选择提供与申请项目相关的有效知识产权证(包括专利和软件著作权)、查新报告、检测报告、获奖证书、广东省企业科技特派员派驻协议书、深圳市农村科技特派员证书等证明材料复印件。

（八）项目涉及科研伦理和科技安全的，提供国家有关法律法规和伦理准则要求的批准或备案文件。

项目受理时申请单位只需网络填报，无须提交纸质材料。申请单位在网上填报受理时限内登录深圳市科技业务管理系统在线填报项目申请书；并在科技业务系统中上传其他申请材料的电子版扫描件后(复印件需加盖申请单位公章后上传）提交；提交后，点击申请书上的“签字盖章页打印”将打印文件签字盖章后扫描提交审核（系统受理状态为“待窗口受理”）。

申请材料的研究内容、项目组成员和拟取得的学术、技术及经济指标应科学合理，严谨规范，并作为项目评审、合同签订、过程管理、验收结题及项目评估的依据，原则上不予调整。项目一经立项，投入资金总额不予调整，深圳市财政资金申请额与实际下达资助额之间的差额部分，由项目申请单位自筹资金补足。

六、申请表格

本指南规定提交的表格，申请单位登录深圳市科技业务管理系统（https://sticapply.sz.gov.cn/）在线填报。

七、受理机关

（一）受理机关：深圳市科技创新委员会

（二）受理时间：

网上填报受理时间：2020年11月27日至2020年12月16日（截至24:00）

书面材料提交时间：具体提交时间和方式另行通知

办公时间：法定工作日上午9:00—12:00，下午：14:00—17:45

（三）联系电话：88102164，88121058，88121057

八、决定机关

深圳市科技创新委员会

九、办理程序

项目征集—发布课题—网上申报—电子材料审查—专家

评审—现场核查—项目审定—社会公示—项目入库—提交纸质材料—下达计划—签订合同书—拨付经费

十、办理时限

成批处理

十一、证件及有效期限

1.证件：批准文件

2.有效期限：项目申请单位应当在收到批准文件通知之日起1个月内，与深圳市科技创新委员会签订项目合同书。

十二、法律效力

申请单位凭批准文件获得深圳市科技研发资金资助。

十三、收费

不收费

十四、年审或年检

无年审或年检，深圳市科技创新委员会按照项目合同书对项目进行跟踪管理和组织验收。

声 明：

申请人和申请单位对申请材料的合法性、真实性、准确性和完整性负责。对抄袭剽窃或弄虚作假的，深圳市科技创新委员会核实后将不予立项或撤销项目，并纳入科研诚信异常名录，同时视情节轻重，依法依规追究相应责任。

深圳市科技创新委从未委托任何单位或个人为项目申请单位代理资金申请事宜，申请单位必须自主申请。凡是购买、委托代写项目申请书、提供虚假证明材料的，一经发现并查实，即视为骗取财政资金，一律不予受理、取消申请资格、撤销立项项目，并按规定严肃处理。深圳市科技创新委员会将严格按照有关标准和程序受理，不收取任何费用。如有任何中介机构和个人假借深圳市科技创新委员会领导和工作人员名义向申请单位收取费用的，请知情者即向深圳市科技创新委会举报。

项目牵头申请单位需提交审计报告的，应当按照《深圳市科技计划项目管理办法》规定，提供经深圳市注册会计师协会备案的含有防伪标识封面的审计报告。项目牵头申请单位提供无防伪标识封面（未备案）或属于虚假防伪标识封面（未备案）的审计报告，深圳市科技创新委员会不予采用。相关审计报告经核查认定属于虚假材料的，项目牵头申请单位五年内不得申请深圳市科技计划项目，深圳市科技创新委员会将其列入科研诚信异常名录，并按照深圳市政府失信联合惩戒有关规定予以处理。

项目一经立项，项目牵头单位即对项目执行全过程负有主体责任；有义务按合同约定开展研发活动，完成约定目标；有义务接受主管部门监督，配合主管部门完成中期检查和抽查；有义务最迟在合同到期后6个月内向主管部门提交纸质验收申请资料。不履行上述义务的，主管部门按规定将项目牵头单位和项目负责人记入科研诚信异常名录，取消其一定年限内申请科研资助的资格，并依法追究其他责任。

协同创新计划
2022年国际科技合作项目申请指南

一、申请内容

国际科技合作自主合作项目、活动交流项目、人员交流项目资助。

重点领域：新一代信息技术、高端装备制造、绿色低碳、生物医药、数字经济、新材料、海洋经济等战略性新兴产业。支撑5G、特高压、城际高速铁路和城际轨道交通、新能源汽车充电桩、大数据中心、人工智能、工业互联网等新基建的技术合作项目。

重点支持具有国际领先水平及弥补深圳市产业链缺失环节的技术合作项目，鼓励深圳市企业、高校、科研机构等创新主体与外国先进科研机构进行前瞻性研究合作，组织举办前沿技术交流活动，促进科研人员的国际交流和往来。

二、设定依据

（一）《深圳经济特区科技创新条例》，深圳市第六届人大第四十四次会议通过，2020年8月28日；

（二）《深圳市科技计划管理改革方案》，深圳市人民政府，深府〔2019〕1号；

（三）《深圳市科技计划项目管理办法》，深圳市科技创新委员会，深科技创新规〔2019〕1号；

（四）《深圳市科技研发资金管理办法》，深圳市科技创新委员会及深圳市财政局，深科技创新规〔2019〕2号；

（五）《深圳市国际科技交流合作项目资助管理办法》，深圳市科技创新委员会，深科技创新规〔2019〕9号。

三、强度方式

有数量限制，受科技研发资金年度总额控制，本批次资助资金纳入2022年市级财政预算安排。

自主合作项目，采用事前资助方式，资助比例不超过中方研发投入资金的50%，最高资助100万元。

活动交流项目，采用事后补助方式，资助比例不超过活动实际发生合理费用的50%，最高资助100万元。

人员交流项目，采用事后补助方式，资助比例不超过实际发生合理费用的50%，最高资助100万元。

四、办理条件

申请自主合作项目应符合以下条件：

（一）申请单位是在深依法注册，具有法人资格的企业、高等院校、科研机构、医疗卫生单位。非企业类单位申请的，应当有至少一家中国企业作为合作单位，并由企业提供至少与政府资助等额的配套出资。

（二）深方和外方签署合作协议或意向书，明确双方在合作研发中的贡献和分工，包括技术、人力、设备、资金等。

（三）合作研发的成果由双方共有或者由中方所有。

（四）在深高等院校、科研机构、海外院校设立联合实验室的，不受第一项限制。

申请活动交流项目应符合以下条件：

（一）申请单位是在深依法注册，具有法人资格的企业、高等院校、科研机构、医疗卫生单位，且是交流活动的主办方或承办方；

（二）交流活动应当在国际学科和科技领域具有权威性、国际性、领先性，并在深圳举办；

（三）交流活动参加人数100人以上，其中外宾人数30人以上(不包括港澳台)；

（四）国际会议须按程序通过市外事部门或者主办方外事主管部门完成报批及备案手续。承担深圳市政府及其部门在深圳或国外举办的大型科技合作交流推介会及科技合作项目对接会的，应当获得深圳市政府及其部门委托或者批复；

（五）交流活动预算按照财政部《在华举办国际会议经费管理办法》（财行〔2015〕371号）编制和执行；

（六）活动交流须在2020年7月1日至2021年5月13日期间举办。

交流活动已获得市级其他部门财政资金支持的，不再重复资助。

申请人员交流项目应当符合以下条件：

（一）申请单位应当是在深圳市或者深汕合作区内依法注册、具有独立法人资格的高等院校、科研机构；

（二）应邀外国专家学者应当获得博士学位或者同等于国内副教授、副研究员、高级工程师及以上的职称；

（三）外国专家学者为申请单位非兼职或者全职人员；

（四）人员交流活动须在2020年7月1日至2021年5月13日期间举办。

外国专家学者来深交流相关费用已在国家、省、市国际科技交流合作项目中支出的，不再重复资助。

限项要求：申请技术攻关面上项目、可持续发展专项、国际合作项目（活动交流项目、人员交流项目除外）、深港澳科技计划项目的，有数量限制。

申请单位为企业的，按照以下原则进行限项申报：

（一）一般企业：

1.对于在2020年1月1日至12月31日获批立项或申报，且于2021年立项的上述项目申请单位，不得申报。

2.未于2020年1月1日至12月31日获批立项或申报，且于2021年立项的上述项目申请单位，可以牵头或者参与申报1项。

（二）企业获得2019及2020年度国家或广东省科技奖（以国务院发布的上述两个年度国家科学技术奖励决定和广东省政府发布的上述两个年度广东省科学技术奖励通报为准。在2020年度国家和广东省科技奖励名单未公布前，暂依据国家或广东省主管部门发布的拟奖公示名单），或属于2020至2021年度广东省重点支持大型骨干企业目录的企业：

1.对于在2020年1月1日至12月31日期间获批立项或申报，且于2021年立项的上述项目申请单位，可以牵头或者参与申报1项。

2.未于2020年1月1日至12月31日获批立项或申报，且于2021年立项的上述项目申请单位，可以牵头或者参与申报2项。

（三）2020年度研究开发费用支出超过5亿元的企业，不受上述限项要求。

五、申请材料

申请国际科技合作类项目应提交以下材料：

（一）登录深圳市科技业务管理系统在线填报申请书，提供通过该系统打印的申请书纸质文件原件；

（二）上年度完税证明复印件（非事业单位提供）；

（三）上年度财务审计报告（指经深圳市注册会计师协会备案的含有防伪标识封面的审计报告）或通过审查的事业单位财务决算报表复印件（注册未满一年的可提供验资报告，验原件）；

（四）涉及科研伦理与科技安全的项目，提供国家有关法律法规和伦理准则要求的相关手续证明（复印件）。

申请自主合作项目还应提交以下材料：

（一）项目可行性研究报告原件；

（二）与境外机构签订的合作协议书复印件（验原件，如只有外文，需翻译成中文）；

（三）境外合作单位是企业的，还需提交经所在国或地区公证机关或其他有权机构公证的合法营业证明（复印件，如只有外文的，需翻译成中文）；

（四）知识产权合规性声明；

（五）科研诚信承诺书。

申请活动交流项目还应提交以下材料：

（一）活动交流的批文、协议、合同等依据文件（复印件，验原件）；

（二）活动交流的总结报告，内容包括活动的基本情况、规模和规格、出席会议的重要嘉宾、活动的主要内容、成效和启示等（原件）；

（三）活动交流的邀请函，活动现场的彩色照片，出席会议人员的签到表（包括单位名称、姓名、职务、联系方式），外国嘉宾的护照或身份证明材料（复印件）；

（四）项目执行所发生的费用清单、支出单据、集中支付凭证及所涉及的相关合同（协议）书（复印件）；

（五）承诺书。

申请人员交流项目还应当提交以下材料：

（一）项目申请单位上年度国际科技合作交流基本情况；

（二）外国专家学者来深科技合作交流情况汇总表（内容包括但不限于中方合作者姓名，外国专家学者姓名、国别、机构和职称、博士毕业时间，交流事项，在深停留时间，支出金额，是否为国际科技交流合作项目的外方参与人及是否承担国家、省、市科技交流合作计划等情况）；

（三）外国专家学者来深合作交流现场照片，差旅费、食宿费、劳务费等费用支出明细财务文件。

（四）承诺书。

项目受理时申请单位无须提交纸质申请材料。申请单位在网上填报受理时限内登录深圳市科技业务管理系统在线填报项目申请书，并在科技业务系统中上传其他申请材料的电子版扫描件（复印件需加盖申请单位公章后上传）后提交审核（系统受理状态为“待窗口受理”）。

特别提醒：列入深圳市科技创新委员会科研诚信异常名录的自然人和法人不得申请所有项目。申请人和申请单位对申请材料的合法性、真实性、准确性和完整性负责。申请材料的研究内容和拟取得的学术、技术、经济指标应科学合理，严谨规范，并作为项目评审、合同签订、过程管理、验收结题及项目评估的依据，原则上不予调整。对抄袭剽窃或弄虚作假的，深圳市科技创新委员会核实后将不予立项或撤销项目，并纳入科研诚信异常名录，同时视情节轻重，依法依规追究相应责任。

五、申请表格

本指南规定提交的表格，申请人登录深圳市科技业务管理系统在线填报（https://sticapply.sz.gov.cn/）。

六、受理机关

（一）受理机关：深圳市科技创新委员会

（二）受理时间：

网上填报时间：2021年5月14日至2021年7月1日（截至24:00）

（三）联系电话：88101005

七、决定机关

深圳市科技创新委员会

八、办理程序

申请人网上申报—深圳市科技创新委员会对申请材料进行初审—组织专家评审及答辩（专项审计）—现场核查（活动交流项目及人员交流项目除外）—相关单位征求意见—社会公示—深圳市科技创新委员会委务会审定—项目入库—拟立项项目入库的申请单位提交纸质申请材料（标注核验原件的材料需提供原件）—下达项目立项计划—拨付资助资金

九、办理时限

每年一次，成批处理。

十、证件及有效期限

证件：批准文件

有效期限：申请单位应当在收到批准文件之日起1个月内，与深圳市科技创新委员会签订项目合同书（活动交流项目及人员交流项目除外）。

十一、法律效力

申请人凭批准文件获得深圳市科技研发资金资助。

十二、收费

不收费

十三、年审或年检

无年审。深圳市科技创新委员会按照项目合同书对项目进行跟踪管理和组织验收（活动交流项目及人员交流项目除外）。

声 明：

深圳市科技创新委员会从未委托任何单位或个人为项目申请单位代理资金申请事宜，申请单位必须自主申请。凡是购买、委托代写项目申请书、提供虚假证明材料的，一经发现并查实，即视为骗取财政资金，一律不予受理、取消申请资格、撤销立项项目，并按规定严肃处理。深圳市科技创新委员会将严格按照有关标准和程序受理，不收取任何费用。如有任何中介机构和个人假借深圳市科技创新委员会领导和工作人员名义向申请单位收取费用的，请知情者即向深圳市科技创新委员会举报。

项目申请单位需提交审计报告的，应当按照《深圳市科技计划项目管理办法》规定，提供经深圳市注册会计师协会备案的含有防伪标识封面的审计报告。项目申请单位提供无防伪标识封面（未备案）或属于虚假防伪标识封面（未备案）的审计报告，深圳市科技创新委员会不予采用。相关审计报告经核查认定属于虚假材料的，项目单位5年内不得申请深圳市科技计划项目，深圳市科技创新委员会将其列入科研诚信异常名录，并按照深圳市政府失信联合惩戒有关规定予以处理。

项目申请单位一经立项，即对项目执行全过程负有主体责任；有义务按合同约定开展研发活动，完成约定目标；有义务接受主管部门监督，配合主管部门完成中期检查和抽查；有义务最迟在合同到期后6个月内向主管部门提交纸质验收申请资料。不履行上述义务的，主管部门按规定将项目承担单位或项目负责人记入科研诚信异常名录，取消其一定年限内申请科研资助的资格，并依法追究其他责任。

2021年深港澳科技计划项目（C类项目）申请指南

一、项目类别

深港澳科技计划项目（C类项目）由香港及澳门申请单位提出申请，深圳市科技创新委员会进行评审和资助，深圳市财政资助资金直接拨付至香港或澳门申请单位账户，可依据立项合同在深港澳三地开支。

重点领域：物联网、大数据、云计算、人工智能、集成电路、新型显示、信息安全、5G、量子信息、第三代半导体；医药生物技术、医疗器械、人口健康技术、水环境治理和生态修复、农业生物育种；石墨烯材料、先进电子信息材料、显示材料、新能源材料、高性能高分子材料、氢能和燃料电池；机器人与智能装备、智能无人系统、增材制造和激光制造。

二、设定依据

（一）《关于促进科技创新的若干措施》，中共深圳市委、深圳市人民政府，深发〔2016〕7号。

（二）《深圳市科技计划管理改革方案》，深圳市人民政府，深府〔2019〕1号。

（三）《深圳市深港澳科技计划项目管理办法》，深圳市科技创新委员会，深科技创新规〔2020〕4号。

三、数量方式

有数量限制，受科技研发资金年度总额控制，竞争性择优支持，本批次资助资金纳入2022年深圳市级财政预算安排。

采用事前资助方式，单个项目最高资助人民币300万元。

四、申请条件

申请C类项目应符合以下条件：

（一）香港公营科研机构或者创新及科技基金下成立的研发中心（以下简称“香港申请单位”）或者澳门高校与科研机构（以下简称“澳门申请单位”）。

其中，香港公营科研机构，包括所有受大学教育资助委员会资助院校，根据《专上学院条例》（第320章）注册的自资本地学位颁授院校、香港生产力促进局、职业训练局、制衣业训练局及香港生物科技研究院，创新及科技基金下成立的研发中心。澳门高校与科研机构，包括澳门大学、澳门科技大学、澳门城市大学和澳门理工学院。

（二）项目负责人全职受聘于申请单位（全职是指从申请单位支取薪酬的人士，例如本地大学的现有教职员）。

（三）项目组成员严格遵循科学界公认的学术道德和行为规范，不存在知识产权纠纷或其他违反法律的行为。

（四）同一单位的同一项目不得多头申请国家、省、市科技计划项目，“同一项目”是指经深圳市科技创新委员会使用相应软件对申报项目进行查重后，相似度为30%以上（含30%）的项目。

（五）项目实施过程中，利用深圳市财政资助资金购置或者试制的仪器设备的产权及收益、科技成果、知识产权归港澳申请单位所有，项目研发所取得的科技成果产业化应当在深圳进行。

（六）项目负责人和项目组其他成员未违反国家、省、市联合惩戒政策和制度规定，未列入深圳市科研诚信异常名录，且承担深圳市科技计划项目不存在超期未申请验收或验收未通过的情况。

限项要求：

项目负责人和项目组其他成员承担或参与的深圳市深港澳科技计划或“深港创新圈”项目在研项目不超过1项。

五、申请材料

（一）登录深圳市科技业务管理系统（https://sticapply.sz.gov.cn/）在线填报申请书；

（二）项目可行性研究报告；

（三）项目申报承诺书；

（四）科研诚信承诺书；

（五）涉及科研伦理与科技安全的项目，提供国家有关法律法规和伦理准则要求的相关手续证明；

（六）可以选择提供知识产权证、查新报告、检测报告、获奖证书、国家和省计划文件等技术水平证明材料。

项目受理时申请单位无须提交纸质申请材料。申请单位在网上填报受理时限内登录深圳市科技业务管理系统在线填报申请书，上传电子扫描版申请附件（复印件需加盖申请单位公章），点击“签字盖章页打印”，将打印文件签字盖章后扫描上传，提交审核（系统受理状态为“待窗口受理”）。

六、申请表格

本指南规定提交的表格，申请人登录深圳市科技业务管理系统在线填报。

七、受理机关

（一）受理机关：深圳市科技创新委员会

（二）受理时间：

网上填报受理时间：2021年7月9日至2021年8月19日（截至18:00）。

办公时间：星期一至星期五

上午9:00—12:00，下午14:00—17:45

（三）书面材料提交地点：深圳市福田区福中三路市民中心（具体地点另行通知）。

书面材料提交时间：获得立项资助的申请单位须通过深

圳市科技业务管理系统打印项目申请书后按照要求提交纸质申请材料，材料的纸质版务必和电子版保持一致，纸质申请材料一式一份，A4纸正反面打印/复印，复印件需加盖申请单位公章，按照本指南申请材料的排列次序对非空白页（含封面）需连续编写页码，胶装成册，复印件需加盖申请单位公章（具体提交时间和方式另行通知）。

（四）咨询电话：

政策法规处：88102523，88103417

八、决定机关

深圳市科技创新委员会

九、办理程序

申请人网上申报—深圳市科技创新委员会开展形式审查、组织专家评审、答辩或者现场考察—深圳市科技创新委员会拟定资助方案—深圳市科技创新委员会委务会审定项目资金下达计划—申请单位与深圳市科技创新委员会签订项目合同书—拨付项目资金

十、办理时限

每年一次，成批处理。

十一、证件及有效期限

证件：批准文件

有效期限：申请单位应当在收到批准文件之日起1个月内，与深圳市科技创新委员会签订项目合同书。

十二、法律效力

申请人凭批准文件获得深圳市科技研发资金资助。

十三、收费

不收费

十四、年审或年检

无年审。深圳市科技创新委员会按照项目合同书对项目进行跟踪管理和组织验收。

声 明：

深圳市科技创新委员会从未委托任何单位或个人为项目申请单位代理资金申请事宜，申请单位必须自主申请。凡是购买、委托代写项目申请书、提供虚假证明材料的，一经发现并查实，即视为骗取财政资金，一律不予受理、取消申请资格、撤销立项项目，并按规定严肃处理。深圳市科技创新委员会将严格按照有关标准和程序受理，不收取任何费用。如有任何中介机构和个人假借深圳市科技创新委员会领导和工作人员名义向申请单位收取费用的，请知情者即向深圳市科技创新委员会举报。

项目申请单位需提交审计报告的，应当按照《深圳市科技计划项目管理办法》规定，提供经深圳市注册会计师协会备案的含有防伪标识封面的审计报告。项目申请单位提供无防伪标识封面（未备案）或属于虚假防伪标识封面（未备案）的审计报告，深圳市科技创新委员会不予采用。相关审计报告经核查认定属于虚假材料的，项目单位5年内不得申请深圳市科技计划项目，深圳市科技创新委员会将其列入科研诚信异常名录，并按照深圳市政府失信联合惩戒有关规定予以处理。

项目申请单位一经立项，即对项目执行全过程负有主体责任；有义务按合同约定开展研发活动，完成约定目标；有义务接受主管部门监督，配合主管部门完成中期检查和抽查；有义务最迟在合同到期后6个月内向主管部门提交纸质验收申请资料。不履行上述义务的，主管部门按规定将项目承担单位或项目负责人记入科研诚信异常名录，取消其一定年限内申请科研资助的资格，并依法追究其他责任。

2022年国家和广东省项目配套申请指南

一、申请内容

对获批国家科技重大专项的科技项目或国家科技部和广东省科技厅设立的科技项目予以配套支持。

二、设定依据

（一）《关于促进科技创新的若干措施》，中共深圳市委、深圳市人民政府，深发〔2016〕7号；

（二）《深圳市科技计划项目管理办法》，深圳科技创新委员会，深科技创新规〔2019〕1号；

（三）《深圳市科技研发资金管理办法》，深圳市科技创新委员会、深圳市财政局，深科技创新规〔2019〕2号；

（四）《深圳市国家和广东省科技计划项目配套资助管理办法》，深圳科技创新委员会，深科技创新规〔2018〕5号。

三、支持强度与方式

无偿资助，有数量限制，受科技研发资金年度总额控制，本批次资助资金纳入2022年市级财政预算安排。

配套资助资金的比例如下：

（一）国家和省相关文件（含申报指南以及项目、课题任务书、课题合同等）有明确配套资助金额或比例要求的，按照国家和省的相关要求执行；

（二）国家和省相关文件有配套资助要求，未明确配套金额或比例的，地方配套比例不超过1∶1，且不超过单位自筹经费的50%。对于单位经费来源主要为财政核拨的高校、科研机构及民间非营利组织，项目经费自筹部分不设强制性要求；

（三）国家和省相关文件没有配套资助要求，但项目申报单位有自筹资金的，可按照不超过国家或省拨资金1∶1的比例予以配套资助，配套资助资金不超过单位自筹经费的50%；

（四）深圳市政府或市相关部门有相关政策的，按相关政策执行。

四、办理条件

（一）申请单位应当是在深圳市（含深汕特别合作区）依法注册，具备独立法人资格的企业、高等院校、科研机构和社会组织等单位或者是经市政府批准的其他机构；

（二）申请单位应当牵头承担或者参与承担国家和省科技计划项目，拥有开展项目的必要条件；

（三）申请配套资助的立项项目，国家和广东省财政资助应当拨付到位，且资金到账日期为2019年1月1日至2020年12月31日；

（四）同一单位同一项目的同一批次上级财政资助只能申报一次配套资助；

（五）申请单位和项目负责人均未被列入深圳市科研诚信异常名录。

五、申请材料

（一）登录深圳市科技业务管理系统在线填报申请书；

（二）2020年度完税证明复印件（非事业单位提供）；

（三）2020年度财务审计报告（需提交经深圳市注册会计师协会备案的含有防伪标识封面的审计报告,对于尚未能完成财务审计报告的单位，请提交2019年度的财务审计报告）或通过审查的事业单位财务决算报表复印件（注册未满一年的可提供验资报告，验原件）；

（四）申请国家和省项目时的可行性研究报告复印件；

（五）国家和省项目下达文件、任务书或合同书、拨款经费进账凭证（银行回单）或相关证明复印件（验原件）;如申报单位是国家、省项目牵头单位，须提供给项目参与单位拨款的银行回单复印件（验原件）；

（六）国家及省要求配套的文件和深圳有配套承诺的文件（可选择提供）；

（七）若本项目曾获得配套资助，须提供历史配套资助下达文件等相关资料（如有请提供）；

（八）科研诚信承诺书。

以上材料须在深圳市科技业务管理系统提交电子版，其中复印件需加盖申请单位公章后上传。

项目申报单位对申请材料的合法性、真实性、准确性、完整性负责，进入审计环节不再受理向审计机构补充资料（特别注意：提交的上级项目任务书中须有主管部门正式签章，进账银行凭证和转拨银行凭证须完整提供）。项目承担单位在配套资金的使用和管理上弄虚作假或者违规的，深圳市科技创新委员会可以终止配套资金的拨付，追回已拨付的配套资金，并将申报单位列入深圳市科技创新委员会科研诚信异常名录，情节严重的，按国家有关规定追究项目承担单位的法律责任。

六、申请表格

本指南规定提交的表格，由申请人登录深圳市科技业务管理系统在线填报。

七、受理机关

（一）受理机关：深圳市科技创新委员会

（二）受理时间：

网络填报受理时间：2022年3月5日至2022年4月6日（截至18:00）

申请单位在网上填报受理时限内登录深圳市科技业务管理系统在线填报申请书，上传电子扫描版申请附件（复印件需加盖申请单位公章），点击“签字盖章页打印”，将打印文件签字盖章后扫描上传，提交审核（系统受理状态为“待窗口受理”），无须提交纸质申请材料。提交纸质材料具体时间和方式将另行通知。

（三）联系电话：88101557，88100072

八、决定机关

深圳市科技创新委员会

九、办理程序

申请人网上申报—网上提交—深圳市科技创新委员会对申请材料进行初审—委托审计、答辩、现场考察—深圳市科技创新委员会审定—社会公示—相关单位征求意见—项目入库

获得配套资助的申报单位无须与深圳市科技创新委签订任务合同。

十、办理时限

结合受理情况，按申报顺序，分批处理。

十一、证件

证件：批准文件

十二、法律效力

申请人凭批准文件获得深圳市科技研发资金资助。

申请单位应当按照国家或广东省的任务合同书要求，切实开展好项目研究，规范使用配套资金，保证配套资金的使用绩效。

十三、收费

不收费

十四、年审或年检

无年审

项目承担单位应当在国家和广东省项目验收通过半年内，向深圳市科技创新委员会抄报验收申请书主件和正式验收意见。

声明：

深圳市科技创新委员会从未委托任何单位或个人为项目申报单位代理资金申报事宜，申请单位必须自主申报。凡是购买、委托代写项目申请书、提供虚假证明材料的，一经发现并查实，即视为骗取财政资金，一律不予受理、取消申请资格、撤销立项项目，并按规定严肃处理。深圳市科技创新委员会将严格按照有关标准和程序受理，不收取任何费用。如有任何中介机构和个人假借深圳市科技创新委员会领导和工作人员名义向申报单位收取费用的，请知情者即向深圳市科技创新委员会举报。

项目申报单位需提交审计报告的，应当按照《深圳市科技计划项目管理办法》等规定，提供经深圳市注册会计师协会备案的含有防伪标识封面的审计报告。项目申报单位提供无防伪标识封面（未备案）或属于虚假防伪标识封面（未备案）的审计报告，深圳市科技创新委员会不予采用。相关审计报告经核查认定属于虚假材料的，项目单位5年内不得申请市科技计划项目，深圳市科技创新委员会将其列入科研诚信异常名录，并按照深圳市政府失信联合惩戒有关规定予以处理。

项目申报单位一经立项，即对项目执行全过程负有主体责任；有义务按申请书约定开展研发活动，完成约定目标；有义务接受主管部门监督，配合主管部门完成相关检查和抽查。不履行上述义务的，主管部门可按规定将项目承担单位和项目负责人记入科研诚信异常名录，取消其一定年限内申请科研资助的资格，并依法追究其他责任。

2022年深圳市承接国家重大科技项目申请指南

一、申请内容

鼓励国家重大科技项目所取得的研究成果在深圳进行接续开展产业化应用研究，解决科研成果产业化“最后一公里”的问题。支持的国家重大科技项目类别（国家科技重大专项、国家重点研发计划、国家科技创新2030重大项目），支持国家自然科学基金重点项目、重大项目、重大研究计划集成项目及国家重大科研仪器研制项目，以及原国家重点基础研究发展计划（973计划，含重大科学研究计划）、国家高技术研究发展计划（863计划）、国家科技支撑计划、国家国际科技合作专项、国家重大科学仪器设备开发专项、公益性行业科研专项。

二、设定依据

（一）《深圳经济特区科技创新条例》，深圳市第六届人民代表大会常务委员会公告，第205号；

（二）《深圳市科技计划管理改革方案》，深圳市人民政府，深府〔2019〕1号；

（三）《深圳市科技计划项目管理办法》，深圳市科技创新委员会，深科技创新规〔2019〕1号；

（四）《深圳市科技研发资金管理办法》，深圳市科技创新委员会和深圳市财政局，深科技创新规〔2019〕2号；

（五）《深圳市承接国家重大科技项目管理办法》，深圳市科技创新委员会，深科技创新规〔2020〕2号。

三、支持强度与方式

支持强度：有数量限制，受科技研发资金年度总额控制，竞争性择优支持。按照评审结果确定资助强度，单个项目资助强度最高不超过1000万元。本批次资助资金纳入2022年市级财政预算安排。

支持方式：采用“事前立项，事前资助”或者“事前立项，事后补助”方式；“事前立项，事前资助”的项目，立项后拨付部分资助资金，通过中期评估后再支付剩余部分资助资金；“事前立项，事后补助”的项目，验收通过后一次性拨付立项补助资金。

四、申请条件

项目申请单位应当采用与合作单位联合申报的方式申请，并且符合以下条件：

（一）申请单位应当是在深圳市（含深汕特别合作区）依法注册，具备法人资格的国家、深圳市高新技术企业、技术先进型服务企业；

（二）申请单位应当具有项目实施的基础条件和保障能力，并提供不少于市财政资金资助总额的自筹经费；

（三）合作单位不得超过3家，均应当具有良好的研发基础和科研条件，并承担相关研发任务；其中至少有1家应当为国家重大科技项目原项目牵头单位或者课题承担（牵头）单位。联合申报应注意以下事项：

1.深圳市承接国家重大科技项目申请书中应当填报合作单位名称；

2.申请单位申请的财政资助资金分配比例不少于单个合作单位的分配比例；

3.深圳市外单位作为合作单位的，不参与财政资助资金分配。

（四）承接的国家重大科技项目已通过验收，并在2018年1月1日至2020年12月31日期间取得项目主管部门（单位）正式验收合格文件（书）；承接的国家重大科技项目研究成果未进行产业化应用，符合深圳市科技创新及产业发展需求；

（五）合作单位中的国家重大科技项目原承担单位应当拥有项目研究成果或其使用权，研究成果无知识产权纠纷；

（六）申请单位与合作单位签订真实、有效、具有实质性成果转化内容的合作协议，并且协议中应明确在深圳市实现产业化的相关技术指标和经济指标，在成果转化中产生新的发明创造的，该新发明创造的权益应当包含申请单位；

（七）项目实施期限为3至5年，即 2022年1月1日至2024年12月31日（最长至2026年12月31日）；项目负责人应当是申请单位的全职研究人员，项目完成年度不超过60周岁（项目施期限确定为三年的，项目负责人出生日期为1965年1月1日之后出生；项目施期限确定为四年的，项目负责人出生日期为1966年1月1日之后出生；项目施期限确定为五年的，项目负责人出生日期为1967年1月1日之后出生）；项目组主要成员（含项目负责人）中，申请单位人数不少于单个合作单位人数；项目组成员应当包含国家重大科技项目原项目组至少3名成员（其中至少1名项目负责人或者课题负责人），并且项目组成员总人数的50%以上须在深圳市（含深汕特别合作区）购买社会保险；

（八）申请单位只可以牵头申请1个承接项目，并且不得多头申请和重复申请；

（九）已承担未办结的承接国家重大科技项目牵头承担单位，不得再次牵头申请本年度承接国家重大科技项目；2020年度研究开发费用支出超过5亿元的申请单位，不受此限制；

（十）申请单位、合作单位、项目负责人和主要成员未列入深圳市科研诚信异常名录；

（十一）如果项目申请涉及科研伦理与科技安全（如生物安全和信息安全）的相关问题，申请单位应当严格执行国家有关法律法规和伦理准则。

五、申请材料

（一）深圳市承接国家重大科技项目申请书原件；

（二）2020年度完税证明复印件；

（三）经深圳市注册会计师协会备案的含有防伪标识封面的2020年财务审计报告复印件；

（四）承接国家科技重大项目实施方案（包括承接项目实施的背景和意义、技术发展趋势及国内外发展现状、成果产业化应用研究内容、预期目标、实施方式、计划进度、工作基础和条件及产业化基础等）原件；

（五）申请单位与合作单位签订的《承接国家重大科技项目成果转化合作协议》（明确项目金额、成果转化方式、任务分工、知识产权归属和利益分配机制等）原件；

（六）国家重大科技项目主管部门正式签发的立项文件、任务书、验收文件及相关的自主知识产权证明材料复印件；

（七）项目组成员名单及50%以上项目组成员近3个月内的深圳社会保险缴纳凭证复印件；

（八）自筹经费投入承诺书原件；

（九）项目成果未进行产业化应用的承诺书原件；

（十）知识产权诚信承诺书原件；

（十一）科研诚信承诺书原件；

（十二）项目涉及科研伦理和科技安全的，提供国家有关法律法规和伦理准则要求的批准或备案文件复印件；

（十三）可以选择提供查新报告、检测报告、获得国家省部级科技奖励的获奖证书、深圳市工业百强企业证书等证明材料复印件。

申请单位在网上填报受理时限内登录深圳市科技业务管理系统在线填报申请书，上传电子扫描版申请附件（复印件需加盖申请单位公章），点击“签字盖章页打印”，将打印文件签字盖章后扫描上传，提交审核（系统受理状态为“待窗口受理”）。项目受理时无须提交纸质申请材料，提交纸质材料具体时间和方式将另行通知。

特别提醒：项目名称格式须为《承接“××××××（国家重大科技项目具体名称）”的产业化应用研究》或《承接“××××××（国家重大科技项目具体名称）”之“（国家重大科技项目课题具体名称）”的产业化应用研究》，如不按此格式命名，视为形式审查不通过。申请人和申请单位对申请材料的合法性、真实性、准确性和完整性负责。申请材料填写的研究内容、项目组成员和投入资金总额、拟取得的学术、技术及经济指标应科学合理且严谨规范，其中技术指标不得低于国家重大科技项目通过验收的技术指标和经济指标不得低于申请市财政资金资助总额的2倍，并作为项目评审、合同签订、过程管理、验收结题及项目评估的依据，原则上不予调整。项目一经立项，投入资金总额不予调整，申请市财政资金资助总额与项目经评审后实际下达资助额之间的差额部分，由项目申请单位自筹资金补足。

对抄袭剽窃或弄虚作假的，深圳市科技创新委员会核实后将不予立项或撤销项目，并纳入科研诚信异常名录，同时视情节轻重，依法依规追究相应责任。

六、申请表格

本指南规定提交的表格，申请单位登录深圳市科技业务管理系统在线填报。

七、受理机关

（一）受理机关：深圳市科技创新委员会

（二）受理时间：

网络填报受理时间：2021年3月5日至2021年4月6日（截至24:00）；

书面材料提交时间：拟立项项目入库的申请单位须通过深圳市科技业务管理系统打印深圳市承接国家重大科技项目申请书后按照要求提交纸质申请材料，纸质申请材料一式一份，A4纸正反面打印/复印，深圳市承接国家重大科技项目申请书中填报合作单位处需加盖合作单位公章，复印件需加盖申请单位公章，按照本指南申请材料的排列次序对非空白页（含封面）需连续编写页码，胶装成册（具体提交时间和方式另行通知）。

办公时间：工作日上午9:00—12:00，下午14:00—17:45

（三）书面材料提交地点：深圳市福田区福中三路市民中心（具体地点另行通知）。

（四）联系电话：88102172，88127371

八、决定机关

深圳市科技创新委员会

九、审批程序

发布指南—申请单位网上申请—深圳市科技创新委员会对申请材料进行初审—专家评审—现场核查—深圳市科技创新委员会审定—社会公示—拟立项项目入库—拟立项项目入库的申请单位向深圳市科技创新委员会提交纸质申请材料—深圳市科技创新委员会下达项目立项计划—采用事前资助的申请单位与深圳市科技创新委员会签订项目合同书—按照规定拨付资助（或补助）经费。

十、审批时限

成批处理

十一、证件及有效期限

证件：批准文件

有效期限：采用事前资助的项目申请单位应当在收到批准文件之日起1个月内，与深圳市科技创新委员会签订项目合同书。

十二、法律效力

采用事前资助的申请单位凭批准文件获得市科技研发资金资助，采用事后补助的在项目验收通过后凭批准文件获得市科技研发资金补助。

十三、收费

不收费

十四、年审或年检

无年审。深圳市科技创新委按照项目合同书对采用事前资助的项目进行跟踪管理和组织验收，采用事后补助的按照立项文件组织验收。

声 明：

深圳市科技创新委从未委托任何单位或个人为项目申请单位代理资金申请事宜，申请单位必须自主申请。凡是购买、委托代写项目申请书、提供虚假证明材料的，一经发现并查实，即视为骗取财政资金，一律不予受理、取消申请资格、撤销立项项目，并按规定严肃处理。深圳市科技创新委员会严格按照有关标准和程序受理，不收取任何费用。如有任何中介机构和个人假借深圳市科技创新委员会领导和工作人员名义向申请单位收取费用的，请知情者即向深圳市科技创新委员会举报。

项目申请单位需提交审计报告的，应当按照《深圳市科技计划项目管理办法》规定，提供经深圳市注册会计师协会备案的含有防伪标识封面的审计报告。项目申请单位提供无防伪标识封面（未备案）或属于虚假防伪标识封面（未备案）的审计报告，深圳市科技创新委员会不予采用。相关审计报告经核查认定属于虚假材料的，项目单位五年内不得申请市科技计划项目，深圳市科技创新委员会将其列入科研诚信异常名录，并按照深圳市政府失信联合惩戒有关规定予以处理。

项目申请单位一经立项，即对项目执行全过程负有主体责任；有义务按合同约定开展研发活动，完成约定目标；有义务接受主管部门监督，配合主管部门完成中期检查和抽查；有义务最迟在合同到期后6个月内向主管部门提交纸质验收申请资料。不履行上述义务的，主管部门按规定将项目承担单位和项目负责人记入科研诚信异常名录，取消其一定年限内申请科研资助的资格，并依法追究其他责任。

深圳市科技创新委员会2021年技术转移和成果转化资助项目申请指南

一、技术合同资助项目

（一）申请内容

为推动技术交易和促进科技成果转化，对经深圳市技术合同登记机构认定登记的技术合同项目给予一定比例资助。

根据《中华人民共和国民法典》有关规定，本指南中技术合同是指当事人就技术开发、转让、许可、咨询或者服务订立的确立相互之间权利义务的合同。

（二）设定依据

1.《深圳市科技计划管理改革方案》，深圳市人民政府，深府〔2019〕1号；

2.《深圳市科技计划项目管理办法》，深圳市科技创新委员会，深科技创新规〔2019〕1号；

3.《深圳市科技研发资金管理办法》，深圳市科技创新委员会及深圳市财政局，深科技创新规〔2019〕2号；

4.《深圳市技术转移和成果转化项目资助管理办法》，深圳市科技创新委员会，深科技创新规〔2019〕7号。

（三）强度方式

支持强度：有数量限制，本批次资助资金纳入2022年深圳市级财政预算安排，且受深圳市科技研发资金年度总额控制。

技术合同资助项目按不超过申请单位的上年度技术交易收入应纳增值税额80%给予资助，且不超过其上年度实际缴纳增值税额，最高资助金额200万元。

本指南中技术交易收入是指申请单位的已通过登记认定的技术合同核定技术交易额、上年度合同发票金额、对应的银行流水账单三者中的最小值。

支持方式：事后补助。

（四）办理条件

1.在深圳市（含深汕特别合作区，以下同）依法注册，具有独立法人资格的企业、高等院校、科研机构和社会组织；

2.技术合同的卖方或者受托方，技术合同包括技术转让、技术开发、技术服务、技术咨询合同；

3.申请单位签订的技术合同应当在上年度经过深圳市技术合同登记机构认定登记（出具对应的技术合同认定登记证明编号前缀为“4403012020”），且未享受过免征流转税优惠政策，多个符合条件的技术合同，可以合并申报；

4.信用记录良好；

5.已列入科研诚信异常名录的单位和人员，不得申报。

（五）申请材料

1.登录深圳市科技业务管理系统在线填报申请书，提交申请书签字盖章扫描件，提供通过该系统打印的申请书纸质文件原件；

2.深圳市税务部门出具的上年度纳税证明复印件；

3.上年度财务审计报告（需提交经深圳市注册会计师协会备案的含有防伪标识封面的审计报告）或通过审查的事业单位财务决算报表复印件（注册未满一年的可提供验资报告）；

4.上年度技术合同的发票（记账联）及相应的银行流水账单证明材料复印件（按申请书技术合同明细表中填报的技术合同序号进行整理和排列）。

以上材料须在深圳市科技业务管理系统提交电子版，其中复印件需加盖申请单位公章后上传。

特别提醒：项目申请单位对申请材料的合法性、真实性、准确性和完整性负责。如有虚假，深圳市科技创新委员会核实后将不予立项资助，并将申请单位列入深圳市科技创新委员会科研诚信异常名录，视情节轻重，依法追究相关责任。

（六）申请表格

本指南规定提交的表格，申请人登录深圳市科技业务管理系统在线填报。

（七）受理机关

1.受理机关：深圳市科技创新委员会

2.受理时间：

网络填报受理时间：2021年5月6日-2021年6月21日（截止18:00）

3.联系电话：

业务咨询：83672276，83699797

技术支持：86576087，86576088

（八）决定机关

深圳市科技创新委员会

（九）办理程序

发布指南——申请单位网上申请——深圳市科技创新委员会对申请材料进行初审——深圳市科技创新委员会组织专项审计——相关单位征求意见——社会公示——深圳市科技创新委员会会审定——项目入库——拟立项项目入库的申请单位向深圳市科技创新委员会提交纸质申请材料——深圳市科技创新委员会下达项目立项计划——拨付项目资金

（十）办理时限

成批处理

（十一）证件及有效期限

证　件：批准文件

有效期限：无期限

（十二）法律效力

申请人凭批准文件获得深圳市科技研发资金资助。

（十三）收费

不收费

（十四）年审或年检

无年审

二、技术转移服务机构培育资助项目

（一）申请内容

为引导技术转移市场化、规范化、专业化发展，促进科技成果转移转化为目标，对提供技术转移服务的技术转移服务机构和提供概念验证服务的创新验证中心予以资助。

本指南中高等院校（以下简称“高校”）是指在深圳市（含深汕特别合作区，以下同）按照国家规定的设置标准和审批流程批准举办的，实施高等教育，开展基础科学研究的全日制大学和职业技术学院。

（二）设定依据

1.《深圳市科技计划管理改革方案》，深圳市人民政府，深府〔2019〕1号；

2.《深圳市科技计划项目管理办法》，深圳市科技创新委员会，深科技创新规〔2019〕1号；

3.《深圳市科技研发资金管理办法》，深圳市科技创新委员会及深圳市财政局，深科技创新规〔2019〕2号；

4.《深圳市技术转移和成果转化项目资助管理办法》，深圳市科技创新委员会，深科技创新规〔2019〕7号。

（三）强度方式

支持强度：有数量限制，本批次资助资金纳入2022年深圳市级财政预算安排，且受深圳市科技研发资金年度总额控制。

技术转移服务机构培育资助项目包括高等院校技术转移培育资助和促成技术交易服务资助：

1.对于高等院校技术转移培育资助，按照申请单位上年度投入技术转移服务机构和创新验证中心的技术转移服务费，分别予以等额资助，最高资助分别为100 万元，可连续申请三年。

2.对于促成技术交易服务资助，按照申请单位上年度实际技术转移服务收入予以等额资助，最高资助50 万元，申请单位为高校设立的，仅能以技术转移服务机构或者创新验证中心其中之一来申请资助。

支持方式：事后补助。

（四）办理条件

1.高等院校技术转移培育

（1）在深圳市依法注册并具有独立法人资格的高等院校，或者由深圳高等院校设立且具有独立法人资格的技术转移服务机构或者创新验证中心；

（2）技术转移服务机构应当在深圳市技术转移促进中心进行备案，且在提出资助申请时仍符合备案要求；

（3）技术转移服务机构或者创新验证中心应当拥有专职的服务工作团队或者专家顾问团队，其团队规模适度和知识结构合理，能够提供专业的技术转移服务，拥有5名以上专职工作人员（创新验证中心的专职工作人员中应包括1名以上创业导师，技术转移服务机构不作要求），专职工作人员都应具有本科及以上学历，高级职称1名以上，且中级职称2名以上，或者博士1名，或者硕士2名；

（4）技术转移服务机构或者创新验证中心应当财务独立核算，具有独立固定办公场所；

（5）属于技术转移服务机构的，上年度促成的技术合同3项以上或者上年度促成技术交易合同总额达500万元以上，技术交易买卖方中至少一方为深圳市或深汕合作区的单位，且要有明确的服务机构提供技术转移服务的条款；

（6）属于创新验证中心的，上年度对外提供项目概念验证服务1项以上，加上创业孵化服务或者投融资服务，共3项以上，这里所指的创业孵化或者投融资的服务对象应是面向通过概念验证的项目（以下同），申请单位应拥有种子资金或孵化资金不低于1000万元人民币，且运作良好。

2.促成技术交易服务资助

（1）在深圳市依法注册并具有独立法人资格的高等院校、企业、科研机构、社会组织等单位。

（2）属于技术转移服务机构的，应当在市技术转移促进中心进行技术转移服务机构备案，且在提出资助申请时仍符合备案要求。上年度有与技术交易双方（至少一方是深圳单位）共同签订三方技术合同，并经技术合同登记机构认定登记，且技术合同中载有服务机构提供技术转移服务的相应条款。

（3）属于创新验证中心的，应当由高等院校设立。上年度对外实际提供项目概念验证服务以及后续的创业孵化服务或者投融资服务。

（4）信用记录良好。

3.其他条件

（1）高校设立的申请单位应该先申请高等院校技术转移培育资助，在其享受连续三年资助满后，方可申请促成技术交易服务资助；

（2）已列入科研诚信异常名录的单位和人员，不得申报。

（五）申请材料

1.登录深圳市科技业务管理系统在线填报申请书，提交申请书签字盖章扫描件，提供通过该系统打印的申请书纸质文件原件。

2.深圳市税务部门出具的上年度纳税证明复印件。

3.上年度财务审计报告（需提交经深圳市注册会计师协会备案的含有防伪标识封面的审计报告）或通过审查的事业单位财务决算报表复印件（注册未满一年的可提供验资报告）。

申请单位申请高等院校技术转移培育资助的，还需提供以下材料。

4.技术转移服务机构或者创新验证中心法人登记证书或者其他设立文件。

5.技术转移服务机构或者创新验证中心的专职人员社保清单（连续12 个月）及学历和职称证书。

6.技术转移服务机构或者创新验证中心办公场所的不动产登记证明或者房屋租赁合同。

7.高等院校上年度投入技术转移服务机构或者创新验证中心的技术转移服务费专项审计报告（需提交经深圳市注册会计师协会备案的含有防伪标识封面的审计报告）。

8.属于技术转移服务机构的，应提供：（1）技术转移管理、考核、收入分配、奖励激励等内部制度文件。（2）技术合同登记机构上年度开具的技术合同认定登记证明复印件

（技术合同不在深圳市申请认定登记时需提供）。

9.属于创新验证中心的，应提供：（1）概念验证项目专家顾问团队的设立文件；（2）创业导师专职人员名单及简历；（3）自有种子资金或者可支配孵化资金相关文件；（4）对外提供概念验证服务、创业孵化服务、投融资服务的案例清单以及相关材料。

申请单位申请促成技术交易服务资助的，还需提供以下材料：

4.属于技术转移服务机构的，应提供：（1）上年度技术合同复印件和技术合同登记机构上年度开具的技术合同认定登记证明复印件（经过深圳市技术合同登记机构认定登记的技术合同无须提供）。（2）上年度技术合同对应的税务发票（包括技术转移服务费用）及银行流水账单复印件（可向技术交易卖方索要）。

5.属于创新验证中心的，应提供：（1）上年度提供概念验证服务合同复印件。（2）上年度提供概念验证服务合同发票及相应的银行流水账单复印件。

以上材料须在深圳市科技业务管理系统提交电子版，其中复印件需加盖申请单位公章后上传。

特别提醒：项目申请单位对申请材料的合法性、真实性、准确性和完整性负责。如有虚假，深圳市科技创新委员会核实后将不予立项资助，并将申请单位列入深圳市科技创新委员会科研诚信异常名录，视情节轻重，依法追究相关责任。

（六）申请表格

本指南规定提交的表格，申请人登录深圳市科技业务管理系统在线填报。

（七）受理机关

1.受理机关：深圳市科技创新委员会

2.受理时间：

网络填报受理时间： 2021年5月6日—2021年6月21日（截至18:00）

申请单位在网上填报受理时限内登录深圳市科技业务管理系统在线填报申请书，上传电子扫描版申请附件（复印件需加盖申请单位公章），点击“签字盖章页打印”，将打印文件签字盖章后扫描上传，提交审核（系统受理状态为“待窗口受理”），无须提交纸质申请材料。提交纸质材料具体时间和方式将另行通知。

3.联系电话：

业务咨询：83672185，23610487

技术支持：86576087，86576088

（八）决定机关

深圳市科技创新委员会

（九）办理程序

发布指南—申请单位网上申请—深圳市科技创新委员会对申请材料进行初审—深圳市科技创新委员会组织专项审计—相关单位征求意见—社会公示—深圳市科技创新委员会审定—项目入库—拟立项项目入库的申请单位向深圳市科技创新委员会提交纸质申请材料—深圳市科技创新委员会下达项目立项计划—拨付项目资金

（十）办理时限

成批处理

（十一）证件及有效期限

证件：批准文件

有效期限：无期限

（十二）法律效力

申请人凭批准文件获得深圳市科技研发资金资助。

（十三）收费

不收费

（十四）年审或年检

无年审

声明：

深圳市科技创新委从未委托任何单位或个人为项目申请单位代理资金申报事宜，申请单位必须自主申报。凡是购买、委托代写项目申请书、提供虚假证明材料的，一经发现并查实，即视为骗取财政资金，一律不予受理、取消申请资格、撤销立项项目，并按规定严肃处理。深圳市科技创新委员会将严格按照有关标准和程序受理，不收取任何费用。如有任何中介机构和个人假借深圳市科技创新委员会领导和工作人员名义向申请单位收取费用的，请知情者即向深圳市科技创新委员会举报。

项目申请单位需提交审计报告的，应当按照《深圳市科技计划项目管理办法》规定，提供经深圳市注册会计师协会备案的含有防伪标识封面的审计报告。项目申请单位提供无防伪标识封面（未备案）或属于虚假防伪标识封面（未备案）的审计报告，深圳市科技创新委员会不予采用。相关审计报告经核查认定属于虚假材料的，项目单位5年内不得申请深圳市科技计划项目，深圳市科技创新委员会将其列入科研诚信异常名录，并按照深圳市政府失信联合惩戒有关规定予以处理。

创新环境建设计划
2021年深圳市临床医学研究中心申请指南

一、申请内容

支持深圳市医疗卫生机构设立集协同创新、学术交流、人才培养、成果转化、推广应用于一体的临床医学研究中心，推动临床医学和转化医学研究，提高深圳市疾病诊疗水平，促进临床应用和产业化发展。

重点领域：结核病、精神心理疾病、代谢性疾病、口腔疾病、老年疾病、恶性肿瘤、肝病。

二、设定依据

（一）《深圳经济特区科技创新条例》，深圳市第六届人民代表大会常务委员会公告，第二〇五号；

（二）《深圳市科技计划管理改革方案》，深圳市人民政府，深府〔2019〕1号；

（三）《深圳市科技计划项目管理办法》，深圳市科技创新委员会，深科技创新规〔2019〕1号；

（四）《深圳市科技研发资金管理办法》，深圳市科技创新委员会及深圳市财政局，深科技创新规〔2019〕2号；

（五）《深圳市临床医学研究中心管理办法》，深圳市科技创新委员会及深圳市卫生健康委员会，深科技创新规〔2021〕1号。

三、支持强度与方式

支持强度：受科技研发资金年度总额控制，本年度组建不超过7个市级临床医学研究中心（以下简称“市级临床中心”），分类分档定额资助，单个市级临床中心资助总额不超过3000万元，实施期限三年，分年度拨付资金，首笔资助资金纳入2021年市级财政预算安排。

支持方式：采用事前资助的方式。

四、办理条件

每个疾病领域设立1个市级临床中心，每个医疗卫生机构设立市级临床中心数量不超过2个。本年度市级临床中心的申请单位应为首批深圳市临床医学研究中心建设培育依托单位，并具备以下条件：

（一）在本市登记的并具有法人资格的三级医疗卫生机构；

（二）在申报领域的临床诊疗技术水平处于深圳市内领先或广东省内先进地位；

（三）在申报领域临床医学研究能力突出，领军人才和创新团队优势明显；近五年内，在申报领域主持或者参与过国家科技计划（行业专项）临床研究项目或课题；或者主持过省级临床研究相关的科技计划项目；

（四）在申报领域取得药物或者医疗器械临床试验机构备案资质；

（五）配备专职科研人员；

（六）具备较好的科研实验环境，在申报领域拥有专有科研用房面积700平方米以上，科研仪器设备及专用软件的现值不低于700万元（含）；

（七）在申报领域具备开展多中心临床试验的能力及平台；

（八）已搭建深圳市医疗卫生机构的协同研究网络；

（九）所有成员单位和项目参与人员未列入科研诚信异常名录。

五、申请材料

（一）登录深圳市科技业务管理系统在线填报申请书；

（二）《深圳市临床医学研究中心建设方案》（按提纲编写）；

（三）《深圳市首批临床医学研究中心建设培育实施情况》（按提纲编写）；

（四）深圳市级临床中心仪器设备清单和固定人员名单；

（五）科研用房面积、科研仪器设备、专用软件现值相关证明材料；

（六）深圳市级临床中心核心团队成员及申报领域专职科研人员聘用合同及学术或临床水平证明材料；

（七）在申报领域取得药物或者医疗器械临床试验机构备案资质的证明文件；

（八）课题、奖励、论文、多中心临床研究、样本资源库等情况及佐证材料；

（九）申报单位在申报领域主持或参与的重点临床研究项目清单（不超过10项）；

（十）已搭建深圳市医疗卫生机构的协同研究网络协议；

（十）依托单位为深圳市级临床中心提供资金、技术、后勤和学术交流等配套条件的承诺函原件；

（十一）知识产权合规性声明原件；

（十二）科研诚信承诺书原件；

（十三）项目涉及科研伦理和科技安全的，提供国家有关法律法规和伦理准则要求的批准或备案文件。

项目受理时申请单位无需提交纸质申请材料。申请单位在网上填报受理时限内登录深圳市科技业务管理系统在线填报申请书，上传电子扫描版申请附件（复印件需加盖申请单位公章），点击“签字盖章页打印”，将打印文件签字盖章后扫描上传，提交审核（系统受理状态为“待窗口受理”）。

六、受理机关

（一）受理机关：深圳市科技创新委员会

（二）受理时间：

网上填报受理时间：2021年6月3日-2021年6月17日（截至24:00）

办公时间：

星期一至星期五

上午9:00—12:00，下午14:00—17:45

（三）书面材料提交地点：具体地点另行通知。

（四）联系电话：

生物科技处：0755-88102164

七、决定机关

深圳市科技创新委员会

八、办理程序

指南发布—申报单位网上申报—形式审查—专家评审—现场核查—社会公示—项目审定—提交纸质材料—下达资助计划—任务书签订—拨付资助经费

九、办理时限

结合受理情况，按申报顺序，分批处理。

十、证件

证件：批准文件

十一、法律效力

申请人凭批准文件获得深圳市科技研发资金资助。

十二、收费

不收费

十三、年审或年检

无年审。原则上，自验收当年起每3年对临床医学研究中心开展一次绩效评估。

声 明：

申请人和申请单位对申请材料的合法性、真实性、准确性和完整性负责。对抄袭剽窃或弄虚作假的，深圳市科技创新委员会核实后将不予立项或撤销项目，并纳入科研诚信异常名录，同时视情节轻重，依法依规追究相应责任。

本专项所有涉及临床试验和人类遗传资源的科学研究，项目申请单位须遵守我国《中华人民共和国人类遗传资源管理条例》《涉及人的生物医学研究伦理审查办法》《人胚胎干细胞研究伦理指导原则》等法律、法规、伦理准则和相关技术规范。涉及实验动物和动物实验，项目申请单位须遵守国家实验动物管理的法律、法规、技术标准及有关规定，并通过实验动物福利和伦理审查。

深圳市科技创新委员会从未委托任何单位或个人为项目申请单位代理资金申请事宜，申请单位必须自主申请。凡是购买、委托代写项目申请书、提供虚假证明材料的，一经发现并查实，即视为骗取财政资金，一律不予受理、取消申请资格、撤销立项项目，并按规定严肃处理。深圳市科技创新委员会将严格按照有关标准和程序受理，不收取任何费用。如有任何中介机构和个人假借深圳市科技创新委员会领导和工作人员名义向申请单位收取费用的，请知情者即向深圳市科技创新委员会举报。

项目申请单位需提交审计报告的，应当按照《深圳市科技计划项目管理办法》规定，提供经深圳市注册会计师协会备案的含有防伪标识封面的审计报告。项目申请单位提供无防伪标识封面（未备案）或属于虚假防伪标识封面（未备案）的审计报告，深圳市科技创新委员会不予采用。相关审计报告经核查认定属于虚假材料的，项目单位5年内不得申请深圳市科技计划项目，深圳市科技创新委员会将其列入科研诚信异常名录，并按照深圳市政府失信联合惩戒有关规定予以处理。

项目申请单位一经立项，即对项目执行全过程负有主体责任；有义务按合同约定开展研发活动，完成约定目标；有义务接受主管部门监督，配合主管部门完成中期检查和抽查；有义务最迟在合同到期后6个月内向主管部门提交纸质验收申请资料。不履行上述义务的，主管部门按规定将项目承担单位或项目负责人等记入科研诚信异常名录，取消其一定年限内申请科研资助的资格，并依法追究其他责任。

2021年深圳市重点实验室筹建启动资助申请指南

一、申请内容

以开展基础研究与应用基础研究、培养人才、支撑产业和社会发展为目标的市重点实验室筹建启动资助。

重点支持领域：新一代信息技术、高端装备制造、生物医药、数字经济、新材料、新能源、海洋经济。

二、设定依据

（一）《深圳经济特区科技创新促进条例》（深圳市第六届人民代表大会常务委员会公告第95号）；

（二）《关于促进科技创新的若干措施》（深发〔2016〕7号）；

（三）《深圳市关于加强基础科学研究的实施办法》（深府规〔2018〕25号）；

（四）《深圳市科技计划管理改革方案》(深府〔2019〕1号);

（五）《深圳市科技计划项目管理办法》（深科技创新规〔2019〕1号）；

（六）《深圳市科技研发资金管理办法》（深科技创新规〔2019〕2号）。

三、支持强度与方式

支持强度：受科技研发资金年度总额控制，单个市重点实验室筹建启动资助最高500万元，企业类资助额不高于项目总预算的50%。

支持方式：事前资助。主要流程包括单位申报、资格审核确认、社会公示、审批机关审定。

四、办理条件

（一）申请单位应当是在深圳市及深汕特别合作区依法注册且具有独立法人资格的高等院校和科研机构，或其他具有原始创新能力的法人机构。已列入科研诚信异常名录的单位不得申报。

（二）实验室有清晰的定位和目标，研究方向不得与已有市级及以上重点实验室重复，研究内容具有前瞻性和特色，且与实验室名称相符合，统一命名为“深圳市××重点实验室（筹建启动）”。已有市重点实验室请参考“深圳市科技创新委员会官网科技服务专栏”（http://stic.sz.gov.cn/kjfw/cxzt/szscxztmd/）。

（三）须由未在已有市重点实验室担任主任或未在获得市财政稳定支持科研机构担任负责人，且在深圳市单位所属实验室全职从事科技创新工作的深圳市杰出人才（人才证应在有效期内）担任实验室主任。

（四）申请人应谨慎填写项目申报书的人员信息、研发内容、技术经济指标、经费安排等内容，申请书中内容将作为合同内容生成依据。项目一经立项，投入资金总额不予调整，市财政资金申请额与实际下达资助额之间的差额部分，由项目申请单位自筹资金补足。

（五）项目申报材料中拟取得的学术、技术及经济效益等指标应严肃且科学，申报指标将作为项目评审、合同签订、过程管理、验收结题及项目评估的依据，原则上不予调整。请各申请单位严肃对待。

五、申请材料

（一）登录深圳市科技业务管理系统在线填报申请书，提供通过该系统打印的申请书纸质文件原件，申请人应认真填写，申请书中内容将作为合同内容生成依据；

（二）企业类市重点实验筹建启动室依托单位须提供企业最近2个会计年度研究开发费用和主营业务收入专项审计报告复印件，验原件（出具的审计报告应经深圳市注册会计师协会备案）；

（三）科研用房面积、设备、专用软件原值相关证明材料；

（四）仪器设备清单和实验室人员名单；

（五）项目可行性研究报告原件；

（六）实验室科研人员近2年获得立项的省部级以上科研项目及科研成果（论文、专利、奖项等）相关证明材料复印件（验原件），归属于依托单位的上述项目汇总表及资金到账通知单（复印件）；

（七）依托单位为市重点实验室筹建启动提供资金、技术、后勤和学术交流等配套条件的承诺函原件；

（八）深圳市杰出人才认定证书复印件（验原件）、实验室主任与依托单位签订的劳动合同或聘用合同等长期工作证明文件复印件（验原件）、近一年内的深圳社会保险缴纳凭证复印件（境外人员未在深圳缴纳社保的，需提供可充分证明在依托单位全职工作的材料）；

（九）知识产权合规性声明；

（十）科研诚信承诺书；

（十一）项目涉及科研伦理和科技安全的，提供国家有关法律法规和伦理准则要求的批准或备案文件。

以上材料必须在深圳市科技业务管理系统提交电子版，同时提交纸质申报材料一式两份，复印件需加盖申请单位公章，A4纸正反面打印/复印，非空白页（含封面）须连续编写页码，胶装成册。

申报单位对申请材料的合法性、真实性、准确性和完整性负责。如有虚假，深圳市科技创新委员会核实后将不予立项资助，并将申报单位列入深圳市科技创新委员会科研诚信异常名录，视情节轻重，依法追究相关责任。

六、申请表格

本指南规定提交的表格，申请单位登录深圳市科技业务管理系统在线填报。

七、受理机关

（一）受理机关：深圳市科技创新委员会

（二）受理时间：常年受理

办公时间：工作日上午9：00—12：00，下午14：00—17:45

（三）咨询电话：

基础研究和平台基地处：88102176，88102204

（四）受理地址：深圳市福田区福中三路市民中心行政服务大厅西区5~43号窗口。

八、决定机关

深圳市科技创新委员会

九、办理程序

申请单位网上申报—向深圳市科技创新委员会收文窗口提交申请材料—深圳市科技创新委员会对申请材料进行资格审核确认—现场核查—深圳市科技创新委员会审定—社会公示—项目入库

十、办理时限

成批处理

十一、证件及有效期限

证 件：批准文件

有效期限：申请单位在收到批准文件之日起1个月内办理资金拨付。

十二、法律效力

申报单位凭批准文件获得深圳市科技研发资金资助。

十三、收费

不收费

十四、年审或年检

无

声 明：

深圳市科技创新委员会从未委托任何单位或个人为项目申报单位代理资金申报事宜，申请单位必须自主申报。凡是购买、委托代写项目申请书、提供虚假证明材料的，一经发现并查实，即视为骗取财政资金，一律不予受理、取消申请资格、撤销立项项目，并按规定严肃处理。深圳市科技创新委员会将严格按照有关标准和程序受理，不收取任何费用。如有任何中介机构和个人假借深圳市科技创新委员会领导和工作人员名义向申报单位收取费用的，请知情者即向深圳市科技创新委员会举报。

专项审计报告经核查认定属于虚假材料的，依托单位五年内不得申请市科技计划项目，深圳市科技创新委员会将其列入科研诚信异常名录，并按照深圳市政府失信联合惩戒有关规定予以处理。

项目一经立项，申报单位即对项目执行全过程负有主体责任；有义务按合同约定开展研发活动，完成约定目标；有义务接受主管部门监督，配合主管部门完成中期检查和抽查；有义务最迟在合同到期后6个月内向主管部门提交纸质验收申请资料。不履行上述义务的，主管部门按规定将项目承担单位和项目负责人记入科研诚信异常名录，取消其一定年限内申请科研资助的资格，并依法追究其他责任。

2022年度深圳市重点实验室组建资助申请指南

一、申请内容

以开展基础与应用研究、培养人才、支撑产业和社会发展为目标的深圳市重点实验室组建资助。

重点支持领域及学科：新一代信息技术、高端装备制造、生物医药、数字经济、新材料、新能源、海洋经济及对应上述重点领域的基础研究相关学科。

二、设定依据

（一）《深圳经济特区科技创新条例》（深圳市第六届人民代表大会常务委员会公告第205号）；

（二）《关于促进科技创新的若干措施》（深发〔2016〕7号）；

（三）《深圳市关于加强基础科学研究的实施办法》（深府规〔2018〕25号）；

（四）《深圳市科技计划项目管理办法》（深科技创新规〔2019〕1号）；

（五）《深圳市科技研发资金管理办法》(深科技创新规〔2019〕2号);

（六）《深圳市重点实验室建设和运行管理办法》（深科技创新规〔2020〕11号）。

三、支持强度与方式

支持强度：受科技研发资金年度总额控制，本年度组建不超过15个深圳市重点实验室，单个资助最高500万元，企业类实验室资助额不高于项目总预算的50%。

支持方式：事前资助。主要流程包括单位申报、专家评审、答辩或者现场考察、社会公示、审批机关审定，同等条件优先支持在新型冠状病毒肺炎疫情防控中发挥重要作用的单位。

四、办理条件

（一）申请单位应当是在深圳市及深汕特别合作区依法注册并具有独立法人资格的企业、高等院校、科研院所和社会组织或者经市政府批准的其他机构。已列入科研诚信异常名录的单位不得申报。

（二）实验室有清晰的定位和目标，研究方向不得与已有深圳市级及以上已建重点实验室重复，研究内容具有前瞻性和特色，且与实验室名称相符，统一命名为“深圳市××重点实验室”。已有市重点实验室请参考“深圳市科技创新委员会官网科技服务专栏”。

（三）具有与实验室研究方向相关的实验室主任、副主任、学术带头人等科研队伍和技术人员队伍，固定人员应当在20人以上，其中学术或技术带头人不少于2人。

固定科研人员不得与已获得市级财政支持的市级及以上已有的其他科技创新载体组成人员交叉重复。

已列入科研诚信异常名录者不得列为实验室人员。

（四）具备较强科研实力，原则上应具备以下条件：

实验室成员近2年（2019年1月1日—2020年12月31日，下同）被SCI、EI、ISTP、ISR等期刊收录的论文及获得授权的知识产权（包括发明、实用新型、非简单改变产品图案和形状的外观设计、软件著作权、集成电路布图设计专有权、植物新品种）合计不少于20项，其中被SCI及EI收录的期刊论文及授权的发明专利、软件著作权、集成电路布图设计专有权、植物新品种合计不少于10项。

院校类实验室应在本学科或领域中具有国内领先水平或特色，实验室成员近2年以依托单位名义主持承担新立项的与实验室研究方向相关的省部级及以上科研项目不少于7项（不包括市级，其中国家级项目不少于1项）；归属于依托单位的立项总金额在700万元以上，同等或更高水平的海外项目可纳入统计；与其他高校、科研院所、企业有良好的科研合作与学术交流基础，能对外开放并发挥行业带动和辐射作用；优先支持有固定人员承担国家或省重点项目的实验室。企业类实验室的依托单位，应为在本行业或领域内具有较高的知名度和影响力的国家高新技术企业；具备承担市级及以上重大科研项目的能力，能为深圳市的产业和社会发展提供关键技术和共性技术支撑，具有较强的技术储备和技术扩散能力，与高等院校、科研机构等建立了长期稳定的产学研合作关系；申请单位近2年的主营业务收入超过5亿元/每年，按高新技术企业认定管理办法经专项审计确认的研发费用支出在4000万元/每年以上。

具备良好的科学研究和学术交流条件，有合理的管理体制和运行机制，有相对集中的科研实验场地。实验室科研用房面积700平方米以上，科研仪器设备原值不低于700万元（软件领域实验室原值不低于400万元）。

（五）企业类申报单位每年度可申报1项市重点实验室组建计划。高校或科研机构，每年度最多可申报5项。

（六）申请人应谨慎填写项目申报书的人员信息、研发内容、技术经济指标、经费安排等内容，申请书中内容将作为合同内容生成依据。项目一经立项，项目投入资金总额不予调整，深圳市财政资金申请额与实际下达资助额之间的差额部分，由项目申请单位自筹资金补足。

（七）项目申报材料中拟取得的学术、技术及经济效益等指标应严肃、科学，申报指标将作为项目评审、合同签订、过程管理、验收结题及项目评估的依据，原则上不予调整。请各申请单位严肃对待。

五、申请材料

（一）登录深圳市科技业务管理系统在线填报申请书，提供通过该系统打印的申请书纸质文件原件；

（二）企业类市重点实验室组建依托单位须提供企业最近2个会计年度研究开发费用和主营业务收入专项审计报告复印件，验原件（出具的审计报告应经深圳市注册会计师协会备案）；

（三）科研用房面积、设备、专用软件原值相关证明材料；

（四）仪器设备清单和实验室人员名单汇总表；

（五）项目可行性研究报告原件；

（六）实验室科研人员近2年获得立项的省部级以上科研项目及科研成果（论文、专利、奖项等）相关证明材料复印件（验原件），归属于依托单位的上述项目汇总表及资金到账通知单（复印件）；

（七）依托单位为实验室提供资金、技术、后勤和学术交流等配套条件的承诺函原件；

（八）20名固定人员的劳动合同或聘用合同等长期工作证明文件复印件以及近一年内的深圳社会保险缴纳凭证复印件（境外人员未在深圳缴纳社保的，需提供可充分证明在依托单位全职工作的材料）；

（九）近2年实验室固定人员费用支出清单；

（十）知识产权合规性声明及实验室成员近2年取得的知识产权汇总表；

（十一）科研诚信承诺书；

（十二）项目涉及科研伦理和科技安全的，提供国家有关法律法规和伦理准则要求的批准或备案文件。

申请单位在网上填报时限内登录深圳市科技业务管理系统在线填报项目申请书，并在科技业务系统中上传其他申请材料的电子版扫描件（复印件需加盖申请单位公章后上传）后提交审核（系统受理状态为“待窗口受理”）。申请获得立项后，再根据通知要求提交纸质材料并验原件。

申报单位对申请材料的合法性、真实性、准确性和完整性负责。如有虚假，深圳市科技创新委员会核实后将不予通过组建，并将申报单位列入深圳市科技创新委员会科研诚信负面清单，视情节轻重，依法追究相关责任。

六、申请表格

本指南规定提交的表格，申请单位登录深圳市科技业务管理系统在线填报。

七、受理机关

（一）受理机关：深圳市科技创新委员会

（二）受理时间：

网上填报受理时间为：2021年5月21日—2021年6月21日（截至18:00）。

办公时间：

星期一至星期五

上午9:00—12:00，下午14:00—18:00

（三）咨询电话：

基础研究和平台基地处：88102176，88103567

（四）受理地址：

深圳市福田区福中三路市民中心行政服务大厅西区5-43号窗口。

八、决定机关

深圳市科技创新委员会

九、办理程序

申请单位网上申报—深圳市科技创新委员会对申请材料进行初审—专家答辩评审—现场考察—深圳市科技创新委员会审定—社会公示—项目入库

十、办理时限

成批处理

十一、证件及有效期限

证 件：批准文件

有效期限：申请单位在收到批准文件之日起1个月内办理资金拨付。

十二、法律效力

申报单位凭批准文件获得深圳市科技研发资金资助。

十三、收费

不收费

十四、年审或年检

无

声明：

深圳市科技创新委员会从未委托任何单位或个人为项目申报单位代理资金申报事宜，申请单位必须自主申报。凡是购买、委托代写项目申请书、提供虚假证明材料的，一经发现并查实，即视为骗取财政资金，一律不予受理、取消申请资格、撤销立项项目，并按规定严肃处理。深圳市科技创新委员会将严格按照有关标准和程序受理，不收取任何费用。如有任何中介机构和个人假借深圳市科技创新委员会领导和工作人员名义向申报单位收取费用的，请知情者即向深圳市科技创新委举报。

专项审计报告经核查认定属于虚假材料的，依托单位五年内不得申请深圳市科技计划项目，深圳市科技创新委员会将其列入科研诚信异常名录，并按照深圳市政府失信联合惩戒有关规定予以处理。

项目一经立项，申报单位即对项目执行全过程负有主体责任；有义务按合同约定开展研发活动，完成约定目标；有义务接受主管部门监督，配合主管部门完成中期检查和抽查；有义务最迟在合同到期后6个月内向主管部门提交纸质验收申请资料。不履行上述义务的，主管部门按规定将项目承担单位或项目负责人记入科研诚信异常名录，取消其一定年限内申请科研资助的资格，并依法追究其他责任。

2022年深圳市工程技术研究中心认定指南

一、申请内容

为加快推进企业研发机构建设，建立健全以企业为主体、市场为导向、产学研相结合的技术创新体系，设立并资助深圳市工程技术研究中心（以下简称“市工程技术中心”）。

重点支持领域：新一代信息技术、高端装备制造、绿色低碳、生物医药、数字经济、新材料、新能源、海洋经济。

对于已布局深圳市工程技术中心的细分领域，不进行重复布局。

二、设定依据

（一）《深圳经济特区科技创新条例》（深圳市第六届人民代表大会常务委员会公告第205号）；

（二）《关于促进科技创新的若干措施》（深发〔2016〕7号）；

（三）《深圳市科技计划项目管理办法》（深科技创新规〔2019〕1号）；

（四）《深圳市科技研发资金管理办法》（深科技创新规〔2019〕2号）；

（五）《深圳市工程技术研究中心认定与运行管理办法》（深科技创新规〔2020〕9号）。

三、认定方式与强度

受科技研发资金年度总额控制，每单位每年限申报1个。对符合认定条件的申请，由深圳市科技行政主管部门择优认定。

主要流程包括单位申报、专家评审、答辩或者现场考察、社会公示、审批机关认定。资助方式执行后补助经费支持。深圳市科技行政主管部门对经认定的市工程技术中心，按照依托单位上两年度研发经费之和扣除同期财政补助部分后50%的资金，经核定后给予不超过300万元资助。

四、认定条件

（一）依托单位应当是在深圳市（含深汕合作区，下同）内注册登记的具有独立法人资格的国家或者深圳市高新技术企业。优先支持产品、技术水平、综合实力在同行业中名列前茅的大中型企业。已承担市工程中心组建任务的依托单位原则上不予重叠认定。已列入科研诚信异常名录的单位不得申报。

（二）企业经营和运行状况良好，具有较强的盈利能力和较高的管理水平。

（三）企业建有专门的研发机构，有持续的研发投入，上一年度销售额不低于5000万元,近2年（2019年元月1日至2020年12月31日,下同）每年研发费用1000万元以上。

（四）企业近2年获得授权的知识产权（包括发明、实用新型、非简单改变产品图案和形状的外观设计、软件著作权、集成电路布图设计专有权、植物新品种）总计不少于15项（其中发明专利、软件著作权、集成电路布图设计专有权或者植物新品种总计不少于7项）。

（五）申请组建的市工程技术中心应配备管理负责人和技术带头人，其中拥有岗位专职研发人员20人以上，其中具有中级以上职称或硕士以上学位不少于10人（其中具有高级职称或博士学位不少于3人）。

专职科研人员不得同时隶属于其他省部级以及市级科技创新载体。

已列入科研诚信异常名录者不得列为工程技术中心人员。

（六）具备工程技术试验条件和基础设施，研发专门用房面积500平方米以上，有必要的检测、分析、测试手段和工艺设备（不包括生产用设备），仪器设备及专用软件的原值不低于700万元（软件类市工程技术中心相应的原值不低于400万元）。

（七）有良好的产学研合作基础，重视科技人员和高技能人才的培养、引进、使用。

（八）申报单位同一项目不得多头申报和重复申报。凡以相同项目多头申报或重复套取政府资金的，一经发现立即取消该单位两年内所有项目的资助资格。

五、申请材料

（一）登录深圳市科技业务管理系统在线填报申请书，申请人应认真填写，申请书中内容将作为合同内容生成依据；

（二）上年度纳税证明复印件；

（三）企业专项审计报告原件，内容应包括近2年工程技术中心研究开发费用、企业销售额以及申请材料（四）、（六）、（七）和（八）项中的内容（出具的审计报告应经深圳市注册会计师协会备案）；

（四）科研用房面积、仪器设备、专用软件原值相关证明材料；

（五）项目可行性研究报告原件；

（六）市工程技术中心仪器设备清单和研发人员名单；

（七）知识产权相关的证明材料复印件；

（八）专职研发人员情况的相关证明材料（包括专职研发人员基本情况表、近2年的深圳社会保险单位缴交明细表、主要研发人员的学历、学位和职称）；

（九）知识产权合规性声明；

（十）科研诚信承诺书；

（十一）项目涉及科研伦理和科技安全的，提供国家有关法律法规和伦理准则要求的批准或备案文件。

申请单位在网上填报时限内登录深圳市科技业务管理系统在线填报项目申请书，并上传其他申请材料的扫描件（复印件需加盖申请单位公章后扫描上传）后提交审核（系统受理状态为“待窗口受理”）。申请时无须提交纸质材料，获得立项后再根据通知要求提交纸质材料，未立项无须提交纸质材料。

项目申报材料中拟取得的学术、技术、经济效益等指标应严肃且科学，申报指标将作为项目评审、合同签订、过程管理、验收结题及项目评估的依据，原则上不予更改。请各申报单位科学，严谨制定申请指标。

项目申报单位对申请材料的合法性、真实性、准确性和完整性负责。如有虚假，深圳市科技创新委员会核实后将不予立项资助，并将申报单位列入深圳市科技创新委员会科研诚信负面清单，视情节轻重，依法追究相关责任。

六、申请表格

本指南规定提交的表格，申请单位登录深圳市科技业务管理系统在线填报。

七、受理机关

（一）受理机关：深圳市科技创新委员会

（二）受理时间：

网上填报受理时间为：2021年6月12日-2021年7月12日（截至18:00）。

办公时间：星期一至星期五

上午9:00—12:00，下午14:00—17:45

（三）咨询电话：

基础研究和平台基地处：88102579,88103742

八、决定机关

深圳市科技创新委员会

九、办理程序

申请单位网上申报——深圳市科技创新委员会对申请材料进行初审——组织专家评审、答辩、现场考察——深圳市科技创新委员会审定——社会公示——项目入库

十、办理时限

成批处理

十一、证件及有效期限

证件：批准文件

有效期限：申请单位在收到批准文件之日起1个月内办理资金拨付。

十二、法律效力

申报单位凭批准文件获得深圳市科技研发资金资助。

十三、收费

不收费

十四、年审或年检

市工程技术中心应在每年第一季度提交上年度总结和本年度工作计划。无正当理由拒绝填报提交年度总结和计划的，视为自动放弃市工程技术中心资格。

市工程技术中心实施动态管理。对已认定的市工程技术中心的运行情况和建设绩效，深圳市科技创新委员会每3年进行一次评估。

声明：

深圳市科技创新委会从未委托任何单位或个人为项目申报单位代理资金申报事宜，申请单位必须自主申报。凡是购买、委托代写项目申请书、提供虚假证明材料的，一经发现并查实，即视为骗取财政资金，一律不予受理、取消申请资格、撤销立项项目，并按规定严肃处理。深圳市科技创新委将严格按照有关标准和程序受理，不收取任何费用。如有任何中介机构和个人假借深圳市科技创新委员会领导和工作人员名义向申报单位收取费用的，请知情者即向深圳市科技创新委员会举报。

专项审计报告经核查认定属于虚假材料的，依托单位5年内不得申请深圳市科技计划项目，深圳市科技创新委员会将其列入科研诚信异常名录，并按照深圳市政府失信联合惩戒有关规定予以处理。

项目申报单位一经立项，即对项目执行全过程负有主体责任；有义务按合同约定开展研发活动，完成约定目标；有义务接受主管部门监督，配合主管部门完成中期检查和抽查；有义务最迟在合同到期后6个月内向主管部门提交纸质验收申请资料。不履行上述义务的，主管部门按规定将项目承担单位或项目负责人等记入科研诚信异常名录，取消其一定年限内申请科研资助的资格，并依法追究其他责任。

机构确认服务

深圳市2021年技术先进型服务企业认定申报指南

一、认定内容

深圳市技术先进型服务企业认定

二、设定依据

（一）《关于完善技术先进型服务企业所得税政策问题的通知》（财税〔2014〕59号）；

（二）《关于将技术先进型服务企业所得税政策推广至全国实施的通知》（财税〔2017〕79号);

（三）《关于将服务贸易创新发展试点地区技术先进型服务企业所得税政策推广至全国实施的通知》（财税〔2018〕44号）；

(四）《全国技术先进型服务企业业务办理管理平台指引（试行）》（国科火字〔2017〕227号）；

（五）《深圳市技术先进型服务企业认定实施办法》（深科技创新〔2016〕1号）。

三、认定数量与方式

认定数量：无数量限制，符合条件即可申请。

认定方式：自愿申报、专家评审、社会公示、审批机关审定、报国家相关部门备案、发放证书。

四、认定条件

（一）依法在深圳市注册的独立法人资格企业；

（二）其从事的业务应属于下列范围：

1. 信息技术外包服务（ITO）：包括软件研发及外包、信息技术研发服务外包、信息系统运营维护外包等；

2. 技术性业务流程外包服务（BPO）：包括企业业务流程设计服务、企业内部管理服务、企业运营服务和企业供应链管理服务等；

3. 技术性知识流程外包服务（KPO）；

4.计算机和信息服务；

5.研究开发和技术服务；

6.文化技术服务；

7.中医药医疗服务。

（三）企业正常经营，近两年在进出口业务管理、财务管理、税收管理、外汇管理、海关管理等方面无违法行为；

（四）企业应采用先进技术或具备较强的研发能力；

（五）技术先进型服务业务收入总和占本企业当年总收入的50%以上，其中国际（离岸）外包服务业务收入占本企业当年总收入的35%以上；

（六）具有大专以上学历的员工占企业职工总数的50%以上；

（七）企业可提供有关国际组织认证。

五、申请材料

（一）登录深圳市科技业务管理系统业务申请，在“先进服企认定”菜单下，点击“申报项目”按钮，打开先进服企认定申报书，进行填报并提交；

（二）营业执照及税务登记证复印件（加盖公章）；

（三）上年度财务报表（本年度设立的企业可免交）、专项财务审计报告（需附经市财政部门认可的会计师事务所资质证明），专项财务审计报告包括基本情况、上年度营业收入、技术先进型服务收入及占总收入比重、离岸技术先进型服务收入及占总收入比重、收入明细、银行结汇或外汇收入核销等证明；

（四）开展技术先进型服务企业业务论述，包括提供服务及经营管理等基本情况、采用先进技术和开展研发活动情况、企业发展前景与规划、企业在行业中的地位与竞争优势，主要客户及其对企业增值服务的评价等；

（五）企业工作场所证明复印件（房屋产权证或房屋租赁合同）；

（六）上年度销售/服务合同、合作开发合同、委托开发协议书等材料复印件，离岸外包业务需提供银行结汇或外汇收入核销相关证明（总额占企业当年总收入35%以上的票据）以及加盖公章的在岸外包业务需提供销售或服务发票（与外汇收入核销证明总额总和占当年总收入50%以上的票据）；

（七）企业员工名册（注明员工学历结构及从事离岸服务外包人员情况）；

（八）企业就业人员社会保险缴费单复印件；

（九）企业采用先进技术或研发能力的证明材料复印件并加盖公章（如获奖证书、专利证书、软件著作权证书、客户评价证明等）；

（十）企业可提供有关国家组织认证的国际资质认证证书复印件并加盖公章（如开发能力和成熟度模型认定证书、开发能力和成熟度模型集成认定证书、IT服务管理认定证书等）。

以上材料一式一份，复印件需加盖申请单位公章，A4纸正反面打印/复印，非空白页（含封面）需连续编写页码，装订成册（胶装）。

六、申请表格

本指南规定提交的表格，申请人登录深圳市科技业务管理系统在线填报。

七、受理机关

受理机关：深圳市科技创新委员会

受理时间：

1.网络填报受理时间：2021年6月16日—7月9日（截至18:00）；

2.书面材料受理时间：2021年7月12日—7月13日

3.深圳市科技创新委员会联系电话：88100078，88102145

深圳市科技创新委员会受理地点：深圳市民中心行政服务西大厅18~28号窗口。

八、认定机关

深圳市科技创新委员会会同深圳市商务局、发展改革委员会、财政局、国家税务总局深圳市税务局。

九、认定程序

申请人网上申报—向深圳市科技创新委员会收文窗口提交申请材料—深圳市科技创新委员会组织专家评审—深圳市科技创新委员会会同市财政局、国家税务总局深圳市税务局、商务局、发展改革委审定—社会公示—报科技部、商务部、财政部、国家税务总局和国家发展改革委备案，在“技术先进型服务企业认定网”和深圳市科技创新委员会网站公告认定—深圳市科技创新委员会颁发认定证书。

十、认定时限

深圳认定工作流程60个工作日。

十一、认定证件及有效期限

证件：技术先进型服务企业证书

有效期限：三年

十二、认定的法律效力

申请人凭批准文件享受税收优惠政策。

十三、收费

不收费

十四、年审或年检

无年审无年检

说明：

深圳市科技创新委员会从未委托任何单位或个人为申请单位代理申请事宜，请申请单位自主申报。深圳市科技创新委员会将严格按照有关标准和程序受理，不收取任何费用。如有任何中介机构和个人假借深圳市科技创新委员会领导和工作人员名义向申报单位收取费用的，请知情者即向深圳市科技创新委员会举报。

深圳市科研院所免税资格确认办事指南

一、受理范围

1.本行政许可适用于深圳市设立的科学研究院所。

2.符合以下全部条件的科学研究院所可以提出申请：

（1）深圳市政府批准成立的科研院所；

（2）深圳市属事业单位；

（3）从事科学研究的专业技术人员多于15人；

（4）从事科研研究的专业技术人员占机构总人数的比例大于50%；

（5）资产总额大于300万元人民币；

（6）科研用房面积大于300平方米。

二、设立依据

1.《科学研究和教学用品免征进口税收规定》（财政部、海关总署、国家税务总局令第45号）；

2.《关于海关实施〈科教用品免税规定〉和〈科技用品免税暂行规定〉的有关办法和相关事宜的公告》（海关总署公告2007年第13号）；

3.《财政部 工业和信息化部 国家发展和改革委员会 国家税务总局 国家新闻出版广播电影电视总局 海关总署 教育部 科学技术部 民政部 商务部关于支持科技创新进口税收政策管理办法的通知》（财关税〔2016〕71号）；

4.《财政部 商务部 国家税务总局关于继续执行研发机构采购设备增值税政策的通知》（财税〔2016〕121号）。

三、实施机关

深圳市科技创新委员会

四、审批条件

设立依据

1.《科学研究和教学用品免征进口税收规定》（财政部、海关总署、国家税务总局令第45号）

2.《关于海关实施〈科教用品免税规定〉和〈科技用品免税暂行规定〉的有关办法和相关事宜的公告》（海关总署公告2007年第13号）

3.《财政部 工业和信息化部 国家发展和改革委员会 国家税务总局 国家新闻出版广播电影电视总局 海关总署 教育部 科学技术部 民政部 商务部关于支持科技创新进口税收政策管理办法的通知》（财关税〔2016〕71号）

4.《财政部 商务部 国家税务总局关于继续执行研发机构采购设备增值税政策的通知》（财税〔2016〕121号）

必要条件

1.满足下列全部条件的，予以办理：

（1）深圳市政府或深圳市机构编制主管部门颁发的批准成立文件；

（2）事业单位法人证书；

（3）举办宗旨和业务范围需具备科学研究属性；

（4）从事科学研究的专业技术人员多于15人；

（5）从事科学研究的专业技术人员占机构总人数的比例大于50%；

（6）资产总额大于300万元人民币；

（7）科研用房面积大于300平方米。

2.不予办理的情形：

无

五、申请材料

纸质申请材料采用A4纸，手写材料应当字迹工整清晰，复印件申请人均应签名（盖章）、复印清晰、大小与原件相符。

表：科研机构免税资格确认申请材料目录

材料名称	要求	原件份数（份/套）	复印件份数（份/套）	纸质/电子版
申请书	登录深圳市科技业务管理系统在线填报申请书，通过该系统打印申请书纸质文件原件。复印件需加盖申请单位公章，A4纸正反面打印/复印，非空白页（含封面）需连续编写页码，装订成册（胶装）。	1	0	纸质+电子版
深圳市政府批准成立的文件或深圳市机构编制主管部门批准成立的文件	复印件1份	0	1	
统一社会信用代码证	复印件1份	0	1	
事业单位法人证书	复印件1份	0	1	
法人代表				

（续表）

材料名称	要求	原件份数（份/套）	复印件份数（份/套）	纸质/电子版
身份证	复印件1份，加盖申请单位公章	0	1	
上年度的工作报告	复印件1份	0	1	
上年度财务				
审计报告	复印件1份	0	1	
上一年年末				
专职人员名册	包括：姓名、学历、职称、工作岗位、劳动合同及其期限、联系方式等，并对专业技术人员进行标注；	0	1	

六、办理时限

申请时限	无		
受理时限	申请指南规定的受理时间	受理时限说明	在申请指南规定的受理时限内提出申请。
法定办理时限	无	法定办理时限说明	无
承诺办理时限	30个工作日	承诺办理时限说明	

七、办理收费

不收费

八、办理流程

本事项窗口办理流程如下：

1.申请。申请人在深圳市科技创新委员会科技业务管理系统（网址：https://apply.szsti.gov.cn/）在线填报申请书，向深圳市科技创新委员会窗口提交通过该系统打印的申请书纸质材料。

2.受理。接件受理人员核验申请材料，当场作出受理决定，申请人符合申请资格，并材料齐全、格式规范、符合法定形式的，予以受理，出具受理回执；申请人不符合申请资格的，接件受理人员不予受理，出具不予受理通知书；申请人材料不符合要求但可以当场更正的，退回当场更正后予以受理，无法当场更正的，一次性告知所需材料。

3.审查。受理后，窗口通知深圳市科技创新委员会基础处领取申请材料。审查方式包括书面审查和现场考察。深圳市科技创新委员会基础处对申请材料进行书面审查，审查提交的申请材料是否满足确认条件要求，提交书面审查意见表（时限5个工作日）。深圳市科技创新委员会10个工作日内会同深圳海关现场考察，核对申请材料的真实性和完整性，提出考察意见（会同深圳海关的现场考察不计入办理时限）。

4.决定。经书面审查及现场考察，深圳市科技创新委员会基础处作出确认决定，经分管委领导于5个工作日内审核后，提交深圳市科技创新委员会主任办公会在10个工作日内审议。

5.决定公开。确认结果深圳市科技创新委员会核准公告，告知申请人，并送达确认文书，同时抄送深圳海关和深圳市财政委员会。

本事项网上办理流程如下：

1.申请。申请人登录深圳市科技创新委员会深圳市科技业务管理系统(网址：https://apply.szsti.gov.cn/）提出申请，上传电子材料。

2.受理。接件受理人员核验申请材料，当场作出受理决定申请人符合申请资格，并材料齐全、格式规范、符合法定形式的，予以受理，出具受理回执；申请人不符合申请资格的，接件受理人员不予受理，出具不予受理通知书；申请人材料不符合要求但可以当场更正的，退回当场更正后予以受理，无法当场更正的，一次性告知所需材料。

3.审查。受理后，窗口通知深圳市科技创新委员会基础处领取申请材料。审查方式包括书面审查和现场考察。科技创新委员会基础处对申请材料进行书面审查，审查提交的申请材料是否满足确认条件要求，提交书面审查意见表（时限5个工作日）。深圳市科技创新委员会10个工作日内会同深圳海关现场考察，核对申请材料的真实性和完整性，提出考察意见（会同深圳海关的现场考察不计入办理时限）。

4.决定。经书面审查及现场考察，深圳市科技创新委员会基础处作出确认决定，经分管委领导于5个工作日内审核后，提交深圳市科技创新委员会主任办公会在10个工作日内审议。

5.决定公开。确认结果深圳市科技创新委员会核准公告，告知申请人，并送达确认文书，同时抄送深圳海关和深圳市财政委员会。

九、办理地址

1.窗口办理地址

窗口地址	联系电话	办公时间	交通指引
深圳市民中心行政服务大厅13-14号窗口	0755-88127569	工作日 上午9:00—12:00 下午14:00—17:45	可乘坐：107路、123路、234路、235路、236路、38路、374路、398路、41路、60路、64路、B686路、地铁蛇口线2号线、地铁龙华线4号线、E18路、K578路、M390路、N9路

2.网上办理网址

https://apply.szsti.gov.cn/

十、咨询、投诉、行政复议或行政诉讼

1.申请人可通过电话、网上、窗口进行咨询和审批进程查询。

电话查询：0755- 88102181，0755-88103742

网上查询：www.szsti.gov.cn

2.申请人可通过电话、网上、窗口等方式进行投诉。

电话：0755-12345

网址：www.szsti.gov.cn

3.申请人对本非行政许可审批事项的办理结果有异议的，可依法申请行政复议或提起行政诉讼。

行政复议：深圳市人民政府行政复议办公室，深圳市福田区同心路1号市信访大厅B103室，0755-88101165/0755-88120387(咨询)，0755- 88132145(收案室)。

行政诉讼：广东省深圳市福田区人民法院，广东省深圳市福田区福民路123号，0755-82918999。

科技类民办非企业免税资格确认办事指南

一、受理范围

1.本行政许可适用于深圳市登记注册的且具有法人资格的科技类民办非企业单位。

2.符合以下全部条件的科技类民办非企业可以提出申请：

（1）资产总额在 300万元人民币(含)以上；

（2）从事科学研究的专业技术人员(指大专以上学历或中级以上技术职称专业技术人员)在20人以上，且占全部人员的比例不低于60%；

（3）兼职的科研人员不超过25%；

3.免税资格确认有效期两年，获得资格确认的科技类民办非企业单位需在有效期到期前三个月向深圳市科技主管部门提出复审，有效期逾期未办理复审的科技类民办非企业单位取消免税资格，并在一年内不得申请办理。

二、设立依据

1.《关于印发科技类民办非企业单位进口科学研究和教学用品免税资格审核认定管理办法的通知》（国科发政〔2013〕52号）；

2.《关于“十三五”期间支持科技创新进口税收政策的通知》（财关税〔2016〕70号）；

3.《财政部 工业和信息化部 国家发展和改革委员会 国家税务总局 国家新闻出版广播电影电视总局 海关总署 教育部 科学技术部 民政部 商务部关于支持科技创新进口税收政策管理办法的通知》（财关税〔2016〕71号）。

三、实施机关

深圳市科技创新委员会

四、审批条件

设立依据

《财政部 科技部 民政部 海关总署 国家税务总局关于科技类民办非企业单位适用科学研究和教学用品进口税收政策的通知》（财关税〔2012〕54号）；

《关于印发科技类民办非企业单位进口科学研究和教学用品免税资格审核认定管理办法的通知》（国科发政〔2013〕52号）；

《财政部 工业和信息化部 国家发展和改革委员会 国家税务总局 国家新闻出版广播电影电视总局 海关总署 教育部 科学技术部 民政部 商务部关于支持科技创新进口税收政策管理办法的通知》（财关税〔2016〕71号）；

必要条件

1.满足下列全部条件的，予以办理：

（1）上一年度年检合格章的民办非企业单位（法人）；

（2）资产总额在300万元人民币(含)以上；

（3）从事科学研究的专业技术人员(指大专以上学历或中级以上技术职称专业技术人员)在20人以上，且占全部人员的比例不低于60%；

（4）兼职的科研人员不超过25%；

2.不予办理的情形：

无

五、申请材料

纸质申请材料采用A4纸，手写材料应当字迹工整且清晰，复印件申请人均应签名（盖章）、复印清晰、大小与原件相符。

表1 科技类民办非企业免税资格确认申请材料目录

材料名称	要求	原件份数（份/套）	复印件份数（份/套）	纸质/电子版
申请书	登录深圳市科技业务管理系统在线填报申请书，通过该系统打印申请书纸质文件原件。复印件需加盖申请单位公章，A4纸正反面打印/复印，非空白页（含封面）需连续编写页码，装订成册（胶装）。	1	0	纸质+电子版
上一年度年检合格章的民办非企业单位（法人）登记证书	复印件1份	0	1	
统一社会信用代码证	复印件1份	0	1	
《民办非企业单位年检				
报告书》	复印件1份	0	1	
上年度的工作报告	复印件1份	0	1	
上年度财务审计报告	复印件1份	0	1	
上一年年末专职和兼职人员名册	包括：姓名、学历、职称、工作岗位、劳动合同及其期限、联系方式等，并对专业技术人员进行标注；	0	1	

表2 科技类民办非企业免税资格复审申请材料目录

材料名称	要求	原件份数（份/套）	复印件份数（份/套）	纸质/电子版
上一年度年检合格章的民办非企业单位（法人）登记证书	复印件1份	0	1	
统一社会信息代码证	复印1份	0	1	
《民办非企业单位年检报告书》	复印1份	0	1	
免税资格有效期内工作报告	复印1份	0	1	
免税资格有效期内进口设备清单	复印1份	0	1	
上年度财务审计报告	复印1份	0	1	纸质+电子版
上一年年末专职和兼职人员名册	包括：姓名、学历、职称、工作岗位、劳动合同及其期限、联系方式等，并对专业技术人员进行标注；	0	1	

六、办理时限

申请时限	无		
受理时限	申请指南规定的受理时间	受理时限	
说明	在申请指南规定的受理时限内提出申请。		
法定办理时限	无	法定办理时限说明	无
承诺办理时限	30个		
工作日	承诺办理时限说明		

七、办理收费

不收费

八、办理流程

本事项窗口办理流程如下：

1. 申请。申请人在深圳市科技创新委员会科技业务管理系统(网址：https://apply.szsti.gov.cn/）在线填报申请书，向深圳市科技创新委员会窗口提交通过该系统打印的申请书纸质材料。

2.受理。接件受理人员核验申请材料，当场作出受理决定申请人符合申请资格，并材料齐全、格式规范、符合法定形式的，予以受理，出具受理回执；申请人不符合申请资格的，接件受理人员不予受理，出具不予受理通知书；申请人材料不符合要求但可以当场更正的，退回当场更正后予以受理，无法当场更正的，一次性告知所需材料。

3.审查。受理后，窗口通知深圳市科技创新委员会基础处领取申请材料。审查方式包括书面审查和现场考察。深圳市科技创新委员会基础处对申请材料进行书面审查，审查提交的申请材料是否满足确认条件要求，提交书面审查意见表（时限5个工作日）。深圳市科技创新委员会10个工作日内会同深圳市民政局和深圳海关现场考察，核对申请材料的真实性和完整性，提出考察意见（会同深圳市民政局和深圳海关的现场考察不计入办理时限）。

4.决定。经书面审查及现场考察，深圳市科技创新委员会基础处作出确认决定，经分管委领导于5个工作日内审核后，提交深圳市科技创新委员会委主任办公会在10个工作日内审议。

5.决定公开。确认结果深圳市科技创新委员会核准公告，告知申请人，并送达确认文书，同时抄送深圳市民政局、深圳海关、深圳市财政委员会。

本事项网上办理流程如下：

1.申请。申请人登录深圳市科技创新委员会深圳市科技业务管理系统(网址：https://apply.szsti.gov.cn/）提出申请，上传电子材料。

2.受理。接件受理人员核验申请材料，当场作出受理决定申请人符合申请资格，并材料齐全、格式规范、符合法定形式的，予以受理，出具受理回执；申请人不符合申请资格的，接件受理人员不予受理，出具不予受理通知书；申请人材料不符合要求但可以当场更正的，退回当场更正后予以受理，无法当场更正的，一次性告知所需材料。

3.审查。受理后，窗口通知深圳市科技创新委员会基础处领取申请材料。审查方式包括书面审查和现场考察。深圳市科技创新委员会基础处对申请材料进行书面审查，审查提交的申请材料是否满足确认条件要求，提交书面审查意见表（时限5个工作日）。深圳市科技创新委员会10个工作日内会同深圳海关现场考察，核对申请材料的真实性和完整性，提出考察意见（会同深圳海关的现场考察不计入办理时限）。

4.决定。经书面审查及现场考察，深圳市科技创新委员会基础处作出确认决定，经分管委领导于5个工作日内审核后，提交委主任办公会在10个工作日内审议。

5.决定公开。确认结果深圳市科技创新委员会核准公告，告知申请人，并送达确认文书，同时抄送深圳海关和深圳市财政委员会。

九、办理地址

1.窗口办理地址

窗口地址	联系电话	办公时间	交通指引
深圳市民中心行政服务大厅13-14号窗口	0755-88127569	工作日 上午 9:00—12:00 下午 14:00—17:45	可乘坐：107 路、123 路、234 路、235 路、236 路、38 路、374 路、398 路、41 路、60 路、64 路、B686 路、地铁蛇口线 2 号线、地铁龙华线 4 号线、E18 路、K578 路、M390 路、N9 路

2.网上办理网址

https://apply.szsti.gov.cn/

十、咨询、投诉、行政复议或行政诉讼

1.申请人可通过电话、网上、窗口进行咨询和审批进程查询。

电话查询：0755- 88102181，0755-88103742

网上查询：www.szsti.gov.cn

2.申请人可通过电话、网上、窗口等方式进行投诉。

电话：0755-12345

网址：www.szsti.gov.cn

3.申请人对本非行政许可审批事项的办理结果有异议的，可依法申请行政复议或提起行政诉讼。

行政复议：深圳市人民政府行政复议办公室，深圳市福田区同心路1号市信访大厅B103室，0755-88101165/0755-88120387(咨询)，0755- 88132145(收案室)；

行政诉讼：广东省深圳市福田区人民法院，广东省深圳市福田区福民路123号，0755-82918999。

深圳市科普基地及其科普活动确认办事指南

一、受理范围

1.申请人:具备深圳市科普基地及其科普活动确认申请条件的在对公众开放的科技馆、自然博物馆、天文馆（站、台）和气象台（站）、地震台（站）、高校和科研机构对外开放的科普基地。

2.申请内容：申请确认深圳市科普基地及其科普活动。

3.申请条件：

符合下列全部条件的，可提出申请：

（1）面向公众从事《科普法》所规定的科普活动，有稳定的科普活动投入；

（2）有适合常年向公众开放的一定的科普设施、器材、场所等，累计每年不能少于200天；对青少年实行优惠或免费开放的时间不少于每年20天（含法定节假日）；

（3）有常设内部科普工作机构并配备有必要的专职科普工作人员；

（4）有明确的科普工作规划和年度科普工作计划；

（5）省级科普基地认定书。

二、设立依据

1.《科普税收优惠政策实施办法》（国科发政字〔2003〕416号）第二条第三款。

2.《财政部 海关总署 国家税务总局关于鼓励科普事业发展进口税收政策的通知》（财关税〔2016〕6号）全文。

三、实施机关

深圳市科技创新委员会

1.权责划分（市）

深圳市科技创新委员会负责本事项的受理、审核、决定。

四、办理条件

设立依据

《科普税收优惠政策实施办法》（国科发政字〔2003〕416号）第二条第三款。

必要条件

1.予以批准的条件：

满足下列全部条件的，予以批准：

（1） 面向公众从事《科普法》所规定的科普活动，有稳定的科普活动投入；

（2）有适合常年向公众开放的一定的科普设施、器材、场所等，累计每年不能少于200天；对青少年实行优惠或免费开放的时间不少于每年20天（含法定节假日）；

（3）有常设内部科普工作机构并配备有必要的专职科普工作人员；

（4）有明确的科普工作规划和年度科普工作计划；

（5）省级科普基地认定书。

2.不予办理的情形：

无

政策和技术限制　　无

数量限制　无

五、申请材料

纸质申请材料采用A4纸，手写材料应当字迹工整清晰，复印件申请人均应签名、复印清晰、大小与原件相符。（详见表1）

表1深圳市科普基地及其科普活动确认申请材料目录

材料名称	要求	原件份数（份/套）	复印件份数（份/套）	纸质/电子版
申请书	登录深圳市科技业务管理系统在线填报申请书，通过该系统打印申请书纸质文件原件。	1	0	纸质+电子版
统一社会信用代码证	复印件	0	1	纸质+电子版
法人代表身份证	加盖申请单位公章	0	1	纸质+电子版
科普机构批准文件	验原件	0	1	纸质+电子版
开展科普活动证明材料	验原件	0	1	纸质+电子版
进口科普影视作品或其播映权的合同、协议（附中文译本）	验原件	0	1	纸质+电子版

六、办理时限

申请时限	指南规定的时限提出申请		
受理时限	5个工作日	受理时限	
说明	自申请之日起5个工作日内作出受理或不予受理决定。		
法定办理时限	无	法定办理时限说明	无
承诺办理时限	30个工作日	承诺办理时限说明	自受理截止之日起30个工作日内办结。

七、办理收费

不收费

八、办理流程

本事项窗口办理流程如下：

1. 申请

申请人在深圳市科技业务管理系统（网址：https://apply.szsti.gov.cn/）在线填报申请书，通过该系统打印申请书纸质文件原件，连同相关申请材料，一并向深圳市科技创新委员会窗口提交提出深圳市科普基地及其科普活动确认的申请。

2.受理

接件受理人员核验申请材料，当场作出受理决定；申请人符合申请资格，并材料齐全、格式规范、符合法定形式的，予以受理，出具受理回执；申请人不符合申请资格的，接件受理人员不予受理，出具不予受理通知书；申请人材料不符合要求但可以当场更正的，退回当场更正后予以受理，无法当场更正的，一次性告知所需材料。

3.审查

受理截止后，窗口通知深圳市科技创新委员会示范区管理处领取申请材料。审查方式包括书面审查和现场考察。深圳科技创新委员会示范区管理处对申请材料进行书面审查，审查提交的申请材料是否满足确认条件要求，提交书面审查意见表（时限5个工作日）。深圳市科技创新委员会10个工作日内会同深圳海关现场考察，核对申请材料的真实性和完整性，提出考察意见（会同深圳海关的现场考察不计入办理时限）。

4.决定

经书面审查及现场考察，深圳市科技创新委员会示范区管理处作出确认决定，经分管委领导于5个工作日内审核后，提交深圳市科技创新委员会主任办公会在10个工作日内审议。

5.决定公开

确认结果深圳市科技创新委员会核准公告，告知申请人，并送达确认文书，同时抄送深圳海关和深圳市财政委员会。

本事项的网上办理流程如下：

1.申请

申请人登录深圳市科技业务管理系统（网址：https://apply.szsti.gov.cn/）向深圳市科技创新委员会提出深圳市科普基地及其科普活动确认的申请，上传电子材料。

2.受理

申请人在网上提交申报材料后，向深圳市科技创新委员会窗口提交纸质材料，接件受理人员当场与网上电子材料审核无误后予以正式受理，出具受理回执。

3.审查

受理截止后，窗口通知深圳市科技创新委员会示范区管理处领取申请材料。审查方式包括书面审查和现场考察。深圳科技创新委员会示范区管理处对申请材料进行书面审查，审查提交的申请材料是否满足确认条件要求，提交书面审查意见表（时限5个工作日）。深圳市科技创新委员会10个工作日内会同深圳海关现场考察，核对申请材料的真实性和完整性，提出考察意见（会同深圳海关的现场考察不计入办理时限）。

4.决定

经书面审查及现场考察，深圳市科技创新委员会示范区管理处作出确认决定，经分管委领导于5个工作日内审核后，提交委主任办公会在10个工作日内审议。

5.决定公开

确认结果深圳市科技创新委员会核准公告，告知申请人，并送达确认文书，同时抄送深圳海关和深圳市财政委员会。

九、办理地址

1.窗口办理地址

窗口名称	深圳市科技创新委员会业务受理点
窗口地址	深圳市福田区福中三路市民中心行政服务大厅东厅13~14号
联系电话	0755-88127569
办公时间	工作日：上午9:00—12:00，下午14:00—17:45
交通指引	可乘坐：107路、123路、234路、235路、236路、38路、374路、398路、41路、60路、64路、B686路、地铁蛇口线2号线、地铁龙华线4号线、E18路、K578路、M390路、N9路

2.网上办理网址

https://apply.szsti.gov.cn/

十、咨询、投诉、行政复议或行政诉讼

1.申请人可通过电话、网上、窗口等方式进行咨询和审批进程查询。

电话查询：0755-12345，0755-88127569

网上查询：www.szsti.gov.cn

2.申请人可通过电话、网上、窗口等方式进行投诉。

窗口投诉：深圳市民中心行政服务大厅13-14号窗口

电话投诉：0755-12345

网上投诉：http://www.szsti.gov.cn

信函投诉:邮寄地址为深圳市福田区福中三路市民中心C区五楼 深圳市科技创新委员会，邮政编码为518035

3.申请人对本非行政许可审批事项的办理结果有异议的，可依法申请行政复议或提起行政诉讼。

行政复议：

深圳市人民政府行政复议办公室，深圳市福田区同心路1号市信访大厅B103室，0755-88101165/0755-88120397（咨询），0755-88132145（收案室）；

行政诉讼：

深圳市盐田区人民法院，深圳市盐田区沙头角深盐路2088号，0755-12368，0755-25228750，0755-25228778。

创客空间项目申请指南

2022年深圳市科技企业孵化器及众创空间认定与资助申请指南

一、申请内容

对为科技型初创企业提供孵化服务的科技企业孵化器，及为创业团队和初创企业提供创新创业服务的众创空间予以认定与资助。

二、设定依据

（一）《深圳市科技计划项目管理办法》，深圳市科技创新委员会，深科技创新规〔2019〕1号；

（二）《深圳市科技研发资金管理办法》，深圳市科技创新委员会及深圳市财政局，深科技创新规〔2019〕2号；

（三）《深圳市科技企业孵化器和众创空间管理办法》，深圳市科技创新委员会，深科技创新规〔2020〕1号。

三、支持强度与方式

支持强度：深圳市科技企业孵化器和众创空间认定资助为竞争类项目，有数量限制，本批次资助资金纳入2022年市级财政预算安排。受科技研发资金年度总额控制，资助金额不超过孵化器或众创空间近两年投入运营经费的50%，孵化器或众创空间分别最高不超过300万元和200万元。

支持方式：事后补助

四、受理条件

（一）科技企业孵化器受理条件：

1.孵化器运营单位应当是在深圳市或深汕合作区内依法注册且具有法人资格的企事业单位；

2.孵化器运营时间满2年（截至申报截止日），具备明确发展方向、完善的运营管理体系、完善的孵化服务机制；孵化器名称应当统一命名为“深圳××孵化器”；

3.孵化场地面积不低于3000平方米，其中在孵企业使用面积（含公共服务面积）占75%以上；

4.拥有提供孵化服务的专业团队，其中专职人员不少于5人；具有集成化服务能力，能够提供技术转移、科技金融、创业辅导等各类创业服务，签约科技服务机构6家以上，创业导师3名以上；

5.在孵企业不少于20家且每千平方米平均在孵企业不少于3家；

6.在孵企业中已申请专利的企业占在孵企业总数比例不低于50%或拥有有效知识产权的企业占比不低于30%；

7.孵化器自有种子资金或合作的孵化资金规模不低于300 万元人民币，至少有2家以上在孵企业获得投融资；

8.累计毕业企业8家以上。

在孵企业应具备以下条件：

1.主要从事新技术、新产品的研发、生产和服务，应满足科技型中小企业相关要求；

2.企业注册地、主要研发场地、办公场所须在本孵化器场地内；

3.申请进入孵化器的企业，成立时间不超过24个月；

4.孵化时限不超过48个月，从事生物医药、集成电路设计、现代农业等特殊领域的创业企业孵化时限不超过60个月。

毕业企业应至少符合以下条件中的一项：

1.经国家备案通过的高新技术企业；

2.累计获得天使投资或风险投资超过500万元；

3.连续2年营业收入累计超过1000万元；

4.被兼并、收购、在国内外资本市场挂牌或上市。

（二）众创空间受理条件：

1.众创空间运营单位应当是在深圳市或深汕合作区内依法注册且具有法人资格的企事业单位；

2.众创空间运营时间满1年（截至申报截止日），发展方向明确，模式清晰，具备可持续发展能力；众创空间名称应当统一命名为“深圳××众创空间”；

3.拥有不低于500平方米的服务场地，或提供不少于30个创业工位，并具备会议洽谈和项目展示的公共服务场地，提供的创业工位和公共服务场地面积不低于总面积的75%；

4.拥有提供创新创业辅导的专业团队，其中专职人员不少于3人；具有集成化服务能力，能够提供包含技术咨询和创业辅导在内的各类创业服务，签约科技服务机构6家以上，创业导师3名以上；

5.入驻创业团队和初创企业不少于20个，入驻时间不少于3个月，入驻时限一般不超过24个月；

6.入驻创业团队上一年度新注册为企业的数量不低于6家，或上一年度有2个以上入驻创业团队或初创企业获得融资；

7.每年开展的创业沙龙、路演、创业大赛、创业教育培训等活动不少于6场次。

（三）限制事项：

1.2021年以前已获市孵化载体（科技企业孵化器及创客空间/众创空间）资助的单位，不予重复认定和资助。已获得其他市级财政补贴的费用，不得重复申请补贴。

2.申报单位和项目负责人被列入深圳市科研诚信异常名录的，不予受理。

3.创新型产业用房承租单位未经场地管理主体批准开展孵化器及众创空间业务的，不予受理。

五、申请材料

（一）深圳市科技企业孵化器/众创空间认定与资助申请书原件；

（二）上年度完税证明复印件（非事业单位提供）；

（三）上年度财务审计报告（需提交经深圳市注册会计师协会备案的含有防伪标识封面的审计报告）或通过审查的事业单位财务决算报表复印件（注册未满一年的可提供验资报告）；

（四）自有房产证明或租赁合同等证明文件复印件；

（五）科研诚信承诺书；

（六）创新型产业用房管理主体批准文件；

申请科技企业孵化器提供还需提供以下材料：

（七）孵化服务能力证明材料，主要包括上一年度12月份专职管理团队社保清单及接受孵化器专业培训人员的证明材料复印件；与6家以上科技服务机构签署的合作协议复印件；3名以上创业导师名单及介绍、协议、聘书等证明材料复印件；

（八）在孵企业证明材料，主要包括在孵企业信息一览表、孵化服务协议复印件、在孵企业营业执照复印件（加盖在孵企业公章）、在孵企业申请专利或拥有有效自主知识产权证明材料复印件（加盖在孵企业公章）；

（九）投融资服务能力证明材料，主要包括拥有种子资金或合作孵化资金的相关证明材料复印件（如：存款证明、设立孵化资金的文件、如何使用孵化资金的文件等）以及2家以上在孵企业获得投融资的案例证明材料（如：投资证明文件）；

（十）毕业企业信息一览表及资质证明材料；

（十一）按时完成科技企业孵化器火炬统计工作承诺书；

（十二）近两年发生的运营费用的发票、合同、单据等证明材料复印件。

申请众创空间还需提供以下材料：

（七）创新创业服务能力证明材料，主要包括上一年度12月份专职管理团队社保清单；与6家以上科技服务机构签署的合作协议复印件；3名以上创业导师名单及介绍、协议或聘书等证明材料复印件；

（八）入驻创业团队或初创企业证明材料，主要包括入驻创业团队和初创企业清单、入驻协议复印件、创业团队项目简介（经创业团队签字）或入驻初创企业营业执照复印件（加盖初创企业公章）；

（九）投融资服务证明材料，主要包括2家以上创业团队及初创企业获得投融资的案例证明材料；

（十）开展活动证明材料，主要包括每年开展6场次以上创新创业活动的方案、议程、照片等证明材料；

（十一）按时完成众创空间火炬统计工作承诺书；

（十二）近两年发生的运营费用的发票、合同、单据等证明材料复印件。

以上材料须在深圳市科技业务管理系统提交电子版，其中复印件需加盖申报单位公章后上传。

项目申报单位对申请材料的合法性、真实性、准确性和完整性负责。如有虚假，深圳市科技创新委员会核实后将不予立项资助，并将申报单位列入深圳市科技创新委员会科研诚信负面清单，视情节轻重，依法追究相关责任。

六、申请表格

本指南规定提交的表格，申请人登录深圳市科技业务管理系统在线填报。

七、受理机关

（一）受理机关：深圳市科技创新委员会

（二）受理时间：

网络填报受理时间：2021年3月9日至2021年4月9日（截至18:00）；

申请单位在网上填报受理时限内登录深圳市科技业务管理系统在线填报申请书，上传电子扫描版申请附件（复印件需加盖申请单位公章），点击“签字盖章页打印”，将打印文件签字盖章后扫描上传，提交审核（系统受理状态为“待窗口受理”），无须提交纸质申请材料。提交纸质材料具体时间和方式将另行通知。

（三）咨询电话：

88102119，88125772

八、决定机关

深圳市科技创新委员会

九、审批程序

申请人网上申报—深圳市科技创新委员会对申请材料进行初审—深圳市科技创新委组织现场考察、专家评审、专项审计—社会公示—深圳市科技创新委员会审定

十、受理时限

成批处理

十一、证件及有效期限

证件：批准文件

有效期限：申报单位在收到批准文件之日起1个月内办理资金拨付。

十二、法律效力

申报单位凭批准文件获得科技研发资金资助。

十三、收费

不收费

十四、年审或年检

无年审。认定后，深圳市科技创新委员会每年开展市级孵化器及众创空间的运营评价工作。

声明：

深圳市科技创新委员会从未委托任何单位或个人为项目申报单位代理资金申报事宜，申报单位必须自主申报。凡是购买、委托代写项目申请书、提供虚假证明材料的，一经发现并查实，即视为骗取财政资金，一律不予受理、取消申请资格、撤销立项项目，并按规定严肃处理。深圳市科技创新委员会将严格按照有关标准和程序受理，不收取任何费用。

如有任何中介机构和个人假借深圳市科技创新委员会领导和工作人员名义向申报单位收取费用的，请知情者即向深圳市科技创新委员会举报。

项目申报单位需提交审计报告的，应当按照《深圳市科技计划项目管理办法》规定，提供经深圳市注册会计师协会备案的含有防伪标识封面的审计报告。项目申报单位提供无防伪标识封面（未备案）或属于虚假防伪标识封面（未备案）的审计报告，深圳市科技创新委员会不予采用。相关审计报告经核查认定属于虚假材料的，项目单位5年内不得申请市科技计划项目，深圳市科技创新委员会将其列入科研诚信异常名录，并按照深圳市政府失信联合惩戒有关规定予以处理。

深圳市科技企业孵化器及众创空间运营评价指南

一、评价内容

开展市级科技企业孵化器及众创空间运营评价，评价结果分为优秀、合格、不合格三个等级，对评价结果为优秀的单位给予奖励补助，连续两次运营评价结果不合格或不参加评价的单位，取消市级科技企业孵化器或众创空间的资格。

二、设定依据

（一）《深圳市科技计划管理改革方案》，深圳市人民政府，深府〔2019〕1号；

（二）《深圳市科技计划项目管理办法》，深圳市科技创新委员会，深科技创新规〔2019〕1号；

（三）《深圳市科技研发资金管理办法》，深圳市科技创新委员会和深圳市财政局，深科技创新规〔2019〕2号；

（四）《深圳市科技企业孵化器和众创空间管理办法》，深圳市科技创新委员会，深科技创新规〔2020〕1号。

三、评价对象

参加本次运营评价对象为2019年以前认定的市级科技企业孵化器及众创空间。

四、支持强度与方式

支持强度：有数量限制，对当次评价结果为优秀的孵化器及众创空间分别给予50万元和30万元奖励补助。当次评价结果为优秀的单位，评价期内每培育一家在孵企业获得国家高新技术企业认定或者省级（含）以上科学技术奖励的，给予5万元奖励补助，同一孵化器或众创空间累计不超过100万元，对于同一在孵企业的同一事项不予重复奖励。

支持方式：奖励补助

五、注意及限制事项

（一）本次运营评价期为2019年；

（二）评价期内被国家有权机关评为合格（C类）或者不合格（D类）的单位，当次运营评价结果不得为优秀；

（三）未按“全国火炬统计调查工作”相关要求上报评价期统计数据的单位，当次运营评价不合格；

（四）申报单位和项目负责人被列入深圳市科研诚信异常名录的，不予受理。

六、评价材料

（一）深圳市科技企业孵化器或众创空间运营评价申请书原件（加盖申报单位公章）；

（二）运营机构设置与职能的相关文件复印件，以及关于企业团队入驻和毕业条件的相关管理文件复印件；

（三）公共服务平台建设相关佐证材料复印件；

（四）评价期内获得国高认定或省级（含）以上科技奖励的入驻企业相关证明材料，包括入驻企业营业执照复印件

（加盖入驻企业公章）、孵化协议或入驻协议复印件、国高认定证书或科技奖励证书复印件（加盖入驻企业公章）等；

（五）疫情期间为入驻企业或团队减免租金情况证明材料复印件（如：发布的租金减免通知以及入驻企业或团队签订的租金减免协议等）；

（六）科研诚信承诺书；

以上材料须在深圳市科技业务管理系统提交电子版，其中复印件需加盖申报单位公章后上传。

项目申报单位对申请材料的合法性、真实性、准确性和完整性负责。如有虚假，深圳市科技创新委员会核实后将不予立项资助，并按深圳市科技创新委员会科研诚信管理相关规定，将申报单位列入科研诚信异常名录，视情节轻重，依法追究相关责任。

七、申请表格

本指南规定提交的表格，申请人登录深圳市科技业务管理系统在线填报。

八、受理机关

（一）受理机关：深圳市科技创新委员会

（二）受理时间：

网络填报受理时间：2021年4月12日至2021年5月12日（截至18:00）；

申请单位在网上填报受理时限内登录深圳市科技业务管理系统在线填报申请书，上传电子扫描版申请附件（复印件需加盖申请单位公章），点击“签字盖章页打印”，将打印文件签字盖章后扫描上传，提交审核（系统受理状态为“待窗口受理”），无须提交纸质申请材料。提交纸质材料具体时间和方式将另行通知。

（三）业务咨询电话：26710009，26924430，88102119

系统技术支持电话：86576087，86576088

九、决定机关

深圳市科技创新委员会

十、审批程序

申请人网上申报—深圳市科技创新委员会对申请材料进行初审—深圳市科技创新委员会组织专家评审或现场考察—社会公示—深圳市科技创新委员会审定

十一、受理时限

成批处理

十二、证件及有效期限

证件：批准文件

有效期限：申报单位在收到批准文件之日起1个月内办理资金拨付。

十三、法律效力

申报单位凭批准文件获得科技研发资金资助。

十四、收费

不收费

声明：

深圳市科技创新委员会从未委托任何单位或个人为项目申报单位代理资金申报事宜，申报单位必须自主申报。凡是购买、委托代写项目申请书、提供虚假证明材料的，一经发现并查实，即视为骗取财政资金，一律不予受理、取消申请资格、撤销立项项目，并按规定严肃处理。深圳市科技创新委员会将严格按照有关标准和程序受理，不收取任何费用。如有任何中介机构和个人假借深圳市科技创新委员会领导和工作人员名义向申报单位收取费用的，请知情者即向深圳市科技创新委员会举报。

项目申报单位需提交审计报告的，应当按照《深圳市科技计划项目管理办法》规定，提供经深圳市注册会计师协会备案的含有防伪标识封面的审计报告。项目申报单位提供无防伪标识封面（未备案）或属于虚假防伪标识封面（未备案）的审计报告，深圳市科技创新委员会不予采用。相关审计报告经核查认定属于虚假材料的，项目单位五年内不得申请市科技计划项目，深圳市科技创新委员会将其列入科研诚信异常名录，并按照深圳市政府失信联合惩戒有关规定予以处理。

国家级、省级认定（备案）科技企业孵化器及众创空间奖励申请指南

一、申请内容

对获得国家级或省级认定（备案）的科技企业孵化器及众创空间予以奖励补助。

二、设定依据

（一）《深圳市科技计划管理改革方案》，深圳市人民政府，深府〔2019〕1号；

（二）《深圳市科技计划项目管理办法》，深圳市科技创新委员会，深科技创新规〔2019〕1号；

（三）《深圳市科技研发资金管理办法》，深圳市科技创新委员会及深圳市财政局，深科技创新规〔2019〕2号；

（四）《深圳市科技企业孵化器和众创空间管理办法》，深圳市科技创新委员会，深科技创新规〔2020〕1号。

三、支持强度与方式

支持强度：对2019年或2020年获得国家级或省级认定的孵化器，分别给予100万元及50万元奖励补助。对2019年或2020年获得国家级或省级认定（备案）的众创空间，分别给予50万元及25万元奖励补助。

支持方式：奖励补助。

四、受理条件

（一）申请单位应当是深圳市2019年或2020年获得国家级或省级认定（备案）的科技企业孵化器及众创空间的运营单位；

（二）申报单位和项目负责人均未被列入深圳市科研诚信异常名录。

五、申请材料

（一）国家级或省级认定（备案）科技企业孵化器和众创空间奖励申请书原件（加盖申报单位公章）；

（二）2019年或2020年获得国家级或省级孵化器及众创空间认定（备案）证明材料复印件；

（三）科研诚信承诺书。

以上材料须在深圳市科技业务管理系统提交电子版，其中复印件需加盖申报单位公章后上传。

项目申报单位对申请材料的合法性、真实性、准确性和完整性负责。如有虚假，深圳市科技创新委员会核实后将不予立项资助，并按深圳市科技创新委员会科研诚信管理相关规定，将申报单位列入科研诚信异常名录，视情节轻重，依法追究相关责任。

六、申请表格

本指南规定提交的表格，申请人登录深圳市科技业务管理系统在线填报。

七、受理机关

（一）受理机关：深圳市科技创新委员会

（二）受理时间：

网络填报受理时间：2021年5月12日-2021年6月11日（截至18:00）；

申请单位在网上填报受理时限内登录深圳市科技业务管理系统在线填报申请书，上传电子扫描版申请附件（复印件需加盖申请单位公章），点击“签字盖章页打印”，将打印文件签字盖章后扫描上传，提交审核（系统受理状态为“待窗口受理”），无须提交纸质申请材料。提交纸质材料具体时间和方式将另行通知。

（三）业务咨询电话：26710009、26924430、88102119

系统技术支持电话：86576087，86576088

八、决定机关

深圳市科技创新委员会

九、审批程序

申请人网上申报—深圳市科技创新委员会对申请材料进行初审—深圳市科技创新委员会组织书面核查—社会公示—深圳市科技创新委员会审定

十、受理时限

成批处理

十一、证件及有效期限

证件：批准文件

有效期限：申报单位在收到批准文件之日起1个月内办理资金拨付。

十二、法律效力

申报单位凭批准文件获得科技研发资金资助。

十三、收费

不收费

声 明：

深圳市科技创新委员会从未委托任何单位或个人为项目申报单位代理资金申报事宜，申报单位必须自主申报。凡是购买、委托代写项目申请书、提供虚假证明材料的，一经发现并查实，即视为骗取财政资金，一律不予受理、取消申请资格、撤销立项项目，并按规定严肃处理。深圳市科技创新委员会将严格按照有关标准和程序受理，不收取任何费用。如有任何中介机构和个人假借深圳市科技创新委员会领导和工作人员名义向申报单位收取费用的，请知情者即向深圳市科技创新委员会举报。

项目申报单位需提交审计报告的，应当按照《深圳市科技计划项目管理办法》规定，提供经深圳市注册会计师协会备案的含有防伪标识封面的审计报告。项目申报单位提供无防伪标识封面（未备案）或属于虚假防伪标识封面（未备案）的审计报告，深圳市科技创新委员会不予采用。相关审计报告经核查认定属于虚假材料的，项目单位5年内不得申请深圳市科技计划项目，深圳市科技创新委员会将其列入科研诚信异常名录，并按照深圳市政府失信联合惩戒有关规定予以处理。

第十一篇 创新载体

Innovation Carrier

第一章 概述

结合科技前沿和产业发展战略方向，深圳市科技创新委员会主动布局一批高水平科研机构。2020年，深圳聚焦服务国家宽带通信和新型网络战略，高标准建设鹏城实验室，服务国家粤港澳大湾区和深圳中国特色社会主义先行示范区建设。聚焦基础研究领域和区域产业发展需求，深圳市承建了4家广东省实验室，前瞻布局了12家基础研究机构和11家诺贝尔奖科学家实验室，新成立包含电子科技大学（深圳）高等研究院在内的高端科研平台，累计建成包含国家重点实验室和国家工程实验室在内的各级各类创新载体2716个，其中，深圳市科技创新委员会新下达19个深圳市重点实验室组建项目、3个深圳市重点实验室筹建项目、10个深圳市工程技术研究中心项目，初步形成高水平、多方向、多层次的全社会科研体系。

第二章 重点实验室

一、2020年深圳市重点实验室建设与管理

深圳市科技创新委员会于2020年6月29日发布的《深圳市重点实验室建设和运行管理办法》（深科技创新规〔2020〕11号）。

二、2020年深圳重点实验室资源

2020年深圳建设市重点实验室项目23个，其中组建资助19个，筹建启动资助4个；建设省重点实验室项目8个，其中学科类4个，企业类4个；建设粤港澳联合实验室3个。

三、2020年深圳重点实验室名录

2020年深圳市新增重点实验室项目

序号	实验室名称	依托单位	成立时间
1	深圳市深部工程科学与绿色能源重点实验室（筹建启动）	深圳大学	2020年
2	深圳市数字创意技术重点实验室（筹建启动）	深圳大学	2020年
3	深圳市先进材料产品工程重点实验室（筹建启动）	香港中文大学（深圳）	2020年
4	深圳市智能光测与感知重点实验室（筹建启动）	深圳大学	2020年
5	深圳市新型量子功能材料和器件重点实验室（组建）	南方科技大学	2020年
6	深圳市深远海油气勘探技术重点实验室（组建）	南方科技大学	2020年
7	深圳市智慧传感与系统检测重点实验室（组建）	深圳先进技术研究院	2020年
8	深圳市药物成瘾重点实验室（组建）	深圳先进技术研究院	2020年
9	深圳市柔性印刷电子技术重点实验室（组建）	哈尔滨工业大学（深圳）	2020年
10	深圳市视觉目标检测与判识重点实验室（组建）	哈尔滨工业大学（深圳）	2020年
11	深圳市可穿戴物联网智能感知与计算重点实验室（组建）	深圳大学	2020年
12	深圳市海洋微生物组工程重点实验室（组建）	深圳大学	2020年
13	深圳市动力电池失效机理研究重点实验室（组建）	深圳市比亚迪锂电池有限公司	2020年
14	深圳市胃肠肿瘤转化研究重点实验室（组建）	北京大学深圳医院	2020年
15	深圳市强直性脊柱炎研究重点实验室（组建）	中山大学附属第八医院（深圳福田）	2020年
16	深圳市痕量智能临床转化重点实验室（组建）	深圳市罗湖区人民医院	2020年
17	深圳市代谢与心血管稳态重点实验室（组建）	深圳大学	2020年
18	深圳市甾体类药物研发重点实验室（组建）	香港中文大学（深圳）	2020年
19	深圳市仿生材料与细胞免疫调控重点实验室（组建）	深圳先进技术研究院	2020年
20	深圳市系统衰老与主动健康重点实验室（组建）	深圳大学	2020年

（续表）

序号	实验室名称	依托单位	成立时间
21	深圳市干细胞研究与临床转化重点实验室（组建）	深圳市人民医院	2020年
22	深圳市小分子药物发现与合成重点实验室（组建）	南方科技大学	2020年
23	深圳市单细胞组学重点实验室（组建）	深圳华大生命科学研究院	2020年

2020年深圳市新增省重点实验室项目

序号	实验室名称	依托单位	成立时间
1	广东省机器人定位导航技术企业重点实验室（2020年度）	深圳市优必选科技股份有限公司	2020年
2	广东省汽车激光智能焊接装备企业重点实验室（2020年度）	深圳市联赢激光股份有限公司	2020年
3	广东省H型高血压与脑卒中精准预防研发企业重点实验室（2020 年度）	深圳奥萨制药有限公司	2020年
4	广东省建筑防水新材料企业重点实验室（2020 年度）	深圳市卓宝科技股份有限公司	2020年
5	广东省类脑智能计算重点实验室（2020年度）	南方科技大学	2020年
6	广东省生物医学光学影像技术重点实验室（2020年度）	中国科学院深圳先进技术研究院	2020年
7	广东省催化化学重点实验室（2020年度）	南方科技大学	2020年
8	广东省电磁控制与智能机器人重点实验室（2020年度）	深圳大学	2020年

2020年深圳市新增粤港澳联合实验室项目清单

序号	实验室名称	依托单位	成立时间
1	粤港澳数据驱动下的流体力学与工程应用联合实验室	南方科技大学	2020年
2	粤港大数据图像和通信应用联合实验室	深圳信息通信研究院	2020年
3	粤港澳智慧城市联合实验室	深圳大学	2020年

第三章 深圳工程技术研究中心

一、2020年深圳工程技术研究中心发展概况

深圳市科技创新委员会于2020年6月29日发布《深圳市工程技术研究中心建设和运行管理办法》（深科技创新规〔2020〕9号）。2020年建设深圳市工程技术研究中心项目10个。

二、2020年深圳市工程技术研究中心名录

2020年深圳市新增工程技术研究中心

序号	实验室名称	依托单位	成立时间
1	深圳市三维视觉感知工程技术研究中心	深圳奥比中光科技有限公司	2020年
2	深圳市金融场景行为智能工程技术研究中心	深圳市怡化时代科技有限公司	2020年
3	深圳市高速铜缆宽带接入网设备工程技术研究中心	深圳震有科技股份有限公司	2020年
4	深圳市建筑幕墙智能检测工程技术研究中心	中冶建筑研究总院（深圳）有限公司	2020年
5	深圳市海上风电智慧运维工程技术研究中心	中广核研究院有限公司	2020年
6	深圳市清洁服务机器人工程技术研究中心	深圳市银星智能科技股份有限公司	2020年
7	深圳市智慧社区金融支付系统工程技术研究中心	深圳市雁联计算系统有限公司	2020年
8	深圳市急救呼吸类医疗设备工程研究中心	深圳市安保科技有限公司	2020年
9	深圳市仔猪营养工程技术研究中心	深圳市金新农科技股份有限公司	2020年
10	深圳市电能质量与优质供电工程技术研究中心	深圳供电局有限公司	2020年

2020年深圳市新增工程研究中心

序号	项目名称	项目单位	主管单位	成立时间
1	深圳市8K超高清智能显示终端工程研究中心	康佳集团股份有限公司	市发改委	2020年
2	深圳市5G中频大规模天滤一体化系统技术（AFU）工程研究中心	摩比天线技术（深圳）有限公司	市发改委	2020年
3	深圳市智能宽带精密电子测量仪器工程研究中心	深圳市鼎阳科技股份有限公司	市发改委	2020年
4	深圳市航空高可靠电源组件工程研究中心	深圳市振华微电子有限公司	市发改委	2020年
5	深圳市视觉融合量子成像固态激光雷达工程研究中心	深圳元戎启行科技有限公司	市发改委	2020年
6	深圳市数字纺织印刷智能装备工程研究中心	深圳市润天智数字设备股份有限公司	市发改委	2020年
7	深圳市微型聚晶金刚石（PCD）钻头刀具激光精密加工技术工程研究中心	深圳市中天超硬工具股份有限公司	市发改委	2020年
8	深圳市民用爆炸物品智能化成套装备核心技术工程研究中心	深圳市金奥博科技股份有限公司	市发改委	2020年
9	深圳市自身免疫病工程研究中心	深圳市人民医院	市发改委	2020年
10	深圳市特定蛋白自动化分析系统工程研究中心	深圳市国赛生物技术有限公司	市发改委	2020年

（续表）

序号	项目名称	项目单位	主管单位	成立时间
11	深圳市高精密生命科学仪器仿真与可靠性工程研究中心	深圳华大智造科技有限公司	市发改委	2020年
12	深圳市全自动凝血及纤溶功能分析技术工程研究中心	深圳市帝迈生物技术有限公司	市发改委	2020年
13	深圳市高端乳腺影像诊断设备工程研究中心	深圳圣诺医疗设备股份有限公司	市发改委	2020年
14	深圳市人体生物节律与睡眠医学工程研究中心	深圳市绿航星际太空科技研究院	市发改委	2020年
15	深圳市介入医疗器械高分子材料应用技术工程研究中心	深圳市业聚实业有限公司	市发改委	2020年
16	深圳市人工智能药物发现工程研究中心	深圳晶泰科技有限公司	市发改委	2020年
17	深圳市罕见病代谢组学精准医学工程研究中心	深圳爱湾医学检验实验室	市发改委	2020年
18	深圳市5G高频高速覆铜板工程研究中心	深圳清华大学研究院	市发改委	2020年
19	深圳自身免疫病工程研究中心	深圳市人民医院	市发改委	2020年

第四章 重大基础设施建设

2020年深圳市重大基础设施建设

序号	项目名称	依托单位	目前进展
1	国家超级计算深圳中心（二期）	深圳超算中心	已立项
2	鹏城云脑II	鹏城实验室	建设运行
3	未来网络实验设施（深圳分中心）	深圳信息通信研究院	开工建设
4	材料基因组大科学装置平台	南方科技大学	开工建设
5	特殊环境材料器件科学及应用研究设施	哈尔滨工业大学（深圳）	已立项
6	合成生物研究设施	中科院先进院	开工建设
7	脑解析与脑模拟设施	中科院先进院	开工建设
8	深圳精准医学影像大设施	北京大学深圳研究院	已立项
9	国家基因库二期	华大基因研究院	建设运行

第五章 公共技术服务平台

2020年深圳市新增公共技术服务平台

序号	项目名称	项目单位	主管单位	立项时间
1	深圳市8K内容制作及集成分发产业技术公共服务平台	深圳市酷开网络科技有限公司	市发改委	2020年
2	深圳市超高清视频显示终端与传输接口测试验证公共服务平台	深圳赛西信息技术有限公司	市发改委	2020年
3	深圳市科诺医学细胞质量检测技术公共服务平台	深圳科诺医学检验实验室	市发改委	2020年
4	深圳市医疗器械检测验证及共性技术公共服务平台	深圳市华检检测技术有限公司	市发改委	2020年

第六章 企业技术中心

一、2020年深圳市技术中心概况

2020年深圳市新认定市级企业技术中心27家，现有市级企业技术中心298家(由深圳市工业和信息化局负责认定)，国家级企业技术中心35家（由深圳市发展改革委牵头推荐，国家发展改革委认定）。依据技改倍增计划，支持企业技术中心组建和提升项目建设。2020年资助项目20个，资助金额2033万元。

二、 2020年深圳市企业技术中心名录

2020年深圳市新增企业科技中心

序号	级别	公司名称	认定年份
1	国家级	深圳市大疆创新科技有限公司	2020年
2	国家级	深圳拓邦股份有限公司（原名“深圳市拓邦电子科技股份有限公司”）	2020年
3	市级	深圳市泛海三江电子股份有限公司	2020年
4	市级	深圳光峰科技股份有限公司	2020年
5	市级	深圳富泰宏精密工业有限公司	2020年
6	市级	华测检测认证集团股份有限公司	2020年
7	市级	深圳市宏电技术股份有限公司	2020年
8	市级	深圳市麦捷微电子科技股份有限公司	2020年
9	市级	深圳市国电科技通信有限公司	2020年
10	市级	深圳榕亨实业集团有限公司	2020年
11	市级	深圳市合元科技有限公司	2020年
12	市级	三赢科技（深圳）有限公司	2020年
13	市级	深圳市南极光电子科技股份有限公司	2020年
14	市级	业成光电（深圳）有限公司	2020年
15	市级	深圳市国微电子有限公司	2020年
16	市级	丰宾电子（深圳）有限公司	2020年
17	市级	深圳市勘察测绘院（集团）有限公司	2020年
18	市级	深圳市蓝海华腾技术股份有限公司	2020年
19	市级	深圳市新星轻合金材料股份有限公司	2020年
20	市级	深圳怡化电脑股份有限公司	2020年
21	市级	深圳市易瑞生物技术股份有限公司	2020年

（续表）

序号	级别	公司名称	认定年份
22	市级	深圳华大临床检验中心	2020年
23	市级	深圳市英维克科技股份有限公司	2020年
24	市级	深圳市铁汉生态环境股份有限公司	2020年
25	市级	深圳市英威腾电源有限公司	2020年
26	市级	深圳市光大激光科技股份有限公司	2020年
27	市级	深圳市裕展精密科技有限公司	2020年
28	市级	深圳天溯计量检测股份有限公司	2020年
29	市级	中建科技集团有限公司	2020年

第七章 仪器共享平台

2020年，深圳市大力推进重大科研基础设施与科研仪器开放共享工作，科技基础资源共享服务水平快速提升。深圳市印发并实施了《深圳市促进重大科研基础设施和大型科学仪器共享管理暂行办法》，设立深圳市大型科学仪器设施资源共享管理中心，上线运行深圳市大型科学仪器共享平台，推动开放共享。截至2020年底，该平台汇集了413家管理单位，集中大型仪器设备10294台套，仪器原值94.68亿元，注册用户超过4748个。该平台在2020年新冠疫情防控科研工作和临床救治中发挥了重大作用。

第十二篇 科技创新大事记

Science & Technology Memorabilia

2020 年科技创新大事记

2020年科技创新大事记

1月

9日

· 近日，深圳市科技创新委员会在五洲宾馆组织召开“2019深圳生物医药科技创新发展研讨会”。深圳市人大常委会副主任、九三学社深圳市委会主委蒋宇扬同志以科研机构代表身份参加研讨，深圳市科技创新委党组书记、副主任邱宣同志出席并主持会议，基础处、生物处、外专处陪同参加。

此次研讨会以“新药 · 创新 · 转化”为主题，来自深圳市高等院校、科研机构、企业及相关协会的专家代表，围绕国内外新药研发的发展态势、深圳新药创制的基础优势、发展前景及存在问题展开交流讨论，就如何推动深圳市生物医药科技创新、完善产业生态系统、提升核心竞争力、打造粤港澳大湾区生物医药先行示范区积极建言献策。

14日

· 近日，深圳市科技创新委召开企业研究开发资助计划工作座谈会，深圳市科技创新委领导沙新华出席并主持会议，市纪委监委派驻第五纪检监察组、市审计局、市财政局和市税务局等单位及科技创新委有关同志参加了会议。会议针对在企业研究开发资助计划执行过程中出现的难点问题进行了热烈讨论，共商解决途径和方法。

16日

· 为促进两岸青年交流互动，了解大陆的产业现状及产业趋势，2020年1月13日至16日，台湾玉山科技协会（后文简称“玉山科协”）副秘书长刘子毅率领18名成员组成的台湾青年交流团到深圳开展了为期四天的参访活动。活动由中国科学技术协会组织，深圳市科学技术协会协办，深圳市科技开发交流中心及深圳市国际创新创业服务平台参与承办。

20日

· 为认真贯彻落实广东省和深圳市主要领导岁末年初安全防范工作的指示精神，结合《省安委办省应急管理厅关于做好岁末年初安全防范工作的通知》《中共深圳市委办公厅深圳市人民政府办公厅关于做好2020年元旦春节期间有关工作的通知》等文件要求，时任1月20日，深圳市科技创新委员会梁永生主任率秘书处委下属单位超算中心、评审中心、IC基地、自创区服务中心以及战略研究中心等单位开展调研和安全生产督导检查工作，并对各单位工作人员提前送上春节问候。

21日

· 为认真贯彻落实国务院联防联控机制电视电话会议及省专项工作要求，1月21日，时任深圳市科技创新委党组书记邱宣同志带队赴市第三人民医院（下称“市三院”）调研，慰问奋战在疫情防控一线的医护人员，了解新型冠状病毒感染疫情防治工作情况及科技需求，并会同深圳市卫健委、市疾控中心、深圳湾实验室、南方科技大学、华大基因、卫光生物公司等单位专家座谈研讨。

· 根据《深圳经济特区科学技术普及条例》，1月21日深圳市政府办公厅近日印发了《深圳市科普工作联席会议制度》，同时印发了《〈深圳经济特区科学技术普及条例〉任务分工表》，标志深圳市科普工作联席会议制度正式建立。

23日

· 为进一步强化党建与业务双融双促，做好联系服务高层次人才的工作，庚子年前，时任深圳市科技创新委党组书记邱宣同志率生物处党支部先后赴深圳湾实验室开展“服务高层次人才”主题党日座谈交流活动，赴超算中心慰问春假值守同志。

·按照深圳市委市政府关于新型冠状病毒感染的肺炎疫情防控（下称“疫情防控”）工作部署，1月23日，深圳市科技创新委召开会议，专题研究安排疫情防控科技工作。时任深圳市科技创新委员会主任梁永生主持会议，委领导、机关各处室及委属各事业单位主要负责人参加了会议。

2月

7日

·正值防控新型冠状病毒感染的肺炎疫情的关键时期，深圳市科技创新委积极推进政府物业租金减免政策，切实帮助孵化载体和企业降低租金成本。更多孵化载体主动承担起社会责任，发挥园区的组织优势，通过联防联控等多种方式防控疫情，并通过减免和延付租金、对接疫情防控物资采购渠道，为入驻企业和创业团队在特殊时期提供暖心的孵化服务。

截至2月7日，已有12家孵化载体出台租金减免办法，为入驻企业和创业团队减轻负担，预计惠及小微企业和创业团队1200余家，减免金额1900万元；已出台租金减免措施的孵化载体包括深圳市汇聚创新园、汇聚新桥107创智园、高新奇战略新兴产业园区、福海信息港、福永云创孵化器、智慧创新港、壹境空间、大运软件小镇、深圳市留学人员（龙岗）创业园、众创智谷科技企业孵化器、X-space国际青年创客峰、中芬设计园等；摩天之星孵化器与员工捐款捐物合计75万元，用实际行动支持湖北抗击疫情；深圳市科技企业孵化器协会向会员单位发出为入驻企业和创业团队减轻负担，降低延期复工的损失的倡议；深圳市众创空间协会倡导会员单位加强对入驻企业和创业团队防疫工作的指导，以实际行动挑起社会责任。

12日

·2月12日，时任深圳市委常委林洁到深圳市科协调研新型冠状病毒肺炎疫情应急科普工作，对深圳市科协的疫情防控工作及取得的阶段性成果给予充分肯定，就下一步工作提出了具体要求。深圳市科协党组书记、驻会副主席林祥介绍了相关工作情况。

17日

·从2月初开始，深圳商报&读创联合深圳市科协、深圳市科技志愿服务总队（深圳市科协）推出大型系列视频《抗击疫情 科学家在行动》。截至2月中旬，20余名不同群体的科技工作者参与视频录制，针对疫情开展科普。这些短视频在微信朋友圈广为流传，被网友盛赞“科学家正能量”“科普好声音”。本次活动是在商报“读创”平台上开展。

25日

·新型冠状病毒肺炎疫情暴发之后，深圳国际创新创业服务平台联盟理事单位深圳产学研合作促进会会长单位宝能集团宝能集团积极响应，在第一时间启动应急机制，各个板块纷纷响应，一方面捐款捐物，另一方面积极做好一线疫情防范与民生保障工作，为共同抗击新型冠状病毒肺炎疫情贡献了一份力量。

·新冠肺炎疫情发生以来，在以习近平同志为核心的党中央坚强领导下，举国上下同心协力，谱写了一曲共克时艰的“战疫”之歌。中国科协海智计划深圳工作基地号召旗下海智工作站及广大科技工作者各尽所长，以科技助力“战疫”行动，为防疫抗疫贡献力量。

27日

·为深入学习贯彻习近平总书记关于统筹推进新冠肺炎疫情防控和经济社会发展工作的重要讲话精神，贯彻落实党中央有关“要鼓励运用大数据、人工智能、云计算等数字技术，在疫情监测分析、病毒溯源、防控救治、资源调配等方面更好发挥支撑作用”指导方针，贯彻落实中国科协有关发挥科技组织优势服务企业疫后发展、促进科技经济深度融合的决策部署，中国国际科技交流中心联合国内外专业机构共同促进国际技术转移，助力疫情防控和企业恢复。

18日

· 在疫情防控期间，深圳市技术转移促进中心为保障技术合同认定登记服务正常开展，通过建立工作机制、推行不见面审批、优化业务系统功能、做好技术合同认定登记现场服务等多种举措，全力保障全市技术合同认定登记服务有序开展，为助力打赢全省疫情防控阻击战积极贡献力量。

22日

· 正值新冠肺炎疫情防控的关键时期，深圳集成电路设计产业化基地管理中心（以下简称“深圳集成电路中心”）高度重视防疫各项工作部署，通过建立远程EDA服务等应急工作机制，全力保障企业需求，推进进驻企业复产复工。

3月

2日

· 为深入学习贯彻落实习近平总书记对新型冠状病毒肺炎疫情的重要指示精神，加强新型冠状病毒感染的肺炎疫情防控工作，更好地保障市民的身体健康，让更多家庭熟知新冠、做到科学防范。由深圳市科学技术协会出品、深圳市科普教育基地联合会制作的“新冠科普知识”系列宣传片逐渐走进市民视野。

3日

· 3月3日，深圳市高层次人才联谊会和1家国家高新技术企业向深圳市科协指导服务组所在的深圳市宝安区航城街道办捐赠了一批免水洗航空洗手液、航空消毒液、《复工期间工作生活防疫小常识》科普读物，以实际行动助力社区疫情防控。深圳市科协党组成员孙楠和时任宝安区航城街道党工委书记王立萍出席捐赠活动。

5日

· 近日，深圳市科技创新委员会党组书记邱宣到深圳虚拟大学园，调研督导孵化器和成员院校疫情防控及复工复产工作情况。

· 由深圳市科技志愿气象天文、应急避险、科普师分队提供的《“铜墙铁壁”守社区，“深圳速度”战疫情》视频短片，在中国科学技术协会“科普中国”App的“抗疫故事”视频活动中获得全民抗“疫”第18名。截至3月5日，该视频转发播放近万人次，深圳市科技志愿服务的声音向全国传播。

· 为深入贯彻落实《深圳科技馆（新馆）筹建办廉政监察工作制度（试行）》文件精神，加快推进深圳科技馆展教工程系列项目招标代理工作，3月5日，深圳市科协召开深圳科技馆展教工程项目招标代理中标单位专题会议。会议由深圳市科协机关纪委书记、筹建办廉政监察组组长刘卫东主持，深圳市科学馆馆长伍振武及中层以上干部、新馆廉政监察组全体成员、项目管理单位及三家中标单位代表参加。

13日

· 3月13日下午，深圳市科协党组书记、驻会副主席林祥，党组成员、驻会副主席、机关党委书记张治平率队到坪山区石井街道慰问一线抗疫干部。

17日

· 2020年3月17日，深圳市科协召集相关部门在宝安航城街道办召开了“2020粤港澳大湾区青少年无人机科创嘉年华”活动协调会。深圳市科协党组成员孙楠出席会议，深圳市科协、罗湖区科协、深圳市科技开发交流中心等相关领导及人员参加会议。

18日

· 3月18日，深圳市科创委（市外专局）邀请专业医生为在深工作外籍人士举办了一场新冠肺炎抗疫防护知识在线公益讲座（英文讲授），近110位外籍人士在线参加。

4月

2日

· 为进一步贯彻落实中央及省市疫情防控工作要求，近日，时任深圳市科技创新委党组书记邱宣同志带队赴深圳市丰巢科技有限公司、字节跳动网络技术有限公司（今日头条、抖音）、南山区南山街道调研，看望市科技创新委派驻基层疫情防控指导服务组干部、慰问奋战在疫情防控一线的党员干部，听取企业复工复产达产工作情况以及意见建议，了解新型冠状病毒感染疫情防治工作情况及企业需求。钟海副主任、机关党委（人事处）、电子信息科技处、区域创新和成果转化处参加了调研。

·4月2日，深圳市直机关工委常务副书记苗宁礼和时任深圳市科技创新委党组书记邱宣同志率队前往深圳湾实验室开展党建工作调研，了解实验室党建工作及建设情况。深圳市直机关工委组织部和市科创委机关党委（人事处）陪同调研，深圳湾实验室常务副主任、中国科学院院士吴云东，主任助理张欣豪及各相关部门负责人参加调研座谈。

9日

·4月9日上午，时任深圳市科创委梁永生主任率秘书处和政策法规处一行赴招商银行深圳分行调研。

15日

·为进一步推进深港澳科技交流工作，4月15日上午，深圳市科技开发交流中心召开深港澳科技交流工作专题座谈会。座谈会由交流中心主任李松主持，交流中心相关部门负责人参加会议。深港澳科技联盟及粤港澳合作促进会信息专委会的部分专家及委员参加座谈。

24日

·4月24日，时任深圳市副市长聂新平同志带队到市科技创新委调研并主持召开座谈会。

时任深圳市科技创新委梁永生主任围绕市科技创新委基本情况、近年来深圳科技创新重点工作、2020年工作计划、“科技创新十四五”规划以及近期重点工作开展等方面进行汇报；市科技创新委党组书记邱宣同志围绕党的政治建设、干部队伍建设、党风廉政建设、科研攻关和党建双融双促等方面进行了汇报。委班子成员结合分管工作汇报了工作思路和推进措施。

时任深圳聂新平副市长充分肯定了市科技创新委近年来取得的工作成绩。他指出，近年来，市科技创新委在新的班子带领下，在推进科技创新各项工作中取得了长足进步，成绩可圈可点，特别是在推进业务和党建工作的融合和促进上特色鲜明，给人印象深刻。

27日

·为进一步推动院企合作，促进院校成果转化，“访企业 促合作 谋发展”院企走访活动4月27日下午在深圳市绿航星际太空科技研究院举行。活动由深圳市科协指导，深圳市科技传播促进会举办，旨在连线院校成果转化，促进技术落地应用，探讨促进经济发展的新举措。深圳市科协党组书记、副主席林祥，以及来自科技、教育、传媒领域10余名企业代表出席活动。

5月

7日

·5月7日下午，时任深圳市科技创新委员会梁永生主任率队先后赴两国家高新技术企业调研，开展挂点服务企业活动。调研组认真查看企业疫情防控和复工复产情况，仔细询问企业发展面临的困难和诉求。

8日

·为进一步推进深圳科技馆（新馆）（后文简称“深圳科技馆”）展教内容工程项目招标工作，实现“深圳特色，湾区平台，中国范例，世界一流”建设目标，深圳市科学技术协会于2020年5月8日在深圳市科学馆九楼会议厅组织召开深圳科技馆展教工程项目招标国际视频研讨会。深圳市科协党组书记、副主席林祥，深圳市科协秘书长、办公室主任林肇武，深圳市科学馆馆长伍振武，深圳科技馆廉政监察组代表，深圳市科学馆新馆组成员以及相关公司项目组成员参会，国内外70余家知名设计单位以视频形式参加。

10—11日

· 为推进科技创新赋能，助力脱贫攻坚和乡村振兴，支撑打赢扶贫攻坚战，2020年5月10日—11日，时任深圳市科技创新委员会党组书记、副主任邱宣会同中国农业科学院深圳农业基因组研究所（以下简称“基因组所”）、深圳市市场监督管理局、深圳市扶贫协作和合作交流办公室、清华大学深圳国际研究生院生物医药与健康工程研究院等单位相关负责人，赴巴马瑶族自治县就特色农业及新兴产业发展进行专题调研。

12日

· 5月12日，深圳市科协党组成员、驻会副主席张治平一行到福田区华富街道调研莲花一村社区党群服务中心建设工作。华富街道党工委书记马艳对介绍党群服务中心建设运营新模式，并提出在党群服务中心打造临时性专题科普展。张治平对华富街道利用党群服务中心开展科普工作给予了充分肯定。深圳市科协科普部部长陈志远与时任深圳市福田区科协副主席彭明明参加调研，并对其建设提出了相关建议。

14日

· 5月14日，深圳市科创委领导沙新华在深圳市民中心主持召开专题会，与时任深圳市坪山区副区长陈华平一行共同研究坪山高新区“委区共建”相关工作。深圳市科创委区域处、战略研究中心、评审中心、自创区服务中心、集成电路中心、转移中心相关负责人参加会议。

会上，双方围绕创新服务平台资源布局坪山高新区及完善“委区共建”工作机制等问题，进行了深入沟通交流。双方表示，下一步将加强深圳市区联动、形成合力，高质量、高标准、高水平推进坪山高新区建设发展。

16日

· 5月16日，备受瞩目的第10届艾特奖全球线上颁奖典礼在深圳举行，18项最佳设计奖榜单重磅揭晓。受全球疫情影响，艾特奖参赛及获奖的中外设计师无法参加大型聚集活动，第十届艾特奖颁奖盛典以线上直播方式面向全球发布。活动由深圳市科学技术协会联合艾特奖组委会及广东省粤港澳合作促进会主办，深圳市科协党组书记、副主席林祥同志出席本次活动并致辞。

19日

· 为总结推广抗疫经验，支持企业复工复产，助力科学防控疫情，探索“后疫情时代”深港澳创新合作之路，5月19日，深港澳科技联盟通过云会议模式举行“疫情之下、创新至上”抗疫经验报告暨创新成果发布会。澳门和深圳与会嘉宾通过网络视频连线，分别在澳门生产力暨转化中心报告厅和深圳国际创新创业平台会议室交流抗疫经验，并发布抗疫创新成果。深圳市科学技术协会党组成员孙楠通过视频连线为活动致辞。

22日

· 5月22日上午，时任深圳市委常委、统战部部长、市政协党组副书记杜玲到深圳市科协调研，深圳市人大常委会副主任、深圳市科协主席蒋宇扬陪同调研。

· 由深圳市科协直属机关党委和科技类社会组织联合党委共同举办的党员演讲比赛决赛于5月22日举行。深圳市科协党组书记林祥作总结发言，并同大家分享了对抗疫精神的理解。演讲比赛由深圳市科协党组成员、驻会副主席、机关党委书记张治平主持。

6月

1日

· 为迎接第四个全国科技工作者日，庆祝属于科技工作者自己的节日。在深圳市科学技术协会和深圳市技术转移促进中心的指导下，由深圳市科技志愿服务总队和深圳市科技志愿服务传播分队主办，深圳市科技传播促进会承办的深圳技术经理人培训在国家技术转移南方中心拉开帷幕。技术经理人培训活动是深圳市科协服务创新驱动发展战略，推动科技成果转化的重要举措。

4日

·为做好深圳高新区“十四五”规划编制工作，推动深圳高新区实现以科技创新为核心的全面创新与高质量发展，6月4日，时任深圳市科创委领导沙新华在市民中心主持召开专题会议，与长城企业战略研究所副总经理王志辉一行座谈，集思广益、共同研究《深圳高新区“十四五”发展规划》编制工作。市科创委区域处相关负责同志参加会议。

·6月4日，2020中欧科技创新合作发展论坛系列活动之北欧创新项目线上投融资对接会成功举行。活动是在深圳市科学技术协会指导下，在深圳市福田区投资推广署和深圳市福田引导基金支持下，由深圳市科技开发交流中心、深圳国际创新创业服务平台、深圳中欧创新中心、瑞典英诺迪克、深圳中英科技创新中心和深圳瑞典斯德哥尔摩海外创新中心联合主办。此外，活动得到了合作机构广东省粤港澳合作促进会信息科技专委会、深港澳科技联盟、深港科技社团联盟、粤港澳大湾区科普联盟和北欧华人创新创业协会大力支持。

5日

·6月5日上午，深圳市科协海智工作考察组赴梦佳速创客空间进行现场考核评审，这是2020年疫情以来首次开展海智工作现场考察，标志着2020年深圳海智工作站申报工作全面启动。

8日

·6月8日下午，深圳市科协党组书记、驻会副主席林祥同志率队到南山区调研。时任深圳市南山区副区长练聪，南山区科协主席、科技创新局局长刘石明，南山区科协常务副主席殷明华参加调研活动。

9日

·6月9日，时任深圳市科技创新委梁永生主任，做客深圳电台新闻频率（先锋898）《民心桥》节目，介绍深圳科技抗疫的最新进展。梁永生就疫情攻关取得的阶段性成效进行了汇报，并就保障科研主体开展科研攻关、推动科技企业复工复产、深圳高新技术产业在疫情防控中发挥的作用等市民关心的问题做了详细解答。深圳市科技创新委秘书处、政策法规处、生物科技处、区域创新和成果转化处等主要负责同志陪同参加了活动。

10日

·6月10日下午，深圳市科技创新委在市民中心组织开展了“迎接建党99周年专家专题讲座”。此次讲座邀请了深圳奥比中光科技有限公司创始人黄源浩和中国科学院深圳先进技术研究院院长樊建平，机关全体在编人员，委属事业单位处级以上干部约60人参与学习。

12日

·深入贯彻落实习近平新时代中国特色社会主义思想，按照习近平总书记关于扶贫开发工作重要论述精神和中央关于科协工作指示精神。为做好对口帮扶工作，根据“桂深科技创新联盟”工作安排。6月8日至12日，深圳市科协组织学会赴广西百色与河池开展对口帮扶工作。

13日

·6月13日下午，科技阅读会在深圳荃园艺术空间举办，本次阅读会是在深圳市科学技术协会指导下，由深圳市科技传播促进会、深圳市科技志愿服务总队、深圳市荃园艺术发展有限公司共同主办。活动现场，深圳市科学技术协会党组书记林祥为深圳市科技志愿服务科技阅读分队进行了授旗仪式，宣告深圳科技阅读会正式成立。

15日

·为做好新时期深圳国家高新区综合发展规划及“十四五”发展规划编制工作，高起点规划、高标准建设世界一流高科技园区，6月2日至6月15日，深圳市科技创新委员会领导沙新华带队实地调研了深圳国家高新区南山园区、龙岗园区、宝安园区、龙华园区、坪山园区规划建设，察看龙岗区宝龙科技园、坪山区高新北、龙华区九龙山等重点片区土地整备情况，听取各园区综合发展规划初步编制成果，了解实际困难，做好业务指导，协调各园区根据《深圳国家高新区各园区综合发展规划编制技术指引》《深圳国家高新区各园区综合发展规划编制工作方案》认真组织实施，积极推动《深圳国家高新区“十四五”发展规划》编制工作。深圳市科技创新委员会区域处、市规划国土发展研究中心、长城企业战略研究所相关负责同志参加了调研活动。

19日

· 6月19日上午，由深圳市科学技术协会和深圳市福田区人民政府指导，深圳市高科技企业协同创新促进会主办，福田高科馆承办的深圳市高科技企业协同创新促进会成立大会在福田区深业小剧院举行，深圳市科协党组书记林祥同志出席并致辞。

23日

· 为庆祝建党99周年，擘画深圳国家高新区坪山园区建设蓝图，谱好党建业务工作融合发展新篇章。6月23日，时任深圳市科技创新委员会党组书记邱宣一行70人，赴坪山区开展迎接建党99周年主题党建活动并参加坪山高新园区建设专题研讨会。

· 6月23日下午，深圳市科协党组书记、驻会副主席林祥同志率队到罗湖区科协调研并座谈。罗湖区副区长左金平，罗湖区科技创新局党组书记、局长、区科协主席石兴中等参加会议。

29日

· 6月29日下午，2020中欧科技创新合作发展论坛之欧洲科创项目线上产融对接会顺利举行。活动在深圳国际创新创业服务平台设立线下会场，采用线上会议形式进行跨境路演及投资对接，直播平台同步进行双语线上直播。

7月

1日

· 7月1日下午，鹏城实验室党委召开纪念建党99周年暨优秀共产党员和先进基层党组织表彰大会。时任深圳市科创委党组书记邱宣，市科创委副主任钟海应邀出席会议。深圳市直机关工委领导张晓玲，鹏城实验室主任高文院士、党委书记杨士强等领导，以及实验室全体党员和各部门、中心负责人等200余人参会。会议对鹏城实验室21名优秀共产党员和4个先进基层党组织进行了表彰，会议由实验室党委副书记兼纪委书记李帝仁主持。

· 为深入贯彻落实《深圳科技馆（新馆）筹建办廉政监察工作制度（试行）》文件精神，有效预防和遏制工程建设中的职务犯罪，进一步研究部署深圳科技馆（新馆）（后文简称“深圳科技馆”）廉政建设工作，深圳市科学技术协会深圳科技馆筹建办于2020年7月1日。深圳市科学技术协会在901会议室召开深圳科技馆（新馆）展教工程智慧科技馆设计项目中标单位的廉政约谈会议。深圳市科协党组成员、深圳科技馆筹建办主任孙楠，深圳市科学馆馆长伍振武，深圳科技馆廉政监察组全体成员，广东省电信规划设计院有限公司代表，全过程项目管理单位及招标代理单位代表等参加会议。

7日

· 7月7日上午，深圳市科技创新委在市民中心召开“七一”慰问座谈会，慰问在此次疫情防控工作中表现突出的党员及下沉一线防疫干部，时任深圳市科技创新委员会党组书记邱宣向参会同志颁发了“最美防疫战士”荣誉证书。

12日

· 7月12日，据科普中国App后台数据统计，深圳市科普信息员总数达22332人，科普信息员注册人数和科普文章分享总次数均为全省第一。其中，光明区、宝安区、龙岗区科普信息员注册人数均突破3000人，走在深圳市前列。

13日

· 7月12—13日，中国科协党组成员、书记处书记宋军到深圳市调研“科创中国”试点城市建设工作，考察了中国科协（深圳）海外人才离岸创新创业基地（源创力服务中心）、鲲云科技公司、柔宇科技公司，以及中国科协海智计划深圳基地（深圳国际创新创业服务平台）。

16日

· 7月16日晚，2020深港澳科技论坛（线上）第三场活动顺利举行，活动以澳门设主场，围绕“新一代信息技术助力智慧城市发展”主题开展。活动论坛采取线上会议直播模式，邀请深港澳三地专家进行主题分享，并安排专家点评。

17日

· 为高质量编制《深圳市科技创新“十四五”规划》，2020年7月17日，深圳市科技创新委员会在虚拟大学园中国地质大学产学研基地召开专家论证会。时任深圳市科技创新委员会领导梁永生主任、邓晓俊副主任出席，来自深圳市体制改革研究会、深圳市科协、深圳大学、南方科技大学、中科院深圳先进技术研究院、鹏城实验室、深圳湾实验室、深创投等单位近20名专家学者与会，共谋未来五年深圳科技创新“大棋局”。深圳市科技创新委员会法规处主要负责同志参加会议。

20日

· 近日，深圳市科协党组书记林祥率队赴深圳市坪山区慰问深圳市科协派出的一线防疫干部。林祥一行实地考察了包括坪山图书馆和坪山美术馆在内的坪山文化聚落，并就疫情期间利用展览场馆等文化设施开展科普活动和科普教育进行调研交流。

24日

· 7月24日，深圳市科协党组成员、副主席张治平带领深圳市高层次人才联谊会30多名会员前往深圳湾实验室参观交流，深圳湾实验室主任助理和10多位部门科研主管、研究人员参加了活动。

25日

· 7月25日，由深圳市科技开发交流中心、深圳国际创新创业服务平台、深圳国际创新创业联盟主办，深圳博士创新技术转移有限公司协办的2020“创响中国”深圳站之深圳国际创新创业联盟第一期交流活动——企业家精神主题沙龙在大鹏成功举办。深圳市科学技术协会党组书记、深圳国际创新创业联盟主任林祥出席活动，来自知名企业、投融资机构和高校院所的部分联盟成员参加活动。该活动得到了深圳市真空技术行业协会及两家科技公司支持。

30日

· 7月30日，2020深港澳科技论坛（在线）第四场活动在三地线上同步举行。活动以“智慧医疗促进大健康产业发展”为主题，由香港互联网专业协会主持，深圳、香港、澳门的科技工作者和科技社团在线参加活动。香港咨询科技联会副会长兼秘书长陈炜国及深圳市科技开发交流中心主任李松分别代表深圳及香港的主办方为活动致辞。

31日

· 2020年7月27—31日，由深圳市科学技术协会指导，深圳市科技开发交流中心和深圳国际创新创业服务平台主办，深圳博士创新技术转移有限公司承办的2020“创响中国”深圳站——第一期“技术经理人能力提升”专题活动在深圳科技大厦成功举办。深圳市科协党组书记林祥、党组成员孙楠，深圳市科技开发交流中心主任李松等领导，特邀嘉宾博士科技集团创始人、董事长倪浩，及深圳市科协所属的各市级学会、协会、研究会，深圳市知名金融创投机构、高新技术企业、院校等代表80余人参加活动。

· 按照中国科协关于科技志愿服务工作的最新部署，由中国科协进行课题支持的“智惠行动”——融媒体赋能新时代教育传播活动在深圳启动。教育、媒体、投资界的148位负责人参与了本次创新公益活动，围绕疫情时期教育行业的走向开展交流。

8月

6日

· 8月6日晚，“2020深港澳科技论坛（在线）”第五场活动举行。来自深港澳三地的科技专家和业界精英围绕“电子商务平台发展新趋势”主题，共议数字经济新业态新模式，探讨三地电子商务合作新机遇。

15日

· 8月14日至15日，由中国化学会和深圳市科学技术协会共同主办，中国化学和产学研合作与促进工作委员会、深圳化学化工学会联合承办的“2020年大湾区创新药物和医用新材料产学研融合发展论坛活动”在深圳举行。该论坛是深圳被列为中国科协“科创中国”试点城市后，由国家级学会、深圳市科协、地方学会共同组织的科技专家服务团活动。深圳市科协党组书记、副主席林祥在与专家组会见时表示，中国化学会与深圳市科协及深圳化学化工学会具有长期合作的基础，为深圳化学和材料领域的人才培养及产学研合作做出了重要贡献，希望中国化学会继续与深圳化学化工学会深入合作，打造出“科创中国”深圳品牌项目。中国化学会副理事长、中国科学院谭蔚泓院士担任本次论坛主席，并做了《分子医学助力健康中国》的主题演讲。深圳市科协党组成员、副主席张治平参加论坛并致辞。

19日

· 8月19日，深圳市科协在深圳市科学馆九楼国际会议厅召开深圳科技馆（新馆）二楼公共大厅展示方案及重大展项设计竞赛（创意阶段）（后文简称“创意竞赛”）入围单位网络视频会议。深圳市科协党组书记、副主席林祥，深圳市科协党组成员、新馆筹建办主任孙楠，深圳市科学馆馆长伍振武，新馆筹建办廉政监察组代表及项目组成员现场参加会议，八家创意竞赛入围单位（含联合体各方）在全球各地以视频形式参会。

· 为促进参会优质项目与资本集中对接，推进项目技术转化进程，8月19日下午，深圳国际创新创业联盟交流活动暨科技创新创业投融资对接会第二期活动在深圳湾创业投资大厦成功举办。活动由深圳市科学技术协会主办，深圳市科技开发交流中心和深圳国际创新创业服务平台和深圳国际创新创业联盟承办，深圳国际创新创业联盟理事单位深圳市投控东海投资有限公司与深圳博士创新技术转移有限公司联合执行。

21日

· 8月21日下午，“科创中国”系列路演活动第053期——创新创业项目试点城市深圳专场成功举办。活动由中国科协企业创新服务中心主办，深圳市科学技术协会承办，深圳市科技开发交流中心、深圳国际创新创业服务平台、深圳博士创新技术转移有限公司联合执行。5.8万人次通过“科创中国”平台在线观看。

· 8月21日下午，2020年深圳海智工作站第一期交流活动在招商启航厘米空间孵化器举行。活动由深圳市科学技术协会指导，深圳市科技开发交流中心和招商启航主办，深港澳科技联盟协办。深圳市科学技术协会党组成员孙楠，招商局创投副总经理、招商启航副董事长卢振威，深圳市科学技术协会学会部负责人、深圳市科技开发交流中心主任李松，招商启航副总经理季勇以及深圳海智基地工作人员、各深圳海智工作站负责人出席活动。

· 8月21日，“2020深港澳科技论坛”第六场活动举行。作为系列论坛的收官之作，围绕《新基建赋能大湾区建设》主题，以线上直播方式开展，与会专家从不同视角、不同领域讲解了深港澳大湾区在新基建领域的坚实基础、技术底蕴以及未来商机。该系列活动由深圳市科技开发交流中心、深港澳科技联盟、香港互联网专业协会、香港资讯科技联会、澳门智慧城市联盟协会、澳门电脑学会、龙岗区科技创新局主办，深圳市计算机用户协会联手包括香港互联网专业协会和澳门智慧城市联盟协会在内的港澳地区知名协会共同承办。

25日

· 8月25日，由深圳市科学技术协会主办的“科技成果转化经验交流会”在深圳清华大学研究院成功举办。深圳市科协党组书记、驻会副主席林祥参加活动并讲话。深圳市科协党组成员孙楠，学会部负责人、深圳市科技开发交流中心主任李松，以及来自各区科协及区科创局、科技社团、高校院所、创新平台机构等单位负责人参加活动。该活动是深圳市科协贯彻落实中国科协“科创中国”行动计划，推动“科创中国”（深圳站）科技成果转移转化服务平台建设，服务科技经济融合发展，助力粤港澳大湾区和深圳先行示范区“双区”建设的具体举措。

26日

·由广东省科技厅和广东省科协指导举办的2020年第三期“岭南科学论坛·湾区创新论坛”在东莞松山湖高新区举行。论坛围绕“创新驱动·高新引领——新时期高新区高质量发展之路”主题，通过政策解读、主题演讲、互动交流等形式，为推动广东省高新区高质量发展建言献策。来自省内科技管理部门、高新区、媒体等单位的130余人参加了论坛。

27日

·8月27日上午，深圳市科技创新委召开2020年高新技术企业工作会议，各区（新区）科技部门高新技术企业工作分管领导和主要负责同志参会。会议总结了1月至8月深圳市高新技术企业和科技型中小企业工作开展情况，并研究部署下一步工作安排。

30日

·8月30日下午，由深圳市科协主办，深圳市高层次人才联谊会和搏实资本共同承办的深圳市高层次人才联谊会创业讲座成功举办。联谊会副会长贾西贝、盛司潼携近50名高层次人才和金融领域人才参加了讲座。

31日

·以“创新共赢 永葆活力”为主题的2020（十五届）信息化视听行业高峰论坛在首次在深圳举行。深圳市科协党组成员孙楠应邀出席论坛并致辞。深圳市科协学会学术部负责人、深圳市科技开发交流中心主任李松到会。

9月

2日

·为进一步推进中国科协“海智计划”广东（深圳）工作基地建设以及深圳海智工作站建站工作，深圳市科协海智工作考察组于9月2日到深圳中欧创新中心有限公司进行现场考核评审。

·9月2日晚，作为深圳科普月暨全国科普日主题活动，“新一代信息技术科普讲座（线上）”首场讲座以“5G技术应用及6G愿景创新”为主题，通过线上直播开展。主讲嘉宾深圳市计算机用户协会副会长、教授级高工卢忱博士讲解了5G关键技术的应用，同时对于6G的未来发展进行了深度解析。

4日

·深圳创新创业投资大会（2020）正在鹏城火热举办。为促进参会优质项目与资本集中对接，推进项目技术转化进程，9月4日下午，“科创中国-深圳创新创业投资大会”路演第四场——科技创新创业投融资对接会在深圳国际创新创业服务平台成功举办。本次活动在中国科学技术协会和深圳市人民政府的指导下，由深圳市科学技术协会主办，深圳市科技开发交流中心以及深圳国际创新创业服务平台和深圳国际创新创业联盟联合承办，深圳博士创新技术转移有限公司执行。

7日

·深圳市绿色低碳科技促进会作为国内首家低碳行业组织，按照“科创中国”建立“问题库”“项目库”“开源库”导向，有意识地在会员单位中深挖实际需求，为会员单位在“科创中国”平台寻求解决方案和市场路径，受到会员单位和平台资源肯定。在深圳市科协的指导和连接下，该会联合科技公司、中国医学科学院医药生物技术研究所、中国疾病预防控制中心营养与健康研究所对氢分子在医疗领域的应用和研究进行调研，在提高水中氢分子含量研究方面有新发现，并在产业转化方面取得进展，为“企业提需求、学会送服务、科协搭平台、地方汇资源”工作模式做了示范。

·9月7日，广东省离退休干部先进集体和先进个人表彰会议在广州召开，深圳市设立分会场，深圳市老年科技工作者协会成为深圳市唯一一个荣获“全国离退休干部先进集体”荣誉称号的单位。

9日

·时任深圳市政府党组成员、副市长聂新平带队赴深圳盖姆石墨烯中心考察调研，并与深圳市新材料领域重点研究机构代表进行了调研座谈。时任深圳市科技创新委党组成员、副主任邓晓俊主持座谈会，深圳市发展改革委和深圳市工业和信息化局负责人共同参加调研座谈。

10日

· 近日，由深圳市科学技术协会牵头组织实施和承办的深圳科影周获得了“深圳市关爱行动组委会办公室”表彰，被评为“第十届深圳关爱行动——百佳市民满意项目”，这是深圳科影周在连续四年被选中入“深圳宣传文化十件大事——深圳城市文化菜单重点项目之一”后再获殊荣。

15日

· 近日，中国科协国际联络部公布了2020年海智计划服务科技经济融合发展行动助力活动评审结果（拟资助项目名单）。深圳海智工作站项目“第二届招商杯创意创新创业大赛”凭借“创意——创新——创业”的全链条孵化模式打磨优秀创意和创新产品成功入选项目名单，成为深圳唯一入选项目。

18日

· 9月18日下午，“科创中国 · 深圳创新创业投资大会”路演第七场在深圳国际创新创业服务平台成功举办。该活动在中国科学技术协会和深圳市人民政府的指导下，由深圳市科学技术协会主办，深圳市科技开发交流中心、深圳国际创新创业服务平台、深圳国际创新创业联盟联合承办。

20日

· 9月20日，深圳海智合作项目——“AI时代，智取未来”人工智能学术沙龙活动在北大科创园顺利举行。该活动由深圳市科学技术协会指导，深圳市科技开发交流中心、北大科创园、北京大学深圳研究生院联合主办，诡谷子人工智能开放实验室承办，深港澳科技联盟和广东省粤港澳合作促进会信息科技专业委员会支持，来自人工智能领域的数十名专家、学者、企业家出席活动。

23日

· 9月23日，深圳信息职业技术学院科学技术协会（后文简称“深信科协”）成立大会暨第一次会员代表大会在深信学院隆重召开。深圳市科协党组书记、驻会副主席林祥参加会议并致贺词欢迎深信科协正式加入深圳科协组织。深圳市科协秘书长林肇武宣读了深圳市科协批复文件。深圳信息职业技术学院党委书记刘锦和原校长孙湧携78名会员代表参加活动。大会选举出第一届深信科协委员会委员，深信学院副校长许志良当选主席。

25日

· 9月25日，在深圳市科协指导下，由福田区科协主办，《深圳特区科技》杂志社承办的“科普进社区-科普嘉年华”活动走进华强北，在2020深圳首届科普月福田区系列活动线下体验现场开展形式多样，内容丰富的科普活动，以打造科普学习互动平台，促进科普深入社区，营造浓厚的科学氛围，提升市民科学素质。

· 9月21—25日，由深圳市科学技术协会指导，深圳市科技开发交流中心和深圳国际创新创业服务平台主办的2020第二期“技术经理人能力提升”专题活动在深圳科技大厦深圳国际创新创业服务平台成功举办。深圳市科协党组书记、副主席林祥，深圳市科协党组成员、副主席张治平，深圳市科协党组成员孙楠，深圳市科协学会部负责人、科技开发交流中心主任李松等领导出席活动，深圳市科协所属的部分行业学会、科技社团、高校院所、创新园区及科技企业的代表60余人参加活动。

26日

· 9月26日，第二届深港澳人工智能大赛暨AI科普嘉年华新闻发布会在深圳书城（龙岗城）拉开序幕。深圳市科学技术协会党组成员孙楠，深圳市科学技术协会学会部负责人、深圳市科技开发交流中心主任李松，香港资讯科技联会副会长兼秘书长陈炜国，深圳市龙岗区科学技术协会办公室主任谢细桃，深圳市科普教育基地联合会秘书长辛世民参加了发布会。包含广东科技报和香港商报在内的10家新闻媒体参与现场报道。

· 9月26日至27日，由深圳市科学技术协会、中共深圳市委宣传部、深圳市教育局、共青团深圳市委员会联合主办的“第二届深圳市科普剧大赛”在深圳市少年宫隆重举行，深圳市科学技术协会党组成员、驻会副主席张治平出席大赛颁奖典礼并致辞。

28日

·9月28日下午，首届深圳科普成果展示大赛于在深业上城举办。包括广东省科协党组成员、专职副主席刘建军和深圳市科协党组书记、驻会副主席林祥在内的领导出席大赛致辞并为获奖单位颁奖。

29日

·为进一步推进政企互动，帮助深圳市高新企业深入了解深圳市科技创新方面的有关政策，打造更优良的营商环境，9月29日下午，深圳市科创委法规处、高新处党支部联合市工商联会员部党支部、观澜街道工商联党支部前往观澜街道开展高新企业政策宣讲会，40余家高新企业参加活动。

30日

·为加强深圳科技馆展教工程服务单位的履约管理，9月30日，深圳市科学技术协会深圳科技馆（新馆）筹建办在深圳市科学馆召开了深圳科技馆（新馆）履约评价专题会议，对深圳科技馆（新馆）展教工程全过程项目管理（含监理）单位季度履约情况进行评价。

10月

16—19日

·为切实开展2020年纪律教育学习月活动，10月16日与10月19日，深圳市科技创新委近日先后举办新入职公务员专题纪律教育和审计专题讲座，扎实做好对全委党员干部的纪律和作风教育工作。

19—22日

·10月19—22日，由科技部火炬中心主办的“2020年度科技企业孵化器主任培训班”在合肥成功举办。科技部火炬中心主任贾敬敦出席开班仪式并为培训班上了第一课，安徽省科技厅副厅长程雪涛，时任合肥市委常委、组织部部长钱岩松出席开班仪式并讲话，全国各地科技主管部门和科技企业孵化器负责人共200余人参加培训。

21日

·10月21日，深圳海智工作站2020年合作项目——湾区先机智引宝安海归创业交流会在宝安人才园成功举办。活动由深圳市科学技术协会指导，深圳市科技开发交流中心、海龟岛、中科为集团主办，立方滙承办，深港澳科技联盟、广东省粤港澳合作促进会信息科技专业委员会作为支持单位，近30名海归人才和粤港澳创业青年代表出席活动。

22日

·10月22日，由深圳市科学技术协会指导，深圳市科技开发交流中心及深圳国际创新创业平台主办的2020“创响中国·深圳站之深圳国际创新创业联盟第三期活动暨深圳技术经理人实践活动——走进中科院深圳先进技术研究院”成功举办。该活动得到了中科院深圳先进技术研究院大力支持，深圳市科协技术经理人团队成员和深圳国际创新创业联盟单位20位负责人参与。

·10月22日，深圳市科协党组书记、驻会副主席林祥在深圳市科协主持召开深圳科技馆（新馆）筹建委员会第六次会议，讨论科技馆（新馆）有关事宜。

23日

·10月23日，由深圳市科学技术协会、深圳市福田区科创局指导，佳兆业科创集团主办的“育新机·开新局·创未来——人工智能生态创新论坛暨KMAX梦佳速·深圳佳兆业中心旗舰社区”启动仪式完美启幕。

·2020年中国科技峰会系列活动青年科学家沙龙第29期——企业科技创新与成果转化沙龙会议于10月23日在深圳举行。该沙龙由中国科学技术协会主办，深圳市科学技术协会支持，深圳市企业科技创新促进会和深圳大学技术转化中心承办。高校研发、创新企业、高新技术转移、投融资方面的专家参会，针对关键科技创新、技术协作转化、服务功能等多项多面重要问题进行了深入交流。深圳市科学技术协会党组书记、驻会副主席林祥出席论坛并致辞。

27日

·为促进优质项目与资本集中对接，推进项目技术转化进程，10月27日下午，“科创中国·深圳创新创业投资大会”路演第十二场在深圳国际创新创业服务平台成功举办。活动在中国科学技术协会和深圳市人民政府的指导下，由深圳市科技开发交流中心、深圳国际创新创业服务平台、深圳国际创新创业联盟、深圳产学研合作促进会、深圳市绿色低碳科技促进会联合承办。

11月

3日

·11月3日，2020年深圳海智合作项目——“助企发展·政在行动”创业政策宣讲暨资源对接会在北大科创园顺利举行。该活动由深圳市科学技术协会指导，深圳市科技开发交流中心、北大科创园、石岩街道办联合主办，近30名专家、企业家、创业青年代表出席活动。

4日

·11月4日，2020年深圳海智合作项目——“新时代·新一线·新赛道——大数据与芯片半导体再认知”分享活动在云创智谷人工智能创新中心举行。该活动由深圳市科技开发交流中心和福田区科技创新局主办，来自大数据领域的专家和企业家出席了现场分享，活动通过网络直播形式定向邀请专业观众参与交流探讨。

8日

·11月8日，国内科技馆界与科技界知名专家参与深圳科技馆（新馆）二楼公共大厅展示方案及重大展项设计竞赛方案设计阶段评审，最终评选出获奖方案。

9日

·11月9日，联合国教科文组织“卡林加科普奖”获得者、中国自然科学博物馆协会名誉理事长李象益教授亲临深圳市科学馆，在“推进深圳科技馆建设理论与实践双升级的路径与方法”专题讲座上发表演讲，深圳市科协党组书记、副主席林祥参加讲座并作总结发言。

13日

·近日，时任深圳市科创委邱宣书记主持召开委党组暨党组理论学习中心组（扩大）会议，专题传达学习习近平总书记在党的十九届五中全会上的重要讲话精神和全会精神。委领导、机关处级以上干部和委属事业单位主要负责人参加会议。委领导分别谈了学习心得并作表态，邱宣就认真学习宣传贯彻落实党的十九届五中全会精神提出明确要求。

·11月12至13日，为推动深港澳科学家参与粤港澳大湾区和“一带一路”建设和优秀科研成果落地，深港澳科技联盟组织学术专家一行16人，由深圳市科协原专职副主席张克科带队到澳门两所知名大学参观了五个国家重点实验室，并进行学术交流，希望能以澳门高等学府的科研团队作为技术支撑，促进相关科研创新及成果转化。

14日

·11月14日，中国绿色经济峰会暨第二届粤港澳大湾区绿色发展论坛在深圳国际会展中心隆重举行，该论坛是第二十二届中国国际高新技术成果交易会的系列活动。论坛当日，在深圳市科学技术协会的大力支持下，深圳市绿色低碳科技促进会发起城市时空多维综合应急响应平台。深圳市科学技术协会党组书记林祥出席签约仪式。

·11月14日，第三届科技创新与知识产权保护国际论坛在深圳会展中心第22届高交会场馆五楼勒杜鹃厅成功举办。论坛上，包含AIPPI中国分会在内的知名国际组织代表再次与会，多个国家和地区的著名知识产权服务机构代表、国内外高层次专家学者、知名企业知识产权工作负责人等100余人通过线上和线下方式出席论坛并现场直播，线上参会人数逾千人。

据了解，论坛由深圳市科学技术协会主办，深圳大学、中国（深圳）知识产权保护中心、深圳市南山区科技创新局、深圳市企业科技创新促进会、智能显示终端知识产权联盟、深圳市工程师联合会、深圳大学技术转化中心、深圳市君胜知识产权代理事务所（普通合伙）、广东法尔律师事务所、君胜国际知识产权有限公司（香港）、深圳市自动化学会、中国（佛山）知识产权保护中心、珠海横琴华发七弦琴知识产权服务有限公司、TSUTSUI & ASSOCIATES、CSC Company、LawPlus Ltd.、深圳市中彩联科技有限公司、湾区MBA精英俱乐部等联合主承办。

15日

·11月15日，由深圳市科学技术协会主办，深圳市高层次人才联谊会承办的“新征程、新起点，我们再出发”主题活动在深圳市云天励飞技术有限公司和深圳市华傲数据技术有限公司举行。

18日

·11月18日，时任深圳市科技创新委梁永生主任率队到对口帮扶的陆丰市河西镇香校村，就认真学习贯彻习近平总书记出席深圳经济特区建立40周年庆祝大会和视察广东、深圳重要讲话重要指示精神，落实广东省委省政府、深圳市委市政府精准扶贫工作部署，扎实推进脱贫攻坚工作进行调研。深圳市科技创新委员会秘书处处长张月光，汕尾科技局局长蔡振荣，深圳派驻陆丰工作组组长、陆丰市委常委、副市长卓思聪，陆丰市河西镇党委政府有关领导等共同参加调研。

·在疫情防控常态化时期，依托中国科学院高端科研资源，利用网络平台传播前沿科技，中科院学部工作局、深圳市科学技术协会、深圳市科技创新委员会为青少年制作了20集《科学启智》微课堂。

20日

·第二十二届中国国际高新技术成果交易会于11月15日下午在深圳会展中心闭幕。由深圳市科学技术协会主办、深圳市高层次人才联谊会承办的第22届高交会深圳市高层次人才创新创业展区共展出深圳市高层次人才联谊会的18名会员及其企业的26项高新技术项目和产品。据了解，第22届高交会高交会深圳市高层次人才联谊会荣获高交会组委会颁发的“优秀组织奖”，深圳市高层次人才创新创业展区荣获“优秀展示奖”两个奖项。展团参展单位深圳市花儿数据技术有限公司的“网络编码分布式NCDS存储系统”和深圳鲲云信息科技有限公司的“鲲云定制数流AI芯片CAISA”“鲲云星空加速卡X3”3个项目获得“优秀产品奖”。

24日

·为进一步推进深圳海智工作站建站工作，11月24日，深圳市科协海智工作考察组对申报海智工作站企业深圳市华先医药科技有限公司进行现场考核评审。

26日

·为进一步推进中国科协“海智计划”广东(深圳)工作基地建设，11月26日，深圳市科协海智工作考察组对申报海智工作站企业启迪之星（深圳）科技企业孵化器有限公司进行现场考核评审。

12月

1日

·近日，时任深圳市科创委党组书记邱宣同志带队赴粤海街道开展调研，前往2家高新企业走访调研，了解企业在技术研发、产业用房、科技金融、人才引进等方面诉求，现场答疑解惑，为企业诉求提供对接路径。

2日

·为做好深圳科技馆（新馆）展教工程档案管理工作，达到“建一流建设工程，创一流工程档案”的目标，12月2日，深圳科技馆（新馆）筹建办综合管理组邀请市建筑工务署工程档案服务项目负责人、深圳市档案馆员罗云珍开展深圳科技馆（新馆）展教工程档案管理培训讲座。

·12月2日下午，深圳市科学技术协会党组书记林祥率队到宝安区福海街道深圳科博会展有限公司调研，详细了解“深圳科学技术应用与普及博览会”项目情况及筹备进度，对项目的工作开展情况表示肯定与鼓励，提出要全面深度的开展科普工作，把科普产业做强做大。

9日

· 为深入贯彻党的十九届五中全会精神，更好发挥民营企业科技人才在推动我国科技自强自立中的重要作用，进一步发现、培养、服务民营企业科技人才，2020年12月7日至9日，中国科协会同中国工程院到深圳市开展民营企业科技人才调研活动。

15日

· 12月15日，时任深圳市委常委、统战部部长、市政协党组副书记杜玲到市科学馆调研市科学馆综合改造提升工作，听取深圳科技馆（新馆）常设展区整体展教内容创意方案汇报，深圳市人大常委会副主任、市科协主席蒋宇扬陪同调研。

22日

· 为进一步增强深圳高新区生物孵化器突发环境应急救援和妥善处置突发环境事件的能力。深圳市科技创新委员会主办，深圳市科技评审管理中心承办，深圳高新区生物孵化器组织开展了突发环境事件应急演练。

· 22日，时任深圳市科技创新委员会党组成员、副主任黄臻率队到对口帮扶的陆丰市河西镇香校村，调研、推进脱贫攻坚工作，并走访慰问贫困户。深圳市科技创新委员会秘书处、资管处、装备处领导，深圳派驻陆丰工作组组长、陆丰市委常委、副市长卓思聪，以及深圳市照明与显示工程行业协会党委、深圳市未来产业类行业协会联合党委、河西镇党委政府有关领导等陪同调研。

24日

· 为提升深圳国家高新区各园区火炬统计人员业务能力，保障2020年度国家高新区火炬统计工作的顺利实施，根据《科技部火炬中心关于开展2020年度火炬统计调查工作的通知》（国科火字〔2020〕185号）相关要求，深圳国家高新区管委会于12月24日组织开展国家高新区火炬统计工作培训，通过介绍国家高新区火炬统计调查制度及解读相关政策法规，积极开展国家高新区火炬统计企业纳统工作，提前谋划深圳国家高新区2020年度综合年报填报工作。深圳市科技创新委员会区域处、南山区科创局、坪山区科创局、龙岗区科创局、宝安区科创局、龙华区科创局等业务支撑单位相关负责人参加培训。

· 12月24日，深圳科技馆（新馆）常设展区整体展教方案创意设计交流会在深圳市科学馆召开。会议由深圳科技馆（新馆）筹建办副主任伍振武主持，项目组与中标单位深入探讨方案内容及优化思路，并要求中标单位抓紧开展下一步工作。

简介

深圳技术大学（以下简称“学校”）是经教育部批准，在广东省教育厅、深圳市委市政府的大力支持下，于2018年11月正式成立的普通高等学校。深圳技术大学将全面贯彻党的教育方针，坚持社会主义办学方向，坚持立德树人，充分借鉴和引进德国、瑞士等发达国家一流技术大学先进的办学经验，倡导“工匠精神、人文情怀”，致力于培养本科及以上层次具有国际视野、工匠精神和创新创业能力的高水平工程师、设计师等高素质应用型人才。

人才培养

学校着力建设面向国家和地方发展需要的，以工学为主，理学、管理学、艺术学等协调发展的学科体系，并按计划分布发展和优化学科布局。目前设立了中德智能制造学院、大数据与互联网学院、新材料与新能源学院、城市交通与物流学院、健康与环境工程学院、工程物理学院、质量和标准学院、药学院、聚龙学院(创新创业学院）、创意设计学院、商学院、外国语学院、马克思主义学院（人文社科学院）、体育与艺术学院等14个学院。已开设机械设计制造及其自动化、电子科学与技术、自动化、物联网工程、计算机科学与技术、数据科学与大数据技术、光源与照明、新能源科学与工程、微电子科学与工程、材料科学与工程、交通运输、汽车服务工程、车辆工程、物流管理、生物医学工程、智能医学工程、应用物理学、光电信息科学与工程、药学、工业设计、环境设计、艺术与科技、国际商务、德语、商务英语、英语等专业。至2022年，学校拟开设专业39个，涵盖工学、理学、管理学、艺术学、经济学等5个学科门类。

办学条件

学校位于深圳市坪山区，总规划用地面积约253公顷。其中一期总占地面积891亩，总建设面积约97万平方米，计划投资80.8亿元。学校教学设施完备，技术先进，公共教学楼建筑面积约5.2万平方米，各类型教室及办公室共200余间，可满足1.9万学生上课需求。已建有光电创新、先进材料、工程图学、交互设计、人机工程学与虚拟仿真等70个实验室。已有4810平方米学生工程实训中心及3.3万平方米实验实训实习基地投入使用。现有图书馆馆舍总建筑面积5010平方米，馆藏纸质图书49.51万册，可访问电子图书162.06万册，电子期刊165.54万册，学位论文963.76万册。另外还有丰富的电子资源：音视频4.38万小时，另有22.98万套试题、14.12万幅艺术作品、上亿条元数据及各类型其他数据资源。

科学研究

学校自建校以来，充分发挥应用型办学特色和综合学科优势，坚持以“应用需求为主”的科研导向，聚焦国家及地方战略性新兴产业发展需求，以解决实际问题、推进产学研用一体化为目的，注重校企联合项目研发，同时加快高水平创新平台建设，凭借深圳本土改革创新优势和高新技术产业培育环境，在应用技术研发创新、前沿科学探索等方面开展了大量高水平科研工作，取得了丰硕的研究成果，为培养高层次创新型应用型技术人才团队、打造优势学科和专业品牌、促进技术研发创新、推动成果转化打下了坚实的基础。

截至目前，学校拥有省厅级科研平台4个：先进光学精密制造技术广东省高校重点实验室、广东省高校轨道交通智慧运维工程技术开发中心、广东省高校晶体生长与应用工程技术研究中心、广东省高校载运工具智能终端精密构件工程技术研究中心。拥有3个市级重点实验室——深圳市城市轨道交通重点实验室、深圳市海洋能源与环境安全重点实验室、深圳市超强激光与先进材料技术重点实验室。

自2017年以来，学校科研项目数与经费双双稳步增长，现已陆续展开项目440余项，其中国家级项目78项，省级项目77项，市级项目60项，校企合作项目153项和其他项目112项，立项经费2.6亿余元。此外，已授权专利共计301项，其中发明专利48项，实用新型专利138项，外观专利110项，国外专利5项。已登记软件著作权47项，集成电路布图设计7项，作品著作权21项。发表SCI、EI收录论文700余篇。

校企合作

建校以来，我校积极推进校企合作、产教融合办学模式，努力探索校企“产学研”协同发展的体制机制，通过建立与企业务实、高效、稳定的长效合作机制，构建以产业实际需求为牵引、以市场为导向、产学研用深度融合的协同创新体系，支持行业企业参与人才培养全过程，打造优势学科和品牌专业，促进应用型高等教育与经济社会需求对接。

建立校企双方走访和参观实践机制

学校鼓励师生定期走访各行业协会、企业进行参观实践，并邀请企业到学校举办交流座谈会。通过走访交流活动，全面了解行业发展趋势、企业技术需求和人才需求。现已举办企业座谈、交流会数百场，师生到企业走访实践上千人次。

与多家行业龙头骨干企业签订合作协议

目前学校已与华为、腾讯、大族激光、比亚迪等210家行业龙头、知名企业签署战略框架协议。

科技研发合作

学校设立校企合作研发项目和横向项目，与深圳地铁、比亚迪、华大基因等多家知名企业在大数据与互联网、人工智能、精密设备、轨道检测、交互设计、油田设备等多个领域进行研发合作，已立项150余项，项目经费达5000余万元，为企业解决技术难题，共同促进科技成果转移转化。

共建实验室与实习实践基地

学校目前拥有校企联合共建实验室17个，与深圳地铁、大族激光、中芯国际等多家知名企业联合共建校外实习、实训、实践基地数61个。

积极开展特色校企合作活动

学校通过与企业共同设立校企合作培养班、建立企业奖学金及开设校企共建课程等方式，结合企业需求，定向培养人才。与京鼎、聚飞光电等成立企业定制班4个，校企合作课程13门。召开实习双选会8场，提供实习岗位超过2700个，确保学生获得更多实习方向和就业岗位的选择，为促进顺利就业做好指导服务。与深圳地铁、百泰集团、震雄集团等多家企业合作开设11门校企共建课程；聘请数十位行业专家、知名企业高管、高级研发工程师为客座教授，为师生授课。

技术成果转化

为深入贯彻落实国家创新驱动发展战略，着力实现基础研究向技术产业化融合发展，我校成立深圳技术大学技术成果产业化中心。中心主要负责开展和推进学校的科研成果转化、专利运营管理、大学科技园区、孵化器管理等工作。目前中心建筑面积约2700平方米，已有先进裸眼3D显示及芯片设计中心、液体分离工程实验室、机器视觉技术研究所等各类研究所、研发中心、工作室14间。

目前我校已有多项技术成果，如裸眼3D显示及芯片设计中心开发研制的裸眼3D显示器；机器视觉研究所自主研发的红外热像测温仪设备，于疫情期间在坪山区所有大中小学安装并使用，大大降低了防疫成本费用；液体分离工程团队基于油水分离技术孵化出科技公司，成功竞标中石化等多家公司，技术和产品已应用于全国多个油田。

学校概况

南方科技大学是深圳在中国高等教育改革发展的时代背景下创建的一所高起点、高定位的公办新型研究型大学。学校借鉴世界一流理工科大学的学科设置和办学模式，以理、工、医为主，兼具商科和特色人文社科的学科体系，在本科、硕士、博士层次办学，在一系列新的学科方向上开展研究，使学校成为引领社会发展的思想库和新知识、新技术的源泉。

南方科技大学将扎根中国大地，紧抓粤港澳大湾区、深圳先行示范区“双区”驱动，深圳经济特区、深圳先行示范区“双区”叠加的历史机遇，发扬“敢闯敢试、求真务实、改革创新、追求卓越”的创校精神，突出“创知、创新、创业”（Research, Innovation and Entrepreneurship）的办学特色，努力服务创新型国家建设及深圳国际化现代化创新型城市建设，快速建设成为聚集一流师资、培养拔尖创新人才、创造国际一流学术成果并推动科技应用的国际化高水平研究型大学，为尽早实现建成世界一流研究型大学的宏伟目标打下坚实基础。

师资力量

南科大高度重视人才队伍建设，建立与现代大学制度相适应的人力资源管理制度，已初步建立了一支国际化高水平的教师队伍。截至目前，南方科技大学已签约引进教师1247人，包括院士47人（签约引进与自主培养全职院士27人）、国际会士47人、 教育部特聘专家34人，“国家特支计划”专家14人、“国家自然科学基金杰出青年基金”获得者34人、“国家自然科学基金优秀青年基金”获得者14人。教学科研系列教师90%以上具有海外工作经验，60%以上具有在世界排名前100名大学工作或学习的经历，师资队伍中高层次人才占比超过40%。

人才培养

从建校开始，学校就被赋予探索具有中国特色的现代大学制度、探索创新人才培养模式的重大使命，致力于培养具有“家国情怀、全球视野、综合素养、创新能力”的拔尖创新人才。

本科教学：南方科技大学本科教育的核心理念是根据学生特点，注重对学生学习能力的培养，鼓励对知识的不懈探索，用知识启迪自己、服务社会，尊重学术差异，崇尚学术创造与创新，追求学术卓越。南方科技大学本科教育目标为：努力培养具有良好科学研究素养、科学创新精神与潜质，人格健全、基础扎实、能力突出、具有全球视野和社会责任感、未来能在相关学科领域起引领作用、具有创新精神和实践能力的高素质拔尖创新人才，成为国际一流的科学家、技术专家、企业家。在人才培养中，南方科技大学通过以学分制、导师制、书院制（“三制”）为基础，人才培养的个性化、精英化、国际化（“三化”）为特色，依托“631”招生体系、课程体系、科研体系、创新实训体系、“1+3”通识-专业融合式培养体系、国际化三学期体系（“六体系”）培养面向未来的拔尖创新人才。

研究生教学：自成立以来，南方科技大学秉持海纳百川的精神，以前沿课题为导向，依托学校的多维度创新机构，聚焦原始创新，为研究生打造实践和检验科研成果的项目平台。同时积极与国际一流高校进行深层次学术人才培养及科研合作，邀请世界名校杰出学者担任研究生导师，探索交叉学科研究生的培养规律，并建立具有国际竞争能力的高水平奖学金和与之对应的评选奖励机制，营造有利于交叉学科人才成长的环境，矢志培养具有国际视野、严谨学术精神和自我科研创新能力的世界一流研究型人才。南科大整体课程体系紧密结合学科前沿，重视基础知识和跨学科学习。参照国际一流大学经验，目前共设有研究生课程340余门，建立起了硕-博纵向贯通，学科横向交叉，理论实践兼顾，综合能力培养的研究生课程体系。

海外学习：将学生培养成为具有中国精神的领袖人才和世界公民是南方科技大学国际化人才培养目标之一。南方科技大学国际合作部承担学生在本科生阶段境外学习项目的建立、扩展及辅助服务工作。目前，境外学习项目类型包括：寒暑假期间的短期交流、科研营；学期类交流；可获得双学位的联合培养项目。境外学习可拓宽学生的国际视野、国际思维，了解国际规范、标准；提升学生的自如运用英语的能力，训练跨文化理解能力、拥抱多元文化；培养学生成为全球社会的合格公民，为世界的和平和发展做出贡献的使命感。

科研概况

科研项目是支撑高质量人才培养和高水平学科建设的基础，南方科技大学至今，累计获批各类竞争性纵向科研项目及横向项目共2877项，资助经费53.9亿元，其中纵向项目2309项，经费47.2亿元，横向568项，经费6.7亿元。2020年南科大各级各类科研项目取得丰硕成果，全校获得的竞争性项目993项，获批科研经费18.2亿元。其中国家自然科学基金项目立项206项，人才类和重点级项目数大幅提升，获批杰青2项、优青4项和重点级项目12项，面青项目平均资助率高于全国平均水平十几个百分点。学校还获批首个科技部国家重点研发计划青年项目、首个国家社科基金重大项目。

科研成果

2020年南科大教师共计发表期刊论文4247篇，授权专利276项。自然指数(2019年11月1日—2020年10月31日)显示，南科大位列全球大学46名，中国大学第13位，自然指数加权论文值为207.56。学科建设方面，化学、材料科学两个学科保持在ESI全球前1%，工程类、临床医学学科也相继进入ESI全球前1%。

科研奖项

2020年，南科大科研奖励取得了新的突破。2020年7月，计算机科学与工程系主任、讲席教授姚新荣获IEEE FRANK ROSENBLATT AWARD国际大奖，成为该奖年度全球唯一获得者，也是获得该奖项的首位华人；2020年8月，医学院讲席教授王鹏荣获美国糖化学界最高奖Claude S.Hudson奖；2020年9月，物理系教授张立源荣获“科学探索奖”；2020年10月，化学系与量子科学与工程研究院双聘助理教授杨天罡、环境科学与工程学院副教授曾振中荣获2020年度求是杰出青年学者奖；2020年11月，医学院杨亮教授荣获第二届（2019—2020年度）中国科技产业化促进会科学技术个人特别贡献奖；2020年12月，南科大校长薛其坤荣获复旦-中植科学奖；2020年12月，南科大荣获7项深圳市科学技术奖，获奖数量居深圳市高校首位，其中物理系卢海舟教授荣获深圳市自然科学一等奖，环境科学与工程学院刘俊国教授荣获深圳市科技进步一等奖。

科研机构和平台

科研机构和平台是学校科学研究的具体承担机构，是聚集和培养优秀科技人才、配置先进科研装备、开展高层次学术交流、产出高水平科研成果的重要基地，在学校学术系统中居于核心地位。建校至今，南科大共获批建设各级各类科研平台69个，包括1个国家级科研平台、21个省部级科研平台、47个市级科研平台。在建科研机构6个，其中格拉布斯研究院、杰曼诺夫数学中心、斯发基斯可信自主系统研究院为深圳市批复建设的诺贝尔奖科学家实验室，量子科学与工程研究院为深圳市批复建设的十大基础研究机构。

科技成果转化与产学研工作

2020年南科大完善了产学研相关政策，高度重视知识产权工作，专业赋能科技成果转化，继续加强与地方政府、各高新技术企业、行业协会、投资机构的沟通合作，搭建链接学校和产业的桥梁，服务产业的创新与发展。在电子信息、先进材料、量子技术、智能制造、人工智能与大数据、生物医药与健康等领域，从供需两端入手，积极促进先进技术与产业的紧密结合，建立活跃的

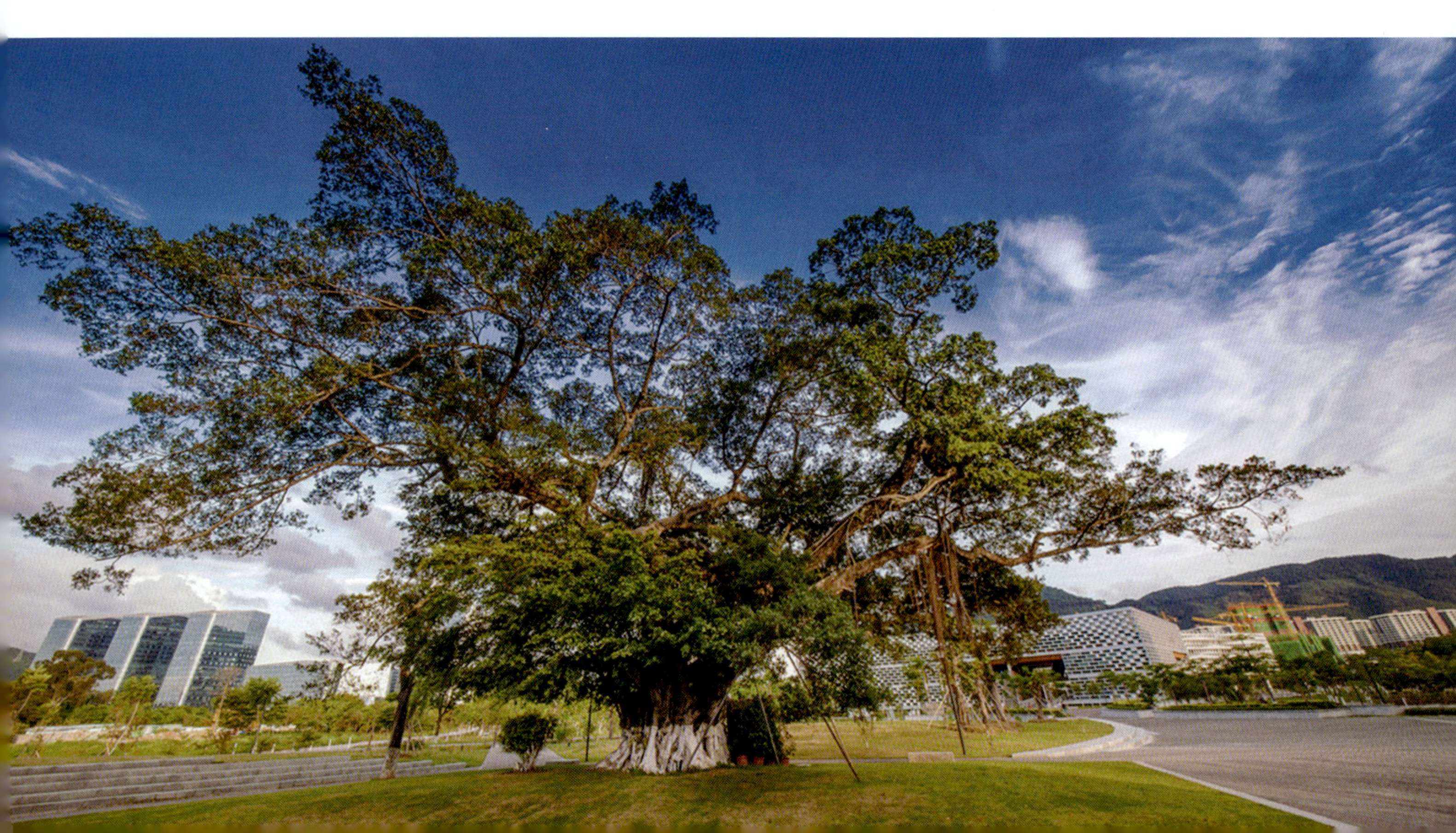

“科研-产业”沟通对接机制，推动产学研生态体系建设。

2020年，学校新开展11项成果转化项目，完成103件科技成果转移转化，涉及金额达9500万元。2020年度学校与企业新成立14家校企联合科技机构；横向项目共计206项，合同总经费达2.99亿元。其中与华为在半导体、材料、量子、人工智能、无线电等领域开展24项合作项目，合同金额累计达1.26亿元。

南科大高度重视校企全方位合作，组织新型研发机构专题研讨会，专项讨论学校研发与产业的紧密结合发展战略。主动关注产业动态和公司发展动态，组织超过40场单对单交流对接会，深入沟通技术细节，挖掘合作机会：如与腾讯高校合作中心密切沟通，第一时间获取技术需求后与南科大相关老师快速对接，组织协调技术研讨，高效促成相关合作；介绍智芯微、平安、歌尔、正威、大金、欧姆龙等境内外行业领先企业与学校相关老师对接，深入挖掘需求侧合作意向，精准对接南科大资源，促成数个合作项目；与华为开展全方位合作，服务国家产业战略发展需求。

另外，积极响应国家搭建专业技术转移人才队伍的指示，作为境内首家高校，引入国际注册技术转移经理人（RTTP，全球最具影响力的技术转移资格认证）培训课程。积极参与支持广东高校科技成果转化技术经理人培训，南科大作为培训活动的支持单位获得“最佳合作单位”及“优秀组织奖”两项荣誉称号。

为减缓2020年疫情对学校科研与产业交流对接的影响，快速做出响应，通过线上线下相结合的形式，开展了多种形式的交流对接活动，包括围绕传染病

诊断、先进材料、智能传感等领域组织5场交流活动，参会人次超700人次；携20余项师生产学研成果参展“第二十二届中国国际高新技术成果交易会”，荣获“优秀组织奖”；组织参加“2020广东高校科技成果转化对接大会”，其中电子系刘召军老师团队的“Micro-LED新型显示”项目参加广东高校科技成果转化路演大赛，与参赛的263个项目激烈角逐，经过层层选拔最终荣获成长组一等奖。

深圳职业技术学院

地址：广东省深圳市南山区留仙大道7098号　　邮编：518055
电话：0755-26019709/26731842　　网址：www.szpt.edu.cn

一、学校概况

深圳职业技术学院1993年创建，是国内最早独立举办高等职业技术教育的院校之一。建校以来，深职院人艰苦创业，开拓进取，不断创新教育教学理念、办学体制机制和人才培养模式，创造了中国高职教育的多个第一。学校依托珠三角产业发展，秉承深圳特区改革创新精神，坚持把立德树人作为学校教育的根本任务，立足于职业教育产教融合的办学特色，各项事业取得骄人成绩，被誉为中国高职教育的“一面旗帜”。学校瞄准未来社会和经济发展，紧贴深圳四大支柱产业和新兴产业布局专业，打造品牌专业，与华为、ARM、阿里巴巴、平安、比亚迪、裕同、天健等一流企业紧密合作，共建华为信息与网络技术学院、ARM智能硬件学院、阿里巴巴数字贸易学院、平安金融科技学院、比亚迪应用技术学院、裕同数字图文学院、天健建工学院等11所特色产业学院，校企共同制定专业标准、共同开发课程、共建师资团队、共同培养技术技能人才，在服务一流企业中成就自身一流。开设专业文化课程，大力培育工匠精神，厚植工匠文化，全面推进职业院校文化育人。学校已累计培养13.5万余名全日制专科毕业生，毕业生初次就业率始终保持在96%以上，多项人才培养质量指标位居全国高职院校前列，深受用人单位欢迎。其中，238人次获CCIE证书，31人获RHCA证书，57人获OCM证书，221人获HCIE证书，22人获RHCE证书。

学校现有留仙洞、西丽湖、官龙山、华侨城、凤凰山五个校区，校园总面积212万平方米，校舍建筑面积62.17万平方米。现有固定资产总值24.39亿元，其中教学仪器设备总值10.39亿元，教学用计算机14750台。图书馆藏有纸质图书275.8万册，电子图书135.9万册，电子期刊74.64万册，音视频18.23万小时。

学校设有电子与通信工程学院等14个二级学院和体育部、工业中心等教学单位，招生专业80个。全校普通全日制在校生32170人，外国留学生120人。自办专科教育在校生3982人。国家级教学成果奖14项，国家职业教育专业教学资源库3项，国家级重点建设示范专业14个，中央财政支持实训基地9个，国家级精品教材12部，国家精品课程53门，国家级精品资源共享课43门。

全校现有教职员工人近2000人，其中专任教师1434人，正高227人，副高671人，博士447人，享受国务院特殊津贴专家2名，珠江学者7人、海外高层次人才28人、国家“万人计划”教学名师1人、国家级教学名师3人、省级教学名师8人、国家特支计划教师1人、广东特支计划教学名师4人。学校拥有教育部首批黄大年式教师团队1个；引进美国霍夫曼诺奖团队等一批重量级团队，成立霍夫曼先进材料研究院、智能科学与工程研究院、智能制造研究院、新时代中国职业教育研究院、社会与经济发展研究院等高端平台，为珠三角产业发展提供有力支撑。

二、科研发展情况

学校坚持以应用为主的科研导向，重视技术转移和科技成果转化。近年来，学校不断深化科研体制机制改革，大力加强与政府职能部门以及行业企业合作，组建成立了应用技术研发院、文化创意产品研发院、经济与社会发展研究院等三大综合性研发平台，建成54个市区级以上科研平台，抢抓产业发展新机遇，服务地方经济社会和中小企业发展。全校累计承担各级各类科研课题5735项，其中国家级项目103项。科研经费到账总经费达到9.42亿元，其中技术转移（横向科研）项目到账经费3.48亿元；78项科研成果获部、省、市级奖励；获国家专利授权1949项，其中发明专利369项。主导或参与制定国际、国家、行业标准74项。

学校共有市区级以上科研平台、协同育人平台、协同创新中心55个，市区级以上科研团队7个。其中，省部级平台11个、省文化厅平台1个，省教育厅平台13个，市厅级平台25个、区级平台5个；目前学校共有各类校级科研平台、团队50个，其中校级科研创新平台22个，校级科研创新团队28个；学校中国职业教育运行机制协同创新发展中心已组建14个协同创新中心/分中心，其中6个校级平台经培育先后升级为省教育厅/教育部级平台；2018年学校开始启动创建世界一流职业技术学院工程，在科研方面开始组建十大应用技术创新研究院、十大高端智库和创意中心以及十大公共技术服务中心，截止到2020年12月已建成23个，其中应用技术研究院8个、人文社科高端智库和创意中心8个、公共技术服务中心7个，还有一批研究院和公共技术服务中心正在筹备论证。

学校自2001年开始，与国内160所高校签订联合培养研究生协议，2015年获批设立深圳市博士后创新实践基地，累计联合培养硕士研究生779人，博士生41人，博士后47人。

学校累计承担各级各类科研课题5845项，科研经费到账总经费达到9.74亿元。其中，国家级项目106项，年度新增国家自然科学基金项目10项，省部级项目449项，市区级项目954项。

全校教师出版各类学术专著260部，出版编著128部、译著19部，文集、作品集73部，发表学术论文14896篇，其中核心刊物以上收录4444篇。

学校教师累计获得专利授权数共计2159件（其中发明专利394件，实用新型专利1378件，外观设计专利387件），获得软件著作权登记855件，获作品著作权登记779件。

学校参加了全部22届高交会，参展项目达314项；参加了4届中国电子信息博览会，参展项目46项；承办4届文博会分会场，参展项目达 81 项，参加了8届文博会主会场，参展项目达117项。学校积极为区域经济和社会发展服务，共完成技术（知识）转移项目3180项，到账经费3.6亿元。

学校荣获2019年度广东省科学技术奖科技进步奖一等奖和二等奖各一项，成为获奖单位中唯一上榜的高职院校。

深圳信息職業技術學院

SHENZHEN INSTITUTE OF INFORMATION TECHNOLOGY

深圳信息职业技术学院创办于2002年4月，是经广东省人民政府批准、教育部备案，由深圳市人民政府举办的公办全日制高等院校。学校坚持始终与党的教育方针同心同向，始终与特区改革开放事业同呼吸共命运，始终与信息技术发展同频共振的“三同”办学理念，生动体现了特区办高校的根本遵循、根本动力和根本规律。校园占地92.5万平方米（1389亩），建筑面积58.48万平方米。现有教职工1577人，其中专任教师940人、龙头企业兼职教师近300人。现有15院2部3所，开设以信息类为主的专业49个；现有全日制在校生超1.5万人。

近年来，学校科技创新事业发展迅猛，创新制度日趋完善，前沿基础与应用基础研究优势明显，技术研发与技术服务成效凸显，成果转化多点突破，服务区域产业发展的能力不断增强。2018年以来，学校根据国家、省、市有关文件精神，出台了科技创新“1+18”系列文件，健全了创新制度体系；到目前为止，连续13年获国家自然科学基金立项，承担的项目数累计达39项，资助经费累计超1100万元；“十三五”期间教育部社科基金立项数在全国高职院校中排名第四；建有教育部应用技术协同创新中心、广东省工程技术研究中心等科技创新平台22个；累计获省级科技进步二等奖3项、三等奖2项、市级科技进步奖4项、科技创新奖1项、自然科学奖2项；各类科研仪器设备总值达8.75亿元。科技成果转化有了突破性进展，已成功转化5项科研成果，转化收入达1000多万元。

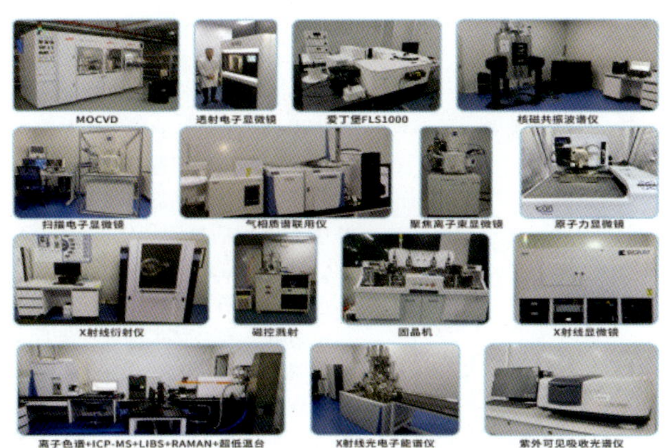

为更好地服务国家战略，助力解决“卡脖子”技术，服务中小企业发展与产业升级，学校建设了校内外两大高端平台：对外，与电子科技大学共建深圳市电子信息产业技术研究院，专注产业关键共性技术研发与成果转化；对内，整合优势资源，联合知名高校与名企建设“深信创新港”，打造“卡脖子”攻关高地、成果产出高地、技术服务高地、特色与精英人才高地。

学校科研平台一览表

序号	平台名称
1	教育部五轴数控激光加工应用协同创新中心
2	教育部第三代半导体应用协同创新中心
3	广东省智能视觉工程技术研究中心
4	广东省眼镜创新设计与智能制造工程技术研究中心
5	广东省激光智能制造装备与精密加工工程技术研究中心
6	广东省教育厅数控系统与数控装备工程技术开发中心
7	广东省无线通信与人工智能应用技术开发中心
8	广东省第三代半导体工程技术开发中心
9	广东省教育厅流媒体内容感知与播出服务应用协同创新中心
10	广东省教育厅城市硅铝质固废资源化利用产教融合创新平台
11	广东省教育厅车路协同数据安全关键技术及拓展应用研发产教融合创新平台
12	深圳市可视媒体处理与传输重点实验室
13	深圳流媒体内容感知与播出服务工程实验室
14	深圳智能彩色成型工程实验室
15	深圳眼镜创意设计与技术开发公共服务平台
16	深圳市多波段五轴数控激光加工公共技术服务平台
17	深圳市2188创客实践室
18	龙岗区面向智能质量管理的机器视觉测控重点实验室
19	龙岗区无线网络与人工智能重点实验室
20	龙岗区第三代半导体材料与器件重点实验室
21	龙岗区固体废弃物资源化利用重点实验室
22	龙岗区大数据行为分析与智能应用重点实验室

学校科研获奖成果一览表（部分）

序号	奖项名称	奖励类别/等级	获奖年度	成果名称
1	广东省科学技术奖	科技进步二等奖	2006	学习矢量量化的研究及其在图象编码中的应用
2	深圳市科学技术奖	科技创新奖	2006	学习矢量量化的研究及其在图像编码中的应用
3	深圳市科学技术奖	科技进步奖	2009	基于lX EvDO技术的智能视频监控系统的研究与实现
4	深圳市科学技术奖	科技进步奖	2010	GPS+GPSOne车载定位调度监控系统
5	深圳市科学技术奖	自然科学奖	2010	智能信息处理关键理论及在图像中的应用
6	广东省科学技术奖	科技进步三等奖	2010	基于1X EvDO的智能视频监控系统
7	广东省科学技术奖	科技进步二等奖	2011	基于1x EvDO的GPS+GPSOne车载定位调度监控系统
8	深圳市科学技术奖	科技进步奖	2011	基于鲁棒性嵌入式技术的一维激光条码采集器
9	广东省科学技术奖	科技进步三等奖	2012	基于鲁棒性嵌入式技术的一维激光条码采集器
10	福建省科学技术奖	科技进步二等奖	2016	新型钢-混凝土组合结构理论和应用关键技术
11	深圳市科学技术奖	科技进步二等奖	2017	复杂建筑结构弹塑性分析技术研究与应用
12	深圳市科学技术奖	自然科学奖二等奖	2020	碳化和氯离子协同作用下海砂混凝土结构劣化机制

深圳市科技图书馆
深圳大学城图书馆
SHENZHEN SCIENCE
& TECHNOLOGY LIBRARY
UNIVERSITY TOWN
LIBRARY OF SHENZHEN

更多服务请见官网：https://lib.utsz.edu.cn
地址：广东省深圳市南山区西丽丽水路2239号
服务电话：0755-88866634

微信公众号

移动门户

深圳大学城图书馆（深圳市科技图书馆）为深圳市教育局直属公益一类事业单位，2006年原深圳市科技情报研究所整体并入，加挂深圳市科技图书馆牌子。图书馆位于深圳大学城核心地带，是以深圳大学城师生、企业和科研人员以及深圳市民为服务对象的专业性、研究型、数字化、全开放的图书馆。秉承“一切为人的发展，为一切人的发展”的宗旨，持续为深圳大学城教学、为深圳市的科学研究与科技产业发展提供高品质的文献信息服务。经过近20年的发展，图书馆已经成为“一中心三示范”的新型图书馆典范。

深圳科技文献服务中心：已建设成为面向深圳市广大科研人员及创新载体的重要的科技文献资源保障及服务中心，目前是深圳市数字资源馆藏最为丰富的图书馆。依托海量的科技文献资源，图书馆构建了服务于深圳市广大科研人员的集科技文献获取、信息素养教育、科技查新、专题情报检索、专题情报研究、查收查引、专利服务等多元化的科技文献服务体系。

两馆一所和谐兼容的示范：国内首家兼具高校图书馆、公共图书馆、情报研究所等多种职能于一身的研究型图书馆：大学城三校共用的图书馆，服务大学城三校师生；面向深圳市民提供公共文化服务、科技文献信息服务；面向高新技术企业提供科技查新、科技情报检索、专利信息服务、科技信息素养教育服务；面向政府提供决策支撑等服务。

资源服务跨系统共建共享的示范：牵头联合深圳市众多高校图书馆、公共图书馆等不同系统的图书馆建设了深圳文献港，面向社会开放服务，实现了跨系统的、“没有边界”的图书馆资源及服务网络，实现了资源与服务的互联互通、共建共享。深圳文献港已成为深圳市高新技术企业研发人员、高校师生获取科技文献的重要平台。

面向高新技术企业服务的示范：创新性地提出“蒲公英公益宣传计划”，将高新技术企业的管理人员、研发人员等吸收为图书馆的兼职馆员，通过兼职馆员将图书馆的资源及服务在高新技术企业宣传推广，让更多的高新企业享受图书馆的服务。

馆藏资源丰富而独具特色

突出科技文献、外文文献和电子资源的入藏，与国内外大型图书馆建立资源共享、馆际合作关系。馆藏资源种类、学科齐全，除图书、期刊、报纸外，还包括专利、标准、会议录、科技报告、年鉴、工商名录、行业报告、金融数据、预印本文献等。

六大馆藏重点学科：初步建成以电子信息、化学生物学、材料科学、物流工程与管理、城市与环境、先进制造为重点的文献资源体系。

国际学术出版物：超过40种国际学协会出版物数据库，帮助读者了解相关学科最前沿、最权威的信息，促进研究者之间的交流合作与信息传递。绝大多数引进中国大陆的电子资源均可提供服务， Elsevier、Wiley、Springer、Nature、Science、Taylor&Francis、SAGE、Emerald等国际权威学术出版机构的数据库均已入藏。

国际法资源位列亚洲前茅：法律研究中心是中国首家按照美国ABA（美国律师协会）标准要求创立的国际化、学术研究型的专业图书馆。资源以美国、中国与区域法律系统、比较法、国际法及跨国法为侧重，包括了按照美国法律教育模式培养法律人士所需的相关教材、多部美国法律人员日常所需的经典工具书以及大量的国际法相关专著。美国知名法学院的主流法律电子资源均可在此找到。

文献信息服务

在文献借阅、学术研讨与交流等服务的基础上，重点强化信息情报和企业服务功能，为社会各界提供高品质、全方位的学科服务与信息情报服务。

原文传递：是国家科技图书文献中心深圳服务站，也是全国参考咨询服务联盟成员单位，为读者提供各类文献的原文传递服务，连续多年荣获联盟先进单位。

查收查引：深圳市政府指定的在高层次人才认定方面可出具《论文收录引用检索证明报告》的唯一机构，为深圳学者在孔雀计划、千人计划等28个项目中提供学术检索证明。

科技查新：教育部科技查新工作站，是深圳市唯一具有部级查新资质的机构，为科研立项、成果鉴定、评估、验收、转化、奖励等提供客观依据。

专利服务：对特定机构（个人）的专利情况进行综合评估并提出合理化建议，主要包括专利检索、专利查新、机构专利分析、专利技术分析、单篇专利分析报告、发明人竞争力分析、专利知识培训等。

情报研究：面向政府、科研机构、科技企业和科研人员提供专题情报检索、机构/科研人员学术影响力分析、专题情报研究、机构学术跟踪等服务。

名家讲座：知名高端学术讲座品牌，内容以前沿科技和热点问题为主，讲座嘉宾为大学城三校教授和社会各领域知名学者。

深圳市勘察研究院有限公司

企业介绍

深圳市勘察研究院有限公司成立于1983年，前身为基建工程兵水文地质部队第912团。1983年11月，遵照国务院、中央军委命令，集体转业至深圳，成立深圳市工程地质勘察公司（简称“深圳工勘”）。

诚怀青云之志，砥砺前行几十载，踏着特区高速发展的节拍，公司坚持开拓创新，经过30余年来市场经济的风雨洗礼和体制改革的几经变迁，现已成长为一家集生产、科研、服务于一体的综合型现代化企业，综合实力位居全国测绘地理信息产业前二十强。

三十余年来，公司已累计完成各类工程50000余项，其中大型重点工程1000余项，荣获国家级、省部级荣誉和奖励80余项，国家、部、省、市级优秀工程奖和科技进步奖500余项,拥有一支技术力量雄厚的专业研发团队。

公司经营范围涵盖岩土工程勘察、测绘地理信息、工程监测检测、岩土工程设计、岩土工程审图、地质灾害防治、国土空间规划、文化遗产保护、市政公用工程、智慧城市建设、生态环境修复及海洋工程咨询，全国设有三十余家分支机构，先后获得国家高新技术企业、建国70年全国优秀勘察设计企业、国家及省“守合同重信用”企业、深圳知名品牌、深圳老字号等称号，见证并参与了深圳特区建设发展全过程，深圳市众多重大建设工程均有我们的身影，是国内勘测行业的领军企业。

秉承“服务至上、奋斗为本、创新引领、诚信共赢”的核心价值观，公司将立足深圳，面向全国，以科技创新为引擎，采用多种服务方式组合，为工程建设项目决策、实施和运营持续提供整体解决方案以及全过程技术服务，在高质量发展和先行示范的道路上阔步前行。

行业地位

- 中国勘察设计协会岩土工程与工程测量分会副会长
- 中国建设职工思想政研会工程勘察分会副理事长
- 广东省工程勘察设计行业协会副会长
- 广东省工程勘察设计行业协会工程勘察专业委员会主任委员单位
- 广东省工程勘察设计行业协会BIM专业委员会副主任委员单位
- 深圳市勘察设计行业协会副会长
- 深圳测绘学会副理事长
- 深圳市土木建筑学会副理事长
- 深圳市地质学会副会长
- 深圳市质量检验协会副会长
- 深圳市古迹保护协会副会长

实验室和检验机构CNAS双认可

通过了水泥、混凝土、砂浆、金属材料、混凝土结构与构件、砌体结构、工程测量与监测、结构设计复核、结构安全性与可靠性评价、结构抗震性能评价、工程施工质量评价，代表公司具备了国家及国际认可的硬件条件、管理水平以及检验检测能力。

新业务

（一）环境生态修复工程设计、施工
（二）矿山地质公园规划方案编制
（三）城乡规划编制项目
（四）土地规划编制项目
（五）城市地下空间测绘及应用
（六）大型场馆及异形建筑竣工测量技术
（七）城市地下空间实景建模与应用系统开发
（八）智慧城中村建设技术
（九）三维激光扫描道路应用技术
（十）拆迁测绘云平台
（十一）三维场景下交互式体验平台
（十二）测绘新技术应急服务
（十三）管道修复三维应用服务
（十四）基于人工智能的管道缺陷识别系统
（十五）工程勘察信息化随钻测深（DPM）及标贯（SPT）自动监测软件系统
（十六）勘察北斗云野外定位测量系统
（十七）全过程工程咨询
（十八）市政公用工程
（十九）海洋工程咨询

电话：0755-83357534 83328287 传真：0755-83364623 网址：www.sziri.com

深圳先进电子材料国际创新研究院
SHENZHEN INSTITUTE OF ADVANCED ELECTRONIC MATERIALS

地址：广东省深圳市宝安区福永街道龙王庙工业区　网址：www.siem.ac.cn　邮箱：ead.siem@siat.ac.cn

研究院概况

深圳先进电子材料国际创新研究院（简称“电子材料院”）是由深圳先进技术研究院和深圳市宝安区人民政府于2019年合作共建的深圳市十大新型基础研究机构之一。电子材料院实行“双理事长”领导下的院长负责制，定位于突破先进电子封装材料核心技术，汇聚技术领军人才，联动产业链上下游共同推动高端电子材料国产化，目标是建成国际一流的电子封装材料技术研发与转移转化平台。

电子材料院面向我国集成电路产业需求，聚焦解决芯片封装领域关键材料的国产化难题。以面向芯片级封装、晶圆级封装关键材料技术研发与应用为核心，搭建完善的材料研发、检测、中试和加工验证平台。充分依托粤港澳大湾区良好的研究与产业基础，发起成立粤港澳大湾区先进电子材料产学研联盟和宝安区5G产业技术与应用创新联盟，汇聚国内外学术、产业优势资源，培育和托举头部企业，打造中国高端电子材料研发创新中心和具有世界影响力的创新科研机构。

研究方向布局

电子材料院聚焦目前严重依赖进口的高端电子封装材料，设立晶圆级封装材料、芯片级封装材料、电磁屏蔽材料、热管理材料、电介质材料、电子级纳米材料、材料计算与仿真、材料服役可靠性等八大研究中心，重点布局光敏聚酰亚胺、临时键合胶、底部填充胶、热界面材料、环氧塑封料、积层绝缘胶膜等研究方向，致力于高端电子材料的国产化。

科研成果

2019年至今，电子材料院共获批纵向科研经费3849.815万元，其中国家级项目1941.02万元，中科院项目344.205万元，省部级项目1269.75万元，深圳市项目294.84万元；签订企业横向合作经费合同额7682.1万元。

2019年至今，共发表学术论文250篇，其中SCI论文164篇，EI论文83篇，中文核心期刊3篇，2021年度国际顶级封装会议期刊（ICEPT）会议论文接收待收录50篇，位居全国第一。

2019年至今，共申请专利257件，其中PCT专利31件，累计授权专利93件。

产研合作与成果转移转化

电子材料院坚持面向产业需求，通过探索多方合作新模式，加速材料研发与应用进程。通过联合头部企业共同开展研发、中试、验证工作，推动成果应用。通过建立行业联动机制，联合产业链上下游共同解决电子封装材料的国产化问题。通过与国内相关领域骨干企业深度合作，推动其在深圳宝安设立研发总部，培育电子封装材料龙头企业，形成产业聚集效应，进一步推动电子材料院属地电子信息产业发展，创造社会经济效益。

电子材料院通过联合实验室、联合创新中心、联合攻关体等形式与企业进行项目合作，产研深度融合，共建联合攻关团队，以实现材料应用为目标，推动关键电子材料技术国产化。此外，探索“虚拟股份制”合作新模式，调动市场资源参与研发，实现技术成果转化无缝衔接。

目前，电子材料院孵化的深圳市化讯半导体材料有限公司自主研发的超薄晶圆加工临时键合材料在贸易战过程中成功打破美国长期垄断，实现国产替代并商品化应用于高性能服务器芯片。团队研发的埋入式电容材料也已通过终端验证，进入量产评估阶段，有望实现国产化率“零”的突破。另有4款材料也已进入转移转化阶段。

人才团队建设

电子材料院已经建成了一支整建制专注电子封装材料研发与应用的团队。截至2021年9月，研究院人员合计326人，形成了包括院士、国家级人才、研究员、高级工程师在内的人才梯队，其中副高级以上31人，青年科研骨干104人，在读硕士/博士研究生139人。

特色平台

电子材料院宝安园区总面积4.3万平方米，建立了先进电子封装材料“研发-检测-中试-验证”全链条平台，面向高校和企业开放共享，与产业界建立深度合作，探索市场化运营机制。该平台包含倒装封装试验线和晶圆级封装试验线，配合理化实验、中试放大以及分析检测平台，构建从原材料检测到成品分析、器件研制、失效分析的封装材料全流程公共服务平台，形成封装材料研发闭环，打通材料应用的“最后一公里”，可加速高端电子封装材料的国产化。

深圳市城市公共安全技术研究院（简称“城安院”）由深圳市委、市政府创新设立，于2016年1月注册，首创国内城市公共安全宽口径、多领域研究模式和企业化、市场化运作机制，是深圳市国资委全资企业、国家高新技术企业。城安院的设立是深圳探索城市公共安全保障机制的一项重大创新举措。

核心能力

城安院始终以城市安全发展为目标，坚定政治站位，坚持公益属性，以城市公共安全技术支撑与基础研究机构的定位，围绕自然灾害、事故灾难、公共卫生、社会安全全场景，聚焦政策研究、风险评估、监测预警、应急处置、灾害事故调查评估和安全文化等领域，全周期开展咨询服务、科技研发与投资推广，及时响应、快速支撑城市安全发展重大需求，探索出一条“以企业化、市场化运作模式高效响应城市公共安全研究需求”的创新道路。

人才队伍

城安院充分发挥创新、灵活、高效的选人用人机制和考核激励机制，快速搭建了271人的专业队伍，平均年龄34岁，覆盖44个紧缺专业，硕士及以上学历占比70%以上，形成一支由全职院士领衔（全职聘任中国工程院岳清瑞院士为名誉院长、首席科学家），以国家百千万人才工程、资深行业专家为学术带头人，以杰出技术骨干和优秀博士后为基础，富有朝气、团结协作的专业化城市安全科技创新团队。重点打造市属国企中规模最大、发展最快、专业最多的博士后创新基地，前沿科技人才聚集能力凸显。

科研成效

成立5年来，城安院累计承接各级政府部门（单位）委托项目620余项；已有广东省城市安全风险防控工程技术研究中心，已获批牵头建设城市安全风险监测预警应急管理部重点实验室；获得省部级科技奖6项；主持、参与国家重点研发计划7项、省市重点研发计划5项，连续2年成功牵头2项“十三五”国家重点研发计划项目；参与编制战略与规划国家级7项、省级4项、市级15项；参与编制法规与政策国家级2项、省级6项、市级34项；申请专利82项，享有著作权105项，注册商标48项。

未来，城安院将继续坚定发挥公益国企的责任担当，以主动作为的企业内驱力和宽口径跨部门的融合创新效应，以安全咨询与支撑业务为基础，以安全科技与装备业务为核心，以产业生态和科技服务业务为纽带，努力打造深圳特色的城市安全服务支撑机构、国内领先的城市安全产业发展集团及国际一流的城市安全科技创新中心。

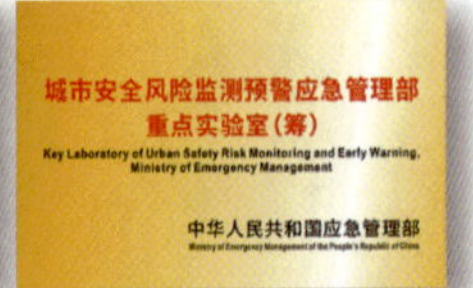

地址：深圳市福田区福华一路1号大中华国际交易广场10、11楼

网址：www.szsti.org　电话：0755-88127102

传真：0755-88127244　邮箱：szsti@szsti.org

BGI华大

深圳华大生命科学研究院

深圳华大生命科学研究院肇始于“人类基因组计划”时成立的北京华大基因研究中心，2007年华大基因南下深圳成立深圳华大基因研究院，由深圳市科技和信息局批准成立为民办非企业单位，2008年由深圳市政府同意改制为事业单位。2017年获批成为深圳市首批十大基础研究机构之一，并更名为深圳华大生命科学研究院（以下简称“研究院”）。研究院多年以来面向国家重大战略需求，聚焦基础研究与应用转化，深耕基因组学领域，已经实现了低成本可扩展测序生产平台、新型合成系统、时空组学技术等拥有自主知识产权的世界领先核心技术突破，迅速发展为世界领先的基因组学研究中心,为深圳乃至中国生命科学发展和产业升级做出了巨大贡献。

研究院分别从生命科学核心工具的自主研发到生命健康与生命进化与起源的前沿科学研究设置了五个研究所：

一、生物化学技术研究所，围绕测序技术、酶工程、生物发光、合成生物学、天然产物生物制造等方向开展科学研究，加强生物化学与核酸化学等前沿研究与技术突破。

二、生物智能技术研究所，围绕生物信息、组学检测和自动化开展智能化的理论、算法与工具研究。通过集成生物信息学、异构计算、大数据、半导体生物传感、光学、自动化、微流控等领域的技术，研发新一代基因测序仪、DNA合成仪等生命科学仪器工具，实现生命智能化“读”“写”“存”。

三、超级细胞研究所，致力于开发细胞水平的“读”“写”“存”相关核心技术，建立高通量单细胞多组学“读”平台、细胞工程改造平台以及新型细胞存储技术。发起细胞发育与命运决定细胞图谱等国际大科学项目，制定细胞核心技术平台的国内或国际行业标准，推动相关技术在科研服务、临床检测、药物开发等相关产业的应用示范。

四、精准健康研究所，面向“2030健康中国”生优病少、健康长寿美好生活的重大需求，关注精准医学和生命健康领域前沿科学问题，在生育健康、癌症、传感染疾病及人体共生微生物等方面开展相关研究，探索出生缺陷防控、癌症防诊治监、未知病原感染诊断及人体微生物干预等应用技术。通过开展百万多组学大数据与疾病防控大科学工程，带动精准健康应用价值转化。

五、数字化地球研究所，针对地球上所有的真核生物广泛地开展基因组研究，探索生命起源的基础科学问题。发起“地球数字化”“万种植物基因组”等具有全球影响力的国际大科学合作项目，对地球上已知的所有真核生物开展基因组研究，构建参考基因组序列并进行比较基因组研究，以此解决生物多样性、物种进化和适应等基础科学问题；对各种作物物种开展全面的群体基因组研究，实现种质资源的数字化，为作物种质资源调查、保护以及利用奠定基础。

研究院现拥有各级各类载体25个，其中国家、省部级创新载体8个，深圳市创新载体17个，下设5个研究所，专职科研人员500余名。截至2020年12月，累计主持或参与国家、省部级项目237项，累计发表SCI论文3300余篇，其中在顶级期刊杂志CNNS（Cell、Nature、New England Journal of Medicine、Science）上发表文章380余篇，申请专利1400余件；累计转化300多项专利技术，直接转化价值超过8亿元。有3项科研成果获得国家科学技术奖，7项科研成果获得省部级科学奖，10项科研成果获得市级科学奖。此外，“小麦基因组图谱”“人工基因组合成”等多项科研成果先后入选“世界十大科技进展”和“中国十大科技进展”。连续三次入围国际顶级学术期刊《自然》杂志“中国科研机构实力榜”前十名。研究院作为华大创新发展的驱动器，已拥有世界领先的大规模测序、生物信息、高通量质谱、蛋白组等技术和大型数据处理超算中心，并拥有世界一流水平的科研队伍，被顶级学术期刊《自然》评为“世界领先的遗传学研究中心”和“基因组学、蛋白质组学和生物信息分析领域的领头羊”。

继往开来，深圳华大生命科学研究院将在原有基础上进一步发挥创新科研模式的优势，致力于开发生命组学核心“存读写”工具和技术，组织实施生命大数据与疾病防控国际大科学工程，探索生命起源与演化、基因与认知等重大科学问题，实现生命科学领域新突破，建设为一个面向科学前沿及国家重大需求的“产学研”一体化新型科研机构。

中国科学院深圳先进技术研究院

Shenzhen Institute of Advanced Technology, Chinese Academy of Sciences

地址：深圳市南山区西丽大学城学苑大道1068号
电话：0755-86392288
传真：0755-86392299
网址：www.siat.ac.cn

2020.1.2 2018—2019年度深圳市科学技术奖励大会上，深圳先进院荣获8项科技奖，获奖数量再创历史新高，一等奖获奖数全市第一

2020.11.1 深圳先进院连续五年获得深圳市“人才伯乐奖”

2020.11.20 中国科学院深圳理工大学建设启动会举行

2006年2月，中国科学院（以下简称“中科院”）、深圳市人民政府及香港中文大学友好协商，在深圳市共同建立中国科学院深圳先进技术研究院（以下简称“深圳先进院”），实行理事会管理，探索体制机制创新。

2020年，深圳先进院一面狠抓疫情防控，一面快速组织恢复科研工作，最终实现逆势增长。“率先行动”计划第一阶段目标任务总结评估2项重大突破、1项重点培育获评优秀。获批国家自然科学基金166项，牵头获批科技部重点研发计划重点专项12项（其中政府间合作项目4项），均为全国科研院所第一。申请PCT专利567件，申请量全国高校及科研院所第一。以中国科学院深圳理工大学(以下简称“中科院深理工”)建设为契机，人才引进与培养迈上新台阶，年度引入全职院士5人、国家友谊奖1人、国家特聘专家6人、长江学者5人、万人领军人才2人；获批国家杰青1人、国家优青6人。新增国家特聘青年专家13人、中科院重点引才计划专家11人，均位列中科院第一。牵头获批医疗器械领域唯一一个国家高性能医疗器械创新中心。依托深圳先进院建设的三个基础研究机构以优异成绩通过筹建验收，进入稳定支持阶段；牵头建设的两个重大科技基础设施，主体建筑全面封顶。获批广东省年度唯一的国家专业化众创空间（生物医学）。聚焦“卡脖子”问题，多款材料供华为商用，实现“备胎转正”。中科院深理工建设启动会、深圳先进院第二届理事会顺利召开，第二届领导班子届终审计及届满考核顺利完成。中科院深理工主校区建设全面移交深圳市工务署，过渡校区落户光明区，装修改造工程全面启动。樊建平院长获深圳经济特区建立40周年创新创业人物和先进模范40人表彰。

2020年度新增合同额23.02亿元，现金到账17.51亿元；申请专利1723件，授权660件，位列中科院前两位。年度获博士后基金资助68人，连续5年蝉联中科院科研院所第一。年度发表论文1612篇，其中CNS系列文章31篇，正刊5篇，自然指数上升至31.11，中科院排名17位；ESI前1%学科达5个，中科院排名第5位；新增孵化企业218家，新增持股企业38家；人员规模逆势增长近千人，达4216人，其中员工2484人，海归839人。郑海荣研究员作为第一完成人获国家科技进步一等奖。获中国科学院青年科学家奖1项，牵头获批广东省技术发明一等奖1项、深圳市科学技术奖5项，深圳市一等奖获奖数量连续3年全市第一，获吴文俊奖2项；新增省部级科研载体1项。

2020年，新增纵向项目825项，科研项目经费（不含人才项目经费）13.3亿元，其中国家级项目3亿元、中科院项目0.6亿元、广东省项目1亿元、深圳市项目3.9亿元，牵头深圳市基础研究机构建设经费4.7亿元。2020年度获批国家自然科学基金166项，同比增长64%，总经费超1.1亿元，较2019年实现翻倍；牵头获批12项科技部重点研发计划项目，总经费超亿元。获批广东省杰青5项。

依托深圳先进院建设的中科院深理工已纳入广东省高校设置“十三五”规划中期调整名单，已完成“中国科学院深圳理工大学（筹）”法人注册，2020年度首批筹建经费1.485亿元已拨付到账。

光明主校区建设项目获批立项，列入深圳市重大项目目录，光明滨海明珠校区作为大学过渡校区将于2021年初投入使用。新引进国内外顶尖师资62人，常务副校长、学院院长、系主任等已全职到位；获教育部支持，新增研究生“戴帽”指标240个，学生均已入学就读。办学方案通过专家论证，办学申报材料已经由中科院与深圳市联合上报广东省政府。

学科体系不断完善。深圳先进院增列“光学工程”一级学科博士点和“材料与化工”专业博士培养点，生物医学工程学科博士点增列论证会顺利通过。国际化师资达408人(博导262人)，85%具有海外经历；国际化课程体系逐步完善，已有来自15个国家地区的43位国际学生；获批“生物学”博士后科研流动站；2020全年招收博士后307人，在站人数达702人。

深圳先进院深入落实中科院“1+3”改革指示要求，创新引才举措，加大支撑保障，提升人才引培工作力度。2020年，新增“四青”以上高层次人才36人，年度投入经费1000万元，持续提升深圳先进院优秀青年创新基金资助力度。筹办青促会深圳先进院年会、青促会生命科学前沿论坛、青促会所际访问等交流活动，搭建青年人才的交流平台。依托特别研究助理计划新引进中初级博士员工207人，总量达606人。

2020年，深圳先进院与产业合作项目金额达4.21亿元。新增横向委托合同超2.3亿元，到款1.1亿元；产学研合作项目到款1.51亿元，科技成果转移转化现金到账5159万元，新增投资9169万元；发起成立国内首支合成生物产业基金。

2020年度签订联合实验室37个，累计147个，与华为、中广核等龙头企业拓展深度合作。区域辐射带动作用进一步增强，牵头建设的深圳市工程生物产业创新中心、光明脑科学技术产业创新中心落户光明区；国家高性能医疗器械创新中心落户龙华，共获得市区两级财政资金支持超6亿元。全国双创基地评估得分位列全国科研院所第一，牵头推进深圳市新一代信息通信产业集群培育工作，在工信部全国集群决赛中获得第一名。

国际科技交流合作进展稳定，海外影响力进一步提升。成功搭建与“一带一路”沿线5个高校的校际合作协议，为中科院深理工与境外的联合办学及招生储备奠定良好基础。2020年新增国际科技交流与合作项目84个，涉31个国家（地区），总经费4243万元，同比增长132%，引进“短-中-长期”国际人才交流计划（含中国台湾地区）48位，参与欧盟、香港等境外项目成功获批4项。国际人才交流计划(CASPIFI)综合管理水平在中科院排名第一，中科院国际传播综合排名第四位。

深圳市疾病预防控制中心（Center for Disease Control and Prevention, CDC）是由深圳市政府举办的实施疾病预防控制与公共卫生技术管理和服务的公益事业单位。在岗人员296人（其中在编人员228人），硕士及以上学历186人（博士62人）占62.8%；高级职称157人，占53.04%，占在编人员的68.86%。有博导5人，硕导27人，兼职教授14人。2010年设立博士后科研工作站，已培养出站19人，在站10人。

拥有国家专业检测实验室1个；省级医学重点实验室3个；市政府重点实验室和公共服务平台3个；传染病防控学科、环境卫生学科、卫生检验学科和卫生毒理学科等4个市重点公共卫生专科。引进“三名工程”团队7个，其中包括徐建国院士、沈建忠院士、江桂斌院士等3个院士团队，投入研究经费约2700万元。

五年来，作为依托单位通过公开竞争主持国家级课题34项、省级课题46项、市级其他156项，资助总金额约8000万元，其中国家自然科学基金立项有28项、“十三五”国家科技重大专项1项，国家重点研发计划1项，国家重大专项（重大攻关项目）子课题3项。获各级科研奖励23项，其中：广东省科技进步奖二等奖3次、三等奖3次，广东省自然科学奖二等奖1次，国家一级学会奖励6次，市科技进步奖一等奖（创新奖）5次、二等奖6次。作为专利申请单位获得发明专利授权34项。

作为第一作者（通讯作者）单位在核心期刊上发表论文论著1011篇，其中SCI论文304篇，影响因子最高25。

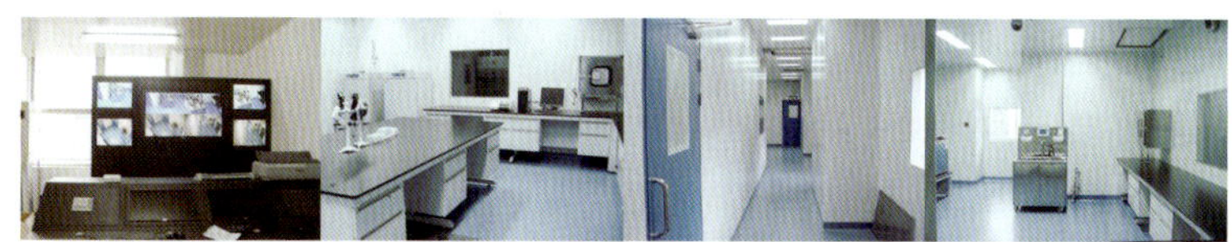
生物安全三级实验室（BSL-3）

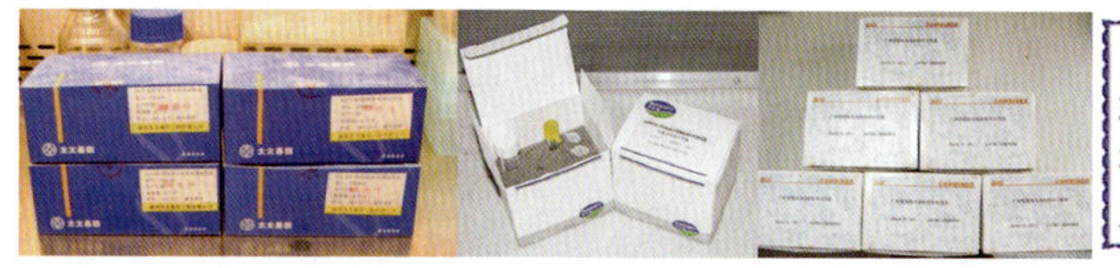

研发的EV71病毒，流感病毒，广州管圆线虫，沙门、志贺氏菌检测试剂

深圳市疾病预防控制中心重大传染病监控重点实验室拟重点开展我国，特别是深圳地区重大传染病和新发传染病病原体的分离、鉴定及检测体系建立的研究；新发和再发传染病病原体传播途径的溯源；特种病原体遗传信息的动力学监测及其病原体遗传变异与宿主相容性的关系；致病性病原体遗传资源库的建立和利用；重大传染病和新发传染病病原体诊断标准血清库和核酸库的建立与利用等相关应用基础研究。进行实验室和现场专业人员的培训和研究生的培养。

开发和引进了一系列的病原体高通量应急检测技术，具有脉冲场凝胶电泳（PFGE）细菌快速分子分型的PulseNet监测网络技术平台和病毒基因组条码进行分子分型对新发和再发病原体准确溯源技术能力；利用生物传感器对食品中生物污染物进行现场快速筛查，通过三十年的发展，实验室已经具备对病原体进行形态学、血清学和分子生物学检测、参比检测和准确溯源的能力。

先后成为国家、省、市各类重点实验室和技术平台：2010年成为“病原微生物生物安全国家重点实验室”的联合实验室，2012年与中国科学院武汉病毒所联合成立了“中国南方病毒病研究中心”，2011年与厦门大学共同建立了分子诊断教育部工程中心深圳中心；2012年成为深圳市重大传染病监控重点实验室，广东省十二五医学病原体参比检测和生物安全重点实验室；2011年成为深圳市卫人委病原体参比检测和生物安全优势重点实验室；2013年成为国家生物产业公共服务平台“深圳病原体资源库”，2016年5月与南方科技大学协作建立“热带病研究中心”。

实验室拥有16个生物安全二级实验室和一个生物安全三级实验室，建立了深圳市病原体库，目前储存菌毒种4万多株；具有深圳市病原体诊断标准阳性血清库和病原遗传与变异的生物信息库。

深圳市现代毒理学重点实验室

深圳市疾病预防控制中心现代毒理学实验室于1997年建立，1999年被评为深圳市第一批医学重点实验室，2000年通过中国合格评定国家认可委员会的实验室认可。2007年批准为深圳市现代毒理学重点实验室。现为广东省医学重点实验室、深圳市市级重点实验室、深圳市医学重点学科。现有博士生导师2名、硕士生导师6名;广东省医学领军人才1名，广东省杰出青年医学人才2名；享受国务院政府特殊津贴和市政府特殊津贴专家1名，市高层次领军人才1名，市后备级人才3名，市海外高层次人才2名；中国毒理学会认证毒理学家4名。

现拥有6000多万元可进行细胞、基因组、表基因组、蛋白质组、代谢组及实验动物整体水平检测及研究的先进仪器设备，同时拥有获得广东省科技厅颁发的SPF级和普通级实验动物使用许可证的动物实验中心。

实验室主要研究方向：化学污染物致机体损伤的分子机制及生物标志物研究；神经退行性疾病生物标志物、分子机制及药物干预研究；食品安全性及神经退行性疾病风险评估与干预研究；化学物毒性检测与生物安全性评价。实验室同时负责接受企业委托，对食品、消毒产品、涉水产品、一次性卫生用品等进行毒性检测及安全性评价工作。

近五年，实验室共主持国家级、省级和市级科研立项课题105项。2003年以来，获得国家级、省级和市级科技成果奖27项(其中作为第一完成单位22项)；获得国家发明专利授权12项；发表学术论文444篇，其中SCI论文149篇；主编、主译专著3部，主审教材2部，参编国家统编教材和专著16部；累计培养已毕业博士研究生30名、硕士研究生72名，培养博士后8名。

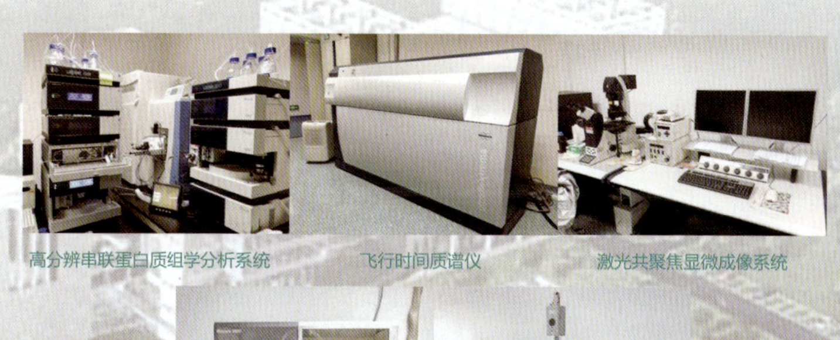
高分辨串联蛋白质组学分析系统　飞行时间质谱仪　激光共聚焦显微成像系统

生物分子相互作用分析系统　激光捕获显微切割系统

WWW.SZCDC.NET

深圳市龙华区疾病预防控制中心

Shenzhen Longhua Center for Disease Control and Prevention.
SHENZHEN LONGHUA CENTER FOR DISEASE CONTROL AND PREVENTION

深圳市龙华区疾病预防控制中心(Shenzhen Longhua Center for Disease Control and Prevention.SHENZHEN LONGHUA CENTER FOR DISEASE CONTROL AND PREVENTION)（卫生检验中心、职业病防治中心）于2013年1月28日正式挂牌事业单位，主要承担辖区疾病预防与控制、突发公共卫生事件应急处置、疫情及健康相关因素信息管理、健康危害因素监测与控制、实验室检测分析与评价、健康教育与健康促进、技术指导与应用研究等七大职能。内设办公室、流行病与传染病控制科、公共卫生科、职业卫生科、免疫规划科、微生物检验科、理化检验科等14个科室。占地面积4500平方米，建筑面积约为6500平方米，业务用房面积约为4950平方米。配备气相色谱-质谱仪、高效液相色谱仪、气相色谱仪等高精尖仪器，万元以上专业仪器设备513台，固定资产10550.87万元。已取得广东省检验检测机构资质、广东省职业卫生技术服务机构资质（乙级）、广东省职业健康检查机构资质、广东省职业病诊断（职业中毒、噪声聋）机构资质、广东省艾滋病确诊实验室资质等资质。可开展疾病预防控制、职业病防治、动植物检疫、食品、食品相关产品等五大类589个项目的检测。

2015年起至今中心创建了4个区级医学重点学科、2个区级重点实验室，引进1个市级“医疗卫生三名工程”和1个区级“医疗卫生三名工程”。

市级“医疗卫生三名工程”——北京大学深圳研究生院汪涛教授重要病原体耐药监测及防控研究创新团队（2019—2021年），依托科室为微生物检验科，从病原体耐药监测及检验技术、重要病原体耐药性分子机制和耐药防控策略和治疗方法研究三个方向进行深度合作。共引进4项新技术，获得4项软件著作权，3项专利（申报中），市或区级科研立项9项，发表SCI论文4篇，中文核心论文8篇。

区级“医疗卫生三名工程”团队——中山大学邹华春教授艾滋病综合防控创新研究团队（2019—2021年），艾防科为依托科室，开展了MSM人群HIV流行株的病毒学和免疫学特征研究及产业工人艾滋病传播数学模型探索性研究。市或区级科研立项5项，发表论文6篇，其中SCI2篇。

职业病防治重点学科（2015—2019年）新开展了放射卫生检测与评价、电工从业人员职业健康监护、噪声聋职业病诊断等13项工作，共立项科研项目7项，其中市级4项，区级3项，发表论文28篇，其中SCI论文2篇，核心期刊22篇。

传染病防治重点学科（2015—2019/2019—2023年）现有成员共18名（7名高级职称、10名中级职称），成员由公共卫生与预防医学、流行病与卫生统计学、医学检验、生物化学与分子生物学、动物学等专业的人员构成。共立项深圳市龙华区经济服务局项目19项，参与市科创委项目1项；以第一作者或通讯作者发表科研论文39篇，其中SCI论文2篇。

环境卫生学重点学科（2019—2023年）由公共卫生科与理化检验科共同组成，2021年9月理化检验科通过了由中国疾病预防控制中心组织的国家人体生物监测项目（烟草暴露代谢物血清检测项目）重点实验室遴选，全国共有4家实验室通过考核并挂牌。该团队还与中山大学董光辉教授团队合作的“粤港澳大湾区大气污染与健康风险评估和综合干预技术中心建设”项目，在监测技术和研究方向上不断开拓创新，项目取得阶段性成果，共获3项市级课题、7项区级课题立项，以第一作者或通讯作者发表科研论文25篇，其中SCI论文2篇。

中心自成立以来先后与中山大学、中南大学、四川大学华西公卫学院、广东医科大学和广东药科大学等建立实习基地，在完成教学的同时和院校密切开展学术交流和互访，积极探索在公共卫生领域的科研教学合作，以提高中心疾病防控水平，强化精准防控有效防控能力。

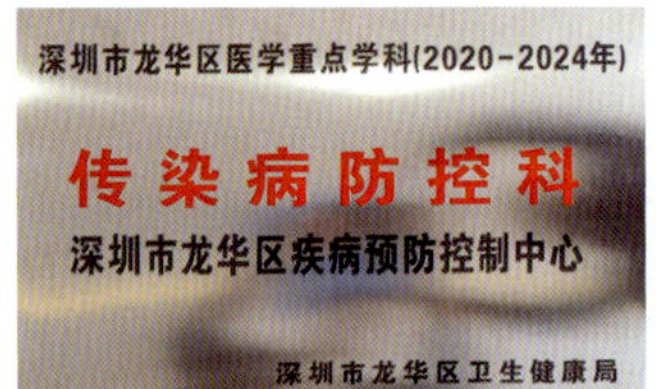

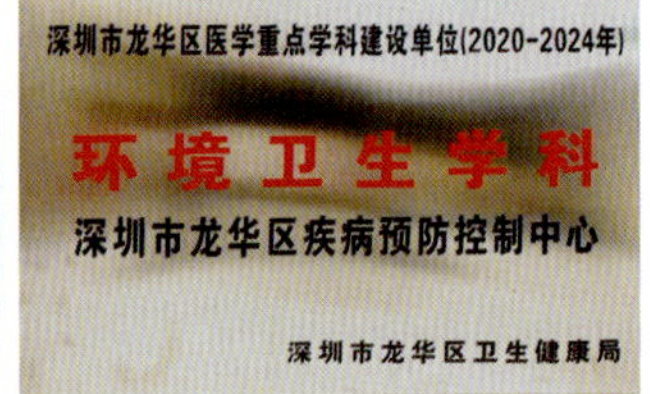

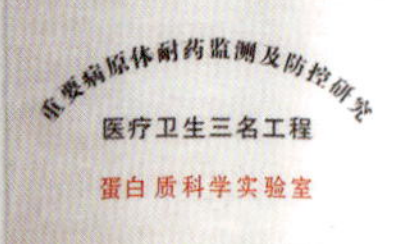

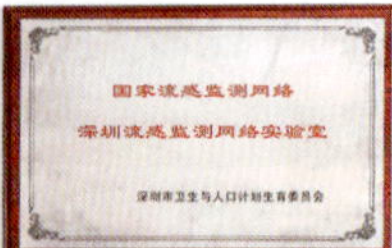

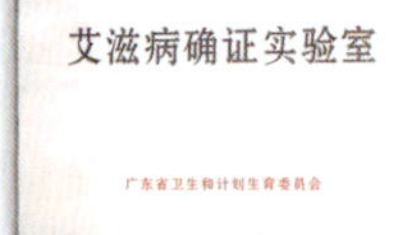

国家人体生物监测重点实验室遴选专家评审会

龙华区“三名工程”挂牌

市三名团队成员与依托科室骨干合照

深圳市“三名工程”挂

深圳市南山区疾病预防控制中心

深圳市南山区疾病预防控制中心是实施疾病预防控制与公共卫生技术管理和服务而成立的事业单位。区疾控中心前身是1984年7月成立的深圳市南山区卫生防疫站。2004年根据国家疾病预防控制和卫生监督体制改革精神，区疾控中心成立。2012年转为全额事业单位。区疾控中心所在的大楼于1999年投入使用，建筑共十层，占地面积2566平方米，建筑面积7665平方米。

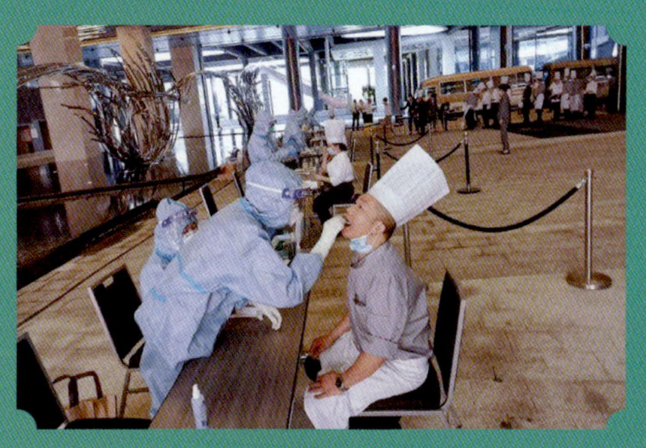

中心主要职责：疾病预防与控制、突发公共卫生事件应急处置、疫情报告及健康相关因素信息管理、健康危害因素监测与干预、实验室检测分析与评价、健康教育与健康促进、技术管理与应用研究指导。

中心重视与大学、科研机构及有关单位的合作。北京大学、中山大学、四川大学和中南大学、南方医科大学、广东医科大学等高校在中心建立了教学科研基地。

中心现有传染病预防控制学科、化学毒物中毒预防与控制学科、卫生检验学和消毒学实验室学科及艾滋病监测与防控四个区级医学重点学科。科研技术实力稳步提升，市“三名工程”引进 “中国疾病预防控制中心传染病预防控制所邵祝军细菌感染性疾病检测及监测创新团队”。中心拥有超高效液相色谱、等离子体质谱、气相色谱质谱联用仪、原子吸收光谱、荧光定量PCR等一批先进仪器设备。

中心重视质量管理。中心在1992年通过省计量认证；2001年通过中国实验室国家认可、ISO 9001质量认证；2004年获得广东省职业健康检查资格和职业卫生技术服务资质认证；2006年获得建设项目职业病危害评价（乙级）资质认证；2009年通过公共场所集中空调通风系统卫生学评价资质认证；2012年获得食品检验机构资质认定。中心获得实验室资质认定的有艾滋病检测确证实验室、国家流感检测网络实验室、中国细菌性传染病分子分型实验室网络Pulsenet China成员、中国诺如病毒实验室监测网络（CalicNet China）成员。

2020年1月，中心被深圳市卫健委授予卫生财务年报工作先进单位；2020年7月，中心被中共南山区委卫生工委授予2020年先进基层党组织；2020年中心参加“深圳市2020年突发公共卫生事件应急处置演练”以西部集团第一名的成绩获得优秀队伍称号；2020年中心参加中山大学第七届公共卫生实践技能演练大赛获得全省第一名；2020年在深圳市青少年基金会主办的“践行先行示范•共建美丽湾区”网络年度评选中我中心疾控服务质量获得“年度深圳基层民生服务工作创新奖”；2020年在共青团深圳市委员会举办的青年未来计划活动中，我中心洗手健康教育课程获得十大青少年发展典范项目。

党建引领凝心聚力 奔赴前线捍卫健康

光明区疾病预防控制中心深入落实“我为群众办实事”以实际行动献礼建党百年

不忘初心一百年，牢记使命再出发。今年以来，光明区疾病预防控制中心严格贯彻落实习近平总书记在党史学习教育动员大会上的重要讲话，开展一系列学党史、办实事活动，深入落实“我为群众办实事”，以实际行动向建党100周年献礼。

践行健康惠民行动 为群众生命健康保驾护航

为庆祝中国共产党成立100周年，光明区疾病预防控制中心党支部发挥疾控专业特长，计划今年开展14项为民、利民、安民健康惠民行动，包括推进新冠疫苗免费接种、儿童青少年近视防控、居民健康素养大赛等。除了年初计划安排外，目前已开展了“寻找野生毒蘑菇”“全国儿童预防接种日宣传”“全国疟疾日宣传”“职业病防治法宣传周”“碘缺乏病宣传”“全民营养周宣传”为计生困难家庭募捐等惠民活动，通过实实在在的行动，为建党100周年献礼。

在“寻找野生毒蘑菇”主题党日暨志愿服务活动中，光明区疾控中心的党员们高举党支部旗帜，充分融合疾病预防控制专业知识，前往光明大顶岭进行摸底，排查野生毒蘑菇的踪迹。排查队伍综合天气、湿度、生长环境等各方面因素进行仔细排查，力求排除安全隐患好。据悉，由于毒蘑菇与可食用菇外形相似，难以区别，极易误食而引起中毒。中毒的临床表现复杂多样，且中毒症状严重，发病急，死亡率高，严重危害到广大市民的生命健康。活动中，党员们通过宣传资料派发、现场解答等形式对市民进行毒蘑菇知识的宣传和普及，真真正正地落实“我为群众办实事”。

在全国第19个《职业病防治法》宣传周活动中，为确保职业病防治宣传到位，光明区疾控中心主动发挥服务技术优势，为企业制作主题宣传专栏、横幅，并走进企业派发科普资料，开展职业病防治咨询活动，及时解答劳动者关注的职业卫生问题，多措并举提升劳动者职业健康获得感。

抗击疫情 捍卫光明 党员冲锋一线 勇担使命守初心

深圳“5·21”新冠疫情发生后，光明区疾病预防控制中心党支部立即响应上级部门统一安排，迅速行动，组建一支支援龙岗的抗疫队伍，深夜11点奔赴龙岗开展新冠疫情防控工作。首批支援队伍的人员中，以党员为主，其中有应急骨干流调专家，有年幼宝宝的妈妈党员，有技术过硬的消杀专家，有刚入党的预备党员……疫情处置中充满了苦和累，队员毫无怨言，一声号角，奔赴前线。

据悉，自5月27日开始，光明区疾病预防控制中心全体员工放弃休假，24小时候命。根据疫情需求，疾控中心对全体员工进行重整编队，除了综合协调、检测组、机动组外，全员编入四个应急小组。随传随叫的消杀采样队员、通宵达旦的检测排雷兵、沟通协调的综合组、默默保障的后勤人员……每个队员心中只有一个信念，那就是“战胜病毒，捍卫光明！”疾控战士们夜以继日、不惧困难地为光明区的疫情防控做出最大努力，为群众筑牢最坚强的健康堡垒。

作为一名共产党员，光明区疾控中心应急骨干吴云杰始终坚定“为了人民健康”的理想信念，勇担使命，冲锋在前。撰写流调报告、跟踪密切接触者信息、接收反馈各类流调信息、绘制疫情分析图，面对病例复杂的行动轨迹，吴云杰深入走访了病例所在工作场所进行疫情溯源分析，仔细调查病例工作、就餐及与外籍船员接触等可疑暴露情况，同时查阅监控视频，梳理其活动轨迹，想尽办法排查密切接触者，做到无一漏网，容不得丝毫马虎。在开展流调的同时，她还到现场开展密接者、次密接者和相关重点人群的采样工作。每天四五个小时的睡眠成了工作常态，她说：“有人回家，就有人守护回家的路。疫情紧急，我希望我能在自己的岗位为社会守护一份温暖。”正是有着这些无私奉献、竭尽所能又英勇非凡的抗疫战士为大家负重前行，才能凝聚力量抗击疫情，保障社会的安宁与稳定。

负压密闭的工作环境、全身穿戴三级防护装备、5~6小时不能吃喝如厕、在最危险的“雷区”争分夺秒排雷……光明区疾控中心的核酸检测员们，是离病毒最近的人。“虽然在‘雷区’排雷，面对面与病毒交锋，有很高的风险，但我们没有一个人害怕。”党员李燕表示，疾控中心的每一位战士都不会放松警惕，不管多累也不抱怨，昼夜不停地探寻病毒的“蛛丝马迹”，争取最快时间准确出具检测报告，为临床一线提供真实可靠的检验数据，筑牢疫情防控防线。

给春运旅客送健康礼包

开展排查野生毒蘑菇活动

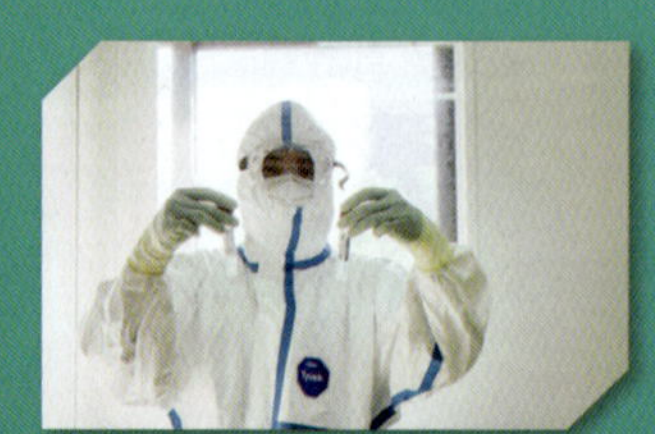
离病毒最近的“猎手”——核酸检测员

在“雷区”排雷的核酸检测员

深圳市人民医院始建于1946年，前身系宝安县卫生院，解放后更名为宝安县人民医院，亦称“留医部”，1979年更名为深圳市人民医院。1994年被评为深圳首家“三级甲等”医院，1996年经国务院侨办批准成为暨南大学医学院第二附属医院，2005年升格为暨南大学第二临床医学院，2018年挂牌南方科技大学第一附属医院。医院共有院本部、龙华分院、坂田院区、一门诊“四个院区”和一个科研基地，现已发展成为一个功能齐全、设备先进、人才结构合理、技术力量雄厚，集医疗、科研、教学、住院医师规培、保健为一体的深圳市最大的现代化综合性医院。

医院占地面积167708平方米，建筑面积353041平方米，开放床位3043张，在岗员工5110人，其中具有高级职称971余人，中级职称1384人，博士生导师28人，硕士生导师162人。2020年出院病人10.9万人次，诊疗人次308.9万人次。

2020年我院科研工作在医院党委和院领导班子的正确领导下，认真贯彻落实中央关于科技创新政策和医院“高水平医院建设”战略，医院在科研水平和学科建设工作取得质的变化。主要成绩如下：

一、科研创新能力再创新高

1.科研立项：2021年医院获得竞争性科研立项137项，获资助经费共6861万元。2021年获得国自然基金31项（面上项目13项），已连续三年为全市医疗卫生机构排名第一。

2.平台建设：获批深圳市干细胞研究与临床转化重点实验室（市科创委）和深圳市自身免疫病工程技术研究中心（市发改委）。完成大鹏SPF级动物实验室、生物样本库、生物二级防护实验室建设，医院的科研服务平台基本成形。

3.临床研究：2020年共完成临床研究备案38项，其中以研究者发起的临床研究项目22项，参与多中心研究项目13项，申请国家干细胞临床研究备案3项。完成了医院临床医疗大数据平台建设，为临床研究开展提供有力支撑。

4. 高质量论文大幅攀升：随着科研平台和高素质科研人才的培养与引进，2020年度科研论文数量和质量大幅提升。以深圳市人民医院（暨南大学第二临床医学院、南方科技大学第一附属医院）发表SCI学术论文总数483篇，总影响因子2035分；其中JCR Q1区193篇，JCR Q2区175篇。影响因子大于10分论文共46篇。

以深圳市人民医院（暨南大学第二临床医学院、南方科技大学第一附属医院）职工以第一作者（含共同第一作者）或通讯作者发表SCI论文总数375篇，总影响因子1736分；其中JCR Q1区141篇，JCR Q2区135篇。影响因子大于10分论文共32篇。

以深圳市人民医院（暨南大学第二临床医学院、南方科技大学第一附属医院）发表的中文学术论文总数511篇，在四大医学期刊和CELL\SCIENCE\NATURE等超高影响力顶级期刊中，参与发表文献多篇。其中Lancet一篇，JAMA一篇，Cell一篇，Nature子刊Nature communications三篇。。

5.专利申请与授权：2020年申请各类专利100项，授权共31项，其中发明专利16项，实用新型专利23项。

6.科技成果奖励：2020年获得广东省科技进步奖1项，为“慢性肾脏病发病机制与一体化治疗创新体系建立的研究（戴勇等）”，获得广东省优秀科技成果奖1项，为“免疫耐受有道的新途径和机制（李富荣等）”；获得深圳市科技进步奖二等奖2项，分别为“乳腺癌超声精准诊疗技术研发及应用”（徐金锋等）、“支气管哮喘的发病新机制以及治疗新策略”（邱晨等）。

二、学科建设卓有成效

1.深圳市重点学科：2020年医院有16个学科（呼研所、心内科、胸外科、风湿免疫、神经内科、检验科、病理科、手外科、老年病科、消化内科、普外科、急症科、重症医学科、临床药学科、护理部）经过竞争性评审成为深圳市卫生系统重点学科，数量位居全市第一。

2.深圳市中医特色专科2019年度评估结果为优秀，2020年被选为全市ppt汇报交流单位之一。

3.省级高水平临床医学专科：肾内科为广东省高水平临床专科，有待加强建设力度。

4.三名工程建设学科：2020年完成第一批三名工程合作的5个团队全部验收合格，我院钟南山院士呼吸团队被评为唯一的优秀团队，其中3个团队（呼吸科团队、心血管科团队、麻醉科团队）获批进入第二轮三名工程资助团队。目前医院三名工程团队个数为21个，其中院士团队9个。

三、科研技术平台建设

1.公共科研服务平台升级改造：位于大鹏的医院科研公共服务平台-转化医学协同创新中心今年新完成4300平方米的实验室装修投入使用，包括800平方米SPF级实验动物中心、450平方米生物安全二级实验室（P2实验室）、600平方米生物样本库，使开放的科研实验室面积增加到12600平方米。实验室装备360台大型科研设备价值8000余万元。

2.院企共建科研平台：呼吸病研究所与迈瑞共建呼吸功能检测联合实验室，在呼吸机研发方面加强院企合作，促进产学研转化，在市内属创新之举。

3.新建市级科研平台：2020年新获批2项市级科研平台项目，获批深圳市干细胞研究与临床转化重点实验室（市科创委）和深圳市自身免疫病工程技术研究中心（市发改委）。

4. 数字图书馆的资源与服务能力大幅提升，图书馆内外网现有7个数据库，2020年完成阅览量2000人次，网站访问大于7万次，下载量大于15万篇次。

四、人才培养

1.院级培育项目：2020年院内立项中青年科研技术骨干培育项目16项，临床研究培育项目19项，共资助经费186万元。

2.派出学术交流与进修：2020年派出国内外进修64人次、外出参加学术会议300人次。

3.科研能力培训：2020年度完成国家自然申报书撰写、R语言、Meta分析、SCI论文写作、科研制图等方面专项培训3次，着力于临床研究骨干人才培养。

五、博士后基地的建设

1.成功申报并获全国博士后管理委员会批准成为博士后科研工作站。

2.2020年新入站博士后32人，出站14人，在站博士后人数达到84人。其中李恒博士后荣获2020年度博士后创新人次支持计划，刘权博士后被评为深圳市博士后工作25周年最优秀博士后，为我院培养高层次创新型人才贡献力量。

六、医院声誉和学科影响力大幅提升

1.艾力彼发布的2019年“中国顶级医院100强”排第89名，比2018年（第91名）前进2名。

2.2019年度复旦大学排行榜，华南区综合实力医院排行榜第13名，健康管理科华南区专科声誉排行榜第2名，有14个学科提名华南区专科声誉排行榜。

3.全国学科科技量值有10个学科进入2019年度中国医院科技量值（STEM）排名百强（风湿病学与自体免疫病学排名第33名、皮肤病学第48名、急诊医学55名、消化病学60名、重症医学71名、肾脏病学81名、骨外科学82名、口腔医学82名、胸外科学96名、变态反应学100名），其中2个学科进入全国50强。较2018年6个进入科技量值百强学科大幅增加。

福强院区新大楼内景

深圳市妇幼保健院

深圳市妇幼保健院成立于1979年，2002年4月深圳市妇幼保健院和深圳市妇女儿童医院合并成为现在的深圳市妇幼保健院。目前，医院已发展成为集医疗、保健、教学、科研、预防为一体，以诊治妇产儿科常见病、多发病和疑难病症为重点的国内知名三级甲等妇幼保健院，是南方医科大学的非直属附属医院。

医院一院两址，分别为深圳市妇幼保健院红荔院区和福强院区，占地面积3.5万平方米，建筑面积7.5万平方米，编制床位656张。福强院区新住院大楼今年底投入使用后床位数将扩增至1300张。年门急诊量183万余人次，住院病人5.3万余人次，分娩量2万余例。现有职工2075人，其中高级职称人员460余人，硕博士研究生490余人，博士生导师5人，硕士生导师36人。

医院重点学科、三名工程、团队建设成绩突出。拥有1个国家临床重点学科：新生儿科；1个国家保健特色专科：孕产期保健特色专科；1个广东省保健特色专科：新生儿保健特色专科；1个广东省中医重点专科：中医妇科；2个广东省临床重点专科；4个深圳市医学重点专科、1个深圳市中医特色专科及1个深圳市重点实验室。2016至2018年引进8个“三名工程”团队，2019年依托科室在全市年度临床医技类团队中均位列前20名。医院目前是多个国家级、省级、市级的培训基地和中心，其中国家级主委单位或培训基地22个，省级4个，市级8个。

医院平台建设成效显著，学科影响力持续提升。（1）粤港澳大湾区合作项目：粤港澳大湾区妇幼口腔健康精准防治研究及转化平台项目被列为广东省卫健委第二届大湾区卫生健康合作项目。中医妇科为粤港澳大湾区中医联盟成员。2020年获得粤港澳大湾区助产专科护士培训基地资质。护理部加入粤港澳大湾区护理科研转化联合母婴组成员单位。（2）临床试验机构：医院为国家药物/医疗器械临床试验机构，现已备案有妇科、中医妇科、新生儿科等具有妇幼特色的药械专业组10余个，每年承接项目逐年递增。（3）学科影响力：医院在中国医学科学院颁布的2017年度和2018年度中国医院科技量值(STEM)排名中，“妇产科学”均入百强；2018年中国医院各学科综合指数排行榜“妇产科学术期刊专项排名”第16名，“2019中国医院影响力排行榜”，医院妇产科及妇科、产科、儿科均入围百强，分别排在第13名、第6名、第15名、第51名；中国医师协会健康传播工作委员会微信影响力排行榜入围医院类全国第11名；2019年12月获国家卫健委医政医管局“科技兴院典型”奖。

医院整体科教研建设水平不断深化提升。（1）科研方面：医院近五年获得各级科研立项231项，课题总经费达7400余万元，获批国家级重点研发计划项目、国家自然重点项目等。设立院内科研基金项目、博士基金、护理专项基金。发表SCI论文119篇，中文核心期刊1079篇，出版专著49部，获批专利61项，获广东省科技进步奖3项，深圳市科学进步奖4项。（2）教学方面： 现为南方医科大学、山东大学博士研究生培养点；南方医科大学、广州中医药大学、山西中医药大学、南方科技大学的硕士研究生培养点。医院作为深圳市博士后创新实践基地与多个高校商谈博士后联合培养合作事项。2018年获批为全国新生儿围产期医学专科医师规范化培训主基地；2014年获批为国家级住院医师规范化培训基地深圳市第二人民医院的协同单位。2021年顺利通过广东省临床教学基地复审认证。每年在院博士/硕士研究生近百名，专培/住培医师100余名、实习生200余名、进修生400余名。每年不断选送有发展潜力的专业技术骨干前往美国哈佛大学医学院、英国剑桥大学等国际知名学府进修学习。

面对新征程，医院将秉承“保障母婴安康、提高出生人口素质”的办院宗旨，弘扬“团结、耐劳、慎独、向上”的院训精神，大力推进医院学科建设和人才培养，向“树立市妇幼优质品牌，打造广深医疗高地，创建粤港澳大湾区妇幼保健医疗中心，推进健康深圳建设”的目标努力奋斗。

福强院区外景　福强院区新大楼启动仪式　红荔院区外景

南方科技大学医院

医院院训：
厚德，博爱，精医，卓越

医院宗旨：
人文引擎，敬佑生命

医院定位：
小而精，高起点，差异性，国际化

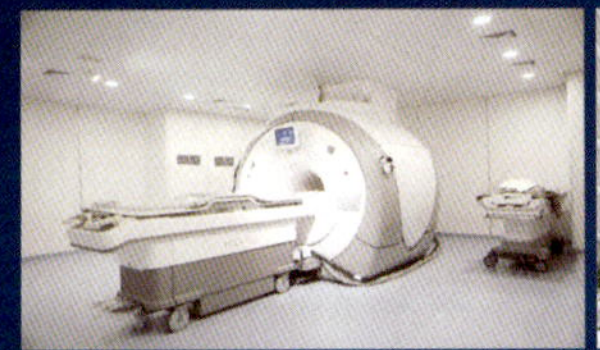

南方科技大学医院是南山区政府投资、南方科技大学运营管理的集医疗、教学、科研、健康促进、人才培养和国际交流为一体的三级综合性公立医院。

医院始建于1985年，深耕南山北部医疗服务三十余年。2017年12月28日，深圳市南山区政府与南方科技大学签署合作共建医院协议，开启了区校合作的新征程。2018年5月，医院由“深圳市西丽人民医院”更名为“南方科技大学医院”，为国内独特的政府主导、大学托管、管办分开、理事会制、法人治理的现代医院运营管理新模式，引进南方科技大学讲席教授裴国献为首的医院管理团队。2019年11月22日，医院晋升为三级综合医院。2020年12月，揭牌“南方科技大学第三附属医院”。

根据区校合作协议要求，未来五年内，将达到总建筑面积22万平方米、1500张床位规模，医院将建成集医疗、教学、科研、人才培养与国际化五位一体的三级甲等综合性大学附属医院。截至2021年6月，医院职工1150人，具有硕士、博士学历263人，卫生专业技术高级职称215人，中级职称420人。开设临床学科36个、医技学科14个。医院大力引进高水平人才，2019—2020年新引进博士59人，硕士208人；引进具有博士学位、教授职称、来自大学附属医院的学科带头人、学科骨干51人；市级以上主委、副主委11人，国家百千万人才工程首批人选1人，国家级有突出贡献专家1人，享受国务院政府特殊津贴2人，深圳市地方级领军人才1人、后备级人才2人、海外C类人才3人、II类实用型临床医学人才1人；博、硕导师30人；教授19人，副教授10人。

医院设有具有国际前沿、国内领先水平的“南方科技大学粤港澳智能与数字外科创新中心”，下设3D打印外科部、虚拟现实临床部、手术机器人部和骨植入物研发部四个创新平台，立足临床实际理医工融汇交叉，开展系列创新性临床转化研究，致力打通智能与数字外科高精尖技术通向临床应用“最后一公里”的路径问题。在全国率先示范、全职引进国际顶尖医疗团队，组建成“国际骨科部(IOC)”，为深圳市、大湾区，乃至东南亚地区民众提供国际最先进的医疗服务。医院骨科医学部成功开展全球首例混合现实（MR）导航脊柱外科手术、全国首例O形臂辅助天玑机器人脊柱手术等前沿技术。医院静配中心为深圳首家通过广东省PIVAS验收的医院。国内创新设置病人关爱部，探索"患者第一"的医疗理念、服务模式与医患体系，优化患者就医体验，为患者提供全程、全方位的人文关爱服务。医院将以精尖技术引领，国际化医疗为特色，全力打造3~5个技术特色鲜明的学科群。

医院拥有MRI、磁波刀、256排螺旋CT、DSA一体化导管室、双板DR、四维专科高端及全身彩超、全自动生化与血液流水线等大型医疗设备高精尖医疗设备；设有具有国际先进水平的智能数字化手术室、复合手术室、高级模拟人中心、PIVAS药品自检系统等智能数字化设施，为患者优质服务提供支撑。

医院目前正处在转型升级、赋能创新、全力提速的发展关键时期，将借力区校合作、理事会制的全新运营管理模式，以创新驱动发展，打造南科医模式；推行“一、二、三、四、五”医院发展战略，即：明确一个定位“小而精、高站位、差异性、国际化”；通过二个举措“人才学科与精尖设备、文化内涵与人性服务”；分为三个步骤“补短板、强特色、塑品牌”；遵循四项策略“创新管理机制、高端设备支撑、精尖技术引领、借力差异发展”；实现“创建三级医院、三甲医院、湾区领先、国内一流、国际知名”五项建设总体目标。

地址：深圳市南山区西丽街道留仙大道6019号
电话：0755-25232188-3030或3031　官网：www.sustech-hospital.cn

北京大学深圳医院

北京大学深圳医院坐落在深圳美丽的莲花山畔，是深圳市政府投资建成的集医疗、教学、科研、预防和保健为一体的现代化三级甲等综合性公立医院。医院于1999年底建成开业，2001年3月医院正式更名为“北京大学深圳医院”和“北京大学深圳临床医学院”，成为北京大学非直属附属医院。2011年被评为三级甲等医院，2017年通过三级甲等医院复审，同时成为广东省“智慧医院建设单位”。2018年12月，成为建立健全现代医院管理制度国家试点医院。2019年通过国家电子病历系统应用水平分级评价六级，并通过国家医院信息互联互通标准化成熟度五级乙等测评。医院医疗质量连续14年在深圳排名第一或A级，在2018届粤港澳大湾区最佳医院50强位居32。2019年7月，医院入选广东省高水平医院建设单位。2020年中期建设成果位列“建高地”7家医院第一，成绩A级，并且连续2年在全国三级公立医院绩效考核中位列百强，2019年成绩排名全国第59位，50%的指标获得满分。

医院规模

医院占地面积5.9万平方米，总建筑面积21.2万平方米，开放床位1723张，目前，全院员工2800余名，其中卫生技术人员占比近90%，高级职称人员790余名，硕博士研究生800余名。医院目前共有各级高层次人才70名，其中国家级领军人才3名，地方级领军人才9名。医院开设56个临床医技科室，年门急诊量约300万人次，年出院病人约8.0万人次，年手术量约5.83万台次。

优势学科

国家级重点学科和平台2个：泌尿外科、骨科生物材料国家地方联合工程研究中心

国家临床研究中心深圳分中心3个：口腔疾病、恶性肿瘤、老年病学

国家食品药品监督管理局药物临床试验机构专业组10个：妇产科、泌尿外科、医学影像（诊断与治疗）、心血管、肿瘤、神经内科、消化内科、感染科、内分泌科

国家西医住院医师规范化培训专业基地24个：内科、儿科、急诊科、皮肤科、神经内科、全科、康复医学科、外科、外科（神经外科方向）、外科（胸心外科方向）、外科（泌尿外科方向）、外科（整形外科方向）、骨科、妇产科、眼科、耳鼻咽喉科、麻醉科、临床病理学、检验医学科、放射科、超声医学科、核医学科、口腔全科、口腔颌面外科

省级高水平临床重点专科、临床重点专科9个：口腔医学中心、重症医学科、骨科、泌尿外科、肾内科、内分泌科、皮肤性病科、医学影像科、医学检验科

省级生物医学和转化医学创新平台、实验室6个：基于干细胞与再生医学技术在心脑血管疾病应用转化创新平台、广东省风湿免疫过敏性疾病转化医学创新平台、计算机医学影像辅助诊断与筛查、自取样HPV检测宫颈癌筛查网络模式转化医学创新平台、多谱放大成像技术在妇科内镜中的研发与应用、男性生殖与遗传广东省重点实验室

市级临床研究中心、实验室9个：口

北京大学深圳医院 PEKING UNIVERSI

愿景——打造环境优美、服务优良、技术精湛、数字化、高水平的临床研究型医院，不断提高医院核心竞争力和国内外影响力。

宗旨——准确定位、服务社会、追求卓越、人才为本。

腔疾病、女性重大疾病早期诊断技术、颌面部骨再生材料、眼科检测技术、男性生殖与遗传、骨科生物材料、皮肤疾病转化、人体听觉与平衡、药物依赖重点实验室

市级品牌学科和领先学科9个：骨脊柱、重症医学、超声、内分泌、生殖医学、皮肤、妇产科、泌尿外科、临床护理

市级质控中心5个：深圳市护理质量控制中心、深圳市脊柱外科诊疗质量控制中心、深圳市口腔医疗质量控制中心、深圳市内分泌疾病诊疗质量控制中心、深圳市皮肤性病科质量控制中心

医疗特色

医院成立了口腔医学中心、生殖医学中心、皮肤病诊疗中心、肿瘤精准治疗中心等一系列临床诊疗中心，拥有22个多学科联合诊疗团队。医院胸痛中心、高级卒中中心通过了国家级认证，创伤中心通过中国创伤救治联盟授牌；口腔科、泌尿外科、妇产科、风湿免疫科、皮肤科、整形外科和肾内科等7个学科影响力跻身全国100强。在医学前沿技术方面，医院成立深圳首家干细胞与介入治疗中心，建立了完整的“研发-转化-应用”体系，医院具备干细胞研究资质和项目准入的医院，同时开设Ⅰ期临床病房，已获准备案开展脐带间充质干细胞治疗糖尿病足技术。

教学与学术交流

医院设立内、外、妇、儿等教研室（组）共49个，其中二级教研室23个。拥有深圳医疗系统首个博士后科研工作站，广东省人社厅“广东省博士工作站”和北京大学博士培养点6个、北京大学硕士培养点18个，目前有博硕士生导师124名，在培博硕士190名。每年招收规培生130余名、临床实习生400余名、进修生100余名。医院与北京大学、香港科技大学在技术和学术方面展开了广泛的交流与合作，逐步拓展对外交流渠道。医院与日本东京癌研有明病院、日本独协医科大学、日本大阪医学大学、英国伦敦大学学院和美国休斯敦医学中心建立了密切的交流合作关系，并多次互访增进合作。

科研成果

医院现有骨科生物材料国家地方联合工程研究中心（国家级实验室）和男性生殖与遗传广东省重点实验室，以及其他10多个省市级科研平台。近五年来，医院累积获得省部级以上课题100多项，发表论文2400余篇，其中SCI收录论文680余篇，获授权专利1000余项，获得各级奖励41项，其中广东省科技进步奖二等奖1项、广东省技术发明奖二等奖1项、深圳市科技奖4项、华夏医学科技奖2项、中华预防医学会科技奖1项。

智慧医院建设。2020年，口腔医学、泌尿外科学等10个学科科技量值跻身全国百强。

医院以患者为中心，以信息化为抓手，提升运行效率和医疗质量。

以提升为目标，以患者需求为切入点，通过门诊、病房、医疗和管理等智慧体系建设，固化制度执行、简化流程、自动化监测和预警、智慧化闭环管理、智能化决策支持，通过顶层设计，实现医院的全流程、全覆盖、互联互通的可持续发展。通过对全诊疗流程的梳理和改造，不断改善医疗质量、医疗服务和患者就医体验，让流程更顺畅、让服务更贴心、让运营更高效，构建现代化智慧医院的深圳标杆。

医院是国家首批数字化示范医院，2016年获深圳市“智慧医院奖”，2017年成为广东省智慧医院建设单位，通过“互联网+物联网改善医疗服务”的举措在2017年和2018年两度获国家卫生健康委医政医管局颁发的“改善医疗服务行动计划示范医院”荣誉，2019年获全国“智慧医院优秀案例”奖。2018年在广东省综合医院中首家通过国家电子病历系统应用水平分级评价五级认证及通过国家医院信息互联互通四甲认证。2019年医院通过国家电子病历系统应用水平分级评价六级认证。

北京大学深圳医院

PEKING UNIVERSITY SHENZHEN HOSPITAL

院训——仁心仁术　博学博爱

深圳市萨米国际医疗中心（深圳市第四人民医院）

深圳市萨米国际医疗中心（深圳市第四人民医院）是集医疗、科研、教学、预防、保健、康复于一体的市属公立医院，按照三级综合医院标准建设，直属于深圳市卫生健康委员会，是深圳市儿童友好型医院。2020年荣获“深圳市抗击新冠肺炎疫情先进集体”称号。在2021年中国医院建设奖评选活动中，被评为“第四届中国最美医院”。

医院位于深圳市坪山区金牛西路1号，占地6.8万平方米，一期建筑面积13.7万平方米。医院环境优美，上有鸟语花香的空中花园，下有碧波荡漾的灵动鱼池。院内干净整洁、温馨舒适，周边绿树成荫、空气清新，充分展示了绿色医院的特色。医院坚持以患者为中心，提供有品质的医疗、有温度的服务。

医院由深圳市卫生健康委员会与世界神经外科联合会(WFNS)终身荣誉主席Madjid Samii（马吉德·萨米）教授共同组建的团队合作运营。作为深圳市荣誉市民，马吉德·萨米教授是国际知名神经外科专家，是德国汉诺威国际神经科学研究所（INI）所长，在世界神经外科学界享有崇高威望。

医院弘扬敢闯敢试、敢为人先的深圳特区精神，成为我国境内唯一一家中外合作运营的市属公立医院，由医院管理经验丰富的外籍人士担任院长，拥有外籍医生和员工。医院在运营中合理借鉴国际先进的医院管理模式和标准，引入国际化的服务理念，为大量国内外患者提供优质诊疗服务。自医院创建以来，即明确以“大综合、强专科”为学科建设目标。

大综合是指强化综合诊疗能力。医院目前开放了内科（呼吸内科、心血管内科、消化内科、神经

内科、内分泌科）、外科（神经外科、普通外科、骨科、泌尿外科）、妇科、产科、儿科、眼科、耳鼻咽喉科、口腔科、皮肤科、中医科、急诊医学科、全科、疼痛科、健康管理部、麻醉科、重症医学科、医学检验科、医学影像科、超声医学科、输血科等临床医技科室，并将不断增强综合医疗服务能力，满足市民常见病、多发病的诊疗需求。

强专科是指坚持以神经专科为重点，突出神经外科，涵盖创伤、肿瘤、脊髓、血管、介入、功能、外周与小儿神经外科等八个亚专科。医院还设有神经内科、神经影像、神经重症、神经康复等多个专科。

医院已建成国内领先的神经外科专用复合手术室和神经专科ICU，各占地1500平方米，神经外科硬件配套达到了国内一流水平。复合手术室将大型诊疗设备DSA及MR与传统手术室进行复合，同时还配备了神经导航系统、高端手术显微镜、手术机器人、脑室内窥镜等高精尖设备，实现“患者不动，设备动”的一体化、综合医疗理念，切实保障患者的医疗安全，实现患者安全和患者利益最大化。目前，复合手术室已投入使用，一段时间以来，听神经瘤、颅内动脉瘤等诸多患者都在这里找到了新生。

作为首家落户在深圳东部地区的市属公立综合性医院，深圳市萨米国际医疗中心（深圳市第四人民医院）致力于打造深圳东部高水平医疗服务高地，解决深圳东部区域及周边市区优质医疗资源匮乏的问题。医院将举全院之力，以立足坪山区，服务深圳东部地区，辐射粤港澳大湾区为目标，充分发挥先行者的示范引领作用，为率先形成共建共治共享共同富裕的民生发展格局贡献力量，为快速推动中国特色社会主义先行示范区建设而努力奋斗。

医院电话：+86-755-21589999
官方网站：www.ssmc-sz.com
医院地址：广东省深圳市坪山区金牛西路1号

中国医学科学院肿瘤医院深圳医院

中国医学科学院肿瘤医院深圳医院是由国家癌症中心/中国医学科学院肿瘤医院和深圳市政府联合创办的市属公立医院，是深圳市唯一的肿瘤专科医院。医院位于龙岗区宝荷路113号，医院现已开放床位989张，开放住院病区24个，科室26个，学科布局已基本健全。开业第二年即获得复旦2018年度中国医院排行榜——华南区医院肿瘤专科声誉排行榜提名，创下“最年轻”上榜医院纪录，体现了强大的辐射力和影响力。北京、深圳“一院两区”协同发展，共享技术、人才、学科建设等优质医疗资源。目前引进了赫捷院士胸部肿瘤创新团队等10个医疗卫生“三名工程”团队；北京派出常驻专家团队近50人；依托国家肿瘤防治“一库一网”工程，10多个科室接入远程会诊系统。质子肿瘤治疗中心和医院二期工程将于2024年建成投入使用。在建二期住院大楼规划床位1200张，质子肿瘤治疗中心建设项目规划床位300张，预计到2025年建成后医院总床位数可达到2300张，将成为单体规模最大、功能最齐全、设备最先进、诊疗最规范的现代化、国际化肿瘤专科医院。

医院全方位提供高水平的手术、放疗和化疗等肿瘤综合性治疗服务。同时承担着珠江三角洲区域国家肿瘤防控任务，通过癌症筛查和早诊早治项目，降低癌症发病率和死亡率。全院秉承“团结奉献，敬业创新”的院训，立足服务深圳，覆盖华中南，面向港澳台，辐射东南亚，十年内把医院建设成为集医教研防管五位一体的国际化肿瘤专科医院，为我国的肿瘤防治事业做出更大贡献。医院有院士1名，新世纪百千万人才工程国家级人选1名，省、部级有突出贡献的中青年专家1名，国家级医学专业委员会二级分会主任委员4名，认定为深圳市及龙岗区高层次人才共80人次，获聘南方科技大学和深圳大学，博士生导师15人，硕士生导师26人。

医院集肿瘤防治一体，肿瘤临床研究和肿瘤基础转化研究齐头并进；积极承担“十三五”国家重大专项医学研究课题，将高水平研究的实践基地落户深圳，引领深圳市癌症早筛项目顺利实施院与13家三级临床筛查医院，11家公卫机构，250家社康中心联合进行癌症筛查，形成了具有鲜明特点的“社康中心-公卫机构-临床筛查医院”的癌症综合防治网络。2018年成为深圳市恶性肿瘤临床医学研究中心培育单位，2020年挂牌国家恶性肿瘤临床医学研究中心南方分中心，致力恶性肿瘤诊治科研攻坚。截至2021年6月，医院开展注册类药物临床试验40项，注册类医疗器械临床试验项目7项，其中中国区Leading PI牵头国际多中心临床试验1项；国内多中心临床试验9项，其余均为我院作为参与中心的国内、国际多中心临床试验。研究涉及的药物及方案多，包括热门靶向及免疫药物以及靶向或免疫联合化疗等；研究涉及的瘤种包括肺癌、食管癌、妇科肿瘤、乳腺癌、胆管癌、淋巴瘤等；研究类型覆盖I/ II/III期临床研究。

同时，医院大力筹建科研实施具备的支撑条件，设立中心实验室占地面积约2000平方米，首期投入科研设备经费近3000万元，含PCR仪、实时荧光定量PCR仪、超微量核酸定量仪、化学发光成像系统、超速离心机、二氧化碳培养箱、生物安全柜、活细胞工作站、荧光显微镜、激光共聚焦成像系统、分析型流式细胞仪、分选型流式细胞仪、小动物精准放疗平台等实验设备。医院引进包括研究员、助理研究员、研究助理、技术人员、博后等在内的专职研究人员10余人。截至2021年6月，医院已承担各级各类科研项目59项，其中国家级科研项目8项（国家科技部国家重点研发计划国家科技重大专项课题1项，国家自然科学基金项目7项）；省部级科研项目3项（省基础与应用基础研究基金项目1项，博士后基金2项）；广东省卫生健康委员会资助项目4项；深圳市科创委资助项目6项（基础研究3项，优秀科技创新人才培养杰青1项，博士启动1项,可持续发展专项1项）；深圳市卫生健康委员会项目8项；承担“北京希思科临床肿瘤学研究基金会、吴阶平医学基金会、北京白求恩公益基金会等大型基金会及学会项目近30项。其中代表性的课题有市科创委可持续发展专项和深圳市杰出青年人才项目。可持续发展专项主要是通过高通量影像学定量特征来探索早期肺腺癌连续动态不同演进阶段和伴有不同关键特征分子病理改变的肿瘤微环境的形态学异质性的演变规律，筛选出其特异的形态学异质性特征（“指纹”），为基于CT图像高通量影像组学特征和深度学习特征构建机器学习模型无创预测不同演进阶段和不同分子病理信息的早期肺腺癌提供理论基础，最终实现对不同演进阶段和不同分子病理亚型的早期肺腺癌的无创预测和定量可视化，指导早期肺腺癌结节的个性化治疗。深圳市杰出青年人才项目主要是通过构建深圳地区肺癌CTA精确表达谱，获得最大覆盖高频表达CTA组合，进而结合深圳地区抽样患者特征HLA等位基因T细胞抗原表位，制备符合群体特征的精准特异性TCR-T库；在体内和体外验证该TCR-T抗肿瘤作用效能基础之上，探索TCR-T与不同联合治疗协同机制、最佳模式及联合治疗前中后不同时间段肿瘤T细胞亚群、TCR以及免疫微环境动态变化，构建并优化肺癌免疫治疗疗效预测体系，使深圳地区肺癌免疫治疗快速与国际接轨，为实现精准、高效免疫治疗策略奠定坚实基础。以上充分体现出作为肿瘤专科医院，牵头肿瘤领域抗肿瘤药物临床研究和肿瘤转化研究的势力和水平。

此外，医院医教研协同发展，积极开展院校合作，分别与中国医学科学院肿瘤医院、中国科学院深圳先进技术研究院联合开展国家科技部重点研发项目、省科技计划科研合作。作为深圳市博士后创新实践基地，医院已依托北京协和医学院、中国科学院深圳先进技术研究院博士后流动站联合培养博士后。

深圳市龙华区中心医院

地址：深圳市龙华区观澜大道187号
电话：0755-28015466

龙华区中心医院是集医疗、预防、保健、科研、教学为一体的三级综合医院，占地4.4万平方米，建筑面积8.5万平方米，开放床位1003张。目前是国家标准版胸痛中心和国家基层卒中中心、全国住院医师规培协同基地、广东省高等医学院校教学医院、广东医科大学附属医院和临床医学院、广东省博士工作站、深圳市博士后创新实践基地、全市首个全科医学师资培训中心、深圳市基层中医药和"治未病"工作指导中心龙华分中心。2017年，成立龙华区中心医院基层医疗集团，下设3个区域社康中心和25个社康中心，服务辖区约150万人口，形成"大-中-小"分级医疗服务体系，打造了"十分钟"就医圈。年门急诊服务量达380万人次，其中社康中心首诊比例为64%；出院3.9万人次。

全院共有员工2203人，其中，院本部1604人，占比73%，社康中心599人，占比27%。正高职称83人，占比3.8%；副高职称328人，占比15%，中级职称887人，占比40%。博士研究生54人（含博士后16人），占比2%，硕士研究生309人，占比14%，本科学历1420人，占比64%。有深圳市高层次人才9人（其中海外高层次人才C类2人，后备级人才7人），龙华区卫生高层次人才28人，龙舞华章A类人才4人，龙舞华章B类3人，龙舞华章C类人才13人；有国家、省、市各级学术任职376人，其中国家级副主委2人，省级主委1人、副主委16人，市级主委2人、副主委20人。引进市"医疗卫生三名工程"团队2个，区高层次医学团队6个。

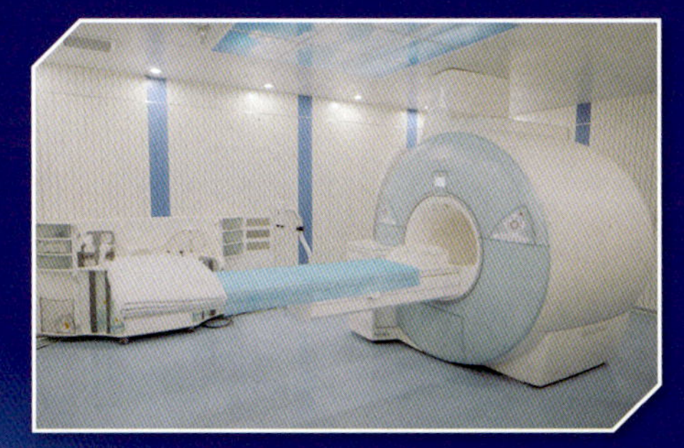

设有临床学科39个，医技科室15个，社康中心28个（含3个区域社康中心），形成完备的内、外、妇产、儿、五官、医技等的三级医院学科体系。有市级重点学科1个（全科医学科）、区重点学科8个（肾内科、创伤骨科、康复医学科、心血管内科、内分泌科、烧伤外科、重症医学科、肝胆外科）、区重点学科建设单位5个（耳鼻喉科、呼吸内科、产科、消化内科、肿瘤科）、广东医科大学重点学科2个（泌尿外科、烧伤外科）。医院按"院有名科、科有特色、人有专长"的发展方向，普遍开展各类腔镜、介入、射频消融等微创手术。成立胸痛中心、卒中中心、创伤中心，推动多学科协作，提升急危急重症救治水平。

配备世界先进的3.0T磁共振、双源CT机、DSA、多功能DR等现代化诊疗设备，现有医疗设备9209件（套），总值约7.32亿元。能够满足三级医院临床诊治疑难重症及开展医疗技术服务的需求。

拥有全市先进的中心实验室，建筑面积2645㎡。近三年，获科研立项127项，其中国家级1项、省部级3项；龙华区级重点实验室5个；发论文868篇，其中SCI收录论文96篇，核心期刊232篇；参与出版医学著作212部，其中参编国家级医学教材4部、国家级基层诊疗指南1套；申请专利163项，获发明专利授权1项、实用新型专利授权111项。2019年，我院科技量值在深圳市60家综合医院排名第14名，7个学科方向排名全市前10位。

教学工作显成效，全院师资320人，其中博士生导师3人，硕士生导师25人，每年接收高等医学院校学生约220人，其中本科及以上各类实习学生125人。

目前，在龙华区委区政府的大力支持下，加快推进医院改扩建工程项目。用地面积3.8万平方米，总投资约15.39亿元，扩建后总建筑面积19.8万平方米，床位增至1500床。将新建东、西区大楼各1栋19层、行政后勤综合楼1栋15层、门诊楼1栋10层。计划到2022年10月，西区大楼完工交付使用。到2028年6月，医院改扩建工程项目全部完成。

医院将积极抢抓粤港澳大湾区建设和深圳建设中国特色社会主义先行示范区"双区驱动"的历史机遇，加快建成为现代化、智能化、创新型高质量发展的三级甲等综合医院和龙华北部区域医疗中心。

深圳市龙华区中心医院设计效果图

深圳市龙华区人民医院
THE PEOPLE'S HOSPITAL OF LONGHUA.SHENZHEN

南方医科大学附属深圳龙华医院

深圳市龙华区人民医院始建于1976年，是一所集医疗、教学、科研、预防、保健和健康教育于一体的公立综合性三级甲等医院；是广东省高等医学院校教学医院、广东医科大学深圳龙华临床医学院、南方医科大学和广东医科大学硕士研究生培养授权点、国家级住院医师规范化培训协同基地，博士后创新实践基地，国家级腹腔镜培训基地，全国健康促进与教育优秀实践基地。2020年，医院完成诊疗308万人次、出院35158人次，完成三四级手术1.3万台，服务体量连续多年居深圳市综合医院前列。

医院以专科建设为抓手推动医疗质量稳步提升，脊柱外科、泌尿外科、呼吸内科、消化内科、康复医学科、全科医学科、口腔科、医学影像科、神经内科是龙华区重点学科；耳鼻喉科、新生儿科、超声科、手外科、护理是龙华区重点学科建设单位，口腔3D数字化与临床功能形态转化重点实验室、中心实验室、医学检验中心、泌尿系统结石病防治中心实验室、龙华区子痫前期综合防治与全生命周期健康管理研究重点实验室、龙华区体适能研究与运动分析重点实验室、龙华区脑卒中综合防治重点实验室，龙华区分子免疫与分子诊断公共技术服务平台是龙华区重点创新载体。2020年，医院荣获龙华区政府颁发的首届“龙华区质量进步奖”。

深圳市龙华区人民医院下辖34家社区健康服务中心，业务用房总面积6.7万平方米，服务范围约70.5平方千米，分布在民治、龙华和大浪3个街道（21个社区工作站、61个居委会），服务人口总数约200万人。各社区健康服务中心设有预防保健科、全科诊疗科、内科、外科、妇产科、妇女保健科、儿科、儿童保健科、口腔科、精神科、急诊医学科、康复医学科、医学检验科、医学影像科、中医科，各类标准诊疗设备齐全，为服务社区居民健康提供强有力的保障。2020年完成社区诊疗171万人次，占全院总诊疗量的55%。

医院始终坚持“人才立院，科教兴院”发展战略，近5年，我院获得国家自然科学基金立项4项、省级课题立项11项，市厅级项目39项，获得财政资助800多万元；发表学术论文1316篇，其中统计源核心期刊727篇，SCI收录86篇；获得专利73项，其中5项发明专利，27项外观设计专利，41项实用新型专利。

医院有完备的人才建设制度，科室配备良好的科技人才梯队，其中高级职称425人，博士及博士后64人，硕士418人，组成了技术精湛的医疗人才骨干队伍；目前，我院已引进深圳市医疗卫生“三名工程”高层次医学团队2个，龙华区医疗卫生“三名工程”高层次医学团队5个，3名深圳市孔雀计划海外高层次C类人才、6名深圳市高层次后备级人才、16名深圳市龙华区龙舞华章C类人才、17名龙华区高层次人才。2020年完成博士后入站5名。

近三年，我院加大科研经费投入，年研究开发和配套经费超1000万元，为医学研究的顺利开展提供了较充足的经费支持，为临床、教学、科研提供了较雄厚的力量。

第一届粤港澳医学科技创新与成果转化高峰论坛

2020年1月11日 深圳·龙华

2020年第一届粤港澳医学科技创新与成果转化高峰论坛

地址：深圳市龙华区景龙建设路38号
邮编：518109
电话：0755—29572571
网址：www.lhrmyy.cn

深圳市南山区妇幼保健院

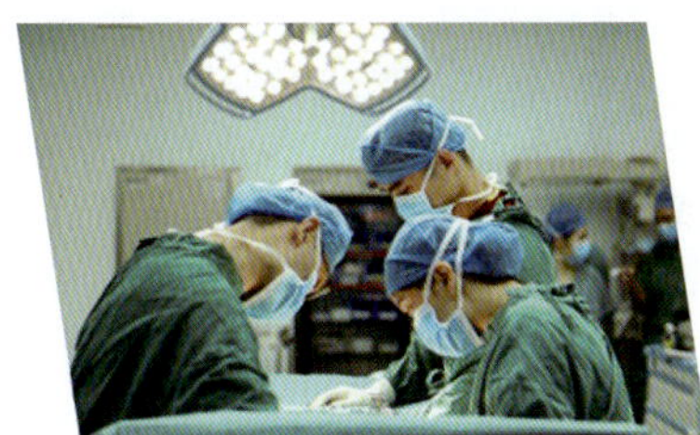
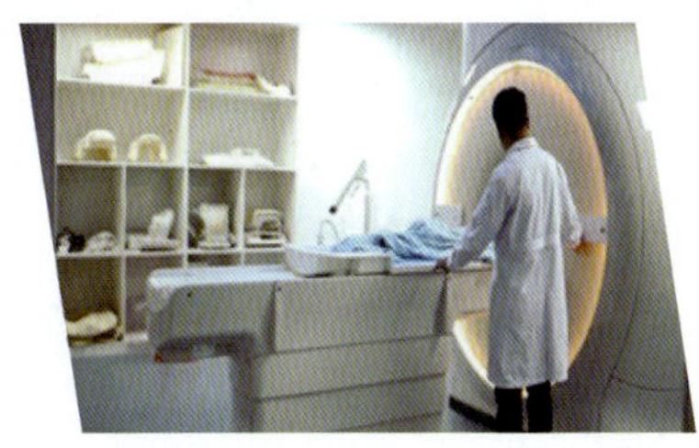

深圳市南山区妇幼保健院是由政府举办、不以营利为目的、具有公共卫生性质的公益性事业单位。医院始建于1986年10月，2017年3月与深圳市南山区计划生育服务中心合并，2017年4月经深圳市卫计委批复核定为深圳市首家区属三级妇幼保健院。2018年1月与广东医科大学签订合作协议，合作把深圳市南山区妇幼保健院建设成为高水平的广东医科大学直属附属医院。医院以妇女儿童为中心，提供妇幼健康服务，强化公共卫生服务责任，突出群体保健功能。承担本辖区妇产科、儿科专业急危重症和疑难疾病诊疗的设施设备、技术梯队与处置能力，能提供妇产科、儿科急危重症和疑难疾病诊疗服务。

医院目前承担辖区230万管理人口的妇幼保健任务，是全区8家医院、85家社康中心和225所托幼机构的妇幼保健技术指导中心和业务培训中心，同时负责管理及实施市、区级妇幼保健公共卫生项目27个。十三五期间，全区妇女儿童健康主要指标保持在全市良好水平，连续多年荣获“深圳市妇幼健康工作先进单位”“妇幼保健管理先进单位”称号；公众满意度连续多年在全市68家公立医院中排名持续保持领先。

医院是全国首家“儿童健康管理示范基地”、实施中国妇女、儿童发展纲要国家级示范区、广东省妇幼健康优质服务示范区、首批深圳市儿童友好医院、中山大学公共卫生学院科研教学基地、中山大学公共卫生学院硕士培养点、中山大学深圳出生队列研究中心、广东医科大学硕士培养点、广东省儿童心理卫生保健示范单位、卫生部首批生殖道感染防治项目试点单位、全国宫颈疾病早诊早治示范基地、深圳市乳腺癌筛查与早诊早治项目合作单位、南山区儿童智力残疾康复技术指导中心、南山区新生儿危重症会诊救治中心。

医院目前设有妇科、产科、儿科、新生儿科、妇女保健科、综合儿童保健科、儿童生长发育科、儿童康复科、产前诊断科、乳腺外科、口腔科、眼科、耳鼻喉科、内科、中西医结合科、皮肤科、营养门诊、发热门诊、体检科、麻醉科、手术室、超声影像科、放射科、检验科、药剂科、病理科、消毒供应室等二十七个专业科室。开设妇科、产科、新生儿科、儿科、特需病房等五个病区。现有南山区医学重点学科：围生医学科、儿童保健科、产前诊断科；区级重点培育学科：超声诊断科。与中山大学共同创立深圳首家、国内前沿的“深圳出生队列研究中心”，引进郝元涛教授团队获深圳市卫计委“三名工程”B类立项，实现“三名工程”零的突破。

医院重视科研教学，持续提高科技影响力，近5年获得省级科研项目2项；市级科研项目7项，区级科研项目45项，累计获得科研经费135.6万元。发表SCI论文28篇，统计源期刊论文220篇。举办各级继教班59项，其中国家级8项，省级17项。

面对十四五新征程，医院将以学习贯彻党的十九大精神和习近平总书记视察广东、深圳重要讲话精神为引领，紧扣区委区政府中心工作，准确把握当前妇幼健康事业面临的新形势，坚持以妇女儿童健康为中心的发展思想，坚持问题导向、需求导向、效果导向，对标国际妇幼健康最高标准和前沿趋势，在更高起点、更高层次、更高目标上加快南山区妇幼保健院发展。

扫一扫，关注我们

医院址址：深圳市南山区蛇口湾厦路1号（地铁2号线东角头站D出口）

医院电话：87850088转10126、26566646（客服中心）

医院网址：www.nsqfy.cn

深圳云天励飞技术股份有限公司成立于2014年8月，是拥有算法、芯片和大数据全栈式能力的人工智能企业。凭借“算法芯片化”的核心竞争力，云天励飞成功打造出AI芯片以及一系列覆盖数字城市、人居生活的智慧解决方案。

重要荣誉：

- 2020年 云天励飞董事长兼CEO陈宁入选“深圳特区40年40人”
- 2020年 荣获第十届吴文俊人工智能专项奖芯片项目一等奖
- 2019年 AI芯片实现国家三大部委重大专项大满贯
- 2018年 荣获第八届吴文俊人工智能科学技术奖

2020年，新冠疫情肆虐。在疫情防控进入常态化阶段后，云天励飞打造了深圳疫情防控监测与数据分析平台。

该平台接通了全市6300多家零售药店等场所测温数据，形成“测温一张网”，并研发了基于个体和宏观态势的大数据监测分析模型，与近20个疫情相关的数据系统打通，形成了集数据采集、哨点监测、研判预警、闭环流转、辅助流调等多种能力于一体的常态化疫情防控数据监测与分析系统。

两个领域解决方案

数字城市	人居生活
智慧安防	智慧社区
疫情防控	智慧园区
智慧公交	智慧泛商业
城市治理	……
智慧卫监	
……	

六大核心能力平台

算法服务能力平台
算法标注与训练能力平台
知识图谱大数据能力平台
智能调度中枢能力平台
SDC端边服务能力平台
AIOT接入汇聚能力平台

三大核心技术平台

算法平台
芯片平台
大数据平台

深圳市燃气集团股份有限公司

深圳市燃气集团股份有限公司（以下简称深圳燃气，股票代码：601139）成立于1982年，是一家以城市管道燃气供应、燃气投资、液化天然气及液化石油气批发、瓶装液化石油气零售为主，提供智慧能源、智慧燃气技术研发、建设服务的大型国有控股上市公司，于2018年获得国家高新技术企业认定。目前，公司总资产达到255亿元，年营业收入超过150亿元，是中国A股销售规模最大的城市燃气企业之一。公司拥有57个城市（区）管道燃气经营权，遍布全国13个省(自治区)，管理埋地管网近1.9万公里，服务人口超过1800万人。

深圳燃气积极推进自主技术创新，构建了多层次、开放型、产学研密切融合、科技成果高效转化的技术创新体系，打造了以博士后工作站、院士（专家）工作站、广东省新型研发机构、广东省城镇智慧燃气工程技术研究中心、深圳市企业技术中心、深圳市燃气输配及高效利用工程技术研究中心和深圳市燃气工程技术研发中心等“多位一体”的创新载体，形成了金字塔式的多层次人才梯队，目前，公司拥有地方级领军人才1人、后备级人才7人，博士13人、硕士246人，其中高级职称140人，外聘院士、专家19人。累计主/参编各类国家行业标准49项，申请国家专利278项，获得授权138项，其中发明专利40项，实用新型96项，外观设计2项。

深圳燃气积极深化产学研合作，与深圳市城市公共安全技术研究院有限公司共同建立了“城市灾害事故仿真实验室”。与南方科技大学、华南理工大学等高校，华为、腾讯云、科大讯飞、国氢能源等企业建立战略合作，探索研究氢电气能源耦合、固体氧化物燃料电池（SOFC）的应用，推进云计算、大数据、人工智能等前沿科技与燃气行业的融合发展，其中智慧视频系统、企业微信、国资国企云、智能语音系统及AI识别系统已经投入使用。

深圳燃气于2019年、2020年连续两年成功入围国家工业和信息化部重点工程——工业互联网创新发展工程项目（国家级）。与国家工信部网络安全产业发展中心合作建立了国内首个面向燃气行业的工控安全实验室，推进自主工

深圳市燃气集团股份有限公司
深圳市福田区上梅林梅坳八路268号
电话：0755-88660777
邮编：518000

业控制器、国产密码技术产品等研发，研究成果被工信部网安中心认定具有“重要的行业示范效应”，已累计申请17项知识产权。深圳燃气是国内第一家完整实施工控安全综合防护方案的燃气企业，2020年开发的“面向燃气行业的一体化网络安全管理平台”，获国家工信部2020年网络安全技术应用试点示范项目，目前已为国内1300多家工业企业提供了网络安全保障服务。

2020年，深圳燃气开发的“基于国密算法的一体化NB-IoT安全通信模组”（深燃芯）获得了南方科技大学、中国科学院上海微系统与信息技术研究所等单位专家的鉴定认可，各项性能指标均优于同类产品，该模组可广泛应用于智慧燃气、智慧水务、消防烟感、智慧工业、智慧农业、物流环保和智慧城市等领域，具有良好的市场推广前景。

深圳燃气率先在城镇燃气行业内开展智慧燃气及管道完整性管理研究，其研究成果先后获得“中国地理信息科技进步三等奖”“中国石油和化工自动化行业科技进步一等奖”“中国石油和化工自动化行业技术发明二等奖”和“第四届全国设备管理与技术创新成果”一等奖等多个奖项，建设的“深燃大厦分布式能源站”荣获2020年度中国分布式综合能源优秀项目特等奖。与华为、中国电信、金卡智能联合发布全球首个物联网“NB-IoT”智慧燃气解决方案白皮书，开展研究和试用NB-IoT燃气物联网表，并主持编写了团体标准《基于窄带物联网（NB-IoT)技术的燃气智能抄表系统》。公司通过国家工信部两化融合管理贯标体系认证，成为全国燃气行业率先获得此认证的企业之一。

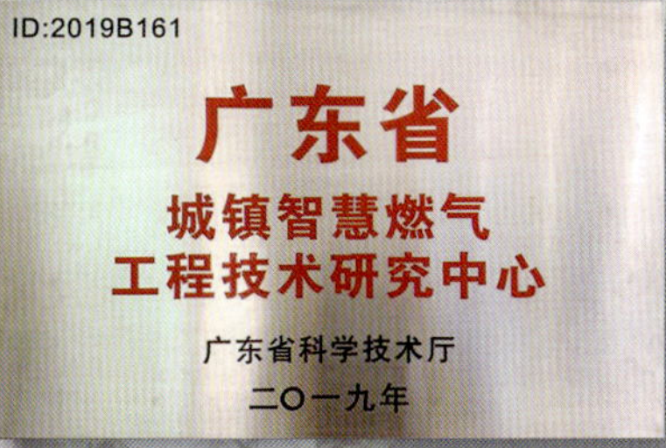

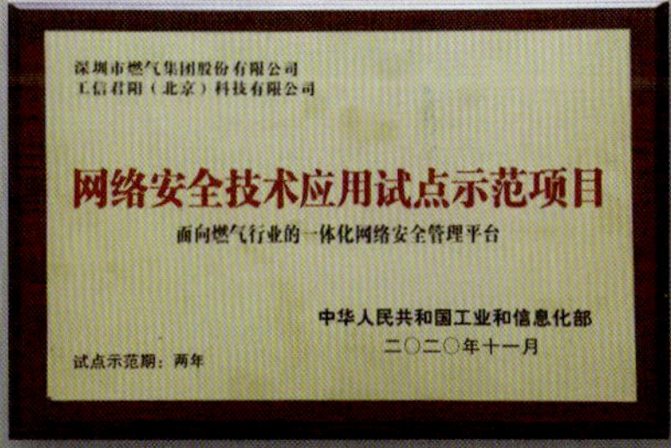

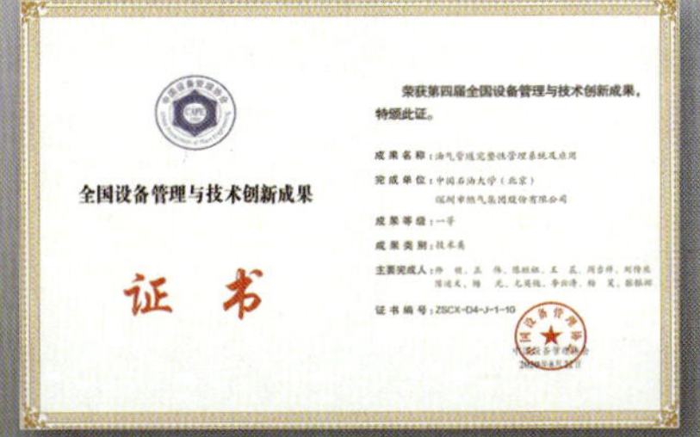

装备及服务提供

——生活垃圾焚烧炉成套设备

深能环保具备倾斜往复式机械炉排焚烧炉及其配套设备的研发设计、制造、供货、安装调试、检修指导的全链条式技术支持与服务能力。产品可用于生活垃圾的焚烧处理，实现垃圾的减容、减量、无害化和资源的回收利用。可以根据当地气候、地理环境、垃圾组分等不同条件，实现定制化和差异化设计研发与制造，让垃圾焚烧炉排系统更加“中国化”，更加符合当地垃圾的特点和需求。

现有300T/D、400T/D、500T/D、600T/D、750T/D、1100T/D系列自主开发机械炉排焚烧炉产品，累计已完成36条线的供货及应用。

深能环保炉排焚烧炉技术及成套设备的特点：

（1）具有优异的调节性能，可以适应不同热值的城市固体废弃物的处置；

（2）配置先进的焚烧全自动控制系统，燃烧稳定、高效；

（3）焚烧炉炉膛结构采用CFD模拟技术优化设计，燃烧配风更合理，燃烧效率更高；

（4）设计充分考虑运维问题，有效提高设备使用寿命，降低运维成本；

（5）设备占地小，建设投资低。

——烟气净化系统及成套设备

深能环保烟气净化具有如下工艺技术组合：

“SNCR+旋转雾化器半干式反应塔+熟石灰喷射+活性炭喷射+袋式除尘器”工艺可使生活垃圾焚烧发电厂的烟气排放标准达到国际水平，烟气中各环保指标达到欧盟2010/75/EU标准要求的限值。

“SNCR+旋转雾化器半干式反应塔+熟石灰喷射（备用）+活性炭喷射+袋式除尘器+湿法脱酸+SCR”工艺可使生活垃圾焚烧发电厂的烟气排放标准达到国际先进水平，烟气中各环保指标排放值优于欧盟2010/75/EU标准要求的限值。

深能环保烟气净化技术污染物去除效率高，吸收剂耗量低，烟气处理量范围广。

——飞灰无害化处理系统及成套设备

深能环保自主研发的飞灰无害化技术是一种国内新型生活垃圾焚烧飞灰稳定化处理技术，特别适用于高重金属飞灰，具有有效性强、达标性高、经济性好的特点。

配套“深能环保”标准化运营管理体系，充分保证飞灰无害化处理项目长期稳定运营，抗负荷波动、抗飞灰成分波动、抗设备不均匀性波动，无须频繁调整加药量，真正实现全自动运行，彻底杜绝“人为因素”的工艺系统。

配套“深能环保”飞灰样品管家系统，确保可追溯数据到公斤级、检测数据链完整、质量管控闭环。

提供服务：（1）药剂供应，（2）定制化EPC或工艺改造，（3）BOT运营。

——运营标准化管理系统定制化开发服务

运营标准化管理系统集成了行业标准、企业标准、产品标准和行为标准，可使运营项目人员管理得到精确控制，摆脱地域限制，实现该系统下管控的所有项目规范化、标准化、精细化；

运营标准化管理系统可实现不同垃圾发电厂之间的对标管理和设备运行状况的在线分析、远程诊断等功能；

系统具备电脑和移动端两种操作方式，适用不同场合需求，方便、快捷；

提供服务：可提供运营标准化管理系统定制化设计、开发及配套运维服务。

——生产精准管控体系定制化开发服务

生产精准管控体系是以利润为导向，将生产过程中可控成本费用、能耗及物耗纳入其中，在生产经营的各个领域实施，事前管理、事中控制、事后考核，最大限度控制在指标之内，以最少的投入获取最大的产出，是一套可复制、可推广至各个生产领域的生产经营管理模式。

生产精准管控平台可实现相同设备、相同系统、不同垃圾焚烧发电厂之间能耗、物耗及生产成本对标管理。

生产精准管控平台数据，用于制定各生产经营单位年度生产任务和预算。

生产精准管控平台，实现生产单位生产成本、能耗及物耗过程精准控制，为公司科学调配垃圾处理的决策，提供数据支撑，做到公司利润最大化。

生产精准管控平台，为定期检修、技术改造评估及生产技术文件汇编提供数据支撑，做到科学管理、精准施策，保证电厂始终处于最佳经济运营状态，保持行业领先水平。

地址：深圳市福田区深南大道4001号时代金融中心13层
电话：0755-23676000
网址：www.seee.com.cn

福海创客中心

深圳市创福汇产业运营信息有限公司

联系人：欧先生 17322304029 孙先生 13714224325

福海创客中心以科技型中小企业为服务对象，以促进科技成果转化为目标，同时加强各种创新资源的互动和集成，逐步形成以科技投资为助推力，以叁极投融资平台、专家服务站、移动金融超市、国际化科技孵化中心四大服务平台为支撑，以“优质空间+双创辅导+投孵联动”全生态孵化为孵育模式，旨在打造国内领先的创新创业与产业紧密结合的综合性平台化众创空间。

众创空间的运行机制和服务模式介绍：

福海创客中心结合强大的资源优势，围绕电子信息、新材料和人工智能等科技领域，以“优质空间+双创辅导+投孵联动”全生态孵化为孵育模式，其运营机制和服务模式如下：

一、在优质空间模式建设上，建设一流的办公服务体系，提供基础及增值服务。为入孵企业及团队提供完备的创业环境，配备公共办公设备、多功能路演厅、共享会谈区，并可享用园区的生活配套设施，一站式解决办公、居住、休闲等问题，全面打造高品质的创业基础环境。

二、在双创辅导模式部署上，建立专兼职创业导师队伍，提供双创辅导服务。在专职团队建设上，福海创客中心拥有专业的创业孵化从业人员，为企业提供税务、工商注册、市场咨询及政策咨询等深度服务，使创客及企业专注于科学技术研究，免除非科研事务干扰，使人才、市场及产业得以有效配置，加快科技成果转化效率。在创业导师队伍建设上，空间与青橙资本合伙人孙立清、深圳市鸿运恒达投资有限公司董事周继兵等10位专家签订创业导师聘任协议，在企业创业辅导、商业模式构建、股权构成等方面辅导企业，重点解决创客及初创型企业在创业过程中碰到的问题，使企业在发展路径上少走弯路，进一步加快企业发展步伐。

三、在投孵联动模式构建上，创客中心一是自己设立1000万元孵化资金投资及孵化企业；二是与青橙资本、清华力合等知名投资机构合作，搭建项目-创投机构投融资对接平台；三是开发完成叁极投融资平台，平台包括好项目展示、投资人特色、在线项目路演、创投交流会以及投融资数据库建设等内容，让好项目和投资人精准对接，提高项目融资速度，加速企业创新成果转化。

深圳市创福汇产业运营信息有限公司是以依托福海创客中心，并以双创服务和技术转移为主要内容的科技创新服务和产业加速平台公司，通过举办双创活动、技术对接、创新创业辅导培训、科技项目成果展、投融资对接、资金扶持等多种特色服务，以高品质服务为客户创造完美的创业成长环境，以卓越表现持续引领行业发展，以公益、环保、可持续发展战略为己任，实现企业的社会使命。

公司设有发展战略部、投资管理部、产业孵化部（含技术转移）、品牌推广部和综合服务部，由具有丰富经验的海外专业管理团队负责运营管理，管理团队兼具国际化视野与本地化双创服务的优势，致力于构建以人为本的国际化生态型科技孵化器建设。公司坚持“管理创新、创造佳绩，全心全意为客户服务”的企业理念，拥有完善的管理和服务体系，先后制定了《运行机制及服务模式》《财务管理制度》《内部管理制度》等规范化管理制度。创福汇将坚持宏图全球、孵化未来的运营理念，与创投机构和科技型企业进一步深度合作，形成自身服务特色，进一步强化投融资、技术转移、产学研、管理、市场、培训等多种服务功能，形成全生命周期从众创空间、科技企业孵化器到加速器的完善产业空间链条构建。进一步建立健全各项规章制度，完善配套服务设施，力创投资主体多元化、运行机制多样化、组织体系网络化、技术转移服务专业化、服务平台标准化、服务内容国际化的一流众创空间，为粤港澳大湾区经济发展注入新的活力，为深圳市建设中国特色社会主义先行示范区建设做出新的贡献。

海归人才创办企业

公司名称	深圳镭铈新材料科技有限公司	深圳墨影科技有限公司	时代科技（深圳）有限公司	深圳市叁极科技有限公司
公司LOGO	深圳镭铈新材料科技有限公司	墨影科技 MOYING ROBOTICS	时代科技	叁极科技 SANJI TECHNOLOGY
企业情况	5位海归博士，拥有8项电池和燃料电池专利，2018年深创赛新能源团队组一等奖，2018年率先杯未来技术创新大赛一等奖	海归博士3名，2018年深创赛国际赛多个奖项，南京中国人工智能大赛一等奖	定制化碳纤维蜂窝复合材料可以取代飞机金属框架做结构支撑，生产的超轻超韧复合材料在飞行油耗方面可以降低7%，韧性和强度增加8%	开发完成叁极投融资平台，平台包括好项目展示、投资人特色、在线项目路演、创投交流会以及投融资数据库建设等内容，让好项目和投资人精准对接，提高项目融资速度，加速企业创新成果转化
部分产品展示				
融资情况	高新投	获得九合锐达投资500万元	高新投	获得创福汇投资18万元，青橙资本投资10万元

MGI
华大智造

公司简介

深圳华大智造科技股份有限公司（简称“华大智造”）秉承“创新智造引领生命科技”的理念，致力于成为生命科技核心工具缔造者，专注于生命科学与生物技术领域仪器设备、试剂耗材等相关产品的研发、生产和销售，为精准医疗、精准农业和精准健康等国计民生需求，提供实时（Real Time）、全景（Whole Picture）、全生命周期（Life Long）的全套生命数字化设备和系统。公司基因测序仪的研发和生产已处于全球领先地位，成为全球三家能自主研发并量产临床级测序仪的高端制造商之一。

全球布局

华大智造总部位于中国深圳，并在武汉、青岛、长春、昆山、香港和美国、拉脱维亚、日本、阿联酋等地设有分支机构，集聚全球创新资源。其布局遍布6大洲主要国家与地区的全球化培训与服务网络，设有40余个培训/售后服务中心。

专利技术

在多年研发投入的基础上，华大智造建立了自主可控的源头性核心技术体系，在基因测序领域已形成以“DNBSEQ™测序技术”“规则阵列芯片技术”“测序仪光机电系统技术”等为代表的多项核心技术，并达到国际先进水准。同时，华大智造在生命科学领域不断深耕拓展，逐渐发展出了以“关键文库制备技术”“自动化样本处理技术”和“远程超声诊断技术”为代表的新型生命数字化技术，为公司紧跟生命科学领域的研究前沿奠定了坚实的基础。截至2020年9月30日，公司已获得了364项专利。

产品布局

目前，华大智造主要产品及服务涵盖基因测序仪业务、实验室自动化业务、新业务三大板块。基因测序仪业务板块包括基因测序仪及配套设备、测序配套试剂、数据处理系统、售后维保及产品技术支持等。实验室自动化业务板块包括自动化样本处理系统、实验室自动化流水线和样本处理试剂耗材等产品。新业务板块主要包括细胞组学解决方案、远程超声机器人、BIT产品等。

重要产品

DNBSEQ-T7基因测序仪

华大智造超高通量基因测序仪DNBSEQ-T7，1天可产出数据1-6Tb，每Gb测序成本低至5美元，开创百元基因组时代。

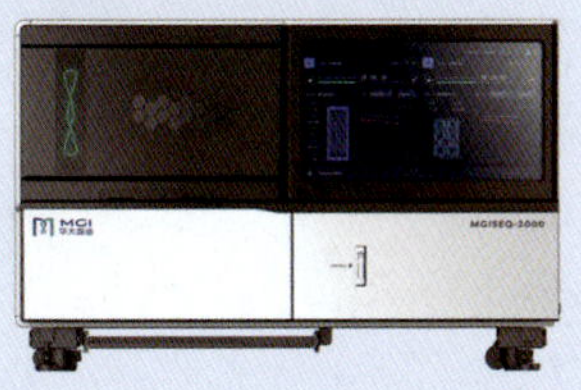

MGISEQ-2000基因测序仪

华大智造全面型基因测序仪MGISEQ-2000，同时支持两种不同规格的芯片，应用范围更为广阔，灵活适用于科研和临床等多个应用领域。

MGISP-960自动化样本制备系统

高通量自动化样本制备系统MGISP-960，每80分钟可处理192个样本，全自动化操作，相较传统的人工样本制备仪器，极大地提高了效率。

MGISP-NE384全自动核酸提取纯化仪

MGISP-NE384全自动核酸提取纯化仪，采用磁棒转移磁珠提取技术，能高效完成96/192/288/384例样本核酸提取纯化，单机日检测通量可达10000例样本，还可与MGISP-960高通量自动化液体处理系统以及MGISTP-7000全自动分杯处理系统配合使用，全面加快检测速度。

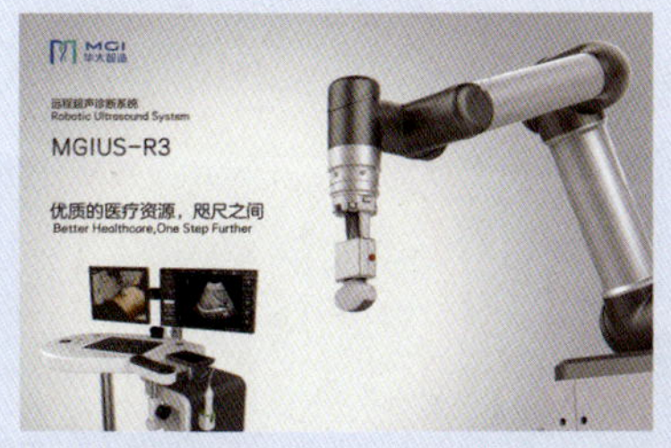

MGIUS-R3远程超声诊断系统

全球首创的“远程+自动化”超声诊断解决方案MGIUS-R3，支持0距离远程扫描，100ms异地响应，±0.1mm精准定位，可有效解决偏远地区超声医疗资源匮乏的问题。

值得一提的是，作为全球三家能自主研发并量产临床级别高通量基因测序仪的企业之一，华大智造在疫情暴发之初就积极参与疫情防控，公司测序平台及自动化产品先后驰援全国30余个城市，其中，在武汉、北京、青岛、香港、石家庄等地均完成了超过百万以上样本检测，同时还为50余个疾控中心及近10家海关提供抗疫支持，助力国内公共卫生领域从零到一质的发展。此外，中国“智造”还惠及全球50余个国家和地区，日均提取通量超过100万以上。

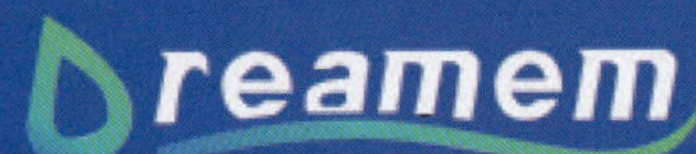

深圳市君脉膜科技有限公司

Shenzhen Dreamem Membrane Technologies Pte.,Ltd.

深圳市君脉膜科技有限公司是Dreamem Environmental Group Co. Ltd（USA），（中文：美国君脉环境集团有限公司）旗下子公司，总部位于美国科罗拉多州，其前身为美国Dreamem 水处理研究所，由来自美国、新加坡、中国、德国、印度等国专家学者成立。中国总部位于深圳市龙岗区，是一家专业从事水处理技术研究、膜分离技术及膜相关产品研发、设计、生产、销售为一体的高科技水处理综合服务公司。

深圳市君脉膜科技有限公司成立于2017年，占地面积约为2万平方米，有80多名员工，其中有数名专家教授、博士。公司业务遍布美国、中国、印度、新加坡、马来西亚、泰国、越南等国家，并在2019年获得国家高新技术企业证书。

公司设有研发、项目、采购、财务、人力资源、销售、区域分公司以及国际贸易等部门。公司由美国、新加坡与中国专家合作打造，结合美国和新加坡先进的膜技术，研发出更加优异的水处理膜过滤产品和设备，在水与环境业务应用中取得了重大突破。公司生产的微滤（MF）、超滤（UF）、纳滤（NF）、反渗透（RO）等全系列高品质分离膜及制作方法先进，具有高透水量、低压力、高强度、耐腐蚀极具性价比等优点。

公司与新加坡国立大学、新加坡南洋理工大学、清华大学、南京大学、深圳大学等国内外知名高校建立了深度合作关系，对原有的膜产品进行技术升级和性能优化，并结合当前IoT和AI技术，开发出一系列智能化水处理一体化成套设备，目前主要产品有 MemeCube® 一体化MBR 设备、MemeFlux® UF 设备、MemeCube® NF/RO 设备。

产品简介

1. DM-SMBR 膜

DREAMEM中空纤维膜以聚偏氟乙烯（PVDF）为主材料，辅以自主研发的纳米复合技术，引入新型纳米抗菌颗粒，与PVDF中空纤维膜复合，采用独创的制膜工艺制备，膜丝不但具有优异的亲水性和机械强度，膜丝表面抗菌率更高达99.99%。显著提高了膜丝的抗菌抗污染能力，有助于进一步降低膜丝清洗频率，延长膜丝使用寿命，降低使用成本。

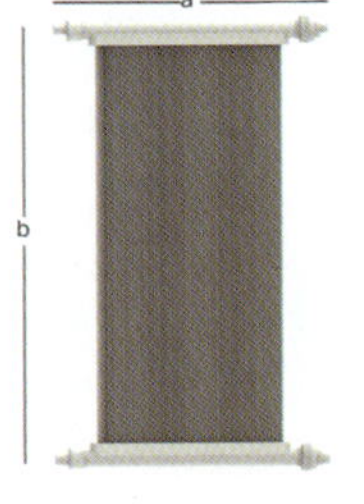

高通量：纯水通量可达 1600lmh；

高强度：抗拉升强度可达 240N 以上；

高水质：浊度≤ 0.1NTU，SS ≤ 1mg/L；

高污染负荷力，更低清洗频率；

更强耐久性，更长使用寿命，可达 5–7 年；

操作与维护简便，更强可靠性；

低能耗，低运行成本，低占地面积；

可定制化设计，适合狭小空间。

2. DM-PUF超滤膜

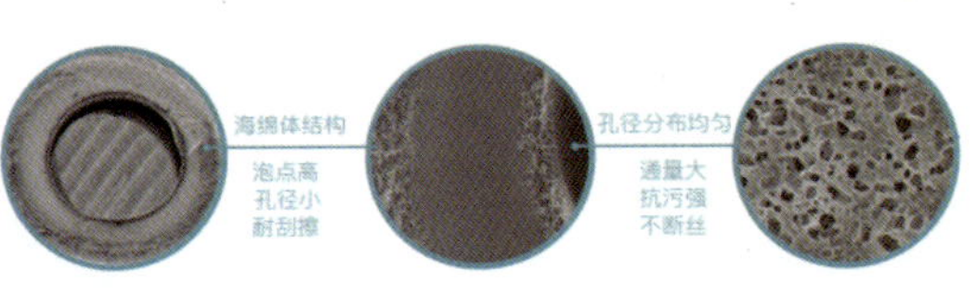

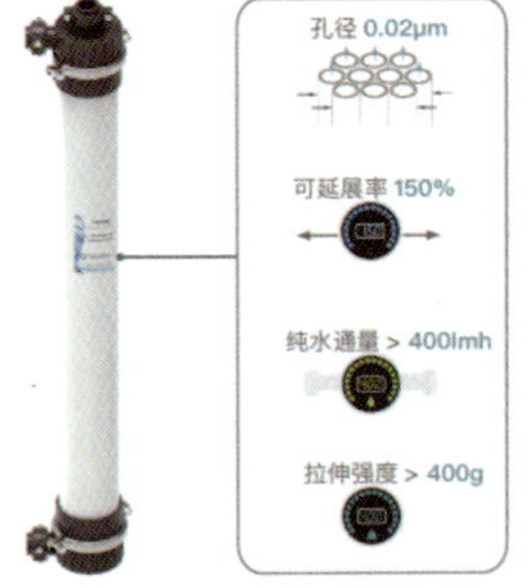

高通量，纯水通量可达 400lmh 以上；

高精度：孔径 0.02μm；

高强度：拉升强度可达 400g 以上；

高延展率：150%；

高水质：浊度≤ 0.07NTU，SS ≤ 0.1mg/L；

高污染负荷力，更低洗频率；

更强耐久性，更长使用寿命。

3.MemeCube® 一体化MBR 设备

4.MemeFlux® 一体化UF 设备

美国君脉环境集团有限公司
地址：1121 13th St. #187 Boulder CO 80302 USA

深圳市君脉膜科技有限公司
地址：深圳市龙岗区国际低碳城工业三路8号C栋
邮编(P.C.)：518116　服务热线(Tel)：400-998-1892
传真(Fax)：0755 - 27900305　邮箱(e-mail)：sales@dreamem.cn

君脉环境科技(南京)有限公司
南京市江宁经济开发区江宁区长青街19号1-1号楼22-24层
邮编(P.C.)：211100　电话(Tel)：13347806510
邮箱(e-mail)：wangqiang@dreamem.cn

ROLLING WIRELESS 锐凌无线通讯科技(深圳)有限公司

1．企业的基本情况

锐凌无线通讯科技(深圳)有限公司的前身是2008年成立的司亚乐无线通讯科技（深圳）有限公司，隶属于总部设在加拿大的纳斯达克上市公司Sierra Wireless Inc。2020年11月，Sierra Wireless的车联网业务整体拆分，被深圳市广和通无线股份有限公司为代表的投资方收购，成立Rolling Wireless S.a.r.l，总部设在卢森堡，专注车联网前装无线模组和解决方案业务。司亚乐无线通讯科技（深圳）有限公司作为Rolling Wireless S.a.r.l的全资子公司，更名为锐凌无线通讯科技(深圳)有限公司。

锐凌无线通讯科技(深圳)有限公司是一家专业从事车载无线通讯产品和软件的设计和开发，提供硬件/软件设计、测试、软件系统集成，以及相关的技术咨询和技术支持服务的高新技术企业，注册资本300万美元。产品是为汽车主机厂，以及汽车一级供应商，针对车联网应用提供的以4G、5G数据，语音，音频，紧急呼叫，高精定位，V2X等为核心功能的无线模组以及软硬件解决方案。

2．企业提供服务，经营管理状况

锐凌无线通讯科技(深圳)有限公司为各大企业提供服务外包、软件开发、软件服务等综合信息化服务。

自2008年成立以来，基于市场需求，司亚乐投入了大量资金进行最尖端无线通信技术之研发及人员培训。至目前为止，已组建成一支具有国际竞争优势之无线研发高科技团队，现有超过110名高级研发人员，研发人员30%以上具有硕士及以上学历，95%以上具有大学本科学历。管理阶层人员平均10年以上国内外500强企业经历。

锐凌无线通讯科技(深圳)有限公司于2015年5月通过CMMI软件工程成熟度二级评估，并被评估师评价所有评估过程域符合CMMI三级标准。2021年再次通过ISO 9001：2015认证。当前，针对汽车行业需要，我们正积极开展A-SPICE（汽车软件流程改进和能力测定标准），ISO 26262以及ISO 21434的行业标准认证准备工作。

3．企业采用先进技术和研发活动情况

锐凌无线通讯科技（深圳）有限公司基于第三/四/五代(3G/4G/5G)最新无线通信技术和软件平台来开发产品。目前已使用无线通信技术包括WCDMA，HSDPA/HSUPA，HSPA+，CDMA2000-1X/EVDO，LTE和5G NR。

自2010年起，锐凌无线通讯科技（深圳）有限公司的前身司亚乐无线通讯科技（深圳）有限公司成功推出推出AR系列无线车载产品，应用于海外主流车厂。2013年，成功研发LTE智能车载无线模组，基于高通双核的MDM9x15芯片平台，实现下行100Mbps的峰值速率，并搭载嵌入式可编程软件平台，为客户应用程序提供便捷的软件开发包、安全可靠的运行环境、丰富的车联网相关服务，以及端到云的通信连接。这一系列产品受到广泛欢迎，应用于标志雪铁龙、菲亚特克莱斯勒多款车型。2015年，我司同时展开LTE Cat.4, Cat.6车载无线通信模组开发，基于当时最先进的高通MDM9628和MDM9240平台，产品提供下行150Mbps(Cat.4) / 300Mbps(Cat.6) 的峰值速率，搭载嵌入式可编程软件平台，为车载无线通信提供了优秀的解决方案。

2020年，我司为Sierra Wireless研发的第一款5G PCIe M.2无线网卡成功获得GCF, PTCRB以及北美AT&T，Verizon，TMO等运营商的认证，是业界首个支持5G FR1 （sub-6GHz） 和FR2 (毫米波) 双频段的产品之一，处于行业领先水平。

自2020年11月成立以来，锐凌无线通讯科技(深圳)有限公司已成功被知识产权局受理发明专利申请2项、实用新型专利申请1项。

4．企业发展前景与规划

锐凌无线通讯科技(深圳)有限公司以自身的行业优势并结合国家的政策制定以下规划。

近期规划：计划于2021年继续加大在全球第五代无线通信5G-V2X技术及嵌入式软件开发平台的投入及开发，并加大同全球客户、合作伙伴的紧密合作，共同推广第五代5G-V2X车载产品。研发人员计划由现有的116人增加至130人，尤其是软件人员方面。

长远规划：计划于2022年开始的3至5年中，持续投入研发符合3GPP Release-16规范的新一代5G-V2X无线通信产品，以及相关平台和应用软件。面向持续快速增长的车联网市场进行全球推广。研发及市场推广人员增加150~200人。

5．企业在行业中的地位与竞争优势

锐凌无线通讯科技(深圳)有限公司在行业当中一直处于领先地位。我们的产品市场份额持续领先，产品质量一直处于同行业最高水平。

锐凌无线通讯科技(深圳)有限公司拥有一支

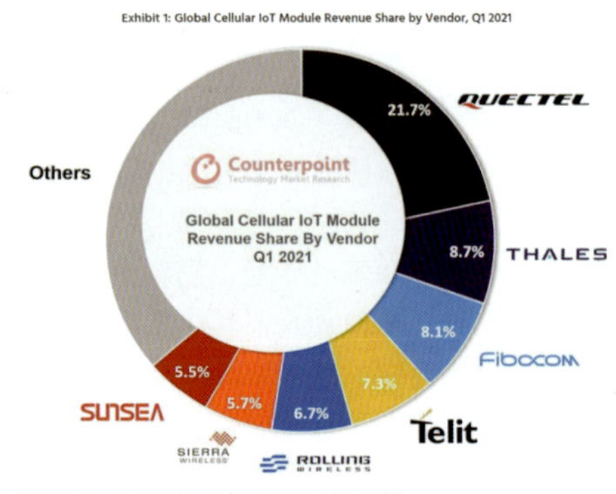

非常强大的研发团队和经验丰富的销售团队，在过去几年中持续领先全球3G/4G/5G 无线嵌入式模块市场，并推出了一系列软件解决方案，为客户量身订制各式特殊应用功能以增加其产品在市场中的竞争力。2018年起，我们研发的4G LTE Cat.4和Cat.6无线模组在大众集团全球各款车型上大规模商用，这些产品还被应用于菲亚特克莱斯勒、标志雪铁龙、日产等知名车企的各种车型。2020年，我们研发的车联网模组市场销售额达2.8亿美元，2021年预期销售额3.7亿美元，2021年6月单月出货量超过100万片。截至2020年底，我司所研发的车联网模块产品已累计销售超过3000万片。

在无线模组之外，我司还大力研发相关的软硬件解决方案。特别是针对车联网的客户应用，我们开发了嵌入式软件平台，TCU参考设计开发板，为客户快速、安全地开发、集成、测试和部署应用程序提供了完整解决方案。

市场调查分析公司Counterpoint 评估锐凌无线在2021 Q1全球IoT蜂窝无线模组市场份额排名第五位。在进一步细分的车联网无线模组垂直行业，锐凌无线的全球市场份额常年位居所有模组供应商榜首。

6．主要客户及其对服务增值性评价

锐凌无线通讯科技(深圳)有限公司秉承着客户至上原则，细心聆听客户诉求，在品质、产品价值和及时回应方面努力超越客户的期望，以确保客户满意。

我司正在进行全球客户满意度问卷调查，以期持续改进提升客户满意度。根据过往通过第三方所进行的全球客户满意度调研结果，绝大所数的全球客户均评选司亚乐（锐凌前身）为其最可靠信赖的合作伙伴，根据反馈，我们所提供的模块硬件和增值性软件平台，为他们在车联网行业中提供了最具增值性的服务。

深圳文科园林股份有限公司

深圳文科园林股份有限公司是1996年在深圳市成立的园林环保综合型企业，是深圳证券交易所主板A股上市公司，股票代码：002775。公司拥有风景园林工程设计专项甲级、市政公用工程施工总承包一级、污染修复甲级、城乡规划编制乙级、旅行社AAAAA级等多项资质，是广东省500强企业、中国城市园林绿化综合竞争力十强企业、广东省环境保护产业骨干企业和国家高新技术企业，在全国各地设有20多家子公司及分支机构，业务遍布全国30个省级行政区。

文科园林专注环境事业25年，主要从事风景园林规划设计、旅游景区规划设计、城乡规划编制设计、生态环保技术研发、景观及市政工程施工、EPC项目投资及运营、生态环境综合治理、科教文旅投资运营等业务，设有四大事业部，其中：

设计研发事业部，专注于生态技术研发、海绵城市研发、景观规划设计、旅游规划设计等业务领域，以文化引领设计理念，以科技创建城市生态，以领先的技术和实力创造绿色生态文明。

生态环保事业部，专注于水环境治理、人居环境整治、土壤污染修复等环保业务领域，以先进的技术和综合的规划设计能力，形成河道生态综合整治的文科治理模式，争做生态环境综合整治领域先行者。

景观及工程事业部，专注于园林景观工程、市政公用工程、园林古建工程等业务领域，以过硬的技术实力和精益求精的工匠精神，致力于成为精品园林综合工程领军者。

科教文旅事业部，致力于花卉博览园、研学文旅基地、田园综合体等投资建设及运营，发挥公司规划设计和精工建设的优势，实现科教研学与旅游产业的有机融合，为公司创造新的业绩增长点。

研发创新成果

公司历来重视研究开发工作，技术创新是公司发展的核心动力，通过自选课题、承担地方政府科技项目、与高校科研院所合作研发等方式不断提高公司科研水平和技术创新能力，在水环境治理、土壤修复、植物快繁、草坪工业化、立体绿化、园林建筑材料等领域取得了多项创新成果，开发了黑臭水体治理技术、多环人工湿地技术、海绵城市系列技术、纳米曝气耦合微生物净化技术、矿山生态修复技术、盐碱土壤综合改良技术、FSF高陡岩质边坡生态修复技术、珍稀园林苗木快繁技术、轻质草坪工业化生产技术、模块化立体绿化技术等，获得了微生物菌剂、一体化污水处理装置、生态浮岛截污净化装置、重金属钝化剂、盐碱土壤改良剂、水土保持产品、工业化草坪草轻质基质、乡土地被植物、透光混凝土等一系列产品。公司近年来拥有广东省工程技术研究中心和博士后创新实践基地两个研究平台，承担政府课题9项，出版书籍7本，发表论文69篇，申请专利229项，获授权专利110项，获科技进步奖4项。

主要研发创新成果包括：

1.黑臭水体复合处理与生态修复技术

针对当前黑臭水体治理过程存在的截污不彻底、治标不治本、能耗高、整治技术存在环境风险等问题，开发了低成本的草木灰渣填料附着微生物生长系统的深度生物处理技术，主要成果为：（1）开发了一种加载草木灰渣等生物填料的河道原水一体化连续处理装置；（2）开发了一种微纳米节能曝气装置；（3）研发了一项基于海藻生物制剂的生态体系修复技术。该技术有效提高COD和氨氮去除率，减少能耗，为河道水生态修复引入了新技术与装备，为黑臭河道治理提供了新途径。

2.轻质草皮贴生产关键技术

针对传统草坪对土壤造成不可逆的损害，根据自主研发的草坪营养基质为配方，使用无土基质代替传统土壤，通过促根、控高等定向生长调节和培育，生产出了一种可在多种困难立地条件铺贴、快速展现高品质的绿化效果的新型草坪产品。主要成果有：（1）利用农林业废弃物为主要配方开发了若干种适合草坪生长的无土轻质基质，不破坏耕作层土壤，基质保水保湿性良好，对环境保护的效果非常明显，实现了资源的循环利用；（2）开发一系列的轻质草坪贴产品，具有整齐美观、无杂草、病虫害少、根系发达、紧密、无缓苗期等优点，能够生产成多种规格，不仅可供临时硬质铺装、屋顶绿化，还广泛适应于板结土壤、盐碱地和其他多种污染土壤的困难立地环境；（3）开发了一种无土轻质草坪贴的生产技术，该技术的生产成本低，利用设施栽培可实现周年生产，生产成本降低16%以上，质量轻至6~8千克/平方米。

3.FSF高陡岩质边坡生态修复技术

针对高速公路、采石场等高陡岩质边坡的植被恢复生长难、灌溉难、苗木成活率低、管理成本高、后期效果差等问题，开展客土重建、边坡适生植物筛选、节水灌溉等研究，主要成果为：（1）掌握了FSF高陡岩质边坡生态修复技术；（2）筛选出了边坡适生植物20余种；（3）掌握了高陡边坡微润灌溉技术。项目完工3年后，植被覆盖率达99%，植被群落稳定演替，植物超20种，不存在掉落滑坡现场，水土保持效益显著。

4.盐碱土壤综合改良技术

针对西北盐碱地和滨海盐碱地进行土壤改良，通过排盐、隔盐等技术手段降低土壤中的含盐量并防止盐分向上迁移，利用自主研发的土壤改良剂进行营养结构改良，配合微润节水灌溉，恢复土壤微生物活力，达到盐碱土壤改良效果持久的目的。主要成果为：（1）掌握了微润驱盐种植技术；（2）筛选出土壤改良剂3种、嗜盐微生物3种、盐碱适生植物30多种。

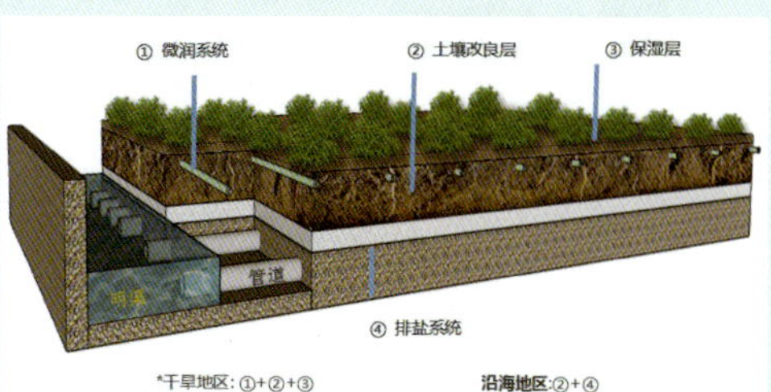

INNOKIN
新宜康

深圳市新宜康科技股份有限公司

深圳市新宜康科技股份有限公司（以下简称“公司”）成立于2011年11月，是一家专业从事电子雾化装置产品的研发、生产和销售的国家高新技术企业。

经过近十年的发展，公司已经从一个本地的生产商成长为国际化的下一代电子雾化产品解决方案的提供商，为广大消费者提供优质产品。新宜康产品深受世界各地消费者的欢迎，在全球10000多家零售商店中销售。2017年“INNOKIN新宜康”获得行业十佳品牌的称号；2018年“INNOKIN新宜康”获得“广东省名牌产品”；2019年公司被深圳市工商行政管理局公示为“守合同重信用企业”，同时公司入选深圳500强企业。

公司在深圳拥有11000m²工厂，并在美国、英国、法国、意大利、葡萄牙等国家设有代表处或服务中心。为了确保我们的公司和产品具有最高质量，公司严格遵守ISO 9001和ISO 14000，GMP，CE，ROHS，FCC等标准。公司重视信息化、工业化建设以及知识产权管理的建设，2019年通过了“两化融合管理体系评定”（中国制造2025）和“知识产权管理体系认证”。

2019年，公司被认定为广东省新型雾化工程技术研究中心，公司目前拥有已授权专利398件，国际发明专利17件，另有申请中专利150件。

2011年
深圳市新宜康科技股份有限公司成立，创始人以创新为本，以创立世界级品牌为目标。

2012年
推出爆款个性化电子雾化产品MVP。

2013年
CoolFire系列的推出将该系列产品质量、性能和用户体验提升到了一个新的水平。

2014年
推出了全球热销品CoolFire IV。

2015年
推出热卖款Endura系列T18/T22，其设计理念是仿真体验，简单易操作，同年产品通过美国顶尖实验室Enthalpy检验；
推出InnoCell，创新电池解决方案，安全、便利；获得中国高新技术企业；
获得ISO9001，ISO14001，GMP820 认证；公司代表参加了国际相关科学研究合作中心组织的雾化技术联合研究小组会议。

2016年
参加美国、欧洲法规会议（华盛顿、伦敦等）；
屡获殊荣的纪录片《A Billion Lives》法国首映主要赞助商；
与昆士兰大学公共卫生学院合作；
与加拿大某行业协会合作关于18650电池安全计划。

2017年
发布Plaorm系列；
建立2500平方米的十万级无尘车间。

2018年
推出“Li-Siphon”自动导油技术；
推出3D网片雾化芯；
作为行业代表参加美国FDA会议。

2019年
与香港城市大学合作进行工厂诊断和供应链接指导。

2020年
GALA获得德国Reddot 红点设计奖；
荣获广东省科学技术厅颁发的广东省新型雾化工程技术研究中心。

深圳太极云软技术有限公司

深圳太极云软技术有限公司成立于1990年，是中国新一代的信息技术企业的代表。公司积极响应国家“十四五规划”战略，拥抱数字时代变革，积极探索数据要素潜能，加快推进数字经济、数字社会、数字政府的技术研究。公司致力成为数字政府大数据和人工智能领先企业，打造出了“城市数据应用”“数据安全”和“AI智能终端”等三大领域核心产品系列和解决方案，全面赋能“数字城市”建设。公司现有员工500余人，总部设于深圳，在广州、沈阳、重庆、郑州、哈尔滨、武汉、长沙、杭州等地设有分公司。

在“城市数据应用”领域，创新打造了“互联网+监督”“智慧发改”“智慧工改”“企业服务”“数字乡村”等领域的解决方案和应用产品。

太极云软坚持“以数据安全为核心，数据全生命周期管控为手段”的产品理念，始终以守护用户数据价值为己任，致力于让安全策略真正服务于数字城市的发展。在大数据、云计算和人工智能等新技术背景下，以自主可控的国密算法应用技术为基础，研发了TYKY数据安全系列产品及解决方案，覆盖了数据采集、加工、调用、治理、服务和开放等全生命周期重要环节，实现数字城市云与云、云与端、云与后台的数据安全协同管理，打造企业级的数据安全防护体系。平台产品提供安全高效的数据汇集融合能力、共享开放能力、数据服务、海量数据存储能力、高速分布式内存计算引擎及整套的大数据云服务。具有构建超大规模的数据资源库的建设能力，可以高效地完成大数据采集、清洗、人工智能分析、数据可视化、数据挖掘等大数据任务。平台全面支持服务化，可以将运算结果数据作为服务发布，同时也可将各种大数据计算发布为服务，供用户使用。用户通过这些大数据服务研发自己特定领域的应用。

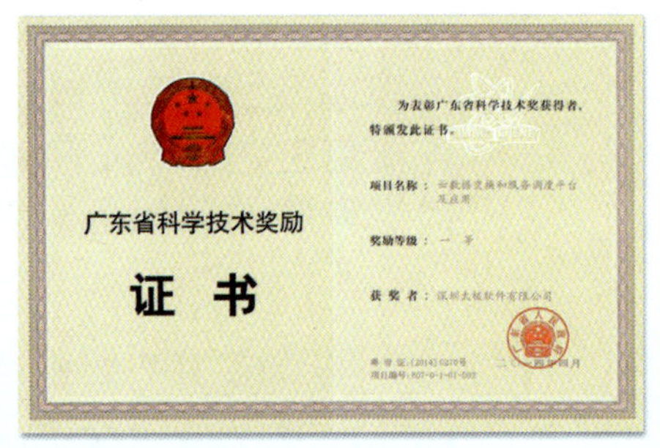

公司还不断钻研AI技术，研发了政务服务一体机、窗口证照输入仪、智能填表机、智能打印柜、渔船定位器等系列智能终端产品，广泛应用于智慧大厅、城市服务等领域。

历经十几年的发展与积累，数据应用、数据运营、数据安全和终端产品的客户已覆盖政府、公安、检察院、法院、电信运营商、企业、设计院所和互联网等领域，签约用户遍布全国。

科技成果

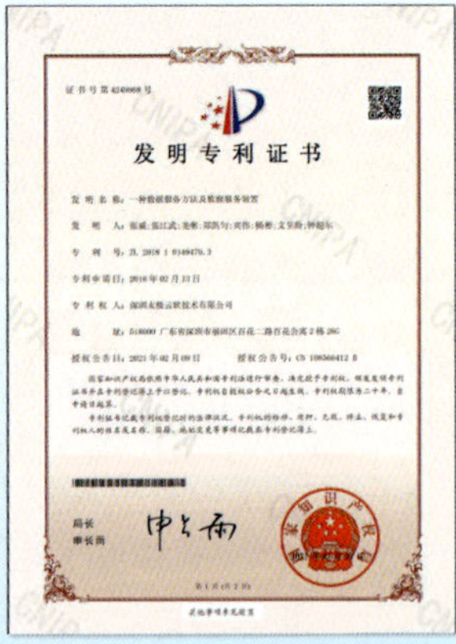

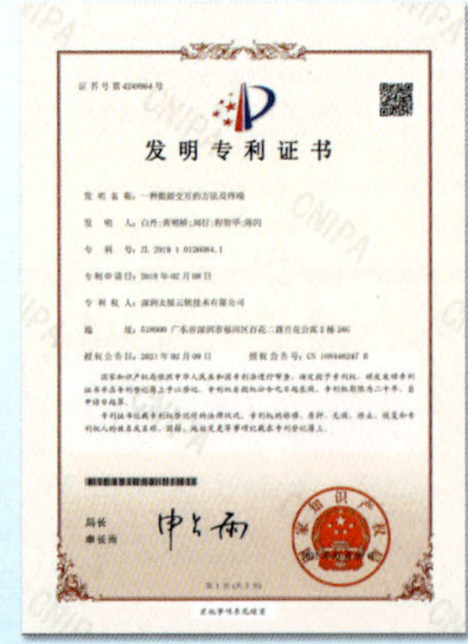

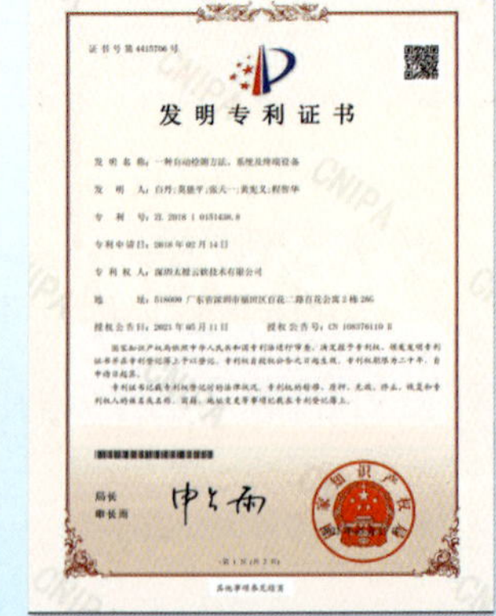

新获得3件发明专利：

一种自动检测方法、系统及终端设备

一种数据服务方法及数据服务装置

一种数据交互的方法及终端

产品介绍

（一）城市数据应用系列：

1.互联网+监督系列：聚焦政务数据、民生监督、乡村振兴、村务公开、三公等领域的监督监察，利用大数据和监督模型对政务、民生领域实施在线监督。

2.智慧发改系列：针对发改委投资项目审批、智慧投资等业务，实现业务数据的智能分析和服务。

3.智慧工改系列：解决工程建设领域的业务并联审批数据服务。

4.企业服务系列：包含了企业服务平台、园区服务等。

5.乡村振兴系列：包含了数字乡村、农业现代化和农村土地治理等。

（二）数据安全产品系列：

1.数据安全采集系列：云数据交换总控、云数据交换网关、异构数据桥接器、内外网数据光盘传导平台等。

2.数据安全调用系列：云服务总线服务器、云资源目录服务器、云服务网关服务器、云服务生成器等。

3.数据安全治理系列：数据处理管理平台、数据脱敏脱密系统、数据运行监控和审计管理平台、数据防泄露系统。

4.数据管理系列：数据质量评估系统、网络监控系统等。

（三）AI智能终端系列：

1.政务服务一体机：T100、T600、T700。

2.窗口证照输入仪：Z200、Z300。

3.政务大厅智能终端：文件柜、智能填单台、智能打印柜、排队叫号机等。

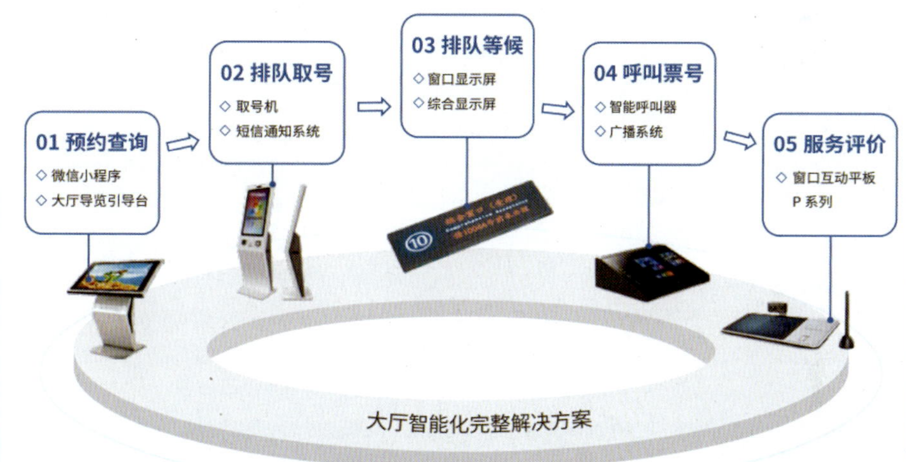

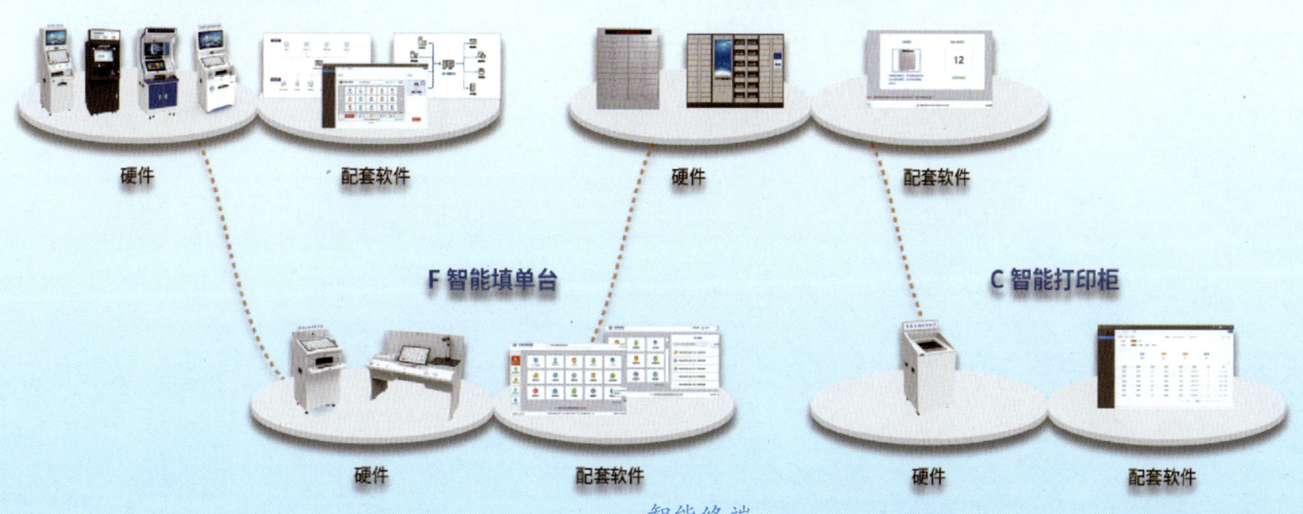

智能终端

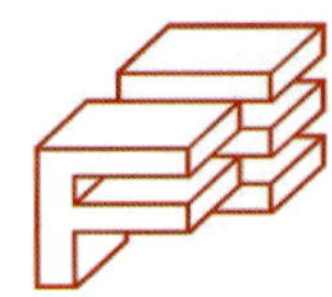

深圳市远东石油钻采工程有限公司
SHENZHEN FAR EAST OIL DRILLING ENGINEERING LTD.

公司简介

深圳市远东石油钻采工程有限公司，是一家从事海上和陆上石油钻井工具、管材、设备的研发、生产、销售、租赁、维修、保养以及技术咨询和海上平台作业的民营企业。

该公司建立了完善的质量管理体系和安全管理体系，具备美国石油协会颁发的API证书，2015年11月再次荣获国家级高新技术企业证书，目前已拥有二十几项国家专利。其中“外悬挂弃井组合工具”“不间断连续循环装置”技术的研制成功填补了国内空白，有力提升了企业的核心竞争力。2020年获科技进步奖二等奖。

多年来，公司遵守以人为本、客户至上、实事求是、开拓进取的经营理念，以安全第一、质量第一、信誉第一为企业宗旨。在陆上和海洋石油勘探开发过程中，为多家著名的中外石油公司提供了优质、安全、高效的技术服务，得到了客户的一致好评，在行业中享有极高的信誉。

本公司拥有一批工作经验丰富的技术专家和管理精英，具备技术创新和研发以及技术服务，企业管理方面的实力，为油田提供从钻井、修井、打捞、完井、弃井等多方面的技术支持和优质服务。荣获了“国家科学技术进步二等奖”“优秀服务商”“优秀承包商”“工程质量优秀奖”“安全作业优秀奖”“优秀服务金奖”等奖项。本公司与国内著名的高校和研发机构密切合作，与国内国际知名的供应厂商也有广泛的业务往来，为公司的发展搭建了广阔的合作平台。

产品研发

技术创新是远东的发展之本，多年来远东一直坚持自主创新，为国内外海陆地平台提供优质的工具、设备、作业服务。

结合技术创新的发展战略，远东积极探索技术创新模式和科研机制。针对石油发展领域的难点问题，远东进行重点技术攻关，研制出一系列先进且高效的钻采工具，实现技术创新领域的重点突破。

外悬挂弃井组合工具是由远东公司自行研发、设计、制造的新型弃井工具，被列为国家“十二五”重大专题项目之一，并已取得国家发明专利。该项发明成果打破了国外深水弃井的垄断局面，填补了我国深水弃井组合工具的空白，为中国民族工业的发展书写了浓墨重彩的一笔。

连续循环钻井装置在钻井作业过程中（含钻进、柱卸或接立柱、起下钻），可以通过一套专用设备，循环控制和改变流体入井的流向，从而保持了各种作业在下井连续循环开展，这种技术称为连续循环钻井技术。该技术的应用，保持了井内压力稳定平衡，避免和减少了井下喷、漏、卡、垮等复杂情况的发生，确保安全快速钻进，对降低钻井成本有着十分重要的作用。这一技术在2006年世界IADC年会上被授予“世界石油工程技术创新特别贡献奖”，该技术由远东公司通过引进、集成、创新，于2011年研发，填补了国内技术空白。而后经过突破性的创新，将连续循环钻井技术应用于空气连续循环钻井中，获得巨大成功。

2017年，远东公司的“极窄窗口连续循环微压差定量控制钻井”技术作为中海油海上高温高压钻井八大关键技术之一，获得了国家科技进步奖一等奖。由远东公司承担的“井口控制连续循环钻井及水下井口弃井工具优化设计和应用”课题，被列入国家十三五重大专项，预计2020年6月份前完成。

联系方式

总部：中国深圳市南山区海德三道
天利商务中央广场A 座1106室
总机：(86)755-26694302
传真：(86)755-26694008
邮件：mail@feode.com
网址：www.feode.com
厂部：中国惠州市大亚湾经济技术开发区龙兴路3号

深圳市浩能科技有限公司

公司简介

深圳市浩能科技有限公司（以下简称"浩能科技"）是江门市科恒实业股份有限公司（股票代码：300340）全资子公司，成立于2005年，注册资金1亿元，是主要从事锂离子动力电池极片制造用的搅拌系统、涂布机、分切机、轧辊机、辊轧分切一体机及氢燃料电池膜电极涂布机相关自动化设备研发、设计、生产、销售的国家火炬计划重点高新技术企业，拥有30000多平方米工业厂房和4000万多元的先进仪器设备，于2007年通过ISO 9001认证，2015年通过欧盟CE认证，2017年通过广东省工程研究中心。现有员工657人，其中大专以上学历人员326人，工程技术人员298人；截至2020年，企业总资产11.83亿元，销售收入4.35多亿元，纳税441.37多万元。公司主要产品为动力锂电池用搅拌系统、涂布机、分切机、辊压机和辊压分切一体机等五大类20多种动力锂电池行业前端（极片制造设备）自动化设备和氢燃料电池涂布机，其中动力锂电池极片制造自动化设备市场占有率约为25.3%，行业排名等第一；目前，国内氢燃料电池涂布机只有浩能科技销售了四台设备给苏州擎动动力科技有限公司，客户反应应用良好；公司非常注重自主研发和产学研合作，设备工艺制造技术来源于自主研发和产学研合作。

浩能科技是国内投资规模最大、技术水平最高的锂离子动力电池自动化生产专用精密装备制造企业，在国内锂电装备极片自动化制造方面排名第一，处于国际先进（国内领先）水平，2016年—2019年连续年度获中国电子专用设备行业十强单位，获2017年第二届动力电池智能装备技术创新奖。

公司产品主要销往包括CATL、比亚迪、天津力神、比克电池、惠州亿玮锂能等国内大型新能源企业及三星、TDK、松下、LG等国际巨头。2018年6月14日，CCTV2财经频道《交易时间》栏目对备受市场关注的锂电行业进行了深入报道，对锂电行业前端（极片制造设备）自动化智能装备龙头领导品牌深圳浩能进行了专访。

现已申请国家专利196件，其中发明专利52件，授权38件，授权实用新型92件，登记软件著作权27项，制定企业标准8项，商标8项。

主要项目

近三年来，浩能公司充分利用所掌握的核心技术，开发出具有较强市场竞争力的，适合动力锂电行业追求的自动化程度较高、高速高精、高附加值新产品，促进了企业的技术进步和发展，提高了企业技术创新和科研开发能力，同时为企业、高校培养和造就了高层次的科技人才，推动了科技成果产业化，科研成果产出水平得到进一步提高，近三年已开发的主要项目如下所示：

★锂离子电池新型高速连续分条机（CCD）
★双层高速微凹/凹版一体化涂布机
★电子材料膜用高精度挤压涂布、分条一体化装备
★高精度动力电池双层间歇挤压涂布机
★高精度双层高速宽幅挤压涂布机
★高精度高速碾压分切一体机
★分条设备智能控制系统的研发
★碾压分切一体设备的智能控制系统研发
★高精度高速连续轧膜机
★挤压涂布设备智能控制系统的研发
★ZJ750X8507FT900锂离子动力电池新型碾压分切一体机
★间歇涂布设备智能控制系统的研发
★精密辊压设备智能控制系统的研发
★全自动二次分切机
★DTJ1200锂离子动力电池双层高速宽幅间歇挤压涂布机
★多功能凹版涂布机智能控制系统的研发
★激光膜分切机
★氢燃料电池涂布机
★激光变距极耳切割技术及分切集成技术
★污水处理膜表面涂布及水浴处理技术
★电池阴极表面处理、干燥及复合技术
★高精密模具及动力锂电池关键装备的智能制造系统集成技术研究与示范应用

浩能公司是目前国内技术水平较高的锂离子动力电池自动化生产专用精密装备制造国家高新技术企业。公司成立十五年来，在研发水平和能力方面积累了丰富的研发经验，研发团队全部有本科或本科以上学历，主要由一批长期从事锂电池设备开发的工程师队伍组成；研发人员均具有5~10年的动力锂电池行业从业经验。公司设有专业知识产权管理部门，专业工程师与高校、科研机构均有深入的相互交流、合作，与华中科技大学、中南大学等建立了长期的产学研合作关系。在研发过程中，通过和全面实施ISO 9001(2008)质量体系认证。

仅近三年，在涂布机、辊压机、切片机、辊轧分切一体机、热封机等设备开发上取得了多项创新性成果；申请发明专利19件（授权2件），申请实用新型专利46件（授权44件）。

如在涂布机方面，采用测量极片涂布前的厚度、涂布后的厚度、烘烤后的厚度，根据湿涂层、干涂层的实时厚度，转换成控制信号反馈到涂布机构，研发出多点膜厚的测量装置。通过设计一种新型涂布供料系统，使涂布供料系统的转换阀无论切换在涂布浆料时，还是切换在回流浆料时，都保持涂布供料系统的供料信道的浆料压力基本衡定，并保证浆料涂布均匀。又如研发的涂布机头机构有效解决了分、合辊涂布线不平行且会产生毛边的问题，保证了涂片间隙的均匀性、间隙长度的稳定性，目前生产的涂布机涂布速度已达到48米/分，填补了国内技术空白，获授权发明专利5件，如：涂布烘干机及其专用风嘴（ZL201410140244.X）、涂布烘干机及其专用具有缓冲结构的风嘴（ZL201410140793.7）、涂布机的烘箱节能加热控制方法（ZL201410227918.X）、转移式间隙涂布方法（ZL201410407009.4）、挤压式间隙涂布系统的控制方法（ZL201410441571.9），授权发明专利4件，如：用于间歇空白涂布的设备（ZL201520285929.3）、分离式涂布间歇控制阀（ZL 201520470098.7）、一种涂布装置及反渗透膜生产设备（ZL2016206660669）、涂布装置及一种反渗透膜生产设备（ZL 2016206798946）等。

电话：0755-23252666　地址：深圳市坪山区坑梓街道惠北路1号开沃大厦A栋22楼

设备、场地

浩能公司现拥有26000多平方米的工业厂房，其中工程试验用房超过3500多平方米，办公用房超过2000多平方米。公司已完全具备数字化、信息化研发、设计、制造、生产所需的加工、调试硬件设备基础，拥有1800多万元的先进锂离子电池设备制造所必需的研发、设计、制造、检测等设备仪器，如盐雾试验箱、线切割机床、双面铣床、热风炉、电液伺服数控折弯机、数控带锯床、生物质燃烧机、二维光纤激光加工机、行星分散真空搅拌机等。

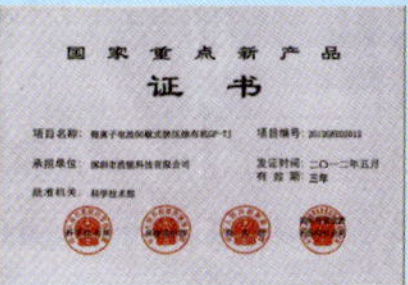

知识产权情况

1.申请与授权的发明专利情况

公司近年来共申请发明专利70件，授权36 件， 受理中12件。

- 一种挤压式涂布机利用分流泵控制涂布间隙的装置及其控制方法
- 一种双机械手交互式极耳成型装置
- 一种卷绕机的可以调节宽度卷针装置
- 一种锂电池卷绕机的凸轮随动张力控制装置
- 一种双针卷绕机的同步带动力传动装置
- 一种可拆卸面板式涂布机烘箱
- 一种挤压涂布机实现间歇涂布的方式
- 一种挤压涂布机及其涂布系统
- 涂布机动态画面检测控制系统
- 涂布机热风烘干机及其专用异型风嘴
- 涂布机烘干机及其基材整形校正机构和方法
- 涂布机洪道
- 集成式挤压涂布辊传动机构
- 制片机极耳贴胶方法、贴胶装置及制片机
- 制片机极耳胶纸包裹装置及制片机
- 卷针机构
- 收集余热循环利用烘箱
- 双工位卷绕机的抽出针机构
- 全自动卷绕机竖向贴胶装置
- 间歇式挤压涂布机
- 全自动卷绕机横向贴胶装置
- 电池极片轧膜机及其辊面清洁装置
- 一种挤压模头调节装置
- 单边吹风的风嘴及带有该风嘴的烘箱
- 涂布机烘道
- 一种具有缓冲区的烘箱风室结构
- 红外灯管加热的烘箱和涂布机
- 涂布烘干机及其专用风嘴
- 涂布烘干机及其专用具有缓冲结构的风嘴
- 涂布机的烘箱节能加热控制方法
- 转移式间隙涂布方法
- 挤压式间隙涂布系统的控制方法
- 间隙涂布故障测试方法及其系统
- 间歇空白涂布方法及实现该方法的设备
- 一种分条机
- 一种轧制生产线的纠偏方法及系统

2.申请与授权的实用新型专利情况

公司近三年来共申请实用新型专利46件，授权44件，受理中2件。

- 辊轴座及反渗透膜生产设备
- 涂布装置及反渗透膜生产设备
- 一种涂布装置及反渗透膜生产设备
- 涂布装置及一种反渗透膜生产设备
- 刮刀调整机构及反渗透膜生产设备
- 一种涂布装置及反渗透膜生产设备
- 涂布头调整机构及反渗透膜生产设备
- 一种自动跳刀装置及反渗透膜生产设备
- 同步机构及反渗透膜生产设备
- 储料装置及反渗透膜生产设备
- 收料系统及反渗透膜生产设备
- 涂布机的间隙调整机构及反渗透膜生产设备
- 涂布机的间隙调整机构及反渗透膜生产设备
- 一种刮刀及反渗透膜生产设备
- 一种烘干装置及反渗透膜生产设备
- 一种风室及反渗透膜生产设备
- 一种节能型风箱及反渗透膜生产设备
- 一种洁净风箱及反渗透膜生产设备
- 浸涂装置及反渗透膜生产设备
- 导辊及反渗透膜生产设备
- 一种穿料装置及反渗透膜生产设备
- 一种导辊组件及反渗透膜生产设备
- 一种水槽及反渗透膜生产设备
- 一种水槽隔离机构及反渗透膜生产设备
- 水处理装置及反渗透膜生产设备
- 吸水装置及反渗透膜生产设备
- 料带张紧机构及反渗透膜生产设备
- 一种风箱及反渗透膜生产设备
- 一种分条机
- 一种涂布机浆料循环系统
- 一种轧制生产线的纠偏系统
- 一种自动跳刀装置及反渗透膜生产设备
- 导辊安装座
- 一种过辊安装座
- 一种收卷固定装置
- 一种分切机毛刷除尘装置
- 一种自动卸卷装置
- 一种分条机
- 涂布抽吸烘干机
- 一种间歇控制阀
- 一种涂布垫片
- 轧辊清洁装置
- 一种弹性密封结构
- 激光切割装置

2017年度客户信赖品牌奖

2018年度倍受客户信赖产品奖

高工创新技术产品奖-生产设备

高工膜材料（全球奖）

锂电池电芯设备十大品牌

燃料电池装备先锋奖2019.12（势银）

www.szyuto.com

裕同科技创立于2002年，目前已建立包括文化创意、新材料、智能装备、物联网在内的多个业务板块和经营领域。公司已于2016年在深圳市证券交易所中小板上市，作为高端品牌整体解决方案提供商，重点为客户提供“创意设计与研发创新解决方案、一体化产品制造和供应解决方案、多区域运营及服务解决方案”，近三年销售额平均增长率近25%。

公司在专注于消费类电子产品、化妆品、食品、高档烟酒和奢侈品纸质包装的同时，还注重业务多元化，积极开发包括生物可降解材料、纳米保鲜包装、纸浆模塑材料、炫光膜、智能电器、个性化云包装和自动化机器人生产线等产品。重要客户包括三星、富士康、联想、小米、LV、GUCCI、Dior等世界知名品牌，2020年公司营业收入117.89亿元。

目前，裕同科技已于国内多个重点城市以及越南、印度、印尼、泰国、美国和澳洲等地区设立了生产基地和服务中心，就近为全球客户提供服务。

裕同科技始终将“坚持自主创新，保持技术领先”作为核心战略，设立了各类研发部门，并获得了丰硕的研发成果，累计有六百余项行业领先的技术、自主知识产权，为公司的持续发展提供丰富的创造力和强大的技术支持。

随着公司不断的发展壮大，近年来获得了“国家高新技术企业”“国家印刷示范企业”“国家文化出口重点企业”“中国印刷包装企业100强”第1位(连续三年)、“中国民营企业制造业500强”“广东省制造业500强”“广东省工业设计中心”“深圳企业100强”“深圳市工业百强企业”“深圳文化企业100强”等荣誉。

未来，裕同科技将快速推动基于工业4.0的智能制造工厂在全球各生产基地普及，联动布局基于个性化印刷需求以及互联网电商模式的云印刷包装平台，利用公司在新材料、智能装备领域的科技研发成果，全力将公司打造成为国内领先、国际知名的创新型科技聚合体。

深圳市道格特科技有限公司

Shenzhen DGT Co.,Ltd.

一颗芯片的产生，主要需要经历设计、制造、封装、测试四大核心环节，探针卡最主要的应用在芯片制造之后、封装之前，这一环节叫作晶圆测试。探针卡是晶圆测试中被测芯片和测试机之间的接口，主要应用于芯片分片封装前对芯片电学性能进行初步测量，并筛选出不良芯片后，再进行之后的封装工程，它所解决的是，测试机与芯片电路的导通、信号传递等问题，是晶圆测试的核心耗材。

中国大陆目前每年消耗了全球15%以上的探针卡，但中国本土企业生产出来的探针卡尚不足全球的1%，尤其是一些高精尖端探针卡，仍被美日韩巨头垄断。

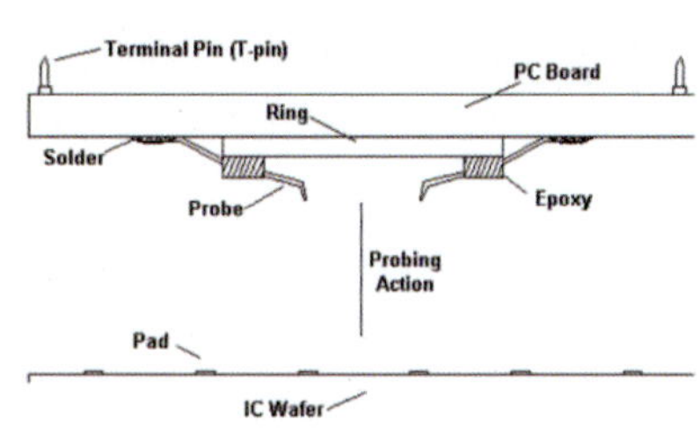

探针卡结构示意图(图源:东吴证券)

伴随着半导体国产化大幕的拉开，深圳市道格特科技有限公司，在时代的洪流中，坚持用“专业、精准、高效”的理念，探索半导体精密检测技术前沿，为芯片产业链自主化贡献自己的力量，以半导体精密检测技术创新和工艺突破为己任，打造中国第一、全球领先的精密测试解决方案提供商。

公司自2015年正式运营以来，已连续六年被认定为国家级、深圳市高新技术企业，总部位于深圳市，在有“上海北大门”之称的江苏省启东市设有悬臂卡、垂直卡、MEMS探针卡及芯片测试座（SOCKET）设计、生产子公司；在武汉设有MEMS探针卡及芯片测试座（SOCKET）组装、检测、销售子公司，在上海设有销售子公司。公司现有悬臂卡事业部、垂直及MEMS卡事业部、设备与系统事业部、芯片测试座（SOCKET）事业部四个事业部，人员150人，研发人员占比超过30%；月产能突破15万针，达到全国第一。

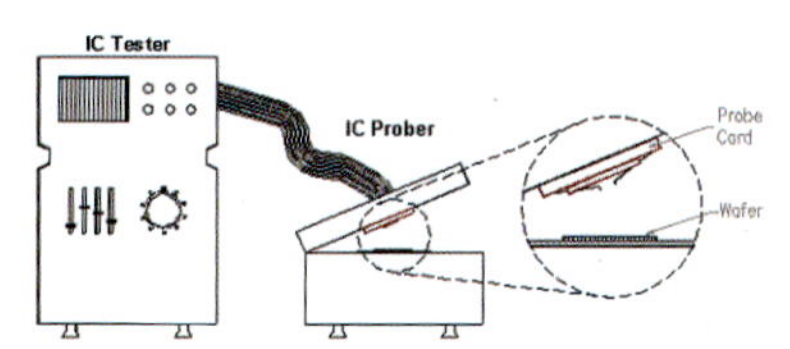

晶圆测试示意图(图源:Yole)

经过5年多的发展，道格特已经快速成长为国内半导体测试高精密连接器的领航者，获得了中国中车、中国科学院、中国电子科技集团55所及国内一流存储芯片IDM公司等多家行业内最高标准客户的信任，创造了多个“国内唯一”，填补了多项“国内空白”：

2015年，凭借先进的ICBT测试探卡的研制能力，道格特赢得了中国中车集团的信任，成为国内唯一能为中国中车提供CP中测和FT成品测试高精密连接器的制造商，如今中国中车已经成为道格特的投资人和长期合作伙伴；

2017年，自主研发的制针设备、电蚀工艺取得重大突破，成为国内唯一自主研发制针设备和工艺、具备制针能力、悬臂卡探针能够自给自足的探针卡企业；

2018年，成为国内唯一具备高难度DDI测试用探针卡设计、生产能力的企业；

2019年，3D MEMS探针卡通过国内某一流存储芯片IDM公司的验证，成为国内唯一具备3D MEMS探针卡设计能力生产的探针卡企业，该一流存储芯片IDM公司唯一的本土探针卡供应商，在存储芯片整片晶圆1T/D测试领域填补国内空白；

2015年悬臂卡量产供货、2018年垂直卡技术成熟推向市场、2019年3D MEMS卡批量供货，道格特用5年时间成为国内唯一的产品覆盖悬臂卡、垂直卡、3D MEMS卡全代系的全面发展的探针卡企业；

悬臂卡、垂直卡、MEMS卡

2020年，道格特成为国内唯一掌握了WAT卡、晶圆测试探针卡、FT测试SOCKET的尖端设计、生产技术的企业，覆盖芯片设计验证、过程工艺检验、晶圆检测、成品测试的全部环节，并顺利成为国内某一流存储芯片IDM公司国内唯一的芯片测试“全流程合作伙伴”。

成立以来，道格特获得十余项发明及实用新型专利，数十项软件著作权，发明专利覆盖3D MEMS卡工艺全部环节，全面、有效地保障公司能够为客户提供优质产品和高效服务。2020年，基于扎实的技术积累，道格特获得全球顶尖的半导体市场调研机构VLSI的报道，是国内唯一获得VLSI关注和赞誉的探针卡企业！

道格特汇聚了行业内一批在研发、管理、品质控制等各领域的优秀人才，核心团队来自国内最早的上市公司，专业技术人员具有多年的研发和生产管理经验，拥有丰富的探针卡研发、制造经验。道格特每年将销售额的10%作为技术研发和创新基金，并与南方科技大学、上海微系统与信息技术研究所建立MEMS联合实验室，为行业带来新的技术突破。

地址：深圳市龙华新区龙华街道清祥路宝能科技园6栋B座3楼KLM单位　电话：0755-84861581

孟加拉余热锅炉系统

深圳市凯盛科技工程有限公司

地址：深圳市南山区创业路北怡海广场东座五楼 邮编：518054 电话：0755-26492783 网址：www.szctiec.com

深圳市凯盛科技工程有限公司成立于2002年4月，是中国建材国际工程集团有限公司（央企）下属的以节能减排工程技术为核心的科技型子公司，国家高新技术企业。

公司通过了GB/T 19001—2016 / ISO 9001:2015质量管理体系、环境管理体系GB/T 24001—2016/ISO 14001:2015、GB/T 45001—2020/ISO 45001:2018职业健康安全管理体系三标一体化认证，具有进出口经营权。

主营业务：

1.发电工程：工业窑炉烟气余热发电系统工程技术及其成套装备。

2.环保工程：工业窑炉烟气治理系统（脱硫、脱硝、除尘及其一体化）工程及其成套装备。

3.原料工程：以微量程精确称量电子秤为核心技术的玻璃原料系统工程及其成套装备。

公司拥有一支80多人组成的研发、设计队伍，其中，高级工程师（含教授级）32人，工程师21人。在节能、环保和原料工程等新材料、新技术、新装备领域，开发了具有自主知识产权的核心技术。

多年来设计开发的：浮法玻璃熔窑余热发电、余热利用工程技术；玻璃熔窑烟气脱硫、脱硝、除尘及其一体化工程技术，包括湿法脱硫技术（石灰石石膏法、单碱法、双碱法）、半干法脱硫技术（R-SDA、F-CFB、新型半干法脱硫）、干法脱硫技术；SCR脱硝技术、SNCR脱硝技术；触媒陶瓷纤维脱硫除尘脱硝一体化技术；高温干法脱硫、脱硝、除尘一体化技术；袋式除尘器、电除尘器、电袋复合除尘器、陶瓷纤维滤管除尘器、脱硫塔等成套设备）；玻璃原料系统工程技术（包括：浮法玻璃原料系统自动控制与成套技术，超白玻璃原料系统成套技术，高铝、中铝玻璃原料系统成套技术，微量程精确称量电子秤、微误差精细小料秤）等，都已得到了广泛应用，受到了客户的一致好评。其中，国内与南玻、信义玻璃、台玻、耀华皮尔金顿、洛玻、旗滨、中玻等知名玻璃企业都有良好合作，国外项目覆盖了印度、埃及、越南、孟加拉国、缅甸、伊朗、尼日尼亚等众多国家和地区。

公司坚持贯彻“诚信、团结、求实、向上”的企业精神，奉行“干一个工程，树一面旗帜，上一个台阶”的经营理念。面向未来，我们将认真贯彻落实科学发展观，加速推进战略发展，进一步完善核心业务，努力实现持续成长与进步，加快提升公司在本领域的市场定位和行业影响力。我们尊重公司每一位员工和每一位客户，营造多方合作、多方受益、多方共赢的协作氛围，与客户在合作中共创辉煌！

宜宾威力斯触媒陶瓷纤维脱硫脱硝除尘一体化工程

超高精度微量称量系统

洛玻600吨余热发电、脱硫、脱硝一体化工程

高新技术企业

证书

企业名称：深圳市凯盛科技工程有限公司　证书编号：GR202044203012

发证时间：二〇二〇年十二月十一日　有 效 期：三年

批准机关：

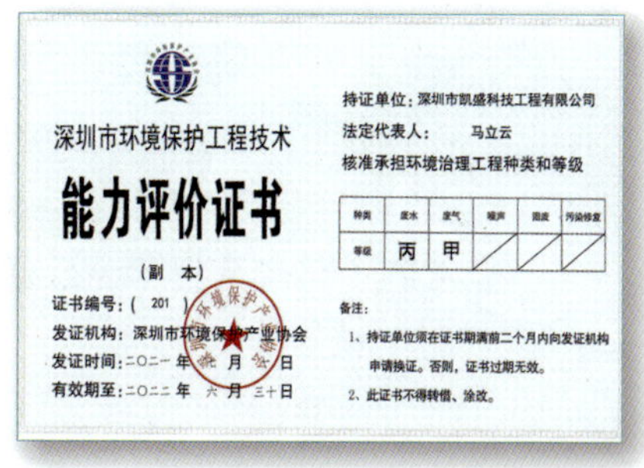

深圳市环境保护工程技术

能力评价证书

（副　本）

证书编号：（　201　）

发证机构：深圳市环境保护产业协会

发证时间：二〇二一 年 [illegible] 月 [illegible] 日

有效期至：二〇二二 年 六 月 三十日

持证单位：深圳市凯盛科技工程有限公司

法定代表人：　马立云

核准承担环境治理工程种类和等级

种类	废水	废气	噪声	固废	污染修复
等级	丙	甲	/	/	/

备注：

1、持证单位须在证书期满前二个月内向发证机构申请换证。否则，证书过期无效。

2、此证书不得转借、涂改。

深圳市山水乐环保科技有限公司

企业使命：让区域环境质量更优！

价值观：污染变为资源

品牌释义：山水乐，乐山水

案例展示

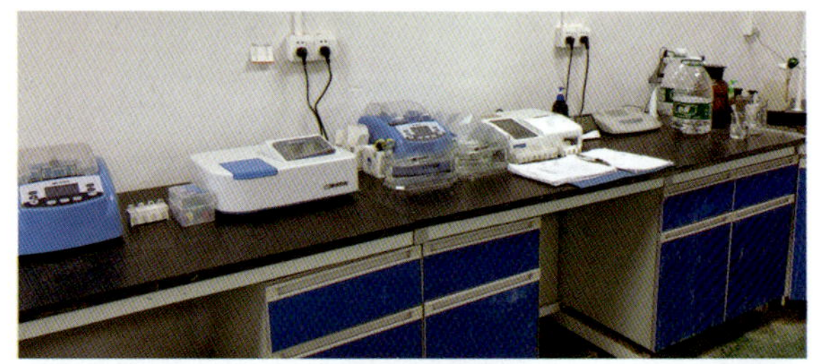

企业简介

深圳市山水乐环保科技有限公司（以下简称“山水乐”）成立于2006年，于2011年至今一直是国家高新技术企业。公司始终秉承“让区域环境质量更优”的使命，深耕区域环境污染治理及生态修复市场，专注于废水、废气和噪音的系统治理、企业环保设施托管运营，以及为政府主管部门提供第三方技术协同服务与管理。

山水乐发展的市场及技术基础和方向：“绿水青山就是金山银山”是习主席为中国未来发展指明的战略方向，经济发展和环境改善之间目前在很多领域还存在深刻的矛盾，需要全社会共同从理念、技术及管理等综合创新来化解，这就是山水乐环保市场发展的基础和方向。作为拥有多项自主知识产权的环保产业深耕者，山水乐通过“污染变为资源”的治污方式，消除环境污染的同时，综合提升资源循环再利用效率，这是山水乐技术发展的基础和方向；山水乐坚持走一条“生态环境更宜居和经济发展更高效”的可持续发展之路，赋能环保产业助力“碳达峰”和“碳中和”。

山水乐发展的商业逻辑：以“洞查客户核心需求”为导向，以“合作、技术及服务创新”为方法实现源头减废、提升用户体验及经济价值来满足需求；以“系统集成、标准化、智能化及知识产权体系建设”实现可规模化复制；以“鼓励员工创业及员工基金保值增值”为发展理念实现企业、员工、客户协同发展。

山水乐企业文化理念：以“换位思考及利他而自利”为企业核心理念构建和谐、共生、共荣的企业文化价值观，持续为客户和社会创造正向价值，让员工以企业为骄傲，让企业以员工为自豪，为家人和社会创造快乐和富足。

地址：深圳市龙岗区龙城街道黄阁坑社区黄阁路441号龙岗天安数码城创新园1号厂房103
电话：0755—28963381　28963443
传真：0755—28963443

MEHOW

深圳市美好创亿医疗科技股份有限公司

www.mehowmedical.com

FeNO临床知识

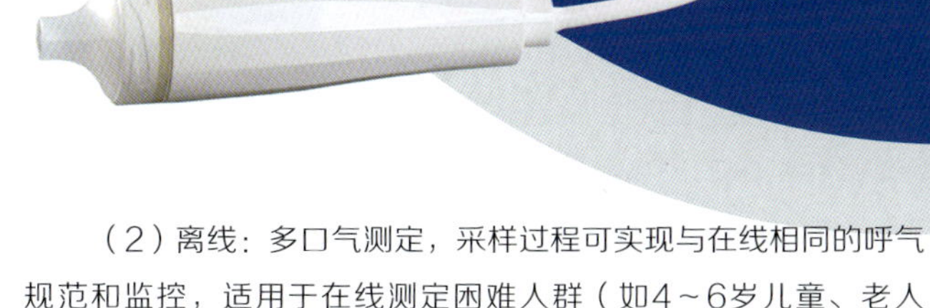

呼出气一氧化氮（exhaled nitric oxide，eNO）目前被认为是气道Ⅱ型炎症的生物标志物，其不仅能反映气道炎症水平，还能预测糖皮质激素及Ⅱ型炎症相关单克隆抗体的治疗效应、评估抗炎效果、预测急性加重，并具有无创、便携的优点。自2005年以来国内外制定了多项测定技术标准与临床应用指南，并推荐用于儿童支气管哮喘（简称哮喘）、慢性咳嗽、婴幼儿喘息等疾病的诊疗。目前临床上常规检测的是呼出气流为50mL/s时的eNO浓度，及FeNO50（fractional concentration of exhaled nitrc oxide at a 50 mL/s flow rate）。以下内容FeNO50均简称FeNO。

随着eNO检测的广泛应用，临床上发现单一的FeNO不能全面反映整个气道炎症水平。2017年欧洲呼吸学会在完善FeNO检测的基础上，推荐并规范了小气道eNO[CaNO（concentration of nitric oxide of the alveolaroracinarregion）、FeNO200 (fractional concentration of exhaled nitric oxide at a 200mL/s flow rate)]和上气道eNO(fractional concentration of nasally exhaled nitric oxide，FnNO)的测定技术，从而使得eNO检测更为全面。在我国除FeNO外，尚无CaNO、FeNO200和 FnNO的测定技术标准与临床应用的相关指南。

FeNO临床应用

1. 支气管哮喘
2. 慢性咳嗽
3. 上气道疾病

过敏性鼻炎、非过敏性鼻炎、慢性鼻窦炎、鼻息肉、原发性纤毛不动综合征

检测方法

呼出气NO测定包括呼气采样与呼气分析两个过程。呼气采样需要对呼气流速、压力与时间三项因素进行规范与监控；呼气分析主要包括准确性、稳定性与一致性三项质控指标。

1. FeNO检测方法

（1）在线：一口气测定，采样过程对压力、流速、时间进行规范和监控，适用于≥6岁人群；

（2）离线：多口气测定，采样过程可实现与在线相同的呼气规范和监控，适用于在线测定困难人群（如4～6岁儿童、老人等）；

（3）潮气：自由呼气，可在线与离线，采样过程中实现对呼吸频率、压力、流速、时间与CO_2实时监控，适用于在线、离线测试均困难者（如婴幼儿及危重症患者）。

2. FeNO检测技术

1）化学发光法

通过NO与臭氧产生的化学反应来间接测量呼出气NO浓度，其灵敏度高（检测下限为0.1～0.5ppb）、响应时间快（0.5～0.7s）、可直接进行重复测量操作，被认为是NO呼气检测的标准方法。

一般建议每日对仪器校零，每月使用高达2000ppb的校准气体进行流速校准，每年对化学反应转换器和臭氧发生器及外围部件进行检查。由于化学发光法分析仪器体积较大、价格昂贵且需频繁校准检查，限制了常规临床应用及家庭监测使用，主要用于临床研究。化学发光分析仪有NOA280i®（SieversGE，美国）和 CLD 88sp®（ECO PHYSICS，瑞士）。

2）电化学法

电化学分析仪则是通过将呼出气NO浓度转换为其他可测量的电信号，其检测下限为5ppb，响应时间<10s，整体重量<1kg，具有便携且操作简单的优势，目前被广泛应用于临床常规检测。但该检测方法并不适用于多流速分析。电化学分析仪主要有Sunvou-CA2122®（尚沃医疗，中国）和 NIOX VERO®（原瑞典 Aerocrine公司，现被英国 Circassia公司收购）。

3）激光-光学传感器法

随着技术发展，开始出现基于激光的光学传感器。基于激光的光学传感器法通过检测光源发出的光，经过NO吸收而产生的强度变化检测低浓度NO，由于NO只对特定波长的光产生吸收，所以具有良好的选择性。但是，此检测器需在极低温度下才能正常工作，并不适合在实验室以外的地方使用。

深圳林全科技有限公司

Shen Zhen Lin Quan Technology CO.,LTD

www.linquankeji.com

服务热线：0755-28712446

18世纪中叶工业革命从英国开始，人类改变了几千年完全依赖纯手工的生产模式，正式步入工业时代。21世纪，中国开始引领新一代的工业改革之路，线束加工业是人类工业进程中重要的一环，线束对于家电、汽车行业来说就像人体血管和神经系统一样不可或缺，由于线束柔性大、多样化的特征，线束加工的自动化程度远远落后于其他行业，对人工的依赖程度一直没有明显降低。

深圳市林全科技有限公司成立于2013年，是一家专注于线束加工设备研发、生产、销售的国家级高新技术企业。林全以为客户提供高品质、高效率、高智能的汽车线束加工设备和工业智能化管控解决方案为己任，担负起线束加工行业减少人工，提高自动化、智能化水平，实现智能化管控的光荣使命。

深圳市林全科技有限公司创始人高东林先生带领强有力的研发团队，不断开拓创新，锐意进取，短短几年时间，已将林全科技打造成为欧美、日本及国内高端线束加工企业首选，甚至唯一设备供应商。林全科技2016年荣获国家级高新技术企业认证，2017年顺利通过ISO9001质量管理体系认证，2018年成为深圳市软件行业协会会员，2018年获得了全球一流线束厂商日本早川电线工业株式会社的投资，2020年全球排名前三的汽车线束厂都已成为林全的客户，2021年林全获得了国内知名投资人的股权投资。

经过多年技术积累，近年来，林全科技研发出第三代设备全自动单端插入机，多端插入机。全自动单端插入机，主要功能为一端沾锡一端插入，整体结构采用流水线作业方式，送线部分可以任意选择6种颜色线材，送线最短35mm，最长不限制。送线结构采用倒挂压线轮送线，保证了送线长度精确无误差；沾锡单元采用伺服马达配减速机结构，确保每一次的沾锡尺寸的精度；压着机头采用伺服电机驱动压着，可触摸屏调高度功能。CCD视觉检测和压力检测、插入不足检测功能。可杜绝因人工检测时间长产生疲劳感，而导致产品漏检或误检的不良品流出，节约了人工检测工位，降低了人工成本；上料采用爱普生机械手抓取胶壳，解决了行业内生产产品的通用性，改变了传统振动盘上料产品单一的难题。既提高了工作效率，也节省了机器构造空间，其排出过程能够把不良品和良品分开放置，避免混料。

全自动多端插入机，其主要功能为两端插入，送线部分可以任意选择35种颜色线材，竖式送线旋转180度且不受长度限制。送线结构采用双皮带压轮送线，保证送线长度精确，无误差；压着单元多机头，可以同时压着多种不同规格的端子，同时可以插入多种不同胶壳，生产一拖一、一拖二、一拖三、二拖二等复杂产品都能一次性完成。

林全科技的插入机还可根据不同线束产品类型进行定制，如插防水栓功能、沾锡功能，增加到4~6个或者更多机头和端子类型，插入更多种胶壳的功能都可以实现。对于未来线束加工厂会使用到的智能化工业4.0系统，均可以和林全所有机型建立一体化通信，公司也可以根据客户工厂需求定制化开发该管理系统。

林全科技将高端智能系统与传统加工设备高度融合，将线束加工行业原七八个人3天的工作量，在3分钟之内完成，提高自动化、智能化水平，将为行业带来革命性、颠覆性的变化。

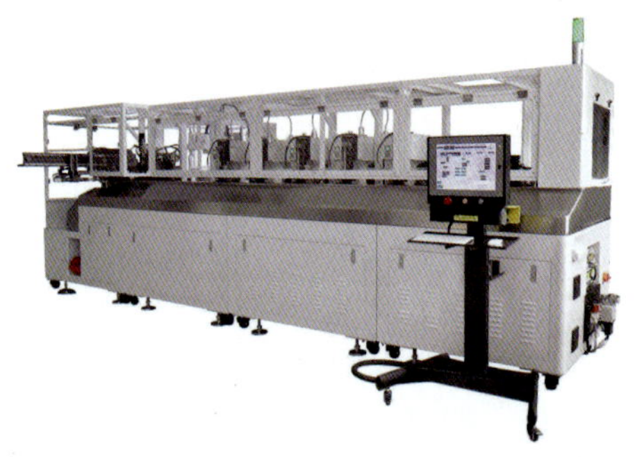

电话：0755-28712446　高总：13923813085　胥经理：13714770729

邮箱：limeizhen@linquankeji.com　glin@linquankeji.com　许小姐：18719049995

地址：深圳市宝安区松岗街道朗下社区新村6巷2号

匠心做药品效合一 心怀梦想行稳致远

——深圳市星银医药有限公司

地址：深圳市罗湖区人民南路国际贸易中心大厦B11　网址：www.xingyin.com　电话：0755-26996999

深圳市星银医药有限公司成立于1994年，是一家以医药健康产业为主业的、集科工贸为一体的医药集团公司。公司业务范围覆盖进口药品销售；中成药、化药生产销售；创新药物研发；多肽药物制剂及多肽原料药的研发、生产及销售；特医食品及美容护肤品的研发、生产和销售。深耕医药产业27年，星银医药已成长为国家高新技术企业，具备了一定的规模实力、合理的产业布局、精干的人才队伍、领先的研发能力，相继广东、江苏、湖北、广西等地成立十余家医药子公司和研发、生产分支机构，现有员工近2000人。

坚守主业强特色

星银医药自成立以来一直致力于在医药市场上的深耕细作，基于对市场的充分了解和把握，公司据医药政策的变化及时调整内部管理模式和业务结构，适应市场变化，确保企业保持平稳发展。近年来，星银医药紧跟国家医药政策，持续发展学术推广、零售市场营销两大推广模式，不断完善营销推广网络，加强网络覆盖，组建了辐射全国的处方、零售营销网络。

星银医药不断夯实学术基础，推进重点医院的开发，积极拓展新科室，持续强化专家网络建设，通过各层级学术会议传播产品学术知识、深化品牌形象，为产品和品牌赢得了广泛认同，提高已覆盖市场的放量增长和新开发市场的占有率。在零售领域，星银医药携手全国大型连锁药店开展慢病管理合作，依托第三方专业机构系统的项目设计、可靠的市场数据、全方位的媒体宣传、连锁高层资源、行业专家资源等，以针对性地指导和培训提升药店慢病管理能力，以专业的药学知识和技能服务患者，实现销量的持续稳定上涨。

星银医药通过自主研发生产、资产购买等方式不断充实主力品种，不但丰富了现有的产品组合，更为未来的发展储备充足的品种。以安全性高、疗效好的产品为纽带，庞大的专家网络和万家零售市场连锁机构已成为星银医药独特的市场资源，被纳入企业高速发展的良性循环。

创新赋能硕果丰

基于对医药行业未来发展趋势的判断，星银医药于2009年确定了进军生物制药产业的战略方向，投资控股了深圳市健元医药科技有限公司，开始了在多肽原料药及多肽制剂产品研发、生产领域的持续投入。历经十余年潜心培育，健元医药已成长为国家高新技术企业，打造了6000平方米的多肽创新药物开发研究平台，建设了深圳坪山和南京溧水的多肽制剂和原料药生产线，引进和培养了工艺、分析、注册报批、GMP生产等领域的技术精英，成长为国内少数具备一类新药研发能力的新锐医药企业，于2018年获得首个一类新药醋酸来普舒肽的临床批件。

健元率先在国内建立多肽产品及蛋白质药物缓释制剂研发技术平台，储备了百余个国内外已上市多肽药物技术开发和产业规模化生产的关键技术，凭借其过硬的多肽合成和修饰关键技术成为国内多肽行业的佼佼者。健元已申请专利120余项，其中110余项为发明专利；拥有注册商标60余件，其中欧、美注册商标7件；获得著作权登记作品5件。健元上报国家药监局（NMPA）10个待批品种；已陆续领取生产批准文号4个，即将获批1个；已获批准临床品种5个；已申报美国FDA和欧盟EDQM的品种4个。

规模生产强实力

为打造企业在医药工业领域的竞争力，星银医药于2002年在南京溧水经济开发区置地250亩，建成大型现代化药品生产基地——南京星银药业工业园。南京星银拥有冻干粉针剂、喷雾剂、固体制剂、合剂、口服溶液剂、水针制剂、中药提取等生产车间，具有多剂型药品的生产优势。自2003年以来，随着各生产车间陆续通过国家GMP认证，南京星银开启了星银医药药品工业时代的篇章。2017年9月，南京多肽原料药生产车间"零缺陷"通过美国FDA现场质量审计，意味着星银多肽原料药取得了进入美国市场的通行证，也证明了企业cGMP的实施水平已逐渐与国际接轨。

2016年，星银医药在湖北咸宁投资建设多肽原料药产业化基地，首期占地300亩，总投资额达9亿元。产业园规划建成16条符合美国FDA、欧盟和中国cGMP要求的新型多肽原料药生产线。已竣工的一期工程包含动力中心、生产车间、检验大楼等共13栋，完成建筑面积44000多平方米。湖北多肽原料药产业化生产基地一期竣工落成与投产，将使星银医药集团成为中国化学合成多肽原料药领域的生产规模最大的企业之一。

热心公益践行使命

在追求企业发高质量发展的同时，星银医药高度关注企业与社会的良性互动，积极参与精准扶贫，常规性开展捐资助学、扶贫帮困、老区义诊等公益慈善活动。2019年，星银医药捐款捐物合计125万元抗击新冠肺炎疫情。2021年，星银医药成立星银医药关爱资金，用于贫困家庭帮扶、爱心助学、困难居民重大疾病医疗资助等慈善项目，并捐款人民币现金50万元定向用于支持河南抗灾重建工作。

作为国民经济的一个细胞，在祖国需要的时刻发挥企业的光和热是星银义不容辞的责任。从汶川地震、新冠疫情到河南暴雨，每一次灾情来袭，星银都会在第一时间伸出援手，以实际行动践行企业公民的社会责任。服从大局，勇于担当，慷慨驰援，公益助力，用行动践行企业公民的社会责任，星银一直在路上。

星银医药也凭借着企业取得的成就和卓越的社会贡献，获得多项企业荣誉，连续十年获得"广东省守合同重信用企业"，荣誉"改革开放三十年广东省医药行业最具社会责任企业""广东省最具竞争力企业""广东省企业文化建设先进单位""深圳市五一劳动奖状""罗湖区区长质量奖""罗湖慈善突出贡献企业"等荣誉，星银医药党支部和工会分别荣获"深圳市非公企业党建百家示范单位"和"深圳市先进职工之家"称号。

星银医药自成立以来，秉持兴药为民的初心理念与产业脉动同频共振，精益求精强质量，自主科研搞创新，努力向卓越企业阔步迈进。在两个百年目标的交汇点，星银医药将一如既往地紧跟着党和国家前进的步伐，以医药人的使命和情怀，以崭新的姿态迈向通往未来的赶考之路。

深圳市安健科技股份有限公司

中国医用数字化X线影像行业领军企业 / 医用数字化X线影像设备全球挑战者

公司简介 / Company Profile

深圳市安健科技股份有限公司（以下简称"安健科技"）是全球专业的数字医疗影像设备供应商，成立近20年，始终专注于影像设备的研发创新与精益制造，致力于为全球医疗机构提供可信赖的数字化医学影像设备及服务，立志成为医疗健康产业全球领先品牌。

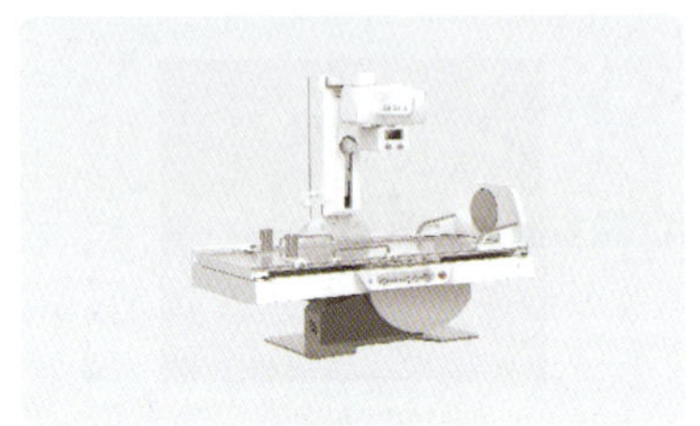

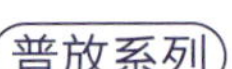

普放系列

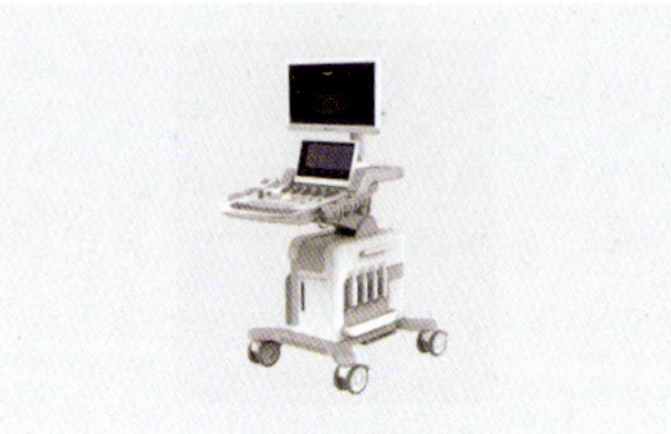

彩超诊断系列

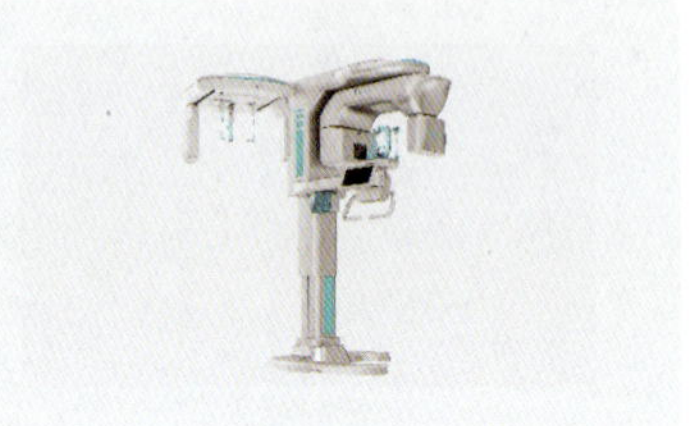

牙科诊断系列

安健科技产品专注医学影像技术与产品创新，产品覆盖数字化X线诊断设备、超声影像诊断设备与口腔影像诊断设备。其中，安健科技医用数字化X线影像设备持续多年国内销量第一，率先开发出国产首台数字化X线探测器，国产首台自主产权动态数字化X线机，是中国数字化X线创新技术引领者，引领中国数字化X线摄影技术动态化、三维化浪潮，是全球唯一实现整机+部件制造双引擎驱动的高技术医疗创新公司。

目前，安健科技业务范围立足中国，辐射全球，仅用8年时间实现超过10000家全球装机用户，并为全球近三分之一的国家和地区提供数字化X线影像诊断服务。安健科技高度重视技术与产品的研发与创新，在深圳、东莞、重庆、南京、杭州设有五大研发中心，近三年将超过营收15%的资金投入研发创新，拥有亚洲最大一支数字化X线影像设备的研发团队，聚焦国产高端医学装备的研发。

安健科技秉承"修己安人，健康全球"的战略使命，通过产品创新与优质服务，帮助全球范围更多的医疗机构提升诊断效率、精度，惠及人类健康。

公司地址-华瀚创新园

地址：深圳市南山区朗山路华瀚创新园办公楼A座408室

公司总机：86-755-8601 6630

传真：86-755-2685 9389

邮箱：Market@szangell.com

客服热线：400-885-8890

里程碑事件 / Milestone event

2004年，安健科技取得了重大突破，成功研发出中国首个DR探测器，引起业内轰动。凭借良好的性能，安健科技出品的探测器赢得了市场的认可，占据中国近一半的市场，直接推动了中国医疗X光设备从模拟机向数字化转型，惠及数亿患者。

2011年，安健科技推出中国第一台动态DR整机，引领动态数字化摄影技术的全球趋势，动态DR全球装机累计突破3000台。

2021年，安健科技推出新一代站立位三维成像技术——WR-3D(负重位动态三维影像重建系统)，实现普放百年来的技术变革，再次引领普放行业发展方向，使普放从二维时代全面走向三维精准诊断时代。

研发投入 / R&D investment

在多年坚持自主研发道路的历程中，安健科技打造了一支梯队完整、行业沉淀丰富的多学科高水平研发队伍，在深圳、东莞、重庆、南京、杭州设有三大研发中心，公司每年将超过营收15%的资金投入研发，聚焦高端产品开发，值得一提的是，安健科技普放领域五大核心部件已全部实现自制（球管、探测器、高压、机架、软件），是全球唯一实现部件+整机技术全产业链自主可控的数字化X线影像设备商。

在近二十年的时间里，安健科技胼手胝足般地努力开启了数字化X线影像设备中国造的时代进程。迈入新里程的安健科技，正以永不停歇的创新精神，与行业伙伴一同推进中国医疗科技事业的发展，为实现健康中国、健康全球的使命矢志前行。

品牌荣誉 / Brand Honors

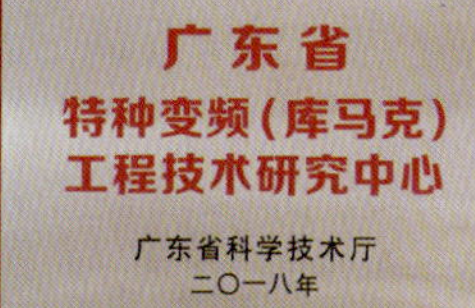

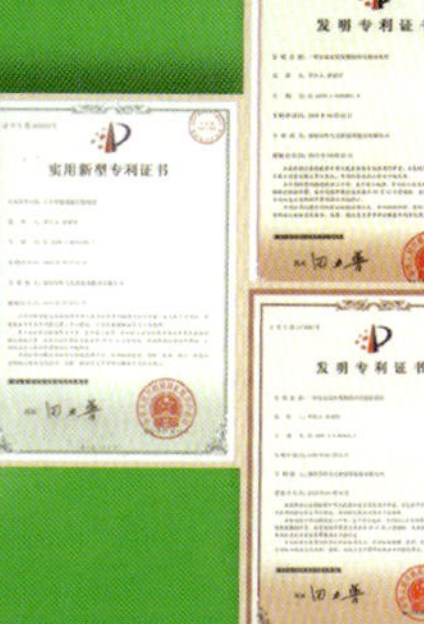

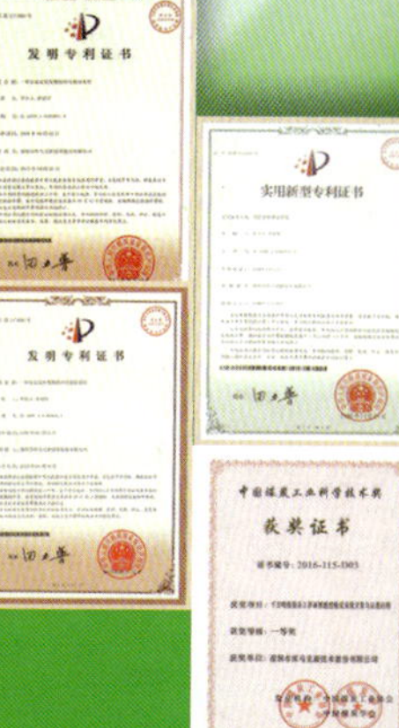

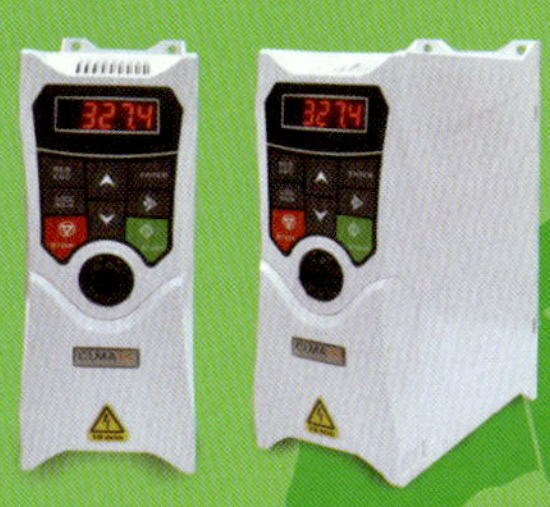

0.4~2.2千瓦/220伏特
0.75~4.0千瓦/380伏特
变频/永磁同步控制器

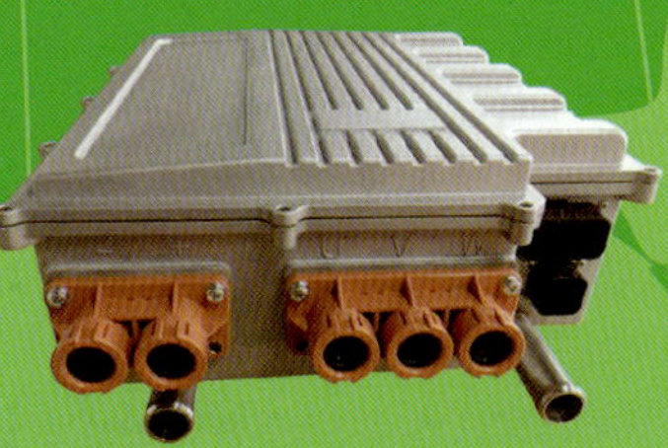

工程车辆智能驱动器

0.37~1400千瓦/220/380/690伏特
变频/永磁同步控制器

5.5~630千瓦/380伏特
变频/永磁同步控制器

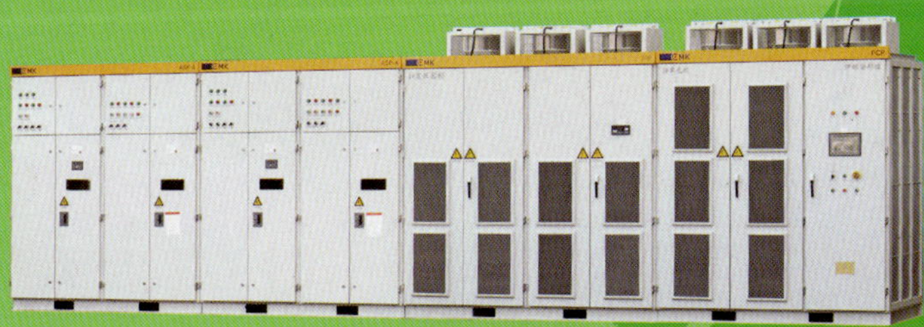

250~20000千瓦/3.3/6/10千伏高压变频器/同期软起

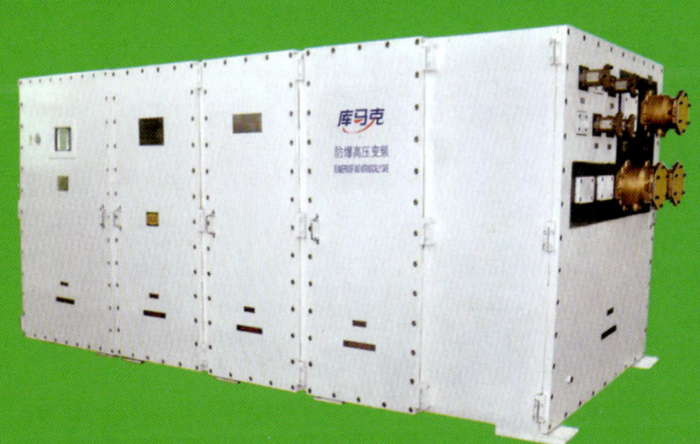

710~6600千瓦/3.3/6/10千伏
智能防爆高压特种变频器

深圳市安托山集团

深圳市安托山集团成立于1998年，拥有下属企业10多家，员工1000多人，拥有各种机械设备600多套及一流的爆破技术队伍。主要经营各种石料、混凝土、PHC管桩、政府重大工程、市政工程、军工产品、节能电机、智能电源、LED节能系统等项目，具有市政公用工程施工总承包一级资质、土石方工程专业承包一级资质和一级爆破工程施工资质，属深圳市政公用工程施工总承包Ⅰ组及土石方工程专业承包Ⅱ组预选承包商。连续20年被评为危爆物品安全管理先进单位，并通过ISO 9001:2008质量管理体系认证、ISO 14001:2004环境管理体系认证、GB/T 28001—2001职业健康安全管理体系认证，乃深圳市111强民营领军骨干企业、深圳市发展循环经济十佳企业、广东省守合同重信用企业、广东省名牌产品、广东省著名商标、中国驰名商标、国家守合同重信用企业、国家级爆破技术特等奖获得单位。

1999年，集团投资1.8亿元成立了混凝土公司，拥有四组电脑全自动控制生产线，属于规模大、生产工艺自动化程度高、设备先进、环保意识强的混凝土搅拌站。创造了国内两个第一，即第一次不用硅粉而用粉煤灰作掺和料生产C80级混凝土和第一次用C80级混凝土直接做墙、柱结构。通过了中国环境标志认证和ISO 9001:2008质量管理体系认证，参编国家标准及行业标准近20项，被评为深圳首届37项循环经济示范项目，深圳市特区建立30年建设先进单位，深圳市工程建设标准化试点企业，深圳市高新技术企业，2011年度全国混凝土标准化工作十佳企业，中国混凝土行业优秀企业，华夏建设科学技术奖三等奖、北京市科学技术奖二等奖、深圳市科学技术奖二等奖获得单位。

2000年，集团投资6000万元建立管桩公司，集研究、开发、生产和销售为一体，主要生产Φ 400～Φ 1200mm PHC高强混凝土管桩。同时研发了Φ1200～Φ1600mm规格管桩，填补了国内大型管桩的空白。该项目被评为深圳市高新技术项目和高新技术企业，三次被深圳市政府列为政府重大项目，首批循环经济示范项目，广东省名牌产品，国家四部委认定为国家重点新产品，通过了ISO 9001:2008质量管理体系认证。公司被广东省质监局和广东省经贸委评定为广东省质量管理先进企业，中国混凝土行业优秀企业，形成了石料供应、混凝土及管桩生产、销售、工程施工一体化的产业结构，建立了循环经济发展的模式。

2004年，集团投资10多亿元，向高科技项目转型，建造了安托山高科技工业园。园区占地约20万平方米，建筑面积约56万平方米，集工业、研发、办公、商住、商务酒店功能为一体，面向世界现代化工业、科技产业、各类孵化加工基地，并于2006年成立特种机械公司、2007年成立特种机电公司、2009年成立技术公司，研发稀土永磁无铁芯宽电机、双永磁工频无刷同步发电机、高空系留飞艇及小型涡喷发动机等军工项目及新能源节能技术，通过了ISO 9001:2008质量管理体系认证、ISO 14001:2004环境管理体系认证、军方武器装备质量体系认证及武器装备科研生产保密资格，被评为国家高新技术企业、国家重点新产品、广东省高新技术产品、深圳市高新技术企业和自主创新产品企业，列入国家发展改革战略性新兴产业示范项目、《国家重点节能技术推广目录》及《节能产品惠民工程高效电机推广目录》。集团通过循环经济模式的传统产业，向高科技节能产业战略转型，实现了传统产业与高科技产业功能互补、同步发展的循环经济模式。

“以人为本，科技领先”是集团矢志不移的基本经营理念，“坚持循环经济，走可持续发展”是集团坚定不移的发展方式，安托山集团将在继续大力发展循环经济利用模式的同时，加大在节能减排领域的产业开发，加大向高科技转型的力度，向社会提供更优质的环保、节能产品和服务。

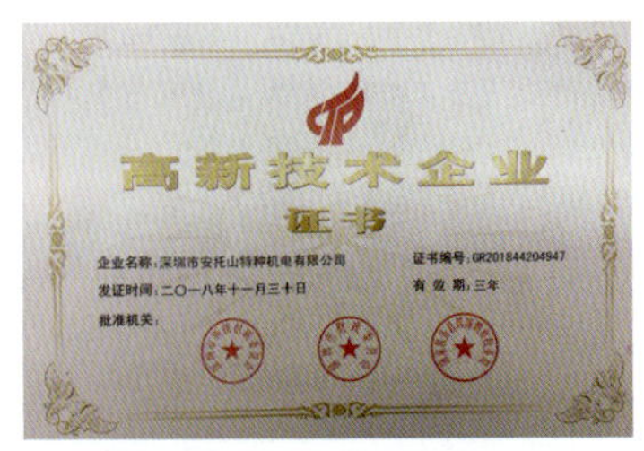